BASTIAN MATTEO SCIANNA

SONDERZUG
nach MOSKAU

BASTIAN MATTEO SCIANNA

SONDERZUG
nach MOSKAU

Geschichte der deutschen
Russlandpolitik seit 1990

C.H.BECK

Mit 3 Karten von Peter Palm, Berlin

© Verlag C.H.Beck oHG, München 2024
Alle urheberrechtlichen Nutzungsrechte bleiben vorbehalten.
Der Verlag behält sich auch das Recht vor, Vervielfältigungen dieses
Werks zum Zwecke des Text and Data Mining vorzunehmen.
www.chbeck.de
Umschlaggestaltung: Rothfos & Gabler, Hamburg
Umschlagabbildungen oben: links: Helmut Kohl und Boris Jelzin
am 09.06.1998 in Bonn. Foto: © picture alliance; rechts: Gerhard Schröder
mit Wladimir Putin im Deutschen Bundestag am 25.09.2001.
Foto © ullstein bild – phalanx Fotoagentur
Umschlagabbildungen unten: links: Dmitri Medwedew und Angela Merkel
am 19.07.2011 in den Herrenhäuser Gärten in Hannover bei den
Deutsch-Russischen Regierungskonsultationen. Foto: © Caroline Seidel dpa/lni;
rechts: Frank-Walter Steinmeier begrüßt Sergej Lawrow während des
OSZE Ministerrats in Hamburg. 08–09.12.2016,
Foto: © picture alliance/Sven Simon | Malte Ossowski/SVEN SIMON
Satz: C.H.Beck.Media.Solutions, Nördlingen
Druck und Bindung: Pustet, Regensburg
Printed in Germany
ISBN 978 3 406 82210 0

verantwortungsbewusst produziert
www.chbeck.de/nachhaltig

Für Olga und Alessia

Inhalt

Teil III:
Die Ära Merkel/Steinmeier.
Führung ohne Abschreckung oder Eindämmung
(2005–2021)

Teil IV:
Der Blick in den Abgrund
(2021/22)

Fazit:
Der entgleiste Sonderzug

Ein vollständiges Quellen- und Literaturverzeichnis ist zu finden unter www.chbeck.de/Scianna_Sonderzug-nach-Moskau

Einleitung

Ein Eierlikör ging noch. Im Dezember 2004 saßen im Hamburger Hotel «Atlantic» zu später Stunde drei Männer in trauter Runde beisammen: der deutsche Bundeskanzler, ein bekannter Sänger und der russische Präsident. Gerhard Schröder, Udo Lindenberg und Wladimir Putin waren bestens gelaunt.[1] Sie tranken und lachten. Schröder und Putin – bis heute unzertrennlich. Lindenberg ist auch ein enger Freund Schröders, der bei Hochzeiten und Geburtstagen stets zugegen war.[2] Er wurde in die Kulturdiplomatie eingebunden, sollte beim Aufbau des deutsch-russischen Jugendwerkes mitwirken und verteidigte Putin nach der völkerrechtswidrigen Krim-Annexion 2014 gegen Kritik.[3] Lindenberg besang einst den Sonderzug nach Pankow, doch in der wechselvollen deutsch-russischen Geschichte fuhren häufig auch andere Sonderzüge.

1917 gelangte Lenin aus seinem schweizerischen Exil über das Gebiet des Deutschen Kaiserreiches nach St. Petersburg und trat dort die Russische Revolution los. 1945 kam Stalin mit dem Zug nach Potsdam, um über das Schicksal des im Zweiten Weltkrieg besiegten Deutschlands zu entscheiden. 1955 fuhren Teile der bundesdeutschen Delegation mit einem Sonderzug nach Moskau, um die Beziehungen zur UdSSR zu normalisieren und die letzten 10 000 Kriegsgefangenen aus sowjetischen Lagern freizubekommen.[4] 1970 fuhr die junge DDR-Schülerin Angela Kasner mit dem «Zug der Freundschaft» nach Moskau – 2005 wurde sie deutsche Bundeskanzlerin. 2011 eröffnete die neue Direktverbindung Paris-Berlin-Moskau, auf der fünfmal pro Woche ein Sonderzug verkehrte. Seit der Vollinvasion Russlands am 24. Februar 2022 müssen westliche Besucher mit Sonderzügen in das von Bomben und Raketen heimgesuchte Kyjiw fahren.

Während des Kalten Krieges und nach 1991 waren die deutschen Beziehungen nach Moskau immer etwas Besonderes – wie ein Sonderzug der Definition nach eben auch. Das Land war zu wichtig, um es wie jedes andere zu behandeln. Ihm einfach den Rücken zudrehen? Undenkbar. Auf irgendeine Art und Weise musste man Russland besondere Aufmerksamkeit schenken, egal wie man die dortige innenpolitische Lage und das außenpolitische Verhalten des Kremls beurteilte. Doch spätestens seit dem 24. Februar 2022 steht die deutsche Russlandpolitik auf dem Prüfstand – war man auf einen Sonderweg abgeglitten? Der russische Angriff auf die Ukraine, der eine Fortsetzung des Krieges von 2014 ist, bricht erneut das Völkerrecht. Die europäische Sicherheitsarchitektur liegt ebenso in Trümmern wie die einst blühenden ukrainischen Städte. Die Hoffnung eines Wandels durch Annäherung und Verflechtung, die Erwartungen an die «Modernisierungspartnerschaft», der Glaube an ein friedliches und demokratisches Russland – nichts davon ist eingetreten. Das alte deutsche Mantra, wonach Frieden und Sicherheit in Europa nur *mit* und nicht *gegen* Russland möglich sei, musste ad acta gelegt werden. Im Zuge dieses Bewusstseinswandels sind immer wieder Forderungen nach einer «Aufarbeitung» vorgetragen worden – die oft wieder verpufften. Wo sind die Forschungscluster oder fächerübergreifenden Drittmittelprojekte, die die deutsche Russlandpolitik in all ihren Facetten untersuchen und europäisch vergleichen? Es gibt sie nicht. Eine systematische wissenschaftliche Erforschung deutscher Außenpolitik findet trotz Zeitenwende weiterhin nur in geringem Maße statt. Eine «Aufarbeitung» soll die folgende Darstellung nicht sein, denn sie ist keine Schuldsuche oder Verurteilung einzelner Politiker. Vielmehr soll der erste Versuch einer wissenschaftlichen Vermessung der deutschen Russlandpolitik seit 1990 unternommen werden. Sie ist überfällig.

Bislang stechen drei Bücher aus der Feder von Journalisten hervor. Jörg Himmelreich betont in der *Russland-Illusion* die falschen Grundannahmen der deutschen Russlandpolitik und das Festhalten an eben jenen, trotz der Entwicklungen in Russland.[5] Thomas Urban hat vor allem die fehlende Beachtung der Ostmitteleuropäer kritisiert.[6] Die *Moskau-Connection* von Reinhard Bingener und Markus Wehner veranschaulichte auf eindrückliche Art und Weise den Einfluss informeller Netzwerke und die Verknüpfung zwischen Landes-, Partei-, Außen- und Wirtschaftspolitik.[7] Daraus ging deutlich hervor, dass es zumindest für diesen Kreis keine Illusion war, sondern eine bewusste Hinwendung zu Russland. Daneben traten zwar eine Vielzahl von Veröffentlichung über Russland, aber nur wenige, meist kürzere Aufsätze über die deutsche Russlandpolitik.[8] Darstellungen, die auch die deutsche Politik gegenüber Polen, dem Baltikum oder der Ukraine detailliert nachzeichnen, liegen fast gar nicht vor. Der erhobene Vorwurf einer «Russlandfixiertheit der deutschen Außenpolitik»[9] scheint auch Folgen für die Wissenschaft gezeitigt zu haben.

Die bisherige Debatte wurde als «ahistorisch und lückenhaft»[10] bezeichnet. Sie gleicht vor allem im öffentlichen Raum in Teilen einer nachträglichen «Abrechnung» mit Angela Merkel oder einer beinahe boulevardhaften Befassung mit Gerhard Schröder. Der Politologe Andreas Heinemann-Grüder hat bereits festgestellt, dass die ersten Versuche einer Deutung nicht als wohlfeile Kritik aus der Gegenwart daherkommen, sondern Leerstellen identifizieren und Lehren ziehen sollten.[11] Oder wie Wolfgang Schäuble es in seinen Erinnerungen eher undiplomatisch ausdrückte: «Im Nachhinein unbedingt besser zu wissen, wie politisch hätte gehandelt werden können, gehört zu der Form von Klugscheißerei, die schon im Privaten nur schwer erträglich ist. Dass in der Vergangenheit nicht alles richtig gemacht wurde, ist offensichtlich. Ein anklagender Moralismus bleibt jedoch im Ausblenden aller Zeitumstände unhistorisch und ist dadurch oft selbstgerecht.»[12] Trotz der Empörung und Wut über Putin, trotz der russischen Verbrechen und trotz aller Sympathie für die Ukraine, muss ein objektiver Blick auf die deutsche Russlandpolitik geworfen werden. Eine wissenschaftliche Analyse muss ohne konstruierte Pfadabhängigkeiten, ohne Aktivismus und ohne teleologische Argumentationsmuster durch einen (Rück-)Blick durch das Prisma des 24. Februar 2022 auskommen. Es muss kontextualisiert und verglichen werden. Das Ziel ist, politische Entscheidungen auf Basis des damaligen Kenntnisstandes zu erklären und zu verstehen, nicht pauschal zu verurteilen. Schon vor der russischen Vollinvasion in der Ukraine plädierte der Historiker Stefan Creuzberger dafür, sich auf die «Frage des Verstehens» einzulassen und bemängelte, wie «sehr in dieser öffentlichen Kontroverse die maßgeblichen historischen Bezugspunkte abhandengekommen sind».[13]

Russlandpolitik fand nie in einem luftleeren Raum statt, sondern muss im Gesamtkontext der deutschen Außen- und Innenpolitik betrachtet werden. Wie beeinflusste etwa der Kampf gegen den internationalen Terrorismus oder die Finanzkrise den Umgang mit Russland? Welche Rolle spielten innenpolitische Determinanten, wie etwa die Haltung der Bevölkerung oder die Koalitionsarithmetik?

Zudem greift ein Blick nur auf die deutsche Russlandpolitik zu kurz: Die Beziehungen zu Russland fanden über den bilateralen Rahmen hinaus in einem europäischen und transatlantischen Kontext statt. Wie gingen die Europäische Union (EU), die USA, Frankreich, Großbritannien, Polen oder Italien mit dem Kreml um? War die deutsche Russlandpolitik eher die Norm oder eine Ausnahme? Wann beschritt man einen Sonderweg? Die Europäisierung der deutschen Russlandpolitik und das Wechselspiel der bilateralen mit der europäischen und transatlantischen Ebene ist der Schlüssel zum Verständnis der Entwicklungen der letzten 30 Jahre. Jeder Vergleich schärft den Blick auf den deutschen Fall, ohne dadurch unkritisch zu sein. Eine Betrachtung der «Ostpolitik» bedingt ebenso eine Analyse der «Westpolitik». Wie wirkten sich die verschiedenen Formen des Anti-Amerikanismus und der NATO-Skepsis auf die Beziehungen nach Moskau aus? Es muss daher, wie der Politikwissenschaftler Joachim Krause bereits festgestellt hat, die «Bündnispolitik» einbezogen werden, also wie die Russlandpolitik das deutsche Verhalten im Verbund der EU und der NATO beeinflusst und übergeordnete bündnispolitische Interessen ausbalanciert oder gar geschadet haben könnte.[14] Damit werden auch gleich einige begriffliche Schwierigkeiten deutlich. Ostpolitik schloss während des Kalten Krieges immer auch den Umgang mit den anderen Staaten des sozialistischen Lagers ein. Durch den EU- und NATO-Beitritt vieler dieser Länder, ist der Begriff irreführend, wenngleich von einer Ostpolitik in Bezug auf Belarus, Moldau, die Ukraine, Russland und eventuell sogar gegenüber dem Kaukasus gesprochen werden könnte. Die deutsche Russlandpolitik steht im Vordergrund dieser Studie, wird aber in das westliche Handeln gegenüber dem gesamten post-sowjetischen Raum eingebettet.

Der Aufbau dieses Buches ist chronologisch und orientiert sich an den Kanzlerschaften von Helmut Kohl (bis 1998), Gerhard Schröder (1998–2005), Angela Merkel (2005–2021) und blickt auf die ersten Monate unter Olaf Scholz bis zum Februar 2022. Diese Arbeit kann nicht alle Faktoren deutscher Außenpolitik berücksichtigen. Sie kann einige Punkte nur anreißen. Sie ist allein aufgrund der zeitlichen Nähe zum Untersuchungsgegenstand am ehesten ein wissenschaftlicher «Zwischenbericht».[15] Im Laufe des Schreibprozesses sind unzählige Forschungsdesiderate aufgetreten. Im Folgen wird daher versucht, auch wirtschaftliche Fragen einzubauen und auf den Einfluss der Interessengruppen hinzuweisen. Ebenso kann keine detaillierte Auswertung der Medien, der öffentlichen und veröffentlichten

Meinung oder der Denkfabriken erfolgen. Die Parteiebene wird ebenso berücksichtigt, aber der Schwerpunkt der folgenden Darstellung ist das Regierungshandeln. Dabei soll folgenden Leitfragen nachgegangen werden: Welche Ziele verfolgte die deutsche Russlandpolitik? War man naiv oder gab man sich wider besseres Wissen Illusionen hin? Besaß man einen «Plan B»? Wie sollte man Russland einbinden, wenn es offensichtlich nicht in die bestehende Ordnung eingebunden werden wollte und sie vielmehr mit Füßen trat? Welche Wegmarken oder Wendepunkte gab es und welche Rolle nahm die Bundesrepublik im westlichen Lager in Krisenzeiten ein? Welche Warnzeichen ignorierte man? Hatte Deutschland besondere Beziehungen nach Moskau oder befand man sich phasenweise auf einem Sonderweg?

Eine Kernthese lautet: Die deutsche Russlandpolitik unter Kohl, Schröder und Merkel bewegte sich im Mainstream der Gesellschaft, sie folgte deutschen Interessen mit unterschiedlichen Prioritäten, die die jeweiligen Kanzler bzw. die Kanzlerin setzten. Keineswegs war Naivität die Mutter der Porzellankiste: Kohl und Merkel haben sich nie Illusionen hinsichtlich der kurz- und mittelfristigen Entwicklung Russlands hingegeben. Man verfolgte deutsche und teils europäische Interessen, ohne jedoch eine Abschreckungs- oder Eindämmungspolitik gegenüber einem immer aggressiver auftretenden Russland ins Kalkül einzubeziehen. Die eigene militärische Abwehrbereitschaft wurde sträflich vernachlässigt: Man folgte weitgehend einer Utopie der Verflechtung, in der ein etwaiger kriegerischer Konflikt ausgeblendet wurde. Zugleich ging man selbstbewusst deutschen Interessen nach. Die Bundesrepublik fuhr eine Einbindungspolitik, wie andere Staaten auch. Der Westen entwickelte insgesamt keine kohärente Eindämmungs- oder Abschreckungspolitik gegenüber Putin in Bezug auf die Ukraine, die seine Kalkulation eines Angriffes vielleicht hätte beeinflussen können.[16] Die aufgestockte Vornepräsenz an der NATO-Ostflanke diente der Abschreckung vor einem Angriff auf NATO-Gebiet und zielte auch eher gegen Intentionen als gegen russische Fähigkeiten ab, denn die stationierten Verbände hatten letztlich nur symbolischen Charakter. Doch manchmal kam es zu Sonderwegen: zum Beispiel bei Nord Stream 2 oder Schröders enger persönlicher Bindung an Putin.

Deutschland «kann» also Interessenpolitik, doch mit welchem Ergebnis? War der Pfad in den aggressiven Revisionismus, der in der Vollinvasion der Ukraine mündete, «abzusehen», wie es heute oft heißt und was wären mehrheitsfähige – in der Regierung, Bevölkerung und im westlichen Bündnis – Alternativen gewesen? Wie hätte ein neuer Kurs aussehen müssen? Welche Entwicklungen wurden vorhergesehen und wie wurden sie eingeschätzt? Diese Fragen sollen mithilfe von vielen erstmalig zugänglichen Quellen beantwortet werden.

Wie schreibt man «gegenwartsnahe Zeitgeschichte», fragte sich schon Edgar Wolfrum in seiner Pionierarbeit über die rot-grünen Regierungsjahre.[17] Die meisten staatlichen Akten unterliegen einer Schutzfrist von 30 Jahren. Zeitungsberichte, Memoiren, Reden und Zeitzeugeninterviews können dies nur zu einem Teil ersetzen. Mit dankenswerter Hilfe konnten für dieses Buch erstmals neue Akten freigelegt werden.

Nach fast einem Jahr Wartezeit gewährte das Bundeskanzleramt eine Schutzfristverkürzung für die Bestände zur deutschen Russlandpolitik bis 1998. Die Akten der rot-grünen Jahre (1998–2003) wurden durch das Bundeskanzleramt «ohne Begründung» versagt. Ebenso wurden keine Bestände des Bundeskanzleramtes zur NATO-Osterweiterung zugänglich gemacht. Als weitere Quellen wurden die Archive der parteinahen Stiftungen benutzt. Das Archiv für Christlich-Demokratische Politik (ACDP) gewährte erstmals Einblicke in die Protokolle der CDU/CSU-Bundestagsfraktion der ersten Amtszeit Angela Merkels als Bundeskanzlerin (2005–2009). Von ihrem Wert als historische Quelle können diese Wortprotokolle gar nicht hoch genug eingeschätzt werden.[18] Aus dem Archiv der sozialen Demokratie (AdsD) und dem Archiv Grünes Gedächtnis (AGG) wurden ebenfalls Quellen herangezogen.

Um die Politik der bedeutendsten (west-)europäischen Staaten und der USA sowie deren Sicht auf die deutsche Russlandpolitik darzustellen, wurde auf verschiedene ausländische Archive zurückgegriffen. Die George H. W. Bush Presidential Library und die William J. Clinton Presidential Library haben viele Akten bis ins Jahr 2000 freigegeben. In Großbritannien konnten die Bestände des British National Archives (TNA) bis 2002 herangezogen werden, wodurch zum Beispiel Wortprotokolle der Gespräche mit Gerhard Schröder, erstmalig verwendet werden können. Aus Frankreich flossen Akten der 1990er Jahre ein, die erst unlängst freigegeben wurden.

Als Historiker profitiert man zudem von einem Datendiebstahl ungeheuren Ausmaßes. Die Wikileaks-Plattform veröffentlichte im November 2010 mehr als 250 000 Berichte aus US-Botschaften in der ganzen Welt, die seitdem in der sogenannten Public Library of US Diplomacy (PLUSD) zugänglich sind. Diese Berichte deckten einen breiten Zeitraum ab: von 1966 bis 2010. Über die Hälfte der Dokumente stammen aus den Jahren 2005 bis 2010.[19] Wenngleich diese primär zur Analyse der US-Außenpolitik in den 2000er Jahren eine unschätzbare Quelle darstellen, so geben sie doch auch Auskunft über die Ansichten anderer Staaten. Was besprachen zum Beispiel die Polen mit dem US-Botschafter in Warschau nach einem Besuch der Bundeskanzlerin hinter verschlossenen Türen? Die Wikileaks-Akten geben hierauf Antworten, doch sie sind bisher erstaunlich selten benutzt worden.[20] Für die Zeit nach 2010 ist die Quellenlage sehr schwierig. Hier musste weitgehend auf die bestehende Sekundärliteratur, Zeitungsberichte und Zeitzeugengespräche zurückgegriffen werden. Dies verdeutlicht erneut, wie sehr Geschichte und Gegenwart in dieser Darstellung miteinander in Kontakt kommen – ebenso wie dies für die gängigen Mythen über die deutsche Ostpolitik der Fall ist.

Mythos Ostpolitik

Tauroggen, Rapallo und der Hitler-Stalin-Pakt

Der deutsche Blick auf Russland war und ist sehr oft emotional: ein Wechselspiel aus Bewunderung und Ablehnung, aus Überhöhung und Mythologisierung, etwa der vielbeschworenen «russischen Seele».[1] Dies ist keine deutsche Eigenart. In Frankreich redet man einer angeblich historisch begründeten Partnerschaft ebenso das Wort, wie einem «europäischen» Russland, das zugleich Nachbar, unbesiegbarer Hüne und Hüter «traditioneller Werte» sei.[2] Man gedenkt der Allianz von 1892, der Waffenbrüderschaft in zwei Weltkriegen und der Sonderbeziehung mit Serbien. Diese Mythen verstellten und verstellen einen realistischeren Blick auf Russland und müssen im Zusammenhang mit der französischen Suche nach verlorener *Grandeur*, einer tiefsitzenden Skepsis gegenüber den USA und der NATO, sowie dem Nacheifern der «unabhängigen» Außenpolitik Charles De Gaulles gesehen werden. In den USA herrschte seit dem 19. Jahrhundert oftmals ein teils missionarischer Eifer, um das zarische Russland oder die Sowjetunion zu «befreien». Die Beschreibung des US-Präsidenten Ronald Reagan der UdSSR als «Evil Empire» war somit nur Sinnbild einer längeren Entwicklung, mit der die Vereinigten Staaten sich auch ihrer eigenen «historischen Aufgabe» versicherten.[3]

Der deutsche Umgang mit Russland ist von Chiffren überlagert, die ganz unterschiedlich ausgelegt und gedeutet worden sind. Für die Sicht auf Deutschland sind sie oftmals entscheidend. Zumal in den Ländern zwischen Deutschland und Russland die historische Erinnerung einen wichtigen Einfluss auf die Tagespolitik haben konnte.[4] Es muss zunächst ein kurzer Blick auf diese Mythen geworfen werden: Tauroggen, Rapallo, der Molotow-Ribbentrop-Pakt und die Neue Ostpolitik.

Die deutsch-russischen Beziehungen waren bereits verflochten und wechselvoll, als es noch keinen deutschen Nationalstaat, sondern viele Kleinstaaten gab. In Russland erkannte man in ihnen höchstens Juniorpartner, mit denen die Romanow-Familie dynastisch eng verbunden war. Im 18. Jahrhundert setzte eine Modernisierung Russlands auch durch «deutsche» Hilfe ein. Peter der Große und Katharina die Große waren teils Gegner und teils Partner des Königreichs Preußen – etwa bei den Teilungen Polens. Diese Ambivalenz zeigte sich auch während der Napoleonischen Kriege. Preußen war nach der schmerzlichen Niederlage von 1806/07 nun seit Februar 1812 in einem Bündnis mit Frankreich. Der König versprach Napoleon, die Hälfte seiner Soldaten für den Russlandfeldzug abzustellen. Als die *Grande Armée* sich in klirrender Kälte geschlagen und verlustreich zurückzog, und die Russen den preußischen General Johann Graf Yorck von Wartenburg wiederholt zum Bündniswechsel drängten, gab er ohne den Segen seines Königs nach. Am 30. Dezember 1812 verbriefte die Konvention von Tauroggen einen Waffenstillstand zwischen den preußischen und russischen Truppen, der bald in einer Allianz gegen Frankreich mündete. Die deutsch-russischen Bande zeigten sich auch 1830/31 und 1863, als Preußen dem Zarenreich bei der Unterdrückung polnischer Freiheitsbestrebungen half.

Der Gründung des Deutschen Kaiserreiches 1871 schaute Russland teils mit wohlwollender Neutralität zu und blickte danach doch missbilligend auf die neue Macht in der Mitte des Kontinents. Otto von Bismarck wollte einen guten Draht nach Russland, aber band sich nie einseitig an das Zarenreich oder aufgrund ideologischer Affinität.[5] Die dynastischen Verbindungen der Hohenzollern und Romanows spielten für ihn eine untergeordnete Rolle, während Kaiser Wilhelm I. auf seinem Totenbett noch mahnend gefordert haben soll: «Lasset mir den Draht nach Russland nicht abreißen!»[6] Nach dem Auslaufen des 1873 geschlossenen Dreikaiserabkommens mit Österreich-Ungarn, forcierte Bismarck 1887 den Rückversicherungsvertrag mit dem Zaren: Bei einem unprovozierten Angriff einer dritten Macht sollten die Vertragspartner neutral bleiben. So wollte Bismarck einen Zweifrontenkrieg gegen Frankreich und das zarische Imperium verhindern. Nach dem Abdanken Bismarcks 1890 setzten Veränderungen ein. Das Zarenreich schloss 1892 eine Allianz mit Frankreich, die später um England erweitert wurde. Ein bereits abgesprochenes Defensivbündnis zwischen Kaiser und Zar platzte 1905, obgleich der Handel zunahm und eine Art erste wirtschaftliche «Modernisierungspartnerschaft» bestand.[7]

Im Deutschen Kaiserreich herrschte im öffentlichen Diskurs ein teils «kolonialer Blick gen Osten».[8] Russophilie und Anti-Slawismus existierten nebeneinander. Eine engere Bindung an Russland schien immer wieder als Alternative zu einer Westorientierung hervor – ein vielschichtiger «Russland-Komplex» beeinflusste außenpolitisches, kulturelles und wirtschaftliches Denken.[9] Im 20. Jahrhundert waren die bilateralen Beziehungen geprägt von «Revolution und Umbruch, durch Terror und Gewalt sowie Abgrenzung und Verständigung» und hatten großen Einfluss auf die europäische und internationale Ordnung.[10] Im Ersten Weltkrieg kämpften beide Imperien bis 1917 gegeneinander – eine weitgehend «vergessene Front», die die Gefahren einer Entgrenzung des Krieges zeigte.[11] In Berlin wollte man das zarische Vielvölkerreich auch durch die Förderung nationaler Ambitionen etwa der Balten, Ukrainer und Polen ins Wanken bringen. Dann kam in Russland die Revolution – dank Wladimir Iljitsch Lenin, der mit deutscher Hilfe in einem Sonderzug aus der neutralen Schweiz quer durch das Kaiserreich – und auch Schweden und Finnland – fahren durfte und mit deutschen Hilfsgeldern die Romanows stürzte.[12] In Brest-Litowsk diktierte das Kaiserreich den Bolschewiki im März 1918 einen harschen Frieden und stärkte damit die eigene Machtposition in Ostmitteleuropa: Russland musste auf Polen sowie Gebiete der Ukraine und des Baltikums verzichten.[13] Grenzen wurden neu gezogen, einer oft brutalen Besatzungsherrschaft folgte nach dem Krieg die millionenfache Flucht und noch mehr blutige Konflikte. Ein weiteres Beispiel, wie oft deutsch-russische Entscheidungen das Schicksal in «Zwischeneuropa» beeinflussten. Die Bolschewiki konnten durch den Friedensschluss jedoch ihre Macht sichern und sich im Russischen Bürgerkrieg, auch gegen ausländische Interventionsversuche, behaupten. Durch die Russische Revolution und die deutsche Niederlage im November 1918 waren beide Länder geschwächte und geächtete Außenseiter – und Gegner des Versailler Systems.

Von den wirtschaftlichen Krisen hart getroffen und als größte Verlierer des Krieges noch weitgehend außenpolitisch isoliert, fanden das neue Deutschland in Form der Weimarer Republik und die Sowjetunion in einem pittoresken italienischen Kurort zueinander: Rapallo. In Morgenmänteln soll man am Ostersonntag 1922 den bilateralen Ausweg aus der Isolation besiegelt haben. Der Inhalt war nicht bahnbrechend. Durch den Krieg entstandene Anspruchs- und Reparationsfragen wurden gelöst, offizielle diplomatische Beziehungen aufgenommen und neue Formen der wirtschaftlichen Kooperation beschlossen.[14] In Deutschland wurde Rapallo als fairer Friedensvertrag betrachtet, mit dem man etwaige westlich-sowjetischen Regelungen zuungunsten Deutschlands zuvorgekommen sei – man sah sich als Opfer und wollte es nicht weiter sein. Zeitgleich tagte nur einige Kilometer entfernt in Genua eine internationale Konferenz zur Bekämpfung der wirtschaftlichen Probleme. Die Teilnehmer hatten sich Einigkeit und Vertrauen auf die Fahnen geschrieben. Deutsche und Russen gingen jedoch eigene Wege, was sofort kritisiert wurde und im Westen und in Ostmitteleuropa größte Ängste auslöste, obwohl z. B. Großbritannien bereits vorher einen wirtschaftlichen Kooperationsvertrag mit der Sowjetunion unterzeichnet hatte.[15] Man fürchtete einen neuen deutsch-sowjetischen Machtblock bzw. ein (zu) mächtiges Deutschland durch ein Andocken Berlins an Moskau. Noch auf der Konferenz in Genua erhielt die deutsche Delegation eine Protestnote überreicht. Der Vorwurf? Deutschland kehre zur Geheimdiplomatie zurück und untergrabe die neue Ära einer vertrauensvollen Zusammenarbeit in der internationalen Politik.[16] Den westlichen Staaten ging es allerdings auch um handfeste Interessen: Der deutsche Verzicht auf die Rückzahlung der Schulden des Zarenreichs durch die sowjetischen Machthaber schuf einen Präzedenzfall, durch den die anderen Länder vermutlich ebenso leer ausgehen würden.[17]

Rapallo wurde aufgrund externer Zuschreibungen zu einem Mythos und griff zudem bereits existierende Elemente der «romantisch-mythisch verklärte[n] deutsch-russische[n] Vergangenheit» auf.[18] Es wurde, wie der Osteuropahistoriker Dietmar Neutatz bemerkt hat, entweder «der Geist von Rapallo» und eine «deutsch-russische Schicksalsgemeinschaft» positiv beschworen oder das «Gespenst von Rapallo» als abschreckende Mahnung vor einem deutschen Alleingang, «Unzuverlässigkeit deutscher Politik» oder anti-polnischer Politik beider Staaten herangezogen.[19] In der Sowjetunion wurde Rapallo zum Sinnbild der «friedlichen Koexistenz» – ein Begriff, der erstmals 1920 verwendet worden war.[20] In Ostmittel- und West-Europa tauchte das «Gespenst von Rapallo» bei vielen Einschnitten der deutschen Geschichte immer wieder auf und wurde zu einem «europäischen Erinnerungsort des 20. Jahrhunderts».[21] Rapallo wurde in Deutschland zu einem Gegenmythos zum Vertrag von Versailles – der als «ungerechter» Friede eine große Hypothek für die Weimarer Republik war und lange Zeit ein deutsches Trauma blieb.[22] Verkürzt gesagt, konnte der Friedensschluss mit Russland als gut, der mit den westlichen Mächten als schlecht dargestellt werden. Der Rapallo-Mythos knüpfte an Tauroggen an und ebenso schwang die Hoffnung mit, dass Versailles ebenso wie die Niederlage im Friedensschluss von Tilsit 1807 bald durch einen Pakt mit Russland überwunden werden könnte.[23] War Rapallo der Startschuss für einen gemeinsamen strategischen Revisionismus Deutschlands und der Sowjetunion gegen die Versailler Ordnung?

Diese Auslegung ginge zu weit. Rapallo blieb ein taktischer Zug, ein «reines Zweckbündnis».[24] Der Vertrag diente primär als Hebel für mehr außenpolitische Handlungsfreiheit und Wiedererlangung einer Großmachtstellung. Die Weimarer Republik betrieb hiernach eine weitgehend auf Ausgleich mit den Westmächten zielende Außenpolitik, in der die Sowjetunion, trotz geheimer militärischer Zusammenarbeit und «hochgradig politisierter» wirtschaftlicher Beziehungen in den kommenden Jahren, keine Priorität besaß.[25] Symbolisch für die Westbindung stand das Jahr 1925: mit dem Vertrag von Locarno, in dem der territoriale Status Quo (im Westen) und ein Gewaltverzicht erklärt wurde. Deutschland strebte mit einer friedlichen Verständigungspolitik nach der Revision von Versailles und es begann eine Phase der Entspannung, der internationalen Kooperation und der kollektiven Sicherheit.[26] Dennoch schloss man im Folgejahr den Berliner Vertrag mit der Sowjetunion, der eine Nicht-Teilnahme an einem Wirtschaftsboykott und eine Neutralität bei einem Angriff einer dritten Macht festlegte. Eine große Zeremonie fand nicht statt und inhaltlich gab es ebenfalls wenig Bahnbrechendes.[27] Es war kein neuer «Rückversicherungsvertrag» oder «Ost-Locarno», denn die Grenzfrage im Osten blieb ungeklärt.[28] Vielmehr wurde einer einseitigen Bindung an die Sowjetunion eine Absage erteilt und die diplomatischen Beziehungen zu Moskau blieben ambivalent.[29] Zudem trat Deutschland nur Monate später dem Völkerbund bei, was in der Sowjetunion auf wenig Gegenliebe stieß. Trotz enger Tuchfühlung mit Moskau, lag der außenpolitische Anker im Westen. Doch die Fahrwasser wurden im Zuge der Weltwirtschaftskrise unruhiger und mit der nationalsozialistischen Machtübernahme begann 1933 eine Ära des aggressiven Revisionismus, der in den Zweiten Weltkrieg mündete.

Die Zeichen standen auf Sturm. Die Verfolgung auch der deutschen Kommunisten sorgte für Verstimmungen mit der Sowjetunion, die lange auf ein baldiges Ende der NS-Herrschaft hoffte oder sich kooperationsbereit zeigte.[30] Hitler wollte aber nicht kooperieren und verhielt sich nach der

Machtsicherung im Innern auch außenpolitisch immer aggressiver. Das nationalsozialistische Deutschland trat aus dem Völkerbund aus, rüstete auf und brach im März 1936 durch den Einmarsch in das entmilitarisierte Rheinland die Verträge von Versailles und Locarno.[31] Der Machthunger war keineswegs gestillt, denn das langfristige Ziel war die gewaltsame Eroberung von «Lebensraum» im Osten. Die nächsten Expansionsschritte fanden daher in Ostmitteleuropa statt. Dem «Anschluss» Österreichs im März 1938 sollte die Zerschlagung der Tschechoslowakei folgen. Im September wurde in München diplomatisch ein großer Krieg verhindert – zu Lasten der Regierung in Prag und ohne das Beisein der Sowjets. Stalin war wie schon während des Spanischen Bürgerkrieges erneut überzeugt, der Westen werde nichts tun, um Hitler aufzuhalten und die Idee der «kollektiven Sicherheit» daher wertlos. Das Münchner Abkommen bleibt bis heute Chiffre einer Appeasement-Politik, die revisionistische Aggressoren nur zu weiterer Expansion animiert und über das Schicksal der kleineren (Opfer-) Staaten hinwegsieht.[32] Denn nur wenige Monate später zerschlug Hitler die «Rest-Tschechei» und brach im September 1939 den Zweiten Weltkrieg vom Zaun – anfangs mit Rückversicherung.

Im Sommer hatte sich ein diplomatischer Coup angebahnt. Der Hitler-Stalin-Pakt vom 23. August 1939 war ein Nichtangriffspakt und umfasste auch eine deutsch-sowjetische Aufteilung Ostmitteleuropas durch das sogenannte Geheime Zusatzprotokoll.[33] Hitler bannte vorerst die Gefahr eines Zweifrontenkrieges. Stalin beteiligte sich bereitwillig am Landraub. In Großbritannien und Frankreich war man geschockt und erkannte ein neuerliches Tauroggen und Rapallo.[34] Die Folgen des Geheimen Zusatzprotokolls waren unmittelbar: Nach der gemeinsamen Zerschlagung Polens attackierte die Sowjetunion Finnland und besetzte die baltischen Staaten und Teile Rumäniens.[35] In der Sowjetunion wurde das Geheime Zusatzprotokoll immer als Fälschung abgetan. Im heutigen Russland wird die Intention des Abkommens immer noch schöngeredet. In Polen spielt die Erinnerung an diesen «Teufelspakt» (Sebastian Haffner) eine große Rolle: Nie wieder möchte man machtlos oder von Bündnispartnern im Stich gelassen werden. Denn mit dem Beginn des Zweiten Weltkrieges am 1. September 1939 brachen die beiden Erbfeinde Deutschland(-Österreich) und Russland Nichtangriffsverträge mit Polen und schafften den polnischen Staat ab. Sie lieferten damit den Auftakt zu weiteren Verbrechen während des Zweiten

Weltkrieges und teilten wie vereinbart Osteuropa (wie vor 1914) in Einfluss-zonen auf. Die Erinnerung an den 23. August 1939 muss im Gesamtkontext der polnischen Geschichte gesehen werden, in der der Verlust eigener Staat-lichkeit durch die benachbarten Großmächte tiefe Spuren hinterlassen hat.[36] In dieser Lesart war der Pakt die vierte Teilung Polens nach 1772, 1793 und 1795. Eine gesamteuropäische Erinnerung an den Molotow-Ribben-trop-Pakt gibt es indes bis heute nicht.[37] Wenig später regelte der deutsch-sowjetische «Grenz- und Freundschaftsvertrag» die Unterdrückung jegli-chen polnischen Aufbegehrens, die weitere politische und wirtschaftliche Zusammenarbeit und forderte die Westmächte zur Beendigung des Krieges auf; von «sowjetischer Neutralität konnte angesichts solcher Absprachen keine Rede mehr sein», wie der Historiker Stefan Creuzberger betont.[38] In der Folge belieferten die Sowjets die Kriegsmaschinerie Hitlers und zielten dezidiert darauf ab, die «bilateralen Beziehungen über die Schaffung han-delspolitischer Abhängigkeiten weiter zu fundieren, was gleichzeitig dem eigenen gesteigerten Sicherheitsbedürfnis dienen sollte».[39] Eine Politik, die man mit «Sicherheit durch Verflechtung» beschreiben könnte.

Der Hitler-Stalin-Pakt war ein Abkommen auf Zeit. Es war kein auf Ver-trauen begründetes langfristiges Bündnis. Am 22. Juni 1941 beendete der deutsche Überfall auf die Sowjetunion die Hochphase des «Teufelspaktes». Es folgten ein weltanschaulicher Vernichtungskrieg, der in engem Zusam-menhang mit der Shoa gesehen werden muss. Die deutschen Verbrechen hinterließen im Osten Europas tiefe Spuren. Nicht nur in der Sowjetunion und nicht nur unter den ethnischen Russen: die Entgrenzung der Gewalt traf alle Ethnien und Religionen, doch die sowjetische Herrschaft über Ost-mitteleuropa nach 1945 lag wie Mehltau über einer differenzierten Erinne-rungskultur. Der «Große Vaterländische Krieg» blieb in der UdSSR und auch in Russland ein gewichtiger historischer Referenzpunkt und der 22. Juni 1941 ein traumatischer Tag des Überfalls, der das Sicherheitsdenken beeinflusste. In Deutschland war die Erinnerung an den verlustreichen «Ostkrieg» tief im Gedächtnis der Nation eingebrannt. Er wurde während des Kalten Krieges politisch instrumentalisiert, wobei es auch zu verzerrten Opfernarrativen kam, etwa in Bezug auf die Schlacht von Stalingrad, die Flucht und Vertreibung aus den Ostgebieten oder die noch in sowjetischer Hand befindlichen deutschen Kriegsgefangenen.[40] Hinzu kam in der Nach-kriegszeit die Furcht vor Vergeltung und auch später blieb Kriegsangst ein wichtiges Element der deutschen Gesellschaft.[41] Denn aller Wiederaufbau war schwer.

Die Potsdamer Konferenz im August 1945 war entscheidend für die Nachkriegsordnung in Deutschland. Sie festigte allerdings tiefsitzende deutsche Ängste, alle Staaten könnten sich gegen einen verbünden und gar das eigene Staatsgebiet aufteilen.[42] In Osteuropa blieb die Konferenz von Jalta vom Februar 1945 stärker in Erinnerung. In der pittoresken Kurstadt auf der Krim tagten Winston Churchill, Franklin D. Roosevelt und Josef Stalin. Die westlichen Alliierten handelten in der notgedrungenen Kriegsallianz weiter aus «Pragmatismus, nicht Prinzipientreue» und sanktionierten die Grenzziehungen des Hitler-Stalin-Paktes, da sie dem sowjetischen Diktator die Sicherung seiner Einflusssphäre in Ostmittel- und Südosteuropa zugestanden, wo die Rote Armee immer weitere Landstriche eroberte.[43] Die Ostgrenze Polens wurde aufgrund sowjetischer Annexionen gen Westen verschoben. Vor allem Roosevelt wird bis heute ein Ausverkauf ostmitteleuropäischer Interessen vorgeworfen. Jalta wurde, wie das Münchner Abkommen 1938, zur Chiffre diplomatischer Niederlagen gegen Diktatoren, der Aufteilung von Interessenssphären der Großmächte und fruchtloser Versuche des Appeasements.[44] Tauroggen, Rapallo, Molotow-Ribbentrop, Jalta – all das spielte nach 1945 zunächst keine unmittelbare Rolle für die Ausgestaltung der deutschen Ostpolitik.

Westbindung und Neue Ostpolitik

Die außenpolitische Bewegungsfreiheit der Bonner Republik war durch die begrenzte Souveränität eingeschränkt. Man musste kleine Brötchen backen, zumal bundesdeutsche Außenpolitik nach 1949 immer auch Aussöhnungs- und «Wiedergutmachungspolitik»[45] für die Verbrechen des Nationalsozialismus war und man Vertrauen in das neue Deutschland gewinnen musste.[46] Konrad Adenauer vertrat das «Kernstaat-Konzept» und die «Hallstein-Doktrin» untermalte den Alleinvertretungsanspruch.[47] Die Bundesrepublik, nicht die DDR, sollte der deutsche Staat sein. Adenauer wollte den Kernstaat im Westen verankern, dafür aufs Erste die Teilung hinnehmen und schrittweise wieder größere Souveränität und außenpolitische Handlungsfreiheit erlangen. Eine falsche Entspannungspolitik oder gar Neutralismus sollte es nicht geben. Die junge Bundesrepublik wurde fest in der

NATO und den europäischen Integrationsprojekten verankert – die Wiedereinigung konnte, ja musste, warten. Westbindung *first*.

Die Ostpolitik Adenauers gegenüber der Sowjetunion, den Staaten des Warschauer Paktes und der DDR war zunächst zurückhaltend. Ostpolitik war aufgrund der deutschen Teilung immer auch Deutschlandpolitik: Die DDR war nicht nur eine Kriegstrophäe Stalins, sondern die erste Verteidigungslinie Moskaus und auf ihrem Boden standen fast eine halbe Million Rotarmisten. Die Bonner Ostpolitik war daher im Vergleich zu anderen westeuropäischen Staaten immer sui generis: Frankreich oder Großbritannien waren weder geteilt noch unmittelbarer Frontstaat. Es sollte allerdings kein Sonderweg entstehen und keine deutsche Politik der Rückversicherung über Moskau verfolgt werden. Sowjetische Verlockungen einer Wiedervereinigung bei einer Neutralisierung Deutschlands lehnte Adenauer ab. Er erkannte immer wieder, welche Rolle «das Gespenst einer deutschen Schaukelpolitik, einer Rapallo-Politik, noch bei den Westmächten spielte».[48] Er vollzog daher einen «radikalen Schnitt» mit einer solchen Politik, die «ihre Spielräume gegenüber dem Westen mit einer Rückversicherung in den Osten» vergrößert hatte.[49] Rapallo-Ängste kamen immer mal wieder auf, doch letztlich war die Gefahr gebannt und die Situation eine gänzlich andere.[50] Durch die Aufnahme diplomatischer Beziehungen mit der UdSSR gelang es Adenauer 1955, mehr Handlungsfreiheit zu gewinnen, denn die Bundesrepublik war «nicht mehr länger nur Objekt sowjetischer Deutschlandpolitik, sondern avancierte (auch im Zuge ihrer wachsenden ökonomischen Bedeutung) zu einem selbstbewusst handelnden Subjekt».[51] Spätere Versuche der Annäherung und des Dialogs konnten hieran anknüpfen.

In den frühen 1960er Jahren gab es in der Ostpolitik weder einen revolutionären Wandel noch eine komplette Dauerstarre.[52] Nach der zweiten Berlin-Krise (1958 bis 1963) setzte ein Umdenken ein. Die Mauer stand. Die deutsche Teilung war in Beton gegossen. Eine rasche Wiedervereinigung zeichnete sich nicht ab. Die Rückerlangung der Ostgebiete lag noch in weiterer Ferne. Es begann eine zweite Phase bundesdeutscher Außenpolitik, die Hans-Peter Schwarz als die «Preisgabe des Kernstaatkonzeptes und Alleinvertretungsanspruches» bezeichnet hat.[53] Die vorsichtigen Versuche einer beweglicheren Ostpolitik, die in der CDU/CSU jedoch immer umstritten blieb,[54] zeigten sich auch in den wirtschaftlichen Beziehungen zur Sowjetunion und den sozialistischen Staaten.

Die USA führten bis 1958 eine wirtschaftliche Blockadepolitik gegen das sozialistische Lager, der sich ihre europäischen Partner, teils zähneknirschend, anschlossen.[55] Die westeuropäischen Handelsinteressen waren schlicht größer, der Austausch umfassender; doch die (außen-)politischen Argumente mussten den wirtschaftlichen übergeordnet werden. Bonn war in einer besonders schwierigen Lage, da man die Bande in die DDR nicht abreißen lassen wollte. Adenauer trug die Politik weitgehend mit, wohingegen das Wirtschaftsministerium deutsche Interessen voranstellte und die Bundesrepublik mit Paris und London den US-Wünschen teils entschlossen entgegentrat.[56] Bereits 1952 wurde der «Ost-Ausschuss der Deutschen Wirtschaft» gegründet, der somit an vorherige Traditionen anknüpfte und sich die Verbesserung der Handelsbeziehungen mit den sozialistischen Staaten auf die Fahnen schrieb.[57] 1958 schloss die Bundesrepublik den ersten Handelsvertrag mit der Sowjetunion.[58] Ein Jahr später begann der Bau der «Druschba» (Freundschaft) Öl-Pipeline – der damals längsten der Welt. Für deren Bau benötigte man viele Röhren, deren Herstellung komplex war. Dies eröffnete westlichen – vor allem westdeutschen – Firmen lukrative Chancen. In den USA stieß so viel Austausch auf wenig Gegenliebe. Im November 1962 setzte Washington im Nordatlantikrat ein Röhren-Embargo durch. In Bonn musste man sich entscheiden: Bündnistreue beweisen oder das zarte Pflänzchen der Ostpolitik retten? Letztlich blieb keine Wahl. Adenauer schwenkte auf die US-Linie ein. Das Embargo half wenig: Die Sowjetunion baute die Röhren selbst und importierte weiterhin aus Schweden und Japan.[59] Die sich abzeichnende Entspannungs- und Annäherungspolitik wurde nach der Abwahl der Unionsparteien 1969 und der Etablierung der ersten sozial-liberalen Bundesregierung weiter intensiviert, konnte auf die erfolgte Westbindung aufbauen und fiel mit einem generellen Ost-West-Tauwetter in Europa in der zweiten Hälfte der 1960er Jahre zusammen.

Die *Neue Ostpolitik* fügte sich in das Bild einer realpolitischen Zurkenntnisnahme des Status quo.[60] Man bejubelte ihn nicht, doch man akzeptierte ihn als gegeben. Die Koalition aus SPD und FDP ging neue Wege, die Willy Brandt schon lange in West-Berlin gedanklich entwickelt und seit 1966 als Außenminister angebahnt hatte.[61] Die Neue Ostpolitik muss als ein Aspekt einer langfristigen Strategie und im Kontext der europäischen und transatlantischen Integrations- und Bündnispolitik gesehen werden. Sie sollte über Dialog einen Interessenausgleich erzielen, Spannungen abbauen und basierte doch auch auf dem militärischen Abschreckungspotential der NATO. Die Bundesregierung turnte nicht ohne Netz, sondern hatte mit der NATO und der europäischen Integration einen doppelten Boden. Brandt wollte gemeinsam mit seinem Adlatus Egon Bahr einen «Wandel durch Annäherung» zu dem sozialistischen Lager, was über Moskau erreicht werden musste, aber natürlich auch auf die DDR abzielte, die ihrerseits trotz der Abhängigkeit vom Kreml nicht immer einfache Beziehungen nach Moskau pflegte und daher teils ganz eigene ostpolitische Probleme hatte.[62] Nach zähen Verhandlungen mit dem Kreml einigte man sich im Moskauer Vertrag 1970 auf eine Gewaltverzichtserklärung und eine De-facto-Anerkennung des seit 1945 in Osteuropa herrschenden territorialen Status quo, inklusive der deutschen Ostgrenze. Brandt vollzog damit ein «Ost-Locarno». Ein möglicher Revisionismus in Bezug auf die «Ostgebiete», wie nach dem Ersten Weltkrieg, war damit noch unwahrscheinlicher, die deutsche Frage jedoch weiter offengehalten worden. Mit den folgenden Ostverträgen mit Polen und der Tschechoslowakei, gegen die weite Teile der CDU/CSU und der Vertriebenenverbände sturmliefen,[63] wurden auch dorthin diplomatische Beziehungen aufgenommen, der neue Annäherungskurs vertraglich festgezurrt und auch der Austausch mit der DDR intensiviert. Die Verträge bestätigten allerdings auch «die Ordnung von Jalta und Potsdam und damit die Dominanz der Sowjetunion über Mittel- und Osteuropa».[64]

Drohte ein neues Rapallo? Die Vorzeichen waren andere. Die Befürworter der Neuen Ostpolitik in Bonn versuchten solche Gespenster zu vertreiben. Die Sowjetunion wollte bewusst den Bogen zwischen 1970 und 1922 spannen und zog Rapallo wiederholt als Vorbild für eine «friedliche Koexistenz» heran, erkannte jedoch auch die Gefahren einer solchen Traditionslinie für das Gelingen der Entspannungspolitik.[65] Im Westen waren die Reaktionen auf die Neue Ostpolitik zwiegespalten.[66] Wie eng und wie gut die Neue Ostpolitik abgestimmt war, bleibt unter Historikern umstritten. Akute Sorgen vor einer deutschen Schaukelstuhlpolitik kamen nicht auf, aber blindes Vertrauen hatte man nicht, wenn Deutsche und Sowjets die Köpfe zusammensteckten. Dabei gingen einige Europäer im Zuge der allgemeinen Entspannungspolitik eigene ostpolitische Wege. Unter Charles De Gaulle näherte sich Frankreich an Moskau an.[67] Der General postulierte ein Europa vom «Atlantik bis zum Ural». Die Europäer sollten ihre Probleme unter sich regeln – ohne die USA. De Gaulle wollte seinem Land zu alter

Größe zurückverhelfen, baute Sonderbeziehungen mit dem Kreml auf, aber provozierte keinen Bruch mit den USA.[68]

Die sozial-liberale Koalition forcierte mit der Neuen Ostpolitik einen entscheidenden Tempowechsel in der Ost- und Deutschlandpolitik, wollte allerdings weder den Status quo im sozialistischen Machtbereich revolutionär verändern noch die Kontrolle der einzelnen Regime antasten.[69] Es ging um gesamteuropäische Sicherheit und Entspannung. Diese Interpretation erhält noch mehr Gewicht, wenn man über die Neue Ostpolitik hinausblickt.

Denn sie korrelierte mit einer Hochphase der Entspannungspolitik zwischen Ost und West. In Helsinki wurde 1975 in der KSZE-Schlussakte die Unverletzlichkeit der Grenzen – aus sowjetischer Warte, die Bestätigung des territorialen Status quo in Osteuropa –, die friedliche Beilegung von Streitfällen, die Nichteinmischung in innere Angelegenheiten, die wirtschaftliche Zusammenarbeit und die Achtung der Menschenrechte festgehalten. 35 Staaten aus Ost und West unterzeichneten die Schlussakte. Der KSZE-Prozess trug maßgeblich dazu bei, die Entspannungspolitik zu institutionalisieren, Freiheiten für die Bevölkerung jenseits des Eisernen Vorhanges zu sichern, Gesprächskanäle offenzuhalten und reichte über 1975 hinaus: Im November 1990 besiegelte die Charta von Paris eine neue Ära und die KSZE wurde sukzessive institutionalisiert und in die OSZE umgewandelt.[70] Man spricht daher in der Forschung von den «langen 1970er Jahren».[71] Dennoch intervenierte die Sowjetunion in dieser Zeit massiv in Konflikten in Afrika, marschierte 1979 in Afghanistan ein und als 1981 in Polen das Kriegsrecht verhängt wurde, war dies neben dem Streit über den NATO-Doppelbeschluss ein weiterer Stolperstein für echte Entspannungspolitik. Der Beitrag des KSZE-Prozesses zum Ende des Ost-West-Konfliktes ist unbestritten. In seiner Gewichtung wird er dennoch unterschiedlich gesehen. Waren es die zunehmende Reisefreiheit, transnationale Verflechtungen und die Bedeutung der Menschenrechte, die zu einer Erosion des sozialistischen Lagers führten oder die finanzielle Misere aufgrund des (verlorenen) Rüstungswettlaufs, der durch den Amtsantritt des US-Präsidenten Ronald Reagan 1981 in eine neue Phase getreten war? Die traditionelle Lesart legte ein stärkeres Augenmerk auf Reagans Politik der Stärke, die jüngere Forschung betont hingegen die zuvor genannten Faktoren.[72] Eine Sicht, die in Deutschland aufgrund der Art und Weise des Mauerfalls, der Ausreisebewegungen und der friedlichen Revolution in der DDR größeres Gehör gefunden hat. Dies führte jedoch zu einer teils verengten Interpretation von 1989/90. Gorbatschow erschien gutmütig, fast väterlich, die westliche (Nach-)Rüstungspolitik überflüssig und Reagan als gefährlicher Scharfmacher. Die Deutschen? Maß und Mitte. Friedliche Demonstranten, Entspannungspolitiker par excellence, diplomatisch nach allen Seiten. Dieses recht einseitige Narrativ hatte politische Folgen: «Die Mehrheit der Westdeutschen führte das Ende des Kalten Krieges auf die Ost- und Entspannungspolitik und (…) auf Gorbatschow zurück. Nur eine Minderheit, vor allem innerhalb der CDU, sah das Verdienst bei Reagan und seiner Politik, die die Macht der USA stärkte. In Deutschland wurden Versöhnung und Kompromiss als entscheidender dafür gesehen, dass die Sowjetunion zusammenbrach, als Drohungen und militärische Macht.»[73] Dialog, Kompromissbereitschaft und strategische Geduld, nicht Abschreckung, Eindämmung und militärische Stärke wurden somit die Zauberwörter. Ein weiterer deutscher Schwerpunkt waren die Handelsbeziehungen.

Die Entspannungspolitik der 1970er Jahre begünstigte die wirtschaftliche Verflechtung über die Blockgrenzen hinweg. Wie gezeigt, fing auch im wirtschaftspolitischen Bereich die Neue Ostpolitik nicht bei null an. 1970 unterzeichnete das deutsche Unternehmen Mannesmann den «bis dahin größten Einzelauftrag für Gasrohre» und die Ruhrgas AG schloss erste Verträge in der Sowjetunion.[74] Neben Öl wurde auch das «rote Gas» für den europäischen Markt entdeckt und westliches Know-how fand den Weg in die UdSSR.[75] Die Einnahmen aus den Rohstoffexporten füllten die klammen Kassen des sowjetischen Staates: In den 1980er Jahre avancierte die UdSSR zum größten Erdölexporteur der Welt. Und wieder traten Ängste auf: «Röhren-Rapallo», titelte die FAZ.[76] Neben neutralen Staaten waren vor allem die Bundesrepublik, Österreich und Italien involviert, sehr zum Unwillen der USA, die gegen Ende der 1970er Jahre und vor allem nach dem sowjetischen Einmarsch in Afghanistan 1979 einen Boykott wollten.[77] Doch die sozial-liberale Bundesregierung hielt am Erdgas-Röhren-Geschäft fest.[78] Dies führte erneut zu transatlantischen Differenzen: Waren die Deutschen unsichere Kantonisten? Wie groß die Sorgen der Verbündeten zu Beginn der 1980er Jahre noch waren, zeigen mehrere Akten des Auswärtigen Amtes. Im dortigen Planungsstab hielt man fest: «Zentrales Problem der deutsch-amerikanischen Beziehungen ist die deutsche Ostpolitik. Sie wird von vielen Amerikanern gesehen als eine eigensüchtige Politik auf Kosten der Gesamtinteressen des Bündnisses. Im Zentrum der Kritik stehen Osthandel und Ostkredite.»[79] In Washington und anderen westlichen Hauptstädten verstärke sich hierdurch «das historisch bedingte Misstrauen gegenüber uns Deutschen»,[80] hielt die Vorlage für Außenminister Genscher fest. Man müsse dafür sorgen, die «Vereinbarkeit von Ostpolitik und Allianzpolitik wieder zu sichern».[81] Eine Ausnahme? Auch im Zuge der deutsch-britischen Königswinter-Treffen hagelte es Kritik. Der Osthandel und die Kredite hülfen der expansiven Politik der Sowjetunion, argumentierten britische Diplomaten und Experten. Laut einem deutschen Teilnehmer zeigte sich eine «Angst vor Rapallo» und die Vorwürfe wurden recht deutlich: «Die Deutschen haben immer geglaubt, dass fette Kommunisten neue Kommunisten sind. Es hat sich aber herausgestellt, dass stetes Füttern hauptsächlich mehr Muskeln erzeugt.»[82] In der Sowjetunion ging es allerdings in den 1980er Jahren langsam auch darum, «neue Kommunisten» zu formen.

Doch zunächst verschärfte sich der Ost-West-Gegensatz. Der «zweite Kalte Krieg» war durch die Nachrüstungsdebatte, Abrüstungsfragen, Atomangst, die Friedensbewegung und die zunehmenden Proteste im sozialistischen Lager gekennzeichnet – trotz Gorbatschows «Perestroika» und «Glasnost».[83] Die SPD suchte in der «zweiten Phase» der Ostpolitik Entspannung, Abrüstung und «Gemeinsame Sicherheit» mit der UdSSR, was erneut die Anerkennung des Status quo, also des Systemgegensatzes, einschloss und mit einer Priorisierung einherging: Stabil mussten demnach die Regierungen sein. Die wachsenden Gewerkschafts- und Protestbewegungen in vielen sozialistischen Staaten, die Oppositionellen und Dissidenten, bargen die Gefahr einer Destabilisierung und die SPD hielt daher Distanz zu ihnen.[84] Als Willy Brandt 1985 nach Polen reiste, traf er nicht mit Lech Wałęsa, dem Kopf der Solidarność, zusammen und erklärte: «Der Frieden braucht ein stabiles Polen.»[85]

Die «zweite Phase» der Ostpolitik verdeutlichte ein bis heute gegenwärtiges Dilemma: Wie trennt man die innenpolitische Entwicklung eines Landes von seinem außenpolitischen Handeln? Welchen Einfluss kann man von außen nehmen und welche Folgen ergaben sich daraus für die bilateralen Beziehungen? Kann eine solche Einmischung das außenpolitische Handeln des innenpolitisch repressiven Staates verändern oder auch radikalisieren? Es handelt sich um Abwägungsentscheidungen, die zwischen Interessen und Werten einen Weg austarieren müssen. Gibt man sich zufrieden, solange die innenpolitischen Probleme eines Landes nicht über die Grenzen schwappen oder das außenpolitische Handeln des Staates nicht so aggressiv wird, dass strategische oder systemische Risiken drohen? Wie lange kann eine passive Haltung gutgehen und was, wenn nicht? Für die SPD waren dies in den 1980er Jahren mehrheitlich theoretische Fragen: denn seit 1982 regierte wieder die CDU mit der FDP. Helmut Kohl blieb bis 1998 Kanzler. Diese Scharnierphase zwischen der Ostpolitik der Bonner Republik und neuer Russlandpolitik nach dem Ende des Kalten Krieges soll im nächsten Kapitel beleuchtet werden.

TEIL I: DIE ÄRA KOHL

Auf der Suche nach Stabilität
in einem Europa vieler Zeitenwenden
(1989–1998)

1. Helmut Kohl und die Sowjetunion

Auf deutschem Boden blieb es in den Wendejahren 1989/90 friedlich. Die Einheit kam erstaunlich schnell. Helmut Kohl und Michail Gorbatschow saßen gut gelaunt in Strickjacken beieinander. Sie regelten auch die schwierigsten Fragen einvernehmlich. Es blieb die Dankbarkeit – gegenüber den Unterstützern der Wiedervereinigung im Westen, aber auch gegenüber der UdSSR und Gorbatschow, der die DDR aus dem sozialistischen Orbit entließ. Doch das Ende des Ost-West-Konfliktes war nicht nur heiter Sonnenschein. Nicht überall in Europa blieb es friedlich, der Zusammenbruch der Sowjetunion und des sozialistischen Lagers war vielerorts auch von Gewaltausbrüchen begleitet, die oft in Vergessenheit geraten. Zudem standen viele richtungsweisende Entscheidungen an. Wie sollte eine stabile Nachkriegsordnung aussehen? Was würde mit der schlingernden Sowjetunion passieren? Deutsche Russlandpolitik setzte im eigentlichen Sinne des Wortes erst nach dem Zusammenbruch der UdSSR im Dezember 1991 ein: Boris Jelzin und Kohl vertieften die deutsch-russischen Beziehungen. Die Suche nach Stabilität im post-sowjetischen Raum wurde zum Leitmotiv der deutschen Russlandpolitik der 1990er Jahre. Der Abschluss der Wiedervereinigung, die Erweiterung der EU und der NATO nach Osten, womit Deutschland aus der Randlage heraus kam, sowie die Hilfen und die Einbindung Russlands in bestehende Institutionen und die neue Sicherheitsarchitektur in Europa blieben Schlüsselfragen. Ebenso spielten die innere Entwicklung unter Jelzin und der Krieg in Tschetschenien eine entscheidende Rolle für die deutsche Russlandpolitik, die Kohl immer «multilateralisieren» wollte. In vielen Aspekten betrat man Neuland, doch Kohls Erfahrungswerte mit der Sowjetunion waren eine wichtige Voraussetzung für seine Politik gegenüber dem neuen Russland.

Die Ostpolitik Kohls entsprang keiner plötzlichen Laune. Er war mit der deutschen Teilung, der Berliner Luftbrücke, den Stalin-Noten und dem frühen Kalten Krieg aufgewachsen. Die feste Verankerung der Bundesrepublik im Atlantischen Bündnis, die Fortsetzung des europäischen Einigungswerkes und der Glaube an die Wiedervereinigung waren seine außenpolitischen Fixpunkte. Kohl stand für die Fortsetzung der Adenauer'schen Westbindung. Doch er war nie das, was man einen «Kalten Krieger» zu nennen pflegte. Der Neuen Ostpolitik der sozial-liberalen Koalition begegnete er umsichtiger als viele seiner Parteifreunde. Als Ministerpräsident von Rheinland-Pfalz war er im Bundesrat an der Ratifizierung der Ostverträge direkt beteiligt. Er kritisierte einige Aspekte, ohne die Ostpolitik als «teuflisches Blendwerk» zu sehen.[1]

Nach seinem Aufstieg zum Parteivorsitzenden stand er für die Mitte der CDU. Seine erste Reise in die UdSSR im Oktober 1975 sollte ihm als Oppositionsführer und Kanzlerkandidaten mehr außenpolitisches Profil verschaffen, wurde jedoch von Querelen überschattet. Ein Jahr später traf er Leonid Breschnew, den Generalsekretär der KPdSU, bei dessen Deutschlandbesuch. Um Entspannung bemüht, war er doch nicht blind für Realitäten. Kohl kritisierte die Zustände in der Sowjetunion deutlich. Die Konferenz für Sicherheit und Zusammenarbeit in Europa (KSZE) empfand er als Chance für eine aktive Menschenrechtspolitik. Freiheit war auch in diesem Sinne einer seiner Leitbegriffe. Die aggressive sowjetische Politik in Afrika und die Invasion in Afghanistan im Dezember 1979 verurteilte Kohl scharf.

Nach seiner Wahl zum Bundeskanzler 1982 zeigte Kohl sich als «Enkel» Adenauers: Westbindung durch europäische Einigung und Atlantische Allianz. Mit der Durch- und Umsetzung des NATO-Doppelbeschlusses hielt er die Bundesrepublik auf dem Pfad der militärischen und mentalen Abwehrbereitschaft – und die Reihen der Allianz geschlossen. Sein Amtsvorgänger, Helmut Schmidt, war daran gescheitert. Immer wieder hob Kohl die Bedeutung dieses Schrittes hervor, da die Deutschen dadurch berechenbare und verlässliche Bündnispartner blieben und keine Ängste vor außenpolitischen Irrwegen evozierten.[2] Der alte CDU-Slogan «keine Experimente» galt weiterhin – auch und gerade in der Außenpolitik.[3]

Kohl betrieb eine pragmatische Deutschlandpolitik und behielt die Wiedervereinigung fester im Blick als andere. Der Kanzler folgte dabei der Leitlinie, dass eine erfolgreiche Deutschlandpolitik nur mit dem Segen Moskaus möglich war.[4] Die Polenpolitik war hiermit eng verknüpft. Sie sollte nicht an Moskau vorbei geführt werden, sondern flankierendes Element der Deutschland- und Ostpolitik sein.[5] Gegenüber der Sowjetunion folgte Kohl drei Maßgaben, wie der Historiker Hermann Wentker festgestellt hat:[6]

Er führte die vertraglich festgehaltene Annäherung im Zuge der Neuen Ost-politik fort, unterstützte eine aktive Abrüstungspolitik, aber zeigte «nicht nur Verständigungsbereitschaft mit der Sowjetunion, sondern [verkörperte] auch die westdeutsche Entschlossenheit, gegenüber sowjetischen Pressionen standzuhalten».[7] Dem sowjetischen Drängen, sich von den amerikanischen Raketenabwehrplänen, der sogenannten Strategic Defense Initiative (SDI), und der Nachrüstung zu distanzieren, widerstand er.[8] Kohl zeigte auch Entgegenkommen. Die westlichen Staaten müssten vor dem Hintergrund der Geschichte «Verständnis für die Bedrohungsängste der sowjetischen Politik aufbringen», da «zweimal europäische Armeen vor Moskau gestanden» hatten, womit er auf 1812 und 1941 rekurrierte.[9] War Kohl also ein nachgiebiger «Sowjetunion-Versteher»? Mitnichten. Wandel durch beharrliche Westbindung und Entspannung aus einer Position der Stärke, ließe sich Kohls Mantra zusammenfassen. Denn nur wer Stärke und Festigkeit demonstriere, könne Verhandlungen auf Augenhöhe erzwingen. Dabei sollten die Beziehungen zur UdSSR sich in den Augen Kohls nicht nur auf Rüstungskontrolle und Abrüstung beschränken, sondern in vielen Politikfeldern intensiviert werden.[10] Die Energiepolitik wurde zu einem immer wichtigeren Feld. Kohl führte die Erdgas-Röhren-Geschäfte mit der UdSSR fort. Er war dabei in bester Gesellschaft. Der sowjetische Gasexport nach Westeuropa stieg von 1983 bis 1990 um 120 Prozent an. Fast ein Dutzend Staaten bezog mittlerweile sowjetisches Gas.[11] Die Bundesrepublik war auf ihrer Suche nach billigen Rohstoffen und nach Diversifizierung im Zuge von Krisen im Nahen und Mittleren Osten also nicht allein. Nicht nur deutsche Röhren und anderes Bohrequipment fanden ihren Weg in den sozialistischen Orbit. Besonders Italien und Österreich mischten kräftig mit.[12] In den USA flammte immer wieder Kritik am Osthandel der Europäer auf. Washington warnte vor Abhängigkeiten und sah die Sanktionspolitik durch die eigenen Verbündeten unterlaufen.[13] Doch nach dem Nachrüstungsstreit und der Hochphase des «Zweiten Kalten Krieges» gab es auch positive Signale.

Die Ernennung Michail Gorbatschows zum Generalsekretär der KPdSU verfolgte der Kanzler mit großem Interesse.[14] Doch aller Anfang war schwer. Wollte der neue Mann im Kreml innen- und außenpolitisch wirklich neue Wege beschreiten? Kohl beobachtete Gorbatschow mit einer Mischung aus «skeptischer Sympathie»[15] und «starkem Misstrauen».[16] Jener mied eine Visite in der Bundesrepublik wie der Teufel das Weihwasser. Der Kanzler empfand dies als bewusste Demütigung, denn andere westliche Staaten hatte Gorbatschow besucht und war beinahe frenetisch empfangen worden. Eine medial zur Schau getragene Popularität, die Kohl (noch) verwehrt blieb. Die vielen roten Teppiche, die Gorbatschow ausgerollt wurden, und die «Gorbimanie» im Westen nahm der «schwarze Riese» fast als Aufforderung zur Wachsamkeit wahr.[17] Eine Annäherung der Europäischen Gemeinschaft (EG) und des sozialistischen Rates für gegenseitige Wirtschaftshilfe (RGW) missfiel Kohl, da die transatlantische Bindung Schaden nehmen könnte und er hierin den üblichen sowjetischen Versuch zu erkennen meinte, Europäer und die USA zu spalten.[18] Während des Bundestagswahlkampfes 1987 tappte der Kanzler in ein geschichtspolitisches Fettnäpfchen: Er verglich in einem *Newsweek*-Interview Gorbatschow im Hinblick auf dessen PR-Talent mit Joseph Goebbels.[19] Folgt man Hermann Wentker, war dies kein bewusster Affront, sondern sollte den Blick auf die Inhalte von Gorbatschows Politik lenken und nicht nur sein Auftreten bewerten.[20] Im Kreml war man verständlicherweise erzürnt. Man mied Kohl und pflegte lieber Kontakt zu dem in der Wolle gefärbten Entspannungspolitiker Hans-Dietrich Genscher, der weiterhin Bundesaußenminister war.

Im Verlauf des Jahres 1987 fasste Kohl mehr Vertrauen in Gorbatschows Reformwillen und das «Neue Denken» in der sowjetischen Außenpolitik, durch das die Abrüstungsbemühungen vorangetrieben werden konnten.[21] Dies korrelierte mit einer intensivierten (West-)Deutschland-Politik des Kremls.[22] Dennoch pochte Kohl weiter darauf, Gorbatschow «beim Wort zu nehmen», wie auch Genscher es forderte, also Menschenrechte und demokratische Reformen immer wieder anzumahnen.[23] Als Folge dieses Tauwetters flog Kohl im Oktober 1988 nach Moskau. Seit einem kurzen Gespräch 1985 war dies nun das erste offizielle Treffen. Beide legten die atmosphärische Grundlage für den weltpolitischen Parforceritt der kommenden Jahre. Die deutsche Delegation reiste mit großem Tross an: ein Flugzeug mit der gesammelten Hauptstadtpresse, ein anderes mit den Münchner Philharmonikern, ein weiteres mit den Wirtschaftskapitänen der Bonner Republik.[24] Und Kohl machte den Kohl. Er erzählte über die eigene Familie, Kriegsschicksale, historische Abgründe und deren Überwindung.[25] Er schuf Vertrauen und – wie mit vielen anderen Staatsmännern – eine persönliche und emotionale Verbindung.[26] Gorbatschow wusste nur zu gut, wovon sein Gast sprach. Seine Familie hatte die Schrecken des Stalinismus am eigenen Leib erfahren. Der jugendliche Gorbatschow hatte seinen Vater in den «Großen Vaterländischen Krieg» ziehen und deutsche Soldaten seinen nordkaukasischen Heimatort Priwolnoje besetzen sehen. Tatsächlich hatten die beiden Politiker einiges gemeinsam. Gorbatschow war wie Kohl fern der Hauptstadt aufgestiegen. Beiden hörte man eine Dialektfärbung an, weshalb sie oft als provinziell oder ungebildet abgestempelt wurden. Beide hatten ein Faible für lange, grundsätzliche Unterhaltungen.[27] Beide waren Reformer – mit Startschwierigkeiten. Nicht nur die ersten Regierungsschritte des neuen Kanzlers im Treibhaus Bonn glichen einem Stochern im Nebel, auch Gorbatschow verrannte sich. Innenpolitisch war das Alkoholverbot höchst unpopulär und das «Neue Denken» in der Außenpolitik zündete nur langsam. Das «Gemeinsame Haus Europa», das er oft beschwor, hatte noch keinen Architekten, nicht einmal Hammer und Zementmischer.[28] Zumal man das machtpolitische Kalkül hinter den Plänen nicht vergessen darf: Diesen «lag die Erkenntnis zugrunde, dass ein Atomkrieg vor allem Europa, nicht aber Nordamerika, die totale Vernichtung brächte. Auf diesem Interessengegensatz basierte dann auch Gorbatschows Bauplan für sein ‹europäisches Haus›. Danach sollten die (West-)Europäer – als die potentiellen Opfer eines Atomkriegs – gegen Washington und die nukleare Abschreckungsstrategie der NATO mobilisiert werden, um letztendlich eine Abkopplung Westeuropas von den Vereinigten Staaten zu erreichen.»[29] Gorbatschows Pläne zielten somit auf keine «europäische Integration auf Russisch», sondern auf eine Spaltung der transatlantischen Allianz.[30] Ein Faktum, das in der deutschen Gorbatschow-Nostalgie oft untergeht, wenn nur die wohlklingende Formel zitiert wird.

An Herausforderungen mangelte es Gorbatschow 1988/89 keineswegs: Die Wirtschaft der UdSSR befand sich im freien Fall. Alltägliche Waren blieben unerschwinglich oder unauffindbar. Die Nationalitätenfrage drohte zum Sargnagel des Vielvölkerreichs Sowjetunion zu werden.[31] Die Russen bildeten mit 150 Millionen Personen die größte Volksgruppe, hiernach folgten jedoch rund 50 Millionen Ukrainer, die damit 20 Prozent der sowjetischen Gesamtbevölkerung stellten.[32] Gorbatschow musste seit 1986 mit Konflikten in Kasachstan und Bergkarabach sowie der Frage der Krimtataren und des Baltikums umgehen. Er hatte zwar stets eine gewaltsame Lösung zu vermeiden gesucht, doch die Schwere des Problems unterschätzt und schlicht dem Reformstillstand des sowjetischen Systems zugeschrieben.[33] Im Februar 1989 erklärten die baltischen Sowjetrepubliken ihre eigenen Sprachen neben Russisch zu offiziellen Amtssprachen. Die Letten, Litauer und Esten träumten von der Unabhängigkeit: Zum 50. Jahrestag des Hitler-Stalin-Paktes bildeten über zwei Millionen Personen eine Menschenkette zwischen Vilnius, Riga und Tallinn.[34] Im Kaukasus führte der Völkerfrühling zu einem Konflikt zwischen Armenien und Aserbaidschan. In Georgien drohte eine umfassende Revolte gegen Moskau. Und nicht nur in der Sowjetunion kamen durch Glasnost und Perestroika die Dinge in Bewegung. Die Menschen in den mittel- und osteuropäischen Staaten begannen sich ihrer sozialistischen Regime zu entledigen und schlugen einen Reformkurs ein.[35] Gorbatschow schien vor dem Hintergrund der eigenen Probleme, den anderen Warschauer Pakt-Staaten keine prioritäre Aufmerksamkeit zu schenken.[36]

Kohl äußerte zu Jahresbeginn 1989 immer größere Zweifel, ob Gorbatschow die Mammutaufgabe(n) bewältigen oder daran scheitern werde. Drohte er gar das Steuer umzureißen und den Reformkurs zu verlassen?[37] Man wollte den Kremlchef unterstützten, aber während seines Deutschland-Besuches im Juni 1989 sollten keine Bilder entstehen, «die man als Verbrüderung empfinden konnte».[38] Der Kanzler telefonierte nach dem Treffen sofort mit den westlichen Verbündeten, um ja keine Rapallo-Ängste aufkommen zu lassen.[39] Ironischerweise würde Kohl in den kommenden Jahren ein Bild aus diesem Juni immer und immer wieder bemühen: Den Spaziergang mit Gorbatschow am Rhein, bei dem der Kanzler ihm offenbarte, dass der Fluss so sicher zum Meer fließe wie auch die deutsche Einheit eines Tages kommen werde. Gorbatschows Schweigen wertete Kohl als Zustimmung und als sicheren Beleg eines Umdenkens.[40] Vermutlich hat sich diese Szene nie so abgespielt, doch sie diente Kohl als wichtiges Narrativ.[41] Der freundliche Empfang der Deutschen und ihres Kanzlers blieb Gorbatschow in guter Erinnerung: Statt Frankreich empfand er nunmehr die Bundesrepublik in politischer und wirtschaftlicher Hinsicht als wichtigsten Partner in Europa.[42] Im Sommer 1989 hatte sich somit eine deutliche Verbesserung des deutsch-sowjetischen Verhältnisses eingestellt.

2. Die deutsche Einheit und
der Zusammenbruch der Sowjetunion (1990/91)

Das zwischen Gorbatschow und Kohl entstandene Vertrauen war in Anbetracht der kommenden weltpolitischen Veränderungen ein hohes Gut. Die Wiedervereinigung der beiden deutschen Staaten war kein Selbstläufer. Überall gab es Fallstricke. Die Reformbestrebungen in vielen mittel- und osteuropäischen Staaten und die friedliche Bürgerbewegung in der DDR waren wichtige Pfeiler dieses Prozesses, den letztlich Kohl und der amerikanische Präsident George H. W. Bush lenkten.[43] Der Kanzler erkannte schnell, dass er die Einheit nicht *gegen* die Sowjetunion, sondern nur *mit* deren Plazet erreichen konnte. Daher legte er «großen Wert darauf, Gorbatschow in seiner bedrängten innenpolitischen Situation zu unterstützen. Denn so sehr ihm die Schwäche der sowjetischen Supermacht auch entgegenkam, so sehr war er darauf angewiesen, dass Gorbatschow an der Macht blieb.»[44] Zugleich wollte Kohl den Fahrplan zur Einheit selbst vorgeben. Am deutlichsten wurde dies in seinem Zehn-Punkte-Plan Ende November 1989, der ein entscheidender Schritt auf dem Weg zur Wiedervereinigung war.[45] Er enthielt viele Punkte, die für die Ostpolitik der 1990er Jahre vorbestimmend waren: Die «Sofortmaßnahmen humanitärer Art» wurden neben der DDR auch für die Sowjetunion bzw. später Russland geleistet, ebenso wie die «umfassende Wirtschaftshilfe» (Punkte 1 und 2). Die bilaterale Zusammenarbeit, der KSZE-Prozess und Abrüstungsziele wurden hervorgehoben (Punkte 3, 8 und 9) und die gesamteuropäische Entwicklung und Sicherheitsarchitektur sollten beachtet werden. Unter Punkt 7 stellte Kohl bereits den EG- und Europarat-Beitritt aller mittel- und osteuropäischen Reformstaaten in Aussicht. Neben die deutsche trat somit immer auch die (gesamt-)europäische Perspektive.

Gorbatschow schäumte nach der Verkündung des Zehn-Punkte-Plans vor Wut.[46] Auch nach dem Mauerfall wollte er die «Büchse der Pandora» verschlossen halten, also keine rasche Wiedervereinigung zulassen, sondern einem reformierten kommunistischen Staat in der DDR zum Erfolg verhelfen und die Fliehkräfte im sozialistischen Lager begrenzen.[47] Erst im Januar 1990 schwenkte Gorbatschow auf eine konziliantere Linie ein und machte sich damit viele Feinde.[48] Weshalb? Die innenpolitischen Probleme wuchsen in den Himmel. Die sowjetische Seite nahm die von Kohl bereits im Sommer 1989 angebotenen Nahrungsmittellieferungen nunmehr dankbar an. Der Kanzler bemühte sich sofort und band die Europäische Gemeinschaft ein.[49] Intern akzeptierte Gorbatschow im Januar 1990 die Unausweichlichkeit der Wiedervereinigung, wenngleich er weiterhin die NATO-Mitgliedschaft eines «Gesamtdeutschlands» verhindern wollte.[50] Letzterer Punkt blieb ein Stein des Anstoßes, obwohl weitere Zusagen für Lebensmittelhilfen geleistet wurden und Gorbatschow immer offenerer die deutsche Einheit unterstützte.[51] Die Hilfsangebote Kohls offenbaren, dass ihm nicht verborgen blieb, wie widrig die inneren Verhältnisse in der Sowjetunion waren. Denn während in Bonn unter Hochdruck die Weichen auf Wiedervereinigung gestellt wurden, setzte sich die dynamische Entwicklung andernorts fort: Nicht nur die deutsche Frage stand auf der Tagesordnung der internationalen Politik.

Als die Litauer am Abend des 25. Februar 1990 die Wahllokale verließen, hatten sie Geschichte geschrieben. Die erste freie Wahl in der Sowjetunion führte zum Sieg des betont anti-kommunistischen Vytautas Landsbergis.[52] Am 11. März verabschiedete das litauische Parlament eine Unabhängigkeitserklärung.[53] Der Kreml erklärte diesen Schritt für illegitim und brach eine zweimonatige Wirtschaftsblockade vom Zaun. Die Entwicklung in Litauen drohte die zentrifugalen Fliehkräfte und den Wunsch nach Freiheit auf andere Republiken des Vielvölkerstaates Sowjetunion zu übertragen. Es kam zu Protesten in Tadschikistan, und auch im Kaukasus brodelte es. Wie würde Gorbatschow nun auf diese Herausforderung reagieren, da er seit Frühjahr 1989 die «Breschnew-Doktrin» inoffiziell beerdigt und nunmehr den Warschauer Pakt-Staaten die «Sinatra Doktrin» zugestanden hatte, also in der «my way»-Manier ihren Weg selbstständig zu beschreiten? Bahnte sich doch noch eine «chinesische Lösung» an, also eine brutale Niederschlagung der Demonstranten, und welche Rückwirkungen hätte dies auf den deutschen Einigungsprozess?

In Bonn schrillten die Alarmglocken. Die Volkskammerwahl in der DDR am 18. März 1990 war erfolgreich über die Bühne gegangen. Die zögerliche Haltung mancher westeuropäischer Verbündeter schwand im Zuge des damit einhergehenden Legitimationszugewinns für Kohl. Doch neben der innenpolitisch heiklen Lage durch die Übersiedler, gegen die die SPD trommelte, lauerten noch viele diplomatische Fallstricke.[54] Wie sollte man die Beziehungen zu Polen auf ein neues Fundament stellen und die letzten Fragen der Oder-Neiße-Problematik klären? Würde das wiedervereinigte Deutschland der NATO angehören? Die Vorbereitungen für die sogenannten Zwei-plus-Vier-Gespräche zum Abschluss eines Staatsvertrages, der der Bundesrepublik die volle Souveränität wiedergeben sollte, liefen auf Hochtouren. Unter dem Eindruck dieser Gemengelage fuhr der Kanzler eine zurückhaltende Baltikumspolitik – wie die anderen europäischen Regierungschefs und die USA auch.

Doch der sowjetische Botschafter, Juli Kwizinskij, sprach Kohl gegenüber dennoch eine unverhohlene Drohung aus. Moskau wünsche keinerlei Einmischung. Der Versuch, «Litauen und die Sowjetunion gegenseitig auszumanövrieren, berge für die Sowjetunion und für die internationale Situation Gefahren».[55] Moskau sei geduldig, werde aber, «wenn erforderlich, die notwendige Härte aufbringen».[56] Kohl beschwichtigte. Er hoffe, dass «sich die Lage wieder entspannen werde und Rückschläge in der Sowjetunion verhindert werden könnten».[57] Auch Präsident Bush sähe dies so. War Kohl das deutsche Hemd näher als der baltische Rockzipfel?[58] Zweifellos. Das Schicksal Litauens besaß für den Kanzler im Frühjahr 1990 im Vergleich zur deutschen Einheit geringere Priorität. Wieso sollte es auch anders sein? Doch genoss das litauische Streben nach Freiheit seine Sympathie oder gar Unterstützung?

Nur drei Tage nach diesem Gespräch traf Kohl den französischen Staatspräsidenten in Paris. Umgeben vom Prunk des Élysée-Palastes stimmten sie bei einem Frühstück ihr Vorgehen ab. François Mitterrand wehrte sich gegen öffentliche Forderungen einer Anerkennung. Litauen sei nun einmal Teil der Sowjetunion und somit eine innere Angelegenheit.[59] Kohl stimmte zu. «Er habe die Anweisung gegeben, die Vorgänge in Litauen herunterzuspielen. Das Problem Gorbatschows sei es, dass Litauen zu einer Kettenreaktion führen könne. Falls die Ukraine hiervon ergriffen würde, wäre dies lebensgefährlich.»[60] Kohl und Mitterrand schlossen einen Militärputsch nicht aus, der fatal für die Abrüstungsgespräche und die deutsche Einheit sein könnte. Der Bundeskanzler äußerte unmissverständlich, man müsse an Gorbatschow festhalten. «Denn wer käme nach? Wenn man diese sowjetischen Vorstellungen nicht berücksichtige, wäre dies auch nicht gut für die künftigen deutsch-sowjetischen Beziehungen», erklärte der Kanzler, denn «die Westgrenze der Sowjetunion werde eine unruhige Grenze sein.»[61] In einem Brief an Landsbergis forderten Kohl und Mitterrand ihn auf, das Problem durch Verhandlungen zu lösen. Bis dahin sollten die gefassten Beschlüsse ausgesetzt werden.[62] Obwohl sie zugleich das Selbstbestimmungsrecht betonten, auf das Kohl sich im Hinblick auf die Wiedervereinigung immer wieder selbst berufen hatte, wurde der Brief öffentlich scharf kritisiert.[63] Auch im Kreml kam das Schreiben nicht gut an. Man witterte einen deutsch-französischen Vermittlungsversuch, also eine Einmischung in innere Angelegenheiten. Einen Eindruck, den Kohl unmittelbar auszuräumen versuchte.[64]

Dem amerikanischen Außenminister James Baker erklärte er seine Linie. Man müsse den Litauern «sagen, dass sie mit einer Politik des Alles oder Nichts nichts gewinnen und möglicherweise viel verlieren».[65] Aber er brauche nicht lange zu begründen, wo seine Sympathien lägen. Die Situation in Litauen werfe allerdings prinzipiell die Frage auf, wie Gorbatschow sich weiter verhalten werde und welche Folgen daraus zum Beispiel für die sowjetisch-polnischen Grenzen entstünden. «In Breslau habe es keine Demonstrationen für [einen] Anschluss an Deutschland gegeben, wohl aber in Lemberg für [eine] Rückkehr nach Polen.»[66] Wenn sie vernünftig und besonnen vorgingen, würden sie «in fünf Jahren ihr Ziel erreicht haben», gab Kohl sich zuversichtlich.[67] Baker pflichtete bei. Man müsse Gorbatschow stabilisieren, zumal die wirtschaftliche Situation sich drastisch verschlechtere. Auch der Kanzler betonte, es bliebe nur, «wirtschaftlich zu helfen – dies sei aber nicht möglich, wenn Litauen unterdrückt werde. Ein Teufelskreis!»[68] Die USA und Frankreich fuhren somit einen ebenso zurückhaltenden Kurs wie die Bundesregierung und hatten bei ihren Entscheidungen nicht nur die deutsche Wiedervereinigung und das Baltikum, sondern die Stabilität des gesamten (post-)sozialistischen Raumes im Blick.

Wenig später kam die litauische Premierministerin Kazimira Prunskiene nach Bonn zu Besuch. Sie bedankte sich für den Kohl-Mitterrand Vorschlag, der in ihren Augen eine De-jure-Unabhängigkeit befürwortete und eine De-facto-Unabhängigkeit in Aussicht stellte. Der Kanzler versicherte sie der großen Sympathie, mit der er die Entwicklungen im Baltikum verfolge, doch er unterstrich auch die Zwickmühle, in der Gorbatschow sich befand. Litauen drohe «zum Zünder» zu werden. Hiernach «könnten Probleme in der Ukraine und in Zentralasien entstehen, die von ganz anderer Dimension» wären.[69] Der Kanzler plädierte für ein vorsichtiges Vorgehen: «Mit Gorbatschow wissen wir, woran wir sind; was dann kommt, wissen wir nicht.»[70] Prunskiene wies den impliziten Vorwurf eines unbedachten Zündelns zurück. Ihr ginge es um gemeinsame Lösungen. Kohl empfahl, die Gesetze einzufrieren, ohne einen Zeitraum zu nennen, da es nicht wie ein Ultimatum aussehen dürfe. Parallel hierzu solle man einen Dialog anbieten. Der Westen würde ein solches Vorgehen sofort unterstützen.[71] Sein Vorschlag dürfe jedoch nicht nach außen dringen. Öffentlich wollte Kohl nur verlautbaren, dass man auf Entspannung und Dialog setzte, sich in Moskau aber nochmal für eine konstruktive Haltung stark machen.[72] Der Kanzler wollte, trotz der unsicheren Lage in Bezug auf die deutsche Einheit, vermitteln, ohne vermittelnd zu wirken und somit inhaltlich und optisch rücksichtsvoll mit Gorbatschow umgehen, dem das Wasser bis zum Halse stand.

Aus der deutschen Botschaft in Moskau flatterten im Sommer 1990 lauter Hiobsbotschaften in die Bonner Zentrale. Die Stimmung im Lande gleite ab «in Zynismus, Resignation und offene Angst vor Hungersnot und Bürgerkrieg».[73] Im Gegensatz zu Ostmitteleuropa und dem Baltikum trage die sowjetische Bevölkerung (vor allem die russische) die Reformprozesse nicht selbst, sondern sei «passiv-apathisch».[74] Das deutsche Gorbatschow-Bild begann sich im Verlaufe des Jahres 1990 einzutrüben.[75] Durch solche Berichte zusätzlich alarmiert, wollte Kohl die europäischen und die G7-Partner überzeugen, der Sowjetunion wirtschaftlich zu helfen. Gerade in Anbetracht der sich immer deutlicher abzeichnenden enormen Kosten des «Aufbaus Ost» wollte der Kanzler nicht als einziger die Spendierhosen anziehen. Gezielt nutzte er das EG-Gipfeltreffen in Dublin, wo die wegweisenden Regierungskonferenzen zur Wirtschafts- und Währungsunion und zur Politischen Union forciert werden sollten – ein weiteres außenpolitisches Feld, das die deutschen Diplomaten und Entscheidungsträger in diesem Zeitraum intensiv beschäftigte. Der Kanzler begann eine hartnäckige Lobbyarbeit für Wirtschaftshilfen, die sich bis 1998 hinziehen sollte: Helft jetzt, so seine Botschaft, bevor es zu spät ist.

In Washington prophezeite er im Mai hinter verschlossenen Türen, dass Gorbatschow sich halten werde. Man dürfe dessen prekäre Lage «nicht ausnützen, sondern müsse vielmehr den Erfolg der Perestroika» fördern.[76] In diesen Aussagen schienen mehrere Schlüsselelemente der deutschen Ostpolitik unter Helmut Kohl durch: Das Vertrauen in einzelne Personen, die man für vernünftig hielt, die Angst vor potentiellen Nachfolgern oder einem Putsch; die Notwendigkeit, die Reformprozesse (auch finanziell) zu fördern sowie das oftmals postulierte Ziel, niemanden zu demütigen oder allzu triumphierend zu wirken.

In dieser heiklen Situation flog Kohl im Juli zu Gesprächen nach Moskau, die Gorbatschow im Kaukasus fortsetzen ließ.[77] In Strickjacken wurde die neue Herzlichkeit der deutsch-sowjetischen Beziehungen inszeniert. An seiner ehemaligen Wirkungsstätte im Bezirk Stawropol stimmte Gorbatschow erneut zu, dass das wiedervereinigte Deutschland Mitglied der NATO sein dürfe. Eine Konzession, die sich schon zuvor in Unterredungen mit dem US-Präsidenten abgezeichnet hatte.[78] Es sollte allerdings keine Ausdehnung der Allianz auf dem Gebiet der ehemaligen DDR stattfinden, solange noch sowjetische Verbände der «Westgruppe der Truppen» (WGT) dort stationiert waren. Und auch nach dem Abzug hätte Gorbatschow es gerne gesehen, wenn keine NATO-Strukturen in der ehemaligen DDR etabliert würden. Dies blieb vage formuliert. Kohl mied das Thema zunächst. Was er versprach, war bei dem Abzug zu helfen und Wohnungen für die heimkehrenden Soldaten zu bauen. Man einigte sich auf einen Abzug innerhalb von drei bis vier Jahren, wobei Außenminister Genscher festhielt, dass «es nicht wichtig sei, wann der erste Soldat gehe, sondern wann der letzte Soldat gehe».[79] Zugleich äußerte der Kanzler den Wunsch, einen Vertrag zur umfassenden Ausgestaltung der bilateralen Beziehungen auszuarbeiten.[80] Im Spätsommer 1990 waren somit die größten Hindernisse auf dem Weg zur Einheit aus dem Weg geräumt worden. Doch der Abzug der rund 380 000 sowjetischen Soldaten und 120 000 zivilen Mitarbeiter blieb ein Politikum und eine zentrale Frage der deutschen Ostpolitik in den kommenden Jahren.[81]

In Gorbatschow habe man, so Kohl nach seiner Rückkehr aus dem Kaukasus vor der CDU/CSU-Bundestagsfraktion, einen verlässlichen Partner und Deutschland müsse «unter klarer Einbindung in den Westen eine Brückenfunktion» einnehmen.[82] Ein neutraler Mittler sollte die Bundesrepublik nicht sein. Umgekehrt wuchs das Vertrauen Gorbatschows in Kohl, der seine wirtschaftlichen Hilfszusagen einhielt, respektvoll mit ihm umging und im Westen für die Position des Kremls warb.[83] Dieses gegenseitige Vertrauen war umso wichtiger, da eine weitere internationale Krise ausbrach, die ihren Schatten auf die deutsch-sowjetischen Beziehungen warf. Am 2. August 1990 marschierte der irakische Machthaber Saddam Hussein in Kuwait ein. Die internationale Staatengemeinschaft war empört, diplomatische Gegenmaßnahmen liefen auf Hochtouren. Der Kanzler sorgte sich aus innen- und außenpolitischen Gründen vor einer Eskalation: Die Bundestagswahlen standen an. Die Einheit war noch nicht besiegelt. Wie würde der Kreml reagieren? Gorbatschow stellte sich zögernd auf die Seite des Westens, was dort erfreut aufgenommen wurde, denn man wollte die Sowjetunion als Partner im internationalen Krisenmanagement gewinnen.[84] Das «Neue Denken» Gorbatschows gewann an Glaubwürdigkeit. Kohl erklärte gegenüber Mitterrand, die USA würden jetzt endlich erkennen, dass man der UdSSR finanziell unter die Arme greifen müsse, wenn man eine konstruktive Zusammenarbeit wolle.[85] Kohl und Mitterrand stimmten überein: Gorbatschow müsse unterstützt werden, jegliche Diskussion über andere Lösungen sei «absurd».[86] Im Quai d'Orsay waren führende französische Diplomaten anderer Meinung. Der wirtschaftliche Zerfall der UdSSR sei unaufhaltbar: Man könne kein totes Pferd reiten, gab man deutschen Gesprächspartnern zu bedenken.[87] Doch Mitterrand empfand Gorbatschow als verlässlich und hilfreich, zumal die Sowjetunion auch im Sicherheitsrat der Vereinten Nationen gute Dienste geleistet habe.[88] Es herrschte Tauwetterstimmung. Dies zeigte sich an der Unterzeichnung der Charta von Paris am 21. November 1990, die eine neue Ära der Kooperation, Achtung der Menschenrechte, Schutz der Demokratie und Abrüstung einläuten sollte. Also doch ein «Neues Denken»?

Auch das Ende der deutschen Teilung wurde besiegelt. Am 12. September 1990 wurde in Moskau der Zwei-plus-Vier-Vertrag unterzeichnet, nachdem Gorbatschow Kohl weitere finanzielle Zusagen für die Stationierungskosten der WGT und deren Abzug abgerungen hatte.[89] Im Vertrag war fest verankert, dass die sowjetischen Truppen bis Ende 1994 die Bundesrepublik verlassen würden. Doch der Oberste Sowjet musste noch sein Plazet geben. Im November reiste Gorbatschow nach Bonn. Anlass war die Unterzeichnung des deutsch-sowjetischen Vertrages am 9. November 1990 – ein umfassender Kooperationsvertrag, wie Kohl ihn sich gewünscht hatte, auch um damit Gorbatschow zu stützen.[90] Der Kanzler nutzte den Vertrag, um dem

Kreml die Ratifizierung des Zwei-plus-Vier-Vertrages schmackhaft zu machen und die Beziehungen zur Sowjetunion auf ein breites Fundament zu stellen. Die Annäherung und Aussöhnung mit Frankreich dienten ihm als Vorbild. Denn nicht nur politische Kontakte wurden forciert: Die Bevölkerung beider Länder sollte, etwa durch einen verstärkten Jugendaustausch, eingebunden werden. Die Gespräche im Kanzleramt dauerten mehrere Stunden. Gorbatschow machte aus seinem Herzen keine Mördergrube. Die Lage sei ernst, aber er versuche, die UdSSR durch einen neuen, föderaleren Unionsvertrag zu stabilisieren und die separatistischen Strömungen einzufangen.[91] Kohl betonte, es sei «notwendig, die auseinanderstrebenden Nationalitäten unter einem Dach zusammenzufügen».[92] Er knüpfte seine Unterstützung an zwei Bedingungen. Gorbatschow müsse ihn besser informieren und klare Ergebnisse vorweisen, denn «niemand sei bereit, in ein Fass ohne Boden Geld zu investieren».[93] Man müsse langfristig denken und vertrauensvoll zusammenarbeiten. Kohl sprach immer häufiger davon, dass die Sowjetunion «der wichtigste Nachbar im Osten» sei.[94] Eine Formulierung, die jahrelang zum Repertoire des Kanzlers gehören sollte. Der Begriff *Nachbar* ist weniger streng geographisch, sondern aus einer gesamt(mittel)europäischen und späteren EU-Perspektive heraus zu sehen. Gorbatschow stimmte einer engeren Partnerschaft zu und wollte dies auch öffentlich mehr zur Schau stellen.[95] Die Chemie stimmte.

Es setzte eine Personalisierung der Beziehungen ein, wie Hermann Wentker treffend skizziert hat: «In dem Maße wie sich das Bild Gorbatschows aufhellte, verdunkelte sich aber das der Sowjetunion. Gorbatschow wurde für Kohl zum Stabilitätsanker, der unbedingt an der Macht bleiben musste, wenngleich die deutschen Möglichkeiten, dies zu gewährleisten, äußerst begrenzt waren.»[96] Denn trotz aller Hilfe verschlechterte sich die Lage in der Sowjetunion zusehends. Kohls außenpolitischer Berater Horst Teltschik läutete die Alarmglocken. Das Reformtempo nehme ab. Die reformfeindlichen Kreise, das Militär und der KGB sammelten ihre Bataillone und pflanzten still und heimlich die Bajonette auf.[97] Der neue Unionsvertrag enthielt in Teltschiks Augen nur Lippenbekenntnisse zum Selbstbestimmungsrecht. Die Balten, Georgier und Armenier gingen auf die Barrikaden. Teltschik warnte den Kanzler vor einer «instabilen Entwicklung»,[98] die durch den Rücktritt von Außenminister Eduard Schewardnadse, der in seiner georgischen Heimat zu einer wichtigen politischen Figur avancierte, noch ungewisser wurde.[99] Immerhin hellte der Ausgang der ersten gesamtdeutschen Bundestagswahl am 2. Dezember 1990 die Stimmung am Rhein auf. Kohl ging gestärkt aus dem Urnengang hervor, wenngleich es kein Triumph war. Vor der Fraktion schwor Kohl seine Mannen auf die kommenden vier Jahre ein. Die Wiedervereinigung, die Probleme in den neuen Bundesländern und die «totale Umbruchsituation» in Europa stelle die künftige Regierung vor große Herausforderungen. Die Erwartungen in Moskau an die Bundesrepublik nähmen fast täglich zu.[100] Auch aus Südosteuropa mehrten sich die Rufe nach deutscher Hilfe. Damit war ein weiteres wiederkehrendes Narrativ gesetzt, das Kohl schier endlos wiederholte: Die gewachsenen und in seinen Augen oftmals unerfüllbaren Erwartungen, die an die wiedervereinigte Bundesrepublik gerichtet wurden; sowohl von den westlichen Partnern als auch von den Reformstaaten in Mittel- und Osteuropa (MOE) und der Sowjetunion. Dies deutet darauf hin, dass Kohl sich der Grenzen des deutschen Gestaltungspotentials durchaus bewusst war. Zumal er sich immer wieder darüber beschwerte, wie wenig sich die anderen westlichen Staaten engagierten und wie wenig sich die Deutschen für außenpolitische Fragen interessierten.[101] Wenn überhaupt, schienen die weltweiten Umbrüche in der deutschen Bevölkerung Kriegsängste auszulösen.[102]

Wofür die Bundesbürger sich interessierten, war der Zustrom hunderttausender Übersiedler aus der DDR sowie jüdischer Auswanderer und der sogenannten (Spät-)Aussiedler, also Personen mit deutschen Wurzeln aus MOE-Staaten und der Sowjetunion. Ein zweites Kernthema der bilateralen Beziehungen zur UdSSR und später Russland nahm somit schnell Kontur an: die «Russlanddeutschen». Ursprünglich hatte Kohl die Zuwanderung der Aussiedler unterstützt, doch er erkannte die enormen Herausforderungen. Viele waren schlecht ausgebildet, ihre Deutschkenntnisse oft rudimentär, und der verfügbare Wohnraum war knapp. Es drohten soziale Spannungen und politischer Flurschaden.[103] Schon vor dem Mauerfall und der Erosion des sozialistischen Blocks ruderte der Kanzler zurück und erklärte in Gesprächen mit sowjetischen Vertretern, die Russlanddeutschen sollten «in ihrer Heimat bleiben. (…) Er sei dafür, dass diese Menschen die Möglichkeit hätten, zu Besuchen in die Bundesrepublik zu kommen, aber sie sollten dann auch wieder zurückkehren. Er wolle keine Völkerwanderung.»[104] Aber der Zuzug ebbte nicht ab: Zwischen 1991 und 2006 kamen 2,5 Millionen Menschen aus Staaten der früheren Sowjetunion nach Deutschland.[105] Kohl setzte sich daher intensiv für allerlei Pläne und Perspektiven für die Aussiedler *in* der Sowjetunion bzw. Russland ein. Er musste die Ängste vor unkontrollierter Zuwanderung und Krieg ernst nehmen, zumal seine politischen Gegner diese Fragen aufgriffen und damit erfolgreich auf Wählerfang gingen. Bei beiden Punkten standen zudem große Verfassungsänderungen bevor: Das Asylrecht und mögliche Auslandseinsätze der Bundeswehr blieben politische und juristische Dauerthemen, die auch die Koalition mit der FDP strapazierten. Wie akut die Frage nach der neuen außenpolitischen Rolle Deutschlands wurde, zeigte sich zu Jahresbeginn.

Als Kohl am 17. Januar 1991 im Bundestag erneut zum Kanzler gewählt wurde, war die US-geführte Luftoffensive gegen Saddam Hussein nur wenige Stunden alt. Der Kanzler stand einer militärischen Lösung bis zuletzt «extrem skeptisch» gegenüber.[106] Damit war er nicht allein. Über 200 000 Menschen gingen in Deutschland unter dem Slogan «Kein Blut für Öl» auf die Straße. Die Hoffnungen auf ein Zeitalter des Friedens hatten sich als Illusion erwiesen. Vielmehr stellte sich die Frage, welche Aufgaben der Bundesrepublik an der Seite der einzig verbliebenen Supermacht, den USA, zufallen würden.[107] Hans-Peter Schwarz konstatierte sehr harsch eine «Massenpsychose und überängstliches Regierungshandeln»,[108] da der Kanzler sich hinter dem Verbot von Auslandseinsätzen im Grundgesetz (Art. 26) verschanzt hätte. Die Regierungskoalition stellte eine Verfassungsänderung in Aussicht und schloss bis dahin mit Verweis auf die unklare Rechtslage eine Beteiligung an der Golfkoalition aus.[109] Doch Kohl korrigierte den Kurs und nahm einen Koalitionskrach mit der sehr zurückhaltenden FDP in Kauf. Zu isoliert schien ihm seine Position, zu stark dröhnte die Kritik über den Atlantik, also leistete die Bundesregierung der Türkei und Israel, unter großem Protest der SPD, begrenzte Beistandshilfe gegen etwaige Gefahren.[110] Letztlich steuerte die Bundesrepublik 18 Milliarden DM für die Kosten der Operationen gegen den Irak bei. Dadurch geriet der Haushalt noch stärker in Schieflage, der ohnehin unter dem Gewicht des «Aufbaus Ost» litt.

Der Golfkrieg war ein weiteres Ereignis, das den Kanzler noch viel grundsätzlicher auf den Gang der Dinge blicken ließ. Zwischen 1990 und 1994 entwickelte er «geradezu eine Explosion von Gestaltungswillen, auch von

Gestaltungskraft»,[111] war als Doyen unter den Staats- und Regierungschefs geschätzt und als Gesprächspartner gesucht. Kohl stand im Zenit seiner Macht. Entscheidungen wurden meist im Fraktionsvorstand oder im Koalitionsausschuss im kleinen Kreis gefällt.[112] Mit dem liberalen Außenminister Hans-Dietrich Genscher kam es immer wieder zu Raufereien. Dem Auswärtigen Amt und vielen Diplomaten begegnete Kohl skeptisch. Bürokraten waren für ihn oftmals Sandkörner im Getriebe der politischen Entscheidungsfindung. Das Regierungshandeln konzentrierte sich noch stärker auf den Kanzler, als Genscher im Februar 1992 nach 17 Dienstjahren seinen Hut nahm. Die Zeit schien reif, wie ausländische Beobachter bemerkten. Genscher agiere ideenlos, schiele primär auf innenpolitische Wirkung, und die Amerikaner misstrauten ihm «mehr denn je», hielt der Schweizer Botschafter in einer Charakterskizze fest. Deutschland verfolge «keine überzeugende Außenpolitik. (…) Im guten Sinne machtbewusste und realistische Zukunftsvorstellungen und entsprechende Strategien wären vonnöten.»[113] Genschers Nachfolger war eine Notlösung. Nach öffentlichen Machtkämpfen fiel die Wahl auf Klaus Kinkel, der ohne starken Rückhalt in der Partei in seiner Gestaltungskraft als Minister beschränkt war. Die deutsche Botschaft in Moskau blieb ein wichtiger Horchposten und der Leiter der Abteilung 2 im Auswärtigen Amt, Politischer Direktor genannt, eine entscheidende Figur hinter dem Außenminister. Gemäß der Tradition der deutschen «Kanzlerdemokratie» wurden allerdings viele außenpolitische Fragen im Bundeskanzleramt entschieden.

Teltschik leitete seit 1982 die außen-, entwicklungs- und sicherheitspolitische Abteilung 2 im Kanzleramt. Doch bereits 1991 schied er aus. Ihm folgte kurzzeitig Peter Hartmann, bevor Joachim Bitterlich von 1993 bis 1998 zum entscheidenden außenpolitischen Berater Kohls avancierte. Im Gegensatz zu Teltschik waren Hartmann und Bitterlich beide Karrierediplomaten. Bitterlich galt als äußerst fähig und selbstbewusst, wurde in der Presse gar «heimlicher Außenminister» genannt.[114] Als Absolvent der französischen Kaderschmiede ENA hatte er einen besonderen Draht nach Paris, verlor aber deutsche Interessen nicht aus den Augen.[115] Die starke Stellung Bitterlichs gründete sich auf sein enges Verhältnis zu Kohl. Er hatte das Ohr des Chefs und eine kleine, aber schlagkräftige Mannschaft um sich.[116]

Kohl wähnte sich auf einer historischen Mission und verwies in vielen Gesprächen und Reden immer wieder auf die Entwicklungslinien Europas im 20. Jahrhundert. Der fatalen ersten Hälfte sei zumindest für einige Länder die Freiheit nach 1945 gefolgt und nun könne man die Ungerechtigkeiten und Irrwege seit 1989/90 endgültig überwinden.[117] Unentwegt verwies Kohl auf die historische Leistung des US-Präsidenten Harry Truman, der nicht den Verlockungen des Isolationismus verfallen sei, wie die USA nach dem Ersten Weltkrieg, sondern aus Feinden Freunde gemacht und die jungen Demokratien unterstützt habe. Dies schien Kohl im Hinblick auf die MOE-Staaten und die UdSSR nun seine eigene Aufgabe zu sein, wie er in einem Gespräch mit dem zypriotischen Staatspräsidenten betonte: «Hilfsnotwendigkeit für das besiegte Deutschland damals und für die SU-Nachfolgerepubliken heute; psychologische Langzeitwirkungen!»[118] Er forderte immer wieder einen Marshall-Plan für die MOE-Staaten und die Sowjetunion (bzw. Russland)[119] – und auch für den Nahen Osten.[120] Sein Referenzrahmen war die Entwicklung der Bundesrepublik und Westeuropas nach 1945. Doch war die Ausgangslage vergleichbar? Herrschten in der Sowjetunion nicht ganz andere Voraussetzungen? War Kohl zu sehr in den «Mantel der Geschichte» eingehüllt? Das Jahr 1991 hielt auf jeden Fall viel Historisches bereit.

Jahr der Instabilität

Die wichtigsten Wegmarken im Hinblick auf die Entwicklung der deutschen Russlandpolitik wurden im März, August und Dezember 1991 gesetzt: Die Ratifizierung des Zwei-plus-Vier-Vertrages durch den Obersten Sowjet, der Putschversuch in Moskau und die Auflösung der UdSSR. Der Jahresbeginn war von einer multipolaren Dauerkrise gekennzeichnet, wobei die Entwicklungen in einem Bereich drohten, andere Fragen zu beeinflussen oder gar zu konterkarieren. Zum einen trieb Kohl die Umsetzung der EG-Regierungskonferenzen zur Wirtschafts- und Währungsunion und zur Politischen Union unnachgiebig voran.[121] Zum anderen verschlechterte sich die Situation in Jugoslawien, der Warschauer Pakt löste sich auf, und es begann die US-geführte Bodenoffensive gegen den Irak. Westliche Diplomaten in Moskau fürchteten, dass Gorbatschow bei einer Eskalation des Golfkrieges gegen die Balten und andere «unbotmäßige Republiken» militärisch vorgehen würde.[122] Im Kanzleramt musste man mit gleich mehreren außenpolitischen Zeitenwenden umgehen, vom innenpolitischen Aufbruch in die Berliner Republik ganz zu schweigen. Es gab nicht «die eine» Krise, auf die man sich konzentrieren und alle Ressourcen hierfür bündeln konnte.

Während die Welt gebannt auf die Verhandlungen des Generalsekretärs der VN mit Saddam Hussein blickte, gingen die Menschen in Wilna auf die Straße. «Los von Moskau» skandierten sie, wollten Freiheit und Demokratie. Gorbatschow hatte die Unabhängigkeitserklärungen Estlands und Lettlands per Präsidialdekret annulliert. Nun stellte er der Regierung in Wilna ein Ultimatum: Sie müsse die Unabhängigkeitserklärung für null und nichtig erklären und die neue sowjetischen Verfassung anerkennen. Doch die Litauer boten Moskau die Stirn und ließen das Ultimatum verstreichen. Das Baltikum wurde zu einem wichtigen Schauplatz der internationalen Politik und zu einer Hypothek für die sowjetische Führung.[123] Der Kreml versuchte hiernach, den Wunsch nach Freiheit unter Panzerketten zu erdrücken. Ein Dutzend Tote und hunderte Verletzte waren die Folge. In Moskau kam es zu Solidaritätskundgebungen mit den Litauern, auch ukrainische Flaggen wurden geschwenkt. Die Menschen forderten ein Ende der kommunistischen Herrschaft. Boris Jelzin, der am 12. Juni 1991 zum Präsidenten der Russischen Sozialistischen Föderativen Sowjetrepublik (RSFSR) gewählt werden würde, flog nach Tallinn. Er traf die drei baltischen Präsidenten und gemeinsam stellten sie Gorbatschow an den Pranger. Dieser verfolge eine Politik der «eisernen Hand» und gefährde die Demokratie.[124] Zu viert machten sie in einer gemeinsamen Erklärung gegen Gorbatschow Front – mit Erfolg. Der Kreml gab nach und zog die Rotarmisten aus Wilna ab. Die Lage im Baltikum stabilisierte sich. Die Sympathien der Weltgemeinschaft lagen nun klar auf Seiten der Balten,[125] während die Sowjetunion politisch und wirtschaftlich immer instabiler wurde.

Am Abend nach dem «Blutsonntag von Wilna» zeigte sich der Kanzler vor der CDU/CSU-Bundestagsfraktion tief besorgt. Er glaube, dass die Vorgänge in Litauen «auch die Schießbefehle, in der Tat die oberste Führung der Sowjetunion überrascht haben».[126] Kohl schien Gorbatschow in Schutz zu nehmen. Es gelte diejenigen zu stützen, die für eine friedliche Lösung seien. Die Balten sollten nichts überstürzen.[127] Der Kanzler kritisierte die Hoffnung einiger Kreise in den USA, wonach die UdSSR jetzt zerfallen möge. Denn in Kohls Augen musste man eine etwaige Proliferation von Chemie- und Nuklearwaffen bedenken. «Dies sei kein Zurückweichen vor Menschenrechtsdiskussionsfragen», führte Kohl aus; im Hinterkopf müsse man behalten, wie viele sowjetische Soldaten noch auf deutschem Boden stünden.[128] Der Zwei-plus-Vier-Vertrag müsse noch ratifiziert werden und wer wolle, dass die Soldaten fristgerecht oder gar früher abzögen, sollte das «jeder bei seiner Stellungnahme bedenken».[129] Der Parteivorsitzende verteilte zwar keinen Maulkorb, machte aber sehr deutlich, wo deutsche Interessen lagen: im raschen Abzug sowjetischer Soldaten, der Verhinderung nuklearer Proliferation und nicht in einer Umkehrung dieser Entscheidung aufgrund eines Konfliktes oder Machtwechsels mit unabsehbaren Folgen. Dementsprechend kritisierte die Bundesregierung in einem vorsichtig kalibrierten diplomatischen Balanceakt zwar den Einsatz militärischer Gewalt, aber Außenminister Genscher erklärte, man werde dem sowjetischen Volk weiterhin helfen.[130]

Hartmann erläuterte dem sowjetischen Botschafter die deutsche Haltung. Man müsse beachten, dass «in Politik und Öffentlichkeit die Frage der Gewaltanwendung eine große Rolle spiele. Dies gelte ja auch für die Sowjetunion selbst. Was aber das schwierige Verhältnis zwischen Zentrum und baltischen Republiken angehe, so seien wir keineswegs diejenigen, die Öl ins Feuer gössen. Wir billigten kein Vorgehen, das auf abrupte Wechselbäder setze.»[131] Im Februar komme der lettische Ministerpräsident nach Bonn, und der «Bundeskanzler werde bei diesem Gespräch zu Vernunft und Mäßigung raten, damit keinerlei Illusion aufkommen könnte, wir würden alles stützen, was dort ablaufe», so Hartmann.[132] Die deutsche Öffentlichkeit, Russland-Experten und Diplomaten waren gleichsam empört über das Vorgehen im Baltikum und ihr «Bild Gorbatschows verdunkelte sich schlagartig».[133]

Kohl wiederholte seine Linie auch gegenüber dem britischen Premierminister. Man dürfe die Nachkriegsgrenzen nicht antasten, müsse behutsam vorgehen – auch im Hinblick auf die Ukraine.[134] Er habe «viel Sympathie für die baltischen Staaten, aber es gebe realistischerweise nur einen evolutionären Weg».[135] Gorbatschow habe ihm im November 1990 bei ihm «zu Hause» gesagt, dass er die baltischen Staaten nicht halten könne, also sollte man vielleicht eine «Finnlandisierung» erwägen.[136] Kohl spielte hier auf den Status Finnlands an: Unabhängigkeit, ohne Mitglied eines Verteidigungsbündnisses zu sein. Auch vor der CDU/CSU-Bundestagsfraktion unterstrich Kohl wenige Tage später erneut seine «besondere Sympathie» für das Baltikum, die sich auch aus der deutschen Geschichte heraus begründe.[137]

Hat Kohl die Souveränität der baltischen Staaten daher wirklich «strikt abgelehnt»?[138] Ein Vergleich zum Spätherbst 1989 ist hier erhellend: Kohl hätte einen evolutionären Weg zur deutschen Einheit über mehrere Jahre hinweg, wie er ihn nun selbst den Balten vorschlug, nie akzeptiert. Er sprach damit den Balten ab, was er selbst getan und womit er bei engen Verbündeten viel Unbehagen ausgelöst hatte: Vorpreschen und die Unabhängigkeit so zu forcieren, wie er durch den Zehn-Punkte-Plan die Wiedervereinigung beschleunigt hatte. Im Ziel stimmte er mit den baltischen Wünschen überein. Doch den Weg wollte er anders beschreiten, da es nicht in deutschem Interesse war, Instabilität, einen etwaigen Sezessionskrieg und eine Schwächung Gorbatschows zu evozieren. Die Situation lässt sich allerdings nur bedingt vergleichen. Sezession war nicht gleich Wiedervereinigung. Zudem gab es keinen deutschen Sonderweg. Vielmehr schien die Bundesrepublik aufgrund der sowjetischen Truppen in der DDR und des Einigungsprozesses plausiblere Gründe zu haben als die anderen Partner. Die USA schwenkte erst allmählich auf Anerkennung ein: Die Irakkrise und Abrüstungsanstrengungen hatten Vorrang.[139] Der britische Botschafter in Moskau, Rodric Braithwaite, wies auf die «ungeheuerlichen Fehler» der Balten hin, die «hochgradig provozierende Maßnahmen» durchgesetzt hätten. Sie gäben sich «extrem unrealistischen Vorstellungen hin, wie viel politische und wirtschaftliche Hilfe sie aus dem Ausland erhalten würden».[140] Daher solle man die schwerwiegenden Konsequenzen bedenken und im Prinzip einer Unabhängigkeit zustimmen, aber bei «timing and circumstances» auf eine ruhigere Gangart hinwirken.[141] Dies entsprach fast wortgleich der Haltung Kohls.[142]

Ein Gespräch des Kanzlers mit Premierminister John Major verdeutlicht, dass die britische Sicht sich fast mit der deutschen deckte. Kohl dachte laut über eine Neutralisierung des Baltikums nach und mahnte, man solle den Reformkurs unterstützen.[143] Major pflichtete ihm bei, plädierte allerdings für mehr Peitsche und weniger Zuckerbrot: Man solle humanitäre Hilfe fortsetzen, aber langfristige Maßnahmen zurückstellen, bis sich ein klarer Reformkurs abzeichne. Beide wollten offene und deutliche Worte gegenüber der sowjetischen Führung finden.[144] In Nuancen mag es daher unterschiedliche Herangehensweisen gegeben haben, aber letztlich wollte auch Major einen Sturz Gorbatschows verhindern – ebenso wie Mitterrand.[145] Alle stimmten überein, man dürfe die Sowjets nicht in eine Ecke drängen, müsse sie respektvoll behandeln und ihnen das Gefühl geben, als Europäer ernstgenommen zu werden.[146] Doch das Misstrauen nahm zu, da Gorbatschow die westlichen Staatenlenker im Verdacht hatte, das innenpolitische Chaos in der Sowjetunion auszunutzen.[147] Kohl dagegen fürchtete vielmehr, dass die Weltgemeinschaft ihr Augenmerk nur noch auf den Irak richte und die Geschehnisse in der Sowjetunion aus den Augen verliere.[148] Trotz dieser Sorgen ließen sich Fortschritte vermelden. In seiner Regierungserklärung am 30. Januar 1991 sprach Kohl erneut seine Hoffnung auf eine baldige Ratifizierung des Zwei-plus-Vier-Vertrages und den Abzug der sowjetischen Truppen aus. Die Rede wurde in sowjetischen Medien sehr positiv aufgenommen.[149] Am 18. Februar begann im Obersten Sowjet die Debatte zur Ratifizierung des Zwei-plus-Vier-Vertrages. Anfang März wurde sie abgeschlossen und die Sowjetunion konnte als letzter Signatarstaat die Ratifizierungsurkunde hinterlegen. Kohl dankte Gorbatschow, Wort gehalten zu haben und betonte, dass es nun gelte, ein «neues Kapitel der deutsch-sowjetischen Zusammenarbeit» aufzuschlagen.[150]

Zugleich animierte der Kanzler die sowjetische Seite wiederholt, mit den MOE-Staaten Freundschaftsverträge abzuschließen. Damit sollte der Kreml seinem Beispiel folgen. Denn Kohl forcierte einen Neubeginn mit Polen und beabsichtigte ein groß angelegtes Vertragswerk zur Kooperation auf allen Ebenen. Als Vorbild diente ihm auch hier die deutsch-französische Aussöhnung nach 1945.[151] Diese Bemühungen mündeten in den Deutsch-Polnischen Nachbarschaftsvertrag vom 17. Juni 1991, dem ähnliche Verträge mit der Tschechoslowakei und Ungarn ein Jahr später folgten. Kohl sah «in der Neugestaltung des Staatensystems Ostmittel- und Osteuropas während der ganzen neunziger Jahre eine seiner Hauptaufgaben».[152] Institutionen, Prozesse und Strukturen waren dabei wichtig, doch ebenso die Person Kohls, da er viele Initiativen persönlich voranbrachte.

Gespenster der Vergangenheit wollte der Kanzler vertreiben. Dem polnischen Ministerpräsidenten versicherte er, man werde die eigenen «Beziehungen zur Sowjetunion nicht auf Kosten Polens entwickeln. Das wäre Denken in alten Kategorien».[153] Er bemühte sich um polnische Unterstützung hinsichtlich des Abzugs der WGT-Verbände. Die Präsenz sowjetischer Verbände in Polen, der Tschechoslowakei und in Ungarn wurde durch die Auflösung des Warschauer Paktes im März ohnehin Makulatur, doch hunderttausende Rotarmisten mussten auch aus diesen Ländern erst noch abziehen.[154] Die Rückkehr der in der ehemaligen DDR stationierten sowjetischen Soldaten wurde dadurch komplizierter. Kohl beschwerte sich gegenüber Mitterrand, der Abzug «stoße auf große Schwierigkeiten. Die Polen würden jetzt die Zustimmung zum Durchzug der sowjetischen Truppen aus Deutschland mit einem Abzug der sowjetischen Truppen aus Polen verbinden».[155] Polnische Regierungsvertreter sprachen hingegen von einer ständigen «offensichtlichen Absicht» der sowjetischen Seite, «die Polen zu provozieren» und erhofften sich deutsche Unterstützung.[156] Die Sowjets wiederum wandten sich an Deutschland und wollten einen direkten Abzug ohne Transit durch Polen besprechen, da Warschau Transitgebühren erheben wollte. Das Kanzleramt erteilte solchen Gedankenspielen eine klare Absage: «an den Problemen mit Polen seien wir ganz und gar unschuldig. Die Lösung müsse mit Warschau gefunden werden.»[157] Die polnische Seite stimmte Kohl zu. Ein schneller Abzug läge im Interesse aller. «Leider sei es so», erklärte der Kanzler allerdings, dass «die polnische Seite das Problem des Abzugs der sowjetischen Truppen nicht rechtzeitig angepackt habe – so wie dies Ungarn und die ČSFR getan hätten.»[158] In der Tschechoslowakei hatten die sowjetischen Truppen bereits im Februar ihre Zelte abgerissen, Ungarn verließen sie komplett bis Juni 1991. In Polen begann der Abzug erst im Juni 1992 und konnte im September 1993 abgeschlossen werden. Die WGT-Präsenz war somit kein genuin deutsches Problem und Kohl bemühte sich um einvernehmliche Lösungen über die ehemalige DDR hinaus.

Im Frühjahr wurde die wirtschaftliche Lage der UdSSR immer desaströser. Alte kommandowirtschaftliche Strukturen wurden aufgelöst, ohne dass eine Marktökonomie bestand. Glasnost verärgerte die reaktionären Partei-Hardliner und ging doch vielen Reformern, die radikale Schritte wie in Mittel- und Osteuropa wollten, nicht weit genug.[159] Kohl blieb bei seiner Linie: Gorbatschow unterstützen – was er ihm (und anderen) immer wieder direkt so mitteilte –,[160] die Sowjetunion stabilisieren und konstruktiv bei internationalen Fragen einbinden.[161] Dabei spielte er durchaus Alternativen durch. In einem Gespräch mit Mitterrand zeigte Kohl drei Optionen auf: «Gorbatschow werde sich an der Macht halten; es werde zu einer Übergangsphase mit einem populistischen Regime kommen; oder das Militär übernehme die Macht», woraufhin Mitterrand einwarf, dass letzteres sicher «nicht die beste Alternative» sei.[162] In der Sowjetunion herrschte in den Augen des französischen Staatspräsidenten ohnehin «unbeschreiblicher Wirrwarr» und quasi Anarchie «vor unserer Haustür», wie er betonte.[163] Kohl verwies hiernach auf die WGT-Problematik, die ihm Sorge bereite. Kriminalität und Desertationen nähmen stetig zu. Ein explosives Gemisch aus Frust, Langeweile und Perspektivlosigkeit.

Kohls Haltung in Bezug auf das Baltikum und die Auflösungserscheinungen in der Sowjetunion waren zusammenfassend durch den Wunsch nach einem behutsamen Vorgehen in puncto Unabhängigkeit und dem Bewahren der staatlichen Einheit gekennzeichnet. Dieses Denken muss vor dem Hintergrund der Entwicklungen in Südosteuropa gesehen werden. Hier stellten sich ähnliche Fragen, da die Risse in einem anderen Vielvölkerstaat zunahmen. «Man dürfe nicht vergessen, dass Jugoslawien schon immer das Pulverfass Europas gewesen sei,»[164] schrieb der Kanzler dem britischen Premierminister schon zu Beginn des Jahres ins Stammbuch.[165] Die Unabhängigkeitserklärung Kroatiens und Sloweniens am 25. Juni 1991 führten zum «Zehntagekrieg», der durch das «Brioni-Abkommen» im Juli vorübergehend beruhigt werden konnte. Im Herbst nahm die Intensität der Kämpfe in Kroatien zu und das Massaker von Škabrnja rüttelte die Weltöffentlichkeit auf. Die Europäer waren uneins und schienen machtlos.[166] Ein im Februar 1992 ausgehandelter Waffenstillstand blieb brüchig. Im März erklärte Bosnien seine Unabhängigkeit, woraufhin ein blutiger Krieg ausbrach, in den zunächst die Vereinten Nationen mit einer Blauhelmmission (UNPROFOR) und im Frühjahr 1994 die NATO eingriffen. Der Konflikt konnte jedoch erst durch das Daytoner Abkommen Ende 1995 förmlich beendet werden.[167] Danach mussten bis zu 60 000 Soldaten der sogenannten Implementation Force (IFOR) – unter russischer Beteiligung – den Frieden sichern. Die Haltung des Kremls schwankte. Nicht immer war sie hilfreich. Und doch wollte der Westen Russland einbinden, allerdings ohne ein Veto zuzugestehen oder eine russische Deckung der aggressiven Politik Slobodan Miloševićs, des serbischen Präsidenten von Restjugoslawien zuzulassen.

Kohls erste Reaktion auf die Unabhängigkeitserklärungen ging weiter als die Unterstützung für Litauen. Er wollte die Gewaltspirale stoppen, doch gerade als Deutsche könne man sich dem Wunsch nach Selbstbestimmung anderer Völker nicht entziehen, erklärte er.[168] Im Hinblick auf eine Anerkennung Sloweniens und Kroatiens war er zunächst noch zurückhaltend.

Er wolle «keinen deutschen Alleingang», stand jedoch unter erheblichem innenpolitischen Druck.[169] Er betonte die historischen Bande zu Kroatien, nicht zuletzt durch die vielen Kroaten, die in Deutschland lebten (was ein weiterer Unterschied zu Litauen war).[170] Der Kanzler musste allerdings die divergierenden Einschätzungen seiner europäischen Partner beachten. Seine Präferenz lag daher anfangs auf einem Fortbestand Jugoslawiens mit einer neuen Verfassung.[171] Die Auseinandersetzungen auf dem Balkan erhielten aufgrund des innenpolitischen Drucks und des Ansehensverlustes der Europäer auch Relevanz für die deutsche Ostpolitik. Kohl offenbarte dies Mitterrand schonungslos. Eine gemeinsame Außenpolitik der Europäer sei in weiter Ferne und «eine ähnliche Schwäche zeige sich auch in Bezug auf die Hilfe für die Sowjetunion».[172] Denn trotz aller hehren Worte und Absichtserklärungen für eine gemeinschaftliche Außen- und Sicherheitspolitik war die Realität mau: Der Waffenstillstand hielt nicht, die Anerkennung Sloweniens und Kroatiens brachte Bonn in die Bredouille, die Europäer blieben uneinig und Kohl in «ständiger Sorge, das Chaos im Osten und auf dem Balkan könne auch den EG-Raum und das wiedervereinigte Deutschland erfassen».[173] Kohl warnte auch mit Blick auf die Sowjetunion wiederholt davor, an den europäischen Grenzen zu rütteln.[174] Die blutige Auflösung Jugoslawiens stand Kohl auch später bei seiner Ostpolitik mahnend vor Augen, und die Entwicklungen beeinflussten sich gegenseitig.[175] Staatszerfall, Bürgerkriege und etwaige Flüchtlingsströme waren die Hauptsorgen – nicht durch die norddeutsche Tiefebene rollende sowjetische Panzer. Die Angst vor einer «Balkanisierung», also vor Sezessionskriegen, Minderheitenproblemen, Fluchtbewegungen – den bekannten Folgen der Auflösung von Vielvölkerreichen – saß dem Historiker Kohl tief in den Knochen. Der Kanzler hoffte in Jugoslawien, wie schon in der Irakfrage, auf konstruktive Hilfe Moskaus. Auch die Amerikaner wurden gebraucht – auf dem Balkan und bei der Russlandhilfe. Während in den USA der Wahlkampf begann und die Bush-Administration in außenpolitische Apathie verfiel, betrat in Moskau ein neuer Akteur die Bühne.

Enter Jelzin

Am 12. Juni 1991 wurde Boris Jelzin zum Präsidenten der Russischen Sozialistischen Föderativen Sowjetrepublik (RSFSR) gewählt. Gorbatschow hatte Jelzin einst selbst nach Moskau geholt, wo er sich einen Namen als Reformer machte und große Beliebtheit errang.[176] In den Augen Gorbatschows erfreute er sich zu großer Popularität. Er entließ ihn 1987. Aus eigener Kraft kehrte Jelzin zurück und mauserte sich zum großen Rivalen seines einstigen Förderers.[177] Die gewonnene Wahl zementierte diesen Status. Die deutsche Botschaft sprach von einem «überwältigenden Sieg für die neuen demokratischen Kräfte Russlands», warnte jedoch, es bliebe abzuwarten, ob Jelzin «den gefahrvollen Weg der Umwandlung von Staat und Gesellschaft erfolgreich» gehen wolle und könne.[178] Denn die feierliche Amtseinführung habe «ganz im Zeichen der staatlichen, wirtschaftlichen und geistig-religiösen Wiedergeburt des ‹großen Russland›, der Abkehr vom sozialistischen Experiment» und seines eigenen persönlichen Statusgewinns gestanden.[179] Blieb statt des sozialistischen Pathos nur Nationalismus als neuer Kitt? Der Wahlsieg Jelzins stärkte zugleich die zentrifugalen Kräfte. Er argumentierte gegen einen starken Zentralstaat, für einen neuen Unionsvertrag und wollte neue Wege gehen.[180] Kohl schien sich kneifen zu müssen: Die Erosionserscheinungen in der Sowjetunion, die Wahl Jelzins, der Bedeutungsverlust der KPdSU, die Rückbenennung Leningrads in St. Petersburg. All das schien «völlig unfassbar».[181] Implizit schwang dabei die Angst vor einer Umkehrbarkeit des Kooperationswillens der UdSSR und des Reformprozesses in Mittel- und Osteuropa mit. Zumal seine Berater versicherten, der «Auflösungsprozess der SU in ihrer heutigen Form sei unumkehrbar» und die Berechenbarkeit der UdSSR unter Gorbatschow anzuzweifeln.[182]

Wie umkehrbar die «neue Zeit» in der Sowjetunion sein konnte, zeigte der Putsch gegen Gorbatschow vom 19. bis 21. August 1991. Die alte kommunistische Machtelite stemmte sich mit Gewalt gegen die Reformprozesse.[183] Jelzin schlug sich auf die Seite seines Rivalen. Er trotzte in Moskau dem revisionistischen Sturm, während Gorbatschow auf der Krim unter Hausarrest stand. Kohl blickte entsetzt auf die Ereignisse. Er brach seinen Urlaub ab und eilte nach Bonn zurück.[184] Sein Team warnte ihn am 19. August vor einem möglichen «Blutbad» im Baltikum, doch noch zeigten sich keine Auswirkungen auf Mittel- und Osteuropa.[185] Der Kanzler übernahm diese Einschätzung.[186] Noch am selben Tag stimmte er sich vor seiner Presseerklärung mit den engsten Verbündeten ab. Gegenüber Präsident Bush betonte er die «gewaltige Wirkung» der Ereignisse. Er hoffte auf ein vernünftiges Vorgehen der neuen Machthaber, da man sonst jegliche Hilfe einstellen würde.[187] In der Tat schätzten viele Stimmen in Washington den deutschen Einfluss aufgrund der massiven Hilfslieferungen höher ein als den eigenen.[188] Dass die Bundesregierung nicht willens war, einen Blankoscheck auszustellen, sondern die wirtschaftliche und politische Hilfe an Reformen und den Fortbestand der SU oder einer anderen Unionsform knüpfte,[189] verdeutlichte Kohl in seinen öffentlichen Forderungen, die er gegenüber allen Staats- und Regierungschefs wiederholte: Die neue Führung der Sowjetunion müsse alle internationalen Verträge und Vereinbarungen einhalten, die Abrüstung und Rüstungskontrolle fortsetzen, Gorbatschow unversehrt lassen und sie erhielte nur Hilfe, wenn sie «die Menschen- und Bürgerrechte achte und die Politik der Demokratisierung fortsetze».[190] Beruhigend war, dass die Putschisten den Abzug der WGT-Truppen nicht in Frage stellten, was in Bonn[191] und von Vertretern der MOE-Staaten mit Erleichterung aufgenommen wurde.[192] In den Augusttagen 1991 zeigte sich, wie berechtigt Kohls Sorge (und die anderer) vor der Umkehrbarkeit des Reformprozesses in der UdSSR war.

Die «Stabilisierung der Stabilisierer» wurde zur Richtschnur deutscher und westlicher Ostpolitik. Denn durch Jelzin schien eine größere Unabhängigkeit der RSFSR und demzufolge die Auflösung der UdSSR immer wahrscheinlicher. Wirtschaftliche und humanitäre Hilfe war in Kohls Augen somit unabdingbar – auch für den Erfolg der demokratischen Reformen. Dies betonte er bei einem Treffen mit Präsident Bush im September 1991, bei dem in erweiterter Runde auch die junge Bundesministerin Angela Merkel zugegen war.[193] Zugleich dürfe man die ost- und mitteleuropäischen Staaten nicht vernachlässigen, da bei einer politischen und wirtschaftlichen Misere «die Gefahr einer großen Wanderungsbewegung» drohe. Der Kanzler warb um ein verstärktes Engagement der USA und eine gerechtere Lastenteilung, da er aufgrund der enormen Hilfsleistungen immer stärkeren innenpolitischen Gegenwind bekäme.[194] Er verwies auf seine Unterstützung einer frühen Assoziierung Polens, Ungarns und der Tschechoslowakei an die EG. Wenn man jetzt nicht helfe, «komme uns dies am Ende sehr viel teurer zu stehen. Beim Marshall-Plan habe sich die frühzeitige Unterstützung sehr bewährt. Wir wollten Hilfe zur Selbsthilfe und nicht gutes Geld in ein Fass ohne Boden schütten.»[195] Bis zum September 1991 hatte Bonn für die Länder Ostmitteleuropas 30 Milliarden DM bereitgestellt und über 60 Milliarden DM für die Sowjetunion.[196] Damit leistete die Bundesrepublik etwa 60 Prozent der westlichen Hilfe für Russland, die EG insgesamt unter Einschluss Deutschlands rund drei Viertel, die USA etwa fünf Prozent.[197] Bei den Reformstaaten Mittelosteuropas lag die Bundesrepublik mit 25 Prozent aller Hilfen an erster Stelle.[198] Als Vergleich hierzu mag die deutsche Unterstützung für den Irakkrieg 1991 dienen, wo die Bundesregierung rund 18 Milliarden DM beisteuerte. Die meisten Länder blickten tatenlos auf das zunehmende Chaos und die besorgniserregende Lage in der Sowjetunion. «Deutschland war in Wahrheit allein», bezeichnete Joachim Bitterlich in der Rückschau die Situation.[199] Der Bundeskanzler verband das finanzielle Argument mit einem politischen. Der US-Kongress habe «mit brausendem Jubel» die Souveränität und Freiheit der baltischen Staaten begrüßt, aber nur 19 Milliarden Dollar bereitgestellt. Man werde daher mit den USA reden, erklärte er vor der Fraktion, und «ohne jede Feindseligkeit in der Vertretung deutscher Interessen sagen müssen: ‹Für uns ist in vielen Bereichen die Obergrenze dessen, was hier tragbar ist, erreicht!› (Beifall).»[200]

Kohl hoffte trotz negativer Signale und zunehmender zentrifugaler Tendenzen,[201] dass Gorbatschow und Jelzin sich nach dem überstandenen Putschversuch zusammenraufen und die Probleme gemeinsam überwinden würden.[202] Er blieb jedoch skeptisch, ob die Geister der Vergangenheit endgültig in die Flasche zurückgekehrt waren. Er fürchtete vor allem alte und neue Grenzstreitigkeiten, etwa zwischen Moldawien und Rumänien.[203] Die deutsche Botschaft in Moskau warnte vor einer «gefährliche[n] Konfrontation zwischen einer von großrussischen Ambitionen getragenen RSFSR und den übrigen Republiken».[204] Ende September 1991 kam es zu einer kurzen «Grenzkrise» zwischen Russland und der Ukraine, da aus Jelzins Pressebüro verlautbart worden war, man behalte sich «das Recht auf Territorialansprüche gegenüber sezedierenden Republiken» vor, weshalb das Auswärtige Amt erneut vor einer «bedenkenlose[n] russische[n] Außenpolitik» warnte.[205]

Zudem war die baltische Frage ungelöst. Wenngleich die Anerkennung der baltischen Staaten bereits Ende August beschlossene Sache war, verdeutlichte Kohl, dass er an Gorbatschow festhalten und «allen anderen Republiken raten [werde], eine vernünftige Lösung innerhalb einer gemeinsamen Union zu suchen, (...) denn eine Balkanisierung der Sowjetunion führe in eine Katastrophe. Allein die Vorstellung, dass die Ukraine sich abspalten könnte, halte er für ganz schlimm. Dabei sei klar, dass die drei Baltenstaaten ein Sonderfall seien (Hitler-Stalin-Pakt)».[206] Die Bundesrepublik und die USA erkannten die baltischen Unabhängigkeitserklärungen erstmals im Zuge des Augustputsches am 20. August an. Die Sowjetunion selbst gab ihr Sanctum am 2. September. Doch Kohl verwies auf die «psychologische Wechselbeziehung zur Situation in Jugoslawien».[207] Eine Wechselbeziehung, die man in Bonn genau im Auge behielt.

In der Sowjetunion spiele sich «ein Stück Zeitenwende ab», erklärte der Kanzler Anfang September vor der CDU/CSU-Bundestagsfraktion, und deutsches Interesse müsse sein, dass «dort Demokratie, dass dort Rechtsstaat und dass dort Freiheit garantiert bleibt. Unser Interesse kann nicht darin liegen, dass sich die Sowjetunion (...) in Einzelbestandteile auflöst, mit denen wir die allergrößten Probleme haben werden im späteren Zusammenleben.»[208] Eine neue Föderation sei vielversprechender.[209] Eine gute wirtschaftliche Entwicklung und weitere Abrüstungsgespräche seien mit einer Vielzahl neuer Republiken ungleich schwieriger. Dies verdeutlichte erneut, wie stark Kohl (und andere westliche Staatsmänner) die Frage der Proliferation beschäftigte und wie sehr man bereit war, diesbezüglich die Nichteinmischung in innersowjetische Angelegenheiten aufzugeben.[210] Man tue alles, was «in diesem Zusammenhang notwendig und möglich ist. Man kann nicht alles öffentlich tun, das füge ich gleichzeitig hinzu»,[211] gab der Kanzler vor der Fraktion zu Protokoll und versprach, sich eng mit den Partnern in der EG und den USA abzusprechen. Sie sollten in die Pflicht genommen werden, damit sie die Bundesregierung mit den bevorstehenden Mammutaufgaben in Mittel- und Osteuropa nicht allein ließen. Es gelte, der Sowjetunion «Hilfe zur Selbsthilfe» zu leisten, denn alle Entscheidungen über Reformen müssten dort fallen.[212] Zugleich brauchten die MOE-Staaten Hilfe, um ihre Energieabhängigkeit von der Sowjetunion zu reduzieren, und auch die baltischen Republiken dürfe man nicht im Regen stehen lassen. Es böte sich eine einmalige Chance, «schlimmes Unrecht aus der Stalin- und Hitler-Ära»[213] wiedergutzumachen, erklärte Kohl unter dem Beifall der Fraktion. Seine Ausführungen zeigen, wie das wiedervereinigte Deutschland mit der neuen Mittellage umging. Der Kanzler behielt deutsche Interessen im Blick, aber preschte keineswegs unilateral voran. Vielmehr versuchte er unentwegt, die lethargisch wirkenden Westeuropäer mitzureißen und die MOE-Staaten einzubinden. Hierbei spielten die Weiterentwicklung und die Erweiterung der EG/EU und NATO eine wichtige Rolle – ein Themenfeld der deutschen Außenpolitik, das durch archivgestützte Studien noch detailliert zu erforschen ist.[214]

Die EG/EU- und NATO-Erweiterungen

Durch das Ende des Ost-West-Konflikts veränderte sich die geopolitische Lage der Bundesrepublik. Nicht nur westlich von Bonn gab es Demokratien. Kohl war durch die neue Mittellage gezwungen, mehrere Ziele auszutarieren: «enge Sicherheitsbeziehungen zu den USA im Rahmen der NATO, mittelfristiger Ausbau der EU mit den Kernländern Deutschland und Frankreich zu einer echten Verteidigungsgemeinschaft und Aufbau eines Sonderverhältnisses zu Russland, ohne dabei die Sicherheit Deutschlands, Polens oder der baltischen Länder zu gefährden».[215] Die Jugoslawienkrise hatte gezeigt, wie schwer es der EG fiel, mit einer Stimme zu sprechen. Als Kroatien eine Aufteilung Bosnien-Herzegowinas erwog, nutzte der Kanzler Wirtschaftshilfen als Hebel, um politischen Einfluss auf die Entwicklungen nehmen zu können.[216] Die Parallelen zur Russlandpolitik liegen auf der Hand. Zudem verdeutlicht dies, wie sehr Kohl an eine gemeinsame Außen- und Sicherheitspolitik als «eigentliche[s] Kernstück der Politischen Union» glaubte.[217] Eine wichtige Rolle spielte hierbei, etwaiger Kritik an einem wiedererstarkten Deutschland vorzubeugen, indem man die Selbsteinbindung in die EG bzw. EU ausbaute.[218] Der französische Staatspräsident Mitterrand hing lange der Idee einer Europäischen Konföderation an, die auf mittlere Sicht keinen Beitritt der Reformstaaten zur EG (oder NATO), sondern ein System kollektiver Sicherheit vorsah.[219] Ein Konzept, das durch den Augustputsch einen schweren Dämpfer erhielt.[220] Der Kanzler nahm die Ideen Mitterrands zwar ernst, doch eine Assoziierung der MOE-Staaten ging ihm nicht weit genug. Europa bliebe ein «Torso», wie er fast endlos betonte, wenn nicht die Staaten Ost- und Mitteleuropas der Gemeinschaft beiträten.[221] Er empfand große Dankbarkeit gegenüber den Ungarn für ihre Hilfe bei der Deutschen Einheit und sah sich der Aussöhnung mit Polen verpflichtet.[222] Kohl befürwortete auch früh eine Erweiterung der EG um die ehemals neutralen und ökonomisch starken skandinavischen Staaten und Österreich.[223] Hiernach sollten die MOE-Staaten und die Balten hinzustoßen, sobald sie wirtschaftlich bereit seien.[224] Der Kanzler behielt die «geostrategische Komponente» im Blick, da die nordischen Staaten großen Einfluss auf Polen und das Baltikum ausüben konnten, Österreich auf Mittel- und Südosteuropa. Zudem wäre die Bundesrepublik nur noch von Partnern umgeben und nicht mehr Außengrenze der EG/EU bzw. Frontstaat der NATO. Vorsichtiger war Kohl im Hinblick auf eine etwaige Mitgliedschaft Rumäniens oder Bulgariens sowie die weiterhin in die post-jugoslawischen Konflikte verwickelten Länder Slowenien und Kroatien. Eine Mitgliedschaft der Türkei oder der GUS-Staaten hielt er, wenn überhaupt, nur auf lange Sicht für möglich. Hier seien Assoziationen möglich – Genscher sprach von einem «besonderen Vertragsinstrument», quasi «neuen Ostverträgen der EG» mit den GUS-Staaten[225] – aber «es sei natürlich völlig indiskutabel», so Kohl im November 1992, dass «Russland eines Tages Teil der Europäischen Gemeinschaft werde».[226] Premierminister Major sah dies, wenn überhaupt, erst in 50 Jahren als Option.[227] Die Trennlinien im neuen Europa durch Mitgliedschaft oder Assoziierung waren somit früh gezogen.

Kohl wollte zunächst eine Vertiefung durch die Errichtung der Politischen Union sowie der Wirtschafts- und Währungsunion. Dies gestaltete sich schon schwierig genug. Die Erweiterung sollte daher graduell erfolgen und mit möglichen Zwischenstufen, etwa einer «Spezial-Assoziierung».[228] Vorschnellen Erweiterungen begegnete er mit Skepsis.[229] Strategische Ruhe war auch hier Kohls oberstes Gebot: Er wollte nichts überstürzen, berechenbar sein, Vertrauen wecken. Es zeichnete sich schnell ab, dass die Aufnahme weiterer Staaten vor großen Hürden stand. «In der Gemeinschaft stehen wir zusammen mit Großbritannien als ausgesprochene Befürworter der Erweiterung fast allein», hielt eine Vorlage für Genscher fest.[230] Während die Bundesrepublik die bilateralen Hilfen an die Reformstaaten «vergemeinschaften» und eine institutionelle Garantie für eine Stabilisierung schaffen wollten, fürchteten viele westeuropäische Partner einen Zugewinn, gar eine deutsche Vormachtstellung in «Mitteleuropa».[231] Die Bundesrepublik, so Kohl zu dem erweiterungsfreudigen britischen Premierminister Major, dürfe den «psychologischen Fehler nicht machen und zu demonstrativ an der Spitze marschieren».[232] Viele Partner in West und Ost hätten noch ihre Schwierigkeiten mit der neuen Größe Deutschlands. In Polen nahm Kohl wieder anti-deutsche «Feindbilder» wahr.[233] Dennoch war allen bewusst, dass die Bundesregierung der Antreiber einer Osterweiterung war. Die Öffnung der Union nach Osten, so eine französische Aufzeichnung, «ist eine stete Priorität aller deutscher Politiker».[234] In Moskau erkannte man dies ebenfalls, und obwohl man der Öffnung nach Osten mit wenig Freude entgegenblickte, ließ man es auch als Geste gegenüber Bonn ohne viel Aufsehen geschehen.[235] Die Erweiterung war allerdings kostspielig. Sie speiste in Deutschland die Skepsis gegen die Währungsunion[236] und drohte eine Vertiefung zu konterkarieren. Doch letztlich öffnete die Union ihre Tore. Im Juni 1993 legte die EU mit den sogenannten Kopenhagener Kriterien die Voraussetzungen für eine Aufnahme fest. 1995 traten, massiv durch Bonn unterstützt, Österreich, Finnland und Schweden bei. Die Reformstaaten Ostmitteleuropas wurden erst 2004 aufgenommen. Folglich entstanden nicht nur neue Märkte für die deutsche Wirtschaft, sondern neue Partner «für eine konstruktive Ostpolitik»,[237] da Frankreich und die Südeuropäer sich weiterhin nur sehr zögerlich in dieser Region engagierten.[238] «Länder wie Spanien, Italien, aber auch Großbritannien seien weit weg von Mitteleuropa», gab Kohl zu bedenken, «alle müssten daher jetzt umdenken».[239]

Bei einem Blick auf die 1990er Jahre müssen die Herausforderungen der Reformprozesse in Mittel- und Osteuropa in jede Bewertung eingepreist werden: Es wurde deutlich, wie steinig der Weg werden würde, da die politischen, wirtschaftlichen, sozialen und mentalen Unterschiede zwischen Westeuropa und den Transformationsgesellschaften frappierend waren.[240] Zugleich wollten die MOE-Staaten nach der Auflösung des Warschauer Paktes am europäischen Einigungs- und folglich auch Verteidigungsprojekt der nordatlantischen Allianz enger und schneller beteiligt werden.[241] Deutschland käme, so Kohl, durch seine Mittellage und gewachsene Machtposition eine entscheidende Rolle zu. Man müsse diesen Prozess begleiten und zu einem Gelingen der Demokratisierung in den Reformstaaten beitragen. Der polnische Reformprozess verlief holprig, internationale Verpflichtungen wurden nicht eingehalten und die Zustimmung der Bevölkerung zu einem EG-Beitritt schwankte: Sie halbierte sich phasenweise von über 80 auf 40 Prozent.[242] Als Spekulationen hochkochten, Walesa könnte neben seiner Rolle als Präsident auch Premierminister werden, warnten britische Diplomaten, dass «der ohnehin sehr langsame Reformprozess komplett zum Stillstand kommen könnte».[243] Im Nachbarland kam es gar zu einer friedlichen Trennung: Tschechien und die Slowakei gingen ab 1993 als eigenständige Staaten ihre Wege.

Da die EU also vor vielen Problemen der inneren Ausgestaltung und Erweiterung stand, setzte die Bundesregierung auch auf andere Organisationen. Dies bedeutete neben einer Aufwertung der KSZE als Institution für Konfliktverhütung und Konfliktprävention, die besonders im Auswärtigen Amt unter Genscher populär war,[244] eine Neubelebung der Westeuropäischen Union (WEU) durch eine engere Assoziierung an die EG. Dies verstärkte die Frage nach der Zukunft der transatlantischen Allianz und ihrer wichtigsten Institution: der NATO.

Wie bereits erwähnt, war die Frage einer Erweiterung der NATO erstmals im Zuge der deutschen Wiedervereinigung virulent geworden.[245] Der Beitritt der DDR zur Bundesrepublik war de facto die erste Osterweiterung der NATO, der 1999 und 2004 zwei weitere große Runden mit mehreren neuen Mitgliedern folgten. Seither ist häufig von angeblichen Versprechen an die sowjetische bzw. russische Seite und von gebrochenen Zusagen die Rede gewesen. Ein historischer Deutungskampf, der politisch inszeniert wurde und wird.[246] Die Instrumentalisierung des «Wortbruchs» seitens der Führung in Moskau nahm in den späten 1990er Jahre stetig zu und gehört bis heute zum Kanon der Geschichtsklitterung des Kremls. Die Tutzinger Rede Genschers und seine Pläne einer etwaigen Nachkriegsordnung, die einen Schwerpunkt auf ein System kollektiver Sicherheit durch die KSZE legte und damit zumindest am NATO-Pfeiler sägte, waren mit Kohl nicht abgesprochen und widersprachen seinen Ansichten.[247] Auch Bakers Gedankenspiele, dass ein wiedervereinigtes Deutschland nicht Mitglied des Bündnisses sein werde, wurden vom Weißen Haus ebenso kassiert wie seine Aussage, die NATO werde sich «*Not one inch*» nach Osten ausdehnen.[248] Zunächst existierte der Warschauer Pakt ja weiter. Die NATO-Osterweiterung über die DDR hinaus stand somit nicht explizit auf der Tagesordnung. Doch die Allianz beobachtete die Reformprozesse akribisch. Der Londoner NATO-Gipfel im Juni 1990 beschloss eine grundlegende Transformation des Bündnisses, einen «new atlanticism» und die Anbahnung diplomatischer Beziehungen mit den Staaten des Warschauer Paktes, die laut Abschlusskommuniqué keine Gegner mehr waren.[249] Und umgekehrt begutachteten die Reformstaaten nach der Auflösung des Warschauer Paktes die NATO, an deren Tür sie klopfen wollten, immer genauer.[250]

In Gesprächen Kohls mit ausländischen Entscheidungsträgern kam die Frage der NATO-Osterweiterung 1991 oder 1992 selten vor. Die politische Linie war, die MOE- und GUS-Staaten in eine neue Sicherheitsarchitektur einzubinden, die den Prinzipien der Charta von Paris entsprechend Stabilität sichern und nukleare Proliferation verhindern sollte. Dabei sollten bestehende Institutionen genutzt werden. Eine NATO-Mitgliedschaft, die durch die Beistandsverpflichtung in Artikel 5 des Nordatlantikvertrages besonderen politischen Willen erforderte, war eine höhere Hürde als beispielsweise eine Einbindung in die KSZE. Wie man Sicherheit in Europa gestalten wollte, war also von mehreren Faktoren abhängig. Die «Lösung dieses Problems lässt sich nicht auf die Frage einer eventuellen Mitgliedschaft Ungarns, der ČSFR oder Polens im Bündnis verkürzen», betonte Kohl in einer Rede im Mai 1991. «Es geht um die Sicherung von Frieden und Freiheit durch Selbstbestimmung und Zusammenarbeit. Dabei ist der Dialog zwischen der Atlantischen Allianz und den Staaten Ost-Mitteleuropas nur ein Element eines umfassenden Sicherheitskonzeptes.»[251]

Dennoch war es unter Wahrung des nationalen Selbstbestimmungsrechtes und der freien Bündniswahl nach den Jahren 1989/90 für Kohl schwer, in Bezug auf die MOE-Staaten mit zweierlei Maß zu messen. Beides hatte er immer wieder für das geteilte bzw. sich wiedervereinigende Deutschland gefordert. Es zeichnete sich früh ab, dass in dieser Frage erhebliche Spannungen mit Moskau drohten. Gleich mit NATO-Diskussionen zu beginnen, während der Warschauer Pakt sich in Auflösung befand, war Kohl zu brisant, wie er dem ungarischen Ministerpräsidenten offenbarte: «Man könne hier leicht viel kaputt machen.»[252]

Als der Kanzler am 5. Juli 1991 Gorbatschow in der Nähe von Kyjiw traf, kam dieser auf Osteuropa zu sprechen. Er äußerte seine Sorge, dass man mit dem Zerfall Jugoslawiens die Charta von Paris bereits zu Grabe trage.[253] Die UdSSR habe sich in Mittelosteuropa stark zurückgehalten, so Gorbatschow, was ihm zu Hause viel Kritik eingebracht habe. Doch er bleibe dabei, dass «die Osteuropäer die Sowjets satthätten, und er wolle hinzufügen, auch sie hätten die Osteuropäer satt».[254] Nach der Auflösung des RGW und des Warschauer Pakts bestehe ein «Vakuum», doch dürfe man «jetzt nicht in einen Wettbewerb über die Schaffung von Einflusssphären eintreten».[255] Der Kanzler fragte sofort, worauf er sich beziehe. Gorbatschow berichtete von Äußerungen Mitterrands, wonach Deutschland und die Sowjetunion neue Einflusssphären in Osteuropa absteckten. Er schilderte seine Versuche, mit den Reformstaaten Ostmitteleuropas neue Verträge abzuschließen, dabei «gebe es aber einen Haken, der den Abschluss solcher Verträge behindere. Die Sowjetunion wolle nämlich fixieren, dass weder sie (die Partner) noch sie selbst (die Sowjetunion) sich an irgendeiner militärischen Gruppierung beteiligten.»[256] Gorbatschow gab also unumwunden zu, dass er den MOE-Staaten – im Gegensatz zur Bundesrepublik – keine freie Bündniswahl zugestehen wollte. Vielmehr wollte er sie vertraglich auf einen Nicht-Beitritt zur NATO festlegen. Kohl verwies auf die EG-Perspektive für die mittel- und osteuropäischen Länder und etwaige Abkommen zwischen der EG/EU und der UdSSR. Gorbatschow winkte ab. Die USA seien bemüht, Polen näher an die NATO heranzuführen, was ihm große Sorgen bereite. Der Kanzler erklärte erneut seine Vision einer Politischen Union der EG, die «auch Sicherheitsaspekte» umfassen würde. Hiernach erwähnte Gorbatschow, dass man ein Abkommen zwischen der EG und der Sowjetunion schnell ins Auge fassen solle. Konnte man hieraus ableiten, dass Kohl implizierte, durch eine Politische Union sei eine NATO-Mitgliedschaft der MOE-Länder «überflüssig», wie der Politikwissenschaftler Hans-Peter Schwarz dies interpretiert hat?[257] Diese Einschätzung geht sicher zu weit. Der Kanzler schloss eine Mitgliedschaft der Reformstaaten in der Allianz nicht aus, mied das NATO-Thema allerdings, solange es noch zu «heiß» schien.

Der Augustputsch in Moskau stärkte in den Ländern Mittel- und Osteuropas den Wunsch, enger an den Westen angebunden zu werden und «Sicherheitsgarantien» zu erhalten.[258] Genscher beschleunigte die Verhandlungen über Assoziierungsabkommen der EG mit den Reformstaaten.[259] Doch Assoziierung, nicht Erweiterung oder Beitritt waren die Wörter der Stunde. Selbst erklärte Befürworter eines raschen polnischen EG-Beitrittes wie die ehemalige britische Premierministerin Margaret Thatcher drückten in puncto NATO-Beitritt auf die Bremse und wollten «some form of participation», also keine volle Mitgliedschaft.[260] Doch es war absehbar, dass die Messe noch nicht gelesen war. Während die NATO sich auf neue Aufgaben einstellte, wurde andernorts die alte Ordnung endgültig zu Grabe getragen.

Goodbye Gorbatschow

Die Erosion der Sowjetunion schritt weiter voran. Im Kanzleramt traute man weder Jelzin noch Gorbatschow die Lösung der zahlreichen Probleme zu. Der zuständige Referent Rolf Nikel und sein Abteilungsleiter Hartmann prophezeiten eine «Zeit der Wirren», die von ethnisch-konfessionellen Bürgerkriegen, Verarmung und gar «dem Schicksal Jugoslawiens» gezeichnet sein würde, bei der «die gerade beginnende Demokratie (...) leicht unter die Räder kommen» könnte.[261] Zudem warnte Nikel, der eigentliche Verfasser dieser Vorlage für den Kanzler, vor der wachsenden Machtfülle Jelzins. Dieser knüpfe bewusst an «russisch-sowjetische Traditionen an, um die alten Strukturen zu kippen. Angesichts fehlender demokratischer Traditionen birgt dieser Weg jedoch unübersehbare Gefahren für die weitere demokratische Entwicklung Russlands, nicht zuletzt im Hinblick auf etwaige Nachfolger Jelzins.»[262] Im November 1991 ahnte man im Kanzleramt bereits spätere Fehlentwicklungen. Die Botschaft in Moskau warnte vor einer «Balkanisierung» des Kaukasus' und Zentralasiens.[263] Wenn Kohl also lange versuchte, einen Zerfall der UdSSR zu vermeiden, muss dies auch vor dem Hintergrund solcher ihm übermittelten Schreckensszenarien gesehen werden.

In dieser Gemengelage wählte Jelzin im November 1991 Bonn als Ziel seiner ersten Auslandsreise nach dem Augustputsch. Die diplomatische Satisfaktionsfähigkeit erhielt er durch die Deutsch-Russische Gemeinsame Erklärung vom 21. November, die sich eine Zusammenarbeit in fast allen Politikbereichen zum Ziel setzte. Die Chemie zwischen Jelzin und Kohl schien auf Anhieb zu stimmen.[264] Der russische Präsident gab sich betont deutschfreundlich, wollte deutsche Unternehmen bevorzugt behandeln und gemeinsam für Stabilität sorgen.[265] Der Kanzler ließ sich die Pläne seines Gastes erläutern. Dieser redete einer «Konföderation souveräner Staaten»[266] das Wort, obwohl unklar sei, welche Sowjetrepubliken oder Länder des ehemaligen sozialistischen Lagers mitmachen würden. In Jelzins Augen war ausgemacht, dass «die drei baltischen Republiken, ferner Moldawien und Armenien fernbleiben. Das Hauptproblem sei aber die Ukraine. (...) Die Ukraine wollte die völlige Unabhängigkeit. Im Vertrauen wolle er dem Bundeskanzler allerdings folgendes sagen – was er nicht einmal Gorbatschow mitgeteilt habe: Es gebe auch Überlegungen, wonach sich die drei slawischen Republiken – nämlich Russland, die Ukraine und Weißrussland – vereinigen sollten, was zur Folge habe, dass das bisherige Zentrum unter Gorbatschow völlig aufgegeben werde.»[267] Die Position der zentralasiatischen Republiken bliebe schwammig.

Kohl hakte speziell bei der Ukraine-Frage nach: Wie würden sich die Russen in der Ukraine verhalten und was folgte daraus für die Krim?[268] Jelzin erklärte, die sechs Millionen ethnischen Russen würden im anstehenden Referendum am 1. Dezember gegen die ukrainische Unabhängigkeit stimmen. «Ziel dieser Russen sei es, sich an Russland anzuschließen. So sei beispielsweise in der Krim ein Referendum in Vorbereitung, das den Anschluss an Russland vorsehe. Auch im Donbas und in Kriwoj Rog erklärten die Russen, dass sie nicht in einer unabhängigen Ukraine leben wollten. Man habe es hier mit einer gefährlichen nationalistischen Entwicklung zu tun, ja mit einem Abenteuer, von dem man befürchten müsse, dass es in Blutvergießen ausarte.»[269] Kohl unterstützte die Ideen einer Konföderation und überlegte selbst oder im EG-Rahmen der Ukraine einen Beitritt nahezulegen.[270] Der Kanzler bekräftigte jedoch, dass den Menschen in allen Republiken demokratische Selbstbestimmung sowie Freiheits- und Bürgerrechte gewährt werden müssten.[271] Doch der russische Präsident sprach weitere Warnungen aus. Falls die Ukraine eine eigene Währung einführe, werde er «die Öllieferungen einstellen. (...) Auf der Krim würde es dann ein Referendum für den Anschluss an Russland geben.»[272] Hier blitzten mehrere Aspekte auf, die bei einer Analyse Jelzins allzu oft vergessen werden. Er dachte großrussisch. Er setzte Rohstoffe als Waffe ein. Er wollte das «nahe Ausland» dominieren bzw. für «russisch» erachtete Gebiete nicht ihren eigenen Weg gehen lassen. Er nutzte das Schreckgespenst einer «Balkanisierung», um seine Interessen und Positionen durchzusetzen. Die von Jelzin angedeuteten Schritte, die Gorbatschow und somit die UdSSR weiter schwächen würden, traten fast postwendend ein.

Im November und Dezember 1991 kulminierten viele Entwicklungen. Das ukrainische Referendum am 1. Dezember brachte eine überwältigende Mehrheit für die Unabhängigkeit, auch 55 Prozent der ethnischen Russen sprachen sich dafür aus. Selbst im östlichen Teil des Landes votierten über 80 Prozent der Bürger für die Unabhängigkeit, auf der Krim etwas mehr als die Hälfte.[273] In Moskau gab es keinen Grund zum Feiern: Ohne die Ukraine waren alle Pläne einer neuer Konföderation Makulatur. Es war daher nicht überraschend, dass Kohl nur zwei Tage später mit einem zerknirschten Gorbatschow telefonierte. Die Fliehkräfte seien enorm, es drohe eine schlimmere Situation als auf dem Balkan, warnte Gorbatschow.[274] Er bat darum, eine voreilige Anerkennung der Ukraine zu vermeiden. Dieses Anliegen habe er auch Präsident Bush vorgetragen. Kohl stimmte diesem Vorgehen zu.[275]

Am 8. Dezember gründeten Russland, Belarus und die Ukraine die Gemeinschaft Unabhängiger Staaten (GUS).[276] In Bonn erkannte man sofort, dass in diesem Modell endgültig kein Platz mehr für Gorbatschow war. Dieser werde «eher früher als später zurücktreten müssen».[277] Hartmann wies den Kanzler auf die Gefahren hin, aber betonte gleichfalls, man solle in «engem Schulterschluss mit unseren Verbündeten – pragmatisch und flexibel vorgehen und die Chancen eines Entwicklungsprozesses, der letzten Endes in unsere Richtung läuft, nicht unterschätzen».[278] War man allzu hoffnungsfroh? Dem ersten GUS-Treffen wurden im Kanzleramt nur «magere Ergebnisse» bescheinigt, da vor allem zwischen Russland und der Ukraine «unüberbrückte Gegensätze» im Bereich der Streitkräfte (die Ukraine widersetzte sich russischen Ideen einer integrierten Kommandostruktur) und in Wirtschaftsfragen (Pläne einer eigenen ukrainischen Währung) fortbestünden.[279] Das starke russische Unbehagen über den ukrainischen Kurs wurde Mitarbeitern im Kanzleramt deutlich gemacht. Der Vorsitzende des Auswärtigen Ausschusses im Obersten Sowjet der Russischen Föderation, Eugenyi Ambartsumov, teilte seinen deutschen Gesprächspartnern mit, dass man eine «Revision der Chruschtschow-Entscheidung von 1954, die Krim zur Ukraine zu schlagen», diskutiere.[280] Solcher Drohgebärden ungeachtet, sprach man sich in der EG früh über eine Anerkennung der Ukraine ab. Diesen Schritt wollte man gemeinsam vollziehen und damit außenpolitische Handlungsfähigkeit beweisen, da die EG sich selbst in einem wichtigen Wandlungsprozess befand.

Vom 9. bis 11. Dezember trafen sich die europäischen Staats- und Regierungschefs in Maastricht. Von hier ging ein wegweisender Schritt für die europäische Integration aus: Aus der Gemeinschaft wurde eine Union.[281] Dennoch blieben viele Ziele einer gemeinsamen Außen- und Sicherheitspolitik ein Wunschtraum – dem Kreml blieb dies nicht verborgen. Für die deutsche Russlandpolitik blieb Maastricht dennoch ein wichtiger Faktor: Die EU trat auch in der Ostpolitik zunehmend selbstbewusster als eigener Akteur auf, was in den 2000er Jahren noch deutlicher wurde.

Am Ende des Chaosjahres 1991 zeigte sich erneut, wie zahlreich die Krisen waren und wie stark sie sich gegenseitig beeinflussten. Am 23. Dezember rief der Kanzler das Bundeskabinett zusammen, um die Anerkennung Sloweniens und Kroatiens zu beschließen.[282] Man folgte damit einem Vorschlag nach dem EG-Außenministerrat vom 10. Oktober, wonach eine Anerkennung ausgesprochen werden sollte, falls der Krieg noch mehr als zwei Monate weitergehe. Am 16. Dezember beschloss die EG daher, zu handeln, da die Frist verstrichen war. Keineswegs «preschte Deutschland voran» wie es immer wieder verkürzt heißt: Es lag ein Beschluss der EG vor, der umgesetzt wurde, wenngleich vor allem Frankreich sich weiterhin dagegen sträubte. Das deutsch-französische Verhältnis litt also weiter.[283] Die britische Haltung zielte deutlicher auf Anerkennung, wie der engste außenpolitische Berater seinem Premierminister in einer Gesprächsnotiz vorschlug.[284] Kohl wollte mit der Anerkennung den Maastricht-Gipfel nicht gefährden, doch wieso wartete er bis kurz vor Weihnachten? Die Entwicklung in Moskau bietet eine mögliche Antwort.

Am 20. Dezember telefonierte Kohl mit Gorbatschow. Er schilderte ihm die schwierige Lage, aber klammerte sich an einen neuen Unionsvertrag.[285] Am 25. Dezember flimmerte er sichtlich erschöpft über die Fernsehschirme der Sowjetunion. Er verkündete das Ende des sozialistischen Projekts. Die UdSSR wurde aufgelöst. Überraschend kam dies nicht mehr. Das Ende in Raten war lange absehbar. Doch in Moskau schienen sich viele mit der neuen Realität nicht abzufinden. Innerlich könnten zahlreiche Mitglieder «der hiesigen Intelligenz», wie die deutsche Botschaft meldete, weder die Situation akzeptieren, dass «die Ukraine, Weißrussland usw. nun Ausland darstellen, noch in der Weise, dass die Weltmacht Sowjetunion abgetreten sei».[286] Aus der Erbmasse der UdSSR entstanden fünfzehn neue Staaten. Der mächtigste hiervon war die Russische Föderation, die nun zu über drei Vierteln aus ethnischen Russen bestand.[287] An ihrer Spitze stand Boris Jelzin, mit dem im Westen viele Hoffnungen auf eine demokratische Zukunft verbunden wurden.

3. Jelzins neues Russland? (1992/93)

In den Beziehungen zu Russland gab es nach dem Zusammenbruch der UdSSR keine Stunde null. Der Ansprechpartner im Kreml war neu, der kommunistische Lack endgültig ab. Das Mantra «Gorbatschow stützen und die Sowjetunion stabilisieren» wurde abgewandelt. Es hieß nunmehr «Jelzin stützen und Russland stabilisieren». Viele bi- und multilaterale Herausforderungen waren geblieben, die deutsche Interessenlage im Grunde unverändert. Die Reformprozesse östlich der Elbe sollten erfolgreich verlaufen, um neue Krisenherde zu vermeiden.

Russischerseits bemühte man sich um Kontinuität. Jelzin versprach: *Pacta sunt servanda.* Die unterschriebenen Verträge behielten ihre Gültigkeit. Dies betraf aus deutscher Sicht primär den Abzug der sowjetischen Streitkräfte aus der ehemaligen DDR – was die Historikerin Kristina Spohr als die eigentliche Vollendung der deutschen Einheit bezeichnet hat.[288] Die russische Seite pinselte der Bundesregierung den Bauch. Immer wieder redete man einer «special relationship» das Wort, die allerdings durchaus an die Realität rückgekoppelt war.[289] In einem Telefonat im Juli 1992 betonte Jelzin, Deutschland «stehe in der Zusammenarbeit an erster Stelle. Sein jüngster Besuch in den USA sei wegen der Frage der Nuklearwaffen wichtig gewesen. In anderen Bereichen aber spielten Europa und insbesondere Deutschland eine größere Rolle.»[290] Die engere Umgebung Jelzins pilgerte häufig in die Bundesrepublik und forderte die Bundesregierung auf, als Fürsprecher einer Aufnahme ihres Landes in internationale Gremien aufzutreten.[291] Zugleich bemühte sich die Bundesregierung um eine Multilateralisierung der GUS- und Russlandpolitik. Bisher habe man die Hauptlast getragen, erklärte Genscher seinem russischen Amtskollegen, nun müsse sie «auf mehrere Schultern» verteilt werden.[292] Dabei sollten neben Nahrungsmittelhilfen, Krediten und Wohnungsbauinitiativen auch die Energiebeziehungen im Auge behalten werden, da diese für Russland Einnahmen generierten, um Importe zu finanzieren. Doch in den USA drehte sich die Diskussion zunächst weniger um eigene Hilfszahlungen, sondern um Schuldenrückzahlungen.[293] Die Washington-Konferenz zur Koordinierung der GUS-Hilfen im Januar 1992 war ein erster wichtiger Schritt, internationale Unterstützung für Russland in geordnete Bahnen zu lenken.[294] Doch es blieben mehrere Problemkreise, die zeigten, dass das neue Russland kein einfacher Partner werden würde. Neben der allgemeinen Zukunft der GUS-Staaten betraf dies vor allem die Ukraine, die Balten und die nukleare Abrüstung.

Die Sorge vor einer nuklearen Proliferation nach der Auflösung der Sowjetunion raubte Kohl und anderen westlichen Staatsmännern den Schlaf.[295] Durch den Zusammenbruch der UdSSR befanden sich über Nacht viele der 30 000 nuklearen Sprengköpfe sowie die Infrastruktur zu deren Wartung und Operabilität in Belarus, Kasachstan und der Ukraine: Rund 25 Prozent der nuklearbewaffneten Interkontinentalraketen und fast die Hälfte der strategischen Bomberflotte entzogen sich damit plötzlich dem Zugriff des Kremls.[296] Die USA nahmen eine federführende Rolle ein und begleiteten den Prozess zum Budapester Memorandum 1994, in dem die Ukraine auf Kernwaffen verzichtete.[297] Moskau zeigte sich in Abrüstungsfragen relativ kooperativ. Dies blieb, ebenso wie eine Verhinderung nuklearer Proliferation und die Verbesserung des Zustandes der zivilen Atomkraftanlagen,[298] ein Herzensanliegen Kohls und stand ganz in der Tradition deutscher Außenpolitik. Der Kanzler wolle bi- und multilaterale Hilfen an Russland an Fragen der Abrüstung und das Einhalten von Verträgen knüpfen, z. B. hinsichtlich eines Stopps der Chemie- und Nuklearwaffen-Produktion.[299] Er spürte das Unbehagen der deutschen Bevölkerung in dieser Frage und befasste damit im Januar 1992 das Bundeskabinett.[300]

Im Zuge der Bemühungen um Nicht-Proliferation im GUS-Raum forderte der sozialdemokratische Ministerpräsident des Saarlandes, Oskar Lafontaine, ehemals strikter Gegner des NATO-Doppelbeschlusses, der die Bundesrepublik aus den integrierten Militärstrukturen der Allianz lösen wollte, bei konkreten Abrüstungsschritten den jeweiligen Staaten Beistandsgarantien auszusprechen und langfristig den Weg in die NATO zu ebnen.[301] Im Auswärtigen Amt zeigte man sich im Januar zurückhaltend. Beistandsgarantien seien unrealistisch und nicht konsensfähig. Die Zeit sei nicht reif für eine NATO-Erweiterung, wenngleich eine «Ausweitung des Atlantischen Bündnisses nach Osten (…) nicht für alle Zeit ausgeschlossen» werden konne.[302] In Bonn wollte man lieber versuchen, Russland in die bestehenden Strukturen einzubinden.

Der Bundeskanzler verlor allgemeine Abrüstungsaspekte nicht aus den Augen. Die Produktion konventioneller Waffen in Russland sollte gedrosselt werden, gerade in Anbetracht der schlechten Versorgungslage mit Lebensmitteln schien es ihm absurd, dass zugleich Panzer aus den Fabriken rollten.[303] Andere Nachfolgestaaten der Sowjetunion sollten keine Hilfe aus dem Westen erhalten, wenn sie «weit überdimensionierte Armeen»[304] aufbauten. Damit zielte er vor allem auf die Ukraine. Gegenüber dem US-Vizepräsidenten Dick Cheney erklärte er: «Wenn die Ukraine z. B. Streitkräfte von 400 bis 500 000 Mann plane, so würde dies nicht nur Polen beunruhigen, sondern es sei auch unserer Bevölkerung nicht zu vermitteln, wieso gleichzeitig staatliche Hilfen notwendig wären.»[305] Cheney stimmte zu: «Die Mitgliedstaaten der GUS müssten gezwungen werden, ihre Ressourcen anders einzusetzen.»[306]

Der Bundeskanzler verglich die GUS mit der EU. Er verstand sie als Modell, um die Grenzstreitigkeiten zwischen der Ukraine und Russland zu lösen, und betonte, man müsse innerhalb der GUS Souveränitätsverzichte hinnehmen – wie in der EU.[307] Doch dazu schien man weder in Moskau, Minsk noch Kyjiw bereit.[308] Die deutsche Politik gegenüber den MOE- und GUS-Staaten stünde unter genauer Beobachtung, bemerkte man im Kanzleramt, und ihr werde zuweilen eine «antirussische Tendenz» unterstellt.[309] Gerade im Hinblick auf den deutschen Umgang mit der Ukraine zeige sich in Moskau «die größte Empfindlichkeit».[310] Wie verhielt sich die Bundesregierung gegenüber der Ukraine, waren die russischen Unterstellungen gerechtfertigt? Vernachlässigte die Bundesregierung das Land, um Krach mit dem Kreml zu vermeiden?

Die Ukraine nahm in der deutschen Außenpolitik eine besondere Rolle ein.[311] Kohl schickte seinen engsten außenpolitischen Berater, Joachim Bitterlich, der von Hartmann 1993 die Leitung der Abteilung 2 übernahm, häufig für Sondermissionen nach Kyjiw.[312] Das Land sollte stabilisiert und keineswegs links liegen gelassen werden. Gegenüber dem ukrainischen Präsidenten Leonid Krawtschuk unterstrich Kohl den Stellenwert, den er guten bilateralen Beziehungen beimaß, und die wichtige Rolle der Ukraine für die Stabilisierung des post-sowjetischen Raumes: «Was in Kiew geschehe, berühre uns alle.»[313] Kohl führte auch Krawtschuk gegenüber Klage, wie wenig die anderen westlichen Staaten den grundlegenden Wandel in Mittelosteuropa verstünden und wie wenig sie den dortigen Ländern unter die

Arme zu greifen bereit wären.[314] Doch in anderen Gesprächen kritisierte der Kanzler den mangelnden Reformwillen Krawtschuks, der in seinen Augen hinter Jelzins zurückfalle.[315] In der Tat stand die Ukraine vor gewaltigen Herausforderungen bei der demokratischen und wirtschaftlichen Liberalisierung.

Im Kanzleramt steckte man die Köpfe zusammen und beriet eine Russland-Strategie. Peter Hartmann hatte als Nachfolger Teltschiks einen grundlegenden Bericht verfasst, in dem er eine «Tendenz der Re-Russifizierung» konstatierte. Diese ginge mit dem russischen Wunsch nach einer «wie auch immer geartete[n] hegemoniale[n] Stellung im Raum der GUS-Staaten» einher.[316] «Sowohl in konservativen Kreisen, wie auch in ‹progressiven› Intellektuellen-Kreisen Moskaus ist die staatliche Trennung zwischen Russland und Ukraine noch nicht akzeptiert. (…) Wichtige Urlaubsorte am Schwarzen Meer, insbesondere auf der Krim, werden von Millionen Russen als eigentlich russisches Gebiet angesehen.»[317] Vor diesem Hintergrund müsse man aufpassen, nicht zwischen die Fronten zu geraten. Denn die Ukraine sehe die Bundesrepublik «als mit Abstand wichtigsten Partner in Europa» und hege unerfüllbare Erwartungen. Gleichzeitig versuche Präsident Krawtschuk, so Hartmann in seiner Vorlage für den Kanzler, «uns taktisch in die offenen bzw. latenten Streitigkeiten mit Russland hineinzuziehen: Besonders deutlich wird dies bei dem Angebot, Deutsche aus anderen GUS-Staaten in der Südukraine und auf der Krim anzusiedeln. In der Südukraine leben besonders viele Russen. Die Krim ist Gegenstand eines territorialen Konflikts zumindest mit dem russischen Obersten Sowjet. Zudem ist Krawtschuks Absicht spürbar, Jelzin nach dessen Rückzug in der Frage der Wolgarepublik uns gegenüber ‹auszustechen›.»[318] Was empfahl Hartmann daher? Eine ausgewogene Politik, die auf die Befindlichkeiten aller Partner Rücksicht nehmen sollte. Aber er priorisierte auch: «Trotz allem begründeten Interesse an der Ukraine überwiegt unser Interesse an störungsfreien Beziehungen zu Russland. Deshalb sollten wir Gorbatschows Rat befolgen und das deutsch-russische Verhältnis auch nach außen des Öfteren gebührend herausstellen.»[319] Der Kanzler setzte mit schwarzem Filzstift sein typisches «Ja» neben diesen Passus.

Hartmann zählte vier Themenfelder auf, in denen er «konkrete Konfliktmöglichkeiten» zwischen der Ukraine und Russland sah, die auch die Bundesrepublik tangierten: Zum einen die deutschen Gelder für den Wohnungsbau ehemals in der DDR stationierter Soldaten, die Russland allein beanspruche. Hier solle man auf eine Einigung zwischen Jelzin und Krawtschuk hinwirken. Kohl schrieb Jelzin diesbezüglich eigens einen Brief. Zweitens nannte er die mögliche Ansiedlung von «Russlanddeutschen» auf der Krim. Dieser Vorschlag dürfe die Bundesrepublik «nicht in den ukrainisch-russischen Konflikt um die Zuordnung der Krim hineinziehen»,[320] weshalb der Beauftragte für Aussiedlerfragen, Horst Waffenschmidt, besonders umsichtig vorgehen sollte.[321] Das deutsch-ukrainische Grundsatzdokument solle vorerst eine «Gemeinsame Erklärung» und nicht ein vollumfänglicher völkerrechtlicher Vertrag werden. Bei Abrüstungsfragen solle man «die Ukraine als eigenständigen Partner behandeln, jedoch auf russische Empfindlichkeiten Rücksicht nehmen».[322] Man müsse die Ukraine von einseitigen und unangekündigten Schritten abhalten, und zunächst sollte kein Militärattaché-Stab nach Kyjiw entsendet werden. Als letzten Punkt führte Hartmann auf, dass man in der Schuldenfrage der Ukraine «nicht ohne weiteres eine Sonderrolle»[323] zubilligen sollte. Kohl setzte neben all diese Punkte ein «Ja». Auch im Auswärtigen Amt nahm man wahr, wie eng die Ukraine mit dem Westen kooperierte und wie sehr sie trotz mancher Vorwürfe der «Russozentrie» deutscher Ostpolitik den Schulterschluss mit Bonn suchte.[324] Eine Vorlage für Außenminister Kinkel zog daher den Schluss: «Die Aufmerksamkeit, die wir natürlicherweise Russland widmen, darf uns den Blick auf die Ukraine nicht verstellen», denn die wirtschaftliche und politische Stabilität gelte es zu unterstützen, um die ukrainische Kooperationsbereitschaft nachhaltig zu sichern.[325] Betrieb die Bundesrepublik also tatsächlich Ostpolitik über die Köpfe der Ukrainer hinweg, wie immer wieder zu lesen ist? Wie schon im Falle der baltischen Staaten muss man auch hier Grautöne zulassen. Keineswegs verschloss man sich ukrainischen Anliegen, aber weder waren ukrainische und deutsche Interessen deckungsgleich, noch waren sie erfüllbar, zumal die Wunschliste Rückwirkungen auf das Verhältnis zu Russland hatte, dem man aufgrund der Größe und Bedeutung des Landes wenig überraschend Priorität beimaß. Mit dieser Einschätzung war man im Westen nicht alleine. «Mittelfristig werde aber der ukrainisch-russische Gegensatz ein enormes Problem darstellen. In beiden Republiken sehe man die Wiedergeburt nationalistischen Denkens», betonten auch die politischen Direktoren des französischen und amerikanischen Außenministeriums.[326] Ein weiteres Feld mit vielen scharfen Kanten war die Situation in den baltischen Staaten.

Die Zukunft im Baltikum

Wenngleich das Baltikum im Vergleich zu Russland und Ostmitteleuropa nachgeordnete Bedeutung besaß, verlor der Kanzler die drei Staaten nicht aus den Augen. Die Bundesregierung begleitete den Reform- und Demokratisierungsprozess – aus gutem Willen und Eigeninteresse.[327] Die baltischen Staaten sollten durch Assoziierungsabkommen näher an die EU und andere westliche Institutionen herangeführt werden. Doch die baltisch-russischen Beziehungen blieben problembehaftet. Dies betraf vorrangig den Abzug der ehemaligen sowjetischen Verbände, dessen Geschwindigkeit sowie den Wohnungsbau für die abziehenden Soldaten und die Lage der russischen Minderheiten in den baltischen Ländern, die im Falle Estlands und Lettlands über ein Drittel der Gesamtbevölkerung ausmachten. Damit saß man im gleichen Boot wie die Bundesrepublik, denn auch für die Balten hatte der Abzug der sowjetischen Truppen oberste Priorität.[328]

Die andauernden Probleme der russischen Soldaten im Baltikum sowie der politische und wirtschaftliche Druck, den Russland etwa über Gas- und Erdöllieferzusagen ausübte,[329] wurden deutlich, als Kohl die drei baltischen Präsidenten im Juni 1992 zu einem Austausch in Bonn empfing.[330] Der litauische Präsident erteilte einem Beitritt zur GUS eine klare Absage und kokettierte mit einer Demilitarisierung des Baltikums. Kohl versprach seine Hilfe, verurteilte die anhaltende «Quasi-Okkupation der drei baltischen Staaten»,[331] über die er mit Jelzin sprechen werde, und verwies erneut auf die historische Schuld, derer man sich in Deutschland in Bezug auf das Baltikum sehr bewusst sei.[332] «Die G7 müssten den Russen deutlich machen, dass, wer von ihnen Hilfe erwarte, dafür auch mit einer aktiven Friedenspolitik zu bezahlen habe», so der Kanzler.[333] Kurz zuvor hatten mehrere NATO-Staaten Moskau als Gegenleistung für einen schnelleren Abzug aus dem Baltikum Hilfslieferungen in Aussicht gestellt. Auch EG-Hilfen für Russland dürfe es nur geben, so Kohl, wenn Russland seine Truppenpräsenz «in den baltischen Staaten deutlich zurückführe. Niemand könne sicher sein, ob nicht in Russland wieder die alten großrussischen Vorstellungen virulent würden.»[334]

Im Juli 1992 besprach Kohl die baltische Frage auf dem G7-Gipfel in München mit Jelzin. Er rang ihm das Versprechen ab, die 130 000 im Baltikum verbliebenen Soldaten bis Ende 1994 abzuziehen, was auf dem KSZE-Gipfel in Helsinki nur zwei Tage später festgezurrt wurde. In den Augen der Historikerin Kristina Spohr habe dies gezeigt, wie weit Jelzin zu gehen bereit war, um weiterhin Wirtschaftshilfen zu erhalten.[335] In dieser Episode wird auch deutlich, wie Kohl sein Gewicht in die Waagschale warf, um deeskalierend zu wirken, und als Anwalt der Kleinen zum Beispiel den baltischen Staaten beisprang.

Bundesaußenminister Klaus Kinkel erinnerte den russischen Botschafter Wladislaw Terechow ebenfalls an Gegenleistungen, die Russland erbringen müsse. Der KSZE-Gipfel sei ein ebenso gutes Signal wie Jelzins konstruktives Denken in Bezug auf das Baltikum. Doch Terechow verwies auf das in seinen Augen aggressive Drängen der Balten nach einem schnellen Abzug der Truppen und die missliche Situation der dortigen russischen Minderheit, deren «Menschenrechte, Bürgerrechte und Wahlrecht nicht gewährleistet würden».[336] Dies war ein typisches russisches Argumentationsmuster, um den baltischen Staaten Konzessionen abzuringen.[337] Kinkel verwies auf die KSZE-Charta, die auch in diesem Fall gelte. «In dieser Frage seien wir auf russischer Seite», betonte er; auch der US-Außenminister habe dies so erklärt. Man wirke mäßigend auf die Balten ein, doch es gelte den Abzug der russischen Truppen aus dem Baltikum zu beschleunigen.[338] Die Staatsangehörigkeitsregelungen waren im Westen kritisiert worden, da «sie die russischen Bevölkerungsteile weitgehend von der jeweiligen Staatsangehörigkeit ausschließen (mit Folgen für Wahlrecht und Vermögenserwerb). Im Verein mit anderen westlichen Regierungen haben wir – bei einem gewissen Verständnis für die Motive für dieses Vorgehen – politische und rechtliche Bedenken gegen die besagten Regelungen geäußert»,[339] hielt Hartmann fest. Deutschland war mit seiner vermittelnden Haltung nicht allein: Auch die USA, Großbritannien und Frankreich wollten zur Beruhigung der Lage beitragen und den Balten vermitteln, dass die mit dem Abzug verbundenen Probleme der Russen oftmals nicht vorgetäuscht seien.[340]

Im November 1992 kündigte Jelzin die Suspendierung der Zurückverlegung der russischen Truppen aus dem Baltikum an. Er legte seine Gründe in einem Rundschreiben an mehrere westliche Regierungen dar. Wichtige Fragen seien ungelöst, Unterkünfte in Russland nicht gebaut und noch keine Gelder eingetroffen. Zudem kritisierte Jelzin die in seinen Augen «massenhafte Verletzung der Menschenrechte» der russischen Minderheit in den baltischen Staaten, die «unvorhersehbare Folgen nach sich ziehen»[341] könne. Er fuhr fort: «Russland wird konsequent die Rechte und die Interessen der Russen in den Staaten des Baltikums verteidigen»,[342] und kündigte an, die VN, die KSZE und andere internationale Foren einzubinden.

In Bonn gab man sich gelassen, da Jelzin nur wenig später die Ankündigung kassierte und mit Litauen und Estland übereinkam, den Abzug bis spätestens 1994 umzusetzen. Im Kanzleramt dachte man, die Suspendierung sei vor allem «aus taktischen, innenpolitischen Gründen angeordnet» worden, um Vorwürfen der nationalistischen Hardliner zu begegnen, die Jelzin im Vorfeld der Wahlen im Dezember einer zu weichen Haltung gegenüber den Balten bezichtigten.[343] Da der Abzug der russischen Truppen aus Litauen und Estland trotz der Anordnung weiterging, reagierte die deutsche Seite bewusst nicht auf Jelzins Brief.[344] Auf europäischer Ebene wurde eine gemeinsame Reaktion durch die britische EU-Ratspräsidentschaft abgestimmt, und das Auswärtige Amt drängte auf eine Antwort, die zwar verständnisvoll ausfallen, aber auf Umsetzung des Abzugs drängen und die Aussagen hinsichtlich angeblicher massenhafter Verletzung von Menschenrechten als falsch zurückweisen sollte.[345] Keineswegs suchte die Bundesregierung daher nur einen bilateralen Weg, sondern multilateralisierte ihre Ost- und Russlandpolitik.

Letztlich konnte die Minderheitenfrage politisch entschärft werden und der Abzug der russischen Truppen erfolgte fristgerecht.[346] Die vermittelnde Haltung mit klaren roten Linien gegenüber Moskau hatte sich ausgezahlt. Doch die Frage einer künftigen Zugehörigkeit der baltischen Staaten zu EU und NATO sollte in den kommenden Jahren zu einem Dauer- und Reizthema werden. Das Baltikum blieb nicht die einzige Problemregion.[347] Der Streit um Moldawien und Transnistrien blieb ungelöst. Im Mai 1992 begann ein blutiger Bürgerkrieg in Tadschikistan, und in Georgien kam es seit dem Sommer 1992 zu bewaffneten Auseinandersetzungen. Diese Entwicklungen blieben nicht ohne Rückwirkung auf die bi- und multilateralen Beziehungen zu Russland. In Bonn erblickte man weitere Gewitterwolken am Horizont.

Besuchsdiplomatie und Denkschriften

Trotz neuer bilateraler Gesprächsformate – etwa den deutsch-russischen Sicherheitskonsultationen oder verschiedener Direktkontakte auf Leitungsebene[348] – liefen in der deutschen Botschaft in Moskau seit April 1992 Klagen auf, die Beziehungen zwischen Bonn und Moskau entwickelten sich nicht dynamisch genug.[349] Die Unzufriedenheit, so der Gesandte an der deutschen Botschaft Eberhard Heyken, sei «sicherlich immer auch eine Unzufriedenheit mit sich selber».[350] Man wolle als ebenbürtiger Partner angesehen werden, woran es auch in den Beziehungen zu den USA fehlte. Es bestehe daher «immer auch schmerzhaftes Unwohlsein, dass Russland aufgrund seiner eigenen Erschöpfung und der Neuordnung Europas nicht mehr über die klassischen Hebel der Machtpolitik aus der Ära des Kalten Krieges verfügt und wirtschaftlich zum Bittsteller degradiert wurde».[351] Daher rede man einem «Sonderverhältnis» mit Deutschland das Wort: «Keine Neuauflage von Rapallo ‹gegen den Westen›, sondern ein Sonderverhältnis, weil uns in der EG, in der G7 und in der NATO ein entscheidendes Gewicht beigemessen wird.»[352] Dies bot der Bundesregierung gewisse Vorzüge. In Europa war man als *primus inter pares* der bevorzugte Gesprächspartner Moskaus. Heyken wollte gleichwohl nicht blindlings russischen Initiativen und Forderungen folgen. Er empfahl, man müsse «gänzlich unaufdringlich, sozusagen ‹pädagogisch› die eigene russische Einsicht in den Vorteil der echten Partnerschaft fördern», denn «solange Russland für uns ein in mancher Hinsicht unberechenbarer Partner ist, wäre es ein Fehler, würden wir für Russland ein unter allen Umständen zur Verfügung stehender Partner».[353] Auf Arbeitsebene wurde die Konditionalität und Endlichkeit des guten Willens festgehalten, was auch Kohl getan hatte. Man wollte eine russische Mäßigung im Baltikum und in anderen post-sowjetischen Staaten ebenso sehen wie aktive Wirtschaftsreformen, um nicht in ein Fass ohne Boden zu investieren. Zumindest theoretisch waren somit rote Linien gezogen worden. Es zeigten sich trotz oder gar aufgrund des Wunsches nach einem besonderen Verhältnis gewisse Sachzwänge, in die man zu geraten drohte.

Die Beziehungen der Bundesrepublik mit der Ukraine und Belarus wurden im Kreml kritisch beäugt. Die deutsche Botschaft in Moskau mahnte an, diese «russische Sensibilität» zu beachten.[354] Eine weitere, in den Jahren zuvor schon bestehende Wunde brach wieder auf: Direkte Kontakte westlicher Staaten zu einzelnen russischen Republiken rührten an Befindlichkeiten des Kremls. Das Auswärtige Amt und das Bundeskanzleramt waren daher wenig begeistert, als der Freistaat Sachsen ausgerechnet mit der russischen Republik Tatarstan zwei Vereinbarungen traf.[355] Das stark muslimisch geprägte Tatarstan war eine von nur zwei Republiken, die den Unionsvertrag von 1992 nicht unterzeichnet hatten.

Im Oktober 1992 reiste der deutsche Außenminister Klaus Kinkel erstmals in das neue Russland. Im Vorfeld zog man im Auswärtigen Amt eine interne Bilanz. Eine ausführliche Aufzeichnung für Kinkel betonte, Russland sei nur noch eine «Mittelmacht» auf der Suche nach einer neuen Rolle. Viele bürokratische Strukturen seien gleichgeblieben und dem «alten Denken» verhaftet.[356] Man glaube russischerseits häufig «von den Deutschen ohne Gegenleistung fast alles verlangen» zu können, da die Bundesrepublik sich «wegen der Wiedervereinigung zu allem verpflichtet fühlen» müsse.[357] In der Tat sah Kohl sich in einer gewissen «Dankesschuld» für die deutsche Einheit, die seine russischen Gegenüber genauso benannten und entsprechend viel von ihm einforderten.[358]

Es zeigte sich, dass die Liste der Monita anwuchs. Die Zusammenarbeit in der KSZE entwickle sich ebenso langsam wie der Austausch von Parlamentariern.[359] Das Programm für den Aufbau rechtsstaatlicher Strukturen sei unterfinanziert.[360] Der Kreml dränge auf eine Stundung der Schulden, was in den USA positiv aufgenommen worden sei. Kohl betonte gegenüber Jelzin in einem Telefonat, dass es für Washington einfach sei, sich hier großzügig zu gebärden, da man kaum investiert hätte. Deutschland habe demgegenüber viel größere Summen bereitgestellt, weshalb eine Stundung nicht in Betracht gezogen werden könne.[361] Im Kanzleramt zeigte man sich beunruhigt: Hatte man nur Gelder bereitgestellt, die Handelsbeziehungen aber nicht verbessert und blieb jetzt auf den Schulden sitzen?[362] Innenpolitisch sei es «schwierig darstellbar, dass man in nur geringem Umfang miteinander im Geschäft ist. Das gilt auch für deutsche Beteiligungen an Energie- und Rohstoffprojekten.»[363] Im Wirtschaftsministerium versuchte man, die Schulden- und Zahlungsprobleme Russlands mit einer Intensivierung der Handelsbeziehungen und durch Gas- und Ölexporte die Devisenerlösfähigkeit der russischen Wirtschaft zu erhöhen.[364] Das Mantra, die Russen seien zuverlässige Partner, hielt sich beständig, obwohl es auch Anzeichen für das Gegenteil gab.[365] Als es im Winter 1992/93 zu Lieferausfällen kam, sprach die deutsche Seite dies auf Staatssekretärsebene direkt an. Man wolle verlässliche Handelspartner, keine Störungen.[366] Man erkannte auch, dass dies von Drittländern abhing. Staatssekretär Dieter Kastrup wollte sich nicht direkt einmischen, aber drückte seine Erwartung aus, dass «diese Probleme einvernehmlich mit den betroffenen Staaten gelöst würden» und bat daher den Kreml, auch Gas aus anderen GUS-Staaten durch das russische Leitungsnetz zu liefern.[367] Die russische Bereitschaft, Energie als Druckmittel einzusetzen, blitzte hier erneut durch.

Kinkel eröffnete bei seinem Besuch in Moskau das neue Botschaftsgebäude und das Goethe-Institut, die beide zu den größten ihrer Art zählten.[368] Darüber hinaus besprach er die üblichen bilateralen Themen: Russlanddeutsche, Wirtschafts- und Finanzreformen und das Kulturabkommen.[369] Das Auswärtige Amt und das Bundeskanzleramt wollten auch in die Kultur und die Gesellschaft des Landes hineinwirken. Jelzins Stellung sei mangels Alternativen «unanfechtbar», hielt Hartmann nach der Reise in einem Vermerk für den Kanzler fest. Kinkel sehe deshalb «keine Alternative zur Stützung Jelzins und seines Reformkurses, auch wenn dieser taktische und sachliche Teil-Zugeständnisse auf seinem Reformkurs machen muss».[370] Fieberhaft bereitete man in Bonn darum den Besuch des Kanzlers am 15. und 16. Dezember vor.

Im Vorfeld wuchs in Bonn die Skepsis. Der Politische Direktor im Auswärtigen Amt, Jürgen Chrobog, legte im November eine grundsätzliche Aufzeichnung über das deutsch-russische Verhältnis vor. Die Lage sei aus mehreren Gründen «besorgniserregend» und erfordere «entschlossenes politisches Handeln».[371] Chrobog ging auf die innenpolitischen Auseinandersetzungen in Russland ein. Jelzin könnte gezwungen sein, «seine Gegner mit Methoden zu bekämpfen, die hier im Westen als russisch-robust auffallen. Ein entsprechendes Medienecho würde die westliche Unterstützung seiner Politik erschweren.»[372] Dennoch bestünde die Chance eines «Neuanfangs» der deutsch-russischen Beziehungen, die von entscheidender Bedeutung «für die gedeihliche Entwicklung in ganz Mittel-Osteuropa in den nächsten Jahrzehnten ist. (Noch haben wir dort keine unumkehrbar verwurzelten Demokratien und blühende Volkswirtschaften!)».[373] Daher müsse man Jelzin unterstützen, wie dies unlängst auch Briten und Amerikaner bekundet hätten, und die wirtschaftlich-finanzielle Hilfe auf solide Füße stellen. Keineswegs blickte Chrobog nur auf Russland und «über die Köpfe» der anderen Staaten hinweg. Vielmehr skizzierte er ein Dreieck: «Die politischen Entscheidungen, die für einen erfolgreichen Bundeskanzler-Besuch erforderlich sind, müssen aus der Interessenlage Deutschlands selbst, unserer wichtigsten westlichen Partner und der mittelosteuropäischen Nachbarn zwischen Deutschland und Russland ihre Rechtfertigung finden.»[374] Zwei Punkte seien hierfür maßgeblich. Nur bei einem Gelingen der Reformpolitik Jelzins sei die Vision der Charta von Paris «in den nächsten 10 bis 20 Jahren» realistisch. Misslinge der Reformkurs, «müssen wir mit von Angst diktierten Reaktionen entlang der gesamten europäischen Grenze Russlands rechnen»; es drohten politische, wirtschaftliche und soziale Folgen (etwa Migrationsbewegungen) oder gar «territorial oder ethnisch bedingte Konflikte im Raum zwischen Ostsee und Schwarzem Meer, die den westlichen Teil Europas und Nordamerika vor Probleme größerer Dimension als die Jugoslawienkrise stellen würden».[375] Daher müsse man den ergebnisoffenen Reformprozess am Leben halten. «Falls Jelzin scheitert, ist kein neuer Jelzin in Sicht», hielt Chrobog fest. Mögliche Nachfolger hätten «nur die Wahl zwischen Resignation oder Repression. Diadochenkämpfe wären die Folge, mit Konsequenzen in einer Bandbreite, die von Stagnation über unterschiedliche Grade von Chaos bis hin zu ‹Roten› oder ‹Braunen› Extremen reichen.»[376]

Damit wurde deutlich, dass Chrobog nicht nur an der Person Jelzins festhielt, sondern den Erfolg der Stabilisierung Mittelosteuropas unverrückbar mit den Entwicklungen in Russland verknüpft sah. Wer Russland stabilisiere, ignorierte somit nicht die Interessen oder Ängste der neuen Demokratien zwischen Oder und Moskwa, sondern festige deren Fortschritte. Die deutsch-russischen und europäischen Interessen seien somit übereinstimmend. Diese Einschätzungen lagen auf der Linie des Kanzlers. Chrobog verwies auch auf die historische Sonderrolle einer engen deutsch-russischen Kooperation. Neue «Rapallo-Ängste» dürfe man nicht entstehen lassen.[377] Diesbezügliche Sorgen hatten selbst in Polen abgenommen.[378] Kohl versicherte der polnischen Ministerpräsidentin, Hanna Suchocka, man habe «gemeinsame Probleme gegenüber Russland», sollte daher zusammenarbeiten und «nicht zurück ins 19. Jahrhundert gehen».[379] Die deutsche Botschaft aus Paris berichtete, dass weder die Presse noch politische Kreise «Befürchtungen vor einem Wiederaufleben eines deutsch-russischen Sonderverhältnisses» hegten, sondern glaubten, «ein starkes finanzielles Engagement des Westens [sei] unabdingbar, um Russland vor dem totalen Chaos zu bewahren».[380] Dennoch verfolge die französische Regierung die Entwicklung aufmerksam, da sie nicht zu Lasten Frankreichs gehen sollte.[381]

Man müsse Russland zeigen, so fuhr Chrobog fort, dass es ein «lebenswichtige[s] deutsche[s] Interesse» sei, die Ziele der Charta von Paris zu erreichen und mit Russland innerhalb der KSZE zusammenzuarbeiten.[382] Deutsche Russlandpolitik sollte somit nicht im luftleeren Raum, sondern eingebettet in den europäischen Rahmen und die vertraglich etablierte Nachkriegsordnung stattfinden. Auch die GUS-Staaten sollten beachtet werden. Ein dem Schreiben Chrobogs beigefügter Sachstand führte aus, dass die Ausgestaltung der «Beziehung zu Russland Rückwirkungen auf unser Verhältnis zu anderen wichtigen Nachfolgestaaten der SU [habe]. Wir sind daher bereit, unsere Beziehung zur RF [Russischen Föderation] in einem Maße zu entwickeln, das ihrem politischen Gewicht angemessen ist. Dies bedeutet doch nicht, ihnen einen privilegierten Status einzuräumen, da Staaten wie die Ukraine darin eine Unterstützung russischer Dominanzbestrebungen sehen würden.»[383] Statt einer Exportförderung aus den neuen Bundesländern oder einer «Sanierung der Erdöl- und Erdgas-Industrie» schlug er vor, man solle den Wohnungsbau finanzieren.[384]

Gegenüber seinen britischen, amerikanischen und französischen Kollegen betonte Chrobog, «jede weitere Zahlung an Russland könne unserem Volk nur erklärlich gemacht werden, wenn es eine russische Gegenleistung gebe. Hier biete sich ein vorgezogener russischer Truppenabzug (etwa bis Ende 1993) an.»[385] Wie viel Erfolg maß man dem Reformversuch bei? Wahrscheinlicher als ein Gelingen sei «eine Phase autoritärer Herrschaftsausübung», so die düstere Prognose in einer Vorlage für Außenminister Kinkel.[386] Umso wichtiger sei es, Russland klarzumachen, dass «sein Verhältnis zur restlichen Welt entscheidend von seinem Verhältnis zu seinen Nachbarländern abhängt. Die KSZE-Prinzipien müssen uneingeschränkt auch im Verhältnis zwischen Russland und den anderen ehemaligen Sowjetrepubliken gelten.»[387] Zugleich laufe man Gefahr, die bilateralen Beziehungen zu sehr zu personalisieren und auf Jelzin zu beschränken. Die breite Gesellschaft gelte es zu unterstützten, die positiven Entwicklungen, nicht einzelne Personen – Kinkel unterstrich diesen Absatz und versah ihn mit einem

Häkchen.[388] Im Auswärtigen Amt verfolgte man die gleiche Linie wie im Kanzleramt: Russland einbinden, den Reformkurs stützen, den post-sowjetischen Raum und Ostmitteleuropa stabilisieren, gemeinsame Interessen betonen und dabei auf allerorten vorhandene Befindlichkeiten Rücksicht nehmen. Die einseitigen Hilfsleistungen wurden beendet, die wenig wirksamen Hermes-Bürgschaften ab 1992 zurückgefahren.[389] In die Vorbereitungen der Moskau-Reise des Kanzlers platzte eine andere beunruhigende Nachricht. Der russische Außenminister Kosyrew hielt auf einer KSZE-Konferenz am 14. Dezember 1992 in Stockholm seine sogenannte Schock-Rede. Er warnte vor einem Russland, das auf einen revisionistischen und nationalistischen Weg abgleiten könne. Seine düstere Vision sollte deutlich machen, dass die Reformer Hilfe benötigten und was drohe, wenn dies nicht geschähe. Die anwesenden Minister und Diplomaten hatten den etwas verunglückten rhetorischen Kniff schnell verdaut, doch medial oder zum Beispiel in der CDU/CSU-Fraktion sorgte die Rede für erhebliche Unruhe.[390]

Am 15. und 16. Dezember 1992 reiste Kohl in das bitterkalte Moskau. Mehrere Minister und eine «Entourage einflussreicher Geschäftsleute»[391] begleiteten ihn. Der Kanzler zauberte aus seinem Reisegepäck ein ganzes Bündel Ölzweige, die er Jelzin entgegenstreckte. Dieser gab sich als Reformer, als Brandmauer gegen eine Zeit erneuter Wirren und als Garant einer fortgesetzten Kooperation mit dem Westen.[392] Es wurde eine «Gemeinsame Erklärung» unterzeichnet, die eine umfassende Zusammenarbeit in Wirtschafts- und Kulturfragen vorsah. Probleme aus der Vergangenheit schienen gelöst:[393] Bonn stellte über eine Milliarde DM für Entschädigungszahlungen an Opfer der NS-Herrschaft in Russland, Belarus und der Ukraine zur Verfügung. Keineswegs fokussierte man sich nur auf «russische» Opfer oder vergaß, welch großes Leid der deutsche Vernichtungskrieg auch anderen Völkern der Sowjetunion gebracht hatte. Ein zweiter Punkt betraf die Rehabilitierung deutscher Kriegsgefangener, die von sowjetischen Militärtribunalen verurteilt worden waren. Schwieriger gestaltete sich die Frage der Restituierung aus Deutschland geraubter Kulturgüter, die noch lange die bilateralen Beziehungen belasten sollte.[394] Mit großzügigen finanziellen Zusagen von weiteren 550 Millionen DM versuchte Kohl den Abzug der Truppen aus Ostdeutschland zu beschleunigen. Jelzin versprach, (Reform-)Kurs zu halten. Kurz zuvor hatte es erstmals Widerstand gegen seine Wirtschaftsreformen gegeben, weshalb er sich umso stärker als Garant des Fortschritts gebärden konnte.[395] Kohl und Jelzin verbrachten viel Zeit miteinander, auch auf einer Datscha außerhalb Moskaus. Sie lernten einander besser kennen und verstehen. Nach dem Jahreswechsel schilderte Kohl die Eindrücke seines Besuches vor der Fraktion. Viele Menschen und Regierungen im Westen hätten die Tragweite der Veränderung in Mittel- und Osteuropa sowie dem post-sowjetischen Raum immer noch nicht verstanden. Seine Moskaureise habe ihm erneut vor Augen geführt, wie dramatisch die dortige Lage sei und wie wichtig die Reformprozesse im Hinblick auf die Entwicklungen in Ostmittel- und Südosteuropa.[396]

Der Kanzler war nicht der einzige Unionsmann, der nach Russland fuhr und sich intensiv mit den dortigen Entwicklungen beschäftigte. In einer langen Aussprache in der CDU/CSU-Bundestagsfraktion über Russland am 9. Februar 1993 führte Karl-Heinz Hornhues, in den 1980er Jahren Sonderbeauftragter der Fraktion für Polen und von 1994 bis 1998 Vorsitzender des Auswärtigen Ausschusses, seine eigenen Eindrücke aus. Die demokratische Entwicklung stocke, die wirtschaftliche Abwärtsspirale drehe sich weiter. Unsicherheit und Chaos dominierten den Alltag und Demokratie verkomme zu einem «Schimpfwort»,[397] während «ein Nationalchauvinismus sich ausbreitet, der anknüpft an eine russische Größe vergangener Zeiten».[398] Die konstruktive Rolle Russlands in internationalen Fragen drohe sich umzukehren, wenn der Westen nicht gegensteuere und dies bei der Debatte zur NATO-Erweiterung nach Ostmitteleuropa und ins Baltikum nicht bedenke, so Hornhues.[399] Er warnte, dass die Sowjetunion immer eine imperiale Macht gewesen sei: «Und was uns jetzt droht, ist die Rückkehr Russlands als klassisches Imperium, anknüpfend an alte Zeiten, wo man an die Ostsee wollte, wo man an die warmen Wasser wollte und alles dies mehr».[400] Was schlug er vor? Aktive Einbindung durch die Suche nach Anknüpfungspunkten, also gemeinsame Interessen, die USA an Bord nehmen und Triumphalismus vermeiden.[401]

Nach diesem Wortbeitrag kam es zu einer durchaus kontroversen Diskussion, in die der Parteichef erst spät eingriff. Man habe in der letzten Stunde «über ein Thema gesprochen», das für ihn «zu den allerwichtigsten Themen überhaupt» gehöre, setzte Kohl an und führte hiernach so detailliert wie selten seine strategischen Gedanken zum Umgang mit Russland aus. Das Land befinde sich in einer schwierigen Übergangsphase, aber sei «im Blick auf Gefährdung immer noch eine Weltmacht».[402] Es gelte die Chancen zu erkennen, ohne vor den Realitäten die Augen zu verschließen. Durch ihre geopolitische Lage bleibe die Bundesrepublik «auf Gedeih und Verderb mit dem Schicksal Russlands verbunden», so der Kanzler. Russland sei «mächtigster und wichtigster Nachbar im Osten», weshalb man sich nicht nur zurücklehnen und zuschauen könne.[403] Der deutsche Spielraum, «Hilfe zur Selbsthilfe» zu leisten, sei endlich, weshalb er immer wieder auf die anderen westlichen Partner einrede – mit mäßigem Erfolg.[404] Kohl nannte als Beispiel die Sicherheit ziviler Kernreaktoren. Weder die USA noch Japan seien auf seine Vorschläge eingegangen, Verbesserungen der Sicherheit und des Betriebs russischer Kernkraftwerke finanziell zu unterstützen.[405] Seine Gespräche mit Jelzin hätten gezeigt, dass man ihn nicht einfach abschreiben dürfe. Ein besserer Nachfolger sei nicht in Sicht. Kohl äußerte, er wolle nicht «zu denen gehören, die sich in ein paar Jahren fragen lassen müssen: Habt ihr das alles nicht erkannt, was sich dort entwickelt?»[406] Wenn die momentane Entwicklung scheitere, stünde man vor Problemen ganz anderer Dimension. Zudem müsse man die zwischenmenschlichen Kontakte intensivieren, etwa auch durch Austauschprogramme im universitären Bereich. Russland solle, wenn es die Voraussetzungen erfülle, Mitglied im Europarat werden.[407] Doch die Erwartungen an die Bundesregierung seien schlicht zu groß. Dies führe zwangsläufig zu Frustrationen und Enttäuschungen, klagte der Kanzler abermals, die Wünsche seien «in gar keiner Weise zu erfüllen! Man muss das ehrlich sagen.»[408] Zum einen verwies er damit indirekt auf die Dankesschuld, die Moskau stets einforderte und kritisierte auch die europäischen Partner und die USA.

Von seinen Partnern im Westen fühlte er sich alleingelassen und drängte das gesamte Kalenderjahr 1992 auf eine «Internationalisierung» der Hilfen für Russland.[409] In der Tat stand der Kanzler bei vielen Fragen allein da. Major plagten wirtschaftliche Probleme und innerparteiliche Meutereien. Mitterrand war politisch und gesundheitlich geschwächt. Sein Widersacher Chirac ließ gaullistische Töne vernehmen. Italien versank im Parteienskandal. Bush kämpfte um seine Wiederwahl und gegen eine (neo-)isolationistische Stimmung in den USA. Seine Kritik an der zögerlichen Haltung der USA wiederholte Kohl in fast allen Gesprächen, die er in diesem Zeitraum führte.[410] Im März 1992 erklärte er dem US-Präsidenten, weshalb man die großen Summen für die Russlandhilfe und die langsame Entwicklung öffentlich verteidigen müsse. Man stehe vor einem ähnlichen Neuanfang wie 1945 und müsse daher «alles vermeiden, was nach Vormundschaft aussehe». [411] Man solle weg von bilateralen Hilfen und diese in die Hände internationaler Organisationen legen. Nicht nur der Kanzler ärgerte sich. Auch in London rümpfte man die Nase über das im Vergleich zur EU «dürftige US-Engagement in Osteuropa». [412] Nur sofortige Hilfe bringe Stabilität, betonte Kohl immer wieder. Er warnte mehrfach vor einer «Völkerwanderung von Ost nach West» [413] und hielt die positive Entwicklung der vorangegangenen Jahre im gesamten post-sowjetischen Raum für umkehrbar. [414] Er wollte den G7-Rahmen nutzen, um die Hilfen für die GUS- und MOE-Staaten zu koordinieren und der These entgegenzutreten, es handele sich um ein Fass ohne Boden.

Dass die Reformprozesse Zeit bräuchten, erwähnte Kohl auch verständnisvoll gegenüber russischen Gesprächspartnern. In der Bundesrepublik verstehe man dies besser als in vielen westlichen Staaten, «aufgrund der Schwierigkeiten (…) mit der Integration der ehemaligen DDR (…) Viel Kritik, die heute an den Zuständen in Russland geäußert werde, sei deshalb von Kurzsichtigkeit und Arroganz geprägt.» [415] Kohl leitete aus diesem «Verständnis durch eigene Erfahrung» eine gewisse Sonderrolle Deutschlands ab. Anderen westlichen Partnern stellte er immer wieder in Abrede, die Herausforderungen, vor denen Russland stand, wirklich vollumfänglich zu verstehen. Viele in den USA seien nach dem Zusammenbruch des Kommunismus zu triumphalistisch gewesen. [416] Der Reformprozess könne nicht über Nacht abgeschlossen werden. Russland sei auch vor 1917 keine Demokratie gewesen, weshalb es vermutlich «eine lange Durststrecke» werde. [417] Dies müssten auch die Entscheidungsträger in Washington verstehen. Die Situation gliche am ehesten der Lage 1947/48, als der Marshall-Plan entwickelt wurde, weshalb die psychologische Dimension eminent wichtig sei. Man müsse auf die Staaten im post-sowjetischen Raum zugehen, und Deutschland sei in einer besonderen Verantwortung. Gewissermaßen setzte der Kanzler damit einen Sonderzug nach Moskau aufs Gleis, ohne auf einen Sonderweg abzudriften. [418] Kohl zeigte einen pragmatischen Realismus: Er machte sich keine Illusionen, wie holprig der Weg zu blühenden Landschaften in den Weiten Russlands noch war. Dennoch sah er keine Alternative, als es mit Wirtschaftshilfen und einem regelbasierten und respektvollen Umgang zu versuchen. Hierfür wollte Kohl in der eigenen

Bevölkerung werben und die westlichen Verbündeten zum Handeln ermutigen.

Große Hoffnungen setzte er auf die neue Administration des demokratischen US-Präsidenten Bill Clinton. Der US-Wahlkampf hatte sich zunächst primär um innenpolitische Themen gedreht, doch Clinton schien nach seinem Wahlsieg die geostrategische Bedeutung Russlands zu erfassen.[419] Zeichnete sich in dem Neuling aus Arkansas ein neuer Truman ab? Der Bundeskanzler hoffte es inständig. Denn in Bezug auf die Doppelkrise Irak-Jugoslawien bezeichnete Kohl es als «bedrückend», dass das «Weltgewissen», also die USA, zuweilen mit zweierlei Maß messe: Im Irak habe man eingegriffen, doch in Jugoslawien übe man sich in Untätigkeit.[420] Die zögerliche Position der scheidenden US-Administration und Clintons zur NATO, Gespräche über eine weitere Reduzierung der US-Truppen in Europa und die Zurückhaltung im Jugoslawien-Konflikt führten zu erneuten Sorgen um die Zukunft der transatlantischen Allianz. Volker Rühe, der frischgebackene Bundesverteidigungsminister und vormalige Generalsekretär der CDU, prophezeite im Januar 1993 gar vor der Fraktion, dass «es die NATO auf Dauer nicht geben wird, auch keine amerikanische Präsenz in Europa. Wenn die NATO sich nahezu ausschließlich vorbereitet auf die unwahrscheinlichste aller Situationen, nämlich auf den Großangriff auf Westeuropa, ich füge hinzu: Durch wen eigentlich?»[421] Operationen zur Sicherung des Friedens seien die zukünftige Aufgabe, weshalb die Bundesrepublik schnell die verfassungsrechtlichen Hürden überwinden müsse, um sich an Friedensmissionen beteiligen zu können.[422] Nur zwei Monate später plädierte Rühe in einer wegweisenden Rede für die NATO-Osterweiterung, wie weiter unten ausgeführt wird. Sandte der Bundesverteidigungsminister indirekt Warnungen aus, wonach die USA wie nach dem Ersten Weltkrieg Europa den Rücken zukehren würden und nutzte die Bundesregierung die NATO-Erweiterung als ein Mittel, Washington weiterhin an die Entwicklungen in Europa zu binden? In Verbindung mit Kohls Äußerungen scheint dies plausibel, wenngleich die Akten über diese Entscheidungsprozesse bisher noch nicht vollständig freigegeben wurden und kein abschließendes Urteil zulassen.

Der Kanzler reiste zügig nach Washington und fand schnell einen guten Draht zu Clinton.[423] In einem Vier-Augen-Gespräch mit dem Präsidenten im März 1993 wollte er das Thema Russland in den Vordergrund rücken.

Kohl verwies abermals auf den US-Präsidenten Truman und den Marshall-Plan. Er betonte die materielle und moralische Bedeutung dieser Unterstützung, die als Hilfe zur Selbsthilfe aufgefasst worden sei und «zu einem Zeitpunkt erfolgte, zu dem niemand den Deutschen aufgrund der schrecklichen Verbrechen des Nationalsozialismus hatte helfen wollen. Eine solche Hilfe, sagte der Kanzler, müsse man nun für Russland leisten.»[424] Nach seiner Rückkehr berichtete der Kanzler vor der Fraktion stolz, Clinton sei nicht nur sehr deutschfreundlich, sondern wolle Jelzin auch unterstützen. Man ginge dabei ein Risiko ein, aber weiteres Abwarten sei «das ungleich größere Risiko» und könnte sehr viel teurer werden.[425] Zwischen Jelzin, Clinton und Kohl entstand eine trianguläre Arbeitsbeziehung, die von Vertrauen, aber auch «competitive co-operation» gekennzeichnet war.[426] Der Newcomer im Weißen Haus intensivierte die amerikanischen und internationalen Hilfen für Russland und verlangte im Gegenzug konkrete Reformschritte.[427] Das Treffen der beiden Präsidenten in Vancouver brachte im April 1993 eine wichtige Multilateralisierung der Hilfen in Gang.[428] Mitterrand hatte Clinton die Bedeutung der G7 in diesem Bereich nochmals vermittelt und zugleich betont, dass Kohl «darauf dränge, dass wir handeln. Wenn wir dies nicht sofort angingen, werde die Welt uns die Schuld an etwaigen Fehlentwicklungen geben.»[429] Nicht nur zeigte Mitterrand dadurch, wer hinter den Kulissen die treibende Kraft war, sondern er hatte fast wortgleich die Formulierungen Kohls internalisiert. Die von Bonn forcierte Multilateralisierung der eigenen Ost- und Russlandpolitik war auf gutem Wege.

Dies entlastete Kohl, der 1993 mit vielen innenpolitischen Problemen zu kämpfen hatte. Die Asyldebatten und der kostspielige «Aufbau Ost» waren heiße Eisen. Sie drohten, seine Wiederwahl 1994 zu gefährden und schränkten seinen finanziellen Spielraum ein. Rechnet man hierzu noch die Sorge vor Kriegen, bestätigt sich der Befund Frank Biess', wonach seit den 1980er Jahren die inneren und äußeren Angstfaktoren verschmolzen.[430] Deutschlands neue Rolle in der Welt «machte nach 1990 Angst», wie Biess festhielt.[431] Auch die Lage in Russland drohte 1993 wieder «Angst» zu machen.

Krisen und Brände an der Peripherie (1993)

Aus Moskau kamen schrille Töne, und die Auseinandersetzungen an der russischen Peripherie nahmen zu. Innenpolitisch litt Jelzin unter dauerhaften Angriffen und die Stellung der Reformer im Gesamtgefüge der russischen Elite drohte zu erodieren. Zudem schimmerte das Störpotential einer NATO-Erweiterung durch. Diese beunruhigende Gemengelage wurde von einer anhaltenden Wirtschaftskrise begleitet: Das russische Bruttoinlandsprodukt schrumpfte 1993 im Vergleich zum Vorjahr um 10 Prozent. Die Inflation lag bei 30 Prozent und galoppierte Jelzin davon. Die Konsumgüterpreise explodierten und über zehn Millionen Arbeitslose blickten in eine düstere Zukunft.[432]

Die russische Seite forderte, als bedeutender Wirtschaftspartner und nicht als Entwicklungsland wahrgenommen zu werden. Realität und Selbstwahrnehmung klafften weit auseinander. Der russische Botschafter in Deutschland trat als herrischer Bittsteller auf. Terechow forderte eine enge Anbindung an die EG und einen gemeinsamen Wirtschaftsraum, also einen Status, der sich «prinzipiell nur im Fehlen einer Beitrittsperspektive von den Europaabkommen» mit den MOE-Staaten unterscheiden sollte.[433] Die von der EG/EU vorgeschlagenen Rahmenbedingungen eines Wirtschafts- und Kooperationsabkommens wurden in Moskau ebenso wie die US-amerikanischen Hilfen als unzureichend abgetan.[434] Der deutsche Botschafter in Moskau, Klaus Blech, wollte den Russen zwar bessere Perspektiven bieten, aber erkannte auch, dass «an eine Integration Russlands in einen wie auch immer gestalteten europäischen Wirtschaftsraum nicht zu denken» sei.[435] Blech warnte, man müsse Russland weiterhin «in seiner Westorientierung» bestätigen und ermutigen, denn innenpolitisch wachse der Druck, «gegenüber Irak, Libyen oder vor allem auch Serbien der westlichen Politik entgegenzutreten».[436] Wenn man sich russischerseits nicht auf Augenhöhe wahrgenommen fühle, seien «irrationale Reaktionen zu erwarten».[437] Ähnliche Berichte hörte man von Abgeordneten des Deutschen Bundestages.[438]

In Gesprächen mit führenden russischen Politikern klangen Tendenzen der Entfremdung an. Nicht nur die Hardliner im Obersten Sowjet sahen den Westkurs kritisch, sondern auch hohe Regierungsvertreter.[439] Der stellvertretende Außenminister Anatolij Adamischin, bekannt für «hard-line attitudes»,[440] und der Sekretär des Sicherheitsrates Juri Skokow kritisierten den Kurs von Außenminister Kosyrew. Skokow «unterstellte der amerikanischen Politik Hegemoniestreben. Nur Russland und Deutschland seien zu bescheiden und stellten keine Ansprüche.»[441] Andere Stimmen kritisierten Waffenverkäufe an die baltischen Staaten oder die «zu einseitige» westliche Jugoslawienpolitik,[442] die in Russland immer mehr zu einem innenpolitischen Thema wurde. Vermeintliche «anti-serbische Positionen» könnten gegen Jelzin und Kosyrew ins Felde geführt werden, wie die deutsche Botschaft berichtete.[443] Der Streit mit Estland über den Abzug der russischen Truppen und den Status der russischen Minderheit erhitzte ebenfalls die Gemüter.[444] Adamischin sagte in einer Unterredung mit Staatssekretär Kastrup und Botschafter Blech rundheraus, die Aufnahme Estlands in den Europarat sei «ein Fehler» gewesen und warnte vor einer Spaltung, wenn manche Staaten aufgenommen würden und Russland «im Vorzimmer» sitzen bliebe, denn die Beitrittsverhandlungen waren noch nicht abgeschlossen.[445] Erneut beschuldigte er Estland, die Menschenrechte der russischen Minderheit nicht zu achten und warnte vor einem Konflikt, der «auf Europa stärkere Auswirkungen» haben würde als die Nagorno-Karabach-Frage.[446] Die russische Seite nutzte daher die Auseinandersetzungen an der eigenen Peripherie gezielt als Schreckensszenario und Druckmittel. «Es sei gefährlich, Russland aus Nordwesteuropa abzudrängen», so Adamischin, doch viele ostmitteleuropäische Staaten wollten eine «klare Trennung Russlands von Europa nach dem Motto: Russland solle in seinem Hinterhof bleiben».[447] Der Vorwurf einer Einkreisung Russlands schwang hier implizit mit, was zeigte, wie eng verbunden die Auseinandersetzung im Baltikum mit den Krisen im Kaukasus und in Zentralasien aus Moskauer Perspektive waren. Alles schien die eigene Vorrangstellung zu untergraben und Russland zu einer Regionalmacht zu degradieren, weshalb man die Peripherie ins Zentrum der eigenen Politik rückte.

Vor allem die Situation in Tschetschenien und in Georgien bereitete dem Kreml Kopfschmerzen. Der Vorsitzende des Nationalitätenkomitees Sergej Schachrai stellte in einem Gespräch mit dem deutschen Botschafter in Moskau unverblümt fest, dass man zwar auf Konfliktprävention setze, aber «auch den Einsatz von Gewalt» nicht ausschließe.[448] Botschafter Blech sandte erneut eine Warnung nach Bonn: «Beunruhigend ist die Bereitschaft zum Einsatz von Gewalt, die den Zerfallsprozess der Russischen Föderation noch weiter beschleunigen würde»,[449] denn in Moskau werde laut darüber nachgedacht, GUS-Friedenstruppen in diese Regionen oder in das «nahe Ausland» zu entsenden.[450] Seit dem Frühjahr 1993 schloss Russland mit mehreren GUS-Staaten Abkommen zur Regelung der weiteren russischen Militärpräsenz. Zugleich nahm der Kreml die GUS-Staaten immer mehr als Bürde wahr, die man alimentieren musste, aber letztlich nicht übermäßig beeinflussen konnte – und wenn man es versuchte, wurde man aus dem Westen kritisiert.[451]

Am Beispiel Georgiens zeigten sich die Sachzwänge, in denen die deutsche Außenpolitik steckte. Der kleine Vielvölkerstaat im Kaukasus hatte 1991 seine Unabhängigkeit erklärt, was vielen Abchasen, Südosseten und Adschariern, die überwiegend muslimischen Glaubens waren, keineswegs gefiel: Sie wollten nicht Teil des neuen Georgiens werden. Die Folge war ein blutiger Krieg, bei dem die Zentralregierung in Tiflis bei ihrem Versuch, in Abchasien und Südossetien ihren Machtanspruch durchzusetzen, keineswegs zimperlich vorging.[452] Mehrere Tausend Menschen starben, Hunderttausende mussten fliehen. 1992 putschte sich Eduard Schewardnadse an die Macht und wurde Staatspräsident des unabhängigen Georgiens. In Deutschland blickte man auf ihn, wie auf Gorbatschow, weitgehend unkritisch verklärend, da man ihm für seine Rolle als sowjetischer Außenminister während der deutschen Wiedervereinigung «Dank schulde». Die Bundesrepublik war der erste Mitgliedstaat der EU, der das neue Land im März 1992 anerkannte; im April reiste Genscher nach Tiflis.[453] Auch die USA unterstützten den neuen Präsidenten und verschlossen die Augen vor vielen Fehlentwicklungen.[454] Denn Schewardnadse war kein Reformer. Er brillierte in Vetternwirtschaft. Die Korruption blühte, die Bevölkerung hungerte.[455] Da Schewardnadse in Bonn und Brüssel um Finanzhilfen bat, stand die Bundesregierung vor einer schweren Entscheidung. Schon Genscher und seine Mannschaft hatten im Frühjahr 1992 die enormen politischen und finanziellen Schwierigkeiten erkannt.[456] Angesichts der Zerstörungen in den Konfliktgebieten, Schewardnadses unzureichender Kontrolle über georgische Milizen in Abchasien und der wirtschaftlichen Lage seien die geforderten 1,5 Milliarden Dollar «unrealistisch», hielt auch Bitterlich in einer Aufzeichnung fest. Umfassende Hilfe, dies gelte es den Georgiern zu vermitteln, komme «ohne eine Wiederherstellung der inneren Ordnung (…) nicht in Betracht».[457] Und von «innerer Ordnung» konnte keine Rede sein.

Russland griff immer direkter in den Abchasien-Konflikt ein, da es auch um die Stabilität in den südlichen Regionen des eigenen Landes fürchtete. Eine mögliche Friedensmission stand in den Augen des deutschen Botschafters in Tiflis vor großen Hürden. Sie müsste die Minderheiten schützen, die «nationalistische Opposition» in Georgien kontrollieren, dabei die territoriale Integrität und Unverletzlichkeit der Grenzen des Landes schützen und zugleich einen Ausgleich «mit den legitimen Interessen Russlands in der Region» finden.[458] Eine Quadratur des Kreises. Bei einer etwaigen VN-Friedensmission setzte Schewardnadse große Hoffnungen auf die Bundesrepublik. In Bonn schien man jedoch nur bereit, eine Handvoll Militärbeobachter zu entsenden. Schewardnadse wollte «je ein Regiment» aus der Ukraine und Deutschland,[459] und damit eine entscheidende Mittler-, wenn nicht gar Schutzrolle der Deutschen. Im Auswärtigen Amt war man strikt dagegen. Viele Ukrainer hätten schon als Freiwillige im Abchasienkonflikt auf georgischer Seite gekämpft. Eine Positionierung auf Seiten der Ukraine und Georgiens würde in Moskau «auf Unverständnis stoßen».[460] Die innerdeutsche Diskussion um die verfassungsmäßigen Optionen des Einsatzes von Bundeswehrsoldaten im Ausland müsse bedacht werden, und es gebe für Abchasien «kein überzeugendes politisches Konzept», da der finale Status der Region ungeklärt bleibe.[461] Im Kanzleramt sah man eine «möglichst umfassende Selbstverwaltung (Polizei-, Gerichts-, Steuerhoheit) sowie Regelung des Verhältnisses zu Russland» als «Schlüssel zur Lösung»; ebenso sollte Südossetien mehr Autonomie zugestanden werden.[462] Die Botschaft in Tiflis meldete hingegen, dass Moskau sich nur durch westliche Staaten oder die G7 bremsen lassen werde. «Da Moskau, auch via G7, zur feinen Gesellschaft gehören möchte, sollte es sich auch entsprechend benehmen. Moskau mag indessen geneigt sein, für sein nahes Ausland Sonderrechte nach Art einer Monroe-Doktrin[463] in Anspruch zu nehmen.»[464] Während die Anfragen nach deutscher Hilfe stiegen,[465] sträubte sich z. B. die französische Regierung, der Region Priorität beizumessen. Nur zögerlich war man willens, Hilfsleistungen und Nahrungsmittel bereitzustellen. Frankreich hatte andere Sorgen und wies im EU-Rahmen darauf hin, dass man Ressourcen für den Konflikt in Ruanda bereithalten müsste.[466] Umso mehr versuchte die Bundesrepublik daher – wie bei der Ostmitteleuropa- und Russlandpolitik – zu multilateralisieren, um nicht allein als Kreditgeber oder politischer Akteur aufzutreten.

Der Konflikt um Abchasien befeuerte Bonner Ängste vor chaotischen Zuständen im post-sowjetischen Raum, zumal die Waffenruhen brüchig blieben und neue Regionen (z. B. Megrelien) drohten, im Morast bewaffneter Konflikte zu versinken. Die Botschaft in Tiflis warnte vor «bosnischen Zuständen».[467] In der Tat drohte ein Flächenbrand. Armenien und Aserbaidschan kämpften um die Region Nagorno-Karabach, was Rückwirkungen auf die GUS und die Rolle Russlands in den SU-Nachfolgestaaten hatte.[468] Auch in Tadschikistan ging der seit Mai 1992 andauernde Bürgerkrieg weiter. Russland nutzte diese Konflikte, um eigene Streitkräfte als «Friedenstruppen» zu entsenden. Damit sollte eine Macht- und Einflusssphäre gesichert werden, wie schon zeitgenössische Beobachter ohne Umschweife feststellten: «Die Großmacht Russland scheut vor hegemonialer Machtausübung nicht zurück (...) ein Ergebnis davon ist die hegemoniale Stabilisierung der GUS durch Russland.»[469] Dies geschah nicht chaotisch oder planlos, sondern folgte dem strategischen Ziel, im «nahen Ausland», etwa unter dem Deckmantel der OSZE, wieder Präsenz zu zeigen.[470] Kritik am eigenen Vorgehen wies man häufig als westliche Doppelmoral zurück: Wo liege der Unterschied, fragte die russische Seite den britischen Botschafter in Moskau, zwischen der amerikanischen Intervention in Haiti und der russischen in Abchasien?[471]

Schewardnadse rief den Ausnahmezustand aus. Trotzdem entglitten ihm die Zügel. Bitterlich votierte für eine «gewisse Zurückhaltung» bei der eigenen Unterstützung Georgiens.[472] Russland habe, so hielt die Vorlage für Kohl fest, kein Interesse an einer Destabilisierung und sei nicht Herr der Lage, wie der brüchige Waffenstillstand belege.[473] Kohl stimmte zu. Man fuhr auf Sicht. Finanzielle und humanitäre Hilfe sollte in überschaubarem Umfang geleistet werden; VN-Beobachter sollten entsendet werden, sofern die Sicherheitslage es zuließe.[474] Zudem förderte die Bundesregierung die Unabhängigkeit Georgiens von russischen Energielieferungen.[475] In Tiflis hatte man sich mehr erhofft. Schewardnadse beschwerte sich bei der deutschen Botschaft. Der Westen lasse dem Kreml «zu viel freie Hand bei der Stabilisierung der Lage im Transkaukasus».[476] Schewardnadse konnte sich bis zu den Wahlen 1995 im Amt halten und das Land in etwas ruhigere Fahrwasser bringen. Er fand einen Ausgleich mit Moskau und warnte zugleich deutsche Diplomaten: «Ein Zerfall Russlands wäre für alle eine Katastrophe», daher dürfe Russland nicht isoliert werden, denn nur die Radikalen in Moskau erhielten durch einen solchen Schritt Oberwasser.[477] Schewardnadse bescheinigte dem Kanzler, diese Problematik erkannt zu haben.[478] Seine Aussagen verdeutlichen zudem, dass man auch in den Nachbarstaaten eine blutige «Zeit der Wirren» in Russland fürchtete und somit willens war, eine pragmatische Einbindungspolitik mitzutragen, ohne die Augen vor Fehlentwicklungen, z. B. in Abchasien oder Tschetschenien, zu verschließen. Ein Faktor, der bei einer Analyse der deutschen Reaktion auf die Konflikte an der russischen Peripherie, in denen zum Beispiel Georgien nicht frei von Schuld war, unbedingt beachtet werden muss. Denn über allen Vorhaben schwebte ein Damoklesschwert, da sich in Moskau die Ereignisse des Jahres 1991 zu wiederholen schienen. Einige Parameter waren ähnlich: Verfassungsfragen, ein unsicher im Sattel sitzender Präsident und ein rebellisches Parlament voller Hardliner, denen der Reformkurs zu weit ging. Russische Gesprächspartner warnten hinter verschlossenen Türen vor «tadschikischen Verhältnissen», wenn der Streit zwischen Legislative und Exekutive nicht beigelegt würde.[479]

Die Innere Lage Russlands

Der Oberste Sowjet entzog Jelzin im März einige präsidentielle Rechte, unterstützte eine gegenteilige Wirtschaftspolitik – eine Geldpolitik mit der Druckerpresse – und schwang sich zur führenden Instanz im Lande auf. Am 20. März trat Jelzin vor die Fernsehkameras. Er kündigte für den 25. April ein Referendum an, das die Machtfrage zwischen Legislative und Exekutive klären sollte. Bis dahin werde er mit Exekutivrechten regieren, wodurch Präsidialdekrete keiner Kontrolle des Parlaments unterlagen. Der Oberste Sowjet lief hiergegen Sturm. Eine Abstimmung über eine Amtsenthebung Jelzins scheiterte nur knapp. Tausende waren auf den Straßen. Doch die Verfassungskrise war noch nicht überstanden. Ein weiterer Konflikt zwischen Jelzin und der Legislative sei «vorprogrammiert», berichtete Hartmann an Kohl, und in Bonn dachte man über Eventualitäten bei einer Ablösung Jelzins nach.[480] In Moskau roch es nach Weimar.

Die massiven Hilfszusagen der G7-Staaten über rund 43 Milliarden US-Dollar im April 1993 müssen daher als gezielte Parteinahme für Jelzin gesehen werden.[481] In Washington hielt man ihm zugute, dass er das Volk befragte. Öffentlich wollte man hingegen den Prozess, nicht expressis verbis die Person Jelzin unterstützen. Clinton haderte damit. Er wollte seinem Amtskollegen direkter unter die Arme greifen.[482] Eine wirkliche Entpersonalisierung in den amerikanisch-russischen Beziehungen trat nicht ein. Auch Kohl und Kinkel erklärten erneut öffentlich ihre Unterstützung für den Reformprozess.[483] Eine Gesprächsvorlage für Kohl bekräftigte, er solle Jelzin zwar zum Ausgang des Referendums beglückwünschen und ihn weiterer Unterstützung versichern, aber sogleich anhalten, die Reformen und «den Kurs einer kooperativen Außenpolitik» fortzusetzen, vor allem in der Jugoslawien-Krise.[484]

Die SPD-Opposition kritisierte das Festhalten Kohls an Jelzin. Gernot Erler warnte in einer Sitzung der SPD-Bundestagsfraktion vor einer einseitigen Parteinahme. Jelzin regiere «zur Zeit nur noch auf der Grundlage eines ‹Präsidialregimes›».[485] Der außenpolitische Sprecher der SPD, Karsten Voigt, kritisierte die zu einseitige Parteinahme der Bundesregierung für den russischen Präsidenten. Die Sozialdemokraten sollten nur «den Fortgang der Demokratie», nicht einzelne Personen unterstützen.[486] Was genau daraus folgen sollte, ließen beide jedoch offen. Andere Wortmeldungen in der Fraktionssitzung forderten, die «demokratischen Kräfte» in Russland und die wirtschaftliche Entwicklung zu fördern,[487] doch konkretere Vorschläge wurden nicht geäußert. So lag die SPD semantisch auf der gleichen Linie wie die Regierung: Demokratie und Wirtschaft stützen. Trotz aller Abgesänge hielt Jelzin sich zwar an der Macht, doch Kohl prophezeite ihm noch einen harten Kampf[488] – und sollte damit Recht behalten.

In diesem Kontext müssen die erneuten wirtschaftlichen Hilfszusagen betrachtet werden, die im Juli auf dem G7-Gipfeltreffen in Tokio beschlossen wurden. Wie schon im Frühjahr wollte man Jelzin durch multilaterale Unterstützung helfen. Auf dem Rückflug von Tokio legte die deutsche Delegation am 10. und 11. Juli am Baikal-See einen Zwischenstopp ein. Der gemeinsame Saunagang Jelzins und Kohls wurde geboren. Doch trotz der Sympathie und Partnerschaft blieb es eine politische Freundschaft, wie der Pfälzer sie auch mit anderen Staats- und Regierungschefs pflegte, unter denen nur eine Handvoll wirkliche Freunde wurden.[489] Für die Gespräche am Baikal-See hatte Kohls engster außenpolitischer Berater, Joachim Bitterlich, sehr ausführliche Aufzeichnungen vorgelegt. Es bestünde «in keiner einzigen bilateralen Frage eine konfrontative Situation», Jelzin sitze fester im Sattel, werde 1996 keine Wiederwahl anstreben und Deutschland sei «mit Ausnahme der globalen sicherheitspolitischen Fragen der erste Ansprechpartner Russlands. Die russische Führung erkennt an, dass Russlands Weg nach Europa im Wesentlichen über eine ungestörte, gute Zusammenarbeit mit Deutschland führt.»[490] Die «Gemeinsame Erklärung» von 1991 gebe die Leitplanken vor. Aufgrund der chaotischen innenpolitischen Lage, so Bitterlich, gebe es jedoch kaum russische Initiativen, außer immer neue Bitten um wirtschaftliche Unterstützung.

Die verschiedenen Aufzeichnungen Bitterlichs zeigen allerdings auch, wo Konfliktpotential lauerte. Das ukrainisch-russische Verhältnis sei von «latenter Spannung geprägt», die Ukraine fühle sich «aufgrund strategischer Abhängigkeit (Energie) von Russland und aufgrund verschiedener Äußerungen russischer Politiker in seiner Existenz von Russland bedroht».[491] Bitterlich schlug vor, Jelzin nach seiner Sicht der Dinge zu fragen. Konkreter wurden die deutschen Positionen mit Blick auf das Baltikum. Die Bundesregierung unterstützte den KSZE-Beschluss vom Juli 1992, wonach alle russischen Truppen vollständig abziehen sollten. Inakzeptabel sei ein «Junktim zwischen russischem Truppenabzug und für Russland akzeptablen Regelungen für die russische Minderheit (Staatsbürgerschaft, Wahlberechtigung)».[492] Und weiter: «Russland sollte auf als diskriminierend empfundene Handlungen von baltischer Seite nicht mit Drohungen und Wirtschaftsboykott reagieren.»[493] Man ergriff somit deutlich Partei für die Balten. Russland müsse konstruktiv mitarbeiten, ein unlängst abgehaltenes Militärmanöver zur Einnahme des Baltikums sei hingegen «politisch höchst kontraproduzent und instinktlos» gewesen.[494] Umgekehrt habe man den baltischen Staaten mitgeteilt, dass Grenzfragen nicht aufgeworfen werden sollten. Auch auf das russisch-georgische Verhältnis blickte man «mit Sorge» und in Jugoslawien müsse man Russland zur konstruktiven Mitarbeit bewegen.[495]

Das Treffen am Baikalsee stand sinnbildlich dafür, wie eng die bilateralen Kontakte im Laufe des Jahres 1993 geworden waren. Das Deutschlandbild der politischen Elite in Moskau war sehr positiv, wie einige Studien zeigten. Bei den Konservativen sei man noch beliebter als bei den «Radikaldemokraten», die eher zu den USA neigten.[496] Die häufig geforderten Kontakte der Parlamentarier intensivierten sich. Am 26. Oktober 1993 nahm eine Delegation russischer Abgeordneter an der Sitzung der CDU/CSU-Fraktion teil – weshalb Kohl von einem «historischen Tag» sprach.[497] Man müsse

Russland beistehen, betonte er erneut, was gemeinsame Beratungen auf Augenhöhe einschließe. Deutschland und Russland seien auch kulturell eng verbunden und «waren immer in einer Brückensituation nach Osten wie umgekehrt nach Westen».[498] Die deutsche Botschaft in Moskau berichtete, man höre immer wieder Äußerungen über Deutschland als «natürlichen Partner» und als Brücke zu Europa.[499] Was folgerte Botschafter Blech hieraus für die deutsche Außenpolitik? Man solle noch enger mit Russland konsultieren, gemeinsame Initiativen z. B. in der KSZE lancieren, die Themenbreite stets erweitern, etwa um Nahost- und Afrikapolitik, und neue Foren schaffen. «Gerade weil wir unseren Anspruch auf einen ständigen Sitz im VN-Sicherheitsrat angemeldet haben, sollten wir auch zu erkennen geben, dass wir Wert darauf legen, uns mit Russland über Fragen der außerhalb Europas liegenden Krisensituationen und globaler Bedeutung eng auszutauschen. Darin läge auch kein ‹Sonderweg›, sondern etwas, was die Briten und Franzosen längst tun.»[500] Die Bundesrepublik trat somit immer selbstbewusster auf – gegenüber Russland und auf dem weltpolitischen Parkett. In Gesprächen mit französischen Diplomaten ließen russische Offizielle durchblicken, dass eine Aufnahme Deutschlands in den VN-Sicherheitsrat für sie kein Problem darstellen würde.[501] Doch in Moskau drohte Ungemach.

Der Machtkampf zwischen Parlament und Präsident spitzte sich weiter zu.[502] Am 21. September löste Jelzin den Obersten Sowjet und den Volksdeputiertenkongress auf – ein klarer Verstoß gegen die Verfassung. Für den 12. Dezember kündigte er Neuwahlen an. Seine Widersacher besetzten daraufhin am 23. September das Parlamentsgebäude in Moskau, das sogenannte Weiße Haus. Kohl veröffentlichte noch in der Nacht eine Unterstützungserklärung für Jelzin – wie fast alle westlichen Staaten und auch die ostmitteleuropäischen Länder es taten. In einem Telefonat mit Kohl am 29. September gab sich der russische Präsident zuversichtlich. Bisher sei alles friedlich. Er drängte jedoch, die in Tokio gemachten finanziellen Zusagen zügig umzusetzen.[503] Kohl bot jegliche Form der Unterstützung an, etwa erneute öffentliche Erklärungen, betonte aber ausdrücklich, die Krise müsse «schnell und ohne Blutvergießen» beigelegt werden.[504] Der Beschuss des Parlaments am 3. und 4. Oktober stimmte ihn missmutig. In einem Telefonat am 14. Oktober sollte er den russischen Präsidenten fragen, wie er sich die künftigen Wahlen vorstelle, welche Parteien er zulassen und ob er die Termine einhalten werde.[505] Der Kanzler stellte folglich Fragen, die an Jelzins grundsätzliches Verständnis von Demokratie rührten. Dennoch wollte man in Bonn den Reformprozess weiter unterstützen – gerade in Anbetracht der kommunistischen und rechtsextremistischen Gefahr bei den kommenden Wahlen im Dezember.

Vor einem Treffen mit Jelzin im November legte Bitterlich dem Kanzler erneut detaillierte Vorschläge für weitere Initiativen vor. Der strategische Ansatz dieses Papiers zum Umgang mit Russland, das der engste außenpolitische Berater Kohls verfasste, bildete eine Blaupause für die kommenden Jahre und verdient eine ausführliche Betrachtung. Trotz der Überwindung des «allgemeinen politischen und gesellschaftlichen Schockzustandes» nach dem 3. und 4. Oktober drohten «Instabilitäten».[506] Viele internationale Partner warnten vor einer «neo-imperialen Außenpolitik», so Bitterlich, die sich am russischen Verhalten im «Nahen Ausland» zeige. Diese Sicht werde jedoch «von uns und im Auswärtigen Amt nicht geteilt: Trotz großer innenpolitischer Widerstände hat die russische Außenpolitik in den vergangenen Jahren in wesentlichen Fragen stets die ‹richtigen› Entscheidungen zusammen mit dem Westen getroffen (Abrüstung, Irak, Serbien).»[507] Im Baltikum fahre der Kreml «eine insgesamt zurückhaltende Linie», im Kaukasus und Tadschikistan stabilisierten russische Truppen die fragile Lage und seien zudem durch die örtlichen Regierungen zu Hilfe gerufen worden. Doch Bitterlich war sich der Kehrseite des russischen Verhaltens bewusst: «Traditionelles russisches strategisches Denken, das weiterhin um Kategorien von ‹Einflusssphären› kreist, ist andererseits nicht von der Hand zu weisen. Hegemoniale Tendenzen in Bezug auf das ‹nahe Ausland› sind in Russland bis tief in reformorientierte Kreise verbreitet. Diesem Denken sollten wir durch kritische Fragen begegnen, z. B. zur russischen Rolle im Abchasien-Konflikt, und durch Forderungen, sich an einschlägige KSZE-Prinzipien zu halten.»[508] Man dürfe nicht zulassen, so Bitterlich weiter, dass Russland unter dem Deckmantel von VN- und KSZE-Friedensmissionen reine Machtpolitik betreibe. Einen «Blankocheck» dürfe es nicht geben, die Reformkräfte in Russland müssten kurz- und mittelfristig gestützt werden, nicht nur in Krisenzeiten.[509]

Bitterlich empfahl fünf Initiativen, die öffentlichkeitswirksam den Reformern helfen und auf breite Zustimmung bei westlichen Verbündeten stoßen sollten.[510] Er sprach sich als erstes für die vollwertige Aufnahme Russlands in die G7 aus, wenngleich Frankreich sich in dieser Frage zurückhaltend gezeigt habe. Damit würde «der russische Anspruch auf Mitsprache in allen globalen Angelegenheiten honoriert und das russische Selbstwertgefühl gestärkt» und zugleich erhöhe dies den Druck auf den Kreml, sich «in weltpolitischen Fragen und auf der Grundlage von Konsens im Rahmen der G8 zu bewegen».[511] Das Bundesfinanzministerium und die Wirtschaftsabteilung des Bundeskanzleramtes stemmten sich gegen eine russische G7-Mitgliedschaft.[512] Bitterlich bat daher Johannes Ludewig, den Leiter der Wirtschaftsabteilung, um ein erneutes Gespräch, zumal die USA diese Frage mit den Russen behandeln würden. «Zumindest sollten wir daher Jelzin sagen, wir werden uns in diese Richtung einsetzen. Wir haben in der Tat ein gewichtiges Interesse daran, die Russen in globalen politischen Angelegenheiten am Tisch zu haben!»[513] Als zweite Initiative schlug Bitterlich dem Kanzler die Aufnahme Russlands in den Europarat noch in der ersten Hälfte des Jahres 1994 vor. Dies müsse man jedoch an Bedingungen knüpfen: Zunächst sollten faire und freie Wahlen in Russland stattfinden und die demokratische Rechtsordnung, inklusive des Justizwesens, gefestigt werden.[514] Drittens sollte die Bunderegierung einen schnellen Abschluss des Partnerschafts- und Kooperationsabkommens (PKA) zwischen der EU und Russland bis Dezember vorantreiben. «Die bisherige europäische Haltung, einerseits für Marktöffnung und damit Unterstützung der russischen Reformen zu plädieren, Russland andererseits aber den Marktzugang über das handelspolitische Instrumentarium der EG weiter zu verwehren, ist politisch in höchstem Maße kontraproduzent,» resümierte Bitterlich. Man habe einzelne deutsche Interessen zurückgestellt und müsse nun die zögerlichen Spanier, Franzosen und Briten noch überzeugen. Als vierten Punkt führte Bitterlich die Frage der NATO-Osterweiterung an. Russland solle an einer neuen Sicherheitsordnung beteiligt werden, aber zugleich gelte es, die Zusammenarbeit zwischen NATO und MOE-Staaten auszubauen.[515] Fünftens sollte in immer neuen Politikfeldern zusammengearbeitet werden, vor allem nach dem Wegfall historischer «Altlasten».[516]

Was zeigt diese interne Aufzeichnung Bitterlichs für den Kanzler? Die Argumentationsmuster, die Bundesrepublik habe Russland demütigen wollen und russische Sicherheitsinteressen nicht beachtet, besitzen wenig Glaubwürdigkeit. Ebenso wird eine realistische Einschätzung des russischen Denkens in Einflusssphären und der Machtprojektion im «Nahen

Ausland» deutlich, ohne russisches Handeln blind zu verteufeln. Die wirtschaftliche Einbindung sollte über die bilaterale Ebene hinaus im EU-Rahmen erfolgen – auch, damit Bonn nicht als einziger Staat die Lasten (und Risiken) schultern musste, sondern die hinterherschlendernden Europäer einen (weiteren) Schubs gen Osten erhielten. Letztlich enthielt die Vorlage somit eine realistische Sicht auf die deutschen Gestaltungsmöglichkeiten und die Endlichkeit des eigenen Einflusses. Im Subtext bedeutete diese Multilateralisierung auch, dass damit den anderen europäischen Staaten Ängste vor einem zu engen Zusammengehen zwischen Deutschland und Russland genommen werden sollten.[517] Dies war erfolgreich. Die Deutschen seien auf keine Sonderbeziehungen mit Moskau aus, hielt eine interne Aufzeichnung im Quai d'Orsay fest, wo man ebenfalls stärker eine russische Reform- und Kooperationsbereitschaft einfordern wollte.[518] Wenn ein solches Verhalten nicht eintrete, werde man weniger Hilfen leisten und könne auch hinnehmen, wenn Russland eine aus Schwäche agierende, rein destruktive Macht würde.[519] Alle Angebote an Russland waren somit an Reformfortschritte im Inneren und eine konstruktive Zusammenarbeit in internationalen Fragen geknüpft.

Der russische Reformmotor stotterte allerdings gewaltig. Jelzin verschob im November den Termin für die Präsidentenwahlen vom 12. Juni 1994 auf 1996. Die Wahl Jelzins im Juni 1991 lag damit bereits Jahre zurück. Seither waren so viele Krisen eingetreten, dass eine erneute demokratische Legitimation sinnvoll erschien. Die Erklärung Jelzins, 1996 nicht mehr anzutreten und einen Nachfolger zu präsentieren, mutete in Bitterlichs Augen «befremdlich» an.[520] Die Duma-Wahl am 12. Dezember 1993, die in den Augen der deutschen Botschaft *cum grano salis* frei und demokratisch verlaufen war,[521] führte zu einem Schock. Der ultra-nationalistische Hardliner Wladimir Schirinowski errang 22,9 Prozent der Stimmen, die Kommunistische Partei 12,4 Prozent. Nur rund die Hälfte aller Wahlberechtigten waren wählen gegangen. In Moskau versicherte man den westlichen Botschaftern, das Ergebnis werde keine Rückwirkungen auf die russische Außenpolitik haben.[522] Doch die Rhetorik in Russland wurde immer imperialistischer und revisionistischer.[523] Auch Äußerungen von Außenminister Kosyrew, der eigentlich als Reformer galt, sorgten für Beunruhigung. Er hatte erklärt, es werde «keinen Rückzug aus Regionen und Ländern, die zur russischen Interessenssphäre gehören»,[524] geben und man behalte dort eine militärische Präsenz bei.[525] Kohl sollte laut einer Gesprächsvorlage in einem Telefonat mit Jelzin nachhaken und auf die Fortführung eines besonnenen Kurses pochen.[526]

Trotz des besorgniserregenden Wahlausgangs kam es in Bonn nicht zu einer Kehrtwende in der Russlandpolitik.[527] Die Botschaft in Moskau wollte an Hilfsprogrammen für das Parlament festhalten, um den reformistisch gesinnten Abgeordneten unter die Arme zu greifen.[528] Denn es gab sie durchaus, die Reformer. Doch sie konnten in außenpolitischen Fragen ebenfalls eher traditionellen Denkmustern verhaftet sein. «Russische Politiker aller politischer Richtungen warben um westliches Verständnis für die besonderen Interessen Russlands in der GUS, vor allem bezüglich der russischen Minderheiten in den neuen unabhängigen Staaten», berichtete die Botschaft in Moskau nach Bonn.[529] Das Denken in Großräumen und Einflusssphären zeigte sich immer deutlicher, als die NATO-Osterweiterung auf die Tagesordnung der internationalen Politik gesetzt wurde.

4. Das Ende des Tauwetters: Die NATO-Osterweiterung, Jelzins Autoritarismus und Tschetschenien (1993–1998)

Die stabilitätsorientierte deutsche Russlandpolitik kann nicht losgelöst von der innenpolitischen Lage betrachtet werden. Günstig war sie für Kohl 1993 nicht. Seine Umfragewerte waren im Keller.[530] Die Medien kündigten angesichts der vielen internen Koalitionskrisen, der steigenden Arbeitslosigkeit, der Wirtschaftsflaute, der Schwierigkeiten in den neuen Bundesländern und vielfacher Wahlschlappen bereits eine Kanzlerdämmerung an. 1994 war ein Superwahljahr: Europa- und Landtagswahlen und im Herbst die Bundestagswahl. Zudem hatte Deutschland in der zweiten Jahreshälfte die EU-Ratspräsidentschaft inne. Die außenpolitische Großwetterlage erhielt daher erneut innenpolitische Relevanz. Die deutsche Bevölkerung wollte keine Experimente in der Außenpolitik. Gerade durch den Balkankrieg waren neue Kriegsängste entstanden, die dem Kanzler nicht entgangen waren. Und hatte er nicht selbst wiederholt vor einer «Balkanisierung der Sowjetunion» gewarnt? Kohl gab Ende 1993 das Konzept für den Wahlkampf aus: innere, äußere und wirtschaftliche Sicherheit.[531] Der Wahlkampf war auch eine Abstimmung über die vergangene Amtsperiode. So konnte Kohl ein historisches Ereignis als mediale Begleitmusik nur gelegen kommen, da er in Umfragen aufholte und im Oktober letztlich mit knapper Mehrheit wiedergewählt wurde.[532]

Dieses historische Ereignis war der Abzug der letzten Soldaten aus Ostdeutschland am 31. August 1994.[533] Wie man die Feierlichkeiten begehen sollte, sorgte noch für kleinere Streitigkeiten, da Russland auf der einen Seite gleichrangig zu den westlichen Mächten – die aus (West-)Berlin abzogen –, aber auch nicht anders behandelt werden wollte.[534] Die russischen Medien stellten die Zeremonien letztlich als gleichwertig dar, kritisierten jedoch den Verbleib der NATO-Truppen auf deutschem Staatsgebiet.[535] Der Kanzler war rundum zufrieden. Vor der CDU/CSU-Fraktion sprach er von einer Zeremonie, die «große Emotion und auch ein Stück Herzlichkeit»[536] enthalten habe.

Diese Herzlichkeit und die besondere Rolle Deutschlands, die russische Gesprächspartner nicht müde wurden zu betonen und die für sie einen direkten Einfluss Kohls auf Jelzin implizierten,[537] führten zu realpolitischen Forderungen. Die regierungsnahe Tageszeitung *Rossiskije westij* meinte eine kritischere westliche Russlandpolitik nach dem Abzug der WGT-Verbände zu erkennen. «Man kann aber zufrieden feststellen», so der Artikel, «dass Bonn sich bemüht, sich von solchen Empfehlungen fernzuhalten und offiziell bekannt gibt, dass ein Zurückschrauben der Beziehungen mit Russland nach dem Abzug der Westgruppe [WGT] nicht akzeptabel ist. Man würde sich jedoch wünschen, dass solch eine Erklärung, und auch in Bezug auf die Frage der Dislozierung der NATO, deutlicher erklingt.»[538] Die NATO-Osterweiterung wurde zu einer der Schlüsselfragen des deutschen und des westlichen Verhältnisses zu Russland. Sie war jedoch eher Symptom einer Entfremdung denn Ursache. Zumal der Ursprung dieser Entfremdung in Moskau und nicht in Washington, London, Rom, Paris, Warschau oder Bonn lag.

Die NATO-Osterweiterung

Die Einbindung Russlands in die neue Sicherheitsordnung war von Licht und Schatten geprägt. Es zeigte sich immer deutlicher die Rückkehr revisionistischer Ideen und neo-imperialen Verhaltens Russlands. Zwar unterstützte Moskau Abkommen zur Schlichtung von Konflikten, die Einsetzung eines Hohen Kommissars für Nationale Minderheiten oder einen «Verhaltenskodex über Sicherheitsbeziehungen» zwischen den KSZE-Staaten, doch die Haltung des Kremls in der Jugoslawien-Krise, im GUS-Raum und im Baltikum führte zu Reibungen.[539] «In den letzten zwei Jahren war die russische Außenpolitik inkohärent, ineffektiv und zögerlich pro-westlich», schrieb der *Economist* im Februar 1994 und fügte hinzu, «jetzt ist sie konsistent, selbstbewusst und nationalistisch» und folge einer «Russia-first policy».[540] Anders ausgedrückt: die Flitterwochen waren vorbei.

Die Neujustierung der Sicherheitsarchitektur in Europa konzentrierte sich immer mehr auf die NATO, da andere Konzepte keine Dynamik entwickelten. Die euphorisch begonnene Diskussion zur Osterweiterung der EU versandete. 1994 zeichnete sich ab, dass grundlegende Reformen der EU vor einem Beitritt der Reformstaaten notwendig würden und zunächst

Kernprojekte, zum Beispiel die gemeinschaftliche Währung, abgeschlossen werden müssten. In Deutschland nahm die Skepsis gegenüber der Gemeinschaftswährung zu, weshalb eine Verschiebung der Prioritäten hin zu einer Erweiterung der NATO sinnvoller schien.[541] Die Schaffung einer eigenen europäischen Sicherheits- und Verteidigungsidentität hatte zum Dauerclinch mit den USA geführt.[542] Die Einbindung der WEU in die EU stand vor großen Hürden. Die deutsch-französische Militärkooperation stockte. Mit der Idee eines deutsch-französischen Korps im Oktober 1991, auch «Eurokorps» genannt, das im Mai 1992 beschlossen wurde, wollten Kohl und Mitterrand einen symbolischen Schritt gehen und die europäischen Fähigkeiten stärken, aber nicht die NATO duplizieren oder gar abschaffen.[543] Der Plan stieß jedoch auf viel Widerstand. Die USA befürchteten eine Schwächung der integrierten Kommandostrukturen und einen Einsatz des Korps außerhalb des NATO-Rahmens.[544] Diese Skepsis wurde durch französische Pläne für einen gesamteuropäischen Sicherheitsvertrag genährt. Auch im Auswärtigen Amt, der «klassische[n] KSZE-Bastion»,[545] wurde dies als bewusster Versuch gesehen, die «NATO politisch zu entwerten, die besonderen Bindungen zwischen USA und Westeuropa zu beenden».[546] Zumal Frankreich allerlei Kooperationsanstrengungen der NATO und KSZE blockierte. «Gäbe es eine olympische Disziplin des ‹Bedenkentragens›, so gewänne Frankreich mühelos alle drei Medaillen», hielt man im Auswärtigen Amt entnervt fest.[547] Die deutschen Diplomaten wollten wegen der «anhaltenden Vertrauenskrise» die «atlantischen Flanken glaubhaft» absichern und sich nicht in ein Entweder-Oder drängen lassen. Vielmehr, so eine Vorlage für Bundesaußenminister Kinkel, müsse nach der Eurokorps-Entscheidung «jetzt als Gegengewicht ein atlantisches Zeichen gesetzt werden», etwa ein offizieller Kooperationsvertrag zwischen EG und den Vereinigten Staaten.[548]

Es zeigten sich auch Schwächen der Institutionen: Der Konflikt um Nagorno-Karabach führte zu einer direkten militärischen Auseinandersetzung zweier Mitglieder der KSZE und des Nordatlantischen Kooperationsrates. Bonn setzte sich für eine rasche und friedliche Beilegung ein.[549] Was lag daher in Anbetracht auch solcher Herausforderungen näher, als sicherheitspolitisch in altbewährten Bahnen zu verbleiben? Zumal man im Auswärtigen Amt die politische Funktion der Allianz hervorhob. Diese sollte nun darin bestehen, den Demokratisierungsprozess in den Reformstaaten zu begleiten und zu stabilisieren.[550] Doch wie wollte man die NATO-Osterweiterung angehen?

Dies blieb lange Zeit nebulös, sowohl in Bonn als auch in anderen westlichen Hauptstädten. Man wollte nichts überstürzen, eine Stärkung der WEU/EU als europäischer Pfeiler fand im Auswärtigen Amt viel Zuspruch.[551] Kohl wollte die Allianz weder abschaffen noch schwächen. Sie müsse sich weiterentwickeln und der neuen Weltenlage anpassen, forderte er im November 1991 vor der CDU/CSU-Bundestagsfraktion.[552] Doch zunächst sollte die sicherheits- und verteidigungspolitische Handlungsfähigkeit Europas gesteigert werden. Daher besaß eine NATO-Erweiterung für ihn vorübergehend keine Priorität. In seinen Gedankengängen erwies er sich als Enkel Adenauers. «Nun sind wir wieder bei der Adenauer'schen Politik der Europäischen Verteidigungsgemeinschaft»,[553] postulierte er wenige Tage vor dem NATO-Gipfel in Rom im November 1991 vor der CDU/CSU-Bundestagsfraktion. Man müsse die Chancen der WEU nutzen, durch die politische Einigung die EG handlungsfähiger machen und ein selbstbewusster Partner der USA werden.

Der Rom-Gipfel stellte erneut die Gretchenfrage nach dem Selbstverständnis und der zukünftigen Rolle der Allianz, da der Hauptgegner sich aufgelöst hatte. Die NATO verabschiedete ein neues strategisches Konzept, das eher die politische Rolle des Bündnisses betonte, öffnete die Tür nach Mittel- und Osteuropa, wurde durch die Initiativen der WEU und EU europäischer und wappnete sich für Friedensmissionen außerhalb des Bündnisgebiets im Rahmen von VN- oder OSZE-Operationen.[554] Aus einem defensiven Militärbündnis wurde zunehmend ein politischer Akteur, der auch jenseits des Nordatlantiks seine Bahnen zog. Als sichtbarer Ausdruck einer sicherheitspolitischen Zusammenarbeit mit den Staaten des ehemaligen Warschauer Paktes wurde im Dezember 1991 der Nordatlantische Kooperationsrat (NAKR) geschaffen.[555] Der NAKR war vor allem von den USA und der Bundesrepublik konzipiert worden. Er sollte als politisches Forum der Zusammenarbeit zwischen den 16 NATO-Mitgliedern sowie den 22 MOE- und GUS-Staaten dienen. Dadurch wurde die politische Rolle der Allianz und der Einfluss Washingtons in Europa aufgewertet. In Paris knallten keine Champagnerkorken. Frankreich hoffe weiterhin, so die Einschätzung im Auswärtigen Amt, die KSZE und damit das Konzept kollektiver Sicherheit zu stärken und mit dem NAKR «die in die NATO drängenden MOE-

Staaten ruhigstellen zu können. Die Erweiterung der NATO sei im Interesse des Erhalts ihrer Funktionsfähigkeit als Verteidigungsbündnis nicht erwünscht.»[556] Eine Haltung, die höchste Stellen im Quai d'Orsay immer wieder betonten.[557] Aus deutscher Sicht blockierte Frankreich zuweilen aktiv eine wirkungsvolle Zusammenarbeit im NAKR.[558] Großbritannien sah den NAKR ebenfalls als Mittel, um Druck aus dem Erweiterungskessel zu nehmen. Doch viele mitteleuropäische Reformstaaten hatten hochgesteckte Erwartungen, die teils «überzogen» schienen, wie man im Auswärtigen Amt festhielt.[559] Ihnen ging die Kooperation nicht weit genug, da konkrete Sicherheitsgarantien fehlten.[560]

Die Bundesrepublik saß zwischen zwei Stühlen. Man wollte die NATO als Organisation und als «transatlantische Klammer» erhalten, was eine militärische Präsenz und politische Einflussnahme der USA bedingte.[561] Zugleich galt es, französische Befindlichkeiten zu beachten und amerikanischen Schimpftiraden über die angebliche Unzuverlässigkeit der Europäer und über das «Eurokorps» nicht nachzugeben.[562] In diese außenpolitische Gemengelage – Krisen und Konflikte in Russland, Jugoslawien, im Kaukasus, im Baltikum, Moldawien und in den GUS-Staaten – platzten während des US-Präsidentschaftswahlkampfes des Jahres 1992 immer lautere Forderungen nach einem Abzug vieler amerikanischer Verbände aus Europa. Auch die Vereinigten Staaten wollten die Friedensdividende einstreichen. Ihre Rolle im neuen Europa stand in den Sternen.[563] Es zeichnete sich immer mehr ab, dass die USA ihre Präsenz in Europa um rund 50 Prozent auf circa 150 000 Mann herunterfahren wollten, wovon 110 000 Soldaten permanent in Deutschland stationiert bleiben sollten. Im März 1992 beriet sich der Kanzler lange in Camp David mit Bush und Baker. Kohl zeigte sich verständnisvoll, doch bezeichnete er es als schweren Fehler, würde Washington die Truppen völlig abziehen.[564] Er erklärte dem US-Präsidenten auch die Pläne zur Aufnahme der ehemals neutralen Staaten in die EU. Hiernach werde es «zu einer erheblichen Pause kommen, bevor man an einen Beitritt der ČSFR, Ungarns und Polens denken könne. Bei dieser Entwicklung sei es außerordentlich wichtig, dass die USA in Europa und Deutschland präsent seien.»[565] Baker betonte, ohne die NATO gäbe es für die USA «keine Grundlage» für die Präsenz ihrer Truppen in Europa.[566] Die Gesprächsführung Kohls kann man als Vortasten im Hinblick auf eine NATO-Erweiterung sehen, die die USA in Europa halten konnte. Das Gespräch zeigt zudem, wie sehr der Kanzler MOE-Staaten einbinden wollte und auslotete, in welche Organisation man sie zuerst integrieren konnte.

Die Clinton-Administration musste sich erst noch orientieren. In Washington gab es sehr unterschiedliche Vorstellungen, die erst 1994 klarer wurden.[567] Umgekehrt mehrten sich die Stimmen aus den MOE-Ländern, die eine Aufnahme in die NATO befürworteten. Polen legte im November 1992 ein richtungweisendes Weißbuch vor, in dem eine Mitgliedschaft in der EU, WEU und NATO als Ziel fest verankert war.[568] Der Handlungsdruck stieg daher. Aus deutscher Sicht gewann die Frage der NATO-Osterweiterung durch eine Rede am 26. März 1993 an Klarheit. Der neue Verteidigungsminister Volker Rühe war ein überzeugter Transatlantiker, der schon in den 1980er Jahren die Solidarność-Bewegung in Polen kennen und schätzen gelernt hatte. Er wollte am International Institute for Strategic Studies in London an eine Grundsatzrede seines Vorgängers Helmut Schmidt aus dem Jahr 1977 anknüpfen. Spiritus rector war der Leiter des Planungsstabes im Verteidigungsministerium, Ulrich Weisser, der bereits im Jahr zuvor einige vage Ideen hinsichtlich dieser Frage veröffentlicht hatte.[569] Das Kanzleramt war vorab nicht informiert worden. Kohl war überrascht, aber ließ den Prozess erstmal weiterlaufen.[570] Rühe bekräftigte, dass die NATO-Osterweiterung unabdingbar für die Sicherheit in Europa sei. Wenn der Westen den Osten Europas nicht stabilisiere, werde der Osten den Westen destabilisieren.[571] Es dürfe kein Machtvakuum entstehen, so Rühe. Zugleich müsse man weiterhin die Kooperation mit Russland suchen. Rühe folgte damit einer weit verbreiten deutschen Sicht, durch einen Export von Sicherheit nach Osten die eigene Randlage zu überwinden.[572] Viele Fragen waren noch unklar, viele Entscheidungsträger und bürokratischen Apparate der NATO-Mitgliedstaaten noch zögerlich, doch der Stein war ins Rollen gebracht worden. Als erster Minister eines westlichen NATO-Landes hatte Rühe sich dezidiert für eine Integration der MOE-Staaten ausgesprochen, was für Deutschland – und die Allianz – zu einem Balanceakt mit Moskau wurde.

Dort zeigte sich die politische Führung zunächst relativ unbeeindruckt von einer möglichen Erweiterung. Erst der zunehmende innenpolitische Druck im Vorfeld der Dumawahl im Dezember 1993 führte zu klaren ablehnenden Äußerungen Jelzins und Kosyrews.[573] Die Arbeitsebene erkannte die möglichen Folgen vermutlich schneller. Schon eine Woche nach Rühes

Rede erklärte der Leiter der Europaabteilung des russischen Außenministeriums in einem Gespräch mit deutschen Botschaftsmitarbeitern: Man suche die Verständigung mit allen westlichen Partnern, aber die Erweiterung der NATO «ohne Russland einzubeziehen» schaffe neue Barrieren in Europa.[574] Die deutsche Seite erklärte, man bespreche zwar eine Erweiterung, aber sie sei «nicht aktuell, da die wirtschaftliche Integration der osteuropäischen Staaten im Vordergrund stehe und zunächst einmal abgeschlossen werden solle».[575] Der russische Vertreter beharrte auf seiner Warnung.[576] Eine EG-Assoziierung dieser Staaten begrüße man, doch dies dürfe nicht auf Kosten der Beziehungen dieser Länder zu Russland gehen. Eberhard Heyken, der Gesandte an der Botschaft in Moskau, resümierte in seinem Drahtbericht nach Bonn: «Wir werden zu bedenken haben: Russlands Sorge vor einem *cordon sanitaire* an seiner Westgrenze und der Konzentration der Ambitionen kleinerer osteuropäischer Staaten auf Deutschland, um so die Nähe und Einbindung in die westeuropäischen Institutionen herzustellen, bedarf einer umfassenden, auch und besonders an Russland gerichteten Antwort und konzeptioneller Anstrengung unsererseits.»[577]

Im Laufe des Jahres nahmen die russischen Klagen zu, obwohl deutsche Diplomaten in Moskau gebetsmühlenartig betonten, man wolle Russland auf keinen Fall isolieren.[578] Verteidigungsminister Pawel Gratschow bezog gegenüber dem neuen deutschen Botschafter Otto von der Gablentz im Oktober 1993 eindeutig gegen eine Erweiterung Stellung. Sie bereite der russischen Armeeführung einige Sorgen, da die NATO ja nicht nur ein politisches, sondern auch ein militärisches Bündnis sei.[579] Die deutsche Wertung war eindeutig. Gratschow wolle «Zeit gewinnen und eine vorherige volle Berücksichtigung russischer Interessen durchsetzen».[580] Zudem sprach sich die russische Seite immer deutlicher gegen eine dauerhafte Stationierung von NATO-Verbänden weiter östlich aus, was gegen existierende Verträge verstoßen hätte.[581] Ein zusätzliches Problem für Bonn war, dass die Erweiterung oftmals als deutsch-amerikanisches Projekt gesehen wurde. Der stellvertretende Außenminister Georgij Mamedow betonte gegenüber britischen Stellen, es sende innenpolitisch «die falschen Signale, wenn Deutschland als Antreiber der Osterweiterung gesehen werde».[582]

Rühe ruderte teilweise zurück und erklärte im Oktober 1993 öffentlich, ein schneller Beitritt der Reformstaaten käme nicht in Frage.[583] Ähnlich äußerten sich der NATO-Generalsekretär und US-amerikanische Vertreter –

sie sandten damit durchaus gemischte Signale. Premierminister Major betonte gegenüber Jelzin, man ginge bei der NATO-Erweiterung behutsam vor, besitze weder einen Zeitplan, noch habe man sich auch nur auf einen einzigen Staat geeinigt, den man ganz bestimmt aufnehmen werde.[584] Rühe warnte seinen amerikanischen Amtskollegen im Mai 1994, man dürfe Russland nicht wie Tadschikistan oder Albanien behandeln, sondern müsse das Land als «strategischen Partner» sehen.[585] Doch dies sollte nicht einen Beitritt der MOE-Staaten zur Allianz konterkarieren. Der Verteidigungsminister lag damit auf der klassischen Linie Kohls: Nichts überstürzen, sondern besonnen vorgehen; keine Demütigung, sondern eine Einbindung Russlands, aber nicht auf Kosten der MOE-Staaten und ohne Vetorecht für den Kreml. Dies war auch die generelle Haltung im Nordatlantikpakt, wie schnell klar wurde.

Der NATO-Gipfel am 10. und 11. Januar 1994 in Brüssel markierte einen bedeutenden Schritt in Richtung Osterweiterung. Diese wurde im Abschlusskommuniqué erstmals ausdrücklich als Ziel festgehalten. Sie sollte sich «als Teil eines evolutionären Prozesses, unter Berücksichtigung politischer und sicherheitspolitischer Entwicklungen in ganz Europa» vollziehen.[586] Die Sicherheitspartnerschaft mit den MOE-Staaten wurde erweitert und Russland eingebunden. Die *Partnership for Peace* (PfP) sollte die kooperativen und kooptierenden Aspekte des NAKR aufgreifen und erweitern.[587] Doch Moskau verweigerte im Dezember einen Beitritt zu einem eigens ergänzten, besonderen PfP-Programm; erst im Mai 1995 fand ein überarbeitetes Dokument Zustimmung.[588] Die NATO war somit mehrmals auf die Sorgen und Wünsche Russlands eingegangen – und hatte auch die Ukraine nicht vergessen. Dadurch entstand eine Multilateralisierung in den deutsch-russischen Sicherheitsbeziehungen. Die bilaterale militärische Zusammenarbeit sollte beschränkt bleiben, versicherte man der französischen Botschaft in Bonn. Vielmehr wolle man das PfP-Programm als Rahmen nutzen.[589]

Kohl bezeichnete den Gipfel vor dem Deutschen Bundestag als einen «Meilenstein». Er unterstrich den transatlantischen Schulterschluss zwischen NATO und EU sowie den Wunsch der MOE-Staaten, in die Allianz aufgenommen zu werden. Doch zugleich betonte er die «historisch gewachsenen Befürchtungen vor Isolierung und Einkreisung» in Russland, die «auch und vor allem wir Deutsche, ernst nehmen», weshalb man mit

Moskau und Kyjiw eine umfassende Zusammenarbeit anstrebe.[590] Die SPD
unterstützte mehrheitlich die Linie des Kanzlers.[591] Im Zuge des Bundestagswahlkampfes 1994 wurde die Erweiterungsfrage jedoch kritisch diskutiert. Rudolf Scharping, der SPD-Kanzlerkandidat, bekam Druck aus den
eigenen Reihen, da die Parteilinke eine aktivere Rolle der Allianz bei den
Friedensmissionen kritisch beäugte.[592] Der CDU-Fraktionsvorsitzende
Wolfgang Schäuble wollte die «Sozialdemokraten dazu bringen, Farbe zu
bekennen».[593] Die Grünen taten dies bereits: Sie lehnten die Osterweiterung
sowie die neuen Missionen der NATO grundsätzlich ab.[594]

Am 31. Januar erstattete der Kanzler im Sitzungsaal der CDU/CSU-Frak-
tion über den NATO-Gipfel Rapport. Er referierte ausführlich über die
Erwartungen, die Clinton an ihn formuliert habe, beinahe so, «wie es Bush
damals in der Mainzer Rede» im Mai 1989 getan hatte.[595] An das damalige
«Partnership in Leadership»-Diktum von US-Präsident Bush anknüpfend,
wolle auch der neue Mann im Weißen Haus die Bundesrepublik als Steuer-
mann Europas sehen. Er habe mit Clinton detailliert über die Lage in Russland gesprochen, erklärte Kohl. Jelzin müsse man stützen, damit «der Reformweg fortgesetzt wird, dass imperialistische Töne, die da aufkommen,
Töne der Vergangenheit sein müssen, dass man zu einer Regelung kommt
zwischen der NATO, zwischen Europa, zwischen den Amerikanern (…)
Und dass man vor allem gegenüber der russischen Führung alles unter-
nimmt, um Vertrauen zu festigen. (…) das Gefühl gibt, dass sie respektiert
werden, geachtet werden. Denn das Wechselbad ist ja gewaltig. Vor sechs,
sieben Jahren kroch noch die halbe Welt in Richtung Kreml.»[596] Daher sei
es wichtig, immer «auf diese mentale Situation Rücksicht zu nehmen.»[597]

Zugleich müsse gelten, so Kohl zu seinen Parteifreunden, dass, «wenn
wir über Russland reden, wir automatisch auch über die Ukraine reden.
Das kann nicht sein, dass international der Eindruck entsteht, auch in Moskau und in Kyjiw, dass dort die Russen absolut Priorität haben, und das
andere große Land, das in viel größeren Schwierigkeiten noch steckt, vergessen wird.»[598] Der Kanzler forderte daher, der russischen Führung reinen
Wein einzuschenken und sie zu warnen, dass «jede Veränderung eines territorialen Status in dieser Region uns wieder zurückwirft in alte Strukturen
und auf gar keinen Fall eine internationale Billigung finden kann. Das ist,
glaube ich, im Blick auf die Ukraine von großer Bedeutung.» [599] Dies gelte
ebenso im Hinblick auf die MOE-Staaten und das Baltikum, führte Kohl

weiter aus. Denn wenngleich diese Länder noch nicht unter dem Schutzschirm der NATO ständen, müsse ihre territoriale Integrität geachtet werden, «und zwar von allen und jedermann».[600] Bei seinem Staatsbesuch in Polen im Juli 1995 sicherte der Kanzler die Aufnahme des Landes in die EU und die NATO «noch in diesem Jahrzehnt» zu, was Musik in polnischen Ohren war.[601] Erneut machte der Kanzler feste Zusagen, band Ostmitteleuropa in seine Pläne zur Stabilisierung des Kontinents ein und entkoppelte zugleich einen Beitritt zu beiden Organisationen dezidiert voneinander – das eine war ohne das andere möglich, wenngleich das Ziel einer Mitgliedschaft in der EU *und* in der NATO weiterhin galt.[602]

Kann man angesichts dessen ernsthaft behaupten, die Bundesrepublik sei einer «Russia first»-Politik gefolgt, über die Köpfe der Ost- und Mitteleuropäer hinweg? Natürlich war der Stabilitätstransfer in genuinem deutschen (auch wirtschaftlichem) Interesse und gleichfalls achtete die Bundesrepublik darauf, durch die NATO-Erweiterung das Tischtuch zu Russland nicht zu zerschneiden. Die Sicherheitsbedürfnisse der MOE-Länder, der Balten und der Ukraine wurden jedoch wahr- und ernstgenommen. Man war auf keinem Sonderweg nach Moskau, sondern die deutsche Ostpolitik fuhr mehrgleisig. Trotz des behutsamen Vorgehens und aller Versuche, Russland einzubinden, nahmen von dort die Klagen zu. Und die Tonart wurde rauer. Bei einer Moskaureise von FDP-Politikern wurde die NATO-Erweiterung als Umsetzung von «Großmachtinteressen» in einem Moment russischer Schwäche bezeichnet.[603] Der Westen spiele damit radikalen Kräften in der russischen Innenpolitik in die Hände und trage eine große Verantwortung für etwaige politische Turbulenzen. Der außenpolitische Berater Jelzins, Sergej Karaganow, warnte vor einer möglichen «Weimarisierung» seines Landes.[604]

In Bonn arbeitete man früh an Plänen für eine künftige Zusammenarbeit zwischen NATO und Russland.[605] Im September 1995 publizierte die NATO eine eigene Studie zur Osterweiterung. Sie bezog die EU mit ein, blieb teilweise vage hinsichtlich der Aufnahmekriterien und des Zeitplans.[606] Das «Wer und Wann» blieb ungeklärt. Doch sie lieferte einen Rahmen und enthielt die klare Botschaft an Russland, dass sich die Erweiterung «nicht mehr aufhalten ließ».[607] Russland veröffentlichte nur zwei Tage später ein Strategiepapier in Bezug auf den GUS-Raum.[608] Eine Verhärtung der russischen Position, bei gleichzeitigen Versuchen, alternative Ordnungsmodelle zu entwerfen, zeichnete sich also ab. Verteidigungsminister Rühe machte bei einem Moskaubesuch im Mai 1995 deutlich, dass die revisionistische russische Außenpolitik ihm wenig schmeckte und sprach sich für eine rasche NATO-Osterweiterung noch vor dem Jahr 2000 aus, um einen «Stabilitätstransfer» zu leisten.[609]

Die Beziehungen des Westens zu Russland hatten sich deutlich abgekühlt. Seit Ende 1992 war die Hochphase der Zusammenarbeit mit dem Westen vorbei.[610] Es mehrten sich hiernach die Anzeichen, dass der Kreml wieder lauter auf der Klaviatur der Großmachtpolitik spielte. Russland wollte auf Augenhöhe und als Großmacht wahrgenommen werden, wozu man zwischen 1994 und 1999 neben der Kooperation mit dem Westen auch auf eine Hinzuziehung anderer Staaten oder Institution setzte, um eine multipolare Machtordnung zu etablieren.[611] Wirtschaftliche Fragen in der Zusammenarbeit mit Russland wichen sicherheitspolitischen Aspekten.[612] Innenpolitisch kriselte es. Die Zukunft des einstigen Hoffnungsträgers Jelzin war ungewiss. In Tschetschenien ließ er sich auf einen Krieg ein, der ihm auch aus dem Zustimmungstief heraushelfen sollte. Ein blutiges Schema, das sich unter Wladimir Putin wiederholen sollte, doch mit Jelzin begann. Die *New York Times* bezeichnete den Tschetschenienkrieg als «the end of Russia's liberal dream».[613] Wie reagierte der Westen darauf?

Der Krieg in Tschetschenien

Die Kräfte des «schwarzen Riesen» schienen nach einem schwierigen Jahr aufgezehrt. Der Bundestagswahlkampf, die Koalitionsverhandlungen, die Europa- und Landtagswahlen – der Kanzler war erschöpft. Das offenbarte er selbst am 17. Januar 1995 vor der CDU/CSU-Bundestagsfraktion. «Seit Jahrzehnten» habe er am helllichten Tag nicht mehr schlafen müssen, posaunte er trotzig in den von Rauchschwaden verhangenen Sitzungssaal.[614] Warum raffte er sich dennoch für die Sitzung auf? Die «russische Frage» und die Situation in Tschetschenien schien ihm zu ernst. Am 11. Dezember 1994 waren gepanzerte Kolonnen der russischen Streitkräfte und des Innenministeriums in Tschetschenien vorgerückt. Eine Loslösung von Russland sollte mit allen Mitteln verhindert werden. Nach Weihnachten begann ein blutiger Kampf um die Hauptstadt Grosny, bei dem die russischen Truppen mehrere tausend zivile Opfer bewusst in Kauf nahmen.[615] Die imperialistische Rhetorik verwandelte sich immer drastischer in operative Politik und militärische Gewalt.[616] Der Konflikt wurde zu einem militärischen Desaster für den Kreml. Verhandlungslösungen wurden halbherzig verfolgt und Waffenruhen blieben brüchig.

Kohl erklärte am 5. Januar 1995 öffentlich, er sei «zutiefst besorgt über das Ausmaß der Gewaltanwendung». Die «Verhältnismäßigkeit der Mittel» sei überschritten worden, eine einvernehmliche Lösung müsse gefunden werden.[617] Die kritischen Äußerungen Kohls und Kinkels wurden in den russischen Medien ebenso wahrgenommen wie die deutsche Haltung, dass die OSZE vermitteln solle.[618] Die Bundesrepublik wahrte zugleich eine gewisse Distanz gegenüber tschetschenischen Forderungen. Ein Schreiben des tschetschenischen Präsidenten an die Staats- und Regierungschefs der G7 sollte gemäß der Bewertung des Auswärtigen Amtes nicht beantwortet werden, da Tschetschenien 1991 einseitig die Unabhängigkeit erklärt habe und bisher von keinem einzigen Staat anerkannt worden sei.[619] Kohl vertraute Clinton an, dass er in der tschetschenischen Führung keine Heilsbringer der Demokratie erkennen könne. Oftmals seien es «Gangster» und durch eine Sezession drohe die Destabilisierung des Kaukasus, inklusive des Irans oder der Türkei.[620]

Vor der Fraktion skizzierte der gesundheitlich angeschlagene Kanzler am 17. Januar die außenpolitische Großwetterlage. So detailliert wie selten bietet sich ein Einblick in seine «Ziele im Bereich der Russlandpolitik», wie er es selbst nannte. Man müsse über die «Emotionen», also die Empörung über die Vorgänge in Tschetschenien, hinaus «einfach zur Kenntnis nehmen, dass auf Gedeih und Verderb Russland unser mächtigster Nachbar im Osten ist. Und dass vieles von dem, was wir erreichen wollen, etwa die Absicherung der selbstverständlichen Sicherheitsbedürfnisse der Ungarn, der Polen oder der anderen nur möglich ist mit der Zustimmung Russlands und nicht in einem scharfen Affront zu diesem Land.»[621] Die spätere Formel des «*mit* Russland, nicht *gegen* Russland» blitzte hier auf. Die Reformen in Russland dürften nicht versanden. Dies drohe jedoch aufgrund der grassierenden Korruption und der ökonomischen Misere. Zugleich wachse der Einfluss der orthodoxen Kirche und der russische Nationalstolz.[622] Was tun?, fragte der Kanzler in den Raum. Solle man einfach resignierend zuschauen? Nein, es gelte «im Rahmen unserer manchmal sehr geringen Möglichkeiten Einfluss zu nehmen», um eine noch schlimmere und schnellere Abwärtsspirale zu vermeiden.[623] War Kohl blind für etwaige Fehler Jelzins, etwa in Tschetschenien? Der Kanzler sprach diesen Punkt direkt an: Er sehe keine bessere Personallösung. Von Jelzin habe er zumindest eine «ungefähre Vorstellung», denn er kämpfe weiter für Reformen und habe beim Abzug der Truppen aus Deutschland Wort gehalten.[624] Die Tschetschenienpolitik stelle all dies «auf eine ganz schwierige Probe», doch Kohl kritisierte auch die tschetschenische Führung, die keineswegs unvoreingenommenen Zuspruch verdiene.[625] In Russland sei die territoriale Integrität über alle Parteigrenzen hinweg und in der Bevölkerung sakrosankt, ein Zerfall Russlands ohnehin nicht in westlichem Interesse. Im Nordkaukasus kam in Kohls Augen nur eine föderative Lösung in Frage, damit diese «Tragödie» schnell beendet werden könne, die er vor dem Hintergrund ähnlich schrecklicher Bilder mit Jugoslawien verglich.[626] Der Kanzler verdeutlichte seine roten Linien, denn «bei aller Anerkennung des Rechts Russlands, seine territoriale Integrität gegen separatistische Bestrebungen zu verteidigen, kann dies nicht heißen – und das habe ich mit Klarheit und Deutlichkeit in einer Reihe von Gesprächen dort gesagt, wo es vor allem hin muss, – dass die Menschenrechte und die humanitären Prinzipien, auf die auch Russland eingeschworen ist, jetzt außer Kraft gesetzt werden.»[627]

Kohl wollte daher weiterhin für eine diplomatische Lösung werben und den Kreml unter Druck setzen. Ihm war bewusst, dass es ein schwieriger Balanceakt war, diesen pragmatischen Kurs in einer «hochemotionalisierten und zutiefst aufgerührten, aufgewühlten Öffentlichkeit» zu vertreten.[628] Er verstand und teilte die Empörung. Der Kanzler ging trotz aller Kritik und in vollem Bewusstsein der russischen Brutalität einen schmalen Grat zwischen Verurteilung und weiterem Dialog, um Einfluss auszuüben. Dies sollte im Verbund mit den westlichen Partnern geschehen.[629]

Der Fraktionsvorsitzende Schäuble betonte ebenfalls, es wäre keine verantwortliche Politik, «auf den Zerfall Russlands oder auf eine substantielle Zerstörung der deutsch-russischen Beziehungen zu setzen. Das kann nicht in unserem Interesse sein.»[630] Von allen Regierungschefs, so Schäuble, habe der Bundeskanzler noch am ehesten die Chance, gehört zu werden und Einfluss auszuüben. Die Türkei lehnte Kohl als Vermittler ab. Diese habe selbst genug Menschenrechtsprobleme.[631] Erneut stellte der Kanzler eine direkte Verbindung her: Frieden und Freiheit in West- und Mitteleuropa könnten nur gesichert werden, wenn in Ost- und Südosteuropa Krieg und Instabilität vermieden werden könnten.[632]

Nur zwei Tage nach der wichtigen Fraktionssitzung der CDU/CSU wurde die Situation in Tschetschenien auf Antrag der SPD im Deutschen Bundestag besprochen. Rudolf Scharping hatte vor der SPD-Fraktion erklärt, man dürfe nicht schweigen, wenn Menschenrechte derart mit Füßen getreten würden.[633] In puncto Verurteilung der russischen Aktionen gab es daher keine Meinungsverschiedenheiten zwischen Regierung und Opposition. Doch Scharping schien sowohl die Distanzierung Kohls von Jelzin als auch das Gespräch mit ihm zu tadeln. Die Bundestagsdebatte verdeutlichte die Zwickmühle, in der die deutsche (und westliche) Politik steckte.[634] «Kaum jemand in Bonn will Sanktionen gegen Russland», titelte die *FAZ* etwas missmutig.[635]

Übte sich Kohl im Hinblick auf Tschetschenien in «auffallender Zurückhaltung»[636] oder war dies Teil einer wohlkalibrierten Politik? Wie verhielten sich die anderen westlichen Staaten? In dem sich bereits zuvor abzeichnenden Konflikt zwischen Moskau und Grosny hielt sich der Westen stark zurück. Die Medien berichteten kaum. Der bevorstehende KSZE-Gipfel im Dezember in Budapest, bei dem man vor allem in der Ukraine-Frage auf enge Kooperation mit dem Kreml angewiesen war, hatte Vorrang.[637] Clinton gab früh die westliche Linie vor: Tschetschenien sei eine innere Angelegenheit Russlands, die Lage solle und werde sich bald beruhigen, Jelzin habe die Dinge unter Kontrolle.[638] Der US-Präsident verglich die Sezessionsbestrebungen gar mit dem Amerikanischen Bürgerkrieg (und Jelzin damit mit Abraham Lincoln und den Nordstaaten), weshalb er besonderes Verständnis für die russischen Gegenmaßnahmen bekundete.[639] Der Kanzler war sich bei einem Gespräch mit Clinton einig,[640] man müsse «jeden nur denkbaren Einfluss nehmen, dass die entsetzlichen Dinge in Tschetschenien beendet werden», Russland seinen Reformweg fortsetze und eine solche Gewaltspirale sich andernorts nicht wiederhole. Deshalb verwies er auf die NATO-Erweiterung und den «Schutzschirm», den es aufzuspannen gelte.[641] Briten und Franzosen äußerten sich ähnlich. Major nannte die Ereignisse Kosyrew gegenüber sehr diplomatisch eine «huge and unwelcome distraction»,[642] wenngleich britische Diplomaten vor Ort intensiv versuchten, mäßigend auf die russischen Stellen einzuwirken.[643] Sanktionen wurden von den westlichen Staaten nicht verhängt.[644] Die EU erkannte zwar das Recht der Tschetschenen auf Selbstbestimmung an, jedoch nicht das auf Sezession. Auch sie stützte damit das Recht Russlands auf territoriale Integrität. Sie widmete ihr Hauptaugenmerk bewusst den Menschenrechtsverletzungen, da man hoffte, hierüber eher Einfluss nehmen zu können.[645] Doch die EU verhängte keine Sanktionen, verschob lediglich die Verhandlungen des im Juni 1994 auf dem Gipfel auf Korfu mit starker deutscher Unterstützung unterzeichneten PKA zwischen der EU und Russland kurzfristig (bis zum ersten Waffenstillstandsabkommen im Juli).[646] Der Europarat legte den Beitrittsprozess Russlands vorläufig auf Eis. Der IWF gewährte währenddessen weiter Kredite, obwohl durch den Krieg und die damit verbundenen Kosten die Inflation wieder hochschnellte.[647] Die Bundesrepublik verhielt sich wie die anderen westlichen Staaten.

Entsprechend der Regierungslinie sprach der deutsche Botschafter von der Gablentz mit dem Ersten Stellvertretenden Außenminister Igor Iwanow Klartext.[648] Die Öffentlichkeit in Deutschland «sei entsetzt über die Vorgänge in Tschetschenien», die Politiker einig in ihrer Ablehnung. «Es sei in dieser Lage nicht immer leicht, im langfristigen Interesse zu handeln, um einen Substanzeinbruch in den Beziehungen zu vermeiden. Die weitere Entwicklung hänge von russischem Vorgehen ab.»[649] Iwanow verwies auf den ausgehandelten Waffenstillstand vom 13. Februar. Er verwahrte sich gegen eine Involvierung des Europarates oder des Europäischen Parlaments; nur die OSZE – die KSZE war zu Beginn des Jahres 1995 in Organisation für Sicherheit und Zusammenarbeit in Europa (OSZE) umbenannt und institutionalisiert worden – sei man bereit, als Vermittler zu akzeptieren.[650] Dies entsprach der russischen Haltung, die 1994 auch jenseits des Budapester Gipfels immer deutlicher durchschien: Fest auf die OSZE setzen, gerade für friedenserhaltende Maßnahmen, und andere Organisationen umgehen.[651]

Die Tschetschenienfrage und die NATO-Erweiterung standen in immer engerem Zusammenhang. Kohl machte dies in der Fraktion deutlich. Er behalte die Sorgen der Reformstaaten Ostmitteleuropas und des Baltikums im Blick, deren Sicherheitsbedürfnis man ernst nehmen und hierauf in Moskau immer wieder verweisen müsse.[652] Diese Länder hätten «große Hoffnungen und große Sorgen», betonte er gegenüber Clinton und verdeutlichte, wie sehr einzelne Aspekte zusammenhingen: «Die Kernfragen im Umgang mit Russland sind die Zukunft Mittel- und Osteuropas, die NATO-

Erweiterung und der Status der Ukraine. Was immer wir mit Moskau erreichen, wenn wir in Bezug auf die Ukraine (und das ehemalige Jugoslawien) keine tragbare Lösung finden, ist alles andere hinfällig,» so Kohl.[653] Eine gewisse Zurückhaltung bei öffentlichen Äußerungen hinsichtlich Tschetscheniens sollte helfen, das Boot der NATO-Erweiterung in nicht noch unruhigere Fahrwasser geraten zu lassen. Der Kanzler sah sich und Clinton als die einzigen Personen, die auf Jelzin Einfluss ausüben könnten und ihn daher stützen müssten. Sanktionen seien kontraproduktiv.[654] Doch wie verhielt sich der russische Präsident?

Am 16. Februar 1995 hielt Jelzin eine bedeutende Rede vor beiden Kammern des Parlaments. Er tat dies inmitten von Gerüchten über seinen Gesundheitszustand und damit verbundenen Fragen, ob und wann er zurücktreten und wer ihm nachfolgen werde. Im Westen sorgte dies für große Unsicherheit und sollte über die kommenden Jahre ein Dauerthema bleiben.[655] Jelzin bemühte sich folglich aus mehreren Gründen um eine Botschaft der Stärke. Der Reformkurs werde beibehalten, der Rechtsstaat gestärkt, die Kriminalität bekämpft. Außenpolitisch strebe man eine Partnerschaft mit dem Westen an. Er habe, wie Bitterlich in einem Bericht an Kohl festhielt, Interesse «an entsprechender Anerkennung durch die internationale Gemeinschaft. Hervorgehobenes Einzelthema ist die Erweiterung der NATO, bei der Jelzin weiterhin erhebliche Vorbehalte anmeldet. Hier eine deutliche Warnung vor Ausgrenzung Russlands.»[656] Eine Stelle, die Kohl ebenso aufmerksam anstrich, wie die Aussagen Jelzins, der Reformkurs müsse weiter beschritten werden und die Krise in Tschetschenien könne nur mit politischen und wirtschaftlichen Methoden gelöst werden.[657] Bitterlichs Bewertung der Rede fiel allerdings durchwachsen aus. Sie habe kaum Neues enthalten. Trotz gewisser Selbstkritik werde wohl eine militärische Lösung in Tschetschenien angestrebt. Diese sei ebenso problematisch wie ein etwaiges Scheitern Moskaus.[658] Die Ausführungen zur NATO-Erweiterung seien «ein einziger Appell (und eine Warnung) an die Adresse der NATO-Staaten zu einem vertieften Dialog über die künftige europäische Sicherheitsordnung. Trotz deutlicher Kritik an den Plänen zur NATO-Erweiterung schlage Jelzin hier keine Türen zu.»[659] Kohl versuchte Jelzin zu beeinflussen, auch über seine direkte Umgebung,[660] und Bitterlich legte dem russischen Botschafter in Bonn die deutsche Haltung ebenfalls ausführlich dar.[661]

Wie deutlich hinter den Kulissen Kritik geäußert wurde, zeigte auch ein Besuch der EU-Troika. Die Reise des französischen Außenministers Alain Juppé, des spanischen Außenministers Javier Solana, des EU-Kommissars Hans van den Broek und Kinkels unterstrich, welche Bedeutung Paris und Brüssel mittlerweile den Beziehungen zu Russland beimaßen.[662] Jelzin schleuderte ihnen zur Begrüßung eine Salve von Invektiven entgegen. Die Vereinbarungen von Korfu würden nicht eingehalten, das PKA verzögert. Der Beitritt zum Europarat werde Russland verweigert, die NATO-Osterweiterung hingegen durchgepeitscht.[663] Juppé betonte die partnerschaftlichen und freundschaftlichen Beziehungen, die man mit Russland suche. Aber er bezeichnete das russische Vorgehen in Tschetschenien als «nicht hinnehmbar». Natürlich sei es zunächst eine innerrussische Angelegenheit. Wenn es aber um Menschenrechte, das Völkerrecht und die OSZE gehe, könne und dürfe das die europäischen Länder nicht unberührt lassen. Russland müsse seine Verpflichtungen einhalten.»[664] Die EU forderte eine sofortige Waffenruhe und Verhandlungen, eine Beteiligung der OSZE und Zugangsmöglichkeiten für humanitäre Hilfsleistungen. Dies war deckungsgleich mit der deutschen Haltung. Außenminister Kinkel gab in seinem Vermerk über das Gespräch die Antwort Jelzins wörtlich wieder: Man habe die OSZE hinzugezogen und auch Verhandlungen hätten nicht geholfen. «Er [Jelzin] wolle eine Frage stellen: Warum wachse wohl gerade im Zusammenhang mit der Tschetschenien-Situation in Russland seine, des Präsidenten, Popularität? Das Volk unterstützt mich. Russland hat schwierige Zeiten hinter sich, was die territoriale Integrität anbelangt. (...) Unsere Verfassung lässt Gewalt zu bei einem Banditenaufstand. Ich habe jede Woche mit Bundeskanzler Kohl telefoniert. Bundeskanzler Kohl hat mir als erfahrener Politiker in einer für Russland schwierigen Situation sehr geholfen.»[665] Damit räumte Jelzin ein, dass Kohls Ratschläge bzw. sein Insistieren ihn durchaus beeinflusst hatten. Zudem zeigen die Äußerungen des Präsidenten, wie bereitwillig er auf militärische Mittel setzte. Kosyrew zog Kinkel nach dem Treffen zur Seite und sagte, «es müsse unbedingt zu einem Besuch des Bundeskanzlers kommen. Auf ihn höre Jelzin.»[666] Kosyrew wollte, dass Kohl beschwichtigend auf seinen Chef einwirkte – eine weitgehende Bitte für einen russischen Minister. Die Einladung nach Moskau zum 50. Jahrestag des Kriegsendes bot solch eine Gelegenheit.

Die erstmalige Teilnahme eines Bundeskanzlers an den Feierlichkeiten zum 9. Mai auf dem Roten Platz – jedoch nicht an der Militärparade[667] – hatte in Deutschland eine Debatte ausgelöst. Der Kanzler sah die Einladung als Vertrauensbeweis für seine Politik,[668] doch der Konflikt in Tschetschenien warf auch hier seine Schatten. Im Vorfeld forderte die «Gesellschaft für bedrohte Völker» und das «Komitee der Soldatenmütter» eine Verurteilung der Tschetschenienpolitik bei Kohls Moskaubesuch.[669] Dies wäre einem diplomatischen Paukenschlag gleichgekommen. Auf eine öffentliche Verurteilung während des Besuchs verzichtete Kohl, aber hinter verschlossenen Türen trug er seine Bedenken und Monita unverhohlen vor. Kurze Zeit danach kritisierte Bundesaußenminister Kinkel bei einer Russlandreise die Tschetschenienpolitik öffentlich als «violation of international law».[670] Zudem verdeutlichte er, dass die MOE-Staaten und die NATO selbst entscheiden dürften, wer Mitglied werde, man aber keinesfalls Russland bedrohe, sondern eine enge Zusammenarbeit suche. Russische Interessen sollten berücksichtigt werden, weshalb Kinkel die Handelsbeziehungen vertiefen wollte, etwa im Bereich der Rohstoffexporte.[671] Die Kontakte jenseits der politischen Führungsebene sollten ausgebaut werden. Doch wo war das «demokratische Russland», mit dem die Regierung und die Opposition ins Gespräch kommen wollte? Und wie kooperationsbereit zeigten sich die russischen Eliten?

Keine Reformer, sondern Klagen und Drohungen

Die «Ablehnung der Ausdehnung des Bündnisses durch fast alle Gesprächspartner», so ein Bericht der deutschen Botschaft, «reflektiert [die] negative Haltung der ganz überwiegenden Mehrheit des russischen Establishments».[672] Die zunehmend großrussische Einstellung reichte weit in das Reformlager hinein. Wladimir Lukin, Vorsitzender des Ausschusses für internationale Angelegenheiten in der Duma und Abgeordneter der sozialliberalen Jabloko Partei, warb um Verständnis für «den komplizierten Übergangsprozess (…) Russland habe trotz des Tschetschenienkrieges bewiesen, dass es eine Demokratie sei». Die NATO-Erweiterung könne «russische Psychosen» auslösen, so Lukin, weshalb man eine Pause brauchte.[673] Das «offizielle Russland» wurde noch expliziter, wie mehrere Gespräche im Sommer 1995 verdeutlichten.

Verteidigungsminister Gratschow erklärte dem deutschen Botschafter rundheraus, man könne auf «Zensuren in der westlichen Presse» für die eigene Tschetschenienpolitik verzichten.[674] Für das PfP-Programm zeigte er wenig Sympathie. Die Zustimmung seitens des Kremls, über das Verhältnis NATO-Russland nachzudenken, bedeute keine Zustimmung zur Osterweiterung der atlantischen Allianz. Diese dürfe auf keinen Fall vor der russischen Präsidentenwahl erfolgen, da sonst Jelzin ganz sicher verliere. Er wolle im vertraulichen Gespräch deutlicher sein als in der Öffentlichkeit, betonte Gratschow: das «Thema NATO-Erweiterung müsse aus den Medien verschwinden».[675] Die anstehenden Wahlen dienten als Argument, etwaige Kritik aus dem Westen präventiv abzuwürgen und Jelzin als Lichtgestalt zu präsentieren. Russland befinde sich in einem Schwebezustand, berichteten französische Diplomaten aus Moskau, man wolle einerseits als Großmacht wahrgenommen werden und andererseits betreibe man eine Abkapselung.[676] Der Erste Stellvertretende Außenminister Iwanow kritisierte hingegen die westliche Ablehnung russischer Friedensmissionen in der GUS. Man lasse Russland mit den dortigen Problemen allein, übe jedoch Kritik, «wenn Russland handle».[677] Neben den bekannten Konfliktpunkten stelle sich die Frage nach der Aufnahme in den Europarat, bilateralen Gesprächsformaten und der Zukunft Bosniens.

Der stellvertretende Außenminister Nikolaj Afanasjewskij bezeichnete die Bundesregierung als «den aktivsten Verfechter einer schnellen NATO-Erweiterung» und warnte davor, in einer Dialogbereitschaft «bereits ein Einverständnis mit der NATO-Erweiterung zu sehen. Eine Partnerschaft zwischen Russland und der NATO sei keinesfalls als Preis für die russische Akzeptanz der NATO-Erweiterung zu verstehen.»[678] Die OSZE sei das Forum der Zukunft, wie das Scheitern der NATO in Jugoslawien zeige. Erneut wurden daher auch die unterschiedlichen Ansichten im Hinblick auf eine neue Sicherheitsordnung auf dem Balkan deutlich.

Sergej Juschenkow, Vorsitzender des Verteidigungsausschuss der Duma, bezeichnete das PfP-Programm als sinnvoll, aber nicht ausreichend. Die NATO-Erweiterung sei eine Sackgasse und begrabe die PfP. Der Westen nehme damit in Kauf, dass Russland Rüstungs- und Stationierungsbeschränkungen brechen werde. Juschenkow malte das Schreckgespenst eines neuen Wettrüstens an die Wand.[679] Er schlug daher eine assoziierte Mitgliedschaft Russlands vor. Die NATO müsse reformiert und «militärischer Arm der OSZE» werden. Dadurch «könnte Stabilität in ganz Europa mit weit geringeren Mitteln aufgebaut werden und man könnte sich verstärkt den eigentlichen Herausforderungen im Süden und Osten Eurasiens zuwenden».[680] Er warnte vor China als gemeinsamem geostrategischen Gegner. Juschenkow hatte damit diplomatisch verpackt die Auflösung der NATO als militärisches Bündnis und ein neues System kollektiver Sicherheit mit einer generalüberholten OSZE vorgeschlagen.

Mancherorts stießen solche Ideen auf Zustimmung. Der frisch gebackene SPD-Vorsitzende Oskar Lafontaine nannte auf einer Moskau-Reise[681] im Dezember 1995 «drei Bausteine einer künftigen gemeinsamen Sicherheitspolitik mit Russland: Fortsetzung der beiderseitigen Abrüstung im Nuklearbereich, Ausbau von Infrastrukturvorhaben in den Bereichen Gas, Erdöl, Kommunikation und Verkehrswege; Entwicklung einer alle Staaten umfassenden Sicherheitspartnerschaft, d.h. eines Systems der kollektiven Sicherheit.»[682] Letztere Idee war den Vorschlägen Juschenkows nicht unähnlich. Der starke Schwerpunkt auf Gas und Erdöl war für die damalige Zeit unüblich. Die deutschen Erdgaseinfuhren waren 1988 zu knapp 50 Prozent aus der Sowjetunion gekommen und pendelten sich in den 1990er Jahren bei rund 40 Prozent ein.[683] Norwegen und die Niederlande waren die anderen großen Lieferanten. Erdgas machte rund 20 Prozent des deutschen Primärenergieverbrauchs aus.[684] Auch Rohöl und Steinkohle wurden in großem Umfang aus Russland importiert.

Lafontaine und Erler sprachen mit Kosyrew, der eingangs Kohl und auch die SPD lobte. Die Sozialdemokraten seien Russland wohlgesinnt und verfolgten in seinen Augen eine ruhige NATO-Politik. Kosyrew forderte eine Sicherheitsarchitektur, die «gemeinsam zwischen Deutschen und Russen und Amerikanern entwickelt werden» sollte.[685] Wieder schien der russische Wunsch nach einem Bilateralismus der «Großen» durch. Lafontaine bestätigte, die SPD denke vom Standpunkt der kollektiven Sicherheit aus. Der neue deutsche Botschafter in Moskau Ernst-Jörg von Studnitz begleitete die SPD-Politiker und vermerkte die Gesprächsinhalte akribisch. Erler habe ergänzt, dass erst über die Grundsätze des europäischen Sicherheitssystems gesprochen und hiernach die Rolle der NATO darin bestimmt werden müsse. Kosyrew stimmte dem nachdrücklich zu. Lafontaine legte die drei Forderungen der SPD zur Sicherheitspolitik dar. Kosyrew ging erneut d'accord.[686] Die SPD – in Person ihres Vorsitzenden – zeigte somit einen deutlichen Unterschied zur schwarz-gelben Regierung, die die Zeit der großen

Pläne einer auf kollektiver Sicherheit basierenden Nachkriegsordnung längst hinter sich gelassen hatte und mit einer Erweiterung der EU und NATO gen Osten Sicherheit exportieren wollte, da Russland keineswegs der kooperative Partner war, den man sich erhofft hatte. Die SPD-Spitze schien hingegen den russischen Klagen über eine ungerechte Behandlung mehr Glauben zu schenken, teilte gar den Ansatz, die Sicherheitsarchitektur in Europa grundlegend zu überdenken.

Einbindung trotz Entfremdung

Der Tschetschenienkrieg hatte den Willen der EU zu einer echten Partnerschaft abkühlen lassen.[687] Doch nach dem Waffenstillstand im Juli 1995 ging man relativ zügig zur Tagesordnung über. Im Oktober beschloss der EU-Außenministerrat eine schnelle Implementierung des PKA, die Lancierung einer Studie über eine gemeinsame Russlandstrategie inklusive einer EU-Russland Freihandelszone ab dem Jahre 1998 und unterstützte das russischen Beitrittsgesuch in den Europarat.[688] All diese Schritte sollten an Reform- und Demokratisierungsfortschritte geknüpft werden. Die deutsche und europäische Ost- und Russlandpolitik glich damit weiterhin einer Quadratur des Kreises: Man strebte nach Stabilität, versuchte den Frieden zu erhalten, die Kooperation zu suchen, und wusste doch um den schlingernden Kurs der russischen Führung, der immer größere außenpolitische Rückwirkungen zeitigte.

Die Kommunikation mit Moskau gestaltete sich zunehmend schwieriger. Terechow, von 1990 bis 1997 russischer Botschafter am Rhein, wurde eine tendenziöse Berichterstattung vorgeworfen. Botschafter von Studnitz beklagte sich hierüber mehrmals, da in «deutlich altes sowjetisches, antideutsches Denken verratenden Berichten unnötig Friktionspotential in die bilateralen Beziehungen gebracht wird».[689] Terechow war beileibe kein Reformer und wurde in Bonn spöttelnd «Terrorchow» genannt.[690] Er entstammte der Dritten Europäischen Abteilung des sowjetischen Außenministeriums. Eine harte Linie gegen Deutschland hatte hier Tradition.[691] Aufgeschlossener waren die wirtschaftlich denkenden Diplomaten und Berater Jelzins.[692] Das Problem ging also über Terechow hinaus und verdeutlichte die Macht und Beharrlichkeit der bürokratischen Apparate aus der Sowjetzeit.[693] Konflikte wurden auch über die Akkreditierung von deutschen und russischen Botschaftsangehörigen ausgetragen. So lehnte die russische Seite im Mai 1995 die Einreise des neuen Heeresattachés brüsk ab. «In unüblich eindeutiger Weise» habe man erklärt, dass dies «die russische Antwort auf die deutsche Weigerung sei, Generalmajor Schuleschko das Agrément als Verteidigungsattaché der russischen Botschaft in Bonn zu erteilen.»[694] Schuleschkos Akkreditierung war abgelehnt worden, da er bereits in den 1980er Jahren in Bonn nachrichtendienstlich aufgefallen war.[695] Russische Stellen hatten mit Drohungen versucht, auf die Entscheidung einzuwirken – erfolglos. Das Kanzleramt bewertete dies als symptomatisch: «Nach Erkenntnissen des Auswärtigen Amtes, des Bundesministeriums des Inneren und Bundesamtes für Verfassungsschutz versucht die russische Seite in letzter Zeit vermehrt, früher erkannte nachrichtendienstliche Mitarbeiter erneut zu offiziellen Tätigkeiten in Deutschland anzumelden. (…) Das derzeitige Verhalten der russischen Seite erinnert an Praktiken des Kalten Kriegs und steht nicht im Einklang mit den politischen Änderungen innerhalb Russlands und in den deutschrussischen Beziehungen. Dies lässt auf einen wachsenden Einfluss der russischen Sicherheitsdienste in der Innen- und Außenpolitik Russlands schließen.»[696]

Vor einem Besuch des Ersten Stellvertretenden Außenministers Iwanow legte ein Leitfaden für das Gespräch mit Peter Hartmann, nunmehr Staatssekretär im Auswärtigen Amt, die diplomatischen Hürden und deutschen Standpunkte dar. Die Rückführung von Kulturgütern, die Liegenschaftsfragen und das Auftreten rechtsradikaler Gruppen im Gebiet Kaliningrad waren konkrete Streitpunkte, aber man erkennt in dem Dokument darüber hinaus eine gewisse Frustration: «Die von russischer Seite vorgeschlagenen bilateralen Themen lassen Zukunftsorientiertheit vermissen und gehören zum traditionellen Katalog russischer Gravamina» – «typisch» vermerkte eine Marginalie von Mitarbeitern im Bundeskanzleramt.[697] Die Einbindung Russlands in den politischen Teil der G7 habe «sich bewährt», aber «eine noch stärkere Einbeziehung in die wirtschaftspolitische Koordinierung der führenden Industriestaaten erscheint zum gegenwärtigen Zeitpunkt noch nicht konsensfähig», es sei aber nur «eine Frage der Zeit bis die G8 kommen wird».[698] Auch in der Bosnienfrage würde Russland immer wieder eine konstruktive Haltung einnehmen.[699] Daher sprach die deutsche Aufzeichnung davon, dass man Russland in der OSZE stärker einbinden müsse und auch das Inkrafttreten des PKA sei längst überfällig.[700] Trotz dieser ausgestreckten Hände dürfe man die Ukraine und den Kaukasus nicht vergessen und müsse darauf hinwirken, dass Russland gute Beziehungen zu diesen Staaten entwickle.[701]

Eine Russlandreise des Kanzlers im September 1995 verdeutlichte, wie ambivalent auch der Umgang mit Jelzin inzwischen war. Der «russische Minderwertigkeitskomplex» zeige sich andauernd, berichtete Bitterlich dem britischen Botschafter in Bonn. Jelzin beschwere sich, er werde nur unterrichtet, nicht zu Beratungen hinzugezogen.[702] Bitterlich nahm die Drohgebärden und Jelzins Widerstand gegen die NATO-Erweiterung sehr ernst. Doch die deutsche Linie sei unverrückbar: Man werde erweitern. In Bonn wollte man die Wahlen in Russland abwarten und 1996 keine endgültigen Entscheidungen treffen. Man hoffte auf eine engere Einbindung Russlands in das PfP-Programm und maß dem «Aufbau einer Sicherheitspartnerschaft mit Russland erhebliche Bedeutung» bei.[703] Dabei sah man Russland gleichfalls in der Pflicht. Äußerungen wie die des stellvertretenden Außenministers Sergej Krylow seien anachronistisch und wenig hilfreich. Krylow hatte im September 1995 erklärt: «Im Falle der Ausweitung der NATO auf die baltischen Staaten (…) werden wir gezwungen sein, entsprechende nicht nur wirtschaftliche und politische, sondern auch militärische Maßnahmen zu treffen».[704]

Kohl wollte Russland weiterhin in westliche Institutionen einbinden, schnürte neue finanzielle Hilfspakete und nutzte seine persönliche Beziehung zu Jelzin, um Kritik an russischen Aktionen zu äußern und die Sorgen vor einer NATO-Osterweiterung abzufedern. Er suchte immer wieder den direkten Kontakt zu Jelzin, auch da die Bosnien-Frage durch den russischen Wahlkampf verstärkt zu einem Zankapfel mit Rückwirkungen auf die NATO-Russland Beziehungen wurde.[705] Die Zusammenarbeit in der Bosnien-Kontaktgruppe gestaltete sich schwierig.[706] Jelzin war gegen ein neues VN-Mandat und fragte Kohl, «was Russland und Deutschland als die größten europäischen Mächte gemeinsam in der Kontaktgruppe, im UNO-Sicherheitsrat, auf bilateraler Grundlage unternehmen könnten, um die jugoslawische Krise beizulegen».[707] Jelzin wollte den amerikanischen Einfluss begrenzen und multilaterale Entscheidungsforen, in denen Russland stets eine Minderheitenmeinung einnahm, durch bilaterale Formate aushebeln. Er äußerte seinen Unmut über die deutsche Beteiligung an der VN-Friedensmission in einem Brief an Kohl.[708] Dieser rief ihn umgehend an. Er lobte das Interimsabkommen in Tschetschenien als positiven Weg zur Konfliktlösung und forderte Jelzin auf, sich in Bosnien stärker zu engagieren und zur Not den bosnischen Serben die Unterstützung zu entziehen.[709]

Die IFOR in Bosnien, die unter NATO-Führung eingesetzt werden und an der sich Russland beteiligen sollte, stellte allerdings in den Augen des Vize-Außenministers Afanassjewskij eine Zumutung dar.[710] Der Politische Direktor im Auswärtigen Amt, Ischinger, betonte, dass eine Einbindung Russlands in die IFOR auch mit Blick auf die NATO-Russland-Beziehungen wichtig sei und als Lackmustest des Kooperationswillens des Kremls galt. Doch Afanassjewskij verlangte «Zusicherungen über eine Verlangsamung der Erweiterungsdiskussionen. (…) Das einzige erkennbare Motiv für das Drängen der Mitteleuropäer in die NATO sei ihr Wunsch nach Sicherheitsgarantien vor Russland. (…) Russland sei bereit, diesen Staaten Nichtangriffsgarantien zu geben. Russland habe auch nichts dagegen, wenn die NATO diesen Staaten Garantien für ihre Sicherheit gegenüber Russland, aber unter Verzicht auf ihre Aufnahme in das Bündnis gebe.»[711] Ischinger plädierte dafür, das russische Verhältnis zum Westen nicht nur durch das Prisma der NATO-Erweiterungsfrage zu sehen. Man strebe ein umfassendes «Netzwerk von kooperativen Sicherheitsbeziehungen» an, wobei der Zusammenarbeit zwischen NATO und Russland eine «Schlüsselfunktion» zukomme.[712] Auch andere Institutionen spielten daher weiterhin eine Rolle. Neben der G7, IMF und Weltbank – alles Foren, in die Russland strebte – war dies auch der Europarat.

Die Aufnahme Russlands in den Europarat – aus dem das Land im März 2022 ausgeschlossen wurde – sollte die demokratische Entwicklung und Zusammenarbeit fördern.[713] In der Fachliteratur liest man, die Bundesrepublik habe dies gegen die Widerstände anderer Mitgliedstaaten vorangetrieben.[714] Es gab stets eine Gruppe von Staaten, die einem russischen Beitritt sehr skeptisch bis strikt ablehnend gegenüberstand. Die Bundesrepublik gehörte nicht dazu. Doch die deutsche Haltung war komplexer. In den Beratungen im Europarat wurden im Januar 1994 «Stand und Unumkehrbarkeit des russischen Reformprozesses, die Problematik des Nahen Auslandes, Menschenrechtsfragen» und andere Aspekte der demokratischen Entwicklung besprochen.[715] Dabei wurden unter den Mitgliedstaaten unterschiedliche Sichtweisen deutlich, wie der deutsche Vertreter nach Bonn berichtete, doch im Ziel sei man sich einig: einer Mitgliedschaft Russlands. Es sei «kaum ein Mitgliedstaat der Auffassung, dass Russland die Standards auch nur annähernd erfüllt. Daraus werden nur verschiedene Folgerungen hinsichtlich der operativen Möglichkeiten gezogen. Länder wie Polen glauben aus ihrer Interessenlage eher an Möglichkeiten, Russland ‹einbinden› zu können. Andere (z. B. Frankreich, Großbritannien, Schweiz) sind kritischer und sagen recht offen, dass zur Wahrung der Standards der Weg länger sein muss. Wir entziehen uns solchen Schlussfolgerungen und Vertrauen auf Klärungen im Verlaufe eines intensiven Dialogs und zügigen Beitrittsverfahrens.»[716] Die Deutschen vertrauten also auf die Macht des Prozesses. Letztlich herrschte unter den Mitgliedern des Europarates eine positive, aber wenig enthusiastische Stimmung, als der Aufnahmeentschluss fiel.[717] In Moskau schien es in den Augen deutscher Diplomaten auch eine Fraktion zu geben, die den Europarat-Beitritt ablehnte, da «gegenüber einem Europaratsmitglied Russland noch strengere Maßstäbe insbesondere in menschenrechtlicher Hinsicht angelegt würden und damit Russland zu einem Dauergast auf der Anklagebank werde».[718]

Der Kanzler begrüßte den bevorstehenden Beitritt Russlands in den Europarat und warb selbst dafür.[719] Die SPD ebenfalls. Erler, stellvertretender Fraktionsvorsitzende und außenpolitischer Experte der SPD, sprach sich öffentlich für eine Aufnahme Russlands aus. «Nach seiner Ansicht habe man an Russland von Anfang an im Vergleich zu anderen Ländern höhere Anforderungen gestellt. Der Europarat habe beispielsweise nicht ein einziges Mal das Thema Menschenrechte in der Türkei, die bis heute Probleme mit den Kurden haben, aufs Tapet gebracht.»[720] Der SPD-Parteivorsitzende Lafontaine pflichtete ihm bei.[721] Am 28. Februar 1996 trat Russland dem Europarat bei, und im Mai 1998 ratifizierte es die Europäische Menschenrechtskonvention. Viele Experten hatten in offiziellen Gutachten Russland abgesprochen, die Auflagen und Standards des Europarats zu erfüllen.[722] Die Präsidentin der Parlamentarischen Versammlung des Europarates, die CDU-Politikerin Leni Fischer, erklärte vor der CDU/CSU-Fraktion, wie schwer man sich mit der Aufnahme aufgrund der Menschenrechtslage, der Minderheitenproblematik und der mangelnden Rechtsstaatlichkeit getan habe. Letztlich sei mitentscheidend gewesen, dass «gerade die Menschenrechtler und die Menschenrechtsaktivisten gebeten haben, alles zu tun, um der russischen Bevölkerung die Möglichkeit einzuräumen, sich beim Europäischen Menschengerichtshof beschweren zu dürfen».[723] Zudem habe man Fristen zur Ratifizierung gesetzt. Und dennoch blieb die Hoffnung: «Wenn wir den Einigungsprozess in Europa, ob über Kooperationsabkommen mit Rußland und EU, ob über OSZE oder über Partnerschaft für Peace einigermaßen unumkehrbar machen können – ich pflege es etwas salopp auszudrücken und zu sagen: Wenn wir das Netz der gegenseitigen Abhängigkeit so eng knüpfen können, dass keiner mehr daraus entwischen kann, haben wir vielleicht etwas geschafft, nämlich dafür zu sorgen, dass der Generation unserer Kinder und Enkelkinder ein Krieg erspart bleibt, wie ein Großteil von uns ihn selber noch erlebt hat.»[724] Fischer berief sich daher auf alte Argumentationsmuster der Einbindung und des Schaffens gegenseitiger Abhängigkeiten, die helfen sollten, Konflikte zu moderieren oder gar zu verhindern. Kohl stimmte zu. Dabei blitzte auch seine generationelle Prägung als «Kriegskind» und sein pragmatischer Realismus durch. «Ich weiss, wer die reine Lehre vertritt, der sagt, das kann man nicht machen. Aber der Europarat hat eine ganze Serie von Mechanismen, in dem man jetzt Bedingungen einfordern kann. Es ist ja nicht so, dass damit der Prozess abgeschlossen ist.»[725] Der Zusammenhang zwischen der Stabilität Europas und der Stabilisierung Russlands war erneut die Richtschnur seines Handelns. Er hoffte, den Reformprozess weiter unterstützen zu können.

Dabei fühlte sich der Kanzler weiterhin von seinen westlichen Partnern alleingelassen. Als Hort der Stabilität in Europa könne nur die Bundesrepublik gelten, führte der Kanzler vor der CDU/CSU-Fraktion aus.[726] In Italien herrsche Chaos. In Großbritannien und Frankreich sei die innenpolitische Lage undurchsichtig und wirke sich auf die Außenpolitik aus.[727] Portugal und Spanien stünden richtungsweisende Wahlen bevor. Und auch Amerikaner und Russen waren 1996 dazu aufgerufen, ihre Präsidenten zu wählen.

Das «Supermächtewahljahr» 1996

Kohl machte sich im «Supermächtewahljahr» große Sorgen um etwaige Personalrochaden in Russland, wo am 16. Juni Präsidentenwahlen anstanden, und in den USA, die im Herbst wählten. Beide Urnengänge könnten in seinen Augen «enorme Auswirkungen auf die Lage in Deutschland» nach sich ziehen.[728] Vor der CDU/CSU-Fraktion zeigte sich erneut seine Angst, dass die USA sich aus Europa zurückziehen und handelspolitische Streitigkeiten mit der EU eskalieren könnten. Noch sorgenvoller blickte er nach Moskau. Die Demokratisierung ginge kaum voran. Nur die Korruption blühe.[729] Ein Rüstungswettlauf und enormer politischer Flurschaden drohten. Die Kosten wären enorm: «Wenn ein revanchistischer Kurs, ob nun kommunistisch oder mehr nationalistisch verbrämt, in Russland an die Macht kommt (…) haben wir ganz unmittelbar damit zu tun. Die Beunruhigung in Mittelost- und Südosteuropa wird dramatisch wachsen.»[730] Erneut hatte Kohl die Staaten in «Zwischeneuropa» nicht vergessen. Jelzin sei keineswegs perfekt, aber die beste Lösung; hierin sei er sich mit Clinton einig.[731] «Es ist eine ganz schwierige Zeit, aber es ist unser wichtigster Nachbar in Osteuropa. Und wenn es dort schiefgeht, werden wir Folgen in den GUS-Republiken haben, in der Ukraine und auch ein Stück westwärts. Und das muss jeder bei uns überlegen, auch wenn es im Moment nicht elegant ist und es viel leichter ist, von morgens bis abends die einzelnen Menschenrechte und anderes einzufordern. Das fiele mir auch leichter, aber ich warne, hier die Vernunft völlig außer acht zu lassen.»[732] Worin liege, so könnte man Kohls Gedanken zusammenfassen, der strategische Nutzen einer Stabilisierung Litauens, wenn zur gleichen Zeit Russland implodieren oder einen revanchistischen Kurs fahren würde?

Die Duma-Wahl im Dezember 1995 galt als Probelauf für die Präsidentenwahl im Juni 1996. Die Kommunisten errangen 20 Prozent der Stimmen. Schirinowski verlor Zuspruch, aber die als Reformer geltenden Kandidaten erhielten alle nur einstellige Stimmenanteile. Bitterlich unterstrich Kohl gegenüber die hohe Wahlbeteiligung von 65 Prozent, die auf eine «größere Stabilität und Akzeptanz der Demokratie in Russland schließen lässt, als dies zu erwarten war».[733] Doch Jelzin ginge nicht gestärkt aus der Wahl hervor. Vielmehr bleibe das Bewerberfeld unübersichtlich, weshalb Jelzin vermutlich doch selbst antreten werde.[734] Die Ernennung Jewgeni Primakows zum Außenminister im Januar 1996 passte in das Bild eines wieder aufkommenden nationalistischen Kurses und Selbstwahrnehmung als Großmacht: Primakow wollte eine multipolare Weltordnung als Gegengewicht zu den USA.[735] Eine Idee, die später zum Kanon russischer Außenpolitik gehören sollte. Der Kanzler konstatierte gegenüber Clinton auch aufgrund des militärischen Desasters in Tschetschenien einen zunehmenden «inferiority complex» der russischen Eliten.[736] Zugleich begann die

NATO-Osterweiterung in der russischen Innenpolitik eine immer größere Rolle zu spielen und wurde bewusst instrumentalisiert.

Im Vorfeld der Präsidentenwahl wollte daher der Westen Jelzin das Leben durch die Ankündigung der NATO-Osterweiterung nicht unnötig schwer machen; eine Logik, der sich z. B. auch Polen nicht entziehen konnte.[737] Umgekehrt gab es in Washington eine starke polnische Lobby, die das Denken und Handeln des Wahlkämpfers Clinton beeinflusste.[738] Dabei verlor der Kanzler neben den Beitrittskandidaten die anderen Staaten im post-sowjetischen Raum nicht aus den Augen. Im Zuge der NATO-Erweiterung sollte parallel nicht nur ein Vertrag mit Russland, sondern auch mit der Ukraine und anderen Ländern geschlossen werden.[739] Zugleich wollte Kohl der Ukraine durch eine Verbesserung ihrer Energieversorgung helfen, was jedoch «nur über Russland möglich»[740] sei. Den Schlüssel hatte, nach Kohls Interpretation, Jelzin in der Hand. Anreize für ein kooperatives Verhalten hatte man. Der russische Präsident wünschte sich eine Erweiterung der G7 auf G8, da ihm dies im Wahlkampf helfen könne.[741] Ein weiterer Milliarden-Kredit des IMF sowie eine Bürgschaft der Bundesrepublik über vier Milliarden DM sollten ihm unter die Arme greifen.[742]

Die NATO-Frage entwickelte sich immer stärker zum Hauptstreitpunkt in den Beziehungen zu Russland. Zum Beispiel wurden die regelmäßig stattfindenden sicherheitspolitischen Konsultationen, bei denen der Politische Direktor des Auswärtigen Amtes, Wolfgang Ischinger, der Gruppenleiter 21 aus dem Kanzleramt, Hans-Bodo Bertram, und der Leiter Planungsstab des BMVg, Ulrich Weisser, teilnahmen, vom Thema NATO-Erweiterung «dominiert».[743] Zu den Konsultationen am 16. Januar in Bonn war der stellvertretende Außenminister Georgi Mamedow angereist. Er machte deutlich, dass man «die Öffnung der NATO als gegen Russland gerichtet empfindet, als darauf abzielend, Russland aus der politischen Mitgestaltung in der MOE-Region und damit in Europa insgesamt hinauszudrängen.»[744] Die Sicherheitsprobleme lägen im Süden, im Kaukasus, und seien auch für den Westen relevant. Ischinger und Weisser erkannten die Südflanke als Problemzone an, widersprachen aber Mamedow: Ziel sei nicht, wie «von Russland vorgetragen, geopolitische Veränderungen zu Lasten von Russland durchzusetzen. Vielmehr gehe es darum, MOE-Region und europäische strategische Lage insgesamt nachhaltig zu stabilisieren. (...) Dies sei doch das eigentliche Angebot, das der Westen Russland mache: eine stabile Lage im Westen.»[745] Doch Mamedow berichtete über den in Russland weit verbreiteten Eindruck, Deutschland sei der «Motor der NATO-Erweiterung» und helfe damit den USA, ihre Position in Europa auszubauen.[746] Die Vorwürfe nahmen somit zu, je mehr man das Thema vertiefte. Ischinger argumentierte, es handle sich nicht um eine Expansion und man könne die Sicherheitsbedürfnisse der MOE-Staaten schon aus historischen Gründen nicht einfach ignorieren. Alle Schritte erfolgten im multilateralen Rahmen, es gebe keine deutschen Alleingänge.[747] Nicht die Erweiterung sei die Kernfrage, sondern wie man das Verhältnis NATO-Russland gestalten könne. In Ischingers Augen brauche man eine «Charta der gegenseitigen Beziehungen», sollte wie in Bosnien aktiv kooperieren und Russland müsse seine bilateralen Beziehungen zu den MOE-Staaten verbessern.[748] Man verwies also deutlich auf die eigenen Absichten, die MOE-Staaten einzubinden, aber zeitgleich streckte man die Hand für eine Partnerschaft aus. Mamedow betonte seinerseits, man werde die GUS-Integration vorantreiben, ebenso wie es die NATO ihrerseits täte.[749] Es blitzte damit eine «Integrationskonkurrenz» (Hannes Adomeit) auf, die später zu enormen Verwerfungen führte. Die deutsche Seite äußerte Verständnis für den russischen Wunsch, engen Kontakt zu den GUS-Staaten zu halten, das jedoch dort ende, wo «wir den Eindruck gewönnen, dass ein neuer Warschauer Pakt als Gegengewicht zur NATO gebildet werden solle, und dies, ohne dass die kleineren Partnerstaaten in der GUS nach ihrer Zustimmung gefragt würden.»[750] Man durchschaute Mamedows Denken und seine Äußerungen sehr genau.

Als zweites Beispiel sei die Reise des französischen Außenministers Hervé de Charette nach Moskau genannt, über die die deutsche Botschaft in Paris ausführlich unterrichtet wurde. Jelzin erklärte ihm gegenüber, Russland wolle vor allem keine NATO-Infrastruktur näher an den eigenen Grenzen.[751] Dem russischen Präsidenten schwebte laut de Charettes Bericht . statt der NATO-Erweiterung eine Art Direktorium für Sicherheit in Europa (die Vierergruppe plus die USA) vor. Man wollte gleichberechtigt und entscheidungsfähig sein – unter Groß- und Supermächten. Eine etwaige Erklärung zur Aufnahme Russlands in die NATO, die man russischerseits als Entlastungsformel ins Spiel brachte, lehnte de Charette entschieden ab.[752] Auch außerhalb des Präsidentenpalastes machten die Franzosen ähnliche Erfahrungen wie ihre deutschen Partner. «In Gesprächen mit Mitgliedern

der Duma hätten alle Parteien einschließlich der Demokraten und Liberalen (Jabloko) ebenfalls Eindruck vermittelt, dass sie NATO weiterhin als
Bedrohung empfänden. Hier bestehe offenbar ein Partei- und Richtungs-
übergreifender Konsens.»[753]

Der Faktor Zeit spielte immer wieder eine Rolle. Der ehemalige Außenminister Kosyrew warnte Bitterlich, in Moskau dominierten großrussische,
nationalistische Tendenzen, die versuchten, sich gegen den Westen zu pro-
filieren. «Kosyrew ließ offen», berichtete Bitterlich an Kohl, ob der Präsident dies genauso sähe oder wahltaktisch agiere.[754] Die NATO-Erweiterung
verlaufe zu schnell und speziell in der russischen Bürokratie wachse der
Widerstand täglich an: «Im Übrigen seien Kreml-Bürokratie sowie auch
Außen- und Verteidigungsministerium davon überzeugt, dass der russische Widerstand gegen eine NATO-Erweiterung im Westen Erfolge zeige.
Festzustellen sei bereits Verlangsamung des Erweiterungstempos im Westen sowie auch zunehmende Kritik innerhalb der NATO an der Erweiterung. In russischer Schlussfolgerung sei die Erweiterung der NATO damit
offenbar doch nicht ‹unvermeidlich›. Die Bemühungen, eine NATO-Erweiterung zu verhindern, würden deshalb fortgesetzt, auch in der Hoffnung,
den westlichen Konsens zur NATO-Erweiterung aufbrechen zu können
(Hoffnung auf Deutschland).»[755] Das Zugehen auf Russland durch eine
langsamere Erweiterung oder die gebetsmühlenartige Beteuerung, man
verstünde die Sorgen, wurde also nicht goutiert. Vielmehr wurde dies russischerseits taktisch ausgenutzt, als Schwäche oder gar als Chance gesehen,
den Prozess noch gänzlich stoppen zu können. Der Kreml setzte auf die
bilaterale Schiene zu den großen Staaten, deutscherseits wies man immer
wieder auf den multilateralen Rahmen und die Reformstaaten Ostmitteleuropas hin.

Kohl unternahm seine Moskau-Reise vom 18. bis 21. Februar 1996 daher
unter schwierigen Vorzeichen. Der Kanzler unterstrich die vertrauensvollen Beziehungen beider Länder, doch schob einer «special relationship»
den Riegel vor: Sein Besuch sei Zeichen des «Vertrauens in den Reformprozess in Russland», aber reihe sich ein «in die intensiven Dialoge der westlichen Staatengemeinschaft insgesamt mit Russland».[756] Jelzin lobte er über
den grünen Klee. Doch er verwies vor der Presse auf den noch holprigen
Weg zu einer Demokratie westlichen Zuschnitts, die Tschetschenien-Prob-
lematik und die strittige Frage der NATO-Osterweiterung.[757] Im Juni trafen

sich die Mitglieder der Allianz in Berlin. Russland hatte man als Gast eingeladen. Der russische Außenminister Primakow überraschte den Westen mit einer konzilianten Haltung hinsichtlich der Osterweiterung. Kohl zeigte sich auch hinter verschlossenen Türen zufrieden. Man begreife in Moskau, glaubte er, dass «unsere Politik der Stabilisierung Mittel-Ost-Europas überhaupt nicht gegen Russland gerichtet ist, sondern das Beste ist, was wir auch im Verhältnis zu Russland leisten können. Denn Stabilität der westlichen Nachbarn Russlands steht ja in viel größerem Interesse Russlands als alles andere.»[758]

Die deutsche Seite ging trotz strategischer Abwägungen, der Rücksichtnahme auf Russland und Allianzzwängen weiterhin dezidiert auf die Sorgen der ostmitteleuropäischen und baltischen Länder ein. Dem polnischen Ministerpräsidenten versicherte Kohl, man werde 1997 in der NATO eine «Entscheidung, die für beide gut ist» treffen, müsse aber erstmal die Wahlen in Russland und den USA abwarten.[759] Ischinger wollte für die baltischen Staaten eine Konzeption entwickeln, die diesen das «Gefühl der Einbindung in westliche Strukturen vermittle und insbesondere einem eventuellen ‹rejection shock› bei einer Nichtaufnahme im Rahmen einer ersten NATO-Erweiterungsrunde vorbeugen bzw. ihn abmildern könne».[760] Im Juli arbeiteten Kinkel und Primakow ein Konzept zur Zusammenarbeit aus. Im August stellte Primakow russische Ideen einer strategischen Partnerschaft zwischen NATO und Russland vor.[761] Es gab daher durchaus positive Signale aus Moskau.

Am 13. Juni gewann Jelzin die Präsidentschaftswahl. Von Oligarchen und ihren Medienanstalten unterstützt, rettete er sich über die Ziellinie. Im Nachhinein wurde seine Wahl als der «eigentliche Sündenfall» in der gescheiterten Entwicklung Russlands zu einer Demokratie bezeichnet.[762] In der damaligen Situation schien es manchen ein Erfolg. Strobe Talbott, der Russlandberater Clintons, sah die Wiederwahl, die wirtschaftliche Stabilisierung, den Waffenstillstand in Tschetschenien und die NATO-Russland-Grundakte (im kommenden Jahr) als Grund für einen «strategischen Optimismus, dass die Dinge in Russland sich in die richtige Richtung entwickelten, solange man das Land weiter einbinde.[763] Außenpolitisch war nach der Wahl vor der Wahl, und beileibe nicht alles eitel Sonnenschein. Zumal der Urnengang in den USA noch anstand und die Bundesregierung schrille oder triumphalistische Töne gegenüber Russland vermeiden wollte.[764]

Am 3. und 4. September 1996 reiste Kohl nach Russland – und in die Ukraine. Jelzins Gesundheitszustand wurde immer mehr zum Politikum. Hatte er noch alle Fäden in der Hand oder wer schwang im Kreml wirklich das Zepter? Was, wenn Jelzin im Amt verstürbe? Wer sollte ihm nachfolgen? Drohte eine neue «Zeit der Wirren»? Wie verlässlich war der Kreml als Partner in internationalen Fragen, wie ernsthaft das russische Bestreben, ein konstruktives Mitglied der Weltgemeinschaft zu sein? In einem Brief an Bitterlich teilte die britische Seite vor der Moskaureise des Kanzlers ihre Lageeinschätzung nach der Wahl mit. Letztlich hielt man es in London für unmöglich, dass aus Russland ein «close ally» erwachsen könne, weshalb man zwar den Kreml einbinden, sich aber nicht den Wünschen Moskau beugen wollte.[765] Die NATO hatte Vorrang für die Sicherheit in Europa, doch auch die OSZE, die EU und die Welthandelsorganisation (WTO) sollten die Einbindung Russlands flankieren.[766]

Der Konflikt in Tschetschenien belastete die Zusammenarbeit. Seit dem Frühjahr 1996 konnte von Waffenstillstand keine Rede mehr sein. Die russischen Streitkräfte gingen immer rücksichtsloser vor und der Kreml setzte auf eine militärische Lösung. Der Antrittsbesuch von Botschafter von Studnitz bei Verteidigungsminister Gratschow ließ den Diplomaten konsterniert zurück. Dessen Äußerungen «zu den Tschetschenen und den Moslems sind erschreckend» und «reihen sich nahtlos ein in jüngste öffentliche Äußerungen russischer Politiker und Militärs (FSB Chef Barsukow: … alle Tschetschenen sind kriminell, entweder Mörder oder Diebe, … Schirinowski… Einsatz von Napalm gegen Tschetschenen, … Jelzin: … tschetschenische Rebellen sind tollwütige Hunde, die man ausrotten muss …).»[767] Jelzin sprach so oft von «Spezialoperationen», dass regierungskritische Medien ihm einen Etikettenschwindel unterstellten, der nur euphemistisch umschriebe, dass es sich um einen ausgewachsenen Krieg handle.[768] Spätestens seit dem 24. Februar 2022 ein bekanntes Phänomen. Auch ein erneuter Waffenstillstand im August 1996 blieb brüchig. Im September kritisierte der Kanzler im Gespräch mit Jelzin, ebenso wie Major und Clinton,[769] die jüngsten militärischen Operationen, die hohe zivile Opfer gefordert und dem Ansehen Russlands im Westen geschadet hätten.[770] Der Präsidentenpalast, das Außenministerium, die Sicherheitsbehörden und das Militär schienen sich um das richtige Vorgehen zu streiten, was erneut Fragen nach der Durchsetzungskraft Jelzins aufwarf. Dessen Haltung schätzte Bitterlich als nebulös ein. «Einerseits neigt er wie Militärs zu großflächigen militärischen Straf- und Unterwerfungsaktionen gegen die Rebellen, andererseits erkennt er Eskalationsgefahr sowie Gefahr für russisches Ansehen,» hielt er in einer Vorlage für den Kanzler fest.[771] Die Entwicklung bot erneut Reminiszenzen an 1990/91. Durch die krankheitsbedingte häufige Abwesenheit Jelzins entstünde, so Bitterlich, nicht nur ein Machtkampf, sondern ein Machtvakuum, und «eklatante Widersprüche innerhalb der politischen Führung des Landes» träten offen hervor.[772] Kohl sollte auf die «wachsende[n] Besorgnisse unmittelbarer Nachbarn Russlands durch militärisches Vorgehen» hinweisen, die in die «künftige Diskussion europäischer Sicherheit einfließen»[773] werden. Im Klartext hieß dies: Je mehr Russland in Tschetschenien eskaliere, desto schneller und umfassender müsse sich der Kreml auf eine NATO-Osterweiterung einstellen, die man «mit Umsicht und ohne Überraschungen für Russland», aber noch im kommenden Jahr vollziehen wolle.[774] Kohl stimmte den Vorschlägen Bitterlichs am Rand des Dokuments zu.

Bevor der Kanzler nach Moskau reiste, flog er zuerst in die ukrainische Hauptstadt. Jelzin hatte Druck auf ihn ausgeübt, erst nach Russland zu kommen und danach in die Ukraine. Doch Kohl wählte bewusst die andere Reihenfolge.[775] In Kyjiw unterstützte er die Assoziierung der Ukraine an die EU und deutsch-ukrainische Wirtschaftsprojekte. Die ukrainische Regierung bat ihn, auf den Kreml vermittelnd einzuwirken: Eine Milliarde Dollar ukrainischer Schulden für Energielieferungen sollte Moskau stunden. Kohl äußerte, er sei «gleichermaßen engagiert in Russland und der Ukraine»,[776] wahrte somit öffentlich Äquidistanz zwischen Moskau und Kyjiw.

Denn zu Hause geriet Kohl in Verdacht, sich nicht genug um die Befindlichkeiten der Russen zu kümmern und die institutionelle Einbindung Russlands in die europäische Sicherheitsarchitektur zu vernachlässigen. Die NATO-Osterweiterung wurde als Spaltpilz beschrieben, die Beziehungen der Allianz zu Russland als zerrüttet, wobei das «entscheidende Versäumnis nicht bei den Regierenden in Moskau, sondern bei denen des Westens» läge, kommentierte die *Zeit*.[777] Diese Kritik scheint vor dem Hintergrund des russischen Verhaltens und Kohls permanenter Massage der «russischen Seele» absolut haltlos.

Im Bundesvorstand der CDU äußerte Kohl nach seiner Rückkehr, wie wichtig es sei, nun keinen «fait accompli» mit der NATO-Osterweiterung zu schaffen, sondern Russland einzubinden.[778] Sobald Jelzin, dem eine schwere Herz-Operation bevorstand, wieder bei Kräften sei, müsse man «unverzüglich» die Osterweiterung angehen, nicht zuletzt aufgrund der Sicherheitsbedürfnisse der Länder in Mittelost- und Südosteuropa.[779] Kohl erklärte, er würde Jelzin nicht beweihräuchern, er sei «keine Ikone», aber man habe stets auf ihn zählen können.[780] Wort gehalten habe er immer, er sei berechenbar. Als Beispiel bezog er sich erneut auf den Abzug der WGT-Verbände. Es blieben dessen ungeachtet mehrere bilaterale Problemfelder. Die Duma sträube sich weiterhin gegen die Rückführung geraubter Kultur-güter, erklärte Kohl. Jelzin habe versprochen zu helfen. Viele wirtschaftliche Projekte stagnierten und seien von Korruption geplagt. Tschetschenien liege wie ein Schatten über den Beziehungen Russlands zum Westen.[781] Kohl erkannte nicht nur an den politischen Rändern oder bei den Ewig-gestrigen eine zunehmend anti-westliche Haltung, sondern führte aus, wie auf breiter Front ein gewissermaßen *neues* Russland im Entstehen begriffen sei. Dennoch pochte der Kanzler auf eine zügige politische Lösung in Tschetschenien.[782]

Hiernach kam Kohl auf die NATO-Osterweiterung zu sprechen. In sei-nen Augen der momentan «wichtigste Punkt».[783] Gemeinsam mit seinen amerikanischen, französischen und britischen Kollegen habe er vereinbart, dass in «dieser jetzigen Situation, wo der russische Präsident nicht voll ein-satzfähig ist, dieses Thema nicht behandelt wird. Wenn der Eindruck er-weckt wird, dass hier im Westen auf die gegebene psychologische Situation nicht Rücksicht genommen wird, werden wir uns ganz unnötige Schwierig-keiten bereiten»[784] – eine Rücksichtnahme, die manche russische Offizielle wahrnahmen und speziell den Deutschen zugutehielten.[785] Daher sollte man in Kohls Augen zunächst die innere Reform der NATO angehen.[786] Die Erweiterung ginge ohnehin nicht «in einem Aufwasch», da manche Länder bereit seien, andere nicht. Kohl machte aus seinem Herzen keine Mördergrube: Russland dürfe man keinerlei Veto zugestehen – eine gängige Formel auch in Washington und London,[787] aber zugleich keine neuen Gräben aufreißen.[788] Dies bedeutete, keine Kernwaffen unter NATO-Kom-mando östlich von Deutschland zu stationieren.

Auch auf die Ukraine ging Kohl intensiv ein. Er lobte den dortigen Re-formprozess. Wenn die Entwicklung anhalte, werde sie dem Land eine «große Zukunft» bescheren.[789] Die Ukraine sei deutschfreundlicher als alle anderen Staaten in Osteuropa und entscheidend für die Stabilität der ganzen Region. Weißrussland falle schon in alte Muster zurück, so Kohl, dort wolle man nämlich «praktisch die Rückkehr nach Moskau. Die Stabilität der Ukraine ist für die souverän gewordenen Staaten der GUS also von allergrößter Bedeutung.»[790]

Im November konnte Kohl erleichtert verkünden, dass Jelzin die Operation gut überstanden habe. Er hoffe und bete für eine Fortsetzung des Reformweges.[791] Die kontrafaktische Frage muss erlaubt sein, wie die NATO-Osterweiterung bei einer Verschlechterung des Gesundheitszustandes oder gar eines vorzeitigen Ablebens Jelzins verlaufen wäre: vermutlich nicht einfacher. Doch auch mit Jelzin wuchs der russische Unmut über die Erweiterung der Allianz.

Wachsender Unmut und die Erweiterung der NATO

Im Herbst 1996 stand die schwarz-gelbe Regierung aufgrund von Einsparungen im Haushalt und bei Renten sowie Steuererhöhungen in der Kritik. Das Wort vom «Reformstau» machte die Runde.[792] Kohl kündigte im April 1997 seine erneute Kanzlerkandidatur an, doch die medialen Abgesänge auf seine Kanzlerschaft wurden lauter. Die finanziellen Grenzen der deutschen Russlandhilfe zeichneten sich immer deutlicher ab und die Europäisierung, die Kohl auf dem EU-Gipfel in Dublin erneut zu forcieren versuchte,[793] wurde immer dringlicher. 1997 wurde das Schlüsseljahr für die Erweiterung der NATO und EU. Auf dem EU-Gipfel in Luxemburg im Dezember wurde der Beginn von Beitrittsverhandlungen mit Polen, Ungarn, Tschechien, Slowenien, Estland und Zypern beschlossen. Für die anderen MOE-Staaten blieb die Tür offen. Der größere diplomatische Kraft- und Balanceakt war die NATO-Erweiterung. Viele Mitglieder der Allianz zweifelten an der Kompromiss- und Kooperationsbereitschaft der Russen.[794] Die USA wollten Jelzin helfen, den innenpolitischen Flurschaden der NATO-Erweiterung zu begrenzen. Man müsse ihn angebliche Erfolge bejubeln lassen, auch wenn sie keine seien. Etwa die «Erfolge», dass die NATO keine Nuklearwaffen in den neuen Mitgliedstaaten stationieren werde, die Ukraine aus der Gruppe möglicher Beitrittskandidaten ausgeschlossen blieb und er sich bei der konventionellen Rüstungsbegrenzung durchgesetzt habe.[795] Deutsche Ängste, die USA seien nicht sensibel genug, waren in britischen Augen unbegründet.[796] Der Westen gab sich also weiterhin Mühe, den Erweiterungsprozess für Russland so erträglich wie möglich zu gestalten. Jelzin forderte dessen ungeachtet eine Einbindung auf Augenhöhe. Aus seiner Sicht gehörte hierzu ein Mitspracherecht in Entscheidungsprozessen der Allianz. So könne der Verdruss über die NATO-Erweiterung «gemanaged» werden, ließ er Chirac wissen.[797] Die NATO-Russland-Grundakte und das Quint-Format, das auf einem Vorschlag von Kohl und Chirac beruhte und die USA, Großbritannien, Frankreich, die Bundesrepublik und Russland einschloss,[798] sollten russischen Wünschen nach einer Gleichbehandlung unter «den Großen» entgegenkommen. In Paris wollte man Russland das Gefühl geben, Teil der neuen Ordnung zu sein. Chirac war der Auffassung, dass der Westen langfristig besser damit fahren würde, Russland an Bord zu haben, als auf Abstand und verglich die Situation mit Deutschland in der Versailler-Friedensordnung nach 1918 – ein typisch französischer Vergleich, der auch später oft angestellt wurde.[799] Viele russische Forderungen waren jedoch unrealistisch: Jelzin wollte ein rechtlich bindendes Dokument, das ein Mitentscheidungsrecht in NATO-Fragen garantierte, ein Veto-Recht bei Auslandsmissionen des Bündnisses und ein Konsultationsrecht bei internen Schwierigkeiten der Allianz.[800]

Interne Protokolle der CDU/CSU-Fraktion verdeutlichen, wie sehr Kohl eine Destabilisierung fürchtete und die NATO als Stabilitätsanker betrachtete. Am 14. Januar 1997 erklärte er, kurz nach einer weiteren Reise nach Russland, man müsse in diesem Jahr die NATO-Erweiterung umsetzen, da eine «neue Welle des Nationalismus» durch Ostmitteleuropa gehe. Russland habe kein Vetorecht, dürfe aber auch nicht außen vor gelassen werden.[801] Er appellierte daher an die Fraktion, den Bürgern zu erklären, wie wichtig die NATO-Erweiterung für den Erhalt des Friedens sei. Der Bundesrepublik käme aufgrund ihrer geographischen Lage und «auch aus bestimmten personalen Zusammenhängen in dieser Richtung» (also seinem Draht zu Jelzin) eine «Schlüsselfunktion»[802] zu. Geographie spielte eine enorme Rolle für Kohl. Die Randlage bzw. die Situation als Frontstaat im Kalten Krieg wollte er seit Beginn der 1990er Jahre überwinden. Unter anderem deshalb hatte er Nachbarschaftsverträge geschlossen und die EU-Erweiterung vorangetrieben. Weder eine Wohlstands- noch Sicherheitsgrenze dürfe entstehen, sondern Grenzen sollten aus deutschem geopolitischen Interesse überwunden werden. «Die Ostgrenze Deutschlands darf nicht die

Ostgrenze der Europäischen Union und der NATO werden», erläuterte Kohl unter Beifall in der Fraktion.[803] Daher schloss Kohl eine Verzögerung der NATO-Erweiterung kategorisch aus: «Wenn wir die NATO-Erweiterung im Sommer verschieben, werden wir sehr rasch immer weiter verschieben. Und wir haben den Menschen in Mittel- und Südosteuropa, nicht zuletzt in unserer Nachbarschaft, in Polen, in Ungarn, in der damaligen Tschechoslowakei, jetzt Tschechien und Slowakei, Jahrzehnte hindurch gesagt: Wenn Ihr nur den Kommunismus abschüttelt, seid Ihr als Europäer uns willkommen. Jetzt ist die Nagelprobe da.»[804] Kohl verknüpfte die NATO- mit der EU-Erweiterung und bemängelte, wie wenig andere EU-Mitgliedstaaten hinter den Erweiterungen stünden. Und er hatte noch einen anderen Grund, die Entscheidung nicht zu verschieben: 1998 waren Bundestagswahlen, der nächste NATO-Gipfel erst 1999. Seine Chancen standen schlecht. Die Wirtschaft stagnierte, die Reformen griffen nicht.[805] Es drohte eine Zitterpartie wie 1994. Kohl wollte auch eines seiner Herzensprojekte in trockene Tücher bringen, solange er noch in Amt und Würden war.

Doch jede gut gemeinte Beschwichtigung wurde russischerseits als Zusage an eine langsamere Erweiterung umgedeutet und oft als Vorwurf benutzt, der Westen spiele nicht fair. Der britische Botschafter in Moskau berichtete: «Alle russischen Gesprächspartner stimmten überein, dass die Erweiterung der NATO eine schmachvolle Niederlage» für sie darstelle.[806] Die Einbindung durch ein eigenes NATO-Russland-Forum oder in andere westliche Institutionen könne diese Sicht nur ein bisschen abfedern. Zugleich zeige sich kein Fortschritt im Hinblick auf einen Ausgleich zwischen Russland und seinen unmittelbaren Nachbarstaaten.[807] Doch alle Alternativen zu Jelzin waren in britischen Augen noch schlimmer.[808]

Dass die psychologischen Aspekte bedacht werden mussten, zeigte sich auch bei Reisen von Mitgliedern des Deutschen Bundestages nach Russland. Sie hörten immer deutlichere Gravamina. Der Westen und Kohl persönlich hätten bei der Wiedervereinigung versprochen, die NATO nicht nach Osten auszudehnen.[809] Andere Gesprächspartner akzeptierten die Entscheidung der Allianz und der MOE-Staaten nur unter Protest und wollten produktive Lösungen finden.[810] Doch wie genau man sich die neue Sicherheitsarchitektur und die Beziehungen zur NATO vorstellte, blieb auch in diesen Gesprächen unklar.[811] Die Duma erwies sich erneut als schwieriger Partner. Die Mauerschützenurteile in Deutschland wurden von der Duma als Menschenrechtsverletzung uminterpretiert.[812] Eine diesbezügliche Duma-Resolution stellte eine direkte Verbindung zur NATO-Osterweiterung her und kritisierte die angebliche westliche Doppelmoral: Man begehe selbst Menschenrechtsverletzungen, schütze das «Apartheidsystem» der Balten, tadele aber die Serben. Die Osterweiterung der NATO riefe Erinnerungen «an das Vorgehen einiger westlicher Staaten am Vorabend des Zweiten Weltkriegs wach, als Deutschland zur Wiederaufnahme der unheilvollen ‹Drang-nach-Osten›-Politik gedrängt wurde».[813] Diese Geschichtsklitterung wurde von 52 Prozent der Duma-Abgeordneten mitgetragen, ebenso wie andere Entschlüsse, die die Rückgabe von Beutekunst verhinderten oder die NATO-Osterweiterung verurteilten. Die deutsche Botschaft war nicht nur über diese konkreten Inhalte besorgt. Die Entschließungen zeigten, dass «wegen der NATO-Öffnung zunehmend Deutschland ins Visier»[814] gerate. Auch die reformistisch gesinnte Jabloko-Partei erklärte, man müsse angesichts der patriotischen Töne in der Duma «vorsichtig sein».[815] Deutscherseits versuchte man reformorientierten Persönlichkeiten und Initiativen unter die Arme zu greifen. Als Beispiel sei Michail Prussak genannt, der als Gouverneur von Nowgorod entschlossen eine Reformagenda umsetzte.[816]

Deshalb legten sich Kohl und Kinkel ins Zeug, um Russland nicht zu «verlieren». Die Bundesrepublik avancierte zu einem entscheidenden Akteur – fast auf Augenhöhe mit Washington.[817] Der Bundesaußenminister entschloss sich für eine noch stärkere Einbindung und einen noch intensiveren Ausbau der bilateralen Treffen. Gegenüber Primakow schlug Kinkel, ohne Absprache mit der Arbeitsebene des Auswärtigen Amtes oder dem Bundeskanzleramt, regelmäßige Regierungskonsultationen mit mehreren Fachministern und Wirtschaftsvertretern, also eine Kopie der Gore-Tschernomyrdin-Kommission, vor. Solche Regierungskonsultationen drückten eine besondere Nähe und einen hohen Stellenwert des Partnerlandes aus. Laut der «Deutsch-Russischen Gemeinsamen Erklärung» vom 21. November 1991 waren Gipfelkonsultation ohnehin «mindestens einmal im Jahr» vorgesehen und Kohl hatte kurz zuvor solchen Treffen mit Polen zugestimmt. Bitterlich gab den zusätzlichen zeitlichen Aufwand zu bedenken, aber schlug vor, die Idee weiterzuverfolgen und «beschlussreif zu machen».[818]

Bei einem Gespräch zwischen Kohl und Jelzin in Baden-Baden am

17. April warb der Kanzler erneut für eine Zusammenarbeit mit der NATO und die positiven Aspekte der Erweiterung. Jelzin schloss eine Teilnahme am NATO-Gipfel in Madrid nicht völlig aus.[819] Auch Chirac versuchte ihn davon zu überzeugen, doch Jelzin sah innenpolitische Probleme auf sich zukommen, da sein Erscheinen wie eine Zustimmung zur Osterweiterung interpretiert werden könnte.[820] In anderen Foren trat der russische Präsident immer selbstverständlicher auf. Im Mai durfte Russland auf dem G7-Gipfel in Denver an den wirtschaftlichen Beratungen offiziell teilnehmen. Auch dank intensiver deutscher Fürsprache wurde aus der G7 die G8. Erstmals saß Russland im Mai 1998 als reguläres Mitglied im Kreis der führenden Industrienationen mit am Tisch.[821] Damit schien zugleich die Aufnahme in die WTO und andere wirtschaftliche Organisationen nur noch eine Frage der Zeit.[822] Daran hatten alle westlichen Staaten ein Interesse und hatten daran mitgearbeitet, nicht nur die Bundesrepublik. Doch der Dank fiel bescheiden aus, der Widerstand gegen die NATO-Erweiterung nahm nicht ab.

Kohl mühte sich dennoch weiter nach Kräften. Am 9. Mai 1997 beklagte Jelzin ihm gegenüber, es wirke, als ob «die NATO sich an die russische Grenze heranschleiche».[823] Für ein weiteres Telefonat mit Jelzin legte Bitterlich dem Kanzler einen Gesprächsleitfaden vor. Er solle ausdrücken, wie wichtig die Unterzeichnung der NATO-Russland-Grundakte sei, was Kohl mit einem «Ja» versah.[824] Den Text Bitterlichs, wonach der Kanzler die «hohen Erwartungen» ausdrücken sollte, die man sich deutscherseits auf eine Einigung in puncto Schwarzmeerflotte, den Status Sewastopols und die ukrainischen Energieschulden mache, strich er durch.[825] Den Unionsvertrag zwischen Russland und Belarus, der am 23. Mai unterzeichnet wurde, schien Kohl ebenfalls nicht angesprochen zu haben. Mied er heikle Themen kurz vor den wichtigen Gesprächen zwischen der NATO und Russland?

Die NATO-Erweiterung sollte mit einer engeren Kooperation der Allianz mit Russland einhergehen. Ein offizielles Junktim wollte man verständlicherweise vermeiden. Die Erweiterung war somit «Katalysator»[826] für die NATO-Russland-Grundakte, die am 27. Mai 1997 in Paris unterzeichnet wurde, nachdem Jelzin weitreichende Forderungen nach Mitsprache- oder Veto-Rechten fallen ließ. Die Grundakte war primär eine Beratungs- und Konsultationsgrundlage. Erst 2002 wurde mit dem NATO-Russland-Rat ein institutionalisiertes Format geschaffen. Kohl betrachtete die Grundakte dennoch, ebenso wie der neue britische Premierminister Tony Blair, als «good breakthrough», worin man sehr viel Kraft investiert hatte.[827] Deutsche Medien riefen nach der Unterzeichnung gar eine «neue Ära» der Beziehungen zwischen Russland und der Allianz aus.[828] In Moskau gab es hingegen speziell in der Bürokratie und in der Duma weiterhin viel Widerstand gegen die Osterweiterung und die Grundakte.[829] Eine Regierungsumbildung gab etwas Hoffnung. In London vermerkte man, es sei nun «sink or swim time».[830] Jelzin habe «eine neue Phase energischer Reformen eingeleitet», berichtete der deutsche Botschafter von Studnitz über das Stühlerücken im Kreml.[831] Der Abzug der russischen Truppen, die Wahlen und das Friedensabkommen vom 12. Mai 1997 mit Tschetschenien deuteten ebenfalls in die richtige Richtung.[832] Das Fazit des Botschafters fiel daher ähnlich aus wie das des Kanzlers: «Wir sollten die neue Mannschaft unterstützen, wo immer wir können», denn das «Fenster der guten Gelegenheiten» könnte sich auch schließen.[833] Zeit spielte erneut eine bedeutende Rolle.

Auf der Zielgeraden zum NATO-Gipfel in Madrid musste, neben der inneren Neuausrichtung der Allianz, die Aufnahme neuer Mitglieder abschließend geklärt werden. Wie vielen Staaten wollte man die Tür öffnen und wie schnell? Zudem wurden die etwaigen Kosten immer kontroverser diskutiert.[834] Clinton verkündete auf einer Pressekonferenz am 12. Juni, die erste Erweiterungsrunde werde auf drei Länder begrenzt. Frankreich und Deutschland waren überrascht und pikiert, doch schwenkten sie ein.[835] Kohl sah dies als bewusste Botschaft an die MOE-Staaten, dass man sie und ihre Sicherheitsbedenken nicht vergessen habe.[836] Die Erweiterung der EU stockte, weshalb die der NATO eine willkommene Ergänzung war, die die Reformprozesse unterstützen sollte.[837] Er selbst habe keine Bedenken bezüglich Rumäniens oder Sloweniens,[838] erklärte der Kanzler gegenüber Blair, aber dies würde Jelzin Probleme bereiten und andere Staaten in Osteuropa würden meckern, wieso sie nicht berücksichtigt wurden.[839] Wenn man vorerst nur drei neue Mitglieder aufnähme, müsse man ein deutliches Signal aussenden, dass dies nur die erste Aufnahmewelle in die NATO gewesen sei und weitere folgen würden. «Drei, und eine Politik der offenen Tür» war auch die Position Großbritanniens.[840] In einem Punkt lagen die Briten jedoch näher an den Europäern. Die USA arbeiteten mit den Balten bilateral an einer schnelleren Aufnahme in die NATO bzw. einer festen Zusage in diese Richtung. «Wir und die europäischen Mitglieder der Allianz bezweifeln jedoch, dass dies in naher Zukunft erfolgen kann. Russland hat gedroht, die Beziehungen zur NATO abzubrechen, wenn den Balten eine Mitgliedschaft angeboten wird»,[841] hielt man in London fest. Einen Zeitplan oder konkrete Zusagen wollte Großbritannien daher vermeiden.

Der Madrider NATO-Gipfel am 8. und 9. Juli 1997 eröffnete die Beitrittsverhandlungen mit Polen, Tschechien und Ungarn.[842] Sie wurden im Dezember abgeschlossen und nach der Ratifizierung im März 1999 waren die drei Staaten offiziell neue Mitglieder des Bündnisses. Die NATO verpflichtete sich, weder Nuklearwaffen in den neuen Mitgliedstaaten zu stationieren noch konventionelle Streitkräfte permanent dort hinzuverlegen. Zukünftige Erweiterungen wurden nicht ausgeschlossen. Die Tür blieb offen. In Madrid wurde auch die NATO-Ukraine-Charta unterzeichnet, die vom Stellenwert bewusst etwas unter der NATO-Russland-Grundakte angesiedelt, doch ebenfalls weiterentwickelt wurde, und ab 2002 in den NATO-Ukraine-Aktionsplan mündete. Die Regierung in Kyjiw hatte umfangreichere Wünsche gehegt: Eine institutionalisierte NATO-Ukraine-Kooperation und eine Sicherheitsgarantie im Stile des Artikel 5 des Nordatlantikvertrages.[843] In Hintergrundgesprächen schien durch, dass die russische Seite sich zwar zähneknirschend mit der ersten NATO-Erweiterung abgefunden hatte, wie man im Kanzleramt bemerkte: «Eine mögliche zweite Erweiterungsrunde, gar unter Einbeziehung der baltischen Staaten, dürfte aber die Schmerzgrenze Russlands überschreiten. Das Isolations- und Einkreisungssyndrom für Russland dürfte sich bei einem solchen Schritt derart steigern, dass das übergeordnete Ziel von mehr Stabilität und Sicherheit in Europa konterkariert wird; wenn zudem parallel die wirtschaftlichen Reformen in Russland nicht weiter voranschreiten, wäre der Nährboden für eine erneute Konfrontation in Europa gegeben.»[844] Jelzin bezog mehrmals gegen eine NATO-Mitgliedschaft der baltischen Staaten Stellung und schlug bilaterale Verträge mit Russland vor, um die Sicherheitsbedenken in Riga, Vilnius und Tallinn abzufedern.[845]

Die Osterweiterung war ein großer außenpolitischer Erfolg der deutschen Ost- und Russlandpolitik: Die Bundesrepublik war «umgeben von Freunden», hatte federführend die westlichen Institutionen nach Osten verschoben, dort die demokratischen Prozesse gestärkt und regionale Instabilität verhindert, die USA in Europa gehalten, die Wünsche und Sorgen der Reformstaaten Ostmitteleuropas ernstgenommen, eigene wirtschaftliche und politische Interessen vertreten und zugleich die Beziehungen zu Russland nicht vergessen, sondern den widerstrebenden Revisionisten *in spe* so gut wie möglich in die neue Sicherheitsordnung eingebunden. Wenn Russland schon schwankte und die Zeit nach Jelzin in den Sternen stand, wieso sollte man auf russische Befindlichkeiten achtend den MOE-Staaten und den Balten die kalte Schulter zeigen? Der Kreml klagte so oder so. Die verbalen Forderungen ließen kein «neues Denken» erahnen, die Tschetschenienpolitik sogar noch viel Schlimmeres. Das *Grand Design* einer umfassenden neuen Sicherheitsarchitektur unter Einschluss Russlands mag nur teilweise gelungen sein – vor allem, da Russland sich schlicht weigerte auf imperiales Großmachtdenken und exklusive Einflusssphären zu verzichten –, aber die strategische Absicherung und Aufnahme der Staaten zwischen Oder und Narwa war die zweitbeste Lösung, die Kohl intensiv vorangetrieben hatte. Doch die Beschlüsse zur EU- und NATO-Erweiterung wurden Kohl gerade im eigenen Land nicht gedankt.[846] So stolperte er mit wenig Rückenwind in das Bundestagswahljahr 1998 und bahnte doch der Euro-Einführung im Frühjahr endgültig den Weg.[847] Aus Moskau kamen ebenfalls wenig Signale der Dankbarkeit.

Außer Spesen nichts gewesen?
Krisen und Konflikte im letzten Amtsjahr Kohls

Das letzte Amtsjahr Kohls war von einer zunehmenden Entfremdung zwischen der Bundesrepublik bzw. dem Westen und Russland gekennzeichnet. Jelzin war gesundheitlich schwer angeschlagen, die ökonomische Misere nahm zu. Wenngleich es kleinere Fortschritte im bilateralen Bereich gab, z. B. die Unterzeichnung eines Abkommens über die Zusammenarbeit bei Straftaten von erheblicher Bedeutung,[848] blieben andere Fragen ungelöst. Die NATO-Erweiterung stieß in Russland «quer durch alle politischen Lager» auf Ablehnung; die Zusammenarbeit mit dem Bündnis wurde skeptisch gesehen.[849] Russische Klagen über die Haltung der baltischen Staaten nahmen zu.[850] Die Restitution von Kulturgütern und Abrüstungsinitiativen stockten. Wenn man allerdings Zeitungsberichten vertraute, bahnte sich eine bedeutende Initiative an.

Am 10. und 11. Oktober 1997 lud der Europarat zu einem seiner seltenen Treffen der Staats- und Regierungschefs nach Straßburg. Chirac, Blair, Kohl und Jelzin saßen mittags bei Tisch zusammen. Abends wollte der französische Staatspräsident mit Kohl im «Chez Yvonne» einkehren. Ein rustikales Restaurant, in dem der Biertrinker Chirac auf seine Kosten kam. Auf Kohl warteten Kalbskopf und Kraut. Doch der Kanzler musste nach Bonn zurück. Also rief Chirac Jelzin an, der sich nicht lang bitten ließ. Es folgte ein durchzechter Abend mit politischen Folgen. Am 11. Oktober machte die *Financial Times* groß auf: «Europe's big three to form elite club».[851] Mit großen Worten und wenig Vorbereitung hatten Jelzin und Chirac sich eine neue Troika ausgedacht: Gemeinsam mit der Bundesrepublik wollte man sich zu jährlichen Gipfeln treffen. Kohl «seems to have been co-opted into the scheme», schrieb die *Financial Times*. Zuvor hatte es einige Avancen in diese Richtung gegeben. Um eine Isolierung zu vermeiden und die USA auf Abstand zu halten, suchte Jelzin den Schulterschluss mit den Europäern. Zwischen Russland und Frankreich sollten die Wirtschaftsbeziehungen intensiviert werden und eine «Partnerschaft mit privilegiertem Charakter» entstehen.[852] Jelzin sprach von einem neuen europäischen Sicherheitskonzept, das «ohne irgendwelche Einmischung» gestaltet werden solle.[853] Die Spitze gegen die USA war kaum zu überhören, und die russische Seite nutzte bewusst Parallelen zu den Gedanken Charles De Gaulles eines Europas vom Atlantik bis zum Ural.[854] Das angekündigte Dreiertreffen zwischen Jelzin, Chirac und Kohl löste in vielen europäischen Staaten und in Washington großen Unmut aus.[855] Der Kanzler war über die Pläne nicht informiert worden.[856] Bitterlich versuchte den britischen Botschafter im persönlichen Gespräch zu beruhigen. Nach dem Abendessen Chiracs mit Jelzin habe der Kanzler versprochen, das nächste Mal käme er mit. «Weiter sei nichts verabredet worden. Aber irgendwie habe Jelzin diese Zusage für ein künftiges Abendessen in eine Initiative für jährliche Gipfeltreffen verwandelt. (…) Bitterlich schwor hoch und heilig (der US-Botschafter war ebenfalls anwesend), dass keinerlei Initiative oder ähnliches existiere.»[857] Trotz dieser Versicherungen hagelte es Kritik.

Zbigniew Brzezinski, der ehemalige Sicherheitsberater des amerikanischen Präsidenten Jimmy Carter, bezeichnete es als «verhängnisvolle oder lächerliche Posse», denn das Treffen ließe die Briten außen vor, treibe die Osteuropäer auf die Palme, und die USA könnten auch nicht zufrieden sein.[858] In London war man in der Tat *not amused*. Der Botschafter in Moskau verwies darauf, wie wichtig es in einer solchen Situation gewesen wäre, selbst einen engen Draht zur russischen Spitze zu haben.[859] Er sah in der Initiative einen Plan Jelzins, auf diplomatisch vertretbarere Weise mehr Einfluss in der EU und einen engeren Schulterschluss mit Deutschland zu suchen, das man als weit wichtiger erachte als Frankreich. «Russian regard for Chirac is limited», wusste er zu berichten.[860] Premierminister Blair setzte Jelzin, Chirac und Kohl unter Druck, auch eingeladen zu werden.[861] Der Kanzler zeigte sich offen, wohingegen der Élysée-Palast über Chiracs außenpolitischem Berater Jean-David Levitte die Briten kühl an Jelzin verwies.[862] Kohl gab sein Sanctum für ein Dreiertreffen erst bei einem Russlandbesuch Ende November, um «Schlimmeres zu verhindern», wie man an Journalisten durchsickern ließ.[863] Es schien somit eher ein französischer Sonderzug im Begriff zu sein, nach Moskau abzufahren. Doch entstand hier eine neue Allianz?

Man sollte die Entwicklung nicht überbewerten. Die deutsche Seite ermutigte Hoffnungen des Kremls diesbezüglich keineswegs,[864] war also weder Anstoß- noch Taktgeber dieser Runde, wie manchmal kolportiert wird.[865] Auch russische Wünsche nach regelmäßigen trilateralen Konsultationen der Auswärtigen Ausschüsse wurden in Bonn wenig enthusiastisch aufgenommen.[866] Das erste Troika-Treffen im März 1998 blieb hinter den Erwartungen zurück, da Kohl und Chirac konkrete Vorhaben anstoßen und keine hochtrabenden Projekte oder gar neue Machtachsen verkünden wollten.[867] Die britische Regierung, die sich intensiv um eine Einbindung bemüht hatte, glaubte ihren deutschen und französischen Gesprächspartnern, die den Gipfel primär als atmosphärische Übung bezeichneten und schätzten ihn als «generally content-free» ein.[868] Da Jelzins Gesundheitszustand immer schlechter wurde, stand eine Fortsetzung der trilateralen Treffen ohnehin in den Sternen. Doch die Reaktionen in den Medien und in anderen Regierungszentralen zeigen das enorme Potential für Beunruhigung, wenn der Eindruck entstand, Deutschland und Russland würden ohne Absprachen – oder Gott bewahre, gar mit den Franzosen gemeinsame Sache machen. Nur wenige Jahre später sollte Chirac noch an den Schalthebeln der Macht sein, als Paris, Berlin und Moskau eine Troika gegen die US-geführte Invasion im Irak bildeten und bei ihrem Gipfel 2003 an die Ideen von 1997 und 1998 anknüpften.[869]

Die Initiative von Straßburg muss auch vor dem Hintergrund wachsender Investitionen in Russland, etwa des britischen Mineralölkonzerns BP, mit Rückendeckung Blairs,[870] und zunehmender Friktionen zwischen Moskau und Washington in der Irak- und Jugoslawien-Frage gesehen werden. Russische Vertreter klagten zudem über amerikanische Versuche, sich Zugriff auf die Erdgas- und Erdölreserven im Kaukasus zu sichern. Willy Wimmer (CDU) berichtete nach einem Treffen mit Iwan Rybkin, dem Sicherheitsberater Jelzins, die russische Seite habe große Angst, dass ihre Interessen in dieser Hinsicht nicht berücksichtigt würden.[871] Trassen über russisches Gebiet seien eine Lösungsmöglichkeit, so Wimmer. Die Energiepolitik trat somit stärker in den Vordergrund der Beziehungen des Westens mit Russland. Die USA seien in der Tat bemüht, wie eine Aufzeichnung im Kanzleramt festhielt, sich einen direkten Zugriff auf Erdöl und Erdgas im Kaukasus zu sichern und scheuten «nicht vor der Konfrontation mit Russland zurück».[872] Eine Pipeline durch Georgien sollte Erdöl aus dem Kaspischen Raum unter Umgehung Russlands direkt nach Europa bringen. Die russischen Beschwerden gingen allerdings am Kern des Problems vorbei: Die GUS-Staaten seien Moskau nicht zur Unterordnung verpflichtet, vielmehr werde das Gebaren des Kremls dort als «Ausdruck russischen Hegemonie-Strebens» aufgefasst. Damit lägen sie nicht falsch, resümierte eine Aufzeichnung für Bitterlich, denn Russland schaffe es nicht, gegenüber «kleineren Staaten (nicht nur im GUS-Bereich!) auf der Basis der Gleichheit und der gleichen Interessen zu verhandeln. Soweit es möglich ist, wird immer noch mit Subversion und Nötigung gearbeitet (Armenien und Georgien!).»[873] Das Ziel deutscher Politik müsse darin liegen, Moskau zu einem kooperativen Verhalten auch gegenüber kleinen Staaten an seiner Peripherie zu bewegen und «die russische politische Führung diesem ‹Zivilisationsprozess› auszusetzen und sie dabei zu beraten. Russland muss selbst den Ausgleich mit den betroffenen Staaten (und im Hintergrund mit den USA) suchen und darf nicht auf einseitiges Nachgeben dieser Staaten setzen.»[874] Einer weiteren Trassierung von Pipelines aus dem Kaukasus über Russland sei mit Vorsicht zu begegnen, da der Kreml hiermit Abhängigkeiten schaffen wolle.[875] Wie stark kleinere Staaten an der Peripherie in die russischen Machtspiele hineingezogen wurden, verdeutlicht auch ein anderes Beispiel.

Die sogenannte Raketenkrise wuchs sich zu einem formidablen Streit zwischen Zypern und der Türkei aus. Was war passiert? Im Januar 1997 hatte Russland ein Abkommen zur Lieferung von S-300 Flugabwehrraketen mit Zypern unterzeichnet, die im Herbst 1998 ausgeliefert werden sollten. Die USA und andere westliche Staaten bestürmten die zypriotische Regierung, den Deal aufzukündigen. Diese war nur dazu bereit, wenn die gesamte Insel, also auch der von der Türkei unterstützte Norden, demilitarisiert würde – eine alte Forderung, der man nun Nachdruck verleihen wollte.[876] In Moskau war man sich keiner Schuld bewusst. Man heize weder den Konflikt an, noch versuche man ein Standbein im östlichen Mittelmeer zu gewinnen.[877] Es handle sich um ein rein wirtschaftliches Projekt. Letztlich konnte die Krise diplomatisch gelöst werden. Nach enormem Druck der EU-Staaten, die vor fatalen Auswirkungen auf den zypriotischen Beitrittswunsch warnten,[878] wurden die S-300 nach Griechenland geliefert, einem engen Verbündeten der Regierung in Nikosia.[879]

Die Spannungen zwischen dem Westen und Russland stiegen zudem durch die russisch-iranische Zusammenarbeit bei ballistischen Raketen und anderen Rüstungsprojekten. Der Westen befürchtete eine nukleare Proliferation. Der Kanzler und andere Regierungschefs intervenierten mit Blick auf Israel energisch.[880] Auch durch die Zuspitzung der Lage im Irak und Kosovo kriselte es.[881] Die bedrohlichste Krise für Russland entstand jedoch nicht auf dem Balkan, sondern war hausgemacht.

Der Rubel befand sich in freiem Fall. An den Märkten herrschte Panik.[882] Eine Finanzkrise drohte sich in eine politische zu wandeln. Das russische Bankensystem, die Investitionsfreude ausländischer Firmen und das Einkommensniveau der Bevölkerung erholten sich lange Zeit nicht.[883] Viele Russen machten den Westen für den Zusammenbruch, die grassierende Korruption und andere dunkle Machenschaften verantwortlich.[884] Bitterlich informierte den Kanzler umgehend. Jelzin führe einen «Zweifrontenkrieg gegen Duma und Finanz- und Rohstoff-Oligarchie»[885] und verliere seinen Rückhalt in der Bevölkerung. Doch bilaterale Kredite wollte im Kanzleramt niemand mehr gewähren.[886] Zumal der Rubelkrise in Washington in Anbetracht der «Clinton-Lewinsky-Affäre» und terroristischer Anschläge auf US-Botschaftsgebäude in Kenia und Tansania keine Priorität beigemessen wurde.[887] Die Vergeltungsangriffe der USA in Afghanistan und im Sudan verurteilte Jelzin scharf, da er vorher nicht unterrichtet worden war.[888] Die G7-Finanzminister versprachen politische und finanzielle

Hilfe, forderten jedoch weitere Maßnahmen, um Vertrauen an den internationalen Finanzmärkten zurückzugewinnen und weitere IWF-Kredite in Aussicht stellen zu können.[889] Unterstützung nur bei Reformen – diese Haltung vertrat Kohl auch öffentlich.[890]

Die Beschreibungen der Krise in Russland ähnelten den Berichten der frühen 1990er Jahre auf frappierende Weise: Wirtschaftliches Chaos, politische Unsicherheit, ein Machtkampf zwischen Exekutive und Legislative – die drohende Abkehr von demokratischen und marktwirtschaftlichen Reformen. Kohl griff wiederholt zum Hörer und redete auf Jelzin ein. Doch im August verdichteten sich die Gewitterwolken, denn eine weitere Parallele zu den Jahren zuvor kam hinzu: der Kosovo-Konflikt.

Im Sommer 1998 zeichnete sich eine militärische Intervention des Westens immer deutlicher ab.[891] Kohl bemühte sich bei den ersten deutsch-russischen Regierungskonsultationen im Juni, Jelzin ein Zugeständnis zu einer NATO-Intervention im Kosovo abzuringen. Doch dieser stellte sich vehement gegen etwaige Sanktionen oder gar Aktionen der NATO ohne VN-Mandat.[892] Der Umgang mit den post-jugoslawischen Problemen entzweite den Westen und Russland weiter. Bitterlich bezeichnete die Einbindung Russlands als «essentiell wichtig» und empfahl dem Kanzler, auf Jelzin einzuwirken, denn Milošević habe auch gegenüber dem Kreml seine Versprechen gebrochen.[893] Kohl sollte Jelzin vor einer Selbstisolation warnen und an ihn appellieren, ein Mandat der Vereinten Nationen nicht zu blockieren.[894] Die russische Androhung eines Vetos im VN-Sicherheitsrat schien eine westliche Militäraktion unmöglich zu machen, da es die Frage nach der völkerrechtlichen Legitimierung aufwarf. Das Kanzleramt sprach sich eng mit dem Weißen Haus ab[895] und nutzte Kanäle über ehemalige Vertraute Jelzins, um diesen zur Zusammenarbeit zu bewegen.[896] In einem Gespräch mit dem britischen Premierminister Blair führte Kohl aus, wie eindringlich er Jelzin um eine konziliantere Haltung gebeten hatte, trotz dessen Sorgen vor den Nationalisten in der Duma. Kohl «habe Jelzin sehr deutlich gemacht, dass er keine westliche Wirtschaftshilfe erwarten könne, wenn Russland sich in der Kosovo-Frage so unkooperativ zeige».[897] Der Kanzler wollte unbedingt eine friedliche Lösung, um eine humanitäre Katastrophe im Kosovo zu vermeiden. Kinkel schloss eine Beteiligung der Bundesrepublik an einer militärischen Aktion ohne VN-Mandat aus, aber «gestand ein, dass Kohl diese Sicht vermutlich nicht gänzlich teile».[898] Die russische Ankündigung eines Vetos schien den Kanzler weniger zu beeindrucken als seinen Außenminister. Und doch hoffte und drängte er auf eine kooperative Haltung des Kremls.

Was Kohl dachte, führte er wenige Wochen vor der Bundestagswahl vor der CDU/CSU-Bundestagsfraktion aus. Die internationale Lage sei besorgniserregend. Deutschland käme in Bezug auf Russland eine Schlüsselfunktion zu, allein aus der geographischen Lage heraus. Hinzu kam in Kohls Augen, dass die Bundesregierung «außer Konkurrenz» sei, denn sie betreibe «nicht gleichzeitig Gespräche über Finanzen mit Moskau und Ölgeschäfte mit den Anliegerstaaten aus der früheren Sowjetunion im Kaukasus, wo es große Spannungen deswegen gibt».[899] Der Spitze gegen die USA folgte eine gegen Frankreich: «Wir haben keine Sondersituation wie unsere französischen Freunde, die dann halt immer wieder eine Sonderposition aus anderen Gründen einnehmen. Und jetzt kommt es ganz entscheidend darauf an, dass wir mit Vernunft und mit dem Maß unserer Möglichkeiten, die ich nicht überschätze, unseren Einfluss in Moskau ausüben.»[900] Abermals schien die Angst durch, letztlich von den Partnern in Paris, London und Washington in «Zwischeneuropa» allein gelassen zu werden. Jelzin werde nicht nochmal kandidieren, sondern einen neuen Ministerpräsidenten ins Amt bringen, den er als seinen Nachfolger in Stellung bringe.[901] Zu viel Druck oder eine öffentliche Drohkulisse hülfen nicht, so Kohl: «Wenn wir jetzt beispielsweise sagen, wir setzen die Duma unter Druck, stimmen die genau entgegengesetzt ab. Es ist ein großes Land, es ist ein stolzes Land, ein hochkultiviertes Land. Ein Land, das darunter leidet, dass es binnen 10 Jahren von der Weltmacht drittrangig – aus der Sicht der Leute dort – geworden ist. Und sie wissen, dass sie ein großes und mächtiges Land sind.»[902] Doch man könne Jelzin nur unterstützen, wenn die Reformen weitergingen. «Über das Tempo kann man möglicherweise, muss man möglicherweise reden, aber wenn die nicht auf dem Weg weiter vorangehen – Rechtsstaat, Demokratie, marktwirtschaftliche Ordnung –, drohen Entwicklungen, die natürlich dann frühzeitig von uns mitaufgenommen und wenn möglich gestoppt werden müssen.» Der Kanzler attestierte Jelzin den Willen, diesen Reformweg zu beschreiten. Doch der Ausgang sei ungewiss.[903] Daher konstatierte er:

«Es ist deutsches elementares, es ist europäisch elementares, es ist weltpolitisch elementares Interesse, dass sie auf die Beine kommen. (...) Wenn dieses Land sich nicht in Ruhe, auch wenn es noch so langsam geht, aber in die richtige Richtung entwickelt, dann kann ich Ihnen nur sagen, brauchen Sie nur die Karte anzuschauen, ist der nächste Fall in Kiew in der Ukraine. (...) Wenn die in Mitleidenschaft gezogen werden (...) brauche ich nur die anderen zwischen uns und der Ukraine in der Nachbarschaft zu sehen. Wir haben mit Ieidenschaftlichem Interesse aus unserer geschichtlichen Überzeugung heraus immer die Entwicklung im Baltikum gesehen, es steht eine ganze Region mit auf dem Spiel.»[904]

Zum wiederholten Male wird deutlich, wie sehr Kohl die Ukraine, die Balten und andere Staaten zwischen Deutschland und Russland beachtete und die gesamte Region stabilisieren wollte – allein schon aus Eigeninteresse. Clinton äußerte sich in einem Gespräch mit Blair ähnlich. Die Reformen in der Ukraine verliefen nicht perfekt, aber es gelte zu helfen, um eine «area of instability» zu vermeiden.[905] Stabilität, Einbindung, personelle Kontinuität an der Spitze mangels Alternativen sowie externe Hilfen blieben die strategischen Leitlinien für die Ukraine-, ebenso wie die Russlandpolitik. Kohl knüpfte seine Hilfe an Bedingungen, hielt Jelzin persönlich jedoch die Treue. Der gute Draht wurde auch russischerseits geschätzt. Der Politische Direktor im Auswärtigen Amt, Ischinger, rief aus Moskau Bitterlich an, nachdem er zuvor mit dem Sekretär des russischen Sicherheitsrates, Andrej Kokoschin, gesprochen hatte. Dieser bat eindringlich um ein Telefonat mit dem Kanzler. Jelzin stehe unter Druck, eine Auflösung der Duma drohe. Kohl sei «die einzige Persönlichkeit, auf die Jelzin letztlich höre» und er «brauche in dieser Lage die Ermutigung durch einen Freund (er habe in Russland nur sehr wenige)».[906]

Die Lage wurde als ähnlich einschneidend gesehen wie 1991 oder 1993. Im Kanzleramt erarbeiteten die außen- und die wirtschaftspolitischen Abteilungen ein gemeinsames «Russland-Strategiepapier», da eine «Neubestimmung» aufgrund der «Krise» notwendig sei.[907] Die Kernidee war, Russland verstärkt in einen Dialog auf allen Ebenen einzubinden. Hierzu sollte eine «deutsche Initiative zur Stärkung einer gemeinsamen Russland-Politik der EU» eingeleitet und unter deutscher Ratspräsidentschaft in der ersten Jahreshälfte 1999 abgeschlossen werden.[908] Der stärkere Fokus auf die EU war ein Novum, das Partnerschafts- und Kooperationsabkommen zwischen der EU und Russland sollte als Vehikel hierfür dienen. Russland müsse sich selbst reformieren, demokratische Kontrollmechanismen etablieren, stabiler werden und langfristig eine politische Kultur entwickeln, in der «Legitimation, Konsens und Toleranz die Grundlagen bilden».[909] Man folgte dem alten Mantra Kohls: Hilfe zur Selbsthilfe. «Unter Wahrung unserer Interessen werden wir mit unseren G7- und EU-Partnern zusammenwirken, um die Stabilisierung Russlands in diesem Sinne voran zu bringen.»[910] Zugleich müsse man Russland «in freundschaftlicher Offenheit verdeutlichen, dass sich dieses Interesse nur in dem Maße verwirklichen lässt, wie Russland bereit ist, entsprechende Verantwortung zu übernehmen».[911] Die wirtschaftliche Hilfe war somit weiterhin nicht nur an marktwirtschaftliche und demokratische Reformen im Innern geknüpft, sondern an kooperatives Verhalten in der internationalen Arena. Dies sollte sich vor allem an der Kosovo-Frage zeigen, fiel jedoch bereits in die Zuständigkeit der neuen rot-grünen Bundesregierung. Denn Helmut Kohl verlor die Bundestagswahl am 27. September 1998. Nach 16 Jahren Kanzlerschaft endete eine Ära.

Der neuen Regierung legte die Botschaft in Moskau im Oktober 1998 eine Aufzeichnung für eine künftige Russlandpolitik vor.[912] Von Studnitz war seit 1995 Botschafter in Moskau, blieb bis 2002 im Amt und leitete anschließend das Deutsch-Russische Forum. 2022 gab er aus Empörung über den russischen Angriff auf die Ukraine seinen ihm von Putin verliehenen Orden zurück.[913] In seiner direkten, offenen und weitsichtigen Analyse plädierte von Studnitz für einen «nüchternen Umgang mit Russland, der sich stärker an unseren eigenen Interessen orientiert und im Sinne von Geben und Nehmen von Russland auch Wohlverhalten fordert. Eine weniger personenbezogene Ausrichtung der Politik empfiehlt sich. Eine Politik aktiven Engagements sollte für uns verpflichtend bleiben.»[914] Die Bestandsaufnahme war ernüchternd. Die Defizite der russischen Entwicklung nach Gorbatschow seien «immer wieder definiert worden», doch die russische Führung verhalte «sich demgegenüber fast autistisch und neigt zur Schuldzuweisung nach außen. Natürlich kann aus der Rückschau auch ‹beim Westen› ein Teil der Verantwortung festgemacht werden. Verglichen mit den Defiziten in Russland selbst, erscheint dieser Teil jedoch als marginal.»[915] Die Wirtschafts- und Versorgungslage sei desaströs, das Wort Reform «nachhaltig diskreditiert», so von Studnitz weiter. Die Regierung Primakow schwach, rückwärtsgewandt, der «Großmacht-Rhetorik» anhängig und es zeige sich eine «latente Tendenz zur Fremdenfeindlichkeit, der auch offiziell Vorschub geleistet wird».[916] Welche Schlüsse zog von Studnitz hieraus?

«Hoffnungen oder Forderungen» seien «keine guten Ratgeber. Wir brauchen eine nüchterne, zunächst von unseren eigenen Interessen und Prinzipien ausgehende Bestandsaufnahme.» Daher schlug er vor, von folgenden Annahmen auszugehen: Russland werde seine Entwicklung selbst bestimmen. Sollte diese «unseren Interessen zuwiderlaufen, wird es ohne unsere Hilfe, Beratung, Unterstützung (…) auskommen müssen. Eine klare Entscheidung gibt es derzeit jedoch nicht. Wir müssen deshalb versuchen – solange es geht – Einfluss zu nehmen, möglichem Schaden vorzubeugen.»[917] Er hielt eine «Versachlichung (und nicht neuerliche Personalisierung)» für angebracht. Der russischen Führung müsse deutlicher «die Meinung» gesagt werden: «Vokabeln wie ‹schonender Umgang› oder ‹kritische Solidarität› bergen bereits wieder den Keim neuer (alter) Fehlentwicklungen.»[918] Man werde gerade als Deutsche mit Russland umgehen müssen – auf die eine oder andere Art. «Der ‹nuisance value› des Landes bleibt enorm. Aber wir sind nicht (mehr) erpressbar: hart formuliert, wird Europa nicht im Elend versinken, wenn dies in Russland geschieht. Auch Stabilität in Russland erscheint nicht (mehr) automatisch als Voraussetzung für Stabilität in Europa. Dies ist der eigentliche Paradigmenwandel.»[919] Von Studnitz trat für eine «neue Sachlichkeit» ein, die negative Entwicklungen stärker sanktionieren sollte. «Niemand will Russland abschreiben oder fallenlassen. Nach wie vor möchten wir Russland im Gegenteil für Kooperation, ja für Integration (soweit möglich) gewinnen», unterstrich er, aber man müsse «deutlich herausstellen, dass unsere Leistungen bisher ohne adäquate Gegenleistung geblieben sind. Wir sollten einen international üblichen Standard an Wohlverhalten und Kooperationsbereitschaft einfordern. Russland muss klar sein (bzw. werden), dass sich ‹ziviles› Verhalten lohnt, Verstöße dagegen Nachteile mit sich bringen.»[920] Eine klare, illusionsfreie Analyse.

Als konkrete Empfehlungen gab er der kommenden Regierung Folgendes an die Hand: Man müsse einen langen Atem mitbringen und eine «Überprüfung der bisherigen Annahme eines allmählichen unaufhaltsamen Reformprozesses Russlands, die auf politische und wirtschaftliche Vorschussleistung hinauslief (NRR, EU-Hilfe, politische Beziehungen, G8)» vornehmen.[921] Es sei notwendig, außerhalb Moskaus neue Kontakte zu pflegen, die Medienarbeit zu verstärkten, die Generalkonsulate als Drehscheiben zu nutzen und Regionalpartnerschaften, auch von Bundesländern und Kommunen, auszubauen.

Darüber hinaus spielte die ökonomische Dimension im Denken von Studnitz' eine große Rolle: «Realer Einfluss auf die angestrebte Entwicklung marktwirtschaftlicher Strukturen ergibt sich am ehesten durch eine klare Verfolgung eigener wirtschaftlicher Interessen», wobei schlecht laufende Projekte abgebrochen werden sollten.[922] Zusammenfassend betonte von Studnitz, dass die deutschen Möglichkeiten, die Probleme des Landes zu lösen, «begrenzt» seien. «Den Einstieg in seinen Gesundungsprozess muss Russland selbst finden. Das kann dauern. Und es kann noch schlimmer kommen.»[923] Wie relativ der Fortschritt war und wie der Aufzeichnung von Studnitz' in der Realität gefolgt wurde, zeigte sich in den kommenden Jahren und war eng mit dem Namen einer Person verknüpft: Wladimir Putin.

TEIL II: DIE ROT-GRÜNEN JAHRE

Handel ohne Wandel
(1998–2005)

1. Der kurze Draht nach Osten.
Gerhard Schröder zwischen West- und Ostpolitik vor 1998

Russland ist ein schönes Land. Doch wer reist gern bei klirrender Kälte dorthin? Gerhard Schröder, wie es scheint. Über Jahrzehnte hinweg verbrachte er wiederholt mehrere Wintertage im kalten Moskau. Im März 1980 suchte er mit sowjetischen Genossen den Schulterschluss gegen die Nachrüstungspläne der NATO. Im Februar 1991 unterzeichnete er als Ministerpräsident Niedersachsens ein Partnerschafts- und Handelsabkommen mit der Russischen Sowjetrepublik. Im Januar 2001 fuhr er mit Wladimir Putin im Schlitten durch die russische Winterlandschaft. Im März 2022 befand sich Schröder auf eigenmächtiger «Friedensmission» in Moskau und versuchte augenscheinlich, auf seinen guten Freund im Kreml einzureden, den Krieg in der Ukraine zu beenden. Was sagen uns diese Besuche über die Russlandpolitik Schröders? Hatte er schon immer einen kurzen Draht nach Osten? Was waren seine Beweggründe für ein enges Zusammengehen mit Putin und wie sah diese «strategische Partnerschaft» aus? Wie fügte sich die Russlandpolitik in die von Schröder angestrebte Neujustierung der deutschen Rolle in der Welt? Führte Schröders «deutscher Weg» über Moskau und war es gar ein Sonderweg?

Der Kalte Krieg trat zu Beginn der 1980er Jahre in eine hochsensible Phase. Als Antwort auf die sowjetischen SS-20 Mittelstreckenraketen, neue Bomber und modernisierte Kurzstreckenraketen rüstete die NATO mit ihrem sogenannten Doppelbeschluss nach. Die eigene Abschreckungsfähigkeit sollte durch modernere Mittelstreckenraketen erhöht werden. Zugleich bot man den Sowjets Verhandlungen über eine Begrenzung der Mittelstreckenraketen an. Aufrüstung und Abrüstungsgespräche sollten Hand in Hand gehen – ein Doppelbeschluss. In vielen NATO-Staaten kam es zu Protesten. In Deutschland mobilisierte die Friedensbewegung Hunderttausende für ihre Protestmärsche. Die Kriegsangst grassierte ebenso wie die Skepsis gegenüber den USA.[1] Die SPD versagte ihrem Kanzler Helmut Schmidt die Gefolgschaft.[2] Er scheiterte am Doppelbeschluss. Auch ein neues Mitglied der SPD-Bundestagsfraktion sträubte sich: Gerhard Schröder.

Der Abgeordnete aus Niedersachsen war ein unermüdlicher Aufsteiger aus kleinen Verhältnissen.[3] Sein Vater war 1944 als Soldat der Wehrmacht im Zweiten Weltkrieg gefallen, ohne dass er ihn kennengelernt hatte. Der Sohn erkämpfte sich sein Studium der Jurisprudenz. 1963 trat er in die SPD ein. Zu den «68-er»-Studenten hielt er eine gewisse Distanz, auch zu den radikaleren Jusos. Zu viel Theorie. Zu viel Ablehnung von Besitz, den Schröder gerade im Begriff war, sich zu erarbeiten.[4] Den amerikanischen Kriege in Vietnam lehnte er strikt ab.[5] Die für seine Generation nicht unübliche anti-amerikanische oder zumindest sehr amerikakritische Einstellung zeichnete sich somit früh ab und ist ein wichtiger Schlüssel, um seine Politik gegenüber Russland sowie die Unterstützung hierfür in seiner Partei, in den Medien und in der deutschen Bevölkerung zu verstehen.[6]

In der SPD ackerte sich Schröder emsig nach oben. Im Februar 1978 wurde er zum Juso-Vorsitzenden gewählt.[7] Mit dem sozialdemokratischen Bundesgeschäftsführer Egon Bahr handelte er einen konzilianteren Umgang zwischen Bundespartei und Jusos aus. Dennoch trat Schröder vehement gegen den NATO-Doppelbeschluss ein. Er scheute nicht vor gemeinsamen Erklärungen mit der sowjetischen Jugendorganisation Komsomol oder einem «Abrüstungsseminar» in Moskau zurück. Auf Einladung der Komsomol reiste er im Mai 1978 in die sowjetische Hauptstadt und publizierte anlässlich des 8. Mai einen Artikel in der kommunistischen *Prawda*.[8] Im März 1980 flog Schröder als Vorsitzender einer Juso-Delegation erneut nach Moskau und veröffentlichte mit der Leitung des Komitees für Jugendorganisation der UdSSR ein gemeinsames Kommuniqué. Der deutsche Botschafter und das Auswärtige Amt in Bonn waren von dieser Nebenaußenpolitik wenig angetan. Ihnen missfiel «vor allem die ‹volle› Übernahme der sowjetischen Position durch Schröder, ‹die von einem bestehenden annähernden Gleichgewicht› bei den Mittelstreckenwaffen» ausging.[9] Nur drei Monate zuvor war die Sowjetunion in Afghanistan einmarschiert, und in Polen herrschte das Kriegsrecht. Doch in Schröders Augen bedrohte die westliche Nachrüstung den Frieden.

Im Frühjahr 1980 zog er in den Bundestag ein. Er wurde Mitglied im Ausschuss für Raumordnung, Bauwesen und Städtebau sowie stellvertendes Mitglied im Ausschuss für Bildung und Wissenschaft.[10] Schröder kniete sich jedoch in die Verteidigungs- bzw. Abrüstungspolitik und mischte sich nach Kräften in außen- und deutschlandpolitische Fragen ein.[11] Den Doppelbeschluss bezeichnete er im Frühjahr 1981 als «Strategie des amerikanischen Kapitals, [um] die letzte sozialdemokratisch geführte Regierung in Westeuropa zu beseitigen».[12] Die SPD verfolgte in dieser Zeit die sogenannte zweite Phase der Ostpolitik, zunächst noch von den Regierungsbänken, ab Oktober 1982 aus der Opposition.[13] Den eigenständigen Verhandlungen des SPD-Vorsitzenden Willy Brandt in Moskau im Sommer 1981, die die Linie von Kanzler Schmidt konterkarierten, spendete Schröder von der Seitenlinie Beifall. Er lobte Brandt als «ein Vorbild des Kampfes um Versöhnung und des Kampfes für Frieden».[14] Die Friedensbewegung sah Schröder als Fortsetzung dieser Politik: Der «Ausgleich mit den Völkern des Ostens» und «die Politik der Entspannung haben die Kriegsängste vieler Menschen bei uns vertrieben», so Schröder im Bundestag.[15] Er betonte zugleich die historische Schuld Deutschlands, aus der abgeleitet man die Sowjetunion und dortige Bedrohungsängste ernstnehmen müsse.[16] Schröder wollte eine eigene deutsche Position zwischen den Supermächten finden. Die Politik sollte das Blockdenken überwinden und eine Strategie entwickeln, die «sich auf die Erkenntnis stützt, dass es im atomaren Zeitalter Sicherheit nur miteinander, nicht aber gegeneinander gibt».[17] Frieden und Sicherheit in Europa, so könnte man seine Ausführungen zusammenfassen, sei nur *mit* und nicht *gegen* die Sowjetunion möglich – eine Chiffre, die in den 2000er und 2010er Jahren in Bezug auf Russland zum rhetorischen Standardrepertoire nicht nur Gerhard Schröders gehören sollte.

Seit November 1981 avancierte der junge Bundestagsabgeordnete aus Niedersachsen immer mehr zum Sprachrohr der Parteilinken, und seit August 1986 saß er im Parteivorstand der SPD. Er war ebenfalls Teil der intensiven Neben-Deutschlandpolitik der SPD, die ihn zu vielen Besuchsreisen – insgesamt elf – in die DDR führte.[18] Auf der Leipziger Buchmesse diskutierte Schröder im September 1984 mit Politbüro-Mitgliedern wie Egon Krenz über Fragen des Ost-West-Handels. Nach einer weiteren Moskau-Reise im Januar 1985 traf er im Dezember desselben Jahres gemeinsam mit anderen Genossen Erich Honecker. Willy Brandt hatte bei Honecker antichambriert und den Niedersachsen in höchsten Tönen gelobt.[19] Schröder machte sich in dem Gespräch mit Honecker für ein eigenständiges Europa stark. Man müsse die Abrüstungsverhandlungen vorantreiben und «sich nicht an eine Politik hängen, die unberechenbar ist».[20] Wenngleich er hiernach die Westbindung der Bundesrepublik unterstrich, war die Spitze gegen die USA eindeutig. Eine deutsche Beteiligung an der Strategic Defense Initiative (SDI) Reagans schloss er kategorisch aus – ein Aspekt, der bei der späteren Haltung Schröders bezüglich amerikanischer Raketenabwehrpläne bedacht werden muss.[21] Schröder kannte daher die Sowjetunion und die sozialdemokratische «zweite Ostpolitik» nicht nur vom Hörensagen.

Es blitzte schon in dieser Phase immer wieder eine kritische Distanz zu den USA auf. Nachrüstung und Raketenabwehrpläne waren Schröder ein Graus. Den im Dezember 1987 unterzeichneten INF-Vertrag, der Mittel- und Kurzstreckenraketen in Europa beseitigen sollte, verdrehte Schröder in einen Erfolg derer, die schon immer gegen eine Stationierung von Mittelstreckenraketen gewesen seien und verkannte somit den Effekt des NATO-Doppelbeschlusses.[22] Schröder mied die USA. Er reiste zu Beginn seiner Abgeordnetentätigkeit einmal über den Atlantik, dann erst wieder 17 Jahre später im Mai 1997.[23] Der Ostblock lockte ihn mehr. Und auch ein anderes Land besuchte er häufiger: Kuba. Bei Fidel Castro ergatterte er im Dezember 1985 eine Audienz.[24] Eine ungewöhnliche Reise, da die Bundesrepublik ausdrücklich Distanz zu den Machthabern in Havanna, auch aus Rücksichtnahme gegenüber den USA, wahrte.[25] Doch für Schröder markierte der Besuch den Beginn einer engeren Beziehung, die von führenden Teilen der SPD mitgetragen wurde und ein positives Kuba-Bild zeichnete, in dem Menschenrechts- und Demokratiefragen nur nachgeordnete Bedeutung besaßen.[26]

Schröder wurde nicht müde, die Friedensabsichten der Sowjetunion zu betonen. In seinem Buch *Der Herausforderer* (1986) zeigte er sich sicher, der Kreml sei auf die Absicherung des Status quo aus, nicht auf Abenteuer.[27] Der Band erschien im Vorlauf zur Landtagswahl in Niedersachsen 1986, in der er als Spitzenkandidat der SPD ins Rennen ging. Nach seiner Niederlage wechselte er als Oppositionsführer in die Landespolitik. Im niedersächsischen Landtag führte er wiederholt Klage über NATO-Manöver und Tiefflüge der Amerikaner und Briten.[28] «Wollen wir es wirklich zulassen», fragte Schröder, «dass die Alliierten, die ihre Zivilbevölkerung zu Hause schonen, in der Bundesrepublik auch weiterhin in dem bisherigen Umfang tieffliegen und uns immer noch gleichsam als ein besetztes Land betrachten?»[29] Er forderte daher, diesen «Unfug ganz abzustellen».[30] Dass «die Alliierten» nicht ihre Zivilbevölkerung schonten, sondern ihre Soldaten auch zum Schutze der Deutschen fernab der Heimat stationierten, blieb Schröder anscheinend fremd. In seinen Redebeiträgen blitzte sein grundsätzliches außen- und sicherheitspolitisches Verständnis auf. Die SPD sei die Partei der Entspannungspolitik. Man sei bereit gewesen und sei es immer noch, so Schröder, den «ersten Schritt zum Ausgleich zu tun. Wir – nicht die anderen – haben dort unserer Historie wegen etwas aufzuarbeiten.»[31] Die Planung, Struktur und Ausrüstung der Bundeswehr müsse einen defensiven Charakter haben, weshalb er sich dezidiert gegen NATO-Manöver aussprach, in denen auch der Ernstfall eines nuklearen Krieges geübt wurde. Schröder forderte: «Ein Bündnis, das den Deutschen aufzwänge, von dieser Form der Entspannungspolitik abzugehen und im eigenen Lande einen atomaren Krieg zu kalkulieren, müssten wir aus unserem nationalen Interesse heraus verlassen.»[32] Der später viel besungene «deutsche Weg» Schröders nahm Konturen an.

Als führender Oppositionspolitiker in Niedersachsen, eines «Front-Bundeslandes» zur DDR, reiste er weiterhin häufig über die innerdeutsche Grenze. 1987 sekundierte er Willy Brandt mit seinem Diktum, die Hoffnung auf eine Wiedervereinigung sei eine «Lebenslüge».[33] Deutschlandpolitik, so Schröder, habe erst 1966 mit dem Regierungseintritt der SPD begonnen, und er sah sie als Grundlage für die Umbrüche des Jahres 1989. Die «Basis für die Veränderungen, die wir in Ost- und Mitteleuropa erleben», sei der «Moment, als 1969 Freie Demokraten und Sozialdemokraten darangingen, historischen Schutt ebenso abzuräumen wie das einfache Beschwören von Formeln zu verlassen, durch die Entspannungspolitik Prozesse möglich geworden sind, deren Folgen Sie jetzt in Ost- und Mitteleuropa sehen können. (…) es gibt einen Zusammenhang zwischen der Ostpolitik, der Deutschlandpolitik der sozial-liberalen Koalition und dem Helsinki-Prozess, den man nicht auflösen kann.»[34] Schröder verdeutlichte damit erneut, welch großen Stellenwert er einer auf Entspannung und Kooperation basierenden Sicherheitsarchitektur beimaß. Folglich war für ihn ein «gemeinsames Europa (…) die einzig mögliche Form von Einheit der Deutschen».[35] Schröder betonte den «Emanzipationsprozess der Deutschlandpolitik in beiden deutschen Staaten von den beiden Supermächten», den man als «große Chance» begreifen müssen.[36] Dies war in seinen Augen der entscheidende Punkt: Beinfreiheit für die Deutschen und nicht, wie er betonte, sich «dem Diktat der Amerikaner und Briten» unterwerfen.[37]

Der Mauerfall traf Schröder, wie so viele, völlig unvorbereitet. Doch hatte er sich weiter aus dem Fenster gelehnt als andere. Die angebliche «Lebenslüge» war widerlegt worden. In Michail Gorbatschow sah Schröder die Hauptfigur der friedlichen Revolution, die grundlegenderen Ursprünge hingegen in der Neuen Ostpolitik und im Helsinki-Prozess.[38] Im Oktober 1989 reiste Schröder im Schlepptau Egon Bahrs und Willy Brandts nach Moskau, dann weiter nach Kasachstan. Er plädierte dafür, dass die Deutschstämmigen vor Ort bleiben und nicht in die Bundesrepublik kommen sollten.[39] Brandt stellte ihn Gorbatschow scherzend als ehemaligen Komsomolzen vor, der «jetzt erwachsener» geworden sei.[40]

Die Staatlichkeit der DDR wollte Schröder auch im Spätherbst und Winter 1989/90 keinesfalls in Frage stellen. Man müsse die DDR durch finanzielle Hilfen stabilisieren und die Reformen vorantreiben; durch Abrüstung könne man Gelder freimachen.[41] Im Februar 1990 gestand Schröder seinen Irrtum vom Vorjahr ein. Die nationalstaatliche Einheit werde kommen, doch auch diese gelte es zu gestalten.[42] In Niedersachsen stand im Mai 1990 die Landtagswahl an. Das Bundesland war mehr als andere von dem Fall der Mauer betroffen. Schröder rechnete mit einer langsamen Einigung, wollte daher den Strom der Übersiedler aus der DDR begrenzen – wie auch Bundeskanzler Helmut Kohl.[43] Den drohenden Zusammenbruch des Warschauer Paktes sah er als «einmalige Chance», die «im Verteidigungshaushalt freiwerdenden Gelder für die Sanierung der DDR zu verwenden».[44] In seinen Augen sollten die Reformprozesse von einer neuen Sicherheitsstruktur in Europa flankiert werden.[45] Damit lag Schröder erneut auf der gleichen Linie wie die SPD-Führung. Im Sommer schaffte er den Sprung in die hannoversche Staatskanzlei. Hier startete er als Ministerpräsident einen achtjährigen rot-grünen Probelauf.

Weltpolitiker in Niedersachsen

«Wer den Bundeskanzler Schröder verstehen will, muss den Ministerpräsidenten Schröder kennen,»[46] schrieb Gregor Schöllgen, sein Biograph, der eng mit ihm kooperierte und dadurch in die Kritik geriet.[47] Was zeichnete den neuen Ministerpräsidenten außenpolitisch aus? Zunächst, für diese

Zeit nicht unüblich, ein großer Friedenswunsch. Da keine Bedrohung mehr aus dem Osten bestünde, sollte der Verteidigungshaushalt in Schröders Augen zugunsten des «Aufbaus Ost» geplündert werden.[48] In seiner Regierungserklärung kündigte Schröder an, neben den «Aktivitäten des Landes Niedersachsen in Richtung Westeuropa wird künftig gleichwertig die Zusammenarbeit mit den Völkern und Staaten Osteuropas ausgebaut werden. Zusammenarbeit und Partnerschaft mit Osteuropa ist wichtige Bedingung für eine europäische Friedensordnung, basierend auf der Aussöhnung der Menschen».[49] «Gleichwertig» war mehr als eine Akzentverschiebung und doch auch eine nachvollziehbare Reaktion auf die Umbrüche in Osteuropa. In puncto «Aussöhnung» nutzte Schröder das gleiche Vokabular wie nach dem Zweiten Weltkrieg. Dieser Erklärung ließ er sogleich Taten folgen.

Für jeden Ministerpräsidenten des strukturschwachen Niedersachsens lag eine enge Zusammenarbeit mit den Großkonzernen des Landes, allen voran Volkswagen, in der Natur der Sache. Schröder suchte gezielt die Nähe zur Wirtschaft. Dies wurde oftmals kritisch beäugt. Eine strategische Wirtschafts- und Energiepolitik sollte Niedersachsen auf Kurs halten.[50] Der Ministerpräsident richtete seine Augen auch nach Osten. Der politische Schlingerkurs der Sowjetunion und die große Not der Bevölkerung blieben auch den Niedersachsen nicht verborgen. Der Bündnisgrüne Jürgen Trittin, Minister für Bundes- und Europaangelegenheiten, sprach sich im Winter 1990/91 – einem Antrag der CDU-Fraktion zustimmend – für schnelle Nahrungsmittel- und Medikamentenlieferungen im Umfang von mehreren Millionen DM aus.[51] Doch das Engagement ging über humanitäre Hilfe hinaus.

Noch bevor die UdSSR zusammenbrach, eilte der Handlungsreisende aus Hannover in die Weiten des Landes, um Kooperationsabkommen zu schließen. Im Februar 1991 führte ihn seine erste Auslandsreise überhaupt in die westsibirische Oblast Tjumen. «Ich bin der Türöffner», verkündete Schröder stolz, und setzte sich, begleitet von einer großen Wirtschaftsdelegation, als Cheflobbyist Niedersachsens in Szene.[52] Die Landwirtschaft in Tjumen sollte unterstützt werden, damit Jobs und Bleibeperspektiven für die dortigen Russlanddeutschen entstehen konnten. Im Gegenzug floss Erdgas nach Niedersachsen, was kein Novum war: Die Bundesrepublik unterhielt seit 1981 offizielle Kontakte nach Tjumen, um den Erdgasexport zu fördern.[53] In Moskau wurde am 7. Februar 1991 eine Gemeinsame Erklärung über partnerschaftliche Zusammenarbeit zwischen Niedersachsen und der RSFSR abgeschlossen. Schröder sollte hierzu mit Boris Jelzin zusammentreffen, doch die inneren Wirren der untergehenden Sowjetunion verhinderten eine feierliche Unterzeichnung.[54] Im Mai 1992 reiste Trittin zum Abschluss eines umfassenden Kooperationsvertrages nach Tjumen.[55] Später kamen Partnerschaften mit Perm und niedrigschwelliger mit Omsk hinzu. Die rot-grüne Landesregierung konzentrierte sich jedoch nicht nur auf Russland. Auch mit Lettland, Polen und anderen Partnern in den MOE-Staaten wurden Wirtschaftskooperationen beschlossen.[56]

Mit dem «Europipe»-Projekt zeigte er zudem, dass ihm das Konzept einer Diversifizierung des Gasimportes geläufig war: Durch einen erhöhten Erdgasimport wollte der Ministerpräsident das Atomkraftwerk Stade vom Netz nehmen.[57] Die umstrittene Pipeline sollte Deutschland und Westeuropa mit Erdgas aus der Nordsee versorgen und dabei ökologisch vertretbar gebaut werden. Aus Norwegen floss seit Mitte der 1990er Jahre trotz umweltpolitischer Proteste immer mehr Gas nach Deutschland. «Wir brauchen Erdgas für die Realisierung unserer umwelt- und energiepolitischen Ziele», erklärte Schröder 1993.[58] Der Ausstieg aus der Atomkraft bedingte eine Schwerpunktverlagerung auf Erdgas, wie er dezidiert festhielt, da auch die Kohlenutzung verringert werden sollte, und damit «erstmal das erreicht worden [sei], was dringend nötig ist, nämlich die Dominanz der Politik in der Energiepolitik», wie er im Niedersächsischen Landtag betonte.[59] In der Koalitionsvereinbarung mit den Grünen hatte die SPD den Einstieg aus dem Ausstieg der Kernenergie festgehalten, was eine Energiediversifizierung notwendig machte.[60]

Wie sehr der Ministerpräsident aus Hannover bereits Weltpolitik betrieb, zeigte sich während des Golfkrieges 1990/91. Die Intervention der internationalen Koalition hielt er trotz eines VN-Mandates für «falsch und verhängnisvoll».[61] Im SPD-Parteivorstand verteidigte er die zurückhaltende Position der Sozialdemokraten im Wiedervereinigungsprozess, denn «eine andere Linie in der nationalen Frage hätte dazu führen können, dass Sozialdemokraten bereits ein Ja zum Einsatz von Bundeswehrsoldaten am Golf hätten sagen müssen».[62] Am 15. Januar 1991 veröffentlichte die rot-grüne Landesregierung einen Aufruf, in dem sie sich «ohne Wenn und Aber gegen einen Krieg am Golf» positionierte.[63] Schröder, seine damalige Frau und vier Ministerkollegen in Hannover organisierten zusätzlich eine eigene Initiative gegen den Krieg. Schröder sprach auf Kundgebungen und nahm an Demonstrationen teil.[64] Sein Kultusminister gewährte allen Schülern *carte blanche*, die, um an Protesten teilzunehmen, den Unterricht schwänzten.[65] Im Januar 1991 beklagte Schröder in einer Regierungserklärung «unnachgiebige Zensur» aus «beiden Kriegslagern», die den Blick auf die zivilen Opfer verstelle. «Wir werden mit Halbwahrheiten konfrontiert, und Halbwahrheiten sind allemal auch Lügen», schimpfte der Ministerpräsident.[66] Er warnte vor einer Eskalation, forderte einen Waffenstillstand, der umso unwahrscheinlicher werde, «je dichter und je zerstörerischer das Bombardement» ausfalle.[67] Schröder sah demzufolge primär die USA in der Bringschuld, zumal in seinen Augen nicht alle Möglichkeiten einer friedlichen Konfliktlösung, etwa durch verschärfte Sanktionen, ausgeschöpft worden waren.[68] Auch zwei Jahre nach dem Krieg blieb Schröder bei seiner Einschätzung: Kuwait sei undemokratisch, im Irak habe man das Volk und nicht den Diktator bestraft.[69] Die Weltgemeinschaft hätte Sanktionen nutzen sollen und Deutschland müsse als Wortführer «nichtmilitärischer Druckmittel» stärker auftreten[70] – Worte, denen Schröder knapp 10 Jahre später als Bundeskanzler Taten folgen lassen sollte. Denn im Herbst 1998 gewann er die Bundestagswahlen gegen Helmut Kohl. Er musste nicht mehr am Zaun des Kanzleramtes rütteln, sondern durfte auf dem Chefsessel platznehmen.

2. Holpriger Start (1998–2000)

Die rot-grüne Bundesregierung war ein Novum. Sie markierte eine innenpolitische Zeitenwende.[71] Der Reformstau sollte gelöst, die Wirtschaft angekurbelt und die Arbeitslosigkeit reduziert werden. Es gab viel zu tun, denn die Bundesrepublik galt als der «kranke Mann» Europas. Die SPD proklamierte eine «Neue Mitte» und suchte den Schulterschluss mit anderen sozialdemokratischen Bewegungen. In Tony Blair und Bill Clinton erblickte Schröder Verbündete eines «Third Way», einer marktwirtschaftlich orientierten Sozialdemokratie, die Wahlen in der gesellschaftlichen Mitte gewinnen sollte.[72] Wirtschaftliche Fragen blieben ein Dauerthema und sorgten für Dauerstreit in der rot-grünen Regierung, die letztlich auch an der Umsetzung ihrer Reformvorhaben, symbolisiert durch die «Agenda 2010», scheiterte. Dennoch überschattete zuweilen die Außenpolitik den innenpolitischen Reformeifer.

Gerhard Schröders Machtstellung im außenpolitischen Gesamtgefüge war keineswegs so ausgeprägt wie die Kohls in den 1990er Jahren. Das Verhältnis zu seinem Außenminister Joseph «Joschka» Fischer und dessen Partei war nicht spannungsfrei.[73] Sein grüner Koalitionspartner hatte nur 6,7 Prozent der Stimmen errungen, musste folglich immer auf die Umfragewerte schielen. Bald machte das Bild vom Koch und Kellner die Runde. Beide schenkten sich nichts. Schröder und Fischer preschten ohne Absprache mit Ideen und Reden vor. Dies gehörte zum Regierungsalltag, aber zum Bruch kam es nie.

Der Beraterkreis im Kanzleramt nahm für die operative Politikgestaltung eine entscheidende Funktion ein.[74] Chef des Bundeskanzleramtes wurde zunächst Schröders Vertrauter Bodo Hombach, der jedoch aufgrund eigenwilliger Amtsführung kein volles Jahr auf diesem Posten verblieb und als Sonderkoordinator für die Stabilitätspolitik auf dem Balkan wegkomplimentiert wurde.[75] Ihm folgte Frank-Walter Steinmeier nach. Er stieg zur grauen Eminenz im Kanzleramt auf und absolvierte in dieser Phase seine «außenpolitischen Lehrjahre».[76] Steinmeier war 1991 zu Schröders hannoveraner Mannschaft gestoßen, folgte ihm dann nach Bonn und Berlin. Leiter der außenpolitischen Abteilung 2 (AL 2) war bis November 2001 der Karrierediplomat Michael Steiner, der Außenminister Fischer in «gegenseitiger Ablehnung» verbunden war und zu Alleingängen neigte, über die Steinmeier und andere sich beschwerten.[77] Steiner war ein erfahrener Diplomat, den zum Beispiel britische Beobachter sehr schätzten. Er brilliere in der operativen Umsetzung und sei ein Pragmatist, der deutsche Interessen, wie Schröder sie definierte, durchsetzen werde.[78] Nach Steiners Entlassung sprang bis zur Bundestagswahl 2002 der ehemalige Staatssekretär im Auswärtigen Amt und SPD-Parteigenosse Dieter Kastrup ein, der hiernach in den Ruhestand ging. Ihm folgte Bernd Mützelburg nach, der zuvor Botschafter in Estland und stellvertretender AL 2 gewesen war.[79]

Im Auswärtigen Amt zog mit Joschka Fischer ein auf den ersten Blick nicht so recht passender Politiker ein. Sozialisiert wurde er in der auch gewaltbereiten Studentenbewegung. Die USA und die NATO waren ihm lange nicht Verbündete, sondern Gegner. Doch er verbrachte weite Strecken der 1990er Jahre damit, sich selbst und die Grünen regierungs- und salonfähig zu machen, auch außenpolitisch. Seine ungarndeutsche Herkunft, die er mal mehr, mal weniger herauskehrte, mag seinen Blick auf Ostmitteleuropa beeinflusst haben. Bei einem Besuch in Ungarn im Januar 1999 versprach er, die Bundesrepublik werde weiterhin «Anwalt der Reformstaaten» für einen baldigen Beitritt zur EU bleiben; auch mit der US-amerikanischen Außenministerin, die in der ehemaligen Tschechoslowakei geboren worden war und vor den Nationalsozialisten hatte fliehen müssen, vereinte ihn ein gewisses mitteleuropäisches Band.[80] Der grüne Außenminister setzte im Auswärtigen Amt auf Kontinuität. Er ließ sich auf den Apparat und die neue Aufgabe ein, wurde schnell hochgeschätzt. Fischer legte sein Hauptaugenmerk auf Nahostfragen und die europäische Einigung. Andere Themengebiete war Fischer willens, außen vor zu lassen. Wegen Afrika wollte er zum Beispiel keinen Streit mit Frankreich provozieren.[81] Galt das auch für Russland? Die meisten Autoren sind sich einig: Fischer zeigte wenig Interesse am größten Land der Erde. Ob Desinteresse oder «Kellner»-Rolle: Er blieb in der Russlandpolitik relativ unbedeutend, das Kanzleramt gab den Ton an.[82] Aber es wäre verkürzt, die Grünen und das Außenministerium aus der Gleichung einfach zu streichen.

Schröder mag «außenpolitisch ein ziemlicher Nobody»,[83] speziell im

Vergleich zu Helmut Kohl, gewesen sein, doch er war kein Novize in außenpolitischen Belangen. Was ihn geprägt hatte, war die Erfahrung im «Frontland» Niedersachsen, eine auf Entspannung mit der Sowjetunion ausgerichtete Nebenaußenpolitik während des NATO-Doppelbeschlusses und der «zweiten Ostpolitik», ein Grundmisstrauen gegenüber den USA und seine Regierungszeit in Hannover. Aus der niedersächsischen Staatskanzlei heraus war Außenpolitik primär Außenwirtschaftspolitik. Auch als Kanzler legte er großen Wert auf politische Rückendeckung für die «Deutschland AG» und verfolgte eine pro-aktive Außenwirtschaftspolitik.[84] Spöttisch wurde er als «Genosse der Bosse» bezeichnet. Doch was waren seine außenpolitischen Fixpunkte? Schon vor der gewonnenen Bundestagswahl verkündete Schröder vor dem Deutschen Bundestag, er scheue sich aufgrund der «europäischen Einbindung eben nicht, auch die nationalen Interessen der Deutschen als selbstbewusste und gleichberechtigte Partner zu vertreten».[85] Nur daraus, meinte er, entstünde Respekt bei anderen Staaten. Der «deutsche Weg», den Schröder einem Slogan Egon Bahrs folgend beschreiten wollte, zeichnete sich immer deutlicher ab.[86] Schröder verkörperte die oftmals als «erwachsene Nation» beschriebene, selbstbewusste und «normalisierte» Berliner Republik, die sich von den Hypotheken und Handlungszwängen der Bonner Republik zu lösen schien und international mehr Verantwortung übernehmen wollte.[87]

Spannende Einblicke bietet auch ein Interview, das Schröder im Mai 1998 als Kanzlerkandidat den Journalisten Volker Herres und Klaus Waller gab. Im deutsch-französischen Verhältnis, so der SPD-Spitzenkandidat, brauche man eine «Schwerpunktverlagerung» und ein selbstbewussteres Deutschland, das unbefangener «nationale Interessen erkennt und formuliert».[88] Hierauf fragten die Interviewer nach der oft verbreiteten Annahme, dass unter einem Bundeskanzler Schröder Außenpolitik «zur reinen Außenwirtschaftspolitik verkümmern» könnte und nach seiner Linie im klassischen Spannungsfeld «zwischen wirtschaftlichen Interessen in der Außenpolitik und beispielsweise Menschenrechtsfragen». Die Antwort Schröders verdient es in Gänze zitiert zu werden:

«Wir haben ja Erfahrungen damit gemacht, wie sehr das Verfolgen wirtschaftlicher Interessen in den Ländern, mit denen man das betreibt, Offenheit erzwingt. Die Entspannungspolitik ist die Geschichte einer Außenpolitik, die Demokratie und Menschenrechte über wirtschaftlichen Austausch erzwungen hat. Und der Niedergang des Kommunismus ist undenkbar ohne wirtschaftlichen Austausch und die damit erkämpften und damit verbundenen Freiheitsgrade, die notwendig waren, um diesen wirtschaftlichen Austausch von beiden Seiten her zu ermöglichen. (...) Außenpolitik ist nicht nur, aber eben auch Außenwirtschaftspolitik. Das ist erstens legitime Interessenvertretung, zweitens hat es Auswirkungen auf die Felder klassischer Außenpolitik. Deutschland kann durchaus eine Schwerpunktverlagerung hin zu mehr Außenwirtschaftspolitik gebrauchen. Nicht zuletzt deswegen, weil die wichtigsten Konkurrenten auf den Weltmärkten sich in dieser Frage viel unbefangener verhalten wie wir. Wenn sie die Entschiedenheit ansehen, mit der die Amerikaner ihre Wirtschaft auf allen Märkten der Welt unterstützen, die gewaltige Power, die sie politisch haben, dann kriegt man ein Bild davon, dass allzu große Zurückhaltung letztlich nicht im Interesse unserer Menschen liegt.»[89]

Je länger Schröder seine Gedanken ausführte, desto deutlicher wurde erneut sein außenpolitisches Denken. Wirtschaftlicher Austausch habe im Kalten Krieg zu Entspannung geführt und Demokratie und Menschenrechte erzwungen: Wandel durch Handel. Deutsche Interessen sollte ein größerer Stellenwert beigemessen werden. «Jede Außenpolitik ist zunächst einmal Interessenpolitik», so und so ähnlich gab Schröder dies auch hinkünftig mehrmals kund.[90] Es blieb auch nicht aus, dass er den USA erneut die Rolle eines Antagonisten bzw. Konkurrenten zuwies. Dabei schielte der «Medienkanzler»[91] sicher auch auf die innenpolitische Wirkung seiner Initiativen. Doch aller außenpolitischer Anfang war schwer.

Die großen außenpolitischen Themenblöcke der rot-grünen Jahre waren der Kosovo-Krieg, die Terroranschläge des 11. September 2001 und der nachfolgende Kampf gegen den internationalen Terrorismus, vor allem der Afghanistan-Einsatz und der Irak-Krieg 2003. Ein in der Wolle gefärbter Transatlantiker war Schröder sicher nicht. In seiner Regierungserklärung als frisch gewählter Bundeskanzler unterstrich er die guten Beziehungen zu den USA, verwies jedoch auf die generationell bedingte kritische Distanz, die er in seiner Jugend gehabt hatte. In einer Unterhaltung mit Blair forderte er eine Partnerschaft der Europäer mit den USA auf Augenhöhe.[92] Deutschland brauchte die USA nach dem Ende des Ost-West-Konfliktes «weniger als Schutzmacht, was die Spielräume deutscher Außenpolitik vergrößert», schrieb sein außenpolitischer Berater Bernd Mützelburg.[93] Gleich zum Beginn von Rot-Grün kritisierte Außenminister Fischer etwas unbeholfen die Erstschlag-Nukleardoktrin der NATO, auch um innerhalb seiner Partei zu punkten und zumindest eine Diskussion über die Strategie der Allianz loszutreten.[94] Die USA waren erzürnt und wiesen den Außenminister (gemeinsam mit dem Bundeskanzler) in seine Schranken.[95] Diese Episode markierte den Auftakt zu sehr holprigen acht Jahren deutsch-amerikanischer Beziehungen.[96] «A shaky start», resümierte der britische Botschafter in Bonn im Dezember 1998, «we do not know yet what Schröder is made of».[97] Doch eines sei klar: Die hohe Arbeitslosigkeit und die wirtschaftlichen Sorgen würden die Europa- und Außenpolitik der Deutschen beeinflussen und «die Bereitschaft verstärken, immer ungehemmter deutsche Interessen zu verfolgen».[98] Das wirtschaftliche Sein bestimme das außenpolitische Bewusstsein.

Zudem blieb die europäische Integration ein Dauerthema: Zum 1. Januar 1999 wurde der Euro als Buchgeld, ab 1. Januar 2002 als Bargeld eingeführt, die EU-Osterweiterung wurde ebenso angegangen wie ein neuer Verfassungsentwurf. Und doch stockte die Europapolitik der Regierung Schröder-Fischer zuweilen.[99] Fragen der Agrarpolitik und der deutschen Beitragszahlungen waren offen. Die rot-grüne Regierung verband dies in den kommenden Jahren mit einer Blockadepolitik: Erst wenn diese Punkte gelöst seien, können man über Beitrittstermine für die MOE-Staaten reden, erklärte Außenminister Fischer im Oktober 1999 vor dem Europäischen Parlament.[100] Schröders Verhältnis zu Europa war im Vergleich zu Helmut Kohl sicher kühler. Eine enge Bindung an Frankreich? Fehlanzeige. Das deutsch-französische Tandem fasste, auch aufgrund der «verrückten Kohabitation» in Paris zwischen 1997 und 2002,[101] nur langsam «wieder Tritt».[102] Die Franzosen, so Außenminister Hubert Védrine gegenüber britischen Gesprächspartnern, waren «always uneasy about Schröder. (…) Berlin remains unpredictable.»[103] Der Kanzler blieb ebenfalls skeptisch. Gegenüber dem britischen Premierminister Tony Blair bezeichnete er die deutsch-französischen Beziehungen als «boost for France's power at Germany's expense».[104] In diesem Gespräch mit Blair im März 2000, an einem langen, ruhigen Tag auf dem Landsitz der britischen Premierminister in Chequers, offenbarte Schröder seine außenpolitischen Vorstellungen: «Er frage sich, für welche großen nationalen Ziele Deutschland, Frankreich und Großbritannien die EU nutzen werden. Er sehe eine Arbeitsteilung. Deutschland werde in Mittel- und Osteuropa die Führungsrolle übernehmen und aufgrund seiner Wirtschaftskraft in ökonomischen Fragen.»[105] Der Kanzler setzte mit dieser Art der Arbeitsteilung den Sonderzug nach Moskau gewissermaßen selbst auf die Schienen. Schröder trete gegenüber den MOE-

Staaten belehrend auf, kritisierte die Opposition hinter verschlossenen Türen.[106]

In den Vereinten Nationen wollte Schröder mehr Verantwortung übernehmen. Dies gehöre zur «Staatsräson» der Bundesrepublik, erklärte er im Parteivorstand der SPD, doch man wolle nicht drängeln.[107] Eine Reform der VN, inklusive neuer ständiger Mitglieder im Sicherheitsrat, nahm jedoch nicht so recht Fahrt auf. Die Frage eines deutschen Sitzes verschwand dennoch nicht von der Tagesordnung und verdeutlichte das neue Selbstbewusstsein der Berliner Republik.[108] Innenpolitisch war die Forderung populär: 67 Prozent der Bundesbürger befürworteten eine solche machtpolitische und symbolische Aufwertung.[109] In der VN zeigte die neue Bundesregierung rasch, dass sie zu Brüchen bereit war bzw. eine alte Linie Schröders fortsetzte: Man verurteilte die amerikanische Blockade Kubas und begann mit der Karibikinsel eine entwicklungspolitische Zusammenarbeit, ohne dass sich ein demokratischer Wandel in Kuba abgezeichnet hatte. Berlin erließ Havanna auch Altschulden. Dies war eine deutliche «Revision der bisherigen deutschen Positionen zu Kuba».[110] Trotz direkter Kritik an den Zuständen in Kuba setzte sich die rot-grüne Regierung auch innerhalb der EU für eine Hinwendung an den Karibikstaat Havanna, primär über wirtschaftlichen Austausch, ein.[111] Doch auch jenseits der deutschen Rolle in der VN spielte die Frage von Krieg und Frieden im Kanzleramt wiederholt eine große Rolle.

Die Konflikte im Irak, in Somalia und in Bosnien in den 1990er Jahren bewirkten eine sukzessive Steigerung der deutschen Teilnahme an militärischen Operationen außerhalb des NATO-Gebiets, die sich auch unter der rot-grünen Bundesregierung fortsetzte und durch zunehmend asymmetrische Bedrohungen wie den Terrorismus oder Staatszerfall zu einem «erweiterten Sicherheitsbegriff» führte.[112] Die innen- und parteipolitische Dimension muss hierbei stets mitgedacht werden, gerade im Hinblick auf die Reaktionen in den beiden Regierungsparteien und ihrer Wählerschaft. Ein Paradebeispiel war der Konflikt im ehemaligen Jugoslawien, der die Bundesregierung vor enorme Herausforderungen stellte.

Kosovo

Im Kosovo eskalierten die Kämpfe zwischen der Regierung in Belgrad und lokalen bzw. albanischen Kräften. Es drohte eine ethnische Säuberung.[113] Die Reaktion hierauf war eine bedeutende Wegmarke der deutschen und internationalen Sicherheitspolitik. Seit Sommer und Herbst 1998 standen die Zeichen auf Krieg, obwohl die Verhandlungen vorerst weiter gingen.[114] In dem diplomatischen Gerangel zeigten sich die Grenzen der VN, da China und Russland mit ihrem Veto drohten. Ebenso schienen auch der Kontaktgruppe und der NATO-Russland-Grundakte Grenzen gesetzt: Was, wenn man nicht einer Meinung war?[115] Russland zeigte kaum Kooperationsbereitschaft, vor allem im Gegensatz zum Bosnienkonflikt nur vier Jahre zuvor.[116] Der Kreml hielt dem jugoslawischen Präsidenten Slobodan Milošević die Treue und erblickte in der Abspaltung des Kosovo einen gefährlichen Präzedenzfall im Hinblick auf eigene unruhige Provinzen, z. B. Tschetschenien. Trotz gravierender Meinungsverschiedenheiten wollten der US-Präsident Bill Clinton und der französische Staatspräsident Jacques Chirac weiterhin mit Russland zusammenarbeiten und auf die innenpolitischen Sorgen Jelzins und Jewgeni Primakows, des russischen Ministerpräsidenten, eingehen. Doch Clinton betonte, man dürfe sich in seiner Handlungsfreiheit nicht zu sehr einschränken lassen.[117]

Die neue rot-grüne Regierung hatte sich noch vor der offiziellen Amtsübernahme eng mit dem ausscheidenden Helmut Kohl und Washington abgestimmt. Bereits im Oktober 1998 legte man sich auf eine Beteiligung an einer Operation fest, wenngleich Schröder im Bundestag seine Hoffnung ausdrückte, dass es so weit nicht kommen werde.[118] Er betonte hiernach gebetsmühlenartig, man müsse im Verbund mit den westlichen Partnern agieren und warb um Zustimmung in den eigenen Reihen.[119] Die Grünen trugen die Intervention nach heftigen internen Kontroversen mit – zumindest die Parteispitze.[120] Immer wieder wurde mit historischen Analogien argumentiert. Der außenpolitischen Richtschnur «Nie wieder Krieg» müsse nun, wie es Joschka Fischer in einer wegweisenden Rede ausdrückte, «Nie wieder Auschwitz» hinzugefügt werden.

Am 24. März 1999 begannen die NATO-geführten Luftschläge gegen Jugoslawien: Ohne VN-Mandat und ohne russische Unterstützung. Die US-Regierung wollte handeln, aber zugleich die Gräben zu Russland nicht zu tief werden lassen.[121] Ein Spagat, der leidlich gelang. Die Intervention markierte die größte Krise im Verhältnis des Westens zu Russland seit dem Ende des Kalten Krieges und überraschte in ihrem Ausmaß viele Entscheidungsträger in Washington.[122] Der Kreml wollte eingebunden werden bzw. mitentscheiden, sah jedoch die staatliche Souveränität als sakrosankt an und lehnte auch in der Folge humanitäre Interventionen, trotz zeitweise konzilianterer Töne, strikt ab.[123] Im Westen ordnete man das Prinzip der Schutzverantwortung dem der staatlichen Souveränität über und bewegte sich dabei völkerrechtlich in einer Grauzone.[124] In der Bundesrepublik hielten dennoch 71 Prozent das Vorgehen der Allianz für richtig und übernahmen die Argumentationslinie der Bundesregierung, wonach man damit eine «humanitäre Katastrophe» verhindere, eben nicht «Krieg führte», sondern den Krieg zu stoppen versuchte.[125]

In Moskau sah man die Luftschläge gegen Milošević nicht als den Versuch, eine ethnische Säuberung zu stoppen, sondern als kühle Machtpolitik, als eine Ausdehnung des NATO-Einflusses in Südosteuropa, als Missachtung der VN und als Krieg gegen einen traditionellen Verbündeten in der Region, der dazu noch als ein slawischer und orthodoxer Bruderstaat galt.[126] Das öffentliche Meinungsklima in Russland war strikt anti-NATO und anti-USA.[127] Einige radikale Stimmen forderten die Entsendung von Freiwilligen, um Jugoslawien zu helfen. Rüstungskontrollbemühungen wurden ad acta gelegt.[128] Man fühlte sich vorgeführt und machtlos, da die USA und ihre NATO-Verbündeten die stärkste Machtposition des Kremls in der internationalen Politik, den ständigen Sitz im VN-Sicherheitsrat, durch die Umgehung der Vereinten Nationen einfach ausgehebelt hatten.[129] Ein Aspekt, der bei der russischen Opposition gegen den Irak-Krieg 2003 im Kopf behalten werden muss. Jelzin erklärte später, der Kosovo-Krieg sei der Zusammenbruch der regelbasierten und durch die VN überwachten Ordnung seit Ende des Ost-West-Konfliktes gewesen.[130] Im Kreml glaubte niemand mehr der Darstellung, die NATO sei ein defensives Verteidigungsbündnis.[131] Die Allianz erschien vielmehr als politische Organisation, die auch außerhalb des Bündnisgebietes operierte – keine Sicht, die gänzlich von der Hand zu weisen ist. Umgekehrt hatte der Kreml sich nie gänzlich von Belgrad distanziert. In Moskau war man überrascht und zeigte sich sehr enttäuscht, dass die Bundesrepublik an den Operationen teilnahm.[132] Kurzer Krieg, kurzer Streit mit Russland – so die Hoffnung in den westlichen Hauptstädten.[133] Doch die Luftschläge dauerten länger, als man ursprünglich gehofft hatte: insgesamt 78 Tage. Im Auswärtigen Amt brannten nachts die Lichter. In Belgrad gingen sie nie ganz aus. Milošević und die Seinen hielten sich an der Macht. Es drohte ein Flächenbrand, auch eine westliche Bodenoffensive schien nicht mehr gänzlich ausgeschlossen. Deutscherseits arbeitete man sofort an Initiativen, die den Krieg am Verhandlungstisch beenden sollten. Denn zum einen stiegen die Flüchtlingszahlen rasant an. Zum anderen wollte man einen Bodenkrieg vermeiden und die Gräben zwischen dem Westen und Russland nicht zu tief werden lassen. Im April lancierte der Außenminister den sogenannten Fischer-Plan, der wichtige Impulse für eine diplomatische Lösung brachte, und Verteidigungsminister Rudolf Scharping vermittelte in Moskau.[134] Damit sollte Russland der Weg zu einer weiteren Zusammenarbeit geebnet werden, um Teil des politischen Prozesses zu bleiben.[135] Der Ständige Gemeinsame Rat zwischen NATO und Russland, der durch die Grundakte geschaffen worden war, hatte sich als nutzlos erwiesen.[136] In einem Gespräch mit Clinton zeigte sich, dass Schröder die politischen Kosten einer Einbindung Russlands oder Chinas bewusst waren: «Den Chinesen eine Zusammenarbeit schmackhaft zu machen hat immer indirekte Kosten. Wenn wir mehr Kooperation wollen und ihr Verständnis für den Kosovo-Einsatz, dann kann ich nicht mehr öffentlich über Menschenrechtsfragen [in China] sprechen.»[137] Wer China in eine diplomatische Lösung einbinden wollte, musste in Schröders Augen die Kritik an der Menschenrechtslage im Reich der Mitte auf homöopathische Dosen reduzieren. Clinton pflichtete ihm bei.[138] Die Zwänge zwischen Real- und Moralpolitik zeigten sich auch hier.

Am 6. Mai wurden bei dem G8-Treffen auf dem Bonner Petersberg die Friedensverhandlungen eingeläutet. Die Bundesrepublik setzte auf Diplomatie und Annäherung. Russland solle stärker eingebunden und ein Stabilitätspakt für Südosteuropa lanciert werden, um den Staaten eine europäische Perspektive aufzuzeigen, versicherte Schröder dem US-Präsidenten.[139] Einer etwaigen Bodenoffensive erteilte Schröder eine klare Absage. Dies würde die Einigkeit in der NATO unterminieren und die Beziehungen zu Russland aufs Spiel setzen, die dafür zu wichtig seien, erklärte er dem zustimmenden Clinton.[140] Anfang Juni akzeptierte die Regierung in Belgrad den Friedensplan, auch aufgrund russischer Vermittlungsversuche. Moskau begann sich konstruktiver zu engagieren, da man befürchtete, eine Verlängerung des Krieges könnte die eigene Teilnahme im G8-Format konterkarieren.[141] Doch als die jugoslawischen Truppen aus dem Kosovo abzogen, kam es in Pristina zu einem Zwischenfall. Die neugebildete Kosovo-Truppe (KFOR), eine multilaterale NATO-Mission, sollte in die für sie vorgesehenen Sektoren vorrücken. Eine russische Verwaltungszone mit eigenen Peacekeepern hatte der Westen tunlichst zu verhindern versucht. Doch nun besetzten russische Fallschirmjäger entgegen den Absprachen – vermutlich ohne direkte Befehle aus dem Kreml – den Flughafen.[142] Es drohte eine diplomatische oder gar militärische Krise. Die britischen Truppen vor Ort reagierten besonnen. Der Leiter des Planungsstabes im Bundesverteidigungsministerium, Generalleutnant Harald Kujat, flog für eine Vermittlungsmission nach Moskau, die zu der Einbindung eines russischen Kontingentes in die KFOR (bis 2003) und der Wiederaufnahme der Gespräche im Ständigen Gemeinsamen Rat führte – aus Protest gegen die Luftschläge hatte der Kreml seine Mitarbeit in diesem Forum ausgesetzt.[143] Die Episode zeigte, wie sehr Moskau willens war, die eigene Ohnmacht des Frühjahrs 1999 wettzumachen und wieder ein Wörtchen mitzureden. Zugleich offenbarte es, dass Präsident Jelzin nicht mehr Herr aller Dinge war.

Der Kosovo-Krieg hatte auch innenpolitische Folgen. Er stellte eine Hypothek für die rot-grüne Bundesregierung dar. Die Grünen verloren Mitglieder und Landtagswahlen. Für eine Kleinstpartei, die bei den kommenden Bundestagswahlen die Fünf-Prozent-Hürde nehmen musste, war dies eine existenzielle Herausforderung. In der SPD rumorte es ebenfalls. Der SPD-Parteivorsitzende und Finanzminister Oskar Lafontaine schmiss im März nach 136 Regierungstagen hin. Der linke Parteiflügel sträubte sich gegen den wirtschaftsfreundlichen Kurs des Kanzlers. Dies verdeutlicht zugleich, dass die Probleme der Bundesregierung weit über den Kosovo-Einsatz hinausgingen. Der Historiker Edgar Wolfrum hat argumentiert, der Krieg habe die Deutschen schnell nicht mehr interessiert, der eigene Wohlstand und Arbeitsplätze seien wichtiger gewesen als außenpolitische Fragen.[144] Ein vorzeitiges Ende des rot-grünen Projektes drohte – zumal die Wirtschaft weiterhin in den Seilen hing und die Staatsfinanzen eisern saniert werden mussten.

Der Kosovo-Konflikt war ein bedeutender Einschnitt in der deutschen Geschichte, den Schröder als Ausdruck einer «erwachsen gewordenen Nation» bezeichnete und zugleich war er eine Hypothek bei den kommenden Entscheidungen über Krieg und Frieden.[145] Die mangelnde Deckung durch ein VN-Mandat hing nach. Außenpolitisch bedeutete dies, die Bundesregierung konnte weitere militärische Abenteuer schwerlich verkraften. In Anbetracht der außen- und sicherheitspolitischen Herausforderungen wurde eine Reform der Bundeswehr immer akuter.[146] Schlanker und einsatzfähiger lautete die Devise. «Im Zentrum stehe nun nicht mehr die Angst vor einer Invasion in Europa, sondern die internationale Verpflichtung», verkündete Verteidigungsminister Scharping im SPD-Parteivorstand.[147] Diese Umorientierung hing auch mit der Wahrnehmung Russlands zusammen. Landes- und Bündnisverteidigung war nicht mehr das Gebot der Stunde, dem russischen Bären schienen die Krallen gestutzt. In der deutschen Bevölkerung rangierten im Spätherbst 2002 Ängste vor Atomunfällen, Kriminalität oder Terrorismus deutlich vor denen vor einem konventionellen Krieg in Europa.[148]

Doch auch die russische Außenpolitik hatte sich zum Ende der Dekade gewandelt. Die Flitterwochen mit dem Westen waren endgültig vorbei. Das nationale Interesse Russlands, die eigene Wahrnehmung als Großmacht sowie das Ziel einer multipolaren Weltordnung wurden immer offensiver in Abgrenzung zum Westen und speziell den USA vertreten.[149] Die Folge hieraus war die Suche nach anderen Verbündeten, etwa China oder Indien, und Primakows Streben nach einer multipolaren Ordnung.[150] Wie ging die rot-grüne Bundesregierung mit dieser Herausforderung um?

Unterkühlter Beginn

Bereits im November 1998 war Schröder nach Russland gereist. Tony Blair rief ihn in seinem Moskauer Hotel an. Die Rubelkrise? Nein, der irakische Diktator Saddam Hussein machte größere Probleme. Washington und London drohten mit militärischen Mitteln. Frankreich scherte aus. Blair wollte den Kanzler überzeugen, die Drohkulisse aufrechtzuerhalten. Am Telefon scherzten beide ausführlich, wer wohl alles ihr Gespräch mithöre.[151] Im Umgang mit dem Kreml wollte Schröder einen nüchterneren Umgang pflegen.[152] Nach den auch medial inszenierten Beziehungen zwischen Kohl und Jelzin ging er bewusst auf Distanz. Das Resultat war ein «beträchtlicher Temperatursturz».[153] Schröder war von Berichten der deutschen Botschaft in Moskau alarmiert, wonach Jelzin der Ernst der wirtschaftlichen Lage nicht dämmere.[154] Der Schlingerkurs der russischen Wirtschaft war von politischen Turbulenzen begleitet: zwischen Frühjahr 1998 und Sommer 1999 gaben sich fünf verschiedene Premierminister die Klinke in die Hand. Jelzin wurde gesundheitlich immer schwächer und ein Stabwechsel deutete sich an. Es drohten Diadochenkämpfe. In den Gesprächen drängte die russische Seite auf Nothilfen, die ihr von den USA verwehrt wurden.[155] Schröder machte unzweideutig klar, es gäbe keine Wirtschaftshilfen ohne strikte Auflagen. Trotz der kritischen Lage wurde dem größten Land der Erde zunächst nur nachgeordnete Priorität beigemessen.

In der Regierungserklärung Schröders war kein Wort zu Russland gefallen. Auch die rot-grüne Koalitionsvereinbarung gab sich schmallippig. Die Bedeutung Frankreichs und auch Polens wurden deutlicher akzentuiert.[156] Mit Russland (und der Ukraine), so das Papier, wolle man auf breiter Grundlage zusammenarbeiten und durch die Unterstützung der marktwirtschaftlichen und demokratischen Reformen die Region stabilisieren.[157] Gernot Erler, stellvertretender Fraktionsvorsitzender der SPD mit Verantwortung für außen- und sicherheitspolitische Aspekte, wollte die Russlandpolitik «kritisch prüfen» und durch intensivere Gesprächskontakte in die Zivilgesellschaft auf eine breitere Grundlage stellen.[158] Zugleich wolle man der «Anwalt Moskaus auf der internationalen Bühne sein», was das Ziel einschloss, die Last der Russlandhilfen noch stärker auf mehrere westliche Schultern zu verteilen.[159] In anderen Hauptstädten zuckte man eher mit den Schultern. Der französische Staatspräsident Chirac kritisierte die politischen Entscheidungen in Russland, doch für den Welthandel seien die wirtschaftlichen Probleme des Landes letztlich egal, erklärte er der britischen Regierung.[160]

Nach seiner Rückkehr aus Moskau schilderte der Kanzler dem US-Präsidenten Bill Clinton die dramatische Lage in Russland. Er versuche, deutsche Investoren zu einer Fortsetzung ihres Engagements zu bewegen, doch die EU, die Weltbank, der IWF – alle müssten helfen.[161] Er sprach auch mit Blair. Die Bundesregierung plane mit den EU-Partnern rasch eine gemeinsame Strategie für Russland und die Ukraine auszuarbeiten.[162] Schröder sorgte sich, dass die wirtschaftlichen Turbulenzen in Russland Auswirkungen auf das deutsche Wirtschaftswachstum haben.[163] Zudem drohe im Winter eine humanitäre Notlage. Blair stimmte zu: «Der Nährboden für den

Aufstieg eines nationalistischen Politikers sei vorhanden.»[164] Die Gefahr einer Re-Autokratisierung lag in der Luft und erinnerte an die Sorgen Helmut Kohls in den 1990er Jahren. Umgekehrt zeigte sich ein großes Verständnis und sogar Mitgefühl für die (psychologische) Lage Russlands. Doch mit wem sollte man die drohende Entgleisung des russischen Reformzuges aufhalten?

Noch vor seiner Amtseinführung war Schröder im Weißen Haus mit Clinton zusammengetroffen. Der US-Präsident schmeichelte dem «Chancellor-elect». Seine Wahl habe große Hoffnungen geweckt und Deutschland habe eine einzigartige Chance, eine enge Partnerschaft mit Russland aufzubauen. Schröder stellte die Gegenfrage: «Aber wer wird in Russland unser Partner sein?»[165] Eine Frage, die auch die amerikanische Seite nicht umfassend beantworten konnte. Schröder stimmte dennoch zu: «Deutschland trägt eine besondere Verantwortung für Russland».[166] In Washington erkannte man frühzeitig, dass der neue Kanzler eine Entpersonalisierung der Beziehungen zu Russland anstrebte. Zugleich spreche Schröder von der Notwendigkeit, für «Russlands Version der ‹sozialen Marktwirtschaft› und die Rücknahme einiger Wirtschaftsreformen» Verständnis aufzubringen.[167] Hier schien durch, dass Schröder die marktwirtschaftlichen Reformen der 1990er als zu weitgehend und zu marktliberal ansah. Ein Argument, auf das er in einem späteren Gespräch mit Clinton zurückkam, in dem fast alle Beteiligten die Marktreformen als zu schnell bezeichneten.[168] Auch in London und Paris sah man dies ähnlich.

Im Februar 1999 flog Schröder erneut nach Washington. Die amerikanischen Vorbereitungsakten verdeutlichen die Ängste vor einer Zeit der Wirren in Russland. Man müsse auf Reformen pochen, denn man brauche die Hilfe des Kremls im Kosovo, im Irak, bei Abrüstungsfragen und für die gesamte Stabilität Ost- und Südosteuropas.[169] Bei einem langen Treffen mit Clinton, Außenministerin Madeleine Albright und ihren engsten Beratern wurde während des Mittagessens ausführlich über Russland gesprochen. Das Land müsse sich reformieren, betonte der US-Präsident. Deutschland und die USA stünden in besonderer Verantwortung. Doch man brauche Garantien, dass die Hilfsgelder nicht versiegen oder auf Schweizer Bankkonten landen würden – oder in Villen an der Côte d'Azur, warf Schröder ein.[170] Die US-Seite diskutierte länglich, eher untereinander, wie schlimm die Lage in Russland sei. «Lassen Sie mich ganz undiplomatisch sein», schaltete der Kanzler sich ein: Wer auf Jelzin setze, sei ein Dummkopf. Nur Primakow werde mittelfristig für Stabilität sorgen können, wenngleich er unzuverlässig sei.[171] Deshalb müsse man projektbezogen arbeiten und ganz klare Vorgaben machen, wofür das Geld ausgegeben wird.

Clinton betonte mehrfach, er hätte Russland vielleicht früher stärkere Finanzhilfe gewähren sollen.[172] Nun seien keine staatlichen Strukturen mehr vorhanden. Schröders außenpolitischer Berater Michael Steiner warf ein, auch Deutschland habe Fehler gemacht: Viele Firmen hätten sich nur bereichert und seien wieder abgezogen. Dadurch habe der Westen Glaubwürdigkeit eingebüßt.[173] Schröder fügte hinzu: «Früher war Russland zu sehr staatlich gelenkt. Jetzt gibt es keinen Staat mehr.»[174] Daher seien graduelle Reformen im Sinne Clintons richtig. Ein starker Staat, der auch in die Wirtschaft eingreifen kann, war Schröder als Idee nicht fremd. Trotz der düsteren Lage gab Clinton sich optimistisch: «Unsere Vision ist ein Russland, das in zehn Jahren effektiv, stabil und friedfertig sein wird. (…) Sollte Russland nicht stabil sein, wird dies fatale Folgen für die ganze Welt haben.»[175] Der Kanzler stimmte zu: «Wenn man Russland nicht täglich kontaktiert, in Entscheidungen einbindet und für seine geographische Größe und politische Bedeutung lobende Worte findet, dann wird das Land stets das Gefühl einer Herabsetzung empfinden.»[176] Zwischen Clinton und Schröder herrschte daher weitgehender Konsens. Man gab sich keinerlei Illusionen über den Status quo, russische Befindlichkeiten und etwaige Abwärtsspiralen hin. Nolens volens musste man mit Primakow zusammenarbeiten, wollte finanzielle Hilfen jedoch zurückhaltender gewähren und an striktere Auflagen knüpfen. Im Vergleich zur Ära Kohl zeigten sich in der allgemeinen Herangehensweise und der Semantik kaum mehr Unterschiede.

Wenig später flog Schröder gemeinsam mit dem EU-Kommissionspräsidenten Jacques Santer nach Moskau. Im Schlepptau war eine große Wirtschaftsdelegation. Die Firmenchefs sollten die Investitionsmöglichkeiten mit ihren eigenen Augen sehen. Damit sollte der deutsche Staat als Investor in die zweite Reihe treten können. Dementsprechend verdeutlichte der Kanzler dem russischen Präsidenten, dass es keine neuen Kredite gewähren werde.[177] Die Bundesregierung wollte dennoch auf Russland zugehen und die Zusammenarbeit auf ein neues Fundament stellen. Als Vehikel hierfür wählte sie zunächst den europäischen Rahmen, folgte somit dem unter bereits formulierten Wunsch einer Multilateralisierung der Russlandpolitik – und damit auch einer Multilateralisierung der Kosten, Risiken und Nebenwirkungen.

Eine europäische Russlandpolitik?

Die europäische Russlandpolitik war bis 1998 ein zartes Pflänzchen geblieben. Das Partnerschafts- und Kooperationsabkommen (PKA) hatte, wie gezeigt, aufgrund des Krieges in Tschetschenien einen holprigen Start. Das Interimsabkommen mit einem Fokus auf Wirtschaftsbeziehungen trat im Februar 1996 in Kraft – noch vor dem Waffenstillstand in Tschetschenien im August. Dies rief Kritik hervor, da wirtschaftlichen Interessen ein höherer Stellenwert beigemessen wurde als den politischen Aspekten des PKA und man einseitig in Vorleistung ging.[178] Das PKA wurde erst im Dezember 1997 abschließend ratifiziert. Die Zusammenarbeit sollte institutionalisiert werden und auf drei Pfeilern ruhen. Zum einen auf direkten Treffen, die eine ganze Bandbreite an Themen behandeln sollten.[179] Der zweite Pfeiler war der direkte politische Dialog über außen- und sicherheitspolitische Aspekte in verschiedenen Formaten. Hierbei kam dem Hohen Vertreter für die Gemeinsame Außen- und Sicherheitspolitik (GASP) der Union, Javier Solana, eine Schlüsselrolle zu. Den dritten Pfeiler stellte der Kontakt des Europäischen Parlaments mit der Duma dar. Die Kooperationsformen detaillierter darzustellen, würde den Rahmen dieses Buches sprengen. Auch den Beteiligten wurde schnell klar, dass man die Formate vereinfachen müsste.[180] Zudem bestand das 1991 gegründete TACIS-Hilfsprogramm der EU fort. Es verblieb außerhalb des PKA und sollte weiterhin Russland und die GUS-Staaten wirtschaftlich, aber auch bei rechtsstaatlichen Reformen unterstützen.[181]

Gründe für einen intensiven Dialog gab es genug: Der wirtschaftliche Motor stotterte ebenso wie die demokratischen Reformprozesse. Aber außenpolitisch taten sich im Nahen und Mittleren Osten, auf dem Balkan und im Südkaukasus viele Felder auf, in denen die EU und Russland gemeinsame Interessen hatten, wenn auch nicht dieselben Zielvorstellungen.[182] Die EU war zudem ein wichtiger Handelspartner: Russland wickelte 40 Prozent seines Außenhandels mit der EU ab (weniger als zehn Prozent mit den USA) und bezog die Hälfte der Direktinvestitionen aus Mitgliedstaaten der Union. Der Handel mit Russland machte umgekehrt für die EU nur drei Prozent aus, und das russische Exportvolumen bestand zu über 50 Prozent aus Rohstoff- und Energielieferungen.[183]

Der erste EU-Russland-Gipfel fand im Frühjahr 1998 in Birmingham statt. Die Euphorie über das PKA wich schnell der Ernüchterung. Moskau zeigte sich primär an den wirtschaftlichen Vorteilen interessiert, nicht an den europäischen Werten und den politischen Zielen der Zusammenarbeit.[184] «Freihandel statt Wandel», schien das Ziel des Kremls. Doch die EU steckte den Kopf nicht in den Sand. Sie arbeitete neben dem PKA eine gemeinsame Russlandstrategie aus. Gemeinsam mit Finnland, Frankreich und Großbritannien hatten deutsche Diplomaten erste Entwürfe geschrieben.[185] Der Amsterdamer Vertrag von 1997 sorgte für einen wichtigen Impuls, denn zuvor waren solche Ideen oft versandet.[186] Der Vertrag sah gemeinsame Strategien im Rahmen der GASP dezidiert vor, damit die Europäer außenpolitisch deutlicher mit einer Stimme sprachen. Die Rubelkrise im August 1998 unterstrich diese Notwendigkeit: Die USA und die großen europäischen Staaten handelten entweder bilateral oder im G7-Rahmen.[187] Viele amerikanische Firmen zogen ab, wohingegen viele deutsche die Krise aussaßen.[188] Besonders die Bundesrepublik war nicht müde geworden zu betonen, dass die EU Russland aufgrund seiner wirtschaftlichen und politischen Bedeutung nicht links liegen lassen könne.[189] Der Europäische Rat im Dezember 1998 übertrug der kommenden Ratspräsidentschaft die Aufgabe, eine «Gemeinsame Strategie» für den Umgang mit Russland auszuarbeiten. Die Kommission unterstützte das Anliegen. Im März 1999 wurde der italienische Mitte-links Politiker Romano Prodi zum neuen EU-Kommissionspräsidenten gewählt. Bis 2004 behielt er dieses Amt. Von 2006 bis April 2008 amtierte er als italienischer Ministerpräsident. Prodi forderte wiederholt eine strategische Partnerschaft mit Russland.[190] Auch für die Ukraine, den Mittelmeerraum und Südosteuropa sollten solche Strategien erstellt werden.[191] Die EU hatte die GUS-Staaten im Blick und strebte nach neuen Stabilitäts- und Assoziierungsabkommen mit den südosteuropäischen Staaten, da sich Zerfallskriege wie in Jugoslawien nicht wiederholen sollten. Der GASP sollte neues Leben eingehaucht werden, da sie seit ihrer Verankerung im Maastrichter Vertrag wenig Dynamik entwickelt hatte. Als ein Pfeiler der GASP sollte die Europäische Sicherheits- und Verteidigungspolitik (ESVP) ebenfalls gestärkt werden.[192] Vieles erinnerte an die frühen 1990er Jahre. Die Europäer planten, die Amerikaner meckerten und fürchteten eine Schwächung der NATO.

In der ersten Jahreshälfte 1999 übernahm die Bundesrepublik den Ratsvorsitz der EU. Die Wirtschafts- und Währungsunion, Agrar- und Finanzfragen und die innere Ausgestaltung der Union dominierten wie so häufig die Themenpalette. Doch mehrere Gründe sprachen für eine Befassung mit Russland. Zum einen stand die EU-Osterweiterung an. Der Europäische Rat in Helsinki fasste im Dezember 1999 den Beschluss, die Beitrittsverhandlungen mit der Slowakei, Rumänien, Bulgarien, Lettland, Litauen und Malta zu eröffnen – was auch innenpolitische Relevanz besaß, da die Aufnahme kostspielig war. Schröder war nur bei Reformen der EU-Finanzierung bereit, diesen Schritt mitzutragen, der letztlich einen außen- und wirtschaftspolitischen Machtzuwachs der Bundesrepublik in Ostmitteleuropa nach sich zog.[193] Damit zeichnete sich ebenso ab, dass man die Beziehungen dieser Länder mit Russland weiterhin in konstruktive Bahnen lenken musste, zumal sie sich immer stärker Richtung EU orientierten und weniger Handel mit Russland trieben. Der künftige Umgang mit der Kaliningrad-Exklave, die nur noch von Mitgliedern der EU umgeben sein würde, warf zum Beispiel viele Fragen auf.[194] Die Bundesregierung hielt sich bewusst zurück, um nicht Vorwürfe aufkommen zu lassen, sie betreibe eine «Re-Germanisierung Königsbergs». Vergebens. Mahnungen in diese Richtung blieben nicht aus und führten zu einem veritablen Streit über die Eröffnung des dortigen deutschen Generalkonsulates.[195]

Bonn – denn erst im Juli wurde der Umzug vom Rhein an die Spree abschließend vollzogen – setzte sich nachdrücklich für die «Gemeinsame Strategie» für Russland ein. Man wollte ein brauchbares Dokument vorlegen, das nicht zu detailliert sein sollte. Das EP hatte einen umfassenden Ansatz gefordert, Frankreich und Großbritannien einen deutschen Entwurf zunächst als zu allgemein kritisiert.[196] Paris wollte *en détail* die Ziele und Eckpunkte einer EU-Strategie diskutieren – ein sicheres Mittel, um sie auf die lange Bank zu schieben.[197] Tony Blair hatte immer wieder, auch in Gesprächen mit Schröder, auf eine enge Einbindung Russlands gedrängt.[198]

Auf dem Europäischen Rat in Köln am 3./4. Juni 1999 dominierte der Kosovo-Krieg die Gespräche, doch das Abschlusskommuniqué hielt die «Gemeinsame Strategie der EU gegenüber der Russischen Föderation» (GSR) auf 15 Seiten fest, die für die nächsten vier Jahre gelten sollte. Man wolle Trennlinien vermeiden, so das Kommuniqué, und stattdessen «eine stabile, offene und pluralistische Demokratie in Russland, die rechtsstaatlichen Grundsätzen verpflichtet ist und der Untermauerung einer prosperierenden Marktwirtschaft dient».[199] Die Hauptverantwortung für die Zukunft Russlands liege allerdings bei Russland selbst. Rechtsstaatlichkeit, Demokratie, aber auch wirtschaftliche Kooperation und die Zusammenarbeit in internationalen Fragen wie Kriminalität, Umwelt und nuklearer Sicherheit standen im Zentrum. Gemeinsame Werte wurden erwähnt, Tschetschenien hingegen nicht. Die EU-Mitgliedstaaten wurden explizit aufgefordert, ihr Vorgehen untereinander abzustimmen und mit dem Rat und der Kommission eine kohärente Russlandpolitik zu fahren.[200]

Welche Wirkung konnte die GSR entfalten? Das Verdikt der Wissenschaft fällt meist negativ aus. Zu vage, zu deklaratorisch, zu diffus, zu theoretisch – so die gängigen Kritikpunkte.[201] Statt konkreter Projekte bot sie eher einen Rahmen für die künftige Zusammenarbeit. Zudem war es eine «Schönwetterstrategie», die keine Mechanismen bei einer Verschlechterung der Beziehungen zu Russland oder demokratischen Rückschritten festlegte.[202] Und es oblag den jeweiligen Ratspräsidentschaften, wie viel Leben sie der GSR einhauchten.[203] Die unterschiedlichen Interessen der EU-Mitgliedstaaten traten hierbei offen zutage: Die Bundesrepublik und die skandinavischen Staaten wollten eine gemeinsame Russlandpolitik forcieren, die südlichen Mitglieder zeigten wenig Interesse.[204] Die unter deutscher Ratspräsidentschaft erfolgte Initiative war dennoch bedeutend. Folgt man dem britischen Politologen Graham Timmins, habe nämlich die Enttäuschung über die Verwässerung der GSR einen Wandel der rot-grünen Russlandpolitik herbeigeführt. Berlin verfolgte einen Zwei-Ebenen-Ansatz, in dem nun eine bi- und multilaterale Russlandpolitik parallel betrieben wurde. Vor dem Hintergrund der deutschen Interessen und der wirtschaftlichen Situation war ein guter Draht nach Moskau zu wichtig, als dass man nur auf vage deklaratorische Absichten der GSR setzen wollte. Aber, so Timmins, dieser Prozess ging langsam vonstatten, und es trat keine völlige Abkoppelung von der multilateralen Ebene ein. Doch die bilaterale Schiene wurde umso stärker genutzt, je deutlicher sie schneller Erfolge versprach als die neuen Projekte der EU.[205]

Nur wenige Wochen nach dem EU-Ratsgipfel lud der Kanzler erneut in die Domstadt, diesmal die G8-Staaten. Der Kosovo-Krieg war beendet worden. Der Westen wollte einen Wiederaufbau – auch Jugoslawiens – nur ohne Milošević. Doch Jelzin hielt ihm die Treue. Letztlich einigte man sich, humanitäre Hilfe nur bei demokratischen Reformen in Belgrad zu leisten. In den Medien wurde die sich vertiefende Kluft zwischen der Rhetorik größerer Zusammenarbeit und einer de facto G7+1 durch russische Sonderwege immer deutlicher herausgestellt.[206] Der Bundeskanzler lobte den russischen Präsidenten dennoch öffentlich. Im Parteivorstand der SPD goutierte Schröder die Verhandlungsleistungen Jelzins und dessen Wunsch nach einer positiven Entwicklung auf dem Balkan.[207] Doch zwischen guten Absichten und Realitäten lagen Welten – das große Umsetzungsdefizit der russischen Versprechungen blieb bestehen. Nichts verdeutlichte dies eingehender als der ab August 1999 wieder aufflammende Tschetschenien-Krieg.

Enter Putin

Es begann mit Bomben. Im August und September erschütterte eine Serie von Sprengstoffattacken Russland. Als Schuldige wurden schnell tschetschenische Separatisten ausgemacht. Diese Darstellung wurde immer wieder angezweifelt, da viele Indizien auf die russischen Geheimdienste als Urheber hindeuten.[208] Zeitgleich marschierten jedoch tschetschenische Freischärler in die Nachbarrepublik Dagestan ein. Es drohte ein Flächenbrand im Kaukasus. Im Kreml begann derweil das Stühlerücken. Die seit Jahren virulente Nachfolge schien gelöst: Wladimir Wladimirowitsch Putin wurde im August 1999 von Jelzin zum Ministerpräsidenten ernannt, folgte ihm nach dessen Rücktritt im Dezember zunächst kommissarisch und nach der gewonnenen Präsidentschaftswahl am 26. März 2000 dann offiziell nach. Die Inthronisierung Putins hing eng mit Tschetschenien zusammen. Er sollte mit einem Startvorteil ins Rennen um den Präsidentenpalast gehen. Denn nicht nur im Westen rieb man sich verdutzt die Augen und fragte sich «Wladimir wer»? Seine KGB-Vergangenheit war vielen Beobachtern suspekt, doch seine Zeit als rechte Hand des als reformorientiert geltenden Bürgermeisters von St. Petersburg, Anatoli Sobtschak, verlieh Putin einen gewissen reformerischen Anstrich, obwohl er anschließend in Moskau leitende Funktionen im nachrichtendienstlichen Bereich innegehabt hatte.[209] Zudem hatte auch Sobtschak nach dem ukrainischen Unabhängigkeitsreferendum im Dezember 1991 erklärt, dass weite Teile der

Ukraine russisch seien und der russischen Minderheit eine «Zwangs-ukrainisierung» drohe.[210] Ein offensichtlicher Thronfolger Jelzins war Putin nicht. Er sei eine gute Kombination aus Führungsstärke und Reformgeist, weshalb sich eine Chance zur Annäherung biete, notierte man in Downing Street Number 10.[211] Im Westen wollte man nach dem Stillstand der späten Jelzin-Jahre einen Neustart wagen. Russland konnte aus machtpolitischer Sicht nicht einfach ignoriert werden: Das Land war weiterhin eine Nuklear-macht, rohstoffreich, ständiges Mitglied im VN-Sicherheitsrat, im Nahen und Mittleren Osten einflussreich und auch Konflikte vor der eigenen Haustür der Europäer, etwa in Jugoslawien, hatten gezeigt, dass man Russ-land nolens volens einbinden bzw. es zumindest versuchen musste.

Im Tschetschenien-Konflikt erblickte Putin eine «Chance», sich als star-ker Mann zu gerieren. Trotz der eskalierenden Gewalt fiel die Reaktion im Westen verhalten aus. Die Vereinigten Staaten hielten sich mit Kritik zu-rück.[212] Die Beziehungen zu Russland sollten nach der Rubelkrise, der NATO-Erweiterung und dem Kosovo-Einsatz – der Zwischenfall in Pri-stina war nur zwei Monate alt – nicht noch weiter belastet werden. Die EU bezeichnete den Krieg in Tschetschenien oft als internen Konflikt – ein Begriff, den die USA vermieden[213] – und billigte eine «gemäßigte» Gewalt-anwendung Moskaus. Ebenso unterstützte die EU die russische Argumen-tationslinie, dass man sich gegen Terrorismus zur Wehr setzen und seine territoriale Unversehrtheit schützen dürfe. Die EU, das Europäische Par-lament und die Mitgliedstaaten kritisierten daher die Gründung der «Isla-mischen Republik Dagestan», aber mahnten zugleich verhältnismäßige Maßnahmen bei der «Wiederherstellung der Ordnung» an.[214] Erst am 29. September drückten die Bundesrepublik, Frankreich und Italien in ei-ner gemeinsamen Erklärung ihre Besorgnis über die Lage in Tschetsche-nien aus. Sie forderten eine politische Lösung zur Beilegung des Konflikts, womit man die EU zu einem ähnlichen Statement «zwang».[215] Es blieb unklar, was genau die Erklärung bedeutete: Verhandeln mit den Separatis-ten, Wahlen oder ein Agrément mit neuen kremltreuen Machthabern in Grosny? Im Oktober intensivierten die russischen Streitkräfte ihre Angriffe und marschierten in die Provinz Tschetschenien ein. Über 200 000 Men-schen flohen vor den Bomben und Granaten der russischen Armee. Die EU protestierte deutlicher, aber vor allem hinter verschlossenen Türen.[216] Die Bundesregierung forderte den Kreml ebenfalls auf, zu deeskalieren, den

Dialog mit den tschetschenischen Repräsentanten zu suchen sowie Journalisten und internationale Hilfe in die Region zu lassen.[217]

Der EU-Russland-Gipfel in Helsinki am 22. Oktober 1999 fand aufgrund der Situation im Kaukasus in einer frostigen Atmosphäre statt. Zudem präsentierte Putin als Vertreter Jelzins eigene russische Ideen, quasi als Antwort auf die GSR. Die «Mittelfristige Strategie zur Entwicklung der Beziehungen zwischen Russland und der EU (2000–2010)» mag auf den ersten Blick eine ausgestreckte Hand gewesen sein.[218] Das Papier betonte jedoch die eigene Rolle als Weltmacht. Enge Beziehungen der EU zu den GUS-Staaten dürften russischen Interessen nicht schaden und man werde «jeglichen Anstrengungen Widerstand entgegensetzen, die die wirtschaftliche Integration in der GUS beeinträchtigen».[219] Der Journalist Manfred Quiring resümierte hierzu: «In Russlands Strategiepapier wurde jede euroatlantische Orientierung ebenso wie die Vision von einer Wertegemeinschaft im Raum zwischen Vancouver und Wladiwostok zurückgewiesen.»[220] Das Kooperationsangebot der EU wurde nicht angenommen, sondern es wurden eigene Einflusssphären und die Grenzen der Verflechtung abgesteckt.

Der russische Noch-Ministerpräsident trat nun immer deutlicher in Erscheinung. Wladimir Putin verwahrte sich gegen jede westliche Kritik und externe Einmischung in Tschetschenien. Ein Waffenstillstand käme nicht in Frage. Man werde die Angriffe mit dem Ziel fortsetzen, «alle terroristischen Banden zu vernichten».[221] Vor den Dumawahlen am 17. Dezember 1999 wollte Putin Stärke demonstrieren. In einem Meinungsbeitrag in der *New York Times* legte er im November seine Sicht der Dinge dar. Russland habe legitime Sicherheitsinteressen, dürfe sich gegen Terroristen verteidigen. Wie wohl die USA auf die Detonation von Bomben in ihrer Hauptstadt reagieren würden, fragte er.[222] Andere hohe russische Offizielle bezichtigten den Westen der Doppelmoral vor dem Hintergrund der Kosovo- und Irak-Einsätze. Dabei übergingen sie geflissentlich bedeutende Unterschiede: Die tschetschenische Hauptstadt Grosny wurde von der russischen Luftwaffe und Artillerie gezielt ins Visier genommen. Zivile Opfer nahm die russische Führung bewusst in Kauf und führte einen brutalen Krieg, der zudem auch die Schwäche der russischen Streitkräfte offenbarte. Wie sollte der Westen damit umgehen?

Tschetschenien

Fünf Jahre nach seinem Vergleich des Tschetschenien-Krieges mit dem Amerikanischen Bürgerkrieg fiel die Reaktion des US-Präsidenten Clinton diesmal deutlich energischer aus. Galt 1994 noch das Diktum, eine zu direkte Kritik an Jelzin würde den demokratischen Reformprozess unterminieren, stellte man das Argument jetzt auf den Kopf: Der Krieg in Tschetschenien bedrohe die Demokratie in Russland.[223] Auf dem OSZE-Gipfel in Istanbul am 19. November 1999 kam es zu einem offenen Schlagabtausch. Beobachter sprachen von dem «frostigsten Treffen zwischen Russland, den USA und den Europäern seit dem Ende des Kalten Krieges».[224] Die USA hatten die Tschetschenien-Frage ins Zentrum des Treffens gerückt.[225] Vor 54 versammelten Staats- und Regierungschefs verbat sich Jelzin jegliche Einmischung in innere Angelegenheiten und Belehrungen des Westens. Im Kosovo-Konflikt habe man das wahre Gesicht westlicher Doppelmoral erkennen können. Clinton legte seine vorbereitete Rede beiseite. Er antwortete ruhig, aber entschlossen und kritisierte die hohen zivilen Opfer. Dann zeigte er mit seinem Finger direkt auf Jelzin: Er habe 1991 doch in Moskau selbst auf einem Panzer gestanden und für die Freiheit gekämpft. Wäre er ins Gefängnis geworfen worden, so Clinton, hätte der Westen nicht gesagt, das sei nun mal eine interne Angelegenheit und man könne nicht einschreiten.[226] Jelzin müsse (Reform-)Kurs halten, sonst drohe sein Vermächtnis in Gefahr zu geraten. Auch der Bundeskanzler kritisierte das russische Vorgehen und die hohen zivilen Opfer.[227]

Nach der öffentlichen Sitzung hatte der US-Präsident ein denkwürdiges Vieraugengespräch mit Jelzin. Dieser warf ihm vor, der Westen bilde in der Türkei Terroristen für den Kampf in Tschetschenien aus.[228] Andere Teile des Gesprächs muss man direkt zitieren und im englischen Original zitieren, um einen Eindruck zu vermitteln, wie Unterredungen mit dem russischen Präsidenten in der Spätphase seiner Amtszeit abliefen und sicher nicht das Vertrauen in ihn stärkten. Jelzin ließ sein Denken in Großmachtsphären durchscheinen:

«President Yeltsin: (…) I ask you one thing. Just give Europe to Russia. The U. S. is not in Europe. Europe should be the business of Europeans. Russia is half European and half Asian.
The President: So you want Asia too?
President Yeltsin: Sure, sure. Bill. Eventually, we will have to agree on all of this.

The President: I don't think the Europeans would like this very much. President Yeltsin: Not all. But I am a European. I live in Moscow. Moscow is in Europe and I like it. You can take all the other states and provide security to them. I will take Europe and provide them security. Well, not I. Russia will. (…) Bill, I'm serious. Give Europe to Europe itself. Europe never felt as close to Russia as it does now.»[229]

Europa und Russland gemeinsam, auf Augenhöhe mit den USA – ein Konzept, das uns noch begegnen wird. Jelzins Tiraden machten den US-Präsidenten so wütend, dass er den Raum verließ.[230] Nicht nur Jelzin ließ ihn sprachlos zurück, wie Clinton dem britischen Premierminister Blair am Telefon anvertraute: «Er habe unlängst nicht mehr mit Putin gesprochen, da er nicht wisse, was er sagen solle. Alles, worum er Putin bitte, werde ohnehin mit hoher Wahrscheinlichkeit abgeschmettert.»[231] Solange der Tschetschenien-Konflikt den Führungszirkeln in Moskau helfe und populär sei, werde er daher weitergehen, mutmaßte der US-Präsident.[232] Blair und Clinton hatten zudem andere Sorgen, wie die amerikanischen und britischen Unterlagen zeigen: Verhandlungen über den Nordirland-Konflikt, Frieden zwischen Israel und Syrien, der Irak und die Zukunft der EU. Die Lage in Tschetschenien war nur eines von vielen Problemen. Clinton war des Themas leid. Er hegte ohnehin keine Sympathien für die tschetschenischen Unabhängigkeitsbestrebungen und sah kaum eine Möglichkeit, das russische Verhalten durch äußeren Druck oder Sanktionen zu beeinflussen.[233] Eine Haltung, die die gesamte amerikanische Russlandpolitik beeinflusste. Doch im Umfeld Blairs glaubte man, der internationale Druck auf dem Gipfel in Istanbul habe gewirkt, da eine Involvierung der OSZE und internationale Hilfslieferungen wieder realistisch schienen.[234] Die russischen Operationen wurden derweil immer intensiver und brutaler.

Die Bundesregierung kritisierte das russische Vorgehen mittlerweile sehr deutlich. Außenminister Fischer wurde nicht müde, den «Kolonialkrieg» zu verurteilen, bezeichnete ihn als «Akt der Barbarei» und warnte doch auch vor einer Destabilisierung Russlands.[235] Semantisch schwamm man in ähnlichen Bahnen wie gegenüber Miloševićs Aktionen im Kosovo.[236] Dies war kein Zufall, hatte Fischer doch während und nach dem Kosovo-Krieg Menschenrechte immer mehr zum Leitmotiv seiner Arbeit auserkoren.[237] Der Bundeskanzler forderte Jelzin zur Rücknahme seines Ultimatums vom 6. Dezember an die Einwohner Grosnys auf, wonach sie ihre Heimatstadt innerhalb von fünf Tagen verlassen sollten. Die Bundesregierung beurteilte dies als völkerrechtswidrig und drohte mit Konsequenzen für die Zusammenarbeit zwischen der EU und Russland. Man könne schwerlich «zur Tagesordnung zurückkehren, hieß es in der ‹sehr klaren Botschaft› an die russische Führung», berichtete der *Spiegel*.[238] Die *Süddeutsche Zeitung* sprach von einem irreparablen Bruch mit Moskau.[239] Doch schon einen Tag später erklärte Außenminister Fischer in der ARD, dass dort, «wo man nicht eingreifen könne – und das sei bei der Atommacht Russland eben der Fall – auf die Strategie der Einbindung zurückgegriffen werden müsse».[240] Russland war nicht Jugoslawien, könnte man diese kühle realpolitische Analyse zusammenfassen. Nicht Abschreckung oder Isolation, sondern Einbindung lautete die Devise.

Auf dem EU-Gipfel in Helsinki am 10. und 11. Dezember 1999 wurde die Osterweiterung diskutiert, aber das Treffen stand erneut unter dem Eindruck der Ereignisse in Tschetschenien. Diese Frage kam als erstes auf die Tagesordnung. Noch vor dem Gipfel hatte der Kanzler in einem ZDF-Interview Russland aufgefordert, den Krieg sofort zu beenden, sonst müsse «über andere Maßnahmen nachgedacht werden».[241] Westliche Hilfe in anderen Bereichen könne es bei einer Fortsetzung der militärischen Operationen nicht geben.[242] Der Rat in Helsinki verurteilte – auch unter dem Eindruck der öffentlichen Meinung – die russischen Aktionen in ungewohnter Schärfe und beschloss, die GSR zu überprüfen, einige PKA-Initiativen auszusetzen und verschiedene TACIS-Kooperationen auf ausgesuchte Aspekte, wie etwa zivilgesellschaftliche Maßnahmen und die Entwicklung des Rechtsstaates, zu konzentrieren.[243] Sanktionen lagen auf Drängen Frankreichs und der Bundesrepublik als eine Option auf dem Tisch.[244]

Nach so viel Helsinki erinnerte der Kanzler vor dem Deutschen Bundestag am 16. Dezember 1999 an die KSZE-Konferenz 1975 und die deutsche Entspannungspolitik, die er, wie oben gezeigt, schon in früheren Jahren über den Klee gelobt hatte. Die EU habe die russischen Aktionen verurteilt und erwarte ein unverzügliches Ende der Gewalt, doch man dürfe das Land nicht isolieren, so Schröder.[245] Trotz der starken Rhetorik und der zahlreichen Kriegsverbrechen wurde Russland signalisiert, es sei ein strategischer Partner. Konnte man über Verurteilungen hinaus noch weitere Schritte gehen? Wurde «in allem Ernst auch über Sanktionen nachgedacht»?[246] Ein Mitglied der Bundesregierung hatte bereits im Oktober Sanktionen gefordert: die Bundesministerin für Wirtschaftliche Zusammenarbeit und Entwicklung, Heidemarie Wieczorek-Zeul.[247] Doch ihr Appell verhallte ungehört. Es wurde Realpolitik gemacht.

Bundesaußenminister Fischer fuhr Ende Januar 2000 nach Russland. Er sprach mit Putin, doch erzielte keinen Durchbruch.[248] Er forderte den Kreml auf, internationale Beobachter zuzulassen und die Menschenrechtsverletzungen aufzuklären.[249] In Moskau blies ihm der Wind scharf ins Gesicht. In der russischen Presse bezeichnete man Fischer als den «Totengräber der deutsch-russischen Beziehungen».[250] Putin war aufgebracht über die Helsinki-Erklärung und fürchtete umfassende Sanktionen, weshalb man in Brüssel intensive Lobbyarbeit betrieb. Russische Diplomaten schmeichelten, machten Versprechungen und drohten mit langfristigen Folgen für die EU-Russland-Beziehungen.[251] Vermutlich nicht ohne einen gewissen Erfolg, denn die EU und ihre Mitgliedstaaten machten nicht ernst. Ein Bericht der Kommission und des Rates gab sich pessimistisch, ob Sanktionen wirklich zweckmäßig wären. Das Europäische Parlament war sich auch einig. Man verurteilte das russische Vorgehen, aber eine breite Mehrheit der Abgeordneten setzte sich für eine politische Lösung ohne Sanktionen ein.[252] Der EU-Außenministerrat schnürte am 24. Januar 2000 ein kleines Sanktionspaket, das etwa das Zurückhalten von 30 Millionen Euro für Nahrungsmittelhilfen, die Russland zu diesem Zeitpunkt ohnehin nicht mehr benötigte, umfasste.[253] Die Maßnahmen taten Russland nicht weh und sie bewirkten keinen Kurswechsel des Kremls.[254] Die zurückhaltende Politik der USA war zudem nicht hilfreich. Die US-Außenministerin Madeleine Albright hatte bereits auf einem G8-Außenministertreffen im Dezember Sanktionen ausgeschlossen.[255] Da die amerikanischen Hilfen für Russland nicht direkt an staatliche Stellen gingen, wollte man nicht die Falschen bestrafen; neue Programme, die über den IWF liefen, überlegte man sich sehr genau und verzögerte sie.[256] Doch hätten entschlossenere Schritte, etwa ein Ausschluss aus der G8 oder die Einstellung von Hilfszahlungen, zu einem Gesinnungs- oder zumindest Verhaltenswandel im Kreml geführt? «Vermutlich nicht», urteilten die amerikanischen Politikwissenschaftler James M. Goldgeier und Michael McFaul, denn der Kreml habe die Auseinandersetzung im Kaukasus als Kampf um die eigene territoriale Integrität betrachtet und war willens, dem alles unterzuordnen, auch gute Beziehungen zum Westen.[257] Washington teilte daher die realpolitische Einschätzung vieler Europäer und der Bundesregierung. Im Kaukasus hagelte es indessen weiter Bomben. Grosny wurde am 1. Februar von russischen Soldaten erobert. Der öffentliche Druck im Westen war verflogen. Die Zeichen standen auf Annäherung, wenngleich weiterhin fast ritualisierend die Menschenrechtssituation in Tschetschenien angemahnt wurde.[258]

Am 28. Januar 2000 wurde die Tschetschenienfrage im Deutschen Bundestag diskutiert. Der Außenminister zeigte sich als Realpolitiker: «Wenn wir eine realistische Analyse durchführen, müssen wir erkennen, dass unsere Kraft zwar ausreicht, um das russische Vorgehen zu zügeln, aber nicht ausreicht, um es wirklich zu stoppen.»[259] Fischer sprach sich gegen Sanktionen aus, denn «solange sich Russland nicht in einer strategischen Konfrontation mit Europa und dem Westen befindet, so lange dürfen wir auch nicht strategische Containment-Mittel einsetzen, es sei denn, wir wollten eine neue Isolierung herbeiführen.»[260] Der Außenminister wollte daher Anknüpfungspunkte suchen und eine «Politik der strategischen Geduld und der Prinzipienfestigkeit» verfolgen.[261] Die FDP-Bundestagsfraktion bezeichnete dieses Vorgehen in einem Antrag als «Wandel durch Anbiederung», doch in einer weiteren Debatte im Deutschen Bundestag rechtfertigte Fischer den neuen Kurs: Man müsse Russland auf dem Weg «innerer Demokratisierung und Zivilisierung» und der «Abkehr von der Geschichte der Gewalt» begleiten – angesichts der inneren Entwicklung und der Lage in Tschetschenien eine kühne Wortwahl, wie die Politologin Barbara Morlock bereits festgestellt hat.[262] Der Friedensprozess in Tschetschenien trat «in der Zielhierarchie der Bundesregierung offensichtlich hinter einen unterstellten Fortschritt Russlands im Transformationsprozess» zurück.[263] Die semantische Linie war daher: Russland müsse die Menschenrechte achten und sich an internationale Abkommen halten. Doch die Bundesregierung war nie willens, «selbst praktische Konsequenzen daraus zu ziehen oder innerhalb der EU auf solche hinzuwirken».[264] Die Bundesregierung war mit ihrem selbstdefinierten Kurs der «engagierten, offenen und kritischen Partnerschaft mit Russland»[265] jedoch nicht allein.

Im Frühjahr setzte in Brüssel und den europäischen Hauptstädten ein schleichender Kurswechsel ein.[266] Die Helsinki-Erklärung und die Sanktionen schienen wie ein Mühlstein an den Beziehungen zu Russland zu hängen. Der Kreml mäßigte seine Rhetorik nach den Präsidentschaftswahlen im März und erklärte den Tschetschenien-Konflikt im April für beendet.[267] Vor dem EU-Russland-Gipfel am 29. Mai 2000 bekundete Kommissionspräsident Romano Prodi, dass Russland und die EU wichtige Handelspartner seien und daher werde man nicht nur über Tschetschenien sprechen, sondern die Beziehungen auf vielen Feldern intensivieren und gemeinsame Interessen, vor allem im wirtschaftlichen Bereich, akzentuieren.[268] Der Europäische Rat im portugiesischen Feira am 19./20. Juni beendete den Sanktionskurs endgültig.[269] Auch die Kommission drängte auf eine Normalisierung, da die Sanktionen in ihren Augen ohnehin keine Wirkung gezeigt hätten.[270] Russische Menschenrechtsaktivisten protestierten lautstark gegen diesen Kursschwenk.[271] Die Kritik der EU an der Tschetschenienpolitik riss nie ab, wurde jedoch wie auf Samtpfoten an den Kreml herangetragen. Man maß dieser Frage keine Priorität bei, erkannte wie wenig man ausrichten konnte, hatte Angst vor den Auswirkungen auf die Beziehungen zu Moskau, vor einem Zerwürfnis der Energiepartnerschaft und vor einer Uneinigkeit der EU-Mitgliedstaaten, weshalb man den kleinsten gemeinsamen Nenner suchte und zumindest etwas Symbol- und Moralpolitik betrieb – auch aufgrund des öffentlichen Druckes.[272] Die Mitgliedstaaten übten weiterhin ein Mindestmaß an Kritik über die EU-Schiene, während man auf bilateraler Ebene zur Tagesordnung überging und die eigenen Beziehungen zu Russland nicht gefährden wollte.[273] Dies bot zwar kurzfristig bilaterale Vorteile, aber untergrub mittelfristig die Effektivität und die Geschlossenheit der europäischen Russlandpolitik erheblich.[274]

Die EU war mit ihrer realpolitisch-resignierenden Haltung keine Ausnahme. Der Europarat führte einen «Dialog ohne Konsequenzen».[275] Die VN-Menschenrechtskommission verabschiedete zwei Resolutionen zur Lage in Tschetschenien, die jedoch über Äußerungen der Besorgnis nicht hinausgingen.[276] Es kam auch zu keinen Protestbewegungen der Bevölkerung gegen die russische Tschetschenienpolitik, wie Martin Malek festgestellt hat. Gegen den Kosovo- und Irak-Krieg waren in Westeuropa und Nordamerika Millionen auf die Straße gegangen, doch nun «schien Tschetschenien kaum einen Aufmarsch wert».[277] Auch viele westliche Intellektuelle blieben ungewohnt wortkarg.[278] Dass das Thema schnell an Bedeutung verlor, mag auch daran gelegen haben, dass kaum tschetschenische Flüchtlinge nach Deutschland kamen.[279]

In vielen Regierungskanzleien schlug die Stunde des Bilateralismus, die hehren europäischen Ideale wichen einem pragmatischen Realismus. Der französische Staatspräsident Chirac war lange als entschiedenster Kritiker des Kremls aufgetreten, was zu einem deutlichen Temperatursturz in den Beziehungen zwischen Paris und Moskau geführt hatte. Chirac nutzte die französische EU-Ratspräsidentschaft in der zweiten Jahreshälfte 2000, um den Faden mit Moskau wieder aufzunehmen. Er hatte ohnehin großes Interesse an Russland. Seine Eltern hatten in den 1930er Jahren einen russischen Émigré zu Hause aufgenommen. Chirac lernte später Russisch, studierte die literarischen Klassiker des Landes und war von einer besonderen Rolle Russlands, auch in Kombination mit Deutschland und Frankreich, für die Stabilität in Europa überzeugt.[280] Bereits in den 1970er Jahren suchte er einen engen Draht nach Moskau.[281] Als Staatspräsident wollte er Russland in die westlichen Strukturen einbinden, dem Land im Sinne einer multipolaren Weltordnung einen bedeutenden Platz zugestehen und war lange willens, den post-sowjetischen Raum als exklusive Einflusssphäre des Kremls zu akzeptieren.[282] Die sozialistischen Minister trugen den Kurs mit: Hubert Védrine, ehemals enger Berater François Mitterrands, und Finanzminister Laurent Fabius, späterer Außenminister von 2012 bis 2016, veröffentlichten einen gemeinsamen Meinungsbeitrag in der *Financial Times*, der zu einem «Reset» der EU-Russland-Beziehungen aufrief: Ein aktive Einbindungspolitik sollte in ihren Augen Kritik am russischen Verhalten enthalten, aber auch die Zusammenarbeit in Feldern suchen, in denen es gemeinsame Interessen gab.[283]

Der EU-Russland-Gipfel in Paris im Oktober 2000 stand im Zeichen der Versöhnung, wirtschaftlicher Interessen und des Beginns des EU-Russland-Energiedialoges, der die Energiesicherheit Europas gewährleisten sollte. Kommissionspräsident Prodi unterstützte den Energiedialog, der allerdings mehr Rhetorik als Substanz enthielt.[284] Der russische Präsident lobte den Gipfel als Höhepunkt des Dialoges zwischen der EU und Russland.[285] In die bilateralen Beziehungen zu Frankreich kam Wärme: Es folgten viele hochrangige Treffen, Wirtschaftskontakte, und in der Raketenabwehrfrage – auf die unten näher eingegangen wird – fand Moskau in Chirac einen Verbündeten.[286] In London interpretierte man die französische Charmeoffensive als Ausdruck der Sorge im Élysée-Palast, man verliere Einfluss in Russland.[287] Großbritannien hatte bis dahin die Nase vorn. Premierminister Tony Blair hatte Putin bereits auf dem Höhepunkt des russischen Präsidentschaftswahlkampfes in dessen Heimatstadt seine Aufwartung gemacht.[288] In seinen 2010 erschienenen Erinnerungen brüstete sich Blair damit, so früh zu Putin gereist zu sein, der als Premier den Krieg in Tschetschenien «with vigour and, some said, brutality» geführt habe.[289] «Some said» – wer sagte dies nicht? Wenngleich Blair die Kritik habe nachvollziehen können, müsse man doch die russische Sicht verstehen, dass es sich um eine islamistische Sezessionsbewegung handelte. Bei seiner Reise hatte Blair handfeste Wirtschaftsinteressen von British Petroleum (BP)[290] im Gepäck und kritisierte die EU-Sanktionen als falsches Mittel.[291] Die britische Presse war entsetzt. «Take care Tony, that man has blood on his hands», gab ihm der *Guardian* mit auf den Weg.[292]

Im Juni stimmten Blair und Chirac überein: Man müsse Putin unterstützen, es gäbe keinen anderen.[293] Auch diese Einschätzung ähnelte Aussagen aus den 1990er Jahren. Russland war erneut von einer Wirtschaftskrise geplagt. Im November fuhr Blair abermals nach Russland und betonte seinen Wunsch nach Stabilität.[294] Putin pflichtete ihm bei: man brauche Frieden auf dem Balkan, müsse mäßigend auf den Iran einwirken, und er zeigte Verständnis für die scharfe britische Haltung gegenüber Saddam Hussein.[295] Doch ein britischer Vermerk hielt fest: «In keinem dieser Felder zeige sich allerdings eine Übereinstimmung zwischen den versöhnlicheren Tönen und der russischen Politik».[296] Putins Worte waren somit ohne Rückbindung an seine Taten. Was sollte man von dem neuen Mann im Kreml daher halten?

Erste Warnsignale

Schröder und Clinton sprachen in einem Telefonat am 7. Januar 2000 über den Neuling. Der US-Präsident hatte Putin schon mehrmals getroffen und lobte ihn als intelligenten, disziplinierten, verantwortungsbewussten Mann und «guten Partner». Schröder stimmte zu. Er gab zu bedenken, dass man einen Mittelweg zwischen Kritik an den Vorgängen in Tschetschenien und der Beibehaltung guter Beziehungen nach Moskau einschlagen müsse. «Ich erinnere mich, dass wir einmal über die besondere Rolle sprachen, die Deutschland bei den Beziehungen zu Russland einnehmen könne», sagte Schröder, «und wir sind bereit, diese Sonderrolle innerhalb der EU einzunehmen.»[297] Clinton pflichtete ihm bei. Es gelte mit der Tschetschenienproblematik so umzugehen, dass man noch sagen könne, was man glaube, aber den Beziehungen zu Putin nicht irreparabel schade. Der Kanzler war erneut einverstanden: Dies werde schwierig, aber sei machbar.[298] Er ließ durchblicken, dass er innerhalb der EU durchaus eine führende und besondere Rolle im Verhältnis zu Russland einnehmen wollte. In dem Gespräch, auf das Schröder sich hier bezog und das weiter oben erwähnt wurde, hatte Clinton Deutschland die Sonderrolle angetragen und die EU nicht erwähnt.[299] Der Kanzler nahm den Ball bewusst auf, aber betonte die europäische Dimension. In dem Telefonat wurden auch die Nachbarregionen Russlands besprochen. Clinton warnte vor etwaigen russischen Abenteuern in Georgien oder Moldawien. Der Kanzler sah diese Gefahr ebenfalls und wollte daher demonstrativ Georgien besuchen, ohne jedoch Russland zu düpieren.[300] Hierbei schien wie in der Ära Kohl die Angst vor einer weitreichenden Destabilisierung des post-sowjetischen Raumes durch. Dadurch gab es einen weiteren Grund, weshalb man in Bezug auf Tschetschenien den Bogen nicht überspannen wollte, da man heftige russische Reaktionen im «nahen Ausland» befürchtete.

Schröders außenpolitischer Berater, Michael Steiner, äußerte sich britischen Gesprächspartnern gegenüber sehr skeptisch über Putin: Seine Vergangenheit im KGB und die aktuellen Entwicklungen weg von einer pluralistischen Demokratie seien gefährlich; Putins Vergangenheit in Dresden eröffne keinen speziellen Zugang zu ihm.[301] Viele andere Beobachter waren hoffnungsfroher. Blair erkannte in Putin einen Altersgenossen mit einer gleichen Einstellung, jemand, der Demokratie, Marktwirtschaft und eine Hinwendung zum Westen wollte.[302] Trotz der Entfremdung, so Blair in seinen 2010 veröffentlichten Memoiren, habe er nie das anfängliche Gefühl einer Verbundenheit zu ihm verloren und den Gedanken, dass unter anderen Umständen die gegenseitigen Beziehungen Blüten hätten tragen können.[303] Schröder hielt Putin auch für einen Modernisierer, was damals keine isolierte Meinung war.[304] Gab es darüber hinaus ein «Third Way»-Denken im Hinblick auf Russland? Sah Schröder die Chance, dass sich in Russland ein neuer Kurs der marktfreundlichen Sozialdemokratie durchsetzen könnte, wie er, Clinton in den USA und Blair in Großbritannien es vormachten? Weggefährten sagen Nein.[305] Auch bei Treffen der «Neuen Mitte» mit internationalen Gästen war Putin nicht eingeladen. Blair wollte bilaterale Verbindungen knüpfen, speziell zu Schröder. Diese neue Achse London-Berlin sollte das deutsch-französische Tandem ablösen. Russland spielte hierbei auch eine Rolle, wie eine britische Vorlage für Blair zeigt: «Deutschland wird immer der wichtigste Partner Russlands in Europa bleiben. Sie sind der Erste, der ein Vertrauensverhältnis mit Putin aufbaut. Sie sollten prüfen, ob Sie auch Schröder einbinden können und somit ein Trio formen, das Chirac ausschließt.»[306]

Trotz der britischen Wünsche wurde jedoch auch die Troika zwischen Frankreich, Deutschland und Russland unter der rot-grünen Bundesregierung fortgesetzt. Die Briten standen dieser Entwicklung weiterhin skeptisch gegenüber. John Holmes, einer der engsten Berater Blairs, teilte dies Schröders Mann für außenpolitische Belange, Michael Steiner, sehr deutlich mit. Steiner schien wenig begeistert von der Troika und wollte Großbritannien hinzuziehen und falls möglich, ein Treffen mit Russland während der deutschen EU-Ratspräsidentschaft ganz verhindern.[307] Eine Zusammenkunft zwischen Chirac, Schröder und Jelzin in Istanbul – am Rande des OSZE-Gipfels im November 1999 – dauerte nur zehn Minuten und war ohne Substanz.[308] Doch erneut blitzt in diesen Bemühungen das Denken in bi- oder trilateralen Allianzen zwischen den großen europäischen Staaten durch – eine Facette, der im Hinblick auf die deutsche Russlandpolitik noch entscheidende Bedeutung zukommen sollte.

Was in den Unterhaltungen aufscheint, ist zwar ein gewisser Optimismus im Hinblick auf Putin, aber auch das Denken in alternativen Szenarien. Was wäre, wenn durch eine wirtschaftliche Gesundung ein starkes revisionistisches Russland entstünde? Gab es auch negative Anzeichen, dass der neue Präsident in diese Richtung denken könnte? Ja, es gab sie. Viele seiner Äußerungen oder Pläne hätten aufhorchen lassen können. Im Januar 2000 kündigte Putin eine Erhöhung des russischen Verteidigungshaushaltes um 50 Prozent an und im Dezember wurde die Melodie der alten sowjetischen Hymne mit abgeändertem Text wieder zur russischen Nationalhymne. Unliebsame Medienberichterstattung wurde immer stärker zensiert.

Clinton scheint ein Jahr nach seinem Telefonat mit Schröder den neuen Machthaber im Kreml anders eingeschätzt zu haben. Denn in den Gesprächen des ausgehenden US-Präsidenten Clinton – im Herbst 2000 hatte sein Vizepräsident Al Gore die Präsidentschaftswahl gegen den republikanischen Herausforderer George W. Bush verloren – wird ein gewisser Subtext deutlich. Mehrfach trat Putin ihm gegenüber geradezu aufdringlich auf, vor allem hinsichtlich der Probleme im Nahen und Mittleren Osten. Er wollte gemeinsame Initiativen anstoßen, um als Partner auf Augenhöhe wahrgenommen zu werden. Clinton berichtete in einer Unterhaltung mit Putin im Dezember 2000 von der in seiner Sicht überzogenen Reaktion der Israelis auf steinewerfende Palästinenser, die auch der Palästinenserführer Jassir Arafat teile: «Er (Arafat) empfinde die israelische Reaktion als unverhältnismäßig: die eine Seite werfe Steine und die Israelis brächten Schusswaffen zum Einsatz.» Putin warf hierauf ein: «Das ist grundsätzlich die einzig richtige Reaktion auf einen Angriff, egal in welcher Region.»[309] Clinton ging auf diesen Kommentar nicht näher ein. Er verdeutlichte jedoch Putins Politikverständnis und seine Bereitschaft zur Eskalation und Nutzung militärischer Mittel, wie seine immer brutalere Vorgehensweise in Tschetschenien bereits aller Welt vor Augen führte. Im selben Gespräch wurde auch Georgien thematisiert. Die amerikanische Gesprächsaufzeichnung hielt hierzu fest, Putins Stimme sei dabei «increasingly emotional and insistent» geworden,[310] was oft passiert, wenn ihm wichtige und sensible Themen angesprochen werden.[311] Er beschwor Clinton, die «wahre Situation» zu erkennen: Russland übe keinen Druck auf Georgien aus, nehme vielmehr hunderttausende georgische Flüchtlinge auf. Im Gegenzug erhielten Terroristen Unterschlupf in Georgien, und die Regierung in Tiflis habe eine schlechte Zahlungsmoral, halte sich nicht an Verträge, so Putin.[312] Der Kremlchef wollte den Kaukasus als seine Spielwiese wahrgenommen wissen. Im Juli 1999 hatte bereits Außenminister Igor Iwanow den britischen Premierminister gewarnt, man dürfe die innenpolitische Schwäche Russlands nicht ausnutzen: Es sei ein großer Fehler, wenn man versuche, Russland aus dem Kaukasus, dem Kaspischen Raum oder Zentralasien zu verdrängen.»[313]

Ein anderes Beispiel zeigte sich beim Treffen der finnischen Präsidentin Tarja Halonen mit Wladimir Putin im Sommer 2000. Der russische Präsident echauffierte sich über die baltischen Staaten und deren Behandlung der russischen Minderheiten: Ob sie wohl alle Russen vertreiben wollten, um Platz für albanische und kurdische Flüchtlinge zu machen und die Ziele der EU umzusetzen, fragte er, und ließ dabei seine Verachtung für die EU, ihre Prinzipien und die muslimischen Flüchtlinge durchscheinen.[314] Die EU zeichnete sich als Feindbild des Kremls ab, wenn sie Menschenrechtsaspekte kritisierte oder kleine Nachbarstaaten Russlands unterstützte. Umgekehrt war die EU ein attraktiver Markt für russische Rohstoffexporte und bot umgekehrt viel Hochtechnologie, die man importieren konnte.

Putin strebte nach einer wirtschaftlichen Modernisierung.[315] Er wollte die Wirren und Unwägbarkeiten der späten Jelzin-Jahre überwinden, Russland zu «alter Größe» zurückführen, den Staat stärken – «keine Experimente» auf Russisch. Dafür musste die Wirtschaft rundlaufen. Putin hatte sich bereits in den 1990er Jahren intensiv mit der strategischen Bedeutung des russischen Rohstoffexportes befasst.[316] Jetzt profitierte Moskau von einem Anstieg des Rohölpreises und der weltweiten Nachfrage nach dem «schwarzen Gold»: Russland steigerte seine Erdölförderung massiv, war 2006 der größte Erdölproduzent der Welt und versorgte Europa immer umfassender mit Gas. Zudem wollte Putin seine Vision von «national champions», die russische Interessen global vertreten konnten, mit allen Mitteln umsetzen. In strategischen Branchen sollte der Staat das Sagen haben, und unliebsame Oligarchen wurden entfernt.[317] Noch brauchte Putin für den wirtschaftlichen Wiederaufstieg Partner. Energieimporte, Handel und Investmentchancen trafen auf den russischen Bedarf an Technologie und Exportmärkten für die eigenen Rohstoffe. Die Wirtschaftspolitik der SPD setzte auf eine Reduzierung der Atomenergie, symbolisiert durch den «Atomkompromiss» im Juni 2000, und die «Ökosteuer» belastete die ohnehin steigenden Ölpreise.[318] Neben erneuerbaren Energien mussten andere Formen des Energieimports gefunden werden. Es bestand somit eine Interessenkonvergenz zwischen Berlin und Moskau,[319] die auch für die EU und andere Mitgliedstaaten zutraf. Doch in Moskau sah man die EU-Kommission als zu schwach an, um als Treiber einer Annäherung oder gar strategischen Partnerschaft zu fungieren. Die EU-Russland-Treffen empfand man zunehmend als Zeitverschwendung und als Forum einer ritualisierten Empörung über mangelnde Reformen in Russland.[320] Putin suchte daher vermehrt die bilaterale Schiene in die Hauptstädte der einzelnen Mitgliedstaaten. Zur Jahresmitte 2000 kam der neue Mann im Kreml erstmals nach Deutschland.

3. Neue Herzlichkeit (2000/01)

Die Annäherung

Im Sommer und Herbst 2000 fanden Putin und Schröder einen immer besseren Draht zueinander. Sie hatten viele Gemeinsamkeiten. Beide waren Aufsteiger und Alpha-Tiere. In seiner Amtszeit traf Schröder vierzigmal mit Putin zusammen; allein 2005 sahen sie sich achtmal.[321] Das erste Treffen fand jedoch erst knapp zwei Jahre nach dem Amtsantritt des sozialdemokratischen Bundeskanzlers statt. Schröder hatte es nicht eilig gehabt, den neuen Ministerpräsidenten kennenzulernen. Zu entnervt war der Kanzler von den ständig wechselnden Amtsinhabern, den wirtschaftlichen Turbulenzen und dem Chaos im Kreml.[322] «There is as yet no empathy with Putin», notierte die britische Botschaft in Berlin im März.[323] Dem Treffen in Berlin am 15./16. Juni ging eine weitere Verstimmung voraus. Schröder war kurz davor in die baltischen Staaten gereist und Putin als diplomatische Retourkutsche zunächst nach London.[324] Der Kanzler bekräftigte in Estland die deutsche Unterstützung für eine rasche Aufnahme der baltischen Staaten in die EU, aber bremste die Erwartungen hinsichtlich einer schnellen NATO-Mitgliedschaft und unterstrich, wie wichtig ein gutes Verhältnis der Balten zu Russland sei.[325]

In Berlin lernten Putin und Schröder sich ausführlich kennen. Sie sprachen fünf Stunden miteinander, ohne Dolmetscher.[326] Die Russlandpolitik war nach rund zwei Jahren rot-grüner Amtszeit endgültig zur Chefsache avanciert.[327] Putin stattete auch Altkanzler Kohl und der neuen CDU-Vorsitzenden Angela Merkel eine Visite ab. Er sprach zudem eine Einladung aus: Das Ehepaar Schröder solle ihn doch zu Weihnachten privat besuchen kommen. Der Kanzler sagte sofort zu.[328] Im SPD-Parteivorstand zeigte Schröder sich zufrieden. Der Besuch sei «erfolgreich» verlaufen. Russland erhalte neue Hermes-Bürgschaften, eine Schuldentilgung habe er hingegen abgelehnt.[329] Die Bundesrepublik war nach wie vor der größte Gläubiger: Allein rund 7,5 Milliarden DM Altschulden der Sowjetunion waren ausstehend.[330] Dies bereitete dem Kanzler erhebliche Probleme, die den engsten

Verbündeten sehr bewusst waren.[331] Ein Schuldenerlass war aus Solidarität mit Deutschland (und nach mehrmaligem Drängen Schröders) auch in London und Paris abgelehnt worden; stattdessen wurde eine Umschuldung ins Spiel gebracht.[332] Dies bot Einflussmöglichkeiten: Blair hatte ursprünglich die Tilgung der Altschulden im Gegenzug für Reformen als Teil seiner Russlandstrategie gesehen.[333]

Bei dem Berlin-Besuch zeigte sich ferner, wie sehr Russlandpolitik auch Außenwirtschaftspolitik war. Putin sprach vor über 300 hochrangigen Vertretern der «Deutschland AG».[334] Es wurden milliardenschwere Absichtserklärungen zwischen Gazprom und deutschen Energiefirmen wie Wintershall und Ruhrgas geschlossen. Es wurde auch ein neues Instrument für eine engere bilaterale Kooperation geschaffen. Im Juni 1990 war die «Gemischte Deutsch-Sowjetische Kommission» durch den «Deutsch-Russischen Kooperationsrat» abgelöst worden. Unter Federführung des Wirtschaftsministeriums sollte der bilaterale Austausch forciert werden. Doch das Gremium traf sich bis 2001 nur sieben Mal und die Veranstaltungen waren zu groß und zu bürokratisch, um wirkliche Dynamik zu entfalten. Der Ost-Ausschuss der Deutschen Wirtschaft schlug daher im März 2000 ein kleineres, exklusiveres Format vor.[335] Putin und Schröder stimmten in Berlin zu und schufen die «Arbeitsgruppe für strategische Fragen der deutsch-russischen Kooperation im Wirtschafts- und Finanzbereich», die verkürzt Strategische Arbeitsgruppe (SAG) genannt wurde. Sie war direkt im Kanzleramt angesiedelt, und deutscherseits gehörten ihr Staatssekretäre des Wirtschaftsministeriums, des Finanzministeriums und des Auswärtigen Amtes sowie der Präsident des Ost-Ausschusses (von 2000 bis 2010 Klaus Mangold) an; von russischer Seite kamen drei stellvertretende Minister der entsprechenden Ressorts sowie Alexej Mordaschow, Generaldirektor der Severstal Stahlgruppe, hinzu. Damit erhielt die SAG höchste politische Rückendeckung.[336] Viele ihrer Mitglieder besaßen Vorstandsposten in deutschen oder russischen Unternehmen. Eine gelebte Annäherung durch Verflechtung. Mangold förderte «auf der Bühne und hinter den Kulissen des Kanzlers Ostpolitik».[337] 2010 übernahm Bernd Pfaffenbach, ehemals Staatssekretär im Bundeswirtschaftsministerium und seit 2001 Leiter der Wirtschafts- und Finanzabteilung im Bundeskanzleramt unter Schröder, den Vorsitz der SAG.[338] Bis Februar 2004 trat dieses wichtige Gremium fünfzehn Mal zusammen: Die Beratungsgegenstände und Absprachen sind nicht öffentlich.[339] Deutsche Regierungsvertreter beschrieben die SAG als «klein, hochrangig, entscheidungsbefugt, ressortübergreifend, informell und unprotokollarisch», wodurch sie konkrete Projekte in Angriff nehmen und durch politische Einflussnahme zum Erfolg führen sollte.[340] Solche Kooperationsformate gab es auch mit anderen Staaten, doch die SAG war «in ihrer Art bislang einzigartig und sichert Deutschland eine privilegierte Position unter den internationalen Kooperationspartnern Russlands», hielt eine Analyse der Stiftung Wissenschaft und Politik (SWP) 2004 fest.[341] Es zeigte sich eine klare Konvergenz wirtschaftlicher Interessen. Und doch traten auch Konfliktpunkte auf.

Es darf nicht übersehen werden, dass Putin nur wenige Tage vor seiner Anreise am 8. Juni die Regierungsgewalt in Tschetschenien per Dekret übernahm. Er führte seine, in der Bevölkerung durchaus populäre harte Linie fort und versprach, jeden Terroristen «auch auf dem Lokus kaltmachen» zu lassen und somit «dem Zerfall Russlands ein Ende zu setzen».[342] Die brutalen Operationen geschahen keineswegs im Dunkeln. Die Bilder des zerstörten Grosny flimmerten über die Bildschirme der Republik, auf denen nun auch Putin auftauchte. In einem ARD-Interview besprach Putin die Raketenabwehrpläne (National Missile Defense – NMD) der USA sowie die NATO-Osterweiterung.[343] Kurz zuvor war der Kremlchef mit Clinton zusammengetroffen, hatte aber keine Einigung in der NMD-Frage – die ein jahrelanges Dauerthema blieb – erzielen können.[344] Putin sprach diesen Themenkomplex auch in Berlin an.

Die USA stießen mit dem NMD-Programm in Europa auf wenig Gegenliebe. Bei einem Besuch des US-Präsidenten nur wenige Tage vor Putins Berlinvisite hatte der Kanzler «darauf hingewiesen, dass die USA selbstverständlich autonom über die Frage der eigenen Verteidigung entscheiden könnten. Allerdings habe er auf die Sorge hinsichtlich eines erneuten Rüstungswettlaufs hingewiesen.»[345] Kurz vor Putins Staatsbesuch stimmten sich das Kanzleramt, das Verteidigungsministerium und das Auswärtige Amt ab und plädierten auf Ablehnung der NMD-Pläne.[346] Berlin sorgte sich vor allem um die Konsequenzen für die Rüstungskontrollbemühungen und die Beziehungen zu China.[347] Wieso befürchtete man einen Rüstungswettlauf? Ein Raketenabwehrschirm bedingte die Aufkündigung des Vertrages über die Begrenzung der Raketenabwehrsysteme (*Anti-Ballistic Missile*, oder ABM) von 1972, da dieser Defensivsysteme zur Abwehr von

Raketen verbot. Durch einen solchen Schritt drohte das nukleare Gleichgewicht aus der Balance zu geraten. Die britische Regierung wollte die NMD abändern, aber das Prinzip der Abschreckung unterstützen und nicht, wie der französische Staatspräsident Jacques Chirac, einen Frontalangriff gegen das amerikanische Vorhaben lostreten.[348]

Bei dem Treffen in Berlin schlug Putin dem Kanzler vor, eine gemeinsame europäisch-amerikanisch-russische «nichtstrategische Raketenabwehr» zu schaffen. Eine Idee, die viel diplomatischen Sprengstoff enthielt. Schröder beschwor Blair, man müsse auf Putins Vorschlag konstruktiv reagieren, wenngleich er nicht sehr gut durchgedacht sei.[349] Der NATO-Russland-Rat solle sich hiermit befassen. Obwohl die Chancen auf eine Einigung nur sehr gering seien, so Schröder, helfe man damit Putin innenpolitisch und zeige guten Willen: Der Prozess sei wichtiger als das Resultat.[350] Blair stimmte zu. Die NMD- und die Schuldenfrage wurden kurze Zeit später auch auf dem G8-Gipfel in Okinawa thematisiert. Schröder und Chirac kritisierten die amerikanischen Pläne. In London vermutete man, Chirac lasse amerikaskeptische Töne anklingen, um in Moskau verlorenen Boden gutzumachen.[351] Der Kanzler errichtete eine außenpolitische Brandmauer: Er rekurrierte auf die generelle Skepsis in Europa und die bestehenden Abrüstungsziele, nahm also die Bundesrepublik aus der Schusslinie. Schröder betonte, er werde sich «in der Sache nicht mit Putin verbünden», obschon man Russland in die Diskussion einbeziehen und den dortigen Reformkurs unterstützen müsse.[352] Putins in Berlin geäußerten Kooperationsplänen erteilte er auf diese Weise eine Absage. Auch einen Schuldenerlass lehnte Schröder erneut ab. Letztlich brachte Clinton die Raketenabwehrpläne nicht unter seiner Ägide zum Abschluss, da er vor einer Aufkündigung des ABM-Vertrages zurückscheute.[353] Er überließ die Frage seinem Nachfolger. In Berlin scheute man allerdings vor einer weiteren Hinwendung zu Russland nicht zurück.

Im September bot Schröder am Rande der VN-Generalversammlung an, nach Russland zu reisen, falls Putin eine Solidaritätsbekundung brauche, berichtet Schöllgen.[354] Solidarität für was? Im Unglücksmonat August sank das Atom-U-Boot «Kursk», das 188 Seeleute in den Tod riss, und der Moskauer Fernsehturm brannte. Der Kreml lehnte ausländische Hilfe ab und zensierte die mediale Berichterstattung. Im Nachhinein wurde dies als erstes Warnsignal bezeichnet, wie menschenverachtend der neue Machthaber handelte.[355] Wenn Schröder einen Beweis der Solidarität anbot, dann auch gegen westliche Kritik und Munkeln in der russischen Bevölkerung, die Regierung verheimliche viele Fakten und Ursachen der Katastrophen, denen man noch das Bombenattentat in der Moskauer U-Bahn hinzufügen müsste.

Wie diese Solidarität aussah, zeigte sich Ende September als der Kanzler für wenige Stunden in Moskau weilte.[356] Er zeigte sich nachsichtig gegenüber Putins harschem Vorgehen gegen die Presse. Hier begann die «Neigung des Kanzlers, der russischen Führung demonstrativ Verständnis für die sukzessive Verschärfung ihres innenpolitischen Kurses entgegenzubringen», resümierte der Politologe Hans-Joachim Spanger.[357] Tschetschenien spielte kaum mehr eine Rolle.[358] Dabei war Berlin keineswegs allein. Die EU hatte ihre Kritik an den rechtsstaatlichen Zuständen und den Vorgängen in Tschetschenien deutlich zurückgefahren. Bei einem erneuten Russlandbesuch Schröders im Januar 2001 kam endgültig Wärme in die deutsch-russischen Beziehungen. Putin empfing den Kanzler und seine Frau zum orthodoxen Neujahrsfest und fuhr alles auf, was Vertraulichkeit schaffen konnte: Die Ehepaare besuchten gemeinsam einen Gottesdienst und fuhren im Schlitten durch die schneebedeckte Landschaft. Die Herren diskutierten eifrig, gingen gemeinsam in die Sauna. Als diese Feuer fing, trank Schröder zuerst noch sein Bier aus – dann erst wurde evakuiert. Putin war beeindruckt: sein deutscher Gast, ein Pfundskerl.[359] Nebenbei stimmte er öffentlich zu, die sowjetischen Altschulden zu begleichen.

Im Ausland nahm man die neue Herzlichkeit in den deutsch-russischen Beziehungen aufmerksam zur Kenntnis. Nachdem zunächst vor allem Blair versucht hatte, dem Newcomer im Kreml unter die Arme zu greifen, schien nunmehr Schröder, den Blair und auch Clinton hierzu animiert hatten, diese Rolle zweite Haut zu sein. In einem Telefonat zwischen Blair und US-Präsident George W. Bush im März 2001 berichtete dieser von seinem jüngsten Treffen mit dem Kanzler: «Schröder hatte klargemacht, dass er sich selbst als ‹Russlands Betreuer› in Europa sehe, aber schien über die russischen Waffenverkäufe an den Iran nicht im Bilde.»[360] Moskau lieferte weiter Rüstungsgüter an das Regime in Teheran, half beim Bau des Kernkraftwerkes in Buschehr und bildete iranische Raketeningenieure aus.[361] Die Vereinigten Staaten wollten eine nukleare Proliferation des Iran jedoch unbedingt verhindern und deswegen mit Russland zusammenarbeiten.

Doch dieser Aspekt schien auf der Prioritätenliste Schröders zumindest nicht ganz weit oben zu stehen. «Russlands Betreuer» wollte er sein, also Fürsprecher, Anwalt und Aufpasser zugleich.[362]

Das neue Niveau der deutsch-russischen Beziehungen lässt sich anhand der Reise des Kanzlers im April 2001 nach St. Petersburg verdeutlichen. Im Vorfeld unternahm Schröder einen ungewöhnlichen Schritt. Er veröffentlichte einen Namensbeitrag in der Wochenzeitung *Die Zeit*, in dem er die Ziele seiner Russlandpolitik darlegte. Diese könnten immer nur im europäischen Gesamtkontext gedacht und verfolgt werden, um etwaige Sonderwege zu vermeiden, wie Schröder gleich eingangs festhielt.[363] Er wolle eine «neue Normalität (...) ohne Illusionen, ohne Sentimentalitäten (...) ohne unsere jeweiligen beträchtlichen Eigeninteressen zu verleugnen».[364] Dies sollte auf breiter Basis geschehen: die bilaterale mit der europäischen Ebene verzahnt, Reformen in Russland unterstützt und langfristig verfolgt werden. Schröder erwähnte die Probleme der Rechtsstaatlichkeit in Russland und die schwelende Wunde des Tschetschenien-Konfliktes. Er bezog sich auf das deutsche Beispiel nach 1945, als eine florierende Wirtschaft zum Grundpfeiler der Demokratisierung avancierte. Auf diesem Weg müsse man nun Russland begleiten. Hierfür brauchte es in Schröders Augen einen Dialog und Austausch auf allen Ebenen, um die «enge Partnerschaft mit Russland (...) noch stärker in den Herzen und Köpfen der Menschen zu verankern». Man müsse ein «Beziehungsgeflecht» zwischen den Gesellschaften schaffen.[365] Einer Personalisierung der Beziehungen redete der Kanzler ebenfalls das Wort. Er lobte den Kremlchef und stellte fest: «Ohne Präsident Putin geht in Russland wenig.»[366]

Bei dem Treffen in St. Petersburg im April wurden die wirtschaftlichen Bande weiter gestärkt. In der Schuldenfrage blieb Schröder hart: die noch ausstehenden rund 50 Milliarden Dollar sollten weiterhin jährlich getilgt werden, nur bei den Altschulden aus Sowjetzeit zeigte sich Bewegung. Zudem wurde der «Petersburger Dialog», ein zivilgesellschaftliches Gesprächsforum, ins Leben gerufen.[367] Es trat somit ein weiteres Dialogformat hinzu. Das bereits 1993 gegründete «Deutsch-Russische Forum» hatte sich vor allem für den Austausch von Künstlern und Journalisten eingesetzt. Der «Petersburger Dialog», der «eine Art zivilgesellschaftliches Pendant zur SAG darstellte» und viele personelle Überschneidungen aufwies,[368] zog jedoch recht schnell Kritik auf sich. Von deutscher Seite saßen tatsächliche

Vertreter der Zivilgesellschaft in den verschiedenen Gesprächsrunden, auf russischer Seite herrschte oft ein «Kaderdenken» vor, und die Teilnehmer waren alles andere als pluralistisch.[369] Eine Malaise, die sich immer weiter verfestigte und auch im Rechtsstaatsdialog zeigte.[370]

In der Zeit von Juni 2000 bis April 2001 hatte sich ein Wandel in den deutsch-russischen Beziehungen vollzogen. Die an Russland geäußerte Kritik nahm im Vergleich zu 1999/2000 deutlich ab. Die Beziehungen nach Moskau wurden stark personalisiert – bis Mitte 2002 trafen sich Schröder und Putin elfmal[371] – und immer stärker durch die außenwirtschaftliche Brille gesehen. So verwundert es, dass Schröders Biograph Gregor Schöllgen die gefühlsmäßigen Verbesserungen seit dem Sommer 2000 als Grundlage dafür ansieht, dass Schröder «gegenüber Russlands Präsidenten Fehlentwicklungen beim Namen nennen kann, ohne dass ihr Verhältnis Schaden nimmt».[372] Vielmehr scheint es, dass die Kritik deutlich zurückgeschraubt wurde, *damit* das Verhältnis keinen Schaden nahm. Die neue Herzlichkeit sollte keinen Dämpfer erfahren. So lud der Kanzler Putin auch dazu ein, vor dem Deutschen Bundestag eine Rede zu halten.[373] Für den September 2001 guckte man sich eine ruhige Woche aus. Doch der September war ab dem 11. Tag des Monats alles andere als ruhig.

Der 11. September 2001 und das folgende Tauwetter

In Deutschland herrschte nach den Terrorangriffen in New York und Washington, die über 3000 Menschenleben forderten, das blanke Entsetzen. Der Kanzler stellte sich an die Seite der USA, versicherte am 12. September vor dem Deutschen Bundestag die «uneingeschränkte Solidarität» Deutschlands.[374] Eine Wortwahl, die er von Wolfgang Ischinger, dem deutschen Botschafter in Washington, übernahm. Dieser hatte berichtet, die USA würden eine solche uneingeschränkte Solidarität von ihren Verbündeten erwarten.[375] Die Bundesbürger waren geteilter Meinung: Sie sprachen den USA das Recht auf Selbstverteidigung mit militärischen Mitteln zu, doch nur 44 Prozent standen hinter der Wortwahl Schröders, 47 Prozent hätten sich eine zurückhaltendere Positionierung gewünscht.[376] Im «Kampf gegen den internationalen Terrorismus» drohte in Afghanistan ein weiterer Waffengang mit deutscher Beteiligung. Nicht nur bei manchen Grünen – bis zu einem Drittel der Bundestagsfraktion[377] – machte sich ein mulmiges Gefühl

breit, das stellenweise in offenen Protest umschlug.[378] Über drei Dutzend
sozialdemokratische Abgeordnete meldeten Zweifel an, viele sprachen sich
gegen eine Beteiligung der Bundeswehr aus und meinten, einen «blindwü-
tigen Vergeltungsschlag» der USA zu erkennen.[379] Ähnlich wie zuvor bei
der Debatte über einen Einsatz in Mazedonien, musste der Kanzler sein
ganzes Gewicht in die Waagschale werfen, um seine Genossen auf Linie zu
bringen.[380] In Mazedonien drohte im Frühsommer 2001 die auf Stabilität
orientierte Südosteuropapolitik der Bundesregierung und der EU untergraben zu werden.[381] Man müsse sich an einer begrenzten Aktion beteiligen, so
der Kanzler im Parteivorstand der SPD im Juli, die «internationale Handlungsfähigkeit» der Bundesregierung stünde sonst auf dem Spiel.[382] Der
Kanzler wollte immer stärker präventive Stabilitätspolitik betreiben, anstatt
reaktiv auch selbst eingreifen zu müssen.[383] Bei der Abstimmung zum Ma-
zedonien-Einsatz im Bundestag gab es dennoch 19 Abweichler aus der
SPD-Fraktion.[384]

Am 24. September kritisierte Henning Voscherau im Parteivorstand der
SPD den Kanzler. Dessen Erklärung der «uneingeschränkten Solidarität»
drohe, «einen militärischen Automatismus in Gang zu setzen».[385] Schröder
ließ sich nicht beirren. Man dürfe nicht abseitsstehen. Es gelte, der eigenen
Bündnisverpflichtung nachzukommen. Bundespräsident Johannes Rau
(SPD) hatte öffentlich Zweifel an einer Intervention in Afghanistan unter
deutscher Beteiligung geäußert, was zu einer «Kontroverse» mit dem Kanzler führte.[386] Dieser wollte eine Diskussion hierüber tunlichst vermeiden.
Ein gutes Verhältnis zu den USA gehöre zu dem «Grundsicherheitsgefühl
der Menschen in Deutschland», erklärte Schröder im SPD-Parteivorstand
und «lediglich das Handeln in Solidarität zu den USA verschaffe Einflussmöglichkeiten».[387]

Um sich Rückhalt für seine Politik zu sichern, zog der Kanzler alle Regis-
ter: Er stellte die Vertrauensfrage. Schröder begründete dies mit der Bündnissolidarität und dem notwendigen Beweis der Regierungsfähigkeit der
rot-grünen Koalition sowie den eigenen Interessen und der neuen Rolle
Deutschlands seit dem Ende des Ost-West-Konfliktes.[388] «1989 hat Deutschland seine volle Souveränität zurückgewonnen», erklärte er am 16. November vor dem Deutschen Bundestag.[389] Die «uneingeschränkte Solidarität»
war somit in seinen Augen gleichermaßen Ausdruck einer Partnerschaft
auf Augenhöhe. Schröder meisterte die Vertrauensfrage. Er konnte dieses

Ass jedoch nicht zu häufig aus dem Ärmel ziehen: «Wenn Afghanistan nur ein Anfang wäre, würden weitere ähnliche Coups nicht glücken. Noch ein weiterer Kriegsbeschluss mittels Vertrauensfrage – undenkbar.»[390] Der Kanzler erhielt die Legitimation für eine Politik, die an der Seite der USA zu innen- und außenpolitischen Verwerfungen führen sollte. Denn in Washington wurde bald neben dem internationalen Terrorismus eine «Achse des Bösen» ausgemacht, die über den Iran und Irak bis nach Nordkorea reichte. Nur ein Land fehlte, das man aus heutiger Sicht sicher dazurechnen würde: Russland. Dessen Präsident kam nur wenige Tage nach den Terrorangriffen des 11. September nach Berlin.

Die große Ehre einer Rede vor dem Bundestag sorgte für hochgezogene Augenbrauen. In der CDU/CSU-Bundestagsfraktion konstatierte der Fraktionsvorsitzende Friedrich Merz, die «ein oder anderen Bedenken (…) gegen diesen Besuch – und die kann man durchaus haben».[391] Er verwies jedoch auf die konstruktive Rolle, die Russland nach dem 11. September, auch in Bezug auf die VN-Resolutionen, gespielt habe. Die Fraktion hatte am 10. September die Einladung diskutiert. Ruprecht Polenz fragte, ob bei der Entscheidung die Situation in Tschetschenien bedacht worden sei. Merz erklärte, die «massiven Menschenrechtsverletzungen dort» seien abgewogen worden und man habe entschieden, die Probleme im Auswärtigen Ausschuss, im Menschenrechtsausschuss und im direkten Gespräch mit Putin zu thematisieren.[392] Keineswegs wurde dem russischen Präsidenten daher von allen Parlamentariern der rote Teppich ausgerollt.

Am 25. September sprach Putin vor dem Deutschen Bundestag – auf Deutsch. Er betonte die gemeinsame Geschichte, kulturelle Affinitäten, seine europäische Vision und seinen Wunsch nach strategischer Kooperation in allen Politikbereichen.[393] Die Deutschen lobte er für ihren nach 1945 eingeschlagenen Pfad. Altes Ost-West-Denken müsse überwunden werden. Die Formel Gorbatschows eines «gesamteuropäischen Hauses» wurde aufgewärmt. Trotz der engen transatlantischen Bindung bekräftigte Putin die Vision eines eigenständigen Europas, das seine Rolle «als mächtiger und selbstständiger Mittelpunkt der Weltpolitik langfristig nur festigen wird, wenn es seine eigenen Möglichkeiten mit den russischen menschlichen, territorialen und Naturressourcen sowie mit den Wirtschafts-, Kultur- und Verteidigungspotenzialen Russlands vereinigen wird.»[394] Eine diplomatisch verpackte Spitze gegen die USA und die alte sowjetisch-russische Sicht europäischer Sicherheit. Im Subtext wurde damit auch die spalterische Intention der Rede deutlich.[395] Putin reihte sich in die Anti-Terror-Allianz ein, man wisse aufgrund von Tschetschenien um die Probleme. Der Bundestag klatschte stehend Beifall. Der Redner sagte, was sein Publikum hören wollte, fasste der britische Politologe John Lough die Rede zusammen.[396] Schröder meinte im Rückblick einen «ehrlichen Makler» erlebt zu haben und nahm den Ball sofort auf.[397] Er wollte Russland eng in den Kampf gegen den internationalen Terrorismus einbinden[398] und forderte eine «differenziertere» Betrachtung des Konfliktes in Tschetschenien noch während Putin in Deutschland weilte.[399] Glänzte der Kanzler durch Unwissen über die Lage im Kaukasus? Weit gefehlt. Schröder war über Tschetschenien stets «sehr gut informiert» und las die Berichte über die dortige Lage selbst.[400]

Nach der Rede im Bundestag fuhren die Schröders und Putins gemeinsam nach Dresden. Sie begaben sich auf eine Reise in die Vergangenheit Wladimir Wladimirowitschs. Der Kremlchef hatte von 1985 bis 1990 als KGB-Agent in der Elbmetropole gearbeitet.[401] Die Freundschaft mit Schröder war gefestigt. Fotos der sich umarmenden Politiker wurden die Norm. «Seit Gorbatschows Bild vom gemeinsamen europäischen Haus hat es keine so deutliche Hinwendung Russlands zu Europa gegeben», resümierte der liberale Ex-Außenminister Hans-Dietrich Genscher.[402] Trotz des erfolgreichen Besuches konstatierte eine Studie der Stiftung Wissenschaft und Politik einige Baustellen: Die Schuldenfrage war nicht gelöst worden, und viele wirtschaftliche Kooperationsprojekte stockten.[403] Deutschland müsse Russland, wenngleich dort eher in rein bilateralen Kategorien gedacht werde, weiterhin politisch und wirtschaftlich einbinden, so die Autoren, denn «Mitverantwortung und Mitentscheidung bedingen einander. Jedenfalls gilt: ‹Sicherheit in Europa ist ohne Russland nicht möglich›. (Schröder).»[404] Die Einbindung der Balten in die NATO sollte ausgesetzt werden, bis die NATO-Russland-Beziehungen so gediehen seien, dass Russland deren Beitritt «ohne wesentliche Vorbehalte sicherheitspolitisch und emotional akzeptieren könnte».[405] Zugleich, so die SWP-Analyse weiter, sollten demokratische und menschenrechtspolitische Fehlentwicklungen deutlicher moniert werden, denn der außenpolitische Kooperationswillen Russlands hänge entscheidend vom Verlauf der Transformationsprozesse ab.[406] Die Expertenmeinung war somit de facto deckungsgleich mit der Regierungslinie.

Wie gut indessen das Verhältnis Schröders zu Putin wurde, zeigte sich an zwei Kurzvisiten. Ende Oktober 2001 legte Schröder bei seiner Rückkehr von einer Asienreise einen Tankstopp in Moskau ein, um sich mit Putin persönlich zu treffen. Hierauf stattete der russische Präsident nach der Petersberg-Konferenz den Schröders in ihrer Hannoveraner Wohnung einen Blitzbesuch ab.[407] In den kommenden Tagen trafen beide den US-Außenminister und pochten öffentlich auf ein VN-Mandat für die internationale Friedenstruppe in Afghanistan.[408] Band Schröder Russland mit in die westliche Position ein oder stimmte er mit Putin die Positionen vor einem Treffen mit den USA ab? Lag hierin bereits der Kern eines *revirement russe*, mit späteren Folgen für die gemeinsame Abwehrhaltung gegen den Irak-Krieg? Auch dies ist eine Frage, die man durch die Freigabe der Akten des Bundeskanzleramtes näher beleuchten sollte. Denn zu dieser Zeit sprach Schröder bereits Klartext: Eine Ausweitung des Krieges gegen den Terrorismus, etwa durch Operationen gegen andere Staaten, werde man nicht unterstützen.

Die amerikanischen Reaktionen auf den 11. September ließen nicht lange auf sich warten. Am 12. September verurteilte der VN-Sicherheitsrat die Anschläge als Bedrohung des Weltfriedens, am 4. Oktober rief die NATO erstmals den Bündnisfall aus. Nur drei Tage später begann die Operation «Enduring Freedom» in Afghanistan. Im November flohen die Taliban aus Kabul. Der Weg der «uneingeschränkten Solidarität» führte auch die Deutschen an den Hindukusch. Doch die rot-grüne Bundesregierung setzte von Beginn auf einen parallelen politischen Prozess – auch um innenpolitischen und innerparteilichen Druck zu entkräften und sich als «Zivilmacht» zu präsentieren.[409] Sie lud vom 27. November bis 5. Dezember auf den Petersberg bei Bonn, wo eine VN-Sonderkonferenz wichtige Weichen für Afghanistan stellte. Der Grundsatz Bündnissolidarität wurde um die Komponente einer engen VN-Orientierung erweitert. Eine internationale Schutztruppe wurde beschlossen, die spätere ISAF, die durch die VN legitimiert wurde und seit 2003 unter NATO-Führung operierte. Dadurch versuchte man auch semantisch die «gute» ISAF von der «bösen» Operation «Enduring Freedom» abzugrenzen.[410] Die Bundesrepublik wollte «Bündnissolidarität zeigen und sich zugleich auf einen Einsatz beschränken, der innenpolitisch vermittelbar war».[411] Keineswegs plante man – am wenigsten in Berlin – ein jahrelanges militärisches Engagement, sondern wollte nach der

Entmachtung der Taliban (die andere Partner durchgeführt hatten) für politische Stabilität sorgen und idealerweise die eigene militärische Präsenz rasch beenden.[412] «Wir alle waren damals der Meinung», so der damalige SPD-Fraktionsvorsitzende und spätere Verteidigungsminister Peter Struck in der Rückschau, «dass der Einsatz eher in Jahres- als in Jahrzehntfrist erledigt sein würde.»[413]

In Washington sah man die diplomatischen Bemühungen der Deutschen nicht immer gerne. Die Bundesregierung sollte sich lieber um die Terrorzellen auf ihrem Staatsgebiet kümmern, so ein häufiger Vorwurf, da viele der Al-Qaida-Attentäter vom 11. September jahrelang unerkannt in der Bundesrepublik gelebt hatten.[414] Während die Bundesregierung «den Übergang zum Frieden sichern» wollte, konstatierte Schröder in seinen Memoiren, sei seine «Hoffnung, dass die USA von einer ähnlichen Einschätzung der Lage ausgehen würden», schon im Januar 2002 schwer erschüttert worden.[415] In Washington wurde nicht der ewige Frieden, sondern die «Achse des Bösen» ausgerufen. In seiner Rede am 29. Januar 2002 stellte der US-Präsident damit eine Verbindung zwischen diesen Staaten – Iran, Irak, Nord-Korea – und dem internationalen Terrorismus her. Die Botschaft war unmissverständlich: Wer ABC-Waffen anstrebe, müsse mit amerikanischen Reaktionen rechnen.[416] Es drohten weitere Kriege.

Fischer beschrieb in seinen Erinnerungen, wie eindeutig schon in der Regierungserklärung des Kanzlers zum Afghanistan-Mandat am 8. November 2001 eine «Anti-Irak-Klausel» eingebaut war, die der «Furcht in den Fraktionen» Rechnung getragen habe, dass «es zu einer schleichenden Ausdehnung des Kampfes gegen den Terror auf den Irak kommen könnte».[417] In der Bundestagsdebatte am 16. November 2001 rief Gernot Erler auf die direkte Nachfrage von Gregor Gysi (PDS), ob nicht auch der Irak ins Visier geraten werde und somit der Einsatz nicht auf Afghanistan beschränkt bliebe, ins Plenum: «Lesen Sie doch mal Ziffer 7, Herr Gysi! Das ist ausgeschlossen!»[418] Intern nannte Schröder explizit den Irak als mögliches Ziel der USA. «Da spielen wir nicht mit», erklärte er gegenüber Erhard Eppler am 9. Dezember 2001.[419] Intern hatte die SPD damit bereits im November 2001 eine «rote Linie» gezogen: keine deutsche Beteiligung an einem Krieg gegen den Irak.[420] Öffentlich hielt Schröder sich mit Aussagen noch bewusst zurück, erklärt sein Biograph Schöllgen.[421]

Bereits nach dem 11. September hatten sich in Europa und den USA

Unterschiede konstatieren lassen, ohne die der spätere Streit über den Irak-Krieg und den Umgang mit Russland nicht nachzuvollziehen ist. In Europa gab es große Sympathie für die USA. Dies hieß jedoch nicht, dass die dort vorherrschende Sicht, man lebe in einer neuen Welt und müsse notfalls unilateral und präemptiv militärisch handeln, übernommen wurde.[422] Noch vor Jahresende wuchs in Europa die öffentliche Kritik an den Operationen in Afghanistan: Mal wurden sie als zu langsam abgetan, mal als zu brutal, mal die langfristige Strategie hinterfragt.[423] Putin versuchte, seine Aktionen in Tschetschenien in den Kontext des globalen Anti-Terror-Kampfes zu stellen, verglich Tschetschenien mit Afghanistan. Die Westpolitik des Kremls schien auf Kooperation zu setzen. In den USA stieß dies für einige Zeit auf fruchtbaren Boden.

Als die Bush-Administration im Januar 2001 ihre Arbeit aufnahm, wollte sie ihre Präsenz in Europa reduzieren. Die Europäer sollten mehr für ihre eigene Sicherheit tun. Russland stand keineswegs ganz oben auf der Prioritätenliste der neuen Administration. Man sah das Land als eine im Abstieg befindliche Großmacht, die dennoch aufgrund ihres erratischen Verhaltens ein großes Störpotential besaß. Bush wollte weniger die demokratische und marktwirtschaftliche Entwicklung beäugen, sondern Russland als Staat im internationalen System managen. Kurz gesagt: Es war wichtig, wie sich Russland in der internationalen Arena verhielt, nicht wie die innere Entwicklung war.[424] Dies korrelierte mit Putins Wunsch, die Zustände in Russland nicht mehr so stark zu internationalisieren bzw. internationalisieren zu lassen, wie dies unter Jelzin der Fall gewesen war.[425] Eine persönliche Nähe zum Kreml und eine Einbindungspolitik, wie unter Bill Clinton, wollte die Bush-Administration vermeiden: «tough realism», also eine Eindämmung russischer Großmachtansprüche und die Entpersonalisierung der Beziehungen, war das Konzept des Beraterstabes, in dem vor allem Condoleezza Rice, die Russlandexpertin, Nationale Sicherheitsberaterin und spätere Außenministerin, eine entscheidende Figur für die Russlandpolitik wurde.[426] Vor allem bezüglich der Nicht-Proliferation von Massenvernichtungswaffen, der Iran- und China-Politik, des Nahost-Friedensprozesses, der Raketenabwehrpläne und der Rüstungskontrolle wollte man mit Putin zusammenarbeiten und sah dies als Lackmustest seiner Kooperationsbereitschaft.[427] Der US-Präsident ging bereits im Sommer 2001 aktiv auf Putin zu: nicht herzlich, sondern «businessman-like». Er wollte einen guten persönlichen Draht zum russischen Präsidenten, um Fragen der internationalen Politik mit ihm besprechen zu können.[428] Bush behauptete nach dem Treffen, er habe ihm in die Augen gesehen und man könnte ihm vertrauen: «I was able to get a sense of his soul», erklärte er.[429]

Nach dem 11. September herrschte zwischen Washington und Moskau Tauwetter. Putin erkannte die Chance, sich in einem Moment amerikanischer Verwundbarkeit als Partner mit ähnlichen Interessen darzustellen und an der Neujustierung der internationalen Sicherheitspolitik mitzuwirken.[430] Bereits am 24. September 2001 stellte Putin einen Fünf-Punkte-Plan zur Unterstützung des amerikanischen Kampfes gegen den internationalen Terrorismus vor: Darunter befanden sich nachrichtendienstliche Kooperation, Zusammenarbeit mit den zentralasiatischen Staaten und andere Hilfen.[431] «Seit Peter dem Großen hat kein russischer Herrscher so sehr auf eine Westbindung gesetzt wie Putin», erklärte der damalige US-Senator Joe Biden.[432] Durch den sich abzeichnenden Afghanistan-Einsatz wurde Zentralasien eine immer wichtigere Region für die amerikanische Außenpolitik: Hier konnte man logistische Umschlagplätze errichten und die Versorgungswege nach Afghanistan schützen. Moskau tolerierte temporäre US-Basen in gleich mehreren zentralasiatischen Staaten. Dies war ein nicht zu unterschätzender außenpolitischer Schritt, da man diesen Raum zuvor als exklusive russische Einflusszone betrachtet hatte.[433] Die Bush-Administration dankte dem Kremlchef die Rückendeckung. Tschetschenische Rebellen wurden als gemeinsamer Feind bezeichnet.[434] Das neue Tauwetter konnte fundamentale Interessengegensätze jedoch nur zeitweise überlagern und war von unterschiedlichen Erwartungen in Moskau und Washington geprägt.[435] Doch zum Jahresende 2001 schien Russland auch von der US-Regierung immer mehr als Partner akzeptiert zu werden.

In Berlin spürte man diese atmosphärischen Verbesserungen. Schröder erkannte darin eine historische Chance. Alte Gräben schienen überwunden, Russland in wichtige Entscheidungen eingebunden. «Dies sei ein Erfolg», so der Kanzler im SPD-Parteivorstand, «an dem auch die Politik der Bundesregierung nicht unbeteiligt gewesen» sei.[436] Die EU blieb zunächst skeptisch. Nach dem 11. September kritisierte man die russischen Aktionen in Tschetschenien zwar milder, doch man übernahm nie offiziell die Sichtweise des Kremls, der dortige Krieg sei Teil eines globalen Kampfes gegen den Terrorismus.[437] Doch zwei Fragen belasteten weiterhin das Verhältnis des Westens zu Russland: die Raketenabwehrpläne der USA und die Osterweiterung der NATO.

Die amerikanischen Raketenabwehrpläne und die nächste NATO-Erweiterung

Im Dezember 2001 kündigten die USA ihren Ausstieg aus dem ABM-Vertrag an, der im Juni 2002 vollzogen wurde. Die Raketenabwehrpläne sollten dadurch realisiert werden können. Russland war *not amused*: Richtete sich die Maßnahme nur gegen etwaige Angriffe aus Nordkorea oder dem Iran, wie von Washington behauptet?[438] Man fürchtete um die eigene Zweitschlagfähigkeit und sah die strategische Balance gefährdet. Zudem missfiel dem Kreml die eigene Machtlosigkeit, da die USA sich einfach über die geäußerten Bedenken hinweggesetzt hatten. Deutschland und andere europäische Länder waren von den US-Plänen weiterhin nicht begeistert. Der französische Präsident befürchtete eine fatale Schwächung der Rüstungsbegrenzung, nukleare Proliferation oder eine Aufrüstung der indischen, pakistanischen und chinesischen Nuklearwaffenarsenale.[439] Trotz der bereits im Juni 2000 geäußerten Skepsis schien die genaue Haltung Schröders lange unklar – ein Aspekt, der auch im Vorlauf des Irak-Krieges eine wichtige Rolle spielen sollte. Der Verbleib möglicher Trümmerteile, allgemeine Abrüstungs- und Rüstungskontrollaspekte, die bei einer Auflösung des ABM-Vertrages konterkariert würden, sowie wirtschafts- und industriepolitische Erwägungen spielten eine Rolle.[440] Die Opposition kritisierte die Bundesregierung zur Jahreswende 2000/01 deutlich. Sie forderte ein offenes Ohr für die amerikanischen Pläne, eine gemeinsame europäische Reaktion und eine frühe Einbindung in die Entscheidungsfindung der Amerikaner.[441]

Bei seinem Besuch in Washington im März 2001 schloss der Bundeskanzler die NMD-Pläne nicht mehr kategorisch aus.[442] Bush betonte gegenüber Blair, er habe mit dem Kanzler ein gutes Gespräch zur NMD geführt.[443] Doch innerhalb der SPD regte sich Widerstand. Die Parteilinke Andrea Nahles sprach sich gegen eine Mitarbeit aus und wollte eine Aussprache hierüber.[444] Gernot Erler wollte über das Projekt mit den Amerikanern reden, lehnte eine «Gefolgschaft» jedoch ab.[445] Außenminister Fischer hielt sich bei der Kritik an NMD zurück: Bei diesem Thema gegenüber den

USA «Fundamentalopposition zu machen, hieße seine Kräfte zu überschätzen».[446] Eine Warnung adressierte er an den Kreml: Es werde nicht gelingen, «an dieser Stelle einen Spaltpilz in das Bündnis zu tragen», betonte er im Bundestag.[447] Die Bundesregierung müsse dafür sorgen, so Fischer, dass Washington und Moskau eine verträgliche Lösung finden und kein neuer Rüstungswettlauf entstünde.

Um die Wogen zu glätten, forderte Putin einen neuen Vertrag zur Rüstungsbegrenzung.[448] Im Mai 2002 unterzeichneten Bush und Putin ein Abkommen zur Reduzierung der einsatzbereiten strategischen Nuklearsprengköpfe – ein Zugehen auf russische Befindlichkeiten und zugleich der Höhepunkt der Tauwetterperiode.[449] Der Austritt der USA aus dem ABM-Vertrag und die Forcierung der Raketenabwehr standen allerdings in Zusammenhang mit einem weiteren Streitpunkt: der dritten Runde der NATO-Osterweiterung, die auch in Verknüpfung mit der Aufnahme neuer Länder in die EU betrachtet werden muss.

Die Erweiterung der EU war eine absolute Priorität deutscher Außenpolitik.[450] Doch die Einführung des Euro, die Stabilitätskriterien, die Beitragszahlungen und die Agrarpolitik waren stete Sandkörner im Erweiterungsprozess, der aufgrund der erwarteten finanziellen Kosten in Deutschland lange sehr unpopulär war und zu schier endlosen Diskussionen führte, wer zu Europa gehöre und wer nicht.[451] Speziell der Sonderfall Türkei erhitzte die Gemüter, da Gerhard Schröder eine Kehrtwende der deutschen Haltung vollzog und eine EU-Mitgliedschaft des Landes nicht mehr ausschloss bzw. befürwortete.[452] Die Osterweiterung der EU sah Schröder nicht nur aus deutschem Interesse heraus, sondern auch als Vollendung der Neuen Ostpolitik Willy Brandts.[453] Doch durch die vielen Probleme der EU-Osterweiterung trat eine ähnliche Situation wie in den 1990er Jahren ein: die NATO-Erweiterung ging schneller über die Bühne.

Dabei befand sich die Allianz ebenfalls in einem steten Transformationsprozess. Die strategische Ausrichtung, die Umstellung auf zukünftige Aufgaben auch jenseits des Bündnisgebietes und die Erweiterung waren heiß diskutierte Dauerthemen.[454] Beim Beschluss zum Beitritt Polens, Tschechiens und Ungarns, der 1999 vollzogen wurde, war die Tür für weitere Beitrittskandidaten explizit offengeblieben. Russische Klagen hierüber und Warnungen vor einer Aufnahme etwa der baltischen Staaten blieben ebenfalls deutlich vernehmbar.[455] Jelzin wollte mündliche Zusicherungen Clintons, dass die Balten oder andere ehemalige Sowjetrepubliken nie auf-genommen würden und bot im Gegenzug Sicherheitsgarantien für die baltischen Staaten an: Weder Clinton noch die Balten gingen hierauf ein.[456] Der US-Präsident verstärkte die Zusammenarbeit der nordischen Staaten, und auf dem Washingtoner NATO-Gipfel im April 1999 wurden erstmals neun Beitrittskandidaten offiziell genannt – Albanien, die Balten, Bulga-rien, Mazedonien, Rumänien, Slowakei und Slowenien; Kroatien kam spä-ter hinzu –, eine weitere Beratung auf dem nächsten Gipfel beschlossen und das System des Membership Action Plans (MAP) ins Leben gerufen, das die «operative Umsetzung der Politik der offenen Tür» darstellte und die Länder auf ihrem Weg in die Allianz begleiten sollte.[457]

Der nächste Erweiterungsschritt war nicht in Stein gemeißelt: Es kursier-ten verschiedene Optionen; die USA und auch die Bundesrepublik hielten sich mit öffentlichen Zusagen zurück.[458] Sollte man nach Südosteuropa er-weitern, um dort für Stabilität zu sorgen, im Schwarzmeerraum mehr Prä-senz zeigen oder die Balten aufnehmen? Die baltischen Staaten setzten ihre militärischen und politischen Reformen weiter um und lösten alle Grenz-streitigkeiten mit Russland, indem sie de facto die Grenzziehungen Stalins akzeptierten. Die Minderheitenfrage konnte entschärft werden, womit die Chancen auch auf eine EU-Mitgliedschaft gesteigert wurden.[459] Dennoch blieben Frankreich, Großbritannien, Deutschland und andere Westeuro-päer skeptisch. Sie wollten die nächste NATO-Erweiterung nicht überstür-zen.[460] Die GASP der EU und das zarte Pflänzchen der eigenen Beziehun-gen zu Russland besaßen Priorität. Die neutralen Staaten im hohen Norden, Finnland und Schweden, waren ebenfalls zurückhaltend, nur Dänemark und die MOE-Staaten schienen die Aspirationen der Balten zu unter-stützen.[461]

Die NATO-Osterweiterung gewann durch US-Präsident Bush an Fahrt. Er gab die entscheidenden Impulse.[462] Bei seiner ersten Europareise im Juni 2001 machte Bush Nägel mit Köpfen und überstimmte Zweifler in seiner eigenen Mannschaft.[463] Die Erweiterung müsse Länder vom Baltikum bis zum Schwarzen Meer umfassen. *When*, not *whether*, sei die einzige noch of-fene Frage, betonte der US-Präsident und legte sich auf eine große Erweite-rungsrunde mit mehreren neuen Mitgliedern fest, die auf dem kommenden Gipfel in Prag im November 2002 beschlossen werden sollte. Eine deutliche Botschaft richtete er an Moskau. Russland besitze kein Vetorecht: «We will not trade away the fate of free European peoples: No more Munichs; no more Yaltas.»[464] Der 11. September 2001 wirkte wie ein Katalysator: Der Afghanistan-Einsatz wurde zum Hauptgeschäft der Allianz und ein Lackmustest für ihre Resilienz. Die Bedeutung der NATO für die amerikanische Außen- und Sicherheitspolitik nahm weiter zu. Die US-Medien waren nach den Terrorangriffen fast einhellig für eine Erweiterung der NATO, und auch der Generalsekretär der Allianz, Lord Robertson, unterstützte die Idee und den Zeitplan nun ganz offen. Das Schwarze Meer besaß eine noch größere strategische Relevanz, was eine Mitgliedschaft Rumäniens und Bulgariens attraktiver machte. Putin zeigte sich erstaunlich gelassen. Er wolle mit der NATO zusammenarbeiten, aber zugleich über die europäische Sicherheitsarchitektur und die Kooperation zwischen NATO und Russland sprechen.[465] Dahinter steckte eine strategische Überlegung: Putin hatte erkannt, dass eine ergebnislose Kraftmeierei gegen die Osterweiterung, die er nicht aufhalten konnte, ihn ähnlich schwach aussehen lassen würde wie Jelzin in den 1990er Jahren.[466]

Im Frühjahr 2002 wurden die Weichen für die nächste Erweiterungsrunde gestellt. Im Februar war der NATO-Entwurf für eine engere Kooperation mit Russland abgeschlossen und dem Kreml zugesandt worden. Erneut wollte man etwaigen russischen Sorgen entgegenkommen und wie 1997 vor einer Erweiterung zunächst das Verhältnis zwischen der NATO und Russland verbessern. US-Präsident Bush versuchte dies auf mehreren Ebenen, unter anderem auch in der G8.[467] Putin verfolgte einen schnellen Abschluss, da er hierdurch zuhause punkten könnte und ihm die Teilnahme am NATO-Gipfel in Prag leichter fiele, wie er Bush und Berlusconi mitteilte.[468]

Die Bundesregierung legte den Schalter ebenfalls auf Erweiterung um. Bundesverteidigungsminister Scharping unterstützte bei einer Reise nach Washington am 24. April öffentlich eine rasche Osterweiterung.[469] Am 25. April 2002 diskutierte der Deutsche Bundestag einen Antrag der CDU/CSU, den der ehemalige Verteidigungsminister Volker Rühe federführend eingebracht hatte. Er forderte eine Aufnahme der Balten, Sloweniens, der Slowakei sowie Rumäniens und Bulgariens. Ein Antrag der Regierungsparteien lag auf der gleichen Linie. Er erwähnte auch Albanien und Mazedonien, die man im Sinne einer Stabilitätspolitik auf dem Balkan an die NATO heranführen sollte.[470] Die Plenardebatte zeigte eine parteiübergreifende Zustimmung für eine zweite große Erweiterungsrunde: Man hoffte, Konflikte zu schleifen bzw. verhindern zu können, zur Demokratisierung und Stabilität beizutragen sowie die transatlantische Wertegemeinschaft zu erweitern.[471] Außenminister Fischer betonte, die Stärkung einer europäischen Verteidigungsfähigkeit und die NATO-Osterweiterung seien komplementär.[472] Fischer bezog sich in seinen Äußerungen auch auf vorherige Argumente von Abgeordneten der PDS. Sie hatten Egon Bahr als Kronzeugen herangezogen, der die Osterweiterung der NATO ablehnte und stattdessen die EU stärken wollte. Denn, so hatte Bahr in einer Rede ausgeführt: «Wo die NATO bestimmt, kann Europa nicht bestimmen. Wenn die große Abschreckung die NATO in Europa zu ihrem Instrument gewinnt, werden gesamteuropäische Überlegungen, europäische Selbstbestimmung, NATO-Russland-Akte und OSZE zu Fragen nachgeordneter Spielfelder, und zwar umso mehr, je mehr die NATO erweitert wird.»[473]

Am 28. Mai tagte der NATO-Russland-Gipfel in Rom. Die Grundakte und der darin festgeschriebene Ständige Gemeinsame Rat von 1997 wurden basierend auf einem Vorschlag von Tony Blair weiterentwickelt.[474] Der neu geschaffene NATO-Russland-Rat (NRR) sollte eine Ära der institutionalisierten Zusammenarbeit einläuten. Der Kalte Krieg wurde endgültig für beendet erklärt. Der Fokus der Zusammenarbeit sollte auf Anti-Terror-, aber auch auf Abrüstungs- und Rüstungskontrollfragen liegen. US-Präsident Bush redete einer engen militärischen und nachrichtendienstlichen Kooperation – auch mit Russland – das Wort.[475] Kritische Beobachter hielten fest, dies helfe Moskau im «nahen Ausland» die eigene Vormachtstellung unter dem Deckmantel des Anti-Terror-Kampfes zu sichern.[476] Der russische Präsident war unter den Teilnehmern in Rom. Die Bundesregierung hatte sich dafür stark gemacht, damit er die NATO-Osterweiterung der russischen Bevölkerung besser beibringen könne.[477] Denn Vertreter der NATO betonten auch auf dem Gipfel, dass Russland im Hinblick auf neue Mitglieder kein Veto-Recht zustehe.[478] Putin argumentierte in Rom ähnlich wie Jelzin in den 1990er Jahren: Die Osterweiterung solle, wenn überhaupt, schrittweise erfolgen, da ihm sonst innenpolitische Schwierigkeiten drohten.[479] Russland suche die Kooperation, müsse aber ernstgenommen werden, erklärte er, da dies letztlich auch die Allianz stärke. Öffentlich betonte der Kremlchef, künftige Militäroperationen der Allianz müssten durch den VN-Sicherheitsrat abgesegnet werden – er hatte den Kosovo-Einsatz nicht vergessen.

Der NRR wurde medial als große Errungenschaft gepriesen. Russland konnte nun vor der NATO-Entscheidungsfindung seine Haltung einbringen, wenngleich die Kritiker in Moskau davon nicht überzeugt waren und weiterhin eine schiefe Schlachtordnung «19 gegen 1» rochen.[480] Schröder sprach in Rom von einer gleichberechtigten Teilnahme Russlands neben den 19 NATO-Mitgliedstaaten.[481] Damit befand er sich nicht auf einem Sonderweg. Blair sollte laut seinen Gesprächsnotizen den russischen Präsidenten als «full and equal partner to our table of 20» begrüßen.[482] Der belgische Premierminister Guy Verhofstadt schlug sogar gemeinsame Peacekeeping-Missionen mit Russland, etwa auf dem Balkan, vor.[483] Gastgeber Silvio Berlusconi lancierte die Idee einer gemeinsamen Friedensinitiative im Konflikt zwischen Indien und Pakistan – zum Entsetzen der USA und Frankreichs. Chirac kritisierte das in seinen Augen abstruse Vorhaben, die NATO solle mit Putin den Kaschmirkonflikt lösen. Doch Berlusconi ignorierte die Kritik. Noch während Chirac sich echauffierte, sprang er gut gelaunt von seinem Stuhl auf und verteilte Uhren als Präsente an die Teilnehmer des Gipfels.[484] Immerhin konnten so alle den Beginn der proklamierten neuen Ära gut ablesen.

Jenseits des fröhlichen Zeremoniells schienen fortbestehende Interessengegensätze durch. Die russischen Medien sprachen von einer Kapitulation vor der NATO.[485] Im russischen Außen- und Verteidigungsministerium saßen weiterhin NATO-kritische Falken.[486] Der Widerstand des Kremls gegen die NATO-Osterweiterung war keineswegs komplett verschwunden, aber klang konzilianter. Im Juni erklärte Putin, eine Mitgliedschaft der Balten wäre «keine Tragödie» für Russland, solange die konventionellen Streitkräfte in dieser Region begrenzt blieben.[487] Erneut hatten die USA und der Westen ihre Interessen gegenüber Russland durchgesetzt – zu einem sehr kleinen Preis.

Im November 2002 wurde auf dem NATO-Gipfel in Prag die Erweiterung offiziell beschlossen. Die Beitrittsakten wurden im März 2003 unterzeichnet und 2004 abschließend ratifiziert. Im April 2004 wurden die drei baltischen Staaten, Bulgarien, Rumänien sowie die Slowakei und Slowenien aufgenommen, wodurch die NATO nunmehr 26 Mitglieder umfasste.[488] Der 11. September und die NATO-Osterweiterung hatte den bilateralen Beziehungen zwischen Berlin und Moskau nicht geschadet. Viel größere Sorgen machte dem Bundeskanzler die innenpolitische Lage.

Im Sommer 2000 konnten zwar die Steuerreform und der Energiekonsens in trockene Tücher gebracht werden, doch hiernach stotterte der Reformmotor gewaltig.[489] Die Arbeitsagenturen meldeten mehr als vier Millionen Arbeitslose. Es setzte Niederlagen in mehreren Landtagswahlen. Im Frühjahr 2002 schien das rot-grüne Projekt in der Sackgasse. Der Kanzlerkandidat der Union, Edmund Stoiber, lag in Umfragen vorn. Schröder wollte in der Außenpolitik punkten. Ein amerikakritischer Kurs versprach viel Zuspruch. Eine Einbindung Russlands bot in einer Welt voller innen- und außenpolitischer Probleme eine verlockende Chance, die wirtschaftliche Vorteile einschloss.[490] Im Frühjahr 2002 wurden die Beziehungen zu Russland daher immer enger.

Bei den deutsch-russischen Regierungskonsultationen im April 2002 in Weimar posierten Schröder und Putin vor dem Schiller-Goethe-Denkmal. Sie traten auch gemeinsam bei Talkmaster Alfred Biolek auf und bekundeten vor aller Welt ihre Freundschaft, die weit über das Politische hinausginge, womit sie ihre Vertrautheit bedeutend weiter inszenierten als Kohl und Jelzin.[491] Die Bundesregierung verzichtete bei dem Treffen in Weimar endgültig auf sieben Milliarden Euro Altschulden der Sowjetunion. Zugleich unterzeichneten deutsche und russische Firmen neue Verträge über rund 1,5 Milliarden Euro.[492] Schröder lobte die dynamische Entwicklung der Wirtschaftsbeziehungen und bezeichnete die Reformschritte des russischen Präsidenten als «durchaus epochal».[493] Der Kanzler und die führenden Experten im Auswärtigen Amt sahen in Putins Russland einen verlässlichen Partner, der immer fristgerecht (zurück)zahlte.[494] Schröder betonte gleichfalls, Russland solle im neuen NATO-Russland-Format «nicht nur Konsultationsrechte, sondern auch Entscheidungsrechte» erhalten.[495] Putin unterstrich hingegen, dass Nonproliferation, der Anti-Terror-Kampf und der Nahost-Konflikt globale Fragen seien, die man gemeinsam lösen müsse. Deutschland bezeichnete er als «strategischen Partner» Russlands.[496] Es herrsche nüchterner «Pragmatismus» in den deutsch-russischen Beziehungen, hielt Michael Thumann in der Zeit fest; zu Tschetschenien schweige die Bunderegierung: «Nur keine Kontroversen!»[497]

Auf dem G8-Gipfel im kanadischen Kananaskis im Juni 2002 wurde die Vollmitgliedschaft Russlands in der Gruppe der acht führenden Industrienationen beschlossen. Damit wurde Russland zehn Jahre nach der ersten Teilnahme als Gast nunmehr in alle Untergruppierungen der G8 aufgenommen. Schröder und Chirac waren die größten Fürsprecher einer Vollmitgliedschaft.[498] Der Kanzler bezeichnete die Aufnahme Russlands als historisch und als einen weiteren Schritt, um das Land in alle wichtigen Institutionen der westlichen Welt einzubinden. «Damit sei die Gefahr gebannt, dass die engen deutsch-russischen Beziehungen eine Art Exklusiv-Veranstaltung würden», so Schröder die multilateralen Absichten betonend und etwaige Rapallo-Vorwürfe entkräftigend.[499]

Und doch erschien ab Sommer 2002 die Frage nach exklusiven Beziehungen wieder auf der Tagesordnung der Weltpolitik. Denn das deutsche Verhältnis zu den USA war alles andere als exklusiv. Am Anfang waren die Kontakte mit der Bush-Administration recht spannungsfrei. Sicherlich gab es nicht überall deckungsgleiche Ansichten, etwa in Bezug auf die Klimapolitik oder die NMD, und Schröder zweifelte bereits im November 2001 nach der überstandenen Vertrauensfrage, ob Washington seine Mühen überhaupt wahrnehme oder wertschätze.[500] Das Zerwürfnis bahnte sich langsam an und trat erst im Zuge des Irak-Konfliktes ganz offen hervor.[501]

4. Die ostpolitische Dimension des Irak-Krieges

Nichts unterstrich Schröders selbstbewusstes Auftreten in der internationalen Arena so sehr wie seine Haltung zum Irak-Krieg. Das wiedervereinigte Deutschland schien sich endgültig von den alten außenpolitischen Verhaltensmustern der Halb-Souveränität während des Kalten Krieges zu lösen. Streit zwischen Washington und Bonn – bzw. nunmehr Berlin – war nicht neu. Die Konstellation Bush-Schröder barg jedoch besonderen Sprengstoff, da beide wenig kompromissbereit waren.[502] Seine «uneingeschränkte Solidarität» war, wie allein die deutsche Beteiligung in Afghanistan zeigte, keineswegs uneingeschränkt: Am Hindukusch überließ man anderen Nationen das Kämpfen und Sterben. Zudem war Schröder, wie oben gezeigt, alles andere als ein lupenreiner Transatlantiker. Sein ambivalentes Verhältnis zu den USA hatte sich bereits in den 1970er Jahren herauskristallisiert. 1990/91 war Schröder gegen den Golf-Krieg – trotz eines VN-Mandates.[503] War Schröder ein neuer «Friedenskanzler», ein neuer Willy Brandt? «Die Außenpolitik Gerhard Schröders in der Irak-Krise ist in erster Linie Interessenpolitik, deutsche Interessenpolitik. Friedenspolitik ist sie erst in zweiter Linie»,[504] hielt sein Biograph Gregor Schöllgen fest. Die Vorgeschichte des Irak-Krieges ist daher eine Rekapitulation wert, da sie auch für die deutsch-russischen Beziehungen und die deutsche Stellung in Ostmitteleuropa von Bedeutung ist.

Schröder schrieb in seinen Erinnerungen, dass sich durch «die Zeit vor und nach dem Irak-Krieg» seine «persönlichen Beziehungen zu Jacques Chirac und Wladimir Putin erheblich verändert» hätten: «Wir waren uns jeweils sehr viel nähergekommen und hatten gelernt, dass wir uns aufeinander verlassen konnten.»[505] Und, so Schröder weiter: «Die deutsch-französische Übereinstimmung mit Russland hat [der Ablehnung des amerikanischen Kurses] mehr Gewicht verliehen, und erst dadurch war sie – gegen lauten propagandistischen Trommelwirbel über den Ozean hinweg – überhaupt durchzuhalten.»[506] Auch der Historiker Edgar Wolfrum pflichtete dieser Sicht bei: «Ohne Frankreich und auch ohne Russland wäre der Traum von der Friedensmacht Deutschland schnell ausgeträumt gewesen.»[507] Vereinfacht gefragt: Ohne Putin kein deutsches Nein zum Irak-Krieg?

Die US-geführte Invasion des Irak bleibt auch nach zwanzig Jahren ein hochpolitisiertes und emotionales Thema, das erst langsam durch objektive wissenschaftliche Studien bereichert wird.[508] Die deutsche Rolle hierin wird oft verkürzt als heroischer Widerstand gegen kriegstreiberische Cowboys auf Ölsuche dargestellt.[509] Dem Kanzler werden publizistisch Lorbeerkränze geflochten, er habe sich einsam und kühn der Supermacht USA entgegengestellt. Umgekehrt wird Schröder oft verkürzt ein rein wahltaktisches Motiv unterstellt. Seine Ablehnung der US-Politik erkläre sich demnach durch die Bundestagswahlen im September 2002, bei denen ein amerikakritischer Kurs sein bester Wahlhelfer geworden sei. Auf den Aspekt Russland geht kaum eine Darstellung ein.

Im Kern ging es bei der Irak-Problematik um die Frage, ob das Regime von Saddam Hussein Massenvernichtungswaffen besaß und verbreiten wollte, wie man dies kontrollieren und was man im Zweifel dagegen tun sollte. Eine Strategie der Eindämmung verfolgen, wie dies jahrelang geschehen war, oder zur Not mit militärischen Mitteln eingreifen, um den Besitz oder eine Proliferation zu verhindern? Die Bush-Administration war keineswegs mit dem Plan eines schnellen «Regime change» angetreten.[510] Bush führte die Linie der vorherigen Administration fort, wie der US-Historiker Melvyn P. Leffler gezeigt hat: Clinton war frustriert wegen des Dauerstreits über den Zugang der Inspektoren der Internationalen Atomenergie-Organisation (IAEO), die das A-, B-, und C-Waffenprogramm der Iraker überwachen sollten. Die bestehenden VN-Resolutionen erwiesen sich als zahnlos, da Saddam seit 1997 immer deutlicher Katz und Maus mit den Inspektoren spielte. Die Bombardierung des Irak durch amerikanische und britische Luftstreitkräfte im Dezember 1998 führte zu nichts. Schröder hatte die Luftangriffe seinerzeit nüchtern zur Kenntnis genommen. Clinton hatte ihn vorab nicht informiert. Die Wahl der Mittel sei bedauerlich, aber alternativlos, so der Kanzler, der damit im Gegensatz zu einigen Vertretern der Grünen stand, die sich der stärker auf Ablehnung pochenden Haltung des französischen Staatspräsidenten Chirac anschlossen.[511] Frankreich, Russland und China hatten die amerikanische Politik kritisiert und verurteilten die nicht durch die VN legitimierten Angriffe.[512] Jelzin berief seinen Botschafter aus Washington zurück, wollte das Vorgehen der USA in Zukunft einschränken und den VN-Sicherheitsrat als maßgebliche Instanz stärken.[513] In den Vereinigten Staaten folgte nach den Luftangriffen ein Umdenken. Der Senat setzte durch den «Iraq Liberation Act» 1998 mit überwältigender Mehrheit auf «Regime change» durch Exiliraker. Zu mehr war Clinton nicht willens, doch das noch unscharf umrissene Ziel nahm Konturen an: Saddam must go. Der US-Politologe Joseph Stieb sprach sogar von einem parteiübergreifenden «Regime change consensus», der führende Medien, Denkfabriken und Wissenschaftler aller Couleur umfasste und eine Abkehr von der bisherigen Eindämmungsstrategie beinhaltete.[514] Über das Ziel habe Einverständnis geherrscht, über die Mittel jedoch nicht.

Der 11. September 2001 brachte eine entscheidende Wende in der amerikanischen Irakpolitik: Bush und die Seinen waren wütend und verängstigt. Die amerikanische Hauptstadt war weiterhin im Lockdown. Die Anthrax-Attacken Ende September, bei denen mehrere Briefe an hochrangige Individuen mit Milzbrandsporen verschickt wurden, sorgten in Washington für große Unruhe.[515] Weitere Anschläge – gar mit biologischen oder chemischen Waffen – wurden als möglich erachtet. Seit Oktober 2001 sah der US-Präsident den Irak als immer größere Bedrohung an. Nicht primär aufgrund einer etwaigen Verbindung zu Al-Qaida oder den Angriffen am 11. September.[516] Vielmehr hatten amerikanische Truppen in Afghanistan Beweise gefunden, dass Al-Qaida Massenvernichtungswaffen wollte und im Regime in Bagdad einen möglichen Lieferanten erblickte.[517] Die Angst vor einer Proliferation von A-, B- oder C-Waffen war die entscheidende Triebfeder des amerikanischen Handelns. Im Oktober und November 2001 wurden in Washington erste Operationspläne gegen den Irak ausgearbeitet. Dies war jedoch noch keine Entscheidung für einen Waffengang. Es war eine Lehre aus der just begonnenen Offensive in Afghanistan, für die man gar keine Pläne in der Schublade gehabt hatte.[518] Ein zweites Mal wollte man nicht improvisieren müssen.

Vom 31. Januar bis 1. Februar 2002 reiste der Kanzler nach Washington. Bush legte ihm dar, wieso «die Beseitigung des Regimes Saddam Husseins» auch in deutschem Interesse sei. Schröder stellte als Gegenfrage: «Wie kann man Saddam Hussein loswerden, ohne die Anti-Terrorismuskoalition schwer zu belasten?»[519] Bush wies auf die wenigen, sich bietenden Alternativen hin. Schröder nahm folgende Linie ein: Ein entschlossenes Vorgehen im Kampf gegen den internationalen Terrorismus sei richtig, falls Saddam an den Anschlägen des 11. September beteiligt gewesen sei, hätten die USA das Recht zu handeln. Doch öffentliche Debatten über mögliche, demnächst anzugreifende Länder seien schädlich. Man müsse erst den Afghanistaneinsatz beenden, bevor man einen weiteren Kriegsschauplatz eröffne.[520] Bush bezichtigte Schröder später des Wortbruchs, da er dessen Aussagen als Unterstützung seiner Position sah. Auch Schöllgen muss letzten Endes eingestehen, dass es «Raum für Interpretationen» gab.[521] Doch die genauen Inhalte des Treffens bleiben bis heute umstritten.

Die neueste Forschung zur amerikanischen Entscheidungsfindung betont allerdings die Offenheit und die Dynamik des Prozesses: Keineswegs war die Invasion des Irak am 20. März 2003 unausweichlich.[522] Bush startete eine «coercive diplomacy» – eine «Diplomatie durch Zwang». Saddam sollte einlenken, die IAEO-Inspektoren wieder in das Land lassen. Das Ziel der «coercive diplomacy» blieb allerdings nur unscharf umrissen: War es «Regime change» oder die Beseitigung bzw. Kontrolle über etwaige Massenvernichtungswaffen? Das Problem daran war ebenso simpel wie folgenschwer: Scheiterte die Diplomatie, musste Zwang ausgeübt werden – auch mit militärischen Mitteln – da sonst die Glaubwürdigkeit der USA auf dem Spiel stand. Zur Not musste bzw. sollte dies ohne Mandat der VN geschehen. Die Konsequenzen dieses Vorgehens hätte das Weiße Haus nie vollumfänglich analysiert oder verstanden, urteilt Leffler.[523] Als Bush Anfang 2003 immer deutlicher erkannte, dass Saddam auf Zeit spielte und dies sogar recht erfolgreich, entschied er sich endgültig, zu intervenieren – auch ohne VN-Mandat.

Die deutsche Haltung: vorauseilendes Veto ohne Vetomacht

Die deutsche Botschaft in Washington berichtete nur kurz nach der Kanzlervisite, «es gebe noch keine Festlegung, aber die militärische Option rücke näher».[524] Damit wurde die Frage nach der deutschen Haltung immer virulenter. Wie bereits erwähnt, hatte der Bundeskanzler bereits am 9. Dezember 2001 eine geographische Ausweitung des Krieges gegen den Terrorismus ausgeschlossen und auch explizit den Irak genannt.[525] Seine Partei und sein Koalitionspartner waren gegen weitere Einsätze. Im Februar 2002 hatte er im Gespräch mit Bush einer Mission ohne VN-Mandat eine Absage erteilt.[526] Am 4. März betonte Schröder im Parteivorstand der SPD, es solle nicht über weitere Einsätze in anderen Ländern spekuliert werden.[527] Die Einsätze im Kosovo, in Mazedonien und in Afghanistan seien genug. Bereits Mitte März 2002 legte Schröder sich öffentlich fest, dass sich Deutschland, wenn überhaupt, nur im Rahmen eines VN-Mandates an einer militärischen Aktion gegen den Irak beteiligen würde.[528] Die Bundesregierung setzte auf eine Verhandlungslösung. Sie wollte Saddam dazu bewegen, wieder VN-Kontrollen zuzulassen und befürchtete regionale Instabilität.[529] Eine Lösung des Problems sei also nur mit, nicht gegen Saddam möglich. Auf dem EU-Gipfel in Barcelona am 16. März wurde dem Kanzler jedoch bewusst, dass Großbritannien und Frankreich seine Positionierung in der Irak-Frage nicht unterstützten.[530] Für die USA war die Haltung der Franzosen, Briten und Russen bedeutsamer als die Deutschlands. Sie hatten ein Veto-Recht im VN-Sicherheitsrat. Deutschland war ab Januar 2003 nichtständiges Mitglied, von daher wichtig, aber nicht entscheidend – aller Selbststilisierung des Kanzlers zum Trotz. Eine Tatsache, die Außenminister Fischer eher zu erkennen schien.[531]

Im Mai besuchte Bush die Bundesrepublik. Er gab sich konziliant, überraschte Schröder mit einer «außergewöhnlich moderaten Rede» vor dem Deutschen Bundestag, so der Kanzler in der Rückschau.[532] Der US-Präsident versicherte, er habe keinen Angriffsplan auf dem Tisch liegen und Schröder ging davon aus, dass jedwede Änderung der amerikanischen Haltung mit ihm besprochen würde.[533] Doch er versicherte Bush, wie er in seinen Memoiren darstellt, die «uneingeschränkte Solidarität» Deutschlands gelte weiterhin, und sollte der Irak Terroristen beherbergen wie Afghanistan, werde man «zuverlässig an der Seite der USA stehen».[534] Man beschloss ein «Stillhalteabkommen»: Die deutsche Seite versprach keine Spekulationen, gar öffentlich, über die US-Pläne anzustellen, wollte im Gegenzug in der Entscheidungsfindung konsultiert werden; die Amerikaner sicherten zu, Berlin zu informieren, «sobald eine Entscheidung getroffen sei».[535] Auch hier scheint es wieder Abstimmungsprobleme gegeben zu haben.[536] Denn über eine Entscheidung informiert zu werden ist etwas anderes, als am Entscheidungsprozess – gar gleichberechtigt – beteiligt zu sein.

Der Bundeskanzler erklärte am 1. August im SPD-Präsidium, eine Intervention im Irak sei dem bisherigen Erkenntnisstand nach nicht gerechtfertigt.[537] Tags zuvor hatte er sein kategorisches Nein zu einem etwaigen Krieg auf einer Strategiesitzung beschlossen, an der auch der Außenminister teilnahm. Die Ablehnung der US-Politik und der anstehende Bundestagswahlkampf spielten ebenso eine Rolle, wie die wenig erquickliche Aussicht, den Regierungsparteien einen weiteren Kriegseinsatz abzuringen.[538] Fischer hatte bereits im Januar vor der Fraktion der Grünen ganz allgemein die «Unerlässlichkeit» unterstrichen, «in der politischen Auseinandersetzung des Wahljahres bei allen Themen die notwendige, offensive Zuspitzung zu suchen».[539] Das Wahlkampf-Thema Irak kam daher für die «Friedenspartei», die durch mehrere Auslandsmissionen Federn gelassen hatte, sicher nicht ungelegen. Es ging nicht mehr um die Frage eines VN-Mandates. Die Grundsatzentscheidung der Bundesregierung, also die Ablehnung eines Waffenganges *no matter what*, war damit in Stein gemeißelt.

In Hannover eröffnete Schröder am 5. August den Wahlkampf. Er schloss eine deutsche Beteiligung an einem möglichen Waffengang nun auch öffentlich aus und sprach von einem «deutschen Weg», den man gehen werde.[540] Eine Wortwahl, die aufmerksam aufgenommen wurde und im Ausland zu hochgezogenen Augenbrauen führte.[541] Schröder grenzte sich von Helmut Kohls Politik während des Golfkrieges 1990/91 ab. Man werde auch keine finanzielle Hilfe leisten. «Die Zeit der Scheckbuchdiplomatie ist endgültig zu Ende», erklärte der Kanzler trotzig.[542] In Hannover appellierte er an tieferliegende Wünsche einer Distanzierung von dem amerikanischen Sozialstaats- und Wirtschaftsmodell.[543] Neben Gerechtigkeit und Erneuerung war das Nein zum Irak-Krieg das dritte Schlagwort des Wahlkampfes. Medial fiel dies auf fruchtbaren Boden: *Die Zeit* und *Der Spiegel* erklärten Schröder zum neuen Friedenskanzler.[544] Zu Abenteuern sei Deutschland nicht bereit, erklärte Schröder im August erneut mehrmals öffentlich.[545] Seinen aufgrund der immer hitzigeren anti-amerikanischen Rhetorik mahnenden außenpolitischen Berater Dieter Kastrup und andere Diplomaten, die vor einer öffentlichen Ablehnung gewarnt hatten, ignorierte der Kanzler.[546]

Es galt der Primat der Innenpolitik. Die SPD lag in der Sonntagsfrage lange hinten, bis sich im Spätsommer eine Trendumkehr einstellte. Das Hochwasser in Ostdeutschland und der Irak-Krieg waren wichtige Themen, bei denen Rot-Grün punkten konnte.[547] Die deutsche Bevölkerung war seit dem Sommer 2002 mehrheitlich gegen einen Waffengang. Am 7. August, zwei Tage nach Schröders Wahlkampferöffnung, sprachen sich 73 Prozent gegen eine deutsche Beteiligung an einem Krieg aus, selbst wenn die VN diesen legitimieren würde.[548] Präsident Bush war – bereits vor den Skandalen aufgrund der Menschenrechtsverletzungen in den US-Gefangenenlagern Guantánamo und Abu Ghraib – so unbeliebt, dass er als ebenso große Gefahr für den Weltfrieden angesehen wurde wie Saddam Hussein.[549] Mit dieser ablehnenden Haltung waren die Deutschen in Europa zwar nicht allein, doch lagen sie zu diesem Zeitpunkt meist mehrere, wenn nicht dutzende Prozentpunkte über anderen: In Spanien und Italien waren zum Beispiel etwas weniger als die Hälfte der Bevölkerung gegen eine Beteiligung.[550] Die Deutschen erklärten auch deutlicher (45 Prozent) als beispielsweise Italiener (36 Prozent) und Franzosen (21 Prozent), dass die US-Außenpolitik die Ansichten anderer nicht ernst nähme, also unilateral vorgehe.[551] Selbst im Land des stolzen Gaullismus war man damit weniger amerikaskeptisch. Schröder wirkte solchen Tendenzen nicht nur nicht entgegen, sondern befeuerte Stereotype von ölhungrigen Cowboys und zog daraus Vorteile.[552]

Die Selbstbehauptung gegen die amerikanische Irakpolitik war somit Ausdruck einer Rückkehr zu einer selbstbewussteren und eigenständigen Außenpolitik Deutschlands, wie der Kanzler es immer wieder betonte.[553] Dies ging auch mit einer geschichtspolitischen Neujustierung einher: Bücher über den Bombenkrieg, die Vertreibungen der Deutschen aus Ostmitteleuropa und Günter Grass' *Im Krebsgang* zeichneten das Bild der Deutschen als Opfer, wodurch man durch Warnungen vor zivilen Opfern im Irak einen moralischen Überlegenheitsanspruch basierend auf historischer Erfahrung ableitete.[554] Zugleich führte die Bundesregierung eine außenpolitische Tradition fort, indem man das Völkerrecht und die regelbasierte multilaterale Weltordnung hochhielt. Ein unilaterales Eingreifen wollte man verhindern, wie Schröder schon im Nachgang zum Kosovo-Konflikt mehrmals mit Blick auf die USA betont hatte. Auch Fischers «Zurückhaltung ist Stärke» fand hierin ihren Ausdruck. Der Außenminister hatte sich früher als Schröder, bereits im Februar 2002, skeptisch geäußert und erkannt, dass eine Einflussnahme auf die Entscheidungsmechanismen in Washington aussichtslos war – eine Lehre aus dem Kosovo-Krieg.[555]

In der Tat wurde in Washington der Hebel immer mehr auf Krieg umgelegt. Der Ausarbeitung einer neuen sicherheitspolitischen Strategie folgte eine Rede des Vizepräsidenten Dick Cheney am 26. August, in der er einer Eindämmungspolitik abschwor und mit einer Intervention zum Zwecke eines «Regime change» auch ohne VN-Mandat kokettierte. Damit verschob sich das Hauptaugenmerk von der Kontrolle etwaiger Massenvernichtungswaffen auf eine Absetzung Saddams.[556] Am 12. September ließ auch Bush vor der VN-Generalversammlung durchscheinen, zur Not unilateral zu handeln, wenngleich er eine neue VN-Resolution anstrebte.[557] Tags darauf diskutierte der Deutsche Bundestag die Rede. Schröder betonte den hohen Wert der Vereinten Nationen. Man setze daher auf eine Rückkehr der Inspektoren, werde sich aber auch bei einer VN-mandatierten Mission an einer militärischen Intervention nicht beteiligen.[558] Letzteren Punkt hatte er bereits vor Bushs-Rede am 5. September in einem Interview mit der *New York Times* explizit betont.[559] Über «existenzielle Fragen der deutschen Nation wird in Berlin entschieden und nirgendwo anders», verkündete der Kanzler im Bundestag und erntete den Spott des CDU/CSU-Fraktionsvorsitzenden Friedrich Merz, der dazwischenrief: «Jetzt ist er endgültig bei Wilhelm II. angekommen!»[560]

Betrieb Schröder nicht nur eine Rekalibrierung der deutschen Politik im Verhältnis zu den USA, sondern zeitgleich eine zu Russland? Wo Bushs «coercive diplomacy» den Handlungsspielraum einschränkte, da bei einem Scheitern der Diplomatie der Zwang folgen musste,[561] schränkte Schröder sich ein, da er alternativlos auf eine Rückkehr der Inspektoren setzte, ohne Druck auszuüben, dadurch Handlungsoptionen vom Tisch nahm und Saddam (und anderen anti-westlichen Akteuren) den Gefallen tat, Risse in die westliche Drohkulisse zu bringen. Das neue Selbstbewusstsein in der deutschen Außenpolitik war nicht geradlinig, sondern schwankte zwischen angeblich «uneingeschränkter Solidarität» und dem «deutschen Weg», was Vertrauen kostete, und die eigene Berechenbarkeit untergrub.[562]

Nach der denkbar knapp gewonnenen Bundestagswahl am 22. September 2002 setzte Schröder seinen Widerstand fort. Der Kontakt zur Bush-Administration blieb frostig und im Kanzleramt schaute man sich erneut sehr genau um: Mit wem konnte man den Schulterschluss suchen? Schon im Februar hatte Botschafter Ischinger aus Washington gewarnt, es müsse gut überlegt werden, sich «einzugraben, wenn wir nicht ganz sicher sind, eine solche Position gegen die USA längerfristig durchhalten zu können.»[563] Bislang hatte niemand so offensichtlich die Schaufel ausgepackt, wie die Deutschen. Blair lag bereits auf Linie mit Washington. Doch die britische Bevölkerung und Teile seiner Partei lehnten einen Krieg ab. Deshalb wollte er vor einem Waffengang eine neue Resolution der Vereinten Nationen einholen.[564] Frankreich verhielt sich abwartender, ließ sich mehr Handlungsoptionen offen.[565] Ebenso wie London versuchte auch Paris die VN wieder ins Spiel zu bringen. Man trug aber nach der Cheney-Rede die Androhung militärischer Mittel mit, um Saddam zum Einlenken zu bewegen und die Inspektoren in das Land zurückzulassen.[566] Über die etwaige Anwendung solcher Mittel müsse jedoch der VN-Sicherheitsrat auf Grundlage einer neuen Resolution entscheiden.

Infolgedessen verweigerte Chirac bei einem Abendessen mit Schröder und Fischer am 7. September 2002 in Hannover (erneut) eine öffentliche Festlegung auf ein Nein zum Irak-Krieg, obwohl er ein unilaterales Vorgehen der USA ablehnte.[567] Die Schröder'sche Fundamentalopposition kritisierte er in einem Interview in der *New York Times* zwei Tage später als zu «kategorisch».[568] Der amerikanische Politikwissenschaftler Stephen F. Szabo hat daher argumentiert, dass die Bundesregierung zu diesem Zeitpunkt isoliert war. Schröder habe dies überwinden können, indem er zuerst mit Frankreich und hiernach mit Russland eine gemeinsame Position fand.[569] Doch wurde wirklich erst im Oktober und November eine gemeinsame Position mit Russland gefunden?

Gregor Schöllgen, der exklusiven Zugang zu dem Privatarchiv Schröders hatte, betonte die entscheidende Rolle, die dieser bei seinem Vorgehen im September Russland beimaß: «Denn es geht um das transatlantische Verhältnis einschließlich der NATO, es geht um den Zusammenhalt der Europäischen Union, und es geht um die wichtige deutsch-russische strategische Partnerschaft, denn von dieser sprechen beide Seiten verstärkt. Daher telefoniert Gerhard Schröder in dieser Zeit immer wieder mit Wladimir Putin. Ähnlich eng ist der Kontakt zu Tony Blair und Jacques Chirac. Die Beziehungen zu den beiden wichtigsten europäischen Partnern sind in diesen Wochen komplizierter als diejenigen zu dem Russen.»[570] Nachdem Schöllgen den Kontakt zu Blair und Chirac näher ausführt, kommt er nur sehr kurz auf Putin zu sprechen: «Dass Russland und auch im Hintergrund China seine Position in der Irakfrage teilen, ist wohl wahr. Aber sie gehören nicht zu den westlichen Partnern.»[571] Nur mit Russland und China den USA die Stirn zu bieten, hätte natürlich eine fatale Außenwirkung gehabt.

Der Kanzler schielte in der Irakfrage nicht ausschließlich auf Russland. Die Haltung Putins war nicht alleinige Richtschnur seines Handelns. Eine solche Sicht wäre verkürzt. Aber es fällt auf, dass bei einer essenziellen außenpolitischen Entscheidung ein deutscher Kanzler drei Kugeln hochhalten wollte: die transatlantische, die europäische und die multipolare, und hierbei speziell die russische. Putin war von Beginn an der Rettungsanker des Kanzlers, um nicht allein im Wind zu stehen. Denn trotz des massiven Druckes aus den USA war es sehr unwahrscheinlich, dass Putin einem VN-Mandat zur Nutzung des «Regime change» zustimmen würde. Alle Äußerungen des Kremls deuteten auf Ablehnung.

Putins Irakpolitik und Konvergenzen mit Berlin

Unabhängig davon, wie weitreichend man die amerikanisch-russische Annäherung nach dem 11. September 2001 einschätzt, entstand keineswegs eine Allianz, sondern eine temporäre Kongruenz einiger Interessen (Anti-Terror-Kampf, Nicht-Proliferation) bei fortbestehenden Gegensätzen (NATO, NMD und teilweise Georgien). Der Irak-Krieg entzweite Washington und Moskau wieder deutlich. So deutlich, wie dies vorher nur der Kosovo-Krieg vermocht hatte.

Putin verhielt sich ähnlich wie Jelzin im Kosovo-Konflikt. Zwischen innenpolitischem Druck und internationalem Anspruch rhetorisch lavierend, versuchte er zunächst einen militärischen Konflikt zu verhindern, dann eskalierte seine anti-amerikanische Rhetorik, um danach wieder eine zumindest verbale Annäherung an die USA zu suchen.[572] Die russische Bevölkerung war, aufgepeitscht durch die orthodoxe Kirche, stark anti-amerikanisch eingestellt, und die Abgeordneten der Duma erwiesen sich, wie schon in den 1990er Jahren, als teils radikaler im Ton als ihre Regierung.[573] Im Dezember 2003 standen Dumawahlen an, im März 2004 Präsidentschaftswahlen. Wollte Putin daher weiter an der Seite der USA stehen, was ihm zuvor bei der Afghanistanentscheidung schon Kritik eingebracht hatte und diesmal die VN und die eigene Rolle unterminiert hätte?[574]

Eine amerikanische Invasion widersprach der russischen Selbstwahrnehmung im Nahen Osten, der aus russischer Sicht auch als «Naher Süden» bezeichnet werden kann. Man war zwar keine Hegemonialmacht, aber wollte an wichtigen Entscheidungen, die das Kräftegleichgewicht veränderten oder möglicherweise regionale Instabilität auslösten, beteiligt werden.[575] Russland hatte sowohl ein geostrategisches als auch ein wirtschaftliches Interesse im Irak: Man war 2003 der wichtigste Handelspartner des Zweistromlandes. Russische Firmen verdienten sehr gut an dem «Öl für Lebensmittel»-Programm der VN und hatten milliardenschwere Investments, die in Gefahr gerieten.[576] Zudem schuldete Saddam dem Kreml noch knapp zehn Milliarden Euro, wovon letztlich über 90 Prozent durch die Invasion abgeschrieben werden mussten,[577] und man befürchtete sinkende Ölpreise durch eine verbesserte Förderung im Irak nach einer Invasion. Moskau wollte daher bei der Entscheidungsfindung nicht übergangen werden.[578] Den besten Hebel identifizierte man in der VN, da der Sicherheitsrat das einzige Forum ist, in dem die USA und Russland bis heute formell ebenbürtig sind.[579] Ohnehin war eine Stärkung des VN-Sicherheitsrates als Entscheidungsgremium in einer multipolaren Ordnung ein Kernpfeiler in Putins Denken und in der 2000 offiziell verabschiedeten außenpolitischen Doktrin.[580] Die Nutzung militärischer Mittel, um ein Regime zu stürzen, widersprach der russischen Sicht staatlicher Souveränität und wurde eine noch schlimmere Sünde, wenn eine Intervention ohne grünes Licht des VN-Sicherheitsrates unternommen wurde.[581] Jede unilaterale Entscheidung zur Absetzung eines dem Westen unliebsamen Regimes unter Umgehung der VN und somit auch des russischen Vetorechts im VN-Sicherheitsrat, musste auf eine Ablehnung im Kreml stoßen. Selbst wenn die Bush-Administration noch intensiver um die Unterstützung Russlands gebuhlt hätte, wäre ein Kursschwenk unwahrscheinlich geblieben, resümiert die Historikerin Angela Stent.[582] Selbst die Hoffnung auf eine russische Enthaltung wie 1998 bzw. 1999 war bei den diesmal viel weitreichenderen Zielen illusorisch und verdeutlicht vielmehr die Fehlinterpretation der vorherigen Tauwetterperiode 2000/02.

Der Kreml stellte sehr früh Stopp-Schilder auf. Am 17. Dezember 2001 erklärte Putin in einem Interview mit der *Financial Times*, der Irak habe mit dem internationalen Terrorismus nichts am Hut, und warnte die USA vor vorschnellen Aktionen gegen das Land.[583] Kurz nach der «Achse des Bösen»-Rede Bushs erklärte der Kremlchef, die USA dürften nicht unilateral militärisch vorgehen. Die VN müsse der Rahmen für den Kampf gegen den Terrorismus sein. Der Irak sei nicht Afghanistan.[584] Moskau versuchte somit Staaten, in denen man großen Einfluss hatte, vor den USA zu schützen.[585] Das war kein Novum: Russland stemmte sich seit Jahren im VN-Sicherheitsrat gegen weitere Resolutionen, die präzisere Kontrollen im Irak ermöglichen sollten.[586] Man befürchtete eine Destabilisierung der Region und eine Stärkung der anti-russischen bzw. islamistischen Elemente.[587] Dies hatte Folgen für den Kaukasus, wo amerikanische und russische Interessen aufeinanderstießen. Die USA entsandten im Februar 2002 Spezialkräfte nach Georgien, um Kontakte zwischen Al-Qaida und tschetschenischen Rebellengruppen zu verhindern und um georgische Sicherheitskräfte im Anti-Terrorkampf auszubilden.[588] Putin schäumte vor Wut und zeigte ganz deutliche Reaktionen. Der Kreml hatte eine eigene Intervention erwogen, um die grenzüberschreitenden Bewegungen der tschetschenischen Gruppen zu unterbinden.[589] Jetzt saßen die Vereinigten Staaten im südlichen «nahen Ausland».

Im Juli 2002 erklärte Putin, der für seine Iranpolitik wiederholt aus Washington kritisiert wurde, man werde Teheran helfen, fünf weitere Kernreaktoren zu bauen und begrub damit vorherige Abkommen mit den USA.[590] Zugleich unterzeichneten Moskau und Bagdad Handelsverträge über 40 Milliarden US-Dollar.[591] Wie üblich wollte der Kreml solche Verträge dazu nutzen, um Schulden ausländischer Staaten aus der Sowjetzeit durch Waffeneinkäufe zurückgezahlt zu bekommen. Im August traf Putin mit Nordkoreas Diktator Kim Jong-il zusammen, was eine weitere Spitze gegen die USA war. Mit dem Iran, Nordkorea und Irak schien der Kreml nun mit gleich allen namentlich genannten Staaten der «Achse des Bösen» engere Bande zu suchen. Bereits vor der diplomatischen Eskalation der Irak-Krise durch die Rede Bushs vor der VN-Generalversammlung im September 2002 hatte sich Russland daher trotz des relativen Tauwetters an vielen Orten sehr deutlich gegen amerikanische Interessen gestellt. Im April hatte Putin bei seinem Gespräch mit Schröder in Weimar eine militärische Aktion gegen den Irak kategorisch abgelehnt und er erklärte auch vor dem Treffen der VN erneut, dass er keinen Grund für eine Invasion sehe.[592]

Auf den Auftritt des US-Präsidenten vor den Vereinten Nationen reagierte der Kreml recht kühl. Der Irak müsse mit der VN kooperieren und die Inspektoren der IAEA müssten zurückkehren. Falls verbotene Waffen gefunden würden oder der Irak den Inspektoren den Zugang verweigere, könne man über andere Maßnahmen nachdenken – eine unilaterale Aktion der USA lehnte Außenminister Igor Iwanow am 21. September jedoch vehement ab.[593] Gegenüber deutschen Gesprächspartnern zeigten sich einige russische Vertreter hingegen konzilianter, so dass der ehemalige Diplomat

Günter Joetze argumentiert hat, man sei in Berlin lange überzeugt gewesen, dass sich Russland «den amerikanischen Absichten nicht ernsthaft widersetzen würde».[594] Wie genau die Einschätzungen waren und wer von was überzeugt gewesen sein soll, wird erst die volle Freigabe der Akten zeigen. Doch die öffentlichen Äußerungen Putins und Russlands Haltung sprachen eine andere Sprache: Man blockierte amerikanische Wünsche hinsichtlich eines schnellen Vorgehens im VN-Rahmen. So berichtete der irakische Botschafter in Moskau im Oktober zufrieden nach Bagdad, Putin werde auf keinen Fall zulassen, dass Waffengewalt angewendet würde, also vom russischen Vetorecht Gebrauch machen.[595]

Manche Aussagen Schröders im Spätherbst müssen vor dem Hintergrund der russischen Haltung und der deutschen Suche nach Verbündeten gesehen werden. Bei verschiedenen Treffen mit Putin im Oktober und im November 2002 übte der Kanzler keine Kritik an der Tschetschenien- und Menschenrechtspolitik des Kremls.[596] Dies zeigte sich etwa im Kontext des Terrorangriffs auf das Moskauer Dubrowka-Theater. Aufgrund dieses Anschlages musste der für den 24. Oktober 2002 in Berlin geplante Besuch Putins verschoben werden.[597] Die Geiselnahme wurde am 26. Oktober blutig beendet. Insgesamt starben 130 Geiseln, jedoch nur fünf durch Schussverletzungen. Viele andere vermutlich durch das Betäubungsgas, das die russischen Sicherheitskräfte bei der Stürmung des Gebäudes einsetzten.[598] Schröder betonte den Stellenwert des gemeinsamen Kampfes gegen den Terrorismus und erkannte keine Fehler bei der Beendigung der Geiselnahme. Forderungen nach einer EU-Vermittlungsmission in der Tschetschenien-Frage erteilte er eine Absage.[599]

Putin und Schröder holten ihr Treffen am 12. November in Oslo nach. Der russische Präsident verbat sich in einer Pressekonferenz westliche Einmischungsversuche in den Tschetschenien-Konflikt. Eine Vermittlung der VN oder des Europarates lehnte er ab. Es sei eine sehr komplizierte, interne Angelegenheit.[600] Auf Nachfragen reagierte er sichtlich gereizt. Einem Journalisten, der ihn auf Tschetschenien ansprach, empfahl er, doch selbst Islamist zu werden und nach Moskau zu kommen. «Wir sind ein Land mit vielen Konfessionen, wir haben Spezialisten, die nehmen eine Beschneidung vor. Und ich werde empfehlen, so zu operieren, dass bei Ihnen nichts mehr nachwächst», drohte der Kremlchef.[601] Und wie verhielt sich Schröder? Der Kanzler erklärte, Putins Vorgehen und das Vorhaben, ein Verfassungsreferendum in Tschetschenien abzuhalten, seien «gute Ansätze».[602] Zur Erinnerung: Putin kassierte nach den Anschlägen Pläne eines Teilabzugs, ließ im Gegenteil weitere Truppen vorrücken und schloss Verhandlungen mit den tschetschenischen Repräsentanten aus. Er wollte neue, moskautreue Vertreter «wählen» lassen.[603] «Gute Ansätze? Entweder ist Schröder ein Zyniker, oder er zeichnet sich durch Inkompetenz aus», erklärte Oleg Orlow von der Menschenrechtsorganisation «Memorial» und fügte hinzu: «Die Menschenrechtsverletzungen im Kaukasus führen doch dazu, dass sich Russland verändert. Menschenleben zählen nichts, die Meinungsfreiheit wird beschnitten, das Land wird militarisiert, die Geheimdienste diktieren. Das wird alles Europa auszulöffeln haben: neben sich ein Monster zu haben, dass in seine undemokratische Vergangenheit zurückgekehrt ist.»[604] Die Politologin Barbara Morlock beschreibt den Herbst 2002 als Wendepunkt in Schröders Russlandpolitik. Sein Verhalten hinsichtlich der Tschetschenienfrage sei «von Verständnis zu offener Unterstützung» übergegangen.[605]

Der Bundeskanzler exkulpierte Putin, um dessen Unterstützung in der Irakfrage er buhlte. Dies mag den russischen Präsidenten darin bestärkt haben, einer Verlängerung der OSZE-Beobachtermission in Tschetschenien zum Jahresende 2002 nicht zuzustimmen. Sie war zuvor ein Kernpfeiler der deutschen Strategie gewesen, doch nun bekundete Außenminister Fischer nur sein «Bedauern».[606] Die EU verurteilte diesen Schritt, aber konnte sich zu keiner härteren Haltung oder gar Sanktionen durchringen.[607] Vielmehr schien die EU auf die deutsche Linie einzuschwenken: Im März 2003 unterstützte man das Referendum, obwohl absehbar war, dass es keinesfalls frei oder fair ablaufen würde. Im Spätherbst und Winter 2002/03 ging das Ringen um die Irak-Politik in die entscheidende Phase.

Der VN-Sicherheitsrat verabschiedete nach langem Tauziehen am 8. November einstimmig eine neue Resolution (1441). Hierin wurde Saddam aufgefordert, innerhalb von 30 Tagen etwaige Waffenprogramme offenzulegen und die Inspektoren ins Land zu lassen, aber drohte nicht mit der Anwendung militärischer Mittel bei Nichteinhaltung, sondern lediglich mit «ernsthaften Konsequenzen».[608] Die Entscheidung über einen Waffengang mit VN-Sanctum lag daher weiterhin in den Händen des Sicherheitsrates. Der russische Außenminister Iwanow erklärte zufrieden, dies mache es völkerrechtlich unmöglich, militärische Operationen gegen den Irak zu initiieren.[609] Russland, China, Frankreich und die Bundesrepublik stemmten sich erfolgreich gegen einen amerikanischen Entwurf, der eine militärische Intervention erleichtern sollte.[610] Auch Joetze konstatiert, dass zu diesem Zeitpunkt die Versuche der USA, eine kriegslegitimierende Resolution zu ergattern, bei Russland «keine Chance» hatten.[611] Zwei Tage vor Fristende lenkte Saddam ein. Die Inspektoren konnten Mitte November nach vier Jahren wieder ihre Arbeit aufnehmen. Eine friedliche Lösung schien möglich; zumindest war die Entwicklung Wasser auf die Mühlen der Kriegsgegner. Dennoch verlegten die USA immer offener Soldaten an den Golf. Diese wieder abzuziehen war nur unter Inkaufnahme eines hohen diplomatischen Schadens möglich. Wenn sie dortblieben, mussten sie vor dem heißen Sommer losschlagen.[612] Die Zeichen standen auf Krieg.

Am 11. November kam es laut Gregor Schöllgen zwischen Schröder und Chirac zum Rütlischwur: Im Kriegsfall werde man eine gemeinsame Position vertreten, berichtet Schöllgen kryptisch unter Bezug auf das deutsche Gesprächsprotokoll.[613] Gab Schröder sein Nein auch bei einem VN-Mandat auf oder – was wahrscheinlicher scheint – besann sich Chirac trotz seiner diplomatischen Bemühungen auf seine grundlegende Haltung: lieber Eindämmung als «Regime change»?[614] Nur die Freigabe der Akten dazu kann letztlich eine umfassendere Rekonstruktion ermöglichen. Doch Schöllgen fiel in seiner Darstellung ein Stein vom Herzen: «Man kann sich kaum vorstellen, welche Entlastung dieser Schulterschluss bedeutet – sollte er von Dauer sein. Der Druck, der in diesen Wochen auf Gerhard Schröder lastet, ist ungeheuer. (…) Wer das aushalten will, muss ziemlich stark sein. Dieser Gerhard Schröder ist ein starker Mann, und er kennt die Situation einer gegen alle nur zu gut.»[615] Dabei half in Schöllgens Augen, dass Frankreich Schwierigkeiten mit dem europäischen Stabilitätspakt bekam und sich mit Berlin auf eine «flexible Interpretation» einigte, also nach Deutschland auch die zweitgrößte Volkswirtschaft der EU die Stabilitätskriterien brach.[616] In der Agrarfrage und der EU-Osterweiterung kam der Bundeskanzler dem französischen Staatspräsidenten im Oktober ebenfalls entgegen.[617] Schröder war daher willens, europapolitische Positionen zu räumen, um Weltpolitik zu betreiben und Frankreich in der Irakfrage fest auf seine Seite zu ziehen – wer wem mehr nutzte, sei dahingestellt.[618]

Neben Frankreich suchte Schröder weltweit Verbündete gegen die US-Politik. Im Dezember reiste er nach China – bereits zum vierten Mal in sei-

ner Amtszeit. Er kritisierte weder die Menschenrechtslage noch die demokratischen Defizite im Reich der Mitte. Sein Hauptanliegen war der
wirtschaftliche Austausch und eine Abstimmung in Sachen Irak.[619] Anfang
Dezember 2002 war auch Putin nach China gereist. In einer gemeinsamen
russisch-chinesischen Erklärung wurde die VN als maßgebliche Instanz
und eine multipolare Weltordnung gepriesen.[620] Keineswegs wurde die VN
daher aufgrund ihrer Werte in den Olymp gehoben, sondern aufgrund der
Möglichkeit, die USA im VN-Sicherheitsrat einzuhegen. Zudem trat hierbei Putins Wunsch hervor, regionale Gegenorganisationen zu gründen, um
den westlichen Einfluss einzudämmen – wie dies später auch in der Eurasischen Wirtschaftsunion als Gegenmodell zur EU deutlich wurde.[621] Im gleichen Monat fuhr Putin nach Neu-Delhi und unterzeichnete mit dem indischen Premierminister eine Erklärung zur bedeutenden Funktion einer
multipolaren Weltordnung. Schröder hielt in diesem Zeitraum engen Kontakt mit Putin, traf ihn im Dezember in Hannover und telefonierte häufig
mit ihm.

Zugleich stand der Kanzler unter innenpolitischem Druck: Niedrige
Umfragewerte, hohe Arbeitslosenzahlen und die umstrittenen Hartz-Ge-
setze zur Arbeitsmarktreform führten zu Murren innerhalb der SPD. Nach
dem Wahlsieg im September 2002 konnte und wollte der Kanzler sein
Wahlversprechen nicht brechen und seine Haltung zum Irak-Konflikt revidieren. Auch der wahlkämpfende Sigmar Gabriel, Spitzenkandidat der SPD
in Niedersachsen, beschwor den Kanzler telefonisch, (Anti-Kriegs-)Kurs zu
halten.[622] Am 2. Februar 2003 erlitten die Regierungsparteien dennoch fol-
genreiche Wahlschlappen in Hessen und Niedersachsen, womit sie keine
Mehrheit mehr im Bundesrat hatten.

Schlüsseljahr 2003: Europäische Spaltung – neue Troika

Die Irak-Krise kulminierte im Frühjahr 2003. Seit Dezember zeichnete sich
ab, dass der Irak mit den Inspektoren nicht wirklich zusammenarbeitete
und nur alte Daten herausgab. Die USA fühlten sich in ihrer Skepsis bestätigt, viele andere Staaten forderten hingegen, den Inspektoren mehr Zeit zu
geben.[623] Im Januar erneuerten Deutschland, Russland und Frankreich ihr
Festhalten an Resolution 1441 und sprachen sich gegen eine zweite VN-
Resolution aus, die einen Waffengang ermöglicht hätte. Der französische

Außenminister Dominique De Villepin bekundete am 20. Januar, man werde zur Not auf das Vetorecht im VN-Sicherheitsrat zurückgreifen, um amerikanische Interventionsbemühungen zu verhindern.[624] Bush war außer sich. Künftig stand Frankreich, nicht mehr die Bundesrepublik, im Zentrum der Kritik aus den Vereinigten Staaten.[625] Diese Entwicklung bedeutete, dass die Bundesrepublik im VN-Sicherheitsrat, dem man nun temporär angehörte und nunmehr sogar vorsaß, leichter gegen einen Resolutionsentwurf der USA stimmen konnte, da man nicht mehr allein war. Schröder begründete dies öffentlich auf dem Marktplatz von Goslar am 21. Januar 2003 und verkündete ohne Absprache mit seinem Außenminister, er werde einer «kriegslegitimierenden» VN-Resolution nicht zustimmen.[626] Doch würden die Franzosen den Worten De Villepins, die er einer Pressekonferenz erst nach mehreren Nachfragen so geäußert hatte, auch Taten folgen lassen?

Am 22. Januar stand eine große Feier ins Haus: 40 Jahre Élysée-Vertrag. Die Parlamente und Kabinette beider Länder tagten gemeinsam im Schloss von Versailles. Es wurde Champagner kredenzt und die deutsch-französische Freundschaft besungen. Chirac besiegelte mit Schröder eine «Schicksalsgemeinschaft» – so die Wortwahl im Kommuniqué. Man setzte auf die Inspektoren und stemmte sich gegen eine US-Aktion ohne VN-Mandat.[627] Auf dem Rückflug sagte Schröder zu seinen Beratern: «Seht ihr, man kann sich auf die Franzosen verlassen.»[628] Doch hoffte Schröder nur auf die französische Verlässlichkeit? Turnte er ohne Netz und doppelten Boden? Nein. Russland und China seien «auf gleicher Linie», hielten Chirac und Schröder in einem Gespräch Ende Januar zufrieden fest.[629]

Das Treffen in Versailles mit knapp 1000 Teilnehmern diente als Vorlage für Donald Rumsfelds Spott vom «alten Europa». Das andere Europa bekundete am 30. Januar in mehreren europäischen Tageszeitungen einen Schulterschluss mit den USA: Tony Blair, José María Aznar und Silvio Berlusconi feilten an der Erklärung, um dem deutsch-französischen Gespann etwas entgegenzuhalten.[630] Die EU wurde vorab nicht informiert. Die Dänen, Portugiesen, Polen, Ungarn und Tschechen schlossen sich dieser Erklärung, dem «Brief der Acht», an.[631] Auch die Niederlande unterstützten die USA, taten dies aber leiser als andere. Nur eine Woche später kam es zu einer ähnlichen Solidaritätsbekundung der «Vilnius 10», die Albanien, Estland, Bulgarien, Kroatien, Lettland, Litauen, Mazedonien, Rumänien, die Slowakei und Slowenien unterzeichneten.[632] Für viele dieser Staaten war der Wunsch eines NATO-Beitritts bzw. die Ratifizierung der Beitrittsurkunden ein gewichtiger Grund für ihre Haltung. Doch zugleich durften sie den EU-Beitrittsprozess nicht gefährden, also nicht zu deutlich Stellung gegen Paris und Berlin beziehen – eine schwierige Gratwanderung.[633] Chirac schimpfte öffentlich, die Osteuropäer hätten eine gute Chance zum Schweigen verpasst.[634] Schröder unterstellte ihnen in seinen Erinnerungen «außenpolitische Naivität» und kritisierte auch den «Brief der Acht».[635] Rein numerisch waren die Regierungen dieser Staaten, deren Bevölkerung die Politik Bushs teils weitaus kritischer sah, in der Mehrheit: Zum Nein-Lager gesellten sich nur Luxemburg und Belgien unter Führung des linksliberalen Premierministers Guy Verhofstadt.[636] Das Diktum einer Spaltung Europas in dieser Frage, das gebetsmühlenartig wiederholt wird, ist daher irreführend. Vielmehr weckten das Schlagwort des «deutschen Weges» und der deutsche Schulterschluss mit Moskau alte Ängste in Ostmitteleuropa, wodurch eine Parteinahme dieser Staaten für die Haltung der USA noch wahrscheinlicher und Deutschland als Anlehnungsmacht unattraktiver wurde.[637] Eine gemeinsame Außenpolitik der EU war so auch schwerlich möglich.[638]

In Washington standen die Zeichen auf Krieg. Am 5. Februar 2003 legte US-Außenminister Colin Powell dem VN-Sicherheitsrat angebliche, wie wir heute wissen: falsche Beweise für Massenvernichtungswaffen im Irak vor.[639] Fischer replizierte auf der Münchner Sicherheitskonferenz am 7. und 8. Februar mit seinem mittlerweile geflügelten Wort «I am not convinced». Die Oppositionsführerin Angela Merkel hatte den Auftritt Fischers mit Entsetzen beobachtet, wie sie vor der CDU/CSU-Bundestagsfraktion berichtete. «Es war unerträglich», seufzte sie.[640] Merkel kritisierte die deutsche Haltung auch öffentlich: Rot-Grün greife die Grundfesten der Allianz an.[641] Sie unterstützte den Brief der anderen Westeuropäer. Doch die Entscheidungen trafen andere.

Der Bundeskanzler wollte Russland immer stärker in seine Politik einbinden und eine gemeinsame Drohkulisse nicht gegen Saddam, sondern gegen «Alleingänge» der USA errichten. In einem Telefonat mit dem französischen Staatspräsidenten versprach er: «Ich bringe Putin mit. Da können wir eine trilaterale Beziehung daraus machen.»[642] Am 9. Februar traf der Kremlchef in Berlin ein. Im Gästehaus der Bundesregierung in der Berliner Pücklerstraße beugte er sich mit dem Kanzler intensiv über den Entwurf einer gemeinsamen Erklärung.[643] «Am nächsten Tag flog Putin weiter nach Paris, wo er mit Kusshand empfangen wurde. Chirac und er veröffentlichten die gemeinsame Erklärung, die die Bundesregierung mittrug: Die Inspektoren sollten mehr Zeit erhalten, die USA nicht unilateral handeln. Putin redete in einem Interview mit dem französischen Fernsehen erneut einer multipolaren Weltordnung das Wort[644] und erklärte, Russland werde gegen eine «unjustified use of force» sein Veto im Sicherheitsrat einlegen, und zwar unabhängig davon, wie Frankreich sich positionieren würde.[645] Chirac sprach wörtlich von einer neuen «Achse» Paris-Berlin-Moskau und nahm damit begrifflich ein Konzept auf, das in Frankreich an Popularität gewann.[646] Dabei bemühte man sich, die USA als isoliert darzustellen und verwies auf die Mehrheit im VN-Sicherheitsrat, die einen Waffengang ablehnte.[647] Diese Mehrheit umfasste neben Belgien allerdings auch lupenreine Demokratien wie Syrien und China.

Vor der SPD-Bundestagsfraktion verteidigte Schröder seinen Kurs und präsentierte stolz die gemeinsame Erklärung mit Frankreich und Russland. Folgt man Informationen des *Spiegel*, so stilisierte er auch dort «den Streit mit den USA im Irak-Konflikt zur weltpolitischen Schicksalsfrage: Sein Ausgang bestimme, ob es künftig eine multipolare Welt gebe oder die USA allein das Sagen hätten.»[648] Andere Zeitungen berichteten, dass die Fraktion «beim Stichwort ‹Multipolarität› in ‹stürmischen Beifall› ausbrach».[649] Der «deutsche Weg» führte zur Not über Moskau und Peking. Beides waren Vetomächte, an die man sich im VN-Sicherheitsrat anlehnen konnte. Erneut wird deutlich, dass es der Bundesregierung nicht ausschließlich um eine regelbasierte Ordnung, starke VN oder effektiven Multilateralismus ging – hinter verschlossenen Türen soll der Kanzler wenig Sympathie für die VN gezeigt haben –,[650] sondern eine multipolare Vision verfolgt wurde, die sich primär gegen die Dominanz der USA und das unilaterale Handeln unter US-Präsident Bush richtete. Dieses Konzept fand in Deutschland Anklang. 85 Prozent der Deutschen waren gegen einen Krieg, 69 Prozent waren für ein deutsches Nein im VN-Sicherheitsrat.[651] Am 15. Februar kam es europaweit zu großen Demonstrationen gegen den Krieg. Millionen gingen auf die Straße. Proteste, die es gegen russische Operationen im Kaukasus und später losgetretene zwischenstaatliche Kriege bis zum Februar 2022 so nie gab. Wer die Ostpolitik verstehen will, darf daher die Westpolitik nicht ausblenden.

Im VN-Sicherheitsrat organisierte der deutsche Ständige Vertreter Gunter Pleuger unter den nicht-ständigen Mitgliedern eine Haltung gegen die USA.[652] Dies war nicht unbedeutend, da am 22. Februar Großbritannien, Spanien und Italien als engste Verbündete der USA erklärten, sie bräuchten aus innenpolitischen Gründen eine kriegslegitimierende VN-Resolution.[653] Durch die Aktivitäten der Deutschen, Franzosen und Russen wurde die ohnehin sehr unsichere Mehrheit für eine weitere Resolution im VN-Sicherheitsrat noch unwahrscheinlicher – zudem drohte das russische, französische oder chinesische Veto.[654] Paris bot an, eine Umgehung der VN, wie 1999 im Falle des Kosovo-Krieges, zu dulden und sich mit Unmutsbekundungen zurückzuhalten.[655] Doch die USA zeigten sich unbeeindruckt.

Washington erklärte am 21. Februar 2003 die Vorbereitungen für eine militärische Operation für abgeschlossen. Obwohl die Weichen damit immer deutlicher auf Krieg gestellt waren, lancierte die Bundesrepublik in der neuen Troika mit Frankreich und Russland neue Initiativen. Ein im Februar eingebrachtes Memorandum im VN-Sicherheitsrat sah vor, dass Blauhelmsoldaten die IAEO-Inspektoren begleiten sollten. Dabei griff man auf viele Aspekte der gemeinsamen Erklärung vom 10. Februar zurück.[656] Ein Plan, der aufgrund des irakischen und amerikanischen Widerstandes sowie der Frage nach den Entsendestaaten «unausgereift wirkte».[657] War man in Berlin oder Moskau bereit, zur Not eigene Soldaten zu schicken? Eine Frage, die die Öffnung der Archive beantworten könnte, doch zumindest im deutschen Fall sehr unwahrscheinlich scheint.

Einen amerikanisch-britischen Resolutionsentwurf, der Ende Februar vorgelegt und im VN-Sicherheitsrat nur von Spanien und Bulgarien unterstützt wurde, konterten Frankreich, Deutschland, Russland und China sofort. Die amerikanisch-britische Resolution war gescheitert und wurde gar nicht erst zur Abstimmung vorgelegt, auch da Chirac am 10. März öffentlich sein Veto gegen eine mögliche Resolution ankündigte. Putin konnte sich die Hände reiben. Sein Außenminister erneuerte die russische Veto-Drohung ebenfalls.[658] Diesem Schritt war eine enge Absprache mit Deutschland, China und Frankreich vorausgegangen[659] – und eine Visite Schröders in Moskau am 26. Februar, bei der er sich Putins Haltung versicherte, keine zweite VN-Resolution zu unterstützen.[660] Folglich begrüßte der Kanzler die Entscheidung des Kremls ausdrücklich. Dass Putin eine VN-Resolution zur Anwendung militärischer Mittel gegen den Irak und zur Absetzung Saddams zulassen würde, war sehr unwahrscheinlich. Putin versicherte Schröder auch in einem Telefonat am 10. März, seine Position sei unverändert. Dies habe er Bush und Blair gegenüber mehrmals bekräftigt, die dessen ungeachtet «großen Druck auf ihn ausübten. Er habe ganz offen gesagt, dass Russland leider Nein sagen müsse. Dies sei von Anfang an die russische Position gewesen. Verärgerung darüber sei völlig unangebracht.»[661] Die oftmals zitierte, angebliche Illusion der Bush-Administration, Russland mit Zugeständnissen in der Tschetschenienfrage zu ködern,[662] verpuffte ergebnislos. Die Argumentationslinie, ohne die frühe und angeblich einsame Festlegung der Deutschen auf ein Nein, getroffen als nicht-ständiges Mitglied im VN-Sicherheitsrat, wäre «die Entscheidung im Weltsicherheitsrat anders ausgefallen»[663] basiert auf einem deutschen Tunnelblick, einer Überschätzung des eigenen Einflusses und einem kompletten Ausblenden der russischen Rolle. Zudem war die Sicht, Russland werde sich dem Druck der USA beugen, anscheinend primär oder zumindest für eine lange Zeit eine der Berufsdiplomaten. Schröder «hatte von Putin dann einen anderen Eindruck», berichtet Joetze unter Berufung auf ein Telefonat zwischen Schröder und Chirac im Januar 2003: Putin «stehe fest, erzählte er Chirac (…) er wolle nur nicht eines Tages isoliert sein. (Chirac darauf: Kann ich verstehen; hätte zunächst nicht geglaubt, dass Putin durchhält). Schröder weiter: Putin sei den ständigen Druck der USA leid geworden. Er wolle den ‹Freibrief für die USA› nicht ‹notariell machen›, das heißt, die Zustimmung zu einer willkürlichen Forderung beurkunden und damit anerkennen, dass die USA alles machen können. In seinen Augen wollten die Angelsachsen den Sicherheitsrat ‹hijacken›.»[664] Diese Zitate zeigen deutlich, dass die russische Haltung in der Irak-Frage weit über den Einzelfall hinausging, sondern grundsätzliche strategische Aspekte berührte: Den USA die Stirn zu bieten, avancierte somit zum Gradmesser des eigenen Großmachtstatus und andere Staaten, die eine multipolare Weltordnung anstrebten, sollten als Partner gewonnen werden.[665] In Washington entschied man sich jedoch für einen Waffengang.

Am 20. März begann der Krieg gegen den Irak. Die USA und ihre Verbündeten handelten ohne das Sanctum der VN, stürzten das transatlantische Bündnis in eine tiefe Krise und verstießen gegen das Völkerrecht.[666] Bereits am 1. Mai erklärte Präsident Bush «Mission Accomplished», doch wirklich vollbracht war nur die Absetzung des Diktators Saddam Hussein.

Der Irak versank im Chaos, ethnisch-religiöse Gewalt evozierte einen Bürgerkrieg, den auch die mehrheitlich amerikanischen Besatzungstruppen nicht vollends befrieden konnten. Die USA verloren an Glaubwürdigkeit und zahlten enorm hohe finanzielle und politische Kosten. Die menschlichen Opfer waren verheerend. Beim Abzug der letzten US-Soldaten 2011 hatte der Konflikt fast 5000 Amerikanern und mehreren Hunderttausend Irakern, darunter vielen Zivilisten, das Leben gekostet.

Die Folgen des Irak-Krieges

In ganz Europa und ganz besonders in Deutschland litt durch die Invasion das Ansehen der Vereinigten Staaten, was an der Politik der Bush-Administration lag, aber bei einigen auch durch eine tieferliegende Skepsis gegenüber den USA bedingt war.[667] Selbst die russische Bevölkerung sah die USA im März 2003 positiver als die deutsche.[668] Auch das Vertrauen der Deutschen in die NATO sank zwischen 2002 und 2007 deutlich.[669] Für die deutsche Russlandpolitik war dies durchaus von Bedeutung: Je schlechter das Image der USA und des Westens wurde, desto eher erhielt ein konzilianter Kurs gegenüber dem Kreml Oberwasser.

In Russland fielen die ersten Reaktionen auf den Kriegsbeginn drastisch aus. Putin verurteilte die amerikanische Invasion als Angriff auf die internationale Sicherheitsarchitektur: Washington habe die Stärke des Rechts durch das Recht des Stärkeren ersetzt.[670] Nach dem raschen Ende des regulären Feldzuges im Mai drehte der Kreml die anti-amerikanische Rhetorik zurück und fand, wenngleich etwas verschnupft, wieder eine gemeinsame Sprache.[671] Doch der Konflikt war ein «Wendepunkt» für Putin, der keine weiteren unilateralen Alleingänge der USA mehr dulden wollte.[672] Der Kreml intensivierte die außenpolitischen Bemühungen in Nahost, im Kaukasus und in Zentralasien, da man dort die eigenen strategischen Interessen durch die Vereinigten Staaten zunehmend bedroht sah.[673] Moskau setzte nicht mehr auf eine Zusammenarbeit mit Washington, sondern kehrte stärker zur Primakow-Doktrin zurück, um ein globales Gegengewicht zu den USA zu bilden.[674] Nicht nur China umwarb der Kreml, sondern viele andere Schwellenländer und auch die neuen Partner der Troika.

Chirac, Schröder und Putin trafen im April und September 2003, am 30. August 2004 in Sotschi und am 3. Juli 2005 zusammen.[675] Bei letzterem

Treffen war auch der neue sozialdemokratische spanische Ministerpräsident José Luís Zapatero zugegen, der nach dem Madrider Terroranschlag und seinem Wahlsieg im März 2004 die spanischen Streitkräfte aus dem Irak abzog und dadurch viel Kritik der Bush-Regierung auf sich zog.[676] Die Argumentationslinie, es handle sich nicht um einen Klub der Anti-Amerikaner, erschien dadurch nicht glaubwürdiger.[677] Eine wirklich fundierte politische «Achse» entstand zwar nicht, aber es entwickelte sich ein «Gemeinschaftsgefühl».[678]

Vor dem Deutschen Bundestag erläuterte der Kanzler am 3. April, es sei «in der gegenwärtigen Krise [deutlich] geworden, dass der Weg, auf der Grundlage gemeinsamer Prinzipien in Europa und in den Bündnissen eine enge Zusammenarbeit mit Russland zu suchen, richtig und auch erfolgreich war und – dessen bin ich sicher – bleiben wird.»[679] Die Oppositionsführerin Merkel hielt dem entgegen, dass «es eine Äquidistanz zwischen Europa und Amerika und zwischen Europa und Russland auf absehbare Zeit nicht gibt.» Die transatlantische Partnerschaft beruhe «auf einem klareren Wertegerüst als unser Verhältnis zu Russland», so Merkel weiter. «Damit spreche ich nicht gegen ein gutes Verhältnis zu Russland. Das ist überhaupt keine Frage. Ich bin aus vollem Herzen für die Kooperation der NATO mit Russland. Aber in der Stunde des Risikos kommt es schon darauf, dass man weiß, wo die gemeinsame Partnerschaft liegt», resümierte Merkel.[680]

Der zunehmende Wille in Washington, zur Not auch unilateral zu handeln, trat weltweit Diskussionen über etwaige alternative Ordnungsmodelle los.[681] Schröder war Teil davon. Er warb international so oft für eine «multipolare» Weltordnung,[682] dass viele Beobachter nicht recht wussten, ob Schröder den Unterschied zwischen «multilateral» und «multipolar» wirklich kannte.[683] Dies waren zwei völlig unterschiedliche Konzepte, wie der Politologe Sebastian Sedlmayer bereits festgehalten hat: «Multilateralismus» definiert Sedlmayr als Form der internationalen Konfliktlösung, bei der Staaten miteinander zusammenarbeiten, wohingegen «Multipolarität» ein Zustand in den internationalen Beziehungen ist, in dem nicht eine oder zwei Mächte, sondern eine Vielzahl von Machtpolen existiert.[684] Das Auswärtige Amt versuchte den Kanzler zu korrigieren und sprach von einer «multilateralen» Ordnung als Ziel deutscher Außenpolitik.[685] Wusste Schröder wirklich nicht, wovon er sprach, oder wollte er vielmehr eine rhetorische Ambivalenz bewahren? Er konstatierte ja nicht nur das Faktum,

dass eine multipolare Weltordnung mit neuen Machtzentren Form annahm. Die rot-grüne Bundesregierung war «Fürsprecher einer multipolaren Weltordnung, in der die UNO zum neuen Zentrum einer multipolaren
Welt reformiert werden» sollte.[686] Die mit Paris und Moskau geschmiedeten
Partnerschaften waren keine Ad-hoc-Allianzen oder reine Wahlkampf-
stunts. Mit Chirac teilte Schröder den Wunsch nach größerer europäischer
Eigenständigkeit, verstanden als Führung durch Frankreich und Deutschland, sowie eine daraus resultierende Ablehnung einer noch größeren politischen Rolle der NATO. Mit Putin teilte Schröder den starken Fokus auf
Multipolarität und den Wunsch, auf Augenhöhe wahrgenommen zu werden. Unterschiede bestanden natürlich, doch auch der Werdegang Schröders verdeutlicht, dass seine Haltung im Irak-Krieg keine Verlegenheits-,
sondern eine Wunschlösung war und ihn erneut als deutschen De Gaulle
auswies, der engen Kontakt zu vielen neuen Machtpolen suchte, um selbst
ein Pol dieser neuen Ordnung zu werden bzw. die eigene Machtposition
auszubauen. Daher lohnt ein vergleichender Blick auf den deutschen Umgang mit anderen autokratischen Staaten.

Wie oben bereits gezeigt, verstand sich Gerhard Schröder als «Türöffner»
der deutschen Wirtschaft.[687] Die Außenwirtschaftspolitik der rot-grünen
Bundesregierung glich daher in vielen Aspekten der etatistisch geprägten
französischen Variante.[688] Unter Rot-Grün wurde die Bundesrepublik immer stärker zu einer «geo-ökonomischen Macht».[689] Nicht nur auf Reisen
nach Russland hatte der Kanzler große Wirtschaftsdelegationen im Schlepptau, sondern auch bei Besuchen in Asien oder Südamerika. Der Aufstieg
der BRICS-Staaten (Brasilien, Russland, Indien, China und Südafrika)
wurde im Kanzleramt genau verfolgt, insbesondere die neue Rolle Chinas.
«Schröders außenpolitische Strategen betrachteten die Weltordnung als
multipolar und er hielt China angesichts seines wirtschaftlichen Aufstiegs
nicht für einen Gegner, sondern für einen Partner.»[690] Andere Verbündete
des Westens, wie zum Beispiel Japan, gerieten aus den Augen des Kanzlers.[691] Die Chinapolitik Schröders ähnelte dem Umgang mit Russland auf
frappierende Art und Weise. Das Hauptaugenmerk lag dabei noch mehr,
geradezu vollständig auf den Wirtschaftsbeziehungen; der Asien-Pazifik-
Ausschuss der Deutschen Wirtschaft errang eine ähnliche Bedeutung wie
der Ost-Ausschuss.[692] Der Kanzler betrieb eine frühe Einbindung Chinas in
die G7/G8-Gruppe, die selbst enge Mitarbeiter von ihm ablehnten und dies

ausländischen Gesprächspartnern offen mitteilten.[693] Schröder setzte sich innerhalb der EU dafür ein, das Waffenembargo gegen China aufzuheben und lobte den Einfluss Pekings im Streit um das nordkoreanische Atomprogramm – im Gegenzug stellte China eine Unterstützung für einen ständigen deutschen Sitz im VN-Sicherheitsrat in Aussicht.[694] Kritische sicherheitspolitische Fragen in Bezug auf Nordkorea und Taiwan überließ man der EU und den Vereinigten Staaten.[695] Menschenrechte wurden in homöopathischen Dosen angesprochen, und chinesischen Besuchern in Deutschland wurden Pressekonferenzen mit etwaigen kritischen Nachfragen «erspart».[696] Die multilaterale Ebene diente der Besprechung von strittigen Punkten, während man die bilateralen Beziehungen frei von Friktionen halten wollte – erneut lässt die Russlandpolitik grüßen. Wie im Umgang mit Russland wurden Fragen der demokratischen und rechtsstaatlichen Entwicklung auf zivilgesellschaftliche Gesprächsforen ausgelagert, wo sie «in der Regel versandeten».[697]

Im Juli 2008 forderte der Altkanzler in einem Meinungsbeitrag in der *Zeit* eine enge Kooperation mit China.[698] Das Reich der Mitte sei auf dem Weg zur Demokratie, die wirtschaftlichen Bande entscheidend, starke Kritik der CDU habe viel «Porzellan zerschlagen».[699] Die Argumente glichen seiner Linie gegenüber Russland und Steinmeiers im Mai 2008 vorgestellter Vision einer «Modernisierungspartnerschaft» mit Moskau auf frappierende Art und Weise.[700] In dem Artikel proklamierte Schröder einmal mehr das Ende «amerikanischer Dominanz».[701] Vielmehr sei die «Welt auf der Suche nach einer neuen Ordnung, und alles deutet darauf hin, dass wir künftig mehrere Pole der Weltpolitik haben werden».[702] Erneut dachte Schröder weniger in Kategorien des Multilateralismus, sondern der Multipolarität. Musik in Moskauer und Pekinger Ohren. Ein ähnliches Muster zeigte sich im Umgang Schröders mit der Türkei oder den Vereinigten Arabischen Emiraten.[703] Ebenso bemühte Schröder die Formel der «strategischen Partnerschaft» im Verhältnis zu Indien und setzte sich für die Aufnahme des Landes in die G8 und einen ständigen Sitz im VN-Sicherheitsrat ein.[704] Damit wollte Schröder auch Unterstützung für einen deutschen ständigen Sitz generieren.

War die Beziehung zu Russland daher nicht besonders? Doch, sie war es. Russland war *primus inter pares* der neuen Partner Deutschlands in einer multipolaren (Traum-)Welt. Die deutsch-russische Annäherung seit 2000 kulminierte in der Irak-Krise und ging dabei in ihrer politischen Stoßrichtung weit über bessere bilaterale Kontakte hinaus. Russland war für Schröder ein Vehikel, um den «deutschen Weg», also einen auf Augenhöhe pochenden Gaullismus eigener Prägung, durchzusetzen. Dabei zog er – wie schon Egon Bahr in seinem ostpolitischen Denken – den direkten Gang nach Moskau einem multilateralen Ansatz häufig vor.[705] Schröders Ziel war nicht die Schwächung der EU oder die Auflösung der NATO, sondern die Suche nach anderen Sicherheitsarchitekturen in Europa, die Russland stärker einschlossen und dem Moskauer Diktum einer Zone von Wladiwostok bis Lissabon näherkamen, als einem Raum bis Vancouver, also dem Einschluss Nordamerikas. Dabei verfolgte er das Ziel einer Partnerschaft mit dem «globalen Osten» (Andreas Rödder). Umgekehrt war Deutschland für Russland ein entscheidendes Teilchen, das man aus der westlichen Achse brechen konnte, um eine multipolare Weltordnung zu verwirklichen und den Westen zu spalten. Es zeigte sich, wie Schröder den «deutschen Weg» verstand: Eine Neuordnung der Welt durch eine multipolarere und dadurch weniger US-dominierte Weltordnung. Damit rannte er in Moskau, Peking und Neu-Delhi offene Türen ein.[706] Und dieser «deutsche Weg» führte «in den Windschatten Russlands und seiner Rohstoffe».[707]

5. Handel ohne Wandel (2002–2005)

Der Schulterschluss gegen den Irak-Krieg stärkte die Beziehungen zwischen Deutschland und Russland sowie zwischen Schröder und Putin persönlich. Dass sie «dem massiven Druck seitens Amerikas widerstanden hätten, ‹hat insbesondere das Vertrauensverhältnis zwischen diesen beiden Politikern nochmals verbreitert›», erklärten Berater des Kanzlers am Rande von deutsch-russischen Konsultationen Reportern der *FAZ*.[708] In seinen 2006 erschienen Erinnerungen betonte Schröder, wie sich sein Verhältnis zum russischen Präsidenten durch den Irak-Krieg «erheblich verändert» hatte. Zugleich legte er seine allgemeine Sicht auf die Rolle Russlands für die Neujustierung Deutschlands in der Welt dar. Putins «Vision ist die Rekonstruktion Russlands als Weltmacht, die mit den USA auf gleicher Höhe verhandelt, redet und agiert», führte Schröder aus.[709] «Er weiß, dass Russland, um dieses Ziel zu erreichen, strategisch immer enger zu webende Beziehungen zu Europa aufbauen muss. (…) Dabei hofft er auf die Hilfe Europas, vor allem aber auf Deutschlands Unterstützung. Und beide Ländern handeln dabei nicht nur im eigenen, sondern vor allem im europäischen Interesse.»[710] Auf etwaige Ziele Putins ging der Kanzler nicht ein. Doch Schröder befürchtete, dass anti-russische Vorurteile, «geschürt durch die Interessen der amerikanischen Außenpolitik unter Bush ebenso wie durch eine historisch abgeleitete Aversion Polens gegen den russischen Nachbarn», das deutsch-russische Verhältnis vergiften könnten.[711] Das führte zu seiner zweiten Sorge, nämlich dass «die gerade erlangte Freiheit und Unabhängigkeit in der deutschen Außenpolitik wieder aufgegeben werden könnte und man sich wieder an die Rockschöße amerikanischer Außenpolitik klammert».[712] Man dürfe nicht den «Weg nach Westen» revidieren oder die deutsche Bündnistreue in Frage stellen, so Schröder erneut im Geiste De Gaulles, aber «die europäische Mission Deutschlands» sei mehr als eine Unterwerfung unter die amerikanische Politik.[713] Der Kanzler wollte Russland immer enger an Europa und an Deutschland binden «und mittelfristig aus einer strategischen eine privilegierte Partnerschaft» entwickeln, wie er selbst im Rückblick schrieb.[714] Daher seien die Beziehungen zu Russland so entscheidend. Denn das Land sei der «wichtigste Energielieferant für Europa», weshalb man russischen Unternehmen den Einstieg in Geschäfte mit den Endkunden in Europa erlauben sollte.[715]

Als Kernaspekt der deutsch-russischen Beziehungen kristallisierte sich zunehmend die ökonomische Verflechtung heraus. Wirtschaftsvertreter und Verbände forderten von der Politik eine Rolle als «Türöffner» ein und hatten in «Schröder einen kongenialen Partner gefunden, der die Interessen der deutschen Wirtschaft mühelos zum nationalen deutschen Interesse stilisierte».[716] Zugleich beanstandete Schröder nur selten den russischen Diebstahl von Patenten oder andere Missachtungen des wirtschaftlichen Fair-Plays.[717] Die steigenden Energiepreise spülten viel Geld in die Kassen des Kremls. Das Bruttoinlandsprodukt und die Devisenreserven stiegen rapide an.[718] Putin erlangte außenpolitische Beinfreiheit. Er konnte forscher auftreten, aufrüsten und musste Streit mit dem Westen nicht mehr scheuen.[719] Russland konnte Auslandskredite zurückzahlen und Waren aus dem Westen importieren. Der Rubel rollte. In Deutschland rieb man sich die Hände. Die Exporte stiegen von 5,1 Milliarden Euro 1999 auf 12,1 Milliarden 2003. Die Automobil-, Maschinenbau- und Chemieindustrie waren die am stärksten beteiligten Wirtschaftszweige.[720] Das Gesamthandelsvolumen blieb noch bescheiden: Erst 2002 fanden mehr deutsche Exportgüter ihren Weg nach Russland als nach Ungarn, und erst 2004 kamen mehr Importe aus Russland als aus Polen.[721] Bei Importen nach Deutschland lag Russland auf Platz 10, bei Exporten auf Platz 13.[722] Ebenso rangierte die Bundesrepublik bei Direktinvestitionen in Russland 2005 hinter den Niederlanden und Großbritannien.[723] Die Rohstoffimporte blieben wichtiger und nahmen zu: 2004 kamen rund ein Drittel des deutschen Rohölimports und 40 Prozent des Gases aus Russland – ein moderater Anstieg im Vergleich zu den vorherigen Jahren.[724] Norwegen war der zweitgrößte Lieferant mit 15 Prozent bei Rohöl und 32 Prozent bei Gas.[725] Umgekehrt gingen damit ein Fünftel der russischen Erdölexporte und ein Viertel der Erdgasexporte nach Deutschland.[726] Europaweit gesehen lag Deutschland damit im Durchschnitt – viele ostmitteleuropäische Staaten bezogen weit über zwei Drittel bis 100 Prozent ihres Erdgasbedarfs aus Russland. Der internationale Energiemarkt bot in den Augen mancher Experten viele alternative Optionen, von Norwegen über Algerien bis zum Iran. Eine Diversifizierung sei daher möglich und für «eine von energiepolitischen Rücksichtnahmen geprägte deutsche Russlandpolitik gäbe es insofern eigentlich keine Veranlassung».[727] Und doch muss der Kontext beachtet werden: Russisches Erdöl und Gas galt zu Beginn der 2000er Jahre als Diversifizierung, da hierdurch Turbulenzen im Nahen Osten und Lieferstreitigkeiten durch Transitländer in Osteuropa umgangen oder zumindest abgemildert werden konnten.[728]

Waren die Handelskontakte zu Russland eine Ausnahme im Vergleich zu den rot-grünen Außenbeziehungen mit anderen autokratischen Staaten? Nein. Die Exporte nach China stiegen: 2005 war das Reich der Mitte der viertgrößte Import- und elftgrößte Exportpartner Deutschlands.[729] «Handel statt Wandel» schien der Politikwissenschaftlerin Ying Huang das Ergebnis dieser Politik.[730] Die Parallele zu Russland liegt erneut auf der Hand. Hierbei muss die innenpolitische Dimension berücksichtigt werden. Schröder stand wegen der Agenda-2000-Politik unter Dauerbeschuss. Die Wirtschaft kriselte, und die SPD musste bei Landtagswahlen empfindliche Niederlagen einstecken. Russland wurde aufgrund der Turbulenzen im Nahen Osten als Erdöllieferant attraktiver, schien ein stabilerer Partner.[731] Der Ausstieg aus der Atomenergie drohte zu steigenden Energiepreisen zu führen. Der Öl- und Gaspreis schnellte seit 2002 ohnehin in die Höhe. Die Innenpolitik beeinflusste daher die Außenwirtschaftspolitik. Das hatte nicht nur Rückwirkungen auf Russland. Die Ukraine wollte deutsche Nukleartechnologie kaufen, um energiepolitisch unabhängiger von Moskau zu werden. Der Bundesvorstand der Grünen sprach sich dagegen aus, da die eigene Energiepolitik, also eine Reduzierung der Atomkraft, als prioritär angesehen wurde.[732]

Die bilateralen Beziehungen wurden auf vielen Ebenen immer enger: Russland wurde ein «Hauptadressat» der deutschen auswärtigen Kulturpolitik mit 525 Hochschulpartnerschaften, engen Verbindungen der Länder, Städte und Gemeinden, Arbeitsgruppen, Verbänden und Stiftungen.[733] Anknüpfungspunkte gab es weiterhin im Anti-Terror-Kampf, bei Abrüstungs- und Rüstungskontrollfragen, in der Nahostpolitik und im Klimaschutz. Wirtschaftliche Interdependenz und «Wandel durch Handel» wurden als Modell gepriesen, um Demokratisierung und Rechtsstaatlichkeit zu fördern. Doch Russland ging in diesem Zeitraum mehrere demokratische Schritte rückwärts: die Presse- und Meinungsfreiheit wurde immer stärker eingeschränkt; die Rechtsstaatlichkeit wurde abgebaut. War der Sonderzug nach Moskau in dieser Phase ganz allein auf Abwegen?

Bilaterale oder europäische Russlandpolitik? 2003/04

Im Mai 2003 feierte die EU gemeinsam mit Putin das Jubiläum seiner Heimatstadt St. Petersburg. Mehrere Staats- und Regierungschefs lobten die Tschetschenienpolitik des Kremls.[734] Die EU stellte auch eine Visafreiheit für russische Bürger in Aussicht, die Putin gefordert hatte.[735] Der russische Präsident zeigte sich hingegen in mehreren Fragen wenig konziliant: In einen zu schaffenden EU-Russland-Kooperationsrat dürften nicht alle neuen EU-Mitglieder automatisch aufgenommen werden. Damit wollte er sich nonchalant ein Vetorecht gegenüber Estland und Lettland erschleichen, mit denen Russland weiterhin eine Fehde hinsichtlich der dortigen russischen Minderheiten austrug.[736] Auch die neuen Pläne einer Europäischen Nachbarschaftspolitik der EU, mit denen die Staaten, die 2004 nicht Mitglied der EU würden, aber an die Union angrenzten, eingebunden werden sollten, missfielen dem Kreml. Zunächst wollte die EU Russland in diese Gruppe einbinden, doch Putin sah dies als Beleidigung an – hierzu weiter unten mehr. Der Kreml zeigte damit, dass er nicht wie andere Staaten im post-sowjetischen Raum behandelt werden wollte, sondern eine Sonderrolle beanspruchte, die Paris und Berlin willens waren, Russland zuzugestehen.[737]

Auf dem Gipfel in St. Petersburg lancierten Deutschland und Frankreich, vermutlich basierend auf einem deutschen Konzept,[738] aber wie oft üblich als «gemeinsame» Idee weiterentwickelt und vorgestellt, eine neue Initiative für eine strategische Partnerschaft zwischen der EU und Russland. Die Zusammenarbeit mit Russland dümpelte seit Oktober 2000 vor sich hin und sollte mit einem Aktionsplan gestärkt werden.[739] De facto war dies eine Weiterentwicklung der GSR. Sie umfasste «vier gemeinsame Räume»: für Wirtschaft; für Freiheit, Sicherheit und Recht; für Äußere Sicherheit und für Forschung, Bildung und Kultur.[740] Frank-Walter Steinmeier, Chef des Bundeskanzleramtes, war ein enthusiastischer Fürsprecher des Projektes.[741] Der Aktionsplan wurde erst 2005 beschlossen und umfasste über 400 Einzelmaßnahmen. Obwohl er als Neustart der EU-Russland-Beziehungen gefeiert wurde, waren mehrere für Russland problematische Aspekte ausgegliedert worden.[742] Dennoch nahm die Initiative kaum Fahrt auf. Der Fokus lag auf wirtschaftlichen Aspekten. Insgesamt schraubte die EU ihre Kritik an den innerrussischen Verhältnissen weiter zurück. Hauptsache Ruhe, schien die Losung. «Reform» wurde als Stichwort und Mantra durch «Stabilität» abgelöst.[743] Die Tschetschenienproblematik oder eine stärker wertegeleitete Außenpolitik genoss in den EU-Russland-Beziehungen keine Priorität.[744] Als Schröder kurz nach der Wahl in Tschetschenien im Oktober 2003 zu den deutsch-russischen Regierungskonsultationen in Jekaterinburg eintraf, standen primär wirtschaftliche Themen auf der Tagesordnung.[745] Es wurden weitreichende politische und milliardenschwere wirtschaftliche Abkommen geschlossen. Die Privatwirtschaft zog mit, investierte fleißig. Bei Fragen zur mangelnden Rechtssicherheit für deutsche Unternehmen und anderen marktwirtschaftlichen Hemmnissen gaben sich Schröder und Putin schmallippig.[746] Für die Bundesrepublik sprang in Jekaterinburg auch etwas heraus: Als erstes westliches Land erhielt man Transitrechte für Militärtransporte durch Russland nach Afghanistan – eine enorme logistische Erleichterung.[747] In einer Pressemitteilung wurden die Präsidentschaftswahlen in Tschetschenien – die weder frei noch fair, sondern eine Farce waren – in einigen Punkten als problematisch beschrieben, doch als Schritt in die richtige Richtung.[748] Dies unterstrich, dass die Bundesregierung im bilateralen Verhältnis problematische Aspekte umschiffte und für kritische Töne internationale Organisationen nutzte, zum Beispiel die EU, die NATO oder den Europarat.[749] Den russischen Präsidenten tadeln? «Es gebe keinen Besseren als Putin», erklärte ein deutscher Diplomat gegenüber der *FAZ* und nutzte damit die gleichen Argumente wie seine Vorgänger im Hinblick auf Jelzin.[750] Die rot-grüne Bundesregierung folgte in der Menschenrechtspolitik weiterhin einem «europäischen Minimalkonsens» und wollte sich «das gute Verhältnis zu wirtschaftlich oder sicherheitspolitisch bedeutenden Staaten nicht durch menschenrechtliche Erwägungen verderben lassen».[751] Auch hier war die Russlandpolitik nur Teil eines größeren Ganzen. Die Bundesrepublik bildete in ihrer Präferenz für spannungsfreie bilaterale Beziehungen keine Ausnahme, aber es zeigten sich Unterschiede.

Großbritannien folgte einer ähnlichen Linie und sorgte für eine interessen-, nicht wertegeleitete Linie in der EU während der eigenen Ratspräsidentschaft 2005.[752] Das Vereinigte Königreich intensivierte die Wirtschaftskooperation mit Russland. Der Vertrag zwischen BP und der Tyumen Oil Company vom 1. September 2003 stand beispielhaft für eine immer engere wirtschaftliche Zusammenarbeit, die alle Meinungsverschiedenheiten bezüglich des Irak, Tschetscheniens und der inneren Entwicklung Russlands überstand.[753] Im Juni 2003 kam Putin für einen Staatsbesuch nach Großbritannien: als erstes russisches Staatsoberhaupt seit 1874. Die britisch-russischen Beziehungen verschlechterten sich in diesem Zeitraum jedoch abrupt, da die Downing Street sich weigerte, den geflohenen Oligarchen, Politiker und ehemaligen Putin-Vertrauten Boris Beresowski auszuweisen und die zunehmende Erosion des Rechtsstaates in Russland bemängelte.[754] In den USA belasteten die demokratischen Rückschritte in Russland die bilateralen Beziehungen immer deutlicher.[755]

Die italienischen Beziehungen zu Russland wurden hingegen besser. Trotz seiner sehr transatlantischen Haltung schmiedete Silvio Berlusconi eine enge Freundschaft mit Putin: Als erster westlicher Staatsmann war er in dessen Ferienhaus in Sotschi eingeladen, die Töchter des Kremlchefs verbrachten ihre Ferien bei Berlusconi auf Sardinien.[756] Wirtschaftliche Interessen, innenpolitischer Nutzen und eine Vermittlerrolle zwischen dem Westen und Russland waren zusätzliche Beweggründe für Berlusconi.[757] Italien war nach Deutschland der zweitwichtigste Handelspartner für Russland, und die russischen Schulden betrugen rund neun Milliarden Euro, womit nur die Bundesrepublik auf höhere Rückzahlungen aus Moskau wartete.[758] Als amtierender EU-Ratspräsident erklärte Berlusconi ohne jegliche Absprache auf dem EU-Russland-Gipfel in Rom im November 2003, die westlichen Medien verbreiteten Mythen über Putins Politik im Kaukasus und die demokratischen Zustände in Russland.[759] Dabei wollte die EU auf dem Gipfel ausgerechnet betonen, dass die strategische Partnerschaft mit Russland auf gemeinsamen Werten basieren müsse.[760] Dementsprechend hagelte Kritik auf den italienischen Premier ein. Die von Berlusconi geforderte Reevaluierung traf auf eine kritischere Linie innerhalb der EU. Im Februar 2004 monierte die Kommission in einem Bericht zur EU-Russland-Politik, dass die Union häufig nicht mit einer Stimme spreche.[761] Vor allem Deutschland und andere große Mitgliedstaaten wurden implizit dafür gerügt, in ihren bilateralen Beziehungen zu Moskau nicht die normativen Ziele der EU zu vertreten und damit die Glaubwürdigkeit der Union und der Kommission zu untergraben.[762]

War es Putin, der die EU clever entzweite und über bilaterale Kontakte seinen Willen durchsetzen konnte,[763] oder ließen die EU und ihre Mitgliedstaaten sich zu einfach spalten bzw. leisteten gar selbst Vorarbeit? Auch die EU verfolgte weiterhin einen pragmatischen Kurs, anstatt Werte- und Interessendebatten zu führen. So wurde im April 2004 ein Ausgleich mit Russland gefunden: Moskau stimmte der Ausdehnung des Partnerschafts- und Kooperationsabkommens auf die ostmitteleuropäischen EU-Beitrittskandidaten zu und ratifizierte das Kyoto-Protokoll. Im Gegenzug unterstützte die EU die Aufnahme Russlands in die WTO.[764] Die USA befürworteten anfangs eine russische Mitgliedschaft, doch legten 2006 ihr Veto ein. Schröder sah dies als Retourkutsche für die russische Gegnerschaft zum Irak-Krieg.[765]

Wo immer die EU keine Fortschritte im Umgang mit Russland erzielte, handelten viele Mitgliedstaaten, darunter auch die Bundesrepublik, bilateral.[766] In den Hauptstädten wurde Brüssel daher häufig als Bremsklotz für gute Beziehungen mit Moskau gesehen. Im Kreml wusste man die uneinigen Europäer auszunutzen. So schlug die russische Seite zum Jahreswechsel 2004/05 einen deutsch-russischen Energiegipfel vor.[767] Dies besaß eine gewisse Logik, da die Bundesrepublik energiepolitisch die bilaterale Schiene bevorzugte und dem EU-Russland-Energiedialog «große Skepsis» entgegenbrachte.[768] In einem Interview mit der *FAZ* im September 2004 forderte Schröder, die EU täte gut dran, zu «einer strategischen Partnerschaft mit Russland zu finden».[769] Aber Europa war «nicht länger der Ausgangs-, sondern der Zielpunkt deutscher Russlandpolitik, das sich dem Berliner Beispiel anschließen und ebenfalls eine strategische Partnerschaft mit Russland eingehen sollte.»[770] Am Ende der Ära Schröder standen die exzellenten deutsch-russischen Bindungen daher in starkem Gegensatz zu den kriselnden EU-Russland-Beziehungen.[771]

Zwei neue Herausforderungen traten hinzu. Die Zerschlagung des Ölkonzerns Jukos und die Verhaftung des Vorstandsvorsitzenden Michail Chodorkowski.[772] Wie unter einem Brennglas zeigt sich an diesem Fall die Prioritätensetzung der deutschen Russlandpolitik unter Rot-Grün, aber auch das Dilemma, die internen Entwicklungen des größten Flächenstaates der Welt letztlich kaum beeinflussen zu können. Als zweites Problem trat die Europäische Nachbarschaftspolitik (ENP) immer stärker in den Fokus, die im Zuge der EU-Osterweiterung entwickelt wurde und mit einer Welle des demokratischen Protests im post-sowjetischen Raum zusammenfiel. Eine etwaige Erosion seiner Herrschaft und des eigenen Einflusses im «nahen Ausland» begann Putin mehr Kopfschmerzen zu bereiten als die Existenz der NATO.

Kritik an der Schröder'schen Russlandpolitik

Die Verhaftung Chodorkowskis im Oktober 2003 wurde als Wendepunkt beschrieben, an dem der russische Staat sein Machtmonopol wieder brutal durchsetzte und eine Botschaft nach innen und außen sandte.[773] Bei einem Moskaubesuch im Juli 2004 bezeichnete Schröder die Verhaftung und die Verstaatlichung von Jukos als normalen Vorgang, da ein Staat nun mal Steuern eintreiben müsse.[774] Die Zerschlagung des Unternehmens deutete aus deutscher Sicht auf eine größere Stabilität in Russland hin, da es Vertrauen in die Verlässlichkeit des Staates gesichert habe.[775] In Deutschland war nicht jeder dieser Meinung, doch jegliche Kritik perlte am Kanzler ab. Er forderte Geduld für die Prozesse in Russland und übertünchte Fehlentwicklungen. Stabilität im Innern und gute Kontakte zu den offiziellen Regierungsstellen: Einige Aspekte erinnerten an die «zweite Phase» der Ostpolitik.

Im Zuge des Jukos-Falles kam es im Deutschen Bundestag mehrfach zu Debatten über die Russlandpolitik. Am 13. November 2003 kritisierten die Oppositionsparteien die Bundesregierung als zu handzahm. Sie spreche Fehlentwicklungen in Russland nicht offen an.[776] Konkrete Forderungen über das Mantra «Probleme ansprechen» hinaus blieben jedoch aus.[777] Von der SPD traten Gernot Erler und Rolf Mützenich für leisere Töne ein. Man müsse deutsche Interessen und den schwierigen Weg des russischen Transformationsprozesses bedenken, daher auf Stabilität, Verlässlichkeit und Rechtsstaatlichkeit setzen.[778] Erler übernahm von 2003 bis 2006 und erneut von 2014 bis 2018 die Rolle des Koordinators für die deutsch-russische zwischengesellschaftliche Zusammenarbeit, umgangssprachlich als Russland-Beauftragter der Bundesregierung bezeichnet.[779] Im Februar 2003 aus der Taufe gehoben, ist dieses Amt im Range eines Staatsministers im Auswärtigen Amt angesiedelt und muss als weitere Einflussnahme des Kanzleramtes auf die Russlandpolitik gesehen werden. Nach den USA und Frankreich war Russland somit das dritte Land, das einen solchen Koordinatorenposten erhielt – eine bewusste und sehr symbolische Aufwertung, die auf dem Höhepunkt der Irak-Krise vollzogen wurde.[780]

Die Debatten zeigten, dass der Balanceakt zwischen eigenen Interessen und Werten einer Quadratur des Kreises glich, da die eigenen Einflussmöglichkeiten sehr begrenzt schienen. Auch die Opposition zeigte stellenweise diese Einsicht und erkannte die «Rollenlogik», ergo, dass man in Regierungsverantwortung weniger poltern und kritisieren konnte als auf den Oppositionsbänken.[781] Es stellte sich erneut die Kernfrage der deutschen Russlandpolitik: Was sollte man tun, um den Supertanker Russland in eine andere Richtung zu bewegen und wie viel Einfluss hatte man wirklich? Wann war die Zeit reif für «strategische Containment-Mittel», von denen Außenminister Fischer im Frühjahr 2000 noch nicht hatte Gebrauch machen wollen?

Nach der Geiselnahme von Beslan im September 2004, bei der tschetschenische Terrorgruppen über 1000 russische Zivilisten in Nordossetien umgebracht hatten, zeigte man sich in Deutschland solidarisch. Aber mit wem genau? Schröder erklärte, man solle in dieser Situation der russischen Regierung keine Ratschläge zur Lösung des Konflikts geben.[782] Dem Kreml bot er an, ein «fliegendes» Lazarett der Bundeswehr in die Krisenregion zu verlegen.[783] Der Kanzler gab mit Putin eine gemeinsame Erklärung zur Verurteilung jeglichen Terrorismus' ab, der bekämpft werden müsse – unter Beachtung der Menschenrechte.[784] Machte sich Putins «Unnachgiebigkeit in der Tschetschenienfrage sukzessive bezahlt»?[785] Zumindest nahm Berlin hin, dass Putin von einer Verhandlungslösung auch öffentlich immer dezidierter abrückte und nur auf Härte setzte. Die EU und viele Staats- und Regierungschefs der EU reagierten ähnlich – nur der niederländische Außenminister fragte öffentlich, warum diese Tragödie wohl passiert sei, und spielte damit auf die russischen Aktionen in Tschetschenien an. Aus Moskau prasselte ein Sturm der Entrüstung auf ihn nieder. Die EU-Kommission überschlug sich mit Beschwichtigungen.[786]

Am 8. September 2004 diskutierte der Bundestag erneut die Situation in Tschetschenien. Außenminister Fischer warb um Verständnis für Russland. Das Land müsse psychologisch verkraften, dass man mittlerweile weniger Einfluss in der Weltpolitik habe und es bestehe ein starkes «Trauma der territorialen Desintegration».[787] Fischer bekräftigte die Linie der Bundesregierung und den Ansatz des Bundeskanzlers, der versuche, «auf einer Vertrau ensbasis voranzukommen, anstatt auf demonstrative Akte zu setzen» und daher Kritik nicht öffentlich ausspreche.[788] Was Schröder hinter den Kulissen äußerte, deutet in eine andere Richtung. Vor der SPD-Arbeitsgemeinschaft Außenpolitik der SPD-Bundestagsfraktion bekannte Schröder im März 2004, dass «es nicht Aufgabe der Regierungspolitik sein könne, auf die russische Zivilgesellschaft Einfluss zu nehmen. Dieser Anspruch sei überzogen.»[789] Wozu dann der Petersburger Dialog? Die Politologin Barbara Morlock konstatierte, es zeigten sich «keinerlei Auswirkungen von Schröders angeblich hinter den Kulissen ausgeübten ‹Einfluss› auf Putin».[790] Letztlich schien niemand einen Schlüssel zur Lösung der Tschetschenienfrage parat zu haben, die somit «im Brennglas Wandel und Grenzen deutscher Einflussnahme auf die russische Politik»[791] verdeutlichte. Doch keine Lösung parat haben, also nüchtern die realpolitische Gemengelage und den endlichen eigenen Einfluss erkennen, und dauerhaft Putins Vorgehen loben, waren zwei verschiedene Paar Schuhe und selbst rein realpolitisch betrachtet, «schöpfte die rot-grüne Bundesregierung ihren Handlungsspielraum nicht aus».[792]

Am 1. Oktober 2004 verteidigte der Kanzler in einem Interview in der *Süddeutschen Zeitung* seine Russlandpolitik und im November bejahte er in einem Interview in der *ARD* die Frage, ob der russische Präsident ein lupenreiner Demokrat sei.[793] Ein Satz, der ihm nachhing.[794] Schröder und Putin seien «die Unzertrennlichen», so Gunter Hofmann zu Jahresende in der *Zeit*, und der Kanzler hege und pflege seine «Sonderbeziehung mit Putin. Dabei will er sich weder von der EU, von Polen noch von deutschen Kritikern stören lassen».[795] Was die deutsch-russischen und europäisch-russischen Beziehungen jedoch immer mehr «störte», waren der demokratische Frühling im post-sowjetischen Raum und die ENP im Zuge der 2004 erfolgten EU-Osterweiterung. Mehrere Entwicklungen führten dazu, dass zwischen 2002 und 2006 eine erste Hochphase des Ringens um Einfluss im post-sowjetischen Raum einsetzte.[796]

Die OSZE, die neue Nachbarschaftspolitik
und die Farbenrevolutionen

Die europäische Sicherheitsarchitektur war im Wandel begriffen. Die EU widmete sich aufgrund neuer Anschläge in Europa – in Madrid 2004 und London 2005 – verstärkt dem Anti-Terror-Kampf, wohingegen die Bemühungen um eine eigenständige Verteidigungspolitik nicht wirklich Fahrt aufnahmen. Die NATO war mit einer neuen Strategie, Afghanistan und neuen Auslandsmissionen beschäftigt. Die Zusammenarbeit im NATO-Russland-Rat verlief unspektakulär, aber relativ ertragreich.[797] Doch die ENP der EU und das PfP-Programm der NATO wilderten in Gefilden, die der Kreml als russische Einflusssphäre ansah. Auch die OSZE legte ihren Fokus auf Menschenrechtsfragen und Aspekte der inneren Demokratisierung im post-sowjetischen Raum.

Die späten 1990er Jahre waren das goldene Zeitalter der OSZE. Verschiedene Monitormissionen bemühten sich, die (teils eingefrorenen) Konflikte in Moldawien, Georgien, Kosovo, Tschetschenien und Nagorno-Karabach einzuhegen.[798] Die Organisation versuchte das Modell einer umfassenden und kooperativen Sicherheit hochzuhalten. Russland wollte die OSZE gegenüber NATO und EU aufwerten und sie in die wichtigste Institution für Sicherheit in Europa verwandeln.[799] Die OSZE verabschiedete 1999 auf ihrem Istanbul-Gipfel die Europäische Sicherheitscharta und der Vertrag über Konventionelle Streitkräfte in Europa wurde adaptiert (A-KSE), wodurch die weitere Zusammenarbeit, Stationierungsbegrenzungen und Rüstungskontrolle gewährleistet und den neuen Realitäten in Europa angepasst werden sollte. Zudem verpflichtete sich Moskau, seine Truppen aus Moldawien und Georgien bis Ende 2002 abzuziehen.[800] Doch das Gipfeltreffen am Bosporus war, wie oben gezeigt, keineswegs von Harmonie geprägt. Moskau forderte 2000 und 2001 immer eindringlicher eine Reform der OSZE und andere (sicherheits-)politische Schwerpunkte als Menschenrechtsfragen, weshalb deutsche Ideen, wonach Russland, die EU und die USA die drei tragenden Säulen einer reformierten OSZE werden sollten, in Moskau großes Gehör fanden.[801] Der 11. September und der anschließende «gemeinsame» Kampf gegen den Terrorismus halfen auch in der OSZE die bestehenden Gegensätze zu übertünchen. Doch Russland zog nie komplett aus Transnistrien ab. Alle Vermittlungsversuche der OSZE scheiterten an der Unentschlossenheit Moldawiens, sich auf einen Westkurs festzulegen, und dem massiven Druck aus Russland.[802] Viele NATO-Länder und die USA ratifizierten den A-KSE-Vertrag nicht; Russland hatte dies bereits getan, setzte den ursprünglichen KSE-Vertrag aber 2007 aus Protest gegen die amerikanischen Raketenabwehrpläne aus. Auch in der OSZE traten die geopolitischen Ränkespiele offener zutage.

Die EU und NATO wurden durch ihre immer globaleren Rollen, die Osterweiterungen und trotz des Streites über den Irak-Krieg immer deutlicher die entscheidenden Institutionen der europäischen Sicherheitsarchitektur. Fast alle Mitglieder der OSZE waren oder standen davor, auch Teil der EU und NATO zu sein – ein weiteres Problem für Russland. Von 1990 bis 2004 hatten die NATO und die EU durch ihre Erweiterung Demokratie und Sicherheit in die neuen Staaten Ostmitteleuropas gebracht. Trotz so mancher holprigen Entwicklung gab es merkliche Unterschiede, etwa zu Staaten wie Belarus, Ukraine oder Serbien. Zudem stiegen durch die neuen ostmitteleuropäischen Mitglieder die Friktionen zwischen der EU und Russland, da Moskau nicht mehr nur mit einigen westeuropäischen Hauptstädten einen engen Draht halten konnte, sondern ein Chor von tendenziell eher kritischeren Stimmen mit am europäischen Tisch saß.[803] Mit der großen EU-Osterweiterung 2004 trat jedoch kein Stillstand ein: Die EU entwickelte eine Strategie für die neuen Nachbarn im Osten, da die neuen Mitglieder ebenfalls Stabilität an ihren östlichen Grenzen und ein Ende ihrer Randlage wollten – wie die Bundesrepublik in den 1990er Jahren.

Im Mai 2004 war die Europäische Nachbarschaftspolitik nach fast zwei Jahren intensiver Vorarbeiten aus der Taufe gehoben worden.[804] Sie entstand parallel zu den «gemeinsamen Räumen» und in Absprache mit Russland, das zunächst in sie eingebunden werden sollte, sich aber dagegen sträubte und unter Wert behandelt fühlte.[805] Die ENP richtete sich an Länder ohne Beitrittsperspektive, etwa in Nordafrika und im Nahen Osten sowie in östlicher Richtung an die Ukraine, Belarus, Moldau, Armenien, Aserbaidschan und Georgien. Sie setzte auf politische, wirtschaftliche, rechtsstaatliche und kulturelle Kooperation. Der Kreml sah die EU jedoch gar nicht gerne in dieser Region und blickte immer kritischer auf sie.[806] Die EU-Russland-Beziehungen erfuhren seit der Mitte des Jahres 2004 auch deshalb einen deutlichen Dämpfer.[807] Die ENP korrelierte zudem zeitlich mit den sogenannten Farbenrevolutionen.

Die Rosenrevolution in Georgien 2003, die Orangene Revolution in der Ukraine 2004 und die Tulpenrevolution in Kirgistan 2005 brachen verkrustete Strukturen auf. Die Bevölkerung ging auf die Straße und forderte die Absetzung der korrupten Eliten. Der Westen und viele NGOs unterstützten diesen Prozess. Vor allem US-Präsident Bush wollte weltweit sein Ziel einer «Freedom Agenda» durchsetzen, da er einen Siegeszug von Freiheit und Demokratie als Kerninteresse amerikanischer Außenpolitik (und Sicherheit) ansah.[808] Sie war sozusagen das idealistische «soft power»-Gegenstück zum «Krieg gegen den Terrorismus». Washington flankierte die Demokratisierungsprozesse durch Medienkampagnen und den Aufbau zivilgesellschaftlicher Gruppen – auch in Russland.[809] Wurde das friedliebende Russland eingekreist? Ein prominenter Vertreter dieser These war Peter Scholl-Latour. 2006 legte er sie in *Russland im Zangengriff* dar.[810] Medial wurde dies von seiner ZDF-Reportage begleitet, die auch über die Bildschirme der Republik flimmerte. Sie passte zu einem Zeitgeist, den auch Scholl-Latour mitprägte: Die angeblichen Gotteskrieger in den USA, denen er auch einen Atombombenabwurf auf Bagdad zutraute,[811] waren mit ihrer Kreuzzugsmentalität eine Gefahr für den Weltfrieden. Die Kritik am Irak-Krieg, dem Afghanistaneinsatz und westlicher bzw. amerikanischer Hybris war sehr ausgeprägt. Die amerikanische Nahostpolitik wurde somit als Eröffnung einer südlichen Front gegenüber Russland gedeutet.[812] Für das russische Verhalten lagen hingegen viele Persilscheine bereit. War Russland also von der NATO, der EU und anderen finsteren Mächte existenziell bedroht? Nein. Sicher gab es konkurrierende außenpolitische Ziele und gegenläufige Interessen. Doch die größte Bedrohung für die Herrscher im Kreml war das Modell der parlamentarischen Demokratie im eigenen Land und im ehemaligen Einflussbereich der UdSSR. Im «Zangengriff» war der Wunsch vieler Bürger im post-sowjetischen Raum nach mehr Demokratie. In Moskau schrillten die Alarmglocken: Der Westen instigierte in den Augen des Kremls «Regime change» durch Demokratisierung und die externe Förderung von Zivilgesellschaften in russischem Einflussgebiet und ziele letztlich auch auf eine solche Entwicklung in Russland.[813] Die eigene Position im «Nahen Ausland» schien bedrohlich geschwächt.[814]

Zuvor hatte Moskau durch immer neue institutionelle Zusammenschlüsse ein enges Maß an wirtschaftlicher Kooperation (und Kontrolle) ermöglichen wollen. Die GUS verlor jedoch rasch an Bedeutung. 1996 gründeten Belarus, Kasachstan, Kirgistan und Russland die Gemeinschaft Integrierter Staaten (GIS). Im Oktober 2000 entstand hieraus die Eurasische Wirtschaftsgemeinschaft (EAWG), der nun auch Tadschikistan angehörte. Armenien, Moldau und die Ukraine waren nur Beobachter. Die EAWG wurde 2015 von der Eurasischen Wirtschaftsunion (EAWU) abgelöst.[815] Ebenso verfolgte Russland einen Multilateralismus à la carte im Rahmen der BRICS-Staaten. Ein Teil dieser Bemühungen war, die besondere Rolle, ja Mission Russlands hervorzuheben. Ein Sendungsbewusstsein als eurasische Macht und einer «russischen Welt» machte sich breit.[816] Das immer offenere Auftreten als revisionistische Macht stieß nicht überall auf Gegenliebe. In manchen Ländern des post-sowjetischen Raumes rumorte es – auch aufgrund zahlreicher innerer Probleme der dortigen Staaten.

Die Farbenrevolutionen begannen in Georgien. Im November 2003 kamen durch die Rosenrevolution eine Riege Nachwuchspolitiker um Michail Saakaschwili, der in den USA studiert und gearbeitet hatte, an die Macht.[817] Durch seinen Sieg in den Präsidentschaftswahlen im Januar 2004 war ein erster unblutiger Aufbruch zu mehr Demokratie im post-sowjetischen Raum gelungen. Die Bundesregierung hatte sich weitestgehend zurückgehalten. Zwar war man wichtiger Handelspartner und maß Georgien ein entscheidendes Gewicht in der Region bei, doch die rot-grüne Regierung hatte immer betont, man dürfe die eigenen Gestaltungsmöglichkeiten nicht überschätzen.[818] Die ersten Kontakte mit Saakaschwili waren hoffnungsvoll, wenngleich der Rücktritt des Vorsitzenden des Obersten Gerichtshofs im Juni 2004 als Menetekel für die demokratischen Reformen Georgiens gesehen wurde.[819] US-Präsident Bush lobte Georgien hingegen immer wieder als Musterknaben, bezeichnete es als «Leuchtturm der Freiheit». Seit 2004 kämpfte das Land an der Seite der NATO in Afghanistan. Saakaschwili pflegte zunächst gute Beziehungen zu Putin. Doch der russische Präsident betonte, dass Südossetien und Abchasien von Georgien los wollten, wohingegen Tiflis die beiden abtrünnigen Provinzen vollumfänglich reintegrieren wollte und eine immer engere Bindung an den Westen suchte – eine Situation, die 2008 eskalierte und weiter unten besprochen wird.[820] Hinzu kam, dass der georgische Präsident sich Ende 2004 im ukrainischen Wahlkampf für Wiktor Juschtschenko und nicht für den von Moskau favorisierten und massiv unterstützten Kandidaten Wiktor Janukowytsch stark machte.[821]

Im November 2004 kam es in der Ukraine zur sogenannten Orangenen Revolution.[822] Viele russische Interessen waren bedroht: 80 Prozent des eigenen Gasexports nach Westeuropa lief durch die Ukraine, die Schwarzmeerflotte ankerte im gepachteten Stützpunkt in Sewastopol, und ein Sechstel der ukrainischen Bevölkerung galt dem Kreml als ethnisch russisch.[823] Die russische Elite weigerte sich, das Land als eigenständig anzusehen und wollte alles unternehmen, damit es nicht in das westliche Lager wechselte. Janukowytsch, der aus dem Osten des Landes stammte und mit Hilfe der dortigen Oligarchen seine Machtbasis zementierte, war der Liebling des Kremls: Putin reiste während des Wahlkampfes sieben Mal in die Ukraine, um ihm unter die Arme zu greifen.[824] Der Westen hielt mehrheitlich zu Juschtschenko, der im September vergiftet wurde. Im November griff Putin erneut in den Präsidentschaftswahlkampf ein und gratulierte Janukowytsch am 22. November zu dessen Sieg, noch bevor die amtlichen Ergebnisse vorlagen.[825] Die Wahlen waren massiv manipuliert worden und die Bevölkerung forderte lautstark Neuwahlen.

Am 24. November 2004 diskutierte der Deutsche Bundestag die Lage in der Ukraine und die damit verbunden Beziehungen zu Russland. Der Bundeskanzler betonte, die Wahlen müssten wiederholt werden und frei und fair ablaufen. Damit stellte er sich hinter die Erkenntnisse der OSZE-Wahlbeobachter, die von eklatanten Ungereimtheiten und Wahlfälschungen sprachen. An der strategischen Partnerschaft der EU und Deutschlands mit Russland hielt Schröder jedoch fest. Es seien «freundschaftliche Beziehungen» und Putin wolle aus innerer Überzeugung ein demokratisches Russland.[826] Der Kanzler nutzte seinen kurzen Draht zum Kreml, um eine Verschärfung der Situation zu verhindern: Schröder griff zwei Mal zum Hörer und überzeugte Putin am Telefon, eine Neuwahl zu akzeptieren.[827]

Gernot Erler stärkte dem Kanzler den Rücken. Er kritisierte Putins Einmischung in die inneren Angelegenheiten des Nachbarlandes, betonte jedoch die strategische Partnerschaft mit Moskau und sah eine Schuld für die Lage in der Ukraine auch bei anderen: «An einigen amerikanischen Schreibtischen sitzen Leute, die geopolitische Spiele aus dem Kalten Krieg im Kopf haben und die diese Präsidentenwahl tatsächlich zu einer Art Endspiel im Kampf um Einfluss und Einflusszonen in Mitteleuropa hochschreiben wollten.»[828] Die US-Regierung hatte nicht direkt eingegriffen, auch nicht «ihren» Kandidaten mit allen Mitteln durchzusetzen versucht.[829]

Doch in Deutschland wurde bei Kritik an Russland fast reflexartig auch ein Finger auf die USA gerichtet.

Die ukrainische Präsidentschaftswahl wurde am 26. Dezember wiederholt. Juschtschenko gewann sie eindeutig – ein klarer Sieg der Orangenen Revolution. Im Kreml herrschte blankes Entsetzen. Wenn so eine Entwicklung in der Ukraine möglich war, dann war sie auch in Russland nicht mehr auszuschließen. Die Furcht vor angeblichen Umsturzversuchen westlicher Geheimdienste nahm weiter zu und führte zu Maßnahmen, die die demokratische Verfasstheit Russlands immer weiter abschafften. Putin interpretierte den Wahlausgang als «geopolitische Niederlage Moskaus gegen den Westen».[830] Er forcierte daher die oben erwähnten regionalen Zusammenschlüsse weiter und stärkte seine Hand in den eingefrorenen Konflikten an der Peripherie. Nachdem im März 2005 auch in Kirgistan der kremlfreundliche Machthaber durch sein Volk gestürzt wurde, war man in Moskau aufs höchste alarmiert.[831] Im April 2005 bezeichnete Putin vor der Duma den Zusammenbruch der UdSSR als die «größte geopolitische Katastrophe» des 20. Jahrhunderts. Eine «Heim ins Reich»-Rhetorik, die in den Nachbarstaaten große Besorgnis auslöste.[832] Dieser oft zitierte Satz wird noch bedeutender, wenn er in Gänze betrachtet wird, denn für Putin war es eine Katastrophe für die rund 25 Millionen Russen, die sich nun außerhalb des Staatsgebietes der Russischen Föderation wiederfanden.[833] Putin zeigte danach, dass er willens war, die russische Machtposition im «Nahen Ausland» zu verteidigen: Im März 2006 scheiterte eine demokratische Protestbewegung in Belarus, auch da der Kreml den weißrussischen Machthaber Alexander Lukaschenko massiv stützte.

Regierungswechsel und Status quo am Ende der rot-grünen Jahre

In diesem Klima der zunehmenden Konfrontation zwischen dem Westen und Russland kam es in Berlin zum Regierungswechsel, da Schröder zunehmend der Rückhalt für seine Reformpolitik fehlte. Am Ende seiner Amtszeit verkündete er mit gewissem Stolz: «Heute sind Deutsche und Russen einander so eng verbunden wie nie zuvor. Uns eint eine strategische Partnerschaft für ein friedliches, prosperierendes Europa und eine stabile Weltordnung.»[834] Dennoch hatte sich das Russlandbild der Deutschen kaum verändert. Die Beantwortung der Frage, ob man «die Russen» mochte, blieb zwischen 1996 und 2005 mit rund 23 Prozent Zustimmung relativ konstant, und die Reaktion «Mag sie nicht besonders» stieg sogar von 28 auf 33 Prozent.[835] Auch in Schröders Erinnerungen, die bereits 2006 erschienen, flocht er dem russischen Präsidenten Lorbeerkränze: Dieser habe «Rechtssicherheit» für Unternehmen und die staatliche Ordnung hergestellt, trotz unausweichlicher «Fehlentwicklungen», die in einem Transformationsprozess nunmal vorkämen.[836] Er warnte vor einem Rückfall in alte Stereotypen und einer «nationalistischen Entwicklung in Polen», die das deutsch-russische Verhältnis beschädigen könnte.[837] Auch die «emotionalen Widerstände» im Baltikum und in Osteuropa müsse man abbauen helfen und «die verbreitete Vorstellung überwinden, Russland sei der Bär, der nur darauf warte, andere zu verspeisen. Das Gegenteil ist der Fall», erklärte Schröder auch mit Blick auf geopolitische Fragen: «in Russland gibt es ein wachsendes Gespür dafür, dass es seine Rolle in der Welt auf Augenhöhe mit den USA nur wirklich ausfüllen kann, wenn es zugleich zu einer umfassenden Partnerschaft mit Europa findet. Und für Europa gilt das Gleiche.»[838] Damit schuf Schröder explizit eine Interessenkongruenz zwischen «Europa» und Putins Russland.

Das Tischtuch zur NATO und EU zerschnitt Schröder dennoch nie endgültig. Bei aller Nähe zu Russland, China, der Türkei oder arabischen Staaten schmiedete er nie eine dauerhafte Allianz mit dem «globalen Osten» (Andreas Rödder) gegen den Westen. Er beschloss, «innerhalb, aber nicht gegenüber westlichen Strukturen für die russischen Interessen einzutreten».[839] In vielerlei Hinsicht ähnelte er darin Charles De Gaulle: Er betrieb eine staatlich unterstützte Außenwirtschaftspolitik *à la française*, bot Washington die Stirn, ohne einen vollständigen Bruch zu vollziehen, und legte eine «flexible» Haltung im Umgang mit Autokraten an den Tag, wenn es in seinen Augen dem nationalen Interesse diente. Große Staaten sollten die Geschicke der EU und Europas – die Differenzierung verschwamm – lenken. Während sich zwischen Sommer 2002 und 2005 das westlich-russische Verhältnis eintrübte, überließ Berlin es den westlichen Institutionen, diese Auseinandersetzung zu führen. Im bilateralen Verhältnis galten weiter eitel Sonnenschein und die Utopie einer gelungenen Verflechtung. Damit lag die Bundesrepublik bis 2002 allerdings in der europäischen Norm: Die Staaten West- und Südeuropas (!) gingen auf Moskau zu, sahen geflissentlich über Tschetschenien und das innenpolitische Abgleiten in die Autokratie hinweg. Erst im Zuge der immer engeren Bande, vor allem wirtschaftlicher Natur und der geopolitischen Interessenallianz in der Irakpolitik, begab sich die rot-grüne Bundesregierung auf einen Sonderweg nach Moskau.

Von einer Verblendung oder Naivität in der Russlandpolitik zu sprechen, ginge am Kern vorbei. Die Nähe zum Kreml war kein Betriebsunfall, sondern Teil der außenpolitischen DNA Schröders: eine Supplementierung der Westbindung nebst Stärkung der deutschen Position in ihren Institutionen durch eine Weltbindung an autoritäre Staaten, deren Verständnis von Multilateralismus de facto Multipolarität war und eine anti-amerikanische Spitze enthielt. Damit steht die Kanzlerschaft Schröders sinnbildlich für eine «Renaissance der Geopolitik» (Hoffmann), bei der Autoren wie der Schröder-Biograph Gregor Schöllgen einer «Rückkehr Deutschlands auf die Weltbühne» publizistisch entgegenfieberten oder Egon Bahr sich Europa als «fünften Pol einer multipolaren Welt» wünschte.[840] Europa hieß bei Bahr nicht die EU, sondern die Regierungen der großen Mitgliedstaaten, also an der Seine und an der Spree.[841] Das ging weit über das interessengeleitete Verhalten einer «Mittelmacht» bzw. «erwachsenen» Nation hinaus – und deckte sich wiederum mit De Gaulles bzw. Schröders Ansatz. Die Realität war trotz dieser weitreichenden Vorstellungen jedoch grauer.

Am Ende der rot-grünen Jahre war das Verhältnis zu den USA «gestört, die europäische Integration stockte, das Fundament des Euro erodierte, das Streben nach einem ständigen Sitz im Uno-Sicherheitsrat scheiterte. Insgesamt überschätzte Schröder die Möglichkeiten eines Deutschlands, das sich als ‹normaler› Staat am globalen multipolaren Spiel um Macht und Einfluss beteiligte.»[842] Mehrere Beobachter konstatierten eine «Interessenallianz» zwischen Deutschland und Russland, die sich allerdings von einer «strategischen Partnerschaft» dadurch unterscheide, dass sie nicht auf gemeinsamen Werten basiere.[843]

Eine Demokratisierung Russlands war nicht eingetreten. Im Gegenteil: Das Land beschleunigte immer schneller rückwärts, von der sogenannten «gelenkten» Demokratie in eine Autokratie. Zudem versuchte der Kreml dieses Modell in Nachbarstaaten des post-sowjetischen Raumes zu exportieren bzw. dort bereits bestehende demokratische Stagnation zu unterstützen.[844] Dabei geriet Russland deutlich ins Hintertreffen. Geopolitisch zeigte der Trend für Russland konsequent in eine Richtung: nach unten. Es mag realpolitische Zwänge gegeben haben, aufgrund derer man wertegeleitete Außenpolitik hintanstellen musste, aber war dies in diesem Fall notwendig? Verpasste man nicht die Chance, früher eindeutige Stoppschilder aufzustellen? In Bezug auf die Tschetschenienpolitik hatte Außenminister Fischer im Januar 2000 vor dem Deutschen Bundestag vor einer zu frühen Anwendung von Sanktionen gewarnt. Diese seien «strategische Containment-Mittel», die man erst nutzen sollte, wenn Russland sich «in einer strategischen Konfrontation mit Europa und dem Westen befindet».[845] Wie lange sollte dieser von Fischer proklamierte Vorsatz halten? Wann wird aus ärgerlichen Zuständen in puncto Demokratie und Reibereien in der internationalen Politik ein strategischer Gegensatz, den man annehmen und im Sinne Fischers mit «strategischen Containment-Mitteln» entgegentreten muss? Dieser strategische Gegensatz lag – trotz der Kriegsverbrechen in Tschetschenien, dem Zurückrollen des Rechtsstaates und der russischen «Nuisance value», wie die oben zitierte Denkschrift aus dem Jahr 1998 es beschrieb, auf internationaler Bühne vermutlich erst nach 2005 vor. In strategischer Hinsicht waren die Jahre zwischen 2002 und 2005 eine «geopolitische Katastrophe» für Russland. Die EU und NATO waren nach wie vor attraktive Institutionen, und immer mehr osteuropäische Staaten traten ihnen bei. Im «nahen Ausland» machten sich Anzeichen einer Demokratisierung bemerkbar, und die USA sowie westliche Institutionen fassten dort Fuß. Die Bürger strebten nach Freiheit und Demokratie. Durch die Farbenrevolutionen und die ENP zeichneten sich am Horizont die Konturen der strategischen Herausforderung ab. Doch Moskau war noch nicht in die strategische Offensive übergegangen: Die (Re-)Autokratisierung im Inneren schritt voran, doch der Kreml besaß (noch) nicht die Mittel zur Revision der außenpolitischen Entwicklungen seit 1991.

Die Frage bleibt dennoch, wie sehr man sich trotz der Abwesenheit einer offenen «strategischen Gegnerschaft» Russland hat annähern müssen. Welche Signale sandte man damit? Half man Russland, dank sprudelnder Kassen schneller auf einen außenpolitischen Revisionskurs umschwenken zu können und eine zumindest in Teilen multipolare Weltordnung herbeizuführen? Sah man die Gefahren dieser zunehmend revisionistischen Haltung? Abschließende Antworten auf das Denken und alternative Handlungsoptionen kann erst die Freigabe der Akten aus den rot-grünen Regierungsjahren geben. Das oben skizzierte Handeln und die immer engeren deutsch-russischen Beziehungen können jedoch erste Anhaltspunkte geben. Worauf auch in Zukunft der Schwerpunkt Schröders liegen sollte, zeigte sich im Herbst 2005.

Nord Stream

Noch vor der Bundestagswahl stand am 8. September ein wichtiger Termin an: Die Unterzeichnung der Grundsatzvereinbarung für die Gaspipeline Nord Stream. Die Projektidee war keineswegs neu. Sie entstand in den späten 1990er Jahren. Eine Unterseepipeline sollte Gas aus Russland durch die Ostsee direkt nach Deutschland bringen.[846] Sie sollte Lieferwege diversifizieren und Transitländer in Osteuropa umgehen, die häufiger im Clinch mit Moskau lagen. Damit wurde aus deutscher Sicht mehr Liefersicherheit erreicht, wenngleich die Diversifizierung der Lieferquellen reduziert wurde. Die treibende Kraft war der russische Energiekonzern Gazprom, der expandieren und Transitländer umgehen wollte.[847] Im Juli 2004 unterzeichneten im Zuge einer Russlandvisite des Kanzlers E.on-Ruhrgas und Gazprom eine Absichtserklärung über sechs Milliarden Euro für das Nord Stream-Projekt.[848] Dadurch sollte das deutsche Unternehmen auch an der Erschließung von Gasfeldern in Russland mitwirken dürfen. Putin sprach Schröder gegenüber von einer «strategischen Weichenstellung».[849] Von einer politischen Bedeutung wollte man in Berlin dennoch nichts wissen: Nord Stream sei ein rein wirtschaftliches Projekt. Schröder pries Russland in höchsten Tönen. Doch «mit seinem Lob der Putinschen Reformpolitik und mit seinem Optimismus über die deutsch-russischen Wirtschaftsbeziehungen steht der Kanzler ziemlich allein», kommentierte der *Spiegel*. «Von einer ‹augenfälligen Verschlechterung des Investitionsklimas› sprach vergangene Woche die Weltbank, erstmals seit den Chaosjahren unter Präsident Boris Jelzin werden wieder Milliarden aus dem Land abgezogen.»[850] Doch zugleich betonte der *Spiegel*, das Nord Stream-Projekt helfe, die Energieversorgungssicherheit in Zeiten schwankender Ölpreise zu sichern.[851] Innenpolitisch gab es kritische Stimmen. Die Opposition fürchtete, man beschritte einen Weg in die Abhängigkeit von russischem Gas und diversifiziere nicht genug.[852] Alternative Pipeline-Projekte, etwa die «Nabucco»-Trasse, die Gas aus dem kaspischen Raum über die Türkei nach Südeuropa bringen sollte, wurden von Experten kritisiert: Aus dem kaspischen Raum werde, wenn überhaupt, erst ab 2025 umfangreicher Gas fließen können, viele rechtliche Vereinheitlichungen müssten hierzu umgesetzt werden und politische Probleme, zum Beispiel im Iran, umschifft werden.[853]

Am 8. September 2005 wurde der Pipelinebau beschlossen – auch ein zweiter Strang war schon in Planung. Schröder verteidigte Nord Stream ausdrücklich. Er habe «deutsche Interessen zu vertreten», und das Projekt sei «gegen niemanden gerichtet, weder gegen die baltischen Staaten noch gegen Polen. Aber man muss dort Verständnis dafür haben, dass der deutsche Bundeskanzler deutsche Energieinteressen zu vertreten hat».[854] Der ukrainisch-russische Gasstreit im Frühjahr 2005 zeigte bereits die Gefahren auf. Moskau hatte als Retourkutsche für die Orangene Revolution die zuvor aus politischer Gefälligkeit niedrigen Gaspreise vertragswidrig verdreifacht und dem Weltmarktniveau angepasst.[855] Aus Ostmitteleuropa hagelte es Kritik an Nord Stream. In Polen wurden Vergleiche zum Hitler-Stalin-Pakt gezogen, von deutschen Sonderwegen war zu hören.[856] Der litauische Präsident bemängelte bei einem Berlinbesuch im Oktober 2005 die nicht erfolgte Einbindung der osteuropäischen Partner Deutschlands und warf dem Kanzler ein komplettes Versagen in der Pflege gutnachbarlicher Beziehungen vor.[857] Aus osteuropäischer Sicht wurde man im Wald mit dem russischen Bären alleingelassen, was zu einer engeren Anlehnung an die USA und die Nordeuropäer führte. Aber nicht nur die Bundesrepublik hegte ein enormes Interesse an der Pipeline. Der dänische Journalist Jens Høvsgaard hat gezeigt, wie sehr andere Ostseeanrainer, etwa Dänemark, Schweden und Finnland, das Projekt flankierten.[858] Über Schröder erlangte der Kreml gute Kontakte zu führenden europäischen Sozialdemokraten. So gewann der Altkanzler mehrere ehemalige skandinavische Regierungschefs für eine direkte oder indirekte Mitarbeit.[859] «Ohne Schröders Netzwerk hätte es Nord Stream und Nord Stream 2 nicht gegeben», resümiert Høvsgaard.[860]

Im Herbst 2005 endete das rot-grüne Projekt. Am 18. September verlor Schröder die Bundestagswahl knapp gegen die christlich-demokratische Kandidatin Angela Merkel. Rot-Grün war Geschichte, die engen Bande Schröders und seiner Mannschaft zu Russland keineswegs. Die Abschiedstour führte den scheidenden Kanzler, in den Worten seines Biographen, «zu den wichtigsten und verlässlichsten Partnern der vergangenen Jahre»,[861] beispielsweise nach Russland zur Geburtstagsfeier Putins, dann zu Erdogan, wo Schröder eine EU-Vollmitgliedschaft der Türkei forderte, und zu Chirac.

Nur wenige Monate nach seinem Ausscheiden übernahm Schröder auf persönliche Bitte Putins den Aufsichtsratsvorsitz des Konsortiums der Nordeuropäischen Gaspipeline Gesellschaft.[862] In den folgenden Jahren betätigte er sich weiterhin als «Türöffner» der deutschen Wirtschaft, insbesondere in Russland, und hielt engen Kontakt zu Putin. In den Krisen der nächsten Jahre nahm Schröder stets die Sicht des Kremls ein, beim Georgienkrieg 2008 ebenso wie bei der russischen Annexion der Krim 2014. Ein Problembewusstsein für seine Nähe zu Russland und seiner Gaswirtschaft entwickelte Schröder nicht, weder damals noch heute. In seinen Erinnerungen schrieb Schröder in Bezug auf die Kritik an seinem auch finanziell lohnenden Engagement bei der Nordstream AG von einer düsteren öffentlichen Debatte: «Eigentlich sollte es für die deutsche Öffentlichkeit mittlerweile ein ebenso normaler Vorgang sein, für ein deutsch-russisches Projekt zu wirken, wie für ein deutsch-französisches oder ein deutsch-amerikanisches.»[863] Der Einfluss des Altkanzlers auf die öffentliche Meinung und den deutschen Blick auf Russland muss zwingend in jede Betrachtung einfließen, zumal die vehemente Kritik an seinem Wirken erst sukzessive zunahm.

Zum Ende der rot-grünen Regierungsjahre waren viele Konfliktlinien des Westens mit Russland und ebenso viele Konturen der deutschen Russlandpolitik erkennbar. Parallel zu dem Anbruch einer neuen Ära in Deutschland begann Moskau eine Phase der aktiveren Eindämmungspolitik der Demokratie im Innern und einer so wahrgenommenen Einkreisung von außen. Sie mündete in einer russischen «Roll-Back»-Strategie mit mehreren von Moskau losgetretenen Angriffskriegen. Wie reagierte man in Berlin auf diese Herausforderungen? Verfolgte man weiter die Utopie der Verflechtung und des Wandels in Russland?

TEIL III: DIE ÄRA MERKEL/STEINMEIER

Führung ohne Abschreckung oder Eindämmung
(2005–2021)

1. Prägungen auf dem Weg ins Kanzleramt

Im Oktober 2007 erhielt Peter Grünberg den Nobelpreis für Physik. Für die meisten Deutschen stellte dies eher eine Randnotiz dar. Nicht so für die Bundeskanzlerin. In der CDU/CSU-Bundestagsfraktion lobte Angela Merkel die Leistungen Grünbergs und kam auf ihre berufliche Tätigkeit vor 1990 zu sprechen: «Meine physikalische Forschung früher war stark damit verbunden, dass die Polen keine zuverlässigen Partner zwischen Russland und der DDR waren und man deshalb nicht wusste, ob die Erdöl- und vor allen Dingen Erdgasleitungen immer zuverlässig funktionieren würden. Deshalb hat die DDR versucht, ob man nicht aus Erdgas durch Spaltung, also sehr hohe Temperaturen, dann versuchen kann, auch Plaste und Elaste aus Schkopau, wie es so schön hieß, also längerkettige Kohlenwasserstoffe herzustellen, und damit habe ich mich auf Computersimulationen beschäftigt.»[1] Polen als Störenfried zwischen dem verlässlichen Energiepartner Russland? Basierte Nord Stream 2 und der Glaube an die «Zuverlässigkeit» Russlands auch auf Erfahrungen der Kanzlerin aus DDR-Zeiten?

Angela Merkel war in vielerlei Hinsicht ein Novum auf dem Kanzlersessel: Die erste Frau, die erste Naturwissenschaftlerin, die erste Ostdeutsche. Sie hatte den Zusammenbruch der DDR und den Transformationsprozess selbst miterlebt. Sie war die erste Kanzlerin der Bundesrepublik mit russischen Sprachkenntnissen und einer intimen Kenntnis Osteuropas. Doch wie zeigte sich diese Erfahrung im Regierungshandeln? Wie reagierte sie auf die wachsende Repression in Russland und den zunehmenden außenpolitischen Revisionismus des Kremls? Merkel wird häufig Naivität im Umgang mit Wladimir Putin attestiert. Sie habe ihn nicht durchschaut. Sie habe Deutschland blindlings in eine energiepolitische Abhängigkeit von Russland geführt. Sie habe dies über die Köpfe der warnenden «Osteuropäer» hinweg getan, den Westen gespalten und Russland durch ihre Nachgiebigkeit zu weiteren Kriegen geradezu eingeladen. Doch mit dieser Art Vorwürfen macht man es sich zu einfach. Dieses Narrativ eines deutschen Sonderweges und einer Appeasement-Kanzlerin greift in der Gesamtschau zu kurz. Doch es zeigte sich eine Utopie der Verflechtung im Umgang mit Russland, die zu einer Vernachlässigung der eigenen und der ukrainischen Verteidigungsfähigkeit führte und Deutschland energiepolitisch auf Abwege führte.

Die «russische» Kanzlerin?

Angela Kasner erblickte 1954 in Hamburg das Licht der Welt. Nur acht Wochen nach ihrer Geburt zog die Familie in die DDR: Ein Jahr nach dem Volksaufstand eine ungewöhnliche Entscheidung. Ihr Vater wollte als Pfarrer in der DDR arbeiten. Nach dem Mauerbau 1961 – die «erste politische Erinnerung» der sechsjährigen Angela – wurde es noch schwieriger, den Kontakt zu den Verwandten im Westen zu halten. Die deutsche Teilung zerriss auch diese Familie.[2] 1973 ging sie zum Studium der Physik nach Leipzig.[3] Sie heiratete jung und legte nach der Scheidung den Namen Merkel nicht mehr ab. 1978 wechselte die 24-jährige Diplomphysikerin als Wissenschaftliche Mitarbeiterin an das Zentralinstitut für Physikalische Chemie (ZIPC) der Akademie der Wissenschaften (AdW) in Berlin. Die AdW war eine Eliteeinrichtung der DDR. Sie betrieb mit ihren rund 60 Instituten mit 25 000 Mitarbeitern Grundlagen- und Auftragsforschung für den Staat – auch das ZIPC in Berlin-Adlershof, wo Angela Merkel jeden Morgen um 7.15 Uhr ihren Dienst antrat.[4] Bis 1986 arbeitete sie an ihrer Dissertation, in der sie die Reaktionen einfacher Kohlenwasserstoffe untersuchte. Danach forschte sie im Bereich Theoretische Chemie. Die Forschung der AdW war Teil der wirtschaftspolitischen Strategie der DDR, damit zugleich Innen- und Außenpolitik.[5] Viele Forschungsvorhaben unterlagen dem Geheimnisschutz.[6] Am ZIPC gab es mehrere Schwerpunkte. 1987 lagen sie in «der Carbochemie, der einheimischen mineralischen Rohstoffe, der organischen Hochveredelung, der Verfahrenstechnik sowie der theoretischen Chemie».[7]

Am Institut wurde viel über Politik gesprochen.[8] Der NATO-Doppelschluss, der sowjetische Einmarsch in Afghanistan, die Reformbewegung der Gewerkschaft Solidarność und das Kriegsrecht in Polen, die deutsch-deutschen Beziehungen, die Reden Michail Gorbatschows – all dies beschäftigte auch die Wissenschaftler in Adlershof.[9] Aber womit beschäftigte sich die Physikerin Angela Merkel? Im Januar 2000 versuchte sie der Journalistin Evelyn Roll ihre tägliche Arbeit am ZIPC zu erklären: «Die DDR hatte eine Idee. Die Idee hieß Plaste [Plastik, Anm. d. Verf.] aus Erdgas. Erdgas kam über die Leitung aus der Sowjetunion und ist ja praktisch ein Kohlenstoffatom mit Wasserstoffatomen drumherum, Methan eben. Und wenn man Kohlenwasserstoffverbindungen machen will, dann muss man das Methan erst einmal aufbrechen, also Wasserstoffatome abschlagen. Dann hat man eine hochreaktive, freie Bindung und kann lange Ketten machen von Kohlenwasserstoffen. Aus denen macht man ‹Plaste und Elaste aus Schkopau›, was man eben heute als synthetische Verbindung bezeichnen würde.»[10] Diese Kohlenwasserstoffumwandlung sei «gegenwärtig und sicher auch in Zukunft von hoher volkswirtschaftlicher Bedeutung», hielt Merkel in der Druckfassung ihrer Dissertation fest.[11] Die politische Relevanz war ihr bewusst, und auch in der Rückschau stellte sie den Konnex zwischen Forschung und Politik her, wie die eingangs zitierte Äußerung Merkels aus dem Oktober 2007 zeigt. Der Journalist Ralph Bollmann schrieb über ihre Tätigkeit am AdW: «Die Forschungsprojekte, die Merkel mit ihrer theoretischen Arbeit begleitete, sollten der Produktion von Plaste aus sowjetischem Erdgas dienen. Das war umso mehr von Belang, als die DDR nach den Ölpreiskrisen der siebziger Jahre innerhalb des Rates für gegenseitige Wirtschaftshilfe (RGW) (…) nur noch beschränkte Mengen Erdöl zugeteilt bekam und dafür zudem höhere Preise zahlen musste als auf dem Weltmarkt. Überall suchte sie nach Alternativen.»[12] Merkels Forschung war also eminent politisch, nicht rein wirtschaftlich oder rein wissenschaftlich. Dies wird bei einem Blick auf die Energiepolitik des SED-Staates deutlich.

Die DDR setzte auf Braunkohle. Kein Land der Welt produzierte mehr. Rund zwei Drittel des Primärenergieverbrauches der DDR wurde in den 1980er Jahren durch Braunkohle abgedeckt.[13] Doch Erdöl hatte einen fünfmal höheren Energiegehalt, weshalb seit den späten 1950er Jahren der Import des «schwarzen Goldes» aus der Sowjetunion forciert wurde.[14] Die nordöstlich von Berlin gelegene Stadt Schwedt war Endpunkt der über 5.000 Kilometer langen Pipeline «Druschba» (Freundschaft), die Erdöl aus Sibirien über die Weißrussische Sowjetrepublik nach Polen und in die DDR bzw. mit einem zweiten Strang über die Ukrainische Sowjetrepublik in die Tschechoslowakei und nach Ungarn brachte. Die Pipeline wurde 1964 fertiggestellt und 1973 erweitert. Die DDR half bei der Errichtung der Pipeline mit, inszenierte die Kooperation als große sozialistische Errungenschaft.[15]

Durch die Fokussierung auf Erdöl stieg der Anteil der Importe beim Primärenergieverbrauch bereits 1973 auf 30 Prozent.[16] Dies barg Gefahren. Im Zuge der Ölkrisen 1973 und 1979 gab die Sowjetunion den Weltmarktpreis schneller an die Abnehmerländer weiter, weshalb Erdölimporte sehr teuer wurden.[17] Der Anteil von Erdöl am Primärenergieverbrauch sank von 17,3 Prozent im Jahre 1980 auf 10,7 Prozent vier Jahre später und war somit fast identisch mit Erdgas.[18] Die DDR konnte allerdings fast zwei Drittel ihres Bedarfes selbst produzieren und importierte den Rest aus der UdSSR.[19] Dabei stritt sie sich mehrmals mit dem sozialistischen Nachbarn Polen. Beim Bau der Druschba-Pipeline hatten die beiden sogenannten Bruderländer sich noch einigen können, doch als 1968 ein Erdgasliefervertrag mit der Sowjetunion geschlossen werden sollte, kamen sie auf keinen grünen Zweig, weshalb seit 1974 das Erdgas über die ČSSR in die DDR strömte.[20] Auch die Öllieferungen durch die Druschba-Pipeline liefen nie störungsfrei: Transitgebühren und die politische Lage in Polen brachten Probleme und eine erhöhte Lieferunsicherheit – die Merkel noch als Kanzlerin vor Augen hatte.

Welche Erfahrungen machte sie mit der Sowjetunion? Zunächst sehr praktische. In Vogelsang befand sich nur unweit ihres Elternhauses der zweitgrößte sowjetische Militärstützpunkt in der DDR. Merkel testete ihre Russischkenntnisse, wann immer sich eine Chance dafür bot.[21] Da die SED alles unternahm, um die Sowjetunion als leuchtendes Vorbild darzustellen, kamen die Bürger nolens volens in stärkeren Kontakt mit «russischen» Dingen als die Menschen in der Bundesrepublik. Die «Gesellschaft für Deutsch-Sowjetische Freundschaft» (DSF) sollte als Massenorganisation für engere gesellschaftliche Bande sorgen.[22] In der Schule waren Russisch und Englisch Angela Kasners Lieblingsfächer.[23] In der achten Klasse brillierte sie bei der landesweiten Russcholympiade, die eigentlich für Zehntklässler war. Sie belegte DDR-weit den dritten Platz.[24] Als sie 1970 schließlich in der zehnten Klasse war, gewann sie den Wettbewerb. Sie gewann eine Reise nach Moskau in einem Sonderzug, dem «Freundschaftszug».[25] Ihr Bild von der Sowjetunion hatte nicht nur positive Seiten. Die Niederschlagung des «Prager Frühlings» verfolgte ihre Familie sehr aufmerksam und soll ihre Haltung zum Sozialismus verändert haben.[26] Angela Merkels «68» war nicht der Studentenprotest in Westeuropa, sondern die Erfahrung brutaler sowjetischer Machtpolitik.[27]

Sie reiste weiterhin durch die sozialistischen Länder. Auf Anregung einer georgischen Freundin, brach Merkel im Juli und August 1983 zu einer langen und nicht ganz legalen Reise durch die Sowjetunion auf. Mit der Bahn und per Anhalter gelangte sie bis in den Kaukasus, wo ihre Visum-Schummelei aufflog, und sie umkehren musste.[28] Während ihres Studiums verbrachte sie erneut drei Wochen in Leningrad (St. Petersburg) und an der AdW absolvierte sie einen Sprachkurs in der Ukraine.[29] Folgt man dem Journalisten Ralph Bollmann, prägten diese Reisen ihr Weltbild nachhaltig. «Wenn sie später als Kanzlerin über Konflikte in Georgien oder der Ukraine verhandelte, sprach sie nicht über abstrakte Gebilde auf einer Landkarte», so Bollmann, denn «anders als westlichen Politikern standen ihr reale Städte und Landschaften mit wirklichen Menschen vor Augen, denen ihre Sympathie im Zweifel mehr galt als den Machthabern im fernen Moskau. Das schloss die Einsicht in die Zwänge der Realpolitik freilich nicht aus.»[30] Ein Aspekt, der in ihrer Zeit als Kanzlerin zu beachten sein wird. Sie verstand die Mentalität der post-sozialistischen Staaten.[31] Ließ Merkel sich gegenüber Russland «von größerer Emotionalität» leiten, wie dies Gerhard Schröder mit Verweis auf ihre Herkunft aus der DDR insinuiert hat?[32] Emotionalität wem gegenüber, wäre die passende Frage: Sympathisierte sie mit den Bürger- und Reformbewegungen oder eher dem «System», wie es die SPD während der «zweiten Phase» der Ostpolitik tat? Es scheint ersteres zu sein, denn für die Herrscher im Kreml besaß schon die junge Physikerin wenig Sympathie. «Politisch-ideologische Diversion» wurde Merkel 1984 von der Stasi attestiert, und einen Anwerbeversuch hatte sie abgewimmelt.[33] Gleichwohl zählte sie nicht zur DDR-Opposition.

Merkel hatte sich keiner Menschenrechts- oder Bürgerbewegung angeschlossen. Und doch stand sie dem SED-Regime distanziert gegenüber.[34] Erst im November 1989 wurde sie politisch aktiv. Sie stieß zum «Demokratischen Aufbruch» (DA) und ließ die Physik hinter sich.[35] Nach den mageren 0,92 Prozent des DA bei den Volkskammerwahlen im März 1990 wurde sie in der neuen (Ost-)CDU-geführten Koalitionsregierung dennoch stellvertretende Regierungssprecherin. In der hektischen Phase der Wiedervereinigung zwischen April und Oktober 1990 betrat sie in zweiter Reihe die große Bühne der Politik. Sie nahm an den Zwei-plus-Vier-Gesprächen in Moskau teil. Sie wusste um die prekäre Lage Gorbatschows, dem man ein Ausscheiden der DDR aus dem Warschauer Pakt behutsam abringen wollte.[36] Sie mischte sich in der U-Bahn «unter das Volk» und sprach mit den Moskowitern über die Rolle Deutschlands und die schwierige Zukunft.[37] Ein Zeitalter des globalen Friedens habe sie nicht erwartet, erklärte sie in der Rückschau im September 2001 in der CDU/CSU-Bundestagsfraktion: «Jeder hat über viele Jahre gespürt, dass sich die Welt dramatisch verändert hat, aber wir haben ja nie die Illusion gehabt, dass damit Demokratie und Freiheit nun sozusagen ohne jede Wehrhaftigkeit gesichert sein könnten.»[38]

Der weitere Aufstieg Merkels verlief rasant. Der DA trat der Ost-CDU bei, diese im Oktober 1990 der CDU. Ihr kurzer Weg nach Westen ging weiter. Am 2. Dezember 1990 errang sie das Bundestagsmandat im Wahlkreis Stralsund-Rügen-Grimmen in Mecklenburg-Vorpommern mit 48 Prozent der Erststimmen. In ihrem Nachbarwahlkreis lag Lubmin – der Ankunftspunkt der späteren Nord Stream-Pipeline. Helmut Kohl machte sie im Januar 1991 zur Bundesministerin für Frauen und Jugend. Ende des Jahres wurde sie stellvertretende Parteivorsitzende der CDU, 1993 Landesvorsitzende der CDU in Mecklenburg-Vorpommern.[39] Sie war, wenngleich noch ohne eigene Hausmacht, in den Führungszirkeln der CDU angekommen.

Am Kabinettstisch erlebte sie viele Fragen der internationalen Politik zumindest als Beobachterin mit. Als Ministerin war sie unter anderem in den Jugendaustausch und ab 1994 als Bundesministerin für Umwelt, Naturschutz und Reaktorsicherheit in internationale Energie- und Klimapolitik eingebunden.[40] Im Ausland wurde sie auch auf außenpolitische Themen angesprochen. Sie berichtete noch Jahre später, wie sie in Großbritannien für die deutsche Anerkennung Kroatiens 1991 kritisiert, ja regelrecht angegriffen wurde.[41] Nach der Wahlniederlage der Union im September 1998 wurde Merkel Generalsekretärin, und nach dem Beben des Parteispendenskandals griff sie nach der Macht: Im April 2000 als CDU-Parteivorsitzende gewählt, überließ sie im Bundestagswahlkampf 2002 Edmund Stoiber den Vortritt als Kanzlerkandidat und übernahm nach der Wahl den Vorsitz der CDU/CSU-Bundestagsfraktion im Deutschen Bundestag.[42]

Die Oppositionsführerin (2002–2005)

Merkel war in ihrer Partei keinesfalls unumstritten. Sie musste ihren Führungsanspruch untermauern, in vielen Politikfeldern brillieren. Mit Reisen ins Ausland profilierte sie sich und mischte in der Europapolitik mit.[43] Während Putins Rede vor dem Deutschen Bundestag 2001, so berichtete der *Spiegel* später, soll Merkel «distanziert in der zweiten Reihe gesessen haben. Die CDU-Parteivorsitzende hatte sich fest vorgenommen, sich von den Worten des ehemaligen Sowjetspions nicht beeindrucken zu lassen. Als die Abgeordneten nach der Ansprache Putins aufstanden und ihm begeisterte Ovationen darbrachten, lief sie durch die Reihen der Unionsparlamentarier und verbreitete beißenden Spott. Ein Parlamentarier erinnert sich noch, wie sie ihm zuzischte: ‹Dank sei dem KGB.›»[44] Die Videoaufnahmen zeigen jedoch ein anderes Bild: Merkel klatschte stehend Beifall, bis Putin den Raum verließ. Nach dem 11. September und im Bundestagswahlkampf 2002 spielte Außenpolitik eine große Rolle, da sich der Irak-Konflikt zuspitzte. Wie oben bereits skizziert, bildete der Bundeskanzler mit Chirac und Putin eine Troika. Wie positionierte sich die neue Partei- und Fraktionsvorsitzende? Was dachte sie vor allem in Hinblick auf bündnispolitische Fragen und Russland?

Merkel wollte eine Spaltung des Westens und Europas vermeiden.[45] Die Vereinigten Staaten waren neben der EU und Israel einer ihrer außenpolitischen Fixpunkte. Im Februar 2003 brach sie zu einer umstrittenen USA-Reise auf. In ihrer Partei gab es Vertreter, die einen engen Schulterschluss mit Frankreich forderten, und der SPD-Generalsekretär, Olaf Scholz, warf ihr vor, sie schade dem deutschen Ansehen im Ausland.[46] Durfte man als Oppositionsführerin die Linie des Bundeskanzlers im Ausland konterkarieren? Kurz zuvor war sie auch nach Moskau gereist. Dort traf sie Putin und dessen Außenminister Iwanow am 8. Februar.[47] Merkel bemängelte öffentlich die Einschränkung der Pressefreiheit in Russland und erteilte einem russischen NATO-Beitritt eine klare Absage, obschon man im Anti-Terror-Kampf eng zusammenarbeiten müsse. Zugleich bescheinigte sie Putin, er «bekenne» sich zu Demokratie und Meinungsfreiheit.[48] Am 11. Februar 2003, kurz vor ihrem Sprung über den Atlantik, erklärte sie hinter den verschlossenen Türen der CDU/CSU-Bundestagsfraktion: «Wir wollen nicht, haben die [die SPD, Anm. d. Verf.] gestern gesagt, dass eine Großmacht diese Welt regiert. Ich kann nur sagen, die Fakten sind so: Deutschland und Europa können sich sicherheitspolitisch nicht alleine verteidigen. Wir sind weder militärisch noch wirtschaftlich dazu in der Lage. Deshalb sind wir aus ureigenstem deutschen Interesse auf einen Sicherheitsverbund angewiesen.»[49] Man müsse keineswegs immer einer Meinung mit Washington sein, so Merkel, und dürfe weder alles verteufeln, was die rot-grüne Bundesregierung mache, noch deutsche Interessen ausblenden. Man werde die «außenpolitischen Vorstellungen viel stärker auch aus unseren Interessen heraus definieren müssen. Natürlich ist richtig, was Schröder sagt: Deutschland hat 1990 seine Souveränität wieder bekommen, deutsche Politik wird in Berlin gemacht. Aber umso wichtiger ist es, dass sie richtig gemacht wird», weshalb die Bundesrepublik, wie Merkel ausführte, auf Partner und die westliche Allianz angewiesen sei: «Dieser Sicherheitsverbund kann für mich auf absehbare Zeit wirklich nicht zusammen mit Herrn Putin geschaffen werden, sondern dieser Sicherheitsverbund liegt in der Wertegemeinschaft mit den Vereinigten Staaten, mit Kanada und der heißt NATO (Beifall).»[50] Es reiche nicht, wenn man nur Frankreich an seiner Seite habe.[51] Daher hielt Merkel es für «sehr bedenklich», dass Staatspräsident Chirac sich abfällig über die ostmitteleuropäischen Staaten äußerte – trotz aller Schwierigkeiten, die man mit Polen und Tschechien habe.[52] Ohne die Diktaturerfahrung dieser Staaten zu berücksichtigen, könne man ihr Verhalten nicht verstehen und dass diese Länder «eben auch nicht finden, dass eine Achse Deutschland-Frankreich-Russland-China das ist, was uns dauerhaft die Sicherheit gewährt, das Recht haben sie allemal.»[53] Merkel positionierte sich damit viel deutlicher als Schröder im Westen und an der Seite der Ostmitteleuropäer, da sie weder verkürzt von Multilateralismus oder gar Multipolarität sprach, noch in ad-hoc Koalitionen mit Russland und China eine Alternative erkannte oder gar suchte.

Unmittelbar vor ihrer USA-Reise publizierte sie am 19. Februar 2003 einen Artikel in der *Washington Post*: Die rot-grüne Bundesregierung spreche nicht für alle Deutschen. Man müsse mehr Druck auf Saddam Hussein ausüben.[54] Merkel, eine Kriegskanzlerin in spe? Mitnichten. Sie wollte eine militärische Konfrontation vermeiden, mahnte jedoch in der CDU/CSU-Bundestagsfraktion mit drastischen Worten: die «Konzentrationslager sind nicht von Demonstranten befreit worden, sondern von der Roten Armee».[55] Und von Amerikanern, Briten, Franzosen, Polen und anderen Nationen, möchte man als Historiker hinzufügen. Die Bundesrepublik müsse als berechenbarer und zuverlässiger Partner auftreten und sich an einer auch militärischen Drohkulisse gegenüber Saddam beteiligen.[56] Nur dadurch könne man Einfluss auf die Entwicklungen nehmen und man dürfe keinesfalls allein stehen.[57] Doch die Zeichen standen auf Krieg.

Die Bilder des US-geführten Einmarsches bedrückten die Kanzlerin. Sie sprach in diesen Tagen in den Sitzungen der CDU/CSU-Fraktion viel über Religion und wie man das Leid der Menschen lindern könne.[58] Dabei zeigte sich ihr realistisches und realpolitisches Weltbild: «Man darf sich da von nichts einlullen lassen, diese Leute verstehen nur die Sprache der Härte. Es ist unstrittig, dass von Saddam Hussein Bedrohungen ausgehen, und deshalb müssen wir diese Bedrohungen beim Namen nennen und auch immer wieder darauf hinweisen.»[59] Im Umgang mit Diktatoren dürfe man «militärische Optionen nicht von vornherein ausschließen».[60]

In mehreren Fraktionssitzungen brachte sie ihre außenpolitische Grundhaltung auf den Punkt: «Deutsche Außenpolitik heißt immer: Maß halten, Mitte halten, Balance halten und im Übrigen sich auch noch einmal um die kleinen Länder in Europa kümmern.»[61] Sie verwies dabei auf Helmut Kohl, der immer besonnen agiert und Vertrauen aufgebaut habe. Die Bundesrepublik müsse daher, so Merkel, sowohl transatlantisch als auch europäisch handeln.[62] Denn sie warnte: «Wir werden erleben, dass uns die Amerikaner eines Tages auch nicht mehr helfen, wenn wir in Europa ein Problem haben, im Kosovo, in Jugoslawien oder wo immer dieses Problem auftauchen kann. Dann können wir uns noch einmal ganz ruhig überlegen, ob wir eigentlich glauben, dass die Partnerschaft mit Russland eine besonders verlässliche Sache ist oder ob vielleicht das gemeinsame Wertefundament mit Amerika auf Dauer doch nicht die ein bisschen sicherere Bank ist. Ich habe nichts gegen gute Beziehungen zu Russland, ich glaube nur, dass von der Gemeinsamkeit der Werte das transatlantische Verhältnis eine völlig andere Qualität hat.»[63] USA, NATO, Abschreckung, eine wertegebundene Westbindung – in diesem Sinne war Merkel die Enkelin Adenauers. Im November 2002 sprach sie sich für ein «deutliches Signal» zur Osterweiterung der Allianz aus.[64] Der EU wollte sie klare geographische Grenzen setzen. Sie war gegen eine Einbindung der Türkei, der Ukraine oder gar Russlands. Der italienische Premierminister Silvio Berlusconi hatte eine andere Meinung. «Er sagte Russland», so Merkel, «dann wären wir doch wirklich eine

Weltmacht. Da sieht man, dass die Dinge doch in der Vorstellung sehr weit auseinander gehen.»[65]

Merkels Sicht auf Russland offenbarte sich auch bei der Frage des internationalen Terrorismus. In puncto Tschetschenien bezog sie klar Stellung. Den terroristischen Anschlag im Moskauer Dubrowka-Theater im Oktober 2002 habe sie mit Entsetzen verfolgt, erklärte Merkel. Er verdeutliche die Grausamkeit des Terrorismus. Doch zugleich müsse man versuchen, den «russischen Präsidenten immer wieder zu ermuntern, diplomatische, politische Versuche zur Lösung des Tschetschenienkonfliktes zu unternehmen. Es kann der Terrorismus auch kein Freibrief sein, alles, was in Tschetschenien passiert, nun wirklich einfach so durchgehen zu lassen.»[66] Wertegebundener Realismus zeigte sich hier abermals.

Anlässlich der Geiselnahme im nordossetischen Beslan im September 2004 verdeutlichte sie ihre Haltung erneut. Vor der Fraktion gab sie eine Erklärung ab, die es verdient, ausführlich zitiert zu werden: «Was aber grundsätzlich und unabhängig von diesem Geiseldrama gilt, ist, dass wir die Bundesregierung mahnen müssen, eine Außenpolitik mit gleichen Maßstäben zu betreiben. Ich finde es nicht in Ordnung und habe es auch gesagt, dass zum gleichen Zeitpunkt, als der Sprecher der Europäischen Union mitteilt, dass die Wahlen in Tschetschenien erhebliche demokratische Mängel hatten, der Bundeskanzler der Bundesrepublik Deutschland dem russischen Präsidenten quasi Absolution erteilt und sagt, so wie er das beurteilt, war das alles prima. Das hilft Russland auf dem Weg zur Demokratie nicht und das ist auch eine hohe Unbalanciertheit der außenpolitischen Maßstäbe gegenüber anderen Ländern, zum Beispiel Amerika und Russland.»[67] Hiernach wurde Merkel grundsätzlich: «Ich finde, wir müssen uns da schon auch anschauen, wo unsere strategischen Partnerschaften liegen. Wir wollen mit Russland gute Beziehungen, aber die guten Beziehungen erreicht man nicht, wenn Herr Putin es immer wieder schafft, Herrn Schröder zum Schweigen zu bringen. Das hat überhaupt keinen Sinn. Das macht im Übrigen nach meiner festen Überzeugung auf Herrn Putin keinen besonders guten Eindruck. Die können nämlich ganz gut mit Kritik umgehen, wenn sie sie gesagt bekommen. Aber wenn sie es schaffen, dass sie gar nicht mehr kritisiert werden, braucht man sich nicht zu wundern, dass sie dann auch ihr Verhalten nicht ändern. Wir sind in einer erheblichen strategischen Abhängigkeit von Russland, wenn man sich alleine einmal die Erdgaslieferungen und anderes anschaut. Das heißt: Unser Interesse ist inzwischen mehr als nur rein virtueller Natur, dass das gut läuft in Russland, denn wir sind da auch ganz tief mit eingebunden mit Ressourcen und anderem. Das heißt also: Hier müssen wir, glaube ich, auch darüber wachen, dass es keine Doppelmoral in der Außenpolitik geben kann.»[68]

Nur wenig später begann in der Ukraine die Orangene Revolution. Merkel erinnerte in der Fraktion daran, dass jeder, der «sich noch an die Zeiten der deutschen Einheit erinnert, sehr gut vorstellen» könne, wie die Situation in der Ukraine sei. Die Außenpolitiker der Union hätten lange bei ihr geworben, über die Situation in der Ukraine eine Debatte im Plenum anzustreben und ihre «Ohren sind erst langsam, aber dann doch offen geworden».[69] In der Debatte im Deutschen Bundestag am 1. Dezember 2004 verglich Merkel die Situation erneut mit der «friedlichen Revolution 1989 in der DDR».[70] Sie forderte in der Plenardebatte – wie alle Redner an diesem Tag fraktionsübergreifend – faire und freie Neuwahlen und die Achtung der Rechtsstaatlichkeit in der Ukraine. Dabei unterstrich sie die Verantwortung des Kremls, diesen demokratischen Prozess zu unterstützen, selbst den Weg zu Demokratie und Rechtstaatlichkeit zu gehen und nicht in «imperialen Einflusssphären» zu denken.[71] Sie fügte mit Blick auf Russland hinzu: «Wenn wir aber langfristig denken, kann auch der Bundesrepublik Deutschland ein nicht auf Demokratie, sondern auf hegemoniales Machtdenken beruhendes gemeinsames Wirtschaftsprojekt nicht recht sein. Es muss auf Rechtsstaatlichkeit in Russland gegründet sein. Das ist die Basis, auf der wir gute strategische Partnerschaften aufbauen können. Ob die Demokratie in Russland schon lupenrein ist, darüber kann man in Deutschland sicherlich verschiedener Meinung sein. Das ist auch wichtig und richtig so.»[72] Auf einen Zwischenruf des SPD-Abgeordneten Gernot Erler, was sie denn konkret vorschlage, antwortete Merkel, man brauche klare Ziele: «Und die Priorität heißt: rechtsstaatliches Handeln in Russland. Es kann auch in einer strategischen Partnerschaft eine kritische Auseinandersetzung geben; nicht jede kritische Auseinandersetzung muss in einer Konfrontation enden. Niemand in diesem Hause zweifelt daran, dass eine strategische Partnerschaft mit Russland wichtig ist. Aber manchmal wächst auch die Autorität, wenn man ein offenes Wort mehr sagt. Das tun wir ja gegenüber anderen Ländern dieser Erde auch.»[73]

Was zeigen diese Äußerungen Merkels über Russland aus den Jahren

2002 bis 2004? Sie benannte deutsche Interessen, aber kritisierte Menschenrechtsverletzungen direkter als der Kanzler. Sie warnte vor einer zu großen energiepolitischen Abhängigkeit. Sie forderte eine Wertepartnerschaft mit dem Westen, eine auch militärische Abschreckungspolitik und wollte den Kreml zu mehr Rechtsstaatlichkeit und Demokratie anhalten. Dabei plädierte sie keineswegs für eine Isolation Russlands. In ihrer Rolle als Oppositionsführerin konnte leichter kritisieren, da sie nicht in Regierungsverantwortung stand. Wie handelte Merkel daher, als sie Kanzlerin wurde?

2. Jahre zunehmender Spannungen (2005–2007)

Außenpolitik in der Ära Merkel

Um sich der Russlandpolitik zu nähern, muss – trotz des komplexen Abwägungs- und Entstehungsprozesses außenpolitischer Entscheidungen im Wechselspiel von Exekutive, Legislative, Parteien, Medien, Lobbygruppen und öffentlicher Meinung sowie des Einflusses anderer außen- und innenpolitischer Themen – zunächst ein Blick auf Angela Merkel geworfen werden. Sie war Realpolitikern. «Sie denkt in Kategorien von Stärke und Überlegenheit, und sie wünscht sich lieber ein starkes Amerika als ein übermächtiges China», hielt der Journalist und Merkel-Biograph Stefan Kornelius fest.[74] Hinsichtlich eines globalen Siegeszuges der Demokratie blieb sie zeitweise skeptisch. Die verzwickte Lage im Irak zog sie als Beispiel dafür heran, dass Demokratisierungsprozesse in Ländern ohne «demokratische Tradition» schwierig seien: Eine solche Entwicklung sei in China «nicht vorgezeichnet» und «auch der Weg Russlands ist in meinen Augen völlig offen», erklärte sie in einem Interview mit der *Zeit* im Mai 2004.[75] Gegenüber China und der Türkei pflegte sie eine bewusste Distanz, der engen Kumpanei der Schröder-Jahre sollte nicht nur in Bezug auf Russland ein Ende gesetzt werden.[76] Speziell für ihre kritischere Türkeipolitik wurde sie stark angegriffen.[77]

Merkel wollte Deutschland verändern und misstraute zugleich den Deutschen. «Hysterisch, verwöhnt, geschichtsvergessen» waren Attribute, die sie ihren Landsleuten zuschrieb.[78] Dem Staat und seinen Bürgern wollte sie dienen, ohne viel Pathos, ohne Allüren. So feierte sie auch ihren 50. Geburtstag: «statt Champagner und Kaviar gab es Bier und Rollmops».[79] Merkel ging bei wichtigen Entscheidungen, soweit sie es konnte, lange in sich, was der Politologe Karl-Rudolf Korte als «präsidentielles Zaudern» beschrieben hat.[80] Wer viel über seine Ziele rede, machte sich in ihren Augen angreifbar, würde an dem Umgesetzten gemessen und schränkte seinen Handlungsspielraum ein. Merkel dachte und handelte pragmatischer, kritischer formuliert: taktischer. Dabei vollzog sie durchaus (meist reaktiv) einschneidende Richtungswechsel: in der Atom- und Energiepolitik oder hinsichtlich der Wehrpflicht. Die großen Rupturen versuchte sie dennoch zu vermeiden und getreu dem alten CDU-Slogan «Keine Experimente» Stabilität und Wohlstand zu sichern. Kontinuität und Beständigkeit zeigte sich auch in der Personalpolitik.

Volker Kauder war von 2005 bis 2018 als Fraktionsvorsitzender ein zentraler Baustein im Merkel'schen Machtsystem. Beate Baumann war als Büroleiterin jahrelang die rechte und linke Hand Merkels, die mit ihr eine «Leidenschaft für Außenpolitik» teilte.[81] Baumann bleibt für die Öffentlichkeit eine große Unbekannte. Ihr Einfluss als Alter ego aber kann kaum überbewertet werden. Ein entscheidender Mitarbeiter in außenpolitischen Fragen wurde Christoph Heusgen. Als Leiter der Abteilung 2 blieb der eingefleischte Transatlantiker für zwölf Jahre an der Seite der Kanzlerin. Zuvor hatte er für den EU-Außenbeauftragen und NATO-Generalsekretär Javier Solana gearbeitet und «bisweilen verdächtigte ihn der sozialdemokratische Koalitionspartner, die eigentlich treibende Kraft hinter Merkels harter Haltung gegenüber russischer Machtpolitik zu sein».[82] Der sehr putinkritische CDU-Politiker Andreas Schockenhoff wurde von 2006 bis 2014 Koordinator für die deutsch-russische zivilgesellschaftliche Zusammenarbeit (kurz: Russlandkoordinator oder Russland-Beauftragter) – eine eher zeremonielle Rolle, die ohne großen Einfluss auf die operative Russlandpolitik blieb.[83]

Die erste Große Koalition unter Merkel musste in all ihren außen- und europapolitischen Entscheidungen Kompromisse auf Augenhöhe aushandeln – denn beide Parteien hatten ungefähr die gleiche Anzahl an Stimmen gewinnen können.[84] Merkel wollte sich in den Koalitionsverhandlungen 2005 gezielt auch ein außenpolitisches Ressort sichern und schielte auf das Verteidigungsministerium.[85] Das Bundesministerium der Verteidigung (BMVg) war von 2005 bis 2021 immer CDU-geführt, aber wurde jahrelang zum Bundeswehrministerium degradiert. Merkel habe «ihren Stahlhelm nur als Oppositionsführerin getragen», resümiert die Journalisten Ursula Weidenfeld, «vom ersten Tag im Amt an hat sie ihn in der hintersten Schreibtischschublade verstaut».[86] Verteidigungspolitische Debatten wollte die Bundesregierung unterbinden, in Strategiedebatten innerhalb der NATO trat man in die zweite Reihe.[87] In den kontroversen Diskussionen über Auslandseinsätze nahm Merkel auf die Stimmungslage der Bevölkerung Rücksicht. Die Bundesregierung machte «den Alliierten minimale

Zugeständnisse (…), um den Schein gemeinsamen Agierens aufrechtzuerhalten und Bündnisverpflichtungen rudimentär zu erfüllen».[88] In noch unliebsameren Missionen war man «dafür, aber nicht dabei». Konnte man sich im Ernstfall auf die Deutschen verlassen? Ein wichtiger Aspekt, der bei einer Untersuchung der deutschen Russlandpolitik und ihrer Wahrnehmung im Ausland bedacht werden muss. Die Innenpolitik und die Koalitionszwänge beeinflussten die außenpolitischen Handlungs- und Gestaltungsoptionen der Kanzlerin.

Insbesondere die Sozialdemokraten Frank-Walter Steinmeier (2005–2009 und 2014–2016) und Sigmar Gabriel (Vizekanzler und Wirtschaftsminister seit 2014 und Außenminister von Januar 2017 bis März 2018) müssen neben Merkel als die entscheidenden Architekten der deutschen Ost- und Russlandpolitik seit 2005 gesehen werden. In seiner Autobiographie von 2009 betonte Steinmeier die Vertreibungs- und Fluchterfahrung seiner Familie, die Erinnerung an die Schrecken der NS-Diktatur, die ihm mitgegeben wurde, und seine frühe Politisierung durch die Debatten über die Neue Ostpolitik in den 1970er Jahren.[89] Steinmeier absolvierte seinen Wehrdienst, wurde während des Jura-Studiums und der Arbeit als wissenschaftlicher Mitarbeiter eher linksliberal, denn sozialistisch oder marxistisch geprägt.[90] Sozial- und Arbeitspolitik war sein Steckenpferd. 1991 kam der 35 Jahre alte Steinmeier zu Gerhard Schröder in die Niedersächsische Staatskanzlei, deren Chef er bald wurde. Auch als Chef des Bundeskanzleramtes und Beauftragter für die Nachrichtendienste blieb er einer der engsten Mitarbeiter Schröders. Er war ein «Macher» in der zweiten Reihe und durchlebte seine «außenpolitischen Lehrjahre».[91] Kosovo, der 11. September, Afghanistan, Irak und die Europapolitik – alles gestaltete Steinmeier in führender Funktion mit. In die Russlandpolitik war er ebenfalls aktiv eingebunden, wurde vom Kanzler zu Verhandlungen nach Moskau geschickt.[92]

Nach der Bundestagswahl 2005 wurde Steinmeier als zweite oder gar dritte Wahl überraschend Außenminister in der Großen Koalition.[93] Steinmeier wollte in vielen Krisen der Welt als Vermittler auftreten: in Syrien, im Nahost-Konflikt, im Iran. Überall suchte er den Ausgleich.[94] Er setzte auf Dialog, Kooperation, menschliche Kontakte und sah die Kultur- und Wirtschaftspolitik als «dritte Säule der Außenpolitik» – ein Rückgriff auf Willy Brandt.[95] So verhielt er sich auch gegenüber Russland. Anders als sein Vorgänger Joschka Fischer überließ er die Russlandpolitik nicht dem Kanzleramt. Kritik an der inneren Entwicklung in Russland sollte in Steinmeiers Sicht hinter verschlossenen Türen vorgetragen werden. Sein *modus operandi* – «diplomatisch bis hin zur Selbstaufgabe an einer Lösung zu arbeiten» – stieß dabei teilweise an Grenzen, wie sein durchaus wohlwollender Biograph Sebastian Kohlmann konstatiert.[96] Russland könne «Verbündeter in weltpolitischen Fragen sein», betonte er im November 2005 quasi als «Nachlassverwalter» Schröders, wie der *Spiegel* titelte.[97]

Nach 2005 wandelte sich die deutsche Rolle in Europa und in der Welt zusehends. Die Erwartungshaltung an Deutschland wuchs. Zugleich intensivierte sich die Kritik, wenn Berlin Entscheidungen traf und führte. Endlos schienen die Debatten über eine neue deutsche Außenpolitik: Gab es sie wirklich, war man noch Zivilmacht, «reluctant hegemon», oder handelte es sich um alten Wein in neuen Schläuchen?[98] Die Wirtschafts- und Finanzkrise, die große Rückwirkungen auf die Europapolitik hatte, rückte seit Herbst 2008 in das Zentrum der Aufmerksamkeit, wie 2015 die Flüchtlings- und Migrationskrise. Das Jahrhundertprojekt europäische Integration drohte zu scheitern. Der Demokratie drohte der Populismus von links und rechts. Den Wohlstand der Deutschen zu sichern, war ein zentrales Anliegen Merkels, weshalb wirtschafts- und energiepolitische Entscheidungen auch vor diesem Hintergrund gesehen werden müssen. Die Wirtschaftskrise bedingte Sparmaßnahmen. Die Spielräume wurden kleiner, und die innenpolitischen Rahmenbedingungen beeinflussten die außenpolitischen Entscheidungen. Dies trifft zum Beispiel auf die Energiewende zu, aber auch auf die Europapolitik, die durch die zunehmende Integration gar nicht mehr von anderen Politikfeldern zu trennen ist: Deutsche Russlandpolitik war durch die fortschreitende Vertiefung der Integration europäisierter denn je. Zudem veränderten die neuen osteuropäischen Mitgliedstaaten das Grundgefüge der EU, die sich ohnehin nach den gescheiterten Verfassungsreferenden berappeln musste.

Der Arabische Frühling, die Lage im Iran, Afghanistan, Piraterie am Horn von Afrika, der Irak, Nord-Korea, der Syrische Bürgerkrieg, Rüstungskontrolle und der globale Anti-Terror-Kampf beeinflussten die Russlandpolitik ebenfalls. Der Kreml wurde in vielen dieser Fragen als Partner gesehen. Auch im post-sowjetischen Raum blieben viele Probleme bestehen: Die Zukunft Weißrusslands und der Ukraine stand in den Sternen, Energiefragen waren ein steter Stein des Anstoßes und Konflikte in Transnistrien/Moldawien, dem Kosovo und im Kaukasus waren ungelöst. Ferner drohte die Verschlechterung der amerikanisch-russischen Beziehungen Rückwirkungen auf die europäische bzw. deutsche Russlandpolitik zu haben, z. B. die Frage eines Raketenabwehrschirms oder eine zusätzliche Erweiterung der NATO. Ein weiterer bestimmender Faktor war das schlechte Image der USA in Deutschland. Nachdem die ersten Wogen des Irakkrieges geglättet waren, wurden die Inhaftierungsbedingungen in Guantánamo ein Dauerthema. Merkel verurteilte die USA für die Folter von Gefangenen. Dies sei «nicht hinnehmbar».[99] Mit dem Amtsantritt Barack Obamas im Januar 2009 hellte sich das Amerikabild der Deutschen wieder auf, doch die Streitpunkte Afghanistan, Irak und Anti-Terror-Kampf blieben. Schon bald traten die Finanzkrise und die NSA-Abhör-Affäre hinzu.

Die Hochphase der Zusammenarbeit des Westens mit Russland war 2005 bereits Geschichte. Die Zeit der eigenen außen-, innen- und wirtschaftspolitischen Schwäche war vorbei. Russland entwickelte sich innenpolitisch repressiver und außenpolitisch aggressiver. Es wurde immer deutlicher zu einer revisionistischen Macht mit imperialen Ambitionen. Die proklamierte «strategische Partnerschaft» zwischen Russland und dem Westen wandelte sich zu einer «strategischen Gegnerschaft», wie Hannes Adomeit feststellt; und war «eine prinzipielle, nachhaltige und innenpolitisch in der Machtstruktur des Systems Putin verankerte und von der Moskauer Machtelite bewusst herbeigeführte Orientierung.»[100] In Moskau wurde das Klagelied angeblich gebrochener westlicher Versprechen immer häufiger angestimmt.[101] Dennoch streckte der Westen weiterhin die Hand zur Kooperation aus.

Durch die Aufnahme Russlands in die WTO sollten rechtsstaatliche Reformen unterstützt und ein Fortschrittstransfer in den politischen Bereich ermöglicht werden[102] – eine dem deutschen «Wandel durch Handel»-Diktum nicht unähnliche Hoffnung. Die Realität war allerdings ernüchternd. Der Rechtsstaat wurde abgebaut. Außenpolitisch sah es nicht besser aus. Der Kreml half dem Iran, wollte den post-sowjetischen Raum als exklusive Einflusssphäre verstanden wissen und begann die europäische Sicherheitsarchitektur immer offensichtlicher abzulehnen.[103] Dies korrelierte mit einem Moment außenpolitischer Schwäche der USA. Der Irak-Krieg wurde immer blutiger, der Iran profitierte von der Ohnmacht des einstigen regionalen Rivalen, und die transatlantischen Wunden waren keineswegs verheilt. Auch Afghanistan blieb ein Unruheherd. Washington wollte Russland als Partner gewinnen, aber zugleich die eigene «Freedom Agenda» weiter vorantreiben, auch im post-sowjetischen Raum.[104] Die USA verstärkten ihre Präsenz in Osteuropa, dem Kaukasus und Zentralasien, auch wirtschafts- und energiepolitisch, wodurch man immer direkter auf die EU und die Politik ihrer Mitgliedstaaten in diesen Fragen einwirkte.

Zu Beginn ihrer Kanzlerschaft fiel Merkel eine Mittler- und Führungsrolle zu. Jacques Chirac hatte seinen machtpolitischen Zenit überschritten. Tony Blair hing in den Seilen. George W. Bush umwarb daher die Kanzlerin.[105] Doch wie sahen ihre ersten Schritte aus?

Ambivalente Anfänge

Merkel begegnete Wladimir Putin erstmals bei dessen Deutschlandbesuch im Sommer 2000. Im Februar 2002 folgte sie seiner Einladung nach Moskau. «Putin testete in alter KGB-Manier die Härte seines Gastes: Er schaute mit seinen stahlblauen Augen in ihre Augen – sekundenlang. Es ging darum, wer als erster dem Blick des anderen ausweicht. Als gelernte DDR-Bürgerin kannte Frau Merkel das Spiel – und blieb hart. Das gefiel dem Präsidenten.»[106] Jahre später erklärte Merkel in Gesprächen, Putins Art Deutsch zu sprechen, wecke bei ihr böse Erinnerungen an die Stasi.[107] Merkel lobte die Wirtschaftsbeziehungen der beiden Länder und betonte die schwierige Aufgabe des Transformationsprozesses in Russland – nicht ohne die Pressefreiheit aufs Tableau zu bringen.

Während des Bundestagswahlkampfes 2005 sandte die Spitzenkandidatin der Union gemischte Signale. Merkel kündigte eine härtere Gangart gegenüber Moskau an. Sie werde Demokratiedefizite und Menschenrechtsverletzungen direkter thematisieren, ähnlich wie Schröder dies 1998 in Abgrenzung zu Helmut Kohl versprochen hatte.[108] Und doch plädierte sie in einem Interview-Buch für eine «balancierte Außenpolitik», traf Putin am 8. September auf einem Empfang in der russischen Botschaft in Berlin und sprach von einer «strategischen Partnerschaft» mit Russland.[109] Die Abwägung zwischen Werten und Interessen blieb weiterhin die Gretchenfrage der Russlandpolitik.

Als Bundeskanzlerin betrat Merkel am 16. Januar 2006 erstmals russischen Boden. Nach der gewonnenen Bundestagswahl konnte schon aufgrund der Großen Koalition kein kompletter Bruch mit der rot-grünen Russlandpolitik erfolgen: Der Koalitionsvertrag hielt das Interesse an guten Beziehungen zu Russland und einer europäisch-russischen strategischen Partnerschaft fest.[110] Ihr Antrittsbesuch wurde vom Gasstreit zwischen der Ukraine und Russland im Dezember 2005 und Januar 2006 überschattet. Moskau drängte auf eine Anpassung der Preise auf Weltmarktniveau, dem die Ukraine als Transitland nur teilweise bereit war nachzukommen. Zur Wahrheit gehört, dass ausgerechnet der Westen Russland wiederholt aufgefordert hatte, im Zuge des angestrebten WTO-Beitrittes keine Preispolitik mehr aus freundschaftlichen oder politischen Motiven heraus zu betreiben, sondern sich am Weltmarkt zu orientieren.[111] Denn Russland nutzte rabattierte Gaspreise, um sich im «nahen Ausland» politischen Einfluss zu erkaufen. Die neue pro-westliche Regierung in Kyjiw bewegte sich nun auf die EU und NATO zu und kündigte damit diesen Teil des Deals auf – ein Faktor, der in das russische Handeln eingepreist werden muss.[112] Der Streit führte zu einer Drosselung der russischen Gaslieferungen ab dem 1. Januar 2006: Nurmehr für EU-Staaten bestimmtes Gas wurde in die Leitungen eingespeist, doch oftmals kam es nicht bei den Empfängern an. Die EU bezog zu dieser Zeit 20 Prozent ihrer Erdgasimporte aus Russland. Und da rund zwei Drittel des für die EU bestimmten Erdgases über die Ukraine geleitet wurden, war die Union von diesem Streit unmittelbar betroffen. In Europa war die Erleichterung daher groß, als der Streit nach wenigen Tagen intensiver europäischer Vermittlung beigelegt werden konnte. In Moskau zeigte man sich zufrieden. Der neue Deal sei gut, der Vertrauensverlust als «zuverlässiger Lieferant» sei behoben. Doch die amerikanische Botschaft in Moskau warnte, dass Russland weiter versuchen werde, die Ukraine politisch eng an sich zu binden.[113]

Auch die Beziehungen zu Belarus wandelten sich 2005 immer mehr zu einem Politikum. Minsk und Moskau stritten sich über Gaspreise, da Russland diese nach oben korrigieren wollte. In Berlin erkannten einige Experten im Auswärtigen Amt hierin einen Schritt Putins, eine Union zwischen Russland und Belarus zu erzwingen.[114] Russland sei im post-sowjetischen Raum ein schwieriger Partner. Allerdings, so Rolf Nikel, stellvertretender Leiter der Abteilung 2 im Kanzleramt, habe nur der Kreml wirklichen Einfluss auf das belarussische Regime.[115] Die autoritärere Amtsführung des Präsidenten Alexander Lukaschenko führte zu Streit mit dem Westen. Die

USA bemühten sich, die Europäer in Sanktionen einzubinden. Wenngleich diese keinen großen Effekt hätten, besäßen sie doch einen symbolischen Wert und man müsse Einigkeit demonstrieren, hielt Nikel in einem Gespräch mit amerikanischen Diplomaten fest.[116] Die USA gingen bei den Sanktionen gegen Belarus voran und im Mai 2006 folgte die EU. Sie schnürte ein Paket, das bis zur Gegenwart angepasst, aber nie aufgehoben wurde.[117] Der Kreml warf dem Westen Doppelmoral vor: In der Ukraine habe man die Präsidentenwahl akzeptiert, in Belarus nicht. Eine Sichtweise, der Bundesaußenminister Steinmeier widersprach, indem er auf die gravierenden Unterschiede der Wahlen verwies.[118] In Bezug auf Belarus zeigten sich – in anderer Dimension – die gleichen Probleme wie gegenüber Russland: Wie sollte man von außen Einfluss nehmen? Experten schlugen vor, man müsse Anreize zur Zusammenarbeit bieten und die Zivilgesellschaft stärken.[119]

Der Moskau-Besuch der Kanzlerin im Januar 2006 verlief dennoch zufriedenstellend. Er war eine Mischung aus Kontinuität und Wandel. Merkel kritisierte den Gasstreit mit der Ukraine. Russland müsse Vertrauen aufbauen und zeigen, dass es ein zuverlässiger Energiepartner sei.[120] Die Kanzlerin betonte gegenüber Putin, ihre Regierung wolle mit ihm zusammenarbeiten, aber auch einen «offenen Dialog» führen, weshalb sie Menschenrechtsfragen und Demokratiedefizite direkter ansprach, ebenso wie die Themenkomplexe Belarus, Ukraine und Tschetschenien.[121] Sie traf sich mit Vertretern von Menschenrechtsgruppen, was Schröder immer vermieden hatte. Auch die Kumpanei war vorbei. Eine «heilsame Nüchternheit» sei eingezogen, berichtete *Die Zeit.*[122] Dies war die künftige Marschrichtung der Kanzlerin: Sie kritisierte offen und öffentlich, was ihr missfiel, ohne den Bruch oder eine offene Konfrontation mit Moskau zu riskieren. Wie Russland darauf reagieren werde, bleibe abzuwarten, erklärte ihr engster Berater und Leiter der Abteilung 2 im Bundeskanzleramt, Christoph Heusgen, amerikanischen Gesprächspartnern.[123]

Einen Tag später berichtete Merkel vor der CDU/CSU-Bundestagsfraktion von ihrer Reise. Sie verglich den Moskau-Besuch mit der gerade absolvierten Visite in den USA, wo sie die Zustände im US-Gefangenenlanger Guantánamo kritisiert hatte.[124] Sie betonte ihre Versuche, wieder bessere Beziehungen zu Washington aufzubauen, und die gemeinsamen Werte, die man teile.[125] Russland hingegen brauche man als «strategischen Partner», so Merkel, aber «das heißt noch lange nicht, dass man nicht auch dort deutlich macht, wie wir uns das Leben in einer Demokratie vorstellen (…) wo bekomme ich jetzt eine breite Zivilgesellschaft her, das ist elendig schwer. Bei einem Volk, was im Grunde selten gelernt hat, dass Energie, dass Wasser etwas kostet, dass Parteien aus Ideen entstehen, ist es schon außerordentlich schwierig, da einfach mal einen Ratschlag zu geben und zu sagen: Nun gründet doch bitte mal demokratische Parteien, da kommen immer nationale Parteien heraus.»[126] Merkel gab sich keinerlei Illusionen hin. Sie erkannte die Probleme und die realpolitischen Zwänge, in denen sie steckte. Wenig später zeigte sich, wieso man eine Partnerschaft mit Moskau brauchte. Denn der Kreml verfolgte in den Atomverhandlungen mit dem Iran eine ähnliche Linie wie die EU: Teheran sollte die Urananreicherung komplett einstellen. Um diesen Kurs zu stützen, brauche der Westen Russland, argumentierte der außenpolitische Sprecher der CDU/CSU-Fraktion Eckardt von Klaeden hinter verschlossenen Fraktionstüren.[127]

Auf der Münchner Sicherheitskonferenz Anfang Februar 2006 hielt die Kanzlerin ihre erste außenpolitische Grundsatzrede: ein Parforceritt von Afghanistan bis Zentralasien. Sie lobte die NATO, aber erteilte amerikanischen Wünschen einer Anhebung des Verteidigungsetats eine Absage. Es ginge auch mit weniger, man sei eben «sehr effizient».[128] Sicherheit würde zudem nicht nur anhand der Anzahl der Panzer definiert, so der Tenor. Der bestehenden «strategischen Partnerschaft» mit Russland komme eine bedeutende Rolle zu.[129] Wer gute Beziehungen zu Moskau unterhalte, brauche sich um Landes- und Bündnisverteidigung weniger Gedanken zu machen, könnte man diese Verknüpfung deuten. Außenminister Steinmeier betonte in München, dass niemand eine Schwächung Russlands anstrebe. Vielmehr brauche Europa ein «handlungsfähiges Russland, damit wir die gemeinsamen Herausforderungen in einer globalen Welt bewältigen können».[130] Doch handlungsfähig mussten sich auch die Europäer zeigen.

In der EU war durch den ukrainisch-russischen Gasstreit deutlich geworden, dass man eine kohärente und diversifizierte Energiepolitik betreiben musste, denn sowohl Russland als Lieferant, als auch die Ukraine und Belarus als Transitländer bereiteten auf unterschiedliche Art und Weise Probleme. Innerhalb der EU traten die unterschiedlichen Vorstellungen unter den Mitgliedstaaten – vor allem den neuen im Osten des Kontinents und den alten im Westen – und den EU-Institutionen offen zutage. Dies belastete unter anderem das deutsch-polnische Verhältnis.

Polen war seit dem EU-Beitritt 2004 wiederholt als europaskeptisch auf-gefallen: Die rechtspopulistische Partei «Recht und Gerechtigkeit» (PiS) unter Führung der Zwillinge Lech und Jaroslaw Kaczyński führte Polen in unruhiges Fahrwasser. Zwischen 2005 und 2007 kam es mehrfach zu Strei-tigkeiten Warschaus mit der EU unter anderem über Quoten in der Fleisch-produktion.[131] Am 8. und 9. März 2006 besuchte der polnische Präsident Lech Kaczyński Berlin. Nicht nur die Kritik polnischer Offizieller an einem Museumsprojekt zur Erinnerung an die Flucht und Vertreibung der Deut-schen aus Ostmitteleuropa, sondern auch die Proteste gegen Kaczyński während seiner Rede an der Humboldt-Universität schlugen sich in der Medienberichterstattung nieder. Kaczyński wurde von rund 50 LGBTQ-Aktivisten ausgebuht, die auf seine wiederholten Verbote von «Gay Pride»-Paraden in Warschau verwiesen.[132] Der polnische Präsident sprach sich gegen eine Vertiefung der EU, aber für eine Erweiterung aus. Die Ukraine, die Türkei und Georgien sollten in seinen Augen als neue Mitglieder aufge-nommen werden. Die Union müsse in Fragen der Energiesicherheit enger zusammenarbeiten, betonte er. Die Bundesregierung glaubte eher an eine Zweiteilung des europäischen Gasmarktes: einen nördlichen, versorgt von Norwegen und Russland, sowie einen südlichen, der Gas aus Nordafrika beziehen würde und in den Berlin weniger involviert sein wollte.[133] Kaczyński lancierte erneut seine Idee einer «Gas-NATO» und kritisierte die Nord Stream-Pipeline.

Bei einem Besuch in Paris hatte er kurz zuvor nicht weniger Porzellan zerschlagen: Einem Diktat Frankreichs werde Polen nicht blindlings folgen und es sei «mysteriös», dass Paris sich russischen Interessen zu unterwerfen scheine.[134] Hinter verschlossenen Türen war Kaczyński in Berlin weitaus konzilianter, wie seine deutschen Gesprächspartner der amerikanischen Botschaft mitteilten: «Kaczyński erwähnte die Arbeiten der deutsch-polni-schen Arbeitsgruppen, die gegründet worden waren, um polnische Beden-ken hinsichtlich der [Nord Stream] Pipeline zu adressieren. Und er verwies auf die theoretische Möglichkeit, dass Polen über einen Nebenarm dieser Pipeline auch Gas beziehen könnte.»[135] Der deutsche Versuch, auf polnische Bedenken einzugehen, schien zu wirken und der polnische Präsident schien nicht abgeneigt, von der Nord Stream-Pipeline zu profitieren. Hochrangige amerikanische Diplomaten erläuterten ihren deutschen Partnern wieder-holt, wie unzufrieden die Polen mit dem Projekt seien, aber sahen in Merkel im Vergleich zu Schröder eine «deutliche Verbesserung und hießen es gut, dass Deutschland weitere 100 Millionen Euro in Polen investierte [...] und kündigten an, weniger deutlich gegen das Projekt Stellung zu beziehen, sobald sie sich sicher seien, dass sie nicht allein mit ihrer Haltung gegen Russland stehen.»[136]

In den polnischen Überlegungen scheint früh der Versuch durch, selbst auch Transitland und Umschlagplatz für Erdgas zu werden bzw. zu bleiben. Auch die Regierung in Warschau verfolgte nationale Interessen. Polens Energiemix setzte sich zu 60 Prozent aus Kohle zusammen; Erdöl machte 20 Prozent, Erdgas 13 Prozent aus, wobei Polen rund ein Drittel seines Bedarfes selbst produzieren konnte.[137] Das restliche Erdgas wurde fast ausschließlich aus Russland über die Jamal-Pipeline bezogen. 2005 waren es rund fünf Milliarden Kubikmeter (auf Englisch billion cubic meters of natural gas per year, kurz bcm/y), und man rechnete bis 2015 mit einem Anstieg auf 20 bcm/y.[138] Insgesamt besitzt die Jamal-Pipeline ein Liefervolumen von 33 bcm/y und verläuft durch Belarus – umgeht also ebenfalls das Baltikum und die Ukraine. Seit den 1990er Jahren andauernde Verhandlungen über einen zweiten Strang der Jamal-Pipeline, der die Kapazität verdoppeln sollte, wurden von Russland beendet.[139] Polen konnte daher die eigene Rolle als Transitland, was natürlich auch finanzielle und politische Vorteile bot, nicht ausbauen. Auch deshalb forderte Warschau wiederholt eine «Gas-NATO», die eine Beistandsklausel enthalten sollte, um Lieferausfällen und Drohungen des Kremls besser begegnen zu können.[140] Steinmeier wies solche Gedankenspiele zurück. Alle neuen Pläne müssten dem kooperativen Charakter der OSZE entsprechen, so der deutsche Außenminister.[141] NATO und OSZE wurden daher auch im Energiebereich als Chiffren für unterschiedliche Sicherheitsmodelle herangezogen.[142] Selbst die USA, die immer aktiver in der europäischen Energiepolitik mitmischten, wiesen die polnischen Ideen einer vertraglichen Fixierung zurück.[143] Dass etwas getan werden musste, war jedoch unumstritten.

Die EU-Kommission arbeitete ein Konzeptpapier aus, das die Union zu mehr Diversifizierung, Deregulierung, Modernisierung und Geschlossenheit aufforderte.[144] Damit begrub sie den in der Sackgasse steckenden EU-Russland-Energiedialog.[145] Der russische Energiemarkt sollte in den Augen der Kommission und des Europäischen Parlamentes liberalisiert werden, um die starke Monopolisierung aufzubrechen. Aus Brüssel kamen Forderungen, dass Moskau dem europäischen Energiecharta-Vertrag beitreten sollte, wodurch ausländische Firmen sicherer in Russland investieren und Zugang zur Energieinfrastruktur bekommen sollten. Eine Einigung über die Energiecharta war bereits 1994 mit Boris Jelzin erzielt, jedoch nie ratifiziert worden.[146] Den Machthabern im Kreml lag jedoch nichts ferner, als die unter Putin immer stärker monopolisierten «National Champions» aufzulösen oder ausländischen Unternehmen einen freien Marktzugang zu gewähren.[147] Der Gazprom-Vorstand, Alexej Miller, warnte öffentlich davor, seinem Unternehmen den Zugang zum europäischen Markt zu versperren. Russland könne gern an China liefern, und bestehende Verträge überdenken, drohte er halbseiden.[148] Der EU-Russland-Gipfel im Mai 2006 offenbarte, wie festgefahren die Situation war. Die EU drängte auf stabile und zuverlässige Energiebeziehungen und eine russische Unterschrift unter die Energiecharta. Putin lehnte ab.[149] Russland verfolgte dagegen eine Strategie, wonach die «National Champions» sich auch im Ausland Einfluss sichern sollten.

Der Kreml ging auf «globale Einkaufstour», wie *Die Zeit* festhielt.[150] Der staatliche Ölkonzern Lukoil hatte in den USA rund 3000 Tankstellen erworben und kaufte sich auch im Tankstellenmarkt Mittelosteuropas ein, um sie langfristig mit russischem Öl zu beliefern.[151] Bis 2008 hatte Gazprom in 16 der 27 EU-Mitgliedstaaten investiert.[152] In Europa nahm die Kritik an diesem Expansionskurs zu. Deutschland war kein Einzelfall, wenngleich Art und Umfang des russischen Engagements neu waren. Die staatlich geführte russische Außenhandelsbank kaufte Aktien des europäischen Luftfahrt- und Rüstungskonzerns EADS und Bayern zog russische Investoren an.[153] In Nordrhein-Westfalen baute Gazprom die enge Partnerschaft mit E. On-Ruhrgas aus und zeigte Präsenz: Bei Kulturveranstaltungen ebenso wie auf den Trikots des FC Schalke 04.[154] Der Vorstandsvorsitzende von E. On-Ruhrgas, Burckhard Bergmann, wurde zum russischen Honorarkonsul in Düsseldorf ernannt – eine Ehre, die zuvor schon wichtigen Geschäftsleuten in Stuttgart und Nürnberg zuteil geworden war.[155] Bergmann war von 2000 bis 2011 Mitglied im Aufsichtsrat von Gazprom und seit 1996 stellvertretender Vorsitzender des Ost-Ausschusses der Deutschen Wirtschaft. Kritische Stimmen wiesen auf die entscheidende Bedeutung des Konzerns im System Putins hin, etwa auf die starke Stellung der Tochtergesellschaft Gazprom-Media.[156] Doch sie verhallten ungehört.

Bei den deutsch-russischen Konsultationen am 26./27. April 2006 in der sibirischen Stadt Tomsk, die für den Rohstoffexport fast sinnbildlich stand, traten viele Dilemmata der deutschen Russlandpolitik deutlich zu Tage. Die Reise fiel in eine Phase innenpolitischer Probleme. Merkel stand unter erheblichem Druck: Steuererhöhungen, Bürokratieabbau und die Reformen der Erbschafts- und Unternehmenssteuer, des Gesundheitssystems, des Elterngeldes und der Bahn bereiteten ihr Kopfschmerzen. «Wir haben unglaublich viel Arbeit», seufzte sie vor der CDU/CSU-Bundestagsfraktion.[157] Zudem fand im Oktober der große Energiegipfel statt, bei dem die Kanzlerin die deutsche Energiepolitik langfristig im europäischen Verbund planen und Klimafragen einbeziehen wollte. Es sei wichtig, so Merkel vor der Fraktion, in Europa energiepolitisch die deutschen Interessen zu vertreten und «mit einer klaren Position auch langfristig unsere Interessen zu sichern, denn wir werden in der Energiepolitik Abhängigkeiten haben. Ich finde es auch gut, dass wir jetzt einmal den Blickpunkt setzen: außenpolitische Abhängigkeiten, Verwebung mit der Außenpolitik, Abwägung auch gegen Fragen Menschenrechte und vieles andere mehr. Aber sich mit den Themen nicht auseinanderzusetzen hieße, den Kopf unter die Decke zu stecken, das ist nicht unsere Art.»[158] Sie nannte Russland nicht explizit, aber es war unzweideutig, wer der Bär im Raum war.

In Tomsk schlug die Kanzlerin einen Mittelweg ein. Sie habe «offene Worte gefunden», kommentierte *Der Spiegel*, die Kumpanei sei vorbei, aber die Zusammenarbeit ginge.[159] Merkel bezeichnete die Gespräche als «sehr intensiv»; Putin empfand sie gar als «ungewöhnlich intensiv».[160] Inhaltlich gab es viele Differenzen: Während Moskau dem belarussischen Despoten Lukaschenko die Treue hielt, hatte die Kanzlerin in Berlin den Oppositionsführer empfangen. Umgekehrt hofierte Putin die neue Hamas-Führung und wollte keinen Druck auf den Iran ausüben, sondern den Kernreaktor in Buschehr fertigstellen und lieferte moderne Luftabwehrsysteme an das Regime.[161] Rechtsstaatliche Fragen wurden auch thematisiert. Während verhandelt wurde, nahm die russische Polizei vor dem Verhandlungsgebäude mehrere Personen fest, die gegen Putin protestierten.[162]

Die in Tomsk erörterten Energiefragen schienen dem harmonischen Miteinander wenig abträglich gewesen zu sein – trotz vorheriger Kritik des Kremls am wachsenden deutschen und europäischen Wunsch nach einer Einhegung Gazproms und einer Diversifizierung der Energielieferanten.[163]

Putin hatte deutlich verschnupft gedroht, man könne dann ja mehr nach China und Indien verkaufen – was in Bezug auf Erdgas gar nicht so einfach möglich war. Merkel wollte die Wogen glätten. Russland exportiere seit 40 Jahren Gas und Öl nach Deutschland, erklärte sie. «Ich gehe davon aus, dass es weiter so sein wird».[164] Sie wollte die Wirtschaftsbeziehungen allerdings nicht nur auf Energie beschränken. Deutsche Unternehmen unterzeichneten in Tomsk weitreichende Verträge und durften Anteile an Gasförderprojekten erwerben.[165] Der deutsche Botschafter in Moskau, Walter Jürgen Schmid, sprach nach den Konsultationen mit seinem amerikanischen Kollegen Bill Burns. Demnach hatte das Treffen mit dem Kremlchef die Erwartungen übertroffen. «Es gab kaum Streitereien und die Russen betonten immer wieder, dass sie zuverlässige Lieferanten seien. Putin erklärte Merkel, er schätze die offenen und ehrlichen Diskussionen mit den Deutschen über Energiefragen – im Gegensatz zu den USA, die versuchten, russische Interessen und Ziele im Energiebereich einzudämmen.»[166] Der Seitenhieb Putins auf Uncle Sam verdeutlichte, wie schlecht es um die amerikanisch-russischen Beziehungen stand.

Die Raketenabwehrpläne der USA und die damit verbundene Stationierung von Raketen und Radarschirmen in Polen und Tschechien sorgten weiterhin für erhebliche Spannungen mit dem Kreml.[167] Am 4. Mai 2006 übte US-Vizepräsident Dick Cheney in Vilnius auf einem Treffen der Staaten zwischen Ostsee, Schwarzem und Kaspischem Meer deutliche Kritik an Russland. Er verwies auf die demokratischen Rückschritte und warf dem Kreml vor, Energielieferungen für «Einschüchterungen oder Erpressung» zu nutzen.[168] Russland dürfe nicht die demokratische Entwicklung seiner Nachbarn stören oder die territoriale Integrität dieser Staaten in Frage stellen.[169] Aus Moskau brach ein Sturm der Entrüstung über Cheney herein. Dieser habe einen neuen Kalten Krieg begonnen und die USA legten einen Sperrgürtel feindlicher Staaten an den Grenzen Russlands an. Der Kreml verkannte dabei erneut die Entwicklung im post-sowjetischen Raum, wo vielerorts der Wunsch nach Freiheit größer war als die treue Gefolgschaft gegenüber Moskau. Im gleichen Monat festigten die vier Länder der seit 1999 bestehenden Organisation für Demokratie und Wirtschaftsentwicklung (GUAM) in Kyjiw ihre Bande. Sie versuchten damit, diesem eher losen Zusammenschluss Georgiens, der Ukraine, Aserbaidschans und Moldaus mehr Leben einzuhauchen.[170] Drohte ein neuer anti-russischer

Block mehrerer post-sowjetischer Staaten, die dadurch auch energiepolitisch unabhängiger werden konnten? Und wie reagierte die EU auf die Entwicklungen?

Europäisierte Russlandpolitik

Seit 2005 wurde an einer Neufassung des Partnerschafts- und Kooperationsabkommens (PKA) der EU mit Russland gearbeitet, das nach zehnjährigem Bestehen zum Dezember 2007 automatisch verlängert würde, wenn nicht eine Seite Änderungen vorschlug.[171] Die EU wollte ein neues Grundkonzept vereinbaren, das auch die Gemeinsame Strategie für Russland (GSR) konkreter ausgestalten sollte. Viele osteuropäische Staaten wollten Rechtsstaatlichkeit und Energiefragen deutlicher verankern, etwa durch konkrete Liberalisierungsschritte im Energiesektor.[172] Berlin sah sich weiterhin als «Impulsgeber der Brüsseler Politik» gegenüber Russland, wie Heinz Timmermann von der Stiftung Wissenschaft und Politik (SWP) betont: «Nicht der Bilateralismus also hat für Deutschland Vorrang: Tatsächlich sind die deutsch-russischen Beziehungen heute in ihrer Substanz fest in die EU-Russland-Beziehungen eingebunden. Die bilaterale ‹Moskaupolitik› der alten Bundesrepublik hat sich in die ‹Ostpolitik› der EU eingeordnet.»[173] Waren die Unterschiede so eindeutig?

Das Auswärtige Amt entwarf im Sommer 2006 ein Strategiepapier zur Neujustierung der EU-Russland-Beziehungen: «Annäherung durch Verflechtung» hieß die Zauberformel in Anlehnung an Egon Bahrs Diktum von «Wandel durch Annäherung».[174] Eine enge Verflechtung im politischen, kulturellen und wirtschaftlichen Bereich sollte die gemeinsamen Interessen fördern und Gegensätze überbrücken oder gar reduzieren helfen. Russland sollte zur Bewältigung der vielen internationalen Probleme eingebunden werden: Eine Lösung sei «nur mit und nicht ohne Russland» möglich, so Steinmeier.[175] Beobachter in Berlin sahen im deutschen Vorstoß einen perfekten Mittelweg, Interessen und Werte in Einklang zu bringen und die Verankerung Russlands «in einem größeren Europa irreversibel zu machen und als Ergebnis stärkerer Verflechtungen letztlich auch einen Wertewandel zu bewirken».[176] Andere Stimmen sprachen von einer Mischung aus «gutem Willen und Ratlosigkeit», die in den deutsch-russischen Beziehungen vorherrsche.[177]

Das Strategiepapier stieß in der EU und in Russland überwiegend auf Zustimmung, in Polen hingegen auf große Skepsis.[178] «Deutschland ist die Geisel seines Ehrgeizes, mit Russland eine privilegiertere Partnerschaft haben zu wollen als mit anderen EU-Staaten», kommentierte der Vorsitzende des Auswärtigen Ausschusses im EP, der polnische Abgeordnete Jacek Saryusz-Wolski trocken.[179] Dabei trat die Angst vieler mittel- und osteuropäischer Staaten vor Russland hervor und die Sorge, die «alten» und größeren EU-Mitgliedstaaten würden primär ihre eigenen Interessen verfolgen.[180] Polen wurde in dieser Phase zu einem wichtigen Akteur der europäischen Russlandpolitik, was nicht nur zu Spannungen mit Berlin, sondern auch mit Moskau führte. Am deutlichsten wurde dies neben der Energiepolitik im sogenannten «Fleischkrieg».

Im November 2005 verhängte Moskau Importrestriktionen für polnische Fleisch- und andere Agrarprodukte.[181] Begründet wurde dies offiziell mit angeblich nicht eingehaltenen Hygienestandards. Viele Beobachter vermuteten dahinter indes eine Retourkutsche für die Regierung in Warschau aufgrund ihrer Unterstützung der Orangenen Revolution und anderer demokratischer Bestrebungen im post-sowjetischen Raum. Der auf den ersten Blick banale Streit warf grundlegende Fragen auf: Würde die EU sich hinter das neue Mitglied Polen stellen und somit ein Signal an die anderen Ostmitteleuropäer senden, dass sie bei etwaigen Auseinandersetzungen mit Russland nicht allein dastünden?

Erste Vermittlungsversuche liefen ins Leere. Polen knüpfte eine Änderung der eigenen Position an ein russisches Einlenken hinsichtlich der Energie-Charta.[182] Putin lehnte dies im Oktober 2006 ab, da so ausländische Unternehmen Zugang zum russischen Pipelinenetz bekommen hätten.[183] Der EU-Russland Gipfel im November in Helsinki konnte daher angesichts der Konflikte nicht mit den Verhandlungen über ein neues PKA mit Russland beginnen. Putin kritisierte darüber hinaus die bevorstehende Aufnahme Bulgariens und Rumäniens in die EU, bei der man Russland nicht konsultiert habe.[184] Da der polnisch-russische Streit im Zentrum der Aufmerksamkeit stand, wurden Menschenrechtsfragen in Helsinki kaum besprochen. Grund hätte es genug gegeben: Nur wenige Wochen nach der Ermordung der regierungskritischen Journalistin Anna Politkowskaja wurde der ehemalige KGB-Agent Alexander Litwinenko, der die Umstände ihres Todes aufklären wollte, vergiftet.[185] Das polnische Veto gegen eine

Aufnahme der Gespräche mit Russland schien sich in das Bild eines «problematischen Partners» in allerlei Feldern der Europapolitik zu fügen.[186] Trotz der Proteste vieler Mitgliedstaaten und der EU sowie erneuter Aufforderungen Chiracs und Merkels im Zuge des Weimarer Dreiecks im Dezember 2006 veränderte die Regierung in Warschau ihre Haltung nicht.[187] Umgekehrt zeigte sich der Kreml willens, mit Importverboten von niederländischen Blumen über georgischen Wein und moldawischen Pfirsichen die Muskeln spielen zu lassen und die Uneinigkeit der Europäer auszunutzen.[188]

In der CDU/CSU-Bundestagsfraktion wurde im September 2006 das schwierige Verhältnis zu Polen diskutiert. Die Kanzlerin betonte den hohen Stellenwert der Beziehungen zum östlichen Nachbarn: «Ich werde jede Gelegenheit nutzen, mit Polen weiter zu reden, aber auch im Sinne der deutschen Interessen zu reden.»[189] Das Stichwort «Interessen» war gefallen. Merkel kam auf generelle außenpolitische Aspekte zu sprechen. «Ich glaube, dass wir bestimmte Werte haben, die wir nicht nur in unserer Innenpolitik, sondern auch nach außen vertreten, und die definieren unsere Interessen.»[190] Das zeigte sich in der Wahl ihrer Gesprächsformate: Der Dreiergipfel Chirac-Putin-Merkel im September 2006 sollte in der Tradition der vorherigen Troika-Treffen stehen, doch die Kanzlerin informierte vorab die USA, Polen und die baltischen Staaten.[191] Symbolisch setzte sie damit neue Akzente. Erneut zeigte sich, dass die Große Koalition keinen radikalen Kurswechsel vollzog, aber ein anderer Wind wehte. Doch in Russland wehte kein «wind of change».

Um die demokratische Entwicklung Russlands stand es schlecht. Im April 2006 wurde ein Gesetz verabschiedet, das die Aktivitäten von NGOs, zivilgesellschaftlichen Gruppen und politischen Stiftungen stark einschränkte.[192] Der Kreml redete die eigene autoritäre Entwicklung als «souveräne Demokratie» schön. Putin regierte mit einer «Vertikalen der Macht», in der von oben alle Entscheidungen getroffen und die Gewaltenteilung aufgehoben wurde. Aus der «gelenkten Demokratie», wie Putin das russische System zu seinem Amtsantritt noch genannt hatte, war eine Autokratie geworden, die ihre Gegner gnadenlos verfolgte. Bei der Beisetzung Politkowskajas waren keine hochrangigen russischen Politiker zugegen. Und Putin? Er erklärte seine Abwesenheit unter Verweis auf einen wichtigen Termin: den Petersburger Dialog in Dresden.

Die Kanzlerin forderte im Oktober in der Elbmetropole eine lückenlose Aufklärung der Politkowskaja-Ermordung.[193] Die deutsche Presse lobte Merkels deutliche, auch öffentliche Worte. «Seit dem Regierungswechsel in Berlin hat sich der Akzent im Ton der deutsch-russischen Beziehungen verändert», bemerkte *Die Zeit*.[194] Doch es ging in Dresden keineswegs nur um Menschenrechtsfragen. Insgesamt sieben Abkommen zur Kooperation in Wirtschaft, Kultur und Forschung wurden unterzeichnet.[195] Der russische Präsident machte den Deutschen Avancen, ihr Land immer stärker in einen Umschlagplatz für Erdgas zu verwandeln und forderte ein Freihandelsabkommen zwischen der EU und Russland.[196] In der EU war ein deutliches Murren vernehmbar. War es für eine gemeinsame Position nicht schädlich, wenn Merkel energiepolitische Aspekte bilateral mit Putin besprach?[197] Rollte nur die Bundesrepublik trotz der Ermordung Politkowskajas Russland quasi den Roten Teppich aus? Nein.

Am 20. Oktober war Putin von der finnischen Ratspräsidentschaft zum informellen Gipfel in Lahti eingeladen worden. Zum ersten Mal nahm ein russischer Präsident an einem Treffen der Staats- und Regierungschefs teil.[198] Warum diese Aufwertung? Die Finnen wollten die Energiegespräche vertiefen. Der finnische Ministerpräsident betonte die Interdependenz: «Russland braucht auch unsere Märkte. In vielen Bereichen brauchen sie uns, so wie wir sie brauchen. Es gibt eine tiefgreifende gegenseitige Abhängigkeit zwischen der EU und Russland, und wir profitieren beide von ihr.»[199] Doch der Lahti-Gipfel zeigte, wie uneinig sich die Europäer waren. Putin schlug aufgrund einer drohenden Eskalation mit Georgien[200] und der Ermordung Politkowskajas eine Welle der Kritik entgegen, vor allem von der Kommission, dem EP und aus den osteuropäischen und baltischen Staaten.[201] Die Balten und Polen kritisierten auch die Nord Stream-Pipeline.[202] Die west- und südeuropäischen Länder betonten hingegen ihre wirtschaftlichen Interessen. Energiesicherheit oder Menschenrechte? Diese Frage hing wie ein Damoklesschwert über dem gemeinsamen Abendessen in Lahti.

Putin schlug zurück. Er wandte sich vor allem an die großen Mitgliedstaaten und ignorierte die Wortmeldungen der kleinen.[203] Er bezichtigte die EU der Korruption, verweigerte energiepolitische Zugeständnisse und betonte zugleich, dass eine gegenseitige Abhängigkeit vorteilhaft sei und eine Annäherung in anderen Bereichen ermögliche.[204] Damit signalisierte er seine Offenheit für ein neues PKA. Merkel betonte, man müsse über einen gemeinsamen Energiemarkt zu einer einheitlichen europäischen «Energie-Außenpolitik» kommen.[205] Die Abhängigkeit von Russland solle reduziert, neue Energielieferanten, etwa in Zentralasien, erschlossen werden (weshalb eine Nutzung der russischen Pipelines auch durch andere Lieferanten ein Kernanliegen war). Sie machte deutlich, dass es ihr um Geben und Nehmen ging: «Wir bieten Sicherheit in Verträgen und erwarten von Russland das gleiche, nämlich Vertragssicherheit und Zugang zum russischen Markt».[206] Sie forderte eine Art Verflechtung auf Augenhöhe. Die EU wolle «gute Beziehungen zu Russland», so Merkel, doch halte sie an den «Forderungen zu Menschenrechten und zur Lösung regionaler Konflikte fest», womit sie sehr diplomatisch auf Georgien und die Ermordung Politkowskajas anspielte.[207] Der französische Staatspräsident Chirac wollte hingegen Handel und Moral voneinander getrennt wissen.[208] Die Situation in Georgien werde überbewertet, so Chirac weiter,[209] der Putin im September das Großkreuz der Ehrenlegion verliehen hatte.[210] Der Richtungsstreit in der EU kam dem Kreml recht, denn in bilateralen energiepolitischen Gesprächen konnte man die Europäer spalten. War er damit erfolgreich?

Am 8. November 2006 hielt die Bundeskanzlerin vor dem neu eröffneten Alfred von Oppenheim-Zentrum für Europäische Zukunftsfragen der Deutschen Gesellschaft für Auswärtige Politik (DGAP) eine Grundsatzrede zu ihrer Europapolitik. Sie betonte darin, es gehe bei den (Energie-)Beziehungen zu Russland um «Sicherheit – nicht nur für einzelne Länder, sondern für die gesamte Europäische Union. Ich sage immer: Es darf keine Projekte geben, die gegen andere gerichtet sind; es darf keine Mitgliedstaaten der Europäischen Union geben, die den Eindruck haben, dass wir hier nicht mit einer Stimme sprechen.»[211] Sie verdeutlichte mit Blick auf Nord Stream, wie sie um europäische Geschlossenheit bemüht war und wie eng dies mit einer neuen Klimapolitik zusammenhing: «Wir werden natürlich auch darauf achten, dass Energielieferungen niemals machtpolitisch missbraucht werden können. Auch da muss mit einer Stimme gesprochen werden. Dabei darf es keine falsche Bescheidenheit geben. Wir müssen auch bei unseren Partnern in den USA auf einen nachhaltigen Umgang mit Energie drängen.»[212]

Ende November zog Merkel auf dem CDU-Parteitag eine positive Bilanz ihres ersten Regierungsjahres. «Außenpolitisch ist Deutschland wieder geachtet», erklärte sie. «Wir haben unsere Freundschaft zu den Vereinigten Staaten von Amerika erneuert. Wir brauchen die USA, genauso wie die USA uns brauchen. (…) Genauso unverzichtbar für unsere Zukunft ist eine strategische Partnerschaft mit Russland. Aber auch hier gilt es, offen anzusprechen, wo wir unterschiedlicher Meinung sind. Denn beim Schutz der Menschenrechte, beim Schutz von Meinungs- und Pressefreiheit kann es kein Zögern und Zaudern geben.»[213] Dass Merkel die strategische Partnerschaft zu Russland so unmittelbar hinter oder neben die transatlantischen Beziehungen setzte, missfiel der US-Botschaft: «Mit dieser ständigen Suche nach Ausgeglichenheit schätzen die Kanzlerin und ihre Regierung das Finden gemeinsamer Positionen oftmals als wichtiger ein als die Substanz hiervon.»[214] Konsens wichtiger als Inhalte? Eine Beobachtung, die es für die folgenden Jahre im Hinterkopf zu behalten gilt. Der Verweis auf die USA und die transatlantischen Bande verdeutlichten, dass die Beziehungen zu Russland nicht nur aus wirtschaftlichen Gesichtspunkten betrachtet werden können, sondern die Westpolitik und die sicherheitspolitische Dimension einbezogen werden müssen.

Auf dem NATO-Gipfel in Riga am 27./28. November 2006 sollten vor allem die Transformation des Bündnisses und die Ausweitung des Afghanistan-Einsatzes diskutiert werden.[215] Merkel verteidigte ihre Linie hartnäckig: keine weiteren Truppen, keine geographische Ausdehnung der Mission am Hindukusch, keine Erhöhung der Verteidigungsausgaben. Zudem wurde in Riga die Erweiterung des Bündnisses diskutiert. Der russische Außenminister Lawrow hatte vor einer Aufnahme neuer Mitglieder gewarnt: Sie wäre genauso ein Fehler wie die vorherige Aufnahme der ostmitteleuropäischen und baltischen Staaten.[216] Merkel hatte im Vorfeld vor der CDU/CSU-Bundestagsfraktion betont, dass jede Erweiterung eine Bereicherung sein müsse, und zeigte sich zufrieden, dass eine Befassung des Gipfels mit der Erweiterungsfrage vermieden werden konnte: «Dass dieser Membership Action Plan für Georgien und die Ukraine nicht auf die Tagesordnung kommt, ist den europäischen Partnern, unter anderem auch Deutschland, in ganz erheblichem Maße zu verdanken», so die Kanzlerin. Die deutsche Position sei, dass «wir keine Mitglieder in die NATO aufnehmen sollten, die wieder in andere Konflikte in der Region verstrickt sind und so die Unsicherheit von Regionen mit in die NATO hineintransportieren.»[217] Chirac hatte sich auch klar gegen eine Beschleunigung der Aufnahme beider Länder und gegen eine Diskussion darüber in Riga ausgesprochen.[218]

Ein weiterer Streitpunkt waren die Raketenabwehrpläne. Merkel war gegenüber den entsprechenden US-Vorhaben offener als ihr Außenminister.[219] Der FDP-Vorsitzende Guido Westerwelle stand ebenfalls in der sozialdemokratischen Ecke: «Wir halten die russische Kritik an einer Raketenstationierung in Osteuropa für nachvollziehbar», erklärte er.[220] Die Kanzlerin bemühte sich um eine gemeinsame Position ihrer Koalitionsregierung und um eine klare Haltung der EU. Sie betonte vor der CDU/CSU-Fraktion, man müsse das Thema aber gemeinsam mit Russland besprechen. «Ich habe mich auch in Polen dafür eingesetzt und habe gesagt: Ihr könnt nicht darüber klagen, dass Russland und Deutschland unter Bundeskanzler Schröder ausgemacht haben, eine Pipeline durch die internationalen Ostseegewässer zu bauen, die Klage, dass sie hätten konsultiert werden wollen, habe ich immer verstanden, aber Polen muss dann auf der anderen Seite auch verstehen, dass wir vielleicht einmal konsultiert werden wollen, wenn sie mit Amerika ein bilaterales Abkommen abschließen und sagen: Das könnten wir auch mal in der Europäischen Union miteinander besprechen. Denn die Frage, ob Europa die gleiche Art von Sicherheit hat, oder ob die in Südeuropa ein bisschen anders aussieht als in Ost- und Westeuropa, muss man dann schon innerhalb der Europäischen Union diskutieren.»[221] Man habe Polen, so Merkel weiter, «sehr intensiv geholfen, dass ihr Fleischproblem mit Russland kein Fleischproblem Polens, sondern ein Importproblem der gesamten Europäischen Union ist, und so sollten wir es mit jedem Mitgliedsland halten.»[222] Die Kanzlerin verdeutlichte daher, dass der multilaterale Ansatz gegenüber Moskau von allen Staaten eingehalten werden müsse. Wer europäische Solidarität fordere, müsse sein Verhalten ebenso anpassen. Dies wurde in den kommenden zwei Jahren immer deutlicher, denn der Kreml stellte die Einigkeit des Westens auf die Probe.

Putins Paukenschlag in München

Diesmal waren es das Öl und Weißrussland. Zu Jahresbeginn hatte Russland die Exportzölle auf Rohöl für den belarussischen Markt stark angehoben.[223] Minsk antwortete mit einer neuen Durchleitungsgebühr. Moskau legte mit einem Lieferstopp für die «Druschba»-Pipeline nach, durch die allerdings auch rund 20 Prozent des deutschen Ölimports flossen, weshalb die Bundesregierung von der erneuten Lieferunsicherheit und mangelnden russischen Krisenkommunikation genervt war. Polen, das 90 Prozent seines Öls aus Russland bezog, die Slowakei, Tschechien und Ungarn waren ebenfalls betroffen. Die Abhängigkeit Deutschlands von Öllieferungen aus Russland wurde medial breit diskutiert.[224] Die Kanzlerin bekundete öffentlich, die Lieferunterbrechung verdeutliche die Notwendigkeit, die Energielieferanten zu diversifizieren, erneuerbare Energie zu fördern und nochmal nachzudenken, ob der Ausstieg aus der Atomkraft richtig gewesen sei.[225] Der SPD-Vorsitzende Kurt Beck pflichtete ihr bei.[226] Unter das Stichwort Diversifizierung fiel auch in amerikanischen Augen zum Beispiel die Nord Stream-Pipeline, also die Route, nicht der Lieferant.[227] Eine Sicht, der Steinmeier zustimmte und in der Pipeline eine diversifizierende (Routen-)Ergänzung erkannte.[228] Nach einigen Tagen floss das Öl wieder. Steinmeier wertete dies als Erfolg der deutschen und europäischen Appelle.[229] Wenig später reiste die Kanzlerin nach Sotschi.

Die Begegnung blieb ikonographisch in Erinnerung, da Putin seinen schwarzen Labrador «hinzuzog» – ein bewusster Affront. Er wusste, dass Merkel Angst vor Hunden hat und hatte ihr bereits bei ihrem Besuch in Moskau 2006 provozierend einen Stoffhund geschenkt.[230] Das Treffen in Sotschi sei «businesslike but not particularly warm» gewesen, berichtete der amerikanische Botschafter in Moskau, William J. Burns,[231] nach Washington. Putin habe über wirtschaftliche Themen reden wollen. Dass Merkel darauf pochte, auch politische Fragen und die innenpolitische Entwicklung zu besprechen, wurmte den Kreml, der noch den handzahmen Schröder gewohnt war, so Burns.[232] Merkel kritisierte die russischen Waffenverkäufe an den Iran und an Syrien, die unzureichende Aufklärung der Politkowskaja-Ermordung, und monierte sehr deutlich, dass sie über das Ölembargo im Januar nicht früher informiert worden war.[233] Putin stimmte zu, man hätte vor den Lieferstopps warnen müssen und versprach, dass sich dies nicht wiederholen würde, hielt Burns fest.[234] Merkel betonte, man müsse das neue PKA zwischen der EU und Russland vorantreiben.[235] Sie betonte die «strategische Kooperation», die sie mit Russland suche, wollte aber eine freundschaftliche Nähe oder Fokussierung auf nur wirtschaftliche Aspekte vermeiden. Es passte damit «mehr als ein Löschblatt zwischen Kanzleramt und Auswärtiges Amt», wo man weiterhin viel offener auf den Kreml zugehen wollte.[236]

Die Kanzlerin sei dezidiert auf die Kosovo-Problematik eingegangen, berichtete der gut informierte US-Botschafter Burns. «Merkel erklärte Putin, Serbien sollte für einen Kompromiss über den endgültigen Status des Kosovo eine Art Kompensation erhalten, und der beste Anreiz sei eine Integration in die europäischen Institutionen. Merkel sagte, sie würde die deutsche EU-Ratspräsidentschaft hierfür nutzen.»[237] Putin stemmte sich gegen eine Unabhängigkeit des Kosovo, da es in seinen Augen einen gefährlichen Präzedenzfall für die eingefrorenen Konflikte in Georgien und Moldau darstellte.[238] Eine engere Bindung Serbiens an die EU konnte ihm wohl kaum schmackhaft gemacht werden, sondern er hätte es im Gegenteil als weitere Niederlage gesehen. Das Gespräch verdeutlichte, wie viele Probleme es in der internationalen Politik gab, bei denen Deutschland (und der Westen) auf eine konstruktive Zusammenarbeit mit Russland hoffte: Iran, Afghanistan, Abrüstungsfragen, Rüstungskontrolle, Georgien, Kosovo, Moldawien bzw. Transnistrien. Doch wollte der Kreml wirklich ein konstruktiver Partner sein? Nur wenige Tage nach dem bilateralen Austausch in Sotschi stand die Münchner Sicherheitskonferenz an.

Die Kanzlerin eröffnete die Zusammenkunft des Who-is-who der internationalen Sicherheitspolitik im Bayerischen Hof am 10. Februar mit einer Eloge auf eine Welt des Multilateralismus. «Gemeinsam mit Russland können wir viel bewegen und können wir viel erreichen», erklärte die Kanzlerin hoffnungsfroh.[239] Danach holte Putin zu einer giftigen Tirade gegen den Westen aus. Die Botschaft war nicht neu, doch der Ton ungewöhnlich rau.[240] Putin sprach sichtlich erregt und schlüpfte noch stärker als sonst in die Rolle eines «gekränkten Zaren».[241] Die USA seien arrogant, gingen unilateral und völkerrechtswidrig vor. Die NATO-Osterweiterung: ein Malus. Die Raketenabwehrpläne: eine Provokation, die zu einem Wettrüsten führen werde. Die Kritik der EU und der USA an den inneren Zuständen in Russland und der russischen Energiepolitik diene dazu, sein Land klein zu halten. Putin skizzierte seine Wunschvorstellung von einer multipolaren Weltordnung mit einem wiedererstarkten Russland in führender Rolle. Wie weitreichend der Rundumschlag war und wie stark Putin damit auf Entwicklungen der vorherigen Jahre einging, ließ sich daran erkennen, dass er nicht nur die NATO kritisierte, sondern auch die OSZE als «ein vulgäres Instrument der äußeren Einmischung».[242] Russland verließ damit endgültig den Pfad der Kooperation mit dem Westen.[243] Eine entscheidende Weichenstellung war bereits im Sommer 2006 erfolgt. Russland hatte alle Kredite des IWF und internationaler Geber zurückgezahlt: Putin war «entfesselt» und besaß nun viel größere operative bzw. revisionistische Handlungsfreiheit.[244] Im Bayerischen Hof mussten sich einige Teilnehmer kurz berappeln. Andere schienen resilienter.

Von Putins Rundumschlag anscheinend völlig unbeirrt, betrat wenig später der SPD-Vorsitzende Kurt Beck die Bühne. Die Bundesrepublik müsse die «besondere strategische Partnerschaft mit Russland voranbringen», so Beck. «Hat der Sozialdemokrat die Signale etwa nicht gehört?», fragte Jochen Bittner in der *Zeit* und gab seinen Lesern mit, es bestehe «nicht der geringste Anlass zur Beruhigung».[245] Die *FAZ* sorgte sich ob der schwachen westlichen Reaktion auf die Rede: Den USA raube der politische Treibsand im Nahen Osten den stabilen Stand und Deutschland sei bereits gefährlich abhängig von russischem Gas.[246] Nicht nur Kurt Beck reagierte konziliant. Der Journalist Ralph Bollmann berichtet von einem Frühstück am nächsten Morgen in Weimar. Dort konnte man «den fast 85 Jahre alten Egon Bahr erleben, der trotz schwerer Erkältung große Genugtuung zeigte: Endlich habe jemand ausgesprochen, welche Fehler die westliche und vor allem die amerikanische Politik nach dem Epochenwechsel von 1990/91 gemacht hätten».[247]

Im NATO-Russland-Rat waren die atmosphärischen Veränderungen greifbar. Der russische Vertreter wies ohne Scham darauf hin, dass Putins Rede den Weg weise für offene und direkte Diskussionen im NRR.[248] Auch das stieß keinesfalls nur auf Widerstand. Die Amerikaner schätzten, dass ein Drittel der Länder im NRR weiterhin einem «let's not rock the boat approach to Russia» folgten.[249] Die USA wollten nicht der einzige Widersacher sein, sondern auch andere Länder «müssten sich gegen russische Einschüchterungsversuche wehren».[250] Es sei lobenswert, dass Deutschland und Frankreich hierfür endlich den Mut gefunden hätten.[251] Wie reagierte die EU auf die immer deutlichere Verschlechterung der Beziehungen zu Russland?

Die deutsche EU-Ratspräsidentschaft

In dieser schwierigen Phase hatte die Bundesrepublik seit 1. Januar 2007 turnusmäßig die EU-Ratspräsidentschaft und die der G8 übernommen. Merkel hatte bereits im Mai 2006 einige Eckpunkte der deutschen Präsidentschaft vorgestellt: Die Stärkung des Binnenmarkts inklusive eines transatlantischen Wirtschaftsprogramms und eine gemeinsame Energiepolitik, die auch klimapolitische Ziele enthielt.[252] In der Gemeinsamen Außen- und Sicherheitspolitik (GASP) der EU sollte Energiesicherheit eine Rolle spielen.[253] Die eigenen Werte dürften nicht dem Energiehunger untergeordnet werden. Trotz der Rhetorik von einer gemeinsamen Energiepolitik war Berlin nicht willens, der Kommission neue Zuständigkeiten einzuräumen, sondern die Mitgliedstaaten und der Rat sollten hierüber entscheiden.[254] Skeptisch zeigte sich die Kanzlerin hinsichtlich der Aufnahme neuer Mitglieder, unterstützte jedoch eine aktivere Europäische Nachbarschaftspolitik (ENP), die über Handelsbeziehungen hinausgehen müsse.[255] Damit meinte sie eine erweiterte Partnerschaftsidee für Länder in Osteuropa, die sogenannte ENP-Plus, die später als Grundlage für die Östliche Partnerschaft (ÖP) diente.[256] Dementsprechend zeichneten sich die Neugestaltung der Beziehungen zu Russland, die ENP und eine Zentralasienstrategie als weitere Schwerpunkte der deutschen Ratspräsidentschaft ab.[257] Intensiverer Handel mit den USA und weniger Abhängigkeit von Russland – Andreas Hermes, zuständig für die EU-Wirtschaftspolitik im Kanzleramt, unterstrich gegenüber der US-Botschaft den bewussten Wandel: «Die Initiative der Kanzlerin soll die Bindung an die USA stärken und eine Abkehr von der Linie der Schröder-Regierung darstellen, die einen engeren Draht nach Russland gesucht hatte.»[258]

Als Ratspräsidentin hielt Angela Merkel am 17. Januar eine Rede vor dem EP und beschwor «die Seele Europas», deren Kern die Freiheit, Toleranz und Vielfalt sei. Sie betonte ihr Ziel, eine Nachbarschaftspolitik auch für die Schwarzmeerregion und Zentralasien zu entwickeln.[259] Deutschland war das einzige EU-Land, das in allen zentralasiatischen Ländern eine Botschaft unterhielt. Doch die Bundesregierung wollte nicht nur Präsenz zeigen. Sie wollte Investitionen und Aufmerksamkeit in die Region lenken, um Stabilität, Menschenrechte und regionale Kooperation zu fördern und um der EU neue Energielieferanten zu erschließen.[260] Mit Moskau müsse man ebenfalls gute Beziehungen pflegen, so die Kanzlerin, «denn auch die Partnerschaft mit Russland ist für Europa von strategischer Bedeutung. Man brauche ein neues PKA und «verlässliche Beziehungen zu Russland. Nur so kann Vertrauen wachsen. Gleichzeitig dürfen wir dabei natürlich nicht die Fragen der Medien, der Bürgergesellschaft oder die Konflikte Russlands mit seinen Nachbarn ausklammern.»[261] Die Kanzlerin folgte ihrer «Ja, aber»-Linie. Im Gegensatz zur finnischen Ratspräsidentschaft, die Russland gegenüber entgegenkommend war, schien unter deutschem Vorsitz eine «konfrontative Haltung» auf, die Menschenrechtsfragen ins Zentrum rückte.[262] Dass Russland sich in die europäische Energieinfrastruktur einkaufte, wollte man auf jeden Fall verhindern.[263] Zudem plante die Kanzlerin den Abschluss eines neuen Kooperationsvertrages an verpflichtende Zusagen zu knüpfen: Im Falle eines möglichen Lieferstopps müsse Moskau die EU vorher warnen.[264] Putin schob die Schuld am Stillstand in den Verhandlungen über ein neues PKA der EU zu und drohte mit negativen Folgen einer zu langen Hängepartie. Russland strebe weder nach einer Aufnahme in die EU noch suche sein Land unter allen Umständen eine starke Anbindung.[265] Das waren klare Zeichen, dass er seine Haltung in Bezug auf Energieliberalisierung, Polen oder Menschenrechte nicht zu revidieren gedachte und der EU immer feindseliger entgegentrat.

Da es weiterhin keine einheitliche Linie der EU gab, warnten verständnisvolle Beobachter, bilaterale Kontakte der Russen in die europäischen Hauptstädte nicht nur als Versuch der Spaltung zu verteufeln. Niemand könne Moskau verdenken, so die Analyse, «wenn es entsprechende Chancen nutzt, solange Mitgliedstaaten im Zweifel nationale Interessen über gemeinschaftliche Ziele stellen und die Europäische Union selbst nicht die notwendige innere Kohärenz und Integration schafft».[266] Eine gemeinsame Haltung der EU wurde noch aussichtsloser, als zwei weitere Aspekte hinzukamen.

Litauen schloss sich der polnischen Blockadehaltung an. Vor dem Hintergrund der aggressiven russischen Energiepolitik, dem Verschwinden eines litauischen Geschäftsmannes in der Oblast Kaliningrad und der Haltung des Kremls gegenüber Moldawien und Georgien könne die Regierung kein neues Abkommen mit Russland schließen.[267] 2006 hatte Russland die Öllieferungen nach Litauen durch eine Abzweigung der «Druschba»-Pipeline eingestellt. Angeblich waren technische Probleme die Ursache, doch kurz zuvor war die größte litauische Raffinerie nicht an ein russisches, sondern an ein polnisches Unternehmen verkauft worden.[268] Damit nicht genug: In Estland kam es im gleichen Zeitraum zu neuen Verwerfungen. Die Bronzestatue eines sowjetischen Soldaten im Zentrum von Tallinn wurde versetzt. Estland wollte souverän darüber entscheiden, ob weiterhin Denkmäler aus der Sowjetzeit die eigene Hauptstadt «schmücken» sollten.[269] Denn es rührte an die Erinnerungskultur und den Umgang mit der sowjetischen Okkupation. Diplomatisch flogen die Fetzen. Moskau wärmte alle bestehenden Gravamina wieder auf, nutzte außenpolitische Feindbilder «zur Disziplinierung im Inneren» und drosselte die Öllieferungen nach Estland.[270] Die EU stellte sich hinter die Regierung in Tallinn. Außenminister Steinmeier nutzte seine guten Kontakte zum Kreml und trug zur Deeskalation der Situation bei.[271] In dem Konflikt zeigte sich ein Muster: Viele Staaten Ostmitteleuropas bzw. des Baltikums lagen auf unterschiedliche Weise mit Moskau im Clinch. Die EU stellte sich – mal mehr, mal weniger deutlich – auf die Seite der besorgten und von Moskau unter Druck gesetzten Mitgliedstaaten. Sie nahm dadurch in Kauf, dass die Beziehungen zu Russland litten.[272]

Am 17./18. Mai 2007 sollte der EU-Russland-Gipfel in Samara neue Impulse geben. Es kam zu Protestmärschen russischer Oppositioneller vor dem Tagungsgebäude. Die lokalen Behörden griffen hart durch und nahmen viele Demonstranten fest. Die Kanzlerin kritisierte das Vorgehen.[273] Auch in den Verhandlungen zeigten sich die verhärteten Fronten: Der Kreml war an europäischen Werten und Normen nicht interessiert und sperrte sich gegen eine Öffnung des russischen Pipelinesystems für ausländische Firmen.[274] Die gegenseitigen Vorwürfe verdeutlichen die zunehmend gereizte Atmosphäre.[275] Putin nahm in Kauf, dass in seiner Amtszeit, die 2008 endete, keine Einigung über ein neues Abkommen erreicht werden würde. Merkels Linie, eine geschlossene Front der EU herzustellen und dabei trotzdem Russland nicht zu vergraulen, stieß an ihre Grenzen.[276] Da das polnische und litauische Veto weiterhin fortbestanden und somit kein neues Kooperationsabkommen verhandelt werden konnte, wurde das alte PKA vorerst um ein Jahr verlängert.[277] Die Bundeskanzlerin stützte die polnische Haltung öffentlich. Gemeinsam mit Kommissionspräsident José Manuel Barroso erklärte sie, der «Fleischkrieg» sei ein Streit zwischen der EU und Russland, nicht zwischen Polen und Russland.[278] Barroso hatte sich auch hinter Estland und Litauen gestellt. Im Kreml war man über so viel europäische Solidarität nicht erfreut.

Neben der Union forderten auch die Grünen einen distanzierteren Kurs gegenüber Russland.[279] Merkels sozialdemokratischer Koalitionspartner kritisierte hingegen das Verhalten der Kanzlerin in Samara. Die USA wurden als Bösewicht ausgemacht: Die EU brauche Russland, erklärten führende Sozialdemokraten und beschuldigten damit die USA und die Kanzlerin eines falschen Kurses.[280] Die in Umfragen schlingernde SPD suchte in der Opposition gegen die USA ein neues Thema zur Abgrenzung von der CDU/CSU. Sie wusste dabei die deutsche Bevölkerung hinter sich: 48 Prozent der Deutschen erblickten in den USA eine Gefahr und nur 31 Prozent im Iran.[281] Washington bemühte sich, die Union zu amerikafreundlicheren Positionen zu bewegen. Die CDU/CSU gebe immer wieder zu bedenken, so berichtete die US-Botschaft, eine aktive Unterstützung der USA sei eine «politische Bürde».[282] In den Debatten um die transatlantische Wirtschaftspartnerschaft und die G8-Klimaziele wurden die Vereinigten Staaten wiederholt aufgrund ihrer Umweltpolitik kritisiert – auf Russland zeigte kaum ein Finger.[283] Der SPD-Fraktionsvorsitzende Peter Struck forderte, die Bundesrepublik müsse eine Position der Äquidistanz zwischen Washington und Moskau wahren: «Wir müssen gleiche Nähe haben zwischen uns und Amerika einerseits, und uns und Russland andererseits,» erklärte Struck.[284] Eine Aussage, für die er viel Kritik erntete. Unterstützung erhielt er von seinem Parteigenossen, dem Europapolitiker Martin Schulz, der einen «konfrontativen Kurs der USA» gegenüber Moskau aufgrund der Annäherung zwischen der EU und Russland erkannte.[285] «Deutschland muss alles Interesse daran haben, dass seine Partnerschaft mit Russland derjenigen mit Amerika mindestens gleichwertig ist», erklärte Schulz, doch die Demokratisierung in Russland müsse hierfür noch weiter gedeihen.[286] Ost- und Westpolitik waren erneut eng verbunden. Europäische Unabhängigkeit drohte leicht in Paktieren mit Russland gegen die Vereinigten Staaten umzuschlagen. Die Große Koalition wurde durch diesen Richtungsstreit auf die Probe gestellt.

Der CDU-Fraktionsvorsitzende Volker Kauder prophezeite hinter verschlossenen Türen, dass außenpolitische Fragen noch für Diskussion sorgen würden. Er lobte die Kanzlerin für ihre klaren Worte in Samara: Putin wisse jetzt, dass härtere Zeiten auf ihn zukämen.[287] Strucks Aussagen kritisierte Kauder deutlich. Darin zeigten sich «die ganzen Irrungen in der SPD-Außenpolitik. Bei uns ist klar: Die einen sind unsere Freunde, die anderen politische Partner. Deswegen muss diesem Satz von Peter Struck in aller Klarheit widersprochen werden.»[288] Merkel bewertete den EU-USA-Gipfel als Erfolg, da man eine «gemeinsame Wertebasis» habe.[289] Das Treffen mit Russland sei hingegen enttäuschend verlaufen. Die Verhandlungen über ein neues PKA konnten leider nicht aufgenommen werden, so die Kanzlerin, da die Polen «mit einer gewissen Berechtigung» aufgrund der Fleischexportproblematik ein Veto eingelegt hatten. «Das muss man so hinnehmen. Es ist nur so, dass wir nicht zulassen werden – und das hat sowohl der Kommissionspräsident dort deutlich gemacht als auch ich –, dass die EU durch irgendwelche Vorgänge gespalten wird. Wir sind siebenundzwanzig, das ist kompliziert, und da gefällt einem auch nicht jeden Tag das, was andere Mitgliedstaaten machen, genauso wie nicht allen Mitgliedstaaten gefällt, was Deutschland macht.»[290] Wirklich frustriert oder gar empört über die polnische Haltung schien die Kanzlerin jedoch nicht. Sie stellte sich trotz der erratischen Partner in Warschau hinter Polen, ebenso wie hinter Litauen und Estland, ohne die West- und Südeuropäer zu vergessen. Sie betonte vor der Fraktion anschließend, man müsse sich für das Demonstrationsrecht in Russland auch auf Pressekonferenzen einsetzen und stimmte Kauder hinsichtlich der Einschätzung von Strucks Äußerungen zu.

«Wer unser Freund ist oder mit wem wir eine enge Partnerschaft und Freundschaft haben, das entscheidet sich nicht nach dem Gesicht oder der geografischen Lage, sondern nach bestimmten Grundsätzen. Die transatlantische Partnerschaft ist – unabhängig davon, wer immer auch amerikanischer Präsident ist – eine sozusagen konstitutive Größe unseres Lebens in der Bundesrepublik. Wenn Russland natürlich bestimmte Prinzipien vollkommen anerkennt, dann werden wir unsere Tür nicht verschließen und sagen, wir haben genug Freunde auf dieser Erde, wir brauchen keine mehr, sondern unser Maßstab sind bestimmte Werte und Einstellungen. Von Adenauer aufwärts und von Helmut Kohl ganz besonders, ist immer wieder gesagt worden, wir müssen den Stolz des russischen Volkes sehr, sehr ernst nehmen, denn das ist ein Volk mit einer langen Geschichte, mit einer schwierigen Geschichte. Aber das darf nicht zur Folge haben, dass wir jemandem nach dem Mund reden, sondern wir müssen unsere Werte überall gleichermaßen vertreten. Ich glaube, das verschafft uns dann auch ein Stück Glaubwürdigkeit, und ich bin ganz fest davon überzeugt, dass das mögliche Verträge nicht behindern wird. Wir sind aufeinander angewiesen. Russland muss sein Gas auch irgendwohin verkaufen. Wir brauchen es, aber sie müssen es auch verkaufen. Insofern waren wir uns mit dem russischen Präsidenten vollkommen einig, dass es da viele Beziehungen gibt, die überhaupt nicht gekappt werden können, sollen und wollen. Ich glaube, auf der Basis kann man zu einer vernünftigen Lösung kommen.»[291]

Merkel strebte weiterhin eine Zusammenarbeit mit Russland an, aber diese war keine «konstitutive Größe». Sie wollte respektvoll mit Russland umgehen. Sie glaubte an eine Interdependenz durch Verflechtung und an «vernünftige Lösungen». Sie fuhr eine härtere Linie gegenüber Moskau, ohne das Tischtuch gänzlich zu zerschneiden. Merkel lag im Median einer europäischen Interessenpolitik. Sie verwies deutlicher als Andere auf die eigenen Werte und die demokratischen Defizite in Russland. Sie war weder Kaczyński noch Chirac. Sie handelte pragmatisch und ausgleichend.

Wie Deutschland und der Westen Einfluss ausüben konnten, war eine Frage, über die Merkel in der Fraktion nach dem G8-Gipfel in Heiligendamm vom 6. bis 8. Juni laut nachdachte. Man müsse sich die globalen Machtverhältnisse vor Augen halten, die sich stetig zugunsten Chinas oder Indiens verschöben. «Da sitzen wir dann mit unseren achtzig Millionen und zuhause wird man angefeuert nach dem Motto: Wenn du das und das nicht durchbekommst, bist du eine ‹lahme Ente›.»[292] Wie in der globalisierten Welt des 21. Jahrhunderts weiterhin die Dinge im eigenen Interesse zu bewegen sein könnten, trieb die Kanzlerin um. In Bezug auf China erklärte sie: «Schaffen wir das, Eindruck auf diese Länder zu machen und Normen und Regeln zu bestimmen, die mit der Menschenwürde, mit dem einzelnen Menschen vereinbar sind oder schaffen wir das nicht? (…) Wir können nur darauf bauen, und das tun wir aber selbstbewusst, dass demokratische Systeme die offensten, die lernfähigsten und die stabilsten sind und uns deshalb manche Eruption in unseren Ländern erspart bleibt. Aber viel Zeit zu versäumen haben wir nicht.»[293] Ein Satz, der auch in Bezug auf Russland zutraf und erneut auf eine Utopie der Verflechtung hindeutet, denn was, wenn man es nicht schaffte?

Als Donald Tusk von der konservativen Bürgerplattform (PO) am 21. Oktober 2007 die polnischen Parlamentswahlen gewann, hoffte man EU-weit auf einen konzilianteren Kurs der neuen Regierung in Warschau. In Moskau erklärte man den Wahlausgang zum Erfolg der eigenen Politik. Der russische Vertreter bei der EU, Wladimir Tschischow, verkündete im russischen Fernsehen, Putin «habe mit seinem Embargo eine ihm nicht genehme Regierung in einem EU-Staat gestürzt».[294] Tusk ging auf Russland zu. Er sprach allerdings – ironischerweise unter Rückgriff auf eine sowjetische Formel – von einer «harmonischen Koexistenz» statt von einer «strategischen Partnerschaft».[295] Er wollte die Blockadehaltung erst aufgeben, wenn Moskau die Importverbote aufhob.[296] Polen hatte damit – mit Rückendeckung der EU – das gemacht, was in Deutschland viele Stimmen immer forderten: Russland gegenüber nur nachgeben, wenn Putin guten Willen zeigte und sich auch bewegte. Ende des Jahres zeichnete sich eine Lösung im «Fleischkrieg» ab. Die Regierung in Warschau ließ russische Fleischinspektoren ins Land und zog im Januar 2008 das eigene Veto zurück. Die Gespräche über ein neues Kooperationsabkommen mit Russland konnten am 4. Juli offiziell beginnen, wenngleich der polnische Präsident Lech Kaczyński weiterhin für Verstimmungen sorgte. Im April 2008 erklärte er, Polen werde das Veto gegen die Gespräche über ein neues Partnerschaftsabkommen der EU mit Russland beibehalten, wenn nicht klare Beitrittsperspektiven für die Ukraine und Georgien zur NATO eröffnet würden.[297] Die Verknüpfung der beiden Institutionen bot weiteren Sprengstoff, zumal Polen die Raketenabwehrpläne der USA unterstützte – zum Ärger des Kremls, der auch Tschechien, dem zweiten möglichen Stationierungsland in Europa, immer offener drohte.[298]

Es zeigten sich weiter deutliche Differenzen innerhalb der EU. Polen und die baltischen Staaten verfolgten eine konfrontativere Strategie als viele westliche und südliche Mitglieder der Union, die eher eine Einbindung Russlands favorisierten.[299] Darüber hinaus sorgten polnische Bemühungen um eine diversifizierte Energieversorgung durch Deals mit dem Iran für erhebliche Unruhe in Washington.[300] Viele bilaterale Verbindungen waren nicht mehr so herzlich wie früher. Auch die britisch-russischen Beziehungen waren frostig. Sie erreichten durch die Vergiftung des ehemaligen russischen Agenten Alexander Litwinenko im November 2006 und die Schließung zweier britischer Kulturinstitute in Russland einen neuen Tiefpunkt.[301] Putin blickte immer misstrauischer auf die britischen Investitionen auf dem russischen Erdölmarkt – und auch niederländische und französische Energiefirmen, die viel investiert hatten, wurden stärker «schikaniert».[302]

In Frankreich kam es durch den Stabwechsel im Élysée-Palast zu einem Kursschwenk: Der neue französische Staatspräsident Nicolas Sarkozy folgte einer transatlantischen Linie und beendete vorerst die russlandfreundliche Haltung Chiracs. Menschenrechte, nicht Realpolitik und wirtschaftliche Interessen stilisierte er im Wahlkampf und den ersten Monaten seiner Amtszeit zum Leitgedanken seiner Außenpolitik.[303] Der Sohn ungarischer Auswanderer besuchte zunächst mitteleuropäische Hauptstädte, bevor er nach

Moskau flog.[304] Sein außenpolitischer Berater, Jean-Davide Levitte, entstammte einer jüdischen russisch-ukrainischen Familie.[305] Außenminister Bernard Kouchner, Mitgründer der NGO «Ärzte ohne Grenzen», verfolgte eine aktive Menschenrechtspolitik.[306] «Sarkozy is no Chirac», mussten russische Diplomaten einräumen und damit den kremlkritischeren Kurs anerkennen.[307]

Die italienisch-russischen Beziehungen waren vor allem von wirtschaftlichen Interessen geprägt. Nach der Abwahl Silvio Berlusconis im April 2006 wurde Romano Prodi zum Ministerpräsidenten gewählt und führte den Kurs seines Vorgängers, der ja auch der seinige als EU-Kommissionspräsident gewesen war, konsequent fort.[308] Die italienische Regierung befolgte eine bewusste Politik der «Interdependenz» in den Beziehungen zu Russland, wie sie in einem Non-Paper dezidiert festhielt.[309] Selbst der teilsstaatliche italienische Energiekonzern ENI, den die USA als Speerspitze Gazproms in Europa sahen, gab hinter verschlossen Türen zu, dass die Abhängigkeit von Russland bedenklich sei.[310] Die Hoffnung auf Einbindung, Interdependenz und Verflechtung gab es nicht nur in Deutschland.

Erst zu Jahresbeginn 2008 nahm die EU-Kommission die Gespräche mit Russland bezüglich des neuen Partnerschafts- und Kooperationsabkommens auf. Diese zogen sich hin und wurden im Verlauf des Jahres wieder ausgesetzt. Der russische Revisionismus schlug zunehmend in aggressive und militärische Aktionen um. Und es ging längst nicht mehr bloß um Fleisch, Pfirsiche und Wein.

3. Das Krisenjahr 2008 und die Folgen

Fünf Schlüsselereignisse prägten das Jahr 2008: die Unabhängigkeitserklärung des Kosovo am 17. Februar, der NATO-Gipfel in Bukarest vom 2.–4. April, der russisch-georgische Krieg im August, die deutsch-russische «Modernisierungspartnerschaft» und der Start der Östlichen Partnerschaft (ÖP) der EU im Dezember. Zudem war «Supermächtewahljahr». In Russland bahnte sich eine Rochade im Kreml an: Nach den gewonnenen Duma-Wahlen am 2. Dezember 2007, bei der Putins Partei «Einiges Russland» mit Abstand stärkste Kraft wurde, bereitete der Kreml die Stabübergabe vor. Merkel kritisierte die Wahl als weder frei noch fair; Sarkozy gratulierte als einziger westlicher Staatschef Putin telefonisch.[311] Am 2. März 2008 gewann Dmitri Medwedew die Präsidentschaftswahlen und übernahm im Mai sein neues Amt. War der neue Mann ein Reformer? Selbst ausgesprochene Kritiker des Putin'schen Systems, wie etwa der CDU-Politiker Andreas Schockenhoff, wollten Medwedew einen «Vertrauensvorschuss» zugestehen.[312] Illusionen? Putin warnte die Bundeskanzlerin im März 2008, der Westen sollte von Medwedew keine Kurswechsel erwarten, denn dieser sei genauso «russischer Nationalist und Patriot» wie er selbst.[313]

In Washington musste George W. Bush nach acht Jahren Amtszeit das Weiße Haus räumen. Die Rochade in Moskau im März und die US-Wahl im Herbst drohten zu einem Stillstand zu führen. Die Beziehungen des Westens zu Russland waren ohnehin auf einem Tiefpunkt. An einem verschneiten Freitagnachmittag im Februar verfasste der amerikanische Botschafter in Moskau, Bill Burns, eine ausführliche E-Mail an seine Chefin: US-Außenministerin Condoleezza Rice. Burns mahnte eindringlich, dass die nächsten Monate entscheidend seien. Burns skizzierte die Gemengelage. «Uns drohen bei drei Themen mögliche Katastrophen: Kosovo, MAP für die Ukraine und Georgien, und die Raketenabwehr (…) in meinen Augen können wir nur einen dieser Themenkomplexe angehen, ohne den Beziehungen zu Russland, die man nicht einfach ausblenden kann, massiven Schaden zuzufügen.»[314] Man brauche die Hilfe Russlands im Kampf gegen nukleare Proliferation und man müsse den russischen WTO-Beitritt in trockene Tücher bringen, um die wirtschaftliche und gesellschaftliche Modernisierung voranzubringen.[315] Russland sei kein Wunschpartner, aber nolens volens müsse man mit Moskau umgehen, was auch Konzessionen beinhaltete. Die Europäer, so Burns weiter, würden die USA nicht zeitgleich in allen drei heiklen Fragen unterstützen. Daher schlug er vor: «bezüglich des Kosovo unbeirrt weiter; MAP für die Ukraine und Georgien verschieben, bis es eine bessere Ausgangslage gibt; und direkt zu Putin gehen, solange er noch Präsident ist, um als Teil einer umfassenderen Sicherheitsarchitektur einen Deal über die Raketenabwehr einzufädeln.»[316] Ein vorschneller MAP für die Ukraine und Georgien würde der Allianz schaden, der ukrainische Beitritt zur NATO sei die roteste aller Linien für Putin und die russische Elite – inklusive der liberalen Kritiker des Kremls, so Burns. «Das heutige Russland wird antworten. Die russisch-ukrainischen Beziehungen würden dadurch sehr belastet, Moskau wird vermutlich wirtschaftliche Maßnahmen beschließen, wie etwa eine Erhöhung des Gaspreises auf Weltmarktniveau (…) und es wird den Nährboden für russische Einmischungsversuche auf der Krim und im Osten der Ukraine schaffen.»[317] In Georgien drohe gar noch unmittelbarer eine bewaffnete Auseinandersetzung. Das Weiße Haus schlug die (geradezu prophetischen) Warnungen und Vorschläge Burns' jedoch in den Wind.

In Berlin schlief man nicht. Man dachte ebenfalls strategisch. Der Planungsstab des Auswärtigen Amtes und Experten der SWP spielten über das Jahr 2007 hinweg mögliche Entwicklungen Russlands durch. Sie verfassten ein inoffizielles Papier, das von einem «Kalten Frieden» sprach, drei mögliche Szenarien und westliche Handlungsoptionen aufzeigte – und seinen Weg zum *Spiegel* fand.[318] Im Bestfall werde Russland sich modernisieren, in die westlichen Strukturen integrieren und eine strategische Union mit der EU bilden. Um eine solche Entwicklung zu unterstützen, sollte man beispielsweise eine georgische NATO-Mitgliedschaft nicht forcieren. Das zweite Szenario sprach von einer «selektiven Partnerschaft», einer Stagnation der inneren Reformen, einem außenpolitischen Nullsummenspiel und vielen Streitigkeiten mit Russland, bei denen der Kreml sich global nach Partnern gegen den Westen umschauen würde. Auch hier sollte den Hardlinern in Moskau nicht durch eine Aufnahme Georgiens in die NATO in die Hände gespielt werden. Die dritte Entwicklungsalternative war ein «autoritärimperiales Russland». Eine strategische Partnerschaft wäre unmöglich, weshalb die Bundesregierung und der Westen die EU und die NATO stärken und beispielsweise einem Handstreich Putins im Kaukasus durch eine engere Anbindung Georgiens an die «euroatlantischen Strukturen» zuvorkommen sollte.[319] «Allerdings warnten die Berater von Außenminister Steinmeier gleichzeitig davor, eine Abschottung Russlands mit eigenen Abgrenzungsmaßnahmen zu beantworten», hielten Ralf Beste und Gabor Steingart, die im *Spiegel* aus dem Papier zitierten, fest. Die Planer im Auswärtigen Amt «empfahlen vielmehr, auch beschränkte Kooperationsansätze zu nutzen, um ‹einen Fuß in der Tür zu behalten›. Gleichzeitig müsse Moskau aber klargemacht werden, dass auch eine selektive Zusammenarbeit keine Einbahnstraße sei».[320] Auch hier sei erneut an die Wortwahl Fischers bezüglich der «strategischen Containment-Mittel» erinnert, die man in Berlin allerdings noch nicht nutzen wollte. Die Frage des Umgangs mit Russland war dabei nur eines von vielen Themen, die das politische Berlin umtrieb.

Die Abwägung zwischen interessen- und wertegeleiteter Außenpolitik hatte Ende 2007 zu Reibereien in der Großen Koalition geführt. Den Empfang des Dalai Lama durch die Kanzlerin sahen viele Vertreter des sozialdemokratischen Koalitionspartners als unnötige Provokation Chinas.[321] Altkanzler Schröder kritisierte seine Nachfolgerin und übte seinen Einfluss in der SPD aus.[322] Steinmeier lamentierte öffentlich, die Russlandpolitik Merkels erfolge nur mit Blick auf die «Schlagzeile zu Hause».[323] Hinzu kam eine weitere Streitfrage: Am 10. Dezember sollte in den VN ein Lösungsvorschlag zur Statusfrage des Kosovo vorgelegt werden.

Die Unabhängigkeit des Kosovo

Der Kosovo-Krieg hatte zu enormen und langanhaltenden Verstimmungen zwischen dem Westen und Russland geführt. Westliche und russische Interessen und Vorstellungen einer neuen Ordnung auf dem Balkan waren selten im Einklang.[324] Der völkerrechtliche Status des Kosovo blieb umstritten. 2005 wurde durch die Kontaktgruppe – Frankreich, Deutschland, Italien, Russland und die USA – mit Hilfe der EU der finnische Diplomat Martti Ahtisaari als Sonderbeauftragter eingesetzt. Sein Plan für eine Unabhängigkeit des Kosovo durch eine EU- und NATO-überwachte Mission mit einem

VN-Mandat lehnte Russland jedoch ab. Moskau hielt an einer VN-Resolution fest, die das Kosovo als integralen Bestandteil Serbiens bezeichnete.[325] Die Gespräche zwischen Serbien und dem Kosovo sowie zwischen der EU, den USA und Russland scheiterten im Herbst 2007.[326] Putin befürchtete eine erneute Aushebelung der VN und somit eine Schwächung dieser Institution und der eigenen Rolle als ständiges Mitglied des VN-Sicherheitsrates. Die westliche Intervention von 1999 wurde weiterhin «als Trauma politischer Isolierung und Marginalisierung empfunden», und ein weiteres Mal wollte Moskau einen solchen Schritt nicht zulassen.[327]

Merkel hatte bereits als Oppositionspolitikerin davor gewarnt, das Kosovo sei bei einer falschen Herangehensweise «eine immer eiternde Wunde, die keinen Frieden nach Europa» bringe.[328] Die Anerkennung neuer Staaten auf dem Balkan war seit der Abspaltung Kroatiens und Sloweniens für eine deutsche Regierung ohnehin ein außenpolitischer Balanceakt, da man 1991 viel Kritik für das «Voranpreschen» geerntet hatte, wie auch Angela Merkel als junge Nachwuchspolitikern am eigenen Leib erfahren hatte.[329] Als Kanzlerin wollte sie eine besonnene Kosovopolitik verfolgen. «Vor allen Dingen darf man aus meiner Sicht hier keinen Zeitdruck machen,» gab Merkel im September 2006 vor der CDU/CSU-Bundestagsfraktion zu bedenken, «damit Serbien uns nicht wieder vollkommen radikalisiert auf der anderen Seite. Da bin ich also nicht auf der Seite derer die sagen: Schnell jetzt einen Schlussstrich und irgendwie müssen die Serben das schlucken und dabei werden wir sie dann in Hände treiben, die uns nicht Recht sein können.»[330] Auch hier fällt Merkel als bedächtige und im Zweifel eher eine Politik der kleinen Schritte verfolgende Entscheiderin auf. Nahmen die Bundesrepublik und der Westen die russischen Bedenken und verbalen Proteste nicht ernst, obwohl spätestens seit 2006 deutlicher war, dass Russland mit aller Härte gegen eine Unabhängigkeit Stellung bezog?[331]

Ein Bericht der US-Botschaft in Moskau verdeutlichte, dass das Kosovo für Russland eine «rote Linie» sei. Der russische Außenminister Lawrow stemmte sich vehement gegen eine Unabhängigkeitserklärung und «warnte vor einer Kettenreaktion in anderen Regionen (zum Beispiel Abchasien)».[332] Der Präsident-in-spe, Dmitri Medwedew, sprach sich öffentlich gegen eine Unabhängigkeit des Kosovo aus und verwies ebenfalls auf etwaige Rückwirkungen auf die Situation in Abchasien, auf die weiter unten eingegangen wird. Aufmerksame Beobachter bezeichneten es als «naiv» von den Deutschen, dass sie Putins Äußerungen nur als rhetorische Muskelspiele ansahen, denn Russland war entschlossen, «der EU und den USA in Schlüsselentscheidungen entgegenzutreten, in denen man als Ständiges Mitglied des VN-Sicherheitsrates Einfluss nehmen konnte».[333] Putin erklärte Merkel am Rande des G8-Gipfels im Juni 2007, dass er den Ahtisaari-Plan ablehnte und bei einer VN-Resolution ein Veto einlegen würde.[334] Im Kanzleramt befürchtete man gewalttätige Auseinandersetzungen im Kosovo und sah die Zeit für eine Anerkennung gekommen.[335] Zwischen die CDU und die SPD passte dabei kein Blatt Papier, und Berlin bemühte sich nach Kräften, innerhalb der EU eine geschlossene Haltung herbeizuführen.[336]

Denn Moskau malte das Schreckgespenst an die Wand, die Sezession des Kosovo könne sich zu einem Präzedenzfall entwickeln, obwohl die USA und die westlichen Staaten ausdrücklich erklärten, es handle sich um einen Sonderfall.[337] In einigen europäischen Ländern verfing die Argumentation des Kremls, da sie selbst mit sezessionistischen Bewegungen umgehen musste. Spanien, Rumänien, Griechenland, die Slowakei und Zypern erkannten die Unabhängigkeit des Kosovo nicht an, was die Geschlossenheit der EU unterminierte.[338]

Nach der Unabhängigkeitserklärung am 17. Februar 2008 gab es eine lange Aussprache in der CDU/CSU-Bundestagsfraktion zum Kosovo. Die Kanzlerin erklärte, sie habe die Anerkennung nicht leichtfertig unterstützt und sie «gehört sicherlich zu den allerschwierigsten Entscheidungen, die in den letzten Jahren überhaupt zu treffen waren, also dass das hier irgendwie so eine Art ‹selbstverständlich muss das Kosovo selbstständig werden› im Gang ist, das kann man nicht sagen. Es ist so: Als die Bundesregierung ins Amt kam, waren die Weichen weitestgehend gestellt».[339] Man habe alles versucht, mit Russland und Serbien auf einen grünen Zweig zu kommen, aber sei damit gescheitert. Der Balkan brauche Frieden und eine Annäherung an die EU. Ansonsten drohten neue Konflikte an der Peripherie Europas.[340] Damit sollte die Kanzlerin mehr Recht behalten, als ihr lieb sein konnte.

Die Unabhängigkeit des Kosovo hatte sofortige Rückwirkungen auf die Sicherheit in Europa und die russisch-georgischen Beziehungen. Der Kreml fühlte sich düpiert. Putin erklärte wenige Tage später, man könne im Kosovo einerseits und in Abchasien und Südossetien andererseits nicht mit zweierlei Maß messen.[341] Moskau hatte immer wieder vor den Folgen einer Unabhängigkeitserklärung für die beiden abtrünnigen Provinzen gewarnt.[342] Der Konflikt war ungelöst und keineswegs eingefroren. Im März wählten die Russen Medwedew zu ihrem neuen Präsidenten. Die Geschichte Russlands seit dem Ende des Kalten Krieges hatte gezeigt, dass neu ins Amt gekommene Präsidenten «Stärke» zeigen wollen – nicht «Schwäche» vor dem Westen. Weitere Gewitterwolken zogen bereits auf: Die Bush-Administration wollte in den letzten Monaten ihrer Amtszeit die Raketenabwehrpläne und die Osterweiterung der NATO vorantreiben.

Vor dem Gipfel in Bukarest

Der mögliche NATO-Beitritt bzw. das Angebot eines Membership Action Plans (MAP) an Georgien und die Ukraine ist vor allem seit dem 24. Februar 2022 immer wieder kritisiert worden. «Hat Deutschland wieder einmal Schuld an einem Krieg auf sich geladen, dieses Mal aus Feigheit? Ist Bukarest eine Art Urkatastrophe der deutschen Russlandpolitik?», fragte *Der Spiegel* in einer großen Titelstory im Herbst 2023.[343] Bevor weiter an einem Bukarest-Mythos gestrickt wird, sollte ein nüchternen Blick auf die Ereignisse geworfen werden, der Grautöne zulässt.

Das Angebot eines MAP an die Ukraine und Georgien wurde seit Jahren kontrovers diskutiert. Die USA waren Fürsprecher einer Erweiterung, da diese als Teil von Präsident Bushs «Freedom Agenda» galt und vor allem Vize-Präsident Dick Cheney darauf drängte.[344] Das Instrument des MAP war nach den durchwachsenen Erfahrungen der NATO-Erweiterung 1997/99 ins Leben gerufen worden, damit Beitrittskandidaten langsam und geordnet auf eine Mitgliedschaft vorbereitet werden konnten. Das Ziel war der baldige Beitritt: Ein MAP war eine weitaus stärkere Festlegung auf die Zukunft als der Status eines Beitrittskandidaten der EU. Dennoch gab es Abweichungen: Der MAP für Albanien wurde auf dem Höhepunkt der Kosovo-Krise als politisches Zugeständnis ausgesprochen, wenngleich das Land noch sehr weit von einer Mitgliedschaft entfernt war.[345] Die NATO wollte ihre «Politik der offenen Tür» fortsetzen, Russland kein Veto-Recht zugestehen, hierin herrschte Einigkeit – doch wer klopfte an ihre Tür?

Die Ukraine und Georgien waren komplexe Fälle. Geographisch wäre es eine Ost-Süd-Erweiterung gewesen. Das Schwarze Meer wäre durch die Aufnahme de facto zu einem NATO-Binnenmeer geworden, und die Allianz hätte ihre Präsenz im Kaukasus ausgebaut.[346] Beide Länder waren junge Demokratien, die enge historische Bande mit Russland aufwiesen und sogar Teil der Sowjetunion gewesen waren, aber (wie die Balten zuvor) aus dem Moskauer Orbit endgültig ausbrechen wollten.[347] Nach der Orangenen Revolution 2004 drängte die ukrainische Regierung fast stürmisch auf einen NATO-Beitritt. Die seit November 2002 auf Grundlage des «NATO-Ukraine Action Plans» geführten Gespräche wurden intensiviert. Doch nach der Parlamentswahl im März 2006, in der Janukowytsch zum Ministerpräsidenten unter seinem Rivalen Juschtschenko avancierte, war die offizielle Position zur NATO nicht mehr eindeutig und von innenpolitischen Querelen überlagert.[348] Die vorgezogenen Parlamentswahlen und die problematische Regierungsbildung im September 2007 brachten weitere Unwägbarkeiten mit sich. Die neue Ministerpräsidentin, Julija Tymoschenko, hielt sich mit öffentlichen Festlegungen zur NATO-Frage zunächst zurück. Im Januar 2008 adressierten Präsident Wiktor Juschtschenko, Tymoschenko und der Parlamentsvorsitzende Arsenij Jazenjuk einen Brief an den NATO-Generalsekretär, worin sie um eine Aufnahme in das MAP-Programm ersuchten.[349] Doch bis in den späten März blieb die innenpolitische Lage chaotisch. Bis zu zwei Drittel der Ukrainer zeigten sich in Umfragen «skeptisch bis feindlich» gegenüber der NATO, und Tausende protestierten gegen einen Beitritt.[350] Ein Problem, dem die ukrainische Seite zu begegnen versuchte, indem sie auf vorherige Beitrittskandidaten verwies: In der Slowakei und Litauen waren die Zustimmungswerte zur NATO vor Beginn des Beitrittsprozesses ebenfalls sehr schlecht bzw. noch niedriger als in der Ukraine gewesen.[351] Schwerwiegender schien, dass die politische Führung lavierte. Ministerpräsidentin Tymoschenko sah ihr Land frühestens in zehn Jahren reif für einen Beitritt.[352] Zudem drohte der Kreml der Ukraine immer offener und unternahm alles, um innerukrainische Spannungen zu schüren. Man werde im Falle eines Beitrittes russische Kernwaffen auf das Land richten und auch die Zusammenarbeit im NRR überdenken, so die Liebesgrüße aus Moskau.[353] Die Ukraine war die «roteste aller roten Linien» des Kremls, warnte der US-Botschafter in Moskau.[354]

Der zweite MAP-Kandidat war Georgien. Die NATO hatte für das Land 2004 mit dem «Individual Partnership Action Plan» (IPAP) ein Programm für einen Beitritt maßgeschneidert. Die beiden abtrünnigen Provinzen Abchasien und Südossetien belasteten den Beitrittswunsch, da sie seit ihrer

Abspaltung in den 1990er Jahren immer wieder zu Konflikten mit Russland geführt hatten und ihr endgültiger Status ungeklärt war. De jure waren sie Teil Georgiens, de facto hatte die Regierung in Tiflis kaum Einfluss auf die dortigen Entwicklungen. Es war offizielle NATO-Politik, sich keine neuen Mitglieder ins Haus zu holen, die ungelöste Konflikte oder Grenzstreitigkeiten im Gepäck hatten. Hiervon war allerdings in der Vergangenheit nicht nur in Bezug auf die Aufnahme des im Kalten Krieg geteilten Deutschlands abgewichen worden – mit problematischen Folgen. Der Dauerstreit Griechenlands und der Türkei um Zypern war in den 1970er Jahren eine schwere Belastungsprobe für die Allianz. Im Frühjahr 2007 bezeichnete Putin eine MAP-Offerte an Georgien als «rote Linie». Eine Rhetorik, die auch Jelzin genutzt hatte. Aber Putin war nicht Jelzin. Die Situation war nicht vergleichbar.[355]

Die innenpolitische Entwicklung Georgiens sorgte ebenfalls für einige Bedenken auf westlicher Seite: 2006 wurden viele unliebsame Richter entlassen; im November 2007 veranlasste Präsident Micheil Saakaschwili seine Sicherheitskräfte, gewaltsam gegen Demonstranten vorzugehen, den TV-Sender der Opposition zu stürmen, Radiostationen abzuschalten und er rief den landesweiten Notstand aus.[356] Er beschuldigte Russland, die Proteste angezettelt zu haben.[357] Vor allem in Europa blickte man skeptisch auf die Vorkommnisse.[358] «Die Rosenrevolution verwelkt», war in deutschen Medien zu lesen.[359] Saakaschwili galt vielen Beobachtern als «Heißsporn», der mit Waffengewalt die territoriale Einheit wiederherzustellen bereit war, wodurch er hoffte, auch eine NATO-Mitgliedschaft in den Bereich des Möglichen zu rücken.[360] Das Vorgehen gegen die Demonstranten im eigenen Land sah die Bundesregierung als «kalte Dusche für die Freunde Georgiens» und warnte umso deutlicher davor, Georgien ohne Weiteres in die westlichen Institutionen aufzunehmen.[361]

Selbst aus den USA kamen gemischte Signale, doch Präsident Bush hielt eisern an seinen Plänen fest.[362] Er erklärte dem NATO-Generalsekretär Jaap De Hoop Scheffer, dass er bereit sei, das ganze politische Gewicht der USA dafür in die Waagschale zu werfen.[363] Dafür fragten die amerikanischen Auslandsposten vor dem Bukarest-Gipfel die Haltung der Verbündeten ab und versuchten, für die eigene Position zu werben. Die Berichte über diese Treffen geben einen guten Einblick, wie die Meinung der europäischen NATO-Mitglieder bezüglich eines MAP für Georgien und die Ukraine war. Sie offenbaren zugleich, wie diese Länder zu Russland standen und erlauben einen Vergleich zur Haltung der Bundesrepublik und damit zur Frage, ob Berlin eine Sonderrolle einnahm.

Die Ausgangslage

Viele der 26 Mitgliedstaaten standen einer Erweiterung um die Ukraine oder gar bis in den Kaukasus misstrauisch gegenüber, da sie mit Fragen nach einer Strategie und zukünftigen Ausrichtung des Bündnisses einhergking. Doch die neuen Mitglieder aus Mittel- und Osteuropa wollten «raus aus der Randlage» und ein strategisches Vorfeld haben, wie die Bundesrepublik es in den 1990er Jahren gewollt hatte. Die Reibereien über MAP und die Reaktionen auf den Kaukasuskrieg deuteten somit auf tieferliegende Richtungsstreitigkeiten innerhalb der NATO hin. Sie drohten vor allem die Europäer zu spalten. Viele Westeuropäer waren sicherheitspolitisch saturiert. Sie waren von Freunden und Verbündeten umgeben. An den östlichen Grenzen standen andere. Landes- und Bündnisverteidigung war nicht das Kerngeschäft der damaligen Zeit, sondern Auslandseinsätze. Kurz gefasst: Nicht russische Panzer in der norddeutschen Tiefebene, sondern Taliban am Hindukusch sollten in Schach gehalten werden.

Anfang März diskutierte die Allianz auf einem informellen NATO-Außenministertreffen und im Nordatlantikrat das mögliche Angebot an Georgien und die Ukraine. Dies geschah, ohne dass Einigkeit herrschte – ein Bruch mit der üblichen Vorgehensweise, berichtete Victoria Nuland, von 2005 bis 2008 Ständige Vertreterin der USA im Nordatlantikrat und eine vehemente Erweiterungsbefürworterin, nach Washington.[364] Aus amerikanischer Sicht waren Polen, Litauen, Kanada, Rumänien und Estland für ein MAP-Angebot an die beiden Länder; die Türkei, die Slowakei und Slowenien zeigten Sympathie, aber noch unentschlossen.[365] Lettland erwärmte sich immerhin für Georgien.[366] Tschechien und Großbritannien waren ebenfalls für eine MAP-Offerte, doch die Regierung in London warnte ihre amerikanischen Partner: «Man wird die Deutschen auch in Bukarest nicht davon überzeugen können, ein MAP-Angebot an Georgien und die Ukraine zu unterstützen und sollte deshalb sein Hauptaugenmerk darauf richten, das Kommuniqué so weitreichend wie möglich zu formulieren.»[367] Der dänische Premierminister Anders Fogh Rasmussen stand als strammer

Transatlantiker Bush sehr nahe und wurde zwischen 2009 und 2014 NATO-Generalsekretär. Unter seiner Führung beteiligte sich Dänemark an der Invasion des Irak und leistete überdurchschnittlich viel in Afghanistan. Im Hohen Norden, wo Russland immer aggressiver Präsenz zeigte, kooperierte Kopenhagen mit den USA. Rasmussen unterstützte einen MAP für Georgien und zog gegen eine «handzahme Ostpolitik» anderer Europäer ins Felde.[368] Ähnlich wie Dänemark machte sich auch Island immer größere Sorgen angesichts zunehmender russischer Aktivitäten im Hohen Norden,[369] unterstützte MAP für beide Kandidaten, aber wollte nicht zu sichtbar mit dieser Haltung auftreten.[370] Hinzu kamen einige unsichere Kantonisten im Lager der Befürworter. Bulgarien verfolgte das South Stream-Projekt mit Russland und weigerte sich, es zugunsten der Nabucco-Pipeline aufzugeben.[371] Ein russlandkritischer Kurs stellte sich nur zögerlich ein. Dementsprechend galt Bulgarien als Unterstützer des MAP-Angebotes an die Ukraine und Georgien, wohin man umfangreich Waffen lieferte, aber wollte eher in der zweiten Reihe bleiben, um Russland nicht vor den Kopf zu stoßen.[372] Die Türkei war auch bereit, in der MAP-Frage der Mehrheitsmeinung zu folgen, anerkannte aber die vorgebrachten Bedenken, vor allem hinsichtlich einer Aufnahme Georgiens.[373]

Etwas kühler war die ungarische Haltung. Ministerpräsident Ferenc Gyurcsány führte eine instabile Regierung an, die im Zuge der internationalen Finanzkrise in schwierige Fahrwasser geraten war. Zudem deckte Ungarn über 80 Prozent des eigenen Gasbedarfs aus Russland. Sollte man das europäische Nabucco-Projekt oder die russische South Stream-Pipeline unterstützen?[374] Letztlich hielt sich die Regierung beide Optionen offen und musste dafür Kritik von allen Seiten einstecken.[375] Ungarn war somit keineswegs im Lager der klaren Verfechter eines MAP, sondern tendierte eher zu einem Angebot an die Ukraine.[376] Die USA befürchteten, Ungarn teile zwar nicht die französisch-deutsche Position, aber werde sich dem Druck aus Paris und Berlin aber beugen müssen.[377] Ungarn bildete somit gewissermaßen die Brücke zum Lager der Skeptiker.

Frankreich wollte einen harmonischen Gipfel. Es war das erste NATO-Treffen für den neuen Staatspräsidenten. Sarkozy führte sein Land in die militärischen Strukturen der NATO zurück, die de Gaulle 1966 verlassen hatte – ein historischer Schritt. Er wollte daher in Bezug auf Afghanistan, wo man das eigene Truppenkontigent aufstockte, die Raketenabwehrpläne und Erweiterungsfragen eine konziliante Haltung einnehmen, um den USA entgegenzukommen. Was genau diese Linie bedeutete, blieb schwammig: Den Ukrainern sagte Sarkozy im Februar, MAP für sie und Georgien sei ausgeschlossen, aber man wolle ein positives Signal setzen.[378] Die US-Botschaft in Paris berichtete unter Bezug auf ein Gespräch mit Sarkozys Berater für Osteuropa und Russland nach Washington, dass eine MAP-Entscheidung in Paris auf Widerstand stoßen werde, da der Staatspräsident persönlich dagegen sei.[379] Andere Quellen legen nahe, dass Sarkozy aus Rücksicht auf Angela Merkel die MAP-Ideen ablehnte, da es bereits genug andere Streitpunkte gab.[380] Auch den Kreml wollte Sarkozy nicht verärgern.[381] Zu diesem Zeitpunkt hatte sich bereits ein Wandel in seiner Russlandpolitik vollzogen. Sie sei ab Oktober 2007 «résolument prorusse» gewesen, resümiert die Journalistin Sylvie Kauffmann.[382] Zudem hatte sich durch den Wechsel im Élysée-Palast die Haltung der französischen Funktionseliten kaum geändert: Der Schritt käme zu früh und es herrsche kein Konsens innerhalb der Allianz, so die US-Botschaft aus Paris.[383] Hing Frankreich also nur aus Solidarität am Rockzipfel der Deutschen? Wohl kaum. Aber aufgrund des neuen transatlantischen Optimismus überließ man den Deutschen gerne den Vortritt an der Windkante.

Die Niederlande und Belgien sprachen sich klar gegen eine MAP-Offerte aus.[384] Der niederländische Premier Jan Peter Balkenende war im November 2007 nach Russland gereist und stand vor ähnlichen Problemen wie Angela Merkel: Ging es ihm nur um Wirtschaftsverträge oder auch um Menschenrechte? Balkenende argumentierte, die gewachsenen Energie- und Wirtschaftsbeziehungen mit Russland ermöglichten es, auch sensible Themen anzusprechen.[385] Annäherung durch Verflechtung auf Niederländisch. Belgien warnte davor, dass Tiflis seine Streitigkeiten auf dem Rücken der Allianz austragen würde.[386] Luxemburg hatte eine der russlandfreundlichsten Regierungen in Europa. Jean-Claude Juncker, von 1995 bis 2013 Premierminister im Großherzogtum, übte im Zweifel eher Kritik an US-Präsident Bush, etwa bezüglich dessen Irakpolitik. Der Draht zum Kreml war besser, viel besser. «It is no great secret that Juncker is fond of Putin», berichtete die US-Botschaft in Luxemburg.[387] Juncker erklärte im Rückblick immer wieder, dass er 2008 gegen das MAP-Angebot an die beiden Länder war, und blieb auch nach 2014, als EU-Kommissionspräsident, entschiedener Gegner einer EU- oder NATO-Mitgliedschaft der

Ukraine.[388] Außenminister Jean Asselborn war gegen einen Beitritt Georgiens. Er bescheinigte Deutschland, «klugerweise dem amerikanischen Druck» zu widerstehen und warnte vor einer offenen Konfrontation mit Russland.[389]

Die Südeuropäer waren ebenfalls auf deutscher Linie. Italien wollte zwar prinzipiell die Ukraine näher an den Westen heranführen, sah die Zeit jedoch nicht reif für einen MAP und blickte sorgenvoll auf die möglichen russischen Reaktionen.[390] Georgien wurde ein noch geringerer Stellenwert beigemessen. Auch Portugal warnte vor einem zu frühen MAP-Angebot. Die Regierung in Lissabon bevorzugte daher «einen nicht näher definierten neuen Status für beide Länder».[391] Spanien zeigte sich im Hinblick auf die Ukraine etwas offener: Die demokratische Kontrolle der Streitkräfte müsse verbessert werden und das Land weitere Anstrengungen unternehmen.[392] Sofern es einen Konsens gäbe, wolle man sich einem MAP nicht in den Weg stellen. In Bezug auf Georgien war die Linie jedoch härter: «Eingefrorene Konflikte» in das Bündnis zu holen, sei nicht klug. Zudem dürfe ein MAP nicht automatisch zu einem Beitritt führen.[393] Madrid befürchtete eine weitere Schwerpunktverlagerung auf den Osten Europas (auch in der EU) und somit eine Vernachlässigung des Südens und der Mittelmeer-Union.[394] Griechenland war ebenfalls wenig enthusiastisch. Georgien sei unzuverlässig, die Ukraine gespalten. MAP käme für beide Länder zu früh.[395] NATO-Generalsekretär Jaap De Hoop Scheffer habe auch nur «in a low key way» über das Thema bei einem Besuch in Athen gesprochen.[396] Überhaupt blieb De Hoop Scheffer skeptisch, folgte der Formel der «offenen Tür», ohne sich je für Saakaschwili oder ein MAP-Angebot an Georgien erwärmen zu können.[397] Aus Norwegen hagelte es kurz vor dem Bukarest-Gipfel von der sozialistischen Verteidigungsministerin öffentlich Kritik an den Raketenabwehrplänen der USA.[398] In der MAP-Frage neigte die Regierung in Oslo der deutschen und französischen Haltung zu.[399]

Es zog sich somit eine Trennlinie quer durch die Allianz. Von 26 Mitgliedstaaten waren zwölf deutlich und drei etwas schwankend für ein MAP-Angebot an die Ukraine und Georgien. Ein Land war eher dagegen und zehn deutlich dagegen.[400] Der deutsche Vertreter im Nordatlantikrat kabelte nach Berlin: «Wir sind nicht allein, aber exponiert.»[401] Die Kanzlerin war die Gallionsfigur von einem Dutzend Staaten, die in puncto Einwohnerzahl, Wirtschaftskraft und militärischen Fähigkeiten den europäischen

Befürwortern eines MAP-Angebotes eindeutig überlegen waren. Das bedeutet nicht, dass das Lager der Skeptiker «Recht» hatte. Vielmehr wird hierdurch deutlich, dass es in Bukarest keinen deutschen Sonderweg gab. Es zeigten sich innereuropäische Meinungsverschiedenheiten, die während des Jahres 2008 immer deutlicher hervortraten. Doch wie argumentierten die deutschen Regierungsvertreter gegen das MAP-Angebot? Wieso nahm Merkel, die entschiedene Transatlantikerin, einen Konflikt mit Washington in Kauf? Warum war Deutschland im Gegensatz zu den 1990er Jahren nicht mehr gemeinsam mit den USA Motor der Osterweiterung?

Die Bundesregierung hatte sich schon lange vor dem NATO-Gipfel in Bukarest zweifelnd gezeigt. Steinmeier hatte im April 2006 erklärt, die nächsten Erweiterungsschritte müssten der Allianz als Ganzes mehr Sicherheit bringen und «transparent gegenüber Russland» erfolgen.[402] Insbesondere im Auswärtigen Amt schien man zu befürchten, dass der Kreml eine weitere Osterweiterung «nicht hinnehmen» würde und begann, in puncto MAP auf die Bremse zu treten, zumal die Neuverhandlungen des EU-Russland-Partnerschaftsabkommens nicht weiter belastet werden sollten.[403] Als Bush den MAP für Georgien ab Frühjahr 2006 immer deutlicher ins Spiel brachte, widersprach Merkel konsequent bei jeder Unterredung mit dem US-Präsidenten.[404] Die Bundesrepublik verhinderte 2006, wie oben gezeigt, eine intensivere Diskussion der Frage auf dem Gipfel in Riga. Berlin bremste den «MAP-Zug». Die Vorbehalte intensivierten sich aufgrund der innenpolitischen Probleme in der Ukraine und in Georgien. Warum diese Vehemenz?

Die Bush-Administration war ohnehin nur noch wenige Monate im Amt. Das MAP-Angebot und die Raketenabwehrpläne wurden auch von US-Diplomaten als Schritt für die Geschichtsbücher angesehen.[405] Wie würde die nächste Administration damit umgehen? Wieso sollte Deutschland diese Wette auf die ungewisse Zukunft mittragen? Man konnte «Bush aussitzen» und abwarten, wer zu Beginn des nächsten Jahres im Weißen Haus das Sagen hatte.[406] Umgekehrt würde ein MAP-Angebot das Verhältnis zum neuen russischen Präsidenten belasten. Zähneknirschend war die Große Koalition bereit, auf dem Bukarest-Gipfel die US-Raketenabwehrpläne mitzutragen.[407] Sollte sie jetzt gleich noch eine Schippe drauflegen und den zweiten Streitpunkt mit Moskau durchdrücken? Man wollte Russland kein Vetorecht zugestehen, aber war das nicht des Guten zu viel?[408]

Auch der US-Botschafter in Moskau hatte davor gewarnt, alles gleichzeitig durchzuboxen. Zudem vertraute die Bundesregierung den USA nie so wirklich, dass sie sich mit einem MAP zufriedengeben würden. Das Kanzleramt rechnete mit einem unmittelbaren Drängen auf die vollständige Mitgliedschaft, sobald das MAP-Angebot ausgesprochen worden war.[409] Und auch im Hinblick auf die Aufnahme Albaniens war Deutschland nur widerwillig über seinen Schatten gesprungen, da das Land nicht beitrittsreif wirkte.[410] Innenpolitisch war die mögliche Erweiterung keinesfalls populär.[411]

Zudem galten die Beitrittskandidaten als schwer berechenbar. Was, wenn beide Länder das implizite Beitrittsangebot ablehnten? Die Ukraine war ein unsicherer Kantonist: Die Skepsis der Bevölkerung und der politischen Klasse, der Zustand der Streitkräfte und die Probleme der rechtsstaatlichen Strukturen – überall taten sich Baustellen auf. Der ukrainische Sicherheitsapparat sei von russischen Spionen durchsetzt, so eine weitere Sorge im Berliner Regierungsviertel.[412] Georgien sah man noch kritischer. Die Kanzlerin vertraute dem georgischen Präsidenten nicht. In ihren Augen lebte Saakaschwili in Saus und Braus, anstatt sich um die Menschrechtslage und den wirtschaftlichen Aufschwung zu kümmern.[413] Sie empfand ihn als «zu ungestüm, zu dreist».[414] Sie kritisierte die rechtsstaatliche Entwicklung und sah Georgien als keineswegs beitrittsreif.[415] Ihr außenpolitischer Berater Christoph Heusgen bezeichnete ihn auch in der Rückschau als «unberechenbaren Populisten».[416] Eine Haltung, die viele andere Europäer teilten.[417] Gegenüber georgischen Gesprächspartnern führten deutsche Diplomaten an, dass die territorialen Konflikte des Landes, also Abchasien und Südossetien, die rechtsstaatliche Lage in Georgien, vor allem nach den Ausschreitungen im November, und Artikel 5 des Nordatlantik-Vertrages die Gründe für das negative Votum waren.[418] Folgt man Ronald D. Asmus, einem ehemaligen US-Diplomaten mit Zuständigkeit für den Südkaukasus und vehementen Verfechter einer pro-georgischen Linie, habe Bush verstanden, warum Merkel primär Saakaschwili in der Bringschuld sah, vor allem nach den Protesten im November 2007.[419] Bush hatte mehr Vertrauen in Merkel als in Steinmeier, den er als Erben Schröders und viel zu handzahm im Umgang mit Russland sah.[420] In den Augen des US-Präsidenten war Merkels Widerstand gegen die MAP-Pläne nicht von der Sorge um Russland getragen; Steinmeiers ablehnende Haltung indessen sehr wohl.[421]

Die Differenzen zwischen der Kanzlerin und ihrem Außenminister wurden schnell deutlich.

Mehrere Medien und Experten konstatierten im Frühsommer 2008 eine gegenseitige Blockade der Union und der SPD in außenpolitischen Fragen.[422] Im Mai schlug die CDU/CSU-Fraktion die Schaffung eines Nationalen Sicherheitsrates nach US-Vorbild vor, doch die SPD stellte sich stur.[423] Viele interne amerikanische Berichte der damaligen Zeit betonen den begrenzten Spielraum Merkels durch den sozialdemokratischen Koalitionspartner und ihre Angst, die SPD könne gegen einen kritischeren Russlandkurs Wahlkampf machen und damit ähnlich wie 2002 die kommende Bundestagswahl gewinnen.[424] Steinmeier lief sich für die Bundestagswahlen im Herbst 2009 warm und bemühte sich um parteipolitisches Profil.[425] Dies hieß eben auch, auf den linken Flügel der Sozialdemokraten zuzugehen. In den Augen amerikanischer Beobachter zeigten sich immer deutlicher unterschiedliche außenpolitische Akzentuierungen. Die Bundesrepublik besaß aus amerikanischer Sicht einen sehr schwachen außenpolitischen Koordinierungsmechanismus und die Chancen des personell eher dünn besetzten Kanzleramtes, das Auswärtige Amt einzuhegen, wurden als sehr gering erachtet.[426] Steinmeiers Russlandpolitik müsse auch vor dem innerparteilichen und innenpolitischen Hintergrund gesehen werden, so der US-Bericht weiter: Er knüpfe bewusst an die Tradition Willy Brandts an, suche Dialog und wirtschaftliche Verflechtung, anstatt Probleme offen anzusprechen, und stehe somit im Gegensatz zu Merkel.[427] Dieser Richtungsstreit wurde nicht als innerdeutsche Angelegenheit gesehen. Berlin müsse klargemacht werden, dass «die unilateralen deutschen Initiativen den transatlantischen Zusammenhalt untergraben».[428]

Merkel ging vor der CDU/CSU-Fraktion auf die Unterschiede zur SPD in außenpolitischen Fragen ein: «Wenn es uns jetzt nicht gäbe (…) wer würde schauen, dass man sich hier ab und zu nochmal um Menschenrechte kümmert und nicht immer nur um Wirtschaftsverträge – und ich bin nicht gegen Wirtschaftsverträge –, wer würde sehen, dass wir die außenpolitischen Verhältnisse vernünftig gestalten und vieles anderes mehr, wo wir auch ein Stück stolz sein können, aber wo wir das vorantreiben müssen, weil wir es jetzt gerade mal wieder geschafft haben, dass Deutschland ein Stück verlässlicher wird.»[429] Der Seitenhieb auf Schröder verdeutlicht, wie sehr Merkel um den Zusammenhalt der Europäer bemüht war, zumal sich dies mit ihrer russlandskeptischeren Linie verbinden ließ. Steinmeier grenzte sich Anfang März 2008 in der MAP- und NATO-Frage von Merkel ab und führte ein Argument an, das sie (zumindest öffentlich) nicht nutzte: Rücksichtnahme auf Russland. In einem Interview mit der *Leipziger Volkszeitung* erklärte er die schlechten Beziehungen des Westens zu Russland nach der Unabhängigkeitserklärung des Kosovo. Eine weitere Entfremdung müsse vermieden werden. Zudem stehe Georgien noch nicht auf sicheren demokratischen Füßen, und viele Europäer seien gegen eine weitere Osterweiterung des Bündnisses.[430] Volker Stanzel, damaliger Leiter des Planungsstabes im Auswärtigen Amt, vertrat diese Sichtweise auch auf Konferenzen mit Sicherheitsexperten.[431] In einer Festrede in der Willy-Brandt-Stiftung forderte Steinmeier eine «europäische Ostpolitik». Im Geiste Brandts und in Anwesenheit Bahrs wollte er eine Europäisierung der sozialdemokratischen Entspannungspolitik. «Immer wieder erleben wir den Rückfall in alte Denkmuster», so der Außenminister, «immer wieder erleben wir – da wirst Du mir zustimmen, lieber Egon Bahr – welch lange Schatten der Kalte Krieg auch heute noch wirft: statt Dialog und Vertrauen viel zu oft Abgrenzungsrhetorik oder offene Konfrontation.»[432] Auch die Kanzlerin grenzte sich in der Folge rhetorisch ab – von den amerikanischen MAP-Plänen.

Am 8. März reiste Merkel nach Moskau. Als erste Staats- oder Regierungschefin eines westlichen Landes traf sie mit dem frisch gewählten Präsidenten Medwedew und auch mit Putin zusammen. Sie forderte eine bessere Behandlung der in- und ausländischen Nichtregierungsorganisationen und eine angemessene medizinische Versorgung des inhaftierten Michail Chodorkowski.[433] Bei der gemeinsamen Pressekonferenz mit Putin betonte sie, dass eine Mitgliedschaft in der NATO von der Bevölkerung der jeweiligen Beitritts- bzw. MAP-Kandidaten deutlich unterstützt werden müsse – eine klare Anspielung auf Georgien und die Ukraine, die in den russischen Medien auf viel Gegenliebe stieß.[434] Ebenso dürften die Länder keine Konflikte mit ins Bündnis bringen, ergänzte die Kanzlerin. In Washington schüttelte man den Kopf über Merkels Äußerungen, da sie in amerikanischer Sicht zu scheu vorging und die Meinungsverschiedenheiten nicht auch öffentlich ansprach.[435] Putin protestierte erneut gegen die Unabhängigkeitserklärung des Kosovo und die mögliche Erweiterung der NATO.[436]

Merkel habe, so der stellvertretende Leiter der außenpolitischen Abteilung im Kanzleramt Rolf Nikel, in einer Nachbesprechung mit westlichen Diplomatenkollegen, Medwedew und Putin als «like-minded tandem» wahrgenommen. Beide suchten enge Beziehungen zu Deutschland und der EU. Eine Zustimmung zu den Raketenabwehrplänen der USA in Polen und Tschechien wollte Putin nur geben, wenn russische Militärbeobachter auf den Militärbasen stationiert werden dürften – eine unerfüllbare Bedingung.[437] Einen MAP für Georgien und die Ukraine lehnten beide strikt ab, doch Putin versprach Merkel, seine Ablehnung nicht so «forcefully» auszudrücken wie 2007 auf der Münchner Sicherheitskonferenz.[438] Nikel erklärte vor allen anwesenden Diplomaten, die Bundesregierung sehe ein MAP-Angebot in Bukarest als verfrüht an. Abermals muss an die oben zitierte Auflistung des US-Botschafters Burns gedacht werden: drei Problemkreise, nicht alle seien lösbar. Merkel schien dies ähnlich zu sehen.

Die Kanzlerin erteilte wenig später bei ihrer Rede auf der Kommandeurtagung der Bundeswehr einem MAP für Georgien und die Ukraine eine klare Absage.[439] Sie signalisierte dem US-Präsidenten aber Gesprächsbereitschaft.[440] Weniger gesprächsbereit war sie gegenüber den Ukrainern. Merkel schien ein Treffen mit den ukrainischen Spitzen vermeiden zu wollen, und Kyjiw bat Washington um Vermittlung.[441] Die USA und die Ukraine hatten die Kanzlerin als entscheidende Hürde ausgemacht. Ihre Unterstützung eines MAP sei der Schlüssel.[442] Tymoschenko wollte Merkel nicht öffentlich kritisieren und ließ in einem Gespräch mit dem US-Botschafter in Kyjiw durchaus Verständnis durchblitzen: Die Mehrheit der Ukrainer sei in der Tat noch gegen eine Mitgliedschaft, ihr Land noch nicht bereit für eine Mitgliedschaft, aber MAP würde genau dabei helfen.[443] Dies galt auch für Georgien. Merkel rief Saakaschwili kurz vor dessen Besuch im Weißen Haus an. Man müsse einen Kompromiss finden, aber MAP sei ausgeschlossen, so die Kanzlerin.[444] Die deutschen Medien blieben skeptisch. In der *Zeit* wurden die amerikanischen Pläne als Provokation, als Eskalation, als «Brüskierung Russlands», als unnötiger Konflikt und als «Selbstschwächung des Westens» angesehen.[445] «Die USA scheinen erneut eine Spaltung der europäischen Partner zu forcieren,»[446] kommentierte *Die Zeit* in Anspielung auf 2002/03 und argumentierte: «Eine Denkpause täte allen Beteiligten gut. Sie ließe das außenpolitische Feld offener und unbelasteter für den neuen russischen und amerikanischen Präsidenten und gäbe den ukrainischen und georgischen Politikern Zeit, sich um ihr Land zu kümmern.»[447]

Das Weiße Haus suchte im Vorfeld des Gipfels nach einem Kompromiss. Die Deutschen waren bereit, alle Aspekte eines MAP zuzugestehen, aber den Schritt nicht offiziell als MAP zu bezeichnen; doch der US-Präsident winkte ab.[448] Auf dem Weg nach Europa entschied Bush in der Air Force One, es auf dem Gipfel darauf ankommen zu lassen.[449] Er war sich sicher, Merkel werde sich überreden lassen, und glaubte «nicht an ihre Standfestigkeit».[450] Auf einem Zwischenstopp in Kyjiw betonte er seine starke Unterstützung eines MAP für beide Länder und empfand doch selbst die Lage in der Ukraine als undurchsichtig.[451] Unterdessen schimpfte Saakaschwili bei einer Konferenz am Vorabend des Gipfels über die Deutschen: Berlin betreibe Appeasement, verrate Georgien und sei Russlands trojanisches Pferd.[452] Alles deutete auf einen hitzigen Gipfel hin.

Entscheidung in Bukarest

Am 2. April strömte eine Menschenschar in den rumänischen Parlamentspalast. Im zweitgrößten Gebäude der Welt (nach dem Pentagon) versammelten sich auf 16 Etagen über 3000 Delegierte und mehr als 3000 Journalisten. Kurz nachdem Merkel in Bukarest aus dem Regierungsflieger gestiegen war, erklärte sie noch auf dem Rollfeld in einem Interview, es sei zu früh für ein MAP-Angebot an die beiden Staaten. Sie besäßen allerdings eine «Perspektive für den Beitritt».[453] Die Kanzlerin bekräftigte erneut ihre kompromissbereite «Ja, aber nicht jetzt»-Linie, die Bush zurückgewiesen hatte. Sie wollte die USA nicht vor den Kopf stoßen. Es war keineswegs die einzige strittige Frage des Treffens. Die amerikanische Agenda für den NATO-Gipfel umfasste eine Aufstockung der ISAF-Verbände in Afghanistan, was bei kaum einem Verbündeten Freude auslöste, die Aufnahme neuer Mitglieder durch eine Südosterweiterung um Albanien, Kroatien und Mazedonien[454] sowie eine Stabilitätspolitik auf dem Balkan. Damit wollte man auf Serbien zugehen, wo im Mai 2008 Wahlen anstanden, bei denen die EU und auch die Bundesrepublik im Besonderen versuchte, die pro-europäischen Kräfte zu unterstützen und den russischen Einfluss auf dem Balkan einzuhegen.[455] Albanien und Mazedonien hatten 1999 einen MAP erhalten, Kroatien 2002.

In mehreren Punkten lagen die USA mit der Bundesrepublik überkreuz. In Afghanistan war Berlin nicht willens, das eigene Kontingent aufzustocken und in stark umkämpften Regionen einzusetzen. Die Raketenabwehrpläne sah die Bundesregierung auch kritisch, doch war sie widerwillig bereit, sich zu bewegen. Hinzu kamen Fragen der Stationierungsgrenzen und Flankenregelungen mit Russland, da Moskau den KSE-Vertrag im Dezember 2007 aus Protest gegen die Raketenabwehrpläne der USA ausgesetzt hatte und mit der Stationierung von Iskander Raketensystemen in Kaliningrad drohte.[456] Putin kam auch nach Bukarest. Zum ersten Mal nahm damit ein russischer Präsident an einem Gipfel der Allianz teil. Der NATO-Russland-Rat tagte am letzten Konferenztag. Seine Berater versprachen den westlichen Partnern eine gemäßigte Rede, also keine Neuauflage seiner Philippika von der Münchner Sicherheitskonferenz im Vorjahr. Die russische Seite ließ aber durchblicken, dass ihr Chef bei einem MAP-Angebot an die Ukraine und Georgien abreisen und für einen Eklat sorgen würde.[457] Die Lage war angespannt.

Am Abend des 2. April startete der Gipfel mit einem festlichen Dîner. Die Staats- und Regierungschefs speisten getrennt von ihren Außen- und Verteidigungsministern. Steinmeier bezeichnete dies als einen der schlimmsten Abende seiner Zeit als Außenminister.[458] Nicht, weil er ohne die Kanzlerin essen musste, sondern weil ihm ein rauer Wind entgegenblies. Als er den MAP für beide Staaten ablehnte, wurde er von allen Seiten unter Druck gesetzt. Niemand sprang Steinmeier bei.[459] Die Ostmitteleuropäer insinuierten gar, er profitiere persönlich von der Nord Stream-Pipeline, und der polnische Außenminister Radek Sikorski verglich die Ostpolitik der Großen Koalition indirekt mit dem Hitler-Stalin-Pakt.[460] Wie könne die Bundesrepublik, die während des Kalten Krieges selbst mit unsicheren Grenzen und einem «eingefrorenen Konflikt» in die Allianz aufgenommen worden war, nun anderen Staaten die Aufnahme versagen? Diese geschichtspolitischen Argumentationslinien vermochten die deutsche Haltung nicht aufzulockern. Zumal sie etwas schief waren: Die geopolitische Bedeutung der Bundesrepublik im Ost-West-Konflikt und die Teilung Deutschlands ließen sich kaum mit dem Status Georgiens oder der Ukraine vergleichen. Würde die Front gegen die MAP-Offerte bröckeln? Die Amerikaner weckten Levitte, den Berater Sarkozys, und versuchten ihn und den französischen Präsidenten umzustimmen.[461] Die Deutschen führten in der Nacht auch noch Gespräche. Die Franzosen gelobten, Wort zu halten und weiterhin standhaft zu bleiben, wenn die Kanzlerin ebenfalls unnachgiebig bleibe. Am Morgen des 3. April begann die offizielle Arbeitssitzung des Nordatlantikrates. Seit den frühen Morgenstunden gingen die Verhandlungen über die MAP-Frage weiter. Rice und Heusgen stritten sich. Bei der US-Außenministerin sollen Tränen geflossen sein.[462] Ein erster Kompromissvorschlag von NATO-Generalsekretär De Hoop Scheffer wurde von den Deutschen abgelehnt; ein zweiter von den USA. Ein neuer Text fand mehr Anklang: Er enthielt recht allgemeine Zusagen, die Länder durch eine intensive Einbindung enger an die NATO zu führen und im Dezember den Fortschritt zu reevaluieren. Die USA drängten auf Annahme: mehr sei nicht drin.[463] Die Polen, Rumänen und Litauer explodierten förmlich. Sie arbeiteten an einer neuen Version noch bevor De Hoop Scheffer die Sitzung des Atlantikrates offiziell eröffnete.[464] Während Sarkozy sich zurückhielt, verteidigte Merkel die ablehnende Haltung. Sie ging auch auf Sikorski zu. In einer Pause versicherte sie ihm, sich keinerlei Illusionen über Putin hinzugeben und erzählte ihm beschwichtigend von ihren Reisen nach Polen in den 1980er Jahren.[465]

Zur Mittagszeit gingen die Verhandlungen in die entscheidende Phase. Der Generalsekretär ließ den Saal räumen. Nur die Staats- und Regierungschefs und deren engste Berater durften bleiben.[466] Bush saß abseits. Merkel ging zu den Mittelosteuropäern, zeigte sich kompromissbereit. Rice stieß hinzu. Der polnische, litauische und rumänische Präsident rangen mit der Kanzlerin über eine Stunde um eine Formulierung. Wie manche Beobachter berichten, teilweise auf Russisch; andere Teilnehmer verweisen diese Version in das Reich der Fabeln: Es sei Englisch gesprochen worden.[467] Man wollte der Kanzlerin eine feste Zusage für ein MAP-Angebot im Dezember abringen.[468] Sie erklärte weiterhin, im Grundsatz sei sie dafür, die Zeit aber nicht reif. Darauf konnte man sich einigen. Merkel schrieb den Kompromiss auf ein Blatt Papier.[469] Die Ukraine und Georgien «shall one day become members of NATO» – eines Tages also. Die Beitrittsreife und das Angebot eines MAP sollten regelmäßig überprüft werden. Rice brachte Bush die frohe Kunde. Er stimmte zu. Doch die Ost- und Mitteleuropäer zogen ihre Zustimmung zurück. Sie beugten sich lange über den Text und diskutierten aufgeregt. Merkel ging durch den Raum zu ihnen hinüber. Die Formulierung «one day» sei zu schwammig, erklärten sie. Dadurch verschiebe man den Beitritt auf den Sankt Nimmerleinstag. Die Kanzlerin «strich schließlich die beiden Worte ersatzlos».[470] Auch ein Passus Merkels am Ende des Satzes – «if they so desire» – wurde auf Drängen der Polen fallengelassen, die darin eine Falle für die in Umfragen gespaltenen Ukrainer zu erkennen glaubten.[471]

Um 14 Uhr teilten Merkel und Sarkozy die Ergebnisse in einer Pressekonferenz mit. In Absatz 23 des Kommuniqués stand der entscheidende Satz: «these countries will become members». Georgien und die Ukraine würden in Zukunft Mitglieder der Allianz. So eine verbindlich unverbindliche Zusage hatte es noch nie gegeben, wenngleich in allen Sprachen des Kommuniqués die unspezifische und an Bedingungen geknüpfte Futur-Form genutzt wurde. Im Nachhinein wurde diese Formel, da sie nun einmal in einem offiziellen Dokument stand, «holy language» – eine Position, hinter die die Allianz und ihre Mitglieder nicht mehr zurückkonnten.

Am nächsten Tag reagierte Putin mit einer sehr barschen Rede: Die Ostverschiebung der NATO sei eine «direkte Bedrohung der Sicherheit» Russlands, die Ukraine kein eigenes Land, der Status der Krim streitig.[472] Starker Tobak. Manche sahen darin eine direkte Drohung an die Ukraine,[473] wohingegen andere Teilnehmer des Gipfels Putins Auftreten als «hart, aber nicht aggressiv» bezeichneten.[474] Trotz der Differenzen stimmten die NATO und Russland überein, enger zusammenzuarbeiten.[475]

Die Kanzlerin versuchte Putin in der Folge zu beschwichtigen: Der Beitritt beider Staaten sei verhindert worden, «es sei nicht vorstellbar, dass diese Grundsatzentscheidung noch umgestoßen werden würde», so beschreibt Heusgen die Argumentationslinie der Kanzlerin.[476] Doch auf welchen Zeitraum bezog sich diese Aussage? Der NATO-Generalsekretär De Hoop Scheffer legte ein MAP-Angebot für beide Staaten im Dezember nahe.[477] Das Kommuniqué hielt fest, auf dem NATO-Außenministerrat im Dezember sollte «a first assessment of progress» unternommen werden. Dies bot ausreichend Spielraum, zur Not weitere Prüfungen vorzunehmen – einen Automatismus für eine MAP-Offerte im Dezember gab es nicht,[478] wenngleich das Kommuniqué mahnend festhielt, dass die Außenminister die Macht hätten, über die MAP-Anträge zu entscheiden. Damit wurde suggeriert, dass keineswegs bis zum nächsten regulären NATO-Gipfel – durch das 60-jährige Jubiläum der Allianz stand der nächste Gipfel bereits im April 2009 an – gewartet werden müsse. Die USA pochten auf schnelle Fortschritte. Sie übten speziell auf Deutschland starken Druck aus. Doch die Kanzlerin machte keinerlei Anstalten, ihre Haltung zu ändern. Noch auf dem Gipfel erklärte sie, es müsse eine «neue Phase des intensiven Engagements» folgen, um einen MAP zu erhalten.[479] Was war also mit dem Bukarester Kompromiss erreicht worden?

Die Meinungen gingen auseinander. Die amerikanischen und britischen Außenministerien sahen es als ganz klare Absichtserklärung, doch sie erwarteten weiteren deutschen Widerstand auf dem Weg zu einer Mitgliedschaft der beiden Staaten.[480] Im Élysée-Palast waren enge Berater von Sarkozy überrascht: Die Formulierung mache eine Mitgliedschaft wahrscheinlicher als MAP.[481] Die Polen waren unglücklich. Sie hatten sich mehr erhofft.[482] In russischen Augen war das Kommuniqué «the worst of all worlds», da es die Zusage einer Mitgliedschaft enthielt.[483] Aus Moskau war deutliche Kritik zu vernehmen: Dies sei ein «großer strategischer Fehler, der die schlimmsten Folgen für die gesamteuropäische Sicherheit haben wird».[484] Es gelte, eine Teilung der Welt in Blöcke zu verhindern. Die Einigung der USA mit Tschechien bezüglich der Raketenabwehrpläne sorgte zusätzlich für schlechte Stimmung im Kreml. Lobende Worte für die Bundesrepublik, Frankreich und die anderen Europäer, die sich gegen einen MAP positioniert hatten, gab es hingegen vom Vorsitzenden des Auswärtigen Ausschusses der Duma.[485]

Das deutsche Medienecho fiel weitgehend positiv aus. Merkel erhielt viel Lob: von der *Bild* über die *FAZ* und *Süddeutsche Zeitung* bis zum *Spiegel*.[486] Die Kanzlerin habe die NATO durch die Entscheidung gestärkt und den Alleinführungsanspruch der USA gebrochen, kommentierte Jörg Himmelreich vom German Marshall Fund im *Spiegel*: «Wenn unmittelbare deutsche politische Interessen in der osteuropäischen Nachbarschaft und im Verhältnis zu Russland berührt sind, geht es gegen Berlin eben nicht – so schwer das manchmal in Washington, Brüssel, Riga, Tiflis oder Kiew zu verstehen und zu akzeptieren ist.»[487] Himmelreich rechnete damit, dass «spätestens» auf dem NATO-Gipfel 2009 MAP-Offerten an die Ukraine und Georgien ausgesprochen würden.[488] Eine gewisse Schadenfreude über das Scheitern des US-Präsidenten und implizite Anklänge an 2002/03 waren nicht zu überhören.[489] Daher wurde oftmals weniger die Ost- als vielmehr die Westpolitik der Bundesregierung gelobt. Nur wenige Stimmen kritisierten die Kanzlerin und forderten, der Ukraine und Georgien den

«Weg nach Westen» aufzuzeigen.[490] Heusgen wertet die endgültige Formel in der Rückschau als Erfolg.[491] Wie beurteilte Merkel selbst den Gipfel? Am 8. April 2008 sprach sie in der CDU/CSU-Bundestagsfraktion über Bukarest. «Es war in der Tat ein schwieriger und, ich glaube, unter dem Strich auch relativ bemerkenswerter NATO-Gipfel.»[492] Man habe die Allianz um Albanien, Kroatien und de facto Mazedonien erweitert. Dies sei ein guter Schritt, stelle jedoch Fragen hinsichtlich der Handlungsfähigkeit des Bündnisses und zusätzlicher Kandidaten. «Jetzt war die Frage», so Merkel weiter, «geben wir der Ukraine und Georgien Membership Action Plan? Die Bundesregierung ist – das ist Franz Josef Jungs Meinung, das ist die Meinung des Außenministers und meine – der Meinung, dass wir sowohl bei der Ukraine als auch bei Georgien erhebliche Unsicherheiten haben. Bei der Ukraine ist es das politische System selber, die Ministerpräsidentin ist alles andere als hundert Prozent sicher, ob die NATO-Mitgliedschaft jetzt eigentlich schon erstrebenswert ist. Die haben nächstes Jahr Präsidentschaftswahlen. Ich hoffe, dass es Juschtschenko wieder schafft, aber ob das so eintritt, das weiß man nicht.»[493] Im Hinblick auf Georgien machte sie zunächst den Status Abchasiens und Südossetiens geltend. Man habe mit Zypern viele Probleme und dürfe sich nicht zu viele solcher Fälle aufladen. Durch das Einstimmigkeitsprinzip werde man schnell «nicht mehr handlungsfähig». Einem Argument erteilte sie eine klare Absage: «Für mich nicht die tragende Rolle gespielt hat Russland. Es ist sehr einfach zu sagen: Das habt ihr wegen Russland gemacht. Es gibt nicht nur Russland und Amerika, sondern es gibt eben auch die Länder, die selber reinwollen, und die habe ich beurteilt. Jetzt haben wir uns auf einen sehr guten Kompromiss geeinigt, weil nämlich wir sagen auf der einen Seite, diese Länder werden Mitglieder der NATO sein – und damit auch die Botschaft an Russland gegeben, Russland hat nicht zu entscheiden, wer Mitglied der NATO ist, sondern das entscheidet das Bündnis mit seinen potenziellen Kandidaten – und auf der anderen Seite, es sind noch eine Reihe von Hausaufgaben zu machen, das wird jetzt regelmäßig überprüft. Die mittel- und osteuropäischen Länder sind natürlich sehr viel stärker involviert, die Ukraine ist ihr Nachbar, sie haben ein Interesse daran, aus der Randlage wieder in die Mittellage zu kommen, ist ja klar.»[494] Die Kanzlerin verteidigte daher das Gipfelkommuniqué ausdrücklich – «ein sehr guter Kompromiss». Die Allianz werde immer politischer, so Merkel, und dürfe nicht wie 2002/03 auseinanderdividiert werden. «Russland ist unser Partner», argumentierte die Kanzlerin vor ihrer Fraktion. «Natürlich gibt es ein tiefgreifendes Missverständnis zwischen dem russischen Präsidenten, der sagt, die NATO ist doch eigentlich überflüssig, wo der Kalte Krieg zu Ende ist und uns, die wir sagen, die NATO ist ein Bündnis von Ländern, die angesichts einer neuen Bedrohung – sich entschieden haben, sich gegenseitig beizustehen. Darüber müssen wir mit Russland auch partnerschaftlich sprechen – Russland ist nicht mehr unser Gegner, aber Russland ist auch nicht Mitglied des Bündnisses –, und ich glaube, dass wir das auch mit dem neuen Präsidenten, wenn der dann auch relativ bald nach Deutschland kommt, tun werden.»[495]

Eine Urkatastrophe?

War das Treffen in Bukarest wirklich «der Tag, an dem der Krieg begann» und an dem die Ukraine «preisgegeben» wurde, wie der *Spiegel* rückblickend argumentierte?[496] War es eine «fatale Weichenstellung», die Hoffnungen in der Ukraine und Georgien weckte, die man nicht erfüllt und Putin in seinem Wahn bestärkte, die NATO wolle ihm an den Kragen?[497] Die Gründe für die Haltung der von Deutschland angeführten Staaten sind angeführt worden. «Preisgegeben» beraubt freilich die Ukraine und Georgien eigener Agency. Auch die dortigen Entscheidungen waren Teil des Gesamtpaketes und können nicht ausgeblendet werden.

Es bleibt ein spekulatives «was wäre, wenn». Die Alternative zum Bukarester Kompromiss wäre ein MAP-Angebot an beide Staaten gewesen. Eine unmittelbare Mitgliedschaft stand nicht zur Diskussion. Ein MAP-Angebot auszusprechen wäre zudem ein Schritt gewesen, der in den Augen des Botschafters Brandenburg eine «dramatische Verschlechterung der Beziehungen zu Russland» zur Folge gehabt hätte.[498] Der deutsche Diplomat und Russlandexperte Markus Ederer erklärte in der Rückschau, Moskau hätte reagiert und «Gegenmaßnahmen» eingeleitet.[499] Erich Vad wurde noch deutlicher: Es hätte einen Krieg Russlands gegen eines oder beide Länder gegeben.[500] Auch Befürworter eines Beitrittes, wie der amerikanische Diplomat Dan Fried, gaben später zu Protokoll: Putin habe einen Krieg gewollt und hätte ihn auf dem einen oder anderen Weg bekommen.[501]

MAP hätte keinen Artikel-5-Schutz für die Ukraine und Georgien bedeutet. Die politischen und militärischen Reformprozesse im Zuge des

MAP hätten selbst in einem sehr optimistischen Fall mindestens ein Jahr gedauert. Dass jedoch Georgien seine Territorialkonflikte so schnell hätte lösen können, scheint unwahrscheinlich (hing es doch von Russland ab); ebenso unwahrscheinlich wie eine zügige innere Reform der Ukraine. Doch selbst wenn man davon ausgeht, wäre eine große Hürde für eine tatsächliche Mitgliedschaft geblieben. Moskau hätte den ukrainischen und georgischen Reformen wohl kaum tatenlos zugeschaut – das russische Verhalten in Georgien 2008 und der Ukraine 2014 verdeutlicht dies. Beide Länder hätten einen offiziellen Antrag auf Mitgliedschaft stellen müssen, der nicht geheim geblieben wäre, denn alle NATO-Mitgliedstaaten hätten der Aufnahme von Beitrittsgesprächen zustimmen müssen. Ob diese Einstimmigkeit erreicht worden wäre? Und wie hätte Russland auf diese Beschleunigung reagiert? Selbst wenn die NATO und die beiden Beitrittskandidaten sich geeinigt hätten, wäre in jedem Mitgliedstaat der Allianz eine Ratifizierung des Beitrittes notwendig geworden. Selbst bei zweimaliger Einstimmigkeit und einem schnellen Verfahren zur Aufnahme hätte der Prozess mehrere Monate in Anspruch genommen, wie der Beitritt Finnlands und Schwedens nach 2022, in einer weitaus dramatischeren Situation, zeigen sollte. Reichlich Zeit also für Putin, um den Beitritt zu torpedieren, Konflikte zu schüren, Instabilität zu verursachen und den politischen Willen des Westens oder in den Beitrittsländern zu untergraben. Moskau sprach nicht mehr nur wie unter Jelzin hohle Drohungen aus. Russland wollte handeln und war dazu mittlerweile auch in der Lage, wenngleich die Modernisierung der russischen Streitkräfte noch nicht abgeschlossen war (die der Ukraine oder Georgiens war es ebenfalls nicht). In der Ukraine lag zudem der Unsicherheitsfaktor eines Referendums in der Luft, das Juschtschenko noch Anfang 2008 versprochen hatte.[502] Zwischen Aufnahmeentscheidung und tatsächlichem Beitritt hätte Putin somit ein Zeitfenster gehabt. Es sei denn, der Westen, vor allem die USA, hätten sofort eine Artikel-5-Erklärung abgegeben.

Egal, wie man die Entscheidung dreht und wendet: Die meisten Be- bzw. Verurteilungen aus der Rückschau wirken wenig überzeugend und unterschätzen den russischen Willen, auch Gewalt anzuwenden und tun damit gewissermaßen das, was man der deutschen Russlandpolitik häufig vorwirft: naiv die revisionistische Handlungsbereitschaft des Kremls zu verkennen. Hätte die Bundesrepublik bei einem russischen Angriff während des MAP- und Beitrittsprozesses die Ukraine oder Georgien zur Not auch militärisch verteidigt oder zumindest Waffen geliefert? Wohl kaum. Wenige Zeit nach dem Bukarest-Gipfel beendete der russisch-georgische Krieg die Hoffnungen auf eine schnelle Aufnahme Georgiens und verdeutlichte, wie der Westen im Notfall reagierte.

Der russisch-georgische Konflikt

Im Juni 2008 wurde die Welt Zeuge eines «russischen Sommermärchens».[503] Bei der Fußball-Europameisterschaft glänzte die junge russische Mannschaft um Andrej Arschawin und Roman Pawljutschenko. Sie spielte sich mit modernem Offensivfußball in die Herzen vieler Fans. Und doch ging es teils martialisch zu. Im Spiel gegen Schweden kämpfte Russland um den erstmaligen Einzug in ein EM-Viertelfinale. Auf den Rängen breiteten russische Fans, die den Begriff Schlachtenbummler allzu ernst nahmen, Flaggen der russischen Marine und ein Porträt Peters des Großen aus, der 1709 in der Schlacht von Poltawa in der heutigen Ukraine eine schwedische Armee besiegt hatte. «Wiederholen wir die Heldentat der Vorfahren», stand auf einem Transparent.[504] Erst im Halbfinale verließ die Mannschaft das Glück, doch sie schien sinnbildlich für ein neues Russland zu stehen.

Lag eine Modernisierung in der Luft? Zumindest das Wort war in aller Munde. Mit dem Amtsantritt des neuen russischen Präsidenten hoffte man auf innenpolitische Reformen und eine bessere Zusammenarbeit, zumal sich Medwedew einen Modernisierungskurs auf die Fahnen schrieb. Allerdings verstand er darunter primär wirtschaftliche und keine gesellschaftliche oder politische Erneuerung.[505] Als erster ausländischer Staatsgast wurde der deutsche Außenminister am 14. Mai von Medwedew empfangen – ein bewusstes Hofieren Steinmeiers, das im Ausland auch als solches wahrgenommen wurde.[506] Die beiden waren alte Bekannte: Als Steinmeier Kanzleramtschef unter Schröder war, hatte Medwedew die gleiche Funktion in der russischen Präsidialverwaltung inne.[507] Steinmeier skizzierte in Jekaterinburg seine Vision einer «Modernisierungspartnerschaft» – an einem Ort, an dem er auch in den Folgejahren immer wieder bedeutende Reden halten sollte.[508] Die alten Gräben des Kalten Krieges seien überwunden worden, die Konfrontation vorbei. Die Zukunft gehöre einer engen Partnerschaft, Sicherheit in Europa sei weder ohne noch gegen Russland möglich.

Dabei sprach Steinmeier im russischen Duktus von einer «europäischen Friedensordnung vom Atlantik bis Wladiwostok» – also nicht bis Vancouver unter Einschluss der USA und Kanadas.[509] Steinmeier führte den Wandel der globalen Machtverhältnisse aus. Neue Kraftzentren entstünden. Macht und Einfluss könnten nur über moderne und offene Gesellschaften ausgeübt werden. Verkürzt gesagt: Moderne Demokratien seien stärker als Panzer und Rohstoffe. Steinmeier bot deutsche Hilfe bei der wirtschaftlichen, gesellschaftlichen und rechtsstaatlichen Modernisierung an und wollte dies in einen europäischen Rahmen einbetten. Klaus Mangold, Vorsitzender des Ost-Ausschusses der Deutschen Wirtschaft, hatte das Konzept mitentwickelt.[510] Die Strategie einer ökonomischen Verflechtung – Rohstoffe im Austausch für einen Technologie- und Warentransfer – sollte politische und gesellschaftliche Transformationsprozesse fördern und eine gegenseitige Abhängigkeit schaffen, die Konflikte verhindern sollte. Eine «Modernisierung» des alten «Wandel durch Annäherung»-Konzeptes der sozialliberalen Neuen Ostpolitik und Steinmeiers Idee einer «Annäherung durch Verflechtung».[511] Zunächst verpuffte die Rede Steinmeiers jedoch ebenso wie der Vorschlag Medwedews für eine neue Sicherheitsarchitektur, da der Kontinent durch alte Probleme in unruhige Fahrwasser geriet.

Die Streitigkeiten zwischen Georgien und Russland hatten immer wieder zu Krisen geführt. Der Status Südossetiens und Abchasiens war seit den Sezessionskriegen beider Provinzen zwischen 1991 und 1993 ebenso Stein des Anstoßes wie die wirtschafts-, sicherheits- und energiepolitischen Beziehungen Georgiens zum Westen.[512] Durch den Bürgerkrieg mussten über 200 000 Georgier aus den Gebieten fliehen. VN- bzw. OSZE-Missionen sollten den Frieden sichern. Formell blieben die Provinzen mit ihren rund 300 000 Einwohnern ein Teil Georgiens, waren allerdings dank «großzügiger» Hilfe Russlands weitgehend unabhängig. Der seit 2003 amtierende Micheil Saakaschwili erklärte die Wiederherstellung der territorialen Integrität seines Landes, also die Wiedereingliederung der beiden Provinzen, zu seinem «Lebensziel».[513] Bereits im Sommer 2004 hatte der georgische Präsident Verbände unter dem Befehl des Innenministeriums nach Südossetien geschickt, was in einem militärischen Fiasko endete. Im Sommer 2006 entsandte Saakaschwili Truppen in eine weitere Provinz, die größere Unabhängigkeit anstrebten und eroberte das strategisch wichtige Kodori-Tal in Abchasien: Die VN-Beobachtermission und die russischen «Friedenstruppen» schritten nicht ein. Die internationale Staatengemeinschaft äußerte ihre Besorgnis über diesen Bruch des Waffenstillstandsabkommens von 1994. Ein Jahr später versprach Saakaschwili in einer Rede an der Grenze zu Abchasien eine vollständige Rückkehr ihrer Provinz unter die Kontrolle Tiflis'. Sie würde innerhalb eines Jahres «heimgeholt».[514] Putin erklärte der amerikanischen Außenministerin Rice im Oktober 2006, er habe die Faxen dicke. Russland werde militärisch reagieren und beide Provinzen als unabhängig anerkennen. Die USA und Georgien spielten mit dem Feuer, so die deutliche Warnung.[515] Der Kremlchef plante seit längerer Zeit den Ernstfall und war nicht willens kleinbeizugeben.[516]

Bush warnte Saakaschwili wiederholt davor, in eine russische Falle zu tappen, sich provozieren zu lassen oder mit Waffengewalt den Status der Regionen ändern zu wollen.[517] Tiflis werde keine militärische Unterstützung der USA erhalten, bekräftigte der US-Präsident mehrmals. Außenminister Steinmeier erklärte Saakaschwili bereits im Frühjahr 2006, die Bundesregierung werde sein Land auf dem Weg nach Westen unterstützen, dürfe jedoch nichts übereilen. Das erste Zusammentreffen zwischen Merkel und Saakaschwili am Rande der Münchner Sicherheitskonferenz 2006 wurde von beiden Seiten als desaströs bezeichnet: Die Kanzlerin verlangte die Einhaltung rechtsstaatlicher Standards und bot Hilfe an, Saakaschwili winkte dankend ab – nicht nötig.[518]

Die Unabhängigkeitserklärung des Kosovo und die Bukarest-Formel zur Aufnahme Georgiens und der Ukraine in die NATO hatten unmittelbare Folgen für die eingefrorenen Konflikte im Kaukasus. Moskau befürchtete, dass Georgien bald Mitglied der NATO sein könnte und man im Kaukasus weiter an Einfluss verlöre.[519] Sechs Wochen nach der Unabhängigkeitserklärung des Kosovo hob der Kreml das seit 1996 bestehende Waffenembargo für Südossetien und Abchasien auf und lieferte Waffen an die dortigen sezessionistischen Kräfte.[520] Am 4. März 2008 verabschiedete das südossetische Parlament eine Resolution, die Russland aufforderte, die Unabhängigkeit anzuerkennen.[521] Die Duma stimmte einer Anerkennung zu und forderte am 21. März eine stärkere russische Rolle im Kaukasus und den «Schutz» der dortigen ethnischen Russen, denen angeblich ein Genozid drohte. Dies war eine bewusste Gräuelpropaganda des Kremls und eine unverhohlene Drohung an Georgien mit Blick auf den bevorstehenden NATO-Gipfel in Bukarest nur wenige Tage später.[522] Moskau verschärfte zusehends die eigene Rhetorik und den politischen Druck auf Tiflis, denn alles schien 2008 gegen die eigenen Interessen zu laufen: Kosovo, die Raketenabwehrpläne, die aufgeschobenen WTO-Verhandlungen, die mögliche neue NATO-Osterweiterung – Putin war im März «not amused» und klagte gegenüber dem US-Botschafter, der Westen höre ihm nicht zu.[523]

Am 16. April bekräftige er in einem Präsidialerlass seine Unterstützung für die Separatisten und veranlasste, die Beziehungen zu Abchasien und Südossetien zu «normalisieren» – ein Schritt zur völkerrechtlichen Anerkennung. Saakaschwili forderte Russland am 21. April zu einer Kehrtwende auf, was Putin ablehnte. Georgien begann hierauf seine Armee zu mobilisieren, Russland schickte Fallschirmjäger und Artillerie in die Region. Die Ordnungsversuche der 1990er Jahre stellten sich als unzureichend heraus. In Abchasien gab es seit 1993 eine unbewaffnete VN-Beobachtermission (UNOMIG); in Südossetien eine OSZE-Mission sowie georgische und russische «Peacekeeper». Eine einheitliche Friedensmission konnte nie auf die Beine gestellt werden. Durch die getrennten VN- und OSZE-Mandate erhielt Russland viel Einfluss, obwohl es wahrlich nicht als neutrale Macht gelten konnte.[524] Den gesamten Sommer über kam es zu immer schwereren Scharmützeln zwischen paramilitärischen südossetischen Einheiten, die von Russland ausgebildet und ausgerüstet worden waren, und pro-georgischen Milizen oder georgischen Sicherheitskräften. Es drohte eine Eskalation.

Der «Steinmeier-Plan»: ein vergessener diplomatischer Versuch

Der Westen zeigte sich besorgt über die Spannungen im Kaukasus. Auch Georgien wohlgesonnene Politiker wie der schwedische Außenminister Carl Bildt bezeichneten Saakaschwili als «besessen» von Abchasien. Bildt prophezeite einen präemptiven georgischen Angriff im Sommer.[525] In Washington versuchten die meisten Entscheidungsträger mäßigend auf Tiflis einzuwirken.[526] Die USA und Schweden arbeiteten an einem Friedensplan und klagten: «Deutschland verkompliziert den Friedensprozess, da man jeden einzelnen Schritt vorher mit Moskau absprechen will.»[527] Zu viel deutsche Rücksichtnahme also? Schweden sprach auch mit der 2005 gegründeten informellen Gruppe der «Neuen Freunde Georgiens», die neben Polen die baltischen Staaten, Bulgarien und Rumänien umfasste – nicht jedoch Russland. Eine Einbindung Moskaus stand in dieser Gruppe ganz weit unten auf der Prioritätenliste.[528] US-Außenministerin Rice unterstützte diese Gruppe, die von Polen angeführt wurde, und schlug direkte Gespräche zwischen der Provinzregierung Abchasiens und Georgiens in Schweden vor.[529] Saakaschwili stimmte zu, doch Ende Juni steckten die Verhandlungen in einer Sackgasse.[530] Auch Deutschland unternahm einen Vermittlungsversuch.

Schon im Herbst 2006 hatte die Bundesrepublik sich als Vermittlerin zwischen Georgien und Russland angeboten. Tiflis stimmte zu. Auf dem Petersburger Dialog kritisierte die Kanzlerin im Oktober 2006 das russische Vorgehen gegenüber Georgien und die Maßnahmen gegen georgische Staatsbürger in Russland.[531] Am Rande aller Veranstaltungen, etwa des G8-Treffens oder der EU-Russland-Treffen, sprach die Bundesregierung die Georgienfrage an und versuchte den Kreml zur Deeskalation zu bewegen.[532] Die Bundesrepublik schlüpfte im Frühjahr 2008 in eine Führungsrolle, um einen Krieg im Kaukasus zu verhindern.[533] Die südossetische Provinzregierung lehnte Vermittlungsversuche der EU und der OSZE im Juli zwar ab, doch in Abchasien hatte man durch die VN-Präsenz einen Hebel.

Die bereits nach dem Krieg in Abchasien 1992/94 gegründete «Gruppe der Freunde Georgiens», bestehend aus Deutschland, Frankreich, Großbritannien, Russland und den USA, sollte die Bemühungen der VN unterstützen. Dadurch konnte die Bundesrepublik in Bezug auf Abchasien die «Gruppe der Freunde» nutzen. Dies geschah nicht eigenmächtig oder über die Köpfe der Georgier hinweg, sondern auf deren Wunsch hin,[534] in Absprache mit der VN-Mission und mit ausdrücklicher Duldung aus Moskau. Russland war stets gegen eine internationale Vermittlung gewesen, da man hierdurch eine Stärkung der georgischen Sichtweise und einen noch stärkeren Drall gen Westen befürchtete. «Moskau will Berlin nicht verprellen, beobachtet aber das Engagement mit Argwohn», kommentierte die *Neue Zürcher Zeitung.*[535] Nach den Ankündigungen Putins im April begann man im Kanzleramt und im Auswärtigen Amt die Freundesgruppe stärker zu reaktivieren.[536] Hans-Dieter Lucas, Sonderbeauftragter für Osteuropa, den Kaukasus und Zentralasien im Amt, flog nach Moskau und trug dort die deutschen Sorgen vor einer Verschärfung der Situation vor.[537] Dem US-Botschafter in Berlin erklärte Lucas nach seiner Rückkehr, seine russischen Gesprächspartner hätten behauptet, weiterhin keine Waffen in die abtrünnigen

Provinzen zu liefern oder eine völkerrechtliche Anerkennung auszusprechen. Man reagiere auf Druck aus der Duma und wolle den Regionen wirtschaftlich helfen. Die roten Linien seien ihm jedoch klar kommuniziert worden: eine NATO-Mitgliedschaft oder ein Angriff Georgiens.[538] Am 12. Juni trafen sich die westlichen Mitglieder der Freundesgruppe in Bonn. Das Auswärtige Amt legte ein Non-Paper für das weitere Vorgehen in Abchasien vor: den sogenannten «Steinmeier-Plan». [539] Er wurde in der Freundesgruppe mit dem Plazet der USA und Russlands weiterentwickelt und drang im *Spiegel* in Auszügen an die Öffentlichkeit.[540] Der Plan enthielt drei Stufen: Zunächst sollten beide Seiten für ein Jahr vertrauensbildende Maßnahmen umsetzen, einen Gewaltverzicht erklären und die Rückkehr der aus Abchasien geflüchteten Personen beschließen.[541] Moskau erklärte frühzeitig, man werde keine Gewaltverzichtserklärung mitunterschreiben, sondern nur als Garantiemacht auftreten, da man nicht Teil des Konfliktes sei.[542] Ein russisches Verhaltensmuster der geleugneten Involvierung, das auch die Ukrainer einige Jahre später kennenlernen mussten. In einem zweiten Schritt sollten weitere vertrauensbildende Maßnahmen initiiert und die bitterarme Provinz wirtschaftlich gestärkt werden. Zuletzt sollte über den künftigen Status Abchasiens verhandelt werden, also eine Unabhängigkeit oder die Rückkehr zu Georgien.[543] Kurz gefasst: Gewaltverzicht erklären, danach Vertrauen aufbauen und am Ende die Statusfrage lösen. Ein neues ständiges Komitee sollte über den Prozess wachen. Der Plan ging weitreichend auf russische Befindlichkeiten ein: Die rund 3000 russischen «Peacekeeper» sollten in der abtrünnigen Provinz verbleiben dürfen. Semantisch wurde Abchasien zu einem eigenen Akteur aufgewertet und ein Passus zur territorialen Integrität Georgiens fehlte.[544] Welche Chancen hatte der Vermittlungsversuch? Die Krux war, wie beide Seiten miteinander reden sollten und wie man das Sicherheitsregime in Abchasien verändern konnte. De facto lag es in russischer Hand, und weder die USA noch die Europäer waren bereit, eine Militär- oder Polizeimission mit eigenen Kräften zu unterstützen.[545] Russland war Konfliktpartei, sollte nun aber in die Rolle des neutralen Mediators schlüpfen. Weitere Brisanz erhielt die Situation, da der Kreml ein angedachtes Treffen der «Gruppe der Freunde Georgiens» am 13. Juni absagte – «much to [the] irritation of Chancellor Merkel», die Medwedew bei dessen Berlin-Besuch diesbezüglich ein Versprechen abgerungen hatte.[546]

Im Kanzleramt herrschte Unsicherheit: Zum einen war man in die Ausarbeitung des Non-Papers kaum eingebunden und zum anderen schien nicht nur das gebrochene russische Versprechen Sorgen zu bereiten. Der georgische Botschafter in Berlin hatte erklärt, das Sicherheits-Arrangement in Abchasien zu verlassen – ohne eine Frist zu nennen. Merkels außenpolitischer Berater, Christoph Heusgen, rief daraufhin den georgischen Außenminister an und warnte davor, «anything foolish» zu unternehmen.[547] Alle westlichen Mitglieder der Freundesgruppe wollten vermeiden, dass Georgien einen Abzug der russischen Friedenstruppen forderte.[548] Merkels enger Berater Rolf Nikel wurde in seiner Skepsis eher bestärkt: Ein ranghoher georgischer Vertreter hatte ihm erklärt, wenn seine Regierung zwischen einer Mitgliedschaft in der Allianz oder der Rückgewinnung der abtrünnigen Provinzen zu entscheiden hätte, wäre sie für letzteres.[549] Im Berlin fragte man sich nicht zu Unrecht, ob die Regierung in Tiflis die strategischen Ziele der NATO teilte oder schlicht die eigene Verhandlungsposition stärken und eigene Interessen durchsetzen wollte.

Am 25. Juni traf Merkel mit Saakaschwili in Berlin zusammen. Der Besuch verlief erstaunlich harmonisch. Der Gast überzeugte die Kanzlerin, dass die EU eine größere Rolle in der Abchasien-Frage spielen sollte.[550] Merkel wandte sich nach dem Treffen an die EU-Ratspräsidentschaft, um das Thema Abchasien Ende Juni auf dem EU-Russland-Gipfel besprechen zu lassen. Auch der G8-Gipfel Anfang Juli sollte sich mit der Frage befassen. Intern legte die deutsche Seite jedoch Wert darauf, nicht als Vermittler zwischen Georgien und Russland in Erscheinung zu treten, sondern im Rahmen der Freundesgruppe bzw. der EU zu agieren.[551] Saakaschwili versuchte zudem, die Kanzlerin in der MAP-Frage zu bewegen; doch sie blieb hart. Zuerst müsste sich die Lage in Abchasien entspannen.[552] Sie verwies auf das Negativbeispiel Türkei und Zypern, deren Streitigkeiten in die EU und NATO importiert worden seien.[553] Sie nutzte den MAP daher auch als Hebel, um Saakaschwili eine konziliantere Haltung abzuringen.

Am 30. Juni trafen sich die Mitglieder der Freundesgruppe an der Spree. Das russische Außenministerium verbat sich zwar in einer Presseerklärung ein *fait accompli*, lobte den Steinmeier-Plan jedoch vorab, obwohl zum Beispiel die Rückkehr der Flüchtlinge von der Realität allzu weit entrückt sei.[554] In Berlin einigte sich die Freundesgruppe auf eine verkürzte Form des ursprünglichen deutschen Non-Papers. Steinmeier nahm persönlich an dem Treffen teil und forderte einen Ausweg aus der «Eskalationsspirale», berichtete die US-Botschaft nach Washington.[555] Der deutsche Vorsitzende, Lucas, wollte den Plan noch vor dem Beginn der Sommerpause umsetzen. Wie viele andere befürchtete er eine Katastrophe, wenn ein Stillstand einträte. Die USA zeigten sich zufrieden. Der Plan biete den Abchasen und Georgiern viel, stoße auf Zustimmung. Deutschland stehe besonders durch die «Neuen Freunde» Georgiens unter Druck und scheine bereit, auf höchster Ebene Druck auf Russland auszuüben, vermeldete der US-Botschafter.[556] Zeitgleich führten Russland und Georgien Militärmanöver durch, in denen der Einmarsch bzw. die Reaktion auf einen Einmarsch geübt wurden.[557] Das Zeitfenster für eine diplomatische Lösung schien sich zu schließen.

Es begann eine intensive Shuttle-Diplomatie, um die Abchasen und Georgier von einer raschen Umsetzung zu überzeugen. US-Außenministerin Rice unterstützte die Bemühungen der Deutschen.[558] Steinmeier flog nach Tiflis, Suchumi und nach Moskau. Am 17. Juli hielt Saakaschwili in Anwesenheit des deutschen Außenministers eine Wutrede gegen Moskau. Teilnehmer der deutschen Delegation berichteten von «schwierigen Gesprächen», doch Steinmeier appellierte an seine Gastgeber, den drohenden Krieg abzuwenden.[559] Noch bevor der Außenminister in der russischen Hauptstadt landete, lehnten die abchasischen Vertreter den Plan jedoch ab. Auch der Kreml veröffentlichte sein *njet* zum «Steinmeier-Plan», bezeichnete Saakaschwili als unglaubwürdig und wollte, wenn überhaupt, lieber direkt mit ihm verhandeln und nicht die westlichen Staaten mit am Tisch haben.[560] Die Reise Steinmeiers sei ein «Fehlschlag» gewesen, berichteten deutsche Diplomaten hinter verschlossenen Türen, denn die Russen hätten auch direkten Gesprächen zwischen Abchasen und Georgiern in Berlin eine Absage erteilt.[561] Der Kreml verlangte eine Gewaltverzichtsvereinbarung (zwischen den Provinzen und Tiflis) und den Rückzug Georgiens aus dem Kodori-Tal als Grundlage für neue Gespräche.[562] Saakaschwili wollte Garantien, dass die Flüchtlinge nach Abchasien zurückkehren konnten, was die Provinzregierung ablehnte.

Der «Steinmeier-Plan» war gescheitert. Der Bundesaußenminister konstatierte, man müsse quasi wieder bei Null anfangen.[563] Die öffentlichen Erklärungen der Russen waren relativ gemäßigt, um Steinmeier nicht zu desavouieren, sondern den Abchasen und Georgiern den schwarzen Peter für das Scheitern des deutschen Vermittlungsversuchs zuzuschieben – so die Vermutung deutscher Diplomaten.[564] Trotzdem beschlossen die westlichen Mitglieder der Freundesgruppe, für den 31. Juli und 1. August ein Treffen der gesamten Gruppe auf Ebene der Politischen Direktoren in Berlin einzuberufen. Die Bundesregierung lud die Entscheidungsträger in Suchumi und Tiflis ebenfalls ein. Georgien schien willens, eine Gewaltverzichtserklärung auszusprechen, aber nur in einer Paketlösung.[565] Um alle Seiten an einen Tisch zu bringen, wollte Steinmeier die Einladung persönlich aussprechen und die erste Sitzung selbst eröffnen.[566] Trotz der Rückschläge war der Außenminister weiterhin bereit, erhebliches politisches Kapital zu investieren, um den Konflikt zu entschärfen. Er wollte der Utopie der Verflechtung nicht abschwören. Doch der Termin platzte. Die Provinzregierung Abchasiens wollte verschieben.[567] Die Russen erklärten, ihre zuständigen Diplomaten befänden sich im Sommerurlaub.[568] Ein neues Treffen wurde für Ende August angepeilt.[569] Trotz aller Bemühungen konnte der Konflikt nicht diplomatisch gelöst werden. Die Provinzregierung in Abchasien und Russland verweigerten den Dialog, wohingegen Georgien aufgrund westlichen Druckes etwas gesprächsbereiter geworden war, aber nie wirklich an ein Gelingen geglaubt hatte. Die Bundesregierung hatte alles versucht – vergeblich. Wie besonders war der deutsche Draht nach Moskau, wenn er sich im Ernstfall nicht bewährte? Letztlich war jedoch nicht Abchasien der Ort, an dem der Konflikt eskalierte, sondern Südossetien.

Krieg im Kaukasus

Die Olympischen Sommerspiele in Peking sollten ein Propagandaspektakel der chinesischen Führung werden. Bei der Eröffnungszeremonie saßen die Mächtigen der Welt auf der Ehrentribüne eng zusammen. Kurz bevor sie ihre Plätze einnahmen, sickerten erste Pressemeldungen über einen russischen Einmarsch in Georgien durch. Die westlichen Vertreter berieten sich kurz. Sarkozy ging hiernach auf Putin zu. «Wladimir, was machen Sie denn da in Georgien?»[570] Man verteidige sich, entgegnete Putin verschnupft.

Am 7. August hatte sich Saakaschwili entschlossen, die südossetische Provinzhauptstadt Zchinwali zu erobern. Seine Artillerie beschoss die Stadt, wodurch auch Zivilisten starben. Am nächsten Tag schleusten die Russen schweres Gerät und Soldaten durch den über drei Kilometer langen

Roki-Tunnel, der Süd- und das russische Nordossetien verband. Die russischen Streitkräfte standen nicht zufällig Gewehr bei Fuß. Hatten sie dort gelauert und ohnehin einen Einmarsch geplant? Hatte Moskau den georgischen Präsidenten provoziert und in eine Falle gelockt? Zuvor hatten südossetische Separatisten georgische Peacekeeper beschossen und die Vermutung liegt nahe, dass der Kreml bereits im Frühjahr den Schalter auf Krieg, inklusive einer Absetzung Saakaschwilis, umgelegt hatte.[571] Der Kriegsausbruch wurde in der Folge intensiv untersucht und blieb doch in einigen Aspekten umstritten.[572] Der Kriegsverlauf war jedoch eindeutig. Die russischen Streitkräfte warfen die georgischen Einheiten zurück und bis zu 40 000 ihrer Soldaten rückten auch auf georgischem Staatsgebiet immer weiter vor. Bei der Bombardierung der georgischen Stadt Gori verloren viele Zivilisten ihr Leben. Der Westen war nun aufgeschreckt.[573] Wenige Nächte später standen die russischen Kolonnen 35 Kilometer vor den Toren der georgischen Hauptstadt. Würden die Panzer haltmachen oder plante Putin einen «Regime change»? In Tiflis brach teilweise Panik aus. Saakaschwili ließ wichtige Dokumente zusammenpacken und bereitete sich auf eine Flucht vor.[574] Doch die russischen Streitkräfte stoppten ihren Vormarsch. Am 12. August schlossen beide Seiten einen Waffenstillstand. 850 Menschen waren getötet und über 30 000 vertrieben worden. Die russischen Verbände zogen sich jedoch nur schleppend von georgischem Staatsgebiet zurück und unternahmen wenig, um die Vertreibung von Georgiern aus Südossetien und Abchasien zu verhindern. Wenngleich Russland den Krieg militärisch gewonnen hatte, war es doch weitgehend diplomatisch isoliert. Die Argumentationslinie, wonach der Vormarsch einen Genozid verhindert hatte, verfing nicht, sollte aber eine Analogie zur westlichen Intervention im Kosovo 1999 insinuieren. Man war in ein benachbartes Land einmarschiert, daran gab es nichts schönzureden. Es war kein interner Konflikt innerhalb der Russischen Föderation, wie etwa Tschetschenien; wenn, dann galt diese Sichtweise für Georgien. Bewusst provozierend bezeichnete Medwedew den Krieg als Russlands «11. September» und Putin behauptete, dass die USA die georgische Regierung zum Krieg animiert hätten.[575] In Russland wurde der Waffengang als Revanche für die Unabhängigkeit des Kosovo gesehen und löste eine übersteigertes Triumphgefühl aus.[576] Laut des Moskauer Meinungsforschungsinstitutes FOM begrüßten 75 Prozent der Russen den Einmarsch in Georgien und hielten das Land für «eine Geisel der geopolitischen Machenschaften der USA».[577] Was sollte, was konnte der Westen unternehmen?

Die USA hofften in den ersten 48 Stunden, Russland würde «nur» Südossetien besetzen und nicht weiter vorstoßen. Die Einfluss- und Gestaltungsmöglichkeiten waren begrenzt.[578] Washington schlug einen sofortigen Waffenstillstand, den Rückzug russischer und georgischer Streitkräfte in ihre Stellungen vor dem 6. August, eine neue Friedensmission für Südossetien und Wahlen vor.[579] Doch Russland machte nicht Halt, und in Washington setzte ein Sinneswandel ein. Man musste Georgien helfen, Russland stoppen und regionalen Verbündeten signalisieren, dass man auf die USA zählen konnte.[580] Die Bush-Administration wollte keinen Konflikt mit Russland und somit den Fokus vom russischen Vorgehen gegen Georgien auf allgemeine Rivalitäten verschieben. Zudem wollte man durch eine aggressive und offene Führungsrolle die Europäer nicht verschrecken.[581]

Nach den transatlantischen Differenzen im Zuge des Irak-Krieges waren einige Wunden noch nicht geheilt und die Wirtschafts- und Finanzkrise stand nach dem Sommer rasch im Zentrum der Aufmerksamkeit. Dem Kaukasus wurde oftmals wenig Bedeutung beigemessen, aber die Energieabhängigkeit von Russland war gestiegen und auch deshalb werteten viele Regierungszentralen Westeuropas den Krieg nicht als Angriff auf die europäische Sicherheitsarchitektur, sondern als einen unnötigen Konflikt, der den Gang der Dinge störte.[582] Zumal durch das Verhalten Saakaschwilis die Sympathien für ihn nicht in den Himmel schossen. Die Reaktion der Europäer war daher sehr unterschiedlich. Polen und die baltischen Staaten argumentierten am 9. August in einer gemeinsamen Presseerklärung, die nicht erfolgte Aufnahme Georgiens in die NATO auf dem Bukarest-Gipfel hätte Russland zu einem aggressiven, imperialen Vorgehen motiviert.[583] Demgegenüber bezeichnete Wolfgang Ischinger den Kompromiss als Notbremse, wodurch eine direkte Involvierung der NATO in diesen Krieg verhindert worden sei.[584] Die USA drängten hinter den Kulissen auf eine gemeinsame Front des Westens.

Moskau lehnte zunächst alle Vermittlungsversuche ab. Da sich der Konflikt vor allem in Südossetien abspielte, wo es eine OSZE-Mission und keine Präsenz der VN gab, war die zuvor eingenommene Mediationsrolle Deutschlands nicht mehr so einfach möglich.[585] Der französische Staatspräsident Nicolas Sarkozy übernahm als amtierender EU-Ratspräsident das Ruder. Die EU und die einzelnen Mitgliedstaaten hielten sich mit offener Kritik am Kreml zunächst zurück, um seinen Vermittlungsversuch nicht zu konterkarieren. Eine Linie, die man auch in Berlin verfolgte.[586] Damit lief man allerdings Gefahr, als zu nachsichtig gegenüber Russland wahrgenommen zu werden. Sarkozy befürchtete einen russischen Einmarsch in Tiflis.[587] Diplomatisch wollte er Schlimmeres verhindern, knüpfte seine Gespräche allerdings an einen Stopp des Vormarsches, was ihm erst kurz vor seiner Landung in Moskau am 12. August zugesagt wurde.[588] Dort formulierte er eigenhändig sechs Punkte für einen Waffenstillstand. Das Recht Georgiens auf territoriale Unversehrtheit wurde nicht erwähnt. Sarkozy wurde kritisiert, erst so spät nach Moskau geflogen zu sein, und es schien wenig hilfreich, dass er dem Kreml das Recht zugestand, die «Interessen der ethnischen Russen außerhalb der Russischen Föderation zu verteidigen».[589] Am Ende seiner Reise stand ein Sechs-Punkte-Plan, der nach einigen Änderungen in den kommenden Tagen von allen Seiten unterschrieben wurde.[590] Es kam nicht zum Sturm auf Tiflis. Saakaschwili wurde nicht gestürzt. Doch viele Formulierungen waren schlecht gewählt und boten Russland Schlupflöcher. Der Abzug der russischen Truppen blieb ein entscheidendes Problem.[591] Ebenso unklar war der finale Status der beiden abtrünnigen Provinzen. Zudem schuf Russland weiter Tatsachen, die dem Geist und Inhalt des Abkommens widersprachen: Die russische Anerkennung Südossetiens und Abchasiens als unabhängige Staaten am 25. und 26. August und die dortige Stationierung russischer Streitkräfte stießen auf große Kritik – auch von engsten Verbündeten Moskaus.[592] Der Kreml pochte hingegen auf eine «privilegierte Interessensphäre».[593] Nach intensiven Verhandlungen stand erst am 8. September ein modifizierter Friedensplan, der den Waffenstillstand näher definierte und eine EU-Beobachtermission (EUMM) aus der Taufe hob, die Deutschland entscheidend unterstützte.[594] Welche Rolle hatte die Bundesrepublik in den diplomatischen Bemühungen gespielt? Versuchte Berlin nach dem «Steinmeier-Plan» erneut eine entscheidende Funktion einzunehmen?

Die Lotsin geht an Bord

In den Augen der Politologin Lina Fix sekundierte Berlin der Führung des Élysée als «Junior Partner», hielt sich mit harschen Verurteilungen des russischen Vorgehens zurück, auch um bei einem Scheitern Sarkozys selbst eine Führungsrolle übernehmen zu können.[595] Dies entsprach einem durchaus üblichen deutsch-französischen Vorgehen in der EU, bei dem zumindest öffentlich dem Land der Vortritt überlassen wurde, das geeigneter schien, engagierter in der Frage war oder in diesem Falle die Ratspräsidentschaft inne hatte. Anschließend war Berlin als Vermittler in der EU aktiv, versuchte eine geschlossene Haltung der Europäer zu bewahren und engagierte sich intensiv im Rahmen der EU-Beobachtermission.[596] Um die deutsche Rolle zu beurteilen, muss ein Blick über den Sarkozy-Plan hinaus geworfen werden.

Außenminister Steinmeier war erschüttert von den russischen Aktionen.[597] Er erklärte seinem russischen Amtskollegen Lawrow am 10. August telefonisch, Russland habe «den Rubikon überschritten», müsse das einseitige georgische Waffenstillstandsangebot annehmen und unverzüglich seine Soldaten aus dem georgischen Kernland zurückziehen.[598] Hinter verschlossenen Türen äußerte sich die deutsche Seite daher bereits direkter und kritischer. Man wollte den französischen Vermittlungsversuch abwarten und nicht durch eine öffentliche Philippika schaden. Auf dem Sondergipfel der EU-Außenminister am 13. August brachte Steinmeier diese Haltung auf den Punkt: Wolle man verurteilen oder konstruktiv verhandeln?[599] Steinmeier warnte wiederholt vor «Schnellschüssen», was auch für die Schuldzuweisung am Kriegsbeginn galt.[600] Er war die treibende Kraft bei der Etablierung einer unabhängigen Kommission der EU zu dieser Frage im September.[601] Im Kanzleramt und im Auswärtigen Amt sah man diese Idee eher kritisch und als innenpolitischen Schachzug des Ministers.[602] Auf dem Sondergipfel am 13. August stemmte sich der französische Vorsitz gegen die Erwähnung der Souveränität und territorialen Integrität Georgiens im Abschlusskommuniqué.[603] Welchem Kurs sollte die EU folgen? Die Europäer waren sich uneins.[604] Nachdem sich die Schwachpunkte des Sechs-Punkte-Planes immer deutlicher abzeichneten, wurde die Bundesrepublik aktiver, um Paris zu unterstützten und die EU auf einer gemeinsamen Linie zu halten.[605]

Trotz der engen Abstimmung mit Steinmeier wollte die Kanzlerin die Zügel in die Hand nehmen.[606] Fuhr sie einen anderen Kurs als ihr Außenminister? Setzte bei ihr ein «Wandel durch Bestürzung» ein, wie der *Spiegel* argumentierte?[607] Die Bilder des Krieges hätten sie erschüttert, wusste das Magazin zu berichten. Die langen russischen Panzerkolonnen, das Plündern, die Flüchtlinge. All das berührte die Kanzlerin. «Es dominiert nicht mehr der Ärger über Saakaschwili. Jetzt erzürnt sie das herrische Gebaren der Russen.»[608] Einen Sturz Saakaschwilis wollte das Kanzleramt unbedingt verhindern.

Am 15. August traf die Kanzlerin Medwedew in Sotschi. Man werde sehr offen mit den Russen sprechen, versicherte ihr Berater Nikel den Amerikanern im Vorfeld.[609] Er betonte das georgische Recht auf territoriale Integrität, was in öffentlichen Äußerungen des deutschen Außenministers zuvor häufig gefehlt hatte. In Sotschi stellte Medwedew solche Grundsätze sofort in Frage. Abchasen und Südosseten könnten nicht weiterhin innerhalb der Grenzen Georgiens leben, so der russische Präsident.[610] Merkel konterte: Nicht Grenzen gelte es zu verschieben, sondern Moskau müsse den Sechs-Punkte-Plan umsetzen und die eigenen Truppen zurückziehen. Die territoriale Integrität Georgiens sei nicht verhandelbar. Alle Seiten müssten auf eine politische Lösung des Konflikts hinarbeiten.[611] Zudem, so die Kanzlerin, müsse der Kreml aufpassen, welche Geister er aus der Flasche lasse: Es wollten mehr Völker weg von Moskau als in die Russische Föderation streben.[612]

Nach ihren Gesprächen flog sie weiter nach Georgien. Im Flieger zeigte sie sich skeptisch, berichteten mitreisende Journalisten. Sie wollte sich «Saakaschwili vorknöpfen».[613] In Tiflis sprach sie über zwei Stunden mit dem georgischen Präsidenten. «Irgendetwas» sei mit ihr passiert, mutmaßte der *Spiegel*, denn danach gab sie «eine Pressekonferenz, die Weltschlagzeilen macht. Sie steht neben dem Präsidenten und sagt: ‹Ich glaube, dieses klare politische Statement ist in dieser Situation auch noch einmal sehr wichtig: Georgien ist ein freies, unabhängiges Land, und jedes freie, unabhängige Land kann gemeinsam mit den Mitgliedern der NATO entscheiden, wann und wie es in die NATO aufgenommen wird. Es wird im Dezember eine erste Begutachtung der Situation geben, und wir sind auf einem klaren Weg in Richtung einer NATO-Mitgliedschaft.›»[614] Sie wich von ihrem Sprechzettel ab, wie der *Spiegel* beobachtete.[615] Sie verabschiedete sich von der alten Linie: Kein überstürztes Vorgehen, bestehende Konflikte lösen, demokratische Reformen anpacken. Die Kanzlerin sandte damit ein deutliches Signal an die Adresse Putins.

Im Auswärtigen Amt war man perplex. Hatte die Kanzlerin im Kaukasus den deutschen Vorbehalt gegen MAP geräumt und einen Schwenk vom Vermittler zum engen Fürsprecher Georgiens vollzogen? Steinmeier «rief Merkel an und fragte sie, wie das gemeint gewesen sei. Merkel antwortete, sie habe doch nichts anderes getan, als den Beschluss von Bukarest zu wiederholen. Steinmeier blieb nichts übrig, als das zu glauben, doch seitdem achtet er umso genauer auf jedes Wort aus dem Kanzleramt. (...) Merkel sei zwar moderat in ihrer Kritik an Russland, so die Analyse im Auswärtigen Amt, gleiche die Vorsicht auf dieser Seite aber durch auffällig deutliche Parteinahme für Georgien wieder aus. Die ‹Meisterin der Zweideutigkeit› im Kanzleramt müsse man genau unter Beobachtung halten, heißt es im Außenministerium. Steinmeier ist zutiefst skeptisch gegenüber einer Beschleunigung des Beitrittsprozesses, und er hofft weiterhin, dass Merkel es ähnlich sieht.»[616] Es war offensichtlich, dass es in der Großen Koalition (weiterhin) unterschiedliche Sichtweisen gab. Der stellvertretende Regierungssprecher sah sich gezwungen, öffentlich zu erklären, es gebe in der Großen Koalition «eine gemeinsam getragene Russlandpolitik».[617] Der Außenminister wurde zudem durch russlandfreundliche Äußerungen des Altbundeskanzlers Gerhard Schröder in die Bredouille gebracht. Steinmeier kritisierte öffentlich die Einlassungen seines ehemaligen Chefs und stellte klar: Russland habe den Konflikt durch den Vormarsch auf georgisches Kernland eskaliert, und die territoriale Integrität Georgiens bilde die Grundlage deutscher Bemühungen.[618] Zugleich warnte Steinmeier, die europäische Sicherheitsarchitektur drohe ins Wanken zu geraten, und konstatierte eine «Spirale der Provokationen». Zu viele Akteure seien «mit dem Streichholz unterwegs, statt den Feuerlöscher zu bedienen» – eine Kritik, die sich keinesfalls nur an die Adresse Moskaus richtete.[619]

Währenddessen zeichneten sich laut einem Bericht des *Spiegel* im Kanzleramt «langsam die Konturen einer neuen Ostpolitik ab». Merkel wolle im Einvernehmen mit Steinmeier «Georgien unterstützen, ohne Russland in die Enge zu treiben».[620] Die Kanzlerin plane eine Konferenz der EU mit Georgien und seinen Nachbarstaaten, um dem Land beim Wiederaufbau und der Flüchtlingsproblematik zu helfen, es enger an die EU und die

NATO zu binden, ohne eine Mitgliedschaft zu überstürzen. Die Gesprächskanäle nach Moskau sollten offenbleiben. Umgekehrt kritisierte die Kanzlerin den schleppenden Abzug der russischen Streitkräfte, die immer noch die strategisch wichtige Hafenstadt Poti blockierten, und forderte die Umsetzung des Sechs-Punkte-Plans.[621] Merkel preschte nicht mit Ideen vor, sondern stimmte sich eng mit Sarkozy ab. Es bestand eine deutsch-französische Arbeitsteilung, um Konsens in der EU herzustellen: Paris kümmerte sich um die großen Mitgliedstaaten, Berlin um die kleineren, zum Beispiel im Baltikum.[622]

Am 25./26. August flog Merkel nach Stockholm, Vilnius und Tallinn, um auf die dortigen Kritiker zuzugehen. Zudem wollte sie vor dem EU-Sondergipfel zu Georgien und den EU-Russland-Beziehungen die Reihen geschlossen zu halten.[623] Was ursprünglich als Routinereise geplant war, geriet nun zur Krisendiplomatie. Am 25. August forderten beide Kammern des russischen Parlaments die Anerkennung der abtrünnigen Provinzen als unabhängige Staaten, was die Bundesregierung umgehend kritisierte.[624] In Stockholm forderte Merkel Medwedew auf, die Resolution der Duma und des Föderationsrates nicht zu unterzeichnen, also keine Anerkennung auszusprechen.[625] Man habe Wirtschaftsinteressen in Russland, aber könne die eigenen Werte nicht einfach links liegen lassen, erklärte sie.[626] Im Hinblick auf eine NATO-Mitgliedschaft ruderte Merkel zurück: Es gehe nicht um eine sofortige Aufnahme, sondern um den Weg in die Allianz.[627]

Am Folgetag flog sie ins Baltikum. In der estnischen Hauptstadt war die Angst vor Russland ebenso mit Händen zu greifen wie die Vorbehalte gegenüber dem Nord Stream-Projekt. Die Streitigkeiten um die Denkmäler aus Sowjetzeiten und die russischen Cyberattacken im vergangenen Jahr waren noch nicht vergessen.[628] Als Merkel mit dem estnischen Premier beim Mittagessen saß, platzte eine weitere besorgniserregende Nachricht herein. Präsident Medwedew hatte die Unabhängigkeitserklärungen der beiden Provinzen anerkannt. Ein Schritt, der bei Merkel augenscheinlich zu einem Umdenken führte.

Am 26. August hielt sie in Tallinn eine vielbeachtete Rede. Im Flieger von Schweden nach Estland hatte die Kanzlerin selbst nochmal Änderungen vorgenommen.[629] Sie bezeichnete die Anerkennung der Provinzen als «völkerrechtswidrig und nicht akzeptabel», da es das Prinzip der territorialen Integrität verletze. Es könne ein «einfaches ‹Weiter so›, ein einfaches Weitermachen in der Tagesordnung nicht geben. Wenn wir eine echte Partnerschaft zwischen der Europäischen Union und Russland wollen, dann verlangt das, dass wir uns an gemeinsamen Werten und Grundprinzipien orientieren», sagte die Kanzlerin und versprach eine engere Anbindung Georgiens an die EU.[630] Der estnische Präsident verdeutlichte, eine Aussetzung der Gespräche zwischen der EU und Russland und der WTO-Beitrittsverhandlungen sei nicht genug. Der Westen müsse schärfer reagieren. Artikel 5 der NATO dürfe nicht unsicher erscheinen.[631] Die Kanzlerin unterstrich die Beistandsklausel als «Fundament» der Allianz und verwies auf die deutsche Luftraumüberwachung im Baltikum.[632] Sie bekräftigte auch den georgischen Weg in die NATO. Einen Zeitplan gebe es zwar nicht, «niemand sollte aber daran Zweifel haben, dass dem Grundsatzbekenntnis in Bukarest als nächster Schritt auch der Weg zum ‹Membership Action Plan› folgen wird,» so die Kanzlerin.[633] Auch die Mitgliedschaft der Ukraine habe man ja bereits «zugesagt».[634] Merkel sende aus dem Baltikum Signale in ungewohnter Schärfe, kommentierte die *FAZ*.[635] Die Esten zeigten sich mit dem Auftritt der Kanzlerin sehr zufrieden, wie sie der US-Botschaft in Tallinn vertraulich versicherten.[636] Die Bundesregierung nehme ihre Sorgen ernst. Währenddessen reiste Merkel weiter nach Vilnius.

Dort sprach sie ausführlich mit dem litauischen Präsidenten Valdas Adamkus. Um auf die Ängste in vielen Partnerländern und post-sowjetischen Staaten einzugehen, schlug sie einen EU-Gipfel in Tiflis vor.[637] Hiervon wollte sie auch Sarkozy überzeugen. Ihren litauischen Gesprächspartnern sagte sie vertraulich, dass Russland in ihren Augen weiterhin drei Ziele verfolge: Der Kreml wollte Saakaschwili absetzen, den Westen spalten und die Ukraine destabilisieren. Präsident Adamkus und seine hochrangigen Berater gaben Auszüge des Gesprächs mit der Kanzlerin wörtlich an die US-Botschaft in Vilnius weiter. Demnach habe Merkel argumentiert, man müsse massive Wiederaufbauhilfe in Georgien leisten und Saakaschwili unterstützen, «auch wenn wir ihn nicht mögen (...) Sie sagte, man müsse sich über die konkreten Aspekte einer Unterstützung Georgiens, inklusive eines MAP-Angebotes, noch austauschen, aber sie neige dazu.»[638] Als unsichere Kantonisten im westlichen Lager machte sie Italien und Spanien aus. Russischen Destabilisierungsversuchen in der Ukraine müsse man entgegenwirken. «Merkel sagte, der Westen müssen genau überlegen, wie man dies tun könne, und ob ein MAP-Angebot [an die Ukraine] ein Teil hiervon sei (sie sagte auch offen, dass ihr Koalitionspartner ihre Handlungsfreiheit diesbezüglich einschränke, da vor allem Außenminister Steinmeier dagegen sei). Merkel resümierte, dass Russland das ganze in den letzten zwanzig Jahren aufgebaute Vertrauen zerstört habe.»[639] Auf dem kommenden EU-Sondergipfel am 1. September wollte Merkel auch Möglichkeiten einer engeren Zusammenarbeit mit der Ukraine ausloten und eine gemeinsame Linie der EU sicherstellen.[640]

Welche Folgen hatte der Kaukasuskrieg? Seit dem 24. Februar 2022 wird der Georgien-Krieg oft als verpasster Weckruf bezeichnet. Der Westen habe geschlafen, die wirkliche Gefahr nicht erkannt. Es war zweifelsohne ein erster Warnschuss: Russland war über das eigene Territorium hinaus willens, seinen Einfluss im «Nahen Ausland» mit Waffengewalt in imperialer Manier durchzusetzen. Medwedew erklärte am 31. August im Fernsehen, Russland werde immer russischsprachige Personen außerhalb der eigenen Staatsgrenzen «schützen» und betonte das Prinzip «privilegierter Interessen» im post-sowjetischen Raum, womit er eine eigene Interessensphäre abstecken wollte.[641] War der Krieg ein Versagen oder gar das Ende der europäischen Sicherheitsarchitektur, da ein kleiner Staat nicht beschützt wurde?[642] Wurde Georgien wirklich nicht geholfen? Welche Alternativen boten sich?

Kurswechsel des Westens?

Um die deutschen Reaktionen beurteilen zu können, muss der Kontext betrachtet werden. Im September 2008 wurde die Banken- und Finanzkrise das zentrale Thema. Am 15. September hatte die Investmentbank Lehman Brothers Insolvenz angemeldet und die Bankenkrise spitzte sich auch in Europa zu.[643] Ein Blick in die Fraktionsprotokolle der CDU/CSU-Fraktion verdeutlicht, wie exklusiv diese Frage im September und Oktober behandelt wurde. Die Kanzlerin legte bereits am 7. Oktober ihre Strategie für die kommenden Jahre dar: «Heute in der Regierungserklärung kann ich natürlich nicht sagen, ich kann alles voraussehen, was in Deutschland noch so ist. Wir können immer nur das kurzfristige Krisenmanagement so machen, dass wir systemische Risiken verhindern, und wir müssen dann für die mittel- und langfristige Sicht natürlich daraus die Lehren ziehen.»[644] Hier scheint ein wesentliches Merkmal durch, das sich auch in anderen Krisen zeigte.

In der Finanzkrise zeigten sich die Probleme und Zwänge des Regierungshandelns. Die Kanzlerin fürchtete um den Wohlstand der Deutschen – eine ihrer größten Sorgen, die allerlei außenpolitische Entscheidungen beeinflusste.[645] Durfte man sich in Zeiten klammer Kassen und existenzieller Sorgen vieler Bürger noch den «Luxus» einer werteorientierten Außenpolitik, die möglicherweise mit erhöhten Energiepreisen einhergehen würde, gönnen? Die Frage war nicht nur in der Bundesrepublik virulent. Zudem stieß in Europa der deutsche Austeritätskurs nicht überall auf Gegenliebe. Die Sparmeister aus Berlin wurden als unbarmherzige Teutonen wahrgenommen – vor allem in Griechenland, Spanien und Italien. Alles Länder, die ohnehin eher russlandfreundlich waren und nun weitere ökonomische Argumente an der Hand hatten, kostengünstige Energie aus Russland zu beziehen und den «Ost-Handel» nicht zu gefährden. Die Finanzkrise spaltete zudem die EU in die Länder der Euro-Zone und die restlichen Staaten. Gerade die Ostmitteleuropäer hatten Angst, außen vor zu bleiben und wie Mitglieder zweiter Klasse behandelt zu werden. Die Krise hatte ebenso Auswirkungen auf die transatlantischen Beziehungen. Es drohte ein Akzeptanzverlust des westlichen Wirtschaftsmodells und ein «geopolitischer Rückschlag».[646] Der Druck der USA auf Berlin, die Notenpresse anzuschmeißen, führte wiederholt zu Spannungen. Die Antwort des Westens auf den Kaukasuskrieg muss in diesem Gesamtkontext gesehen werden.

Wurde der Krieg zu einem Wendepunkt in der deutschen Wahrnehmung Russlands? Eine Eurobarometer-Umfrage im Oktober ergab, dass 48 Prozent der Deutschen und 46 Prozent der Europäer zwar von dem Konflikt gehört hatten, aber nicht wussten, worum es genau ging; 43 Prozent der Bundesbürger (36 Prozent der Europäer) gaben an, davon gehört zu haben und darüber auch Bescheid zu wissen.[647] Eine Erhebung des Allensbach-Instituts belegte, dass 40 Prozent der Deutschen den russischen Expansionsdrang nicht hinnehmen wollten, wohingegen 39 Prozent einen Kurs der Verständigung befürworteten und der Aussage zustimmten «Auch wenn dem Westen die russische Politik nicht gefällt, sollte er versuchen, Verständnis für die russische Politik zu haben und mit Russland zu verhandeln. Nur so kann man Einfluss auf Russland ausüben.»[648] 53 Prozent der Bürger bezeichneten die deutsch-russischen Beziehungen weiterhin als «gut», 31 Prozent als «weniger gut» und zwei Prozent jeweils als «sehr gut» bzw. «gar nicht gut».[649] 36 Prozent sahen Russland als ein Land, von dem

Gefahr ausgeht.[650] Putins Beliebtheit sank stark ab: Hatten 2004 noch 33 Prozent eine gute Meinung von ihm, waren es 2008 nur noch 15 Prozent.[651] In den gleichen Jahren nahm umgekehrt die Wahrnehmung Russlands als Weltmacht zu: von 38 Prozent 2004 auf 67 Prozent 2008.[652] Johannes Voswinkel fragte in der *Zeit*, ob man nicht jahrelang die Schattenseiten Russlands ausgeblendet und sich den «Hoffnungsstrahlen» hingegeben hatte: «Das Chaos der Jelzin-Ära wurde überwunden, die Deutschen blieben fasziniert von einem russischen Präsidenten, der ihre Sprache beherrschte, der Nachfolger Medwedjew erschien als Chance: (…) Der Krieg wirkt jetzt wie die brutale Auslöschung dieser besseren Alternative, wie eine gewaltsame Vereindeutigung des Russlandbildes ins Finstere und Bedrohliche.»[653] Das Ende einer Utopie? Die deutschen Medien waren keineswegs einseitig russlandkritisch oder im Heerlager Georgiens. Es herrschte eine Vielzahl an Einschätzungen.[654] Der *Zeit*-Journalist Michael Thumann, ein ausgesprochener Kritiker des Putinschen Systems, vergab nach dem Krieg Bestnoten für die Europäer: «Es war richtig, dass die EU nach dem Kaukasuskrieg nicht überreagiert hat mit Sanktionen und Kriegsgeheul. Es war klug, zu vermitteln, statt zu mobilisieren. Und es war richtig, trotz der Besetzung von halb Georgien die Gesprächskanäle nach Moskau offen zu halten.»[655] Wie andere Experten konstatierte Thumann, der Krieg habe Russlands Schwäche offenbart: wirtschaftlich marode, militärisch unfähig, gesellschaftspolitisch überholt. Europa müsse daher, so Thumann weiter, unabhängiger von Energie aus Russland werden: «Nicht Verflechtung mit Russland, sondern Entflechtung ist das Gebot der Zukunft.»[656] In der ARD-Sendung «Panorama» am 28. August wurde hingegen die Schuld am Krieg bei Georgien gesehen.[657] Saakaschwili sei ein «Schwindler, ein Kriegstreiber und kein lupenreiner Demokrat», hieß es, und dennoch werde dem Land als Belohnung von der Kanzlerin die NATO-Mitgliedschaft angetragen.[658] Durch viele Zeitungsartikel schwirrte die grundlegende Frage, ob auf dem georgischen Altar die deutsch-russische Freundschaft geopfert werde.[659]

Das Stimmungsbild im politischen Berlin war gemischt. Im Bundesnachrichtendienst begann sich die Einschätzung breit zu machen, dass Russland die europäische Sicherheitsarchitektur jedenfalls von der Peripherie her verändern *wollte* und es zunehmend auch *konnte*.[660] Andreas Geza von Geyr, Referatsleiter für Sicherheitspolitik im Kanzleramt, sprach von einem «Paradigmenwechsel», weshalb der Westen Foren wie den NRR nutzen sollte, um gemeinsam Druck auf Russland auszuüben.[661] Die deutsche und amerikanische Haltung sei nicht so weit auseinander, wie öffentlich behauptet. Das Vorgehen im Kaukasus habe in Deutschland viele Illusionen über ein «neues Russland» zerstört, so von Geyr gegenüber amerikanischen Gesprächspartnern.[662] Doch im Auswärtigen Amt dachte man weniger kategorisch, wie der damalige Leiter des Planungsstabes in der Rückschau festhielt: Man habe den Krieg nicht als einschneidendes Ereignis wahrgenommen, das eine grundlegende strategische Neuorientierung erfordert hätte.[663] In der *Stiftung Wissenschaft und Politik* sahen zwei führende Experten die Rollen noch klarer verteilt: Die NATO-Erweiterung, die MAP-Diskussion und Georgien seien Schuld an dem Krieg, die Gesprächskanäle mit Russland müsse man offenhalten.[664]

Die Bundesregierung war um Schadensbegrenzung bemüht. Schon zum Zeitpunkt der Tallinn-Rede im August teilte das Kanzleramt der US-Botschaft mit, man werde die deutsch-russischen Konsultationen am 2. Oktober nicht absagen.[665] Hier habe bereits «business almost as usual» geherrscht, hielt ein Bericht des amerikanischen Botschafters in Berlin fest.[666] Deutsche und Russen sprachen über wirtschaftliche Fragen und bekräftigten das Konzept der Modernisierungspartnerschaft.[667] Merkel betonte ihren Wunsch nach einer gesellschaftlichen Modernisierung Russlands und nach einem kooperativen Verhalten des Kremls zur Bewältigung internationaler Herausforderungen.[668] Sie kritisierte sowohl die innen- als auch die außenpolitische Entwicklung Russlands. Die VN und den IWF gelte es zu stärken, Berlin werde sich «immer für einen multilateralen Ansatz aussprechen». Zu viel bilaterale Glückseligkeit wollte die Kanzlerin vermeiden. Über Georgien sei man unterschiedlicher Meinung, verkündete Merkel, und sie halte «die Reaktion Russlands in diesem Konflikt für nicht angemessen. Wir haben gesagt: Wir müssen jetzt wieder Vertrauen aufbauen.»[669] Einem schnellen MAP-Angebot an die Ukraine und Georgien im Dezember erteilte die Kanzlerin auch in diesem Kontext eine Absage.[670]

War die Wiederherstellung der bilateralen Gesprächskontakte ein deutscher Sonderweg?[671] Mitnichten. Allein im Oktober empfing der Kreml den spanischen und italienischen Ministerpräsidenten und nach dem Besuch des französischen Premiers François Fillon im September fanden auch bilaterale Konsultationen mit Frankreich statt. Fillon hatte eine große Wirtschaftsdelegation im Schlepptau und sprach sich gegen Sanktionen aus.[672]

Die US-Botschaft in Moskau berichtete von einer diplomatischen Charmeoffensive der Russen in Europa.[673] Daher stellte sich die Frage, ob die bilateralen und transatlantischen Kontakte drohten, eine einheitliche Linie der EU zu untergraben? Der Westen fasste niemals ernsthaft Sanktionen ins Auge. Auch die USA waren dagegen.[674] Trotzdem zogen viele Investoren ihr Geld aus Russland ab. Der russische Aktienindex verlor 40 Prozent.[675] Doch Russland ging es wirtschaftlich gut. Der Ölpreis war 2008 auf einem Höchststand, und das Land hatte massiv Währungsreserven angesammelt.[676] Der Ost-Ausschuss der Deutschen Wirtschaft forderte mehrfach einen Neuanfang «unter Berücksichtigung der Interessen aller Beteiligten» und wollte aktiv an der «Modernisierung» Russlands mitwirken.[677]

Obwohl die russischen Aktionen ziemlich übereinstimmend als Bedrohung, Bruch oder gar Ende der europäischen Sicherheitsarchitektur gesehen wurden, zeigten sich in den entscheidenden Institutionen und Foren kaum Reaktionen. Schweden erwog, im Europarat eine Kampagne zum Ausschluss Russlands zu lancieren.[678] Doch es passierte nichts. Nur die USA wollten das G8-Ministertreffen im September verschieben; Frankreich, Großbritannien und Deutschland waren dagegen.[679] Dieser Schritt käme einem Ausschluss Russlands gleich. Doch auch hohe Beamte der US-Regierung konstatierten, dass eine Isolierung Russlands mittel- und langfristig nur negative Auswirkungen haben werde.[680] Schlussendlich wurde das Treffen der G8-Landwirtschaftsminister verschoben. Damit wird man im Kreml kaum Eindruck gemacht haben. Für die Zusammenarbeit mit der NATO hatte der russische Marsch auf Tiflis allerdings Konsequenzen.

Die USA übten auf alle Verbündeten Druck aus, die Aktionen Russlands scharf zu verurteilen und sich mit Georgien solidarisch zu zeigen. Doch beim ersten Zusammentreffen des Politischen Ausschusses der NATO am 11. August zeigten sich erneut die unterschiedlichen Einschätzungen in der Allianz. Die Balten und Polen wollten eine Aussetzung des NRR, wohingegen Deutschland, Frankreich und andere Länder dagegen waren: Man müsse Kommunikationskanäle offenhalten, um ein diplomatisches Ende des Konfliktes zu erreichen, so ihre Argumentationslinie.[681] Die gleichen Trennlinien zeigten sich bezüglich des Ausschlusses Russlands von der *Operation Active Endeavor*, einer maritimen Anti-Terror-Mission im Mittelmeer.[682] Aus deutscher Sicht würde dies nicht nur die allgemeinen Beziehungen zu Russland schwer belasten, sondern auch die konkrete Zusammenarbeit im Anti-Terror-Kampf. Frankreich, Spanien, Belgien, Norwegen, Slowenien, Island und Ungarn unterstützten die deutsche Position.[683] Ulrich Brandenburg, der deutsche Ständige Vertreter im Nordatlantikrat von 2007 bis 2010 und hiernach bis 2014 deutscher Botschafter in Moskau, setzte sich konsequent für eine zurückhaltende Linie ein und wollte die Involvierung der NATO auf ein Minimum reduzieren.[684] Deutschland war aus amerikanischer Sicht schnell als Störenfried ausgemacht – nur Italien galt als noch schlimmer –,[685] auch weil die Deutschen Hilfsanfragen der Georgier sehr gründlich prüfen wollten.[686] Die NATO-Außenminister bestätigten am 19. August eine «no business as usual»-Linie, forderten den sofortigen Abzug der russischen Truppen von georgischem Territorium, stoppten vorerst die Zusammenarbeit im NRR und lehnten den russischen Wunsch nach einer Sondersitzung dieses Gremiums ab.[687]

Mit dem Krieg im Kaukasus erfuhr die Frage einer NATO-Mitgliedschaft bzw. eines MAP für Georgien und die Ukraine neue Aktualität. Angela Merkel war in ihrer skeptischen Grundhaltung gegenüber Saakaschwili nicht allein: Auch der sehr russlandkritische stellvertretende Vorsitzende der CDU/CSU-Bundestagsfraktion, Andreas Schockenhoff, war gegen ein MAP-Angebot an Georgien. Nach dem Kaukasuskrieg wäre dies die «Honorierung eines mehr als zweifelhaften Verhaltens», eine Spitze gegen Russland, und wie würde man sich bei einem erneuten russischen Angriff auf Georgien verhalten?[688] Für Georgien in den Krieg ziehen? Die SPD teilte diese Einschätzung und warf einige Giftpfeile gen Washington. Der Bundestagsabgeordnete Niels Annen erklärte, man könne Georgien nicht in die NATO aufnehmen. «Damit würde sich die Nato zum ausführenden Organ der amerikanischen Eskalationspolitik machen. Wir wollen doch keine deutschen Soldaten mobilisieren müssen, um Herrn Saakaschwili bei seinem nächsten Abenteuer herauszuhauen.»[689]

Doch die USA wollten bis zum NATO-Außenministertreffen im Dezember Fortschritte erzielen; im Idealfall bis dahin das MAP-Angebot unterbreiten können. Speziell die Bundesrepublik stand im Zentrum intensiver amerikanischer Lobbyarbeit.[690] Am 21. Juli war Merkel erstmals nach Kyjiw geflogen. Sie blieb allerdings nur wenige Stunden und hatte gleich zwei eher unerfreuliche Nachrichten im Gepäck. Zum einen herrschte in der EU nach dem gescheiterten irischen Referendum über den Lissaboner Vertrag Tristesse. Eine schnelle Aufnahme der Ukraine wurde dadurch noch unwahrscheinlicher.[691] Als Trostpflaster warb Merkel für das geplante Assoziierungsabkommen zwischen der EU und der Ukraine. Zum anderen gab sie sich im Hinblick auf einen schnellen NATO-Beitritt des Landes zurückhaltend. Es müssten viele Reformen umgesetzt werden, aber man werde eine «Navigationshilfe» geben. Sie stellte sich wieder hinter die Entscheidung des Bukarester Gipfels, doch einen Zeitplan nannte die Kanzlerin öffentlich nicht.[692] Intern schienen die Deutschen bereit, einen solchen ins Auge zu fassen. NATO-Generalsekretär De Hoop Scheffer berichtete, Merkel habe die Möglichkeit folgender Vorgehensweise angedeutet: Man könne im Dezember beschließen, dass den beiden Ländern im Jahr 2010 ein MAP angeboten würde, wenn die Reformen weitergingen und wenn nichts Unvorhergesehenes – «something horrible» – passiere.[693] Doch genau das war im August passiert.

Nach dem Kaukasuskrieg gestaltete sich die Lage noch schwieriger. Steinmeier hatte nur wenige Tage nach dem Waffenstillstand erklärt, die Vereinbarungen des Bukarest-Gipfels seien weiterhin gültig, aber er erteilte einer beschleunigten Aufnahme aufgrund der Ereignisse eine klare Absage.[694] Die Allianz blieb jedoch nicht untätig. Sie gründete im September 2008 analog zur NATO-Ukraine-Kommission (NUK) die NATO-Georgien-Kommission (NGK). Beide Foren sollten den besonderen Stellenwert der Länder unterstreichen und sie näher an das Bündnis heranführen. Die USA sahen dies als Schritt zu einem MAP oder teilweise gar als Ersatz hierfür.[695] Am 27. August traf die NUK zusammen. In Kyjiw herrschte aufgrund des Kaukasuskrieges große Verunsicherung. Man hatte Putins Drohungen noch im Ohr. Brandenburg, der deutsche Vertreter, gab sich solidarisch. Er verstehe die Sorgen. Die russischen Handlungen seien «völlig inakzeptabel», aber eine Lösung des Konfliktes sei ohne Russland nicht möglich, weshalb Gesprächskanäle offenbleiben müssten.[696] Ein MAP-Angebot an die Ukraine sei derzeit der völlig falsche Weg.[697] Zeitgleich erklärte Berlusconi dem ukrainischen Präsidenten Juschtschenko offen, die NATO-Russland-Beziehungen seien bereits sehr belastet, weshalb man mit einem MAP-Angebot nur noch mehr Salz in die Wunde streuen würde.[698] In London kam man zu einer anderen Einschätzung. Der britische Außenminister David Miliband reiste nach Georgien und in die Ukraine. Er warnte Russland davor, einen neuen Kalten Krieg vom Zaun zu brechen. Der Kaukasuskrieg wurde als «strategic, tectonic shift in international relations» wahrgenommen.[699] Premierminister Gordon Brown wurden gleich mehrere Strategie-papiere aus verschiedenen Ministerien und Institutionen vorgelegt, um die eigene Russlandpolitik grundlegend zu überdenken und wo nötig, russi-schem Gebaren robust entgegenzutreten.[700] Wie sollte es also weitergehen?

Im Oktober entwarf die NATO eine Strategie zum künftigen Umgang mit Russland. Frankreich, Deutschland, Italien, Spanien, Norwegen, die Benelux-Staaten und Griechenland wollten ein auf die aktuellen Probleme fokussiertes Dokument. Dem lag die Einschätzung zugrunde, dass der Krieg im Kaukasus eine Ausnahme war.[701] Zudem wollten bereits Ende Ok-tober viele der europäischen Partner, unter anderem Deutschland, wieder Gespräche zwischen der NATO und Russland führen.[702] Die «no business as usal»-Politik sei wenig hilfreich, war der Tenor in Berlin, man müsse Russland einbinden und gerade der NRR sei kein Schönwetterforum, son-dern sollte doch besonders in kritischen Situationen den Dialog mit Russ-land aufrechterhalten.[703] Die angelsächsischen Länder, die Balten und die meisten Ost- und Mitteleuropäer trafen sich, um ihre Positionen abzustim-men. Sie waren sich einig: Die NATO müsse ihre Verteidigungsanstrengun-gen deutlich erhöhen, die Beziehungen zu Russland grundlegend überden-ken und eine neue Strategie ausarbeiten.[704] Der polnische Außenminister Radoslaw Sikorski forderte auf jede Aggression Russlands eine «symmetri-sche Antwort» der NATO, was ihn in den Augen vieler Westeuropäer als NATO-Generalsekretär disqualifizierte und den Ruf eines Hitzkopfes ein-brachte.[705] In den USA ging derweil eine andere Ära zu Ende, die große Auswirkungen auf die Russlandpolitik der NATO und des Westens hatte.

Am 4. November 2008 wählten die Bürger der USA den demokratischen Kandidaten Barack Obama zu ihrem neuen Präsidenten. Während der Hochphase des Präsidentschaftswahlkampfes waren die Beziehungen zu Russland so schlecht wie lange nicht, doch kein entscheidendes Thema.[706] Die Bush-Administration erkannte, dass das NATO-Außenministertreffen im Dezember keinen Durchbruch erzielen werde. In Washington hatte man zeitweilig eine beschleunigte Mitgliedschaft beider Staaten ohne MAP ins Auge gefasst.[707] Aus Berlin waren keine entgegenkommenden Signale zu vernehmen gewesen – auch Frankreich, Spanien, Italien, die Benelux-Staaten und Norwegen waren dagegen.[708] Am 10. November 2008 erklärte Merkel in Berlin, beide Länder erfüllten auf «absehbare Zeit» die Beitritts-voraussetzungen nicht, aber man müsse einen Weg in Richtung Mitgliedschaft finden, den kein Drittstaat blockieren dürfe.[709] Erneut sandte sie damit eine deutliche Botschaft an den Kreml, die sie öffentlich formulierte und hinzufügte: «Wir werden oder sollten auch im Umfeld des nächsten Nato-Gipfels ein klares Signal an Russland senden. Ich wiederhole: Wir wollen eine möglichst enge und verlässliche Partnerschaft mit Russland eingehen.»[710] Sowohl-als-auch blieb die Devise.

Auf dem NATO-Außenministertreffen am 2. und 3. Dezember wurde Georgien und der Ukraine der MAP-Status nicht gewährt. Doch ein amerikanisch-deutscher Kompromiss – nach 21 Entwürfen des Kommuniqués – ließ offen, ob beide Länder überhaupt noch einen MAP brauchen würden oder die Kommissionen als Vorbereitungsforen ausreichend seien.[711] Die NATO-Außenminister beschlossen eine graduelle Wiederannäherung an Russland.[712] Die NATO kehrte also im Dezember de facto zu einem «business as usual» zurück. Im Frühjahr 2009 wurde der NRR reaktiviert und von einer Rekalibrierung der amerikanischen Russlandpolitik flankiert. Die USA konzentrierten sich auf das, was Obama im April 2009 auf dem NATO-Gipfel als oberstes Ziel der Allianz ausgab: eine Erhöhung des Engagements der Alliierten in Afghanistan.[713] Und die Europäer?

Neustart nach der Krise? Die Reaktion der EU

Die Reaktion der EU lässt sich an drei Aspekten aufzeigen: Man setzte die Gespräche über ein neues Partnerschafts- und Kooperationsabkommen (PKA) mit Russland aus und knüpfte die Wiederaufnahme an russische Schritte im Kaukasus. Zum anderen stärkte die EU durch die Östliche Partnerschaft (ÖP) als Teil der Europäischen Nachbarschaftspolitik (ENP) ihr Engagement an der östlichen Peripherie. Drittens machte die gemeinsame Energiepolitik sichtliche Fortschritte. Diese Prozesse spielten sich 2008 und 2009 ab, bevor im Sommer 2010 ein Abkommen mit Russland geschlossen wurde. Darüber hinaus entwickelten vor allem die nordöstlichen Mitgliedstaaten oftmals eigene nationale Strategien für den Umgang mit Russland.[714]

Die Neuverhandlung des PKA zwischen der EU und Russland waren im Sommer 2008 wieder aufgenommen worden. Dann kam der Krieg. Am 1. September legte die EU fest, man werde die Gespräche erst fortführen, wenn die russischen Truppen sich auf die Linie von vor dem 7. August zurückziehen, also den Sarkozy-Plan vom 12. August umsetzen würden. Der Friedensplan der EU vom 8. September legte den Rückzug ebenso fest und bildete hiernach den Referenzpunkt. Doch dabei blieb es nicht. Der Europäische Rat am 15./16. Oktober befasste sich trotz der globalen Finanzkrise intensiv mit der Östlichen Partnerschaft und dem Umgang mit Moskau. Sollte man den EU-Russland-Gipfel im November absagen? Die Franzosen drängten im Vorfeld energisch darauf, ihn trotz der Verstimmungen auszurichten.[715] Die Wiederaufnahme der Gespräche über das PKA war aber in den Augen französischer Diplomaten keine «foregone conclusion» oder Priorität der EU.[716] Im Auswärtigen Amt sah man dies anders, obgleich immer noch russische Truppen in Georgien standen: Russland habe den Friedensplan weitreichend umgesetzt und Gespräche böten eine Chance, um auf den Kreml einzuwirken, auch die verbliebenen russischen Soldaten abzuziehen.[717] Man helfe somit zugleich Georgien und binde Russland ein, so der Tenor in Berlin.[718]

Der EU-Außenministerrat am 10./11. November beschloss die Wiederaufnahme der Gespräche mit Russland – drei Monate nachdem russische Truppen kurz vor Tiflis gestanden hatten und obwohl noch nicht alle Aspekte des Friedensplans umgesetzt waren. Die EU kehrte damit nur wenig später als viele ihrer Mitgliedstaaten und nur kurz vor der NATO zu einem «business as usual» zurück. Auch sehr russlandskeptische Länder wie Litauen und Polen unterstützten nun zähneknirschend die Linie der EU, auf die vor allem Deutschland, Frankreich, Italien und die EU-Kommission hinwirkten.[719] Merkel argumentierte, dass die Umsetzung des Friedensplans zwar «nicht zufriedenstellen kann», aber auf russischer Seite einiges geschehen sei.[720] Die Franzosen betonten immer wieder, man müsse mit Moskau reden und habe durch den wachsenden Einfluss der EU in der russischen Nachbarschaft einen guten Hebel.[721] Warschau wollte die Verhandlungen hinauszögern und die Implementierung eines möglichen Abkommens von einem russischen Abzug auch aus Abchasien und Südossetien abhängig machen.[722] In dieser Phase trat Polen auch in der EU immer deutlicher als einflussreicher Akteur auf und suchte Partner, um die eigene Position zu stärken. Die USA sahen die neue Regierung Tusk/Sikorski als natürlichen Verbündeten für ihre Ostpolitik,[723] doch auch die Bundeskanzlerin bemühte sich trotz mancher Differenzen um eine pragmatische Einbindung Warschaus.[724] Dabei zeigte Warschau vor allem in Bezug auf Russland und das östliche Vorfeld der EU großen Enthusiasmus, verhielt sich bei anderen Themen auch späterhin «eigentümlich passiv».[725] Polen und die Balten standen nicht allein auf weiter Flur: Schweden und Großbritannien legten ein gemeinsames Statement zu den EU-Russland-Beziehungen vor, das erneut den Abzug der russischen Truppen aus dem georgischen Kernland forderte, die territoriale Integrität Georgiens unterstrich und auf die gemeinsamen Werte rekurrierte, die einer Partnerschaft mit Russland zugrunde gelegt werden müssten.[726] Ein Zurück zu «business as usual» werde es nicht geben. Damit wollte man vor dem Treffen der EU mit Russland die Position der Union verschärfen.[727]

Der EU-Russland-Gipfel in Nizza am 14. November 2008 stand im Zeichen der globalen Finanzkrise. Man einigte sich auf eine enge Zusammenarbeit bei der Bewältigung der finanz- und wirtschaftspolitischen Herausforderungen. Zudem wollte man Russland energiepolitisch stärker in die Pflicht nehmen und Energielieferunterbrechungen vermeiden: Die EU bezog zu diesem Zeitpunkt 44 Prozent ihres Gases und 27 Prozent ihres Rohöls aus Russland.[728] Vor dem Gipfel hatte es Drohungen aus Moskau gegeben. Man könne sich auch überlegen, die Nord Stream-Pipeline nicht fertig zu bauen[729] – ein Versuch, die EU und ihre Pläne einer energiepolitischen Reform unter Druck zu setzen. Dialog sei besser und stabilisierender als eine Ausgrenzung und Isolierung Russlands, so Sarkozy und hohe Vertreter der EU.[730] Eine Sicht, die man im Auswärtigen Amt und im Kanzleramt teilte. Russland sei von einem Minderwertigkeitskomplex geplagt, und wolle mit harten Bandagen seinen Großmachtstatus zurückerkämpfen.[731] Nach vorne blicken und den Dialog suchen bedeute nicht, dass man die russischen Aktionen in Georgien gutheiße, betonten deutsche Diplomaten im Gespräch mit amerikanischen Kollegen.[732] Auch in deutschen Medien fand diese Haltung Zustimmung.[733] Georgien blieb in Nizza aber ein Streitpunkt. Sarkozy verkündete, Russland habe die «meisten» Punkte des Friedensplanes erfüllt, müsse allerdings seine Hausaufgaben noch erledigen.[734] Trotz der nicht erfolgten Umsetzung legte man den 2. Dezember als Termin für die Wiederaufnahme von Gesprächen für ein neues PKA mit Russland fest.

Russland sperrte sich in den nun folgenden Verhandlungen lange gegen die Formulierungen «gemeinsame Nachbarschaft» und «gemeinsame Werte». Lawrow persönlich musste einen Verweis auf Werte erlauben.[735]

Die Betonung einer Energiediversifizierung wollte Moskau zulassen: Nord und South Stream erfüllten dies in russischen Augen.[736] Durch die Wirtschaftskrise zeigte sich Russland offener, ein breites Spektrum wirtschafts- und handelspolitischer Themen zu besprechen.[737] Dennoch zogen sich die Gespräche über das neue Partnerschafts- und Kooperationsabkommen in die Länge. Erst der EU-Russland-Gipfel in Stockholm am 18. November 2009 beschloss das nunmehr «Modernisierungspartnerschaft» genannte Abkommen der EU mit Russland,[738] das auf dem Gipfel in Rostow am Don am 31. Mai und 1. Juni 2010 in trockene Tücher gebracht wurde.[739] In den Worten des EU-Kommissionspräsidenten Barroso sollten strategische Interessen und die normative Agenda der EU verfolgt und gleichzeitig Russlands Transformationsprozess unterstützt werden.[740] Die ersten Entwürfe des Abkommens hatten noch einen sehr viel stärkeren Fokus auf Werte und politischen Wandel gelegt. Sie waren allerdings verwässert worden. Dadurch traten wirtschaftliche Aspekte wieder stärker in den Vordergrund.[741] Russland wollte unbedingt die Visafreiheit für seine eigenen Bürger durchsetzen, scheiterte jedoch an der unnachgiebigen Haltung der EU. Merkel versprach, sich in der Folge für die Visabefreiung starkzumachen.[742]

Die EU und ihre Mitgliedstaaten folgten mit der «Modernisierungspartnerschaft» dem deutschen Beispiel, weshalb die Politologin Liana Fix Deutschland die Rolle eines Vorreiters und «Agenda Setters» zuschrieb: Berlin übertrug die Idee auf die europäische Ebene, unterstützte den Prozess, da man sich als entscheidende Triebkraft der europäischen Russlandpolitik sah, aber überließ die Umsetzung weitgehend der Kommission.[743] Diese Europäisierung der deutschen Russlandpolitik führte 2010 und 2011 zu 22 bilateralen «Modernisierungspartnerschaften» europäischer Länder mit Russland.[744] Sie wiesen einige Unterschiede auf, folgten nicht in allen Punkten der EU-Linie, waren aber insgesamt pragmatisch und vermieden Streit mit Russland. Dennoch zeigten sich einige Unterschiede: Die baltischen Staaten und Schweden rückten politische Aspekte stärker ins Zentrum als Frankreich und die südeuropäischen Länder.[745] Doch auch traditionell russlandkritische Staaten wie Polen folgten der allgemeinen Marschrichtung, und Berlin unterstützte das zaghafte Rapprochement zwischen Warschau und Moskau.[746] Die Modernisierungspartnerschaften der Mitgliedstaaten und der EU orientierten sich am Grundmodell Steinmeiers – die Bundesrepublik war erneut keineswegs auf einem Sonderweg.

Moskau konnte wiederholt die Wirtschaft ins Zentrum rücken, ohne sich viel um eine Liberalisierung und Demokratisierung zu kümmern.[747] Kritische Beobachter bezeichneten die «Modernisierungspartnerschaft» daher als naiven Irrglauben, denn bereits 2010 schienen viele Versprechen Medwedews bereits passé.[748]

Trotz dieser bilateralen Abkommen und der EU-Russland-»Modernisierungspartnerschaft» gab es neue Streitpunkte. Es zeigte sich russischerseits «einige Nervosität» aufgrund der ENP und der ÖP, die während der Gespräche über das PKA parallel forciert worden waren.[749] Die Bundesrepublik wollte die Staaten zwischen der EU und Russland nicht allein lassen und dem russischen «power play» mit einem «EU soft power play» entschieden entgegentreten.[750] Wie im vorherigen Kapitel bereits skizziert, steigerte die EU durch die ENP ihre Präsenz im post-sowjetischen Raum.[751] Krisenvermeidung, Stabilität, Handel, Demokratie, Wohlstand: hehre Ziele und aktive Einflussnahme gingen Hand in Hand. Die ohnehin vorhandene Paranoia und Einkreisungsangst Russlands verstärkte dies eher noch. Dementsprechend lautstark waren die Proteste aus Moskau. Dem Brüsseler Wunsch, Demokratie, Stabilität und Wohlstand zu den «neuen Nachbarn» zu exportieren, ohne den Ländern irgendetwas aufzuzwingen, standen neo-imperiale Abhängigkeitsvorstellungen des Kremls im «Nahen Ausland» entgegen.[752] Die Östliche Partnerschaft sollte als Teil der ENP neue Akzente setzen. 2008 fand durch die von Präsident Sarkozy unilateral vorgetragene Idee einer Mittelmeer-Union eine Schwerpunktsetzung gen Süden statt.[753] In Ost- und Nordeuropa wurden nun eigene Pläne für die östlichen Anrainerstaaten ausgearbeitet. Ursprünglich eine tschechische Idee, übernahm Polen das Zepter und zog Schweden als Partner hinzu: eine smarte Herangehensweise, da so nicht «nur» neue Mitgliedstaaten aus Ostmitteleuropa als treibende Kräfte auftraten. Auf dem Außenministerrat der EU stellte der polnische Außenminister Sikorski im Mai 2008 die Ideen vor. Zunächst entfaltete die Initiative kaum Wirkung. Erst nach dem Kaukasuskrieg entstand eine neue Dynamik.

Auf verschiedenen Treffen der EU im September 2008 wurde deutlich, dass viele EU-Länder nach den Ereignissen im Kaukasus eine Einbindung der östlichen Nachbarn und Maßnahmen zu einer größeren Energiesicherheit positiver bewerteten.[754] Die EU-Kommission und das Ratssekretariat entwarfen ein Strategiepapier zum künftigen Umgang mit Russland, das

Anfang November vorliegen sollte. Im Dezember veröffentlichte die EU-Kommission ihre zustimmende Sicht auf die polnisch-schwedischen Vorschläge, die der Außenministerrat am 8./9. Dezember erörterte und ebenfalls grünes Licht gab. Demnach sollten zeitnah mit sechs Staaten in Osteuropa und im Kaukasus – Armenien, Aserbaidschan, Belarus, Georgien, Moldawien und die Ukraine – Assoziierungsabkommen geschlossen werden, die teilweise bereits existierende Partnerschafts- und Kooperationsabkommen ersetzen würden. Durch die Assoziierung sollte die wirtschaftliche und politische Kooperation sowie die rechtsstaatliche und zivilgesellschaftliche Entwicklung gestärkt und die Länder enger an die EU gebunden werden, ohne ihnen eine Mitgliedschaft in Aussicht zu stellen. Dafür stellte Brüssel bis 2013 insgesamt 600 Millionen Euro bereit.[755] Freihandel und Personenfreizügigkeit waren die mittelfristigen Ziele. Verkürzt gesagt: Die ÖP war kein «MAP» der EU. Doch sie warf Fragen zum Verhältnis der EU zu Russland auf. Alle beteiligten Staaten hatten problematische oder «besondere» Beziehungen zu Moskau. Belarus stand in enger Abhängigkeit, versuchte sich jedoch immer wieder freizuschwimmen. Moldawien wollte die Transnistrien-Problematik mit dem Kreml lösen. Zwischen Armenien und Aserbaidschan drohte ein neuer Konflikt um Nagorno-Karabach und Russland sah sich als Schutz- bzw. Ordnungsmacht in diesem Raum. Die Streitigkeiten Georgiens und der Ukraine mit Russland bedürfen keiner weiteren Ausführung.

Dabei gab es große Unterschiede zwischen den einzelnen Staaten: Belarus war eine Autokratie,[756] Aserbaidschan keineswegs ein demokratischer Musterknabe, und der Präsident Moldawiens, wo es nach den letzten Parlamentswahlen starke Unruhen gegeben hatte, verspottete die Hilfsangebote der EU: «Wenn uns die Europäer keinen vorteilhaften Kredit geben, nehmen wir ihn von den Chinesen.»[757] Die USA sahen in der ÖP eine Stärkung ihrer eigenen Ziele in der Region[758] und nahmen dabei vor allem Polen als engen Partner wahr.[759] Sikorski schlug eine «ÖP-Freundesgruppe» vor, die die USA angehören sollte. Washington reagierte zurückhaltend.[760] Dennoch zeichnete sich zwischen Washington und Warschau eine Machtachse ab, die den Interessen Berlins im post-sowjetischen Raum zuwiderlaufen konnte. Umgekehrt wollte Steinmeier auch Russland in irgendeiner Form in die ÖP einbinden, um den Kreml nicht vor den Kopf zu stoßen, erklärte die US-Botschaft in Berlin.[761] Die Bundesregierung ging ebenfalls auf Polen zu, um Vorwürfen eines Sonderweges nach Moskau den Wind aus den Segeln zu nehmen, eine gemeinsame EU-Linie zu finden und einen guten Draht nach Kyjiw zu halten.[762] Berlin wollte die Ukraine über die ÖP hinaus nicht aus dem Blick verloren wissen. Sie drängte auf eine Befassung des EU-Außenministerrates mit der Situation in der Ukraine, wo Janukowytsch und Tymoschenko sich heftige Auseinandersetzungen lieferten, die das Land zu lähmen drohten.[763] Die Beziehungen zwischen Berlin und Kyjiw waren alles andere als gut: «Es gibt zwei russische Botschaften in Kyjiw – aber in nur einer wird Deutsch gesprochen», erklärten hochrangige ukrainische Gesprächspartner dem US-Botschafter nur halb im Scherz.[764] Doch selbst in Warschau zeigte sich zu diesem Zeitpunkt eine «increasing frustration» über die zerfahrene Lage in der Ukraine aufgrund des innenpolitischen Dauerstreits und mangelnder Reformen.[765]

Gemeinsam mit der informellen Vierergruppe – Frankreich, Deutschland, Italien und Großbritannien – arbeiteten die Schweden, Polen und zu einem geringeren Grad die tschechische Ratspräsidentschaft die Details der ÖP aus.[766] Dabei traten viele Interessengegensätze und Ängste hervor, dass in Zeiten klammer Kassen Gelder aus anderen Projekten abgezogen würden. Frankreich benannte zwei «rote Linien». Paris wollte weiterhin eine strikte Visapolitik für die Staaten in der ÖP und die EU-Hilfe sollte weiterhin zu zwei Dritteln gen Süden und zu einem Drittel gen Osten fließen.[767] Die Bundesrepublik, Großbritannien, die Benelux-Staaten, Schweden und weitere Mitglieder – tendenziell also jene Staaten, die das Ziel von Migrationsbewegungen waren – blieben skeptisch im Hinblick auf eine Visaliberalisierung.[768] Bulgarien und Rumänien wollten die Schwarzmeerinitiative nicht schwächen; die Slowakei und Ungarn befürchteten, die Allianz würde den Balkan aus dem Blick verlieren.[769] Spanien und andere südeuropäische Staaten waren ebenfalls in Sorge, die Nachbarländer der EU im Mittelmeerraum könnten weniger Mittel erhalten.[770] Polen, Schweden und die baltischen Staaten hatten somit schon allein aus geographischen Gründen ein größeres Interesse an der ÖP als viele andere Länder.[771]

Auf dem Gründungstreffen am 7. Mai 2009 in Prag waren nur 17 der 27 Staats- und Regierungschefs der EU anwesend – aus den westeuropäischen Ländern reiste nur Angela Merkel an die Moldau. Frankreich, Italien, Spanien und Großbritannien zeigten «Desinteresse an dem Vorhaben».[772] Die Kanzlerin betonte, dass sich die ÖP gegen niemanden, speziell nicht gegen Russland richte.[773] Nach anfänglich eher verhaltener Kritik war der Ton aus Moskau immer rauer geworden. Lawrow verglich die ÖP hinter verschlossenen Türen mit der NATO-Osterweiterung.[774]

Die ÖP blieb hinter den hohen Erwartungen zurück.[775] Sie verdeutlichte zwar, dass die Länder zwischen der EU und Russland keinesfalls «vergessen» wurden. Allerdings diente sie auch dazu, eine schnelle Aufnahme dieser Staaten in die EU zu verhindern oder auf die lange Bank zu schieben. Die EU zeigte mit dieser Initiative, dass sie auf die Sicherheitsbedürfnisse und außenpolitischen Prioritäten ihrer östlichen Mitglieder einging und einen Balanceakt zwischen einer wirtschaftlichen Annäherung an Russland und einer engeren Anbindung der Staaten an der EU-Außengrenze wagte. Dies wurde auch durch den Stellenwert der Energiepolitik im Rahmen der ÖP deutlich. In Prag wurde im Mai 2009 die Stärkung des Nabucco-Pipeline-Projektes zwischen Aserbaidschan und Österreich beschlossen. Energiefragen blieben auf dem EU-Russland-Gipfel wenig später im sibirischen Chabarowsk, der erneut wenig Fortschritte brachte, ein Schlüsselthema.[776] Dies unterstreicht, wie sehr Energiepolitik als dritte Reaktion der EU auf den Kaukasuskrieg und das immer aggressivere Gebaren Moskaus gesehen werden muss.

Die neue Energiepolitik der EU

Im Winter 2008/09 kam es zwischen der Ukraine und Russland zu einem weiteren Streit über Energiefragen. Kyjiw durchlebte einen turbulenten Herbst: Das Parlament wurde aufgelöst, der Glanz der Orangenen Revolution von 2004 verblasste zusehends. Die Ukraine hatte offene Schulden von rund zwei Milliarden Euro. Gazprom pochte auf eine Rückzahlung und wollte den Gaspreis fast verdoppeln. Russland durchlebte selbst eine wirtschaftliche Krise. Doch die Ukraine bewegte sich nicht. Zum 1. Januar drosselte Moskau die Gasmenge, wonach die Ukraine Gas aus den Transitpipelines für den Eigenbedarf umleitete, was sofortige Folgen für Ungarn, Österreich, Bulgarien und Rumänien hatte.[777] Der ukrainisch-russische Streit wurde noch stärker europäisiert, als Putin am 5. Januar die Gastransitlieferungen nach Westeuropa einstellte, um Druck auf Kyjiw auszuüben. Dreizehn Tage lang floss gar kein Gas.[778] In Deutschland wurden Stimmen laut, die eine Beilegung des Gasstreits forderten und beiden Seiten mit Konsequenzen drohten.[779] «Es kann nicht sein, dass die Auseinandersetzung über Gas- und Durchleitungspreise auf dem Rücken der europäischen Verbraucher ausgetragen wird», echauffierte sich Steinmeier.[780] Als Vermittlerin wollte die Bundeskanzlerin hingegen nicht fungieren – im Gegensatz zu Steinmeier, der Russland seine Hilfe anbot. Merkel schlug vor, das Schuldenproblem zu lösen und die EU-Ukraine-Beziehungen mittelfristig auf stabile energiepolitische Beine zu stellen.[781]

Der Streit konnte beigelegt werden. Die Regierung in Kyjiw schien keineswegs unschuldig, was sich negativ auf die ÖP auswirkte.[782] Die Ukraine musste einen sehr nachteiligen Gas-Vertrag mit Russland für die nächsten zehn Jahre unterzeichnen, was erneut verdeutlichte, wie bereitwillig der Kreml Energie als Druckmittel einzusetzen bereit war.[783] Die Ukraine verschleppte in der Folge die Reform des Energiemarktes und des staatlichen Energiekonzerns Naftogaz,[784] weshalb die EU-Kommission, die Weltbank und die Europäische Bank für Wiederaufbau und Entwicklung sehr zögerlich auf die ukrainischen Forderungen nach Milliarden-Krediten für Erdgaskäufe vor dem nächsten Winter reagierten: keine Kredite ohne Reformen, so der einhellige Tenor.[785]

Die EU hatte selbst zwar genug Reserven, um die dreizehn Tage im Januar ohne größere Ausfälle zu überstehen, aber der Gasstreit zeigte die Notwendigkeit auf, eine koordinierte europäische Energiepolitik anzugehen. Die USA drängten immer wieder hierauf: Bilateral in den europäischen Hauptstädten und gegenüber der EU versuchte Washington auf eine Strategie der Energiediversifizierung und eine reduzierte Abhängigkeit von Russland hinzuwirken.[786] Dabei half, dass im Zuge eines umfassenden Sicherheitsdenkens in der NATO auch Energie immer stärker ein Thema der Allianz wurde. Die Europäer waren sich lange uneins. Jedes Land verfolgte nationale Energiestrategien, die so unterschiedlich waren, wie die geographischen und wirtschaftlichen Rahmenbedingungen und Energiemixe. Welche Gemeinsamkeiten sollten Länder wie Spanien und Estland auch finden? In Ostmitteleuropa lieferte Gazprom über 75 Prozent des Gasbedarfs, oftmals gar 100 Prozent. Eine Abkehr von Russland wäre nicht nur sehr teuer, sondern oftmals kaum möglich gewesen: Von wo sollte wie viel Gas auf welchem Weg in diese Länder gelangen? Gazprom griff immer stärker auch nach Westeuropa aus: Im Gegenzug für eine Beteiligung an der Nord Stream-Pipeline durfte Gazprom im Juni 2006 Anteile der niederländischen Gasunie kaufen.[787] Frankreich setzte hingegen auf Nuklearenergie. Sarkozy betrachtete Energiesicherheit als strategische Frage, aber hielt wenig von den Liberalisierungsvorhaben der EU, die auch die Marktdominanz von Gazprom brechen sollten.[788] Dennoch verfasste er gemeinsam mit Merkel einen Brief an die EU-Spitzen, in dem sie eine Unterstützung von Nord Stream forderten, da dies die europäische Energieversorgung unabhängiger und sicherer machen würde.[789]

In Berlin herrsche Einigkeit, dass Russland ein zuverlässiger Energiepartner sei, woran auch der Krieg gegen Georgien nichts Grundlegendes geändert habe, berichtete die amerikanische Botschaft.[790] Russland war weltweit der größte Erdgasexporteur und dicht hinter Saudi-Arabien der zweitgrößte Erdölexporteur.[791] Im Sommer 2008 kamen 37 Prozent des deutschen Gasimports aus Russland und 48 Prozent aus Norwegen, den Niederlanden, Dänemark und Großbritannien. 2007 machte Gas 22 Prozent des Energiemixes aus.[792] Einen gemeinsamen europäischen Gasmarkt hielt Berlin für unrealistisch, sondern sah weiterhin eine Nord-Süd-Teilung. Im nationalen Rahmen wurde ein neues Energiegesetz diskutiert. Merkel warnte vor den hohen Kosten einer schnellen Umstellung auf erneuerbare Energien und den (innen-)politischen Folgen.[793] Dennoch stellte sie das Energiegesetz vor der CDU/CSU-Fraktion als Versuch dar, unabhängiger von Öl und Gas zu werden.[794]

Der Gasstreit zur Jahreswende 2008/09 befeuerte indes die Debatten über neue Pipeline-Projekte.[795] Unter anderem wurde deutlich, dass Nord Stream die Interdependenz der Ukraine und Russlands reduzieren würde und Kyjiw eine «geoökonomische Hebelkraft» im Umgang mit dem Kreml verlöre.[796] Hinzu kamen zwei weitere Projekte, die am Status der Ukraine als Gastransitland sägten. Im Süden des Kontinents gab es zwei konkurrierende Pipeline-Ideen: Nabucco und South Stream. «Nabucco» sollte Erdgas aus dem kaspischen Raum (primär Aserbaidschan) über die Türkei nach Südosteuropa bringen: über Bulgarien, Rumänien und Ungarn bis Österreich. Die USA waren – ebenso wie der ehemalige Bundesaußenminister Fischer – ein vehementer Befürworter des Projektes, folgte es doch ähnlichen Ideen wie die 2006 eröffnete Pipeline, die Öl aus Aserbaidschan über Georgien in die Türkei – und zugleich Russland auf die Palme – brachte.[797] Nabucco geriet jedoch schnell in die Kritik. So viele beteiligte Länder, sechs Unternehmen (darunter der deutsche Energiekonzern RWE) – konnte das gutgehen?

Die Türkei beanspruchte 15 Prozent des Erdgases für den eigenen Markt.[798] Konnten Aserbaidschan und Turkmenistan die zugesagten 31 bcm/y überhaupt liefern – dies entsprach einem Zehntel des Gesamtbedarfs der EU bzw. einem Drittel des deutschen – oder musste zur Not auch irakisches oder iranisches Gas eingespeist werden?[799] Aufgrund des iranischen Atomprogramms war letzteres politisch nur schwer vermittelbar. Im Irak war prinzipiell nur die Instabilität stabil und die Lieferzusagen sehr unsicher. Zudem hatte Russland sich bereits große Mengen turkmenischen Erdgases durch langfristige Lieferverträge unter den Nagel gerissen.[800] Die Europäer kamen (zu) spät. Und was würde der aserbaidschanische Präsident Ilham Alijew im Gegenzug von den Europäern an politischen Zugeständnissen verlangen? Sein Land war kein Musterknabe parlamentarischer Demokratie. Im Index der NGO *Freedom House* wurde die Achtung politischer Rechte und bürgerlicher Freiheiten dort mit dem gleichen Wert beziffert wie in Russland.[801] Gas aus Aserbaidschan schien «moralisch» nicht besser, aber aus realpolitischem Interesse lag eine Diversifizierung nahe. Gegenüber Baku hatte die EU mehr Hebel als gegenüber Moskau – und die Rückendeckung der USA. Nach dem Kaukasuskrieg und dem ukrainisch-russischen Gasstreit wollte die EU das Tempo forcieren. Noch 2009 sollte mit dem Bau der Nabucco-Pipeline begonnen worden, so dass ab 2015 Gas fließen könnte.[802] Doch das Projekt kam nur sehr schleppend voran. Die Kosten hatten sich verdoppelt, und Nabucco stand vor zahlreichen Hürden. Der Kreml machte mobil und wollte das Vorhaben torpedieren.[803] Viele Beobachter blieben daher skeptisch.

Angela Merkel gehörte dazu. Im März 2009 stemmte sie sich gegen weitere EU-Gelder für die Finanzierung. Die zugesagten Liefermengen waren in ihren Augen unrealistisch. Die Bundesrepublik wolle als größter Beitragszahler der EU kein Projekt finanzieren, an dessen Wirtschaftlichkeit man zweifelte.[804] Die Unternehmen sollten stärker in die (finanzielle) Pflicht genommen werden. Die starke Lobbyarbeit der USA für Nabucco stieß in Berlin nicht nur auf Gegenliebe.[805] Die SPD schwang sich zum lautesten Kritiker des Projektes auf.[806] Clemens Wergin kommentierte in der *Welt*, die Bundesregierung (und die Europäer) hätten die Weckrufe nicht gehört: Wer nicht diversifiziere und weiterhin auf russisches Gas setze, begebe sich in eine gefährliche Abhängigkeit.[807] In der *Zeit* wurde der Unwillen zur Diversifizierung ebenfalls kritisiert und eine (allzu große)

Zuversicht in den Irak und einen Wandel im Iran gesetzt: «Das Land der Uranzentrifugen und Milizenknüppel gegen Oppositionelle ist international isoliert und ein unsicherer Lieferant. Aber wer sagt denn, dass das immer so bleiben muss? (…) Wer weiß, wer in Teheran regiert, wenn Nabucco in fünf Jahren fertig wäre.»[808] Das Prinzip Hoffnung führten also nicht nur die Befürworter von Nord Stream an.

Das Konkurrenzprojekt zu Nabucco war die South Stream-Pipeline. Sie sollte russisches Gas unter Umgehung der Ukraine durch das Schwarze Meer über Bulgarien in die EU bringen. Die Planungen sahen phasenweise zwei Stränge vor: einer sollte von Bulgarien über Serbien nach Österreich führen, der andere direkt nach Süditalien. Mit 63 bcm/y sollte das Volumen noch größer als das von NS-1 sein. Im Frühjahr und Sommer 2009 nahm die Idee an Fahrt auf. Erste Abkommen wurden unterzeichnet, auch der italienische Energieriese Eni beteiligte sich. Amerikanische Warnungen schlug die Regierung in Rom in den Wind.[809]

Während beide Pipeline-Projekte nur schwerlich vorankamen, liefen die Arbeiten an Nord Stream, trotz steter Kritik, zügig weiter. Im November 2011 wurde die Pipeline feierlich in Betrieb genommen. Somit konnten bis zu 55 bcm/y Gas vom russischen Wyborg durch die Ostsee bis Lubmin in Mecklenburg-Vorpommern geleitet werden und von dort über zwei weitere Anschlussleitungen – die Nordeuropäische Gasleitung (NEL) gen Niederlande und die Ostsee-Pipeline-Anbindungsleitung (OPAL) gen Tschechien – in die europäischen Netze. Die Eröffnungsfeier war ein deutsch-russischer Jubeltag. Präsident Medwedew betonte die «strategische Partnerschaft» zwischen beiden Ländern. Merkel lobte Nord Stream als «das größte Energieinfrastrukturprojekt unserer Zeit».[810] Sie schien bester Laune und befand sich in bester europäischer Gesellschaft. Der französische Premierminister François Fillon, der niederländische Premierminister Mark Rutte und EU-Energiekommissar Günther Oettinger waren ebenfalls nach Lubmin gereist. Denn die Nord Stream AG, die Betreibergesellschaft von NS-1, gehörte zu 51 Prozent Gazprom, wohingegen Wintershall und E.on zunächst paritätisch die restlichen Aktien hielten. Doch die französische Engie und die niederländische Gasunie erwarben Anteile in Höhe von knapp zehn Prozent. Nord Stream war ein multinationales Projekt unter deutsch-russischer Federführung.

Nach der Fertigstellung von NS-1 wurde der Bau zweier weiterer Stränge besprochen, die zusätzlich 55 bcm/y von Russland nach Deutschland transportieren sollten: Nord Stream 2. Das Projekt sollte jahrelang ein Streitpunkt innerhalb der EU und der transatlantischen Gemeinschaft bleiben, zumal andere Diversifizierungsideen nicht umgesetzt werden konnten. Im Sommer 2013 scheiterte Nabucco. South Stream wurde aufgrund des russischen Angriffs auf die Ukraine im Jahre 2014 nie gebaut. Ein Fokus auf die Pipeline-Projekte darf jedoch nicht den Blick auf die generelle Neuausrichtung der europäischen Energiepolitik verstellen. Diese Schritte klangen wie immer wenig spektakulär und sehr bürokratisch, hatten aber einen immensen Einfluss auf die künftige Entwicklung.

Das Dritte Energiebinnenmarktpaket der EU wurde im September 2007 von der Kommission vorgestellt und trat im September 2009 in Kraft.[811] Erneuerbare Energien sollten gefördert, die Energieeffizienz, Diversifizierung und Energiesicherheit erhöht werden. Neue LNG-Terminals und neue Pipelineverbindungen zwischen den Mitgliedstaaten sollten gebaut werden. Nur die Bundesrepublik errichtete keine LNG-Terminals: Sie schienen teuer, nicht notwendig und den Streit mit Ländern, Kommunen, Anwohnern und Umweltschützern nicht wert. Zumal das Wort «fracking» im politischen Berlin absolutes Gift war: ein Vote-Loser. Das Dritte Energiebinnenmarktpaket sollte den Gasmarkt in der EU liberalisieren. Lieferanten und Betreiber der Lieferinfrastruktur sollten besser getrennt, also eine Entflechtung (unbundling) forciert werden. Ausländische Unternehmen sollten nur in Ausnahmefällen Energieinfrastruktur innerhalb der EU erwerben können: die sogenannte «Lex Gazprom» sollte der Shoppingtour des Gasriesen einen Riegel vorschieben und damit auch kleineren Mitgliedstaaten den Rücken stärken.[812] In Moskau stießen diese Pläne auf große Ablehnung.

Die Europäer hatten auf die krisenhafte Zuspitzung der Beziehungen zu Russland im Jahr 2008 nuanciert reagiert. Das von Merkel angesprochene «kurzfristige Krisenmanagement» wurde vom Westen insgesamt getragen und hatte ein «systemisches Risiko», also eine Ausweitung des Krieges oder eine Involvierung anderer Staaten oder gar der NATO verhindert, aber zu welchem Preis? Und wurden wirklich «mittel- und langfristige Lehren» gezogen? Die ÖP sollte die Länder zwischen der EU und Russland stabilisieren, demokratisieren und vor dem Gutdünken russischer Großmachtphantasien schützen. Die Bundesregierung trug die ÖP entschiedener mit als andere. Die bilateralen Modernisierungspartnerschaften und die EU-Russland-Modernisierungspartnerschaft setzten auf eine Einbindung Russlands. Sie waren eine deutsche Erfindung, fand jedoch viele Nachahmer. Energiepolitisch bot die EU damit Moskau nur teilweise die Stirn: Das Dritte Energiebinnenmarktpaket war ein Punktsieg für Brüssel, das Scheitern von Nabucco und die Eröffnung von NS-1 spielten dem Kreml in die Karten. Die EU verfolgte weiterhin keine einheitliche Russlandpolitik: Großbritannien, Schweden, Polen und die Balten lagen auf einer Linie mit den USA. Der «Rest» Europas, vor allem Deutschland, Frankreich, die Benelux-Staaten, Spanien und Italien, wollten immer wieder auf Russland zugehen, den Dialog und wirtschaftlichen Austausch suchen, nach Krisen wieder von vorne anfangen und in die Zukunft blicken. Sie hielten an der Utopie der Verflechtung fest. Ein Neustart der EU-Russland-Beziehungen setzte somit vielerorts schon vor dem Amtsantritt Barack Obamas und dessen «Reset» ein.

4. Neubeginn oder Kalter Frieden? Jahre des Übergangs (2009–2013)

Tauwetter und neue Sicherheitsstrategien? (2009–2010)

Am 6. März 2009 strahlte über Genf die Sonne. Gut gelaunt überreichte die US-Außenministerin Hillary Clinton ihrem Amtskollegen Sergej Lawrow während der Pressekonferenz eine kleine Geschenkbox. Die Journalisten schauten neugierig zu, wie Lawrow das Geschenk auspackte. Erst war ein roter Knopf zu sehen, dann das russische Wort «peregruzka» und das englische «Reset». Per Knopfdruck sollten die amerikanisch-russischen Beziehungen «resettet», also neugestartet werden. Aber Lawrow stutzte. Er blickte überrascht auf und erklärte: «You got it wrong» – das Wort für «Reset» war «perezagruzka», nicht «peregruzka», was «overload» bedeutete.[813] Beide bewiesen Humor. Sie übertünchten den sprachlich-diplomatischen Fehltritt der USA.

Der «Reset» muss im Gesamtkontext der Neuausrichtung amerikanischer Außenpolitik gesehen werden. Obama warb in seiner Amtszeit von 2009 bis 2017 für ein «strategic engagement» mit Partnern und Widersachern, eine Zurückhaltung in der Nutzung militärischer Mittel, vor allem hinsichtlich des Einsatzes von Bodentruppen, setzte auf Diplomatie und Multilateralismus und das amerikanische «long game», also die langfristige Durchsetzung eines internationalen Systems basierend auf Regeln, Demokratie und Marktwirtschaft.[814] In vielen Aspekten ähnelte sein Denken dem Angela Merkels. Doch es gab auch ein «short game»: Bedrohungen wie der Terrorismus waren keinesfalls verschwunden, und in den kommenden Jahren entstanden kurzfristig ungeahnte Krisenherde. In Washington rückte Asien zunehmend in den Fokus der US-Außenpolitik. Dieser «Pivot» ging mit einer Rekalibrierung der Lastenteilung einher: Die Europäer sollten in den Augen der Amerikaner mehr in ihre Sicherheit investieren, ihre Verteidigungsausgaben erhöhen und die Trittbrettfahrerei beenden.[815]

Russland wurde schnell zu einer Priorität der neuen Administration.[816]

Im Kern ging der «Reset» von der pragmatischen Erkenntnis aus, dass die Kooperationsmöglichkeiten mit Russland begrenzt und Interessengegensätze fortbestehen würden, aber man dennoch einen konstruktiven Umgang mit Moskau pflegen müsse. Das Land sollte «Teil der Lösung, nicht Teil des Problems sein».[817] Washington wollte sowohl auf die russische Zivilgesellschaft als auch auf die Regierung zugehen, aber beides trennen. Im post-sowjetischen Raum sollte kein Streit mit dem Kreml provoziert werden.[818] Bei der NATO-Erweiterung trat man daher auf die Bremse. Bei den meisten Verbündeten herrschte ohnehin eine «enlargement/MAP fatigue», konstatierte die amerikanische Vertretung.[819] Obama setzte auf den Kooperationswillen Medwedews. Er suchte einen engen persönlichen Draht zu ihm und wollte vor allem in puncto (nukleare) Abrüstung- und Rüstungskontrolle, Afghanistan, Nord-Korea und Iran Fortschritte erzielen.[820] Dabei half, dass der Kreml westliches Kapital und Hilfe bei der Bewältigung der Finanzkrise benötigte und daher aus einer Position der relativen Schwäche kooperationsbereiter schien.[821] Washington bemühte sich umgekehrt, die Erwartungen nicht in den Himmel wachsen zu lassen. US-Außenministerin Clinton erklärte hinter verschlossenen Türen: «die entscheidende Frage war, ob wir mehr erreichen könnten, indem wir Russland ignorieren oder einbinden».[822] Die Parallelen des «Resets» zu dem deutschen Diktum der «Sicherheit *mit* und nicht *gegen* Russland» und der traditionellen Einbindungsstrategie liegen auf der Hand.

Merkel betrachtete Obama zunächst mit einer gehörigen Portion Skepsis: In den rhetorisch aufgebauschten Versprechungen erkannte sie ein großes Frustrationspotential. Ihr Politikstil war es nicht. Das Verhältnis zu Obama wurde eng, aber blieb lange nicht frei von Turbulenzen.[823] Steinmeier warb in einem offenen Brief an Obama für eine «neue transatlantische Agenda», für «Dialog und Kooperation» und eine Erweiterung der G8, die den neuen globalen Machtstrukturen Rechnung tragen sollte.[824] Auf den Iran und Russland müsse man zugehen, Medwedew beim Wort nehmen, wenn er von einer Modernisierung seines Landes und einer Partnerschaft mit dem Westen spreche. Die Ideen hinsichtlich einer neuen europäischen Sicherheitsarchitektur gelte es ebenfalls ergebnisoffen mit dem Kreml zu diskutieren. Der deutsche Außenminister warb für eine Abrüstungsoffensive, die verlorenes Vertrauen zwischen dem Westen und Russland wiederherstellen könne und griff Obamas diesbezügliche Äußerungen auf.[825]

Die NATO brauche einen neuen «Harmel-Bericht», erklärte Steinmeier, und rekurrierte damit auf die politisch-strategische Neuausrichtung der Allianz Ende der 1960er Jahre, die auf Entspannung setzte. Steinmeier sprach nicht von Multipolarität und bemühte sich um versöhnliche Worte, doch zwischen den Zeilen konnte man eine Abrechnung mit der amerikanischen Außenpolitik der letzten Jahre herauslesen: Irak, Guantánamo, Unilateralismus – das Grundübel. Mehr Dialog mit dem Rest der Welt war notwendig, gar eine «neue Ära der Entspannungspolitik».[826] Schröder light.

Auf der Münchner Sicherheitskonferenz zeigten sich im Februar 2009 bereits Konturen des neuen Tauwetters. US-Vizepräsident Joe Biden reiste nach Bayern und führte als transatlantischer Brückenbauer eine ungewohnt hochrangige US-Delegation an. Er umwarb die europäischen Partner, verlangte aber auch ein größeres Engagement von ihnen – etwa in Afghanistan, wo die Truppenzahl erneut aufgestockt werden sollte.[827] Biden forderte einen Neustart im Verhältnis zu Russland. Der unipolare Moment sei vorbei, jubilierten deutsche Medien.[828]

Steinmeier postulierte in München seine Vision einer «Welt ohne Atomwaffen» und betonte: «Der alte Traum eines Raumes gemeinsamer Sicherheit von Vancouver bis Wladiwostok» müsse aktiv angegangen und Russland ein Teil dieser gesamteuropäischen Sicherheitsarchitektur werden.[829] Die Kanzlerin hatte im Vorfeld der Konferenz einen gemeinsamen Artikel mit dem französischen Staatspräsidenten Nicolas Sarkozy veröffentlicht, in dem sie den russisch-georgischen Krieg als Zäsur für die europäische Nachkriegsordnung bezeichneten, doch zugleich neue Formen der Sicherheitskooperation forderten.[830] In München ging sie, neben der NATO und Iran, dem sie mit schärferen Sanktionen drohte, auch auf Russland ein. Wie könnte das Land in die internationale Sicherheitsarchitektur eingebunden werden? «Glücklicherweise» werde der NRR wiederbelebt, aber man sollte «auch auf die Vorschläge des russischen Präsidenten Medwedew eingehen, in Fragen der europäischen Sicherheit Möglichkeiten einer engeren Kooperation zwischen der Europäischen Union, der Europäischen Sicherheits- und Verteidigungspolitik und Russland zu finden. Ich sage allerdings ausdrücklich: Dies darf nicht in dem Geist geschehen, dass wir uns gegenseitig schwächen – ESVP und NATO –, um sozusagen im Wettbewerb um ein bestimmtes Verhältnis zu Russland zu stehen. Es ist in unser aller Interesse, Russland in eine zukünftige Sicherheitsarchitektur einzubinden.»[831] Vancouver, nicht Lissabon sollte daher der westlichste Punkt europäischer Sicherheit sein. Ein Hauch von Détente wehte durch München.

Die Obama-Administration forcierte in der Folge den «Reset». Auf dem NATO-Außenministertreffen am 5. März 2009 schlug US-Außenministerin Clinton die Wiederaufnahme des NRR als Dialogforum vor – nur Litauen war anfänglich dagegen. Gemeinsam mit Steinmeier hatte Clinton diesen Schritt vorbereitet, und ein gemeinsames Papier legte neue Konturen fest.[832] Bezüglich Afghanistan, Iran und Nord-Korea, sowie in der Abrüstungs-, Rüstungskontroll-, Anti-Terror- und Anti-Drogen-Politik wollte man wieder mit Russland zusammenarbeiten, doch niemals eine exklusive russische Einflusssphäre im post-sowjetischen Raum anerkennen, weshalb die Allianz zu dem Beitrittsversprechen gegenüber der Ukraine und Georgien stehen müsse.[833] Das amerikanisch-deutsche Non-Paper zum künftigen Umgang der NATO mit dem Osten Europas (über die eigenen Bündnispartner hinaus) fand umfassende Zustimmung und verdeutlichte, dass Washington und Berlin bereit waren, eine gemeinsame Linie zu finden.[834] Dies zeigte sich auch in der Abrüstungs- und Rüstungskontrollpolitik.

Obama wollte die Atomwaffenarsenale reduzieren. Er postulierte seine Ideen in einer wegweisenden Rede in Prag im April 2009. 80 Prozent der Kernwaffenbestände sollten durch einen neuen Vertrag abgebaut werden. Im Juli reiste der US-Präsident nach Moskau – die einzige Russlandreise während seiner gesamten ersten Amtsperiode.[835] Das Weiße Haus nutzte die Raketenabwehrpläne von Beginn an als Verhandlungsmasse und Zeichen des guten Willens.[836] Im September 2009 verkündete Obama den Verzicht auf die Raketenabwehrpläne der Bush-Administration. In Moskau wurde dieser Schritt als Erfolg gefeiert. Die Lehre schien einfach: «Härte lohnt sich.»[837] Aus Ostmitteleuropa kam Kritik am neuen Kurs der Vereinigten Staaten auf. Viele Regierungen warnten vor einem Glaubwürdigkeitsverlust der USA und einem revisionistischen Russland.[838] Doch Obama ging den Weg der Kooperation und Abrüstung weiter, der im April 2010 zur Unterzeichnung des sogenannten New-START-Abkommens führte.[839] Die Verhandlungen mit Russland über eine Kooperation bei der Raketenabwehr scheiterten im November 2011. Moskau sah weiterhin böse Absichten der USA, eine Bedrohung der eigenen Zweitschlagfähigkeit und somit des eigenen Status' als Großmacht.[840] Neben der Abkehr Obamas von den Raketenabwehrplänen Bushs und seiner Abrüstungszusammenarbeit mit

Russland zeigte sich, wie deutlich der Fokus der neuen Administration auf dem Iran lag. Das Weiße Haus wollte unbedingt auf dem Verhandlungsweg erreichen, dass das Land keine Kernwaffen entwickelte und war bereit, andere Fragen diesem Ziel unterzuordnen und daher zur Not Brücken nach Moskau zu schlagen.[841] Damit sollte auch einem russischen Veto im VN-Sicherheitsrat gegen etwaige neue Resolutionen vorgebeugt werden.[842] Im Juni 2010 stimmte Russland neuen Sanktionen gegen den Iran zu und stornierte eine Lieferung von S-300 Flugabwehrsystemen, ohne dem Regime gänzlich den Rücken zuzukehren: Der «Reset» schien erste Erfolge zu zeitigen.[843] Die USA standen damit diesmal nicht im baltisch-polnisch-schwedischen Lager der Russlandfalken, sondern waren auf Einbindungskurs. Während dies vielen Osteuropäern ein Graus war, gab es viel Beifall aus West- und Südeuropa.

In Paris sah man den «Reset» positiv. Außenminister Bernard Kouchner pflichtete Clinton bei, wie eine amerikanische Gesprächsaufzeichnung festhielt: «Let's talk to them, he said. He said that the Russians are ‹rough, rude, and brutal,› but we should still engage them.»[844] Aus Berlin kam ebenfalls Zustimmung. Der «Reset» wurde von der Bundesregierung fast stürmisch begrüßt.[845] Merkel verkündete, die Beendigung der Raketenabwehrpläne Bushs böte die Chance einer intensivierten Zusammenarbeit mit Russland.[846] Die CDU/CSU-Bundestagsfraktion diskutierte in Anwesenheit der Kanzlerin, die in die Diskussion nicht eingriff, die neue Russlandpolitik der USA. Es sei nun an Russland, den «Reset-Button» zu drücken, konstatierte Eckart von Klaeden.[847] Man bliebe in vielen Fragen auf Russland angewiesen, da das Land der größte Nachbar der EU und Mitglied im VN-Sicherheitsrat sei. «Wir können aber trotz dieses Reset-Buttons nicht davon ausgehen», so von Klaeden weiter, dass «grundlegende Konflikte, die wir mit Russland haben, von heute auf morgen gelöst werden können.»[848] Russlands Hilfe bezüglich des iranischem Nuklearprogramms werde hoffentlich «konstruktiv» sein, so von Klaeden. Doch wie konstruktiv wollte Russland wirklich sein?

Im Juni und Oktober 2008 hatte Medwedew die Idee einer neuen Sicherheitsarchitektur lanciert – einmal in Deutschland, einmal in Frankreich. Seine Konzepte waren allerdings sehr vage. Erst im November 2009 legte der Kreml recht überraschend einen Entwurf vor. Erstmals präsentierte Russland eigene Gedanken, anstatt nur die bestehenden Strukturen zu kritisieren.[849] War es vielleicht mehr als die übliche russische Taktik, mit Gegenvorschlägen den Westen zu spalten bzw. Fortschritte zu verhindern?[850] Im Juni 2008 redete Medwedew in Berlin einer Sicherheitsarchitektur von Vancouver bis Wladiwostok das Wort, also nicht einem eurasischen Modell ohne die USA und Kanada von «Lissabon bis Wladiwostok», das Putin 2001 vor dem Deutschen Bundestag angedeutet hatte und auf das er später immer wieder rekurrieren sollte.[851] Er kritisierte den «Atlantizismus» und betonte den Wert der OSZE, ergo von Systemen kollektiver Sicherheit.[852] In russischen Augen sollte keine neue Institution entstehen, sondern grundlegende Umgangsweisen vertraglich festgelegt werden: keine militärischen Planungen gegeneinander, eine Gewaltverzichtserklärung, gegenseitige Hilfe bei Sicherheitsproblemen sowie die Lösung der Raketenabwehrpläne und der Stationierungsstreitigkeiten.[853]

Im beschaulichen Kurort Evian umriss Medwedew seine Pläne hinsichtlich einer neuen Sicherheitsarchitektur im Oktober 2008 etwas genauer. Er kritisierte «Militärbündnisse», die NATO-Osterweiterung und die Raketenabwehrpläne.[854] Der neue Vertrag sollte Gewaltverzichtserklärungen, Sicherheitsgarantien und Rüstungskontrolle einschließen sowie die Souveränität und territoriale Integrität der Staaten schützen.[855] Keinen Monat nach der russischen Anerkennung der Unabhängigkeitserklärungen Südossetiens und Abchasiens war dies in den Ohren vieler Anwesender blanker Hohn. Sarkozy pflichtete den russischen Gedankenspielen in Evian jedoch bei und wollte in der OSZE weiter darüber beraten. Eine neue Konfrontation mit Russland sei «Wahnsinn», denn das Land sei «wieder eine Macht; eine Macht, der man zuhört», so der französische Staatspräsident.[856]

In Berlin erklärte Reinhard Silberberg, Staatssekretär im Auswärtigen Amt, seinen amerikanischen Gesprächspartnern, man müsse mit den Vorschlägen irgendwie umgehen, wenngleich sie auf Probleme wie Georgien, die etwaige Stationierung russischer Raketen in Kaliningrad und konventionelle Rüstungskontrolle nicht eingingen. Eine Diskussion könne immerhin das Arbeitsklima mit Russland wieder verbessern, so Silberberg.[857] Im Kanzleramt nahm Rolf Nikel die Vorschläge reserviert auf. Er gab sich skeptisch hinsichtlich einer neuen Sicherheitsarchitektur: dies würde zu Chaos führen, die NATO schwächen und spalten.[858] Merkels außenpolitischer Berater, Christoph Heusgen, zeigte sich sehr skeptisch: man solle zwar die Ideen nach außen positiv aufnehmen, aber «nichts was die bestehenden europäischen Institutionen unterminieren würde, dürfe angenommen werden», hielt er in einem Gespräch mit amerikanischen Diplomaten fest.[859] Ein OSZE-Gipfel sollte erst stattfinden, wenn Russland guten Willen zeige. Geza von Geyr, hoher sicherheitspolitischer Berater im Bundeskanzleramt, betonte zwar, der Westen sei in puncto Iran, Nahost, Nord-Korea und Sicherheit auf dem Balkan auf Russland angewiesen, aber unterstrich in einem Austausch mit der US-Botschaft in Berlin, dass Merkel die Vorschläge Medwedews nicht ernstnähme, sondern sie als «offensichtlichen Versuche sehe, die NATO zu spalten und zu schwächen.»[860] Auch im Auswärtigen Amt gab es keine Freudentänze. Die Vorschläge aus Moskau wurden als eindeutiger Versuch gewertet, die USA und die Europäer zu entzweien.[861]

Im Baltikum, in Polen und in Schweden blickte man misstrauischer auf die Pläne[862] als etwa in Italien oder Spanien.[863] Es zeigten sich die üblichen Trennlinien im Umgang mit Russland. Viele EU-Mitgliedstaaten waren dafür, dass die OSZE die Vorschläge Medwedews aufnehmen sollte, weshalb die beiden EU-Ratspräsidentschaften des Jahres 2009 das Thema niederschwelliger behandelten.[864] Dabei ist es entscheidend, den Zeitpunkt der Vorschläge nicht zu vergessen: nach der Wutrede Putins 2007, der Unabhängigkeitserklärung des Kosovo bzw. des russisch-georgischen Krieges. Der Kreml wollte die europäische Sicherheitsarchitektur verändern, da sie zu «euro-atlantisch» schien und Russland wenig Vorteile bot.[865] Dass Russland durch den Krieg gegen Georgien selbst die Axt an einige Kernpfeiler der europäischen Sicherheitsarchitektur gelegt hatte, übertünchte Medwedew bewusst. Im NRR sprachen dies einige westliche Staaten sofort an: Wieso sollte man einen neuen Vertrag eingehen, nachdem Russland wie in Georgien gehandelt hatte?[866]

Erst im November 2009 präsentierte der Kreml in einem ersten Entwurf konkretere Vorschläge. Zeitgleich legte Außenminister Lawrow auch der NATO im November 2009 einen neuen Kooperationsvertrag vor. Wieso sollte die NATO noch enger mit Russland kooperieren – das neue strategische Konzept der Allianz betonte die strategische Partnerschaft mit Moskau – wenn die neue russische Militärstrategie von 2010 die NATO als primäre Bedrohung bezeichnete?[867] Fragen, die der Kreml nicht beantwortete. Medwedews Ideen wurden im Rahmen der OSZE im sogenannten Korfu-Prozess, der bereits im Juni 2009 etabliert worden war, diskutiert.[868] Doch

Moskau beklagte sich immer wieder, der Westen nehme die Vorschläge nicht ernst und der OSZE-Rahmen sei wenig dienlich.[869] Der Korfu-Prozess war daher von Russland nicht gewollt.[870] Insgesamt waren die Ideen Medwedews keinesfalls eine verpasste Chance, da die Intention des Kremls, den Westen zu spalten, allzu eindeutig war und für Russland unangenehme Punkte ausgeklammert werden sollten.

Eine neue Sicherheitsarchitektur von Vancouver bis Wladiwostok? Viele der Schlagwörter erinnerten an die frühen 1990er Jahre und Planspiele des damaligen liberalen Außenministers Hans-Dietrich Genscher. Nach dem turbulenten Jahr 2008 und dem Beginn einer neuen, auch von den USA betriebenen Entspannungspolitik 2009 standen im Herbst desselben Jahres Bundestagswahlen an und liberale Außenpolitik schien wieder in Mode.

Eine schwarz-gelbe Russlandpolitik?

Am Wahlabend wurden die Gesichter immer länger. Die SPD fuhr mit ihrem Spitzenkandidaten Frank-Walter Steinmeier mit 23 Prozent das schlechteste Wahlergebnis der Nachkriegszeit ein. Die Sozialdemokraten mussten arg gebeutelt auf den Oppositionsbänken platznehmen. Angela Merkel blieb Kanzlerin. In der eigenen Partei war ihre Machtposition gefestigt. Bei den Deutschen war sie sehr beliebt. Der schwarz-gelbe Koalitionsvertrag hielt die Notwendigkeit fest, in vielen Fragen der internationalen Politik mit Russland zusammenzuarbeiten, etwa in Afghanistan, im Nahen Osten oder bei der Bekämpfung des Terrorismus und des Klimawandels.[871] Man wollte helfen, den «Kurs der Modernisierung des Landes konsequent fortzusetzen und dabei die Defizite bei Menschenrechten, Rechtsstaatlichkeit und Demokratie abzubauen. Wir wollen dazu den zivilgesellschaftlichen Dialog fördern. Wir wollen wirtschaftliche Verbindungen weiter ausbauen und langfristige, verlässliche Energiepartnerschaften ohne einseitige Abhängigkeiten schaffen. Die berechtigten Interessen unserer Nachbarn werden wir bei der Gestaltung unserer bilateralen Beziehungen mit Russland berücksichtigen.»[872] Auf dem Papier ein sehr klarer Kurs, aber in der Realität? Es zeichnete sich bei vielen dieser Punkte ab, dass Russland immer mehr eigene Spielregeln aufstellte und ein unbequemer Partner war. Im Auswärtigen Amt zog erstmals seit 1998 wieder ein liberaler Hausherr ein.

Doch mit welchen Vorstellungen kam Guido Westerwelle ins Amt? Gab es eine liberale Russlandpolitik?

In Washington zogen viele die Augenbrauen hoch. Westerwelle forderte mehrfach einen Abzug der US-Kernwaffen von deutschem Territorium und somit auch das Ende der nuklearen Teilhabe.[873] Dies rüttelte an den Grundpfeilern der NATO-Abschreckung und der strategischen Balance in Mitteleuropa – und war Musik in russischen Ohren. Das Kanzleramt wies eine Mitwisserschaft oder gar Unterstützung dieser Idee von sich: Der Vorstoß zeige nur, dass Westerwelle «die außenpolitische Matrix nicht überschaute».[874] Wer war der neue Mann, fragte man sich nun noch eindringlicher auf der anderen Seite des Atlantiks.

Wolfgang Ischinger informierte das Team von US-Außenministerin Hillary Clinton über den neuen Außenminister. Er sei Transatlantiker, werde sich aber um eine substanzielle Partnerschaft mit Russland bemühen.[875] Auch John Kornblum, ehemaliger US-Botschafter in Deutschland, verfasste eine Denkschrift über den neuen deutschen Außenminister. Er akzentuierte die Genscher-Tradition, in der Westerwelle sich sehe. «Dies wird Auswirkungen auf die amerikanisch-deutsch-russischen Beziehungen haben», gab ein enger Berater der US-Außenministerin nach der Lektüre zu bedenken.[876] Denn Kornblum argumentierte: «Er ist stärker entschlossen als Merkel eine Partnerschaft mit Russland aufzubauen. Er möchte die Ideen Medwedews zu einer neuen Sicherheitsarchitektur innerhalb der OSZE weiterverfolgen. Diese Ansichten kommen direkt von Genscher, den Westerwelle als Mentor sieht.»[877] Die Idee einer Stärkung der OSZE war Genscher nicht neu und er wandte sich im November mit einem Meinungsbeitrag im *Tagesspiegel* an die Öffentlichkeit: «Partner Russland? Man braucht sich! Der Westen reagiert falsch auf Dmitri Medwedews sensationelle Rede», so der Mann im gelben Pollunder.[878]

Das liberale Urgestein wollte auf Russland zugehen, einen neuen Kalten Krieg verhindern und die Grundwerte der Schlussakte von Helsinki und der Charta von Paris hochhalten. Er bezeichnete diesen Weg der Einbindung durch Entspannung und kollektive Sicherheit bereits 1999 als alternativlos und historisch richtig: Damit habe man in den 1970er und 1980er Jahren Erfolg gehabt.[879] Den «Reset» und die neue außenpolitische Linie Obamas nahm Genscher positiv auf. Abrüstung, Kooperation, Multilateralismus, OSZE, Dialog – die Quintessenz liberaler Außenpolitik. Abschreckung im Bündnis, US-Raketenabwehr, Eindämmung – nein, danke. Genscher durchlebte einen «dritten Frühling» und sprudelte, ebenso wie Klaus Kinkel, geradezu vor Ideen für den neuen Außenminister.[880] Die Einschätzungen, wie stark der Einfluss Genschers über eine gewisse Grundierung hinaus auf die operative Außenpolitik schlussendlich war, divergieren allerdings und sollten nicht zu hoch eingeschätzt werden, zumal das Verhältnis zu Westerwelle auch abkühlte. Was machte also der neue Minister mit seinem neuen Amt?

Im November 2009 reiste Westerwelle zu seinem Amtskollegen nach Moskau. Es war nicht der Beginn einer Partner- oder gar Freundschaft. Lawrow spielte all seine Erfahrung und diplomatische Brutalität ihm gegenüber aus.[881] Westerwelle traf auch mit Menschenrechtsaktivisten zusammen. Schlagzeilen machten jedoch folgende Worte des neuen Bundesaußenministers: «Ohne Wenn und Aber: Wir wollen eine strategische Partnerschaft mit Russland.»[882] Damit nutzte er einen Begriff, den viele Regierungschefs und die EU bemühten. Zwar betonte er, eine solche Partnerschaft müsse neben Wirtschaftsfragen auch Justiz, Kultur und zivilgesellschaftliche Kooperation umfassen,[883] aber die Presse kommentierte weitgehend negativ: «Westerwelle vermeidet Kritik an Russland» befand die *Süddeutsche Zeitung*; «Westerwelle hofiert Russland» vermeldete der Nachrichtensender *ntv*.[884]

Vor seinem Antrittsbesuch in Moskau war der neue Außenminister zuerst nach Polen gefahren. Dort war er mit offenen Armen empfangen worden.[885] Im Koalitionsvertrag waren die deutsch-polnischen Beziehungen neben den deutsch-französischen als einzige dezidiert erwähnt worden. Das Weimarer Dreieck, ein Forum zwischen Frankreich, der Bundesrepublik und Polen, das «zeitweise mangels französischen Engagements schon totgesagt worden war, [sollte] als ‹Ankerpunkt› der Außenpolitik» revitalisiert werden, erklärte Westerwelle.[886] Verkürzt gesagt, schien die Devise: Dreieck mit Paris und Warschau, nicht Troika mit Paris und Moskau. Hier fiel die Handschrift Genschers auf, der verschiedentlich eine Aufwertung des Weimarer Dreiecks gefordert hatte. Die Modernisierung in Russland wolle man «gemeinsam fördern und fordern» verlautbarten Delegationskreise der Minister; die Ukraine und Weißrussland näher an die EU heranführen.[887] Auf den Begriff der «Modernisierungspartnerschaft» verzichtete Westerwelle zunächst noch bewusst.[888] Berlin schien hinsichtlich der ÖP den Schulterschluss mit Warschau zu suchen. Doch es blieben Stolpersteine: Auf Nord Stream angesprochen, kritisierte der polnische Außenminister Sikorski die Entstehung, da die kostengünstigere Variante, einen weiteren Strang für die durch Polen führende Jamal-Pipeline, nicht gewählt wurde, und verwies auf die wichtigen EU-Vorhaben in Bereich der Energiesicherheit.[889] Westerwelle erklärte, es dürfe keine Alleingänge geben, doch Nord Stream sei «sinnvoll» für die Energiesicherheit.[890] Für wessen Energiesicherheit das Projekt sinnvoll sei, führte er nicht weiter aus.

Nach Westerwelles Russlandvisite im November 2009 und den Worten einer «strategischen Partnerschaft» mit Russland kamen kritische Berichte in den Medien auf, dass dies die Zusammenarbeit mit Warschau schädigen werde.[891] Es zeigte sich somit bereits in den ersten Monaten der neuen Regierung, wie sensibel sprachliche Formulierungen aufgenommen wurden. Bezeichnete man Russland nicht als «strategischen Partner» drohten Querelen, wegen der in Moskau ohnehin gereizten Stimmung aufgrund der EU-Energiepolitik und der Östlichen Partnerschaft. Zudem gab es aufgrund der Finanzkrise ein großes Interesse an guten Wirtschaftsbeziehungen mit Russland. Dabei legte Westerwelle semantisch immer einen Schwerpunkt auf Menschenrechte. Er tat dies sowohl bei Besuchen in Moskau,[892] als auch in Minsk, wo er gemeinsam mit Sikorski hinreiste.[893] Die Ukraine behielt der Außenminister ebenfalls im Blick: Schon im Juni 2009 war der damalige Außenminister Steinmeier mit seinem polnischen Amtskollegen nach Kyjiw gereist, um symbolische Unterstützung in Zeiten schwerer wirtschaftlicher Nöte zu demonstrieren. Innerhalb der EU bemühten sich Berlin und Warschau um eine stärkere Unterstützung der Ukraine.[894] Westerwelle versuchte hieran anzuknüpfen.[895] Doch Nord Stream trat immer wieder als Hindernis auf.

US-Außenministerin Clinton sprach den neuen Außenminister bei einem Treffen im November 2009 unverblümt auf diesen Themenkomplex an. Europa müsse diversifizieren. Clinton warnte die Bundesregierung davor, Russland bei einer unzureichenden Reform des Energiebereichs ausgeliefert zu sein.[896] Westerwelle erwähnte die intensiven deutschen Debatten über Energiefragen, vor allem während der ukrainisch-russischen Streitigkeiten im Winter 2008/09. Und er gab sich optimistisch: «Er malte eine Neuorientierung der deutschen Energiepolitik an die Wand. Erstens werde Deutschland die eigene Produktion, inklusive Nuklear- und Windenergie usw. stärken. Zweitens werde die Bundesrepublik in erneuerbare Energien investieren. Und zuletzt werde man Unabhängigkeit durch Diversifizierung erreichen. Er erwähnte das Nord Stream-Projekt als einen Aspekt hiervon.»[897] Erneut zeigte sich, dass die Nord Stream-Pipeline oft als Diversifizierungsprojekt angesehen wurde, da die Risiken eines Lieferausfalls durch Streitigkeiten der Ukraine oder anderer Staaten mit Russland ausgeschlossen werden konnten. Eine Diversifizierung der Routen war jedoch nicht das gleiche wie eine Diversifizierung der Lieferanten.

Im Dezember 2009 berichtete die amerikanische Botschaft, dass sich im politischen Berlin eine immer nüchternere Sicht auf Russland breitmache, aber es herrsche Unklarheit, was genau daraus folgen solle.[898] Ein privates Treffen zwischen US-Botschafter Philip D. Murphy und deutschen Russlandexperten aus dem Bundestag, dem Auswärtigen Amt, dem Kanzleramt und diversen Denkfabriken zeigte, dass niemand wirklich glaubte, die russische Linie beeinflussen zu können, aber alle auf eine Modernisierung Russlands setzten, damit das Land zu einem «zuverlässigen internationalen Partner» werde.[899] Der Bericht verdeutlichte, wie klar die Arbeitsebene die Probleme im Umgang mit Russland erkannte. Der russische Vorschlag einer neuen Sicherheitsarchitektur fand in Berlin immer wenig Zustimmung. Neue Formate gelte es zu verhindern, sondern der NATO-Russlandrat und die OSZE sollten genutzt werden, trotz der russischen Skepsis gegenüber dieser Organisation, wie der OSZE-Referatsleiter im AA und der Leiter des Referats für Osteuropa und die Länder der ehemaligen Sowjetunion im Kanzleramt festhielten.[900] Ebenso erklärte der Referatsleiter für NATO-Fragen im AA, Gunnar Denecke, man gebe sich zu häufig der Fehlwahrnehmung hin, dass Russland eine Zusammenarbeit suche oder gar möge.[901] Die US-Botschaft sah die Befürworter einer weiterhin engen Beziehung zu Moskau im Planungsstab des Auswärtigen Amtes konzentriert. Die Mitarbeiter im Planungsstab seien zwar nur eine kleine Gruppe, aber hätten direkten Zugang zur politischen Leitungsebene.[902] Der Planungsstab habe zudem andere Referate im Auswärtigen Amt kritisiert, da sie angeblich Russland nicht verstehen würden.[903] In Berlin wurde daher intensiv um den richtigen Umgang mit Russland gerungen. In diesem Zusammenhang müsse auch die Ablösung des deutschen Botschafters in Moskau, Walter Jürgen Schmid, gesehen werden, der als zu «soft» gegenüber dem Kreml gelte.[904] Wirklichen Einfluss habe man auf Russland nicht und die strategische Partnerschaft beschränke sich auf den wirtschaftlichen Bereich, gestanden viele Beobachter und Entscheidungsträger in Berlin.[905] Ein Erkenntnisproblem lag also nicht vor, vielmehr war die Frage, was daraus folgen sollte. Die Deutschen ermutigten die USA, auf die Menschenrechtsaktivisten, kleine Unternehmen, Journalisten und andere zivilgesellschaftliche Gruppen weiter zuzugehen, aber zeigten «wenig Hoffnung auf eine Besserung der innenpolitischen Lage in Russland, die sich in der letzten Dekade nur verschlimmert habe», hielt ein US-Bericht fest.[906] Der SPD-Politiker Gernot Erler verglich die gesellschaftliche Situation in Russland mit der sowjetischen Stagnation in der Ära Breschnew.[907] In Berlin herrschte weitgehende Übereinstimmung, dass der Westen nur hoffen konnte, Russland aus dieser Stagnation durch wirtschaftliche und zivilgesellschaftliche Kontakte herauszuhelfen: Wandel durch Verflechtung. Oder in Anlehnung an Samuel Beckett überspitzt formuliert: Warten auf Gorbi.

Es zeigte sich ein gewisser Wandel der deutschen Russlandpolitik unter der schwarz-gelben Bundesregierung: Man sah die Probleme und die eigenen beschränkten Einflussmöglichkeiten deutlicher. Berlin wollte den «Reset» aktiv unterstützen, wenngleich nicht immer auf Russland eingegangen werden und keine neuen Formate geschaffen werden sollten. Vielmehr läge die Bringschuld bei Russland. Die Zivilgesellschaft wurde weiter unterstützt – und auf bessere Zeiten gehofft. Doch Westerwelle trat semantisch immer mehr in Steinmeiers Fußstapfen, der von den Amerikanern konstatierte Einfluss des Planungsstabes auf die politische Führung schien nicht unbedeutend. Neben Menschenrechten betonte er immer auch wirtschaftliche Interessen und Chancen zur Zusammenarbeit.[908] Er griff das Konzept der Modernisierungspartnerschaft auf, das nun ebenfalls auf EU-Ebene und von anderen Mitgliedstaaten genutzt wurde. Im Mai 2010 veröffentlichte er gemeinsam mit seinem russischen Amtskollegen Lawrow einen Meinungsbeitrag in der *Frankfurter Allgemeinen Zeitung*, in der sie die EU-Russland-Modernisierungspartnerschaft und das deutsch-russische Vorbild hierfür lobten.[909] Man wollte es deutscherseits allerdings nicht nur bei der Hoffnung belassen, sondern konkrete Testballons einer verbesserten Zusammenarbeit, auch im sicherheitspolitischen Bereich, starten. Zeitlich korrelierte die Initiative mit der Hochphase des «Reset»: Der WTO-Beitritt Russlands war auch dank amerikanischer Unterstützung auf gutem Wege, der neue START-Vertrag war ratifiziert, eine neue VN-Sicherheitsratsresolution, die den Iran scharf anging, war von Moskau mitgetragen worden und die USA durften Truppen und Material für Afghanistan durch den russischen Luftraum fliegen.[910] Im Juni 2010 schlenderte Medwedew mit Obama durch Washington. Wie alte Freunde gingen sie einen Cheeseburger essen. Der Besitzer schenkte seinen berühmten Gästen stolz zwei T-Shirts seines für sehr würzige Burger bekannten Restaurants. Auch deren Aufschrift – «go to hell» – konnte die Stimmung nicht trüben. Etwas formeller verlief der Besuch des russischen Präsidenten in Deutschland.

Die Meseberg-Initiative

Am 4./5. Juni 2010 trafen Angela Merkel und Dmitri Medwedew auf Schloss Meseberg zusammen. In dem 70 Kilometer nördlich von Berlin gelegenen Gästehaus der Bundesregierung wurden die üblichen Themen besprochen: zum Beispiel Afghanistan und Iran.[911] Darüber hinaus unterstützte Merkel eine intensivere Zusammenarbeit in sicherheitspolitischen Fragen, vor allem in Bezug auf eingefrorene Konflikte im post-sowjetischen Raum, etwa Transnistrien. Russland sollte ein Partner für die Sicherheits- und Verteidigungspolitik der EU werden, wie sie bereits in ihrer oben zitierten Rede auf der Münchner Sicherheitskonferenz im Februar 2009 angedeutet hatte.[912] Bei einem erfolgreichen Verlauf sollte gegebenenfalls ein fester Kooperationsmechanismus entstehen. Ihr außenpolitischer Berater Christoph Heusgen hatte eine Initiative vorbereitet.[913] Am Ende des Treffens auf Schloss Meseberg hielt ein Memorandum die neuen Vorhaben fest. Es war von deutscher Seite bewusst vage, die Absichten betonend und an Fortschritte gebunden formuliert, womit Berlin dem Umstand Rechnung trug, dass weder moldauische, transnistrische noch andere europäische Vertreter in Meseberg dabei waren.[914] Merkel betonte auf der Pressekonferenz den europäischen Ansatz dieser Initiative, doch letztlich forcierte sie die Bundesrepublik *für* die EU, nicht *durch* die EU und hatte die Ideen vorher bewusst nicht intensiv in Brüssel diskutieren wollen.[915] Die russische Seite legte die Formulierungen sehr großzügig aus. Moskau wollte eine fest etablierte Kommission und ein EU-Russland-Komitee für Außen- und Sicherheitspolitik auf Ministerebene, in dem die Hohe Vertreterin der EU für Außen- und Sicherheitspolitik (kurz, EU-Außenbeauftragte) Catherine Ashton und der russische Außenminister Lawrow sicherheitspolitische Fragen beraten sollten. Russischerseits erkannte man darin die Möglichkeit, für einige Konzessionen in diesem Forum ohne die USA Fragen der europäischen Sicherheit beraten zu können.[916] Ein lange gehegter Wunsch schien in greifbarer Nähe.

Die Meseberg-Initiative ging auf erste Gedanken nach dem Georgienkrieg zurück, doch wurde sie erst kurz nach dem EU-Russland-Gipfel in Rostow am Don lanciert, auf dem die neue Modernisierungspartnerschaft verabschiedet worden war. Die neue europäische Strategie für den Umgang mit Russland war in trockene Tücher gebracht worden und doch preschte die Bundesrepublik voran. Die Transnistrien-Frage schätzte Berlin als von allen Konflikten im post-sowjetischen Raum am einfachsten zu lösen ein und zugleich schien sie von geringerem strategischen Interesse für Russland als beispielsweise Georgien.[917] Ähnlich wie bei der Modernisierungspartnerschaft sollten Fortschritte im bilateralen Bereich als Vorbild für die EU dienen und den deutschen Führungsanspruch im Umgang mit Moskau untermauern – was vor allem in Osteuropa auf Kritik stieß.[918] Doch in der EU interessierte sich außer Rumänien niemand so wirklich für diesen Konflikt.[919]

Die seit dem Ende des Kalten Krieges schwelende Auseinandersetzung zwischen Moldau und der rund 500 000 Einwohner zählenden abtrünnigen Region Transnistrien, in der weiterhin russische Soldaten stationiert waren, blieb trotz steter Bemühungen und der von Russland 1999 eingegangen Verpflichtung, die eigenen Truppen abzuziehen, ungelöst. Seit 2002 war die EU aktiver engagiert. Russland schien nicht zur Lösung des Konfliktes bereit und hielt zuvor getätigte Zusagen eines Truppenabzuges nicht ein.[920] Im informellen «5+2»-Kreis, der Moldau, Transnistrien, Russland, die Ukraine und die OSZE sowie die EU und die USA als Beobachter umfasste, ging es nicht voran, und nach 2006 tagte die Runde nicht mehr. Im Juli 2009 gewannen pro-europäische Kräfte die Parlamentswahlen in Moldau. Heusgen erklärte bereits wenig später amerikanischen Gesprächspartner, man könne in Transnistrien substantielle Fortschritte schnell erreichen: «in about a month».[921] Die Bundeskanzlerin bezeichnete den Konflikt im Mai 2010 als «lösbar» und wurde von der Regierung in Moldau als ehrliche Vermittlerin wahrgenommen, da sie dem Land eine europäische Perspektive aufzeige, wie dortige Offizielle bekundeten.[922] Aus deutscher Sicht war die Meseberg-Initiative ein Testballon. Medwedew und seine Vorstellungen einer neuen Sicherheitsarchitektur sollten auf die Probe gestellt werden. Kooperativem Verhalten sollten neue Strukturen folgen können. Eine explizite Konditionalität, die Russland nicht wirklich wahrhaben wollte.[923]

Der Kreml behielt genau im Auge, wie viel Zugeständnisse in Transnistrien notwendig waren, um offizielle Kooperationsformate mit der EU und somit Einfluss auf dortige Entscheidungen zu erhalten.[924] Es ging keineswegs um eine Konfliktlösung um der reinen Konfliktlösung willen. Bereits im Juli, also nur wenige Wochen nach Meseberg, legte Lawrow der Hohen Beauftragten der EU die russische Vision eines Sicherheitskomitees dar – ein rasantes Tempo, wenn man die langsame Ausarbeitung der Medwedew-Vorschläge als Vergleichsmaßstab heranzieht. Lawrow wollte, dass die 27 EU-Mitgliedstaaten und Russland konsensual Entscheidungen treffen sollten – was einem de facto Vetorecht Russlands gleichkam.[925] Moskau wollte dem Gremium somit – entgegen den Formulierungen von Meseberg – sogleich eine Entscheidungs- und nicht nur eine Beratungsfunktion zukommen lassen. Ashton wollte zunächst Fortschritte in der Transnistrien-Frage erreichen. Die Bundesrepublik saß somit zwischen zwei Stühlen: Gegenüber der EU musste die bilaterale Initiative als sinnvoll und Russland als kooperationswillig verkauft werden, ohne wirkliche Erfolge vorweisen zu können. Umgekehrt galt es dem Kreml zu versichern, die EU sei an Bord und unterstütze das ins Auge gefasste Sicherheitskomitee.[926] Ein selbstverschuldeter Drahtseilakt. Wenige Tage nach Meseberg stellten die Deutschen im EU-Rahmen ihre Initiative vor. Die Kommission war wenig erfreut. Doch im Oktober 2010 unterstützte das Europäische Parlament in einer Resolution die Meseberg-Ideen und die Errichtung eines Sicherheitskomitees; auch aus der OSZE kamen zustimmende Worte.[927] Frankreich und Polen leisteten immerhin halbherzige Unterstützung. Der Élysée-Palast hoffte auf deutsche Rückendeckung für den seit 2009 angebahnten Verkauf von vier «Mistral»-Hubschrauberträgern, die amphibische Landungen unterstützen können, an Moskau.[928] Hiermit wollte Sarkozy guten Willen zur Zusammenarbeit demonstrieren und nach dem Kaukasuskrieg neue Anknüpfungspunkte finden.[929] Vor dem Hintergrund des auch maritimen Krieges Russlands gegen Georgien 2008 war diese Entscheidung höchst umstritten. Levitte, der engste Berater Sarkozys, war dagegen und vor allem die Balten und Georgier wiesen darauf hin, dass Russland damit Panzer und Hubschrauber an ihren Küsten viel einfacher anlanden könnte.[930] Neben der Meseberg-Initiative wurde also auch auf andere Weise eine Einbindung Russlands versucht.

Im Oktober 2010 trafen Sarkozy, Merkel und Medwedew im französischen Deauville zusammen. Die alte «Troika» wollte sicherstellen, dass die «strategische Verankerung Russlands im Westen», so einer der Tagesordnungspunkte, unwiderruflich sei.[931] In Moskau und im Westen forderten einige Stimmen gar eine NATO-Mitgliedschaft Russlands,[932] die auch der ehemalige Verteidigungsminister Volker Rühe mehrmals ins Spiel brachte.[933] Putin bekundete eine gewisse Bereitschaft, an den Raketenabwehrplänen der NATO mitzuarbeiten und schlug im gleichen Zeitraum eine europäische Freihandelszone von Lissabon bis Wladiwostok vor.[934] Hinter den rosig klingenden Plänen verbarg sich eiskalte Geopolitik. Er strebte nach einer sicherheitspolitischen und wirtschaftlichen Blockbildung ohne die USA. Zu einer Zeit, in der die transatlantischen Differenzen zur Überwindung der Euro- und Finanzkrise stetig zunahmen und vor allem die deutsch-amerikanischen Beziehungen belasteten, bot dies zusätzlichen Sprengstoff.[935] In den USA war man «not amused». Mussten Franzosen und Deutsche denn unbedingt vor dem wegweisenden NATO-Gipfel im November, auf dem die Allianz eine neue Strategie verabschieden wollte, mit den Russen über europäische Sicherheitsfragen sprechen?[936] In Washington kehrte eine alte Angst zurück: Zu viel europäische Autonomie in der Sicherheitspolitik zu Lasten der NATO wollte niemand. Merkel hatte eine solche Gefahr zwar bereits in ihrer Rede auf der Münchner Sicherheitskonferenz 2009 zurückgewiesen, aber vielen Beobachter in den USA blieben skeptisch. «Will the US lose Europe to Russia?», fragte die *New York Times* und verwies auf die Abhängigkeit Washingtons von Moskau in puncto Transportrouten nach Afghanistan, mit denen Russland gutes Geld verdiente,[937] und die Verhandlungen mit dem Iran.[938]

Im Frühjahr 2011 zeigte sich Moskau willens, die «5+2»-Gespräche über die Transnistrien-Frage wieder aufzunehmen und sah darin bereits die Grundlage für die Etablierung des EU-Russland-Sicherheitskomitees.[939] Die Bundesrepublik finanzierte zwei von der OSZE organisierte Konferenzen zum Aufbau vertrauensbildender Maßnahmen, und im September 2011 konnten Verhandlungen im «5+2»-Kreis im bayerischen Bad Reichenhall stattfinden, zu denen Berlin ein Non-Paper mit Ideen beisteuerte.[940] Die

Bundesregierung bemühte sich, aber die Initiative versandete schnell. Der Kreml wich nie von seiner Maximalposition ab: Vetorecht in dem neuen Komitee, für dessen Etablierung man schlicht die Gespräche mit Moldau aufnehmen wollte. Im März 2012 wurde der außenpolitische Falke und ehemalige russische Vertreter bei der NATO, Dmitri Rogosin, zum Sondergesandten für Transnistrien ernannt. Dies war kein Zeichen eines größeren Kooperationswillens, sondern markierte den Beginn eines Ringens zwischen der EU und Russland, wer Moldau auf seine Seite ziehen konnte.[941] Die Bundeskanzlerin fuhr im August 2012 nach Moldau und bekräftigte das deutsche und europäische Engagement.[942] Doch die Meseberg-Initiative hatte ihren Zenit überschritten und war gescheitert. Woran?

Die EU hatte nie wirklich Interesse gezeigt. Russland bewegte sich kaum und schob die Schuld der EU zu, nicht Deutschland. Doch die Bundesrepublik hatte die Initiative nicht ideal vorbereitet, in der EU schlecht abgestimmt und russische Erwartungen nicht gedämpft.[943] Merkel ist von der Politologin Liana Fix als zu optimistisch beschrieben worden: sowohl hinsichtlich der russischen Intentionen als auch der «Lösbarkeit» des Konfliktes.[944] Moldau hatte sich ebenfalls nicht wirklich kompromissbereit gezeigt.[945] Schlussendlich zogen weder die russischen Soldaten aus Transnistrien ab, noch wurde ein EU-Russland-Sicherheitskomitee gegründet. Das Versanden der Meseberg-Initiative muss im Gesamtkontext der Beziehungen des Westens zu Russland gesehen werden. Die Hoffnungen auf einen Reformkurs Medwedews hatten sich zerschlagen. Die USA bekamen 2010 die Grenzen des «Reset» immer deutlicher zu spüren – von russischen Spionageringen in den Vereinigten Staaten über die Wikileaks-Affäre bis hin zur stockenden zivilgesellschaftlichen Kooperation schien es mehr Dissens als Konsens zu geben.[946] Während der Jahre 2011 bis 2013 trübte sich die Großwetterlage wie schon zwischen 2005 und 2007 immer mehr ein. Nach den Verwerfungen des Jahres 2008 und den gescheiterten (Wieder-)Annäherungsversuchen standen die folgenden zwei Jahre im Zeichen innenpolitischer Umbruchsversuche. Demokratie erwies sich abermals als größter Feind des russischen Regimes.

Der Arabische Frühling und die Krise in Russland (2011/12)

Niemand hatte es kommen sehen. Dann hielten alle den Atem an. Von dem Tahrir-Platz in Kairo schien der Siegeszug der Demokratie im Nahen Osten seinen Ausgang zu nehmen. Der sogenannte Arabische Frühling stellte 2011 viele Gewissheiten in Frage. Für Russland hatten die Umbrüche eine innen- und außenpolitische Komponente. Von Moskau aus betrachtet, wirkte der Arabische Frühling, den man in Moskau als «arabische Aufstände» bezeichnete, wie eine Variante von George W. Bushs «Freedom Agenda».[947] Der Kreml befürchtete regionale Instabilität, eigenen Einfluss in der Region zu verlieren und das Übergreifen eines politischen Islam auf Russland.[948]

Hinzu kam erneut die Frage staatlicher Souveränität und des Rechtes auf eine auch militärische Intervention, wenn weitreichende Verbrechen eines Regimes gegen die eigene Bevölkerung drohten. Am Beispiel der westlich-arabischen Intervention in Libyen im März 2011 zeigte sich diese Diskrepanz. Russland machte nicht von seinem Veto-Recht im VN-Sicherheitsrat Gebrauch.[949] Die Bundesregierung enthielt sich als Nicht-Ständiges Mitglied im VN-Sicherheitsrat – an der Seite Chinas und Russlands. Diese Entscheidung ist umfassend kritisiert worden. Eine besondere Rücksichtnahme auf Moskau war kein entscheidender Faktor gewesen. Vielmehr scheinen innenpolitische Gründe und eine Ablehnung weiterer Interventionen den Ausschlag gegeben zu haben.[950] Es zeigte sich ein klassisches Muster deutscher Außenpolitik. Man verurteilte die schrecklichen Ereignisse, nahm an einer Lösung des Problems nicht teil, aber kritisierte das Handeln der Verbündeten.[951] Oppositionsführer Steinmeier unterstützte die Haltung der Bundesregierung gegen die Mehrheitsmeinung in seiner eigenen Partei. Nur weil bedeutende Bündnispartner etwas einforderten, könne man nicht einfach «gedankenlos folgen», bekundete er und erinnerte damit semantisch an die Irak-Entscheidung 2002/03.[952]

Moskau sah die VN als Vehikel für einen «Regime change» missbraucht und wollte weitere westliche Interventionen verhindern – etwa in Syrien, wo der syrische Diktator Bashar al-Assad sich seit März 2011 ebenfalls Protesten gegenübersah. Russland blockierte Resolutionen oder Aktionen der VN und intervenierte in den folgenden Jahren immer direkter, auch militärisch, in den Syrischen Bürgerkrieg, um das Assad-Regime zu stützen. Für russische Oppositionelle stellten die Umstürze im Nahen Osten hingegen einen Hoffnungsschimmer dar. War ein Wandel auch in Russland möglich? Am 24. September 2011 schlug Medwedew Putin als Präsidentschaftskandidaten vor. Die Rochade im Kreml war nicht unumstritten. Ein Teil der urbanen Bevölkerung verlangte mehr politische Mitbestimmung. Nach massiven Ungereimtheiten im Zuge der Duma-Wahlen am 4. Dezember, bei denen die de facto Staatspartei «Einiges Russland» nur 49 Prozent der Stimmen errang, im Gegensatz zu 64 Prozent 2007, gingen zehntausende Russen auf die Straße und forderten den Rücktritt Putins, der damals noch Premierminister war.[953] Deutsche Zeitungen erkannten eine «vorrevolutionäre Stimmung in Moskau».[954] Die Demonstrationen wurden bis zur Präsidentschaftswahl im März 2012 und darüber hinaus fortgesetzt, aber die Revolution blieb aus. Putin machte den Westen für die Proteste verantwortlich. Nichtregierungsorganisationen, die finanzielle Unterstützung aus dem Ausland erhielten, wurden als Agenten diffamiert und eingeschränkt.[955] Nach den Farbenrevolutionen, der Europäischen Nachbarschaftspolitik und dem Arabischen Frühling schien nun Russland selbst vor den «bösen Machenschaften» des Westens, so die Lesart des Kremls, nicht mehr gefeit. Ähnlich wie 2003 und 2004 wurde die innenpolitische Situation in Russland zu einem heißdiskutierten Politikum. Hierbei gilt es den innenpolitischen Kontext in Deutschland und die transatlantischen Beziehungen zu beachten.

Die Bundesregierung schien außenpolitisch überfordert. Der blasse Außenminister war nur Sinnbild einer tieferen Misere.[956] Die FDP war auf dem Weg in die Bedeutungslosigkeit, Westerwelle hierdurch als Minister geschwächt, und die Liberalen scheiterten 2013 an der Fünfprozenthürde. Die Kanzlerin stand für ihre Euro-Rettungspolitik unter Dauerbeschuss. Nach dem Seebeben vor Japan und dem Reaktorzwischenfall in Fukushima im März 2011 beschloss die Bundesregierung einen schnelleren Atomausstieg, weshalb die ohne Abstimmung mit den europäischen Partnern vollzogene Energiewende zumindest kurz- und mittelfristig auf Erdgas angewiesen war: Wer auf Kohle und Atomkraft verzichtete, während die erneuerbaren Energien deren Anteil am Energiemix nicht ausgleichen konnte, musste auf Erdgas setzen. Im Ausland wurde dieser «unilaterale» Ansatz nicht als spannendes Experiment, sondern «oft als arrogante Selbstüberschätzung» gesehen.[957] Es folgte ein «Greenwashing» von Erdgas und die oft verkürzte Darstellung des «billigen Erdgases» aus Russland.[958] Zudem sorgte der Arabische Frühling nicht nur für politische Instabilität, sondern warf Fragen hinsichtlich der Liefersicherheit von Erdöl auf. Beide Faktoren begünstigten eine Hinwendung zu Russland.

Zugleich waren die transatlantischen Beziehungen voller Friktionen. Washington wollte, dass die Europäer ihr Engagement in Afghanistan und ihre Verteidigungsausgaben erhöhten. Auch die wirtschaftspolitischen Meinungsverschiedenheiten im Zuge der Euro- und Finanzkrise – weiterhin das alles überlagernde Megathema, das zudem populistischen Parteien in Europa enormen Zulauf bescherte – waren ungelöst und führten zu heftigen Auseinandersetzungen.[959] Die Verhandlungen über ein transatlantisches Freihandelsabkommen wurden 2013 aufgenommen, versandeten jedoch ergebnislos. Die USA nahmen Deutschland zunehmend als «wirtschaftlichen Konkurrenten» wahr, der seinen geoökonomischen Interessen machtbewusst nachging.[960] Umgekehrt traten die Vereinigten Staaten auf dem europäischen Energiemarkt immer selbstbewusster auf: zwischen 2016 und 2019 stiegen die LNG-Importe aus den USA in die EU von null auf über acht bcm/y.[961] Peanuts im Vergleich zu den russischen Importen, aber die Marktpotentiale waren beachtlich. Putin war ungehalten über die expansive LNG-Strategie der USA, wie er in einer Diskussion mit Merkel im Juni 2013 offen darlegte.[962] Die Wikileaks-Enthüllungen und die NSA-Spähaffäre sorgten für eine weitere Baustelle.

Die USA hatten das Handy der Kanzler abgehört und Millionen Datensätze von Bundesbürgern abgefangen. «Ausspähen unter Freunden – das geht gar nicht», erklärte die Kanzlerin im Oktober 2013.[963] Die Deutschen reagierten viel kritischer auf die Enthüllungen und die Abhörpraktiken als andere Europäer und forderten Gegenmaßnahmen ihrer Regierung.[964] Eine folgenlose Empörung: Nur zehn Prozent der Bundesbürger gaben an, aufgrund der NSA-Affäre ihr eigenes Verhalten am Telefon oder im Internet verändern zu wollen.[965] Knapp die Hälfte der Bevölkerung wollte jedoch dem Whistleblower Edward Snowden in der Bundesrepublik Asyl gewähren. Die Ausspähaffäre schadete dem weltweiten Image der Vereinigten Staaten. Im November 2013 hielten nur 35 Prozent der Bundesbürger die USA für einen vertrauenswürdigen Partner. Zum Vergleich: 20 Prozent vertrauten Russland und 80 Prozent Frankreich.[966] Der Streit zog sich bis in das neue Jahr. Im März 2014 nahm der NSA-Untersuchungsausschuss seine

Arbeit auf. Trotz dieser Turbulenzen gab es in der Russlandpolitik viele Gemeinsamkeiten.

Nach seiner Wiederwahl im November 2012 wollte Obama mit Russland bezüglich Afghanistan, Iran und Syrien kooperieren und andere Anknüpfungspunkte ausloten. Der Enthusiasmus des «Reset» war verflogen, ohne dass eine neue Strategie sich abzeichnete.[967] In Washington herrschte Konsens: Das innenpolitische Verhalten Putins sei kaum zu beeinflussen, weshalb der Zusammenarbeit mit Moskau in ausgewählten Fragen weiterhin Priorität beigemessen wurde.[968] Dies ähnelte der deutschen Haltung auf frappierende Art und Weise, obwohl die USA als Supermacht viel größeren Einfluss hatte, weniger mit Russland ökonomisch verflochten und geographisch weiter entfernt war, also etwaige negative Reaktionen des Kremls weniger fürchten musste. Die Obama-Administration stand jedoch nicht stellvertretend für die gesamte politische Klasse der USA. Der Kongress schob eine mittelfristig bedeutende Gesetzgebung an. Im Dezember 2012 unterzeichnete Obama den sogenannten Magnitsky-Act, durch den russische Individuen und Unternehmen, die an Menschenrechtsverletzungen beteiligt waren, mit Reisebeschränkungen oder Kontosperrungen sanktioniert werden konnten.[969] Putin bezeichnete diesen Schritt als pures Gift für die bilateralen Beziehungen und leitete teils unorthodoxe Gegenmaßnahmen ein.[970] Der Magnitsky-Act wurde später erweitert (Global Magnitsky Act) und als Blaupause für die EU und auch Deutschland diskutiert. Was unternahm die Bundesregierung in dieser Phase der wachsenden Entfremdung und innen- und außenpolitischen Radikalisierung Russlands? Trat der Bundestag ähnlich wie der US-Kongress als Akteur gegen eine als zu handzahm empfundene Russlandpolitik in Erscheinung?

«Deutsch-russische Eiszeit» (2012/13)

Eigentlich sollte 2012 und 2013 das «Deutschlandjahr in Russland» und das «Russlandjahr in Deutschland» gefeiert werden. Die gemeinsame Geschichte und Kultur sollten als Brücke dienen. Doch Putins Angriffe auf die Reste der russischen Zivilgesellschaft, die Versammlungs- und Informationsfreiheit, die Maßnahmen gegen die Punkband «Pussy Riot», gegen NGOs, gegen Medien, gegen Homosexuelle und die immer offenere nationalistische Rhetorik führten 2012 und 2013 zu intensiven Debatten in

Deutschland und zu einer Eiszeit in den deutsch-russischen Beziehungen. Konnte Russland weiter eingebunden werden? War nicht die Modernisierungspartnerschaft – in westlichem Sinne – krachend gescheitert, da der Kreml zwar die wirtschaftlichen Vorteile mit beiden Händen annahm, aber sich jedem außen- und gesellschaftspolitischen Wandel verschloss?

Ein Novum war, dass die CDU sich offen über ihre Russlandpolitik stritt. Der Russlandbeauftragte Schockenhoff hatte nach den Präsidentschaftswahlen, den internen Repressionen und Moskaus Haltung im Syrischen Bürgerkrieg einen kritischeren Kurs gegenüber Russland eingefordert und öffentlich über ein Ende des Petersburger Dialogs nachgedacht,[971] den viele Beobachter als «dringend reformbedürftig» bezeichnet hatten.[972] Schockenhoff fiel dadurch im Kreml rasch in Ungnade. Die Zivilgesellschaft und die Opposition sollten in seinen Augen die eigentlichen Ansprechpartner werden. Eine Linie, die auch die Kanzlerin unterstützte.[973] Schockenhoff bereitete im Herbst einen Antrag vor, der einen anderen Umgang mit Russland forderte. Die Entwürfe stießen in Teilen der Union auf Widerspruch. Wieder zeigte sich eine Spaltung: die Wirtschaftspolitiker der Partei blickten weniger skeptisch auf Russland als einige Außen- und Sicherheitspolitiker, die in der Minderheit waren.[974] Das Auswärtigen Amt versuchte, den Antragsentwurf deutlich abzuschwächen, aber Schockenhoff übernahm viele Änderungswünsche der Diplomaten – und seiner Fraktionskollegen – nicht.[975] Das Amt hatte allerdings die Erwähnung Russlands als «strategischer Partner und wichtigster Energielieferant Europas» durchgesetzt, wohingegen die Forderung, das Land als «unverzichtbaren Partner» zu würdigen, von den Initiatoren abgeschmettert wurde.[976] Schockenhoff wurde umgehend aus Russland kritisiert. Er sei verleumderisch, kein offizieller Regierungsvertreter und habe kein Recht, sich zu den deutsch-russischen Beziehungen zu äußern.[977] Russische *cancel culture*. Schockenhoff war immerhin seit 2006 Koordinator des Auswärtigen Amtes für die deutsch-russische Zusammenarbeit. Dies war keine entscheidende Position für die operative Russlandpolitik, aber eben auch kein Hobby. Die Bundesregierung wies die russische Kritik deutlich zurück, weshalb es umso mehr schien, als unterstützte das Kanzleramt den Antrag.[978]

Am 9. November 2012 diskutierte der Bundestag über mehrere Entschließungsanträge zur Lage in Russland. Der gemeinsame Antrag der CDU/CSU-Fraktion und der FDP wurde auch mit den Stimmen der Grünen angenommen.[979] Die Zustände in Russland wurden dezidiert beanstandet, aber es war kein Bruch mit dem Kreml. Schockenhoff betonte: «Es gibt Konflikte, es gibt Zeichen der Entfremdung. (...) Aber Russland ist als Mitglied des Europarates Teil der europäischen Wertefamilie. Und in einer Familie muss es möglich sein, Probleme offen anzusprechen.»[980] Der Antrag legte 17 detaillierte Punkte dar, in denen die Bundesregierung zum Handeln aufgefordert wurde – gegenüber dem Kreml und der russischen Opposition.

Die SPD hatte einen eigenen Antrag eingebracht. Die Genossen hatten die Modernisierungspartnerschaft aus der Opposition heraus weiter als Königsweg gepriesen,[981] obschon Experten immer lauter ihre Zweifel hieran äußerten.[982] Putins Angriffe auf die Zivilgesellschaft wurden im Antrag der SPD deutlich kritisiert, aber der Tonfall war ein anderer. Es bräuchte einen Dialog zwischen Präsident, Regierung und Opposition, doch «fehlt beiden Seiten dafür offenbar die Kraft» und die Opposition sei zu zersplittert, so dass der Kreml ohne «Dialogpartner» dastünde.[983] Die Modernisierungspartnerschaft mit Russland müsse mit neuem Leben gefüllt und «nicht nur verwaltet» werden.[984] Die Sozialdemokraten äußerten viel Verständnis für Moskaus Sorgen: «Der Westen, so die russische Lesart, betrachte Russland nicht als handelndes Subjekt der internationalen Politik, sondern als Objekt seines eigenen Handelns. Russlands Verlangen, wieder als vollwertiger Partner akzeptiert zu werden, ist daher nachvollziehbar.»[985] Wie sehr Russland andere Staaten als reine Objekte wahrnahm, blieb dahingestellt.

Trotz der rhetorischen Aufrüstung gegen Schockenhoff flog er vom 14. bis 16. November nach Moskau zu dem Petersburger Dialog, der parallel zu den deutsch-russischen Regierungskonsultationen stattfand. Er bemühte sich, die Wogen zu glätten: Dialog sei wichtig. Doch der Petersburger Dialog erwies sich einmal mehr als ungeeignetes Forum hierfür. Moskau verbat sich jede Kritik, und eine russische Zivilgesellschaft war ohnehin lange nicht mehr vertreten.[986] Die russische Philippika wurde von kremltreuen Duma-Abgeordneten vorgetragen. Die ungebetene Einmischung wiesen sie als frevelhafte Belehrung zurück und die Bundestagsresolution wurde als «verbriefte Form eines Freundschaftsverrats» wahrgenommen.[987] Merkels Auftreten in Moskau wurde aufmerksam verfolgt. Es war ihr erster Besuch seit zwei Jahren. Die Kanzlerin drückte ihre Sorge gegenüber einer Reihe von Gesetzesvorhaben aus.[988] Umgekehrt wollten sie und auch ihr

Außenminister das Verhältnis zu Russland nicht komplett zertrümmern.[989] In der Finanzpolitik gab es viele Gemeinsamkeiten und der Rubel rollte weiter. Die Kanzlerin hatte eine große Wirtschaftsdelegation im Schlepptau. Der Ost-Ausschuss der Deutschen Wirtschaft unterstützte die Forderungen nach mehr Dialog. Deutschland müsse «Vermittler zwischen Russland und dem Westen» bleiben.[990] Der bilaterale Handel stieg immer weiter. Bei dem Treffen vereinbarte Siemens einen Vertrag über 2,5 Milliarden Euro für den Bau von Eisenbahnlokomotiven.[991] «Über die Wirtschaft hat Deutschland auch weiterhin eine Möglichkeit des Dialogs und der Einflussnahme», resümierte das *Handelsblatt* den Tenor der deutschen Delegation.[992]

Journalistische Beobachter machten einen Mangel von Initiativen im bilateralen (Modernisierungs-)Bereich aus.[993] Der deutsche Botschafter in Moskau, Ulrich Brandenburg, kam zu einer ähnlichen Einschätzung: Durch die Rückkehr Putins sei die Modernisierungspartnerschaft endgültig «Baden gegangen» und neue russische Vorschläge besaßen «nicht mehr viel Substanz».[994] Der Ideenmotor stottere ebenso wie die Modernisierung. Einfache Lösungen gab es nicht. «Niemand in Berlin hat einen Plan, wie man mit dem Russland unter Putin dem Erneuten umgehen soll», war in der *Zeit* zu lesen.[995] Der Sozialdemokrat Gernot Erler forderte hingegen ein Ende des «Russland-Bashings».[996]

Im neuen Jahr gingen die Diskussionen fast nahtlos weiter. Westerwelle kritisierte die Gesetzesentwürfe in der Duma für eine weitere Einschränkung sexueller Freiheit und drohte mit Konsequenzen für die deutsch-russischen Beziehungen.[997] Im Frühjahr begann der Prozess gegen den einflussreichen Oppositionspolitiker Alexej Nawalny, der im Juli zu fünf Jahren Lagerhaft verurteilt wurde. Die Menschenrechtsorganisation Memorial wurde weiter drangsaliert. Und der Kreml nahm ausländische NGOs immer gezielter ins Visier. Im März wurden unzählige Büros ausländischer Organisationen durchsucht – auch die Moskauer Dependancen der Konrad-Adenauer-Stiftung und der Friedrich-Ebert-Stiftung.[998] Dennoch eröffnete die Kanzlerin nur Tage später mit Putin die Industrie- und Technikmesse in Hannover. Peer Steinbrück, der in Umfragen strauchelnde Kanzlerkandidat der SPD, hatte kurz zuvor vor öffentlicher Kritik an Russland gewarnt. Die «westlichen Maßstäbe pluraler Demokratie [seien] nicht unmittelbar auf Russland übertragbar».[999] Im Zuge der Razzien wurde

Steinbrück und der SPD erneut ein Schmusekurs gegenüber Moskau vorgeworfen.[1000]

Viele Russlandexperten lieferten sich 2012/13 eifrige Wortgefechte. Der Politologe Hans-Henning Schröder pochte auf eine Trennung zwischen der Solidarität mit zivilgesellschaftlichen Partnern in Russland und der Gestaltung deutscher Außenpolitik, deren Aufgabe es sei, den deutschen «nationalen Interessen Geltung zu verschaffen» und eben nicht den Interessen ausländischer Oppositionsgruppen: «Außenpolitik dient nicht in erster Linie dazu, die Situation in anderen Ländern zu verbessern. Sie soll den Interessen des eigenen Staates, der eigenen Gesellschaft dienen. Es ist nicht Aufgabe deutscher Außenpolitik, Russland demokratischer und sozialer zu machen. Dies muss Russlands Gesellschaft selbst bewerkstelligen.»[1001] Andere Autoren verlangten «Wandel statt Anbiederung» oder mehr «Einmischung» in innerrussische Angelegenheiten unter Verweis auf das historische Beispiel der Entspannungspolitik, die im Kern auf gesellschaftlichen Wandel gesetzt habe.[1002] Die Expertendebatte schwappte auch in den öffentlichen Raum über. Stefan Meister von der DGAP legte die gesellschaftliche und demokratische Modernisierungsverweigerung der russischen Eliten schonungslos dar und betonte den Nutzen einer langfristigen Einbindungs- und Modernisierungsstrategie, die sowohl auf die Eliten in Russland als auch die zivilgesellschaftlichen Gruppen ziele.[1003]

Die Diagnose der Probleme war 2012/13 relativ eindeutig, doch die daraus resultierenden Folgen blieben strittig. Es kam zu keiner Revolution der deutschen Russlandpolitik. In anderen Staaten fiel die Reaktion auf die neue Eiszeit ähnlich aus: Der polnische Außenminister Sikorski forderte im Herbst trotz der Verschlechterung der Beziehungen eine weitere Einbindung Russlands.[1004] Washington kritisierte Russland und widmete sich doch weitgehend anderen Themen. Unterdessen feierte sich die Bundesrepublik für eine erfolgreiche Shuttle-Diplomatie. Hans-Dietrich Genscher war in langwierige Verhandlungen um die Freilassung von Michail Chodorkowski involviert. Er flog nach seiner Begnadigung in die deutsche Hauptstadt und hielt dort seine erste Pressekonferenz.[1005] Dialog, persönliche Kontakte und Vertrauen wurden medial in den Himmel gelobt, und der deutsche Sonderzug schien ein hilfreiches Vehikel.[1006] Doch zur gleichen Zeit zeigten sich in der Ukraine die Grenzen der deutschen Verflechtungsstrategie und des amerikanischen «Reset».

5. Zäsur ohne Zeitenwende (2014/15)

Die Krise in der Ukraine, die in einen Konflikt und einen Krieg mündete, zog sich von Dezember 2013 bis Februar 2015 mit wechselnder Intensität hin.[1007] Der Ursprung lag tiefer, und 2015 trat nicht der «ewige Frieden» ein. Die Zuspitzung erfolgte in mehreren Phasen: Am Anfang stand die Nicht-Unterzeichnung des EU-Ukraine-Assoziierungsabkommens im November 2013, es folgte der Beginn der Maidan-Proteste in Kyjiw im Dezember 2013, deren blutige Niederschlagung im Februar 2014 und zaghafte internationale Vermittlungsversuche. In der nächsten Phase kam es zur völkerrechtswidrigen Annexion der Krim durch Russland (18. März 2014) und zur gezielten Destabilisierung des Ostens der Ukraine bis zum Abschluss des ersten Minsker Abkommens (Minsk I) im September 2014. Die letzte Phase war von der Missachtung von Minsk I und einer weiteren Eskalation im Januar 2015 gekennzeichnet, die wiederum zur Unterzeichnung von Minsk II am 12. Februar 2015 führte.

Das Jahr 2014 war in Europa von zahlreichen Debatten aufgrund der runden Jahrestage des Ausbruchs beider Weltkriege und von mehreren Krisen in Nahost geprägt. Der Syrische Bürgerkrieg ging unvermindert weiter und forderte zehntausende, bald hunderttausende Menschenleben. Der Gazakrieg im Juli und August 2014 zeigte, wie ungelöste Konflikte plötzlich wieder hochkochen konnten. Im September formierte sich eine internationale Allianz, die den Vormarsch des sogenannten Islamischen Staates (IS) im Irak mit militärischen Mitteln aufhalten wollte. Vor allem Großbritannien und die USA blickten verstärkt auf den Nahen und Mittleren Osten, wo auch das Abkommen zur Entschärfung des iranischen Atomprogramms kurz vor dem Abschluss stand. Frankreich führte in Mali einen Anti-Terror-Kampf, was dazu führte, dass Paris ganz traditionell ein Hauptaugenmerk auf Nordafrika und nicht auf Osteuropa richtete. Ein Trend, der sich im Zuge der Terrorwelle 2015 noch weiter verstärkte. Italien und Spanien kämpften primär mit Wirtschafts- und Migrationsproblemen. Putin schien aufgrund der deutsch-amerikanischen Streitigkeiten im Zuge der Ausspähaffäre auf eine Uneinigkeit zwischen Merkel und Obama zu hoffen.[1008] Es zeichnete sich schnell ab, wie eng die verschiedenen Krisen zusammenhingen und außenpolitische Entscheidungen im Westen und in Moskau beeinflussten.

Im August 2012 hatte Obama einen etwaigen Giftgaseinsatz Assads im Syrischen Bürgerkrieg als «rote Linie» bezeichnet. Fast genau ein Jahr später trat genau dieser Fall ein. Die Deutschen verurteilten den verbrecherischen Tabubruch Assads scharf, aber legten die Hände in den Schoß. Die britische Regierung wollte an Luftschlägen teilnehmen, aber erhielt im Parlament keine Mehrheit. Die Franzosen waren bereit, aber wurden von Washington im Regen stehen gelassen: Denn Obama unternahm nichts gegen Assad, außer zögerlich Waffenlieferungen an Oppositionsgruppen zu genehmigen. Seine «rote Linie» war nichts wert gewesen. Hollande erblickte in der Rückschau im August 2013 einen strategischen Moment: In Syrien sei auch das Schicksal der Ukraine entschieden worden.[1009] Die USA verloren auch im Westen an Glaubwürdigkeit.[1010] In Putins Augen hatte der Westen seine Schwäche und Dekadenz erneut gezeigt. Der Kreml griff im folgenden Jahr verstärkt mit eigenen Streitkräften in den Syrischen Bürgerkrieg ein und entschied ihn gemeinsam mit dem Iran und der libanesischen Hisbollah – nicht in Genfer Verhandlungsrunden, sondern auf dem Schlachtfeld.

Das EU-Ukraine-Assoziierungsabkommen und der Euro-Maidan

Im Zuge des «Reset» hatte Obama die amerikanische Präsenz im post-sowjetischen Raum zurückgefahren. Er wollte aufgrund der Ukraine oder Georgiens keinen Streit mit dem Kreml riskieren.[1011] Dies stärkte die russische Position im «Nahen Ausland». 2010 wurde der relativ pro-amerikanische kirgisische Präsident aus dem Amt geputscht, vermutlich nicht ohne Wissen oder Mithilfe Moskaus. 2012 begann die Machtbasis Saakaschwilis in Georgien zu erodieren.[1012] Die Obama Administration hatte der Ukraine seit 2010, als Wiktor Janukowytsch im Februar die Präsidentschaftswahlen gewonnen hatte, aus Rücksichtnahme auf Moskau kaum mehr Beachtung geschenkt und der EU die Führungsrolle überlassen.[1013] Was aus Janukowytschs Wahlsieg im Jahre 2010 resultieren konnte, hatten die USA klar erkannt: ein «blockfreier» Status der Ukraine bei gleichzeitiger Abwendung von einer EU- und NATO-Mitgliedschaft und Respektierung aller von Moskau gesetzten «roten Linien».[1014] Zudem verschlechterte sich die innenpolitische Situation in der Ukraine seit der Wiederwahl Janukowytschs.

1998 und 2003 hatte das Land den Westkurs und eine EU-Mitgliedschaft zwar als offizielles Staatsziel fest verankert, doch es führte kein kurzer Weg nach Westen.[1015] Das Assoziierungsabkommen mit der EU war im Dezember 2011 unterschriftsreif, aber die Unterzeichnung und Implementierung wurde aufgrund der Inhaftierung und des schlechten Gesundheitszustandes Tymoschenkos sowie mehrerer Reformstaus ausgesetzt. Die Bundeskanzlerin sagte ihre Teilnahme bei der Fußball-EM 2012 ab. Als Gründe wurden die grassierende Korruption und die Inhaftierung Tymoschenkos angeführt.[1016] Der Kanzlerin lag viel am Schicksal der ehemaligen Ministerpräsidentin, wodurch dieser Frage, so kritisiert es die Journalistin Sylvie Kauffmann (und Staatspräsident Hollande in der Rückschau), ein zu hoher Stellenwert beigemessen wurde.[1017] Aber wie sollte man ein Land näher an die EU binden, dessen Regierung in puncto Rechtsstaatlichkeit den europäischen Werten eher den Rücken zukehrte? «Es hat keinen Zweck, die Ukraine in die europäischen Strukturen aufzunehmen, nur weil sie ein Opfer Russlands ist», sagte der ehemalige deutsche Botschafter in Moskau, Dietmar Stüdemann, in einem Interview im September 2013.[1018] Ohne eine Freilassung Tymoschenkos seien alle Reformversprechen Kyjiws nicht glaubwürdig, so Stüdemann, der ein hochangesehener Russlandkenner und keineswegs ein Putin-Freund war.

Die russisch-ukrainischen Beziehungen blieben ambivalent und volatil. Janukowytsch war kein einfacher Partner für den Kreml. Seine Unterstützer und Oligarchen-Freunde, auch im ukrainischen Energiekonzern Naftogaz, wollten europäische Absatzmärkte und fürchteten die russische Konkurrenz, weshalb er eine gefährliche Schaukelpolitik betrieb.[1019] Er verlängerte die 2017 auslaufende russische Pacht der Marinebasis in Sewastopol auf der Krim bis 2042 – wofür Moskau Milliarden zahlte und massive Gaspreisnachlässe gewährte. Umgekehrt sprach Janukowytsch sich für eine bündnisfreie Ukraine und somit gegen eine NATO-Mitgliedschaft aus.

Derweil wurden die Absichten des Kremls immer deutlicher. Das außenpolitische Weißbuch Russlands aus dem Jahre 2013 bezeichnete den Westen als absteigendes Machtzentrum, die internationale Ordnung als geschwächt und Russland als führenden Staat einer neuen multipolaren Welt. Als oberste außenpolitische Priorität wurden gute Beziehungen in das «nahe Ausland» und die Schaffung eigener eurasischer Zusammenschlüsse genannt.[1020] Auch semantisch war nun weniger von Kooperation mit dem Westen zu lesen und zu hören. Putin versuchte die Ukraine näher an die Eurasische Wirtschaftsgemeinschaft zu binden, die er zur Eurasischen Wirtschaftsunion (EAWU) weiterentwickeln wollte. Aus seiner Sicht ergab die EAWU ohne die Ukraine keinen Sinn.[1021]

Dies lief den Vorhaben der EU, mit der Ukraine im Zuge der Östlichen Partnerschaft ein Assoziierungs- und Freihandelsabkommen auszuhandeln, diametral zuwider. Es entstand somit eine «latente Integrationskonkurrenz».[1022] Wenngleich die EU der Ukraine eine weitere Teilnahme in der GUS-Gruppe freigestellt hatte – ein Kompromiss, der oft vergessen wird.[1023] Einen Beitritt der Ukraine zur EAWU lehnte Kommissionspräsident Barroso im Februar 2013 jedoch dezidiert ab. Man könne nicht Mitglied von zwei Zollunionen sein.[1024] Ein weiterer Aspekt muss beachtet werden. Brüssel vermittelte im Frühjahr 2013 eine Annäherung zwischen dem Kosovo und Serbien, wodurch beide Länder auch näher an die EU geführt werden sollten. Gleich an mehreren Orten drohten dem Kreml die «eigenen Felle» wegzuschwimmen. De facto war die Krise in der Ukraine daher die Kulmination einer weitreichenden Auseinandersetzung zwischen Brüssel und Moskau: Die EU dehnte ihren Einfluss aus, doch sie stieß weitestgehend auf Wohlwollen und übte keine Gewalt aus.[1025] Demgegenüber war Putin bereit, seine neo-imperialen Absichten notfalls mit Gewalt durchzusetzen.

Es herrscht weitgehender Konsens, dass die EU die lauernden Fallstricke und die geopolitischen Aspekte lange unterschätzte.[1026] Deutschland hatte in den Verhandlungen mit Georgien, Moldau und der Ukraine keine entscheidende Rolle gespielt, aber wollte die ÖP verträglich mit Russland gestalten.[1027] Die EU-Bürokratie erkannte die drohende Gefahr, aber die politischen Spitzen gaben sich zuversichtlicher: Putin spreche das Thema nie an und schiene desinteressiert.[1028] Im Oktober 2012 forderte Lawrow jedoch am Rande eines EU-Außenministertreffens, dass Russland an den Verhandlungen teilnehmen sollte. Seine europäischen Amtskollegen lehnten ab.[1029] Die EU-Kommission war an einem solchen Gespräch, das auch ukrainische Diplomaten erwogen,[1030] nicht interessiert. Es war nachvollziehbar, Moskau kein Veto hinsichtlich etwaiger Ergebnisse zuzugestehen, aber klug war das Vorgehen nicht, resümiert der ehemalige deutsche Botschafter in Moskau, Rüdiger von Fritsch, da die etwaigen Folgen und die russischen Bedenken außen vor blieben.[1031] Die EU-Außenbeauftragte Ashton sprach in der Rückschau von einer Überforderung durch viele andere Krisen, etwa Iran oder den Arabischen Frühling.[1032] Dabei gab es Warnsignale. Der Kreml wurde recht spät wach, arbeitete dann aber mit aller Kraft gegen das Assoziierungsabkommen.

Im September 2013 übte Russland massiven Druck auf Armenien aus, um ein Assoziierungsabkommen mit der EU zu verhindern.[1033] Mit Erfolg: Die Regierung in Jerewan schlug die Offerten der EU in den Wind und verkündete am 3. September 2013, dass man der EAWU beitreten werde. Im Gegenzug erhielt das Land verbilligtes russisches Gas.[1034] Auch andere Kandidaten bekamen den Zorn des Kremls zu spüren. Moskau erteilte ein Embargo gegen moldawischen Wein und drohte indirekt mit Gaslieferstopps.[1035] Die heftigsten Drohgebärden richteten sich jedoch an die Adresse Kyjiws.

Moskau setzte Janukowytsch seit 2012 unter Druck und erhöhte diesen im Sommer 2013: ukrainische Waren wurden sanktioniert, die Grenzen geschlossen, Zahlungen eingefroren, Schulden zurückgefordert.[1036] Der bilaterale Handel brach um 25 Prozent ein. Aber neben der Peitsche gab es auch Zuckerbrot: der Kreml bot einen 750 Millionen Dollar Kredit und Gasvergünstigungen an.[1037] Eine verlockende Offerte, denn der Ukraine drohte der Staatsbankrott, und Janukowytsch musste sich im Februar 2015 dem Wahlvolk stellen. Die Ukraine hatte Schulden von über 140 Milliarden Euro, wovon ein Viertel auf russische Staatsbanken entfiel, und musste kurzfristig Kreditrückzahlungen in Höhe von 15 Milliarden Dollar leisten.[1038] Die EU bot 600 Millionen Euro Soforthilfe an und der IMF stellte einen Kredit über 11 Milliarden Dollar in Aussicht – gegen Reformen und andere Auflagen, die Janukowytsch nicht schmeckten.[1039] Zunächst erklärte die Ukraine, sie strebe nur einen Beobachterstatus in der EAWU an und verkündete Mitte September, das Assoziierungsabkommen mit der EU zu unterzeichnen,[1040] was Janukowytsch im Oktober auch gegenüber deutschen Stellen wiederholte.[1041] So ganz traute die deutsche Botschaft in Moskau dem Schein nicht. Sie warnte vor russischen Gegenreaktionen und erklärte, dass «zwei Züge aufeinander zufuhren».[1042] Doch in Berlin drehte sich nach den Bundestagswahlen im September erstmal alles um die Koalitionsverhandlungen.[1043]

Die Union und die SPD fanden erneut zueinander. Aufbruch war jedoch nicht zu spüren und es lag eine Regierungszeit voller Krisen vor der neuen «GroKo», die sich von dem Primat der Innenpolitik nie freimachen konnte.[1044] Der Koalitionsvertrag unterstrich die gewünschte Vertiefung der Modernisierungspartnerschaft und die «unterschiedlichen Vorstellungen» hierüber, über die man mit Moskau sprechen müsse. Sicherheit in Europa sei nur mit, nicht gegen Russland möglich.[1045] Das Einzige, was modernisiert worden war, so hielt John Lough sarkastisch fest, seien die russischen Streitkräfte gewesen, denn im Kreml dachte niemand mehr in Kategorien der Kooperation, sondern Russland bereitete sich auf die in eigener Sicht unausweichliche Konfrontation mit dem Westen vor.[1046] Viele Indikatoren zeichneten ein tristes Bild: Im Geschäftsklima-Index der Weltbank fiel das Land zwischen 2008 und 2011 von Rang 106 auf Rang 123; im Korruptionswahrnehmungsindex von *Transparency International* von Rang 133 auf Rang 136.[1047] Die deutschen Exporte nach Russland waren zwar gestiegen, aber das Handelsvolumen blieb bescheiden: 2011 lag Russland bei den Exporten hinter Polen auf Platz 10.[1048] In ihrer Regierungserklärung am 18. November 2013 betonte Merkel, die Nachbarschaftspolitik der EU sei keine Geopolitik und nicht gegen Russland gerichtet – doch natürlich war die EU-Assoziierung der Ukraine nicht in russischem Interesse. Ein «Vetorecht Dritter», also Russlands, wies sie scharf zurück. Trat sie damit wie die Anführerin einer geopolitisch agierenden Großmacht auf, wie bereits argumentiert wurde, und nahm kleinere Länder unter ihre schützenden Arme?[1049] Diese Interpretation ginge zu weit. Die EU verhielt sich ebenso passiv wie die Bundesrepublik und Merkel betonte in ihrer Regierungserklärung gleichfalls, dass ein EU-Beitritt der Ukraine nicht zur Diskussion stehe.[1050] Man wollte russischen Ängsten entgegenkommen und hoffte auf einen Ausgleich. Ängste zeigten sich allerdings vor allem in Kyjiw.

Am 21. November erklärte Janukowytsch nach vorherigen Gesprächen mit Putin, die Ukraine werde die Verhandlungen mit der EU «pausieren». Engen Vertrauten und auch Merkel verdeutlichte er wenig später, dass Putin ihm gedroht habe, bei einer Unterzeichnung die Krim und weite Teile der Südukraine zu besetzen.[1051] Auf dem EU-Gipfel in Vilnius am 28./29. November unterzeichneten nur Moldau und Georgien die Assoziierungsabkommen.[1052] Es war vor allem die deutsche Kanzlerin, die versuchte, Janukowytsch zum Umdenken zu bewegen.[1053] Sie hielt ihn zwar für einen «korrupten Oligarchen», aber kritisierte im Gleichschritt mit Steinmeier auch die russische Einmischung deutlich.[1054] Merkel betonte mehrmals, das Abkommen und das Angebot einer engeren Bindung der Ukraine an die EU lägen weiterhin auf dem Tisch, und sie wollte mit Putin reden.[1055] Im Kreml knallten die Sektkorken. Man gewährte der Ukraine einen Notkredit über 15 Milliarden Dollar ohne Reformauflagen und Gaspreisreduzierungen von bis zu einem Viertel. Moskau glaubte, einen großen geopolitischen Sieg errungen und die Ukraine von der EU ferngehalten zu haben.[1056]

Doch zehntausende, wenn nicht hunderttausende Ukrainer gingen zur Überraschung aller Beobachter auf die Straßen.[1057] Sie harrten bei eisigen Temperaturen Tag und Nacht auf dem Unabhängigkeits-Platz im Zentrum Kyjiws aus, der seitdem im Volksmund schlicht «Maidan» genannt wird. Die Proteste stellten nichts Geringeres dar als die größte (erfolgreiche) zivilgesellschaftliche Bewegung im gesamten post-sowjetischen Raum seit 2004, wenn nicht gar seit 1990.[1058] Im Westen solidarisierten sich viele Politiker mit der Protestbewegung. Auch der deutsche Noch-Außenminister Westerwelle atmete auf dem Maidan die Luft der Freiheit ein und traf sich mit dem seit der Parlamentswahl 2012 weithin sichtbaren Oppositionspolitiker Vitali Klitschko – was Kritik aus Moskau evozierte.[1059] Hohe amerikanische Offizielle, etwa Victoria Nuland und John McCain, pilgerten auf den Maidan und sprachen sich für Neuwahlen aus. Kommissionspräsident Barroso bestärkte die Ukrainer: «go out and fight», rief er ihnen zu.[1060] Für Moskau waren dies klare Zeichen, dass die Proteste vom Westen unterstützt, wenn nicht gar instigiert waren. Die Krise in und um die Ukraine wurde sofort zu einer Konfrontation zwischen dem Westen und Russland.[1061] Die EU-Außenbeauftragte Ashton fuhr Mitte Dezember nach Kyjiw und bemühte sich, eine zu offene Parteinahme zu vermeiden, aber Janukowytsch auf einen kooperativen Kurs zu bringen. Dessen Premierminister schlug erneut trilaterale Gespräche zwischen der EU, der Ukraine und Russland vor, doch Ashton lehnte ab: Es gehe um ein Abkommen zwischen der EU und der Ukraine, in dem Moskau keinerlei Mitsprache zugestanden werden sollte.[1062] Wenig später konstituierte sich die neue Bundesregierung und der Westen feierte erstmal Weihnachten.

Außenminister wurde erneut Frank-Walter Steinmeier. Er hatte vor den Bundestagswahlen mehrmals die angeblich gänzlich wertegebundene Außenpolitik Merkels kritisiert: Er warf ihr «Anklage und Dialogverweigerung», «folgenlose Empörung», «moralischen Rigorismus» sowie die «Isolierung des Gegenübers» vor.[1063] Stattdessen warb Steinmeier für einen «aufgeklärten Realismus». Er verwies hierbei sehr wohl auf die demokratischen Defizite in Russland und den stockenden Reformmotor, machte sich im Wahlkampf allerdings weiterhin für eine Einbindung Russlands und einen fortgesetzten Dialog stark.[1064] Diese Haltung spiegelte sich im Koalitionsvertrag wider: Er bemängelte die innere Entwicklung unter Putins Herrschaft, betonte aber den Willen der Großkoalitionäre, eng mit Moskau zusammenzuarbeiten.[1065] Einen anderen Kurs schien der neue Bundespräsident zu fahren.

Joachim Gauck, keineswegs der Wunschkandidat Merkels im Schloss Bellevue, sagte seine Teilnahme an den Olympischen Winterspielen in Sotschi im Dezember 2013 unter Verweis auf die Menschenrechtslage in Russland ab. Boykottaufrufe hatte es von mehreren Seiten gegeben; auch der französische Staatspräsident Hollande blieb den Spielen fern.[1066] Gaucks Entscheidung war nicht mit dem Kanzleramt abgestimmt worden und sorgte dort für großen Unmut.[1067] «Mit Gaucks Geste und Steinmeiers Amtsantritt ist nun deutlich: Es gibt in Deutschland keinen Konsens über die richtige Russlandpolitik, ja es gibt erhebliche Differenzen über die Außenpolitik allgemein», kommentierte *Die Zeit*.[1068] Auf die Maidan-Proteste reagierte man zunächst recht zurückhaltend. Steinmeier erklärte, dass Deutschland nicht vermitteln wolle, da dies Aufgabe der EU sei.[1069] Wie schon 2008, als man die Bemühungen Sarkozys abwartete, drängte sich Berlin erneut nicht als Feuerwehr auf. Der neue Russlandbeauftragte im Auswärtigen Amt, Gernot Erler, dessen Berufung umstritten gewesen war, da er als Aushängeschild eines russlandfreundlichen Kurses galt,[1070] hatte zuvor bereits Westerwelles Besuch auf dem Maidan und die Vermittlungsversuche der EU kritisiert.[1071]

Wenig später wurde auf der Münchner Sicherheitskonferenz vom 31. Januar bis 2. Februar 2014 ein Evergreen der internationalen Politik aufgelegt: die Frage nach der deutschen Rolle in der Welt. Bundespräsident Gauck, die neue Verteidigungsministerin Ursula von der Leyen und Außenminister Steinmeier hielten vielbeachtete Reden.[1072] Alle forderten ein größeres deutsches Engagement in der Welt. Es schien Konsens zu herrschen,[1073] wenngleich Steinmeier in einem Meinungsbeitrag vor der Konferenz eine europäische Sicherheitsarchitektur ohne Russland als undenkbar bezeichnete.[1074] Eine Umfrage der Körber-Stiftung hatte jedoch gezeigt, dass

60 Prozent der Deutschen gegen ein verstärktes internationales Engagement waren.[1075] Im ARD-DeutschlandTREND sprachen sich 52 Prozent für eine größere deutsche Rolle bei internationalen Krisen aus. Eine genauere Nachfrage verdeutlichte allerdings, was die Deutschen darunter verstanden: 85 Prozent befürworteten stärkere humanitäre Hilfe vor Ort, 84 Prozent Diplomatie und Verhandlungen, 33 Prozent finanzielle Unterstützung und 22 Prozent auch ein militärisches Eingreifen mit internationalen Partnern.[1076] Wie schnell die Theorie von der Praxis eingeholt werden kann, zeigte die Krise in der Ukraine auf schonungslose Art und Weise. Steinmeier versuchte bei einer Visite in Moskau am 14. Februar auf eine Mäßigung Russlands hinzuwirken. Der Kreml stimmte einer OSZE-Beobachtermission in der Ukraine zwar nicht zu, aber versprach die territoriale Integrität des Landes zu respektieren.[1077] Steinmeier gab sich optimistisch. Die im April anstehenden deutsch-russischen Regierungskonsultationen sollten «frische Impulse» setzen.[1078] Doch nur vier Tage später trat die Krise in eine neue Phase.

Am 18. Februar ließ Janukowytsch die Proteste auf dem Maidan mit Gewalt niederschlagen. Im Kugelhagel seiner Sicherheitskräfte starben fast hundert Demonstranten.[1079] Moskau hatte wiederholt erklärt, ein Umsturz in Kyjiw würde das Budapester Memorandum von 1994 verletzen und man sähe sich als Signatarstaat dieser Vereinbarung zum Eingreifen gezwungen.[1080] Steinmeier war am 19. Februar in Paris auf dem deutsch-französischen Ministerrat. Er überzeugte seinen französischen Amtskollegen, Laurent Fabius, von einer Vermittlungsmission und zog den polnischen Außenminister Sikorski hinzu.[1081] Der EU-Außenministerrat sollte am Nachmittag des 20. Februar Sanktionen gegen an der Eskalation verantwortliche ukrainische Regierungsmitglieder auf den Weg bringen. Der Rat unterstützte die Pläne Steinmeiers, nachdem EU-Vermittlungsangebote nie auf fruchtbaren Boden gestoßen waren.[1082] Die EU-Außenbeauftragte gab ihren Segen und wurde über den Fortgang unterrichtet.[1083] Die EU trat fortan in der unmittelbaren Konfliktmediation in den Hintergrund. In der Rückschau bezeichnete Hollande die passivere Rolle der EU auch als ein Mittel, um den Anschein (und die Gefahr) eines größeren regionalen Konfliktes zu vermeiden.[1084] Zudem lehnte der Kreml die EU als Vermittler ab, da man sie, nicht zu Unrecht, nicht als neutral sah. Die Bundesrepublik schlüpfte in eine Führungsrolle – zunächst in Europa, dann auch generell des Westens, da die USA sich weiterhin eher zurückhielten.[1085] Das Weimarer Dreieck, das Steinmeier ohnehin stärken bzw. wiederbeleben wollte, trat in Aktion.

Die drei Außenminister eilten am Morgen des 20. Februar nach Kyjiw, wenngleich Fabius noch am späten Abend nach China weiterreiste.[1086] Während sie im Präsidentengebäude tagten, hörten sie draußen auf den Straßen explodierende Rauchgranaten und sahen brennende Autoreifen auf dem nahegelegenen Maidan.[1087] Bis in die Nacht wurde mit Janukowytsch verhandelt. Erst am Nachmittag des 21. Februar konnte der Opposition und den russischen «Vermittlern» ein Kompromiss verkündet werden: Die Präsidentschaftswahlen wurden auf den Dezember 2014 vorverlegt, Reformen sollten angestoßen, das Parlament de jure mehr Macht erhalten und die Gewaltanwendung gegen die Maidan-Demonstranten untersucht werden.[1088] Im Gegenzug wollte die EU in großem Umfang Finanzhilfen bereitstellen. Die Krise schien entschärft. Steinmeier, Sikorski und die EU waren zufrieden, mahnten aber zur Vorsicht.[1089] In den Medien wurde der deutsche Außenminister für den Coup hochgelobt. So ginge neue Verantwortung, kein neo-Wilhelminismus oder amerikanische Kräftemeierei, sondern multilaterale Verhandlungslösungen.[1090]

Am nächsten Tag war Janukowytsch weg. Mit Hilfe des Kremls floh er zunächst auf die Krim, dann nach Russland. Er schimpfte von dort, er sei durch einen Putsch aus dem Amt gejagt worden. Die neue Regierung in Kyjiw, die der Kreml nicht anerkannte, ließ gefangene Politiker frei, zum Beispiel Tymoschenko, und zog die Präsidentschaftswahlen auf den 25. Mai vor. Putins Versuch, die Ukraine mit Drohungen und Gewalt in «seinem» Orbit zu halten, war gescheitert. Die Krise in der Ukraine wurde dadurch endgültig zu einer Krise der russischen Ordnungsvorstellungen (und Ziele) im post-sowjetischen Raum,[1091] zumal Moskau um die Stabilität des eigenen Regimes fürchtete, da im Nachbarland viele Entwicklungen der Janukowytsch-Jahre umgekehrt wurden. Der Kreml trat einen Informationskrieg los: Die USA hätten in der Ukraine einen faschistischen Putsch unterstützt, die ethnischen Russen müssten «beschützt» werden.[1092] Viele dieser Argumente verfingen in Deutschland, doch auch andernorts. Und es blieb nicht nur bei Propaganda.

Die Annexion der Krim und die Reaktion des Westens

Zur gleichen Zeit begann die Eroberung der Krim.[1093] Der Kreml wollte den eigenen Einfluss in der Ukraine durch eine dauerhafte Destabilisierung des Landes sichern und strategisch entscheidende Regionen – den Osten und die Krim – noch direkter kontrollieren.[1094] Vor allem die Pacht des Marinehafens Sewastopol bot Russland Zugang zum Schwarzen Meer und damit letztlich zum Mittelmeer. Der Kreml befürchtete, die neue Regierung in Kyjiw würde dieses Arrangement, das Janukowytsch vertraglich bis 2042 zugesichert hatte, früher aufkündigen und gar einen NATO-Beitritt forcieren.[1095] Es mischten sich daher grundlegende revisionistische und machtpolitische Ziele mit einer eher improvisierten Umsetzung, da sich die Zeitachse verändert hatte. Die Bundesregierung konzentrierte sich zunächst auf Kyjiw: Merkel warnte vor übereilten oder radikalen Schritten und redete umgekehrt am Telefon gebetsmühlenartig auf Putin ein, man brauche eine stabile ukrainische Regierung und er solle auf Gewalt verzichten.[1096] Nachdem Russland sich zuvor im Innern radikalisiert hatte, trat das Land nun auch außenpolitisch immer radikaler auf.

Bereits Tage nach den blutigen Kämpfen auf dem Maidan begannen «Grüne Männchen», also ohne Abzeichen entsandte russischen Soldaten und Sicherheitskräfte, eine schleichende Besetzung der ukrainischen Halbinsel, die fast so groß wie Belgien ist und über zwei Millionen Einwohner hatte.[1097] Putin versicherte Merkel am 28. Februar in einem Telefonat, es seien keine russischen Soldaten auf der Krim.[1098] Es handle sich um spontane Erhebungen lokaler Milizen. Die ukrainische Armee leistete keinen Widerstand. In London fragte man sich, ob eine aktive Unterstützung Kyjiws den Bruch mit Moskau wert war, wenn die Ukrainer nicht bereit schienen, ihr eigenes Land zu verteidigen.[1099] Wie sollte der Westen reagieren?

An diesem Sonntag, den 2. März, telefonierte die Kanzlerin abermals mit Putin, der einer OSZE-Vermittlerrolle zustimmte. Erstmals gab er direkte russische Kontakte zu den Separatisten auf der Krim zu. Die Kanzlerin fühlte sich mit Recht belogen. In deutschen Regierungskreisen war im Nachhinein von einem «echten Einschnitt» zu hören, der zu einem Politikwechsel geführt habe.[1100] Die Kanzlerin hatte am 24. Februar im Regierungsflieger auf dem Weg nach Israel vor mitreisenden Journalisten noch erklärt, sie könne sich eine militärische Aktion Russlands nicht vorstellen.[1101] Jetzt erkannte sie: Putin will sich die Krim einverleiben. Nach dem Gespräch mit Putin rief die Kanzlerin Obama an. In Washington diskutierte man dieser Tage mögliche Handlungsoptionen und musste sich eingestehen, dass es schwierig war, auf den Kreml einzuwirken.[1102] Nach dem Telefonat kritisierten Deutschland und die USA in Presseerklärungen das russische Vorgehen sehr deutlich. Sie beklagten den Bruch des Völkerrechts. Denn Moskau verstieß gleich gegen mehrere Verträge: die VN-Charta, die Helsinki-Schlussakte, das Budapester Memorandum von 1994, den ukrainisch-russischen Freundschaftsvertrag von 1997 und das ukrainisch-russische Abkommen betreffend militärische Stützpunkte von 1997.[1103] Der US-Präsident warnte Putin vor einem Einmarsch im Osten der Ukraine und drohte mit einem Ausschluss aus der G8-Gruppe.[1104] Steinmeier stemmte sich gegen diesen Schritt, doch ohne Erfolg. Obama übte starken Druck auf Berlin aus und Merkel schwenkte ein.[1105] Der G8-Gipfel in Sotschi wurde abgesagt, denn die USA, Großbritannien und Frankreich wollten unter diesen Umständen dem Kreml nicht ihre Aufwartung machen. Aus der G8 wurde (wieder) die G7. Die Androhung weiterer Konsequenzen sollte Putin abschrecken – eine eher passiv-reaktive Politik der kleinen Schritte. Hier und im Folgenden muss das Diktum Merkels von 2008 im Kopf behalten werden: kurzfristiges Krisenmanagement, um systemische Risiken zu vermeiden. Doch Putin schien von dem Ausschluss aus der G8 eher unbeeindruckt.[1106]

Bis zum EU-Gipfel am 6. März, auf dem etwaige Sanktionen diskutiert werden sollten, entfaltete sich eine intensive Shuttlediplomatie. Steinmeier hatte Merkel die Idee einer Kontaktgruppe schmackhaft gemacht. Sie schlug die Idee Putin in einem ihrer vielen, stets von ihr initiierten und mit allen Bandagen geführten Telefonate vor.[1107] Diese Kontaktgruppe sollte Russland, die Ukraine, die USA und die Europäer umfassen. Am 3. März bat Steinmeier bei einem Sondergipfel der EU-Außenminister um Zeit für seinen Versuch. Sanktionen sollten deshalb zuerst nur angedroht, nicht verhängt werden, damit Moskau zu Verhandlungen bereit wäre.[1108] Die russischen Aktionen wurden scharf verurteilt und viele spätere Schritte vorbereitet.[1109] Steinmeier traf in der Folge allein oder im Verbund mit anderen westlichen Außenministern mehrmals mit Lawrow zusammen. In Paris stand er kurz davor, einer Kontaktgruppe zuzustimmen. Dann klingelte Lawrows Telefon. Der Kreml befahl ihm, zu vertagen und zu vertrösten.[1110]

Wie schätzte die deutsche Bevölkerung die sich entfaltende Krise in der Ukraine ein? Eine am 4. und 5. März durchgeführte Umfrage des ARD-DeutschlandTRENDs unterlegte die große Skepsis und Zurückhaltung der Deutschen. 58 Prozent der Bundesbürger wollte die Ukraine bei einem Krieg «grundsätzlich unterstützen», wohingegen sich 37 Prozent sich nicht einmischen wollten.[1111] Doch was genau bedeutete «grundsätzlich unterstützen»? Welche konkreten Maßnahmen hielten die Deutschen für geeignet?

Wirtschaftshilfen für die Ukraine und politischen Druck auf Russland ausüben befürworteten rund zwei Drittel der Befragten; Sanktionen gegen Russland lehnten 57 Prozent ab, einen Ausschluss Russlands aus der G8 sahen 77 Prozent als kein geeignetes Mittel und eine militärische Unterstützung der Ukraine sahen 84 Prozent der Deutschen als falsch an.[1112] Die meisten Bürger sahen die Krise eher als kurzfristiges Problem ohne nachhaltige Folgen.[1113] Eine andere Umfrage zeigte, dass die Deutschen die Hauptschuld an der Eskalation der Janukowytsch-Regierung anlasteten (57 Prozent); nur ein Prozent weniger sah Russland in der Verantwortung, und rund ein Fünftel die USA und die EU.[1114] Die Bundesregierung war somit im klassischen Zwei-Ebenen-Spiel der Innen- und Außenpolitik in keiner einfachen Lage. Man musste eine entschlossene Reaktion auf die russische Aggression finden, aber die auf Ausgleich und Harmonie bedachte eigene Bevölkerung und den sozialdemokratischen Koalitionspartner mitnehmen.[1115] Eine Zeitenwende-Stimmung herrschte keineswegs. Noch hofften 65 Prozent der Deutschen, die Krise könne friedlich gelöst werden.[1116] Ein Optimismus, der sich bald als Illusion erweisen sollte. Denn zwischen dem 6. und 18. März eskalierte Russland weiter.

Am 6. März kamen die 28 Staats- und Regierungschefs der EU zu einem Sondergipfel in Brüssel zusammen. Merkel traf sich mit Hollande, Donald Tusk, David Cameron und Matteo Renzi vorab im kleinen Kreis. Cameron legte einen dreistufigen Plan von diplomatischen Reaktionen bis hin zu wirtschaftlichen Sanktionen vor. Merkel stimmte zu. Sie betonte zudem, dass man die Ukraine in die eigenen Entscheidungen einbinden müsse.[1117] Frankreich und Italien sahen Wirtschaftssanktionen keinesfalls händereibend entgegen und wussten dabei viele andere Länder hinter sich.[1118] Renzi erinnerte Cameron daran, dass bei Sanktionen doch bitte auch die in London lebenden russischen Oligarchen belangt werden sollten.[1119] Cameron führte bei den Sanktionen, aber setzte sich Grenzen: «De-escalate and deter», sei sein Mantra gewesen, erklärte er später und Obama hätte ihn am Telefon in der Sicht bestärkt, dass die Antwort auf diese Krise niemals in einer militärischen Eskalation liegen könne.[1120] «Russland liegt weitaus mehr daran, seinen Einfluss in der Ukraine zu bewahren, als wir Interesse an dem Land haben, weshalb wir nicht so tun sollten, als seien wir willens, zur Not auch militärische Mittel anzuwenden», paraphrasierte Cameron den US-Präsidenten, dem er in dieser Einschätzung beipflichtete.[1121] In den Vereinigten Staaten und in Großbritannien bestand keine Bereitschaft, unter Verweis auf das Budapester Memorandum entschlossener zu reagieren: ein fatales Signal für die Bedeutung solcher Sicherheitsgarantien.[1122] Beide Staaten hatten der Ukraine 1994 ihre Unterstützung im Falle einer Verletzung der Souveränität oder territorialen Integrität zugesagt. Nun unternahmen sie nichts.

Nach dem Treffen der vier großen Mitgliedstaaten diskutierte die EU am 6. März in großer Runde über diplomatische Kontaktsperren, Sanktionen gegen Einzelpersonen und Kontosperrungen. Dann platzte eine Nachricht herein: Die Separatisten auf der Krim hatten das Unabhängigkeitsreferendum von Ende Mai auf den 16. März vorgezogen – ohne Zustimmung der ukrainischen Regierung und somit verfassungswidrig. Die Diskussionen in Brüssel wurden hiervon maßgeblich beeinflusst. Die klare deutsche Haltung machte starken Eindruck auf die europäischen Partner. Merkel betonte, wie wenig man Putin vertrauen könne und dass man die Ukraine unterstützen müsse.[1123] Die Gespräche mit Russland über Visa-Erleichterungen und ein neues EU-Russland-Abkommen wurden auf Eis gelegt. Der Rat beschloss ein dreistufiges Sanktionsverfahren: Die Aussetzung bestimmter diplomatischer Kontakte, Visa- und Kontosperrungen und wirtschaftliche Sanktionen. Die beiden ersten Stufen sollten vom EU-Außenministerrat am 17. März umgesetzt werden. Die letzte Stufe wurde zwar nicht näher definiert, aber dezidiert im Falle weiterer russischer Destabilisierungsversuche in anderen Teilen der Ukraine angedroht.[1124] Damit hatte man die volatile Lage im Osten des Landes im Blick, die auf keinen Fall weiter eskalieren sollte. Die Sanktionen sollten Russland zur Aufnahme von Verhandlungen in einer Kontaktgruppe mit der ukrainischen Übergangsregierung und internationaler Organisationen bewegen.[1125] Bereits zwei

Wochen später wollte die EU sich erneut treffen und über die dritte Sanktionsstufe beraten.[1126] So sollte zusätzlicher Druck auf Putin aufgebaut werden. Kurz gesagt: Wer verhandelte, würde nicht sanktioniert bzw. sanfter. Wer eskalierte, musste mit Konsequenzen rechnen.

Die USA teilten die Sicht der Europäer. Washington redete zudem beruhigend auf die russlandskeptischen Polen, Schweden und Balten ein und erklärte ihnen, man bräuchte Russland nunmal in Syrien und in den Verhandlungen zum Iran-Atomabkommen, weshalb eine zu scharfe Rhetorik oder zu harte Gegenmaßnahmen nicht in Frage kämen.[1127] Das Weiße Haus blickte mit kühlem Realismus auf die Situation: Russland hatte ein größeres strategisches Interesse an der Ukraine als der Westen – wobei die Europäer direkter betroffen und somit in der Krisenmanagementpflicht waren – und besaß deshalb auch eine Eskalationsdominanz.[1128] Doch die Vereinigten Staaten wollten den Kreml vor dem Krim-Referendum ebenfalls zum Umdenken bewegen. US-Außenminister John Kerry führte intensive Gespräche mit seinem russischen Amtskollegen Lawrow. Er drohte mit weitreichenden Folgen, falls Russland das Referendum abhalte. Ukrainischen Forderungen nach Waffenlieferungen erteilte Kerry eine deutliche Absage, um die angespannte Situation nicht weiter anzuheizen.[1129] Den Ukrainern wurde aus Washington geraten, die Krim nicht militärisch zu verteidigen und auch die Europäer übermittelten Kyjiw die gleiche Botschaft.[1130] Verhandeln sei die Devise oder «glauben wir, dass die Krim einen Atomkrieg wert ist?», beantwortete Kerry eine Frage im US-Repräsentantenhaus.[1131] Die US-Bevölkerung sah dies ähnlich. Vor der Krim-Annexion befürworteten nur 29 Prozent der Amerikaner eine härtere Haltung gegenüber Russland, wohingegen 56 Prozent nicht zu sehr in die Krise hineingezogen werden wollten, weshalb 44 Prozent (zu 30) der US-Bürger selbst die zurückhaltende Linie Obamas als zu offensiv ablehnten.[1132] 2014 war in dieser Hinsicht weder 2008 noch 2022. Es galt daher Anfang März, eine Annexion der Krim zu verhindern. Doch wie?

Der sozialdemokratische Vizekanzler und Wirtschaftsminister Sigmar Gabriel reiste an diesem entscheidenden 6. März nach Moskau. Der Besuch war schon länger geplant. Er wurde in dieser prekären Lage trotz einiger Zweifel, aber im Konsens mit der Kanzlerin und dem Auswärtigen Amt durchgezogen. Gabriel forderte die Einrichtung einer Kontaktgruppe und verwies auf die mangelnden Gesprächsformate in Europa anno 1914.[1133]

Nach dem Treffen fühlte er sich allerdings ähnlich niedergeschmettert und belogen wie Außenminister Steinmeier, weshalb auch die SPD eine härtere Linie gegen Moskau mittrug und die deutsche Wirtschaft hierauf einschwor.[1134]

Merkel redete am 11. März in der CDU/CSU-Bundestagsfraktion den wirtschafts- und russlandfreundlichen Abgeordneten ins Gewissen.[1135] Sie warb auch am 14. März bei einem Treffen mit den Spitzen der führenden Wirtschaftsverbände für einen Kurs der harten Sanktionen und eine neue Energiepolitik.[1136] Der Präsident des BDI, Ulrich Grillo, verwies zwar auf die 400 000 Arbeitsplätze, die am Russlandgeschäft hingen und die negativen Folgen von Sanktionen, aber bei einem so klaren Bruch des Völkerrechts könne man nicht einfach wegschauen.[1137] Die Industrie hatte ihre anfänglich skeptische Haltung also deutlich revidiert bzw. revidieren müssen. Man sei bereit, Opfer zu bringen, erklärten Industrievertreter. Klein schienen sie nicht: Allein die Pharmaunternehmen und die Automobilbranche rechneten mit einem Verlust von rund vier Milliarden Euro.[1138]

Die Kanzlerin skizzierte ihre Position am 13. März in einer Regierungserklärung vor dem Deutschen Bundestag. Sie begann mit einem Verweis auf die Jubiläen: 100 Jahre Ausbruch des Ersten Weltkrieges, 75 Jahre des Zweiten Weltkrieges. Merkel hatte im Januar aufgrund eines Beckenbruches eine Zwangspause einlegen müssen und viel gelesen – unter anderem die «Schlafwandler» des Historikers Christopher Clark über den Ausbruch des Ersten Weltkrieges.[1139] In ihrer Rede warf sie Putin vor, er denke in Einflusssphären und nutze Methoden aus dem 19. und 20. Jahrhundert. Sie betonte das ukrainische Recht auf Souveränität und territoriale Unversehrtheit sowie den langen Atem, den man brauche und notfalls auch bei den Wirtschaftssanktionen gegen Russland haben werde.[1140] Der Politikwissenschaftler Wolfgang Seibel erkennt in diesen Wochen einen Wandel und zugleich einen Widerspruch der deutschen Russlandpolitik: Sanktionen und eine Stärkung der NATO-Ostflanke waren plötzlich denkbar, aber Berlin glaubte weiterhin, zu hoher Druck auf Russland würde den Konflikt weiter eskalieren und übersah dabei, dass Putin entschlossen zur Eskalation war und somit nur mehr Druck ihn davon abhalten hätte können.[1141] Die reaktive Haltung konnte eine weitere Eskalation nicht verhindern, sondern nur erfolgte Eskalationsschritte des Kremls aufzufangen versuchen. Einhegung der Krise als Ziel? Selbst wenn man Merkels Diktum folgt, dass Krisenmanagement nur taktisch und kurzfristig möglich ist, so begab man sich aus eigenen Stücken weiter in die taktische Defensive – ohne wirkliche strategische Gegenmaßnahmen zu entwickeln.

Merkel trug mit ihrer Rede zu einer diskursiven Deutung des Konfliktes bei. Sie griff Kernelemente der europäischen Erfolgsgeschichte nach 1945 auf – Frieden, Zusammenarbeit, Freiheit, Wohlstand – und schmiedete innerhalb der EU einen Konsens, der auf Werten, nicht Interessen, basierte.[1142] Dieser wertegeleitete Ansatz verschaffte der deutschen Führungsrolle zusätzliche Legitimität.[1143] Der Rückgriff auf die von Kriegen geprägte europäische Geschichte verdeutlichte den Paradigmenwechsel, den man dem russischen Verhalten attestierte. Nach einem solchen Völkerrechtsbruch, so Merkel wörtlich, könne man nicht zur Tagesordnung zurückkehren.[1144] Der Ukraine müsse geholfen werden: durch das EU-Assoziierungsabkommen, Visaerleichterungen und eine Energiepartnerschaft. Moldau und Georgien dürfe man gleichfalls nicht vergessen. In Deutschland rief dieser Kurs auch Kritik hervor: Sanktionen seien nutzlos, man solle lieber wieder «Wandel durch Annäherung» betreiben, die schon den Kalten Krieg letztlich entschieden hätte, so die zweiflerischen Stimmen.[1145]

Der Kreml schlug alle Warnungen des Westens in den Wind. Am 16. März fand das völkerrechtswidrige Scheinreferendum zur Unabhängigkeit statt und am 18. März erklärte Putin mit großrussischer Rhetorik und Giftpfeilen gen Westen den innenpolitisch sehr populären Anschluss der Krim.[1146] Es erfolgte daher nicht «nur» wie im Falle Südossetiens und Abchasiens 2008 eine Unabhängigkeitserklärung, d. h. eine mit Gewalt durchgesetzte Sezession der Gebiete, sondern ein Anschluss fremden Staatsgebietes an Russland. Es ging Putin nicht nur um ein diplomatisches Faustpfand, wie viele in Berlin gehofft hatten.[1147] Zugleich versprach er, Russland strebe nicht nach weiteren Gebieten der Ukraine.[1148]

Der Westen erblickte in dem Schritt einen Angriff auf die europäische Nachkriegsordnung oder gar ihr Zugrabetragen. Die Bundesregierung stellte hier keine Ausnahme dar und unterstrich wiederholt, um welch folgenschweren Tabubruch es sich handelte. Moskau konterte und verwies, wie üblich, auf die Beispiele, die man als westlichen Bruch des Völkerrechts ansah: Irak, Libyen, Kosovo. Der Unterschied zur westlichen Intervention 1999 war jedoch frappierend. Zwar gab es kein VN-Mandat, doch der Westen hatte zuvor lange eine politische Einigung über bi- und multilaterale Kanäle gesucht, das Level der Gewalt und der Menschenrechtsverletzungen war deutlich höher (auf der Krim herrschte bis zum Februar tiefster Frieden) und das Kosovo wurde nicht etwa von Italien oder Österreich annektiert, sondern erhielt auf einem langen, erneut von diplomatischen Bemühungen begleiteten Weg die Unabhängigkeit.[1149] Rhetorisch seine Empörung ausdrücken war das Eine, aber wie sollte der Westen auf diesen klaren Bruch des Völkerrechts reagieren?

Die Gesprächskanäle waren weiterhin offen, aber «die Grundlage der Gespräche hat sich geändert», schreibt der Journalist Andreas Rinke, der diesen Zeitraum akribisch und basierend auf vielen Interviews mit hochrangingen Gesprächspartnern rekonstruiert hat.[1150] Wie sollte man nach den Erfahrungen der letzten Wochen Putin noch vertrauen? «Gleichzeitig glaubt man in Berlin, dass Russland an einer Annexion der Ostukraine kein wirkliches Interesse haben dürfte, weil dies militärisch-logistisch ein sehr viel komplizierteres Unterfangen sei als die Kontrolle der Krim. Sowohl Merkel als auch Steinmeier werben im Kreis ihrer EU-Partner dafür, bei Sanktionen auch eine Exit-Strategie mitzudenken», da Russland nolens volens weiterhin ein Faktor in Europa bleiben werde.[1151] Die EU und die USA setzten ihre vorherigen Drohungen um, und weiteten am 17. März ihre Sanktionen aus. Am 20. März wurde die EU-Kommission beauftragt, weitere Wirtschaftssanktionen vorzubereiten.[1152] Zunächst wurden vor allem hochrangige russische Einzelpersonen und Unternehmen ins Visier genommen, die mit der Verletzung der ukrainischen Souveränität und territorialen Integrität in Verbindung standen. «Auch danach bleibt es im Prinzip beim Dreiklang ‹Gespräche mit Moskau›, ‹notfalls Sanktionsausweitung› und ‹Hilfen für die Ukraine›», so Rinke. «Auf allen Feldern geht man gleichzeitig vor. Im Vordergrund steht nun ganz deutlich, dass man eine Ausweitung des Konflikts über die Krim hinaus verhindern will.»[1153]

Die deutsch-russischen Regierungskonsultationen wurden abgesagt und auch andere Gesprächsformate wurden beendet oder eingeschränkt. Im Europarat wurde den russischen Delegierten das Stimmrecht entzogen, woraufhin diese den Sitzungen fernblieben.[1154] Die Organisation für Wirtschaftliche Zusammenarbeit und Entwicklung (OECD) stoppte die Beitrittsverhandlungen mit Russland.[1155] Die NATO beschloss, die Zusammenarbeit partiell auszusetzen – doch nicht auf politischer Ebene wie 2008.[1156]

Aus dem Kreis der G8-Staaten wurde Russland suspendiert. Allesamt Schritte, die den Kreml wenig zu beeindrucken schienen.

Das Weiße Haus verlegte im April Kampfflugzeuge und 600 Soldaten nach Polen und ins Baltikum sowie eine Fregatte ins Schwarze Meer, um an der Ostflanke der Allianz keine Unsicherheit aufkommen zu lassen.[1157] Obama wählte die schwächste der ihm vorgelegten Optionen, da er Russland nicht unnötig provozieren wollte – nur kurze Zeit nach seiner bewussten Beleidigung Russlands als «Regionalmacht», die aus Schwäche handle,[1158] eine durchaus paradoxe Argumentation.[1159] Diese schwächste Option war jedoch eine stärkere militärische Reaktion als die Europäer bereit waren zu unternehmen. In Deutschland spielte hierbei die Koalitionsarithmetik eine Rolle. Bundesverteidigungsministerin von der Leyen erklärte kurz nach der Krim-Annexion, die NATO müsse in Osteuropa mehr Präsenz zeigen und reagierte damit auch auf die Forderungen aus Polen und dem Baltikum.[1160] Die SPD schlug umgehend zurück. Gabriel erklärte, dies stehe nicht zur Debatte und könnte zur Eskalation beitragen.[1161] Die EU und die OSZE seien die richtigen Institutionen, nicht die NATO, erklärten der verteidigungs- und der außenpolitische Sprecher der SPD-Bundestagsfraktion.[1162] Steinmeier schloss eine Aufstockung der Truppen in Osteuropa und eine NATO-Mitgliedschaft der Ukraine, auch perspektivisch, aus.[1163] Die SPD stellte Dialogbereitschaft über eine glaubwürdige diplomatische Drohkulisse und Stärkung der eigenen Hand in den Verhandlungen mit Moskau. Die NATO wurde aus der Gleichung genommen, die Sorgen Russlands denen der eigenen Verbündeten übergeordnet.

Die NATO-Außenminister beschlossen am 1. April eine verstärkte Luftraumüberwachung an der Ostflanke, woran sich auch die Bundesrepublik beteiligte.[1164] Im ARD-DeutschlandTREND sprachen sich hingegen 53 Prozent der Deutschen gegen eine solche Luftraumsicherung aus.[1165] Einer Forderung aus Warschau und weiterer NATO-Staaten, zwei Brigaden der NATO nach Polen zu verlegen bzw. weitere Verbände dauerhaft in anderen Bündnisstaaten in Osteuropa zu stationieren, erteilte der deutsche Außenminister eine Absage: Damit breche man selbst Verträge, etwa die NATO-Russland-Grundakte.[1166] Eine Sichtweise, der der Wissenschaftliche Dienst des Bundestages widersprach. Die USA stationierten bereits nicht-dauerhaft im bilateralen Rahmen Soldaten in der Region, die Formulierungen der Grundakte seien nicht näher spezifiziert und könnten je nach Gusto ausgelegt werden.[1167] Die Bundesregierung wollte keine Soldaten an die NATO-Ostflanke oder der Ukraine militärische Ausrüstung schicken, sondern über den Verhandlungsweg und Sanktionsdrohungen den Konflikt einhegen. Dass dies Putin allerdings nicht von einer Eskalation abhielt, zeigte der Gang der Dinge. Nach der völkerrechtswidrigen Annexion der Krim verschob sich der Schwerpunkt der Auseinandersetzung zusehends auf den Osten der Ukraine.

Die Eskalation im Osten der Ukraine, Frühling 2014

Im Donbas sprachen die Waffen. Zwischen April und August eskalierte die Situation. In den Provinzen Donezk und Luhansk lebten 15 Prozent der ukrainischen Bevölkerung, wovon viele ethnische Russen waren, aber keineswegs alle «heim» zu Mütterchen Russland wollten: Im April sprachen sich in einer Umfrage nur 30 Prozent der Bewohner für eine Union mit Russland aus.[1168] Pro-russische Milizen verfolgten ihren separatistischen Kurs mit Gewalt und erhielten Schützenhilfe aus Moskau, die immer offensichtlicher wurde.[1169] Sie proklamierten unabhängige Volksrepubliken und rührten weiter an der territorialen Integrität der Ukraine. Es handelte sich nicht um einen Bürgerkrieg, sondern eine gezielte sezessionistische Eskalation einer radikalen Minderheit mit Hilfe des Kremls.[1170] Die Übergangsregierung in Kyjiw entsandte im Rahmen einer sogenannten Anti-Terror-Operation eigene Truppen, konnte sich jedoch nicht uneingeschränkt auf die Loyalität der Streitkräfte verlassen. Die Lage blieb volatil. Rund zehn Prozent des ukrainischen Staatsgebietes versanken im Chaos.

Im politischen Berlin wurden neben Appellen an eine friedliche Lösung zwei Ideen forciert. Beide hätten einem Lehrbuch zur deutschen Außenpolitik entspringen können. Sie erinnerten an Georgien 2008, aber auch an andere Beispiele. Zum einen forderte Steinmeier weiterhin eine OSZE-Beobachtermission im Osten der Ukraine. Der Kreml stimmte zu. Am 21. März wurde eine zivile, unbewaffnete OSZE-Beobachtermission beschlossen, die Special Monitoring Mission (SMM).[1171] Sie sollte die politische Lage im ganzen Land dokumentieren und wurde zu einem Schlüsselprojekt der OSZE.[1172] Zum anderen sollte eine «Kontaktgruppe» eingerichtet werden.[1173] Steinmeier wirkte an deren Zustandekommen aktiv mit. Er beanstandete das russische Handeln in ungewohnter Schärfe. Die *Zeit* erkannte ein Ende der alten Ostpolitik oder zumindest, dass eine «nüchterne Bestandsaufnahme» begonnen habe.[1174] Die Kanzlerin forcierte auch direkte Gespräche hochrangiger deutscher und russischer Beamter in Moskau, die gleichwohl nur die unterschiedlichen Sichtweisen und russischen Ausflüchte verdeutlichten.[1175]

Am 17. April trafen sich die amerikanischen, russischen und ukrainischen Außenminister sowie die EU-Außenbeauftragte Ashton in Genf. Lawrow kritisierte das Format, da die Separatisten nicht beteiligt wurden.[1176] Der ukrainischen Delegation sprach er ab, das Land vertreten zu können und behandelte sie wie Putschisten.[1177] Dabei war Genf für Russland allein deshalb schon ein Erfolg, da die Krim nicht mehr erwähnt wurde.[1178] Merkel und Steinmeier wollten die Abspaltung der Halbinsel nicht akzeptieren, aber de facto nahm man hin, dass gar nicht über sie gesprochen wurde. In Genf wurde ein Friedensplan beschlossen. Die Krise sollte friedlich gelöst, besetzte Gebiete geräumt und die Separatisten entwaffnet werden – bis Ostern, also innerhalb einer Woche. Im Gegenzug sollte den Milizen eine Amnestie gewährt werden. Für sie war Genf jedoch weit weg. Sie fühlten sich an dort geschlossene Abkommen nicht gebunden. Merkel und Obama drängten Putin, seinen Einfluss geltend zu machen. Doch dieser zeigte erneut, wie wenig ihn seine Zusagen kümmerten. Er erklärte im Fernsehen, er schließe einen Militäreinsatz im Osten der Ukraine nicht aus.[1179] Man habe das Recht dazu. Russland müsse seine Bürger schützen. Er drohte immer häufiger mit Gaslieferausfällen und sprach von der Süd- und Ost-Ukraine als «Noworossija», Neurussland, womit er unter Rückgriff auf historische Vorbilder seinen imperialen Anspruch im Süden und Osten der Ukraine untermauern wollte.[1180] Schielte Putin auf die Etablierung einer Landverbindung zur Krim – also einen weiteren Landraub? Obama und führende EU-Staats- und Regierungschefs waren sich in einer Telefonkonferenz einig: Man dürfe Putin nicht vertrauen, er bremse nicht, sondern eskaliere immer weiter.[1181] Das Weiße Haus stellte bereits auf eine langfristige Isolierungs- und Eindämmungsstrategie um, unabhängig davon, wie die aktuelle Krise weitergehen würde.[1182] Die amerikanischen Bürger interessierten sich allerdings für die heimische Konjunktur, nicht für die Ukraine, erklärte Obama hinter verschlossenen Türen.[1183] In Washington galt letztlich der Primat der Innenpolitik.

Bundesaußenminister Steinmeier warnte vor zu viel Freude über das

Genfer Dokument, aber damit könne hoffentlich eine «Spaltung der Ukraine vermieden» werden.[1184] Wenige Tage später wurden mehrere deutsche OSZE-Militärbeobachter, die nicht Teil der SMM, sondern auf bilaterale Einladung der ukrainischen Regierung tätig waren, im Osten des Landes entführt.[1185] Der Ablauf deutete für westliche Geheimdienste auf eine Involvierung Russlands hin.[1186] Die Kanzlerin und ihr Außenminister waren gleichermaßen schockiert.[1187] «Abstoßend» sei die öffentliche Vorführung der Gefangenen, so Steinmeier.[1188] Die SMM schränkte hiernach ihre Tätigkeit im Osten der Ukraine ein, dennoch folgten weitere Entführungen.[1189] Die Augen und Ohren der Beobachter schienen nicht willkommen.

Die EU bereitete unterdessen weitere Sanktionen vor. Ein etwaiger Ausschluss Russlands aus dem SWIFT-System, den Christoph Heusgen der Kanzlerin vorschlug, wurde von ihr als nicht durchsetzbar angesehen und verworfen.[1190] Weder in der Großen Koalition noch in Brüssel zeichneten sich Mehrheiten hierfür ab.[1191] Das Dilemma des deutschen und westlichen Lösungsansatzes wurde immer deutlicher. Man selbst wollte deeskalieren, nur Putin offensichtlich nicht. In einem Telefonat mit dem Kremlherren Ende April «drängte Angela Merkel auf ein Bekenntnis zur Stabilisierung der Ukraine. Dazu aber schwieg der Mann am anderen Ende der Leitung.»[1192] Am 3. Mai wurden die deutschen Geiseln freigelassen. Steinmeier lobte Russland mehrfach überschwänglich für die Befreiung.[1193] Putin mahnte wenig später die Separatisten, die für den 11. Mai geplanten Referenden über die Abspaltung von der Ukraine zu verschieben – viele Beobachter, vor allem in Deutschland, atmeten erleichtert auf.[1194] Handelte Putin in guter Absicht? Wahrscheinlicher scheint, dass ihm die Lage zu unsicher schien; er also lieber warten, die eigene Position ausbauen und die Referenden als diplomatisches Druckmittel in der Hinterhand behalten wollte.[1195]

Steinmeier griff, flankiert von Frankreich, erneut zu einem klassischen Mittel deutscher Außenpolitik: dem runden Tisch. Eine OSZE-Mediation sollte den Durchbruch erzielen. Während in der Ostukraine im Mai nun doch Scheinreferenden abgehalten wurden und Russland ein Crescendo der militärischen Verwüstung inszenierte, reaktivierte Berlin den erfahrenen Diplomaten Wolfgang Ischinger.[1196] Die Initiative zeigte, wie Berlin in die Rolle eines Taktgebers schlüpfte und Paris einzubinden versuchte. Das amerikanische Engagement versandete indessen, und die EU war mit der

Europawahl beschäftigt: «Deutschland kann die Verantwortung in der Ukraine-Krise nicht abgeben – es ist niemand da, der sie nehmen würde», erklärte ein hochrangiger deutscher Diplomat vertraulich.[1197] Der erste «runde Tisch» am 13. Mai endete bereits nach zwei Stunden. Das Treffen war ohne die Separatisten abgehalten worden und blieb ohne Ergebnisse.[1198] Auch die Genfer Gespräche wurden nicht fortgesetzt. Der Kreml wollte die Separatisten an den Verhandlungstisch hinzuziehen und störte sich an der EU, die man sowohl als Konfliktpartei wie auch letztlich als machtlos ansah, wenn es um weitreichende Entscheidungen ging.[1199] Kyjiw lehnte direkte Verhandlungen mit den Separatisten ab. Nur die OSZE war für alle Seiten akzeptabel, weshalb sie eine Renaissance erfuhr, «von der noch im Herbst 2013 niemand in der Organisation auch nur geträumt hätte».[1200]

Die Eskalationsdynamik war im Vergleich zu Georgien 2008 oder dem russischen Fortsetzungskrieg ab dem 24. Februar 2022 eine viel langsamere. Dennoch blieben der Westen, die EU und die Bundesrepublik weitgehend passiv und reaktiv. Sie schauten zu, wann und wo Putin neue Brände legte. Deeskalation und die Suche nach Dialogmöglichkeiten waren die Devise – in den Hauptstädten westlich der Oder. Speziell in Berlin wollte man alten Orthodoxien nicht abschwören, vertraute auf «runde Tische» und Dialogbereitschaft in Moskau. Die Frage, ob der Westen wirksame Mittel gegen Putin habe, bejahten nur 35 Prozent der Bundesbürger, 51 Prozent sahen gegen ihn kein Kraut gewachsen.[1201] Wie sollte sich die EU daher bei weiteren Annexionen durch Russland verhalten? Für Verhandlungen optierten 39 Prozent, schärfere Sanktionen sahen ein Drittel der Befragten als Mittel; 22 Prozent wollten sich heraushalten und nur zwei Prozent wollten dies mit militärischen Mitteln beantworten – was jedoch nicht näher definiert wurde, also zum Beispiel, ob die Bundeswehr sich daran beteiligen sollte oder ob Waffenlieferungen an die Ukraine gemeint waren.[1202] Ganz Europa schaute gebannt auf die anstehende Präsidentschaftswahl in der Ukraine und die EU drohte Moskau mehrfach mit neuen Sanktionen, wenn deren Ablauf gestört würde.[1203]

Trotz der immer chaotischeren Lage im Osten des Landes fanden am 25. Mai 2014 die ukrainischen Präsidentschaftswahlen fast wie zu Friedenszeiten statt. Nur die Bürger in den abtrünnigen Gebieten konnten nicht wählen. Petro Poroschenko gewann bereits im ersten Wahlgang. Die extreme Rechte blieb politisch bedeutungslos. Am gleichen Tag fanden auch die Wahlen zum Europäischen Parlament statt, aus denen der Christdemokrat Jean-Claude Juncker als neuer Kommissionspräsident hervorging. Juncker war als luxemburgischer Premierminister vielen Beobachtern als sehr russlandfreundlich aufgefallen.[1204] Er wollte eine Mittlerrolle zwischen der EU und Russland einnehmen und gab noch als Spitzenkandidat der EVP im Europawahlkampf der EU eine «Teilverantwortung» an der Krise in der Ukraine.[1205] Eine EU- oder NATO-Mitgliedschaft des Landes lehnte Juncker in den folgenden Jahren beharrlich ab.[1206] Der deutsche Wirtschaftsminister, Vizekanzler und SPD-Chef Gabriel argumentierte im Wahlkampf ähnlich wie Juncker – Merkel widersprach sofort.[1207] Überall in Europa gingen rechts- und linkspopulistische Parteien mit russlandfreundlichen Parolen auf Stimmenfang. Nach der EP-Wahl dauerte das Stühlerücken in den Institutionen der EU bis November an, was eine aktivere Rolle der EU ebenso weiter unterminierte wie die teils irreführenden Aussagen und russlandfreundlichen Positionen der neuen Außenbeauftragten Federica Mogherini, einer italienischen Mitte-links Politikerin.[1208]

Die Ukraine hatte im Frühling und Sommer ihren Annäherungskurs an die EU wieder aufgenommen. Im März unterzeichnete Kyjiw den ersten Teil des EU-Assoziierungsabkommens, der zum Beispiel demokratische Reformen, Rechtsstaatlichkeit oder sicherheitspolitische Zusammenarbeit umfasste. Im Juni unterzeichnete Poroschenko den zweiten, wirtschaftlichen Teil. Das Abkommen umfasste unter anderem den Abbau von Zöllen, erleichterte die Ansiedlung ausländischer Unternehmen und sollte auch die Energiepolitik reformieren. Eine beschleunigte EU- oder NATO-Mitgliedschaft der Ukraine – oder auch Georgiens und Moldaus – stand nicht zur Disposition.[1209] Wenngleich die EU betonte, das Assoziierungsabkommen mit Kyjiw richte sich nicht gegen Russland, kam lautstarker Protest aus Moskau: «Schwere Konsequenzen» werde dieser Schritt haben, drohte Dmitri Peskow, Pressesprecher des Kremls.[1210] Wie würde Putin auf den neuen Mann in Kyjiw reagieren? Bot sich eine Chance, auf Russland einzuwirken und einen großen Krieg zu verhindern? In Berlin schien man daran zu glauben – oder glauben zu wollen.

Am 4./5. Juni trafen sich die G7-Länder in Brüssel ohne Putin, luden aber Poroschenko zum Abendessen ein. Sie warben für mehr Energieunabhängigkeit.[1211] In einer Regierungserklärung vor dem Gipfel wiederholte Merkel die deutsche «Politik des Dreiklangs»: Eine «gezielte Unterstützung der

Ukraine», das stete Bemühen, «im Dialog mit Russland eine diplomatische Lösung» zu finden, aber falls Russland weiter Soldaten und Material über die Grenze schicke, werde man «sich nicht scheuen,» weitere Sanktionen zu verhängen. Wie während der deutschen Teilung werde man einen «langen Atem» beweisen, um «altem Denken in Einflussssphären aus dem 19. und 20. Jahrhundert mit Antworten des globalen 21. Jahrhunderts zu begegnen».[1212] Putin müsse seinen Einfluss auf die Separatisten geltend machen, damit sie statt Konfrontation auf Kooperation setzten, so Merkel weiter.[1213] Aber gab man nicht gewissermaßen Antworten aus der «besseren» Hälfte des 20. Jahrhunderts? Einbindung, Verflechtung, Dialog, Hoffen und Warten auf ein friedliches Ende der Teilung? Mit ihren Forderungen nahm die Kanzlerin allerdings eine härtere Linie ein als andere westliche Staats- oder Regierungschefs.[1214] Noch bei dem G7-Abendessen in Brüssel war strittig, ob Russland stärker sanktioniert werden sollte, sofern Moskau weiter eskalierte oder bereits, wenn der Kreml nicht aktiv die Separatisten stärker an die Kandare nehme und die Situation beruhige. Eine Entscheidung fiel jedoch nicht. Die Kanzlerin hatte die schärfere Vorgehensweise unterstützt.

Nach unzähligen Telefonaten traf Merkel am 6. Juni erstmals wieder mit dem Kremlchef zusammen. Berlin und Paris hatten eine Einladung des russischen Präsidenten zum 70. Jahrestag der Normandie-Landung während des Zweiten Weltkrieges eingefädelt. Briten, Franzosen und Deutsche verabredeten direkte Gespräche mit Putin – zum großen Missfallen Obamas, der ihm weiter die kalte Schulter zeigen wollte.[1215] Hollande gab sich in einer anderen Frage unbeeindruckt. Paris erklärte, man werde den Verkauf von mehreren «Mistral»-Hubschrauberträgern an Russland abschließen und bis zum Ende des Monats 400 russische Seeleute in Frankreich ausbilden. Das Geschäft war über 1,2 Milliarden Euro wert. Man könne einen bereits geschlossenen Vertrag nicht einfach aufkündigen, so die Linie des Élysée. Die Bundesrepublik, Großbritannien und die USA redeten mehrfach auf Hollande ein, er müsse das Projekt beerdigen. Nach einer langen Hängepartie zog er erst im August 2015 den Stecker und Moskau erhielt das bereits geflossene Geld zurück.[1216] Doch nicht nur französisch-russische Rüstungsverträge liefen weiter. Großbritannien verkaufte noch bis in den Sommer 2014 Scharfschützengewehre und andere letale und nicht-letale Güter im Wert von über 150 Millionen Euro nach Moskau.[1217] Die Franzosen kritisierten dies ebenso wie den handzahmen Kurs, den die britische Regierung weiterhin im Umgang mit russischen Oligarchen in London pflegte.[1218] Und Deutschland? Kleinwaffen und Munition gelangten im ersten Quartal weiter nach Russland.[1219] Die Bundesregierung suspendierte im März die Fertigstellung eines Gefechtsübungszentrums der Firma Rheinmetall nahe Moskau; und sagte den Deal im August ganz ab.[1220] Berlin reagierte also teils konsequenter als andere Regierungen. Der Westen schwankte zwischen Normalität und Krisenmodus.

Das Treffen an der französischen Kanalküste führte dennoch zu Fortschritten: Das sogenannte Normandie-Format wurde aus der Taufe gehoben, in dem Frankreich, Deutschland, die Ukraine und Russland fortan verhandelten. Putin traf in der Normandie Poroschenko, den er zuvor nicht als legitimen Präsidenten anerkennen wollte, nun aber zu dessen Amtseinführung den russischen Botschafter wieder nach Kyjiw entsandte. Man sprach miteinander; auch Obama mit Putin.[1221] Der Westen nahm den Kreml in die Pflicht, auf die Separatisten einzuwirken und einem Waffenstillstand zuzustimmen.

Das Normandie-Format wollte die Genfer Bemühungen fortführen und half bei der Einsetzung der Trilateralen Kontaktgruppe (TKG), in der die Ukraine, Russland und die OSZE zusammentrafen. Poroschenko und die politische Klasse der Ukraine zeigten sich erneut zufrieden mit der deutschen Politik, während die ukrainische Öffentlichkeit und Bevölkerung skeptischer blieb und nur langsam mehr Vertrauen fasste.[1222] Vor allem die deutsche Rolle bei der Sanktionspolitik der EU stärkte die Wahrnehmung Berlins als verlässlichen Partner. Deutschland führte mit Sanctum der EU und informierte in Brüssel die anderen Mitgliedstaaten dauerhaft, so dass kein Misstrauen vor etwaigen deutsch-russischen Abmachungen über die Köpfe anderer hinweg aufkam.[1223] Großbritannien bemühte sich nicht wirklich darum, im Normandie-Format teilzunehmen. Dies hatte mehrere Gründe: Innenpolitische Fragen waren wichtiger und die Koalitionsregierung in London gespalten. Die Liberaldemokraten waren gegen eine größere Rolle und gegen Waffenlieferungen; zudem blickte London eher auf die Krisen im Nahen Osten.[1224] David Cameron erklärte in seinen Memoiren die britische Zurückhaltung auch mit Blick auf Berlin: «Ich hatte großen Respekt vor der deutschen Expertise in der Region und Merkels Hartnäckigkeit gegenüber Putin.»[1225] Doch das Foreign Office und das Militär riefen nach einer stärkeren Involvierung und erhöhten Abschreckung.[1226]

Cameron entschied sich dagegen. Die Vereinigten Staaten folgten auch der «Sanktionen und Dialog bei Eskalationsvermeidung»-Linie. Die Europäer wollten europäische Probleme selbst lösen. Ein amerikanisch-russisches Abkommen mit bzw. über die Ukraine, selbst wenn Washington eine aktivere Rolle angestrebt hätte, lag nicht im Interesse der EU und der großen Mitgliedstaaten.[1227] Auffallend war jedoch, dass das Weimarer Dreieck keine Rolle mehr spielte. Polen blieb vor allem nach 2015 weitgehend außen vor.[1228] Ob dies aufgrund der polnischen Innenpolitik oder dem Widerstand Moskaus geschah, bleibt bislang unklar.[1229] Wie der damalige deutsche Botschafter in Warschau, Rolf Nikel, später festhielt, entwickelte Polen nie «eine friedliche Alternative zum Minsker Prozess, weil man keinen Sinn darin sah, mit Moskau zu verhandeln».[1230] Die Forderungen nach einer «härteren Linie» gegenüber Russland blieben daher (nicht nur aus Polen) meist ohne konkrete Inhalte oder Handlungsoptionen. Zudem stieß Außenminister Sikorski mit seinem forschen Vorgehen nicht überall auf Gegenliebe: in Moskau auf keinen Fall und auch nicht bei deutschen Diplomaten. Als sie ihm ihre Sicht der Dinge in der Ukraine darlegten, wurden sie harsch unterbrochen: «Sie müssen uns das nicht erklären. Wir haben den Laden da 400 Jahre lang geschmissen.»[1231] Letzten Endes war es immer Deutschland, das die diplomatischen Bemühungen vorantrieb. Es war nicht nur eine «German show», sondern das «only game in town», denn niemand im Westen hatte eine bessere Idee, wie man mit der Eskalation in der Ukraine umgehen sollte.[1232]

Poroschenko versuchte seit seiner Amtseinführung mit militärischen Mitteln die Kontrolle über die Separatistengebiete zurückzugewinnen. Er legte sein Hauptaugenmerk zunächst auf den Donbas. Die Krim blieb außen vor. Finanzkräftige Oligarchen unterstützten den Aufbau von Freiwilligenbataillonen, und die reguläre ukrainische Armee berappelte sich langsam, sehr langsam, wieder.[1233] Der Donezker Flughafen, die Hafenstadt Mariupol und die bedeutende Separatistenhochburg Slowjansk wurden im Juni und Juli zurückerobert. Russland reagierte hierauf mit einer stärkeren und direkteren Involvierung eigener Verbände in die Kämpfe.

Poroschenko legte am 18. Juni einen 14-Punkte-Plan vor und erklärte nach erheblichem Druck der EU zwei Tage später eine einseitige Feuerpause.[1234] Das Normandie-Format diskutierte diesen Plan in Berlin. Dabei wurde immer deutlicher, dass Moskau, speziell vor wichtigen Treffen der

EU oder Gipfeln, Verhandlungswillen vortäuschte, die Gespräche alsdann hinzog oder torpedierte, und mit militärischen Mitteln Tatsachen schuf.[1235] Während die Diplomatie auf der Stelle trat und die Waffen im Osten der Ukraine immer deutlicher sprachen, traten weitere Krisen hinzu.

Krisensommer

Der Gaza-Krieg im Juli und August zog großes mediales Interesse auf sich. Ebenso galt dies für den Vormarsch des IS im Irak. Anfang August bedrohten die islamistischen Terrormilizen die im Nord-Irak lebende Volksgruppe der Jesiden. Sie wurden systematisch verfolgt und getötet. Nur die kurdischen Peschmerga schienen in der Lage, den IS aufzuhalten. Es entbrannte eine intensive Debatte, ob auch Deutschland militärische Unterstützung leisten sollte. 58 Prozent der Deutschen waren gegen Waffenlieferungen.[1236] «Die Welt ist aus den Fugen geraten», erklärten Steinmeier und Gabriel in einem Meinungsbeitrag im *Handelsblatt* und forderten militärische Hilfe für die Peschmerga.[1237] Der Außenminister stilisierte die SPD vor Genossen in Kiel zugleich mit Blick auf die Ukraine zu einer «Friedensbewegung» und erinnerte an 1914. Die Lehre aus dem Ausbruch des Ersten Weltkrieges sei, dass «Außenpolitik nie aufhören darf, Auswege aus einer Eskalation zu suchen».[1238] Was waren dann die Lehren aus dem Ausbruch des Zweiten Weltkrieges? Hierauf ging der Außenminister nicht ein. Sein Parteigenosse Ralf Stegner lobte Steinmeier für die Vermittlungsbemühungen in der Ukraine. «Deutsche Außenpolitik muss immer Friedenspolitik sein» und Berlin müsse ein Vorbild für friedliche Konfliktlösung sein.[1239] Doch gerade eine solche wurde immer unwahrscheinlicher.

Der Abschuss des Malaysia-Airlines Fluges MH17 über der östlichen Ukraine am 17. Juli – Angela Merkels 60. Geburtstag – brachte die Ukrainekrise ins Zentrum der Aufmerksamkeit zurück. Alle 298 Insassen starben bei dem Absturz. Die meisten Passagiere waren niederländische Staatsbürger, weshalb die Regierung im Haag und die EU noch entschiedener auf eine Aufklärung pochten. Es zeichnete sich schnell ab – fast schon am nächsten Tag[1240] –, dass pro-russische Separatisten oder mit ihnen kämpfende Russen die Verursacher waren.[1241] Die Versprechungen Putins, mäßigend auf sie einzuwirken, schienen sich erneut nicht bewahrheitet zu haben. Im Westen war das Entsetzen groß. Im Berliner Regierungsviertel herrschte eine «jetzt reicht es»-Mentalität.[1242] Auch 61 Prozent der Deutschen forderten härtere Maßnahmen gegen Russland, wobei sich die Bürger im Osten der Republik traditionell russlandfreundlicher zeigten.[1243]

Die EU reagierte auf den Abschuss mit der dritten Stufe ihrer Sanktionsleiter. Immer desillusionierter über das russische Agieren, hatten Deutschland und Frankreich, unter Einbeziehung der Ukraine, bereits am 27. Juni dem Europäischen Rat in einem Papier empfohlen, zu Stufe Drei der Sanktionen überzugehen, wenn Russland sich bis Ende des Monats nicht konzilianter zeigen sollte.[1244] Der Beschluss von Wirtschaftssanktionen war unter den Mitgliedstaaten aber nicht mehrheitsfähig gewesen; auch amerikanische Überzeugungsversuche blieben fruchtlos. Erst der Abschuss von MH17 und die öffentliche Empörung hierüber sorgten für einen Umschwung.[1245] Die europäische Wagenburg wurde stärker. In Berlin war man zu weitreichenderen Sanktionsschritten bereit, wenngleich Steinmeier, sekundiert von deutschen Wirtschaftsvertretern, immer wieder auf die Nachteile hinwies.[1246] Am 29. Juli beschloss die EU weitreichende Wirtschaftssanktionen gegen den russischen Energie-, Finanz- und Rüstungssektor. Öl und Gas waren weiterhin ausgenommen – eine Haltung, die neben Deutschland auch eine Mehrheit der EU-Mitgliedstaaten unterstützte, etwa auch Großbritannien.[1247] Die britische Regierung war zwar nicht auf russisches Gas angewiesen, wollte aber russische Investments in London nicht aufs Spiel setzen. Bei den von russischen Rohstofflieferungen abhängigeren Ländern war die Bereitschaft noch geringer ausgeprägt, weshalb die Sanktionen nie auf diesen Schlüsselbereich der russischen Wirtschaft ausgedehnt wurden und sie somit ein geringeres Droh- und Druckpotential entfalteten.[1248] Die Vereinigten Staaten zogen die Daumenschrauben an. Sie weiteten ihre Sanktionen auf große russische Unternehmen und ihre Chefs aus, etwa den Ölproduzenten Rosneft oder den Gasproduzenten Novatek, und forderten die EU auf, diesem Schritt zu folgen. Die USA taten sich allerdings aufgrund der geringen wirtschaftlichen Verflechtung leichter: Allein der deutsche Handel mit Russland war sechsmal umfangreicher als der amerikanische.[1249] Ein im Mai an die Öffentlichkeit durchgestochener interner Bericht der EU-Kommission warnte, das deutsche Wirtschaftswachstum könne durch die Sanktionen um ein Prozent schrumpfen, was der Bundesrepublik zumindest auf dem Papier ein Negativwachstum beschert und Auswirkungen auf die Eurokrise hätte zeitigen können.[1250] Zudem bestanden in Europa gefährliche Abhängigkeiten: Deutschland bezog 35 Prozent seines Gases aus Russland, viele Staaten in Osteuropa und im Baltikum zwischen 60 und 100 Prozent.[1251] Eine Umstellung auf Fracking-Gas und LNG-Terminals hätte Preissteigerungen um 20 bis 35 Prozent zur Folge gehabt.[1252] Russland versuchte die Sanktionen abzufedern bzw. zu umgehen und reagierte mit Importverboten für Agrarprodukte und Lebensmitteln aus vielen EU-Staaten. Sein Verhalten änderte Putin nicht. Die NATO zog hieraus erste Konsequenzen.

Als Reaktion auf die russische Außenpolitik erhöhte die NATO auf dem Gipfel in Newport (Wales) am 4./5. September ihre Einsatzbereitschaft und Infrastruktur an der Ostflanke. Sie beschloss die Aufstellung einer «Very High Readiness Joint Task Force» (VJTF), einer schnellen Eingreifgruppe, die als «Speerspitze» innerhalb der Krisenreaktionskräfte der NATO (der NATO Response Force) fungiert. Es handelte sich um eine Kompromisslösung: Polen und Balten wollten eine dauerhafte Vornepräsenz der NATO in Osteuropa. Die Bundesrepublik und andere Länder waren dagegen und wollten nur eine nicht-ständige Stationierung von Kräften in Osteuropa. Vor allem Deutschland verwies weiterhin auf die NATO-Russland-Grundakte, die dies nicht erlaube.[1253] Das Ziel, fortan zwei Prozent des Bruttoinlandsproduktes für Verteidigung auszugeben, trug auch die Bundesrepublik mit – zögerlich, da vor allem die SPD sich wenig begeistert zeigte.[1254] Im August flog die Kanzlerin nach Lettland. Sie wollte dortige Sorgen entkräftigen, man vergesse die baltischen Länder oder weiche die Artikel 5-Zusagen auf. Im Notfall müsse die Beistandsklausel «mit Leben gefüllt werden. Darauf müssen wir uns vorbereiten», unterstrich Merkel.[1255] Eine Mitgliedschaft der Ukraine im Bündnis wurde in der westlichen Debatte immer wieder erwähnt, obwohl es keinerlei realistische Perspektive gab. Im September sprachen sich 60 Prozent der Deutschen gegen eine NATO-Mitgliedschaft der Ukraine und gegen eine Aufstockung der NATO-Verbände an der Ostflanke der Allianz aus.[1256] In Wales baten Obama und Merkel nach einem Gespräch mit Poroschenko die EU-Außenbeauftragte Ashton, die noch bis November im Amt war, unbedingt einige Aspekte des EU-Ukraine-Assoziierungsabkommens, das das Europäische Parlament und die ukrainische Rada am 16. September ratifizierten, zu verzögern oder gar zu revidieren.[1257] Wollte man so Druck auf Kyjiw ausüben und Moskau entgegenkommen? Ashton gibt sich in ihren Memoiren sehr kryptisch zu den

Motiven, aber unterstreicht die Vehemenz, mit der Obama und Merkel ihr Anliegen vorgetragen hatten. Ebenso vehement wurde zu dieser Zeit eine Verhandlungslösung forciert.

Minsk I

Doch die Gespräche im Normandie-Format und in der Kontaktgruppe kamen im August nur schleppend voran. Moskau versuchte vergebens, die abtrünnigen Provinzen als Partei an den Verhandlungstisch hinzuziehen, um ihren Status aufzuwerten. Zudem wollten beide Seiten aus einer Position der militärischen Stärke verhandeln. Im Juli wurden die Separatisten weiter zurückgedrängt. Hieraufhin schickte Russland am 24. August drei taktische Bataillonsgruppen mit schwerem Gerät über die Grenze. Die verdeckte Unterstützung schlug immer deutlicher in einen offenen Krieg um. Die Bundesregierung war hierüber gut informiert. Der deutsche Militärattaché in Moskau, Brigadegeneral Reiner Schwalb, war mit seinem Team über 300 Kilometer der ukrainisch-russischen Grenze abgefahren und hatte die Truppenbewegungen minutiös dokumentiert.[1258] Die Bundesrepublik und die EU schlossen Waffenlieferungen an die Ukraine dessen ungeachtet weiterhin aus. «Wer jedoch davon absieht, auf die Anwendung von Gewalt mit Gewalt zu antworten, begibt sich in eine Position relativer Schwäche», bemerkte der damalige deutsche Botschafter in Moskau, Rüdiger von Fritsch, in der Rückschau. Der Sommer 2014 habe gezeigt, so von Fritsch weiter, dass «die russische Seite bereit und in der Lage war, den Ukraine-Konflikt militärisch zu eskalieren – auch weil sie wusste, dass der Westen in selbst gewählter Zurückhaltung nicht in gleicher Weise reagieren würde.»[1259] Im Sommer 2014 war in Europa und Deutschland niemand bereit für eine militärische Antwort. Die *Zeit* warnte vor dem Wunsch der Regierung in Kyjiw, den Westen in den Konflikt hineinzuziehen. Sie habe «mit ihrer Militäroffensive» die OSZE-Vermittlungsversuche «zunichte gemacht», so der Vorwurf.[1260] Vizekanzler Gabriel sah eine Föderalisierung der Ukraine als «einzig gangbaren Weg», um die territoriale Integrität des Landes zu erhalten. Kyjiw müsse auf die Separatisten zugehen.[1261] Speziell seine Nutzung des Föderalisierungsbegriffs, eine Leitidee Moskaus, wurde im Ausland als pro-russische Position verstanden.[1262] Merkel korrigierte am selben Tag genervt aus Kyjiw: Dezentralisierung habe Gabriel sagen wollen.[1263] Sie befand sich ohnehin schon auf einer schwierigen Mission in der ukrainischen Hauptstadt. Sie versprach weitere Kredite über 500 Millionen Euro und zusätzliche EU-Hilfen, die in Kyjiw in Anlehnung an den Marshall-Plan gar «Merkel-Plan» genannt wurden.[1264] Umgekehrt wollte sie Poroschenko zu Verhandlungen animieren: Man dürfe nicht zu optimistisch sein, aber auch nicht in einer militärischen Eskalation sein Glück suchen, so Merkel.[1265] Der ukrainische Präsident lobte die Kanzlerin über den Klee. «Wie keine andere» kenne sie die Probleme des Landes und sei ein «mächtiger Freund» und «starker Anwalt» seines Landes.[1266] Die deutschen Bemühungen und das aufgebaute Vertrauen schienen – auch jenseits öffentlicher Bekundungen – erste Früchte zu tragen.[1267] Die Ukrainer sagten ein Gespräch mit dem Kremlchef zu.

Am 26. August trafen sich Poroschenko und Putin in Minsk. Die Verhandlungen brachten zunächst keine Fortschritte. Einen großen Wurf hatte niemand erwartet, auch Merkel nicht.[1268] Die EU war in Minsk, wo sich die Eurasische Wirtschaftsgemeinschaft traf, ebenfalls mit von der Partie und hatte zugestimmt, dass Russland an den Gesprächen über die Umsetzung des EU-Ukraine-Assoziierungsabkommens teilnehmen dürfte.[1269] Hierdurch sollte die EU-Assoziierung der Ukraine verträglich gestaltet werden. Ende August kam Bewegung in die Gespräche, da die Ukrainer bei Ilowaisk einen empfindlichen militärischen Rückschlag erlitten. Es drohte eine Niederlage oder ein langer Krieg. Beides würde die Reformversprechen des Maidan in Gefahr bringen. Die Ukraine stimmte unter anderem deshalb einem Waffenstillstand zu.[1270] Russland wollte zur gleichen Zeit «den politischen wie realen Geländegewinn» im Donbas «diplomatisch festigen».[1271] Putin fuhr eine regelrechte Angstkampagne.[1272] So drohte er in einem Telefonat mit dem EU-Kommissionspräsidenten, er könne Kyjiw in zwei Wochen erobern.[1273] Russische Flugzeuge verletzten immer wieder NATO-Luftraum. Aufgrund der offensichtlichen militärischen Involvierung regulärer russischer Streitkräfte kündigte die EU auf einem Sondergipfel am 30. August weitere Sanktionen an. Österreich und Italien waren als Kritiker dieses Kurses aufgetreten, und die EU wartete mit dem Inkrafttreten der neuen Sanktionen (bis zum 12. September). Sie knüpfte sie an die «Entwicklung vor Ort», um Russland nicht vom Verhandlungstisch zu vertreiben – gegen den Willen Merkels, die sofortige Sanktionen forderte.[1274] Doch auch jetzt wurden hochrangige Regierungsvertreter und wichtige Oligarchen von den Sanktionen noch ausgenommen. Die Bundesregierung schien erneut eher willens als andere Länder, von einer reaktiven in eine pro-aktive Krisenpolitik umzuschalten.

Im Rahmen der Trilateralen Kontaktgruppe wurde am 5. September in Minsk mit Hilfe des Normandie-Formats ein Waffenstillstandsabkommen abgeschlossen. Die OSZE, die Ukraine und Russland ließen durch Vertreter unterzeichnen, die sogenannten Volksrepubliken unterschrieben ebenfalls, obwohl sie offiziell nicht Partei waren, aber an den Verhandlungen beteiligt worden waren. Allein dieser Fakt verdeutlicht bereits, wie komplex der gefundene Kompromiss war. Wenige Tage später vereinbarten Vertreter der EU, der Ukraine und Russlands, das Assoziierungsabkommen erst zu Jahresbeginn 2016 in Kraft treten zu lassen. Kyjiw hatte eingelenkt, da Moskau erneut mit wirtschaftlichen Sanktionsschritten gedroht hatte.[1275] Es fand somit nun doch ein trilateraler Dialog zwischen Brüssel, Kyjiw und Moskau statt – unter erschwerten Bedingungen. Am 19. September wurde das Minsker Protokoll durch das Minsker Memorandum (Minsk I) ergänzt, das die Umsetzungsschritte näher festlegte. Die wichtigsten Punkte waren ein sofortiger Waffenstillstand, die Freilassung aller Geiseln, ein Amnestiegesetz, die Dezentralisierung der Ukraine, ein Sonderstatus für die abtrünnigen Gebiete, eine Sicherheitszone an der ukrainisch-russischen Grenze, ukrainische Wiederaufbauprogramme für den Donbas und Lokalwahlen. Die SMM der OSZE sollte die Kontaktlinie, den Abzug der schweren Waffen, das Verbot der Minenlegung, den Abzug ausländischer Kämpfer sowie die Staatsgrenze bzw. Sicherheitszone überwachen. De facto der Aufgabenkatalog einer robusten Peacekeeping-Mission, für die die SMM trotz 500 Beobachtern und eifriger Anpassungen nicht die Mittel hatte.[1276] Die Trilaterale Kontaktgruppe traf sich fortan alle zwei Wochen unter Koordination der OSZE-Sondergesandten Heidi Tagliavini in Minsk. Der Friedensprozess sollte damit auf institutionelle Beine gestellt werden. Was folgte aus dem Minsker Memorandum? Wurde damit die Kontaktlinie nicht de facto zur Grenze der abtrünnigen «Volksrepubliken»? Wann würde die Ukraine die Kontrolle über die Gebiete und ihre Außengrenzen zurückerhalten?

Minsk war kein Karthagischer Frieden, aber ein unklares und unsicheres Abkommen. Die USA, ein Kernpfeiler als Garantiemacht der europäischen Nachkriegsordnung seit dem Zweiten Weltkrieg, saßen nicht mit am Tisch, waren aber doch irgendwie präsent.[1277] Russland war offiziell nicht Konflikt-partei und damit keinerlei Verpflichtung eingegangen.[1278] Moskau konnte durch den bestehenden Territorialkonflikt eine NATO-Aufnahme der Uk-raine verhindern und über den Donbas Einfluss auf die Politik in Kyjiw nehmen. Wo die Ukraine und der Westen «Sonderstatus» und «Dezent-ralisierung» in Minsk verankert sahen, galten für Russland weiterhin die Schlagworte «Autonomie» und «Föderalisierung».[1279] Das traurige Wort der Stunde war jedoch «Waffenstillstandsbruch». Denn die Kämpfe gingen unentwegt weiter. Der Flughafen in Donezk, der Verkehrsknotenpunkt Debalzewe und die Hafenstadt Mariupol waren strategische Punkte, die beide Seiten erobern bzw. halten wollten.

Mit Minsk I war der Konflikt nicht beendet worden. Es wurde immer deutlicher, dass der von Angela Merkel geforderte «lange Atem» tatsächlich nötig sein würde. Die Kanzlerin erklärte ihre Politik am 12. September vor dem Deutschen Bundestag. Sie sei von «vier Prinzipien» geleitet: «Erstens. Der Konflikt ist nicht militärisch zu lösen. Zweitens. Die 28 Mitgliedstaaten der Europäischen Union und die Vereinigten Staaten von Amerika finden gemeinsame Antworten. Drittens. Die Verletzung der territorialen Integri-tät eines Landes und seine Destabilisierung nehmen wir nicht hin; deshalb verhängen wir Wirtschaftssanktionen. Viertens. Gleichzeitig arbeiten wir fortwährend für eine diplomatische Lösung des Konflikts. Die Tür zu Ver-handlungen ist und bleibt offen.»[1280] Hoffnungen und Illusion über eine schnelle Beilegung des Konfliktes machte sich im Kanzleramt oder Auswär-tigen Amt kaum mehr jemand.[1281] Als Putin im Oktober vor einem EU-Gip-fel erneut Friedenssignale in Form eines Truppenabzugs von der ukraini-schen Grenze aussandte, kommentierte die Bundesregierung nur trocken, dass man leider wisse, wie wenig solche Versprechungen wert seien.[1282] Neben den Gefechten gingen die diplomatischen Bemühungen trotzdem weiter.

Nach über 40 Telefonaten mit Putin seit Beginn der Krise führte Merkel nochmals zwei sehr ausführliche Gespräche mit ihm.[1283] Am 17. Oktober ge-wann sie am Rande des Asien-Europa Gipfels in Mailand den Eindruck, Putin wolle vor der ukrainischen Parlamentswahl am 26. Oktober nicht de-eskalieren und habe dies auch generell nicht vor. Er wolle keine Beilegung des Konfliktes, sondern gehe auf Konfrontationskurs mit dem Westen.[1284] Der Kremlchef kam zu dem Gespräch mit Merkel vier Stunden zu spät, da er noch an einer Militärparade in Serbien teilgenommen und in einer Rede den Status des Kosovo infrage gestellt hatte[1285] – schwerlich ein Signal der Entspannung, wie es die Kanzlerin von ihm verlangt hatte.[1286] Am nächsten Morgen traf sich das Normandie-Format, und es kam zu weiteren Gesprächen Putins mit dem italienischen Gastgeber Matteo Renzi und dem britischen Premierminister David Cameron. Merkel forderte eine Einbindung Russlands in den Kampf gegen den «Islamischen Staat» und eine Zusammenarbeit bei der Eindämmung des Ebola-Virus-Ausbruchs in Westafrika.[1287] Die Streitpunkte betreffend die Ukraine konnten nicht gelöst werden. Nur die Gaslieferungen in die Ukraine, die Moskau im Juni vordergründig aufgrund preistechnischer Meinungsverschiedenheiten eingestellt hatte, schienen zumindest für den kommenden Winter gerettet. EU-Energiekommissar Günther Oettinger vermittelte zwischen beiden Ländern, denn Lieferunterbrechungen drohten auch die Transitkontingente für die EU-Mitgliedstaaten zu treffen. Wenige Tage später konnte die Versorgung bis März 2015 gesichert werden. Die Ukraine musste nunmehr im Voraus bezahlen und ausstehende Schulden begleichen.[1288] Die EU und der Internationale Währungsfonds griffen Kyjiw dabei unter die Arme. Der Westen ließ das Land nicht alleine, sondern stärkte Kyjiw diplomatisch und finanziell den Rücken. Merkel hatte die Ukraine aber auch in die Pflicht genommen, ihre Verhandlungsposition flexibler zu gestalten.[1289]

Wenig flexibel zeigte sich Putin bei seinem nächsten Treffen mit der Kanzlerin am Rande des G20-Gipfels im australischen Brisbane am 15./16. November. Drei Stunden sprachen beide ohne ihre Berater über die Großwetterlage.[1290] Konkrete Aspekte des Konfliktes in der Ukraine ließ man außen vor. Es ging um grundsätzliches. Putin spulte über zwei Stunden seine Klagen und Flüche über den Westen ab.[1291] Merkels Eindruck verfestigte sich und sie teilte ihn Steinmeier mit: Putin wolle nicht einlenken oder kooperieren, sondern spiele auf Zeit und setze auf das Bröckeln des westlichen Zusammenhalts.[1292] In der ARD durfte Putin in einem Interview mit Hubert Seipel, dem mittlerweile ein allzu enger Draht nach Moskau attestiert wird,[1293] seine schiefe Sicht der Dinge darlegen: Völkerrecht sei in der Ukraine nicht gebrochen worden, Sanktionen träfen alle, und überhaupt sei der Westen seit Jahren an allem schuld.[1294]

Am nächsten Tag hielt Merkel eine vielbeachtete Rede am Lowy-Institut in Sydney. Russland stelle die «europäische Friedensordnung insgesamt in

Frage», erklärte die Kanzlerin, und verurteilte die Aktionen Russlands, erneut unter Bezugnahme auf den Ersten Weltkrieg.[1295] Sie wiederholte ihren Dreiklang: Hilfen für die Ukraine, Gespräche mit Russland und Aufrechterhaltung der Sanktionen, falls Fortschritte ausblieben. Zugleich sorgte sie sich vor einer Ausdehnung der Krise. Der Kreml könnte möglicherweise auch in Moldau und Georgien in die Offensive gehen oder seine anti-westliche Propaganda in Serbien und anderen Staaten des Westbalkans intensivieren – eine Gefahr, die das Auswärtige Amt ebenfalls sah.[1296] Auch die anderen westlichen Staats- und Regierungschefs drohten mit weiterer Maßnahmen für den Fall, dass Russland sein Verhalten nicht ändere, und schimpften auf den Kreml.[1297] Doch die EU setzte weiterhin auf Gespräche.

Auf dem EU-Außenministerrat war am 17. November keine Ausweitung der Sanktionen gegen Russland diskutiert oder beschlossen worden. Nur einige Separatistenführer wurden der Sanktionsliste hinzugefügt. Die Kanzlerin hatte im Vorfeld weiteren Sanktionen eine Absage erteilt.[1298] Sanktionen seien kein Selbstzweck, erklärte die neue EU-Außenbeauftragte Mogherini und viele Außenminister warnten vor einer «Eskalationsspirale» durch weitere Sanktionen.[1299] «Re-engagement» sei das Ziel, so Mogherini, denn Russland sei «Teil des Problems, aber auch Teil der Lösung».[1300] Die EU wollte der Ukraine zwar helfen, mahnte Kyjiw zugleich zu Reformen und hielt Kontakt nach Moskau. Steinmeier schlug vor, die EU müsse mit der Eurasischen Wirtschaftsunion sprechen, was Putin kurz zuvor ebenfalls ins Spiel gebracht hatte.[1301] Bereits Ende Oktober hatte Steinmeier eine perspektivische Kommunikation gefordert. Man müsse Russland klar darlegen, unter welchen Umständen die Sanktionen beendet würden.[1302] Auf dem Außenministerrat in Brüssel forderte er eine verbale Abrüstung. Die öffentliche Kritik an Russland dürfe «uns nicht die Möglichkeit verbauen, zur Entspannung und Entschärfung des Konflikts beizutragen», erklärte er und kritisierte damit indirekt auch die Lowy-Rede der Kanzlerin, während ihm zeitgleich Vizekanzler Gabriel auf einer Serbienreise beipflichtete und weitere Gespräche mit Putin forderte.[1303]

Am 18. November flog Steinmeier zuerst nach Kyjiw und abends nach Moskau. Einerseits war er damit sozusagen der «good cop», andererseits wollte Merkel einem Bericht zufolge, dass ihr Außenminister am eigenen Leib die aussichtslose Lage erkennen möge und desillusioniert aus der russischen Hauptstadt zurückkomme.[1304] Sie hoffte sozusagen auf Wandel durch persönliche Annäherung. Der oberste deutsche Diplomat war keinesfalls optimistisch, aber er wollte nach neuen Kompromissen suchen, eine Ausweitung des Konfliktes verhindern und den Dialog aufrechterhalten, denn Russland werde ja ein Nachbar der EU bleiben, wie es intern stets hieß.[1305] In Kyjiw verdeutlichte ihm Poroschenko den Ernst der Lage. Die Ukraine sei notfalls bereit für einen großen Waffengang.[1306] In Moskau bat Putin zum Abendessen, doch die Fronten blieben verhärtet. Steinmeier wollte andere Bedrohungen nicht aus dem Blick verlieren, etwa den Iran oder den IS;[1307] womit er nahelegte, Russland werde in diesen Feldern weiterhin als Partner benötigt. Nur Tage später erklärte er, die EU-Außenminister seien sich einig, dass «auf Dauer Europas Sicherheit nur mit und nicht gegen Russland denkbar ist».[1308] Man brauche daher Gespräche und Gesprächsforen. Ein wirklicher Wandel Steinmeiers war nicht zu erkennen.

Die deutschen Medien witterten einen Richtungsstreit zwischen Merkel und ihrem Außenminister,[1309] den es so deutlich nicht gab, aber nach dem akuten Krisenmanagement traten nun bei der Rekalibrierung der mittelfristigen Russlandpolitik Meinungsverschiedenheiten hervor.[1310] Dem Schock der ersten Monate folgte die Ernüchterung, dass man vor einem langen Konflikt und der damit verbundenen Frage nach der richtigen Russlandstrategie stand.

Deutsche Debatten

In der deutschen Öffentlichkeit wurde intensiv hierüber gestritten. Im Jubiläumsjahr des Ausbruchs des Ersten Weltkrieges wurden zahlreiche Vergleiche zur Situation vor 1914 gezogen, was (wie auf EU-Ebene) auch innenpolitisch Konsens herstellen und eine russlandkritischere Linie flankieren sollte. Und auch noch düsterere Zeiten der deutschen Geschichte spielten eine Rolle. Hillary Clinton und Wolfgang Schäuble verglichen die Krim mit dem Sudetenland und die westliche Politik damit mit dem Appeasement der 1930er Jahre.[1311] War «aus der Geschichte lernen» wirklich ein guter Ratgeber für die aktuelle Krise? Bernd Ulrich kommentierte in der *Zeit*: «Das größte Geschichtsgeschütz in deutschen Debatten – Hitler, Holocaust und Zweiter Weltkrieg – wird von beiden Seiten aufgefahren. Hitlers Angriffskrieg auf die Sowjetunion soll alles begründen: 1. Die Einkreisungsängste der Russen. 2. Russlands Recht auf eine Einflusszone. 3. Die besondere Verantwortung Deutschlands gegenüber Moskau. (…) Kurioserweise wird über alledem das wichtigste geschichtspolitische Motiv nie erwähnt. Es ist Angst. Nur eben nicht die Angst der Russen vor dem Westen, sondern die der Deutschen vor den Russen. Nichts hat das kollektive Gedächtnis so geprägt, nichts beherrscht die Erinnerung älterer Deutscher derart wie der Gedanke an den katastrophischen Krieg gegen die Sowjetunion. Winterkrieg. Stalingrad. Massenvergewaltigungen. Die Flucht übers Haff. Diese allgegenwärtigen, aber beschwiegenen Bilder stiften einen untergründigen Konsens: Nie wieder dürfen wir in einen Konflikt mit Russland geraten. Um keinen Preis. (…) Weniger Geschichte hilft mehr.»[1312] Der Politikwissenschaftler Marco Siddi hat ähnlich argumentiert und ein «Ostpolitik Narrativ» konstatiert, bei dem die Erinnerung an die deutschen Verbrechen während des Zweiten Weltkriegs und die Rekonstruktion der Sowjetunion bzw. Russlands als wirtschaftlicher Partner Hand in Hand gingen.[1313] Das Nachkriegsnarrativ von Versöhnung und (gemeinsamen) Wohlstand, das erst für Westeuropa galt und nach 1990 gen Osten nachgeholt wurde. In diesen Debatten meldeten sich viele Vertreter der älteren Generation zu Wort.

Hans-Dietrich Genscher zeigte mit bereits oben angeführten Argumenten viel Verständnis für Russland und forderte Geduld mit Putin.[1314] Es überraschte nicht, dass Gerhard Schröder mit Russland sehr nachsichtig umging und seinen 70. Geburtstag mit Putin in St. Petersburg feierte. Helmut Kohl ließ entspannungspolitische Töne anklingen und beklagte die Isolation Russlands.[1315] Helmut Schmidt bezeichnete Putins Vorgehen auf der Krim als «durchaus verständlich», denn der Westen sei nicht frei von Schuld, die EU größenwahnsinnig und Sanktionen gegen Russland «dummes Zeug».[1316] Egon Bahr warb für Verständigung mit Russland.[1317] Mit Blick auf diese Wortmeldungen sprach der Historiker Heinrich August Winkler von der «Ahnungslosigkeit» der Altvorderen.[1318]

Die Ereignisse des Jahres 2014 hatten das Russlandbild der Deutschen eingetrübt.[1319] Dennoch konstatierten viele Beobachter eine Diskrepanz zwischen der Regierungslinie, der veröffentlichten Meinung und der Bevölkerung.[1320] Die Medien hatten keinen russophoben Bias, wie oft kolportiert wurde.[1321] Vielmehr wurde die Ukraine, teils aufgrund erfolgreicher russischer Propaganda, in vielen Aspekten verzerrt dargestellt, und es wurde eine mangelnde Expertise in den deutschen Medien beklagt, die zu schiefer Berichterstattung führe.[1322] Am 5. Dezember veröffentlichten rund 60 Persönlichkeiten des öffentlichen Lebens den Aufruf «Wieder Krieg in Europa? Nicht in unserem Namen». Unter den Unterzeichnern war Gerhard Schröder, aber auch ehemalige ranghohe Vertreter der CDU/CSU, wie zum Beispiel Horst Teltschik und Roman Herzog. Sie forderten eine neue Entspannungspolitik, warnten vor einer Gewaltspirale und kritisierten die «Ausdehnung des Westens nach Osten ohne gleichzeitige Vertiefung der Zusammenarbeit» mit Russland. Aus der wissenschaftlichen Community kamen dagegen zwei Gegenbriefe, in denen ein kritischer und illusionsfreier Umgang mit Russland angemahnt wurde.[1323]

Der Sozialdemokrat Matthias Platzeck, der auch Vorsitzender des Deutsch-Russischen Forums und ein vehementer Befürworter eines engen Verhältnisses zu Russland war, forderte eine nachträgliche völkerrechtliche Regelung des Status der Krim und zog damit viel Kritik auf sich.[1324] Vertrat er eine isolierte Meinung? Keineswegs. Im November 2014 waren 39 Prozent der Deutschen für eine völkerrechtliche Anerkennung der Krim als Teil Russlands, 48 Prozent waren dagegen.[1325] Für 43 Prozent der Bundesbürger ging von der russischen Außenpolitik weiterhin keine Gefahr aus.[1326] Die SPD dachte über eine Neue Ostpolitik nach. Parteivize Ralf Stegner wollte eine interne Diskussion über eine neue Strategie anstoßen, die auf Dialog setzen müsse.[1327] Der Außenminister musste sein Handeln somit innerparteilich absichern und rechtfertigen. Das Auswärtige Amt hatte, auch im Zuge des «Review 2014 – Außenpolitik weiterdenken», im November neue Ideen entworfen, die Steinmeier mit seiner engsten Mannschaft weiterentwickelte. Am 9. Dezember hielt er eine Rede in Jekaterinburg, wo er 2008 die Modernisierungspartnerschaft angeboten und 2010 die Ehrendoktorwürde der Boris-Jelzin-Universität erhalten hatte.

Steinmeier verwies auf die teils blutige deutsch-russische Vergangenheit und erwähnte umgekehrt, wie in Zeiten des guten deutsch-russischen Miteinanders die Länder dazwischen unterdrückt wurden. Die Ängste der Polen seien daher nachvollziehbar.[1328] Der Westen und Russland hätten nach 1990 Fehler begangen. Steinmeier benannte aber Ross und Reiter: Der russische Bruch des Völkerrechts, die geopolitische Frontstellung, die der Kreml gegen Europa eingenommen habe – all dies sei schädlich. Was also tun? «Strategisches Containment», wie es einst Außenminister Fischer als Reaktion bei zunehmender russischer Aggression ins Spiel gebracht hatte? Nein. Steinmeier knüpfte an seine Ideen der «Modernisierungspartnerschaft»-

Rede an. Er schlug einen «engeren Dialog» der EU und der Eurasischen Wirtschaftsunion vor, der auch Forum für politische Diskussionen sein könnte. Instrumente kooperativer Sicherheit sollten gestärkt werden, wobei die OSZE eine Schlüsselrolle einnehmen müsse. Steinmeier verwies auf die Erfolge des KSZE-Prozesses im Kalten Krieg und wiederholte die Formel, wonach es Sicherheit in Europa nicht gegen, sondern nur mit Russland gebe. Das Echo auf seine Rede war sehr positiv.[1329] Doch was war daran wirklich neu oder hilfreich? Steinmeier setzte auf Entspannung und Dialog, obwohl dies in Moskau ganz offensichtlich niemand wollte. Er folgte einer Utopie der Verflechtung durch wirtschaftliche Interessen und wollte eine kooperative Sicherheitsarchitektur von Wladiwostok bis Lissabon. Die NATO erwähnte er mit keinem Wort. In russischen Ohren muss dies nach einem «Reset» geklungen haben – keine sechs Monate nach der Annexion der Krim.

Am 14. Dezember legte Steinmeier auch der SPD-Bundestagsfraktion seine Gedanken dar. Er wolle «unter diesen veränderten, erschwerten Bedingungen die Grundgedanken unserer Ostpolitik neu bekräftigen».[1330] «Neu bekräftigen» verdeutlicht erneut, dass es Steinmeier um keinen revolutionären Wandel, sondern um einen «Reset» ging, der de facto ein ostpolitisches Weiter-so mit etwas stärkerer Kritik am russischen Verhalten war. Gemeinsam mit Sigmar Gabriel und Martin Schulz, zu diesem Zeitpunkt Präsident des EU-Parlaments, wurde bis Februar ein gemeinsames Papier ausgearbeitet. Darin wurde versucht, das «Verhältnis der SPD zu Russland neu zu bestimmen und einen Weg aus der Konfrontation zu beschreiben. Die drei wollten eine geistige Brücke bauen zwischen der totalen Ernüchterung über Putin und den positiven Perspektiven, die es mit Russland gleichwohl geben könne. Ihr Papier wollten sie in der *Zeit* veröffentlichen, zogen es jedoch kurz vor Redaktionsschluss zurück.»[1331] Warum sie es nicht veröffentlichten, muss einstweilen ungeklärt bleiben.

Ihren Willen zur Kooperation unterstrich auch Angela Merkel. Auf dem EU-Gipfel am 18. Dezember bekräftigte sie die Idee einer intensivierten Zusammenarbeit zwischen EU und EAWU, falls sich Fortschritte bei der Umsetzung des Minsker Protokolls einstellten.[1332] Sanktionen, aber gleichzeitig Dialogbereitschaft, war weiterhin die Linie der Bundesregierung und der EU, wenngleich Italien und Tschechien auf samtenen Pfoten für eine Lockerung der Sanktionen eintraten.[1333] In einer Regierungserklärung vor dem Deutschen Bundestag bestärkte die Kanzlerin ihre Position. Der Waffenstillstand müsse eingehalten, die Ukraine unterstützt und Sicherheit in Europa gemeinsam mit Russland erreicht werden. Die Sanktionen der EU gingen weiter, seien aber kein Selbstzweck: «Es kommt auf Russland an, darauf, ob es unser Angebot des Dialogs auf der Grundlage der Werte der europäischen Friedensordnung aufgreift,» erklärte Merkel.[1334]

Die Krise in der Ukraine schien im Dezember und Mitte Januar phasenweise weit weg. Am 7. Januar 2015 erschütterte ein Anschlag auf die Redaktion des Satiremagazins *Charlie Hebdo* in Paris ganz Europa. Er markierte den Beginn einer ganzen Serie islamistischer Terrorangriffe in Frankreich und absorbierte in den kommenden Jahren fast die gesamte Aufmerksamkeit des Élysée sowohl in innen- als auch in außenpolitischer Hinsicht. Medial wurden immer wieder «Angebote» an Putin gefordert.[1335] Ukrainische und russische Waffenstillstandspläne versandeten jedoch. Ein anberaumtes Treffen des Normandie-Formats in Kasachstan wurde abgesagt: zu wenig Bewegung, zu wenig Substanz, zu wenig Aussicht auf Erfolg.[1336]

Auf dem Weltwirtschaftsforum in Davos und bei einer Visite in Florenz wiederholte die Kanzlerin am 22. Januar die von ihr und Steinmeier bereits Wochen zuvor vorgetragene Idee einer engeren wirtschaftlichen Verflechtung zwischen der EU und der frisch konstituierten EAWU.[1337] Damit sollten auch russische Sorgen hinsichtlich der EU-Ukraine-Assoziierung abgefedert werden. Gabriel kritisierte indessen die USA. Sie wollten durch schärfere Sanktionen «Russland jetzt wirtschaftlich und politisch noch mehr destabilisieren» und den «Supermacht-Rivalen endgültig am Boden» liegen sehen.[1338] Selbst sprach er bereits von einer Freihandelszone mit der EAWU, und deutsche Wirtschaftsverbände sekundierten seinem Vorstoß.[1339] Damit griff er den «Vorschlag» Putins aus dem Jahre 2010 auf: die Schaffung einer Freihandelszone zwischen «Lissabon und Wladiwostok». Konnte man so Einfluss auf den Kreml ausüben und Wandel durch Freihandel erreichen? Die Voraussetzung hierfür, so Merkel, sei die Umsetzung des Minsker Memorandums, die Achtung der bestehenden Grenzen und der territorialen Integrität der Ukraine, also eine abschließende friedliche Regelung des Konfliktes im Donbas.[1340] Daher forderte sie ein rasches Zusammentreffen der Trilateralen Kontaktgruppe, um einen Abzug der schweren Waffen zu forcieren und den Waffenstillstand umzusetzen. Die Separatisten zeigten sich davon indes unbeeindruckt und bereiteten eine neue Offensive vor.

Auf dem Weg zu Minsk II

In der Ukraine flogen die Granaten. Der Donezker Flughafen war heftig umkämpft, die Hafenstadt Mariupol lag unter Beschuss, und in der strategisch wichtigen Kleinstadt Debalzewe waren rund 7000 ukrainische Soldaten eingekesselt bzw. von der Einkesselung bedroht. Die dortigen Verbände waren zahlenmäßig ungefähr mit der Anzahl russischer Streitkräfte im Donbas vergleichbar und stellten einen substanziellen Teil der kampffähigen Verbände dar, die Poroschenko zur Verfügung standen.[1341] Die ukrainische Armee litt unter schlechter Kampfmoral. Die Freiwilligenverbände konnten dies nur teilweise ausgleichen. Die Separatisten waren dank russischer Schützenhilfe auf dem Vormarsch. Wo würden sie Halt machen? Drohte eine russische Offensive entlang der Schwarzmeerküste in Richtung Odessa, um die nationalistischen «Noworossija»-Phantasien umzusetzen? Die dramatische Entwicklung wurde von einer regelrechten Angstkampagne Putins begleitet. Weitere russische Truppen wurden an der Grenze zur Ukraine zusammengezogen, Iskander-Kurzstreckenraketen in Kaliningrad stationiert, und russische Flugzeuge verletzten wiederholt NATO-Luftraum.

Seit dem 24. Januar herrschte wieder «Krisenmodus».[1342] Die EU-Außenminister reagierten auf einem Sondergipfel am 29. Januar mit einer Verlängerung der bestehenden Kontosperrungen und Reisebeschränkungen. Über eine Ausweitung des Personenkreises sollte nachgedacht werden. Umfassendere wirtschaftliche Sanktionen standen dessen ungeachtet nicht auf der Tagesordnung. Diese sollten, in den Worten Steinmeiers, erst erfolgen, «wenn es eine Offensive Richtung Mariupol oder anderer Regionen gibt».[1343] Diesmal schien auch die Bundesrepublik passiver. Die EU folgte also der gleichen Linie wie zuvor: Sie hielt schärfere Sanktionen zurück, falls Russland weiter eskalierte. Die einheitliche Front der EU wackelte. Italien, Ungarn und Tschechien äußerten sich kritisch bezüglich neuer Sanktionen.[1344] Ein zusätzliches Problem trat durch die Neuwahl in Griechenland ein. Die Märkte waren verunsichert. Die Euro-Krise war zurück, und im Laufe des Jahres kam die Flüchtlings- und Migrationskrise hinzu.

Der neue griechische Ministerpräsident, Alexis Tsipras, traf sich noch am Tag seiner Amtseinführung mit dem russischen Botschafter und verlautbarte hiernach, seine Regierung sei an der EU-Erklärung vom 28. Januar zu Russland und etwaigen neuen Sanktionen nicht beteiligt worden.[1345] Es brauche Gespräche, keine Sanktionen, erklärte der Sozialist Tsipras.[1346] Er kam aus einem traditionell moskaufreundlichen politischen Umfeld, und die griechisch-sowjetischen/russischen Beziehungen besaßen seit Jahrzehnten einen besonderen Charakter.[1347] Die Hoffnung der neuen griechischen Regierung, in Moskau oder Peking alternative Financiers zu finden, erwies sich jedoch als Illusion.[1348] Dennoch bezog der griechische Außenminister vor dem EU-Gipfel im Mai gegen die Fortführung der Sanktionen Stellung und erhielt Rückendeckung aus der Slowakei, Spanien, Tschechien, Ungarn und Zypern.[1349] Es drohte ein griechisches Veto gegen die Sanktionen, die nur einstimmig entschieden werden konnten – aber auch Enthaltungen zuließen. Was würde eine geschlossene Front der EU in der Russlandpolitik in Zukunft kosten? Der Kreml konnte sich über eine weitere Schwächung westlicher Einigkeit freuen. Der Faktor Zeit muss daher bei Merkels Verhandlungsoffensive mitgedacht werden.

Am 30. Januar eskalierten die Kämpfe weiter. Die Lage auf dem Schlachtfeld wandelte sich signifikant zuungunsten der Ukraine. Poroschenko forderte vor einem Treffen der NATO-Außenminister westliche Wirtschaftshilfe und Waffenlieferungen.[1350] Ende Januar erklärte er jedoch selbst, es gäbe keine militärische Lösung in diesem Konflikt.[1351] Wie reagierte der Westen? Obama ordnete eine Überprüfung der eigenen Haltung an: War die Zeit für Waffenlieferungen und verstärkte Hilfe durch Geheimdienstinformationen an Kyjiw gekommen?[1352]

Im Dezember 2014 hatte Obama den Ukraine Freedom Support Act unterzeichnet. John McCain, Lindsey Graham und andere Senatoren wollten damit Waffenlieferungen an die Ukraine ermöglichen. Der US-Präsident lehnte einen solchen Schritt vorerst ab und setzte auf eine diplomatische Lösung.[1353] Im Januar kam aufgrund der dramatischen Entwicklungen im Osten der Ukraine neue Dynamik in diese Frage. Forderungen nach Waffenlieferungen wurden vor allem aus dem Senat und von republikanischer Seite vorgetragen, doch es gab es viel Widerspruch.[1354] Es kam zu intensiven Debatten, in die auch der deutsche Botschafter in Washington, Peter Wittig, mahnend eingriff. Diplomatie, kein Hasardeurspiel mit einer militärischen Eskalation müsse das Gebot der Stunde bleiben, so Wittig.[1355] Obama war weiterhin gegen Waffenlieferungen, aber wie lange konnte er dem Druck noch standhalten?[1356] Vizepräsident Biden, der angesichts der Vielzahl von Krisen, mit denen Obama umgehen musste, den direkten

Draht nach Kyjiw gehalten hatte und im Gegensatz zu Kerry gemeinsam mit Susan Rice eher als Falke aufgetreten war,[1357] stärkte ihm nun den Rücken.[1358] Obamas Stellvertretender Nationaler Sicherheitsberater, Ben Rhodes, verlautbarte am 2. Februar ebenfalls, die USA werde «vorerst» keine Waffen liefern und strebten eine friedliche Lösung an.[1359] Doch der neue Verteidigungsminister, Ashton B. Carter, sprach sich in einer Anhörung vor dem Senat am 4. Februar klipp und klar für die Lieferung letaler Güter aus.[1360] Würden die USA im Falle eines erneuten Scheiterns der Vermittlungsversuche, wie im Januar, vielleicht doch Waffen schicken und die Europäer zu einem Richtungsschwenk drängen?

Merkel war seit Beginn der Krise strikt gegen Waffenlieferungen. Steinmeier ebenso: Eine militärische Ertüchtigung der Ukraine würde den Konflikt eskalieren und «in die nächste Phase katapultieren», schrieb er den amerikanischen Russlandfalken ins Stammbuch.[1361] Er glaubte an die «Macht der Sprache (…) als stärkste Waffe Deutschlands» und wurde bei einer Kundgebung in Berlin doch als «Kriegstreiber» beschimpft.[1362] Die Franzosen pflichteten Berlin bei. Die französische Position war jedoch, wie so oft, weniger kategorisch und beraubte sich selbst nicht möglicher Handlungsoptionen wie die deutsche. Keine Waffenlieferungen «zu diesem Zeitpunkt», verlautete es aus Paris, womit ein diplomatisches Drohpotential erhalten blieb.[1363] In London war die Haltung ambivalenter. Einige Minister waren für Waffenlieferungen; die amtierende Koalitionsregierung in London blieb aber gespalten.[1364]

Merkel bezog bei ihrem ersten Besuch des seit 2010 regierenden ungarischen Ministerpräsidenten Viktor Orbán am 2. Februar erneut Stellung gegen etwaige Waffenlieferungen. «Ich bin fest davon überzeugt, dass dieser Konflikt militärisch nicht gelöst werden kann», fügte sie hinzu.[1365] Die Regierung in Kyjiw werde durch solche Debatten nicht in ihrer Kompromissbereitschaft gestärkt, fürchtete man in Berlin.[1366] Und die Regierung in Moskau? Bei einer Verschlechterung der Lage sollten neue Sanktionen erwogen werden. Hierauf hatte sich die EU geeinigt.[1367] Ein gewisses Misstrauen gegen die Absichten Poroschenkos schien hierbei durch. Die deutsche Bevölkerung teilte diese Skepsis. Nur 26 Prozent hielten die Ukraine für vertrauenswürdig, und 70 Prozent sorgten sich vor einer weiteren Eskalation der Krise.[1368] Die Kanzlerin war auch nach Budapest geeilt, um den zwischen Moskau und Brüssel oszillierenden Orbán auf EU-Linie zu bringen.[1369] Ungarn arbeitete eng mit Russland im Nuklearbereich zusammen, weshalb Orbán die Sanktionen als «Schuss ins Knie» bezeichnet und nur zähneknirschend mitgetragen hatte.[1370] Dass die Kanzlerin überhaupt nach Budapest flog, verdeutlichte, wie sehr sie um die Geschlossenheit der Europäer bemüht war. Denn sie hatte einen sehr dichten Terminkalender.

Die Woche der Wahrheit, 5.–12. Februar 2015

Nach enger Absprache zwischen Berlin, Paris und Washington starteten Merkel und Hollande am 4. Februar eine Vermittlungsmission, um die Brandherde in der Ostukraine einzudämmen und weitere Vorstöße der Separatisten bzw. Russlands aufzuhalten. Die Bundesregierung befürchtete «einen offenen, breiten Krieg in der Ostukraine».[1371] Die «Fassungslosigkeit» der Kanzlerin über die besorgniserregende Lage war mit den Händen zu greifen.[1372] Ging Putins tatsächliche und psychologische Kriegführung auf? Agierte die Kanzlerin in Panik? John Lough ist überzeugt, die Kanzlerin habe ihren Kopf verloren, obwohl es eindeutig gewesen sei, dass Moskau die Situation krisenhaft zuspitzte, um die EU an den Verhandlungstisch zu bekommen und bessere Bedingungen zu erhalten.[1373] Enge Mitarbeiter der Kanzlerin betonen, dies sei nicht der Fall gewesen. Unabhängig voneinander war die Antwort in Gesprächen für dieses Buch mehrfach: «Völliger Quatsch». Vielmehr sei Poroschenko mehrfach sehr aufgewühlt an die Deutschen mit Hilfegesuchen herangetreten, da er einen russischen Vormarsch bis Kyjiw befürchtete.[1374] Das Handeln der Kanzlerin (und der EU) passte auch in das bisherige Bild: eine Eskalation vermeiden, beide Seiten zur Mäßigung und einem Waffenstillstand bewegen. Hollande sprach von einem «Krieg», der sich weiter ausdehnen könnte.[1375] Die Diplomatie sollte dies verhindern. Die «Sherpas» traten in Aktion.

Heusgen, Staatssekretär Markus Ederer, «Steinmeiers Moskau-Versteher»,[1376] Realist und Teil des Teams um den Minister und dessen engsten Mitarbeiter Stephan Steinlein, sowie der Politische Direktor im AA, Hans-Dieter Lucas, der bereits 2008 in führender Stellung Konfliktmediation betrieben hatte, sondierten das Terrain.[1377] Wo waren Veränderungen des Minsker Memorandums möglich? Es begann eine intensive Shuttle-Diplomatie: Kyjiw, Moskau, München, Washington, Minsk – alles maßgeschneidert für die Tage zwischen dem 5. und 12. Februar. Steinmeier flog unterdessen nach Riga und Warschau. Er erklärte das Vorgehen, denn es sollte «nicht der Eindruck aufkommen, die Ukraine werde genötigt, Gebietsansprüche in der Ostukraine aufzugeben».[1378] Die NATO-Außenminister beschlossen am 5. Februar eine Aufstockung der schnellen Eingreiftruppe in Osteuropa, zu der die Bundesrepublik bis zu 2700 Soldaten beitragen wollte.[1379] Für den Journalisten Andreas Rinke ein weiterer Beleg, dass in dieser Phase «die verschiedenen Ebenen – kurzfristiges Krisenmanagement, mittelfristige Planungen und langfristige Überlegungen – alle gleichzeitig verfolgt werden».[1380]

Am 5. Februar trafen Merkel und Hollande vormittags in Kyjiw ein, danach flog die Kanzlerin nach Berlin zurück, wo sie den irakischen Ministerpräsidenten aufgrund der kritischen Lage in Nahost erwartete.[1381] US-Außenminister Kerry war ebenfalls in der ukrainischen Hauptstadt und verkündete Wirtschaftshilfen über eine Milliarde US-Dollar. Obama werde «bald» über etwaige Waffenlieferungen entscheiden, verlautbarte Kerry kryptisch und fügte hinzu: Man bemühe sich um eine friedliche Lösung, könne allerdings nicht die Augen davor verschließen, dass russische Panzer über die Grenze in die Ukraine rollten.[1382] Die USA schienen die Geduld zu verlieren. Merkel und Hollande reisten nach intensiven Gesprächen ohne Pressekonferenz aus der Ukraine ab.

Am 6. Februar flogen beide nach Moskau. Die Reise wurde zu einem Alles-oder-nichts-Unterfangen stilisiert: «Krieg oder Frieden – auf Merkel kommt es an», titelte der *Spiegel*. Wenn ihre Mission in Moskau scheitere, «läuft alles auf neue EU-Sanktionen und Waffenlieferungen der USA hinaus».[1383] Merkel ging, was unüblich für sie war, das Wagnis eines persönlichen Treffens ein, ohne dass es gute Erfolgsaussichten gab.[1384] Dies verdeutlichte den Ernst der Lage. Sie wollte einen großen Krieg unbedingt verhindern.[1385] Um jeden Preis? Sie betonte, dass es sich nicht um eine neutrale Vermittlungsmission handle. «Es geht darum, dass wir unsere Interessen – deutsche, französische, vor allem auch europäische Interessen einbringen», doch alle Fragen würden in enger Abstimmung mit der Ukraine besprochen.[1386]

Trotz der Gesten deutsch-französisch-europäischer Einigkeit waren es im Endeffekt die Deutschen, die die Kohlen aus dem Feuer holen sollten bzw. mussten. Mehr als fünf Stunden verhandelten Merkel und Hollande mit Putin. Sie demonstrierten Geschlossenheit. Sie sagten ihm unmissverständlich, falls die USA doch Waffen an die Ukraine lieferten, würde dies nicht zu einem Bruch innerhalb der westlichen Allianz oder einem Ende der gemeinsamen Sanktionspolitik führen.[1387] Hoffte Putin auf eine Wiederholung von 2002/03, als Franzosen und Deutsche die Einheit des Westens zu untergraben bereit waren? Aus deutscher Sicht machte man Putin das bessere Angebot: Die Europäer boten eine Verhandlungslösung und dachten bereits über eine Annäherung auf wirtschaftlichem Gebiet nach, wohingegen die USA den Konflikt sehr kostspielig für Moskau machen könnten und keine Handelskooperation in Aussicht stellten. Merkel und Hollande betonten, dass in den nächsten Monaten die russischen Gaslieferungen an die Ukraine auf neue Füße gestellt und die Änderungen im EU-Ukraine-Assoziierungsabkommen besprechen werden müssten. Die Kanzlerin unterstrich «ausdrücklich, dass sie Russland weiter als Energielieferant Europas wolle».[1388] Energie schien als Karotte fungiert zu haben, um dem Kreml eine Zusammenarbeit schmackhaft zu machen. In Moskau wurde schlussendlich ein baldiges Telefonat der Normandie-Gruppe beschlossen. Es zeichnete sich Bewegung ab.

Am nächsten Vormittag sprach die Kanzlerin auf der Münchner Sicherheitskonferenz. Dort war an den vorherigen zwei Konferenztagen die westliche Reaktion auf Putins Aggression intensiv diskutiert worden. Außenminister Steinmeier forderte in einem außenpolitischen Rundumschlag in allen Krisenherden mehr Diplomatie und eine stärkere Einbindung aller Seiten. Verteidigungsministerin Ursula von der Leyen erteilte Waffenlieferungen eine eindeutige Absage.[1389] Viele Vertreter der US-Delegation echauffierten sich über die Haltung der Europäer im Allgemeinen und die der Deutschen im Besonderen.[1390] Der republikanische Senator John McCain verglich die Minsk-Gespräche mit dem Münchner Abkommen 1938 und damit mit der Appeasement-Politik gegenüber Hitler in den 1930er Jahren – wofür die SPD eine Entschuldigung forderte.[1391]

Die Kanzlerin unterstrich in ihrer Rede die gemeinsame Position der Bundesregierung: nicht Waffen, sondern Verhandlungen seien der Königsweg.[1392] Diese seien schwierig und sie warnte vor zu hohen Erwartungen. Die Entwicklungen nach Minsk I seien desillusionierend und enttäuschend, aber es brauche Geduld und dürfe nicht nach schnellen Lösungen rufen. Man sei zwar wiederholt von Russland ge- und enttäuscht worden, aber müsse es immer und immer wieder mit diplomatischen Mitteln versuchen.

Eine militärische Lösung gebe es nicht, sagte sie unter deutlichem Applaus des Publikums. Die eigene wirtschaftliche Stärke sei der Trumpf des Westens.[1393] Sichtlich gut gelaunt stellte sich die Kanzlerin über eine halbe Stunde Fragen aus dem Publikum – dem Who-is-who der internationalen Außen- und Sicherheitspolitik.

Malcolm Rifkind, ehemaliger britischer Außen- und Verteidigungsminister, zitierte in seiner Frage Friedrich den Großen: Diplomatie ohne Waffen, das sei doch wie Musik ohne Instrumente. Müsse man der Ukraine nicht Waffen liefern, um den stetig eskalierenden Putin aufzuhalten? Merkel antwortete Klartext und gab seltene Einblicke in ihre Beweggründe. «Das Problem ist, dass ich mir keine Situation vorstellen kann, in der eine verbesserte Ausrüstung der ukrainischen Armee dazu führt, dass Präsident Putin so beeindruckt ist, dass er glaubt militärisch zu verlieren. Ich muss das so hart sagen. Es sei denn, es sei denn. Ja, über ‹es sei denn› möchte ich nicht sprechen. Das ist die Realität, und ich finde, man muss sich auch mit den Realitäten auseinandersetzen.» Dann verwies sie auf ihre persönliche Erfahrung: «Schauen Sie, ich bin in der DDR aufgewachsen. Ich habe erlebt als siebenjähriges Kind wie die Mauer gebaut wurde. Es hat niemand, obwohl es eine grobe Verletzung des internationalen Rechts war, geglaubt, dass man militärisch an dieser Stelle eingreifen sollte, um die DDR-Bürger und den gesamten Ostblock davor zu bewahren, viele Jahre in Diktatur und Unfreiheit zu leben. Und ich nehme das niemandem übel. Das war eine realistische Einschätzung, relativ kurz nach dem Zweiten Weltkrieg, dass das nicht zum Erfolg führt. Und diese Art von Realismus gibt es auch heute noch. Und deshalb sage ich: Wir haben keine Garantie, dass Präsident Putin das tut, was wir erwarten. Aber ich glaube einfach, dass ein militärisches Engagement eher zu noch mehr Opfern, aber auch nicht zu der Überzeugung führen wird, dass das russische Militär besiegt wird dadurch.»[1394] Die Frage Rifkinds war beantwortet. Merkel, die Realistin, hatte gesprochen. Der Raum applaudierte. Doch sie setzte erneut das Mikrofon an. Sie zeigte auf die erste Reihe des Plenums. Dort saß Poroschenko. Man tausche sich oft aus. Aber:

«Militärisch ist das nicht zu gewinnen, das ist die bittere Wahrheit. Und deshalb muss sich die internationale Staatengemeinschaft etwas anderes ausdenken an dieser Stelle. Und deshalb ist es so unendlich wichtig, dass wir geschlossen sind, dass wir einen langen Atem haben. Ich meine, die zweite Erfahrung, die ich gemacht habe, ich habe ja nicht nur die Erfahrung gemacht, dass die Amerikaner nicht in den Krieg gegen die DDR und Russland gezogen sind, als die Mauer gebaut wurde, sondern ich habe auch die Erfahrung gemacht, dass das zur Stange halten zur deutschen Einheit und das nicht vergessen dazu geführt hat, dass ich heute hier sitze. Wir haben immer wieder die Erfahrung gemacht, dass es lange dauert, aber ich bin hundert Prozent überzeugt, dass wir mit unseren Prinzipien siegen werden und erfolgreich sein werden, auf die unterschiedlichste Art und Weise. Und das müssen wir verströmen. Wenn wir allerdings schon nach zwei Monaten in der Europäischen Union erklären, man könne noch keine Wirkung von Sanktionen sehen. Da kann ich nur sagen, mit sowas gewinnt man eine Schlacht nicht, das ist echt klar. Sondern kein Mensch hat gewusst, wann der Kalte Krieg zu Ende ist. Aber es hat sich ergeben. Und deshalb müssen wir an das, was wir doch selbst erlebt haben, glauben. Und ich bin 25 Jahre nach dem Ende des Kalten Krieges manchmal unglaublich überrascht, wie schnell wir verzagt sind, dass irgendwas nicht wird.»[1395]

Aus der deutschen Geschichte und ihrer persönlichen Erfahrung argumentierend sah die Kanzlerin ihr Vorgehen als alternativlos. Ihre Einschätzung, dass die Ukraine einen Krieg gegen Russland anno 2014/15 nicht gewinnen konnte, mag korrekt gewesen sein, aber sollte man trotzdem das Hilfegesuch eines angegriffenen Staates ablehnen und Waffenlieferungen auch nicht als diplomatisches Druckmittel einsetzen? Nur das «es sei denn», also ein direktes militärisches Eingreifen des Westens, würde in ihren Augen die Kalkulation im Kreml ändern – und dies war undenkbar, ja nicht einmal aussprechbar.[1396] Erneut blitzt hier die sehr deutsche Sicht auf das Ende des Ost-West-Konfliktes durch: «Weniger Geschichte hilft mehr», könnte man auch hier wieder einwerfen. Dass ihr historischer Vergleich hinkte, fiel aufmerksamen Beobachtern auf: Es gab keinen Warschauer Pakt mehr, keine deutsche Teilung; Hilfe an die Ukraine war kein «Übergriff» in das gegnerische Lager, zumal die gewählte Regierung darum bat.[1397] Doch Merkel glaubte an eine Wiederholbarkeit der Geschichte: strategische Geduld, gewissermaßen ein «long game» wie Obama es verfolgte, keine De-jure-Anerkennung und friedliche Überwindung seien auch in der Ukrainekrise Königsweg.

US-Vizepräsident Joe Biden skizzierte in München einen Mittelweg. In einem Gespräch mit Merkel und Poroschenko nach der Rede der Kanzlerin verteidigte Biden die ukrainischen Bemühungen. Merkel habe Putin ganz deutlich die Schuld an der Krise gegeben, aber dennoch einen «gesichtswahrenden» Ausweg für ihn gesucht: «Sie versuchte dem ukrainischen Präsidenten Konzessionen abzuringen, mit denen sie am nächsten Tag zu Putin gehen konnte. Sie glaubte, dass der Kremlchef sein Gesicht wahren musste und nur einlenken würde, wenn er in irgendeiner Form einen Triumph verkünden konnte. Sie nannte keine Details, aber sie bat Poroschenko immer um irgendetwas, das sie als Verhandlungsmasse einbringen könnte.»[1398] Biden erklärte, man dürfe keine Opfer-Täter-Umkehr betreiben, und zuerst müsse Moskau die Panzer und Soldaten aus dem Donbas abziehen. Merkel schien genervt von ihm, schrieb Biden später.[1399] Die USA würden weiterhin «security assistance» an die Ukraine leisten, damit das Land sich verteidigen könne.[1400] Was genau das umfasste, wurde heiß diskutiert.

Bereits am Folgetag, am Sonntag, den 8. Februar, flog die Kanzlerin nach Washington. Das Telefonat der Normandie-Gruppe am selben Tag verlief erfolgreich. Die Ukraine und Russland stimmten einem Treffen in Minsk am 11. Februar zu, das auch die Trilaterale Kontaktgruppe einbeziehen sollte.[1401] Nun galt es aus deutscher Sicht, Obama die handfesten Fortschritte zu präsentieren und Waffenlieferungen zu vermeiden. In Europa war die Angst vor einem großen Krieg greifbar. Europäische Diplomaten rechneten fest damit, dass Washington bei einer ungenügenden Verhandlungslösung Panzerabwehrwaffen und Artillerieradare, also «defensive» Waffensysteme, liefern würde.[1402] Welche Auswirkungen hätte dies auf die Geschlossenheit der Europäer? Um Obamas Lage zu verstehen, müssen erneut die anderen Krisenherde berücksichtigt werden. Der US-Präsident war generell gegen militärische Mittel zur Durchsetzung amerikanischer Ziele. Die Ausweitung des Drohnenkrieges und die Intervention in Libyen hatten in Obamas Augen keine Erfolge gezeigt, weshalb «restraint» – Zurückhaltung – sein Mantra wurde.[1403] Zudem spielten Syrien und der Iran für den Präsidenten eine größere Rolle. Das Atomabkommen mit dem Iran stand kurz vor dem Abschluss. Seit dem Januar 2014 wurden erste Aspekte des vorläufigen Übereinkommens umgesetzt. Russland drohte unverhohlen, eine entschlossene westliche Haltung in der Ukraine werde zu eigenen Gegenmaßnahmen in Bezug auf den Iran führen.[1404] Der Westen musste die Balance halten, wenn man das Iranabkommen über die Ziellinie bringen wollte. Am 20. Juli 2015 stimmte der VN-Sicherheitsrat, also auch Russland, für die Umsetzung des *Joint Comprehensive Plan of Action* (JCPOA), der am 14. Juli von den E3-Staaten (Großbritannien, Deutschland und Frankreich), Russland, China, den USA und dem Iran in Wien unterzeichnet worden war. Wollte Obama eines, wenn nicht gar *das* außenpolitische

Projekt seiner Präsidentschaft opfern? Waffenlieferungen an die Ukraine hätten die Verhandlungen auf den letzten Metern großen Gefahren ausgesetzt. Es war nie wirklich klar, was Obama machen würde, urteilte Heusgen in der Rückschau.[1405]

Am 9. Februar berieten die deutsche und amerikanische Delegation im Oval Office die Lage in der Ukraine. Man bemühte sich um transatlantische Einigkeit – zumindest nach außen. Wirtschaftshilfe für Kyjiw war unstrittig. Der IWF sollte bis zu 40 Milliarden US-Dollar bereitstellen. Eine diplomatische Lösung sei das Ziel, trotz aller bisherigen Rückschläge und Lügen Putins und Lawrows, erklärte Merkel.[1406] Das Vertrauen zum Kreml war endgültig aufgebraucht.[1407] Obama stimmte zu: Mit Waffenlieferungen sollte gewartet, also den diplomatischen Versuchen der Kanzlerin eine Chance geben werden.[1408] Der US-Präsident schloss in seiner öffentlichen Erklärung solche Waffenhilfen nicht kategorisch aus. Er behielt sich vor, seine Linie anzupassen, sollten die diplomatischen Bemühungen scheitern.[1409] Die Lieferungen «defensiver Waffensysteme» werde weiterhin geprüft. Eine «rote Linie» wollte er nicht nennen – die Blamage seiner «roten Linie» in Syrien von 2013 steckte ihm noch in den Knochen.[1410] Obama half damit Merkel und betonte, man habe den Preis für Russlands Fehlverhalten bereits durch Sanktionen hochtreiben können. «Taktische Ambiguität» könnte man seine Haltung zusammenfassen, die der Kanzlerin diplomatisch den Rücken stärken sollte. Dabei übernahm er Merkels Argument des «langen Atems», in dem er auch auf die deutsche Teilung verwies: «Wir werden nicht aufhören die Ukraine zu unterstützen, aber wir können ihre Freiheit nicht sofort und nicht mit militärischen Mitteln erzwingen.»[1411]

Umgekehrt sicherte Merkel in der Pressekonferenz zu, bei einem Scheitern der diplomatischen Bemühungen gemeinsam mit den USA über Alternativen nachzudenken, nannte jedoch sofort die Pläne der EU, in einem solche Falle neue Sanktionen zu erlassen.[1412] Waffenlieferungen schienen also nicht das nächste Instrument, das sie (oder die EU) aus der politischen Werkzeugkiste holen wollte. Wie auch immer die Entscheidung der USA bei etwaigen neuen Maßnahmen, also Waffenlieferungen, ausfalle, verkündete Merkel im East Room des Weißen Hauses, es werde sich kein transatlantischer Graben auftun.[1413] 2015 war in vielerlei Hinsicht nicht 2003 oder 2008. Damit verschaffte sie auch Obama mehr Beinfreiheit: Wenn die Gespräche in Minsk scheiterten, konnte er Waffen schicken.[1414] Selbst mitverhandeln wollte der US-Präsident in Minsk nicht. Der Gipfel sollte nicht als eine Art Supermacht-Treffen im Stile des Kalten Krieges wirken und Russland aufwerten. Das Weiße Haus wollte der russischen Propaganda zudem keine Munition liefern, wonach die Vereinigten Staaten nach einem angeblichen «Regime change» in Kyjiw nun auf Seiten der neuen Regierung stünden. Obama wollte auch die Europäer in die Pflicht nehmen, da es sich um ein Sicherheitsproblem in Europa handelte.[1415] Die Deutschen wollten (und mussten) ohnehin selbst die Verhandlungen führen. Die Krisenmediation 2014/15 markierte somit auch eine neue Phase der 1989 vom damaligen Präsidenten George H. W. Bush den Deutschen angebotenen «partnership in leadership».

Die Kanzlerin hatte in Washington einen Etappensieg errungen. Sie vermittelte, ohne Vermittlerin sein zu wollen. Sie zeigte Gesprächsbereitschaft und Entschlossenheit und hielt das westliche Lager zusammen. Wie undankbar ihre Position und wie harsch die Kritik von allen Seiten war, verdeutlichten die Debatten in Deutschland. «Bloß nicht ins Wettrüsten stolpern», warnte selbst der sehr russlandkritische Michael Thumann in der *Zeit* und forderte stattdessen, politischen und wirtschaftlichen Druck auf Putin auszuüben.[1416] Einen Tag nach dem Treffen im Weißem Haus stand in Minsk ein Verhandlungsmarathon an.

Minsk II

Es entwickelte sich ein «Nervenkrieg», da Russland und die Separatisten sich immer wieder querstellten.[1417] Was auf dem Spiel stand, machte Poroschenko der Kanzlerin deutlich. Die militärische Lage sei dramatisch. Seine Truppen wären nicht in der Lage, einen etwaigen russischen Vorstoß auf Kyjiw aufzuhalten.[1418] Zu diesem Zeitpunkt hatte der Konflikt bereits rund 5000 Todesopfer gefordert.[1419] Bei einem Scheitern der Verhandlungen hätten die Amerikaner Waffenlieferungen an die Ukraine genehmigt, erklärt Heusgen heute, aber eine etwaige Lieferung habe man nie als Druckpunkt gegenüber Russland verwendet.[1420] Die Welt blickte auf Minsk. Liveticker informierten über den Fortgang der Verhandlungen. Putin drohte. Er ließ seinen Generalstabschef vortragen, was bei einem russischen Angriff auf Debalzewe passieren würde: 10 000 Tote, sagte dieser trocken. «Hast Du es jetzt verstanden?», warf der Kremlchef Poroschenko scharf über den Tisch zu und gab somit die Präsenz russischer Verbände im Donbas zu.[1421] Merkel, Heusgen, Steinmeier und Ederer suchten weiter nach Kompromissen. Der Waffenstillstand sollte erst nach 24 Stunden in Kraft treten. Merkel ging auf Poroschenko zu. «Du entscheidest», erklärte sie, «Du musst hier nichts für uns machen.»[1422] Er unterzeichnete. Doch um kurz vor sechs Uhr morgens am 12. Februar erklärten die Russen, die Separatisten scherten aus. Sie wollten die Änderungen nicht mittragen. «Wir reisen ab», sagte Merkel Putin ins Gesicht.[1423] Ihr Flieger nach Brüssel warte bereits, dort werde man dann härtere Sanktionen beschließen. Die Drohung wirkte – und die damit einhergehende wahrscheinliche Lieferung von US-Militärgütern an Kyjiw. Putin lenkte ein. Es half auch, dass Hollande vorschlug, der Waffenstillstand solle erst nach 72 Stunden in Kraft treten.[1424] Putin habe zuerst einen Monat bis zum Inkrafttreten verlangt, erklärte Merkel hinter verschlossenen Türen, und man habe ihn nur mühsam herunterhandeln können.[1425] Der Passus half allerdings vor allem Russland, wie gezeigt werden wird. Nach über 17 Stunden Verhandlungen, in die Merkel durch lange Nächte in Brüssel gestählt ging, konnte die Waffenruhe verkündet werden. Sie sollte ab dem 15. Februar gelten. Die «Härte und Kompromissbereitschaft» der Kanzlerin hatten sich erneut ausgezahlt.[1426]

Gab Putin aufgrund der Rubel-Krise, der Sanktionen, des fallenden Ölpreises, der Abkehr vieler Europäer von Gazprom und etwaigen US-Waffenlieferungen nach? Gab es genügend Anreize, genügend Drohungen oder strich Putin «seine Gewinne» ein[1427] und stoppte die militärische Offensive aus eigenem Interesse und nicht aufgrund externen Drucks? Eine NATO- oder EU-Mitgliedschaft der Ukraine war unwahrscheinlicher geworden und die Stabilisierung der «Volksrepubliken», über die Moskau weiterhin die ukrainische Innenpolitik beeinflussen konnte, schien zunächst das primäre Ziel.[1428] Folgt man dem ehemaligen deutschen Botschafter von Fritsch, verfolgte Russland oftmals nicht eine detaillierte Strategie, sondern handelte anhand von Fixpunkten: «Was darf nicht sein – was muss sein – was könnte sein».[1429] Nachdem man realisierte, wie gering die Euphorie der Bevölkerung in der Ost-Ukraine hinsichtlich einer möglichen Eingliederung war, sei man, so von Fritsch weiter, von dem Plan einer Eingliederung der «Volksrepubliken» abgewichen.[1430] Es musste aus der Sicht des Kremls zunächst also nicht «mehr» sein, denn was nicht sein «durfte» – eine enge Bindung der Ukraine an die EU und NATO sowie den etwaigen Verlust

Sewastopols – hatte man mit militärischer Mitteln und einer völkerrechtswidrigen Annexion verhindert.

Minsk II umfasste 13 Punkte. Das Abkommen enthielt konkrete Maßnahmen, die bis Ende 2015 umgesetzt werden sollten. Gefangene sollten freigelassen, ausländische Kräfte und schweres Gerät abgezogen, und eine weitreichende Amnestie für Separatisten ausgesprochen werden. Es wurde eine mindestens 50-Kilometer tiefe Pufferzone vereinbart. Nach dem Abzug waren Regionalwahlen angedacht, bis Ende des Jahres eine Verfassungsreform geplant und hiernach sollte im Zuge einer Dezentralisierung auch der Status der abtrünnigen Provinzen geregelt werden. Doch es blieb die Frage, ob die Ukraine die Kontrolle über ihre Außengrenzen zurückgewinnen und der Waffenstillstand eingehalten würde. Merkel erklärte in einer gemeinsamen Pressekonferenz mit Poroschenko, die EU werde ihre Sanktionen aufrechterhalten und eine bereits beschlossene Ausweitung auf weitere Personen umsetzen.[1431] Das Sanktionsregime sollte alle sechs Monate erneuert werden, bis alle Punkte von Minsk II umgesetzt seien. Enthaltungen waren möglich; Gegenstimmen hätten die Sanktionen gekippt. Dieser Nexus zwischen Minsk II, also einer Mediation der Krise, und den EU-Sanktionen war keinesfalls gottgegeben. Erneut setzte sich Deutschland innerhalb der EU hierfür ein. Erneut war Deutschland Agendasetter.[1432] Moskau war über diese entschlossene Haltung der Europäer überrascht und hatte es in die eigene Risikokalkulation wohl nicht eingepreist.[1433] Dennoch waren die Kosten für das russische Handeln relativ gering. Die westlichen Sanktionen sollten und konnten erst mittelfristig wirken – wenn überhaupt. In den ersten Jahren rechneten unabhängige Experten mit rund einem Prozentpunkt des BIP, den Russland die Sanktionen kosten würde; mittelfristig sollte die Wirtschaftsleistung um bis zu neun Prozent zurückgehen.[1434]

Mit der Umsetzung des Abkommens war die Trilaterale Kontaktgruppe beauftragt. Kyjiw und Moskau verhandelten im Normandie-Format weiter – ohne die Separatisten – die dann jedoch bei der Umsetzung eingebunden waren. Ein problematisches Arrangement, das dem Kreml am meisten nützte. Man behielt die Fäden in der Hand, und die Separatisten saßen als eigene Partei mit am Tisch.[1435] So konnte man ein altes russisches Spiel spielen:[1436] Der Kreml signalisierte Kompromissbereitschaft und stimmte Verhandlungslösungen zu, doch dann lehnten die «gänzlich unabhängigen»

Separatisten oder das «gänzliche unabhängige» Gazprom das Paket ab. Die Trilaterale Kontaktgruppe erhielt im Sommer 2015 vier Arbeitsgruppen für Sicherheit, Politik, Wirtschaft und humanitäre Fragen.[1437] Die ersten beiden Arbeitsgruppen befanden sich aufgrund der strittigen Status- und Abzugs-fragen von Beginn in einer Sackgasse. War die Reintegration der abtrünni-gen Gebiete das Ziel? Wie weitgehend müsste die Verfassungsreform sein, um in den Augen Moskaus auszureichen? Es bestanden auch Meinungsver-schiedenheiten über den zeitlichen Ablauf der Wiedererlangung über die Grenzkontrollen und der Wahlen: «Die Ukraine argumentierte, sie könne die politischen Bedingungen nicht erfüllen, bevor die Waffenruhe endgül-tig hergestellt sei. Russland und die Separatisten wiederum forderten, die politischen und die sicherheitsbezogenen Bestimmungen parallel umzu-setzen.»[1438] Die anderen Arbeitsgruppen konnten immerhin einige Fort-schritte erzielen.[1439]

Die vier Staaten des Normandie-Formats verabschiedeten in Minsk auch eine gemeinsame Erklärung, die die Souveränität und territoriale Integrität der Ukraine bekräftigte. Man erklärte eine friedliche Lösung als alternativ-los und wollte den Friedensprozess weiter begleiten. Die EU, die Ukraine und Russland sollten über Energiefragen weiterverhandeln und auf Beden-ken Russlands im Hinblick auf das EU-Ukraine-Assoziierungsabkommen eingehen. Ebenso bekannte man sich zu einer «Vision eines gemeinsamen humanitären und wirtschaftlichen Raums vom Atlantik bis zum Pazifik auf der Grundlage der uneingeschränkten Achtung des Völkerrechts und der Prinzipien der OSZE».[1440]

Die Bundesregierung schwankte in ihrer Bewertung des in Minsk Er-reichten zwischen bewusst zurückhaltend und betont optimistisch, ebenso wie Paris, Washington, London und andere europäische Partner.[1441] An einen ewigen Frieden glaubte niemand. Die Kanzlerin sagte, sie habe kei-nerlei «Illusionen», doch sprach von einem «Hoffnungsschimmer»; Stein-meier wollte das Wort «Durchbruch» vermeiden.[1442] Die deutsche Bevölke-rung teilte diese Skepsis. Nur 13 Prozent gaben sich «zuversichtlich», dass die Waffenruhe halten würde, 64 Prozent waren «weniger zuversichtlich» und 22 Prozent «gar nicht zuversichtlich».[1443] 47 Prozent der Bundesbürger konnten weiterhin nachvollziehen, dass sich Russland vom Westen bedroht fühle.[1444] Medial wurde die Kanzlerin mehrheitlich gelobt.[1445] Sie nehme «eine zerstückelte Ukraine in Kauf, die Russlands Willkür ausgeliefert ist,

Das ist nicht schön, aber trotzdem richtig», denn Krieg sei «die schlechteste aller Lösungen», gab der *Deutschlandfunk* zu bedenken.[1446] Doch es gab auch kritische Stimmen. Minsk II wurde als Sinnbild der gesamten Krise seit November 2013 bezeichnet: «Mal drohen die Europäer den Russen, mal bitten sie. Sie haben Sanktionen verhängt. Sie haben gehofft, dass Russland einlenkt (…) Doch das Ergebnis sah bislang immer aus wie am Donnerstagmorgen: Am Ende lächelt Putin.»[1447] Vor allem seit dem 24. Februar 2022 gilt «Minsk» als Chiffre für ein naives Appeasement. Ein hochrangiger deutscher Diplomat erklärte in der Rückschau, man habe den Konflikt einfrieren und zugleich einen Fahrplan zur Lösung vorlegen wollen – also im Gegensatz zu Georgien 2008, wo es keinen tragfähigen Friedensplan gegeben habe.[1448] Doch wie tragfähig war Minsk II?

Die Tinte unter dem Minsker Abkommen war noch nicht getrocknet, als Merkel in den Flieger nach Brüssel stieg. Auf einer informellen EU-Ratstagung, zu der auch Poroschenko eingeladen war, sollten die vielen Krisen besprochen werden. Die Sitzung wurde um vier Stunden verschoben, da der «Nervenkrieg» in Minsk sich so lange hingezogen hatte. Europa war im Krisenmodus. Die Ukraine war ein Jahr lang die absolute Priorität Merkels gewesen.[1449] Dies begann sich zu ändern. «Man würde ja gern einmal durchatmen nach den vergangenen 36 Stunden», stöhnten deutsche Journalisten, die der Kanzlerin auf den Fersen bleiben mussten. «Man sehnt sich selbst als Beobachter nach einem Moment der Ruhe. Um zumindest anfangen zu können zu verstehen, was da gerade geschieht. In Minsk, in Debalzewe, in Brüssel, in Athen. (…) Was für eine Tagesordnung! Eurokrise, Ukraine-Krieg, islamistischer Terror – wie in einer Hochdruckkammer verdichtet sich die Gegenwart in diesen Tagen und Wochen zu Geschichte.»[1450] Als Merkel, Hollande und Poroschenko von Minsk berichteten, war es «mucksmäuschenstill» im Saal.[1451] Keiner der Drei versprühte «auch nur den geringsten Hauch von Triumphalismus». Sie wedelten nicht, wie Peter Ludlow über die Ratssitzung berichtet, wie Neville Chamberlain 1938 mit einem Stück Papier oder schwadronierten von «peace in our time». Im Gegenteil: «ihre öffentlichen Äußerungen [über das in Minsk erreichte, Anm. d. V.] waren auffallend zurückhaltend und einige ihrer vertraulich geäußerten Einschätzungen sehr skeptisch».[1452] Merkel, Hollande und Poroschenko wussten genau, mit wem sie ein Abkommen unterzeichnet hatten. Die Kanzlerin hatte in diversen EU-Ratstreffen immer wieder betont, dass man Putin nicht trauen könne.[1453] Sie sprach sich auch in diesem Forum erneut gegen Waffenlieferungen aus und «die Sorge, dass der Westen in die Situation gebracht werden könnte, diesen Schritt doch zu tun, sei ein Grund gewesen, weshalb sie nach Minsk gefahren sei. Wenn das Abkommen nicht halte, müsse die EU jedoch entschlossen über einen möglichen Plan B nachdenken.»[1454] Die hier betonte Angst scheint das Argument von John Lough, wonach Merkel in einer gewissen Panik gehandelt habe, durchaus zu unterstützen. Alle Mitgliedstaaten und die EU-Vertreter begrüßten das Abkommen.[1455] Falls es nicht umgesetzt würde, plante man neue Sanktionen. Italien, Luxemburg, Ungarn und zwei weitere Länder äußerten ihre Vorbehalte gegen die laufenden und weitere Sanktionen, doch scheuten das große Wortgefecht hierüber.[1456] Die deutsche Führungsrolle in der EU zeigte sich erneut – keineswegs war man nur ein «zurückhaltender Hegemon» (Bulmer und Paterson), sondern trat in diesem Politikfeld bestimmt und durchsetzungsfähig, in den Augen des Politologen Marco Siddi gar als «selbstbewusster Hegemon» auf.[1457] Die EU hielt unter deutscher Führung einen russlandkritischen Kurs. Doch wie lange noch und was, wenn Minsk II scheiterte? Scheiterte dann auch die europäische Russlandpolitik? Die Skepsis sollte sich schnell als berechtigt herausstellen.

Neue Wege und neue Krisen

Bevor das Abkommen am 15. Februar in Kraft trat, sprachen weiter die Waffen. Merkel und Hollande hatten mit intensiven Gefechten gerechnet, wie sie in Brüssel hinter verschlossenen Türen erklärten.[1458] Russland und die Rebellen strebten nach einer Arrondierung des geraubten Landes. Die OSZE berichtete fast täglich von Verstößen gegen die Waffenstillstandsklauseln, und die Opferzahlen stiegen. Schwere Waffen wurden nicht zurückgezogen. Die strategisch bedeutende Stadt Debalzewe fiel nur wenige Tage nach der Unterzeichnungszeremonie in Minsk, und es war unklar, ob die Separatisten und Russland hier haltmachen würden. Drohte nun doch noch ein großer Krieg? Die Ukrainer zeigten sich mit gutem Grund enttäuscht von Minsk. Poroschenko wurde als Schuldiger ausgemacht und war innenpolitisch geschwächt.

Der Westen klammerte sich an das Abkommen. Es sei unklar, so die Bundesregierung offiziell, ob es gescheitert sei.[1459] US-Außenminister Kerry bemängelte die Umsetzung und brachte eine etwaige Lieferung von Militärgütern an die Ukraine in Spiel, ohne sich auf eine Zeitachse oder definitive Entscheidung festzulegen.[1460] Umgekehrt kritisierte US-Vizepräsident Biden im Juni 2015 auch das langsame Reformtempo und die Korruption in der Ukraine.[1461] Dieses öffentliche Hin-und-Her glich in vielerlei Punkten der US-Linie im Syrienkonflikt. Auch hier wurden schärfere Gegenmaßnahmen, Flugverbotszonen und Waffenlieferungen 2014 und 2015 immer wieder diskutiert und öffentlich mit diesen Schritten geliebäugelt.[1462] Auch hier ohne Entscheidungen. Eine Botschaft der Stärke gegenüber Russland hätte anders ausgesehen. Zugleich scheint eine gewisse Skepsis gegenüber der Ukraine durch. Eine Skepsis, die auch die Deutschen teilten. Das Vertrauen der Bundesbürger in die Ukraine sank im April 2015 auf 24 Prozent, wohingegen das in Russland auf 16 Prozent stieg.[1463]

Merkel und Hollande ließen die Telefone heißlaufen. Sie unternahmen alles, um das Minsker Paket am Leben zu halten.[1464] Die EU drohte mit neuen Sanktionen, sollte die Offensive weitergehen, schloss aber Waffenlieferungen aus. Der CDU-Außenpolitiker und Vorsitzende des Auswärtigen Ausschusses des Deutschen Bundestages, Norbert Röttgen, warnte vor den Betrügereien Putins, sprach sich jedoch ebenfalls gegen die Lieferung militärischer Güter aus; dies würde Russland in die Hände spielen.[1465] Der Politikwissenschaftler Andreas Umland, einer der vehementesten Kritiker von Russlands revisionistischem Kurs, erblickte in einem Energieimportembargo einen wirkungsvolleren Weg als in Waffenlieferungen.[1466] Ein Weg, der nicht beschritten wurde. In den USA wurden hingegen Waffenlieferungen erneut intensiv diskutiert. Als die Debatte im März abermals hochkochte,[1467] unternahm der deutsche Botschafter, Peter Wittig, einen sehr ungewöhnlichen Schritt: Er erklärte öffentlich, Obama habe Merkel bei ihrem Washington-Besuch sein Wort gegeben, vorerst keine Waffen zu liefern und brachte den Präsidenten damit in die Bredouille.[1468] Der republikanische Senator Mike Turner, der auch Präsident der Parlamentarischen Versammlung der NATO war, forderte Obama zu einer Stellungnahme auf.[1469] Steinmeier warnte bei einem USA-Besuch wenig später vor einer Eskalation der Lage in der Ukraine durch westliche Waffenhilfe.[1470] Und Poroschenko? Er kaufte derweil woanders Waffen.[1471]

In den transatlantischen Beziehungen kriselte es. Nicht so offen und so gewaltig wie 2002/03, aber viele Streitthemen waren keineswegs verschwunden. Doch die US-Bevölkerung teilte die Skepsis ihres Präsidenten nach wie vor. In einer Befragung Ende Februar waren 53 Prozent der Amerikaner gegen Waffenlieferungen.[1472] Obama stand zwar von einigen einflussreichen Senatoren und Teilen seiner eigenen Administration unter Druck, doch er blieb auf dem mit Merkel vereinbarten Kurs.[1473] Der US-Botschafter in Berlin, John B. Emerson, lobte im Mai 2015 in einer internen Vorlage die deutschen Bemühungen im Ukrainekonflikt ausdrücklich. Sie hätten unermüdlich einen Verhandlungsweg gesucht, die Parteien der Großen Koalition hätten zwar nicht deckungsgleiche Ansätze, aber es herrsche eine generelle Übereinstimmung in den großen Linien und auch die Wirtschaftskapitäne seien *cum grano salis* an Bord.[1474] Nur die Bevölkerung sei in Teilen noch von einer «neutralen Vermittlerrolle zwischen Ost und West» angetan.[1475]

In der Tat zeigten international vergleichende Umfragen, dass die Bundesbürger viele Dinge anders sahen als ihre NATO-Verbündeten. Im März und April befragte das amerikanische Pew-Institut Personen in Deutschland, Polen, Spanien, Italien, Frankreich, Großbritannien, Kanada und den USA. Die Deutschen lehnten unter allen befragten Nationen am deutlichsten etwaige Waffenlieferungen in die Ukraine ab (nur 19 Prozent Zustimmung) und zeigten sich am wenigsten bereit, im Falle eines Krieges zwischen Russland und einem angrenzenden NATO-Mitglied, letzterem militärischen Beistand zu leisten.[1476] Norweger, Balten und Polen hätten also im Zweifel ohne die Deutschen fechten müssen. In der Umfrage zeigten sich die Trennlinien im Westen: Die USA, Großbritannien, Kanada und Polen auf der einen, Deutschland, Spanien, Italien und Frankreich auf der anderen Seite – wenngleich 40 Prozent der Franzosen Waffenlieferungen befürworteten.[1477] Auch im Hinblick auf eine NATO- und EU-Mitgliedschaft der Ukraine zeigten sich Deutsche und Italiener deutlich zurückhaltender, selbst im Vergleich zu Spaniern und Franzosen.[1478] Dabei traten in der Bundesrepublik alte Unterschiede hervor. Dass Deutschland mit den USA statt mit Russland engere Beziehungen pflegen sollte, befürworteten Ende Februar 2015 insgesamt 61 Prozent im Westen und nur 44 Prozent im Osten.[1479] Die Kanzlerin ärgerte sich wohl auch dieses Mal über die geringe Sympathie der Ostdeutschen mit dem ukrainischen Wunsch nach Freiheit und Selbstbestimmung.[1480] Im Februar 2015 sprachen sich 69 Prozent der Bundesbürger gegen eine dauerhafte NATO-Präsenz in Osteuropa aus.[1481]

Dabei entwickelte sich die Stärkung der Ostflanke zum Kernaspekt der amerikanischen Antwort auf die Krise und war innerhalb der NATO auch zögerlich von der Bundesrepublik mitgetragen worden.

Obama entschied sich, anstelle der Waffenlieferungen für Wirtschafts- und Finanzhilfen an die Ukraine, für eine Vornepräsenz der NATO in Osteuropa und für eine Ausweitung der Sanktionen, über die ab 2016 der Kongress wachte. Zudem wurde der inoffizielle Nuland-Surkow-Gesprächskanal etabliert, der die Bemühungen des Normandie-Formates flankieren sollte, allerdings ohne großen Einfluss blieb.[1482] Bundesverteidigungsministerin von der Leyen unterstützte die Stärkung der Ostflanke und große NATO-Manöver, und ranghohe deutsche Militärs forderten eine Aufrüstung der osteuropäischen Partner.[1483] Aus der SPD kam Kritik.[1484] Die Bundesrepublik setzte ihre Schwerpunkte woanders.

Berlin wollte den Gesprächsfaden nicht abreißen lassen. Steinmeier pries im April mehrmals die konstruktive Rolle Russlands in den Verhandlungen über das Atomabkommen mit dem Iran und im Jemen.[1485] Eine weitere Annäherung durch Kommunikation wurde auch von Grünen und der CDU unterstützt.[1486] Zum G7-Gipfel nach Schloss Elmau wurde Putin nicht eingeladen, auch da Moskau in den Syrischen Bürgerkrieg immer deutlicher intervenierte. Die Kanzlerin sah auf absehbare Zeit keinen Platz für Russland in dieser Gruppe.[1487] Der ehemalige SPD-Chef Matthias Platzeck, nunmehriger Vorsitzender des Deutsch-Russischen Forums, kritisierte die Ausladung, und Steinmeier erklärte im Vorfeld, dass er gerne eine Rückkehr Russlands in diesen Kreis sähe.[1488]

Eine Einladung zu den 9. Mai Feiern zum 70. Jahrestag des Endes des Zweiten Weltkrieges lehnte die Kanzlerin – wie alle westlichen Politiker – mit vorgeschobenen Terminkonflikten ab. Sie flog allerdings einen Tag später nach Moskau. Am 10. Mai legte sie Blumen am Grabmal für den unbekannten Soldaten an der Kremlmauer nieder.[1489] Merkel gedachte der Kriegsopfer und erinnerte daran, dass nach dem Zweiten Weltkrieg nicht alle Völker Europas sofort in Freiheit gelebt hätten. Sie pochte auf die territoriale Unversehrtheit der Ukraine und die Umsetzung von Minsk II. Sie wich von ihrem Redetext ab und sprach von der «verbrecherischen und völkerrechtswidrigen Annexion der Krim».[1490] Im Gespräch mit der Kanzlerin ließ Putin seinen Wunsch nach einer wirtschaftlichen und politischen Normalisierung durchscheinen.[1491] Doch neben dem außenpolitischen Revisionismus baute Putin sein autokratisches System weiter aus. Überall witterte man Spione und Verrat. Im März 2015 wurde der Oppositionspolitiker Boris Nemzow ermordet, und die Menschenrechtsorganisation Memorial wurde mit Prozessen überzogen. Der Druck des Westens und die Sanktionen führten zu keinem Kurswechsel des Kremls. Der Handel mit Russland ging deutlich zurück, aber da die Sanktionen nicht wirklich umfassend und eher mittelfristig angelegt waren, beeinflussten sie das Handeln Moskaus nicht merklich.[1492] Vielmehr schienen sie Putin innenpolitisch zu nutzen. In Europa wurde über die Wirkungen der Sanktionen immer vor der alle sechs Monate anstehenden Verlängerung diskutiert. Dabei gab es in Europa weitere Probleme zu berücksichtigen.

2015 musste in Berlin die «Koalition der Getriebenen» (Ralph Bollmann) auf allerlei Feldern Krisenmanagement betreiben. Der EU-Gipfel in Riga im Mai sollte eigentlich die Östliche Partnerschaft besprechen, stand nun aber ganz im Zeichen der Euro-Krise.[1493] Im Sommer und Herbst stieg die Zahl der in Europa ankommenden Flüchtlinge und Asylsuchenden. Die Flüchtlingskrise führte die EU in eine migrationspolitische Abhängigkeit von der Türkei und spaltete Parteien, Länder und die EU. Der Populismus erlebte eine unheilige Renaissance. «Alternative Demokratiemodelle» wurden salonfähig. Viktor Orbán baute in Ungarn nicht nur den Rechtsstaat ab, sondern enge Beziehungen zu Moskau auf. In Polen gewann die rechtspopulistische PiS die Parlamentswahlen im Oktober 2015 und war bis 2021 allein an den Schalthebeln der Macht. Warschau fiel immer wieder durch anti-deutsche und anti-EU-Rhetorik auf. Man beklagte mangelnden Respekt Berlins im Umgang mit Polen, doch verhielt sich gegenüber kleineren Nachbarn häufig genau so, wie man es Deutschland vorwarf.[1494] Auch die polnisch-ukrainischen Beziehungen waren zum Beispiel keinesfalls ungetrübt.[1495] In der europäischen Migrationskrise kümmerte sich die polnische Regierung wenig um die innen- und sicherheitspolitischen Probleme der EU. Die Visegrád-Staaten – Polen, Tschechien, die Slowakei und Ungarn – stemmten sich vehement gegen eine Aufnahme von Flüchtlingen und betonten ihre nationale Eigenständigkeit.[1496] Dies führte auch zu Streitigkeiten mit Berlin. Und auch außerhalb Europas blieb die Großwetterlage düster.

Der Syrische Bürgerkrieg tobte weiter, Nordafrika und die Sahel-Zone versanken im Chaos, Europa wurde von Terrorattacken heimgesucht. Irreguläre Bedrohungen schienen weiterhin sicherheitspolitische Priorität zu genießen, nicht die Landes- und Bündnisverteidigung. Dies galt vor allem für Frankreich. War François Hollande noch nolens volens der einzige Partner Merkels bei der Entschärfung der Ukrainekrise gewesen, wandte er sich nach mehreren Terroranschlägen in Frankreich verstärkt der inneren Sicherheit, dem Nahen Osten und der Sahelzone zu – und forderte auch hier deutsche und europäische Hilfe. Er ließ bereits im November verstärkt Ziele in Syrien angreifen. Er appellierte an die USA und Russland, gemeinsam gegen den IS vorzugehen.[1497] Aus Washington kamen ähnliche Töne: Man könne und müsse über Syrien und die Ukraine reden – in dieser Reihenfolge.[1498] Der Kreml als Teil der Anti-IS-Koalition Schulter an Schulter mit dem Westen?

Seit September 2015 griff Russland immer direkter in Syrien auf Seiten des Machthabers Assad ein, wodurch ein weiterer «Austragungsraum der Gegnerschaft mit dem Westen» entstand.[1499] Syrische Städte wurden von der russischen Luftwaffe in Schutt und Asche gelegt. Kriegsverbrechen und zivile Opfer waren an der Tagesordnung. Obama hielt sich weiterhin zurück und betonte sein Dogma der «strategischen Geduld».[1500] Keine unübliche Haltung. Im Oktober 2015 befürworteten 79 Prozent der Bundesbürger eine engere Zusammenarbeit mit Russland, um den Syrischen Bürgerkrieg zu befrieden und 41 Prozent wollten hierfür auch die Sanktionen lockern.[1501] In Anbetracht der vielen Krisen spielte der Konflikt im Donbas nur noch eine untergeordnete Rolle. Geriet er in Vergessenheit?

Die EU wollte die Ukraine einbinden. Man versprach Hilfen bei den wirtschaftlichen und politischen Reformen und bereitete das Inkrafttreten des Assoziierungsabkommens im Januar 2016 vor, das «nicht das finale Ziel der EU-Ukraine-Kooperation» sein sollte, wie EU-Spitzen und offizielle Erklärungen unterstrichen.[1502] Am 13. Mai 2015 empfing die Bundesregierung Poroschenko in Berlin und lobte die «ausgezeichneten Beziehungen», aber schloss, wie schon Steinmeier zuvor, eine Mitgliedschaft des Landes in der EU aus. Man half der Ukraine, aber zog klare «rote Linien». Die Kanzlerin betonte den Wert der Östlichen Partnerschaft, doch diese sei «kein Instrument der Erweiterungspolitik».[1503] Zugleich waren die ukrainischen Erwartungen an Deutschland sehr hoch.[1504] Hier sei erneut an Helmut Kohl erinnert, der schon in den 1990er Jahren immer wieder auf die enorme Erwartungshaltung in vielen Ländern verwies, die oftmals nur enttäuscht werden könne. Dabei veränderte sich die Ukraine durch den fortdauernden Konflikt: «Ein zum Zeitpunkt der Krim-Annexion in vielerlei Hinsicht geteiltes Land war nun in dem Wunsch vereint, seine Souveränität, seine demokratische Ordnung und seine Lebensweise zu verteidigen – um fast jeden Preis.»[1505] Und dieser Preis war bis 2022 hoch. Der Donbas war ein «eingefrorener Konflikt», wenngleich, wie in anderen dieser Konflikte, weiterhin geschossen und gestorben wurde: Es gab jährlich 500 bis 600 Todesopfer und mehrere Hunderttausend Verstöße gegen das Waffenstillstandsabkommen.[1506] Zwischen 2014 und 2022 waren auf beiden Seiten rund 14 000 Opfer zu beklagen. Zum Vergleich: Im Syrischen Bürgerkrieg starben zwischen 2011 und 2020 rund 500 000 Menschen, und durch die Fluchtbewegungen waren die Folgen für den Westen viel unmittelbarer. Der Donbas blieb in einem volatilen Schwebezustand. Beide Seiten versuchten Geländegewinne zu erzielen und «den Verlauf der Kontaktlinie zu ihren Gunsten zu verändern», womit im Osten der Ukraine kein stabiler militärischer Status quo herrschte, wie etwa in anderen eingefrorenen Konflikten.[1507] Was nicht eingefroren wurde, war ein neues Energieprojekt, das im Kontext der Krisenmediation 2014/15 betrachtet werden muss.

6. Nord Stream 2: Der Spaltpilz

Nord Stream 2 wurde auf Jahre hinweg ein Spaltpilz. Das Projekt unterminierte die deutsche Glaubwürdigkeit und eine gemeinsame EU-Energie-
und Russlandpolitik, da Berlin die skeptischeren Staaten der Union und
auch die USA nie von der eigenen Linie überzeugen konnte und umgekehrt
selbst nicht willens war, den Kurs zu ändern. Angela Merkel habe das Projekt «von Anfang an unterstützt», sagte sie in einem Gespräch mit Gregor
Schöllgen im Dezember 2014.[1508] «Merkels Moment der Schwäche zu Beginn des Jahres, als sie aus Sorge vor einer Eskalation des Konfliktes in der
Ukraine nach Moskau eilte, war aufgrund der Deutschen Angst vor einem
Krieg erklärbar, doch dass die politische Elite des Landes in das Nord
Stream 2-Projekt einwilligte, war ein anderer Fall», urteilt John Lough.[1509]
Wieso baute man NS-2, welche Gründe sprachen aus der Sicht der Bundes-
regierung dafür?

Im Dezember 2014 hatte Putin das Ende des South Stream-Projektes, das
die EU blockierte, verkündet. Das oben erwähnte Vorhaben sollte über das
Schwarze Meer jährlich bis zu 63 bcm Erdgas aus Russland in die EU bringen. Die Ukraine wäre umgangen worden und dafür Serbien als Transitland
zwischen Bulgarien und Ungarn ins Spiel gekommen.[1510] Italien hatte auch
nach der Krim-Annexion zunächst an dem Projekt festgehalten, sich jedoch, wie andere involvierte Staaten – an South Stream waren neben Gazprom mit 50 Prozent, der italienische Energiekonzern Eni mit 20 Prozent
sowie Wintershall und der französische Konzern EDF mit je 15 Prozent beteiligt – mit dem wahrscheinlichen Ende abgefunden.[1511] Bulgarien hielt auf
Druck der EU seit Juni 2014 die Baugenehmigungen zurück: Die Kommission hatte ein Vorverfahren wegen EU-Vertragsverletzung eingeleitet.[1512] Putin schäumte vor Wut, da ihm ohnehin wirtschaftliches Ungemach
drohte. Der Erdölpreis fiel und der Rubel verlor an Wert. Zudem fürchtete
Russland im Zuge einer global einsetzenden Dekarbonisierung mittelfristig
um den Stellenwert der eigenen Rohstoffexporte.[1513] Über all diesen Erwägungen hing das Damoklesschwert der europäischen Klima- und Energie-

politik. Die EU wollte bis 2050 klimaneutral sein und Erdgas stand als fossilem Energieträger keine rosige Zukunft bevor. Als Ersatz für Kohle und zur Stromerzeugung war Gas zunächst entscheidend, doch für wie lange? Neue Pipeline-Projekte waren somit zynisch formuliert eine «Wette der beteiligten Energiekonzerne gegen den europäischen Klimaschutz».[1514] Der Kreml wollte zügig neue Lieferkapazitäten und Routen nach Europa schaffen. Im Juni 2015 erklärte Gazprom, man werde den noch bis Ende 2019 laufenden Gastransitvertrag mit der Ukraine darüber hinaus nicht verlängern.[1515] Bis dahin sollten die neuen Routen eröffnet sein: im Norden eine Nord Stream-Erweiterung, im Süden die Turkish Stream-Pipeline, die später in TurkStream umbenannt wurde.[1516]

Statt durch die geschasste South Stream-Pipeline sollten 63 Milliarden Kubikmeter Gas durch die geplante TurkStream-Pipeline fließen. Über den südlichen Korridor wollte man die Ukraine als Transitland ausschalten. Der türkische Präsident Recep Tayyip Erdoğan zeigte sich sofort begeistert, doch türkisch-russische Streitigkeiten verzögerten den Beginn. Erst im Oktober 2016 fand man eine Einigung.[1517] Das Projekt wurde von vier auf zwei Stränge reduziert. TurkStream waren damit die Flügel auf 31 bcm/y gestutzt worden. Davon konnten über den sogenannten Balkan Stream 15,75 bcm/y über Bulgarien, Serbien und Ungarn bis Österreich geleitet werden und hatten somit Anschluss an die Verteilerpunkte, da die Türkei die restlichen 50 Prozent abnahm.[1518] Für die EU eine gute Nachricht, denn Vorteile bot die Pipeline wenig: Der Lieferant war der gleiche, und die Route brachte mit der Türkei und Serbien gleich zwei problematische Transitländer ins Spiel. Die Mengen waren auch nicht genug, um weite Teile Europas zu beliefern oder – aus russischer Sicht – die Ukraine gänzlich aus der Gleichung zu nehmen. Moskau setzte bzw. musste auch auf den nördlichen Korridor setzen.

Schon seit 2012 gab es Berichte, wonach Gazprom weitere Stränge für die Nord Stream-Pipeline plante, da das Nabucco-Projekt auf der Stelle trat.[1519] Mit der Rückkehr zur Großen Koalition 2013 übte Schröder über den neuen Vizekanzler Sigmar Gabriel enormen Druck aus, das Projekt durchzusetzen und zu beschleunigen – gegen Bedenken der außenpolitischen Abteilung des Kanzleramtes.[1520] Im Frühjahr 2015 gingen die Verhandlungen in die entscheidende Phase. Kai-Olaf Lang und Kirsten Westphal von der SWP erklärten, diese seien für die Bundesregierung «überraschend» gekommen.[1521] Aber passten sie nicht in den oftmals wiederholten Vorsatz, mit Russland energiepolitisch und im Hinblick auf die EU-Ukraine-Assoziierung im Gespräch zu bleiben? Im Sommer unterzeichneten E.on (später Uniper), die britisch-niederländische Royal Dutch Shell, und die österreichische OMV am Rande des internationalen Wirtschaftsforums in St. Petersburg eine Absichtserklärung mit Gazprom. Im Juli kam die BASF-Tochter Wintershall hinzu und forderte sogleich ein Ende der Sanktionen gegen Russland.[1522] Im September wurde der Gesellschaftervertrag zum Bau der NS-2 Pipeline unterzeichnet, der sich auch die französische Engie-Gruppe anschloss. Gazprom hielt 50 Prozent der Anteile, die anderen Firmen je zehn Prozent. Sie finanzierten das rund zehn Milliarden teure Großprojekt, das somit auf europäischen und nicht nur deutsch-russischen Füßen stand: Durch Bau- und Zulieferaufträge zählte die Bundesregierung im Sommer 2020 mehr als 100 Unternehmen aus zwölf europäischen Ländern, die an dem Projekt mitwirkten.[1523] Zudem waren es zumindest offiziell privatwirtschaftliche Beine, was Fragen nach der Einflussmöglichkeit der Staaten bzw. der EU aufwarf. Die Pipeline und Erdgasförderung war vermutlich um ein Mehrfaches teurer, aber wurde durch russische Staatssubventionen «verbilligt» und die Baukosten nicht an den Abnehmer weitergegeben, weshalb man das Gas als «billig» bezeichnen konnte.[1524]

War NS-2 wirtschaftlich notwendig? Die Pipeline sollte weitere 55 bcm/y nach Deutschland (und von hier auch in andere Staaten) leiten können, was die Gesamtkapazität aller Nord Stream-Stränge auf 110 bcm erhöht hätte. Hierfür spielten neben politischen Gründen für Moskau auch wirtschaftliche und geologische eine Rolle: Die älteren Gasfelder der Nadym-Pur-Taz-Region hatten ihren Förderhöhepunkt überschritten. Durch NS-2 sollte vor allem Gas aus neuen Fördergebieten auf der weiter nördlich gelegenen Jamal-Halbinsel auf kürzerem Wege und in einem modernen Leitungssystem transportiert werden.[1525] Die Dimensionen waren enorm: Das Bovanenkovo Gasfeld beherbergt deutlich mehr Erdgas als die gesamten norwegischen Reserven und genug, um allein die Bundesrepublik ein halbes Jahrhundert zu versorgen.[1526]

Die EU verbrauchte 2014 insgesamt 445 bcm Erdgas, und bis 2020 wurde ein Anstieg auf 500 Milliarden erwartet. Die Gasförderung in Großbritannien, Dänemark, Deutschland und den Niederlanden war rückläufig: zwischen 2009 und 2019 sank sie um die Hälfte auf 76,2 bcm/y, und bis 2025 wurde ein Rückgang auf 41 bcm vermutet.[1527] Norwegen hatte «nur» noch

1900 bcm Gasreserven – Russland 47000 bcm.[1528] Die Bundesregierung verwies auf diese Entwicklung und auf die Probleme, vor denen man bei einem Import aus Afrika und dem kaspischen Raum stünde.[1529] Spätere Prognosen bestätigten diese Sicht. Der Gasbedarf stieg rascher an als erwartet und die eigene Förderung in der EU ging schneller zurück.[1530]

An Importen führte zunächst kein Weg vorbei. Hauptlieferanten waren Algerien, Norwegen und Russland. 2014 importierte die EU knapp 150 bcm russisches Erdgas, was fast 40 Prozent des gesamten russischen Erdgasexportes darstellte, und allein 35 bcm entfielen auf Deutschland. Insgesamt verbrauchte die Bundesrepublik jährlich rund 80 bcm – die Gesamtmenge war daher seit Mitte der 1990er Jahre relativ stabil geblieben.[1531] Eine Studie von 2017 schätzte den Bedarf der EU an Gasimporten (inklusive Schweiz und «reverse flow»-Mengen für die Ukraine) für 2020 auf 376 bcm/y, doch schon 2019 betrugen sie de facto 407 bcm/y; aus Russland kamen hiervon 170 bcm/y.[1532] Eine gegenseitige Abhängigkeit? Für den Moment ja, aber Russland begann angesichts der Krise 2014/15 auch eine Diversifizierung der Abnehmer.

Nach über zehn Jahren Verhandlungen wurde im Mai 2014 der Bau der «Sila Sibiri»-Pipeline, die im Westen als «Power of Siberia» bekannt wurde, beschlossen und im September begannen bereits die Bauarbeiten.[1533] Ab 2018 sollten durch die 50 Milliarden Euro teure Pipeline jährlich 38 bcm fließen. Ein Liefervertrag über 30 Jahre – eine ungewöhnlich lange Dauer, die auf das enge Verhältnis und die chinesische Machtposition schließen ließ – sollte Gas aus neu zu erschließenden ostsibirischen Gasfeldern unter Umgehung der Mongolei in das Reich der Mitte bringen. Damit blieben die Exportkapazitäten gen Westen unangetastet. Parallel prüfte Moskau immer wieder, ob nicht auch Gas von der Jamal-Halbinsel – von wo bisher nur Gas nach Europa floss – nach China geleitet werden könnte. Daraus wurde das Projekt «Power of Siberia 2», das bisher aufgrund der chinesischen Zurückhaltung nur graue Theorie geblieben ist.[1534] Russland konnte daher nicht einfach die Gasflüsse umleiten, wie man so oft drohte (auch nicht über LNG-Exporte, die zwar stiegen, aber weiterhin wurde über 80 Prozent des russischen Erdgases über Pipelines transportiert). In Europa zeigte man sich weitgehend unbeeindruckt: Eine Umleitung müsse man nicht befürchten, die potentiellen Liefermengen nach China waren weitaus kleiner (rund ein Viertel), als die nach Europa und es blieb genügend

Zeit, selbst die Lieferanten zu diversifizieren.[1535] Wie passte NS-2 in dieses Bild?

Brauchte es eine neue Pipeline, fragten Kritiker, womit durch die vier Nord Stream-Stränge fast zwei Drittel der russischen Erdgasexporte flössen, also neben einer Fokussierung auf einen Lieferanten auch eine Routenkonzentration entstünde?[1536] Das bestehende Gasleitungsnetz war ausreichend. NS-1 konnte 55 bcm, die Jamal-Pipeline durch Belarus und Polen 33 bcm, TurkStream in die Türkei und nach Bulgarien 31,5 bcm, Blue Stream über die Türkei und Italien 16 bcm liefern. Doch eine erhebliche Menge dieses Gases war nicht für den Weitertransport bestimmt. Die Transitkapazität der Ukraine betrug auf dem Papier 146 bcm/y, wenngleich die Leitungen in einem schlechten Zustand waren und de facto eher 90–95 bcm durchleiten konnten.[1537] Über ein Drittel der bestehenden Pipeline-Kapazitäten waren ungenutzt, und von den LNG-Terminals in der EU war gar nur ein Drittel ausgelastet.[1538] Die LNG-Kapazitäten wurden auch für akuten Mehrbedarf freigehalten, also Gaskäufe am Markt, die nicht aufgrund langfristiger Lieferverträge erfolgten. Dafür musste man jedoch teils exorbitante Preise zahlen, die zum Beispiel im besonders kalten Februar 2021 rund 80 Prozent über dem regulären Gaspreis lagen.[1539] NS-2 war daher nötig, wenn man mit einem starken Anstieg der russischen Importmenge über 200 bcm/y rechnete und dies nicht durch eine Erhöhung des Transits durch die Ukraine leisten wollte bzw. nicht an die Zukunftsfähigkeit des dortigen Leitungssystems glaubte – oder glauben wollte. Selbst bei einem solchen Anstieg wäre ein Ausgleich auch über LNG-Importe möglich gewesen, aber deutlich teurer – vor allem für die Bundesrepublik, da man noch keine Terminals hatte und deren Bau auch aus innenpolitischen Gründen scheute. NS-2 war eine Wahl, die man auch aufgrund der deutschen Energiewende traf, keine unausweichliche Notwendigkeit.

Auswirkungen auf die Ukraine und die EU

Ein Hauptargument gegen NS-2 war die Auswirkung auf die Ukraine, da sie als Gastransitland weiter geschwächt worden wäre und damit noch stärker von Moskau unter Druck gesetzt hätte werden können. Es drohte eine Reduzierung der Interdependenz zwischen der Ukraine und Russland. Durch die verringerte gegenseitige Abhängigkeit drohte «Spannung durch Entflechtung», wie der Politologe Andreas Umland verdeutlicht.[1540] Die Zukunft der Ukraine als Transitland kann jedoch nicht ausschließlich mit einem Blick auf NS-2 betrachtet werden.

Bereits vor dem Krieg sank der ukrainische Gasimport aus Russland von 40 bcm/y (2011) auf 28 bcm/y (2013).[1541] Die Kosten für die direkten Importe waren (2017 und 2018) ungefähr so hoch wie die Einnahmen durch den Gastransit.[1542] Nach 2014 stand der Transit durch die Ukraine vor noch größeren politischen, wirtschaftlichen, juristischen und technischen Schwierigkeiten.[1543] Russland setzte Gas als Waffe ein: 2014 wurden die Lieferungen an die Ukraine massiv gedrosselt.[1544] Die Ukraine wurde anderseits Teil der Energiegemeinschaft und übernahm 2015 das Dritte Energiebinnenmarktpaket der EU. Welche Auswirkungen dies auf das bis Ende 2019 gültige Gasabkommen mit Russland haben würde, war vollkommen offen; zudem lief noch ein Schiedsgerichtverfahren gegen Russland über ausstehende Zahlungen. Und der Transit durch die Ukraine war teuer: Die Durchleitungskosten für NS-2 wurden mit 20 Prozent weniger veranschlagt als bei einem Transport durch die Ukraine.[1545] Russland hätte die Durchleitungsmenge auf rund 30 bcm/y drosseln und die Pipeline damit unprofitabel machen können.[1546] Kyjiw drohten finanzielle Ausfälle in Höhe von rund zwei Milliarden US-Dollar jährlich. Eine bedeutende Summe: Der ukrainische Haushalt betrug rund 40 Milliarden US-Dollar – und eine mehrere Milliarden teure Modernisierung der ukrainischen Pipelines (mit ausländischen Finanzgebern) wäre damit sehr unwahrscheinlich geworden.[1547] Wieso sollte man in eine Pipeline investieren, durch die bald kein oder bedeutend weniger Gas fließen würde? Hinzu kamen die üblichen Kosten durch Instandhaltung und Transitgewährleistung. Russland investierte nichts mehr in die zur Ukraine führenden Trassen und begann 2016 mit dem Abbau bzw. der teilweisen Stilllegung.[1548]

Der nordwesteuropäische Gasmarkt – also Deutschland, Frankreich, Großbritannien – war kaum von den ukrainischen Transitleitungen abhängig. Unter langfristigen Knebelverträgen mit Gazprom, kleinen Märkten, mangelndem grenzüberschreitenden Handel, monopolisierten Erdgasunternehmen und hohen Preisen litten vor allem die Ostmitteleuropäer und Balten, die wenig Verhandlungsmacht gegenüber Moskau hatten, doch durch die EU-Energiestrategie sukzessive in den Genuss freier Märkte ohne Gazprom-Monopol kamen.[1549]

Gab man die Ukraine der Willkür Putins preis? Die Krise 2014/15 und die russischen Lieferstopps an die Ukraine bestärkten den seit dem Bau von NS-1 zunehmenden Trend eines Gasflusses von West nach Ost, der 2015 nur rund 30 bcm niedriger war als der traditionelle Ost-West-Gasfluss.[1550] NS-2 würde bei einem Ausbau der Verbindungsleitungen diesen Trend verstärken können, den Standort Deutschland als Gashub festigen und mehrheitlich zu Lasten Südeuropas gehen. Trotz bestehender Probleme bei den Grenzübergangspunkten, die den Umfang eines Rückflusses begrenzten, profitierte auch die Ukraine von dem West-Ost-Fluss. Das Land importierte 2015 rund 60 Prozent des (russischen) Erdgases aus der EU, das zeitweise zu günstigeren Marktpreisen zu erhalten war als durch langfristige Lieferverträge, und besaß weitere Kapazitäten, um den Importbedarf aus dem Westen abzudecken.[1551] Das Argument, wonach die Ukraine durch den Verlust von Transitgebühren massiv getroffen würde, schwächten einige Beobachter daher ab: Kyjiw könnte durch eine Flussumkehr Versorgungssicherheit gewinnen und günstigeres Gas aus der EU kaufen und damit einen Teil der verlorenen Gebühren ausgleichen.[1552] Die Zukunft der Ukraine lag dieser Lesart nach nicht in einem Festhalten am Status einer «Transitmacht», wenngleich dies ein Druckpotential gegenüber russischen Einschüchterungsversuchen darstellte, sondern in einer Reform des Energiesektors im Rahmen der EU-Energieunion.[1553]

Wollte Moskau die Ukraine komplett isolieren, müsste es auch die Erdgaslieferungen nach Westeuropa einstellen. Aus dieser Warte besäße NS-2 eine eigene Logik: «Transitland» und Hub würde die Bundesrepublik. Eine Blockade der Ukraine ginge demnach nur durch eine Totalblockade der vier Nord Stream-Stränge und damit der Einstellung von rund einem Drittel der eigenen Gasexporte. Für Deutschland bzw. deutsche Energieunternehmen war es einfacher mit Gazprom zu verhandeln. Berlin und Moskau würden dann allerdings die Geschicke, wenn nicht gar das (energiepolitische) Schicksal Ostmitteleuropas in ihren Händen halten – gerade vor dem Hintergrund der Geschichte und der 2014 überwunden geglaubten Sonderbeziehung zwischen Berlin und Moskau ein Unding für viele Regierungen zwischen Oder und Narwa, die umgekehrt natürlich auch eigene energiepolitische Ziele verfolgten. Deutsche Energieinteressen waren nicht immer deckungsgleich mit denen anderer EU-Mitgliedstaaten oder der EU-Kommission. NS-2 war daher eine enorme Herausforderung für die

EU und kratzte an dem Ruf bzw. Selbstbild der Deutschen als «gute Europäer».

In Anbetracht des Konfliktes in der Ukraine arbeitete die Kommission noch intensiver an einer Energieunion. So war denn auch ein Ziel des 2015 lancierten Vorhabens, alternative Energien auszubauen und Sparmaßnahmen zu fördern. In der EU herrschte allerdings kein energiepolitischer Konsens, wie die Energieunion ausgestaltet werden sollte. Die Energiepolitik war nicht komplett vergemeinschaftet, sondern zwischen Brüssel und den Mitgliedstaaten geteilt. Nord Stream 2 drohte zu einem steten Spaltpilz in der EU zu werden und nationale Alleingänge zu bewirken, die den Zielen der Energieunion zuwiderliefen und Russlands alte Strategie eines Auseinanderdividierens der Europäer bzw. des Westens begünstigte.[1554] Das Projekt musste zudem ein Zertifizierungsverfahren durchlaufen, in dem geprüft wurde, ob die Pipeline der Energiesicherheit der EU oder einzelner Mitgliedstaaten abträglich wäre. Auch mit älteren Vorgaben stand die Idee im Clinch. Das Dritte Energiebinnenmarktpaket der EU von 2009, die EU-Gasverordnung von 2010 und die EU-Gasimportdiversifizierungsstrategie von 2010 hatten weitreichende Vorgaben gemacht, aber das Regulierungsregime war in Bezug auf NS-2 umstritten.[1555] Vorgelagerte Unterseeleitungen (Offshore-Pipelines) unterlagen nicht dem EU-Recht, wohl aber die Anschlussleitungen (Onshore-Pipelines) in Deutschland, also OPAL und NEL. Zudem traten Aspekte des Wettbewerbs- und Kartellrechts auf.

Zum einen gab das europäische Energierecht einen freien Netzzugang vor. Es mussten also auch Dritten ein Zugang zur Pipeline über sogenannte Netzcodes ermöglicht werden. Allerdings konnten bei Großprojekten Ausnahmen gewährt werden, wenn dadurch der Wettbewerb und die Versorgungssicherheit in der EU erhöht würden und die Kommission zustimmte.[1556] Zweitens galt eine eigentumsrechtliche Entflechtung: Produzent und Betreiber durften nicht identisch sein, bzw. der Produzent nur einige Anteile an der Pipeline halten. Deshalb reduzierte Gazprom den Anteil an der Betreibergesellschaft auf 50 Prozent.[1557] So konnte Gazprom behaupten, man kontrolliere die Pipeline nicht.[1558] Der gegenseitige Einstieg in Projekte des jeweils anderen, z. B. mit Wintershall, diente demselben Zweck. Meistens war die russische Seite deutlicher an deutschen Unternehmen beteiligt als umgekehrt.[1559] Noch 2015 verkaufte Wintershall den größten deutschen Gasspeicher Rehden mit einer Kapazität von vier Milliarden Kubikmetern, was rund einem Fünftel der gesamten deutschen Speicherkapazität entsprach, an Gazprom. Weite Teile des Tauschgeschäfts waren schon 2012 beschlossen und aufgrund der russischen Aggression verschoben worden. Das Wirtschaftsministerium Sigmar Gabriels stufte das Vorhaben als «unbedenklich» ein.[1560] Umgekehrt durfte Wintershall Anteile an Gasfeldern in Sibirien erwerben. Gabriel blieb in seiner Zeit als Wirtschaftsminister von 2013 bis 2017 eine Schlüsselfigur. Er verteidigte NS-2 immer wieder, da es in genuin deutschem Interesse sei. In diesem Zeitraum stieg der Anteil des russischen Gases an den gesamten deutschen Gasimporten von rund 35 Prozent (2012) auf fast 55 Prozent (2018), bei einem Jahresverbrauch von 85,9 bcm. In diesem Jahr erreichten nach einem kalten Winter auch die Exportmengen in die EU Rekordwerte und russisches Erdgas machte über 40 Prozent der Importmenge aus – allerdings nur rund zehn Prozent des Primärenergieverbrauches, da in der EU rund ein Drittel der Energie aus Atomkraft gewonnen wurde.[1561] In Deutschland lag der Anteil von Erdgas am Primärenergieverbrauch 2018 bei rund 23 Prozent, womit über zehn Prozent des gesamtes Primärenergieverbrauchs auf russisches Gas entfielen; nimmt man russische Rohöl- und Steinkohleimporte hinzu, deckten russische Energieimporte rund 30 Prozent des deutschen Primärenergieverbrauches.[1562]

Eine interne Evaluierung der EU-Kommission konstatierte trotz des gegenseitigen Einstiegs und der Umschichtungen eine zu enge Verflechtung zwischen Betreiber und Lieferant. Dieselbe Studie befand allerdings umgekehrt, dass die Richtlinien des europäischen Energiemarktes bei dem Offshore-Teil des Projektes nicht gelten würden, weshalb die EU ihre Energiegesetzgebung auf NS-2 nicht anwenden könnte.[1563] Da die Pipeline durch die exklusiven Wirtschaftszonen und Küstenmeere mehrerer EU-Staaten führte, waren die nationalen Regulierungsbehörden zuständig und es fände internationales Recht und nicht die EU-Bestimmungen des Dritten Energiebinnenmarktpaketes Anwendung.[1564] Denn vorgelagerte Rohrleitungen in Untersee oblagen den nationalen Regulierungsbehörden und nicht der EU.[1565] Diese Rechtsauslegung blieb dennoch umstritten. Gegner von NS-2 wollten die Pipeline als Verbindungsleitung klassifiziert sehen, damit diese durch die EU reguliert werden könnte.[1566] Und von den nationalen Stellen drohte ebenso Ungemach.

Es kam nämlich, drittens, zu langwierigen Zertifizierungs-, Genehmigungs- und Wettbewerbskontrollverfahren in den Anrainerstaaten, bei denen die Kommission kein direktes Mitspracherecht hatte. Während das Bundeskartellamt im Dezember 2015 eine Freigabeentscheidung traf, legte die polnische Kartellbehörde im August 2016 Einspruch ein, was die europäischen Unternehmen dazu zwang, ihre Anteile an der Nord Stream AG aufzugeben und das Konsortium zu verlassen.[1567] Gazprom wurde zum alleinigen Gesellschafter, die westlichen Partner Finanzinvestoren. Damit war noch weniger Transparenz und Kontrolle gewährleistet. Gazprom war zu 100 Prozent Lieferant und Betreiber.

Hinzu kam das Problem der OPAL- und NEL-Anschlussleitungen, die seit 2011/13 Nord Stream mit dem europäischen Erdgas-Fernleitungsnetz verbanden. Gazprom hatte für die OPAL-Anbindungsleitung keine Alleinnutzungsausnahme erhalten, weshalb sie bis 2016 nur zur Hälfte ausgelastet werden durfte und maximal 18 (statt 36) Milliarden Kubikmeter jährlich weiterleiten konnte.[1568] Putin hatte sich hierüber mehrfach beklagt.[1569] Im Oktober 2016 gestattete die EU-Kommission auf Antrag der Bundesnetzagentur eine Ausnahme. Der komplexe Kompromiss sah die Versteigerung eines Teils des Erdgases vor – Gazprom durfte zum Basispreis mitbieten – womit eine Nutzung von 80 Prozent und unter speziellen Auflagen temporär auch der 20 verbliebenen Prozent möglich wurde. Diese Regelung sollte bis 2033 in Kraft bleiben, wonach endgültig die EU-Richtlinien gelten sollten.[1570] Doch eine polnische Klage vor dem Europäischen Gerichtshof, auf die weiter unten eingegangen wird, sorgte 2019 für einen Wandel. Die NEL war weniger umstritten. Sie leitete 20 bcm/y weiter. Damit war Nord Stream zunächst nur zu 38 Milliarden Kubikmeter ausgelastet (anstatt zu 55 Milliarden), und dieser Umstand hätte bis 2033 vermutlich nicht geändert werden können. Dies beeinflusste die Kalkulation, ob man NS-2 bräuchte: denn statt der möglichen 110 bcm/y wären eventuell nur 80 bcm/y möglich.

Die durch NS-2 neu verfügbare Gasmenge sollte nach Österreich, Tschechien und Polen exportiert werden. Nach einer europaweiten Marktabfrage wurde eine zusätzliche, weitgehend parallel zu OPAL verlaufende Anschlussleitung, die Europäische Gas-Anbindungsleitung (EUGAL) nach Tschechien geplant, die eine Kapazität von 55 bcm/y aufwies und somit theoretisch das gesamte NS-2-Volumen weiterleiten konnte.[1571] Von der tschechischen Grenze sollte durch die Gazelle-Pipeline (30 bcm) das Gas weiter nach Bayern geleitet werden, wo früher der Großteil des über die

Ukraine geleiteten russischen Gases durch die Transgas-Trasse ankam.[1572] OPAL und EUGAL würden Tschechien und Österreich als Gashubs und Transitländer weiter aufwerten – zuungunsten der Slowakei, durch die das durch die Ukraine kommende Gas aus Russland geleitet wurde. Durch die neuen Pipelines wurde der Nord-Süd- und West-Ost-Gasfluss in Europa erheblich vereinfacht und es taten sich Rückflusspotentiale für die Ukraine auf, die somit einfacher aus dem Westen (auch russisches) Gas beziehen konnte.

Ein explosives Projekt?

Warum unterstützte die Bundesregierung das NS-2-Projekt und hielt an der Argumentationslinie, NS-2 sei ein rein wirtschaftliches Projekt, so starr fest? Der Politologe Hannes Adomeit nannte vier mögliche Gründe:[1573] Merkel wusste um die politische Bedeutung des Projektes, aber wollte es aus innen- bzw. koalitionstechnischen Gründen der EU-Kommission überlassen, das Vorhaben zu torpedieren. John Lough argumentiert, wie auch Adomeit, dass das Wirtschaftsministerium Gabriels der enthusiastischste Fürsprecher, das Auswärtige Amt unterstützend, aber eher zurückhaltend, und das Kanzleramt eher hoffnungsfroh war, dass die EU-Kommission das Projekt begraben werde und man daher den Kampf nicht selbst führen müsse.[1574] Im Kanzleramt zeigten sich ebenfalls Trennlinien, wie andere Beobachter festhielten: Die Wirtschaftsabteilung war dafür, in der außenpolitischen gab es einige Zweifel.[1575] Der Einfluss des Bundeswirtschaftsministeriums auch in das Kanzleramt sollte nicht unterschätzt werden. Gabriel betonte in späteren Aussagen, Merkel habe zugestimmt, man könne das Projektvorhaben nach Brüssel überweisen und die Pipeline bauen, wenn von dort grünes Licht gegeben würde.[1576] Er betonte auch, wie sehr der Kohle- und Atomausstieg neue Erdgasimporte bedingt hätten.[1577] Heusgen erklärte in der Rückschau, das Kanzleramt habe die EU-Kommission zu einer offenen und ehrlichen Bewertung des Projektes ermutigt (inklusive eines möglichen Vetos dagegen), wohingegen Gabriel eine rege «Einflussnahme in Richtung Genehmigung» betrieben habe.[1578] Eine zweite Lesart sei, so Adomeit, dass NS-2 ein Leuchtturmprojekt der Fortsetzung einer Politik des «Wandels durch Verflechtung» war. Drittens hätte eine Ablehnung in den Augen der Bundesregierung die Einflussmöglichkeiten auf Putin verringert. Auch die CSU, die in Teilen sehr russlandfreundlich auftrat, habe in der NS-2-Frage erheblichen Druck auf Merkel ausgeübt.[1579] Kai-Olaf Lang und Kirsten Westphal haben argumentiert, dass man mit dem Projekt wieder gemeinsame Interessen mit Russland betonen konnte, aber die politischen Kosten durch die Proteste und die Signale, die man damit sendete, ungleich höher waren.[1580] Russland würde zwar zwei wichtige Ziele erreichen: dem «Energieblock EU» erfolgreich über die bilaterale Schiene entgegentreten und die weitere Schwächung der Ukraine. Aber der Kreml «würde mit Nord Stream 2 eine Art Offerte mit Signalwirkung erhalten, der zufolge ein massiver Konflikt mit der EU der Kooperation mit selbiger in Schlüsselbereichen nicht entgegenstehen muss».[1581] Dass eine solche «Offerte» in sicherheitspolitischer Hinsicht die Glaubwürdigkeit der eigenen Abschreckung untergrub, war freilich ein anderer Aspekt. Reinhard Bingener und Markus Wehner betonen Merkels Blick auf ihre Heimat in Mecklenburg-Vorpommern, wo die Pipeline und eine enge Bindung an Russland beliebt waren, sowie ihre Angst vor einem weiteren Koalitionskrach und den Reaktionen der deutschen Industrie.[1582] Es habe «eine Art Deal» gegeben, so die beiden FAZ-Journalisten weiter: «Wenn die SPD die von ihr ungeliebten Sanktionen gegen Russland weiter mitträgt, dann wird Merkel nichts gegen das Lieblingsprojekt der Genossen, die Gaspipeline, unternehmen.»[1583]

Die Utopie der Verflechtung spielte erneut eine große Rolle. Wie oben gezeigt, waren bei der Moskau-Reise Merkels und Hollandes am 6. Februar, in Minsk, auf dem EU-Gipfel und im Mai in Moskau energiepolitische Fragen und Formen einer künftigen Zusammenarbeit besprochen worden. Diese Angebote sollten Putin zum Einlenken bewegen und einen Anknüpfungspunkt, wenn nicht gar einen Hebel bieten. Gabriel erklärte im Dezember 2022 in einem Interview mit der französischen Journalistin Sylvie Kauffmann, die Pläne für NS-2 hätte es schon seit langem gegeben, und es wäre sehr schwierig gewesen, einen Waffenstillstand im Donbas zu verhandeln und Putin umgekehrt zu sagen, dass man sein wichtigstes wirtschaftliches Projekt abbreche.[1584] Die Bundesregierung wusste um die politische Dimension des Projekts und so scheint auch in Anbetracht der vorherigen Aussagen, einen Ausgleich mit Russland über energiepolitische Aspekte und die EU-Ukraine-Assoziierung finden zu wollen, das Deutungsmuster, wonach NS-2 eine versuchte Einbindung in dunkelsten Zeiten war, am schlüssigsten. Die Berichte über die Gespräche Merkels am 6. Februar in

Moskau deuten in diese Richtung. Man betrachtete «wirtschaftliche Verflechtung nicht als Problem für die eigene Sicherheit, sondern als Basis für einen Interessenausgleich».[1585] Ein Junktim habe es nicht gegeben, versichert Heusgen rückblickend, aber man habe sowohl die Rolle Russlands als Energielieferant beibehalten als auch die EU-Assoziierung mit der Ukraine vorantreiben wollen.[1586] Gegenseitige Abhängigkeit sollte gemeinsame Interessen schaffen und einen Ausgleich auch in anderen Fragen erleichtern. Die politischen Kosten waren enorm. Die europäische Solidarität drohte zu schwinden. Viel politisches Kapital, das die Bundesrepublik 2014/15 durch die Krisenmediation und die führende Rolle bei dem Sanktionsregime gewonnen hatte, schien nun gefährdet bzw. verloren – vor allem in vielen ostmitteleuropäischen Ländern, die nicht nur andere Interessen, sondern auch immer berechtigtere Sorgen hatten.[1587] Zumal aus Berlin immer wieder Forderungen nach einer Lockerung der Sanktionen zu hören waren.

Im September sprach sich Gabriel für ein Ende der Sanktionen aus. Man müsse auf Russland zugehen, so der Wirtschaftsminister, und der Grundstein für ein besseres Verhältnis könne durch den Bau von NS-2 gelegt werden.[1588] Im Oktober erklärte Gabriel in Moskau, dass NS-2 in deutschem und europäischem Interesse sei und erhielt Rückendeckung von der deutschen Wirtschaft.[1589] In einem «privaten» Gespräch mit Putin, das der Kreml jedoch aufzeichnete und vermutlich nicht zur Freude Gabriels veröffentlichte, erklärte er seinem Gastgeber die deutsche Rechtsauslegung der «vorgelagerten Rohrleitungen», also dass deutsches Recht gelte und die EU im Endeffekt machtlos sei.[1590] Er ahnte die Gefahr, die dem Projekt durch die EU drohte, und wollte bewusst europäisches Recht nicht angewendet wissen.[1591] Merkel und Gabriel betonten zwar öffentlich, dass die Ukraine weiterhin ihren Status als Transitland behalten solle,[1592] aber die Signale, die die Bundesregierung aussandte, schienen andere. Im November übermittelte Steinmeier der EU-Handelskommissarin Vorschläge für wirtschaftliche und energiepolitische Angebote an Russland, mit denen er den Beginn des EU-Ukraine-Assoziierungsabkommens politisch abfedern wollte.[1593] Dies legt erneut nahe, dass NS-2 eine solche «Energiekonzession» war. Wie bereits 2015 zeigte sich, dass Berlin energiepolitische Gespräche zur Entschärfung der Ukrainekrise und zur Einbindung Russlands führen wollte. In diesem Kontext muss NS-2 als bewusstes politisches Projekt der Bundesregierung gesehen werden. Es geriet jedoch schnell in die Kritik.

Deutschland spiele den geopolitischen Ambitionen Putins in die Hände, fülle den am Bau beteiligten Oligarchen die Taschen, stärke die Markt- und Machtposition von Gazprom, isoliere die Ukraine, erhöhe die Abhängigkeit von russischem Gas und spalte Europa. Deutschland fordere etwa in der Eurorettungs- oder Flüchtlingspolitik Solidarität, aber energiepolitisch gelte «Germany first», so ein häufiger Vorwurf. Vor allem aus Ostmittel- und Südosteuropa, wo es wirtschaftlich wenig Vorteile von NS-2 gegeben hätte, hagelte es Kritik. Die Gründe waren vielfältiger Natur, und nicht alle «osteuropäischen» Staaten waren vehement dagegen.[1594] Im November adressierten Polen, die Slowakei, Rumänien, Ungarn und die baltischen Staaten ein Schreiben an die EU-Kommission, in dem sie eine Blockade des Projektes und Besprechung auf dem nächsten Europäischen Rat forderten.[1595] Doch Tschechien und Bulgarien zogen ihre Unterschrift zurück, was ihre ambivalentere Haltung zu NS-2 unterstrich. Die EU-Kommission war ebenfalls wenig erfreut, da rund zwei Drittel des Erdgases für die EU durch die Nord Stream-Stränge kämen, was kaum der mehrfach festgeschriebenen Strategie einer Diversifizierung, Unabhängigkeit von Russland und dem Wunsch nach Versorgungssicherheit entsprach. Die USA standen auf Seiten der Kritiker.[1596] Sie übten ihrerseits auf die nordischen Staaten Druck aus, sich dem Plan entgegenzustellen.[1597] Doch die Einwände aus den USA wies der deutsche Botschafter in Washington, Peter Wittig, zurück. «Einige Dinge müssen die Europäer selbst entscheiden», erklärte er in einem Interview und warf den Amerikanern vor, sie schürten die Ängste der anderen Europäer.[1598] Damit stellte sich auch die Frage, ob NS-2 nicht als ein Projekt der europäischen strategischen Autonomie etikettiert werden konnte, das gegenüber den USA verteidigt werden musste.

Der italienische Ministerpräsident Matteo Renzi wurde zu einem lautstarken Gegner des Projektes. Seine Haltung beruhte auf mehreren Faktoren. Er war keineswegs ein Russlandfalke. Doch Italien steckte in einer tiefen Rezession und war nach Deutschland der zweitgrößte Handelspartner Russlands in der EU. Im März 2015 sprach sich Renzi in Moskau gegen die Sanktionen aus und argumentierte im Hinblick auf die Ukraine, die italienischen Erfahrungen mit Autonomieregionen könnten ein Vorbild sein. Der Donbas das neue Südtirol? Den Kreml umwarb er als Vermittler im Libyschen und Syrischen Bürgerkrieg, damit die Flüchtlingskrise nicht noch weiter zunehme.[1599] Putin brachte eine italienische Mitwirkung am

Pipeline-Projekt TurkStream ins Spiel.[1600] In Berlin, Brüssel und Washington schrillten die Alarmglocken. Rom blockierte Anfang Dezember die Verlängerung der EU-Sanktionen, wobei andere Länder die italienische Position unterstützten.[1601] Erst zwei Wochen später konnten die Sanktionen für weitere sechs Monate beschlossen werden. Deutschland hatte Italien für diese Haltung kritisiert. Berlin als Hüter der Sanktionen und harten Linie gegen Moskau? In Rom und Bratislava fragte man nicht zu Unrecht, wie sich dieses Selbstbild mit dem NS-2-Projekt vertrage. «Ein Gas-Krieg spaltet Europa», titelte die Turiner *La Repubblica* martialisch.[1602]

Durch den Protestbrief der ost- und mitteleuropäischen Länder und die italienische Blockade war genug Aufmerksamkeit entstanden, dass der Europäische Rat NS-2 im Dezember 2015 auf die Tagesordnung nahm. War das neue Projekt mit den Zielen der europäischen Energieunion kompatibel? Renzi warf den Deutschen auf dem Gipfel Doppelmoral vor und ging Merkel auch in der Euro-Frage hart an.[1603] Viele Streitpunkte wurden daher vermengt: Dass dann Deutschland und die Niederlande NS-2 als rein wirtschaftliches Projekt darstellten, verfestigte das Feindbild der egoistischen Krämer aus dem Norden.[1604] Ein NS-2-kritischer Passus zur Energiepolitik, den vor allem Polen und die Balten entworfen hatten, wurde nicht in das Gipfelkommuniqué aufgenommen. Merkel gestand ein, es müssten Wege erörtert werden, «bei denen die Ukraine als Transitland nicht völlig unbedeutend wird».[1605] EU-Ratspräsident Donald Tusk unterstützte Renzis Kritik: NS-2 würde zu mehr Energieabhängigkeit und weniger Diversifizierung führen.[1606] Die EU-Kommission musste nunmehr prüfen, ob die Nord Stream-Erweiterung mit den Zielen der EU-Energiepolitik vereinbar war. Neben dem kontroversen Bau der NS-2-Pipeline blieben die Sanktionen und die neue Rolle der NATO ein Dauerthema der nächsten Jahre. Dabei versuchte die Bundesrepublik auf diplomatischem Weg weiterhin, den Konflikt in der Ukraine einzudämmen.

7. Bewegung oder Starre? (2016–2021)

Neue diplomatische Versuche

Als im Dezember 2015 die Kämpfe trotz einer seit September geltenden Feuerpause nicht abebbten, wurden Merkel und Hollande wieder aktiv. In einem Telefonat mit Putin und Poroschenko einigte man sich darauf, im kommenden Jahr die Minsker Abmachungen umzusetzen.[1607] Die im Februar gesetzte Frist bis zum Ende des Jahres war verstrichen. Daher bemühte sich vor allem Deutschland darum, innerhalb der OSZE für Fortschritte zu sorgen. Die Bundesrepublik war im Dezember von dem Ministerrat der OSZE für den Vorsitz gewählt worden, was in Berlin nicht zu Unrecht als Bestätigung des eigenen Kurses gesehen wurde.[1608] Steinmeier führte bereits im Juli 2015 vor der Parlamentarischen Versammlung der OSZE aus, man müsse trotz des eklatanten Verstoßes Russlands gegen internationales Recht auf Dialog sowie wirtschaftlichen und zivilgesellschaftlichen Austausch setzen.[1609] Er erinnerte an den KSZE-Prozess, die Helsinki Schlussakte und die in seinen Augen daraus resultierenden großen Erfolge.[1610] Steinmeier erklärte den Konflikt in der Ukraine zu einem Schwerpunkt des deutschen OSZE-Vorsitzes 2016. Die Organisation gehörte wie die EU zum bevorzugten multilateralen Forum der Bundesregierung. In einer sich wandelnden Welt mit revisionistischen Mächten und einer immer multipolareren Welt setzte Berlin auf den Erhalt des Status quo, also einer bekannten regelbasierten Ordnung.[1611] Steinmeier setzte auf Dialog mit Moskau: eine «neue alte Ostpolitik»,[1612] weshalb man auch auf Kyjiw Druck ausübte, um Fortschritte zu ermöglichen. Der deutsche Außenminister legte seine Ideen eines Wechselspiels aus Truppenabzug, Amnestiegesetz, Wahlen unter OSZE-Beobachtung und Statusfragen dar, die sogenannte «Steinmeier-Formel».[1613] Für die Ukraine blieb dieses Vorgehen nicht annehmbar.

Die Trilaterale Kontaktgruppe beschloss zunächst ein Abkommen, mit dem die Kontaktlinie beruhigt und Entflechtungszonen eingerichtet werden sollten. Das Normandie-Format sollte am 19. Oktober 2016 einen weiteren Versuch zur besseren Umsetzung unternehmen.[1614] Der deutsche Botschafter in Kyjiw erklärte im Februar 2017 zum Horror der Ukrainer, man könne auch Wahlen abhalten, solange russische Truppen in der Ostukraine seien. In Deutschland hätte dies 1990 auch funktioniert.[1615] Ein weiteres Beispiel, wie häufig deutscherseits mit der eigenen historischen Erfahrung argumentiert wurde und die Vergleiche selten stimmig waren. Sowohl die «Steinmeier-Formel» als auch eine neue Roadmap zur Umsetzung von Minsk II scheiterten.[1616]

Im Mai und Juni sprachen sich Steinmeier und Gabriel für eine Lockerung der Sanktionen im Falle einer erfolgreichen Umsetzung von Minsk II aus. Auch der Vorsitzende des Ost-Ausschuss der Deutschen Wirtschaft, Eckhard Cordes, warb immer deutlicher für eine Aufhebung.[1617] «Wir wissen alle aus unserer Erfahrung, dass Isolation auf Dauer gar nichts bringt. Am Ende hilft nur Dialog», erklärte Gabriel erneut mit Blick auf die deutsche Geschichte.[1618] Die Neue Ostpolitik habe entscheidend zur Entspannung während des Kalten Krieges und somit zu dessen Ende beigetragen.[1619] In der SPD regte sich Widerstand gegen diese «alte neue Ostpolitik».[1620] Dabei war Russland nicht isoliert, sondern Putin putzte überall in Europa Klinken, um wieder ins Geschäft zu kommen.[1621] Umgekehrt entwickelte sich eine rege Besuchsdiplomatie auch deutscher Ministerpräsidenten der Unionsparteien.[1622] Neben Diplomatie und Sanktionen spielte auch militärische Sicherheitspolitik eine Rolle.

Steinmeier warnte im Sommer 2016 vor «Säbelrasseln und Kriegsgeheul» durch eine NATO-Übung und damit vor einem Abschreckungskurs gegenüber Moskau.[1623] Nicht Abschreckung oder Eindämmung war die Devise, sondern Dialog und Entspannung. «Steinmeier gibt der Diplomatie eine Chance», berichteten Personen aus seinem Umfeld, «manchmal bis zum Erbrechen.»[1624] Im Kanzleramt und auch in einigen Büros des Auswärtigen Amtes war man über die Wortwahl des Außenministers entsetzt.[1625] Die deutsche Bevölkerung schien hinter Steinmeier zu stehen: 88 Prozent unterstützten die Aussage, wonach der Westen sich stärker «um einen Dialog mit Russland bemühen» müsse und 48 Prozent konnten «nachvollziehen, dass sich Russland vom Westen bedroht sieht».[1626]

Der NATO-Gipfel in Warschau beschloss am 8./9. Juli 2016 eine weitere Stärkung der Ostflanke. Eine Studie der amerikanischen Denkfabrik RAND hatte Anfang 2016 dargelegt, dass Russland das Baltikum in 60 Stunden überrennen könnte. Zudem kündigte Moskau im Januar 2016 an, jährlich drei neue Divisionen an die Westgrenze zur NATO und fünf neue Nuklear-Raketen-Regimenter zu dislozieren.[1627] Wie sollte die NATO im Ernstfall reagieren? *Mourir pour Tallinn?* Nicht, wenn man die Deutschen fragte. Nur 38 Prozent wollten einem angegriffenen NATO-Partner militärisch beistehen, 58 Prozent waren dagegen.[1628] Die Deutschen hofften auf die Amerikaner. Über zwei Drittel rechneten bei einem Krieg in Osteuropa mit einem Eingreifen Washingtons. Die Ergebnisse entbehrten nicht einer gewissen Ironie bzw. Schizophrenie: Man hoffte im Ernstfall auf den militärischen Schutzschirm eines Landes, dem man tendenziell skeptisch gegenüberstand, wenig vertraute und bald schon fast gänzlich misstraute.

Der NATO-Gipfel sollte ein Signal der Stärke, des Zusammenhalts und des Schulterschlusses auch mit der EU senden. Bei seinem Hannover-Besuch im April wollte Obama von Merkel Genaueres wissen: Würde Deutschland Soldaten ins Baltikum schicken? Die Kanzlerin sagte zu. Das Bundeskanzleramt überzeugte die zögerliche militärische Führungsebene im Bundesverteidigungsministerium.[1629] Die weiterhin von Deutschland vorgetragenen Bedenken einer dauerhaften Stationierung von NATO-Verbänden in Osteuropa wurden teils fallengelassen, teils umschifft. Zwei Drittel der Deutschen hielten eine dauerhafte Präsenz der NATO in osteuropäischen Mitgliedstaaten für «nicht richtig».[1630] Die Allianz einigte sich auf die Rotation von vier Bataillonen in Polen und den baltischen Staaten, was somit nicht dem Wortlaut, wenngleich dem Gedanken, der NATO-Russland-Grundakte widersprach.[1631] Die USA, Kanada, Großbritannien und die Bundesrepublik sagten zu, auch schweres Gerät dorthin zu verlegen. Die Bundeswehr schlug in Litauen ihre Zelte auf. «Reassurance, presence, deterrence» war der Dreiklang, den man oft hörte. Doch wo blieb die Diplomatie als begleitender Schritt zur Abschreckung? Einige Mitglieder der Allianz wollten den NATO-Russland-Rat nach über zweijähriger Aussetzung wieder aktivieren. Großbritannien stemmte sich dagegen,[1632] gab zögerlich nach und betonte, es könne kein «business as usual» geben.[1633]

Die Bundesrepublik veröffentlichte kurz nach dem Gipfel ein neues Weißbuch «zur Sicherheitspolitik und Zukunft der Bundeswehr». Der Landes- und Bündnisverteidigung wurde wieder ein größerer Stellenwert beigemessen – zumindest auf dem Papier. Russland wurde im Weißbuch als «Herausforderung» bezeichnet, aber man teile weiterhin «ein breites Spektrum gemeinsamer Interessen und Beziehungen», weshalb im Umgang mit dem Land «die richtige Mischung aus kollektiver Verteidigung und dem Aufbau von Resilienz einerseits und Ansätzen kooperativer Sicherheit und sektoraler Zusammenarbeit andererseits» unabdingbar sei.[1634] De facto war dies eine Art Neudefinition der «Harmel Doktrin».[1635] Trotz eines leichten Anstiegs der Verteidigungsausgaben unterblieb eine Neuausrichtung der Bundeswehr,[1636] womit der deutsche Schwerpunkt primär auf Dialog und Kooperation, nicht Nachrüstung und Verteidigungsbereitschaft lag. Eine strategische Entscheidung, die die eigenen diplomatischen Maßnahmen und die westliche Droh- und Abschreckungsfähigkeit schwächte. Erinnert man sich erneut an das Merkel-Diktum des kurzfristigen Krisenmanagements, das systemische Risiken vermeiden sollte, so fehlte hier erneut der zweite Teil: die mittel- und langfristigen Lehren. Das Zwei-Prozent-Ziel wurde von der SPD nie wirklich unterstützt, Gabriel bezeichnete es 2017 im Wahlkampf als «irre» und auch die Kanzlerin warf ihr politisches Gewicht dafür nie in die Waagschale.[1637] Verteidigungspolitik war ein böses Wort, weshalb im diplomatischen Werkzeugkasten die militärischen Hilfsmittel aussortiert wurden.

Nach den wiederkehrenden Forderungen, bei Fortschritten mit Minsk II und anderem kooperativen Verhalten Russlands die Sanktionen zu beenden, sorgte der Strom hochrangiger deutscher Besucher in Moskau für hochgezogene Augenbrauen bei den westlichen Verbündeten. Im September 2016 fuhr Sigmar Gabriel nach Russland – kurz nach der Duma-Wahl, die ohne große Proteste abgelaufen war und verdeutlichte, dass Putin trotz Sanktionen und wirtschaftlichen Schwierigkeiten fest im Sattel saß. In Syrien hatten kurz zuvor vermutlich russische Bomber einen VN-Konvoi angegriffen, und in der Ukraine war der ewige Frieden auch weit entfernt, zumal in Kyjiw ein politischer Dauerstreit herrschte. Gabriel war nicht nur Wirtschaftsminister und Vizekanzler, sondern SPD-Vorsitzender und möglicher Kanzlerkandidat. Seine Moskaubesuche sähen nach der «klassischen SPD-Ostpolitik aus, nach einem Sonderverhältnis zwischen Deutschland und Russland, das man aus Schröder-Zeiten kennt», kommentierte *Die Welt*.[1638] Lockerung der Sanktionen im Gegenzug zu Fortschritten bei Minsk II und kooperativem Verhalten, lautete seine Botschaft.

Nur einen Monat später kam Putin erstmals seit der Annexion der Krim nach Deutschland. Die Bombardierung der syrischen Stadt Aleppo durch die russische Luftwaffe war ebenso Thema wie die Ukraine. Das Normandie-Format tagte in Berlin auf höchster Ebene. Die Erwartungen wurden gedämpft und man ging so (un)klug als wie zuvor wieder auseinander. Immerhin sollten die Außenminister der vier Staaten neue konkrete Maßnahmen erarbeiten, und im Vergleich zum Syrischen Bürgerkrieg schien die Situation in der Ostukraine beinahe harmlos.[1639] Das militärische Vorgehen in Syrien trug wenig zum Bild eines angeblich friedliebenden Putins bei. Seine Berlinreise muss daher als klassisches Mittel russischer Außenpolitik gesehen werden: vor Gipfeln des Westens «gutes Wetter» machen. Die Verkündung einer befristeten Waffenruhe in Syrien passte ebenso in dieses Bild. Sie wurde gebrochen.

Die EU hatte mit einer etwaigen Verschärfung der Sanktionen wegen der russischen Intervention in Syrien kokettiert, aber davon auf einem Ratsgipfel einen Tag nach Putins Berlin-Reise wieder Abstand genommen.[1640] Renzi, der eine Debatte über Russland und das Sanktionsregime verlangt hatte, fiel erneut durch seine russlandfreundliche Haltung auf. Er gab vor der Presse die interne Diskussion über Russland völlig falsch wieder. In seinen Augen schwankte die EU und die Sanktionen seien keine unendliche Geschichte. Die Linie der EU war allerdings viel entschlossener und einheitlicher, als es Renzis Äußerungen oder das Kommuniqué vermuten ließen. Niemand war für ein aktive Einbindungspolitik. «Ich habe Hollande noch nie so leidenschaftlich reden hören», berichtete ein Teilnehmer der Runde.[1641] Merkel sei auch «fired up» gewesen. Beide seien sauer auf Putins Unwillen, Minsk umzusetzen und in Syrien zurückhaltender vorzugehen.[1642] Die Priorität der Kanzlerin im Umgang mit Russland schien sich von der Ukraine auf Syrien zu verschieben – nicht zuletzt aufgrund der Flüchtlings- und Migrationskrise.

Die Vermittlungsversuche des Jahres 2016 waren weitgehend erfolglos geblieben. Im Dezember machten sich Merkel und Hollande erfolgreich für eine Verlängerung der Sanktionen stark.[1643] Die Bundesrepublik geriet aufgrund der Wiederannäherung und der NS-2-Pläne in die Kritik. Drei weitere Wahlen veränderten den Rahmen, in dem sich die deutsche Russlandpolitik bewegte: Das Brexit-Referendum im Juni 2016, die Wahl Donald Trumps zum US-Präsidenten im November 2016 und die Emmanuel Macrons in Frankreich im April 2017. Die Bundestagswahl im September 2017 brachte erneut eine Große Koalition hervor. Angela Merkel stand vor ihrer letzten Amtsperiode, aber vor nicht weniger Problemen.

Trump, Macron und die Russlandsanktionen

Das Brexit-Referendum am 23. Juni 2016 führte zu einer Legitimationskrise der EU. Das Vereinigte Königreich begann einen schmerzvollen Austrittsprozess und war in den kommenden Jahren mehrheitlich mit sich selbst beschäftigt. In Brüssel ging damit eine wichtige russlandkritische und sicherheitspolitische Stimme verloren. Die Wechsel im Weißen Haus und im Élysée-Palast hatten einen noch unmittelbareren Einfluss auf die deutsche, europäische und westliche Russlandpolitik. Mit Obama und Hollande verließen zwei pragmatische Partner der Bundesrepublik die Bühne: Obama teilte die deutsche Skepsis hinsichtlich militärischer Mittel und suchte die Einbindung Russlands. Hollande folgte mehrheitlich der deutschen Linie. Er bestieg trotz kleiner Ausreißer keinen neo-gaullistischen Sonderzug nach Moskau. Mit Trump und Macron brachen stürmischere Zeiten an. Merkel wurde zur «Anführerin der freien Welt» proklamiert,[1644] denn der neue Mann im Weißen Haus füllte diese Rolle nicht aus.

Trump war unberechenbar. In Washington herrschte das blanke Chaos. Sein außenpolitisches Denken und Handeln war eine Mischung aus «Isolationismus und Unilateralismus».[1645] Normen, Werte, internationale Institutionen, Abkommen und Allianzen waren ihm nichts wert. Die EU und NATO waren für Trump keine Partner, sondern bestenfalls Störenfriede. Mehrere Äußerungen Trumps zu Artikel 5 des Nordatlantikvertrages oder dass die NATO generell «obsolet» sei, rüttelten an der Glaubwürdigkeit der Beistandsklausel.[1646]

In Moskau konnte man frohlocken. Zumal Trump den Kremlherrscher zu umschwärmen schien, wie er es auch bei anderen Autokraten tat. Mal wollte Trump Russland wieder in die G8 aufnehmen. Mal plante er große Abrüstungsdeals. Mal gratulierte er Putin zum «Wahlsieg».[1647] Die russische Einmischung in den US-Präsidentschaftswahlkampf führte zu einer langwierigen und hochpolitisierten Untersuchung, dem sogenannten Mueller-Report, der Russland zu einem innenpolitischen Thema machte. Die Vorwürfe einer politisch und auch wirtschaftlich zu engen Verbindung Trumps nach Moskau rissen nicht ab.[1648] Eine einheitliche Linie im Umgang mit Russland fand seine Administration nie. De facto gab es mindestens drei verschiedene Ansätze: den Trumps, den der restlichen Administration, wo es zahlreiche Russlandfalken gab, und den des ebenso durchaus russlandkritischen Kongresses, womit «Inkonsistenz» zum Kernaspekt der amerikanischen Russlandpolitik wurde.[1649]

In Berlin erkannte man die aufziehenden Gewitterwolken sofort. Auf der Basis gemeinsamer Grundwerte, wie Demokratie, Freiheit und der Würde des Menschen, bot Merkel Trump im November 2016 eine Zusammenarbeit an.[1650] Doch schon das erste Telefonat war ein Desaster. Der notorisch unaufmerksame Trump schien bereits nach 30 Sekunden abgelenkt und desinteressiert.[1651] Seiner Darstellung nach hatte die Kanzlerin, noch bevor sie ihm zum neuen Amt gratulierte, direkt gefragt, was er hinsichtlich der Ukraine unternehmen wolle.[1652] Er antwortete nur, was Merkel denn selbst vorhabe und ob sie durch eine verstärkte US-Präsenz in Polen ein «Fort Trump» wolle. Die Ukraine liege viel näher an Deutschland. Sie sei ein Puffer zu Russland, weshalb Berlin mehr investieren müsse als die USA. Eine Geschichte, die er seinen Mitarbeitern immer wieder erzählte. Trump konnte mit starken Frauen nicht umgehen, und er hegte einen Groll gegen Deutschland, der sich aus mehreren Quellen speiste.[1653]

Um die transatlantischen Beziehungen stand es vorher schon nicht gut. Doch jetzt wurde es noch viel schlimmer. Die Bundesrepublik war schnell als Prügelknabe ausgemacht. Die deutsche Flüchtlings- und Klimapolitik kritisierte Trump ebenso scharf wie den Handelsbilanzüberschuss und die geringen Verteidigungsausgaben, die unter dem NATO-Ziel von zwei Prozent des Bruttoinlandsproduktes lagen.[1654] Bei dem Besuch Merkels in Washington im März 2017, einem NATO-Gipfel und auf dem G7-Treffen auf Sizilien im Mai 2017 schlug Trump immer wieder in dieselbe Kerbe.[1655] Die Kanzlerin wollte in Washington über Russland sprechen. Trump wimmelte sie ab.[1656] «They want to have a handshake», flüsterte Merkel ihm nach dem Treffen vor laufenden Kameras zu. Er ignorierte sie.

Die Kanzlerin war schockiert über so viel «Unberechenbarkeit».[1657] Sie, die Amerikafreundin. Sie, die 2002 gegen Schröder den Schulterschluss mit Bush gesucht hatte. Sie, die nun den Realitäten ins Auge blicken musste. Sehr schnell gab sie sich keinerlei Illusionen mehr hin, das Verhalten Trumps ändern zu können.[1658] In einem Münchner Bierzelt fiel am 28. Mai nach einem desaströsen G7-Gipfel ein «sehr gründlich» überlegter Satz: «Die Zeiten, in denen wir uns auf andere völlig verlassen konnten, die sind ein Stück weit vorbei», womit sie sich deutlich auf die USA unter Trump (und den Brexit) bezog.[1659] Die Europäer müssten selbstständiger werden und ihr Schicksal in die eigenen Hände nehmen. Die internationalen Reaktionen auf ihre Rede waren ebenso positiv wie zahlreich: Ein enormer Wandel zeichne sich ab, eine neue Ära, eine neue transatlantische Welt,[1660] wobei Berlin «vor allem auf Frankreich»[1661] hoffe. Doch nur wenige Stunden nach Merkels Bierzelt-Rede lud der neue französische Präsident seinen russischen Amtskollegen auf Schloss Versailles und kredenzte ihm mehr als nur ein Hefeweizen.

Emmanuel Macron war im April 2017 nach seinem Sieg gegen die rechtsnationale und kremlfreundliche Marine Le Pen in den Élysée-Palast eingezogen. Er war von der Ad-hoc-Bewegung «En Marche» getragen worden und hegte von allen Bewerbern um das Präsidentenamt am wenigsten Sympathien für Russland.[1662] Der neue Superstar an der Seine suchte mit viel Pathos und Pomp das internationale Rampenlicht. Merkel begegnete ihm mit persönlicher Skepsis und blieb zurückhaltend in Bezug auf seine Pläne einer engeren Wirtschafts-, Währungs- und Finanzunion – wie viele nordeuropäische Länder auch.[1663] Macron verfolgte noch eine andere Linie. Er ging auf Putin zu, empfing ausgerechnet ihn als ersten ausländischen Staatsgast. Nur kurze Zeit nach Merkels «Bierzeltrede» steckte dahinter ebenfalls eine Reaktion auf Trumps Amtsführung und sollte Moskau von einer Hinwendung zu China abhalten.[1664] Macrons Eröffnungszug war an *Grandeur* nicht zu überbieten: Versailles. Dort erinnerte eine Ausstellung an den Besuch Peters des Großen anno 1717 – dem Jahr, in dem Frankreich im Amsterdamer Vertrag eine prorussische Neutralität zusicherte und Russland endgültig in das europäische Konzert der Großmächte aufgenommen wurde. Nun war also der größte Verehrer Peters, Wladimir Wladimirowitsch, an der Reihe. Obwohl Russland sich in den französischen Präsidentschaftswahlkampf eingemischt hatte und jahrelang versuchte, die Innenpolitik des Hexagons zu beeinflussen, suchte Macron eine realpolitische Annäherung, die auch auf einer verbrämten Sicht Russlands basierte.[1665] Er setzte auf Dialog und «modération». Noch im Mai 2022 warnte er davor, Russland zu demütigen und verwies dezidiert auf die «Demütigungen» Deutschlands nach dem Ersten Weltkrieg und Russlands nach 1991 als Negativbeispiele.[1666] Dabei konnte er sich auf einen relativ breiten Konsens in der französischen Gesellschaft und Elite stützen, der sich durch eine romantisierende Sicht auf Russland (über die kleineren Staaten Ostmitteleuropas hinweg), einen tendenziell skeptischen Blick auf die USA und die

Betonung einer unabhängigen (Führungs-)Rolle Frankreichs auszeichnete. Dennoch warnte vor allem das französische Außenministerium vor zu großen Illusionen im Umgang mit Moskau[1667] – im Vergleich zu Deutschland eine gewisse Umkehrung, da der Élysée moskaufreundlicher war als das Bundeskanzleramt.[1668] Doch Macron und die Seinen mauerten sich im Élysée ein: Europa dürfe nicht weiter das Schlachtfeld einer strategischen Auseinandersetzung zwischen den USA und Russland sein, rief Macron seinen Top-Diplomaten 2019 zu.[1669]

In Versailles zeigten sich bereits die Ambivalenzen der neuen Einbindungspolitik. Macron kritisierte die versuchte Einflussnahme russischer «Propagandaorgane» in Frankreich und das brutale Vorgehen in Syrien.[1670] Umgekehrt betonte er Gemeinsamkeiten. Putin sei Präsident eines Landes, das im Zweiten Weltkrieg «die Freiheit Europas» verteidigt habe, so Macron wörtlich, was hoffentlich niemand in Ostmitteleuropa und im Baltikum hörte.[1671] Die Gegenwart wolle man auch zusammen gestalten. Es sollte eine französisch-russische Arbeitsgruppe zum Kampf gegen den Terrorismus gegründet und gemeinsam gegen den Islamischen Staat vorgegangen werden. Ebenso wollte Macron das Normandie-Format wiederbeleben (obwohl er erst kurz vor der russischen Invasion 2022 erstmals die Ukraine besuchte). Macron wollte Frankreich außenpolitisch als «puissance d'équilibre» etablieren, als Macht des Ausgleichs in einer multipolaren Welt, was in Moskau auch als Eingeständnis eigener Schwäche des Westens gesehen wurde.[1672] Es wurde schnell deutlich, dass mit dem neuen Mann ein weitaus aktiverer Player in der europäischen Russlandpolitik in den Élysée-Palast eingezogen war.[1673] Nach den Wahlen in den USA und in Frankreich waren am 24. September 2017 auch die Bundesbürger zur Stimmabgabe aufgerufen.

Im Wahlkampf spielte die Ost- und Westpolitik wiederholt eine Rolle. Im Juni 2017 verschärfte der US-Senat auch als Antwort auf die russische Einmischung in die US-Präsidentschaftswahl das Sanktionsregime gegen Russland (und den Iran), das sich nun gegen weitere Sektoren, etwa die Bergbau-, Schifffahrt-, Eisenbahn- und Metallindustrie richtete. Die von Obama erlassenen Sanktionen wurden damit gesetzlich verankert. Mit dem «Countering America's Adversaries Through Sanctions Act» konnten auch befreundete Staaten unter Druck gesetzt werden, und der Kongress band Trump die Hände, damit er das Sanktionsregime nicht einfach aus einer

Laune heraus auflösen konnte.[1674] Der Präsident stimmte also aus einer Position der Schwäche zu und zeigte sich sehr zurückhaltend bei der tatsächlichen Anwendung von Sanktionen gegen Russland.[1675] Durch den Schritt drohten auch europäischen Firmen, die mit Russland kooperierten, empfindliche Strafen. Berlin war empört.

Im Januar hatte an der Spree ein Stühlerücken stattgefunden. Steinmeier wurde Bundespräsident. Gabriel übernahm das Auswärtige Amt. Er gab den SPD-Vorsitz ab und wurde nicht zum Kanzlerkandidaten gekürt, sondern der Europapolitiker Martin Schulz. Brigitte Zypries, ebenfalls Teil der moskaufreundlichen SPD-Zirkel um Gerhard Schröder, wurde Wirtschaftsministerin.[1676] Der neue Außenminister und Putin schienen übereinzustimmen: Sie wollten eine Normalisierung der Beziehungen, die Sanktionen störten.[1677] Gabriel erkannte daher in der Sanktionsverschärfung Washingtons einen unverhohlenen Versuch, sich in europäische Angelegenheiten einzumischen. Russisches Erdgas solle verdrängt und neue Märkte für amerikanisches Flüssiggas erschlossen werden, so Gabriels Einschätzung, die er in einem gemeinsamen Statement mit dem österreichischen Bundeskanzler darlegte.[1678] «Russisches Friedensgas, amerikanisches Imperialistengas», spottete Christoph von Marschall im *Tagesspiegel*.[1679] Die EU-Kommission und die Kanzlerin teilten jedoch die Kritik. Es handle sich um ein «eigenwilliges Vorgehen des US-Senats», ließ Merkel über ihren Regierungssprecher ausrichten und es gäbe «ganz große inhaltliche Übereinstimmungen» mit Gabriels Erklärung.[1680]

Konnte man die Sanktionen der USA noch als amerikanische Einmischung in europäische Angelegenheiten rhetorisch recht simpel zurückweisen, gestaltete sich dies bei der erneuten Kritik der EU-Kommission an NS-2 im Juli deutlich schwieriger. Seit Jahresbeginn hatte das sehr russlandskeptische EU-Parlament das Projekt immer deutlicher attackiert und im Juli erneuerte auch die EU-Kommission ihren Widerstand gegen die Pipeline.[1681] Schweden bezeichnete NS-2 gar als Bedrohung der eigenen Sicherheit, und gemeinsam mit Dänemark bat man Brüssel um Hilfe.[1682] Erneut war also (wie 2008) nicht unbedeutend, dass sich die Skandinavier auf die Seite der Ostmitteleuropäer und Balten stellten. Die Kommission wollte das Projekt an sich ziehen und mit Russland selbst verhandeln.[1683] Die EU wollte mit einer neuen Gasrichtlinie auch (Offshore-)Pipelines, die aus Drittstaaten in die Union führten, endgültig denselben Regularien unterwerfen wie den innerhalb der EU verlaufenden. «Als der Vorschlag immer konkretere Form annahm, freute man sich in Washington und Warschau. Moskau und Berlin waren außer sich», hielt ein US-Bericht fest.[1684] Die Bundesregierung stemmte sich mit aller Kraft dagegen, auch die beteiligten Unternehmen blieben bei ihrer Linie.[1685]

Die Bundestagswahl am 24. September 2017 verlief unerwartet ruhig. Nach den russischen Einmischungsversuchen in die US-Wahl hatte man auch in Deutschland mit den Cyberkriegern des Kremls gerechnet.[1686] Dies war nicht unbegründet: Im Januar 2016 streuten russische Kanäle sehr erfolgreich die falsche Geschichte eines 13-jährigen deutsch-russischen Mädchens, das in Berlin angeblich von Flüchtlingen vergewaltigt wurde und unter den russischstämmigen Deutschen für Furore sorgte. Im Dezember 2017 wurden weitere Cyberangriffe auf den Bundestag und deutsche Ministerien erkannt, die vermutlich schon lange vorher bestanden hatten. Die Bundesrepublik war Ziel des russischen Desinformationskrieges gegen den Westen. *Russia Today* und *Sputnik* verbreiteten die Propaganda des Kremls.[1687] 2019 lebten in Deutschland rund 3,5 Millionen Menschen mit einem Migrationshintergrund aus der ehemaligen Sowjetunion und 2,4 Millionen Personen dieser heterogenen Gruppen sprachen noch russisch und waren wahlberechtigt.[1688] Die AfD suchte in Teilen immer deutlicher den Schulterschluss mit Moskau und folgte dem Vorbild anderer rechtspopulistischer Parteien in Europa. Außenpolitik spielte eine größere Rolle als sonst. Der FDP-Vorsitzende Christian Lindner erklärte im Wahlkampf, die Krim werde man wohl als «dauerhaftes Provisorium» ansehen müssen.[1689] Er spielte damit erneut auf die deutsche Geschichte und das «Provisorium» Bonner Republik an. Trotz der Äußerungen Trumps und des Rückzugs der USA als Ordnungsmacht in Europa, stemmten sich der SPD-Kanzlerkandidat Schulz und Außenminister Gabriel im Bundestagswahlkampf gegen eine Erhöhung des Verteidigungshaushaltes.[1690] Die SPD fuhr einen Friedenswahlkampf mitsamt Absage an das Zwei-Prozent-Ziel der NATO und Warnungen vor einer Aufrüstungsspirale, was immer auch Kritik an den USA (über Trump hinaus) als eigentlichem Bösewicht einschloss.[1691] Auch die Geschichte wurde bemüht: Die Bundesrepublik wäre bei einer Erhöhung die größte Militärmacht Europas, was man aufgrund der deutschen Vergangenheit nicht wollen könne.[1692] Umgekehrt brüstete Gabriel sich vor Journalisten damit, im NATO-Außenministerrat vor den

USA nicht buckelnd zu agieren, und das neue Schlüsselwort im Auswärtigen Amt lautete «Selbstbehauptung».[1693] Der amerikakritische Kurs zu Wahlkampfzeiten, die gewünschte Annäherung an Moskau und die selbstbewusste Betonung deutscher Interessen fühlten sich wie ein Déjà-vu an. Dem Eindruck, man befände sich wieder in der Amtszeit Gerhard Schröders (mitsamt einem schwierigen Partner in Washington) leistete auch ein gemeinsames Abendessen zwischen Gabriel, Schröder und Putin Vorschub.[1694]

Nach der Bundestagswahl 2017 regierte weiter eine Große Koalition. Es zeichnete sich ein Machtverlust Merkels auf Raten ab. Sie verlor in der Folge ihren Fraktionsvorsitzenden Volker Kauder, trat im Dezember 2018 den Parteivorsitz an die unglücklich agierende Annegret Kramp-Karrenbauer ab, nach deren Rücktritt die CDU in Macht- und Flügelkämpfen unterzugehen drohte. Außenpolitisch war die Welt in schwierigen Fahrwassern: Russland, China, Nord-Korea, Iran, Terrorismus, Klima, transatlantische Ungewissheiten und europäische Uneinigkeit.[1695]

Die Fachwelt diskutierte eifrig über den richtigen Umgang mit Russland. Zwei Mitarbeiter der *Hessischen Stiftung für Friedens- und Konfliktforschung* (HSFK) sorgten mit ihrem Theorem des «pluralen Friedens» für Furore. Matthias Dembinski und Hans-Joachim Spanger forderten die Anerkennung «normativer Differenzen» zwischen dem Westen und Russland. Der seit 1990 andauernde Versuch einer Einbindung der post-sowjetischen Welt und Russlands in die westlichen Institutionen und einhergehendem Anpassungsdruck an liberale Normen sei gescheitert. Neben der Anerkennung dieser Differenzen müsse der Westen auch eine EU- und NATO-Mitgliedschaft der Ukraine und anderer post-sowjetischer Staaten ausschließen. Nur so könne eine stabile Friedensordnung entstehen, argumentieren Dembinski und Spanger.[1696] Der Aufsatz rief eine heftige Kontroverse hervor. Den Autoren wurde der Ausverkauf westlicher Werte und anderer Staaten vorgeworfen.[1697] Appeasement, München und Rapallo blitzten erneut als Chiffren in den Debatten auf.[1698] Während die Befürworter eines kritischeren Kurses gegenüber Moskau in der wissenschaftlichen Community in der Mehrheit waren, wandelte sich das Russlandbild in der Bevölkerung zum Besseren.

Im September und Oktober 2017 zeigte eine Umfrage des Pew-Institutes und der Körber-Stiftung, dass 43 Prozent der US-Bürger enger mit Russland zusammenarbeiten wollten, aber 44 Prozent dagegen waren. In Deutschland sprachen sich 78 Prozent dafür aus, nur 16 Prozent waren dagegen.[1699] Auch der sächsische Ministerpräsident, der CDU-Politiker Michael Kretschmer, forderte eine Hinwendung zu Russland, und publizistisch waren Gabriele Krone-Schmalz, Horst Teltschik und Adelheid Bahr, die Witwe Egons Bahrs, auf einem ähnlichen Kurs. Sie kritisierten eine angebliche Dämonisierung Putins durch einseitige Medienberichterstattung und Isolierung Russlands aufgrund einer verfehlten westlichen Politik.[1700] Wie wenig in der deutschen Russlanddebatte das letzte Wort gesprochen war, zeigte ein Vorschlag Putins im September 2017. Der Kreml wollte eine VN-Mission im Osten der Ukraine einsetzen, die die OSZE-Beobachtermission schützen sollte.[1701] Die Ukraine hatte ähnliche Ideen ebenfalls angedacht, aber mit einem entscheidenden Unterschied: Die Blauhelme sollten auch Zugang zu den abtrünnigen Gebieten und zur ukrainisch-russischen Grenze erhalten.[1702] Einen Passus, den Russland zunächst ablehnte, dann einer Ausweitung auf alle Gebiete, aber nicht die Grenze, mitzutragen bereit schien und somit Poroschenko unter Zugzwang setzte. Aufmerksame Beobachter sprachen daher von einem «vergifteten Geschenk» Putins.[1703] Gabriel bezeichnete die Entwicklung als «gutes Signal»[1704] und dachte neuerlich laut über Lockerungen der Sanktionen nach, was heftige Kritik in Deutschland und aus der Ukraine evozierte.[1705] Doch der Außenminister warb unbeirrt auch in Kyjiw für die Pläne einer VN-Mission im Osten der Ukraine.[1706] Im Dezember 2017 legte Gabriel in einer Grundsatzrede seine Sicht einer neuen deutschen Außenpolitik dar: keine «Unterwerfung» gegenüber den USA, sondern einen «strategischen Interessenausgleich». Deutschland und die EU müssten einen stärker interessen- als wertegeleiteten Kurs fahren und sich in Anbetracht der Rolle Chinas und des Rückzugs der USA immer energischer in die Weltpolitik einmischen.[1707]

Dem neuen Kabinett Angela Merkels gehörte Gabriel, primär aus innerparteilichen Gründen, jedoch nicht mehr an.[1708] Sein Nachfolger wurde von 2018 bis 2021 Heiko Maas, der stark auf Multilateralismus setzte und weniger die Nähe zum Kreml suchte als seine sozialdemokratischen Vorgänger.[1709] Russland weise ein «zunehmend feindseliges» Verhalten auf, betonte Maas kurz nach seiner Amtsübernahme.[1710] Er ernannte den Sozialdemokraten Michael Roth, der ebenfalls eine kremlkritische Linie fuhr, zu seinem Staatsminister. Auch die SPD-Parteivorsitzenden, Olaf Scholz (Anfang

2018 zwei Monate kommissarisch) und Andrea Nahles, unterstützten ostpolitisch zumindest eine «Akzentverschiebung».[1711] Maas wollte nicht ausschließlich auf Dialogbereitschaft setzen, sondern Härte gegenüber Moskau zeigen, um auch im westlichen Bündnis wieder Glaubwürdigkeit und Beinfreiheit zu erlangen.

Bei seinem ersten Russland-Besuch sprach Maas die Hackerangriffe auf das Auswärtige Amt und die russischen Desinformationskampagnen dezidiert an. Ein Rundumschlag oder gar Bruch mit der bisherigen Linie war dies nicht. Die Kumpanei sollte enden, Missstände deutlicher angesprochen werden. Keineswegs sollte Russland isoliert oder die Bundeswehr massiv aufgerüstet werden.[1712] Er stieß aber schon mit dieser sehr maßvollen «Akzentverschiebung» in Teilen seiner Partei auf maßlosen Widerstand. Ralf Stegner und die drei Ministerpräsidenten Manuela Schwesig, Dietmar Woidke und Stephan Weil gingen in einer SPD-Präsidiumssitzung Ende Mai 2018 in den «Attackemodus».[1713] Maas verrate die Grundprinzipien Willy Brandts, so der schlimmste aller Vorwürfe für einen Sozialdemokraten. Der neue Außenminister musste eine neue Kompromissformel akzeptieren: Man brauche mit Russland «nicht weniger, sondern mehr Dialog».[1714] Entspannung, der Abzug der US-Atomwaffen und das Ende der nuklearen Teilhabe schienen weiterhin die sicherheitspolitischen Steckenpferde der Genossen.[1715] Maas musste einschwenken. Scholz und Nahles wollten den Kompromiss und Maas hatte «keine Lust mehr, sich ohne ausreichenden Rückhalt in der Ostpolitik aufzureiben. Im Auswärtigen Amt herrscht schon bald wieder Routine. Viele Diplomaten verstehen die Äußerungen von Maas so, dass im Umgang mit Russland die bisherige Linie fortgesetzt wird.»[1716]

Im Dezember 2017 gab es ein weiteres Déjà-vu: Über den Atlantik hinweg kam es zu Meinungsverschiedenheiten bezüglich etwaiger Waffenlieferungen an die Ukraine. Trump veröffentlichte seine neue Nationale Sicherheitsstrategie, die einem «peace through strength»-Mantra folgte und gegenüber Russland Härte demonstrieren wollte.[1717] In diesem Kontext erlaubte er die Ausfuhr von letalen Rüstungsgütern durch US-Firmen, womit primär Panzerabwehrwaffen des Typs Javelin und Scharfschützengewehre gemeint waren, aber auch Munition, Radare, Fahrzeuge und andere Ausrüstung. Er weitete damit die Militärhilfen an Kyjiw aus, die sich unter Obama auf nicht-letale Güter beschränkt hatten. Das erklärte Ziel war es,

Russland dadurch abzuschrecken.[1718] Trump hatte sich diesem Schritt sehr lange verweigert. Die Ukraine sei zu korrupt, sagte er auch Poroschenko ins Gesicht.[1719] Es war tatsächlich kein Geheimnis, dass Korruption im ukrainischen Verteidigungssektor ein enormes Problem war: Rund 30 Prozent der Gelder verschwanden.[1720] Trump war letztlich von einer Ausweitung der Unterstützung überzeugt worden, da man ihm die Vorteile für US-Unternehmen darlegte.[1721] Kanada gewährte ebenfalls Exportlizenzen für Waffenlieferungen in die Ukraine. In Deutschland wurden derweil andere Fragen wirtschaftlicher Natur besprochen.

Multiple Stresstests: Morde, Zölle und eine wankende Supermacht (2018)

Im März 2018 war mit dem Bau von NS-2 begonnen worden. 2019 sollte das erste Gas durch die Pipeline strömen. Nachdem die Genehmigungen langsam eintrudelten, wurden die 100 000 Rohre durch die Ostsee verlegt. Die EU-Kommission beschwerte sich, da man das Sanctum noch nicht gegeben hatte, aber Berlin erklärte nonchalant, dies sei nicht notwendig. Im April unternahm Merkel einen rhetorischen Kursschwenk. Inwiefern sie dies auch aufgrund des Stühlerückens in der SPD nun offener betreiben konnte, müssen spätere Arbeiten untersuchen.[1722] Ebenso mag der Druck auf Berlin nach dem Mordanschlag im britischen Salisbury im März, bei dem Moskau den ehemaligen russischen Agenten Sergej Skripal (und dessen Tochter) vergiftete und eine diplomatische Krise mit Großbritannien und dem Westen provozierte, eine Rolle gespielt haben.[1723] Die Bundesregierung zeigte sich solidarisch und wies in enger Abstimmung mit London einige russische Diplomaten aus. Österreich scherte aus: Man empfing Putin nur wenig später mit allen Ehren in Wien und unterzeichnete neue Gasverträge.[1724]

Am 10. April erklärte Merkel bei einem Besuch Poroschenkos in Berlin, dass es bei NS-2 «natürlich auch politische Faktoren zu berücksichtigen» gebe und die Ukraine ihren Status als Transitland behalten müsse.[1725] Dies habe sie Putin am Vortag sehr deutlich erklärt und man brauche diese Zusicherung Russlands, damit die EU-Kommission grünes Licht für NS-2 gebe.[1726] Kurz gesagt: Moskau müsse die Zukunft der Ukraine als Transitland zusichern, wenn Berlin die Pipeline in trockene Tücher bringen sollte. Gewissermaßen stellte Merkel damit ein Junktim her. Sie nutzte taktisch versiert die EU und konnte vorgeben, ihre Hände seien gebunden, um Druck auf Putin auszuüben. Im In- und Ausland horchte man auf: Ein deutlicher Wandel im Ton war unbestreitbar.[1727] In Berlin gingen aber nicht alle d'accord. Der Vize-Kanzler und Finanzminister Olaf Scholz widersprach der Kanzlerin. Es handle sich bei Nord Stream «um eine rein privatwirtschaftliche Entscheidung», erklärte er.[1728]

Der Tonfall Trumps blieb hingegen gleich. Der Rückzug der USA aus dem Atomabkommen mit dem Iran im Mai 2018 führte zu gravierenden Meinungsverschiedenheiten auf beiden Seiten des Atlantiks. Den INF-Vertrag kündigte Trump ebenso auf und drohte zudem mit Strafzöllen gegen die EU. Alles, was der US-Präsident anfasste oder sagte, war hiernach Gift: die Verteidigungsausgaben erhöhen – Rüsten für Trump? NS-2 stoppen und dafür teureres Frackinggas aus den USA kaufen? Innenpolitisch wäre dies sicherlich ein kühner Schritt gewesen. Russland habe in Deutschland mittlerweile mehr Unterstützer als die USA. Putin sei «geschickter» als Trump, so Michael Thumans Analyse. «Nach der jüngsten Pew-Umfrage hatten 2017 ganze 11 Prozent der Deutschen Vertrauen in Trump, aber 25 Prozent Vertrauen in Putin. Auch nicht viel, aber: Den Weltfrieden sehen laut Forsa 79 Prozent durch Trump gefährdet und nur 13 Prozent durch Putin.»[1729] Im April 2018 stand Merkels Besuch in Washington an.

Die Kanzlerin dürfte dieser Reise mit wenig Vorfreude entgegengesehen haben. Handelsstreitigkeiten, der Iran und die NATO-Verteidigungsausgaben waren die Kernpunkte der Gespräche, doch auch die Nord Stream-Pipeline wurde diskutiert: Trump sprach sich erneut, wie 39 US-Senatoren, gegen das Projekt aus, da es Moskau viel Geld in die Kassen spüle.[1730] Trump drohte mit Konsequenzen und ging Merkel verbal so hart an, dass ihre Berater schockiert waren.[1731] Es sollte ihr letzter USA-Besuch während seiner Amtszeit bleiben.

Der folgende G7-Gipfel in Kanada eskalierte weiter. Die USA hatten Strafzölle gegen Stahl und Aluminium aus der EU und Kanada verhängt. Auf dem Gipfel plädierte Trump für eine Wiederaufnahme Russlands in die G7, bezeichnete die Krim als russisch, und selbst das Abschlusskommuniqué sorgte für Streit.[1732] Trump beleidigte die engsten Verbündeten und flog danach zu einem Treffen mit dem nordkoreanischen Diktator Kim Jong-un. Auf dem NATO-Gipfel im Juli legte Trump noch eine Schippe drauf: Er kritisierte die in seinen Augen unzulänglichen Verteidigungsausgaben vieler Mitgliedstaaten und ging vor allem mit Deutschland hart ins Gericht.[1733] Die Bundesrepublik sei ein «Gefangener Russlands», durch NS-2 völlig vom Gutdünken Putins abhängig und werfe ihm Geld in den Rachen, anstatt in die eigenen Verteidigungsfähigkeiten zu investieren, so Trump.[1734] Woraus speiste sich seine Ablehnung von NS-2? Aus strategischen Überlegungen, um Russland zu schwächen? Seine Tweets und Äußerungen zeigen vielmehr einen Fokus auf seinen Lieblingsfeind: Deutschland. Es ging Trump auch ums Geschäft. Die NATO bzw. «er» sollte das deutsche Geld erhalten, nicht Russland. Mit viel Mühe konnten die Europäer Trump besänftigen. Seit seinem Amtsantritt gaben sie 70 Milliarden US-Dollar mehr für Verteidigung aus, erklärten sie ihm. Trump verkündete nach dem Treffen eigenmächtig, alle NATO-Mitglieder würden nun bald vier Prozent ihres BIPs für Verteidigung ausgeben – was Macron und andere schnell korrigierten: Dem sei nicht so. Die Bundesrepublik hatte eine Erhöhung auf nur 1,5 Prozent bis 2024 beschlossen und war somit von den Abmachungen des Gipfels von Wales 2014 abgewichen. Ob man die 1,5 Prozent erreichen konnte, stand ebenfalls in den Sternen. Bundesfinanzminister Olaf Scholz schwieg sich dazu aus und setzte andere Prioritäten.[1735] Die Bundesbürger auch. In einer Umfrage im April 2019 waren 53 Prozent gegen eine Erhöhung auf zwei Prozent; 43 Prozent dafür. Dabei fällt auch auf: Unter den Anhängern der eher kremlkritischen Grünen waren nur 34 Prozent für eine Erhöhung; bei Sympathisanten der FDP hingegen 64 Prozent, der AfD 52 Prozent, der CDU/CSU 47 Prozent und der SPD nurmehr 39 Prozent.[1736] Im August 2019 stieg die Zustimmung für das Zwei-Prozent-Ziel auf 50 Prozent; mit 46 Prozent Gegenstimmen.[1737] Einer Verstärkung der NATO-Präsenz in Osteuropa stimmten 2019 und 2020 34 Prozent zu, 27 Prozent teilweise zu und 32 Prozenten lehnten es ab.[1738] Doch ein endgültiger Umschwung, also eine Befürwortung des Zwei-Prozent-Ziels und einer Vornepräsenz an der NATO-Ostflanke trat erst im Frühjahr 2022 ein[1739] – doch zurück in den Juli 2018.

Trump reiste früher aus Brüssel ab. Er eilte zu einem Treffen mit Putin nach Helsinki. Bevor er ging, unterbrach er Merkel während ihrer Rede und gab ihr einen Kuss auf die Wange: «I love this woman. Isn't she great?»[1740] Die deutsche Delegation war genauso konsterniert wie ihre Chefin. In Helsinki wollte Trump trotz aller Sanktionspolitik neue Wirtschaftskontakte knüpfen.[1741] Russland habe sich nicht in die US-Wahl eingemischt, erklärte der US-Präsident. Er stellte damit das Wort Putins über die Erkenntnisse seiner Geheimdienste. Putin stand während der Pressekonferenz grinsend neben ihm. Nach stürmischen Reaktionen auf das Helsinki-Treffen erklärte sich Trump bereit, eine völkerrechtliche Anerkennung der Krim-Annexion offiziell auszuschließen – eine Idee, mit der er vorher immer wieder kokettiert hatte.[1742] Als Trump kurze Zeit später vor der VN-Generalversammlung seine Philippika wiederholte und vor einer deutschen Abhängigkeit durch NS-2 warnte, hatte die deutsche Delegation nur ein Lächeln für ihn übrig. Außenminister Maas wies die Kritik zurück: «Es gibt keine Abhängigkeit Deutschlands von Russland, schon gar nicht in Energiefragen.»[1743] Neben dem Versuch, die transatlantischen Beziehungen halbwegs intakt zu halten, suchte Berlin auch das Gespräch mit dem Kreml.

Merkel flog im Mai nach Sotschi. Putin empfing sie mit einem stattlichen Blumenstrauß. Beide Seiten bemühten sich. Beide wollten Erfolge. Es gab Anknüpfungspunkte: Berlin und Moskau wollten den Iran einbinden, nicht isolieren. In Syrien wollte Berlin Russlands Hilfe für den beginnenden Wiederaufbau. Gespräche mit dem Kreml schienen ein notwendiges Übel.[1744] Die Kanzlerin stand symbolisch für einen geschwächten Westen. Dass Putin am gleichen Tag noch Syriens Diktator Assad empfing, war eine demonstrative Zurschaustellung der eigenen Machtposition.[1745] In den Augen des *Spiegel* reiste die Kanzlerin als «Bittstellerin» nach Sotschi und traf auf einen russischen Präsidenten, der «international so wichtig ist wie nie zuvor».[1746] Ein wichtiges Dossier hatte der neue Wirtschaftsminister, der Christdemokrat Peter Altmaier, schon im Vorfeld vorbereitet. Er lotete in Kyjiw und Moskau eine Lösung des weiteren Gastransits durch die Ukraine aus.[1747] Am 18. Mai sagte Putin zu, dass man trotz NS-2 die Lieferungen von Erdgas durch die Ukraine fortsetzen werde, ergänzte jedoch: «Solange diese wirtschaftlich gerechtfertigt sind und [es] sinnvoll ist für alle Beteiligten.»[1748] Eine konkrete Zusage und Garantien, wie Merkel sie forderte, war dies nicht. Was hinter verschlossenen Türen besprochen wurde, bleibt unklar. Die Atmosphäre schien besser als bei vorherigen Treffen und beide sprachen über anderthalb Stunden unter vier Augen.[1749] Die Kanzlerin betonte hiernach öffentlich, man habe «ein strategisches Interesse daran, gute Beziehungen zu Russland» zu pflegen, trotz aller «schweren, grundsätzlichen Differenzen».[1750] Sie betonte, dass «für Deutschland weiterhin der Konflikt in der Ukraine das zentrale Thema» sei, berichtete der *Spiegel*.[1751]

Sie wollte Putin auch eine Zusage für eine VN-Mission in der Ostukraine abringen. Der Kreml stimmte immerhin einer weiteren Erörterung zu. Im Sommer trafen die vier Außenminister des Normandie-Formats erstmals seit 16 Monaten wieder zusammen. Im Gegensatz zu Steinmeier hatte Gabriel die Vermittlungsversuche nie enthusiastisch weiterverfolgt.[1752] Heiko Maas fuhr, wie auch Gabriel zuvor, in die Ostukraine und versprach neue Initiativen. «Wir werden euch nicht alleinlassen», verkündete er.[1753] Die rege Besuchsdiplomatie riss nicht ab.

Im August empfing Merkel den russischen Präsidenten auf Schloss Meseberg. Bevor Putin in Brandenburg eintraf, tanzte er auf der Hochzeit der österreichischen Außenministerin. So ausgelassen war die Stimmung auf Schloss Meseberg nicht, doch die Einladung suggerierte Vertrautheit, denn sie erinnerte an den Medwedew-Besuch 2010. Auf Schloss Meseberg zeigte sich, dass die Bundesregierung mit Russland in einigen Feldern kooperieren wollte. Im Hinblick auf Syrien wollte man weitere Flüchtlingsströme vermeiden. Merkel drängte Putin abermals dazu, einen Ausgleich mit der Ukraine zu finden, damit diese weiterhin Transitland blieb. «Auch, wenn es Nord Stream 2 gibt», müsse die Ukraine eine Rolle im Transit spielen, so die Kanzlerin erneut ein recht undefiniertes Junktim betonend.[1754] Die Frage einer VN-Mission wurde ebenfalls besprochen.[1755] Doch grundsätzliche Differenzen und Meinungsverschiedenheiten im Hinblick auf die Umsetzung von Minsk II blieben bestehen. Die Pressekonferenz nach dem Gipfel war kurz. Nachfragen wurden nicht zugelassen.[1756] Auf welch tönernen Füßen die Vermittlungsversuche standen, zeigte die erneute Eskalation der Gewalt im November 2018.

Es war keinesfalls ruhig im Osten der Ukraine, doch im November sorgte die Russische Föderation für eine weitere völkerrechtswidrige Eskalation.[1757] Seit 2016 baute Moskau bei Kertsch eine Brücke vom russischen Festland zur Krim, und es kam zu Streitigkeiten mit der Ukraine in der gleichnamigen Meerenge, die laut eines Vertrages von 2003 von beiden Ländern genutzt werden durfte. Am 25. November kam es zu einem Zwischenfall. Die russische Küstenwache verhinderte die Durchfahrt von drei ukrainischen Schiffen und rammte eines. Später wurden die Schiffe beschossen, russische Kräfte enterten sie und setzten sie fest.[1758] 24 ukrainische Seeleute wurden verhaftet. Poroschenko verhängte in den Grenzregionen das Kriegsrecht. Im Westen befürchtete man, dass er womöglich auch die Präsidentschaftswahlen im Frühjahr verschieben würde.[1759] Ängste, die der Kreml bewusst schürte, um Poroschenko zu diskreditieren und vom eigenen Handeln abzulenken.[1760] Für den *Spiegel* stand das «Vermächtnis» der Kanzlerin auf dem Spiel. Sie habe zwar in der Ukraine immer wieder vermittelt, aber der jüngste Gewaltausbruch zeige: «Es reicht nicht, nur das Schlimmste zu verhindern.»[1761] Minsk II funktioniere nicht, die Ukraine verschleppe innere Reformen. Was also tun? Eine wirkliche Antwort blieb *Der Spiegel* schuldig. Merkel nahm das Telefon in die Hand. Sie sprach mit Poroschenko und Putin. Sie mahnte beide zur Deeskalation, wobei der Kreml auf Kyjiw zugehen sollte.[1762] Macron startete eine neue Initiative zur Wiederaufnahme des Normandie-Formates, das seit 2016 nicht mehr auf der Ebene der Staats- und Regierungschefs getagt hatte. Die EU dachte laut über neue Sanktionen nach, falls die Lage sich nicht beruhigen sollte.[1763] Der Westen ging daher ähnlich wie 2014/15 vor – mit einem Unterschied. Trump verhinderte eine deutliche Verurteilung der russischen Aktionen und sagte eine als symbolische Geste der Unterstützung geplante Reise in die Ukraine ab.[1764] Die Gewalteskalation führte erneut zu Forderungen, unter anderem aus der CDU, den Bau von NS-2 zu stoppen. Doch selbst russlandkritische Beobachter konstatierten, dass solch ein Schritt der Ukraine «nichts nützen» würde.[1765] Zu Jahresbeginn drohte wegen der Pipeline allerdings kurzzeitig der Bruch mit Paris.

Zwist im Westen, neue Bedrohungen und kleine Lichtblicke

«Im polnischen Fernsehen war es die Spitzenmeldung: Frankreich stellt sich gegen Nord Stream 2 – und damit gegen Deutschland.»[1766] Am Tag vor einer wichtigen Abstimmung der Energieminister in Brüssel lief das deutsch-französische Tandem nicht rund.[1767] Worum ging es? Die EU-Kommission wollte durch eine novellierte Gas-Richtlinie einige Lücken des Energiebinnenmarktes schließen, die im Zuge von NS-2 für Streitigkeiten gesorgt hatten. Die Bundesrepublik stemmte sich in Brüssel seit Monaten mit all ihrer Kraft dagegen, denn die erneuerte Fassung hätte die Inbetriebnahme von NS-2 in der aktuellen Konstellation unmöglich gemacht. Berlin schimpfte und tobte. Die Kommission überschreite ihre Zuständigkeit. Eine Ansicht, der zwei Rechtsgutachten zustimmten.[1768] Auf den deutsch-französischen Regierungskonsultationen im Juni 2018 redeten Merkel und ihre engsten Berater den Franzosen ins Gewissen, man brauche ihre Unterstützung.[1769] Doch aus Paris drohte Ungemach. Frankreich änderte zum Jahresbeginn 2019 in einem sehr ungewöhnlichen Schritt die eigene Position – kurz nach der Unterzeichnung des deutsch-französischen Kooperationsvertrages in Aachen im Januar fiel die deutsche Reaktion noch schärfer aus.[1770] Berlin bezichtigte Macron des Verrats und geriet in Zugzwang. Die USA mischten sich ebenfalls ein, da sie Morgenluft witterten, das ungeliebte Projekt begraben zu können.[1771] Merkel intervenierte bei der rumänischen EU-Ratspräsidentschaft und konnte einen Kompromiss vorbereiten.[1772] Demnach sollten auch Unterseeleitungen, die aus einem Drittstaat in die EU führten, durch die EU geregelt werden und eine Trennung von Produzent und Betreiber sowie Drittzugang gelten.[1773] Dies sollte bereits für NS-2 verpflichtend sein. Es gab jedoch ein wichtiges Aber. Das Land, in dem die Pipeline aus dem Drittstaat ankam, sollte als erstes für die Zertifizierung zuständig sein und es hiernach mit der Kommission absprechen. Zudem erstritt sich Berlin einige Sonderregeln. Deutschland sollte zum Beispiel gemeinsam mit Russland entscheiden dürfen, ob eine Ausnahmeregelung notwendig war, und die Kommission musste einer solchen zustimmen, ansonsten würde der Europäische Gerichtshof angerufen.[1774] Wie genau die Abmachung umgesetzt werden sollte, blieb zunächst unklar. Die EU-Kommission erhielt durch die Anpassung der Richtlinie im April also gewisse Kontrollrechte. «Europäische Kontrolle» war das Schlüsselwort der NS-2-Gegner, das nun verankert war.[1775] Doch trotz der neuen Auflagen würde man das Projekt nicht zum Scheitern bringen (können), so der Deal.[1776] Österreich und die OMV standen weiterhin eindeutig auf Seiten Berlins.[1777] In den Niederlanden wuchs die öffentliche Kritik an NS-2, doch hohe EU-Beamte zählten alle Benelux-Staaten und auch Ungarn weiterhin zu den Befürwortern des Projektes.[1778] Das Europäische Parlament musste die Novellierung der Gasrichtlinie noch absegnen. Die Abgeordneten würden allerdings nur über die Änderungen der neuen Richtlinie abstimmen. Durch eine Blockade der novellierten Richtlinie hätte NS-2 also noch einfacher fertiggestellt werden können.[1779] Das deutsch-französische *Couple* überlebte die kleine Ehekrise.[1780] «Paris hat Berlin mit dem Kompromiss eher geholfen, die Kuh vom Eis zu bringen», urteilten Experten in Brüssel.[1781] Andere Stimmen vermuteten, Macron habe sich nie wirklich gegen Berlin stellen wollen, sondern nur auf Konzessionen in anderen Politikfeldern, etwa dem EU-Haushalt, der Vergemeinschaftung von Schulden oder der Datenschutzreform, geschielt.[1782] Zugespitzt formuliert: Paris hatte einen wunden Punkt der Deutschen erkannt und draufgedrückt.

Die USA hatten im Vorfeld ihren Druck auf Unternehmen und Regierungen in Europa erhöht und damit heftige Kontroversen ausgelöst. Der US-Botschafter, Richard Grenell, war ohnehin kein Diplomat im eigentlichen Sinne und schnell persona non grata in Berlin.[1783] Er drohte Uniper und BASF mit Sanktionen. «Imperiales Gehabe», kommentierte die *FAZ*.[1784] 73 Prozent der Bundesbürger waren weiterhin für eine Eröffnung der Pipeline, und 67 Prozent sahen in Erdgasimporten aus Russland keine Gefährdung der europäischen Sicherheit oder eine deutsche Abhängigkeit entstehen.[1785] Wirtschaftsminister Altmaier wies die Kritik Grenells zurück, aber bot im Gegenzug Gespräche über eine engere Flüssiggas-Kooperation an.[1786] In Polen war man wütend über den Deal in Brüssel und erkannte in dem Kompromiss einen deutschen Erfolg in letzter Sekunde.[1787] Zunächst hatte Warschau aufgrund der Trumpschen Kapriolen eine Forcierung der Partnerschaft mit Berlin und Brüssel gesucht, aber sich letztlich doch mit Trump arrangiert.[1788] Nur in wenigen Kommentaren wurde auf die Interessenlage Warschaus eingegangen. «Tatsächlich will Polen selbst zu einer Energiedrehscheibe werden. Eine Gaspipeline aus Russland hat Polen schon seit Langem (unter Umgehung der Ukraine). Jetzt bauen sie eine ‹Baltische Pipeline› mit EU-Geld von Norwegen nach Polen (an Deutschland vorbei). Warschau lobbyiert derweil in Washington, endlich US-Sanktionen gegen Nord Stream 2 zu verhängen,» kommentierte Michael Thumann scharf in der *Zeit*.[1789] Polen, die USA, die Ukraine und Russland: energiepolitische Interessen gab es nicht nur in Deutschland. Doch die politischen Kosten für Berlin drohten, wie viele Beobachter schrieben, durch die Decke zu gehen. War dem so? War nicht auch der deutsche Führungsanspruch in der Euro- und Flüchtlingskrise heftig umstritten gewesen und lag somit – unabhängig davon, wie man NS-2 bewertete – in der Natur der Sache? Umgekehrt muss man auch fragen, wie das Festhalten an NS-2 zum Image Merkels als «Anführerin der freien Welt» passte, die stets Kooperation und Multilateralismus pries und forderte.[1790]

Im September gab es schlechte Nachrichten für NS-1: der Europäische Gerichtshof gab einer polnischen Klage recht. Die OPAL-Durchleitungsmengen mussten reduziert werden, da sie der europäischen Solidarität und

Versorgungssicherheit zuwiderliefen.[1791] Die Ausnahmeregelung der Kommission von 2016 wurde somit gekippt. OPAL durfte nur zur Hälfte ausgelastet werden. Dieses Urteil bedrohte auch NS-2. Dass die PiS-Regierung in Warschau, gegen die die EU ein Verfahren wegen Verletzung rechtsstaatlicher Regeln prüfte und die in der Migrationspolitik keine europäischen Kompromisse mitzutragen bereit war, nun ausgerechnet mit europäischer Solidarität argumentierte, entbehrte nicht einer gewissen Ironie. Es sprach umgekehrt aber für die unabhängigen Verfahren und die Gewaltenteilung in der EU. Der Rechtsstreit ging in eine neue Runde, da die Kommission und Berlin «Solidarität» als politischen und nicht als rechtlichen Begriff, aus dem Pflichten abgeleitet werden konnten, verstanden wissen wollten.[1792] Es bestand weiterhin ein grundsätzlicher energiepolitischer Gegensatz zwischen Berlin und Warschau. Polen setzte mittelfristig auf einen Ausschluss russischen Gases vom europäischen Markt, und auf einen Nord-Süd-Korridor für norwegisches Gas und amerikanisches Flüssiggas, was zu höheren Gaspreisen, aber mehr Unabhängigkeit führte – und doch mehrheitlich nur den polnischen Eigenbedarf decken konnte.[1793] Zumindest juristisch wurde dieser Kurs gestärkt. Der Einspruch der Kommission und der Bundesregierung scheiterte im Juli 2021: Die Durchleitungsmengen mussten reduziert bleiben. «Solidarität» wurde als rechtliches Konzept gestärkt.[1794] Wie wichtig «Solidarität» mit der Ukraine blieb, zeigten die dortigen Präsidentschaftswahlen im Mai 2019 und die weitere Entwicklung.

Denn der Neuling machte das Rennen. Die mit allen Wassern gewaschenen Poroschenko und Tymoschenko unterlagen Wolodymyr Selenskyj, einem Schauspieler, Comedian und Medienmogul.[1795] Selenskyj kam aus einer russischsprachigen Familie in der Süd-Ukraine. Ukrainisch lernte er erst spät. Sein Jura-Studium schloss er ab, ging dann aber ins Showgeschäft und nahm vor allem Politiker aufs Korn. Gegenüber den politischen Umbrüchen war er öffentlich zurückhaltend. Er hatte sowohl der Orangenen Revolution als auch dem Euro-Maidan «distanziert» gegenübergestanden.[1796] Sein Unternehmen erwirtschaftete 85 Prozent der Einnahmen auf dem russischen Markt.[1797] Erst nach der Krim-Annexion vollzog er öffentlich einen Kurswechsel und nahm enorme finanzielle Einbußen in Kauf. «Seine politische Satire verwandelte sich von nun an in politischen Aktivismus», hielt sein Biograph Simon Shuster fest.[1798] Er tourte durch den Donbas, beschloss in die Politik zu gehen, und 2015 lief seine Serie «Diener des Volkes», in der

Selenskyj in die Rolle eines Lehrers schlüpfte, der zum Präsidenten des Landes aufstieg. Als tatsächlicher Präsident der Ukraine verfolgte Selenskyj einen Friedenskurs, und 80 Prozent der Bürger unterstützten ihn darin.[1799] Er glaubte an eine schnelle Lösung des Krieges im Donbas und stand für eine Politik der Annäherung an Russland, worin deutsche Beobachter ein mögliches Problem für ganz Europa erkannten.[1800] «Land für Frieden» lehnte er allerdings ab und wollte die Ukraine in die NATO führen.[1801] Seine Amtszeit bis 2022 war durchwachsen. Die vielen wirtschaftlichen Probleme, der Klientelismus und die Korruption blieben ungelöst.[1802]

Zudem wurde Selenskyj im Juni und Juli 2019 in eine Kontroverse verwickelt: Trump wollte, dass die ukrainischen Behörden die unternehmerischen Aktivitäten des Sohnes von Joe Biden untersuchten. Erst hiernach sei er bereit, einem offiziellen Besuch Selenskyjs in Washington zuzustimmen. Trump forderte somit eine ausländische Regierung auf, ihm innenpolitisch zu helfen und seinem wahrscheinlichen Widersacher bei der Präsidentschaftswahl 2020 zu schaden. Ein Machtmissbrauch, der zum ersten Amtsenthebungsverfahren gegen Trump führte.[1803] Umgekehrt erschütterte es das Vertrauen Selenskyjs in seine westlichen Partner: «Ich traue niemandem mehr», erklärte er dem Journalisten Shuster, denn Loyalitäten veränderten sich in der internationalen Politik zu schnell.[1804] Was häufig übersehen wurde, ist ein zusätzlicher Hebel, mit dem Trump Druck auf Selenskyj ausüben wollte: Er stoppte im Juni die Auslieferung von Militärgütern im Wert von 250 Millionen US-Dollar an die Ukraine.[1805] Der US-Präsident stand finanzieller und militärischer Hilfe für andere Staaten allgemein skeptisch gegenüber. Mit der Ukraine war er obendrein nie warm geworden.[1806] Sie sei korrupt und schwach, bekundete er oft. Phasenweise glaubte Trump, die russischen Hackerangriffe während des US-Wahlkampfes seien eine bewusste Aktion des ukrainischen Geheimdienstes gewesen, die sie nun dem Kreml in die Schuhe schieben wollten.[1807] Er verweigerte ein Treffen mit dem frisch gewählten Selenskyj im Weißen Haus und «stemmte sich gegen eine aktive Unterstützung der Ukraine in ihrem Kampf gegen die von Russland unterstützten Separatisten».[1808] Erst im September stimmte Trump einem Teil der Lieferungen zu. So fanden 150 Panzerabwehrwaffen des Typs «Javelin» im Wert von 40 Millionen US-Dollar ihren Weg in die Ukraine.[1809] Er betonte immer, wie viel er für die Ukraine im Gegensatz zu seinem Amtsvorgänger Obama mache, der nur «Kissen und Bettdecken» geschickt hätte.[1810] Auch die Europäer unternahmen in seinen Augen nichts für die Ukraine. Das Land liege viel näher an Deutschland, so Trump mehrfach in Gesprächen, wieso könne Berlin nicht mehr Hilfe leisten?[1811] Selenskyj beschwerte sich auch bei ihm, die Deutschen und Franzosen täten zu wenig.[1812] Fake news?

Zwischen 2014 und 2019 hatten die Vereinigten Staaten über 1,5 Milliarden US-Dollar an militärischer Unterstützungshilfe geleistet,[1813] was 90 Prozent aller Hilfen aus EU- und NATO-Staaten an die Ukraine in diesem Zeitraum entsprach.[1814] Erst 2018 und 2019 gab es einen Anstieg bei der Lieferung letaler Güter. Der Gesamtumfang blieb im Verhältnis zu 2022 jedoch sehr gering. Und es gab Einschränkungen. Javelin-Panzerabwehrwaffen durften laut Medienberichten nur weit entfernt von der Front gelagert werden.[1815] Sie sollten also nur als Rückversicherung im Falle eines russischen Angriffs dienen. Ebenso verboten die USA seit 2017 Waffenlieferungen an das als rechtsextrem eingestufte Asow Bataillon.[1816] Jenseits der Waffen- und Materialhilfe wurde nachrichtendienstlich eng kooperiert, die Cyberkapazitäten der Ukraine gestärkt, und die USA, Kanada, Großbritannien, Polen und Litauen bildeten im sogenannten Quint-Format ukrainische Streitkräfte aus.[1817] Washington leistete seit 2014 ebenfalls rund 320 Millionen US-Dollar jährlich an ziviler Unterstützung, die NATO hatte mehrere Hilfsprogramme und auch die EU gewährte nach der Maidan-Revolution massive Aufbauhilfe: über 15 Milliarden Euro, meist in Form von Krediten.[1818] Und Deutschland? Über bilaterale Kanäle zahlte Deutschland rund 377 Millionen Euro pro Jahr.[1819] Die Bundesrepublik und die Europäer mussten sich daher keineswegs verstecken. Sie halfen der Ukraine massiv, auf Augenhöhe mit den USA oder – je nach Berechnungsgrundlage – sogar mehr.[1820] Doch die meisten EU-Staaten lieferten keine Waffen und leisteten keine Ausbildungs- und Unterstützungshilfe. Der Fokus lag, verkürzt gesagt, auf einer robusten Zivilgesellschaft und weiteren Reformen, nicht auf starken Streitkräften. Die militärische Aufrüstung der Ukraine besaß für die Bundesregierung keine Priorität. Wenngleich Trump damit der Unterstützungsleistung der Europäer nicht gerecht wurde, hatte er zumindest in einem recht: die große Mehrheit tat kaum etwas für die Wehrhaftigkeit der Ukraine.

Der NATO-Gipfel in London am 3./4. Dezember verdeutlichte erneut die transatlantischen Meinungsverschiedenheiten. «You need to cancel Nord

Stream», bellte Trump der Kanzlerin in einem bilateralen Treffen am Rande des Gipfels entgegen, «it's not fair. It's not right that you're dealing with the Russians and we have to pay for your defense.»[1821] Merkel argumentierte, die EU unterstütze das Projekt, es sei fast fertig und man müsse politische von wirtschaftlichen Fragen trennen. Wenn Berlin das Projekt nicht beende und das Zwei-Prozent-Ziel umsetze, werde er weitere Zölle erheben, mahnte Trump.[1822] Das Weiße Haus betrieb Außenwirtschaftspolitik oftmals durch Sanktionsandrohungen – nicht nur gegenüber Deutschland.[1823] Zudem wollte Trump die US-Position auf dem Flüssiggasmarkt ausbauen.[1824] In Deutschland wurden Fracking und LNG-Exporte massiv kritisiert: umweltpolitisch, preislich und aufgrund von Sorgen vor einer US-Dominanz. Der US-Senat und das Repräsentantenhaus bereiteten neue Sanktionen vor. Am 20. Dezember unterzeichnete Trump auf einem Luftwaffenstützpunkt das etwas imperial betitelte «Gesetz zum Schutz der europäischen Energiesicherheit»,[1825] wodurch an NS-2 und auch an TurkStream beteiligten Firmen und Personen Sanktionen drohten. Primäres Ziel waren die Spezialschiffe, die die Rohre verlegten. Die Schweizer Firma Allseas stoppte daraufhin ihre Arbeit in der Ostsee. Russische Schiffe sollten einspringen, mussten allerdings erst noch umgerüstet werden.[1826]

Die Art und Weise des US-amerikanischen Vorgehens machte es den Unterstützern von NS-2 einfach, Washington als profitgierigen Konkurrenten darzustellen und die geopolitischen Ziele Moskaus weitgehend auszublenden und zu verharmlosen. Die deutschen Bürger vertrauten Peking und Moskau mehr als Trumps Washington. Im Herbst 2019 wollten 70 Prozent der Bundesbürger in einem Krieg zwischen den USA und Russland neutral bleiben.[1827] Trumps Gebaren musste nachgerade Widerspruch und anti-amerikanische Reflexe evozieren. Die Bundesregierung und das mediale Berlin waren empört über diese Art extraterritorialer Sanktionen aus Washington.[1828] «Solche Sanktionen sind ein schwerer Eingriff in die inneren Angelegenheiten Deutschlands und Europas und der eigenen Souveränität», erklärten Finanzminister Scholz und Sprecher der Bundesregierung.[1829] NS-2 wurde damit plötzlich als europäisches Projekt gepriesen und eine neue Art der Europäisierung der eigenen Russlandpolitik versucht. Außenminister Maas verkündete bereits im Vorfeld der Entscheidung im Dezember 2019: «Europäische Energiepolitik wird in Europa entschieden, nicht in den USA».[1830] Der SPD-Fraktionsvorsitzende Rolf

Mützenich sah das Vorgehen als weiteren Beweis, dass Trump die Europäer nur als «tributpflichtige Vasallen» sehe.[1831] Berlin argumentierte daher in Teilen völkergewohnheitsrechtlich mit einem Nichteinmischungsgebot. Der Wissenschaftliche Dienst des Bundestages wies diese Interpretation als voreilig zurück: Das Nichteinmischungsgebot gelte nicht absolut und überschreite im Falle der US-Sanktionen nicht die Erheblichkeitsschwelle.[1832] Es gebe kein Recht auf wirtschaftliche Zusammenarbeit. Die Bundesregierung betonte außerdem, die Sanktionen störten die Gespräche über den fortgesetzten Gastransit durch die Ukraine.[1833] In Berlin arbeiteten nämlich zur gleichen Zeit Russen und Ukrainer unter Vermittlung der EU und Deutschlands unter Hochdruck an einem neuen Abkommen, da die alten Liefer- und Transitverträge von 2009 zum Jahresende ausliefen.

Der vergessene Gas-Deal

Seit 2018 verhandelten die Ukraine und Russland über ein neues Gasabkommen. Die EU-Kommission und die Bundesrepublik flankierten. Wieso die EU? Die Ukraine hatte, wie oben beschrieben, das Dritte Energiebinnenmarktpaket der EU übernommen, das bis Ende 2019 umgesetzt werden sollte. Sie musste daher EU-Vorgaben beachten. Seit Mai 2014 führten die EU, die Ukraine und Russland daher Gespräche über die Gestaltung des Gastransits meist nur für ein Jahr im Voraus.[1834] Jetzt sollte eine mittel- bzw. langfristige Lösung gefunden werden.

Die ukrainischen Präsidentschafts- und Parlamentswahlen hatten zu Verzögerungen geführt, denn Moskau verweigerte einen Vertragsschluss mit der alten Regierung.[1835] Im September 2019 setzte die Bundesregierung, auf Vorschlag des Finanzministers Scholz, den Aufsichtsratsvorsitzenden der Beratungsfirma Ernst & Young, Georg Graf Waldersee, als Sonderbeauftragten für den Ukraine-Gastransit ein.[1836] Merkel hatte mehrmals ihre Zustimmung zur Inbetriebnahme von NS-2 von einem Gastransitvertrag abhängig gemacht. Wie deutlich tat sie dies? Gab es gar ein Junktim? Zwei Jahre später betonte Außenminister Heiko Maas im Bundestag: «Die Bundeskanzlerin hat gegenüber dem russischen Präsidenten sehr deutlich gemacht, dass das [ein Gastransitvertrag, Anm. d. V.] für sie eine Voraussetzung dafür ist, dass das Nord Stream-2-Projekt wie geplant fortgesetzt werden kann. Das heißt, dem ist dann auch Genüge getan worden.»[1837] Die

Situation schien dennoch verfahren und der Weg zu einem Gastransitabkommen steinig.

Am 9. Dezember tagte in Paris erstmals seit 2016 wieder das Normandie-Format auf der Ebene der Staats- und Regierungschefs. Frankreich versuchte in eine russlandpolitische Führungsrolle zu schlüpfen. Macron hatte die Beziehungen zu Putin stetig verbessert. Beim Wirtschaftsgipfel in St. Petersburg im Mai 2018 sei er Putin endgültig erlegen, so die Journalistin Elsa Vidal.[1838] Wirtschaftsabkommen wurden unterzeichnet, und Macron lobte die «historische und strategische Vision» Putins einer Zusammenarbeit mit Europa, weshalb er Russland fest einbinden wolle.[1839] Paris und Berlin setzten sich erfolgreich für die Rückgabe des russischen Stimmrechts im Europarat ein.[1840] Der französische Staatspräsident wollte Russland auch in den Kreis der G8 zurückbringen, aber scheiterte am Widerspruch der anderen Länder.[1841] Er gab allerdings nicht auf. Macron lud den Kremlchef im August 2019 in die präsidentielle Sommerresidenz Fort Brégançon an der Côte d'Azur ein. Mit Blick auf das strahlend blaue Mittelmeer saßen beide beim Dîner – nur wenige Tage vor dem G7-Gipfel in Biarritz.

Macron kritisierte in Brégançon zwar die Situation in Syrien und appellierte daran, in Russland auch Demonstrationen zuzulassen, aber sein Fokus lag immer mehr auf Realpolitik und Dialog.[1842] Die Außen- und Verteidigungsminister beider Länder sollten wieder tagen. Diese Treffen hatte man nach der Krim-Annexion ausgesetzt.[1843] Der französische Staatspräsident forderte eine neue Sicherheitsarchitektur in Europa «von Lissabon von Wladiwostok»,[1844] was sowohl der alten gaullistischen als auch der russischen Sicht eines Ordnungsrahmens ohne die USA entsprach. Eine «Finnlandisierung», also Neutralität der Ukraine, soll Macron auch ins Spiel gebracht haben; was bereits Sarkozy mit den Russen durchgespielt hatte.[1845] Putin konnte zufrieden sein. Macron ging auf ihn zu und machte ihm viele Angebote, ohne dass er in irgendeiner Frage die russische Position merklich verändert hatte. Und er hatte trotzdem etwas zu meckern: Frankreich gehe viel zu brutal gegen die Proteste der «Gelbwesten» vor, verlautbarte Putin ohne rot zu werden, während seine Luftwaffe halb Syrien in Schutt und Asche legte.[1846]

Das Vorgehen in Brégançon war ein französischer *fait accompli*. Es war innerhalb der EU nicht abgestimmt.[1847] Der Gipfel sorgte für erheblichen politischen Flurschaden, da die osteuropäischen Staaten immer kritischer auf Macron blickten und ein weiteres deutsch-französisches Vorpreschen zu erkennen meinten.[1848] Die Bundesregierung war allerdings auch nicht eingeweiht gewesen und ebenfalls sauer: Die USA von der europäischen Sicherheitsarchitektur abzukoppeln sei keine gute Idee und spalte die NATO.[1849] Macron goss weiteres Öl ins Feuer, als er im November in einem Interview mit dem *Economist* die NATO als «hirntot» bezeichnete.[1850] Damit erklärte er das Bündnis keineswegs für «obsolet», wie Trump es getan hatte. Vielmehr kritisierte er das erratische Verhalten der USA, das die Einheit der Allianz untergrabe.[1851] Seine Einbindung Russlands muss daher neben der traditionellen französischen Russlandpolitik auch vor dem Hintergrund des Trumpschen Chaos' gesehen werden.

Vor der Zusammenkunft des Normandie-Formates ließ sich etwas Bewegung feststellen. Selenskyj hatte im Sommer mit Putin einen Gefangenenaustausch forciert und die Verstöße gegen den Waffenstillstand immerhin reduziert.[1852] Russland gab die vor einem Jahr in der Straße von Kertsch aufgebrachten ukrainischen Schiffe wieder frei – eine typische russische Taktik, um guten Willen zu signalisieren, wo es de facto keinen gab.[1853] Die Ukraine schien im Oktober 2019 in der Trilateralen Kontaktgruppe die «Steinmeier-Formel» zu akzeptieren. Selenskyj deutete an, man könne Wahlen in den «Volksrepubliken» abhalten, wenn Russland seine Streitkräfte abzog.[1854] In den abtrünnigen Gebieten wurde dies als großer Sieg gefeiert. In der Ukraine kam es postwendend zu massiven Protesten. «Nein zur Kapitulation», war die Parole.[1855] Die ukrainischen Vertreter ruderten zurück und dennoch versammelten sich am Vorabend des Gipfels zehntausende Teilnehmer auf dem Maidan, um Selenskyj eine «rote Linie» aufzuzeigen, da sie weiterhin einen voreiligen Friedensschluss oder Ausverkauf ukrainischer Gebiete befürchteten.[1856]

In Paris konnten keineswegs alle Probleme gelöst werden. Über neun Stunden sprachen Merkel, Macron, Putin und Selenskyj miteinander – oft auf Russisch, was nur der französische Gastgeber nicht beherrschte. Selenski war sichtlich nervös. Zu Beginn nahm er bei einem Pressefoto Putins Platz ein, zeigte Journalisten seine Gesprächsvorlagen.[1857] Die deutsche Seite wollte ihn unterstützten, damit Putin ihn nicht «zum Frühstück verspeiste».[1858] Der Kremlherr war gereizt, zeigte nie Geduld mit Selenskyj. Die Entflechtung der Streitkräfte im Osten der Ukraine blieb ebenso unklar wie die Statusfragen. Doch man einigte sich im Kommuniqué darauf, diese

Punkte anzugehen und die Steinmeier-Formel umzusetzen.[1859] In vier Monaten wollte man sich erneut in Berlin treffen, aber neben inhaltlichen Problemen kam auch Covid hinzu.[1860] Selenskyjs Kurs wurde von Moskau nicht unterstützt, und das eigene Parlament versagte ihm ebenfalls die Gefolgschaft: Im Februar blockierte es Rentenzahlungen in den Separatistengebieten, mit denen Selenskyj die Bevölkerung enger an die Ukraine binden wollte, und im Juli Wahlen.[1861] Selenskyjs Politik der Annäherung war im Sommer 2020 gescheitert. Zumindest in puncto Gefangenenaustausch und in der Transit-Frage war das Treffen in Paris hilfreich. Frankreich und die Bundesrepublik wirkten auf höchster politischer Ebene erneut auf den Kreml ein und stützten die ukrainische Verhandlungsposition in der Transitfrage.[1862] Ukrainische Gesprächsteilnehmer beschrieben die deutsche Rolle skeptischer, allerdings auch etwas nebulös. Oleksij Resnikow, der ukrainische Unterhändler in den Gesprächen mit Moskau, äußerte in einem Interview mit Simon Shuster, die Kanzlerin habe Putins Kritik an der mangelnden Umsetzung des Minsker Abkommens durch die Ukrainer zugestimmt: «Ich erkannte an Merkels Reaktion, dass sie seinen Unmut im Wesentlichen teilte, dass sie denselben Eindruck hatte.»[1863] Der Eindruck, dass Minsk II nicht umgesetzt wurde, war sicher nicht falsch. Sah die Kanzlerin die Schuld hierfür wirklich primär bei der Ukraine? Die Aussagen Resnikows können dies nicht überzeugend belegen. Dass Merkel allerdings auch die Präsidenten in Kyjiw immer wieder aufforderte, an einer Lösung zu arbeiten, ist kein Geheimnis.

Kurz vor Ladenschluss wurde am 19. Dezember eine Einigung in der Transit-Problematik erzielt, die vor Jahresende in trockene Tücher gebracht werden konnte.[1864] Gazprom zahlte knapp drei Milliarden Dollar als Sonderzahlung. Alte Rechtsstreitigkeiten konnten beigelegt werden, denn Kyjiw gab im Gegenzug drei- bis viermal höhere Anspruchsforderungen auf.[1865] Die Transitmengen durch die Ukraine wurden drastisch reduziert: Von 90 bcm/y (was rund 40 Prozent des russischen Gasexports in die EU entsprach) auf zunächst 65 bcm 2020 und hiernach 40 bcm bis Ende 2024. Dies war die von ukrainischer Seite festgestellte Mindestmenge, die einen Betrieb wirtschaftlich rentabel machen würde. Der Vertrag galt für fünf Jahre, aber enthielt die Option auf eine Verlängerung um weitere zehn Jahre – ein Verhandlungserfolg, da Russland ursprünglich gar keine längere Bindung wollte.[1866] Direkte Gaslieferungen für die Ukraine sollten weiterbesprochen werden – eine feste Zusage war dies nicht. Moskau wollte unbedingt «reverse flow»-Bezüge der Ukraine über die Slowakei verhindern.[1867] Die Ukraine bezog rund neun bcm/y über Rückfluss aus der Slowakei, wollte die Importkapazitäten aus Polen auf sechs bcm/y anheben und somit LNG-Importe aus den USA nutzen. Nur auf Gasrückflüsse wollte man sich allerdings nicht verlassen, da Gazprom im Winter 2014/15 die Liefermengen nach Westeuropa gedrosselt hatte, um Kyjiw auch dieser Option zu berauben.[1868] Über Ungarn konnte die Ukraine ebenfalls Gas beziehen. Aber ohne Russland ging es noch nicht: 2018 deckte die Ukraine nur ein Viertel des Gasverbrauchs durch Importe aus der EU. Die Diversifizierungsstrategie, die Integration in den EU-Energiemarkt und die wirtschaftspolitische «Drei-Meere-Initiative» der Staaten zwischen Ostsee, Adria und Schwarzem Meer trugen bereits Früchte und erhöhten die Resilienz des ostmitteleuropäischen Gasmarktes bei gleichzeitiger Reduzierung der Marktdominanz durch Gazprom.[1869] Die Interdependenz nahm dadurch ebenso ab wie das russische Drohpotential gegenüber Kyjiw.

Sinnbildlich hierfür war, dass Gazprom der «ship-or-pay»-Formel zustimmen musste. Das Unternehmen verpflichtete sich dadurch, die vertraglich ausgemachten Durchleitungssummen zu zahlen, und zwar unabhängig davon, ob weniger Gas durchgeleitet wurde.[1870] Dies bot der Ukraine mehr Sicherheit bei Lieferausfällen und mehr politischen Spielraum. Der genaue Transitpreis war unklar. Der Tarif war jedoch höher als die Durchleitungsgebühren in der Jamal- oder NS-1-Pipeline.[1871] Die schiere Reduzierung der Transitmenge würde aber den Gewinn, den die Ukraine üblicherweise erzielte, abschwächen. Statt rund drei Milliarden US-Dollar jährlich ging die Ukraine von mindestens 7,2 Milliarden US-Dollar in den nächsten fünf Jahren aus, also de facto einer Halbierung; 2021 nannte Selenskyj die Summe von zwei Milliarden US-Dollar, die man jährlich erhalte, also etwas mehr.[1872] Der ukrainische Staatshaushalt betrug rund 40 Milliarden US-Dollar jährlich, die Transitgebühren waren also nicht unbedeutend, wenngleich es an anderen Stellen noch mehr hakte: Betrug, Korruption und verschleppte Reformen sorgten für einen Kreditstopp des IWF.[1873]

Ein punischer Gasdeal? Der polnische ThinkTank «Centre for Eastern Studies», bei weitem kein Hort der Putinversteher, kam zu folgendem Urteil: Es sei ein Kompromiss ausgehandelt worden, doch Russland habe sich mehr bewegen müssen und die meisten Abmachungen seien ein Erfolg für die Ukraine. Gazprom habe mehr Zugeständnisse gemacht, da Moskau dringend ein neues Abkommen benötigt habe, um vertraglichen Verpflichtungen gegenüber europäischen Kunden nachzukommen.[1874] Die EU zeigte sich mit der Einigung zufrieden, da die russischen Lieferzusagen auf vertraglichen Beinen standen.[1875] Merkel lobte den Kompromiss. Die Bundesrepublik hatte Wort gehalten. Die Ukraine blieb Gastransitland, wenngleich die Mengen reduziert wurden und der Vertrag eine kürzere Laufzeit hatte. Selbst nach dem russischen Überfall vom 24. Februar 2022 floss weiter russisches Gas durch die Ukraine nach Westeuropa. Die Verträge sollten bis Ende 2024 regulär weiterlaufen, und Kyjiw erzielte rund eine Milliarde US-Dollar an Durchleitungsgebühren.[1876]

Durch den Baubeginn von NS-2 im September 2018 und die Inbetriebnahme von TurkStream im Januar 2020 war die Zukunft der Ukraine als Transitland jedoch unsicher. Der südliche Korridor untergrub die Rolle der Ukraine weiter. Ein Strang von TurkStream leitete das russische Gas direkt nach Bulgarien weiter und konnte 15,75 bcm/y nach Südosteuropa (bis Österreich) transportieren, was der Regierung in Sofia über eine Milliarde Euro jährlich an Transitgebühren in die Kassen spülte.[1877] Hinzu kamen LNG-Terminals in Griechenland und Kroatien sowie die Trans-Adriatic-Pipeline (TAP), die seit Dezember 2020 zunächst 10 bcm/y aus Aserbaidschan über Griechenland und Albanien nach Italien lieferte und ihre Kapazität sukzessive auf bis zu 20 bcm/y ausbauen sollte. Diese Diversifizierung des Gasmarktes in Südosteuropa führte dazu, dass Russland auf die Ukraine weniger angewiesen war und nach 2024, auch ohne Nord Stream 2, kaum mehr als die für die Wirtschaftlichkeit unbedingt nötigen 40 Milliarden Kubikmeter jährlich durch die Ukraine hätten geleitet werden müssen.[1878] Je nach Marktentwicklung, und wenn man die Kapazität von NS-1 ganz ausschöpfen konnte, wäre ein Transit durch die Ukraine theoretisch gar nicht mehr nötig gewesen. Ebenso bei einem Abschluss von NS-2, falls die mögliche Liefermenge komplett hätte ausgeschöpft werden können, also NS-2 und EUGAL nicht das gleiche Schicksal einer Durchleitungsbegrenzung durch die EU ereilte wie NS-1 und OPAL. Wäre dies eingetreten, hätte Russland dann doch wieder auf den Transit durch die Ukraine zurückgreifen müssen, wie einige Experten vermuteten.[1879] Es blieben einige Unwägbarkeiten, aber NS-2 und in geringerem Maße auch TurkStream veränderten die strategische Balance zuungunsten der Ukraine. Die ge-

plante Reduzierung der Erdgasnutzung in der EU war eine weitere Hiobsbotschaft für die Ukraine. Zudem drohte ab 2030 die Instandsetzung bzw.
Modernisierung der ukrainischen Pipelines und der Gasmarkt entwickelte durch das wachsende LNG-Angebot ohnehin Überkapazitäten. Es
war absehbar, dass die Neuverhandlungen 2024 somit ungleich schwieriger
für Kyjiw würden und ein Festhalten an dem Transitstatus wenig Zukunft
hatte.

Nach dem hektischen Dezember 2019 traten alle Streitfragen um den
Themenkomplex NS-2 jedoch erstmal in den Hintergrund – trotz erneuter
Sanktionsdrohungen des US-Senats gegen deutsche Firmen und den Fähr-
hafen in Sassnitz.[1880] Im Frühjahr 2020 breitete sich das Corona-Virus aus.
Lockdowns, Kontaktsperren, Inzidenzen, Masken: Die Welt hielt den Atem
an. Der Donbas und Putin schienen erstmal zweitrangig. Der G7-Gipfel
konnte in Zeiten einer globalen Pandemie nicht in Präsenz in Washington
stattfinden. Merkel hatte Trump als erstes klipp und klar abgesagt. Voller
Wut setzte er seinen langgehegten Wunsch um: eine Reduzierung der in
Deutschland stationierten US-Truppen, was auch Druck auf Berlin in der
NATO-Beitrags- und NS-2-Frage ausüben sollte.[1881] Welche Botschaft dies
gegenüber Moskau ausstrahlte, war ihm egal.[1882] Trotz Corona stand die
Welt nicht komplett still. In Belarus gingen im Sommer 2020 die Menschen
für mehr Demokratie auf die Straßen. Putin blickte bange in das Nachbarland: Drohte ein neuer «Maidan»? Trump unternahm nichts, die EU blieb
machtlos und Russland half dem Regime in Minsk, die Protestbewegung
niederzuschlagen.[1883] Im Kaukasus brodelte es ebenfalls. Aserbaidschan
startete im Juli 2020 eine Offensive und eroberte weite Teile der umstrittenen Region Berg-Karabach von Armenien. Aber nicht die Entwicklung im
post-sowjetischen Raum sorgte für einen Einschnitt in der Wahrnehmung
Russlands, sondern die Vergiftung Alexei Nawalnys.

Am 20. August 2020 wurde ihm im Flieger plötzlich unwohl. Dann fiel
er ins Koma. Nawalny war der sichtbarste Kritiker des Kremls und führte
mit medialen Kampagnen die Opposition gegen Putin an. Nach einer Not-
landung in Omsk drängte seine Familie auf eine Behandlung im Ausland.
Merkel überredete Putin am Telefon, dass Nawalny in der Berliner Charité
behandelt werden durfte. Eine Intervention für seinen größten innenpolitischen Gegner, die er der Kanzlerin «persönlich übel» nahm.[1884] In der Charité wurde Nawalny künstlich beatmet und blieb in einem kritischen Zu-

stand. Aber er überlebte. Die Bundeswehr stellte «zweifelsfrei» fest, dass er mit einer weiterentwickelten Variante des chemischen Nervenkampfstoffes Nowitschok vergiftet worden war. Während die russischen Provokationen an der ukrainischen Grenze in der deutschen Öffentlichkeit relativ unbeachtet geblieben waren, wurde das Schicksal Nawalnys aufmerksam verfolgt.[1885] Auch für Frankreich war der versuchte Mord eine «kalte Dusche» nach so viel zelebrierter Annäherung, die wenig Resultate gebracht hatte.[1886]

Die Nawalny-Vergiftung war das deutsche Salisbury. Bis dahin hatte sich in Deutschland gegen die Ermordung russischer Oppositioneller oder russische Einmischungsversuche wenig Widerstand formiert. Die Hackerangriffe auf den Bundestag 2015, die stete Propaganda von *Russia Today* und *Sputnik*, die Aktivitäten des Russischen Hauses in Berlin, der Tiergarten-Mord – nie folgte ein «Aha-Moment». Vielmehr suchte die Bundesrepublik 2016 und 2017 zum Beispiel über Cybersicherheitskonsultationen mit Russland wieder einen Weg der «Vertrauensbildung und der strategischen Zusammenarbeit», wie die Bundesregierung auf eine Anfrage der Linkspartei antwortete.[1887] Erst 2018 wurden diese ausgesetzt. In Großbritannien führte die russische Einflussnahme während des Brexit-Referendums und vor allem der Giftanschlag auf den ehemaligen russischen Agenten Sergej Skripal und seine Tochter im März 2018 in Salisbury zu einem Politikschwenk.[1888] Die Bundesrepublik zeigte sich solidarisch mit den Briten und wies auch einige russische Diplomaten aus. Bundespräsident Steinmeier erklärte hingegen, der Anschlag auf Skripal sei besorgniserregend, aber «mindestens ebenso muss uns die galoppierende Entfremdung zwischen Russland und dem Westen besorgen, deren Folgen weit über diesen Fall hinausgehen».[1889] Der Mordanschlag also quasi eine Folge der Entfremdung, an der der Westen eine Mitschuld trug?

Merkel sprach von einem «Verbrechen», einem «versuchten Giftmord» an Nawalny und kündigte ein gemeinsames Vorgehen mit den westlichen Partnern an. Die EU erließ neue Sanktionen gegen die russischen Führungszirkel; Moskau antwortete. Außenminister Maas sprach den Fall in Moskau an und dachte öffentlich über einen Stopp von Nord Stream 2 nach.[1890] Verteidigungsministerin Annegret Kramp-Karrenbauer pflichtete ihm bei und bekundete, NS-2 sei «kein Herzensprojekt».[1891] Aus der EU und den USA wuchs der Druck auf die Bundesregierung.[1892] Bereits im Juli wollten die USA über die Verlegeschiffe hinaus mit neuen Sanktionen auch gegen nicht-russische Firmen gegen die Pipeline vorgehen.[1893] Die Drohungen Trumps gegen die EU und Deutschland führten jedoch auch zu einem Solidarisierungseffekt in manchen Aspekten, denn es standen übergeordnete energiepolitische Fragen im Raum, inwieweit die EU «im Energiebereich mit und vis-à-vis den USA strategisch handlungsfähig ist».[1894] Wollte die Bundesregierung die Pipeline, von der nur noch 80 von 1230 Kilometern gebaut werden mussten, wirklich aufhalten?

Merkel schloss einen solchen Schritt nicht aus, doch Wirtschaftsminister Altmaier bezeichnete – sekundiert durch den Ost-Ausschuss der Deutschen Wirtschaft – Sanktionen oder einen Baustopp als wirkungslos, da sie das Verhalten Russlands nachweislich nicht änderten.[1895] Die drei Anwärter auf den CDU-Vorsitz waren geteilter Meinung: Friedrich Merz forderte einen zweijährigen Baustopp; Norbert Röttgen, seit Jahren einer der schärfsten Kritiker von NS-2, wollte das Projekt endgültig stoppen; Armin Laschet warnte vor voreiligen Schlüssen.[1896] Ein Antrag der Grünen im Bundestag, der eine Baupause verlangte, scheiterte an den Gegenstimmen aller anderen Parteien.[1897] Und die SPD? Finanzminister Olaf Scholz verteidigte NS-2 weiterhin als privatwirtschaftliches Projekt, mit dem Deutschland sich nicht abhängig von Russland mache.[1898] In dieser Phase schrieb Scholz einen Brief an seinen amerikanischen Amtskollegen, auf den weiter unten eingegangen wird. Auch russlandkritische Stimmen verwiesen darauf, dass man sich durch NS-2 nicht abhängig mache: Zwar beziehe man 40 Prozent des Erdgases aus Russland und Gas decke ein Viertel des deutschen Energieverbrauchs (womit russisches Gas rund zehn Prozent des deutschen Energiemixes ausmachte), aber durch LNG-Terminals (in EU-Partnerländern) und Gasspeicher «würden weder Lichter noch Heizungen ausgehen, wenn Russland als Lieferant ausfiele».[1899] Ein Baustopp würde zu Klagen der Unternehmen führen, womit dem Bund ähnliche Entschädigungszahlungen ins Haus stehen könnten wie durch den Atomausstieg 2011. Neben einer kurzen Empörungswelle passierte daher nicht viel. Dass der Sinneswandel begrenzt war, verdeutlichten auch Umfragen. Sollten als Reaktion auf die Vergiftung von Alexej Nawalny neue Sanktionen verhängt werden? Ja, meinten 52 Prozent der Deutschen, Nein 36 Prozent und 12 Prozent waren unentschieden.[1900] Für einen Baustopp von NS-2 sprachen sich nur 31 Prozent aus, 14 Prozent waren unentschieden und 55 Prozent lehnten einen solchen Schritt ab.[1901] Der pipelinepolitische Burgfrieden schien zu halten. Und durch die Abwahl Trumps schienen in Washington wieder freundlichere Zeiten anzubrechen.

Bündnis mit Biden?

Joe Biden wurde am 20. Januar 2021 als 46. Präsident der USA vereidigt. Selten zog jemand mit mehr außenpolitischer Erfahrung ins Weiße Haus ein. Seit 1973 – dem Jahr als Angela Merkel in der DDR ihr Studium begann – gehörte er dem US-Senat an und war einer der führenden Außenpolitiker des Landes.[1902] Als Vize-Präsident unter Obama war Biden am «Reset» federführend beteiligt gewesen und erklärte im Oktober 2009 hinter verschlossenen Türen, man sei nicht naiv in Bezug auf Russland, aber die Hoffnung sterbe bekanntlich zuletzt.[1903] In den Krisenjahren 2014/15 war Biden, wie oben gezeigt, intensiv an den (begrenzten) US-Bemühungen zur Beilegung des Konfliktes involviert.

Biden trat im Januar 2021 ein schweres Erbe an. Sein Vorgänger stemmte sich gegen den Amtswechsel, der Sturm des Kapitols am 6. Januar schlug hohe Wellen, die Wirtschaft befand sich in einer Rezession und eine neue Corona-Welle rollte über die Vereinigten Staaten hinweg.[1904] Über 500 000 US-Bürger waren zu diesem Zeitpunkt bereits an bzw. mit Corona verstorben. Die Innenpolitik stand in den ersten Monaten im Zentrum seiner Aufmerksamkeit. Außenpolitisch mussten viele Wunden geheilt werden. Biden wollte das Vertrauen der europäischen Verbündeten zurückgewinnen und rekalibrierte die amerikanische Russlandpolitik.[1905] Er wollte weder einen «Reset», noch suchte er eine direkte Konfrontation mit Russland und China, sondern wollte stabile Beziehungen und mit notwendiger Härte beide Staaten davon überzeugen, dass es in ihrem Interesse sei, *mit* und nicht *gegen* die USA zu arbeiten.[1906] Antony Blinken wurde als Bidens Feuerwehrmann neuer Außenminister. Für ihn schloss sich gewissermaßen ein Kreis: 1987 veröffentlichte er die Monographie *Ally versus Ally: America, Europe, and the Siberian Pipeline Crisis.*[1907] Bei seinem «Confirmation Hearing» erklärte Blinken im Hinblick auf NS-2: «Ich bin entschlossen, alles in unserer Macht stehende zu tun, um den Abschluss des Projektes zu verhindern.»[1908] Diese Entschlossenheit galt es bald unter Beweis zu stellen.

Im Januar 2021 wurde an den letzten Metern der NS-2 Pipeline weitergebaut – erstmals seitdem die US-Sanktionen im Dezember 2019 die Arbeiten zum Erliegen gebracht hatten. Das russische Spezialschiff «Fortuna» war in dänischen Gewässern im Einsatz. Da die «Fortuna» ein neuer Schiffstyp war, ein sogenanntes ankerpositioniertes Schiff, musste auch das Bundesamt für Seeschifffahrt und Hydrographie den Weiterbau genehmigen.[1909] Das Europäische Parlament forderte einen Baustopp. Russische, deutsche und US-Politiker stritten öffentlich. Die SPD-Ministerpräsidentin von Mecklenburg-Vorpommern, Manuela Schwesig, verteidigte die Pipeline und gründete die umstrittene «Stiftung Klima- und Umweltschutz», die mit der Nord Stream 2 AG direkt verbunden war und beteiligte Firmen vor etwaigen US-Sanktionen schützen sollte.[1910] «Da, wo amerikanische Sanktionen deutsche Unternehmen bedrohen», so Schwesig, «müssen wir schauen, wo wir helfen können.»[1911] Besondere Brisanz erhielt der fortwährende Streit um NS-2 durch die russische Innenpolitik.

Er wusste, was ihn erwartete. Aber er wollte nach Russland zurück. Am 17. Februar landete Nawalny auf dem Moskauer Flughafen Scheremetjewo und wurde sofort festgenommen. Seine Verurteilung zu 32 Monaten Straflager und die brutale Niederschlagung der Proteste gegen diesen Akt «fernab jeder Rechtsstaatlichkeit», so die Kanzlerin, katapultierten die Frage von Sanktionen und der Zukunft von NS-2 auf die Tagesordnung zurück.[1912] 46 Prozent der Deutschen wollten die Sanktionen gegen Russland verschärfen, 42 Prozent waren dagegen, wobei sich deutliche Unterschiede zwischen Westdeutschland (51 Prozent dafür) und dem Osten der Republik zeigten (24 Prozent dafür).[1913] Hatte man über NS-2 einen Hebel, um den Kreml zu beeinflussen? Nein, meinten selbst ausgewiesene Kritiker Putins. Es seien «zwei unterschiedliche Fälle. Bei Nord Stream 2 geht es vor allem um Geopolitik, bei Nawalny um Menschenrechte», weshalb man neue Sanktionen aufgrund der Menschenrechtsverletzungen, wie die EU sie auf den Weg brachte, erlassen und Russlands Mitgliedschaft im Europarat überdenken müsse.[1914] In Paris forderten offizielle Regierungsvertreter einen Stopp des Pipeline-Projektes und stellten damit den 2019 erreichten EU-Kompromiss infrage.[1915] Doch Macron pfiff nach einem Gespräch mit Merkel seine Berater und Minister zurück: «Anfangs habe ich dieses Projekt infrage gestellt. Jetzt haben wir uns entschieden. Ich bin jetzt vollständig mit ihr [Angela Merkel] solidarisch», erklärte Macron und fügte hinzu, dass Deutschland nunmal Gas mehr brauche als Frankreich, wo man auf

Atomkraft setze.[1916] Inwiefern zwischen Paris und Berlin ein energiepolitischer Schulterschluss im Hinblick auf die «Green Deal»-Strategie der EU stattfand, müssen spätere Studien zeigen. Die Bundesregierung hielt eisern an Nord Stream fest, ebenso wie die Vorsitzenden der CDU, CSU und SPD. Bundespräsident Steinmeier rechtfertigte das Projekt als «letzte Brücke zwischen Russland und Europa» und unter Bezugnahme auf die deutschen Verbrechen im Zweiten Weltkrieg.[1917] In dieser Situation geriet ein explosives Schreiben an die Öffentlichkeit.

Am 9. Februar 2021 veröffentlichte die Deutsche Umwelthilfe, die seit Jahren gegen NS-2 und Flüssiggasimporte opponierte, einen Brief und ein «Non-Paper» von Bundesfinanzminister Scholz an seinen amerikanischen Amtskollegen Steven T. Mnuchin vom August des Vorjahres, das Scholz ihm nach einem Telefonat zugeschickt hatte. Das Telefonat war mit der Kanzlerin abgestimmt. Außenminister Maas und Wirtschaftsminister Altmaier nahmen daran teil, aber Scholz blieb federführend.[1918] In dem Non-Paper wurden die extraterritorialen Sanktionen und Drohungen der USA gegen NS-2 kritisiert und drei Vorschläge unterbreitet: Deutschland werde den Bau von LNG-Infrastruktur und zwei Terminals in Wilhelmshaven und Brunsbüttel mit bis zu einer Milliarde Euro fördern und damit die Aufnahmekapazität von Flüssiggas steigern. Die beiden LNG-Terminals waren immer wieder als Idee herumgeschwirrt, aber letztlich nie gebaut worden. Zweitens werde man die Energiediversifizierung durch eine Unterstützung der Ukraine als Transitland und der polnischen Bemühungen vorantreiben. Letztere umfassten die Baltic Pipe und den Ausbau von LNG-Aufnahmekapazitäten in Świnoujście, um Gasimporte aus Russland durch die Jamal-Pipeline überflüssig zu machen. All dies käme polnischen Wünschen und Sorgen entgegen. Die Bundesrepublik würde weiterhin Energieprojekte, die im Einklang mit Zielen der EU stünden, unterstützen. Im Gegenzug forderte man «den ungestörten Bau und Inbetriebnahme von Nord Stream 2».[1919] Bestehende Sanktionen sollten nicht angewendet und zukünftige Gesetze verhindert oder deren Gebrauch blockiert werden. Trump ging auf die Offerte nicht ein, sondern erkannte darin ein Spiel auf Zeit. Er wollte NS 2 und LNG-Terminals weiterhin getrennt behandelt wissen, wie amerikanische Akten zeigten, die *Bild* vorlagen.[1920] Demnach warnten die Amerikaner erneut davor, man müsse Moskaus Nutzung von Energie als politischer Waffe entschiedener entgegentreten. Der Fokus der Debatte lag schnell auf Trump und amerikanischen Versuchen, ihr Flüssiggas in Europa an den Mann zu bringen. Die SPD beschuldigte Altmaier, den Plan an die Presse durchgestochen zu haben und somit der Umsetzung neben wirtschaftlichen Rentabilitätsfragen auch politische Steine in den Weg gerollt zu haben.[1921] Das Schreiben wurde bereits wenig später in der *Zeit* publik und Scholz hierfür kritisiert;[1922] auch über die Bundesrepublik hinaus.[1923] Doch erst im Zuge der Nawalny-Verhaftung erregte es starke Aufmerksamkeit.

Die Veröffentlichung durch die Deutsche Umwelthilfe schlug hohe Wellen.[1924] In einer aktuellen Stunde im Deutschen Bundestag aufgrund der Menschenrechtslage in Russland wurde Scholz – der auch Kanzlerkandidat der SPD war – herbeigerufen, um den Parlamentariern Rede und Antwort zu stehen.[1925] Er eilte in den Bundestag und hörte sich alles an, ohne selbst eine Erklärung abzugeben. Die Grünen ließen allerdings nicht locker. Sie verlangten Aufklärung, da sie das Haushaltsrecht des Bundestages umgangen sahen. Dem Parlamentarischen Geschäftsführer der SPD und weiteren sozialdemokratischen Abgeordneten war der Brief bekannt gewesen, räumten sie kleinlaut ein.[1926] Doch Scholz schwieg sich aus. Handelte es sich um eine Rückkehr der Scheckbuchdiplomatie? War es ein pragmatischer Vorschlag, um gegensätzliche Interessen in Einklang zu bringen oder einen verzweifelten Versuch, NS-2 über die Ziellinie zu bringen? Was wusste die Kanzlerin von dem Vorgehen? Wenn sie dem Telefonat zustimmte, war sie vermutlich auch über den Inhalt des Non-Papers im Bilde.

Im März erreichte die Bundesregierung eine weitere Hiobsbotschaft. Der deutsche Einspruch am Europäischen Gerichtshof gegen das OPAL-Pipeline-Urteil vom September 2019 schien aussichtslos. Ein Gutachten empfahl eine dauerhafte Begrenzung der Gasmengen, die durch OPAL durchgeleitet werden durften.[1927] Am 15. Juli 2021 bestätigte der EuGH die Tendenz des Gutachtens und somit das Urteil von 2019.[1928] Wenn Polen also unter Berufung auf die eigene Versorgungssicherheit und europäische Energiesolidarität die Durchleitungsmengen durch OPAL reduziert halten konnte, was bedeutete das für NS-2? Weitere Ausnahmen waren unwahrscheinlich. Viel eher drohten neue Klagen, neue Begrenzungen der Liefer- bzw. Durchleitungsmengen, zumal «Warschaus konfrontative Deutschlandpolitik» nicht abnahm, sondern die bilateralen Beziehungen sich durch viele Problemfelder in «einem Zustand von Dauerkonflikt und wechselseitiger Entfremdung» befanden.[1929] In Deutschland bildete sich eine Wagenburg um die Kanzlerin: 75 Prozent der Bundesbürger waren im Mai 2021 für eine Fertigstellung der Pipeline und nur 17 Prozent dagegen.[1930] Auch die Wähler der Grünen stimmten in dieser Umfrage mit 69 Prozent für einen Abschluss des Projektes. Während dieser Monate der Unsicherheit zeichnete sich Bewegung in dem Streit mit den USA ab.

Biden bezeichnete die Pipeline zwar als «schlechten Deal» und stellte sich deutlich gegen den Bau, aber das Projekt sei «ein kompliziertes Thema».[1931] Am 18. Mai wurde publik, dass das Weiße Haus die vom US-Finanzministerium abgesegneten Sanktionen gegen europäische Unternehmen zunächst nicht anwenden würde und einige sogar aufhob. Außenminister Blinken bestätigte, dass man auf die Umsetzung der Sanktionen gegen die NS-2 AG in der Schweiz, deren deutschen Geschäftsführer Matthias Warnig und weitere Mitarbeiter zunächst verzichte.[1932] Dieser Schritt sei im «nationalen Interesse», erklärte das US-Außenministerium dem Kongress.[1933] Nur einige am Bau beteiligte russische Schiffe sollten sanktioniert werden.

Die Ukraine war ebenso überrascht wie sauer.[1934] Man rechnete fest mit einer Blockade von NS-2 durch die Amerikaner und hatte keinen Plan B in der Schublade.[1935] Aus Warschau hagelte es Kritik: Die Energiesicherheit Ostmitteleuropas werde bedroht.[1936] Der polnische und ukrainische Außenminister hatten versucht, das Weiße Haus in einem offenen Brief von den negativen Aspekten der Pipeline zu überzeugen.[1937] Biden brauchte indes keine Überzeugung. Er war gegen Nord Stream 2. Aber er priorisierte bündnispolitische Aspekte. Die Europäer sollten nicht mit Sanktionen bedroht werden, denn er verfolgte auch eine normative Agenda. Der Westen sollte eine gemeinsame Linie im Umgang mit Autokraten finden.[1938] Wer auf die Europäer zuging, konnte im nächsten Schritt auch mit Moskau wieder ins Gespräch kommen. Der US-Präsident wollte mit seinem grünen Licht für NS-2 daher ebenso Russland signalisieren, dass ein Abbau der Spannungen möglich war.[1939] Die Deutschen sollten besondere Aufmerksamkeit erhalten – und forderten dies auch ein. «We need to feel the love», betonte ein hoher deutscher Vertreter gegenüber einem US-Journalisten, sei das Messaging aus Berlin gewesen.[1940] Biden erklärte, Nord Stream 2 sei beinahe abgeschlossen und Sanktionen würden die Beziehungen der USA zu Europa massiv schaden, da man gerade die Strafzoll-Problematik in den Griff bekommen hätte.[1941] Maas und Merkel begrüßten den Schritt. Der Kreml freute sich. Die Kuh schien vom Eis.

In den USA und in Deutschland gingen die innenpolitischen Proteste gegen das Projekt jedoch weiter: Ein geplantes Moratorium diesseits, neue Sanktionsforderungen des Kongresses jenseits des Atlantiks. Wenig hilfreich waren gleichzeitige Berichte über russische Hackerangriffe auf das amerikanische Energienetz.[1942] Dass Energiefragen ein Teil der Sicherheitspolitik waren, lag auf der Hand. Unterdessen verhandelten Deutsche und Amerikaner intensiv miteinander.[1943] Die Biden-Administration wollte deutsche Zusagen gegenüber der Ukraine. Sie stellte Selenskyj jedoch keine *carte blanche* aus. Außenminister Blinken betonte bei einem Besuch in der Ukraine, das Land müsse weitere Reformen und Anti-Korruptionsmaßnahmen angehen.[1944]

Maas sicherte seinem Amtskollegen Dmytro Kuleba am 9. Juni öffentlich seine Unterstützung für einen Gastransit durch die Ukraine über 2024 hinaus zu. Er «mache seine Zustimmung zur Ostseepipeline davon abhängig».[1945] Ein Junktim des deutschen Außenministers. Kuleba bat die Bundesregierung bei seinem Berlin-Besuch auch um Waffen. Maas wiegelte ab – keine Chance. Die Bundesrepublik setze auf eine friedliche Lösung des Konfliktes im Osten der Ukraine und sehe sich in der Rolle eines Mediators.[1946] Am gleichen Tag stand im Deutschen Bundestag eine Gedenkveranstaltung zum 80. Jahrestag des deutschen Überfalls auf die Sowjetunion und eine Regierungsbefragung an. Maas ging sehr intensiv auch auf die Opfer in Ostmitteleuropa und im Kaukasus ein – keineswegs wurde nur an russisches Leid während des Zweiten Weltkrieges erinnert. Der Außenminister bekannte sich klar zur deutschen Schuld und leitete daraus Lehren für die Gegenwart ab. Die EU habe beschlossen, so Maas, «auf die politische Willkür zu reagieren, mit der Minsk und Moskau gerade auch in jüngster Zeit eklatant gegen internationale Regeln und universelle Werte verstoßen haben. Und deshalb bleibt es bei unserer klaren Haltung zur völkerrechtswidrigen Annexion der Krim und zur territorialen Integrität der Ukraine.»[1947]

Derweil ließ Putin bis zu 70 000 russische Soldaten an der ukrainischen Grenze aufmarschieren und sorgte damit für tatsächliches «Säbelrasseln und Kriegsgeheul». In Washington erkannte man keine operativen Angriffspläne der Russen und hielt es daher für eine Drohkulisse.[1948] Biden reagierte mit härteren Sanktionen – aufgrund russischer Cyberangriffe auf US-Ministerien. Er nannte Putin einen «Killer». Doch er bot dem Kreml Gespräche an und hielt 100 Millionen US-Dollar Militärhilfe an die Ukraine zunächst zurück.[1949] Selenskyj glaubte weiterhin an eine Deeskalation, doch er schwenkte im Frühjahr und Sommer 2021 deutlicher auf einen Abschreckungskurs um.[1950] Auf russische Angriffe im Donbas wurde umgehend reagiert und es wurden auch neue Drohnen eingesetzt. Auch gegen pro-russische Oligarchen ging Selenskyj härter vor und brachte die Krimfrage wieder auf das Tableau der internationalen Politik zurück.[1951] Er stimmte einer Ausdehnung der Teilnahme seiner Streitkräfte an NATO-Manövern zu: ein Zeichen, dass er einen Angriff Russlands als immer wahrscheinlicher ansah.[1952] Im Dezember 2020 hatte die Ukraine erneut eine NATO-Mitgliedschaft gefordert, was im Kreml vermutlich die Alarmglocken läuten ließ.[1953] Der NATO-Gipfel am 14. Juni wiederholte die Formel, dass die Ukraine eines Tages Mitglied der Allianz werde.

Washington schien derweil, auch mit Blick auf China, das man als größere Bedrohung erachtete, für eine Geste des guten Willens gegenüber dem Kreml bereit – zum Horror der Ukrainer, die es als Verrat ansahen.[1954] Der neue US-Präsident ging auf Putin zu, ohne dass dieser sein Verhalten geändert hatte. Der amerikanisch-russische Gipfel in Genf am 16. Juni versprühte keine Aufbruchstimmung: Er zeigte die Meinungsverschiedenheiten klar auf, aber es wurden Arbeitsgruppen ins Leben gerufen, um Anknüpfungspunkte auszuloten.[1955] Doch nur Wochen später veröffentlichte Putin sein «historisches» Manifest, worin er die Existenz einer ukrainischen Nation leugnete und somit die Existenzberechtigung des Landes mehr als in Frage stellte.[1956] Biden wurde stark dafür kritisiert, dem Kremlchef in Genf eine Bühne und beachtliche Aufwertung durch ein bilaterales Treffen ohne eine wirkliche Kursänderung Moskaus, Gegenleistungen oder konkrete Kooperationsangebote geboten zu haben.[1957] In Europa reagierte man mancherorts sehr verschnupft.

Am 18. Juni 2021 war der französische Staatspräsident in Berlin zu Gast. Das Genfer Treffen missfiel sowohl Macron als auch Merkel: Wenn sie mit Putin sprächen, käme es zu wütenden Protesten aus Ost- und Mitteleuropa, wenn Biden dies täte, fielen die Reaktionen milder aus, so ihre Kritik.[1958] Beide befürworteten die Gespräche der USA mit Russland, aber wollten Europa nicht in die Rolle des Zuschauers verbannt sehen, wenn der Ukrainekonflikt oder die nukleare Balance in Europa diskutiert wurden. Daher sollte die EU den Dialog mit Russland suchen. In Brüssel war seit Mai an einer neuen europäischen Russlandstrategie gearbeitet worden. Doch die Vorschläge des EU-Außenbeauftragten Josep Borrell, der noch im Februar in Moskau gedemütigt worden war,[1959] waren Merkel und Macron zu handzahm. Bei ihrem Treffen am 18. Juni in Berlin entstand daher die Idee einer neuen Initiative, die dem US-Beispiel folgen und europäische Interessen wahren sollte.[1960]

Merkel schlug sie ihrem Gast bei einem langen Austausch am Abend vor. Erstmals seit der Annexion der Krim sollte wieder ein EU-Russland-Gipfel stattfinden und Putin im 27+1-Format mit den Staats- und Regierungschefs konsultieren. Macron war nicht abgeneigt, bevorzugte aber ein Treffen Putins nur mit den Spitzen der EU-Institutionen.[1961] Nur Tage vor dem Europäischen Rat am 24./25. Juni wollten Deutschland und Frankreich das Abschlusskommuniqué ändern. Merkel rief Putin und auch Selenskyj an, um die Idee zu besprechen.[1962] Ein an die Presse durchgestochener Entwurf sah vor, «die bestehenden Formate des Dialogs mit Russland zu überprüfen, einschließlich Treffen auf der Führungsebene», und schlug ein «selektives Engagement mit Russland in Bereichen von gemeinsamem Interesse», etwa in der Klimapolitik, Terrorabwehr, Gesundheits- oder Energiepolitik vor.[1963] Allerdings sollte eine andere Passage betonen, dass «die EU und die Mitgliedstaaten entschlossen und koordiniert auf die bösartigen Aktivitäten Russland reagieren müssen», wie es im Entwurf hieß, und Borrell sollte nicht nur Pläne für einen Dialog, sondern auch für etwaige neue Wirtschaftssanktionen und Hilfen für von Russland unter Druck gesetzte Nicht-EU-Staaten vorlegen.[1964] Medial wurde eher der erste Teil herausgegriffen. Merkel warb vor dem Ratstreffen im Bundestag für den Vorstoß: Konflikte löse man, indem man miteinander spreche. Die EU müsse stärker als internationaler Akteur auftreten. Die Frage der «strategischen Autonomie» der EU spielte daher erneut eine Rolle. Sie betonte umgekehrt, die primäre Aufgabe der NATO sei der Blick auf Russland.[1965] Fast neo-gaullistisch oder, positiver formuliert, dem Mantra Brüssels der «geostrategischen Kommission» folgend, forderte die Kanzlerin ein gemeinsames Vorgehen gegen die «Vielzahl russischer Provokationen» und «hybriden Angriffe». Man müsse die eigenen «strategischen Interessen definieren»: im Klimaschutz, in Bezug auf Libyen und Syrien, aber auch im Osten Europas. Die EU sei, so

Merkel vor dem Deutschen Bundestag, «aufgrund ihrer räumlichen Nähe und ihrer Verantwortung gegenüber den Ländern in der Östlichen Partnerschaft gefordert – zum Beispiel in der Ukraine oder Belarus und auf dem Westbalkan –, eine angemessene Antwort auf die russischen Aktivitäten zu geben. Meines Erachtens müssen wir dazu als Europäische Union auch den direkten Kontakt mit Russland und dem russischen Präsidenten suchen. (Zuruf von der AfD: Gute Idee!) Es reicht nicht aus, wenn der amerikanische Präsident Joe Biden mit dem russischen Präsidenten spricht; das begrüße ich sehr, aber die Europäische Union muss hier auch Gesprächsformate schaffen. Anders wird man die Konflikte nicht lösen.»[1966] Erneut scheint hier der Wunsch einer Europäisierung der Russlandpolitik und der Glaube an institutionalisierte Dialogforen durch.

Der deutsch-französische Vorschlag fand auf dem Europäischen Rat am 24./25. Juni keine Zustimmung.[1967] Zwei Tage vor dem Treffen hatte Merkel in einer Videoschalte angekündigt, sie und Macron wollten einen Gipfel mit Russland.[1968] Dass die Änderungsvorschläge erst in letzter Minute vorgelegt wurden, sorgte «für böses Blut».[1969] Die Kanzlerin versuchte auf ihrem letzten EU-Gipfel alles, um die deutsch-französische Position durchzusetzen. Putin kümmere sich nicht um Wirtschaftsfragen, sondern denke in Sicherheitskategorien, erklärte sie.[1970] De facto war dies das Eingeständnis, dass nur Sanktionen zu verhängen nicht der Königsweg war. Die EU betrachte er als Feind, aber man müsse dennoch mit ihm reden, wie es doch auch die Amerikaner täten.[1971] Zumal Europa das Hauptziel der russischen Destabilisierungsversuche sei. Macron sprang ihr bei. Man könne nicht Zuschauer eines russisch-amerikanischen Dialoges über europäische Sicherheit sein. Es war vermutlich nicht hilfreich, dass er die skeptischen Länder direkt ansprach, ja anstachelte: «Präsident Biden hat sich mit Putin getroffen. Er hat euch nicht nach eurer Meinung gefragt. Und trotzdem habt ihr ihrem Treffen zugeschaut und euch nicht aufgeregt?»[1972] Italien, Österreich, Zypern, Griechenland und mit einigen Vorbehalten auch die Niederlande waren für die deutsch-französischen Vorschläge.[1973] Andere Staaten hielten sich zurück, was erneut die traditionellen Trennlinien innerhalb der EU im Umgang mit Russland aufzeigte. Polen, Tschechien, die Balten und Schweden stemmten sich mit aller Kraft gegen einen solchen Gipfel ohne Vorleistung der Russen.[1974] Die estnische Ministerpräsidentin Kaja Kallas wurde zur Wortführerin der Gegner. Was wolle man denn mit einem solchen Treffen erreichen? Man habe immer gesagt: kein neuer Gipfel, wenn Putin nicht die Krim und andere besetzte Gebiete räume. Es drohe ein Ansehens- und Glaubwürdigkeitsverlust.[1975] Die Kanzlerin reagierte sehr gereizt. Ihr Ton wurde rau, ihr Kopf rot. Doch Kallas blieb unbeugsam und auch der italienische Ministerpräsident Draghi wechselte seine Haltung.[1976] Merkel und Macron scheiterten mit ihrer Gipfelidee. Der Vorstoß schien schlecht vorbereitet, überstürzt und unabgesprochen. Die Kanzlerin entschuldigte sich nach der Sitzung bei Kallas und ihren baltischen Amtskollegen, dass sie vorher nicht besser eingebunden und konsultiert worden waren.[1977] Auf den zweiten Teil des deutsch-französischen Vorschlages konnte man sich einigen. Das Kommuniqué unterstrich «die Notwendigkeit einer entschlossenen und koordinierten Reaktion der EU und ihrer Mitgliedstaaten auf jede weitere böswillige, rechtswidrige und störende Aktivität Russlands».[1978]

Merkel zeigte sich enttäuscht. «Ich hätte mir hier einen mutigeren Schritt gewünscht», sagte sie um 2 Uhr nachts müde in die Mikrofone.[1979] Sie appellierte, indirekter als Macron, an die strategischen Interessen der EU – ohne Fundamentalopposition gegen die USA zu betreiben. Eine geschlossene Haltung gegenüber Russland und die Vermeidung eines engeren Zusammengehens zwischen Moskau und Peking läge im europäischen Interesse.[1980] «Merkel kann keinen Vorteil darin erkennen, warum die EU-Spitzen nicht mit Russland sprechen sollen, da viele Staaten dies bilateral tun würden», kommentierte die *Süddeutsche Zeitung*. «Wenn man richtigerweise über die Souveränität der EU spreche, müsse man auch bereit sein, seine Interessen im direkten Gespräch selbst vorzubringen, sagt sie unter dem Eindruck des Genfer Gipfels von Putin mit Joe Biden: ‹Wir sollten uns nicht einfach nur informieren lassen über die Gespräche des US-Präsidenten.›»[1981] Bei so viel Tauwetter-Talk wurde den Ukrainern dennoch schwindelig.

Die deutsch-amerikanische Einigung im Juli 2021

Kyjiw warnte vor einer Annäherung ohne russisches Entgegenkommen.[1982] Selenskyj flog am 12. Juli nach Berlin. Trotz der Zusage Merkels, 1,5 Millionen Dosen Corona-Impfstoff zu liefern und an der Ukraine als Gastransitland festzuhalten, war ihm eine gewisse Enttäuschung anzumerken. NS-2 sei eine «große Bedrohung» für sein Land, so der ukrainische Präsident, der schon auf den nächsten Bundeskanzler hoffte, da die Beziehungen zu Merkel nie von Wärme gekennzeichnet waren.[1983] Wärme sollte indessen wieder in die deutsch-amerikanischen Beziehungen einkehren, da der Streitfall NS-2 entschärft werden konnte.

Als Merkel am 15. Juli nach Washington reiste, wurde eine Energie- und Klimapartnerschaft mit den USA vereinbart, aber es blieben noch einige Meinungsverschiedenheiten hinsichtlich NS-2. «Good friends can disagree», erklärte Biden, und die Kanzlerin verwies auf die laufenden Gespräche der EU mit Moskau und Kyjiw zur Verlängerung des Gastransitvertrages über 2024 hinaus.[1984] Die Ukraine müsse Transitland bleiben, betonte sie. Eine deutsch-amerikanische Vereinbarung über Energiefragen war noch nicht spruchreif. Es folgten weitere Gespräche, um amerikanische und ukrainische Bedenken abzufedern. Kyjiw wurde hierüber informiert, um sicherzustellen, dass die Ukraine die Vereinbarungen auch unterstützen würde.[1985] Wie umfangreich und freundlich dies passierte, war umstritten. *Politico* berichtete von sehr deutlichen Worten Washingtons, wonach die Ukraine sich mit öffentlicher Kritik zurückhalten sollte. Die Pipeline werde gebaut werden, man wolle den Ausgleich mit Berlin, man helfe auch der Ukraine – basta.[1986] Selenskyj war in Washington nicht sehr beliebt. Als der ukrainische Präsident seinen langersehnten Empfang im Weißen Haus erhielt, erwartete sein Gastgeber etwas Dankbarkeit. Doch er erhielt lange Vorträge, was alles schieflaufe, was die USA liefern sollten und überhaupt: Die Ukraine müsse schleunigst der NATO beitreten. Biden versuchte auch mit der Autorität und Ruhe seines Alters ihn zu beruhigen. Dies bräuchte alles Zeit. Selenskyj redete sich aber noch mehr in Rage. Wollte er kurz zuvor noch der NATO beitreten, bezeichnete er sie auf einmal als «historisches Relikt» mit «abnehmender Bedeutung». Frankreich und Deutschland würden die Allianz ohnehin bald verlassen, war sich der ukrainische Präsident sicher. «Es war eine absurde und widersprüchliche Einschätzung, die Biden sehr wütend machte», schrieb der Journalist Franklin Foer unter Berufung auf Gesprächsteilnehmer.[1987]

Die deutsch-amerikanische Einigung wurde wenig später veröffentlicht: die «Gemeinsame Erklärung der USA und Deutschlands zur Unterstützung der Ukraine, der europäischen Energiesicherheit und unserer Klimaziele». Gemeinsam wollten die USA und die EU im Rahmen des neu eingerichteten «Hochrangigen Dialogs» ihre Russlandpolitik absprechen. Die USA zeigte sich damit willens, stärker an der Konfliktlösung bzw. Konfliktvermeidung mitzuwirken. Ebenso wurden Russlands Aggressionen klar benannt und eine eindeutige Botschaft an Moskau adressiert: «Sollte Russland versuchen, Energie als Waffe zu benutzen, oder weitere aggressive Handlungen gegen die Ukraine begehen, wird Deutschland auf nationaler Ebene handeln und in der Europäischen Union auf effektive Maßnahmen einschließlich Sanktionen drängen, um die russischen Kapazitäten für Exporte nach Europa im Energiesektor, auch in Bezug auf Gas, zu beschränken, bzw. auf effektive Maßnahmen auf anderen wirtschaftlich relevanten Gebieten. Diese Zusage zielt darauf ab sicherzustellen, dass Russland keine Pipeline, einschließlich Nord Stream 2, zur Erreichung aggressiver politischer Ziele einsetzt, indem es Energie als Waffe nutzt.»[1988] Zumindest auf dem Papier war somit zweifelsfrei festgehalten, dass Berlin das eigene Handeln an das Wohl der Ukraine knüpfte. In der «Gemeinsamen Erklärung» folgten weitere Zusagen über die Energiesicherheit der Ukraine und Ostmitteleuropas sowie eine Verpflichtung zum Wortlaut und Geist des Dritten Energiebinnenmarktpaketes der EU. Deutschland solle darauf hinwirken, dass im EU-Haushalt bis zu 1,77 Milliarden Euro bis 2027 in «Vorhaben von gemeinsamem Interesse im Energiesektor» flössen, der auch «ordnungspolitisch» reformiert werden sollte.[1989] Hierin verbarg sich ein versteckter Hinweis auf den in deutschen Augen mangelnden Reformwillen und die nach wie vor starke Korruption in der ukrainischen Energiewirtschaft. Eine Sorge, die nicht unbegründet war, wie durch einen Skandal bei Naftogaz erneut deutlich geworden war.[1990]

Als weiterer Schritt gründeten Washington und Berlin einen mindestens eine Milliarde Euro umfassenden Grünen Energiefonds für die Ukraine. Berlin zahlte sofort 175 Millionen Euro darin ein und wollte weitere, auch private Investments in erneuerbare Energien, neue Energieträger (Wasserstoff) sowie Spar- und Effizienzmaßnahmen anziehen. 70 Millionen US-Dollar stellte die Bundesrepublik für den Kohleausstieg der Ukraine bereit. Hier spürte man noch den Einfluss des 2019 von der EU-Kommission initiierten «Green Deals», der neben einer klimapolitischen Wende innerhalb der EU eben auch Energiediplomatie bzw. Außenwirtschaftspolitik war.[1991] Das Ziel der «Gemeinsamen Erklärung» war ferner ein «Resilienz-Paket», das die Energiesicherheit der Ukraine gewährleisten sollte, etwa durch Gasrückflüsse, Cybersicherheit oder die weitere Einbindung in europäische

Stromnetze. Deutschland «verpflichtete» sich dazu, «alle verfügbaren Einflussmöglichkeiten zu nutzen, um eine Verlängerung des Gastransitabkommens der Ukraine mit Russland um bis zu zehn Jahre zu ermöglichen».[1992] Die Verhandlungen sollten spätestens am 1. September beginnen. Georg Graf Waldersee wurde erneut als Sonderbeauftragter benannt. Transitmengen, Tarife und die Vertragsdauer eines künftigen Abkommens waren umstritten.[1993] Die zukünftige Regelung stand vor enormen Hürden. Die Zeitachse und die Vehemenz der Formulierung legen nahe, dass Washington eine Verlängerung des Gastransitabkommens noch vor Inbetriebnahme von NS-2 anstrebte. Viele Aspekte der «Gemeinsamen Erklärung» und die Höhe der kolportierten Summen ähnelten den Vorschlägen des Non-Papers von Olaf Scholz aus dem August 2020. Die Ukraine erhielt umfassende Finanzhilfen, um etwaige Einbußen aus dem Transit aufzufangen. Etwaige Einbußen – denn die Bundesrepublik setzte sich vehement für eine Fortführung des Gastransits ein. Zudem legte man das finanzielle Fundament für eine Diversifizierung und Modernisierung der ukrainischen Energiewirtschaft: weg von der Gasabhängigkeit, hin zu neuen Energieträgern. Und drittens wurde die Ukraine durch eine engere Bindung an die EU gegen Erpressungsversuche aus Russland unterstützt. Natürlich stand dahinter immer auch das deutsche Interesse, Nord Stream 2 ungestört fertig zu bauen und in Betrieb nehmen zu können.

In Deutschland löste die «Gemeinsame Erklärung» unterschiedliche Reaktionen aus. Im *Spiegel* wurde sie an einem Tag als ein «Triumph» Merkels zum Ende ihrer Amtszeit gefeiert[1994] und am nächsten Tag als Triumph für Putin verrissen.[1995] Aus Kyjiw und Warschau hagelte es Kritik. Verständlicherweise war der ukrainische Gaskonzern Naftogaz gegen die «Gemeinsame Erklärung», da alternative Energien massiv gefördert und Reformen gefordert wurden.[1996] In einer gemeinsamen Pressemitteilung sprachen sich Polen und die Ukraine gegen NS-2 aus und forderten eine härtere Gangart gegenüber Russland.[1997] Man wollte Sicherheitsgarantien, Waffenlieferungen und kurzfristige Hilfen. Der Westen müsse Druck auf Russland ausüben und keine grünen Träume ausleben.[1998] Beide Länder versuchten über die EU-Kommission weitere Fortschritte in ihrem Sinne zu erreichen. Polen beschritt eigene Wege, um sich von der russischen Energieabhängigkeit zu lösen. 2019 bezog man noch 60 Prozent der Gasimporte und 67 Prozent des Erdöls aus Russland – prozentual mehr als die vielgescholtene Bundesrepublik.[1999] Rund 20 Prozent dieser Importmenge war russisches Erdgas, das über Deutschland nach Polen geleitet wurde. Doch Warschau vergrößerte die LNG-Aufnahme- und Gasspeicherkapazitäten und forcierte seit 2017 gemeinsam mit Dänemark den Bau der Baltic Pipe, einer Nebentrasse der aus Norwegen nach Niedersachsen verlaufenden Europipe II.[2000] Es mag ein Treppenwitz der Geschichte sein, dass einst Gerhard Schröder den Bau der Europipe durchgesetzt hatte. Im Dezember 2022 lief ein Vertrag mit Russland (über zehn bcm/y) aus, weshalb Polen unter Zeitdruck stand. Über die Baltic Pipe-Trasse konnten maximal zehn bcm/y transportiert werden, was rund die Hälfte des polnischen Gasbedarfs decken konnte.[2001] Eine Routendiversifizierung war daher auch aufgrund des Gesamtimportbedarfs einfacher als etwa für die Bundesrepublik. Polen sicherte sich 80 Prozent der Kapazitäten bis 2037 und musste auch bei geringeren Liefermengen den Preis für die gebuchten Kapazitäten entrichten – kein guter Deal. Zur Eröffnung waren noch keine Lieferverträge unterschrieben. Polen vereinbarte, 2,4 bcm/y über 10 Jahre aus Norwegen zu beziehen, und aus Dänemark sollten weitere sechs bis sieben bcm/y kommen, doch es kam zu Verzögerungen.[2002] Norwegen konnte und wollte die Liefermengen nicht schneller erhöhen und verlangte Marktpreise. Was als großer Triumph und Alternative gefeiert wurde, half den Balten und den Ukrainern oder gar den Südostmitteleuropäern de facto wenig: Baltic Pipe ersetzte primär den polnischen Gasimport aus Russland.[2003] Über den Gas Interconnector Poland Lithuania (GIPL) kann das Gas auch in die Slowakei weitergeleitet werden. Ob und in welchem Umfang ungenutzte Kapazitäten von anderen Staaten gebucht werden könnten, blieb fraglich und situationsbedingt. Baltic Pipe war auf jeden Fall keine Alternative zu NS-2, obwohl es die polnische Abhängigkeit von russischem Gas merklich reduzierte.

In den letzten Monaten ihrer Amtszeit begab sich Angela Merkel auf ihrer Abschiedstour auch nach Russland und in die Ukraine. In Moskau betonte sie, man müsse immer im Dialog bleiben. Putin wiederholte bei ihrem Besuch die russische Position: eine Verlängerung des Gastransits könne es nur geben, wenn Bedarf bestehe und es wirtschaftlich sinnvoll sei.[2004] Währenddessen streckte Gazprom die Fühler nach Ostmittel- und Südosteuropa aus und verdeutlichte erneut, dass Kyjiw neben NS-2 auch über den südlichen Gaskorridor umgangen wurde. Ungarn schloss ein neues Abkommen, wonach das Land Gas über die TurkStream-Pipeline beziehen sollte und nicht mehr aus der Ukraine.[2005] Kein Signal, das Vertrauen in Moskaus Bereitschaft wachsen ließ, den Gastransit durch die Ukraine fortzusetzen. In Kyjiw trat Merkel erneut für eine Verlängerung des Transits über 2024 hinaus ein. Gemeinsam mit Selenskyj warnte sie Putin: Wer Gas bzw. NS-2 als Waffe einsetze, dem drohten Sanktionen.[2006] Zugleich betonte die Kanzlerin, das Normandie-Format müsse wieder zusammentreffen. Für die 30-Jahresfeier der ukrainischen Unabhängigkeit und eine Konferenz über die Krim, die nur zwei Tage später stattfanden, wollte sie trotz des ausdrücklichen Wunsches ihrer Gastgeber nicht bleiben.[2007]

NS-2 wurde weitergebaut, doch es blieben die Stolpersteine der geänderten EU-Gasrichtlinie, die Betriebsgenehmigung und die technische Zertifizierung.[2008] Nach 2005 war es das zweite Mal, dass eine Kanzlerschaft mit der Ankündigung bzw. tatsächlichen Eröffnung einer direkten Gaspipeline von Russland nach Deutschland beendet wurde. Merkel bereitete sich auf den Ruhestand vor. In die Röhre mussten bald andere gucken.

TEIL IV: DER BLICK IN DEN ABGRUND

(2021/22)

Neuer Kanzler, alte Sorgen

Ein Lachen des CDU/CSU-Kanzlerkandidaten leitete nach 16 Jahren den Machtverlust der Union ein: Wer am Ort einer Flutkatastrophe feixte, schien nicht bereit für den wichtigsten Job des Landes. Zumal die Weltlage ernst war. Joe Biden hatte endgültig die Nase voll. Seit 2009 wollte er die US-Präsenz in Afghanistan beenden. Nun sollte es schnell gehen. Der Abzug geriet zu einem stark medialisierten Desaster, das den Kreml gefreut haben dürfte, denn es untergrub die Glaubwürdigkeit der USA als Supermacht. In Europa mehrten sich die Klagen, auch Biden gehe unilateral vor und führe eine unangenehme Tradition der amerikanischen Außenpolitik fort.[1] In Frankreich zeigten sich erneut anti-amerikanische Reflexe, und auf Russland wurde nachsichtiger geschaut.[2]

Diesseits des Rheins geriet der lachende Kanzlerkandidat der Union, Armin Laschet, in Verdacht, zu großes Verständnis für Russland zu zeigen.[3] Die SPD hatte die Linie der Kanzlerin ohnehin mitgetragen und meistens für einen konzilianteren Kurs geworben. Die Grünen versuchten hingegen, sich unter ihrer Kanzlerkandidatin Annalena Baerbock bewusst von realpolitischem Pragmatismus abzugrenzen und positionierten sich als Partei der Kremlkritiker.[4] In der Tat hatten etwa Marieluise Beck oder Manuel Sarrazin aus der Opposition die demokratischen Rückschritte in Russland jahrelang kritisiert. Im Juni 2021 verlangten die Grünen in einem Bundestagsantrag eine Kurskorrektur der deutschen Russlandpolitik.[5] Baerbock wollte Nord Stream 2 «die politische Unterstützung» entziehen und in ihrem Wahlprogramm forderten die Grünen – wie die FDP auch – ein Moratorium für das Pipeline-Projekt. Der neue Kurs schlug sich in Umfragen nieder: Anhänger der Grünen blickten nun weitaus skeptischer auf Russland und NS-2. In einer Umfrage vom 11./12. Januar 2022 sprachen sich 67 Prozent der Bundesbürger für die Inbetriebnahme aus; 24 Prozent waren dagegen und neun Prozent unentschieden.[6] Unterschiede zeigten sich regional – im Osten waren 79 Prozent dafür, im Westen 64 Prozent – und bei der Parteizugehörigkeit. Unter Sympathisanten der Grünen waren 35 Prozent für die Inbetriebnahme, bei denen der AfD 86 Prozent.[7] Die Grünen verdeutlichten damit, dass ein Kursschwenk möglich und zumindest den eigenen Anhängern vermittelbar war. Umgekehrt bezogen die Grünen in ihrem Wahlprogramm gegen das Zwei-Prozent-Ziel bei den Verteidigungsausgaben Stellung und wollten die NATO «strategisch neu ausrichten», was zu besorgten Nachfragen aus den USA führte, was die Partei sich darunter vorstelle: unter anderem den Abzug amerikanischer Kernwaffen aus Deutschland, war die Antwort.[8] Eine Inkonsistenz, die zeigte, dass eine aktive Menschenrechtspolitik und die Ablehnung von NS-2 nicht zwingend zu einer verteidigungspolitischen Kehrtwende führte. Nur Robert Habeck scherte aus und erhielt dafür kräftigen Gegenwind auch aus der eigenen Partei. Nach einem Besuch in der Ukraine sprach er sich für die Lieferung von Defensivwaffen aus, aber lehnte einen NATO-Beitritt des Landes als verfrüht ab.[9] Wie es die Grünen mit Russland hielten, konnten sie bald in Regierungsverantwortung zeigen. Denn die Bundestagswahl am 26. September 2021 führte zur Abwahl der Union und die neue Ampel-Regierung erhielt einen sozialdemokratischen Bundeskanzler.

Olaf Scholz besaß einen für seine Generation geradezu klassischen Werdegang: als Juso ein treuer Anhänger von Brandts Ostpolitik, hiernach Gegner des NATO-Doppelbeschlusses, von der um sich greifenden Atomangst erfasst und geprägt, auch ein Befürworter vollkommener nuklearer Abrüstung.[10] Schuld am Wettrüsten trugen für ihn die USA.[11] Der sehr weit links stehende Sozialdemokrat demonstrierte im Bonner Hofgarten und wetterte gegen die «NATO-Aufrüstung» und deren «imperialistisches» Gebaren.[12] Scholz erlebte die «Zweite Phase» der Ostpolitik in den 1980er Jahren aktiv mit. Das Ende des Kalten Krieges brachte für ihn primär eine weitere persönliche Abkehr von radikalen linken Ideen. «Was bleibt» aus der Zeit des Kalten Krieges fragte der Journalist Daniel Brössler in seiner Darstellung Scholz' und gab als Antwort: «Sicher die Erinnerung an die Zeit der Kriegsangst, der Angst vor der Atombombe, an die Erfahrung der Friedensbewegung. Die vielen Reisen in die DDR und in die Sowjetunion scheinen weniger Spuren hinterlassen zu haben. Scholz hegt keine romantischen Gefühle für Russland.»[13] 1998 zog Scholz in den Bundestag ein, besetzte klassische SPD-Themen der Sozial- und Wirtschaftspolitik. Von Oktober 2002 bis März 2004 war er Generalsekretär seiner Partei. In dieser Funktion trug er die Irak-Politik Schröders mit. Der CDU warf er mangelnden Patriotismus vor.[14] Er verurteilte den Kurs der USA, stellte sich umgekehrt aber auch gegen «plumpe und dumme antiamerikanische Hetze».[15] In der Rückschau erklärte Scholz, die Absichten Putins und den Schulterschluss mit Russland im Zuge des Irak-Krieges skeptischer eingeschätzt zu haben als Schröder.[16]

Nach vielen Jahren als Erster Bürgermeister in Hamburg sammelte Scholz als Bundesfinanzminister internationale Erfahrung, ist aber «letztlich in der Innenpolitik sozialisiert worden».[17] Im August 2020 zum Kanzlerkandidaten bestimmt, hätten nur die kühnsten Optimisten prophezeit, dass er das Rennen machen würde. Die Krisen der Gegenwart trieben den neuen Bundeskanzler um. Die Bedrohung der NATO-Staaten an der Ostflanke, die völkerrechtswidrige Annexion der Krim, all das erkannte und verurteilte Scholz. Große Sympathien für die Ukraine hegte er nicht. Er teilte «die in Berlin verbreitete Auffassung, in der Ukraine sei die Korruption endemisch und der Einfluss von Oligarchen übergroß».[18] Ein Russland-Versteher war er nicht, aber auch kein Russland-Falke. Er wollte eine «pragmatische, friedliche Koexistenz mit einem autoritären Russland».[19] Der stark wirtschaftspolitisch denkende Kanzler ist eher ein Realist als ein Idealist. Er glaubt jedoch an Institutionen, Regeln, Normen und eine europäisierte deutsche Außenpolitik.[20] Die neue Bundesregierung erhielt keine Schonzeit, denn der Kreml wollte keine friedliche Koexistenz.

Im Sommer und Herbst waren die Gaspreise gestiegen. Moskau wurde eine absichtliche Verknappung der Erdgasmenge vorgeworfen.[21] Die Gasspeicher in Deutschland waren kaum gefüllt. Vor allem die der Gazprom-Tochter Astora waren fast leer.[22] Dies schien umso bedenklicher, da die Abhängigkeit von russischer Energie unverändert hoch war. 2021 bezog die Bundesrepublik 55 Prozent des Erdgases aus Russland – die EU insgesamt 42 Prozent, wenn man LNG-Importe dazurechnet, 46 Prozent.[23] Erdgas deckte 2021 26,8 Prozent des Primärenergieverbrauches der Bundesrepublik, d. h. rund 15 Prozent entfielen allein auf russisches Gas.[24] Mineralöl machte 32,3 Prozent des Primärenergieverbrauchs aus. Russland war der wichtigste Lieferant, aber Ölimporte konnten einfacher diversifiziert werden, da man nicht an Pipelines gebunden war. Bei Gas brauchte man mehr Zeit und durfte höhere Kosten nicht scheuen. Flüssiggas war eine Option. 2021 besaß die EU LNG-Importkapazitäten von 230 bcm/y, die nur rund zur Hälfte genutzt wurden.[25] Aber die Bundesrepublik besaß kein einziges LNG-Terminal und der Transport von anderen Terminals nach Deutschland war schwierig und nur begrenzt möglich. Während die Gas-Krise sich zuspitzte, braute sich noch ein ganz anderer Sturm zusammen.

Countdown zum Krieg

Im Oktober verdichteten sich die Hinweise, dass der russische Truppenaufmarsch an der ukrainischen Grenze nicht nur eine Drohgebärde war.[26] Die nachrichtendienstlichen Erkenntnisse der Amerikaner waren eindeutig. Moskau machte ernst, es würde Krieg geben.[27]

Am 30. Oktober nahm Biden am Rande des G20-Gipfels in Rom die engsten Verbündeten der USA zur Seite. In einem kleinen Raum versammelte er den britischen Premierminister Boris Johnson, Macron und Merkel, die ihren Nachfolger Scholz im Schlepptau hatte.[28] Biden legte die Informationen seiner Geheimdienste vor. Russland werde angreifen, verdeutlichte er, vermutlich im Januar.[29] Nur Boris Johnson stimmte dieser Einschätzung zu. Als britischer Außenminister war er seit 2016 zunächst durch Beliebigkeit aufgefallen. Er hatte einen «Reset» in den Beziehungen zum Kreml und eine Zusammenarbeit im Kampf gegen den IS versucht.[30] Als Premierminister wandelte sich Johnson indes zu einem Russland-Falken: Er reagierte wütend auf den Skripal-Mordanschlag 2018 und erhöhte auch die Hilfe für die Ukraine.[31] Macron, Merkel und Scholz konnte Biden in Rom nicht überzeugen, berichteten Berater des US-Präsidenten: «Sie hielten eine Invasion für ausgeschlossen und irrational.»[32] Es handle sich um eine weitere Übung, eine Drohung, Säbelrasseln. «Putin sei doch nicht verrückt,» erklärte Merkel.[33] Der chaotische Afghanistan-Abzug und die Erinnerung an den Irak-Krieg 2003 trugen nicht dazu bei, dass den Einschätzungen der CIA uneingeschränkt geglaubt wurde. Die beiden Deutschen wollten jedoch alles tun, um eine Katastrophe zu verhindern.[34] Das Briefing der Amerikaner schien dennoch Eindruck hinterlassen zu haben. Bei der nächsten Gelegenheit am Rande des Gipfels schnappte sich Merkel den russischen Präsidenten und warnte ihn laut dem Bericht eines US-Diplomaten deutlich vor einem Angriff: Dies würde eine grundlegende Neubewertung der Beziehungen zu Russland bedingen.[35] Andere Berichte legen nahe, weder Merkel noch Scholz hätten sich schockiert gezeigt, wie Daniel Brössler berichtet: «Beide sitzen mit ihrer Entourage beim Rotwein in einem der Gärten des Hotels. Merkel erzählt von ihrer letzten Reise zu Putin nach Moskau und macht sich lustig über Außenminister Sergej Lawrow. Der habe, lästert sie, alberne rote Schuhe getragen. Kein Wort über den drohenden Krieg. (…) Scholz wird sich auch später an keine dramatische Kriegswarnung in Rom erinnern.»[36] Alle vorhandenen Berichte von amerikanischer Seite sprechen indes eine deutliche Sprache: Die USA warnten explizit und mehrmals.

Die Vereinigten Staaten verfolgten eine klare Strategie. Sie wollten ihre Erkenntnisse mit den Verbündeten teilen, sie veröffentlichen und zugleich die Ukraine auf den Krieg vorbereiten. Biden brach bewusst mit dem Vorgehen Obamas 2014, der Geheimdienstinformationen nicht weitergeben hatte.[37] Allerdings zog Washington «rote Linien»: keine direkte Involvierung der USA oder der NATO – ein Schritt, der als diplomatischer Fehler bezeichnet worden ist, da dies Russland weniger abschreckte und die US-Position einschränkte.[38]

Auch in Kyjiw schenkte man den Warnungen der Amerikaner vor einem russischen Überfall wenig Glauben. Eine Invasion beginne mit einer Wahrscheinlichkeit von 75 bis 80 Prozent im Januar, teilten die USA Selenskyj und den Seinen im November mit.[39] Diese winkten ab. Immerhin, so dachten sie, erhielt die Ukraine dadurch Aufmerksamkeit und mehr militärische Unterstützung.[40] Im November wurde die «US-Ukraine Charter on Strategic Partnership» unterzeichnet. Sie forcierte die Ausbildung ukrainischer Soldaten sowie die nachrichtendienstliche Zusammenarbeit. Immer mehr Waffen fanden ihren Weg in die Ukraine, wenngleich Analysten den Umfang als unzureichend kritisierten, um Russland von einem Angriff abzuschrecken.[41] Das Afghanistan-Desaster und die pessimistische Einschätzung, wie lange sich die Ukraine würde verteidigen können – westliche Geheimdienste gingen von ein paar Tagen aus – erhöhten nicht die Bereitschaft, umfassend Waffen zu liefern, die im Falle einer Niederlage in russischen Händen landen würden. In Afghanistan waren im Sommer US-finanzierte Militärgüter im Wert von über sieben Milliarden US-Dollar von den Taliban erbeutet worden.[42] Ein zweites Mal sollte so etwas nicht passieren. Dennoch wurde diese zögerliche Haltung in Washington zusehends aufgegeben.

Andere NATO-Staaten folgten dem amerikanischen Beispiel, vor allem Großbritannien und die Balten. Die Bundesregierung hielt sich zurück. Die Zusage für 5000 Helme, die die Ukraine angefragt hatte, wurde ebenso zum

Sinnbild des deutschen Zauderns, wie das Nein zu einer geplanten Lieferung alter Haubitzen deutscher Produktion der Esten.[43] Berlin stemmte
sich auch gegen eine präventive Verlegung von Truppen und Material an
die NATO-Ostflanke. Man habe doch Pläne für den Ernstfall, so die Deutschen, und wenn Putin tatsächlich angreife, könne man immer noch reagieren.[44] Wie 2014/15 verhielten sich die Bundesrepublik und andere Staaten reaktiv: Russland sollte nicht provoziert und nicht mit den Säbeln
gerasselt werden, um eine Deeskalation herbeizuführen. Die USA verlegten
Streitkräfte nach Europa und versetzten weitere in Alarmbereitschaft. Doch
nur eine Minderheit in der Biden-Administration forderte unmittelbare
Sanktionen. Die Mehrheit seiner Berater wollte abwarten: Wer Russland
jetzt schon sanktioniere, werfe die Abschreckungswirkung über Bord und
der Kreml hätte nichts mehr zu verlieren, so die Argumentation.[45] Am
7. Dezember führte Biden dem Kremlchef in einer Videoschalte die Folgen
eines russischen Angriffes vor Augen: Der Westen werde umfassende Sanktionen in Kraft setzen, Waffen in die Ukraine schicken, die NATO-Präsenz
an der Ostflanke stärken, und Russland isolieren. Putin antwortete mit seinen üblichen Vorwürfen, aber wirkte zunehmend aggressiver. Der US-Präsident rief unmittelbar nach dem Gespräch seine europäischen Verbündeten an. Putin wolle nicht verhandeln, sondern Krieg.[46] Macron und Merkel
hätten diese Botschaft schlecht aufgenommen, berichteten amerikanische
Regierungsvertreter.[47] Macron habe noch an die Chance einer Vermittlung
geglaubt und gefragt, ob jemand etwas dagegen hätte, wenn er das Gespräch mit Putin suchen würde. In Berlin liefen derweil andere Verhandlungen.

Eine neue Regierungskoalition musste geschmiedet werden. Auch Corona wütete weiter und führte zu hitzigen Debatten über Lockerungen und
Kontaktbeschränkungen. Scholz glaubte indes immer noch nicht an einen
russischen Angriff. Dennoch ließ er bereits Mitte November, also vor der
Vereidigung des neuen Kabinetts am 8. Dezember, prüfen, wie man mit
einem etwaigen Gas-Lieferausfall aus Russland klarkommen würde.[48] Experten im Kanzleramt und im Bundeswirtschaftsministerium rechneten
etwaige Szenarien wochenlang durch. Dass die deutschen Gasspeicher nur
zu 18 Prozent gefüllt waren, beunruhigte Scholz. Doch das Wirtschaftsministerium hielt einen russischen Lieferstopp weiterhin für ausgeschlossen.[49]
Nachdem er als Bundeskanzler vereidigt worden war, rief Scholz die soge-

nannte Bunkerrunde ins Leben, in der seine engsten Mitarbeiter sowie Wirtschaftsminister Habeck und Finanzminister Lindner über den Umgang mit etwaigen Lieferausfällen streng geheim berieten und Vorbereitungen trafen.[50]

In seiner Regierungserklärung am 15. Dezember 2021 warnte Scholz den Kreml vor einer erneuten Verletzung der territorialen Integrität der Ukraine. Dies werde einen «hohen Preis» haben und zu einer gemeinsamen Reaktion des Westens führen.[51] Gerade vor dem Hintergrund der deutschen Geschichte, so Scholz, müsse jede Bundesregierung «bereit sein, immer einmal öfter den Versuch der Verständigung zu unternehmen, den Versuch, aus der Eskalationsspirale auszubrechen, so wie es etwa mit dem Normandie-Prozess zeitweilig gelungen ist. Das darf aber nicht missverstanden werden als eine neue deutsche Ostpolitik. Ostpolitik kann im vereinten Europa nur eine europäische Ostpolitik sein. Diese gründet auf den Prinzipien des Völkerrechts und der europäischen Friedensordnung.»[52] Auch die Deutschen gaben Verhandlungen nochmal eine Chance. Der außenpolitische Berater des Kanzlers, Jens Plötner, bis dato Leiter des Planungsstabes im Auswärtigen Amt, war intensiv am Minsker Abkommen beteiligt gewesen und wollte mit dem Segen seines Chefs und in enger Abstimmung mit Macron die Gespräche im Normandie-Format wiederbeleben.[53] Eine Reise Plötners mit seinem französischen Kollegen Anfang Januar 2022 führte zu verhaltenem Optimismus. Trotz des russischen Truppenaufmarsches sei die Lage nicht aussichtslos.[54] Am 26. Januar kam es in Paris zu ausführlichen Gesprächen auf Arbeitsebene, doch hiernach schwand die Hoffnung immer deutlicher.[55]

Der Kreml hatte am 17. Dezember den USA und der NATO zwei Vertragsentwürfe vorgelegt, die weitreichende, quasi unannehmbare Forderungen enthielten. Die USA sollten den Beitritt weiterer ehemaliger Sowjetrepubliken zur NATO verhindern und dort auch keine Stützpunkte unterhalten. Der Vertragsentwurf für die NATO sah vor, dass das Bündnis sich gegen eine Erweiterung aussprach, ausländische Soldaten aus den östlichen, seit 1997 beigetretenen Mitgliedstaaten abzog. Mittelstreckenraketen und Kernwaffen sollten nur innerhalb der eigenen Staatsgrenzen der jeweiligen Nuklearmacht stationiert werden, womit Moskau die USA als Atommacht aus Europa herausdrängen wollte und Mitteleuropa bis zum Rhein eine kernwaffenfreie Zone geworden wäre. Zudem verlangte der

Kreml von der NATO die Zusicherung, «keine Militäreinsätze auf dem Territorium der Ukraine und in anderen Ländern Osteuropas, des Südkaukasus und Zentralasiens» zu führen.[56] Mit diesen Entwürfen rüttelte Moskau an den Grundpfeilern der europäischen Sicherheitsarchitektur seit 1990, wenn nicht seit 1949. Die Ukraine wäre vom Westen abgetrennt worden. Im Januar erteilten die USA und die NATO den russischen Forderungen eine klare Absage.[57] Aber die Frage blieb: Was war Putins Ziel? Eine defensive Abwehrhaltung gegen eine etwaige NATO-Osterweiterung, eine Unterwerfung der Ukraine oder gar ein schrittweiser Kampf gegen den Westen inklusive der Ausdehnung des eigenen Machtbereichs nach Mitteleuropa?[58] Putin zeigte, dass er zur Eskalation bereit war. Belarus hatte seit 2021 immer aktiver das Leid von Flüchtlingen für seine eigenen Zwecke missbraucht und führte, von Moskau ermutigt, einen hybriden Krieg an den EU-Außengrenzen. In Kasachstan konnte sich im Januar 2022 die Regierung nur dank russischer Bajonette an der Macht halten. Putin entsandte direkte Hilfe – ein Bruch mit seinem bisherigen Verhalten, wenn ihm verbundene Herrscher im post-sowjetischen Raum innenpolitisch unter Druck gerieten.[59] Die Zeichen standen auf Sturm.

Was waren die Deutschen willens zu unternehmen? Würden sie wie 2014/15 die EU zusammenhalten und entschlossen anführen? Vom Kanzler hörte man kaum einen Pieps. Sein Schweigen führte zu dem Hashtag #WoIstScholz. Im Ausland (ver)zweifelten viele Partner an der Haltung der Bundesrepublik – besonders in puncto Nord Stream 2. Öffentlich und in Hintergrundgesprächen mit Journalisten schwieg der Kanzler sich zu diesem Thema aus. Bevor er Kanzler wurde, wollte er hierüber keinen Streit mit seiner Partei riskieren oder die Energiepreise hochtreiben und dadurch die Energiewende unpopulär machen.[60] Er bezeichnete NS-2 lange als ein privatwirtschaftliches Projekt, und ihm missfiel, dass die von Deutschland und ihm persönlich unterstützte Verlängerung des ukrainisch-russischen Gas-Transitvertrages nicht gewürdigt wurde.[61] Doch eine etwaige russische Invasion der Ukraine würde das Ende für NS-2 bedeuten. Scholz war sich dessen sicher und die «Vorstellung, etwas anderes sei außen- oder innenpolitisch durchsetzbar, hielt er für absurd».[62] Er ließ einen Baustopp juristisch prüfen, um horrenden Schadensersatzforderungen aus Russland nicht Tür und Tor zu öffnen. In Pressekonferenzen blieb Scholz vage. Er sprach von «schwerwiegenden Konsequenzen» und einem «hohen Preis», den ein russischer Einmarsch in der Ukraine zur Folge haben würde. Folgt man dem Journalisten Daniel Brössler, wollte Scholz die Drohung eines Baustopps Putin persönlich ins Gesicht sagen. Dafür musste der Kanzler jedoch öffentlich weiter schweigen, was von vielen Verbündeten Deutschlands als Schwäche, Appeasement und typisch sozialdemokratische Ostpolitik wahrgenommen wurde.[63]

Am 6. Februar flog Scholz zu seinem Antrittsbesuch in die USA. Er ging medial in die Offensive. Er flimmerte bei CNN über die Bildschirme und gab der *Washington Post* ein Interview, in dem er seine Haltung darlegte. Man arbeite an einer gemeinsamen Position innerhalb der EU und der NATO und fahre einen Kurs «der notwendigen strategischen Ambiguität. Das ist entscheidend, um auch eine klare Botschaft zu senden, dass ein Angriff dem Kreml teuer zu stehen kommen wird – so können sie nicht an einen Computer gehen und ausrechnen, ob es zu teuer wird oder nicht. Es ist ein Schritt, den sie nicht gehen sollten, und der Preis, den sie für eine Invasion der Ukraine zahlen würden, wäre zu hoch.»[64] Auch im Regierungsflieger versuchte Scholz die mitreisenden Journalisten zu beruhigen: Sanktionsdrohungen und Verhandlungsangebote seien der Königsweg – und «strategische Ambiguität».[65] Zu diesem Konzepte passte es allerdings wenig, dass Scholz vor dem Abflug in die USA in der *ARD* die Lieferung letaler Waffen an die Ukraine kategorisch ausgeschlossen hatte.[66] Wenn, dann handelte es sich daher eher um «taktische Ambiguität» im Hinblick auf NS-2. Auch die deutsche Rüstungsindustrie und ihre etwaigen Lieferungen an die Ukraine wurde nicht als Teil der Abschreckung genutzt, um Putin vor einem Krieg zu warnen.[67]

Im Oval Office stimmten Biden und sein deutscher Gast das gemeinsame Vorgehen ab. Die Chemie stimmte. Die Amerikaner waren zuvor von der Nicht-Festlegung entnervt gewesen und hatten auf eine klare öffentliche Aussage des Kanzlers zu NS-2 während der USA-Reise gepocht.[68] Scholz versicherte Biden im Weißen Haus, im Falle eines russischen Angriffes sei die Pipeline Geschichte. Die Bundesregierung bereite sich auf einen solchen Fall bereits vor, aber öffentlich wolle er diese harte Haltung noch nicht einnehmen.[69] Der US-Präsident schien zufrieden, wollte aber selbst nicht schweigen. In der Pressekonferenz demonstrierten beide Einigkeit. Scholz verwies auf die umfangreichen deutschen Finanzhilfen an die Ukraine seit 2014: bilateral rund zwei Milliarden Euro und über die EU knapp vier

Milliarden – von insgesamt 17 Milliarden Euro, die die Union bis dahin an Hilfen und Krediten geleistet hatte.[70] Nur Biden ging dezidiert auf NS-2 ein. Bei einem Einmarsch Russlands in die Ukraine, so der US-Präsident «wird es kein Nord Stream 2 mehr geben».[71] Man werde es schaffen, dem Projekt ein Ende zu setzen. Scholz betonte hiernach seine Linie, ohne die Pipeline beim Namen zu nennen. Im Falle einer militärischen Aggression gegen die Ukraine werde es zu einer westlichen Reaktion mit «weitreichenden Maßnahmen» kommen. «Es gehört dazu», so der Kanzler weiter, dass «wir nicht alles auf den Tisch legen, weil es notwendig ist, dass auch vonseiten Russlands verstanden wird: Da könnte noch viel mehr passieren, als sie sich vielleicht selber ausrechnen.»[72] Man musste natürlich nicht mit offenen Karten spielen und «alles auf den Tisch legen», aber warum dann viele Optionen, etwa Waffenlieferungen, selbst öffentlich aus dem Spiel nehmen?

Auf die Zusatzfrage, ob Deutschland heute die Verpflichtung eingehe, Nord Stream 2 im Falle eines russischen Angriffes zu beenden, antwortete wiederum Biden: «Wie ich bereits gesagt habe: Wir stehen da zusammen. Wir sind hier absolut einer Meinung. Wir unternehmen die gleichen Schritte. Wir werden eine harte Reaktion gegenüber Russland fahren.»[73] De facto sagte Biden für Scholz zu. Der Kanzler widersprach nicht. Was genau hinter verschlossenen Türen zugesichert wurde, muss offenbleiben. Die Amerikaner schienen zufrieden. Kein Blatt Papier passe zwischen die USA und Deutschland; der einzige Unterschied sei die öffentliche Kommunikation, war aus dem Umfeld von Biden zu vernehmen.[74] Der Journalist Stephan Lamby berichtet, Scholz und Biden hätten bei ihrem Treffen «einen Fahrplan verabredet» und der Kanzler sei aus Washington noch besorgter als zuvor zurückgekehrt. Er habe die Kriegsgefahr sehr ernstgenommen, sei sich allerdings noch nicht sicher gewesen, ob Putin den Sprung ins Dunkle wirklich wagen würde.[75]

Nur wenig später informierten die USA ihre engsten Verbündeten, dass der russische Überfall unmittelbar bevorstehe. Mit Blick auf die Olympischen Winterspiele in China schien Putin noch abzuwarten. Er wollte seinen Freunden in Peking das Fest nicht vermiesen. Doch amerikanische Staatsbürger wurden aufgefordert, die Ukraine binnen 48 Stunden zu verlassen – eine Lehre aus dem Afghanistan-Chaos 2021.[76] Schürten die USA Panik? «In den Hauptstädten der Alliierten wird nicht nur über die Strategie Moskaus gerätselt, sondern auch über die Washingtoner Tricksereien», schreibt Lamby.[77] Paris und Berlin versuchten es weiter mit Shuttle-Diplomatie. Macron wollte vermitteln. Scholz warf seine Zurückhaltung über Bord. Er flog am 14. Februar nach Kyjiw. Ukrainischen Wünschen nach konkreten Beistandszusagen und Waffenlieferungen erteilte er allerdings ebenso eine Absage wie einer NATO-Mitgliedschaft, die auch Biden zuvor als nicht tagesaktuelle Frage bezeichnet hatte.[78] Der Kanzler wollte Putins Sorgen vor einem ukrainischen NATO-Beitritt entkräften und traute sich eine Verhandlungslösung in dieser schwierigen Situation zu: «Ich weigere mich, sie als aussichtslos zu beschreiben», erklärte er trotzig.[79] Am nächsten Tag traf er in Moskau ein. Im Kreml musste Scholz an dem mittlerweile berühmten langen Tisch Platz nehmen. In einem vierstündigen Gespräch brachte Putin alle altbekannten Vorwürfe über angebliche Faschisten in Kyjiw, die bedrohliche NATO und ihre gefährliche Osterweiterung vor.[80] Wenn der NATO-Beitritt der Ukraine nicht morgen komme, dann käme er vermutlich übermorgen, so der Kremlchef, und fügte hinzu: «Was würde das für uns – historisch gesehen – ändern? Das ändert nichts für uns.»[81] Zugleich versicherte er, dass Russland auch in Zukunft ein zuverlässiger Energielieferant sein werde und verwies somit implizit auf Nord Stream. Scholz drohte mit «harten Konsequenzen» bei einer russischen Invasion und bezog dies auch auf NS-2. Im Kriegsfall «wissen wir, was zu tun ist, und ich glaube, dass es auch alle anderen wissen», so der Kanzler.[82] Während Scholz in Moskau eine «wirklich unangenehme Erfahrung» machte, beschloss Vizekanzler und Wirtschaftsminister Habeck einen Baustopp für NS-2, und zwar unabhängig davon, ob Russland angreifen würde oder nicht.[83] Die Entscheidung blieb zunächst geheim. In Moskau erklärte Putin auf der Pressekonferenz, man werde weitere Gespräche führen. Der Diplomatie eine Gasse? Auf dem Heimweg vermittelte Scholz im Regierungsflieger den mitgereisten Journalisten den Ernst der Lage. Die Gefahr eines Krieges sei nicht gebannt, aber ein Angriff vermutlich erstmal abgewendet.[84]

Selbst der ukrainische Präsident Selenskyj glaubte lange nicht an eine drohende Invasion, zumindest wies er öffentlich solche «Panikmache» zurück.[85] Im Januar legte ihm CIA-Direktor Burns alle Erkenntnisse vor: Russland werde aus Belarus Richtung Kyjiw vormarschieren, das Hostomel-Flugfeld sei ein strategisches Ziel, und Burns zeigte anhand mehrerer Dokumente, wie Selenskyj umgebracht werden sollte.[86] Auch US-Vizepräsidentin Kamala Harris redete am Rande der Münchner Sicherheitskonferenz am 19. Februar auf Selenskyj ein: Die Russen werden angreifen, er müsse vorausplanen. Biden versuchte es telefonisch abermals, aber die Botschaft schien nicht anzukommen.[87] Inwiefern auch die deutschen und französischen Versicherungen an Kyjiw, wonach Putin keinen Krieg wolle, den ukrainischen Präsidenten in dieser Sicht bestärkten, sei dahingestellt.[88] Das Vertrauen in Selenskyj, der als «nicht kritikfähig» beschrieben worden ist,[89] stieg dadurch nicht. Die USA planten bereits die Unterstützung einer ukrainischen Exilregierung in Polen und die Versorgung eines ukrainischen Partisanenkrieges gegen russische Besatzer.[90] Die Zeit schien abzulaufen.

Am 21. Februar informierte Putin sowohl Macron als auch Scholz telefonisch über seine bevorstehende Rede an die Nation, die de facto einer Kriegserklärung glich.[91] Der Kanzler war schockiert.[92] Die EU-Außenminister diskutierten in Brüssel, ob bereits jetzt Sanktionen beschlossen werden sollten oder dadurch die Lage weiter angeheizt würde.[93] Nach Krisentelefonaten mit Biden, Macron und anderen Verbündeten wurden noch in der Nacht erste Sanktionen gegen hochrangige Personen um Putin und der Stopp von NS-2 beschlossen. Am nächsten Morgen, dem 22. Februar, verkündete Scholz das Ende des Pipelineprojektes – juristisch verklausuliert, um keine Schadensersatzforderungen von Gazprom zu evozieren. Das Zertifizierungsverfahren werde ausgesetzt, so der Kanzler trocken.[94]

Einen Tag später erzählten CIA-Mitarbeiter dem deutschen Wirtschaftsminister, dass die Russen bereits Blutkonserven auftauten und ihre Panzer mit einem ominösen «Z» anstrichen. In wenigen Stunden gäbe es Krieg. Habeck erklärte noch am Abend in der ARD, ein Krieg stehe unmittelbar bevor, doch er sprach sich – der Linie des Kanzlers und nicht seiner persönlichen Sicht folgend – gegen Waffenlieferungen an die Ukraine aus.[95] Außenministerin Baerbock wies am gleichen Tag die erneute Warnung ihres Amtskollegen Blinken zurück. Sie sagte ihm, dass die Amerikaner die Russen falsch einschätzten. Blinken antwortete hierauf nur: «Call me in a few hours.»[96]

Auftakt zur Zeitenwende

Am späten Abend des 23. Februar marschierten russische Verbände offen in den «Volksrepubliken» ein. Die ersten russischen Raketen landeten auf ukrainischem Territorium und in der Nacht rückten russische Verbände auf breiter Front vor. Moskau setzte den 2014 begonnenen Krieg gegen die Ukraine fort und hatte diesmal weitreichendere Ziele. Am frühen Morgen des 24. Februar trat Außenministerin Baerbock vor die Kameras: «Wir sind heute in einer anderen Welt aufgewacht», erklärte sie. Der Inspekteur des Heeres, Generalleutnant Alfons Mais, schrieb über die Plattform LinkedIn, die Bundeswehr stehe «mehr oder weniger blank da (…) Wir haben es alle kommen sehen und waren nicht in der Lage, mit unseren Argumenten durchzudringen, die Folgerungen aus der Krim-Annexion zu ziehen und umzusetzen.»[97] Der Westen musste reagieren. Die Sanktionsschritte der EU waren schon vorbereitet worden, aber es war Sand im Getriebe. Deutschland, Frankreich, Österreich, Zypern und Italien stemmten sich auf einem EU-Sondergipfel gegen den Ausschluss Russlands aus dem SWIFT-Zahlungssystem, wie die USA es forderten.[98] Eine Einstellung hätte den geregelten Zahlungsverkehr – auch für Gaslieferungen – gestört, weshalb nur die führenden russischen Banken ausgeschlossen wurden. Scholz wollte Zeit gewinnen und keinen Ausfall der Erdgaslieferungen riskieren.[99]

Die Lage war chaotisch. Viele Entscheidungen wurden im Moment getroffen. Es gab «keinen weitergehenden Plan, keine langfristige Strategie» – weder in Berlin noch in anderen westlichen Hauptstädten.[100] Die Ukraine dürfe den Krieg nicht verlieren, keine deutschen Alleingänge und keine direkte Involvierung der NATO, so die roten Linien des Bundeskanzlers. Die Ukrainer baten immer dringlicher um neue Waffen, ohne offen über ihre Pläne zu sprechen.[101] Die meisten westlichen Geheimdienste rechneten mit einer ukrainischen Niederlage binnen weniger Tage und auch die Ukraine befürchtete, sich maximal einen Monat verteidigen zu können.[102] Trotz dieser unsicheren Lage verdoppelten die USA den finanziellen Umfang ihrer Waffenlieferungen innerhalb der ersten 48 Stunden.[103] Die Bundesregierung lehnte Waffenlieferungen zunächst noch ab. Und überhaupt: Wem und wohin sollte man liefern, fragte der Regierungssprecher die Journalisten zurück.[104] Ähnlich hatten auch die Berater des britischen Premierministers argumentiert: Waffenlieferungen seien sinnlos, ein Zusammenbruch der Ukraine eine Frage von Tagen. Doch Boris Johnson überstimmte sie und lieferte NLAW-Panzerabwehrwaffen, die der Ukraine bei der Verteidigung enorm halfen.[105] In Berlin kam der Kursschwenk etwas später.

Der Bundeskanzler hielt am 27. Februar im Deutschen Bundestag eine vielbeachtete Rede.[106] Russland habe mit dem «Angriffskrieg» die europäische Nachkriegsordnung zertrümmert, trug der Kanzler gefasst und fast stoisch vor. «Wir erleben eine Zeitenwende. Die Welt danach ist nicht mehr dieselbe wie die Welt davor.»[107] Das Sondervermögen von 100 Milliarden Euro für die Bundeswehr, Waffenlieferungen an die Ukraine und Sanktionen. Endlich wurden auch LNG-Terminals gebaut, über die jedoch zunächst nur 13,5 bcm/y importiert werden konnten und perspektivisch bei Investitionen in feste Terminals insgesamt bis zu 54 bcm/y.[108] Die Bundesregierung lieferte die entschlossene Antwort, die viele westliche Partner erwarteten. Umgekehrt diente Deutschland weiterhin als Prügelknabe, und die substanzielle deutsche Hilfe wurde oft kleingeredet. Die Lieferung neuer Waffensysteme und der Abbruch der Energiebeziehungen nach Russland prägten die deutschen Debatten der folgenden Monate. Es musste auch eine Zeitenwende «im Kopf» stattfinden.[109] Dabei erschien der Kanzler oft wie ein Getriebener. Das Bild der bremsenden Bundesrepublik wandelte sich nur langsam und die Zeitenwende war oft eher Wunsch als Wirklichkeit – womit sie sich fast nahtlos in die deutsche Russlandpolitik der vergangenen Jahrzehnte einfügte.

Habeck erklärte im April 2023, die späte Waffenhilfe an die Ukraine beschäme ihn und er entschuldigte sich in Kyjiw.[110] Der Kanzler widersprach. «Das Bundeskanzleramt ist weiterhin fest der Auffassung, dass wir genau das Richtige immer zum richtigen Zeitpunkt getan haben»,[111] erklärte sein Regierungssprecher in fast Merkel'scher Rhetorik frei nach ihrem Bonmot «ich kann nicht erkennen, was wir jetzt anders machen müssten». Viele Deutsche sahen dies zunächst ähnlich. Noch im August 2022, also ein halbes Jahr nach dem russischen Angriff auf die Ukraine, sprachen sich über ein Drittel der Deutschen für eine Inbetriebnahme von NS-2 aus; 53 Prozent waren mittlerweile dagegen.[112] Erstmals nahm damit eine Mehrheit der Deutschen eine negative Haltung gegenüber NS-2 ein.

In ihrer ersten Stellungnahme seit Beginn des Krieges sprach die Altkanzlerin im Juni mit dem *Spiegel*-Journalisten Alexander Osang. Sie plädierte für eine stärkere militärische Abschreckung.[113] Sie mache sich keine Vorwürfe. Minsk und die nicht erfolgte Aufnahme der Ukraine in die NATO hätten einen großen Krieg verhindert. Im November legte die Kanzlerin nach: Der Ukraine sei 2014/15 Zeit erkauft worden, um sich auf einen umfassenderen russischen Angriff vorzubereiten.[114] Sie benutzte damit das gleiche Argument wie die Appeasement-Politiker der 1930er Jahre, die damit nicht nur unrecht hatten, genauso wenig wie Merkel nur unrecht hatte. Die Ukraine war militärisch und nachrichtendienstlich (in relativ bescheidenem Umfang) ertüchtigt worden – allerdings nicht von den Deutschen. Die Bundesregierung hatte für wirtschaftliche Ertüchtigung gesorgt – allerdings auch für die Russlands (wie andere EU-Staaten auch). Das Erbe der Ära Merkel wurde in jedem Falle nicht rosiger, weshalb die CDU/CSU um einen neuen Kurs rang.[115] Die SPD ging auch auf Sinnsuche. Steinmeier gestand Fehler im Umgang mit Russland ein.[116] Schröder blieb sich treu: «I don't do mea culpa», erklärte er in einem Interview mit der *New York Times*.[117] Er wurde immer mehr geächtet und lobte den bei Waffenlieferungen eher zurückhaltenden Kurs des Kanzlers.[118] Es schien in der SPD eine Neuausrichtung zu geben.[119] Doch der Ruf nach Dialog und Verhandlungen verhallte nie so ganz. Die deutsche Russland- und Sicherheitspolitik der kommenden Jahre ist daher auf keinen Fall in Stein gemeißelt.

FAZIT: DER ENTGLEISTE SONDERZUG

Die deutsche Russlandpolitik seit 1990 steht ganz am Anfang ihrer Erforschung. Jede Analyse muss einen vergleichenden Blick auf andere westliche Länder werfen, innen- und außenpolitische Themen beachten und den Kontext und Informationsstand der damaligen Zeit einbeziehen, um teleologische Argumentationsmuster zu vermeiden. Ostpolitik kann auch nicht losgelöst von der Westpolitik betrachtet werden. Die vielerorts tiefsitzende Skepsis gegenüber den Vereinigten Staaten und der NATO steigerte die Empfänglichkeit für russlandfreundliche Positionen. Zudem muss das Erkenntnisproblem von den Handlungsoptionen getrennt werden. Keine seriöse Analyse könnte zum Beispiel Angela Merkel unterstellen, sie habe den brutalen Charakter Putins nicht erkannt. Aber was folgte hieraus? Den richtigen Umgang mit Russland zu finden, bereitete Politikern in allen westlichen Hauptstädten Kopfschmerzen und bedingte oft schwierige Abwägungsentscheidungen. Viele Beobachter im Westen gaben sich dem Glauben hin, Russland würde den Verlust seines Imperiums einfach hinnehmen, obwohl das Land seine Sicherheit stets über die Kontrolle seiner Nachbarn definiert hatte.[1]

Das wiedervereinigte Deutschland nahm aufgrund seiner politischen und wirtschaftlichen Bedeutung eine Sonderrolle in den Beziehungen mit Russland ein, weshalb immer ein Sonderzug nach Moskau fuhr. Die verschiedenen Bundesregierungen waren in Europa meistens der bevorzugte Ansprechpartner des Kremls – nicht ohne Hintergedanken. Teilweise glitt man auf einen Sonderweg ab. Primär müssen hier die gegen amerikanischen Unilateralismus und auf Multipolarität zielende Bindung an Russland unter Gerhard Schröder sowie das Festhalten an Nord Stream 2 unter Angela Merkel und Frank-Walter Steinmeier genannt werden. Meist aber stand Deutschland unter den europäischen Staaten nicht allein, etwa, als nach 2014 die eigene militärische Aufrüstung und die Ertüchtigung der Ukraine verpasst wurden oder mit dem generellen Wunsch, immer wieder auf den Kreml zuzugehen und Anknüpfungspunkte in Fragen der internationalen Politik oder des wirtschaftlichen Austausches zu suchen. Für diese Entscheidungen mag es Gründe gegeben haben, aber unter dem Strich wird es schwerfallen, sie als erfolgreiche Politik zu verkaufen. Die Ursprünge dieser Utopie der Verflechtung gehen auf die Entspannungspolitik während des Kalten Krieges zurück, aber zeigten sich auch in den 1990er Jahren.

Die Kohl-Jahre: die geglückte Stabilisierung Osteuropas

Das Ende des Ost-West-Konfliktes veränderte die Grundstruktur der deutschen Außen- und damit auch der Ostpolitik. Helmut Kohl sorgte sich um die Stabilität in Osteuropa. Er befürchtete die «Umkehrbarkeit» der friedlichen Revolutionen und Reformbewegungen von 1989/90 und eine «Balkanisierung» erst der Sowjetunion, dann der Russischen Föderation. Die Bundesrepublik leistete Moskau früher und umfassender Hilfe als andere westliche Staaten, verfolgte dabei aber auch deutsche Interessen. Dazu zählte in den 1990er Jahren, zunächst die Ratifizierung des Zwei-plus-Vier-Vertrages und den Abzug der sowjetischen Verbände vom Gebiet der ehemaligen DDR in trockene Tücher zu bringen. Hiernach wollte die Bundesregierung aus der Randlage heraus, weshalb sie die EU- und NATO-Osterweiterung entscheidend vorantrieb und gerade letztere verträglich mit Moskau zu gestalten versuchte. Jeden Anflug von Triumphalismus wollte Kohl vermeiden. Stattdessen sollte Russland – unter Bezug auf die deutsche Geschichte nach 1945 – eine verflechtende Aussöhnung und eine Art Marshall-Plan angeboten werden, um es wirtschaftlich und politisch zu stabilisieren. Das Land sollte auch in die WTO und den Europarat eingebunden, also weitere Gesprächsforen eröffnet und Anknüpfungspunkte gesucht werden. Die Bundesregierung multilateralisierte ihre Russlandpolitik, da sie die finanziellen Risiken nicht allein tragen wollte. Zudem sollte etwaigen Vorwürfen eines neuen Sonderweges oder einer Rapallo-Politik vorgebeugt werden. Kohl drängte daher auf eine Europäisierung der deutschen Russlandpolitik, die im Partnerschafts- und Kooperationsabkommen der EU mit Russland ihren Niederschlag fand. Wie alle westlichen Staaten setzte auch die Bundesregierung auf Jelzin, da es keine besseren Alternativen gab. Die demokratischen Rückschritte in Russland und das zunehmend aggressive außenpolitische Gebaren wurden erkannt und benannt. Es gab keinerlei Illusionen, eher manifestierte sich ab 1993 die Sorge vor einer Verschlimmerung. Kohl ging jedoch behutsam vor, wollte stetige Prozesse und keine Demütigung Russlands oder Schritte, die als solche wahrgenommen werden konnten.

Trotz aller Einbindungsversuche wurden die ost- und mitteleuropäischen Staaten, das Baltikum, Georgien und die GUS-Länder, etwa die Ukraine, nie aus dem Blick verloren, sondern gegen russische Übergriffigkeiten und auf ihrem oftmals schnellen Weg nach Westen unterstützt. Die Erweiterungspolitik war nicht nur interessen-, sondern auch wertegeleitet, da die Reformbemühungen zu einer freien Marktwirtschaft und pluralistischen Demokratien in Osteuropa gestärkt und weitgehend irreversibel gemacht wurden. Seinen westlichen Partnern warf der Kanzler oftmals vor, zu zögerlich zu sein und die Bedeutung und die Hürden der Reformprozesse in Ostmitteleuropa und Russland nicht zu verstehen. Den Deutschen (und sich selbst) stellte er hier aufgrund des «Aufbaus Ost» ein besseres Zeugnis aus. In Kohls Augen lag eine Stabilisierung der russischen Westgrenze im Interesse des Kremls. Und er glaubte, damit in Moskau auf Zustimmung zu stoßen.[2] Doch die NATO-Erweiterung – und viele andere Punkte, wie etwa die demokratischen Rückschritte in Russland, der Tschetschenienkrieg und das revisionistische Auftreten im «nahen Ausland» – sorgten für ein Ende des Tauwetters, auch da Russland gefestigter im Innern war und somit wieder stärker nach außen auftreten konnte.

Der «deutsche Weg» mit und über Moskau unter Gerhard Schröder

Die Kanzlerschaft Gerhard Schröders fiel mit einer Scharnierzeit in Russland zusammen. Zum einen kam es zum Stabwechsel im Kreml. Putin übernahm die Macht. Er sicherte sie nach innen durch die Unterdrückung der freien Zivilgesellschaft und der Medien. Den Krieg in Tschetschenien setzte er mit einer brutalen Unterwerfungskampagne fort. Außenpolitisch wollte Russland wieder als Großmacht wahrgenommen werden. Die westliche Intervention im Kosovo 1999 wurde zu einem Trauma für Moskau. Nie wieder wollte man so ein Vorgehen tolerieren. Die im gleichen Jahr vorgelegte «Mittelfristige Strategie zur Entwicklung der Beziehungen zwischen Russland und der EU (2000–2010)» führte eigene Ordnungsvorstellungen aus. Die Formel «von Lissabon bis Wladiwostok» zielte auf den Ausschluss der USA aus der europäischen Sicherheitsarchitektur. Russland war wirtschaftlich erstarkt und nutzte seine wachsende Rolle als Rohstoffmacht. Zugleich versuchte der Kreml sich nach den Anschlägen des 11. September 2001 in den «Kampf gegen den Terror» an der Seite der westlichen Staaten einzureihen. Diese scheinbare Hochphase der Kooperation endete bereits 2002. Zuvor setzte Bush im Frühjahr noch die keineswegs populäre NATO-Erweiterung durch. Die Einladung an die baltischen Staaten, Bulgarien, Rumänien, die Slowakei und Slowenien, die 2004 der Allianz beitraten, führte trotz der Etablierung des NATO-Russland-Rates zu weiteren Verstimmungen mit Moskau und bleibt doch eine wichtige, oft vergessene Errungenschaft der Bush-Administration. Wie hätte die Situation vor allem im Baltikum und am Schwarzen Meer 2008, 2014 oder 2022 ohne diese Entscheidung ausgesehen? Keineswegs sicherer, und dem russischen Expansionsdrang wären eventuell noch weitere Staaten zum Opfer gefallen.

Doch durch die Verschiebung der westlichen Institutionen nach Osten entstand eine «Integrationskonkurrenz» (Adomeit).[3] Die Reformstaaten Ostmitteleuropas und ehemalige Sowjetrepubliken wollten nach Westen. Moskau entwickelte wiederum immer deutlicher konkurrierende Ordnungsvorstellungen, die vor allem im Kaukasus, in der Ukraine und in Belarus auf die grundverschiedenen Ansätze des Westens trafen. Die EU oder die NATO drängten sich nicht auf, boten Demokratie, Wohlstand und Sicherheit. Der Kreml aber verlangte Gefolgschaft und Unterordnung. Die Osterweiterung der EU und der NATO nach 1990 war eine Erfolgsgeschichte. Die Reformprozesse in den ehemals sozialistischen Ländern wurden stabilisiert und etwaigen russischen Revisionsansprüchen ein Riegel vorgeschoben.

Schröder tat sich anfangs nicht leicht mit Putin. Er wollte sich von der «Saunafreundschaft» seines Vorgängers mit Jelzin abgrenzen, und der Tschetschenienkrieg belastete die Beziehungen mit dem neuen Mann im Kreml. Doch der Westen konnte sich zu keiner entschlossenen Haltung durchringen. Man erkannte, wenig Einfluss auf die negativen Entwicklungen in Russland nehmen zu können. Es begann vielmehr ein Wettrennen, wer im bilateralen Rahmen schneller einen guten Draht zu Putin herstellen konnte. «Wie Einfluss nehmen?», blieb daher eine Kernfrage und bestärkte die Utopie der Verflechtung, die doch immerhin mittelfristig Hoffnung zu geben schien und zu Formaten wie dem Petersburger Dialog führte.

Im Sommer und Herbst 2000 fanden Schröder und Putin zusammen. Die wirtschaftliche Kooperation wurde ausgebaut, die Kritik an demokratischen Rückschritten in Russland zurückgefahren. Dabei zeigte sich immer deutlicher: Putin wollte «Handel ohne Wandel»; also wirtschaftliche Vorteile, ohne zivilgesellschaftliche Fortschritte. Schröder verfolgte außenpolitisch einen neuen Kurs. Der «deutsche Weg» glich dem auf Unabhängigkeit pochenden Vorgehen de Gaulles. Der Bundeskanzler wollte Machtzentren ausbalancieren, eigene Interessen deutlicher verfolgen und hierzu multi- und bilaterale Pfade nutzen – auch im Umgang mit Russland. Dort rannte er mit dem Schlagwort «Multipolarität» offene Türen ein. Dies zeigte sich exemplarisch in der Irak-Krise 2002/03. Die Erfahrung, gemeinsam den USA die Stirn geboten zu haben, stärkte das Band zwischen dem Kanzleramt und dem Kreml. Wieso demokratische Rückschritte in Russland kritisieren, wenn Putin dem Kanzler aus der Patsche geholfen hatte und er dadurch sein kategorisches Nein gegen die Irak-Pläne Bushs durchstehen konnte? Der Dankbarkeit Kohls für den Abzug der sowjetischen Verbände und die friedliche Wiedervereinigung folgte die Dankbarkeit Schröders gegenüber Putin für den Schulterschluss gegen Bushs Irak-Invasion. Der «deutsche Weg» Schröders wurde zuweilen zu einem Sonderweg nach Moskau, und war Teil einer größeren Malaise: Die Europäer ließen sich spalten und sprachen Russland gegenüber nicht mit einer Stimme. Dies zeigte sich auch in der Kanzlerschaft Angela Merkels.

Führung ohne Eindämmung: Russlandpolitik in der Ära Merkel/Steinmeier

Die Kanzlerin brach mit der emotionalen Nähe ihres Vorgängers zum Kreml. Sie sprach demokratische Rückschritte deutlicher an. Ihr sozialdemokratischer Koalitionspartner setzte jedoch unter Führung Frank-Walter Steinmeiers die Verflechtungspolitik fort: Merkel konnte nie «durchregieren», sondern musste stets die Koalitionsarithmetik beachten – mehr als Kohl oder Schröder. Doch die alte Ostpolitik gab es spätestens seit den 2000er Jahren nicht mehr, da die mittel- und osteuropäischen Staaten als

Mitglieder der EU an der Formulierung der europäischen – und damit indirekt auch der deutschen – Russlandpolitik aktiv mitwirkten und vielfach zu den schärfsten Kritikern Russlands zählten.

Der Bilateralismus der Europäer im Umgang mit Moskau ging weiter. Eine wirklich einheitliche EU-Russlandpolitik gab es nie. Die Bundesrepublik versuchte die EU-Russlandpolitik nach der Osterweiterung mehrfach auf neue Beine zu stellen: durch das Non-Paper 2006, während der eigenen Ratspräsidentschaft 2007 – die auch zu einer Nachbarschaftsstrategie für Osteuropa, das Schwarze Meer und Zentralasien führte –, durch die Aushandlung eines neuen Partnerschafts- und Kooperationsabkommens und durch die Meseberg-Initiative. Letztere verdeutlichte, dass Berlin dabei durchaus Ad-hoc-Formate oder die bilaterale Schiene nutzte. Dies galt auch für die Modernisierungspartnerschaft 2008/09, und für die Energiebeziehungen. Europäisch wenn möglich, bilateral wenn nötig, könnte diese Linie zusammengefasst werden. Im Krisenjahr 2008 fuhr die Bundesregierung einen konzilianten Kurs, der im Mainstream der west- und südeuropäischen Länder lag. Sie war für die Anerkennung des Kosovo, gegen eine Gewährung des MAP-Status für Georgien und die Ukraine und versuchte im russisch-georgischen Krieg zu vermitteln. Ein Sonderweg war dies keineswegs.

Die Jahre bis 2013 verdeutlichen die steten Versuche, Russland einzubinden und ein gutes Verhältnis mit Moskau zu bewahren – in Berlin, aber auch in anderen europäischen Hauptstädten und nicht zuletzt in Washington, wo Präsident Obama seine «Reset»-Politik verfolgte. Die Bundesregierung, vor allem die Kanzlerin, übte Kritik an den demokratischen Rückschritten in Russland, wie sie es auch gegenüber China und anderen Staaten tat. Neben diesem wertegeleiteten Ansatz, der nicht zuletzt innenpolitische Beweggründe hatte, verfolgte die Kanzlerin ebenso deutsche Interessen. Der Handel nahm zu, und die Rohstoffimporte stiegen an. Doch Angela Merkel zielte nie auf eine multipolare Weltordnung, in der ein Schulterschluss mit Russland die eigene Position aufwerten würde. Der Umgang mit autokratischen Regimen war ein notwendiges Übel, bei dem die Kanzlerin europäischen und deutschen Interessen nachging und versuchte, die innere Entwicklung der Länder positiv zu beeinflussen, ohne sich Illusionen eines großen Wandels zu machen. Wie aber reagierte die Bundesregierung auf die Eintrübung der Großwetterlage?

Es brauchte 2012/13 keine hellseherischen Fähigkeiten, um zu erkennen, dass die Modernisierungspartnerschaft gescheitert war. Die russischen Eliten wollten sich nicht nach westlichem Vorbild modernisieren, sondern die wirtschaftlichen Vorteile aus der Zusammenarbeit einstreichen. Wie konnte eine Neujustierung die Russlandpolitik gelingen? Wie konnte die russische Zivilgesellschaft unterstützt werden? Inwiefern war es möglich, über reine Symbolik hinauszugehen, ohne Nichtregierungsorganisationen zu schaden, die ohnehin vom Kreml das Label «ausländische Agenten» angehaftet bekamen? Wurde Russland nicht weiter als Partner in Nahost, in Afghanistan und in anderen globalen Fragen gebraucht? Die Abwägungsentscheidung in Berlin glich daher dem Vorgehen in anderen westlichen Hauptstädten. Man zeigte sich solidarisch mit der Opposition, erkannte aber, wie gering der eigene Einfluss auf die Entwicklungen in Russland war. Zudem stieg die nationalistische Rhetorik in Moskau zwar an, zeigte jedoch noch keine unmittelbaren Auswirkungen auf das außenpolitische Handeln. Dieser Wandel trat zwischen Herbst 2013 und 2015 immer sichtbarer ein: in der Ukraine, aber zum Beispiel auch in Syrien.

In enger Absprache mit der EU und den USA versuchte die Bundesregierung eine Eskalation des Konfliktes im Osten der Ukraine zu verhindern. In Merkels Augen war «kurzfristiges Krisenmanagement» nur in der Lage, systemische Risiken zu verhindern. Sie drängte sich nicht in eine Führungsrolle, nahm sie aber an, als andere Vermittlungsversuche scheiterten. Die Bundesregierung war entscheidend für das Zustandekommen und den Fortbestand der EU-Sanktionen gegen Russland. Bei anderen Maßnahmen, etwa der Stärkung der NATO-Ostflanke oder einer militärischen Ertüchtigung der Ukraine, war man zögerlich. Mit dieser Zurückhaltung stand Deutschland im Westen jedoch nicht allein. Nur isolierte Stimmen forderten Waffenhilfe für Kyjiw. Die Große Koalition in Berlin wollte nicht in Kategorien der strategischen Eindämmung denken und nahm diese Drohmittel sofort vom Tisch. Wenn man selbst deeskaliere, werde dies auch Putin tun, so die Einschätzung. Sicherheit sei nur *mit* nicht *gegen* Russland möglich. Minsk war aus deutscher Sicht – und auch in den Augen anderer – ein Teilerfolg. Die Ukraine befand sich in einer militärisch sehr schwierigen Situation und wollte einen Waffenstillstand. Der russische Vormarsch konnte durch Minsk aufgehalten und ein großer Krieg verhindert werden. Die Europäer hatten europäische Probleme vorübergehend gelöst, und dies im Einvernehmen mit Washington. Die Bundesregierung erhielt großen Zuspruch für die Vermittlungsbemühungen, da sie das west- und südeuropäische Lager der eher russlandfreundlichen Staaten auf einen kritischeren Kurs geführt hatte. Zugleich versuchte Berlin, die folgende Unterstützung der Ukraine und die EU-Assoziierung des Landes versöhnlich mit Russland zu gestalten und vor allem die wirtschaftlichen Beziehungen nach Moskau nicht abreißen zu lassen. In diesem Kontext muss Nord Stream 2 gesehen werden.

Das Projekt kam in dieser Lesart zum richtigen Zeitpunkt, um Moskau etwas Vertrauensbildendes und gegenseitige Abhängigkeiten Schaffendes anzubieten. Selbst wenn die Importmenge russischen Erdgases bedenkliche Ausmaße annahm, entstanden hierdurch nicht nur ökonomische Vorteile, sondern man besaß in den Augen der Befürworter einen Hebel, um Einfluss auf Moskau auszuüben. Wie stark dieser Hebel bzw. der Einfluss wirklich war, blieb fraglich, doch das Projekt entsprang der Utopie der Verflechtung und der Suche nach Anknüpfungspunkten auch in düsteren Zeiten.

Allianztechnisch war NS-2 jedoch von Beginn an fatal. «Kein einzelnes Unterfangen hat einen derart großen Imageschaden für Deutschland hervorgerufen», urteilt auch der ehemalige deutsche Botschafter in Warschau Rolf Nikel.[4] Damit schaffte Berlin, was vorher niemand geschafft hatte: Die Bundesrepublik fiel bei den russlandfreundlichen Süd- und Westeuropäern und bei den russlandkritischen Osteuropäern, Balten und den USA in Ungnade. Selbst Frankreich wackelte lange und konnte die wunden Punkte der Deutschen nach Belieben drücken, um in anderen Politikfeldern Konzessionen zu erhalten. Die politischen Kosten überstiegen somit schon vor 2022 die etwaigen wirtschaftlichen Vorteile, und der Glaube an den Kreml als zuverlässigen Partner war sehr kühn. Die Uneinigkeit und Schwächung der EU durch das Pipeline-Projekt war somit de facto gewichtiger als die Auswirkungen auf den Status der Ukraine als Gastransitland – dies war etwa durch die südliche Umgehung des Landes, die mittelfristige Entwicklung der Energiepolitik der EU und die Zunahme der LNG-Importe in Europa ohnehin nur schwer zu verhindern, und die Bundesregierung half (auch aufgrund externen Drucks) federführend, die Folgen verringerter Gastransiteinnahmen abzufedern. Die Folgen einer reduzierten Interdependenz zwischen Kyjiw und Moskau blieben allerdings ungelöst. War es angesichts des offensichtlichen politischen Flurschadens wert, an dem Projekt festzuhalten? Man bekam durch NS-2 eben doch keinen Hebel in die Hand, um ein konzilianteres Verhalten Russlands herbeizuführen. Die gewünschte Einbindung Russlands durch (wirtschaftliche) Verflechtung scheiterte erneut.

Trotz der teilweise härteren Linie gegenüber Moskau wurden in der Ära Merkel-Steinmeier Fehler in der Russlandpolitik begangen, die unter In-kaufnahme wirtschaftspolitischer und innenpolitischer Kosten hätten ver-mieden werden können. Erstens stieg die Abhängigkeit von russischem Gas weiter an und machte 2021 rund 55 Prozent des importierten Gases aus – auch aufgrund der «Energiewende» und der Wünsche des sozialdemokrati-schen Koalitionspartners, einiger Bundesländer im Nordosten und der deutschen Wirtschaft. Merkel warf ihr Gewicht nicht in die Waagschale, um den Sonderzug umzuleiten, wenngleich sie seit 2018 die Inbetrieb-nahme von NS-2 immer deutlicher an das Zustandekommen eines neuen russischen-ukrainischen Gastransitvertrages knüpfte, den sie 2019 half in trockene Tücher zu bringen. Dennoch verlor die Bundesregierung durch dieses Projekt viel Vertrauen in Europa.

Zweitens wurde der Ukraine nach 2014 zwar finanziell, energiepolitisch und durch die EU-Assoziierung auch von Berlin aus geholfen, doch eine militärische Ertüchtigung erfolgte nicht. Die oben angeführte Aussage der Kanzlerin auf der Münchner Sicherheitskonferenz im Februar 2015 sei hier erneut zitiert: «Wir haben keine Garantie, dass Präsident Putin das tut, was wir erwarten. Aber ich glaube einfach, dass ein militärisches Engagement eher zu noch mehr Opfern, aber auch nicht zu der Überzeugung führen wird, dass das russische Militär besiegt wird dadurch.»[5] Damit hat Merkel bis heute Recht behalten: Die westlichen Militärhilfen an die Ukraine haben weder Putin von einem Angriff abgehalten, noch ihn zu einer Beendigung seines Überfalls bewogen. Aber was sollte man machen, wenn die Ukraine aus ihrer Überzeugung heraus diese Opfer bringen möchte? Die Hilfe den-noch verweigern? Mit umfangreicher Waffen- und Ausbildungshilfe des Westens nach 2014 wäre die Ukraine im Februar 2022 wesentlich besser vorbereitet gewesen. Und wo blieb das von Merkel ebenfalls beschworene Mantra, nach dem kurzfristigen Krisenmanagement «für die mittel- und langfristige Sicht natürlich daraus die Lehren [zu] ziehen»?[6] Die Lehre aus 2014/15 war doch auch, dass die Ukraine militärisch zu schwach gewesen war, um ihre Souveränität und territoriale Integrität zu verteidigen, deren

Verletzung die Bundesregierung stets kritisierte. Aber in der Praxis unternahm sie wenig, um die Resilienz des bedrohten Landes zu stärken.

Drittens trug Deutschland nie federführend zu einer westlichen Drohkulisse oder Abschreckung Russlands bei – eben durch eine Ertüchtigung der Ukraine, eine bessere Ausstattung der Bundeswehr oder Aufstockung der Kräfte an der NATO-Ostflanke. Die Kanzlerin hatte im August 2014 gefordert, die Beistandspflicht der NATO müsse im Ernstfall «mit Leben gefüllt» werden, darauf müsse man sich vorbereiten und ein «klares Antwortsignal» an Putin senden.[7] Dieser Schritt hätte nicht bedeutet, für oder mit der Ukraine in den Krieg zu ziehen, sondern die NATO zu stärken und eine deutliche Botschaft an den Kreml zu senden. Diese «Vorbereitung» hatte man selbst in den Händen. Sie ist nicht erfolgt. Die Bundeswehr wurde weiter vernachlässigt, die Vornepräsenz war politische Symbolpolitik. Es ging nie ein sicherheits- oder verteidigungspolitischer «Ruck» durch Deutschland.

Diese drei Fehler stehen sinnbildlich für eine Utopie der Verflechtung ohne Rückversicherung, die die gesamte Phase der deutschen Russlandpolitik seit 1990 kennzeichnete und doch in Europa keine Ausnahme darstellte.

Utopie der Verflechtung ohne Rückversicherung

Die westliche Utopie der Verflechtung zielte auf die Kooperation mit Russland durch eine Einbindung in internationale Institutionen und auf einen Wandel innerhalb des Landes durch eine florierende Wirtschaft und einen erfolgreichen Reformprozess. Beides ist gescheitert. Die Frage, wo man «falsch abgebogen» sei und wo der Westen Fehler gemacht hat, wird häufig gestellt.[8] Die Sichtweise, dass *wir* versagt haben und es einen oder mehrere «wrong turns» gab und ansonsten alles besser gelaufen wäre, ignoriert allerdings oftmals die russische Rolle in der Gleichung. «Die Vorstellung, es habe keine Dialogformate gegeben, Russland sei ausgeschlossen worden, ist eine Legende. Russland hatte umfassend Gelegenheit, seine Positionen in der OSZE, im UN-Sicherheitsrat, im NATO-Russland-Rat, auf der Münchner Sicherheitskonferenz, in der G-8, in der G-20, in den Gesprächen mit der EU und bilateral» vorzutragen.[9] Die entscheidenden Gründe für die vielfachen Fehlentwicklungen sind daher nicht nur, geschweige denn primär im Westen zu suchen, sondern in Russland und auch der dortigen Bevölkerung. Dennoch hat ein solcher Ansatz Tradition: *Who lost China* war das Schlagwort der US-amerikanischen Debatte im frühen Kalten Krieg, die sich auf den Sieg der Kommunisten im Chinesischen Bürgerkrieg 1949 bezog. Die *Who lost Russia*-Frage wirft jedoch eine viel grundsätzlichere auf: Wie viel Einfluss konnte der Westen auf die Entwicklungen in Russland und den außenpolitischen Kurs des Kremls überhaupt nehmen – vor allem eine nicht-nukleare Mittelmacht wie Deutschland? Und konnten alle Ziele erreicht werden, also zugleich einen Export der Sicherheit durch eine Osterweiterung der EU und der NATO und eine Einbindung Moskaus?

Die deutsche Russlandpolitik wurde häufig mit einem Verweis auf die eigene Geschichte begründet, etwa einem sehr einseitigen Blick auf Gorbatschow und das Ende des Ost-West-Konfliktes: friedliche Demonstrationen, Dialog statt Abschreckung, runde Tische, internationale Verhandlungsrunden – und alles wird gut. Die Machthaber in Moskau wurden als vernünftige Pragmatiker dargestellt, denen mit finanziellen Aushilfen Zugeständnisse abgerungen werden konnten.[10] In deutscher Lesart können antagonistische Staaten durch eine konstante Einbindungspolitik verändert werden, wie der US-Politologe Stephen S. Szabo argumentiert hat. Es zeige sich darüber hinaus «eine deutliche Diskrepanz, wenn Amerikaner und Deutsche gefragt wurden, wer den Kalten Krieg gewonnen hat. Amerikaner nennen wahrscheinlich Ronald Reagan und die NATO, wohingegen Deutsche auf Gorbatschow, Hans-Dietrich Genscher und die Ostpolitik als Hauptgründe für das friedliche Ende des Kalten Krieges verweisen werden.»[11]

Diese außenpolitische DNA der Deutschen geht weit über die Ostpolitik hinaus, erfuhr hier jedoch ihre deutlichste Ausprägung und wurde mit allerlei historischen Beispielen stetig unterfüttert. Zum einen mit negativen Referenzpunkten, die für eine dialogorientierte Einbindung und Aussöhnung sprachen: der NS-Vernichtungskrieg und die deutschen Verbrechen. Zum anderen wurden dauerhaft die KSZE, die Entspannungspolitik, die friedliche Revolution und das erfolgreiche «Warten auf Gorbi» angeführt. Doch wie schon Samuel Beckett über sein Stück *Warten auf Godot* treffend feststellte: «nothing happens, twice». Dies traf auch auf das ständige Warten auf Modernisierer in Russland zu. Viele Entwicklungen in Russland und in Osteuropa wurden durch die Brille deutscher Geschichte gesehen – von Kohls Marshall-Plan-Ideen, über den omnipräsenten Neue Ostpolitik- bzw. KSZE-Mythos bis zu Merkels Rückgriffen auf die deutsche Teilung als

Parallele zur territorialen Zerstückelung der Ukraine. Wer anders argumentierte, bekam einen Auffrischungskurs: Im Kalten Krieg habe das so geklappt, bei der deutschen Wiedereinigung habe das so geklappt, und so weiter.

Zudem wurde der eigene Referenzrahmen vielfach auf die Gegneranalyse übertragen, etwa: «Putin wird das schon nicht tun, damit würde er sich in das eigene Fleisch schneiden.» Wenn die wirtschaftliche Verflechtung nur groß genug sei, dann werde ein Krieg so kostspielig, dass ihn kein Staat mehr eingehen würde, lautete der Kern der eigenen Überzeugung. Dieses Argument wurde bereits vor dem Ersten Weltkrieg angeführt. Es brachte dem Briten Norman Angell den Friedensnobelpreis und stellte sich doch schon wenig später als falsch heraus: Staaten handeln eben nicht nur nach wirtschaftlichen Interessen.[12] Auch das Kaiserreich und das zarische Russland waren vor 1914 wirtschaftlich eng verbunden.[13] Exportwünsche trafen auf Modernisierungsbedarf – ein bekanntes Bild. Wie der französische Diplomat Maurice Gourdault-Montagne es mit dem Titel seiner Memoiren treffend festhielt: «Les autres ne pensent pas comme nous» – die Anderen denken nicht wie wir. Man versuchte «ein Land sicherheitspolitisch einzubinden, das sich nicht einbinden lassen wollte».[14]

Putins Russland beschritt den Weg der Repression nach innen und des militärischen Revisionismus nach außen. Die innenpolitischen Entwicklungen waren deutlich erkennbar, doch sie schienen lange Zeit hinnehmbar, da «nur» die Menschenrechtslage in Russland betroffen war. Die Leidtragenden waren primär die russischen Bürger. Die Diagnose war einfach, aber wer hatte schon Patentrezepte zur Hand? Die Zivilgesellschaft unterstützen, demokratische Strukturen stärken oder wirtschaftliche, kulturelle und wissenschaftliche Kooperation ausbauen? All dies klang gut und wurde versucht. Negative Entwicklungen wurden teils moniert und teils ignoriert. Der eher appellative Charakter solcher Kritik basierte zum einen auf Werten und richtete sich zum anderen an die eigene Bevölkerung. Der Einfluss und die Wirkmächtigkeit waren begrenzt. Nicht nur konnte und wollte man den russischen Demokraten nicht aktiver unter die Arme greifen, auch gingen andernorts solche Experimente des «Demokratieexports» gehörig schief und wurden von vielen Personen, die «Handeln» in Bezug auf Russland einforderten, massiv kritisiert.

In der außenpolitischen Arena konnten Deutschland und der Westen direkter auf Russland einwirken. Man versuchte dem Kreml lange ent-gegenzukommen, suchte Anknüpfungspunkte in Fragen der internationa-len Politik, etablierte privilegierte Kooperationsformen – ohne Moskau Veto-Rechte zuzugestehen oder imperiale Absichten abzusegnen. Als die anfangs eher rhetorische Aufrüstung (die militärische lief bereits im Hin-tergrund und war keinesfalls heimlich) zunehmend in aggressiven außen-politischen Revanchismus umschlug, griffen Deutschland und der Westen insgesamt nicht zu den «strategischen Containment-Mitteln», die Außen-minister Joschka Fischer einst nannte. Vor 2022 schien die Zeit dafür nie reif. Die Sanktionen blieben gemäßigt, verbale Verurteilungen waren von Gesprächsangeboten begleitet, wirtschaftliche Projekte wurden fortgesetzt. Weder innenpolitische Repression noch außenpolitische Revision wurden mit harten diplomatischen oder wirtschaftlichen Maßnahmen beantwortet, die dem Kreml wehgetan hätten. Auch offensichtlich fruchtlose Koopera-tionsformate liefen weiter, zum Beispiel der Petersburger Dialog. Umge-kehrt können manche Entwicklungen nicht verhindert und gewaltbereite Despoten oftmals nicht von ihrem Kurs abgebracht werden – zumal, wenn es sich um Nuklearmächte handelt. Doch wenn man zur Erkenntnis gelangte, keinen Einfluss auf das russische Verhalten zu haben, hätte die eigene Haltung angepasst werden können – nur ist dies eben kaum erfolgt. Eine Neujustierung hätte nicht bedeutet, Russland den Krieg zu erklären, sondern sich auf etwaige aggressive Schritte des Kremls vorzubereiten und sich nicht nur an das Prinzip Hoffnung zu klammern.

Wie lange konnten Fehlentwicklungen ignoriert und weiter versucht werden, Anknüpfungspunkte und Hebel zu finden? Der ehemalige US-Bot-schafter in Moskau und spätere CIA-Direktor Burns stellte mit Blick auf die amerikanische Russlandpolitik fest: «Trotz aller Schwierigkeiten konnten wir es uns nicht erlauben, Putins Russland links liegen zu lassen, wenn-gleich dies oft sehr verlockend war. Wir mussten Anknüpfungspunkte fin-den, wo wir konnten, und Schadensbegrenzung betreiben, wenn wir keine fanden.»[15] Wann würden diese Versuche der Einbindung an ihre Gren-zen stoßen? Verfolgte man gegenüber Russland eine fatale Appeasement-Politik?

Appeasement oder Abschreckung?

Appeasement wird oft verkürzt als außenpolitische Strategie des einseitigen Nachgebens gesehen, durch das Aggressoren in ihren revisionistischen Wünschen zufriedengestellt und ein Krieg kurzfristig vermieden werden soll. Die Debatten über Ursachen und Ziele der Appeasement-Politik der 1930er Jahre sind schier endlos. Die traditionelle Sicht, die Winston Churchill selbst noch mitgeprägt hatte, verurteilte den Ansatz in Bausch und Bogen, wohingegen spätere Arbeiten den rationalen Aspekt und die strategischen Notwendigkeiten des zunächst zurückhaltenden Vorgehens betonten – die hiernach erneut kritisiert wurden.[16]

Es gibt, wie die Politologen Norrin M. Ripsman und Jack S. Levy argumentiert haben, drei verschiedene Typen des Appeasements: 1) Revisionistische Ansprüche befriedigen, um einen Krieg kurzfristig zu verhindern; 2) zweitrangige Streitfälle durch Konzessionen beilegen, um den Hauptstreitpunkt zu entschärfen; und 3) eine hinhaltende Strategie, die Zeit erkauft, um aufzurüsten oder Allianzen zu schmieden. In dieser, in der Geschichtswissenschaft umstrittenen Lesart war die britische Appeasement-Politik der 1930er Jahre nicht von einem naiven Glauben an Hitlers Friedenswillen durch einseitige Konzessionen geleitet, sondern von der Abwägung, wonach Deutschland militärisch stärker war und Großbritannien erst aufrüsten und die Öffentlichkeit auf einen weiteren Krieg einstimmen musste.[17] Es war somit eine aus der eigenen Schwäche geborene notwendige Strategie, um Zeit zu gewinnen, bis man selbst konfrontativer mit revisionistischen Bedrohungen umgehen konnte.

Der Vergleich der Putin'schen Außenpolitik mit dem Revisionismus der 1930er Jahre ist in vielerlei Hinsicht interessant, aber auch problematisch. Gewiss avancierte der Kreml seit den 2000er Jahren immer deutlicher zu einer revisionistischen Macht, die die Normen der europäischen Sicherheitsarchitektur in Frage stellte und immer offener an deren Grundpfeilern sägte. Völkerrechtswidriger Landraub, wie etwa der Krim, wurde vom Westen notgedrungen hingenommen – aber nicht öffentlich gutgeheißen, geschweige denn offiziell völkerrechtlich anerkannt. Die russischen Beweggründe für die aggressive Revisionspolitik wurden von den (meisten) Regierungen im Westen – im Gegensatz zur Situation in den 1930er Jahren – nie als legitim angesehen. Da es, anders als noch 1930, ein starkes System kollektiver Sicherheit gibt, waren den russischen Großmachtambitionen deutlichere Grenzen gesetzt. Die baltischen Staaten waren Teil eines militärischen Bündnisses, der NATO. Ein Angriff auf sie war somit bisher selbst für Putin eine rote Linie. Durch die NATO war und ist die europäische Sicherheitsarchitektur daher viel stabiler, und es bleiben keine ungelösten territorialen Konflikte unter den ost- und mitteleuropäischen Staaten. Zudem: Als Hitler die Tschechoslowakei zerschlug und später die «Rest-Tschechei» annektierte, unternahm der Westen nichts. Dem russischen Angriff auf die Ukraine 2014 und vor allem der Vollinvasion seit 2022 folgten deutlichere Antworten des Westens, wenngleich zwischen 2014 und 2021 die Hilfe vor allem im militärischen Bereich einen beschränkten Umfang behielt. Wie hätten andere Reaktionen aussehen können?

Abschreckung, Eindämmung und Zurückdrängung sind Konzepte, die in Deutschland lange Zeit so sehr als im Grunde schon militaristisch verrufen waren, dass meist gleich lieber die englischsprachige Version benutzt wurde, also *deterrence, containment* und *roll-back*. Bei der Forderung nach Abschreckung stellt sich immer die Frage: wie, gegen wen und wovor? Und man kann mit gutem Recht die Frage stellen, ob der Westen überhaupt eine klare Politik der Abschreckung gegenüber Russland betrieb, die auch einen weiteren Angriff auf die Ukraine verhindern sollte? Die Vornepräsenz an der Ostflanke diente der Abschreckung eines russischen Angriffes auf NATO-Gebiet, und die Versuche, einen Schutzschirm über der Ukraine aufzuspannen, setzten erst spät ein.

Der US-Historiker John Lewis Gaddis hat zwei Denkschulen der amerikanischen Eindämmungspolitik während des Kalten Krieges beschrieben, die symmetrische und die asymmetrische.[18] Die symmetrische Eindämmung trat jedem politischen oder militärischen Schachzug der Sowjetunion entgegen: überall und jederzeit. Der Verlust der strategischen Balance lauerte somit hinter jedem Gebirgsfluss Lateinamerikas oder jedem Hügel Südostasiens. Die asymmetrische Eindämmungsstrategie setzte auf Allianzen, Geduld und Gelassenheit. Eine direkte Entgegnung oder Intervention erfolgte nur, wenn es für absolut notwendig erachtet wurde. Andernfalls wurde mit Geheimdienstoperationen, lokalen Verbündeten oder wirtschaftlichen Mitteln reagiert. Nach dem Vietnam-Krieg verfolgten die USA in den 1970er und 1980er Jahren eine periphere Strategie mit einer asymmetrischen Eindämmungspolitik, die den Sowjets entgegentrat, ohne einen Dritten Weltkrieg zu provozieren und zugleich auf Abschreckung in Europa setzte. In Anbetracht des russischen Revisionismus durch Putin wurde nach dem Amtsende George W. Bushs im Westen weder eine symmetrische noch asymmetrische Eindämmung Russlands verfolgt. Spätestens 2011 setzte eine Phase der westlichen Zurückhaltung bei militärischen Interventionen ein, die zumeist ohnehin gegenüber kleineren Staaten erfolgt waren und nicht gegenüber einer Nuklearmacht.

Nach dem weitgehenden Unilateralismus der Bush-Administration und dem vorherigen liberalen Interventionismus der Clinton-Jahre argumentierte vor allem der Politologe Barry Posen für eine strategische Zurückhaltung: «restraint».[19] Die USA und ihre Verbündeten sollten demnach nicht in jeden Konflikt eingreifen, da man sich hierdurch nur selbst schwächte und oftmals gegen die eigenen Ideale handelte. US-Präsident Obama verinnerlichte diese Lesart und setzte auf sein «long game» durch weitgehende militärische Zurückhaltung.[20] Doch das «short game» kam oft dazwischen. Diese strategische Geduld und das «long game» Obamas – und auch Merkels – können leicht als Ausrede zur Untätigkeit missbraucht werden: Wenn langfristig ohnehin alles gut wird, warum dann mehr «Probleme» schaffen? Der russischen Machtausdehnung an der Peripherie – primär in Syrien, Afrika und auch auf dem Balkan – wurde kaum etwas entgegengesetzt. Viel naheliegender schien oftmals ein «do not rock the boat»-Ansatz und ein beinahe fatalistisches «da können wir nichts tun, sonst wird alles schlimmer».

Die in Deutschland häufig konstatierte «Kultur der militärischen Zurückhaltung» und die strategische Passivität in Bezug auf Russland müssen in diesem Kontext gesehen werden und sie scheinen im Vergleich zu anderen westlichen Staaten keine deutsche Ausnahme mehr zu sein. Die USA waren ebenfalls auf Einbindungskurs, der «Reset» Obamas nur der deutlichste Ausdruck hiervon. Und doch zeigten sich Unterschiede: Andere Länder hatten einen Plan B in der Tasche, konnten zur Not auch militärische Hilfe anbieten und begaben sich nicht in waghalsige Abhängigkeiten.

Auch die EU verfolgte eigene geopolitische Ziele im post-sowjetischen Raum, ohne im Zweifel eine militärische Drohkulisse zur Absicherung der eigenen Position und der neuen Partner aufbauen zu können. Es gab viele Werte, viele Pläne und viele Interessen, aber keinen Mechanismus, um sie im Ernstfall verteidigen zu können. In Krisensituation lösten sich die hehren Ziele der Strategiepapiere in Luft auf: Die Nationalstaaten ließen sich von Moskau auseinanderdividieren und verfolgten partikulare, oft widersprüchliche Interessen. Die NATO erwies sich erneut als einziger Sicherheitsanker des Westens. Eine Entwicklung, für die Deutschland als wichtigster Mitgliedstaat der EU eine große Mitverantwortung trägt. Die Bundesrepublik verlor durch ihre Russlandpolitik unter Schröder und nach 2015 viel Ansehen in Mittel- und Osteuropa. Der Dank für die deutsche Hilfe bei den vorherigen Osterweiterungen der EU und NATO war schnell verflogen. Und doch vertrat Deutschland meist keine isolierte Position: Frankreich, die Benelux-Länder, Österreich, Spanien, Italien und Griechenland teilten und unterstützten fast alle russlandpolitischen Entscheidungen der verschiedenen Bundesregierungen. Vielmehr zeigte sich in Europa eine Zwei- bzw. Dreiteilung.

Denn neben dem eben genannten Lager gab es mehrere Südosteuropäer, die nicht zwingend russlandfreundlich, aber auch keine Russlandfalken waren. Letztere saßen eher in Polen, im Baltikum, in Schweden und in Großbritannien und lehnten sich an die USA an. Sie wiesen früh auf die aggressiven Absichten Putins hin. Das «Wir hätten auf die Osteuropäer hören sollen»-Argument ist somit in puncto Erkenntnis aus heutiger Sicht richtig. Aber was folgte aus diesen Warnungen? Wurde ein gangbarer und mehrheitsfähiger Gegenentwurf zur Strategie der Einbindung entwickelt? London hätte im Verbund mit Warschau eine solche Gegenstrategie glaubhaft in Brüssel lancieren können. Doch die Briten sagten 2016 *good bye Europe* und Polen driftete unter der PiS-Regierung in unruhige Fahrwasser ab und war alles andere als ein einfacher Partner. Mit der EU-skeptischen Grundhaltung und den Reibereien mit Brüssel konnte Warschau keine europäischen Initiativen entwickeln oder gar anführen. Viele der kremlkritischen Staaten waren nur auf Russland fokussiert, folgten eigenen wirtschaftspolitischen Interessen und zeigten sich in anderen Dossiers – zumindest aus Sicht der Bundesregierung – wenig hilfreich oder solidarisch, zum Beispiel in der Flüchtlingspolitik.

Eine deutsche Abschreckungspolitik lässt sich nur mit viel gutem Willen in der Sanktionspolitik erkennen. Man drohte dem Kreml mit Konsequenzen und bot sogleich Lockerungen bei konstruktivem Verhalten an. Die verschiedenen Koalitionsregierungen verfolgte deutsche Interessen, hatte jedoch keinen Plan B, wenn massiv gegen deutsche Interessen gehandelt wurde, sondern zog sich auf Moral zurück und forderte «europäische

Lösungen», rief die amerikanischen Freunde herbei oder nahm russische Aggressionen beinahe fatalistisch als unabänderlich hin. Eine erweiterte Abschreckung durch die Vornepräsenz an der NATO-Ostflanke trug die Bundesregierung nur zögerlich und halbherzig mit. Vor allem von Deutschland wurde die 2014/15 «erkaufte Zeit» nie zu einer eigenen Aufrüstung oder der militärischen Ertüchtigung der Ukraine genutzt. Das Argument, die Bundesrepublik habe eine weitsichtige und hinhaltende Appeasement-Politik betrieben, kann daher nicht überzeugen. Ja, im Februar 2015 wurde ein längerer Krieg und weitere Gebietsverluste verhindert, aber es kann nicht ernsthaft argumentiert werden, dass Berlin danach mit strategischer Voraussicht die Ukraine umfassend auf einen weiteren Angriff Putins vorbereitet hätte. Eine Abschreckung Russlands wurde auch dann nicht Kernaspekt der deutschen Politik, als der Kreml immer aggressiver reagierte und eigentlich viel weitergehende Eindämmungsmaßnahmen vonnöten gewesen wären.

Ob die Bundesrepublik strategisch denkt und handelt, ist eine endlose Debatte.[21] Die strategische Kultur ist hierzulande sicher weniger ausgeprägt als in anderen Ländern. Der Austausch zwischen Denkfabriken, Wissenschaft und Exekutive ist viel geringer. Aber war die Russlandpolitik anderer Länder mit einer vorgeblich ausgeprägteren strategischen Kultur erfolgreicher dabei, den Kreml von Angriffskriegen abzuhalten oder sich auf diesen Ernstfall vorzubereiten? Die verschiedenen Bundesregierungen erklärten keine großen strategischen Visionen, aber folgten einem klaren Kurs. Man ging sehr deutlich nationalen Interessen nach, betrieb aktiv Außenwirtschaftspolitik, trotz oftmaliger Europäisierung der Russlandpolitik. Deutsche Russlandpolitik war Interessenpolitik par excellence. Es fehlte eher eine strategische Verteidigungs- und damit Rückversicherungspolitik, wenn dialogorientierte Kooperationsangebote- und Einbindungsstrategien scheiterten.

Welche Alternative bot sich? Wie wären die Reaktionen ausgefallen, wenn Angela Merkel Nord Stream 2 aufgekündigt und wieder auf Atomstrom gesetzt hätte? Was, wenn sie Panzer an die Ukraine geliefert hätte? Wenn sie LNG-Terminals für Flüssiggas aus den USA gebaut hätte und dem US-Präsidenten Donald Trump die Erfüllung des Zwei-Prozent-Ziels zugesagt hätte? Was, wenn offen über «Geostrategie» diskutiert worden wäre? Die medialen «Shitstorms» kann man sich vorstellen. Die Haltung der Bevölkerung zu diesen Fragen ist belegt: Die Inbetriebnahme von NS-2 wurde noch im Januar 2022 von zwei Dritteln der Deutschen unterstützt und umgekehrt gab es nie Mehrheiten für die Erfüllung des Zwei-Prozent-Ziels und eine Vornepräsenz an der NATO-Ostflanke – nur langsam zeichnete sich 2019 in Umfragen hierzu ein immerhin ausgeglichenes Stimmungsbild ab. Wer der Bundesregierung in puncto Nord Stream 2, Aufrüstung und Vornepräsenz daher einen falschen Kurs vorwirft, muss sich diese Zahlen vor Augen halten.

Dies bedeutet nicht, dass ein Regierungschef nicht wichtige Entscheidungen auch gegen die Mehrheit der Bevölkerung treffen oder für einen Kurswechsel kämpfen müsste. Nur war Angela Merkel zum einen keine solche Regierungschefin und zum anderen geschieht dies nur, wenn dem Politikfeld Priorität beigemessen wird, was ebenfalls nicht der Fall war. Die Grünen zeigten 2021 in Bezug auf NS-2, dass ein solcher Kurswechsel möglich war und den Wählern vermittelt werden konnte. Merkel glaubte an die langfristige Durchsetzungskaft der Demokratie und der westlichen Werte. Doch was, wenn das «short game», also kurzfristige Ereignisse dazwischenkamen? Sollte man die Hände in den Schoß legen? «Wir können immer nur das kurzfristige Krisenmanagement so machen, dass wir systemische Risiken verhindern, und wir müssen dann für die mittel- und langfristige Sicht natürlich daraus die Lehren ziehen»,[22] erklärte sie, wie schon zitiert, 2008 vor der CDU/CSU-Bundestagsfraktion. Diese Linie, gewissermaßen das Merkel-Mantra in der Außenpolitik, verfolgte sie zum Beispiel auch in der EU-Rettungspolitik – die ebenso wie die Flüchtlingskrise und andere Politikfelder immer wieder Priorität gegenüber der Russlandpolitik genossen, nicht nur in Deutschland. Krisenlösung à la Merkel hieß pointiert: Deckel drauf, und warten. Konrad Adenauer verhalf dem rheinischen Ausspruch *Et hätt noch immer joot jejange* zu Berühmtheit. «Es ist bisher noch immer gut ausgegangen» war allerdings eine recht einseitige Sicht der geschichtsbesessenen Deutschen. Putin war kein Gorbatschow – dessen Politik in Deutschland ohnehin oft verklärt wird. Die Ukraine war nicht das geteilte Deutschland. Russland kein Reformstaat auf dem Weg nach Westen. Zudem hatte Adenauer die Kriegsgefahr immer ernstgenommen, gegen massive Widerstände die Wiederbewaffnung durchgesetzt und auf eine Abschreckungspolitik gesetzt. Merkel war in diesem Sinne nicht die Enkelin des Alten aus Rhöndorf.

Welcher Kurs hätte die strategische Kalkulation in Moskau verändert und wäre in Deutschland und im Westen politisch durchsetzbar gewesen? Hätte man Putin von einer Invasion abschrecken können? Etwa durch verstärkte Militärhilfen an die Ukraine, die Stationierung westlicher Truppen oder eine NATO-Mitgliedschaft des Landes? Aus vielerlei Gründen ist dies spekulativ und schwer zu beantworten. Dennoch sind einige Punkte deutlich: Putin glaubte an die moralische Unterlegenheit und Schwäche der Ukraine. Mehr Panzer hätten diese Einschätzung wohl kaum verändert – so argumentierte auch Merkel bereits anno 2015 und behielt damit recht. Putin will natürlich schnelle Erfolge, aber er scheut keinen langen Krieg. Westliche Truppen in der Ukraine oder eine NATO-Mitgliedschaft waren politisch nicht tragbar oder nicht gewollt. Selbst eine schnelle Aufnahme der Ukraine hätte dem Kreml Zeit für einen Umsturz- bzw. Destabilisierungsversuch gelassen. Eine Blitz-Aufnahme der Ukraine in das Bündnis oder eine glaubhafte amerikanische bzw. NATO-Beistandsverpflichtung à la Artikel 5 wäre wohl der einzig wirkungsvolle Weg gewesen. Und die Androhung eines NS-2-Stopps oder weiterer Wirtschaftssanktionen? Genau das machten die EU und der Westen – erfolglos. Putin hatte sich jahrelang auf einen weiteren Waffengang vorbereitet. Der Kreml baute Devisenreserven auf und sammelte Erfahrung im Umgehen von Sanktionen.[23] In Putins Augen handelte es sich um einen essenziellen Konflikt – eine Jahrhundertaufgabe und «Revanche» für 1989/91.[24]

Doch die Bundesrepublik und der Westen hätten zu Kriegsbeginn besser dastehen können – mental und militärisch – und auch die Ukraine besser dastehen lassen können. Dass hier viele Dinge versäumt wurden, steht außer Frage. Das eigene militärische Abschreckungspotential – die Bundeswehr – wurde sträflich vernachlässigt. Aber wieso sollte Merkel hier etwas investieren, wenn sie (und ihre Koalitionspartner) in 16 Jahren Kanzlerschaft bei egal welcher Krise immer sofort ausschließlich eine diplomatische Lösung ins Auge fassten? Den ungeliebten Afghanistan-Einsatz erbte sie und tat nur das Allernötigste. Georgien, Libyen, Syrien und die Ukraine: Stets wurden Waffenlieferungen ausgeschlossen. Einzig die Peschmerga kamen in den (sehr begrenzten) Genuss deutscher Waffenhilfe. So leisteten britische und amerikanische Rüstungsgüter und die vorherige Ausbildung den Ukrainern in den Anfangswochen der Vollinvasion Russlands 2022 entscheidende Dienste – nicht deutsche Zivilprojekte oder 5000 Helme.

Sicherheits- und Verteidigungspolitik fristeten hierzulande ein Nischendasein, auch in der CDU/CSU. Die Grünen waren Falken in Bezug auf die russische Innenpolitik, aber welche eigenen Mittel war man willens zu stärken bzw. einzusetzen, um Russlands außenpolitischem Revisionismus die Stirn zu bieten? Die Bundeswehr und den Bundesnachrichtendienst oder gar eine nachrichtendienstliche Kooperation mit den USA, um ein besseres Lagebild der russischen Bedrohung und Absichten zu erhalten? Einen Ausbau der nuklearen Teilhabe? Mit «softeren» Mitteln aus dem außenpolitischen Werkzeugkasten gingen die verschiedenen Regierungskoalitionen ebenfalls sparsam um. Die sanfte Gangart gegenüber dem Kreml bei NS-2 steht exemplarisch dafür, wie wenig die drittgrößte Volkswirtschaft der Welt ihre ökonomische Macht als Ausgleich für verteidigungspolitische Schwächen oder als Abschreckungsmittel nutzt.

Doch auch andere westliche Staaten hatten ihre sicherheitsspolitischen Anstrengungen nach 2014 nicht maßgeblich intensiviert, sondern eine weitere Einbindung Russlands versucht, härtere Sanktionen abgelehnt und keine umfassende militärische Ertüchtigung der Ukraine betrieben. Die Bundesrepublik hätte aufgrund ihrer besonderen Rolle in Osteuropa, ihres wirtschaftlichen Gewichtes und ihrer politischen Bedeutung als einziges Land in der EU einen Kurswechsel vorantreiben können – und tat es nicht. Wer, wenn nicht Merkel hätte diesen Schwenk durchführen sollen? Sie konnte Russisch, verstand die post-sozialistischen Staaten wie wenig andere und hatte seit 2005 alles hautnah miterlebt: Putins Drohungen, Lügen und Kriege. Auch in Anbetracht des russischen Aufmarsches und der sich verdichtenden Hinweise auf eine Vollinvasion seit Herbst 2021 kam es zu keinem Kursschwenk. Der neue Bundeskanzler dachte in alten Linien weiter – wie weite Teile der Bevölkerung.

Die Utopie der Verflechtung wurde alternativlos weiterverfolgt, ohne sich auf russische Sonderwege vorzubereiten. Es begann weder eine Eindämmungs- noch eine erweiterte Abschreckungspolitik. Man wollte Russland einbinden und ging deshalb immer wieder auf den Kreml zu – eine bewusste Risikoabwägung, die auch deutschen (Wirtschafts-)Interessen und der innenpolitischen Stimmung geschuldet war. Die eigenen «roten Linien» – keine Waffenlieferungen, keine Aufrüstung, keine Abschreckungspolitik, keine militärisch bedeutsame Vornepräsenz an der Ostflanke und auch keine Eindämmung russischen Einflusses an der Peripherie, also in

Syrien oder Afrika – wurden munter kommuniziert. Dies reduzierte jegliche Abschreckungsversuche, da klar war, Deutschland würde ohnehin nicht entschlossen handeln oder wenn doch, dann zu spät. Die Bundesrepublik war strategisch berechenbar – im Guten wie im Schlechten. Im Kalten Krieg ermöglichte diese Berechenbarkeit der Bonner Republik nach den Schrecken des Nationalsozialismus, Vertrauen aufzubauen und im westlichen Bündnis einen Platz zu finden. Doch nun half sie Russland und schwächte die gesamte EU und den Westen.

Die deutsche Russlandpolitik war eine bewusste, interessengeleitete Verflechtungspolitik: von der Stabilisierung Kohls zur Potenzierung des «deutschen Weges» über Moskau unter Schröder hin zu dem kurzfristigen Krisenmanagement Merkels. Dabei wurde von zu optimistischen Prämissen ausgegangen, zu stark auf die eigene Vergangenheit geblickt und daraus fragwürdige historische Lehren abgeleitet. Berlin stützte sich nie auf eine eigene militärische Rückversicherung und leistete keine Waffenhilfe an die Ukraine. Diplomatisch war Deutschland hingegen bei allen großen Krisen mit Russland seit 1990 zur Stelle – häufig in führender Rolle. Man versuchte Russland einzubinden, zeigte immer Dialogbereitschaft und wollte unbedingt Erfolge vorweisen können. Der deutsche Sonderzug fuhr, und fuhr, und fuhr – mit guten Hoffnungen beladen.

Dank

Der Entschluss für dieses Buch fiel in den ersten Tagen der russischen Vollinvasion 2022. Aber konnte man als Historiker eine seriöse Darstellung der deutschen Ost- und Russlandpolitik der letzten 30 Jahre vorlegen? Die Grundlage hierfür sind Archivquellen. Als immer mehr positive Rückmeldungen auf Anfragen und Schutzfristverkürzungsanträge eintrudelten, konnte das Projekt beginnen. An der Universität Potsdam stieß ich bei Dominik Geppert und Sönke Neitzel auf viel Verständnis und ebenso viel Unterstützung für mein Vorhaben. Dafür, und für ihr inhaltliches Feedback danke ich herzlich. Auch in der Lehre konnte ich meine Ideen im Austausch mit großartigen Studenten weiterentwickeln – to teach is to learn. Für die hilfreichen Kommentare zu meinem Manuskript möchte ich mich ganz besonders bei Jacqueline Boysen, Stefan Creuzberger, Sebastian Michael Müller, Majd El-Safadi, Ulrich Schlie, Lukas Schmelter und Hermann Wentker bedanken.

Eine besonders spannende Erfahrung waren die vielen Interviews mit ehemaligen Entscheidungsträgern. Zuallererst sei hier Joachim Bitterlich genannt, der mehrfach in langen Gesprächen seine Eindrücke schilderte, meine Einschätzungen diskutierte, zustimmte und widersprach. Dafür herzlichen Dank. Nicht weniger herzlich danke ich Ulrich Brandenburg, Sir Michael Fallon, Christoph Heusgen, Bernd Mützelburg, Rolf Nikel, Rudolf Scharping, Reiner Schwalb und Erich Vad.

Ein besonderes Dankeschön gilt dem Team des Bundesarchivs, das mich auf dem Weg zur Schutzfristverkürzung geduldig begleitet hat. Bei der Konrad-Adenauer-Stiftung stieß ich bei Michael Borchard und Matthias Oppermann auf offene Ohren; Michael Hansmann und Thilo Pries halfen mir sehr großzügig bei der Einsicht in die erstmals freigegebenen Bestände des ACDP. Im Beck Verlag kann ich Sebastian Ullrich für seine enthusiastische Unterstützung des Projektes und die vielen anregenden und heiteren Gespräche nur danken.

Letztlich erlaubt es die Rücksichtnahme und Unterstützung der Familie, solche Buchvorhaben abschließen zu können. Tetiana Dragolyub war nicht nur eine große Hilfe, sondern steter Diskussionspartner über ukrainische und russische Politik. Der größte Dank gebührt wie immer Olga Scianna – und Alessia, die das Projekt seit «zwei» Jahren intensiv begleitet hat und mein akribischster Korrekturleser ist. Ihnen sei es in Liebe gewidmet.

Abkürzungsverzeichnis

AA – Auswärtiges Amt
ACDP – Archiv für Christlich-Demokratische Politik
ADMAE – Archives diplomatiques du Ministère des Affaires étrangères
AdsD – Archiv der sozialen Demokratie
AL – Abteilungsleiter
BArch – Bundesarchiv
Bcm/y – Billion cubic metres per years (Milliarden Kubikmeter pro Jahr)
BK – Bundeskanzleramt
BpB – Bundeszentrale für politische Bildung
CPL – Clinton Presidential Library
DBT – Deutscher Bundestag
DGAP – Deutsche Gesellschaft für Auswärtige Politik
EAWG – Eurasische Wirtschaftsgemeinschaft
EAWU – Eurasische Wirtschaftsunion
ENP – Europäische Nachbarschaftspolitik
EP – Europäisches Parlament
ESVP – Europäische Sicherheits- und Verteidigungspolitik
EUGAL – Europäische Gas-Anbindungsleitung
FAZ – Frankfurter Allgemeine Zeitung
FCO – Foreign and Commonwealth Office
FT – Financial Times
GASP – Gemeinsame Außen- und Sicherheitspolitik
GL – Gruppenleiter
GSR – Gemeinsame Strategie für Russland
GUS – Gemeinschaft Unabhängiger Staaten
IAEO – Internationale Atomenergiebehörde
IFOR – Implementation Force
IS – Islamischer Staat
ISAF – International Security Assistance Force
JCPOA – Joint Comprehensive Plan of Action
KFOR – Kosovo Force
KSZE – Konferenz für Sicherheit und Zusammenarbeit in Europa
MAP – Membership Action Plan
MemCon – Memorandum of Conversation
MOE – Mittel- und Osteuropa
NAKR – Nordatlantischer Kooperationsrat
NEL – Nordeuropäische Gasleitung
NGK – NATO-Georgien-Kommission
NMD – National Missile Defense
No10 – Number 10 Downing Street
NRR – NATO-Russland-Rat
NS-2 – Nord Stream 2
NUK – NATO-Ukraine-Kommission

NYT – New York Times
NZZ – Neue Zürcher Zeitung
ÖP – Östliche Partnerschaft
OPAL – Ostsee-Pipeline-Anbindungsleitung
OSZE – Organisation für Sicherheit und Zusammenarbeit in Europa
PfP – Partnership for Peace
PKA – Partnerschafts- und Kooperationsabkommen
PLUSD – Public Library of US Diplomacy
PPS – Principal Private Secretary
PS – Private Secretary
Quai (d'Orsay) – Französisches Außenministerium
Ref. – Referat
RL – Referatsleiter
RP – Rheinische Post
SAG – Arbeitsgruppe für strategische Fragen der deutsch-russischen Kooperation im Wirtschafts- und Finanzbereich (Strategische Arbeitsgruppe)
SDI – Strategic Defense Initiative
SWP – Stiftung Wissenschaft und Politik
SZ – Süddeutsche Zeitung
TelCon – Telephone Conversation
TNA – The National Archives of the United Kingdom
UA – Unterabteilungsleiter
WEU – Westeuropäische Union
WGT – Westgruppe der Truppen
WP – Washington Post

Anmerkungen

EINLEITUNG

1 «Dann bis zum nächsten Mal», *Die Welt*, 22.12.2004.

2 Gregor Schöllgen, *Gerhard Schröder. Die Biographie* (München 2015), S. 329, 760.

3 «Gerhard, Udo und der Lindinismus», *General-Anzeiger*, 14.04.2005; «Udo Lindenberg nimmt Putin in Schutz», *Handelsblatt*, 30.12.2014.

4 Werner Kilian, *Adenauers Reise nach Moskau* (Freiburg 2005).

5 Jörg Himmelreich, *Die deutsche Russland-Illusion: Die Irrtümer unserer Russland-Politik und was daraus folgen sollte* (München 2024).

6 Thomas Urban, *Verstellter Blick. Die deutsche Ostpolitik* (Berlin 2022).

7 Reinhard Bingener und Markus Wehner, *Die Moskau-Connection. Das Schröder-Netzwerk und Deutschlands Weg in die Abhängigkeit* (München 2023). Vgl. ähnlich bereits zuvor Sabine Adler, *Die Ukraine und wir. Deutschlands Versagen und die Lehren für die Zukunft* (Berlin 2022).

8 Vgl. auch Andreas Heinemann-Grüder, ‹Russland-Politik in der Ära Merkel›, *SIRIUS*, 6:4 (2022), S. 359–372; Stefan Meister, ‹Deutschlands Beziehungen zu Russland. Der Ukrainekonflikt – Eine Zeitenwende?›, in Andreas Heinemann-Grüder, Claudia Crawford und Tim B. Peters (Hg.), *Lehren aus dem Ukrainekonflikt. Krisen vorbeugen, Gewalt verhindern* (Opladen 2022), S. 31–45; Joachim Krause, ‹Deutschlands Ostpolitik bis zum Überfall Russlands auf die Ukraine›, in Stefan Hansen, Olha Husieva und Kira Frankenthal (Hg.), *Russlands Angriffskrieg gegen die Ukraine. Zeitenwende für die deutsche Sicherheitspolitik* (Baden-Baden 2023), S. 117–154; Hannes Adomeit, ‹Bilanz der deutschen Russlandpolitik seit 1990›, *SIRIUS*, 4:3 (2020), S. 276–292; Hannes Adomeit, ‹Westliche Russlandpolitik: Mythen, Fehlbeurteilungen und Strategien›, *SIRIUS*, 5:3 (2021), S. 278–290.

9 Franziska Davies, ‹Ende der Ostpolitik? Zur historischen Dimension der «Zeitenwende»›, *APuZ*, 10–11 (2023), S. 28–32, hier S. 32.

10 Andreas Rinke, ‹Ahistorisch und lückenhaft. Die erbitterte deutsche Debatte über Fehler bei der Politik gegenüber Russland wird verkürzt und schief geführt. Neun Punkte für eine notwendige Neujustierung›, *Internationale Politik*, September/Oktober (2022), S. 65–72.

11 Heinemann-Grüder, ‹Russland-Politik›, S. 361 f.

12 Wolfgang Schäuble, *Erinnerungen. Mein Leben in der Politik* (Stuttgart 2024), S. 11.

13 Stefan Creuzberger, *Das deutsch-russische Jahrhundert. Geschichte einer besonderen Beziehung* (Hamburg 2022), S. 17.

14 Krause, ‹Ostpolitik›, S. 118.

15 Hans-Peter Schwarz, *Helmut Kohl. Eine politische Biographie* (München 2012), S. 940.

16 Bettina Renz, ‹Was the Russian invasion of Ukraine a failure of western deterrence?›, *Parameters*, 53:4 (2023), S. 7–19.

17 Edgar Wolfrum, *Rot-Grün an der Macht. Deutschland 1998–2005* (München 2013), S. 714 ff.

18 Die CDU/CSU-Fraktion leistet sich bis heute eigens Mitarbeiter, die die Tonbänder der Sitzungen transkribieren und somit authentische Einblicke in die Debatten hin-

ter verschlossenen Türen erlauben. Keine andere Bundestagsfraktion sichert solche Wortprotokolle für die Nachwelt.

19 Michael Gill und Arthur Spirling, ‹Estimating the severity of the WikiLeaks U. S. Diplomatic Cables disclosure›, *Political Analysis*, 23:2 (2015), S. 299–305, hier S. 300.

20 Für ihre Analyse der deutschen Russlandpolitik zwischen 2008 und 2015 hat die Politikwissenschaftlerin Liana Fix von ihnen Gebrauch gemacht, doch ihre Arbeit hat in Deutschland leider wenig Beachtung gefunden. Vgl. Liana Fix, *Germany's Role in European Russia Policy. A New German Power?* (New York 2021).

MYTHOS OSTPOLITIK

1 Gerd Koenen, *Der Russland-Komplex. Die Deutschen und der Osten* (München 2023), S. 15. Einen Gesamtüberblick bietet auch Katja Gloger, *Fremde Freunde. Deutsche und Russen. Die Geschichte einer schicksalhaften Beziehung* (München 2017).

2 Elsa Vidal, *La fascination russe. Politique française: trente ans de complaisance vis-à-vis de la Russie* (Paris 2024), S. 126–205; Isabelle Lasserre, *Macron-Poutine. Les liaisons dangereuses* (Paris 2023), S. 128 ff.

3 David F. Foglesong, *The American Mission and the ‹Evil Empire›. The Crusade for a ‹Free Russia› since 1881* (Cambridge 2007).

4 Jerzy Jedlicki, ‹Historical Memory as a Source of Conflicts in Eastern Europe,› *Communist and Post-Communist Studies*, 32:3 (1999), S. 225–232.

5 Vgl. zur Russlandpolitik Bismarcks z. B. die Beiträge von Ulrich Lappenküper, Konrad Canis und Klaus Hildebrand in Ulrich Lappenküper (Hg.), *Otto von Bismarck und das «lange 19. Jahrhundert». Lebendige Vergangenheit im Spiegel der «Friedrichsruher Beiträge» 1996–2016* (Paderborn 2017); Andreas Hillgruber, ‹Deutsche Rußlandpolitik 1871–1918. Grundlagen-Grundmuster-Grundprobleme›, in Ders. (Hg.), *Deutsche Großmacht- und Weltpolitik im 19. und 20. Jahrhundert* (Düsseldorf 1979), S. 70–90.

6 Dietmar Neutatz, ‹Geist oder Gespenst? «Rapallo» als Mythos und Chiffre deutscher Ostpolitik›, *Przegląd Zachodni*, 4 (2022), S. 115–134, hier S. 122.

7 Stefan Creuzberger, *Das deutsch-russische Jahrhundert. Geschichte einer besonderen Beziehung* (Hamburg 2022), S. 27 ff.

8 Christoph Kienemann, *Der koloniale Blick gen Osten. Osteuropa im Diskus des Deutschen Kaiserreiches von 1871* (Paderborn 2018).

9 Koenen, *Russland-Komplex*.

10 Creuzberger, *Jahrhundert*, S. 18.

11 Vgl. ebd., S. 209–227.

12 Catherine Merridale, *Lenin on the train* (New York 2017).

13 Borislav Chernev, *Twilight of Empire: The Brest-Litovsk Conference and the Remaking of East-Central Europe, 1917–1918* (Toronto 2019).

14 Zu Rapallo ausführlich vgl. Eva Ingeborg Fleischhauer, ‹Rathenau in Rapallo. Eine notwendige Korrektur des Forschungsstandes›, *Vierteljahrshefte für Zeitgeschichte*, 54:3 (2006), S. 365–415; Creuzberger, *Jahrhundert*, S. 357–369.

15 Neutatz, ‹Geist›, S. 120.

16 Martin Schulze-Wessel, ‹Rapallo›, in Etienne François und Hagen Schulze (Hg.), *Deutsche Erinnerungsorte. Band 1* (München 2001), S. 537–551, hier S. 539 f.

17 Gregor Schöllgen, *Deutsche Außenpolitik. Von 1815 bis 1945* (München 2013), S. 150.

18 Neutatz, ‹Geist›, S. 122.

19 Ebd., S. 116.

20 Ebd., S. 123.

21 Schulze-Wessel, ‹Rapallo›, S. 537.

22 Gerd Krumeich, *Die unbewältigte Niederlage. Das Trauma des Ersten Weltkrieges und die Weimarer Republik* (Freiburg 2021); Jörn Leonhard, *Der überforderte Frieden. Versailles und die Welt 1918–1923* (München 2019).

23 Vgl. hierzu bildlich das Plakat der Deutschen Volkspartei in Hagen Schulze, ‹Versailles›, in Etienne François und Hagen Schulze (Hg.), *Deutsche Erinnerungsorte. Band 1* (München 2001), S. 407–421, hier S. 419.

24 Hans-Christof Kraus, *Versailles und die Folgen. Außenpolitik zwischen Revisionismus und Verständigung 1919–1933* (Berlin 2013), S. 52.

25 Creuzberger, *Jahrhundert*, S. 375–385. In dieser Phase wurde der Russland-Ausschuss der Deutschen Wirtschaft gegründet, der für die beteiligten Unternehmen als Mittler in die Politik und Interessenvertretung fungierte.

26 Vgl. allg. Kraus, *Versailles*, S. 65–132; Peter Krüger, *Die Außenpolitik der Republik von Weimar* (Darmstadt 1985).

27 Neutatz, ‹Geist›, S. 123; Schulze-Wessel, ‹Rapallo›, S. 546.

28 Schöllgen, *1815 bis 1945*, S. 162

29 Creuzberger, *Jahrhundert*, S. 368 ff.

30 Ebd., S. 113 ff.

31 Zur NS-Außenpolitik vgl. Lars Lüdicke, *Griff nach der Weltherrschaft: Die Außenpolitik des Dritten Reiches 1933–1945* (Berlin 2009); Marie-Luise Recker, *Die Außenpolitik des Dritten Reiches* (München 2010).

32 David Chuter, ‹Munich, or the blood of others›, in Cyril Buffet und Beatrice Heuser (Hg.), *Haunted by history. Myths in International Relations* (New York 1998), S. 65–79.

33 Vgl. ausführlich Claudia Weber, *Der Pakt. Stalin, Hitler und die Geschichte einer mörderischen Allianz 1939–1941* (München 2019); Susanne Schattenberg, ‹Diplomatie der Diktatoren. Der Molotov-Ribbentrop-Pakt›, *Osteuropa*, 59:7–8 (2009), S. 7–31. Der Vertrag wird auch nach den beiden Außenministern benannt, also Molotow-Ribbentrop-Pakt.

34 Neutatz, ‹Geist›, S. 125. Hitler und seine Diplomaten beriefen sich nicht auf Rapallo, sondern auf Tauroggen oder Bismarck, vgl. Schulze-Wessel, ‹Rapallo›, S. 546.

35 Jan Lipinsky, *Das Geheime Zusatzprotokoll zum deutsch-sowjetischen Nichtangriffsvertrag vom 23. August 1939 und seine Entstehungs- und Rezeptionsgeschichte von 1939 bis 1999* (Frankfurt 2004).

36 Marek Kornat, ‹Ideologie und Wahrheit: Der Hitler-Stalin-Pakt in Polens historischem Gedächtnis›, *Osteuropa*, 7–8 (2009), S. 279–294.

37 Stefan Troebst, ‹Der 23. August 1939: Ein europäischer «Lieu de mémoire»›, *Osteuropa*, 7–8 (2009), S. 249–256; Anna Kaminsky, Dietmar Müller und Stefan Troebst (Hg.), *Der Hitler-Stalin-Pakt 1939 in den Erinnerungskulturen der Europäer* (Göttingen 2011).

38 Creuzberger, *Jahrhundert*, S. 425.

39 Ebd., S. 428.

40 Vgl. z. B. Christina Morina, *Legacies of Stalingrad. Remembering the Eastern Front in Germany since 1945* (Cambridge 2011).

41 Frank Biess, *Republik der Angst. Eine andere Geschichte der Bundesrepublik* (Hamburg 2019).

42 Mariano Barbato, *Wetterwechsel. Deutsche Außenpolitik von Bismarck bis Scholz* (Frankfurt 2022), S. 147.

43 Martin Schulze Wessel, *Der Fluch des Imperiums. Die Ukraine, Polen und der Irrweg der russischen Geschichte* (München 2023), S. 217 f.

44 Vgl. z. B. Serhii Plokhy, ‹Remembering Yalta: The Politics of International History›, *The Harriman Review*, 16:4–17:1 (2009), S. 34–47; Reiner Marcowitz, ‹Yalta, the Myth of the Division of the World›, in Cyril Buffet und Beatrice Heuser (Hg.), *Haunted by history. Myths in International Relations* (New York 1998), S. 80–91.

45 Lily Gardner Feldman, *Germany's Foreign Policy of Reconciliation. From Enmity to Amity* (New York 2012).

46 Vgl. Philipp Gassert, ‹»Vertrauen, Einsicht und guten Willen zu wecken». Überlegungen zu einem Zentralbegriff westdeutscher Außenpolitik›, in Reinhild Kreis (Hg.), *Diplomatie mit Gefühl. Vertrauen, Misstrauen und die Außenpolitik der Bundesrepublik Deutschland* (Berlin 2015), S. 17–31.

47 Hans-Peter Schwarz, *Helmut Kohl. Eine politische Biographie* (München 2012), S. 601 ff. Zur bundesdeutschen Außenpolitik seit 1945 vgl. grundlegend Stefan Creuzberger, *Westintegration und Neue Ostpolitik. Die Außenpolitik der Bonner Republik* (Berlin 2009); Christian Hacke, *Die Außenpolitik der Bundesrepublik Deutschland. Von Konrad Adenauer bis Gerhard Schröder* (Berlin 2003); Gregor Schöllgen, *Deutsche Außenpolitik. Von 1945 bis zur Gegenwart* (München 2013).

48 Konrad Adenauer, *Erinnerungen 1953–1955* (Stuttgart 1966), S. 310.

49 Barbato, *Wetterwechsel*, S. 151.

50 Schulze-Wessel, ‹Rapallo›, S. 549 ff.

51 Creuzberger, *Jahrhundert*, S. 164. Vgl. auch Daniel Kosthorst, *Brentano und die deutsche Einheit. Die Deutschland- und Ostpolitik des Außenministers im Kabinett Adenauer 1955–1961* (Düsseldorf 1993).

52 Creuzberger, *Westintegration*, S. 85 ff.; Franz Eibl, *Politik der Bewegung. Gerhard Schröder als Außenminister 1961–1966* (München 2001).

53 Schwarz, *Kohl*, S. 607.

54 Daniela Taschler, *Vor neuen Herausforderungen. Die außen- und deutschlandpolitische Debatte in der CDU/CSU-Bundestagsfraktion während der Großen Koalition 1966–1969* (Düsseldorf 2001).

55 Vgl. Peter E. Fäßler, ‹Bonn und das strategische Embargo gegen die Sowjetunion und ihre Verbündeten 1949–1958›, *Vierteljahrshefte für Zeitgeschichte*, 54:4 (2006), S. 673–700.

56 Fäßler, ‹Bonn›.

57 Sven Jüngerkes, *Diplomaten der Wirtschaft. Die Geschichte des Ost-Ausschusses der Deutschen Wirtschaft* (Osnabrück 2012).

58 Zum Osthandel in der Ära Adenauer vgl. die entsprechenden Abschnitte in Karsten Rudolph, *Wirtschaftsdiplomatie im Kalten Krieg. Die Ostpolitik der westdeutschen Großindustrie 1945–1991* (Frankfurt 2004).

59 Henning Türk, *Treibstoff der Systeme. Kohle, Erdöl und Atomkraft im geteilten Deutschland* (Berlin 2021), S. 114, 120 ff.

60 Zur Neuen Ostpolitik vgl. Gottfried Niedhart, *Durch den Eisernen Vorhang. Die Ära Brandt und das Ende des Kalten Krieges* (Darmstadt 2019); Peter Bender, *Die «Neue Ostpolitik» und ihre Folgen. Vom Mauerbau bis zur Wiedervereinigung* (München 1996); Wolfgang Schmidt, ‹Willy Brandts Ost- und Deutschlandpolitik›, in Bernd Rother (Hg.), *Willy Brandts Außenpolitik* (Wiesbaden 2014), S. 161–257; Michael Borchard et al. (Hg.), *Entspannung im Kalten Krieg. Der Weg zum Moskauer Vertrag und zur KSZE* (Wien 2020); Benedikt Schoenborn, *Reconciliation Road. Willy Brandt, Ostpolitik and the Quest for European Peace* (New York 2020).

61 Maak Flatten, *Scharnierzeit der Entspannungspolitik. Willy Brandt als Außenminister der Großen Koalition (1966–1969)* (Bonn 2021).

62 Vgl. grundlegend Hermann Wentker, *Außenpolitik in engen Grenzen. Die DDR im internationalen System 1949–1989* (München 2007).

63 Andreas Grau, *Gegen den Strom. Die Reaktion der CDU/CSU-Opposition auf die Ost- und Deutschlandpolitik der sozial-liberalen Koalition 1969–1973* (Düsseldorf 2005).

64 Barbato, *Wetterwechsel*, S. 173.

65 Neutatz, ‹Geist›, S. 123 ff.; Schulze-Wessel, ‹Rapallo›, S. 548 ff. Vgl. das Schreiben des sowjetischen Außenministers Andrei Gromyko im Februar 1972, veröffentlicht auf https://www.kas.de/documents/259803/9425395/1972_02_14_RGANI_F3_op72_d492_S_3_5_17-18.pdf/6c6178cf-1a4f-7ce2-a29b-0e3756264d06?t=1602165435526.

66 Vgl. Carole Fink und Bernd Schaefer (Hg.), *Ostpolitik, 1969–1974. European and Global Responses* (Cambridge 2010); Dominik Geppert, ‹Großbritannien und die Neue Ostpolitik der Bundesrepublik›, *Vierteljahrshefte für Zeitgeschichte*, 57:3 (2009), S. 385–412.

67 Maurice Vaïsse (Hg.), *De Gaulle et la Russie* (Paris 2012).

68 Vidal, *Fascination russe*, S. 159.

69 Barbato, *Wetterwechsel*, S. 172.

70 Michael Cotey Morgan, *The Final Act. The Helsinki Accords and the Transformation of the Cold War* (Princeton 2018); Helmut Altrichter und Hermann Wentker (Hg.), *Der KSZE-Prozess. Vom Kalten Krieg zu einem neuen Europa 1975 bis 1990* (München 2011); Matthias Peter und Hermann Wentker (Hg.), *Die KSZE im Ost-West-Konflikt. Internationale Politik und gesellschaftliche Transformation 1975–1990* (München 2012); Oliver Bange und Gottfried Niedhart (Hg.), *Helsinki 1975 and the Transformation of Europe* (New York 2008).

71 Poul Villaume, Rasmus Mariager und Helle Porsdam (Hg.), *The «Long 1970s»: Human Rights, East-West-Détente and Transnational Relations* (London 2016).

72 Vgl. Federico Romero, ‹Cold War Historiography at the Crossroads›, *Cold War History*, 14:4 (2014), S. 685–703; Nicolas Badalassi und Sarah B. Snyder (Hg.), *The CSCE and the End of the Cold War. Diplomacy, Societies and Human Rights, 1972–1990* (New York 2019); Daniel C. Thomas, *The Helsinki Effect. International norms, Human Rights, and the Demise of Communism* (Princeton 2001).

73 Stephen F. Szabo, *Parting Ways. The Crisis in German-American Relations* (Washington 2004), S. 82.

74 Katrin Bastian, *Die Europäische Union und Russland. Multilaterale und bilaterale Dimensionen in der europäischen Außenpolitik* (Wiesbaden 2006), S. 177.

75 Per Högselius, *Red Gas. Russia and the Origins of European Energy Dependence* (New York 2013); Dunja Krempin, *Die sibirische Wucht. Der Aufstieg der Sowjetunion zur globalen Gasmacht 1964–1982* (Wien 2020); Jeronim Perović (Hg.), *Cold War Energy. A Transnational History of Soviet Oil and Gas* (New York 2017).

76 Neutatz, ‹Geist›, S. 126.

77 Högselius, *Red Gas*, S. 184 ff.; Frank Bösch, ‹Wie Europa von russischer Energie abhängig wurde›, *BpB*, 25.11.2022, https://www.bpb.de/themen/wirtschaft/europa-wirtschaft/515221/wie-europa-von-russischer-energie-abhaengig-wurde/#footnote-reference-7

78 Christian Th. Müller, ‹Der Erdgas-Röhren-Konflikt 1981/82›, in Bernd Greiner, Christian Th. Müller und Claudia Weber (Hg.), *Ökonomie im Kalten Krieg* (Hamburg 2010), S. 501–520.

79 BArch, N 1809/32, Seitz (Leiter Planungsstab) an Genscher, 01.03.1982.

80 Ebd.

81 BArch, N 1809/32, Seitz (Leiter Planungsstab) an Genscher, 08.01.1982.

82 Josef Joffe, «Angst vor Rapallo», *Die Zeit*, 09.04.1982.

83 Philipp Gassert, Tim Geiger und Hermann Wentker (Hg.), *Zweiter Kalter Krieg und*

Friedensbewegung. Der NATO-Doppelbeschluss in deutsch-deutscher und internationaler Perspektive (München 2011).

84 Klaus Moseleit, *Die «zweite» Phase der Entspannungspolitik der SPD 1983–1989. Eine Analyse ihrer Entstehungsgeschichte, Entwicklung und konzeptionellen Ansätze* (Frankfurt 1991); Michael Herkendell, *Deutschland: Zivil- oder Friedensmacht? Außen- und sicherheitspolitische Orientierung der SPD im Wandel (1982–2007)* (Bonn 2012), S. 85–94.

85 Daniel Brössler, *Ein deutscher Kanzler. Olaf Scholz, der Krieg und die Angst* (Berlin 2024), S. 47.

TEIL I: DIE ÄRA KOHL

1 Henning Köhler, *Helmut Kohl. Ein Leben für die Politik* (Köln 2014), S. 205.
2 Ebd., S. 469.
3 Zur Gestaltung der Kohl'schen Außenpolitik immer noch grundlegend Stefan Fröhlich, *«Auf den Kanzler kommt es an». Helmut Kohl und die deutsche Außenpolitik* (Paderborn 2001).
4 Köhler, *Kohl*, S. 469.
5 Vgl. Dieter Bingen, *Die Polenpolitik der Bonner Republik von Adenauer bis Kohl 1949–1991* (Baden-Baden 1998), S. 221–259.
6 Hermann Wentker, ‹Vom Gegner zum Partner: Gorbatschow und seine Politik im Urteil Helmut Kohls›, *Historisch-Politische Mitteilungen*, 22:1 (2015), S. 1–34, hier S. 3 f.
7 Ebd., S. 4.
8 Stefan Creuzberger, *Das deutsch-russische Jahrhundert. Geschichte einer besonderen Beziehung* (Hamburg 2022), S. 502 f.
9 Zitiert in Wentker, ‹Gegner›, S. 4.
10 Hans-Peter Schwarz, *Helmut Kohl. Eine politische Biographie* (München 2012), S. 452.
11 Vgl. Per Högselius, *Red Gas. Russia and the Origins of European Energy Dependence* (New York 2013).
12 Högselius, *Red Gas*, S. 197–202.
13 Ebd., S. 184 ff.
14 Schwarz, *Kohl*, S. 453.
15 Ebd., S. 457.
16 Wentker, ‹Gegner›, S. 2.
17 Vgl. hierzu grundlegend Hermann Wentker, *Die Deutschen und Gorbatschow. Der Gorbatschow-Diskurs im doppelten Deutschland 1985–1991* (Berlin 2020).
18 Wentker, ‹Gegner›, S. 9.
19 Köhler, *Kohl*, S. 551 f.
20 Wentker, ‹Gegner›, S. 10.
21 Ebd., S. 11 ff.
22 Vgl. hierzu ausführlich Tanja Wagensohn, *Von Gorbatschow zu Jelzin. Moskaus Deutschlandpolitik (1985–1995) im Wandel* (Baden-Baden 2000).
23 Wentker, ‹Gegner›, S. 12; Schwarz, *Kohl*, S. 456.
24 Ebd., S. 460.
25 Günther Buchstab und Hans-Otto Kleinmann (Hg.), *Helmut Kohl, Berichte zur Lage 1982–1989. Der Kanzler und Parteivorsitzende im Bundesvorstand der CDU Deutschlands* (Düsseldorf 2014), 31.10.1988, S. 650–661; William Taubman, *Gorbatschow. Der Mann und seine Zeit* (München 2018), S. 464 f.
26 Vgl. hierzu Köhler, *Kohl*, S. 846 ff.
27 Schwarz, *Kohl*, S. 461.

28 Taubman, *Gorbatschow*, S. 460 f.

29 Ralf Georg Reuth und Günther Lachmann, *Das erste Leben der Angela M.* (München 2013), S. 147 f.

30 Vgl. Vladislav Zubok, *A Failed Empire. The Soviet Union in the Cold War from Stalin to Gorbachev* (Chapel Hill 2007), S. 316. Dies führte 1989 auch zu Identitätsdebatten, inwiefern man selbst europäisch und Teil dieses Hauses war, beinhaltete jedoch weiterhin den Wunsch, die USA aus Europa fernzuhalten, etwa durch Auflösung der Verteidigungsbündnisse und neuer, exklusiv europäischer Sicherheitsarchitekturen ohne Washington, vgl. Marie-Pierre Rey, ‹«Europe is our Common Home»: A Study of Gorbachev's diplomatic concept›, *Cold War History*, 4:2 (2002), S. 33–65.

31 Zu dem Zusammenbruch der Sowjetunion vgl. Serhii Plokhy, *The Last Empire. The Final Days of the Soviet Union* (London 2014); Vladislav M. Zubok, *Collapse. The Fall of the Soviet Union* (New Haven 2022).

32 Plokhy, *Last Empire*, S. xxxi.

33 Taubman, *Gorbatschow*, S. 437–445.

34 Zu den Entwicklungen im Baltikum vgl. grundlegend Charles Clarke (Hg.), *Understanding the Baltic States. Estonia, Latvia and Lithuania since 1991* (London 2023).

35 Vgl. Andreas Wirsching, *Der Preis der Freiheit. Geschichte Europas in unserer Zeit* (München 2012), S. 78–121.

36 Taubman, *Gorbatschow*, S. 326 f., 507 f.

37 Wentker, ‹Gegner›, S. 20.

38 Ebd., S. 21.

39 Creuzberger, *Jahrhundert*, S. 514.

40 Köhler, *Kohl*, S. 628.

41 Wentker, ‹Gegner›, S. 21.

42 Schwarz, *Kohl*, S. 516.

43 Köhler, *Kohl*, S. 626. Wie groß das Verdienst des Kanzlers und das des Außenministers und seines Ministeriums waren, beschäftigt die Historiker immer noch. Vgl. mit Akzentuierung auf die Rolle Kohls z. B. Andreas Rödder, *Deutschland einig Vaterland. Die Geschichte der Wiedervereinigung* (München 2009), wohingegen die Bedeutung Genschers unterstrichen wird in Gerhard A. Ritter, *Hans-Dietrich Genscher, das Auswärtige Amt und die deutsche Vereinigung* (München 2013), bzw. die der friedlichen Revolution in der DDR in Ilko-Sascha Kowalczuk, *Endspiel. Die Revolution von 1989 in der DDR* (München 2015). Vgl. allg. Frédéric Bozo, Andreas Rödder und Mary Elise Sarotte (Hg.), *German Reunification. A Multinational History* (London 2018); Kristina Spohr, *Post Wall, Post Square. Rebuilding the World after 1989* (London 2019).

44 Wentker, ‹Gegner›, S. 23.

45 Zur Bedeutung des Zehn-Punkte-Plans vgl. Rödder, *Vaterland*, S. 139 ff.; Schwarz, *Kohl*, S. 533 ff.

46 Rödder, *Deutschland*, S. 152; Köhler, *Kohl*, S. 656 f.

47 Creuzberger, *Jahrhundert*, S. 193 ff.

48 Ebd., S. 200 f.

49 Köhler, *Kohl*, S. 668 ff. Zudem hatte Kohl in einem sehr langen Brief an Gorbatschow nochmals um Verständnis und Vertrauen geworben.

50 Wentker, ‹Gegner›, S. 24.

51 Köhler, *Kohl*, S. 676 f.

52 Das Wahlsystem machte in mehreren Wahlkreisen eine Stichwahl nötig, die auf den 10. März vorverlegt wurde, um Reaktionen Moskaus vorzubeugen.

53 Lettland erklärte am 4., Estland am 8. Mai die Unabhängigkeit.

54 Zur innen- und außenpolitischen Gestaltung des Prozesses vgl. Rödder, *Vaterland*; Spohr, *Post Wall*.

55 BArch, B 136/59 735, Gespräch Kohl-Kwizinskij, 23.04.1990, S. 7.

56 Ebd.

57 Ebd., S. 8.

58 So argumentierte bereits Kristina Spohr Readman, *Germany and the Baltic Problem after the Cold War. The Development of a New Ostpolitik 1989–2000* (London 2004), S. 4, 29.

59 BArch, B 136/59 735, Gespräch Kohl-Mitterrand, 26.04.1990, S. 2.

60 Ebd.

61 Ebd., S. 5 f.

62 Kohl und Mitterrand an Landsbergis, 26.04.1990, https://www.bundesregierung.de/breg-de/suche/schreiben-des-bundeskanzlers-und-des-franzoesischen-staatspraesidenten-an-den-praesidenten-des-obersten-rates-von-litauen-484354

63 Vgl. z. B. «Ein netter kleiner Tritt für Litauen», *taz*, 28.04.1990.

64 BArch, B 136/59 729, Gespräch Kohl-Schewardnadse, 04.05.1990, S. 2.

65 Ebd., S. 3.

66 Ebd., S. 4.

67 Ebd.

68 Ebd., S. 5.

69 BArch, B 136/59 729, Gespräch Kohl-Prunskiene, 11.05.1990, S. 2.

70 Ebd.

71 Ebd., S. 3 f.

72 Seinen Vorschlag besprach Kohl auch mit dem US-Präsidenten, der unter innenpolitischem Druck eine härtere Linie gegen Gorbatschow in dieser Frage fahren wollte, vgl. BArch, B 136/59 729, Delegationsgespräch im Weißen Haus, 17.05.1990, S. 3.

73 BArch, B 136/33 943, Blech (Moskau) an AA, 05.06.1990.

74 Ebd.

75 Wentker, *Gorbatschow*, S. 570 ff.

76 BArch, B 136/59 729, Gespräch Kohl mit Vertretern der *Study Groups on Germany* beider Häuser des amerikanischen Kongresses, 19.05.1990, S. 4.

77 Ausführlich in Rödder, *Vaterland*, S. 255–260; Spohr, *Post Wall*, S. 238 ff.

78 Köhler, *Kohl*, S. 709 f.

79 BArch, B 136/59 729, Gespräch Kohl-Gorbatschow in erweitertem Kreis, 16.07.1990, S. 16.

80 BArch, B 136/59 729, Gespräch Kohl-Gorbatschow, 15.07.1990, S. 3 f.

81 Vgl. hierzu Christoph Meißner, ‹The Withdrawal of the Western Group of Forces from Germany›, in Christoph Meißner und Jörg Morré (Hg.), *The Withdrawal of Soviet Troops from East Central Europe. National Perspectives in Comparison* (Göttingen 2021), S. 127–143.

82 Zitiert in Wentker, ‹Gegner›, S. 27.

83 Schwarz, *Kohl*, S. 671 f.

84 Zur kooperativen Haltung in der Irak-Frage, die in Moskau nicht unumstritten war, vgl. Bastian Matteo Scianna, ‹Russland und der «Nahe Süden». Kontinuität und Wandel versuchter Einflussnahme an der «strategischen Peripherie» vom 19. bis zum 21. Jahrhundert›, in Bastian Matteo Scianna und Stefan Lukas (Hg.), *Der Nahe Osten in einer globalisierten Welt* (Frankfurt 2024), S. 249–272, hier S. 261 f.

85 BArch, B 136/59 734, Bitterlich, Betr.: 56. Deutsch-französische Konsultationen am 17./18. September 1990, 25.09.1990, S. 4.

86 BArch, B 136/59 734, Gespräch Kohl-Mitterrand, 28.10.1990, S. 5.

87 BArch, B 136/33 944, Pfeffer (Paris) an AA, 15.01.1991.

88 BArch, B 136/59 734, Gespräch Kohl-Mitterrand, 28.10.1990, S. 5.

89 Köhler, *Kohl*, S. 718 f.

90 Wentker, *Gorbatschow*, S. 581.

91 BArch, B 136/59 734, Gespräch Kohl-Gorbatschow, 09.11.1990, S. 3.

92 Ebd., S. 4.

93 Ebd., S. 8.

94 Vgl. zum Beispiel BArch, B 136/59 734, Gespräch Kohl-Silajew, 13.12.1990, S. 2. Iwan S. Silajew war Ministerpräsident der RSFSR und zugleich stellvertretender Ministerpräsident der UdSSR.

95 BArch, B 136/59 734, Kaestner (RL 212, BK), Vermerk, Betr.: Besuch des Präsidenten der UdSSR am 9. November, Delegationsgespräch, 12.11.1990, S. 5.

96 Wentker, ‹Gegner›, S. 29.

97 BArch, B 136/33 943, Teltschik an Kohl, 12.12.1990, S. 1 f.

98 Ebd., S. 4.

99 BArch, B 136/33 943, Teltschik an Kohl, 20.12.1990.

100 ACDP, 08–001, 1096–1/4, Protokoll CDU/CSU-Bundestagsfraktionssitzung, 13.12.1990, S. 4.

101 ACDP, 08–012, 107–2/1, Protokoll CDU/CSU-Bundestagsfraktionssitzung, 13.06.1991, S. 20.

102 Köhler, *Kohl*, S. 755.

103 Schwarz, *Kohl*, S. 495 f.

104 BArch, B 136/59 734, Gespräch Kohl-Silajew, 13.12.1990, S. 6.

105 Heinz Timmermann, ‹Die deutsch-russischen Beziehungen im europäischen Kontext›, *IPG*, 1 (2007), S. 101–122, hier S. 102.

106 Schwarz, *Kohl*, S. 636.

107 Philipp Gassert, *Bewegte Gesellschaft. Deutsche Protestgeschichte seit 1945* (Stuttgart 2019), S. 227 ff.

108 Schwarz, *Kohl*, S. 631.

109 Zur deutschen Irakpolitik vgl. ebd., S. 631–642; Stephan Bierling, *Vormacht wider Willen. Deutsche Außenpolitik von der Wiedervereinigung bis zur Gegenwart* (München 2014), S. 27 ff.; Christian Hacke, *Die Außenpolitik der Bundesrepublik Deutschland. Von Konrad Adenauer bis Gerhard Schröder* (Berlin 2003), S. 391 ff.

110 Schwarz, *Kohl*, S. 638 ff.

111 Ebd., S. 750.

112 Zur Machtposition Kohls vgl. ebd., S. 622 ff., 770.

113 Diplomatische Dokumente der Schweiz (DODIS), 57 927, Hohl, Zu Genschers Außenpolitik, 23.04.1991.

114 Stephan G. Bierling, *Die Außenpolitik der Bundesrepublik Deutschland. Normen, Akteure, Entscheidungen* (München 1999), S. 47; Martin S. Lambeck, «Der heimliche Außenminister wird NATO-Botschafter», *Die Welt*, 14.10.1998.

115 Vgl. auch Joachim Bitterlich, *Grenzgänger. Deutsche Interessen und Verantwortung in und für Europa. Erinnerungen eines Zeitzeugen* (Stuttgart 2021).

116 Die Leiter der Gruppe 21, der das Referat 213 verstand, Hans-Bodo Bertram (1993–1995) und Edmund Duckwitz (1996–1999), fungierten als Transmissionsriemen, vor allem wenn Bitterlich auf Reisen oder stark eingespannt war. Seine Abteilung 2 hatte rund 30 Mitarbeiter, vgl. Thomas Knoll, *Das Bonner Bundeskanzleramt. Organisation und Funktionen von 1949–1999* (Wiesbaden 2004), S. 346, Anm. 504. Das Referat 213 unter Leitung von Reinhard Schäfers (1992–1998), der durch Rolf Nikel als Referenten unterstützt wurde, war die entscheidende Schaltstelle. Es war offiziell für die

«Bilateralen Beziehungen zu den Staaten Mittel-, Ost- und Südosteuropas, des Transkaukasus sowie zu den zentralasiatischen Republiken» zuständig. Schäfers und Nikel waren einer enormen Arbeitslast ausgesetzt, da auch Informationen, die z. B. aus der Partei im Kanzleramt einliefen, bearbeitet und an Bitterlich weitergeleitet werden mussten. In der Ost- und Russlandpolitik spielten aufgrund der wirtschaftlichen Aspekte das Bundesfinanzministerium und die Abteilung 4 des Bundeskanzleramtes unter Leitung von Johannes Ludewig eine wichtige Rolle. Die Finanzhilfen für Russland wurden hier oftmals kritisch beäugt, wodurch es häufig einen Zielkonflikt zwischen politisch Wünschenswertem und finanziell Tragbarem gab, vgl. grundlegend Stephan G. Bierling, *Wirtschaftshilfe für Moskau. Motive und Strategien der Bundesrepublik Deutschland und der USA 1990–1996* (Paderborn 1998).

117 Vgl. z. B. BArch, B 136/59 746, Gespräch Kohl mit dem indischen Ministerpräsidenten Rao, 10.09.1991, S. 3.

118 BArch, B 136/59 730, Gespräch Kohl-Vassiliou, 11.03.1992, S. 7.

119 Vgl. z. B. BArch, B 136/59 730, Gespräch Kohl-Walesa, 31.03.1992.

120 Vgl. z. B. ACDP, 08–012, 105–1/2, Protokoll CDU/CSU-Bundestagsfraktionssitzung, 14.01.1991, S. 10.

121 BArch, B 136/59 744, Telefonat Kohl-Delors, 20.02.1991.

122 BArch, B 136/33 944, Blech (Moskau) an AA, 04.01.1991.

123 Vgl. die Beiträge von Stefan Hedlund und Kareel Piirimäe in Charles Clarke (Hg.), *Understanding the Baltic States. Estonia, Latvia and Lithuania since 1991* (London 2023).

124 BArch, B 136/33 944, Blech (Moskau) an AA, 15.01.1991.

125 Spohr Readman, *Germany*, S. 28 f.

126 ACDP, 08–012, 105–1/2, Protokoll CDU/CSU-Bundestagsfraktionssitzung, 14.01.1991, S. 7.

127 Ebd., S. 7 f.

128 Ebd., S. 8.

129 Ebd., S. 9.

130 Spohr Readman, *Germany*, S. 29.

131 BArch, B 136/59 744, Kaestner (GL 21, BK), Vermerk, 08.02.1991, S. 1 f.

132 Ebd., S. 3.

133 Wentker, *Gorbatschow*, S. 577.

134 Die Grenzziehungen im Baltikum, die noch unter Stalin vorgenommen worden waren, sollten noch jahrelang zu diplomatischen Spannungen führen. Kohl wiederholte auch in Bezug auf die Entwicklung in Bosnien sein Mantra, dass in Europa an bestehenden Grenzen nicht gerüttelt werden dürfe. Deutschland werde keine Friedensordnung mittragen, die solche Veränderungen sanktioniere, vgl. ACDP, 08–012, 126–1/1, Protokoll CDU/CSU-Bundestagsfraktionssitzung, 26.04.1994, S. 5 f. Bei den Grenzabkommen der Balten und Russlands spielte die Bundesrepublik im Hintergrund eine gewichtige Rolle, vgl. Interview Joachim Bitterlich, 15.09.2022.

135 BArch, B 136/59 744, Gespräch Kohl-Major, 11.02.1991, S. 6.

136 Ebd., S. 8.

137 ACDP, 08–012, 105–2/1, Protokoll CDU/CSU-Bundestagsfraktionssitzung, 19.02.1991, S. 14.

138 Wentker, ‹Gegner›, S. 30.

139 Spohr Readman, *Germany*, S. 24 ff.

140 Das Dokument wurde an die deutsche Botschaft in Moskau weitergegeben und findet sich in BArch, B 136/33 944, Braithwaite, Reflections on the Baltic Crisis, 24.01.1991.

141 Ebd.

142 Vgl. die oben zitierten Äußerungen.

143 BArch, B 136/59 744, Gespräch Kohl-Major, 11.02.1991, S. 8.

144 Ebd., S. 9.

145 BArch, B 136/59 744, Telefonat Kohl-Mitterrand, 19.02.1991, S. 2. Im Quai d'Orsay befürchtete man einen Bürgerkrieg und sorgte sich um den Verbleib der Kernwaffenarsenale, vgl. BArch, B 136/33 944, Pfeffer (Paris) an AA, 15.01.1991.

146 BArch, B 136/59 744, Telefonat Kohl-Major, 04.03.1991, S. 3.

147 BArch, B 136/59 744, Telefonat Kohl-Major, 19.02.1991, S. 4.

148 BArch, B 136/59 744, Gespräch Kohl-Major, 11.02.1991, S. 9.

149 BArch, B 136/59 744, Kaestner (GL 21, BK), Vermerk, 08.02.1991, S. 4.

150 BArch, B 136/59 744, Telefonat Kohl-Gorbatschow, 05.03.1991, S. 1.

151 Schwarz, *Kohl*, S. 579.

152 Ebd., S. 828.

153 BArch, B 136/59 744, Gespräch Kohl-Bielecki, 05.03.1991, S. 2.

154 Vgl. die Beiträge in Christoph Meißner und Jörg Morré (Hg.), *The Withdrawal of Soviet Troops from East Central Europe: National Perspectives in Comparison* (Göttingen 2021).

155 BArch, B 136/59 744, Gespräch Kohl-Mitterrand, 15.02.1991, S. 3.

156 BArch, B 136/59 744, Vermerk, Betr.: Gespräch des Chefs des Bundeskanzleramtes, Rudolf Seiters, mit dem Botschafter der Republik Polen, Janusz Reiter, 05.02.1991, S. 3.

157 BArch, B 136/59 744, Kaestner (GL 21, BK), Vermerk, 08.02.1991, S. 7.

158 BArch, B 136/59 744, Gespräch Kohl-Bielecki, 05.03.1991, S. 7.

159 Plokhy, *Last Empire*, S. 13.

160 Siehe z. B. BArch, B 136/59 744, Gespräch Kohl-Gorbatschow, 30.04.1991, S. 2; BArch, B 136/59 744, Gespräch Kohl-Major, 11.03.1991, S. 8.

161 Zum Beispiel erhoffte sich Kohl sowjetische Hilfe bei der Frage der kurdischen Flüchtlinge, vgl. BArch, B 136/59 744, Telefonat Kohl-Bush, 25.04.1991, S. 1.

162 BArch, B 136/59 744, Gespräch Kohl-Mitterrand, 24.04.1991, S. 5 f.

163 Ebd., S. 6 f.

164 BArch, B 136/59 744, Gespräch Kohl-Major, 11.02.1991, S. 9.

165 Zur Haltung Kohls vgl. detailliert Schwarz, *Kohl*, S. 679–690.

166 Wolfram Hilz, *Europas verhindertes Führungstrio. Die Sicherheitspolitik Deutschlands, Frankreichs und Großbritanniens in den Neunzigern* (Paderborn 2005), S. 240–294.

167 Vgl. ausführlich Daniel Eisermann, *Der lange Weg nach Dayton. Die westliche Politik und der Krieg im ehemaligen Jugoslawien 1991 bis 1995* (Baden-Baden 2000).

168 ACDP, 08–012, 107–3/1, Protokoll CDU/CSU-Bundestagsfraktionssitzung, 27.06.1991, S. 2; BArch, B 136/59 744, Gespräch Kohl-Major, 11.03.1991, S. 7.

169 BArch, B 136/59 746, Gespräch Kohl-Mitterrand, 18.09.1991, S. 5. Vgl. Hacke, *Außenpolitik*, S. 399 ff.

170 ACDP, 08–012, 107–3/1, Protokoll CDU/CSU-Bundestagsfraktionssitzung, 27.06.1991, S. 4 f.

171 Ebd., S. 3.

172 BArch, B 136/59 746, Gespräch Kohl-Mitterrand, 18.09.1991, S. 2.

173 Schwarz, *Kohl*, S. 685.

174 BArch, B 136/59 746, Gespräch Kohl-Mitterrand, 18.09.1991, S. 5. Auch in diesem Gespräch schwirrten viele historische Vergleiche durch den Raum. Mitterrand erinnerte an 1913, Kohl an Bismarck. In Bezug auf die Anerkennung und Unterstützung Kroatiens warnte Kohl immer wieder davor, eine Konstellation wie 1941 herbeizu-

führen, also eine Allianz zwischen Deutschland (und Österreich), Italien, Ungarn und Kroatien, vgl. BArch, B 136/59 746, Telefongespräch Kohl-Andreotti, 04.10.1991, S. 1.

175 Vgl. auch Kohls Bemerkung hierzu in BArch, B 136/59 746, Telefongespräch Kohl-Antall, 26.08.1991, S. 3.

176 Eine sehr positive, doch die bisher umfassendste biographische Darstellung Jelzins bietet Timothy J. Colton, *Yeltsin. A Life* (New York: Basic Books, 2008); vgl. auch die Skizze in Daniel Treisman, *The Return. Russia's Journey from Gorbachev to Medvedev* (New York 2012), S. 41–79.

177 Vgl. Taubman, *Gorbatschow*, S. 372 ff., 389 ff., 397 ff.

178 BArch, B 136/33 945, Heyken (Moskau) an AA, 13.06.1991.

179 BArch, B 136/33 945, Heyken (Moskau) an AA, 11.07.1991.

180 Zu den Problemen durch die baltischen und andere Unabhängigkeitsbestrebungen vgl. Zubok, *Collapse*; Plokhy, *Last Empire*.

181 ACDP, 08–012, 107–2/1, Protokoll CDU/CSU-Bundestagsfraktionssitzung, 13.06.1991, S. 20 f.

182 BArch, B 136/33 944, Hartmann an Kohl, 19.03.1991.

183 Zu den Hintergründen vgl. Zubok, *Collapse*, S. 255–310; Plokhy, *Last Empire*, S. 73–130. Zur deutschen Wahrnehmung vgl. Wentker, *Gorbatschow*, S. 592 ff.

184 Helmut Kohl, *Erinnerungen 1990–1994* (München 2007), S. 364 ff.

185 BArch, B 136/33 945, Kaestner (AL 2 i. V.) an Kohl, 19.08.1991.

186 BArch, B 136/59 746, Telefongespräch Kohl-Mulroney, 19.08.1991, S. 1.

187 BArch, B 136/59 746, Telefongespräch Kohl-Bush, 19.08.1991, S. 1.

188 BArch, B 136/33 945, Müller (Washington) an AA, 19.08.1991.

189 BArch, B 136/59 746, Gespräch Kohl-Sobtchak, 11.10.1991, S. 3.

190 BArch, B 136/33 945, Presseerklärung Kohls «zu den jüngsten Ereignissen in der Sowjetunion», 19.08.1991; BArch, B 136/59 746, Telefongespräch Kohl-Bush, 19.08.1991, S. 2. Vgl. auch die Gespräche mit Major und Mitterrand. Bei Letzterem bezog sich Kohl ausdrücklich auf die Charta von Paris, vgl. BArch, B 136/59 746, Telefongespräch Kohl-Mitterrand, 19.08.1991, S. 1.

191 Siehe die Unterstreichungen Kohls in BArch, B 136/33 945, Kaestner (AL 2 i. V.) an Kohl, Betr.: Ausnahmezustand SU, hier: Ihre Telefonate, 19.08.1991.

192 BArch, B 136/33 945, Fiedler (Kairo) an AA, 19.08.1991. Auch Botschafter Terechow wurde noch am 19. August abends bei Kohl vorstellig, vgl. BArch, B 136/33 945, Kaestner (AL 2 i. V.) an Kohl, Betr.: Persönliche Botschaft, 19.08.1991.

193 BArch, B 136/59 746, Washington an AA, Betr.: Besuch des Bundeskanzlers in den USA, 16.09.1991.

194 Ebd. An anderer Stelle warnte er gar vor einer «Völkerwanderung in Richtung Westen», vgl. BArch, B 136/59 746, Vermerk, Betr.: Gespräch Kohl-Gonzales, 19.09.1991, S. 5.

195 BArch, B 136/59 746, Washington an AA, Betr.: Besuch des Bundeskanzlers in den USA, 16.09.1991.

196 BArch, B 136/59 746, Gespräch Kohl-Aho, 26.09.1991, S. 6.

197 BArch, B 136/33 945, Scheid (Ref. 423, BK), Betr.: Sowjetunion, 15.10.1991; AAPD 1992, Dok. 38, Runderlass von Bettzuege, 06.02.1992; Bierling, *Wirtschaftshilfe*, S. 127 ff.

198 Spohr Readman, *Germany*, S. 94.

199 Freundliche Auskunft Joachim Bitterlich, 20.09.2023.

200 ACDP, 08–012, 109–3/1, Protokoll CDU/CSU-Bundestagsfraktionssitzung, 05.11.1991, S. 25.

201 Vgl. die Beschreibung des Treffens mit Gorbatschow am 5. Juli in Schwarz, *Kohl*, S. 672 ff.

202 BArch, B 136/59 746, Gespräch Kohl-Major, 10.09.1991, S. 1.

203 BArch, B 136/59 746, Telefongespräch Kohl-Bush, 26.08.1991, S. 1.

204 BArch, B 136/33 945, Blech (Moskau) an AA, 27.08.1991.

205 BArch, B 136/33 945, Haber (Ref. 213, AA), Betr.: Perspektiven der Sowjetunion, 27.09.1991.

206 BArch, B 136/59 746, Telefongespräch Kohl-Bush, 27.08.1991, S. 1 f.

207 BArch, B 136/59 746, Telefongespräch Kohl-Bush, 26.08.1991, S. 1.

208 ACDP, 08-012, 108-1/1, Protokoll CDU/CSU-Bundestagsfraktionssitzung, 02.09.1991, S. 5.

209 Ebd. Auch semantisch schien der Kanzler erneut in Kategorien des deutschen Einigungsprozesses zu wandern. Damals hatten etwaige territoriale Revisionen bei den europäischen Partnern große Ängste ausgelöst und die Neugründung von Staaten zu Stabilitätsängsten geführt. Daher versuchte er, die Krise der Sowjetunion in dem ihm bekannten Rahmen zu verstehen. In Bezug auf die Unabhängigkeit der Ukraine fragte der Kanzler, was dies «unter den gegenwärtigen Umständen bedeute: Föderation? Konföderation?», vgl. BArch, B 136/59 746, Telefongespräch Kohl-Bush, 27.08.1991, S. 2.

210 Vgl. z. B. James M. Goldgeier und Michael McFaul, *Power and Purpose. U. S. Policy toward Russia after the Cold War* (Washington 2003), S. 41–58.

211 ACDP, 08-012, 108-1/1, Protokoll CDU/CSU-Bundestagsfraktionssitzung, 02.09.1991, S. 5.

212 Ebd., S. 6.

213 Ebd., S. 6 f.

214 Vgl. bisher Martin Jerábek, *Deutschland und die Osterweiterung der Europäischen Union* (Wiesbaden 2011); Peter Becker, *Die deutsche Europapolitik und die Osterweiterung der Europäischen Union* (Baden-Baden 2011); Stephen D. Collins, *German Policy-Making and Eastern Enlargement of the EU during the Kohl Era. Managing the Agenda?* (Manchester 2002). Siehe vergleichend Michael Gehler, *Revolutionäre Ereignisse und geoökonomisch-strategische Ergebnisse. Die EU- und NATO-»Osterweiterungen» 1989-2015 im Vergleich* (Bonn 2017).

215 Schwarz, *Kohl*, S. 711, 716.

216 Ebd., S. 686.

217 BArch, B 136/59 746, Gespräch Kohl-Aho, 26.09.1991, S. 3.

218 Vgl. hierzu Köhler, *Kohl*, S. 830–844.

219 Vgl. hierzu Frédéric Bozo, *Mitterrand, the End of the Cold War, and German Unification* (New York 2009); Frédéric Bozo, ‹The Failure of a Grand Design: Mitterrand's European Confederation, 1989-1991›, *Contemporary European History*, 17:3 (2008), S. 391–412.

220 Mary E. Sarotte, *Not one inch. America, Russia, and the Making of the Post-Cold War Stalemate* (New Haven 2021), S. 119.

221 Vgl. z. B. BArch, B 136/59 744, Gespräch Kohl-Dubček, 17.04.1991, S. 2.

222 Schwarz, *Kohl*, S. 573–580.

223 Vgl. detailliert Jerábek, *Deutschland*, S. 79–120; Collins, *German Policy-Making*; Schwarz, *Kohl*, S. 710–716.

224 ACDP, 08-012, 109-3/1, Protokoll CDU/CSU-Bundestagsfraktionssitzung, 05.11.1991, S. 28. Noch vor dem (offiziellen) Zusammenbruch der UdSSR sah Kohl die Perspektive einer EG/EU-Mitgliedschaft für die Balten. Schwarz konstatierte diese Haltung Kohls erst nach der Auflösung der Sowjetunion, vgl. Schwarz, *Kohl*, S. 713.

225 AAPD 1992, Dok. 1, Gespräch Genscher-Terechow, 07.01.1992, S. 5

226 Zitiert in Schwarz, *Kohl*, S. 714; AAPD 1992, Dok. 356, Gespräch Kohl-Suchocka, 05.11.1992.

227 AAPD 1992, Dok. 140, Drahtbericht von Richthofen, 14.05.1992, S. 571.

228 BArch, B 136/59730, Gespräch Kohl-Silva, 01.06.1992, S. 9.

229 BArch, B 136/59734, Bitterlich, Betr.: 56. Deutsch-französische Konsultationen am 17./18. September 1990, 25.09.1990, S. 7.

230 AAPD 1992, Dok. 86, Vorlage Elbe, 24.03.1992.

231 Ebd.; Rödder, *Angst*, S. 209 f.

232 BArch, B 136/59746, Gespräch Kohl-Vagnorius, 18.09.1991, S. 4.

233 ACDP, 08–012, 109–3/1, Protokoll CDU/CSU-Bundestagsfraktionssitzung, 05.11.1991, S. 12. Unbegründet war dies nicht. Bei einem Besuch Thatchers, die sich 1988 stark für die Reformbewegung eingesetzt und daher ein starkes Standing hatte, betonte Walesa erneut «his theme of need for strong British and French economic presence in Poland to balance Germany», TNA, PREM 19/4346, Llewellyn Smith (Warschau) an FCO, 03.10.1991. Zu den deutsch-polnischen Beziehungen in den 1990er Jahren vgl. Klaus Bachmann, ‹Von der Euphorie zum Misstrauen: Deutsch-polnische Beziehungen nach der Wende›, *Osteuropa*, 50:8 (2000), S. 853–871.

234 ADMAE, 3701/TOPO, 7345, A/s: L'Allemagne et l'Europe, 08.11.1993, S. 4.

235 Vgl. Interview Joachim Bitterlich, 15.09.2022.

236 Vgl. hierzu Spohr Readman, *Germany*, S. 90.

237 AAPD 1992, Dok. 3, Vorlage Seitz, 08.01.1992.

238 Schwarz, *Kohl*, S. 712, 715.

239 AAPD 1992, Dok. 356, Gespräch Kohl-Suchocka, 05.11.1992.

240 Wirsching, *Preis*, S. 77.

241 BArch, B 136/59746, Telefongespräch Kohl-Bielecki, 23.08.1991, S. 1.

242 Wirsching, *Preis*, S. 77.

243 TNA, PREM 19/4346, Llewellyn Smith (Warschau) an FCO, 18.02.1992.

244 Vgl. AAPD 1992, Dok. 51, Vorlage Chrobog, 20.02.1992.

245 Die deutsche Rolle im Prozess der NATO-Osterweiterung ist bisher nur politikwissenschaftlich untersucht worden, vgl. Marco Overhaus, *Die deutsche NATO-Politik. Vom Ende des Kalten Krieges bis zum Kampf gegen den Terrorismus* (Baden-Baden 2009); Chaya Arora, *Germany's Civilian Power Diplomacy. NATO Expansion and the Art of Communicative Action* (New York 2006). Dem Verfasser ist der Zugang zu den Beständen des Bundeskanzleramtes zur NATO-Erweiterung in den Jahren 1993 und 1994 versagt worden. Die Akte (BArch, B 136/42465) wird erst zum 1. Januar 2025 zugänglich.

246 Vgl. z. B. Stefan Creuzberger, ‹Die Legende vom Wortbruch: Russland, der Westen und die NATO-Osterweiterung›, *Osteuropa*, 65:3 (2015), S. 94–108; Christian Nünlist, ‹Krieg der Narrative. Das Jahr 1990 und die NATO-Osterweiterung›, *SIRIUS*, 2:4 (2018), S. 389–397. Die historiographische Debatte kann hier nicht nachgezeichnet werden. Es sei verwiesen auf Sarotte, *Not one inch*; James Goldgeier und Joshua R. Itzkowitz Shifrinson (Hg.), *Evaluating NATO Enlargement. From Cold War Victory to the Russia-Ukraine War* (New York 2023); Daniel S. Hamilton und Kristina Spohr (Hg.), *Open Door. NATO and Euro-Atlantic Security after the Cold War* (Washington 2019).

247 Schwarz, *Kohl*, S. 552; Spohr, *Post Wall*, S. 215 ff.

248 Sten Rynning, *NATO. From Cold War to Ukraine. A History of the World's Most Powerful Alliance* (New Haven 2024), S. 173 ff.

249 Johannes Varwick, *Die NATO. Vom Verteidigungsbündnis zur Weltpolizei?* (München 2008), S. 40 f.; Rynning, *NATO*, S. 181 ff.

250 Vgl. hierzu die Aufsätze in Kapitel II in Hamilton und Spohr (Hg.), *Open Door*.

251 BArch, B 136/32 689, Rede Kohls in Washington, 20. Mai 1991, S. 12 f.

252 BArch, B 136/59 744, Telefonat Kohl-Antall, 20.02.1991, S. 1 f.

253 AAPD, 1991, Dok. 235, Gespräch Kohl-Gorbatschow, 05.07.1991, S. 970 ff.

254 Ebd.

255 Ebd.

256 Ebd.

257 Schwarz, *Kohl*, S. 674.

258 Vgl. die Berichterstattung der deutschen Botschaft in Prag in BArch, B 136/33 945, Hiller (Prag) an AA, 22.08.1991.

259 BArch, B 136/33 945, Bettzuege (AA) an BK, 23.08.1991.

260 TNA, PREM 19/4346, Llewellyn Smith (Warschau) an FCO, 04.10.1991.

261 BArch, B 136/33 945, Hartmann an Kohl, 15.11.1991, S. 1, 6.

262 Ebd., S. 4.

263 BArch, B 136/33 945, Blech (Moskau) an AA, 21.11.1991.

264 Schwarz, *Kohl*, S. 677.

265 BArch, B 136/59 747, Gespräch Kohl-Jelzin im erweiterten Kreis, 21.11.1991, S. 4.

266 BArch, B 136/59 747, Gespräch Kohl-Jelzin, 21.11.1991, S. 2.

267 Ebd., S. 2 f.

268 Ebd., S. 4.

269 Ebd. Folglich appellierte Jelzin an Kohl, Belarus und der Ukraine keine Hilfsmittel zukommen zu lassen, da sie in seinen Augen keine der in der ehemaligen DDR stationierten Soldaten aufnehmen wollten, vgl. ebd., S. 7.

270 BArch, B 136/59 747, Gespräch Kohl-Jelzin, 21.11.1991, S. 11.

271 Ebd., S. 9.

272 BArch, B 136/59 747, Gespräch Kohl-Jelzin im erweiterten Kreis, 21.11.1991, S. 4.

273 Treisman, *Return*, S. 178.

274 BArch, B 136/59 747, Telefongespräch Kohl-Gorbatschow, 03.12.1991, S. 3.

275 Ebd.

276 Zur Bedeutung dieses Schrittes vgl. Plokhy, *Last Empire*, S. 297–343; Zubok, *Collapse*, S. 398–415.

277 BArch, B 136/33 945, Hartmann an Kohl, 13.12.1991.

278 Ebd.

279 BArch, B 136/34 230, Kaestner (AL 2 i. V.), Betr.: Gipfeltreffen der GUS am 30. Dezember 1991, 02.01.1992. Eigene Kontakte zu den GUS-Staaten gestalteten sich schwierig. Die Ministerien schienen noch unorganisiert und überfordert, vgl. AAPD 1992, Dok. 5, Blech (Moskau) an AA, 08.01.1992.

280 BArch, B 136/34 230, Kaestner (GL 21, BK), Vermerk, 24.01.1992.

281 Vgl. hierzu Schwarz, *Kohl*, S. 690–710.

282 Die Ukraine und Lettland erkannten beide Staaten ebenfalls im Dezember an. Litauen hatte den Schritt schon im Juli vollzogen.

283 AAPD 1992, Dok. 16, Sudhoff (Paris) an AA, 16.01.1992.

284 TNA, PREM 19/3348, Wall, Your talks with President Mitterrand: 2 December, 29.11.1991.

285 BArch, B 136/59 747, Telefongespräch Kohl-Gorbatschow am 20.12.1991.

286 BArch, B 136/33 945, Blech (Moskau) an AA, 30.12.1991.

287 Zur Frage «Russische» oder «Russländische» Föderation und die damit einhergehende politische Bedeutung vgl. Uwe Halbach, *Russisch oder Russländisch? Putin und die nationale Frage* (SWP-Aktuell 9, 2012).

288 Spohr Readman, *Germany*, S. 111 ff.

289 BArch, B 136/59747, Gespräch Bohl-Kosyrew, 15.01.1992, S. 2. Friedrich Bohl war von 1992 bis 1998 Chef des Bundeskanzleramtes.

290 BArch, B 136/34230, Telefongespräch Kohl-Jelzin, 02.07.1992.

291 BArch, B 136/34230, Vermerk, Gespräch Seiters mit Alexander Schochin am 6. Januar 1992, o. D.

292 AAPD 1992, Dok. 13, Gespräch Genscher-Kosyrew, 15.01.1992, S. 58.

293 Washington hielt sich mit Verweis auf alte Schulden der Sowjetunion und deren Unterstützung für Kuba zurück. Zur Frage der Rückzahlungen vgl. Goldgeier und McFaul, *Power*, S. 68 ff.

294 Vgl. ausführlich Bierling, *Wirtschaftshilfe*, S. 192–200.

295 Zur Kernwaffen-Frage vgl. Monika Jung, *Die nukleare Abrüstung der Ukraine 1991–1996. Ein Lehrstück für die ukrainische Außen- und Sicherheitspolitik* (Baden-Baden 2000); Mariana Budjeryn, *Inheriting the Bomb. The Collapse of the USSR and the Nuclear Disarmament of Ukraine* (Baltimore 2022).

296 Budjeryn, *Inheriting*, S. 34.

297 Ausführlich in Budjeryn, *Inheriting*.

298 BArch, B 136/59747, Gespräch Kohl-Cheney, 13.01.1992, S. 1.

299 ACDP, 08–012, 110–2/3, Protokoll CDU/CSU-Bundestagsfraktionssitzung, 14.01.1992, S. 13 f.

300 BArch, B 136/59747, Telefongespräch Kohl-Major, 29.01.1992, S. 2.

301 AAPD 1992, Dok. 25, Vorlage Bertram, 27.01.1992.

302 Ebd.

303 BArch, B 136/59747, Telefongespräch Kohl-Major, 29.01.1992, S. 2.

304 ACDP, 08–012, 110–2/3, Protokoll CDU/CSU-Bundestagsfraktionssitzung, 14.01. 1992, S. 14.

305 BArch, B 136/59747, Gespräch Kohl-Cheney, 13.01.1992, S. 2.

306 Ebd., S. 3.

307 BArch, B 136/59730, Gespräch Kohl-Chasbulatow, 28.04.1992, S. 3.

308 Er stützte sich dabei auf Einschätzungen des deutschen Botschafters in Moskaus, Klaus Blech, vgl. BArch, B 136/34230, Blech (Moskau) an AA, 07.02.1992.

309 BArch, B 136/34230, Hartmann (AL 2, BK), Betr.: Gefahren für deutsche Interessen im Streit zwischen Russland und Ukraine, 11.02.1992.

310 BArch, B 136/34230, Blech (Moskau) an AA, 07.02.1992.

311 Für Genschers Zugehen auf Belarus vgl. AAPD 1992, Dok. 79.

312 Freundliche Auskunft Joachim Bitterlich, 11.04.2023.

313 BArch, B 136/59747, Gespräch Kohl-Krawtschuk, 04.02.1992, S. 1.

314 BArch, B 136/59730, Gespräch Kohl-Krawtschuk, 03.04.1992, S. 5. In einem Gespräch mit Friedrich Bohl erklärte der amerikanische Diplomat und kurzzeitige Außenminister Lawrence Eagleburger, dass man bei aller Hilfsbereitschaft für die GUS-Staaten die Mittelosteuropäer nicht vergessen dürfte, denn «letztlich habe die Hilfe an die MOE-Länder mehr Aussicht auf Erfolg», vgl. BArch, B 136/59730, Gespräch Bohl-Eagleburger, 02.06.1992.

315 BArch, B 136/59730, Gespräch Kohl-Bush/Baker, 21./22.03.1992, S. 10.

316 BArch, B 136/34230, Hartmann, Betr.: Gefahren für deutsche Interessen im Streit zwischen Russland und Ukraine, 11.02.1992.

317 Ebd.

318 Ebd.

319 Ebd.

320 Ebd.

321 Waffenschmidt forderte immer wieder neue Initiativen, Ankündigungen und Konfe-

renzen, um Russland zu helfen und musste hierbei durch das Bundeskanzleramt gebremst werden, vgl. BArch, B 136/42728.

322 BArch, B 136/34230, Hartmann, Betr.: Gefahren für deutsche Interessen im Streit zwischen Russland und Ukraine, 11.02.1992.

323 Ebd.

324 AAPD 1992, Dok. 345, Vorlage Neubert, 30.10.1992.

325 Ebd.

326 AAPD 1992, Dok. 105, Vermerk Chrobog, 10.04.1992, S. 439. Die Politischen Direktoren der Außenministerien Deutschlands, Frankreichs, Großbritanniens und der USA trafen sich regelmäßig im kleinen Kreis, um die wichtigsten Fragen der internationalen Politik vertrauensvoll zu besprechen.

327 Vgl. eher kritisch zur deutschen Baltikumpolitik Spohr Readman, *Germany*, S. 145–161.

328 Ebd., S. 156.

329 BArch, B 136/59746, Gespräch Kohl-Landsbergis, 13.02.1992.

330 BArch, B 136/59730, Gespräch Kohl-Gorbunow/Rüütel/Landsbergis, 11.06.1992.

331 Ebd., S. 6.

332 Ebd., S. 8.

333 Ebd., S. 6.

334 Ebd.

335 Spohr Readman, *Germany*, S. 156.

336 BArch, B 136/34230, Ref. 213 (AA), Vermerk, Betr.: Gespräch BM mit russischem Botschafter, 15.07.1992.

337 Spohr Readman, *Germany*, S. 158.

338 BArch, B 136/34230, Ref. 213 (AA), Vermerk, Betr.: Gespräch BM mit russischem Botschafter, 15.07.1992.

339 BArch, B 136/34230, Hartmann (AL 2, BK), Betr.: Deutsch-russische Beziehungen, 10.11.1992, S. 2f.

340 AAPD 1992, Dok. 179, Vermerk Wagner, 17.06.1992, S. 736f.

341 BArch, B 136/34230, Jelzin an Kohl, 06.11.1992, S. 3.

342 Ebd., S. 4.

343 BArch, B 136/34230, Hartmann, Betr.: Deutsch-russische Beziehungen, 10.11.1992, S. 2f.

344 BArch, B 136/34230, Hartmann an Kastrup (StS, AA), 13.11.1992. Der ranghöchste russische Militär in Estland erklärte gar öffentlich, man könne den laufenden Abzug nicht mehr stoppen. Die Lage war höchst unübersichtlich. Die estnische Regierung ging glücklicherweise «entschlossen, doch in Ton und Form unaufgeregt und geradezu mit Verständnis für die innenpolitische Situation in Moskau» damit um, wie die deutsche Botschaft berichtete, vgl. BArch, B 136/34230, Wistinghausen (Tallinn) an AA, 04.11.1992.

345 BArch, B 136/34230, Leutrum (Ref. 222, AA), Betr.: Schreiben von Präsident Jelzin, 23.11.1992.

346 Im August 1993 verließen die letzten WGT-Verbände Litauen. 1994 zogen sie aus Lettland und Estland ab.

347 Der Kanzler wirkte auf Jelzin hinsichtlich des weiterhin schwelenden Problems der Kurilen beschwichtigend ein, als dieser einen Besuch in Japan absagte und warnte, dass ein Verzicht auf die Kurilen «die erste Veränderung der Grenzen (nach Zerfall der SU)» bedeutet hätte, «mit möglicherweise einem politischen Brand in Europa. Man müsse vorsichtig nach einem Kompromiss suchen.» Vgl. BArch, B 136/34230, Telefongespräch Kohl-Jelzin, 17.09.1992.

348 Vgl. die Treffen im Februar und Mai 1994 in BArch, B 136/42 729. Nicht nur Kohl und Jelzin oder Kinkel und Kosyrew trafen sich regelmäßig, sondern auch ein Staatssekretär oder der Politische Direktor des Auswärtigen Amtes mit den stellvertretenden russischen Außenministern sowie die Abteilungsleiter der jeweiligen Außenministerien, vgl. BArch, B 136/42 662, UA 21 (AA), Gesprächsleitfaden, November 1995, S. 3.

349 BArch, B 136/34 230, Heyken (Moskau) an AA, 23.04.1992.

350 Ebd.

351 Ebd.

352 Ebd.

353 Ebd.

354 Ebd.

355 BArch, B 136/42 661, Schäfers (RL 213, BK) an Bohl, 08.06.1993.

356 Creuzberger, Jahrhundert, S. 518 f.

357 Ebd., S. 519.

358 ACDP, 08–012, 117–1/2, Protokoll CDU/CSU-Bundestagsfraktionssitzung, 09.02.1993, S. 74.

359 BArch, B 136/34 230, Peters (AA), Betr.: Deutsch-russische Zusammenarbeit im parlamentarischen Bereich, 17.08.1992, S. 3.

360 BArch, B 136/34 230, Ref. 510 (AA), Betr.: Deutsch-russ. Außenministerkonsultationen, 20.08.1992.

361 BArch, B 136/34 230, Telefongespräch Kohl-Jelzin, 17.09.1992. Vgl. auch AAPD 1992, Dok. 321.

362 BArch, B 136/34 230, Ludewig (AL 4, BK), Betr.: Ihr Telefongespräch mit Präsident Jelzin, 25.09.1992.

363 Ebd.

364 BArch, B 136/34 230, Haller (BMF), Ergebnis der deutsch-russischen Gespräche, 10.11.1992.

365 Reinhard Bingener und Markus Wehner, Die Moskau-Connection. Das Schröder-Netzwerk und Deutschlands Weg in die Abhängigkeit (München 2023), S. 87.

366 BArch, B 136/42 728, Blech (Moskau) an AA, 08.06.1993.

367 Ebd.

368 Creuzberger, Jahrhundert, S. 518.

369 Zu den Gesprächen in Moskau vgl. detailliert AAPD 1992, Dok. 311, 314 und 315.

370 BArch, B 136/34 230, Hartmann, Betr.: Reise BM Kinkel nach Moskau 6./7. Oktober 1992, 09.10.1992, S. 4.

371 Nunmehr auch abgedruckt in AAPD 1992, Dok. 370. Eingesehen in BArch, B 136/34 230, Chrobog, Betr.: Verhältnis Deutschland-Russland, 11.11.1992.

372 Ebd., S. 4.

373 Ebd., S. 1.

374 Ebd., S. 2

375 Ebd., S. 2 f.

376 Ebd., S. 3.

377 Ebd., S. 5 f.

378 BArch, B 136/42 728, Bertele (Warschau) an AA, 21.07.1993.

379 AAPD 1992, Dok. 356, Gespräch Kohl-Suchocka, 05.11.1992.

380 BArch, B 136/34 230, Sudhoff (Paris) an AA, 19.11.1992.

381 Dass der russische Außenminister Kosyrew für den deutschen Wunsch eines ständigen Sitzes im VN-Sicherheitsrat Verständnis äußerte, missfiel den Franzosen, vgl. BArch, B 136/34 230, Sudhoff (Paris) an AA, 19.11.1992.

382 BArch, B 136/34 230, Chrobog, Betr.: Verhältnis Deutschland-Russland, 11.11.1992, S. 5.

383 BArch, B 136/34 230, Chrobog, Betr.: Verhältnis Deutschland-Russland, 11.11.1992, Anlage: Deutsch-russische Beziehungen, Sachstand, o. D., S. 2.

384 BArch, B 136/34 230, Chrobog, Betr.: Verhältnis Deutschland-Russland, 11.11.1992, S. 7.

385 AAPD 1992, Dok. 381, Chrobog, Vermerk, 20.11.1992.

386 AAPD 1992, Dok. 405, Elbe, Vorlage, 08.12.1992.

387 Ebd.

388 Ebd.

389 Spohr Readman, *Germany*, S. 112. Die Zahlungsfähigkeit und der Zahlungswillen der russischen Seite sorgten ständig für Probleme, vgl. BArch, B 136/34 230, Schäfers (Ref. 213, BK), Betr.: Reise des Herrn Bundeskanzlers nach Moskau 15./16. Dezember 1992, 08.09.1992.

390 ACDP, 08–012, 117–1/2, Protokoll CDU/CSU-Bundestagsfraktionssitzung, 09.02.1993, S. 45; AAPD 1992, Dok. 418.

391 Creuzberger, *Jahrhundert*, S. 521.

392 Zu den Gesprächen vgl. detailliert AAPD 1992, Dok. 419 und 420.

393 Die Botschaft in Moskau zeigte sich im Verlauf des Jahres 1993 immer wieder sehr erleichtert hierüber, vgl. z. B. BArch, B 136/42 728, Blech (Moskau) an AA, 08.06.1993.

394 Im Bundesinnenministerium dachte man über ein Junktim nach: Deutsche Hilfslieferungen nur bei Rückführung der Kulturgüter. Die Botschaft in Moskau lehnte einen solchen Schritt jedoch entschieden ab, denn «nichts wäre politisch-psychologisch kontraproduktiver, als die hiesigen Verlierer der Geschichte durch eine Kombination von Zuckerbrot und Peitsche ausgerechnet in der Restitutionsfrage gefügig machen zu wollen», vgl. AAPD 1992, Dok. 150, Blech, Drahtbericht, 25.05.1992. Zu dem Kunst- und Kulturraub vgl. Creuzberger, *Jahrhundert*, S. 456 ff. Zur Frage der Restitution vgl. Katrin Bastian, *Die Europäische Union und Russland. Multilaterale und bilaterale Dimensionen in der europäischen Außenpolitik* (Wiesbaden 2006), S. 159 ff.

395 Spohr Readman, *Germany*, S. 114.

396 ACDP, 08–012, 116–1/1, Protokoll CDU/CSU-Bundestagsfraktionssitzung, 12.01.1993, S. 8 f.

397 ACDP, 08–012, 117–1/2, Protokoll CDU/CSU-Bundestagsfraktionssitzung, 09.02.1993, S. 46.

398 Ebd., S. 48.

399 Ebd., S. 49 ff.

400 Ebd., S. 54.

401 Ebd., S. 55.

402 Kohl revidierte somit eine vorherige Einschätzung. Bei einem Gespräch mit US-Senatoren im Dezember 1991 fragte er, was «die Amerikaner noch mehr wollen könnten: die SU als Faktor der Weltpolitik sei ausgefallen», vgl. BArch, B 136/59 747, Gespräch Kohl-Nunn/Johnston, 06.12.1991, S. 5 f.

403 ACDP, 08–012, 117–1/2, Protokoll CDU/CSU-Bundestagsfraktionssitzung, 09.02.1993, S. 71.

404 Ebd., S. 72.

405 Ebd., S. 70.

406 Ebd., S. 75.

407 Ebd., S. 74.

408 Ebd., S. 73.

409 Spohr Readman, *Germany*, S. 115.

410 Siehe z. B. BArch, B 136/59 730, Gespräch Kohl-Qian, 10.03.1992, S. 7.

411 BArch, B 136/59 730, Gespräch Kohl-Bush/Baker, 21./22.03.1992, S. 9.
412 TNA, PREM 19/4346, Polish Stabilisation Fund: Message from President Bush, 03.07.1992.
413 BArch, B 136/59 730, Gespräch Kohl-Bolger, 24.06.1992, S. 7.
414 Ebd., S. 9.
415 BArch, B 136/59 730, Gespräch Kohl-Chasbulatow, 28.04.1992, S. 2.
416 ACDP, 08–012, 117–1/2, Protokoll CDU/CSU-Bundestagsfraktionssitzung, 09.02.1993, S. 75.
417 Ebd., S. 75 f.
418 Ebd., S. 76.
419 Zur amerikanischen Russlandpolitik unter Clinton vgl. Angela Stent, *The Limits of Partnership. U. S.-Russian Relations in the Twenty-First Century* (Princeton 2014), S. 13–34; Goldgeier und McFaul, *Power*; sowie die Erinnerungen von Clintons engstem Berater für Russland Talbott, vgl. Strobe Talbott, *The Russia Hand. A Memoir of Presidential Diplomacy* (New York 2002).
420 ACDP, 08–012, 116–1/1, Protokoll CDU/CSU-Bundestagsfraktionssitzung, 12.01.1993, S. 52.
421 Ebd., S. 56.
422 Ebd.
423 Schwarz, *Kohl*, S. 719.
424 CPL, 2015–0776-M, Gesprächsnotiz Clinton-Kohl, 26.03.1993, S. 2.
425 ACDP, 08–012, 119–1/3, Protokoll CDU/CSU-Bundestagsfraktionssitzung, 20.04.1993, S. 15 f.
426 Kristina Spohr und Kaarel Piirimäe, ‹With or without Russia? The Boris, Bill and Helmut bromance and the harsh realities of securing Europe in the post-wall world, 1990–1994›, *Diplomacy & Statecraft*, 33:1 (2022), S. 158–193.
427 CPL, 2015–0776-M, Telefonat Clinton-Kohl, 12.04.1993.
428 Vgl. hierzu Goldgeier und McFaul, *Power*, S. 90 ff.
429 CPL, 2015–0774-M, Telefonat Clinton-Mitterrand, 17.03.1993.
430 Frank Biess, *Republik der Angst. Eine andere Geschichte der Bundesrepublik* (Reinbek 2019), S. 421.
431 Ebd., S. 423.
432 Alle Zahlen aus BArch, B 136/42 661, Rede Robert D. Blackwill, Why there will be no strategic partnership between Russia and the West, 02.12.1993.
433 BArch, B 136/34 230, Schmidt (AA) an ChefBk, 09.02.1993.
434 Ebd.; BArch, B 136/34 230, Blech (Moskau) an AA, 28.01.1993.
435 Ebd.
436 Ebd.
437 Ebd.
438 Vgl. exemplarisch BArch, B 136/34 230, Stüdemann (Moskau) an ChefBk, 22.03.1993.
439 BArch, B 136/34 230, Heyken (Moskau) an AA, 01.02.1993; BArch, B 136/42 661, Blech (Moskau) an AA, 29.01.1993.
440 TNA, PREM 19/6243, Anatoly Leonidovich Adamishin, 03.05.1996.
441 BArch, B 136/34 230, Heyken (Moskau) an AA, 01.02.1993.
442 Ebd.
443 BArch, B 136/42 661, Stüdemann (Moskau) an AA, 26.02.1993.
444 BArch, B 136/42 661, Stüdemann (Moskau) an AA, 29.06.1993.
445 BArch, B 136/42 728, Blech (Moskau) an AA, 08.06.1993.
446 Ebd. In einer anderen Besprechung warf Adamischin Estland gar «ethnische Säuberung mit weißen Handschuhen» vor, worauf die deutschen Gesprächsteilnehmer

eine friedliche Lösung anmahnten, um neue Spaltungen in Europa zu vermeiden. Man gab der russischen Seite zu bedenken, dass in Estland «die Erinnerung an frühere Deportationen und die Angst vor dem großen Nachbarn» noch virulent sei, und «in Deutschland spiele das Bewusstsein historischer Verantwortung gegenüber den baltischen Staaten (Hinweis auf Molotow-Ribbentrop-Pakt) eine Rolle», vgl. BArch, B 136/42 728, Heyken (Moskau) an AA, 09.07.1993.

447 BArch, B 136/42 728, Blech (Moskau) an AA, 08.06.1993.

448 BArch, B 136/34 230, Blech (Moskau) an AA, 30.01.1993.

449 Ebd.

450 BArch, B 136/42 661, Stüdemann (Moskau) an AA, 26.02.1993.

451 BArch, B 136/34 230, Blech (Moskau) an AA, 28.01.1993.

452 Manfred Quiring, *Pulverfass Kaukasus. Nationale Konflikte und islamistische Gefahren am Rande Europas* (Berlin 2016), S. 41 f.; Mikheil Sarjveladze, *Deutschland und der Südkaukasus. Georgien im Fokus deutscher Außenpolitik von 1992 bis 2012* (Wiesbaden 2019), S. 98 ff.

453 Sarjveladze, *Deutschland*, S. 133 f.

454 Gerard Toal, *Near Abroad. Putin, the West and the contest over Ukraine and the Caucasus* (Oxford 2017), S. 101.

455 Quiring, *Pulverfass*, S. 44.

456 Hans-Georg Trapp, *Immer auf Empfang. Episoden aus dem diplomatischen Dienst* (Berlin 2009), S. 79.

457 BArch, B 136/42 661, Bertram (GL 21, BK), Betr.: Deutsch-georgische Beziehungen, 06.07.1993.

458 BArch, B 136/42 661, Dahlhoff (Tiflis) an AA, 12.05.1993.

459 BArch, B 136/42 661, Dahlhoff (Tiflis) an AA, 10.08.1993.

460 BArch, B 136/42 661, Manig (Ref. 213, AA), Betr.: Peace-keeping-forces in Georgien/Abchasien, 16.08.1993.

461 Ebd.

462 BArch, B 136/42 661, Gesprächsleitfaden, September 1993.

463 Die sogenannte Monroe-Doktrin, die nach einer Rede des US-Präsidenten James Monroe von 1823 benannt ist, zielte auf eine exklusive US-Vormachtstellung in der westlichen Hemisphäre, da die europäischen Mächte sich aus inner-amerikanischen Streitigkeiten heraushalten sollten. Umgekehrt versprach Monroe, die Vereinigten Staaten würden sich nicht in europäische Angelegenheiten einmischen.

464 BArch, B 136/42 661, Dahlhoff (Tiflis) an AA, 16.09.1993.

465 BArch, B 136/42 661, Ref. E 24 (AA), Betr.: Schreiben des georgischen Staatspräsidenten, 19.07.1994.

466 BArch, B 136/42 661, Bertram (GL 21, BK) an Kohl, 20.07.1994.

467 BArch, B 136/42 661, Dahlhoff (Tiflis) an AA, 16.09.1993.

468 AAPD 1992, Dok. 27, Vorlage Neubert, 30.01.1992.

469 Anna Kreikemeyer, ‹Russisches Peacekeeping und die Institutionen kooperativer Sicherheit›, *Sicherheit und Frieden*, 12:2 (1994), S. 71–76, hier S. 71.

470 Hill, *No Place*, S. 124.

471 TNA, PREM 19/4970, Fall (Moskau) an FCO, 18.10.1994. Zur amerikanischen Haiti-Politik vgl. John Dumbrell, *Clinton's Foreign Policy. Between the Bushes, 1992–2000* (London 2009), S. 71 ff.

472 BArch, B 136/42 661, Bitterlich an Kohl, 20.09.1993.

473 Ebd.

474 Siehe die Marginalien Kohls auf ebd. Das Bundeskabinett billigte am 2. Februar 1994 die Entsendung von vier Beobachtern und zwei Sanitätssoldaten für die VN-Mission

UNOMIG (United Nations Military Observer Mission in Georgia), vgl. BArch, B 136/42 661, Bitterlich an Kohl, 02.02.1994.

475 Sarjveladze, *Deutschland*, S. 142 ff.
476 BArch, B 136/42 661, Dahlhoff (Tiflis) an AA, 15.08.1993.
477 BArch, B 136/42 661, Baas (Tiflis) an AA, 24.08.1995.
478 BArch, B 136/42 661, Baas (Tiflis) an AA, 31.05.1995.
479 So der Sekretär des Sicherheitsrates Jurij Skokow gegenüber dem deutschen Botschafter, vgl. BArch, B 136/42 728, Blech (Moskau) an AA, 08.03.1993.
480 BArch, B 136/42 728, Hartmann an Kohl, 23.04.1993.
481 Spohr Readman, *Germany*, S. 115.
482 Talbott, *Russia Hand*, S. 55 f.
483 BArch, B 136/42 728, Presseerklärung Kohl, 05.04.1993; BArch, B 136/42 728, Pressemitteilung AA, Kinkel, «Russland. Ein Partner Deutschlands auf der Suche nach einer neuen Identität», 12.04.1993.
484 BArch, B 136/42 728, Hartmann an Kohl, 26.04.1993.
485 AdsD, 2/BTFL000 084, Protokoll SPD-Bundestagsfraktionssitzung, 23.03.1993, S. 2.
486 Ebd., S. 2.
487 Ebd., S. 3.
488 BArch, B 136/42 728, Telefongespräch Kohl-Jelzin, 29. April 1993.
489 Diese Sicht vertritt auch Bitterlich, vgl. Interview Joachim Bitterlich, 18.05.2023.
490 BArch, B 136/42 728, Bitterlich an Kohl, 05.07.1993, Gesprächsthemen, S. 1 f.
491 Ebd., S. 3.
492 Ebd., S. 4.
493 Ebd., S. 5.
494 Ebd., S. 5.
495 Ebd., S. 6 f. Kohl hatte zuvor schon mehrmals eine konstruktive Haltung Jelzins in Bezug auf Jugoslawien eingefordert, vgl. BArch, B 136/42 728, Telefongespräch Kohl-Jelzin, 11.05.1993.
496 BArch, B 136/42 728, von der Gablentz (Moskau) an AA, 02.11.1993.
497 ACDP, 08-012, 123-1/1, Protokoll CDU/CSU-Bundestagsfraktionssitzung, 26.10. 1993, S. 5.
498 Ebd., S. 7.
499 BArch, B 136/42 728, Blech (Moskau) an AA, 27.07.1993. Man wollte die deutschfreundliche Sicht durch aktive Medienarbeit weiter fördern, vgl. BArch, B 136/42 728, Blech (Moskau) an AA, 17.08.1993.
500 BArch, B 136/42 728, Blech (Moskau) an AA, 27.07.1993.
501 ADMAE, 3701/TOPO, 7488, Morel (Moskau) an Quai, 23.09.1993.
502 Colton, *Yeltsin*, S. 276 ff.
503 BArch, B 136/42 728, Telefongespräch Kohl-Jelzin, 29.09.1993.
504 Ebd. Die Bundesrepublik leistete finanzielle Aufbauhilfe für Medienanstalten, die durch die Krawalle in Mitleidenschaft gezogen worden waren, vgl. BArch, B 136/42 728, Barker (Moskau) an AA, 06.10.1993.
505 BArch, B 136/42 728, Bertram (GL 21, BK) an Kohl, 13.10.1993.
506 BArch, B 136/42 728, Bitterlich an Kohl, 03.11.1993, S. 1.
507 Ebd., S. 1 f.
508 Ebd., S. 2.
509 Ebd., S. 3.
510 Ebd.
511 Ebd., S. 4.
512 Vgl. die Marginalie auf BArch, B 136/42 728, Bitterlich an Kohl, 03.11.1993, S. 1.

513 BArch, B 136/42 728, Bitterlich an Ludewig (AL 4, BK), 04.11.1993.
514 BArch, B 136/42 728, Bitterlich an Kohl, 03.11.1993, S. 4.
515 Ebd., S. 5.
516 Ebd., S. 6. Später kam auch die Idee eines deutsch-russischen Jugendwerkes nach Vorbild der bestehenden Jugendwerke mit Frankreich und Polen auf, vgl. BArch, B 136/42 731, von der Gablentz (Moskau) an AA, 13.06.1995.
517 Spohr Readman, *Germany*, S. 119.
518 ADMAE, 3701/TOPO, 7487, A/s: Politique à l'égard de la Russie, 25.02.1994.
519 Ebd.
520 BArch, B 136/42 728, Bitterlich an Kohl, 08.11.1993, S. 2.
521 BArch, B 136/42 728, von der Gablentz (Moskau) an AA, 20.12.1993.
522 BArch, B 136/42 728, von der Gablentz (Moskau) an AA, 17.12.1993.
523 Spohr Readman, *Germany*, S. 120.
524 Zitiert in BArch, B 136/42 728, Bitterlich an Kohl, 20.01.1994, Gesprächsunterlage.
525 In internen deutschen Einschätzungen galt Kosyrew weiterhin als ein «Mann des Ausgleichs», dessen «bisweilen scharfe Rhetorik» ein «Tribut an die russische Innenpolitik, die er selbst nicht maßgeblich mitgestalten kann» sei, vgl. BArch, B 136/42 662, von der Gablentz (Moskau) an AA, 19.10.1995.
526 BArch, B 136/42 728, Bitterlich an Kohl, 20.01.1994, Gesprächsunterlage.
527 Vgl. z. B. BArch, B 136/42 728, Nikel (Ref. 213, BK) an Bitterlich, 10.01.1994.
528 BArch, B 136/42 729, von der Gablentz (Moskau) an AA, 24.02.1994.
529 BArch, B 136/42 662, Heyken (Moskau) an AA, 12.07.1994.
530 Schwarz, *Kohl*, S. 737.
531 Köhler, *Kohl*, S. 818 f.
532 Die FDP verlor ein Drittel ihrer Bundestagsmandate. Ihr Parteivorsitzender Kinkel ging stark geschwächt aus der Wahl hervor und musste diese Funktion 1995 abgeben, vgl. Schwarz, *Kohl*, S. 760, 763.
533 Am Ende des Jahres zogen die russischen Streitkräfte auch aus den baltischen Staaten ab.
534 Vgl. BArch, B 136/42 729, Kohl an Jelzin, Entwurf, April 1994; Köhler, *Kohl*, S. 829; und «Gute Nacht! Hände hoch!», *Der Spiegel*, 08.05.1994.
535 BArch, B 136/42 662, Grabherr (Moskau) an AA, 14.09.1994.
536 ACDP, 08-012, 127-2/3, Protokoll CDU/CSU-Bundestagsfraktionssitzung, 05.09.1994, S. 15.
537 BArch, B 136/42 731, von der Gablentz (Moskau) an AA, 15.02.1995.
538 BArch, B 136/42 662, Grabherr (Moskau) an AA, 11.01.1995.
539 BArch, B 136/34 230, Hector (Ref. 212, AA), Betr.: Deutsch-russische Außenministerkonsultationen in Moskau am 8. und 9. Oktober 1992, 31.08.1992.
540 «Russia reaches out», *The Economist*, 26.02.1994, S. 31 f.
541 Spohr Readman, *Germany*, S. 95 f.
542 Hilz, *Führungstrio*, S. 105–126.
543 Franz Josef Meiers, *Zu neuen Ufern? Die deutsche Sicherheits- und Verteidigungspolitik in einer Welt des Wandels 1990–2000* (Paderborn 2006), S. 129 ff., 136 ff.; Bitterlich, *Grenzgänger*, S. 133 ff.
544 Kohl schrieb eigens einen Brief an Bush, um auf dessen Sorgen einzugehen, vgl. AAPD 1992, Dok. 154, Kohl an Bush, 27.05.1992.
545 Bitterlich, *Grenzgänger*, S. 163.
546 AAPD 1992, Dok. 87, Pauls, Vermerk, 26.03.1992.
547 AAPD 1992, Dok. 161, von Ploetz, Drahtbericht, 01.06.1992, S. 662.
548 AAPD 1992, Dok. 165, Elbe, Vorlage, 04.06.1992, S. 683.

549 AAPD 1992, Dok. 170, Bettzuege, Runderlass, 10.06.1992, S. 698 f.
550 ADMAE, 3701/TOPO, 7323, Boidevaix (Bonn) an Quai, 06.02.1992.
551 AAPD 1992, Dok. 391, Bertram, Vorlage, 30.11.1992.
552 ACDP, 08-012, 109-3/1, Protokoll CDU/CSU-Bundestagsfraktionssitzung, 05.11.1991, S. 25.
553 Ebd., S. 35; vgl. auch ebd., S. 16 f.
554 Varwick, *NATO*, S. 41, 87 ff., 119 ff.
555 Vgl. ausführlich Stephan Kieninger, ‹Opening NATO and Engaging Russia: NATO's Two Tracks and the Establishment of the North Atlantic Cooperation Council›, in Hamilton und Spohr (Hg.), *Open Door*, S. 57–69; Sarotte, *Not one inch*, S. 126 ff.
556 AAPD 1992, Dok. 58, Bertram, Vorlage, 24.02.1992.
557 AAPD 1992, Dok. 61, Chrobog, Vermerk, 25.02.1992.
558 AAPD 1992, Dok. 25, Bertram, Vorlage, 27.01.1992.
559 AAPD 1992, Dok. 365, Bertram, Vorlage, 10.11.1992.
560 Varwick, *NATO*, S. 99.
561 AAPD 1992, Dok. 58, Bertram, Vorlage, 24.02.1992.
562 ADMAE, 3701/TOPO, 7352, Réunion de réflexion sur l'Allemagne et les relations franco-allemandes, 30.06.1992.
563 Schwarz, *Kohl*, S. 716–720.
564 BArch, B 136/59730, Gespräch Kohl-Bush/Baker, 21./22.03.1992, S. 2.
565 Ebd., S. 7 f.
566 Ebd., S. 8.
567 Sarotte, *Not one inch*, S. 149–180; Ronald D. Asmus, *Opening NATO's Door: How the Alliance Remade Itself for a New Era* (New York 2002), S. 18–98.
568 Varwick, *NATO*, S. 99.
569 Ulrich Weisser, *NATO ohne Feindbild. Konturen einer europäischen Sicherheitspolitik* (Bonn 1992), S. 213 ff.; Volker Rühe, ‹Opening NATO's Door›, in Hamilton und Spohr (Hg.), *Open Door*, S. 217–233, hier S. 221.
570 Vgl. Interview mit Joachim Bitterlich, 18.05.2023.
571 Rühe, ‹Opening›, S. 218.
572 Meiers, *Ufern*, S. 202 ff.
573 Zu den russischen Reaktionen vgl. Sergey Radchenko, ‹‹Nothing but Humiliation for Russia»: Moscow and NATO's Eastern Enlargement, 1993–1995›, *Journal of Strategic Studies*, 43:6–7 (2020), S. 769–815.
574 BArch, B 136/42728, Heyken (Moskau) an AA, 06.04.1993.
575 Ebd.
576 Ebd.
577 Ebd.
578 BArch, B 136/42728, von der Gablentz (Moskau) an AA, 15.12.1993. Auch die neue Koalitionsvereinbarung der CDU/CSU und FDP vom 11. November 1994 hielt die «schrittweise Erweiterung der NATO» in engem Zusammenhang mit EU und WEU fest und ging dezidiert auf Russland ein: «Integration und Kooperation – vor allem eine intensive Partnerschaft mit Russland – müssen sich ergänzen, damit in Europa keine neuen Trennlinien entstehen.» Auch die MOE- und GUS-Staaten wurden erwähnt; abgedruckt in ACDP, 08-013, 017/1, Koalitionsvereinbarung «Das vereinte Deutschland zukunftsfähig machen», 11.11.1994, S. 48.
579 BArch, B 136/42728, Lange (Moskau) an AA, 14.10.1993.
580 Ebd.
581 BArch, B 136/42731, Butler (Moskau) an AA, 28.10.1995.
582 TNA, PREM 19/4970, Hurd an UKDel NATO, 18.10.1994.

583 Varwick, *NATO*, S. 100.
584 TNA, PREM 19/4970, PM's Bilateral with President Yeltsin, 05.12.1994.
585 ADMAE, 3701/TOPO, 7323, Andréani (Washington) an Quai, 05.05.1994.
586 Punkt 12 des Kommuniqués, zitiert in Varwick, *NATO*, S. 101. Auf dem NATO-Außenministerrat im Dezember 1994 wurde dieser Prozess schärfer skizziert.
587 Sarotte, *Not one inch*, S. 175.
588 Varwick, *NATO*, S. 100 f.
589 ADMAE, 3701/TOPO, 7323, Scheer (Bonn) an Quai, 16.03.1994.
590 Erklärung Kohl vor dem Deutschen Bundestag am 17. Januar 1994, https://www.bundesregierung.de/breg-de/service/bulletin/erklaerung-der-bundesregierung-zum-nato-gipfel-in-bruessel-abgegeben-von-bundeskanzler-dr-helmut-kohl-vor-dem-deutschen-bundestag-800880
591 «Scharping und Kohl im Grundsatz einig», *taz*, 07.02.1994.
592 Michael Herkendell, *Deutschland. Zivil- oder Friedensmacht? Außen- und sicherheitspolitische Orientierung der SPD im Wandel (1982–2007)* (Bonn 2012), S. 141 ff.
593 ACDP, 08–012, 125–2/3, Protokoll CDU/CSU-Bundestagsfraktionssitzung, 12.04.1994, S. 10.
594 Vgl. Ludger Volmer, *Die Grünen und die Außenpolitik. Ein schwieriges Verhältnis* (Münster 1998), S. 538 ff.
595 ACDP, 08–012, 124–3/1, Protokoll CDU/CSU-Bundestagsfraktionssitzung, 01.02. 1994, S. 18.
596 Ebd., S. 18 f.
597 Ebd., S. 19.
598 Ebd.
599 Ebd., S. 19 f.
600 Ebd., S. 21.
601 Köhler, *Kohl*, S. 879.
602 Ulrich Schmidla, «Kohl ruft Polen zu mehr Geduld auf», *Die Welt*, 07.07.1995.
603 BArch, B 136/42 662, Schmidt (Moskau) an AA, 27.03.1995.
604 Ebd.
605 Ulrich Weisser, *Sicherheit für ganz Europa. Die atlantische Allianz in der Bewährung* (Stuttgart 1999), S. 66 ff.
606 Overhaus, *NATO-Politik*, S. 107 ff.
607 Varwick, *NATO*, S. 102.
608 Spohr Readman, *Germany*, S. 122.
609 Ebd., S. 121 f.
610 Andrei P. Tsygankov, *Russia's Foreign Policy. Change and Continuity in National Identity* (Lanham 2022), S. 67.
611 Ebd., S. 69 ff.
612 Zugleich wurden deutsche Unternehmen in Russland immer selbstständiger aktiv. Im März 1995 wurde der «Verband der deutschen Wirtschaft in Russland» mit Sitz in Moskau gegründet, dem bald hunderte Firmen angehörten.
613 Sarotte, *Not one inch*, S. 206.
614 ACDP, 08–013, 408, Protokoll CDU/CSU-Bundestagsfraktionssitzung, 17.01.1995, S. 2.
615 Mark Galeotti, *Putin's Wars. From Chechnya to Ukraine* (Oxford 2022), S. 54 ff.
616 Spohr Readman, *Germany*, S. 121.
617 Presseerklärung Kohl, 05.01.1995, https://www.bundesregierung.de/breg-de/service/bulletin/erklaerung-des-bundeskanzlers-zum-konflikt-in-tschetschenien-790566
618 BArch, B 136/42 662, Grabherr (Moskau) an AA, 11.01.1995; BArch, B 136/42 662, Kohl an Wimmer, 23.02.1995.

619 BArch, B 136/42 662, Neubert (Ref. 213, AA), Betr.: Lage in der Republik Tschetschenien, 01.09.1994. Kohl stimmte diesem Vorgehen zu, vgl. ebd., Bitterlich an Kohl, 06.09.1994.

620 CPL, 2015–0076-M, Gesprächsnotiz Clinton-Kohl, 09.02.1995.

621 ACDP, 08–013, 408, Protokoll CDU/CSU-Bundestagsfraktionssitzung, 17.01.1995, S. 8 f.

622 Ebd., S. 9.

623 Ebd., S. 11.

624 Ebd., S. 12.

625 Ebd., S. 12 f.

626 Ebd., S. 13.

627 Ebd., S. 14.

628 Ebd.

629 Ebd., S. 15.

630 Ebd., S. 16.

631 Ebd., S. 17.

632 Ebd., S. 20.

633 AdsD, 2/BTFM000 006, Protokoll SPD-Bundestagsfraktionssitzung, 17.01.1995, S. 2.

634 Vgl. DBT, Plenarprotokoll, 19.01.1995.

635 «Kaum jemand in Bonn will Sanktionen gegen Russland», *FAZ*, 09.01.1995.

636 Creuzberger, *Jahrhundert*, S. 524.

637 Gail W. Lapidus, ‹Contested Sovereignty: The Tragedy of Chechnya›, *International Security*, 23:1 (1998), S. 5–49, hier S. 28 ff; Steven Pifer, *The Eagle and the Trident. U. S.-Ukraine Relations in Turbulent Times* (Washington 2017), S. 65 ff.

638 Goldgeier und McFaul, *Power*, S. 136–144.

639 Ebd., S. 141.

640 CPL, 2015–0776-M, Telefonat Clinton-Kohl, 13.12.1994.

641 ACDP, 08–013, 411, Protokoll CDU/CSU-Bundestagsfraktionssitzung, 14.02.1995, S. 13.

642 TNA, PREM 19/5393, Oakden, Talks with Kozyrev: 7 June, 07.06.1995.

643 Vgl. z. B. TNA, PREM 19/5393, Stagg an Lyne, 08.06.1995.

644 Bierling, *Wirtschaftshilfe*, S. 301 f.

645 Tuomas Forsberg und Graeme P. Herd, ‹The EU, Human Rights, and the Russo-Chechen Conflict›, *Political Science* Quarterly, 120:3 (2005), S. 455–478, hier S. 459 f.

646 Die Kommission sprach sich gegen eine längere Verzögerung aus, das EP wollte mehr Härte zeigen, vgl. Forsberg und Herd, ‹EU›, S. 476.

647 Bierling, *Wirtschaftshilfe*, S. 303; Forsberg und Herd, ‹EU›, S. 475.

648 Iwanow galt als einer der besten Köpfe im russischen Außenministerium mit «intellektuellem Profil und ruhiger Hand», vgl. BArch, B 136/42 662, UA 21 (AA), Gesprächsleitfaden, November 1995, S. 1. Er wurde als Pragmatiker geschätzt, da er ursprünglich Experte für Spanien war und deshalb «weniger von vergangenen Vorurteilen geprägt [war] als die stark dem alten Denken der Sowjetzeit verbundenen Deutschland-Fachleute im russischen Außenministerium», vgl. BArch, B 136/42 662, UA 21 (AA), Gesprächsleitfaden, November 1995, S. 1.

649 BArch, B 136/42 731, von der Gablentz (Moskau) an AA, 15.02.1995.

650 Ebd.

651 William H. Hill, *No Place for Russia. European Security Institutions since 1989* (New York 2018), S. 88–101; vgl. hierzu auch die Einschätzung des französischen KSZE-Delegationsleiters, in ADMAE, 3701/TOPO, 7490, Brichambaut (Wien) an Quai, 16.05.1994.

652 ACDP, 08–013, 411, Protokoll CDU/CSU-Bundestagsfraktionssitzung, 14.02.1995,

S. 12. Kohl reiste erst im Januar 1998 nach Riga, aber empfing häufig baltische Delegationen in Bonn oder zum Beispiel beim Ostseegipfel in Visby im Mai 1996. Folgt man Joachim Bitterlich, war lange unklar, wen man zuerst besuchen sollte, und wollte statt symbolischen Besuchen lieber konkrete Hilfe leisten, vgl. Bitterlich, *Grenzgänger*, S. 175.

653 CPL, 2015–0076-M, Gespräch Clinton-Kohl, 09.02.1995.

654 Ebd.

655 In London bereitete man sich schon auf ein mögliches Ableben Jelzins und die eigene Reaktion hierauf vor, vgl. TNA, PREM 19/5393, Contingency Planning for Yeltsin's death, 28.11.1995.

656 BArch, B 136/42731, Bitterlich an Kohl, 16.02.1995, S. 1.

657 Ebd., S. 3.

658 Ebd., S. 4.

659 Ebd., S. 5.

660 BArch, B 136/42662, Annen (Ref. 213, BK) an Bohl, 03.01.1995. Kohl stimmte in einer Marginalie zu.

661 BArch, B 136/42731, Bertram (GL 21, BK), Betr.: Gespräch AL 2 mit Botschafter Terechow, 15.03.1995.

662 Vgl. hierzu die wichtige Denkschrift von Claude Martin, damals stellvertretender Generalsekretär im Quai und von 1999 bis 2007 Botschafter in Deutschland, für den französischen Außenminister, in ADMAE, 3701/TOPO, 7487, Note pour le Ministre, A/s: Europe, Russie, Pecos, 24.02.1994.

663 BArch, B 136/42731, Kinkel, Vermerk, Gespräch mit Präsident Jelzin, 09.03.1995, S. 1.

664 Ebd.

665 Ebd., S. 1f.

666 Ebd., S. 5.

667 Bitterlich wies den russischen Botschafter auf die befremdliche Wirkung großer Militärparaden im westlichen Ausland hin, vgl. BArch, B 136/42731, Bertram (GL 21, BK), Betr.: Gespräch AL 2 mit Botschafter Terechow, 15.03.1995. Japan war primär aufgrund der weiterhin ungelösten Kurilen-Frage nicht eingeladen worden.

668 ACDP, 08–013, 420, Protokoll CDU/CSU-Bundestagsfraktionssitzung, 16.05.1995, S. 25.

669 BArch, B 136/42731, Mülmstädt (AA) an ChefBK, 27.04.1995.

670 BArch, B 136/42731, Puttkammer (St. Petersburg) an AA, 28.06.1995.

671 Ebd.

672 BArch, B 136/42731, von der Gablentz (Moskau) an AA, 30.05.1995.

673 BArch, B 136/42731, Stüdemann (Moskau) an AA, 19.07.1995.

674 BArch, B 136/42731, von der Gablentz (Moskau) an AA, 19.06.1995.

675 Ebd.

676 ADMAE, 3701/TOPO, 7487, Pernet (Moskau), Objet: Stratégie de la Russie, 01.09.1995.

677 BArch, B 136/42731, Stüdemann (Moskau) an AA, 19.07.1995.

678 BArch, B 136/42731, von der Gablentz (Moskau) an AA, 30.05.1995.

679 BArch, B 136/42731, Wrießnig (Moskau), Vermerk, 24.05.1995.

680 Ebd.

681 Die Reise war stark in die Kritik geraten, da Lafontaine hierdurch die Debatte zum Bosnien-Einsatz der Bundeswehr im Bundestag verpasste, vgl. «SPD-Chef Lafontaine lieber nach Moskau als in den Bundestag», *Bild am Sonntag*, 03.12.1995, in BArch, B 136/42732.

682 BArch, B 136/42731, von Studnitz (Moskau) an AA, 08.12.1995.

683 Rainer Lenzen, ‹Die Energiesicherheit der Bundesrepublik Deutschland. Eine Analyse der Abhängigkeit von russischem Gas und der relativen Verfügbarkeit von Alternativen›, *AIPA*, 1 (2018), S. 13 f.

684 Lenzen, ‹Energiesicherheit›, S. 9.

685 BArch, B 136/42731, von Studnitz (Moskau) an AA, 08.12.1995.

686 Ebd.

687 ADMAE, 3701/TOPO, 7487, Morel (Moskau), Objet: M. Kozyrev et ses détracteurs, 08.03.1995.

688 TNA, PREM 19/5393, Wall (UKRep Brüssel) an FCO, 02.10.1995; Hiski Haukkala, *The Making of the European Union's Common Strategy on Russia* (UPI Working Papers 28, 2000), S. 10.

689 BArch, B 136/42732, von Studnitz (Moskau) an AA, 29.04.1996.

690 Während des Staatsstreiches im August 1991 soll er sich, wie viele andere Botschafter, den Putschisten angedient haben, vgl. BArch, B 136/33945, Stüdemann (Moskau) an AA, 30.08.1991; BArch, B 136/33945, Blech (Moskau) an AA, 10.09.1991.

691 Interview Rolf Nikel, 11.05.2023.

692 Vgl. Interview Joachim Bitterlich, 18.05.2023.

693 Terechow wurde 1997 in Bonn abgelöst. Ihm folgte der vormalige stellvertretende Außenminister Sergej Krylow nach, der mehrmals als ruppiger Hardliner aufgefallen war, vgl. BArch, B 136/107043, von Studnitz (Moskau) an AA, 29.04.1996.

694 BArch, B 136/42731, Schäfers (RL 213, BK) an ChefBK, 23.05.1995.

695 Ebd.

696 Ebd.

697 BArch, B 136/42662, UA 21 (AA), Gesprächsleitfaden, November 1995, S. 2.

698 Ebd., S. 8.

699 Ebd.

700 Ebd., S. 11. Zu den Verhandlungen über das PKA und die holprige Umsetzung vgl. ADMAE, 3701/TOPO, 7488; Heinz Timmermann, ‹Relations between the EU and Russia: The Agreement on Partnership and Co-operation›, *Journal of Communist Studies and Transition Politics*, 12:2 (1996), S. 196–223.

701 BArch, B 136/42662, UA 21 (AA), Gesprächsleitfaden, November 1995, S. 13.

702 TNA, PREM 19/5393, Broomfield (Bonn) an FCO, 06.09.1995.

703 BArch, B 136/42662, UA 21 (AA), Gesprächsleitfaden, November 1995, S. 1.

704 Ebd., S. 14.

705 ACDP, 08–013, 427, Protokoll CDU/CSU-Bundestagsfraktionssitzung, 04.09.1995, S. 15 f.

706 Zu den verschiedenen Initiativen und der Wirkungsweise vgl. Eisermann, *Weg*.

707 BArch, B 136/42731, Jelzin an Kohl, 10.07.1995.

708 BArch, B 136/42731, Bertram (GL 21, BK) an Kohl, 19.07.1995.

709 BArch, B 136/42731, Bertram (GL 21, BK), Vermerk; Betr.: Telefonat des Herrn Bundeskanzlers mit Präsident Jelzin, 20.07.1995.

710 BArch, B 136/42731, Gruber (AA), Betr.: Deutsch-russische Konsultationen zwischen Vize-AM Afanassjewskij und D2, 11.10.1995.

711 Ebd.

712 Ebd.

713 Vgl. Olaf Melzer, *Der Europarat und Russland 1992–2006. Demokratieförderung in Russland* (Wiesbaden 2012).

714 Vgl. John Lough, *Germany's Russia Problem. The Struggle for Balance in Europe* (Manchester 2021), S. 115.

715 BArch, B 136/42662, Schirmer (Straßburg) an AA, 24.01.1994.

716 Ebd.
717 ADMAE, 3701/TOPO, 7490, Lennuyeux-Comnene (Strasbourg) an Quai, 14.11.1995.
718 BArch, B 136/42732, Stabreit (Paris) an AA, 25.01.1996.
719 ADMAE, 3701/TOPO, 7345, Lennuyeux-Comnene (Strasbourg) an Quai, 29.09.1995.
720 Pressemeldung ITAR-TASS, 06.12.1995, in BArch, B 136/42732.
721 «Lafontaine will deutschen Firmen helfen», *Handelsblatt*, 07.12.1995.
722 Melzer, *Europarat*, S. 196 ff.
723 ACDP, 08–013, 439, Protokoll CDU/CSU-Bundestagsfraktionssitzung, 30.01.1996, S. 2.
724 Ebd.
725 Ebd., S. 3.
726 ACDP, 08–013, 425, Protokoll CDU/CSU-Bundestagsfraktionssitzung, 04.07.1995, S. 5 ff.
727 ACDP, 08–013, 437, Protokoll CDU/CSU-Bundestagsfraktionssitzung, 16.01.1996, S. 13.
728 Ebd., S. 12.
729 ACDP, 08–013, 439, Protokoll CDU/CSU-Bundestagsfraktionssitzung, 30.01.1996, S. 3 f.
730 ACDP, 08–013, 437, Protokoll CDU/CSU-Bundestagsfraktionssitzung, 16.01.1996, S. 12.
731 ACDP, 08–013, 439, Protokoll CDU/CSU-Bundestagsfraktionssitzung, 30.01.1996, S. 3.
732 Ebd., S. 4.
733 BArch, B 136/42731, Bitterlich an Kohl, 18.12.1995.
734 Ebd.
735 Sakwa, *Russia*, S. 23 f.
736 CPL, 2015–0076-M, Gesprächsnotiz Clinton-Kohl, 28.02.1996.
737 Vgl. das Gespräch Kohls mit dem polnischen Ministerpräsidenten Włodzimierz Cimoszewicz am 24.04.1996, in BArch, B 136/42732.
738 Sarotte, *Not one inch*, S. 230.
739 Günter Buchstab und Hans-Otto Kleinmann (Hg.), *Helmut Kohl, Berichte zur Lage 1989–1998. Der Kanzler und Parteivorsitzende im Bundesvorstand der CDU Deutschlands* (Düsseldorf 2012), 26.02.1996, S. 720.
740 ACDP, 08–013, 425, Protokoll CDU/CSU-Bundestagsfraktionssitzung, 04.07.1995, S. 6.
741 BArch, B 136/42732, Stabreit (Paris) an AA, 25.01.1996.
742 Creuzberger, *Jahrhundert*, S. 524.
743 BArch, B 136/42732, Ischinger, Betr.: Deutsch-russische sicherheitspolitische Konsultationen, 18.01.1996.
744 Ebd.
745 Ebd.
746 Ebd.
747 Ebd.
748 Ebd.
749 Ebd.
750 Ebd.
751 BArch, B 136/42732, Stabreit (Paris) an AA, 25.01.1996.
752 Ebd.
753 Ebd.
754 BArch, B 136/42732, Bitterlich an Kohl, 12.02.1996.

755 Ebd.
756 Rede Kohl, 20.02.1996, https://www.bundesregierung.de/breg-de/service/bulletin/offizieller-besuch-des-bundeskanzlers-in-der-russischen-foederation-vom-18-bis-21-februar-1996-erklaerung-vor-der-presse-in-moskau-805576
757 Ebd.
758 ACDP, 08-013, 450, Protokoll CDU/CSU-Bundestagsfraktionssitzung, 11.06.1996, S. 11.
759 BArch, B 136/42732, Gespräch Kohl-Cimoszewicz, 24.04.1996, S. 10.
760 BArch, B 136/42732, Ischinger (AL 2, AA), Betr.: Unterrichtung USA über Gespräch BM-Primakow, 02.08.1996.
761 Spohr Readman, Germany, S. 124.
762 Alice Bota und Julia Smirnova, «Risse in der Mauer», Die Zeit, 13.06.2019; sowie Treisman, Return, S. 67 ff.
763 Goldgeier und McFaul, Power, S. 211 f.
764 TNA, PREM 19/6243, Holmes an Chilcott, 06.09.1996. John Holmes war außenpolitischer Berater in No. 10 Downing Street; Dominick Chilcott Private Secretary im Foreign and Commonwealth Office.
765 TNA, PREM 19/6243, Rycroft, Russia and the NATO. Close Allies, 17.09.1996; TNA, PREM 19/6243, Holmes an Bitterlich, 30.08.1996, Russia after the Elections, S. 4.
766 TNA, PREM 19/6243, Holmes an Bitterlich, 30.08.1996, Russia after the Elections, S. 4.
767 BArch, B 136/42732, Lange (Moskau) an AA, 26.01.1996.
768 Uwe Halbach, ‹Der Tschetschenienkrieg im August 1996. (I): Die Wende›, Aktuelle Analysen / BIOst, 56, (1996), S. 4 f.
769 TNA, PREM 19/6243, Sharpe an Oakden, 22.08.1996.
770 CPL, 2015-0076-M, Telefonat Clinton-Kohl, 10.09.1996.
771 BArch, B 136/42732, Bitterlich an Kohl, 26.08.1996.
772 Ebd.
773 Ebd.
774 Ebd.
775 ACDP, 08-013, 456, Protokoll CDU/CSU-Bundestagsfraktionssitzung, 09.09.1996, S. 9.
776 Mathias Brüggmann, «‹Wir leben immer noch mit Ratten und Dreck›», Die Welt, 05.09.1996.
777 Christoph Bertram, «Russland soll dabei sein», Die Zeit, 06.09.1996.
778 Berichte zur Lage 1989-1998, 09.09.1996, S. 772.
779 Ebd., S. 773
780 ACDP, 08-013, 456, Protokoll CDU/CSU-Bundestagsfraktionssitzung, 09.09.1996, S. 9.
781 Ebd., S. 11 f.
782 Ebd., S. 12.
783 Ebd.
784 Ebd., S. 12 f.
785 BArch, B 136/107049, Sude (GL 22, BK), Betr.: Kurzvermerk über deutsch/russisch/US-Seminar der Konrad-Adenauer-Stiftung, 26.11.1997.
786 ACDP, 08-013, 456, Protokoll CDU/CSU-Bundestagsfraktionssitzung, 09.09.1996, S. 13.
787 In einem Gespräch mit Clinton betonte Kohl, er habe Jelzin klipp und klar gesagt, dass Russland kein Veto bei der Aufnahme neuer Mitglieder in die Allianz habe, vgl. CPL, 2015-0076-M, Telefonat Clinton-Kohl, 10.09.1996.

788 ACDP, 08–013, 456, Protokoll CDU/CSU-Bundestagsfraktionssitzung, 09.09.1996, S. 14.

789 Ebd., S. 16.

790 Ebd.

791 ACDP, 08–013, 463, Protokoll CDU/CSU-Bundestagsfraktionssitzung, 05.11.1996, S. 8.

792 Köhler, *Kohl*, S. 884 ff.

793 BArch, B 136/42 732, Schäfers (RL 213, BK) an ChefBK, 07.10.1996.

794 TNA, PREM 19/6243, Chilcott an Holmes, 29.11.1996, Background.

795 TNA, PREM 19/6243, Kerr (Washington) an FCO, 30.01.1997.

796 TNA, PREM 19/6243, Kerr (Washington) an FCO, 31.01.1997.

797 TNA, PREM 19/6244, Holmes an Chilcott, 03.02.1997.

798 TNA, PREM 19/6015, Chilcott an Holmes, 31.01.1997, Background.

799 TNA, PREM 19/6244, Holmes an Chilcott, 03.02.1997. Zu den französisch-russischen Beziehungen unter Chirac vgl. Anne de Tinguy, ‹Le rapprochement avec la «nouvelle» Russie: une relation instrumentale?›, in Christian Lequesne und Maurice Vaïsse (Hg.), *La Politique étrangère de Jacques Chirac* (Paris 2013), S. 159–177; Elsa Vidal, *La fascination russe. Politique française: trente ans de complaisance vis-à-vis de la Russie* (Paris 2024), S. 60 ff.

800 TNA, PREM 19/6015, Holmes and Chilcott, 03.02.1997, S. 5.

801 ACDP, 08–013, 473, Protokoll CDU/CSU-Bundestagsfraktionssitzung, 14.01.1997, S. 12.

802 Ebd. Für Afrika sollten Frankreich und Großbritannien zuständig sein, vgl. Schwarz, *Kohl*, S. 747.

803 ACDP, 08–013, 476, Protokoll CDU/CSU-Bundestagsfraktionssitzung, 18.02.1997, S. 11.

804 Ebd., S. 10.

805 Schwarz, *Kohl*, S. 819–855.

806 TNA, PREM 49/159, Wood (Moskau) an FCO, 12.05.1997, Russian Foreign Policy.

807 Ebd.

808 TNA, PREM 49/159, Wood (Moskau) an FCO, 12.05.1997, Russia: The Present Balance.

809 BArch, B 136/107 047, Schmidt (Moskau) an AA, 12.03.1997.

810 Ebd.

811 TNA, PREM 19/6243, Wood (Moskau) an FCO, 21.11.1996.

812 BArch, B 136/107 047, Nibbeling-Wrießnig (Moskau) an AA, 19.03.1997.

813 Erklärung der Staatsduma «Zu den politischen Gerichtsverfahren und außergerichtlichen Verfolgungen in der Bundesrepublik Deutschland», 12.03.1997, in BArch, B 136/107 047.

814 BArch, B 136/107 047, Nibbeling-Wrießnig (Moskau) an AA, 19.03.1997.

815 Ebd.

816 BArch, B 136/107 047, Boden (Moskau) an AA, 11.04.1997. Er wurde 2007 von Putin abgesetzt, vgl. Manfred Quiring, «Wie man einen Gouverneur los wird», *Die Welt*, 13.08.2007.

817 So argumentiert Spohr Readman, *Germany*, S. 124.

818 BArch, B 136/107 047, Bitterlich an Kohl, 04.04.1997.

819 BArch, B 136/107 047, Bitterlich an Kohl, 22.05.1997.

820 TNA, PREM 49/159, Holmes an Chilcott, 27.05.1997.

821 Spohr Readman, *Germany*, S. 125.

822 Creuzberger, *Jahrhundert*, S. 525.

823 Schwarz, *Kohl*, S. 829.

824 BArch, B 136/107 047, Bitterlich an Kohl, 22.05.1997.

825 Ebd.

826 TNA, PREM 49/149, Barton an Blair, 07.05.1997, S. 2.

827 TNA, PREM 49/81, Holmes an Chilcott, 20.05.1997.

828 «Neue Ära im Verhältnis Russlands zur NATO», *Tagesspiegel*, 28.05.1997.

829 BArch, B 136/107 047, von Studnitz (Moskau) an AA, 20.05.1997. Auch Botschafter Terechow zeigte sich wenig begeistert von deutschen Bekundungen, welche große Bedeutung man der Akte beimesse, vgl. BArch, B 136/107 047, Fenster (Ref. 213, AA) an ChefBK, 20.05.1997.

830 TNA, PREM 19/6244, Wood (Moskau) an FCO, 21.04.1997.

831 BArch, B 136/107 047, von Studnitz (Moskau) an AA, 20.05.1997.

832 Ebd. Das Friedensabkommen hatte einige wichtige Fragen ausgeklammert, die erst in mehreren Jahren angepackt werden sollten, bis dahin war jedoch durch die neue Eskalation des Kremls eine neue Lage entstanden. Auf den Zweiten Tschetschenienkrieg wird im folgenden Kapitel eingegangen.

833 BArch, B 136/107 047, von Studnitz (Moskau) an AA, 20.05.1997.

834 Vgl. hierzu konzise Overhaus, *NATO-Politik*, S. 123 ff.

835 Zur US-Haltung und Debatte vgl. ausführlich Sarotte, *Not one inch*, S. 277–289; TNA, PREM 49/149, Holmes an Ehrman, 23.06.1997.

836 Sarotte, *Not one inch*, S. 277.

837 TNA, PREM 49/81, Holmes an Chilcott, 07.06.1997, S. 8.

838 Speziell Frankreich und Italien waren Fürsprecher der beiden Länder und die Bundesrepublik hatte in britischen Augen einer Kompromissformel zugestimmt, die «unhelpfully» deutlich nahelegte, dass beide Staaten wahrscheinlich als nächstes aufgenommen würden, vgl. TNA, PREM 49/81, Chilcott an Holmes, 24.07.1997, Background.

839 TNA, PREM 49/81, Holmes an Chilcott, 07.06.1997, S. 8 f.

840 Vgl. das Gespräch Blairs mit US-Vizepräsident Al Gore, TNA, PREM 49/185, Holmes an Ehrman, 24.06.1997.

841 TNA, PREM 49/185, Chilcott an Barton, 18.06.1997.

842 Asmus, *Opening*, S. 212–250.

843 Zu den Hintergründen vgl. Pifer, *Eagle*, S. 94 ff.; und allg. Inna Melnykovska and Rainer Schweickert, ‹Europäisierungsmotor: Die NATO und die Ukraine›, *Osteuropa*, 59:9 (2009), S. 49–64.

844 BArch, B 136/107 049, Sude (GL 22, BK), Betr.: Kurzvermerk über deutsch/russisch/US-Seminar der Konrad-Adenauer-Stiftung, 26.11.1997.

845 TNA, PREM 49/81, Holmes an Chilcott, 28.07.1997.

846 Schwarz, *Kohl*, S. 831.

847 Ebd., S. 844.

848 BArch, B 136/107 051, Körting (Moskau) an AA, 28.05.1998.

849 BArch, B 136/107 050, Schmidt (Moskau) an AA, 12.03.1998.

850 BArch, B 136/107 049, Körting (Moskau) an AA, 14.01.1998.

851 David Buchan, «Europe's big three to form elite club», *FT*, 11.10.1997.

852 de Tinguy, ‹Rapprochement›.

853 «Jelzin für ein selbstständiges Europa», *Die Welt*, 27.09.1997.

854 «Keine antiamerikanischen Töne», *Focus*, 13 (1998).

855 TNA, PREM 49/79, Holmes an Chilcott, 10.10.1997.

856 TNA, PREM 49/160, Chilcott an Holmes, 14.10.1997.

857 TNA, PREM 49/160, Meyer (Bonn) an FCO, 12.10.1997.

858 Françoise Manfrass-Sirjacques, ‹Jelzin, Kohl, Chirac – eine trojanische Troika?›, *Blätter für deutsche und internationale Politik*, 2 (1998), S. 135–137.

859 TNA, PREM 49/160, Wood (Moskau) an FCO, 13.10.1997.

860 Ebd.

861 Siehe den Verlauf in TNA, PREM 49/160.

862 TNA, PREM 49/160, Holmes an Chilcott, 29.10.1997. Levitte war von 1995 bis 2000 außenpolitischer Berater bei Chirac, ab 2000 Ständiger Vertreter Frankreichs bei den Vereinten Nationen, von 2002 bis 2007 französischer Botschafter in Washington und hiernach außenpolitischer Berater von Nicolas Sarkozy.

863 Manfrass-Sirjacques, ‹Troika›.

864 BArch, B 136/107 050, Schmidt (Moskau) an AA, 13.03.1998.

865 Die Runde war keineswegs «originally established by Kohl», zitiert in Lough, *Russia Problem*, S. 127.

866 Siehe Anmerkung Bitterlichs auf BArch, B 136/107 050, Hornhues an Kohl, 06.02.1998.

867 Karl-Ludwig Günsche, «Vor diesen Karren lassen sich die Freunde nicht spannen», *Die Welt*, 27.03.1998.

868 TNA, PREM 49/808, Tim Barrow (PS FCO) an John Sawers (PPS No10), Trilateral Summit, 23.11.1999.

869 Hans-Joachim Spanger, *Paradoxe Kontinuitäten. Die deutsche Russlandpolitik und die koalitionären Farbenlehren* (Frankfurt 2005), S. 16.

870 TNA, PREM 49/160, Holmes an Chilcott, 14.10.1997.

871 BArch, B 136/107 049, Wimmer an Kohl, 22.12.1997.

872 BArch, B 136/107 049, Schäfers (RL 213, BK) an Bitterlich, 06.01.1998.

873 Ebd.

874 Ebd.

875 Ebd.

876 «Vorbereitungen für Raketen auf Zypern laufen weiter», *Die Welt*, 13.07.1998.

877 Horst Bacia, «Kurze Reichweite – große Beachtung», *FAZ*, 26.02.1998.

878 TNA, PREM 49/295, Patrick an Holmes, EU Enlargement and Cyprus, 31.12.1998.

879 Die gleichen S-300 schickte Athen 2022 als Hilfslieferung in die Ukraine.

880 TNA, PREM 49/160, Holmes an Chilcott, 07.10.1997.

881 Vgl. hierzu das nächste Kapitel.

882 Zur Wirtschaftskrise vgl. Treisman, *Return*, S. 218–232; Goldgeier und McFaul, *Power*, S. 214–232.

883 Ebd., S. 245.

884 Hill, *No Place*, S. 141.

885 BArch, B 136/107 052, Bitterlich an Kohl, 09.07.1998.

886 Ebd.

887 Goldgeier und McFaul, *Power*, S. 235.

888 BArch, B 136/107 052, Bitterlich und Nehring an Kohl, 21.08.1998; Sharaon Lafraniere, «Yeltsin ‹outraged› by attacks, angry at not being informed», *WP*, 22.08.1998.

889 BArch, B 136/107 051, Nehring (AL 4, BK) an Kohl, 12.06.1998.

890 «Kohl: Finanzhilfe für Russland nur bei entschlossenen Reformen», *Berliner Zeitung*, 29.08.1998.

891 Vgl. Kriemann, *Hineingerutscht*, S. 194–224.

892 Spohr Readman, *Germany*, S. 126.

893 BArch, B 136/107 052, Bitterlich an Kohl, 09.07.1998.

894 BArch, B 136/107 052, Bitterlich und Nehring an Kohl, 21.08.1998

895 BArch, B 136/107 052, Bitterlich an Kohl, 29.08.1998.
896 BArch, B 136/107 052, Bitterlich an Kohl, 31.08.1998.
897 TNA, PREM 49/323, Conversation with Kohl 30 August, 30.08.1998.
898 TNA, PREM 49/323, Cook an Blair, 11.08.1998.
899 ACDP, 08–013, 516, Protokoll CDU/CSU-Bundestagsfraktionssitzung, 01.09.1998, S. 6 f.
900 Ebd., S. 7.
901 Die Ernennung Jewgeni Primakows zum Ministerpräsidenten sah man in Bonn kritisch. Es befänden sich dadurch «keine namhaften Reformpolitiker» mehr in der Regierung, hielt eine Vorlage für den Kanzler fest, der Präsidialapparat sei geschwächt, vgl. BArch, B 136/107 052, Duckwitz/Pfaffenback (Vertreter AL 2 und AL 4, BK) an Kohl, 17.09.1998.
902 ACDP, 08–013, 516, Protokoll CDU/CSU-Bundestagsfraktionssitzung, 01.09.1998, S. 8.
903 Ebd.
904 Ebd., S. 8 f.
905 TNA, PREM 49/572, Holmes an Chilcott, EU/US Summit: Restricted Session, 19.05.1998.
906 BArch, B 136/107 052, Bitterlich an Kohl, 09.09.1998.
907 BArch, B 136/107 052, Schiff (Ref. 400, AA), Betr.: RUS-Strategiepapier, 24.09.1998, Anlage, «Strategiepapier RUS».
908 Ebd.
909 Ebd.
910 Ebd.
911 Ebd.
912 Die Ministervorlage vom 16. September 1998 konnte in den Akten des Bundeskanzleramtes nicht gefunden werden. Vermutlich wurde sie in den Akten der rot-grünen Jahre abgeheftet, die dem Autor nicht freigegeben wurden.
913 Miriam Hollstein, «Ex-Botschafter in Moskau schickt Putin-Orden zurück», *T-Online*, 28.02.2022.
914 BArch, B 136/107 052, von Studnitz (Moskau) an AA, 20.10.1998.
915 Ebd.
916 Ebd.
917 Ebd.
918 Ebd.
919 Ebd.
920 Ebd.
921 Ebd.
922 Ebd.
923 Ebd.

TEIL II: DIE ROT-GRÜNEN JAHRE

1 Vgl. Philipp Gassert, Tim Geiger und Hermann Wentker (Hg.), *Zweiter Kalter Krieg und Friedensbewegung. Der NATO-Doppelbeschluss in deutsch-deutscher und internationaler Perspektive* (München 2011).
2 Anton Notz, *Die SPD und der NATO-Doppelbeschluß: Abkehr von einer Sicherheitspolitik der Vernunft* (Baden-Baden 1990); Michael Herkendell, *Deutschland: Zivil- oder Friedensmacht? Außen- und sicherheitspolitische Orientierung der SPD im Wandel (1982–2007)* (Bonn 2012).

3 Zur biographischen Dimension vgl. sehr wohlwollend Gregor Schöllgen, *Gerhard Schröder. Die Biographie* (München 2015).

4 Matthias Micus, *Die «Enkel» Willy Brandts. Aufstieg und Politikstil einer SPD-Generation* (Frankfurt 2005), S. 88 f.

5 Béla Anda und Rolf Kleine, *Gerhard Schröder. Eine Biographie* (München 2002), 23 f.

6 Vgl. allg. Jan C. Behrends, Árpád von Klimó und Patrice G. Poutros (Hg.), *Antiamerikanismus im 20. Jahrhundert. Studien zu Ost- und Westeuropa* (Bonn 2005); Tobias Jaecker, *Hass, Neid, Wahn. Antiamerikanismus in den deutschen Medien* (Frankfurt 2014).

7 Micus, *Die «Enkel»*, S. 133 ff.

8 Anda und Kleine, *Schröder*, S. 34.

9 Schöllgen, *Schröder*, S. 108.

10 In der 10. Wahlperiode verblieb er zunächst als stellvertretendes Mitglied im Ausschuss für Bildung und Wissenschaft (bis zum 1. Juli 1986) sowie im Ausschuss für Jugend, Familie, Frauen und Gesundheit (bis zum 23. Mai 1985), und erhielt den von ihm begehrten Posten im Rechtsausschuss als ordentliches Mitglied bis zu seinem Ausscheiden aus dem Deutschen Bundestags im Juli 1986.

11 Schöllgen, *Schröder*, S. 90 ff.

12 Zitiert in Schöllgen, *Schröder*, S. 183.

13 Jan Hansen, *Abschied vom Kalten Krieg? Die Sozialdemokraten und der Nachrüstungsstreit (1977–1987)* (München 2016); Klaus Moseleit, *Die «zweite» Phase der Entspannungspolitik der SPD 1983–1989. Eine Analyse ihrer Entstehungsgeschichte, Entwicklung und konzeptionellen Ansätze* (Frankfurt 1991); Herkendell, *Deutschland*, S. 85–94.

14 DBT, Plenarprotokoll 22.11.1983, S. 2527.

15 Ebd., S. 2528.

16 Ebd.

17 Ebd., S. 2529.

18 Schöllgen, *Schröder*, S. 152 ff.

19 Gespräch Brandt-Honecker am 19.09.1985, in Helga Grebing, Gregor Schöllgen und Heinrich August Winkler (Hg.), *Willy Brandt. Berliner Ausgabe. Band 10. Gemeinsame Sicherheit. Internationale Beziehungen und deutsche Frage, 1982–1992* (Bonn 2009), S. 253.

20 Gespräch Schröder-Honecker am 18.12.1985, zitiert in Heinrich Potthoff, *Die «Koalition der Vernunft». Deutschlandpolitik in den 80er Jahren* (München 1995), S. 371.

21 Volker Herres und Klaus Waller, *Der Weg nach oben. Gerhard Schröder. Eine politische Biographie* (München 1998), S. 87.

22 Schöllgen, *Schröder*, S. 184.

23 Anda und Kleine, *Schröder*, S. 203.

24 Ebd., S. 95.

25 Ralf E. Breuer, ‹Die deutsche Kuba-Politik nach der Wiedervereinigung›, in Ottmar Ette und Martin Franzbach (Hg.), *Kuba heute: Politik, Wirtschaft, Kultur* (Frankfurt 2001), S. 773–799, hier S. 779.

26 Ebd., S. 790 f. Schröder reiste 1996 erneut nach Kuba, hatte eine Wirtschaftsdelegation im Schlepptau und öffnete dem *Spiegel* Tür und Tor für ein Interview mit dem «Máximo Lider», vgl. Anda und Kleine, *Schröder*, S. 199; Herres und Waller, *Weg*, S. 219. Bei der Beisetzung Castros 2016 vertrat Schröder die Bundesrepublik.

27 Schöllgen, *Schröder*, S. 151.

28 Niedersächsischer Landtag (Nds. Landtag), Plenarprotokoll 08.09.1988, S. 5625 f.

29 Nds. Landtag, Plenarprotokoll 18.01.1989, S. 6726.

30 Ebd., S. 6726.

31 Nds. Landtag, Plenarprotokoll 22.10.1986, S. 395.

32 Ebd., S. 396.

33 Schöllgen, *Schröder*, S. 165.

34 Nds. Landtag, Plenarprotokoll 26.10.1989, S. 8684.

35 Ebd., S. 8684.

36 Nds. Landtag, Plenarprotokoll 19.03.1987, S. 1797.

37 Nds. Landtag, Plenarprotokoll 11.05.1989, S. 7845.

38 Nds. Landtag, Plenarprotokoll 15.11.1989, S. 8827; Nds. Landtag, Plenarprotokoll 07.02.1990, S. 9596.

39 Schöllgen, *Schröder*, S. 182.

40 Gespräch Brandt et al. Mit Gorbatschow am 17. Oktober 1989, in Helga Grebing, Gregor Schöllgen und Heinrich August Winkler (Hg.), *Willy Brandt. Berliner Ausgabe. Band 10. Gemeinsame Sicherheit. Internationale Beziehungen und deutsche Frage, 1982–1992* (Bonn 2009), S. 370.

41 Nds. Landtag, Plenarprotokoll 15.11.1989, S. 8829.

42 Nds. Landtag, Plenarprotokoll 07.02.1990, S. 9597.

43 Ebd., S. 9597 f.; Schöllgen, *Schröder*, S. 187, 190 f.

44 Nds. Landtag, Plenarprotokoll 07.02.1990, S. 9600.

45 Nds. Landtag, Plenarprotokoll 16.06.1989, S. 8269.

46 Schöllgen, *Schröder*, S. 343.

47 Hans-Martin Tillack, «Gerhard Schröder, sein Historiker und die Zahlungen eines reichen Freundes», *Die Welt*, 11.05.2022.

48 Schöllgen, *Schröder*, S. 187.

49 Nds. Landtag, Plenarprotokoll 27.06.1990, S. 71.

50 Christel Möller entwarf diese Strategie und leitete die Umsetzung. Sie ging später mit Schröder nach Berlin, wo sie im Bundeswirtschaftsministerium Abteilungsleiterin für Energie und Umwelt wurde, vgl. Schöllgen, *Schröder*, S. 212.

51 Nds. Landtag, Plenarprotokoll 12.12.1990, S. 1034 ff.

52 Schöllgen, *Schröder*, S. 203.

53 Tatiana Khlystova, *Integration durch regionale Kooperation? Am Beispiel der Partnerschaft zwischen dem Land Niedersachsen und der Oblast Tjumen* (Hannover 2004), S. 28.

54 Schöllgen, *Schröder*, S. 203.

55 Ebd., S. 203.

56 Leider sind viele Akten der Landesregierung zu diesen außenwirtschaftspolitischen Schritten noch nicht zugänglich. Vgl. die Bestände im Niedersächsischen Landesarchiv (NLA), Abteilung Hannover (HA), Nds. 50 (Staatskanzlei), Acc. 2016/68 Nr. 64; NLA HA Nds. 50 Acc. 2016/68 Nr. 61; NLA HA Nds. 50 Acc. 2016/68 Nr. 77; NLA HA Nds. 50 Acc. 2016/68 Nr. 79.

57 Schöllgen, *Schröder*, S. 228 f.; Herres und Waller, *Weg*, S. 103.

58 Gerhard Schröder, *Reifeprüfung. Reformpolitik am Ende des Jahrhunderts* (Köln 1993), S. 102.

59 Nds. Landtag, Plenarprotokoll 09 121 992, S. 6312.

60 Wenngleich die Abkehr von der Atomenergie nur schleppend voranging, vgl. Herres und Waller, *Weg*, S. 104 ff.; Anda und Kleine, *Schröder*, S. 123. Schröder lavierte immer wieder hinsichtlich eines etwaigen Neubaus von Reaktoren, was ihm den Vorwurf der Beliebigkeit und «Unstetigkeit» einbrachte, vgl. ebd. S. 146.

61 Schöllgen, *Schröder*, S. 649.

62 Sitzung des SPD-Parteivorstandes am 3. Dezember 1990, in Helga Grebing, Gregor

Schöllgen und Heinrich August Winkler (Hg.), *Willy Brandt. Berliner Ausgabe. Band 10. Gemeinsame Sicherheit. Internationale Beziehungen und deutsche Frage, 1982–1992* (Bonn 2009), S. 482.

63 Zitiert in Nds. Landtag, Plenarprotokoll 23.01.1991, S. 1147.

64 Schröder, *Reifeprüfung*, S. 144.

65 Ebd., S. 144.

66 Nds. Landtag, Plenarprotokoll 23.01.1991, S. 1147.

67 Ebd., S. 1148.

68 Nds. Landtag, Plenarprotokoll 24.01.1991, S. 1258.

69 Schröder, *Reifeprüfung*, S. 144.

70 Ebd., S. 145.

71 Vgl. allg. Edgar Wolfrum, *Rot-Grün an der Macht. Deutschland 1998–2005* (München 2013); Christoph Egle, Tobias Ostheim und Reimut Zohlnhöfer (Hg.), *Das rot-grüne Projekt. Eine Bilanz der Regierung Schröder 1998–2002* (Wiesbaden 2003); Christoph Egle und Reimut Zohlnhöfer (Hg.), *Ende des rot-grünen Projektes. Eine Bilanz der Regierung Schröder 2002–2005* (Wiesbaden 2007).

72 Wolfrum, *Rot-Grün*, S. 138–162; Schöllgen, *Schröder*, S. 428–435.

73 Vgl. z. B. Hans Jörg Hennecke, ‹Koalitionsmanagement der Regierung Schröder 1998–2005›, in Philipp Gassert und Hans Jörg Hennecke (Hg.), *Koalitionen in der Bundesrepublik. Bildung, Management und Krisen von Adenauer bis Merkel* (Paderborn 2017), S. 203–246; Schöllgen, *Schröder*, S. 369–372; Michael Schwelien, *Joschka Fischer. Eine Karriere* (München 2002), S. 72–80.

74 Vgl. ausführlich Kay Müller und Franz Walter, *Graue Eminenzen der Macht. Küchenkabinette in der deutschen Kanzlerdemokratie. Von Adenauer bis Schröder* (Wiesbaden 2004), vgl. S. 168–194.

75 Vgl. Schöllgen, *Schröder*, S. 316 ff., 456.

76 Zur Zeit Steinmeiers als ChefBK vgl. auch Sebastian Kohlmann, *Frank-Walter Steinmeier. Eine politische Biographie* (Bielefeld 2017), S. 131–313.

77 Reinhard Urschel, *Gerhard Schröder. Eine Biografie* (Stuttgart 2002), S. 381 f.; Schöllgen, *Schröder*, S. 389.

78 TNA, PREM 49/331, Lever (Bonn) Powell (No10), 16.10.1998.

79 Gunter Hofmann, «Frieden nach Berliner Art», *Die Zeit*, 30.11.2013; «Bernd Mützelburg – der stille Stratege des Kanzlers», *Die Welt*, 11.02.2003; «Mützelburg wird Kastrup-Nachfolger», *Der Spiegel*, 17.10.2002.

80 Schwelien, *Fischer*, S. 96 ff., 161; Matthias Geis und Bernd Ulrich, *Der Unvollendete. Das Leben des Joschka Fischer* (Hamburg 2004), S. 153.

81 «Sich mit Frankreich wegen Afrika streiten – das wollte unser Außenminister Joschka Fischer nicht», hielt sein ehemaliger Staatsminister fest, vgl. Ludger Volmer, *Kriegsgeschrei und die Tücken der deutschen Außenpolitik* (Berlin 2013), S. 15.

82 John Lough, *Germany's Russia Problem. The Struggle for Balance in Europe* (Manchester 2021), S. 125; Spanger, *Kontinuitäten*, S. 11 f.; Reinhard Bingener Markus und Wehner, *Die Moskau-Connection. Das Schröder-Netzwerk und Deutschlands Weg in die Abhängigkeit* (München 2023), S. 95.

83 Herres und Waller, *Weg*, S. 219.

84 Florian Lütticken und Bernhard Stahl, ‹Die Außenwirtschaftspolitik der rot-grünen Koalition. Diskreter Wandel im Beipack›, in Maull, Harnisch und Grund (Hg.), *Deutschland*, S. 149–162.

85 Schöllgen, *Schröder*, S. 342.

86 Sebastian Sedlmayr, *Die aktive Außen- und Sicherheitspolitik der rot-grünen Bundesregierung 1998 2005* (Wiesbaden 2008), S. 85.

87 In den Debatten über die NS-Vergangenheit trat Schröder dennoch nie kraftmeierisch auf, brachte Entschädigungszahlungen zum Abschluss und nutzte hier seine engen Kontakte zur Wirtschaft, um Druck auf die großen Firmen auszuüben, vgl. Schöllgen, *Schröder*, S. 472 ff.

88 Herres und Waller, *Weg*, S. 264 f.

89 Ebd., S. 265 f.

90 Schöllgen, *Schröder*, S. 436.

91 Richard Meng, *Der Medienkanzler. Was bleibt vom System Schröder?* (Frankfurt 2002).

92 TNA, PREM 49/1342, Sawers (PS No10) an Cowper-Coles (PPS FCO), Prime Minister's Dinner with Chancellor Schröder, Chequers, 24 March, 27.03.2000.

93 Bernd Mützelburg, ‹Großmannsucht – oder aufgeklärte Interessenpolitik?›, *Internationale Politik*, 10 (2005), S. 34–41, hier S. 34.

94 So erklärte es Fischer im Bundeskabinett laut Michael Steiner, vgl. TNA, PREM 49/809, Holmes an Barrow (FCO), German Views, 09.12.1998.

95 Geis und Ulrich, *Unvollendete*, S. 150 f. Der britische Botschafter in Bonn sah dies nüchterner. Man müsse die deutsche Haltung verstehen, die vermutlich sogar insgeheim die Mehrheitsmeinung in der NATO sei, vgl. TNA, PREM 49/809, Lever (Bonn) an FCO, 17.11.1998.

96 Vgl. als Überblick z. B. Nikolas Busse, ‹Die Entfremdung vom wichtigsten Verbündeten. Rot-Grün und Amerika›, in Maull, Harnisch und Grund (Hg.), *Deutschland*, S. 19–32.

97 TNA, PREM 49/809, Lever (Bonn) an FCO, 07.12.1998.

98 Ebd.

99 Vgl. allg. Gisela Müller-Brandeck-Bocquet, ‹Deutsche Leadership in der Europäischen Union? Die Europapolitik der rot-grünen Bundesregierung 1998–2002›, in Gisela Müller-Brandeck-Bocquet et al., *Deutsche Europapolitik von Konrad Adenauer bis Gerhard Schröder* (Opladen 2002), S. 167–220; Sebastian Harnisch und Siegfried Schieder, ‹Europa bauen – Deutschland bewahren: Rot-grüne Europapolitik›, in Hans Maull, Sebastian Harnisch und Constantin Grund (Hg.), *Deutschland im Abseits? Rot-grüne Außenpolitik 1998–2003* (Baden-Baden 2003), S. 65–78; Peter Becker, *Die deutsche Europapolitik und die Osterweiterung der Europäischen Union* (Baden-Baden 2011); Henning Tewes, ‹Rot-Grün und die Erweiterung der Europäischen Union›, in Maull, Harnisch und Grund (Hg.), *Deutschland*, S. 79–90.

100 Kristina Spohr Readman, *Germany and the Baltic Problem after the Cold War. The Development of a New Ostpolitik 1989–2000* (London 2004), S. 96.

101 Der konservative Präsident Chirac regierte mit einem sozialistischen Premierminister, eine sogenannte Kohabitation. Sie war diesmal noch konfliktbehafteter, als dies sonst ohnehin der Fall ist, vgl. Jochen Hehn, «Streit zwischen Chirac und Jospin belastet die Kohabitation», *Die Welt*, 24.11.2000.

102 Wichard Woyke, *Deutsch-französische Beziehungen seit der Wiedervereinigung. Das Tandem fasst wieder Tritt* (Wiesbaden 2004), S. 169–186; Hélène Miard-Delacroix, ‹Divergences et convergences franco-allemandes›, Christian Lequesne und Maurice Vaïsse (Hg.), *La politique étrangère de Jacques Chirac* (Paris 2013), S. 59–73.

103 TNA, PREM 49/810, Jay (Paris) an No10, 15.03.1999.

104 TNA, PREM 49/1342, Sawers (PS No10) an Cowper-Coles (PPS FCO), Prime Minister's Dinner with Chancellor Schröder, Chequers, 24 March, 27.03.2000. John Sawers war Principal Secretary (PS); vereinfacht gesagt: Chefberater für außenpolitische Angelegenheiten in No. 10 Downing Street. Sherard Cowper-Coles war als Principal Private Secretary (PPS) des britischen Außenministers Robin Cook dessen engster Berater im Foreign and Commonwealth Office (FCO).

105 TNA, PREM 49/1342, Sawers (PS No10) Sherard Cowper-Coles (PPS FCO), Prime Minister's Dinner with Chancellor Schröder, Chequers, 24 March, 27.03.2000.

106 ACDP, 08–014, 042/1, Protokoll CDU/CSU-Bundestagsfraktionssitzung 08.12.1998.

107 AdsD, 2/PVAS, Protokoll Klausurtagung SPD-Parteivorstand, 09.10.2000, S. 13.

108 Vgl. grundlegend Gunther Hellmann und Ulrich Roos, *Das deutsche Streben nach einem ständigen Sitz im UN-Sicherheitsrat. Analyse eines Irrwegs und Skizzen eines Auswegs* (Düsseldorf 2007).

109 Allensbacher Jahrbuch der Demoskopie 2003–2009, S. 327.

110 Breuer, ‹Die deutsche Kuba-Politik›, S. 790.

111 Ebd., S. 795 f.

112 Sedlmayr, *Außen- und Sicherheitspolitik*, S. 36–42, 109–165; Martin Wagener, ‹Auf dem Weg zu einer «normalen Macht»? Die Entsendung deutscher Streitkräfte in der Ära Schröder›, in Sebastian Harnisch, Christos Katsioulis und Marco Overhaus (Hg.), *Deutsche Sicherheitspolitik. Eine Bilanz der Regierung Schröder* (Baden-Baden 2004), S. 89–118.

113 Zum Kontext vgl. allg. Hans-Peter Kriemann, *Hineingerutscht? Deutschland und der Kosovo-Krieg* (Göttingen 2021); Mappes-Niedik, *Krieg*, S. 295 ff.

114 Vgl. allg. Kriemann, *Hineingerutscht*; Roland Friedrich, *Die deutsche Außenpolitik im Kosovo-Konflikt* (Wiesbaden 2005); Sedlmayr, *Außen- und Sicherheitspolitik*, S. 55–67.

115 Lough, *Russia Problem*, S. 122.

116 William H. Hill, *No Place for Russia. European Security Institutions since 1989* (New York 2018), S. 138–169; Angela Stent, *The Limits of Partnership. U. S.-Russian Relations in the Twenty-First Century* (Princeton 2014), S. 42 f.

117 William J. Clinton Presidential Library (CPL), 2014–0558-M, Telephone Conversation (TelCon) Clinton-Chirac, 21.03.1999.

118 Wolfrum, *Rot-Grün*, S. 71.

119 AdsD, 2/PVAS, Protokoll SPD-Parteivorstandssitzung, 29.03.1999, S. 6 f.

120 Wolfrum, *Rot-Grün*, S. 76 ff.

121 James M. Goldgeier und Michael McFaul, *Power and Purpose. U. S. Policy toward Russia after the Cold War* (Washington 2003), S. 250 ff.

122 Ebd., S. 247 ff., 254.

123 Roy Allison, *Russia, the West and Military Intervention* (Oxford 2013), S. 44–70; Derek Averre, ‹From Pristina to Tskhinvali: The Legacy of Operation Allied Force in Russia's Relations with the West›, *International Affairs*, 85:3 (2009), S. 575–591.

124 Wolfrum, *Rot-Grün*, S. 65 f., 72 f. Zum Prinzip der Schutzverantwortung und dem Konzept der «Responsibility to Protect» vgl. einführend Christian Schaller, ‹Gibt es eine «Responsibility to Protect»?›, *APuZ*, 46 (2008), S. 9–14.

125 Wolfrum, *Rot-Grün*, S. 105.

126 Vgl. ausführlich Dimitar Bechev, *Rival Power. Russia in Southeast Europe* (New Haven 2017), S. 40–48.

127 Andrei P. Tsygankov, *Russia's Foreign Policy. Change and Continuity in National Identity* (Lanham 2022), S. 96 f.

128 Die Duma weigerte sich, den START II-Vertrag zu ratifizieren, vgl. Goldgeier und McFaul, *Power*, S. 294.

129 Ebd., S. 249 f.

130 Ebd., S. 249.

131 Ebd., *Power*, S. 265.

132 Bierling, *Vormacht*, S. 128. Helmut Kohl soll später Andeutungen gemacht haben, er hätte keinem Militäreinsatz ohne Russland zugestimmt, vgl. Schwelien, *Fischer*, S. 113.

133 Goldgeier und McFaul, *Power*, S. 251

134 Wolfrum, *Rot-Grün*, S. 97 ff.
135 Kriemann, *Hineingeruscht*, S. 353 ff.
136 Goldgeier und McFaul, *Power*, S. 248.
137 CPL, 2015-077-M, Memorandum of Conversation (MemCon) Clinton-Schröder, 06.05.1999, S. 15.
138 Ebd.
139 Ebd., S. 4.
140 CPL, 2015-077-M, TelCon Clinton-Schröder, 24.05.1999, S. 2.
141 Goldgeier und McFaul, *Power*, S. 259 f.
142 Ebd., S. 262 ff.
143 Kriemann, *Hineingerutscht*, S. 397.
144 Wolfrum, *Rot-Grün*, S. 98.
145 Ebd., S. 109.
146 Sedlmayr, *Außen- und Sicherheitspolitik*, S. 68 ff.
147 AdsD, 2/PVAS, Protokoll SPD-Parteivorstandssitzung, 22.05.2000, S. 3.
148 Sabine Collmer, ‹‹All politics is local›: Deutsche Sicherheits- und Verteidigungspolitik im Spiegel der öffentlichen Meinung›, in Harnisch, Katsioulis und Overhaus (Hg.), *Sicherheitspolitik*, S. 201–225, hier S. 206.
149 Richard Sakwa, *Russia against the Rest. The Post-Cold War Crisis of World Order* (Cambridge 2017), S. 107 ff.
150 Tsygankov, *Foreign Policy*, S. 98 f., 102 ff.
151 TNA, PREM 49/323, Holmes, Note, 16.11.1998.
152 Werner A. Perger, «Höflich, nicht herzlich», *Die Zeit*, 19.11.1998.
153 Spranger, *Kontinuitäten*, S. I; vgl. auch Markus Ziener, «Dem Mythos der Männerfreundschaft, diesem Erbe der Kohl-Ära, hat sich Schröder in Moskau radikal entzogen», *Handelsblatt*, 18.11.1998.
154 TNA, PREM 49/331, Carlton (Bonn) an Holmes (PS No10), 30.10.1998.
155 CPL, 2015-0777-M, Samuel Berger an Clinton, 18.11.1998.
156 Lough, *Russia Problem*, S. 121.
157 Ebd.
158 Spanger, *Kontinuitäten*, S. 8.
159 Ebd.
160 TNA, PREM 49/805, Holmes an Scholar, Dinner with Chirac, 28 January, 29.01.1999.
161 CPL, 2015-0777-M, TelCon Clinton-Schröder, 18.11.1998.
162 TNA, PREM 49/809, Talks with German Europe Minister, 26 November, 27.11.1998.
163 TNA, PREM 49/809, Holmes an Burrow, Meeting with Chancellor Schröder, 2 November, 02.11.1998.
164 Ebd.
165 CPL, 2015-0777-M, Working Lunch with Chancellor-elect Schröder, 09.10.1998, S. 6 f.
166 Ebd., S. 7.
167 CPL, 2015-0777-M, Talbott, Memorandum for the President, Subject: Meeting with Chancellor-Elect Schröder, 07.10.1998.
168 CPL, 2015-0777-M, MemCon Clinton-Schröder, 11.02.1999.
169 CPL, 2015-0777-M, Memorandum, Subject: Informal Working Visit of Chancellor Schröder, February 11, 06.02.1999, S. 2.
170 CPL, 2015-0777-M, MemCon Clinton-Schröder, 11.02.1999, S. 8
171 Ebd., S. 9.
172 Ebd., S. 9 f.
173 Ebd., S. 11.

174 Ebd., S. 10.

175 Ebd.

176 Ebd., 10 f.

177 Graham Timmins, ‹German Ostpolitik under the Red-Green Coalition and EU-Russia Relations›, *Debatte: Journal of Contemporary Central and Eastern Europe*, 14:3 (2006), S. 301–314, hier S. 306.

178 Hiski Haukkala, *The Making of the European Union's Common Strategy on Russia* (UPI Working Papers, 28, 2000), S. 8.

179 Katrin Bastian, *Die Europäische Union und Russland. Multilaterale und bilaterale Dimensionen in der europäischen Außenpolitik* (Wiesbaden 2006), S. 81 ff.

180 Was 2003 teilweise umgesetzt wurde, vgl. ebd., S. 85 f.

181 Heinz Timmermann, ‹Die Europäische Union und Russland. Dimensionen und Perspektiven der Partnerschaft›, *integration*, 19:4 (1996), S. 195–207, hier S. 203.

182 Bastian, *Europäische Union*, S. 87.

183 Timmermann, ‹Europäische Union›, S. 203.

184 Timmins, ‹Ostpolitik›, S. 304 f.; Timmermann, ‹Europäische Union›, S. 199.

185 Haukkala, *Making*, S. 24.

186 Ebd., S. 11 ff.

187 Ebd., S. 22.

188 Bastian, *Europäische Union*, S. 179.

189 Uwe Schmalz, ‹Aufbruch zu neuer Handlungsfähigkeit: Die Gemeinsame Außen-, Sicherheits- und Verteidigungspolitik unter deutscher Ratspräsidentschaft›, *integration*, 22:3 (1999), S. 191–204, S. 198 f.

190 Bastian, *Europäische Union*, S. 111.

191 Haukkala, *Making*, S. 23.

192 Marco Overhaus, ‹Deutschland und die Europäische Sicherheits- und Verteidigungspolitik 1998–2003: Gewollte Ambivalenz oder fehlende Strategie?›, in Harnisch, Katsioulis und Overhaus (Hg.), *Sicherheitspolitik*, S. 37–57.

193 Zudem wurden die Gespräche mit geschichtspolitischen Kontroversen vermengt, etwa im Hinblick auf die Vertriebenenproblematik und führten zu merklichen Verstimmungen mit Tschechien, vgl. Mariano Barbato, *Wetterwechsel. Deutsche Außenpolitik von Bismarck bis Scholz* (Frankfurt 2022), S. 228 ff.; Becker, *Europapolitik*, S. 232 ff.; Schöllgen, *Schröder*, S. 605 ff. Zum anderen wurde die Osterweiterung mit Migrationsfragen verknüpft.

194 Bastian, *Europäische Union*, S. 100 ff.

195 Ebd., S. 174 f.

196 Schmalz, ‹Aufbruch›, S. 199.

197 Haukkala, *Making*, S. 24 f.

198 TNA, PREM 49/811, Barrow (PS FCO) an Barton (No10), Visit by Chancellor Schröder, 07.06.1999.

199 «Gemeinsame Strategie der EU für Russland» (GSR) vom 4. Juni 1999, https://www.consilium.europa.eu/uedocs/cms_data/docs/pressdata/de/misc/8199de.htm

200 Schmalz, ‹Aufbruch›, S. 199 f. Nur die GASP-Belange der GSR wurden durch qualifizierte Mehrheiten entschieden, ansonsten blieb es bei dem Einstimmigkeitsprinzip – ein Zugeständnis, das der deutschen Ratspräsidentschaft abgerungen worden war, die mehr qualifizierte Mehrheitsentscheidungen wollte, vgl. Haukkala, *Making*, S. 26. Dadurch konnte zum Beispiel die Europäische Zentralbank nur bei einer einstimmigen Entscheidung Kredite an Russland vergeben.

201 Vgl. z. B. Bastian, *Europäische Union*, S. 15; Timmins, ‹Ostpolitik›, S. 306. Abwägender und mit viel gutem Willen ist Haukkala, *Making*, S. 28 ff., 44 ff.

202 Ebd., S. 30.
203 Ebd., S. 29.
204 Timmins, ‹Ostpolitik›, S. 306
205 Ebd., S. 307.
206 Vgl. z. B. Nicola Liebert, «Milošević muss weg – sonst keine Hilfe», *taz*, 21.06.1999.
207 AdsD, 2/PVAS, Protokoll SPD-Parteivorstandssitzung, 07.06.1999, S. 3.
208 Vgl. hierzu ausführlich John B. Dunlop, *The Moscow Bombings of September 1999. Examinations of Russian Terrorist Attacks at the Onset of Vladimir Putin's Rule* (Stuttgart 2014).
209 Zur biographischen Dimension vgl. Philip Short, *Putin. His Life and Times* (London 2023); Steven Lee Myers, *The New Tsar. The Rise and Reign of Vladimir Putin* (London 2016).
210 Gerard Toal, *Near Abroad. Putin, the West and the contest over Ukraine and the Caucasus* (Oxford 2017), S. 79 f.
211 TNA, PREM 49/1341, Cooper an Powell, 11.01.2000.
212 Goldgeier und McFaul, *Power*, S. 270 ff.
213 Ebd., S. 273.
214 Haukkala, *Making*, S. 32;
215 Tuomas Forsberg und Graeme P. Herd, ‹The EU, Human Rights, and the Russo-Chechen Conflict›, *Political Science Quarterly*, 120:3 (2005), S. 455–478, hier S. 462. Dänemark und die Niederlande hatten zuvor schon deutlich auf die Menschenrechtsaspekte hingewiesen, jedoch wenig Gehör gefunden, vgl. ebd., S. 476.
216 TNA, PREM 49/1033, Barrow (PS FCO) an Tatham (No10), Chechnya, 04.10.1999.
217 Barbara Morlock, ‹Männerfreundschaft vor dem Hintergrund des Krieges: Die deutsche Tschetschenienpolitik unter Schröder›, in Martin Malek und Anna Schor-Tschudnowskaja (Hg.), *Europa im Tschetschenienkrieg. Zwischen politischer Ohnmacht und Gleichgültigkeit* (Stuttgart 2009), S. 391–437, hier S. 396.
218 Bastian, *Europäische Union*, S. 15, 121 f.; Haukkala, *Making*, S. 33 f. Für einen Vergleich der Strategiepapiere Russlands und der EU siehe Hiski Haukkala, *The EU-Russia Strategic Partnership. The Limits of Post-Sovereignty in International Relations* (London 2010), S. 92–110.
219 Zitiert in Hannes Adomeit, «Putins Paukenschläge», *Internationale Politik*, Februar 2008, S. 53–62, hier S. 62.
220 Manfred Quiring, *Russland – Ukrainekrieg und Weltmachtträume* (Berlin 2022), S. 64.
221 «Fischer: Moskau verstrickt sich in Kolonialkrieg», *Tagesspiegel*, 21.11.1999.
222 Wladimir Putin, «Why we must act», *NYT*, 14.11.1999.
223 Goldgeier und McFaul, *Power*, S. 274.
224 Ian Traynor, «Yeltsin heads for collision with West», *Guardian*, 16.11.1999.
225 Goldgeier und McFaul, *Power*, S. 275.
226 Charles Babington, «Clinton spars with Yeltsin on Chechnya», *WP*, 19.11.1999.
227 James Gerstenzang und Richard C. Paddock, «Clinton calls on Russia to negotiate peace in Chechnya», *Los Angeles Times*, 19.11.1999.
228 CPL, 2015-0782-M-2, Meeting with Russian President Yeltsin, 19.11.1999, S. 1. Die Tschetschenen seien «bandits, headhunters, and killers», die auch amerikanische Frauen vergewaltigen würden, redete sich der russische Präsident in Rage. Wie könne man daher Russland unterstellen, so Jelzin, zu hart gegen solche Leute vorzugehen?
229 CPL, 2015-0782-M-2, Meeting with Russian President Yeltsin, 19.11.1999, S. 3 f.
230 Talbott, *Russia Hand*, S. 361 ff.; Stent, *Limits*, S. 45.
231 TNA, PREM 49/1683, Telephone Call with President Clinton, 16.12.1999, S. 2.
232 Ebd.

233 Goldgeier und McFaul, *Power*, S. 275, 285 f.

234 TNA, PREM 49/808, Tatham an Blair, UK/French Summit, 25 November, Chirac, Chechnya. 24.11.1999.

235 «Fischer: Moskau verstrickt sich in Kolonialkrieg», *Tagesspiegel*, 21.11.1999.

236 Spanger, *Kontinuitäten*, S. 31.

237 Schwelien, *Fischer*, S. 275.

238 «Fischer verurteilt russischen ‹Akt der Barbarei›», *Der Spiegel*, 08.12.1999.

239 Stefan Kornelius, «Der Bruch mit Moskau lässt sich nicht mehr reparieren», *SZ*, 09.12.1999.

240 Morlock, ‹Männerfreundschaft›, S. 398 f.

241 «Sanktionen gegen Russland?», *Der Spiegel*, 10.12.1999.

242 Ebd.

243 Haukkala, *Making*, S. 34 f.

244 Forsberg und Herd, ‹Human Rights›, S. 464.

245 Regierungserklärung Schröder, 16.12.1999, https://www.bundesregierung.de/breg-de/service/bulletin/regierungserklaerung-von-bundeskanzler-gerhard-schroeder-808002

246 So argumentiert Spanger, *Kontinuitäten*, S. 31.

247 Bastian, *Europäische Union*, S. 171.

248 Jelzin war in der Silvesternacht von seinem Amt zurückgetreten und übergab per Dekret die präsidialen Vollmachten an Putin.

249 Morlock, ‹Männerfreundschaft›, S. 400.

250 Spanger, *Kontinuitäten*, S. 9.

251 Haukkala, *Making*, S. 37.

252 Vgl. Ausführliche Sitzungsberichte EP, 20.01.2000, https://www.europarl.europa.eu/doceo/document/CRE-5-2000-01-20-ITM-007_DE.html

253 Haukkala, *Making*, S. 36 f.; Forsberg und Herd, ‹Human Rights›, S. 464.

254 In anderen Institutionen zeigte sich ein ähnliches Bild. In der Parlamentarischen Versammlung des Europarates wurde den 18 russischen Vertretern im April 2000 das Stimmrecht für einige Monate entzogen. Vgl. «Europas Verantwortung für Tschetschenien», *NZZ*, 27.01.2001.

255 «OSZE fordert Waffenstill in Tschetschenien», *Hamburger Abendblatt*, 18.12.1999.

256 Goldgeier und McFaul, *Power*, S. 276 f. Zugleich stellte die US-Regierung zehn Millionen US-Dollar für vertriebene Tschetschenen bereit.

257 Goldgeier und McFaul, *Power*, S. 286.

258 Forsberg und Herd, ‹Human Rights›, S. 464 f.

259 DBT, Plenarprotokoll 28.01.2000, S. 7903.

260 Ebd.

261 Ebd., S. 7904.

262 Morlock, ‹Männerfreundschaft›, S. 403.

263 Ebd.

264 Bastian, *Europäische Union*, S. 172.

265 Morlock, ‹Männerfreundschaft›, S. 403.

266 Haukkala, *Making*, S. 38.

267 Haukkala, *EU-Russia*, S. 121.

268 Anna-Sophie Maass, *EU-Russia Relations, 1999–2015. From Courtship to Confrontation* (London 2017), S. 41 f.

269 Haukkala, *EU-Russia*, S. 122 ff.

270 Haukkala, *Making*, S. 40.

271 Maass, *EU-Russia*, S. 42 f.

272 Forsberg und Herd, ‹Human Rights›, S. 474; Haukkala, *Making*, S. 41.

273 Ebd., S. 38, 41; Forsberg und Herd, ‹Human Rights›, S. 475 f.

274 Ebd., S. 474.

275 Olaf Melzer, ‹Der Europarat, Russland und Tschetschenien: Dialog ohne Konsequenzen›, in Malek und Schor-Tschudnowskaja (Hg.), *Europa*, S. 297–339.

276 Martin Malek, ‹Tschetschenien und die europäische Öffentlichkeit: Positionen, Reaktionen, Aktivitäten›, in Malek und Schorn-Tschudnowskaja (Hg.), *Europa*, S. 35–102, hier S. 61 f.

277 Ebd., S. 92.

278 Martin Malek, ‹Das Reden und Schweigen europäischer Intellektueller, Kunst- und Kulturschaffender zu Tschetschenien›, in Malek und Schor-Tschudnowskaja (Hg.), *Europa*, S. 221–254, hier S. 244 ff.

279 In den Jahren 2004 und 2005 «nur» 4430; Österreich, Frankreich und Polen nahmen jeweils deutlich mehr Menschen auf, vgl. Barbara Eßer, ‹Tschetschenische Flüchtlinge in Deutschland – von Abschiebung bedroht›, in Malek und Schor-Tschudnowskaja (Hg.), *Europa*, S. 439–487.

280 Angus Roxburgh, *The Strongman. Vladimir Putin and the Struggle for Russia* (London 2021), S. 91 f.

281 Zu Chiracs Russlandpolitik vgl. allg. Anne de Tinguy, ‹Le rapprochement avec la «nouvelle» Russie: Une relation instrumentale?›, Christian Lequesne und Maurice Vaïsse (Hg.), *La politique étrangère de Jacques Chirac* (Paris 2013), S. 159–177; Jean-Christophe Romer, ‹Les Relations Franco-Russes de 2000 à 2006. Entre bilateral et multilatéral›, *Annuaire Français de Relations Internationales*, 8 (2007), S. 415–427.

282 David Cadier, ‹Continuity and Change in France's Policies towards Russia: A Milieu Goals Explanation›, *International Affairs*, 94:6 (2018), S. 1349–1369, hier S. 1353 f.

283 Haukkala, *EU-Russia*, S. 123; Hubert Védrine und Laurent Fabius, «How Russia can be helped to help itself», *FT*, 25.04.2000.

284 Haukkala, *EU-Russia*, S. 129 ff.; Bastian, *Europäische Union*, S. 108 ff.

285 Zitiert in Maass, *EU-Russia*, S. 44.

286 TNA, PREM 49/1340, Prime Minister's Dinner with President Chirac: Thursday 30 November, 29.11.2000, Background.

287 TNA, PREM 49/1338/1, Fraser (Paris) an Sheinwald (FCO), 07.06.2000.

288 Zur britischen Russlandpolitik vgl. Maxine David, ‹A Less than Special Relationship: The UK's Russia Experience›, *Journal of Contemporary European Studies*, 19:2 (2011), S. 201–212, hier S. 202 ff.

289 Tony Blair, *A Journey* (London 2010), S. 244.

290 TNA, PREM 49/1033, Powell (No10) an Butler (BP), 07.09.1999. Blair schrieb Putin eigens einen Brief, um auf das starke Interesse von BP Amoco an einem verstärkten Engagement in Russland hinzuweisen, vgl. TNA, PREM 49/1033, Blair an Putin, 07.09.1999.

291 Forsberg und Herd, ‹Human Rights›, S. 464.

292 John Sweeney, «Take care Tony, that man has blood on his hands», *Guardian*, 12.03. 2000.

293 TNA, PREM 49/1339, Prime Minister's Dinner with President Chirac, 15 June, Foreign Policy, 16.06.2000; TNA, PREM 49/1339, Prime Minister's Dinner with Jospin, 4 September, 01.09.2000, Checklist of topics.

294 TNA, PREM 49/1339, Butler (BP) an Powell (No10), 26.07.2000.

295 TNA, PREM 49/1340, Prime Minister's Dinner with President Chirac: Thursday 30 November, 29.11.2000, Background.

296 Ebd.

297 CPL, 2014–0472-M, TelCon Clinton-Schröder, 07.01.2000, S. 4.
298 Ebd.
299 Vgl. CPL, 2015–0777-M, MemCon Clinton-Schröder, 09.10.1998.
300 CPL, 2014–0472-M, TelCon Clinton-Schröder, 07.01.2000, S. 5.
301 TNA, PREM 49/1342, Tatham (No10) an Cowper-Coles (PPS FCO), Talks with Chancellery, 17.03.2000.
302 Blair, *Journey*, S. 244 f.
303 Ebd., S. 245.
304 Lough, *Russia Problem*, S. 123.
305 So z. B. Interview mit Rudolf Scharping, 21.08.2023.
306 TNA, PREM 49/1342, Powell an Blair, 23.03.2000.
307 TNA, PREM 49/809, Holmes an Barrow (FCO), Trilateral Summit, 25.01.1999.
308 TNA, PREM 49/1341, Sawers (PS No10) an Barrow (FCO), 22.11.1999.
309 CPL, 2017–0222-M, MemCon Clinton-Putin, 15.11.2000, S. 2.
310 CPL, 2017–0222-M, TelCon Clinton-Putin, 27.12.2000.
311 Roxburgh, *Strongman*, S. ix.
312 CPL, 2017–0222-M, TelCon Clinton-Putin, 27.12.2000.
313 TNA, PREM 49/1033, Tatham (PS No10) an Barrow (PS FCO), Call on Prime Minister by Russian Foreign Minister, 22.07.1999.
314 PLUSD, 00Helsinki2613, 12.06.2000.
315 Vgl. Goldgeier und McFaul, *Power*, S. 245 f.
316 Stent, *Limits*, S. 191.
317 Marshall I. Goldman, *Das Öl-Imperium. Russlands Weg zurück zur Supermacht* (Kulmbach 2009), S. 151 ff.
318 Vgl. ausführlich Wolfrum, *Rot-Grün*, S. 214–226, 230–249.
319 Timmins, ‹Ostpolitik›, S. 309.
320 Ebd., S. 307.
321 Spanger, *Kontinuitäten*, S. 7.
322 Timmins, ‹Ostpolitik›, S. 308.
323 TNA, PREM 49/1342, Lever (Berlin) an FCO, 22.03.2000.
324 Severin Weiland, «Ein Freund, ein guter Freund», *Der Spiegel*, 13.12.2005.
325 Marco Overhaus, *Die deutsche NATO-Politik. Vom Ende des Kalten Krieges bis zum Kampf gegen den Terrorismus* (Baden-Baden 2009), S. 145 f.; Olaf Ihlau, «Steinerner Gast», *Der Spiegel*, 11.06.2000.
326 Roxburgh, *Strongman*, S. 93.
327 Schöllgen, *Schröder*, S. 506.
328 Bingener und Wehner, *Moskau-Connection*, S. 93.
329 AdsD, 2/PVAS, Protokoll SPD-Präsidiumssitzung, 26.06.2000, S. 2.
330 Bierling, *Vormacht*, S. 128.
331 Wenngleich die USA die starre Haltung der Bundesrepublik aufweichen wollten, vgl. die Aussage Clintons gegenüber Schröder in CPL, 2015–0777-M, MemCon Clinton-Schröder, 11.02.1999, S. 8 f.
332 TNA, PREM 49/1339, Prime Minister's Dinner with President Chirac, 15 June, Foreign Policy, 16.06.2000.
333 TNA, PREM 49/1031, Heywood (PPS No10) an Barrow (PS FCO), Russia, 01.04.1999. Zu den britischen Plänen vgl. auch TNA, PREM 49/1033, Tatham (No10) an Blair, Support for Russia's Transition, 10.09.1999.
334 Urschel, *Schröder*, S. 327.
335 Sven Jüngerkes, *Diplomaten der Wirtschaft. Die Geschichte des Ost-Ausschusses der Deutschen Wirtschaft* (Osnabrück 2012), S. 335.

336 Jüngerkes, *Diplomaten*, S. 336.
337 Schöllgen, *Schröder*, S. 726.
338 Jüngerkes, *Diplomaten*, S. 339.
339 Bastian, *Europäische Union*, S. 182.
340 Ebd., S. 181.
341 Christian Meier, *Deutsch-Russische Wirtschaftsbeziehungen unter Putin. Praxis, Probleme, Perspektiven* (Berlin 2004), S. 18.
342 Zitiert in Jörg R. Mettke, Fritjof Meyer und Andreas Wassermann, «Die Last des Eisernen», *Der Spiegel*, 09.01.2000.
343 «Bericht aus Berlin. ARD-Korrespondent Thomas Roth interview Wladimir Putin», WDR, 08.06.2000, https://www.presseportal.de/pm/7899/146231
344 Vgl. hierzu Goldgeier und McFaul, *Power*, S. 287–299.
345 AdsD, 2/PVAS, Protokoll SPD-Präsidiumssitzung, 04.06.2000, S. 1.
346 Schöllgen, *Schröder*, S. 507.
347 So erklärte Michael Steiner die deutsche Haltung gegenüber britischen Gesprächspartnern, vgl. TNA, PREM 49/1342, Sawers (PS No10) an Cowper-Coles (PPS FCO), Steiner, 27.03.2000.
348 TNA, PREM 49/1684, «Transatlantic Problems», 14.12.1999.
349 TNA, PREM 49/1343, Sawers (PS No10) an Cowper-Coles (PPS FCO), Prime Minister's Dinner with Chancellor Schröder, Berlin, 29 June, 29.06.2000.
350 Ebd.
351 TNA, PREM 49/1339, Sawers an Blair, 14.06.2000.
352 «Raketenabwehr: Harsche Kritik an Bill Clinton», *RP*, 21.07.2000; «G-8-Gipfel. Schröder kritisiert NMD-Pläne», *Handelsblatt*, 21.07.2000.
353 TNA, PREM 49/1338/1, Sawers an Blair, Talks with the French: 29 May, 30.05.2000.
354 Schöllgen, *Schröder*, S. 508. In New York trug Schröder am 6. September sehr deutlich den deutschen Wunsch nach einem ständigen Sitz im VN-Sicherheitsrat vor und hoffte dabei auf russische und französische Unterstützung, vgl. Schöllgen, *Schröder*, S. 520. Russischerseits schien man nicht abgeneigt, vgl. Spanger, *Kontinuitäten*, S. 17. Doch 2004 und 2005 scheiterte das deutsche Ansinnen, auch Putin war nun dagegen, vgl. Bierling, *Vormacht*, S. 148 f.; Hellmann und Roos, *Streben*.
355 Sven Felix Kellerhoff, «Schon die ‹Kursk›-Katastrophe offenbarte Putins Charakter», *Die Welt*, 23.06.2023.
356 «Schröder vier Stunden in Moskau», *FAZ*, 26.09.2000.
357 Spanger, *Kontinuitäten*, S. 9.
358 Morlock, ‹Männerfreundschaft›, S. 405 ff.
359 Bingener und Wehner, *Moskau-Connection*, S. 94.
360 TNA, PREM 49/2354, Telephone Conversation with President Bush: International Issues, 31.03.2001.
361 Goldgeier und McFaul, *Power*, S. 299 ff.
362 Im englischen Original wird Schröders Wortwahl mit «Russia's minder» wiedergegeben, vgl. TNA, PREM 49/2354, Telephone Conversation with President Bush: International Issues, 31.03.2001.
363 Gerhard Schröder, «Deutschland Russlandpolitik – europäische Ostpolitik», *Die Zeit*, 05.04.2001.
364 Ebd.
365 Ebd.
366 Ebd.
367 Bierling, *Vormacht*, S. 130.
368 Jüngerkes, *Diplomaten*, S. 343.

369 Bastian, *Europäische Union*, S. 168; Christian Meier, *Deutsch-Russische Beziehungen auf dem Prüfstand. Der Petersburger Dialog 2001–2003* (Berlin 2003); Jörg Himmelreich, *Die deutsche Russland-Illusion. Die Irrtümer unserer Russland-Politik und was daraus folgen sollte* (Köln 2024), S. 49 ff.

370 Otto Luchterhandt, ‹Rechtsstaatsdialog mit Russland – ein gescheitertes Regierungsprojekt›, in Rainer Birke und Rainer Wedde (Hg.), *Im Dienst des deutsch-russischen Rechtsdialog. 30 Jahre Deutsch-Russische Juristenvereinigung* (Berlin 2018), S. 38–49.

371 Bierling, *Vormacht*, S. 131.

372 Schöllgen, *Schröder*, S. 508.

373 Als Putin im Juni 2000 erstmals Deutschland besuchte, stimmte Schröder sich gerade auf die Rede Chiracs vor dem Deutschen Bundestag ein. Die Idee einer Einladung Putins mag hier entstanden sein, vgl. AdsD, 2/PVAS, Protokoll SPD-Präsidiumssitzung, 26.06.2000, S. 2.

374 Zu den Reaktionen und Folgen vgl. Wolfrum, *Rot-Grün*, S. 279 ff., 327 ff.; Schöllgen, *Schröder*, S. 565 ff.; Urschel, *Schröder*, S. 357 ff.

375 Wolfrum, *Rot-Grün*, S. 281.

376 Stephen F. Szabo, *Parting Ways. The Crisis in German-American Relations* (Washington 2004), S. 83. Es zeigten sich Unterschiede zwischen West und Ost, wo deutlich weniger Bürger eine robuste Antwort der USA guthießen, vgl. Szabo, *Parting*, S. 84.

377 Wolfrum, *Rot-Grün*, S. 292.

378 Vgl. hierzu Geis und Ulrich, *Unvollendete*, S. 188 ff.

379 Peter Struck, *So läuft das. Politik mit Ecken und Kanten* (Berlin 2010), S. 73 f.

380 AGG, Bundesvorstand (B I, 10), 2378, Sonderparteirat vom 27.08.2001 und Stellungnahme der Fraktion «Zur politischen Lage in Mazedonien» vom 10.07.2001.

381 Zur Mazedonienproblematik vgl. Sedlmayr, *Außen- und Sicherheitspolitik*, S. 74 ff.

382 AdsD, 2/PVAS, Protokoll SPD-Parteivorstandssitzung, 09.07.2001, S. 4.

383 Vgl. Gunilla Fincke und Arzu Hatakoy, ‹Krisenprävention als neues Leitbild der deutschen Außenpolitik: Friedenspolitik mit zivilen und militärischen Mitteln?›, in Harnisch, Katsioulis und Overhaus (Hg.), *Sicherheitspolitik*, S. 59–87. Ein blutiger Zerfallskrieg wie in Jugoslawien, mit ethnischen Säuberungen, hohen Flüchtlingszahlen und regionaler Instabilität sollte sich nicht wiederholen, vgl. AdsD, 2/PVAS, Protokoll Sondersitzung SPD-Parteivorstand, 27.08.2001, S. 1, 5 f.

384 AdsD, 2/PVAS, Protokoll SPD-Parteirat, 03.09.2001, S. 3 f.

385 AdsD, 2/PVAS, Protokoll SPD-Parteivorstandssitzung, 24.09.2001, S. 8.

386 Gerhard Schröder, *Entscheidungen. Mein Leben in der Politik* (Hamburg 2006), S. 177.

387 AdsD, 2/PVAS, Protokoll SPD-Parteivorstandssitzung, 22.10.2001, S. 12.

388 Schöllgen, *Schröder*, S. 567.

389 Schröder zitierte diese Passage auch in seinen Erinnerungen, vgl. Schröder, *Entscheidungen*, S. 180.

390 Wolfrum, *Rot-Grün*, S. 299.

391 ACDP, 08-014, 056/8, Protokoll CDU/CSU-Bundestagsfraktionssitzung 24.09.2001, S. 6.

392 ACDP, 08-014, 056/3, Protokoll CDU/CSU-Bundestagsfraktionssitzung 10.09.2001, S. 41.

393 DBT, Wortprotokoll Rede Putin, 25.09.2001.

394 Rede Putin vor dem Deutschen Bundestag, 15.09.2001, https://www.bundestag.de/parlament/geschichte/gastredner/putin/putin_wort-244966

395 Bingener und Wehner, *Moskau-Connection*, S. 96.

396 Lough, *Russia Problem*, S. 126; vgl. auch Philip Cassier, «Der Tag, an dem Wladimir

Putin die Deutschen einwickelte», *Die Welt*, 11.05.2022; Himmelreich, *Russland-Illusion*, S. 38 f.

397 Schröder, *Entscheidungen*, S. 469.
398 «Schröder will Russland einbinden», *FAZ*, 25.09.2001.
399 Schöllgen, *Schröder*, S. 571.
400 Ebd., S. 728.
401 «Putins Abstecher in seine alte Heimat Dresden», *Die Welt*, 28.09.2001.
402 Zitiert in Christian Meier und Heinz Timmermann, *Nach dem 11. September: Ein neues deutsch-russisches Verhältnis* (SWP-Aktuell 22, November 2001), S. 3.
403 Ebd., S. 1.
404 Ebd., S. 2 f.
405 Ebd., S. 3.
406 Ebd., S. 4.
407 Schöllgen, *Schröder*, S. 576.
408 «Schröder empfängt Putin in Hannover», *NZZ*, 10.12.2001.
409 Wolfrum, *Rot-Grün*, S. 304 ff.
410 Ebd., S. 307.
411 Sönke Neitzel, *Deutsche Krieger. Vom Kaiserreich zur Berliner Republik. Eine Militärgeschichte* (Berlin 2020), S. 490.
412 Ebd., S. 489.
413 Struck, *So läuft das*, S. 77.
414 Szabo, *Parting*, S. 17 f. Der Bundesregierung war sehr bewusst, wie problematisch solche Anschuldigungen waren und das Bild einer quasi Mitschuld zeichnen könnten, inklusive diplomatischem Flurschaden, vgl. Fischer, *I am not convinced*, S. 19 f.
415 Schröder, *Entscheidungen*, S. 195 f.
416 Philip H. Gordon und Jeremy Shapiro, *Allies at War. America, Europe, and the Crisis over Iraq* (New York 2004), S. 95 f.
417 Fischer, «*I am not convinced*», S. 54
418 DBT, Plenarprotokoll 16.11.2001, S. 19 882.
419 Schöllgen, *Schröder*, S. 586.
420 Günter Joetze, *Der Irak als deutsches Problem* (Baden-Baden 2010), S. 92.
421 Schröder, *Entscheidungen*, S. 210.
422 Gordon und Shapiro, *Allies*, S. 60 ff., 84 f.
423 Ebd., S. 64 f.
424 Einige Akteure in der Bush-Administration machten sich für eine werteorientierte Politik gegenüber Russland stark. Angela Stent unterscheidet daher drei verschiedene Gruppen und Politikansätze, vgl. Stent, *Limits*, S. 79 f.
425 Goldgeier und McFaul, *Power*, S. 321.
426 Ebd., S. 305 f.; Stent, *Limits*, S. 55.
427 Ebd., S. 49 f.; Goldgeier und McFaul, *Power*, S. 306;
428 Ebd., S. 311.
429 Stent, *Limits*, S. 62.
430 Bobo Lo, *Vladimir Putin and the Evolution of Russian Foreign Policy* (Oxford 2003), S. 123 ff.
431 Goldgeier und McFaul, *Power*, S. 313. Putin hatte die USA schon vor dem 11. September wiederholt vor den Gefahren des islamistischen Terrorismus gewarnt, vgl. Stent, *Limits*, S. 61 ff.
432 Thomas Ambrosio, ‹The Russo-American Dispute over the Invasion of Iraq: International Status and the Role of Positional Goods›, *Europe-Asia Studies*, 57:8 (2005), S. 1189–1210, hier S. 1190.

433 Ebd., S. 1195. Einen Schritt, den der Kreml keineswegs sofort unternommen hatte. Zunächst versuchte Putin, die zentralasiatischen Präsidenten vom Gegenteil zu überzeugen, vgl. Stent, *Limits*, S. 65.

434 Goldgeier und McFaul, *Power*, S. 316 ff.

435 Stent, *Limits*, S. 68–72.

436 AdsD, 2/PVAS, Protokoll SPD-Parteivorstandssitzung, 27.05.2002, S. 2.

437 Forsberg und Herd, ‹Human Rights›, S. 468.

438 Stent, *Limits*, S. 72 ff.

439 TNA, PREM 49/1944, Prime Minister's Bilateral with Chirac: 21 July, 21.07.2001, S. 3.

440 Vgl. ausführlich Katarzyna Kubiak, ‹A strategic culture analysis of German ballistic missile defense policy›, *Comparative Strategy*, 36:4 (2017), S. 333–353; Friederike C. Hartung, *Ein Dach über Europa: Politische Symbolik und militärische Relevanz der deutschen bodengebundenen Luftverteidigung 1990 bis 2014* (Berlin 2022), S. 36 ff., 113 ff.

441 Kubiak, ‹A strategic culture›, S. 337.

442 Schöllgen, *Schröder*, S. 507 f.

443 TNA, PREM 49/2354, Telephone Conversation with President Bush: International Issues, 31.03.2001.

444 AdsD, 2/PVAS, Protokoll SPD-Parteivorstandssitzung, 19.03.2001, S. 5.

445 Gernot Erler, «Ein riesengroßer Quatsch», *Die Zeit*, 08.03.2001.

446 Schwelien, *Fischer*, S. 255.

447 DBT, Plenarprotokoll 15.03.2001, S. 15 374.

448 Stent, *Limits*, S. 73.

449 Ebd., S. 74. Zum Inhalt und einer Kritik hieran vgl. Goldgeier und McFaul, *Power*, S. 323 f.

450 Overhaus, *NATO-Politik*, S. 145.

451 Vgl. allg. Jerabek, *Deutschland und die Osterweiterung*; Peter Becker, *Die deutsche Europapolitik und die Osterweiterung der Europäischen Union* (Baden-Baden 2011); Wolfrum, *Rot-Grün*, S. 374 ff., 382.

452 Wolfrum, *Rot-Grün*, S. 394 ff.

453 Ebd., S. 381.

454 Zu den strategischen Diskussionen vgl. Johannes Varwick, ‹Deutsche Sicherheits- und Verteidigungspolitik in der Nordatlantischen Allianz: Die Politik der rot-grünen Bundesregierung 1998–2003›, in Harnisch, Katsioulis und Overhaus (Hg.), *Sicherheitspolitik*, S. 15–36.

455 Vgl. ausführlich Frank Umbach, ‹Die zweite Runde der NATO-Osterweiterung aus der Sicht Russlands›, in Pradetto (Hg.), *Runde*, S. 279–317.

456 Andres Kasekamp, ‹An uncertain journey to the promised land: The Baltic states' road to NATO membership›, *Journal of Strategic Studies*, 43:6–7 (2020), S. 869–896, hier S. 872 f.

457 Overhaus, *NATO-Politik*, S. 144.

458 So erhielten beispielsweise auch Albanien und Mazedonien einen MAP-Status, wurden in der nächsten Erweiterungsrunde jedoch nicht aufgenommen. Vgl. Manfred Knapp, ‹Die Haltung Deutschlands zur zweiten Runde der Osterweiterung der NATO›, in August Pradetto (Hg.), *Die zweite Runde der NATO-Osterweiterung. Zwischen postbipolarem Institutionalismus und offensivem Realismus* (Frankfurt 2004), S. 153–177.

459 Kasekamp, ‹Journey›, S. 874, 880 f.

460 Stent, *Limits*, S. 77; Hill, *No Place*, S. 200; Roxburgh, *Strongman*, S. 87–94. Zur Hal-

tung der großen westeuropäischen Staaten vgl. einführend die einzelnen Beiträge in Pradetto (Hg.), *Runde.*

461 Overhaus, *NATO-Politik*, S. 144.

462 Ebd., S. 146 f.; Edward Rhodes, ‹Transforming the Alliance: The Bush Administration's Vision of NATO›, *Connections*, 2:3 (2003), S. 11–25.

463 Kasekamp, ‹Journey›, S. 887 f.

464 Rede Bush in Warschau, 15.06.2002, vgl. https://www.c-span.org/video/?164774-1/us-europe-relations

465 William Drozdiak, «Putin eases stance on NATO expansion», *WP*, 04.10.2001. Er hatte wie Jelzin eine NATO-Mitgliedschaft Russlands ohne viel Verve ins Spiel gebracht, die jedoch nie ernsthaft erwogen wurde, vgl. Stent, *Limits*, S. 75 f.

466 Goldgeier und McFaul, *Power*, S. 323.

467 Ebd., S. 323 ff.

468 PLUSD, 02ROME1725, 08.04.2002.

469 Rede Scharping, 24.04.2002, https://www.aei.org/research-products/speech/transatlantic-relations-after-september-11/; «NATO will sieben osteuropäischen Staaten Beitritt anbieten», *Der Standard*, 25.04.2002.

470 Knapp, ‹Haltung›, S. 155 f.

471 Ebd., S. 156, 169 ff.

472 DBT, Plenarprotokoll 25.04.2002, S. 23 152.

473 Zitiert in ebd., S. 23 151.

474 Der britische Premierminister hatte bereits im November 2001 diesbezügliche Vorschläge an Putin und die NATO-Partner geschickt, die großen Zuspruch erhielten, vgl. TNA, PREM 49/2552, Rycroft (PS No10) an Davies (PS FCO), NATO-Russia Summit, Rome, 28 May, Bilaterals, 28.05.2002; TNA, PREM 49/2552, Davies (PS FCO) an Rycroft (PS No10), NATO-Russia Summit, Rome 28 May: Briefing, 24.05.2002; Roxburgh, *Strongman*, S. 86 f.

475 TNA, PREM 49/2552, Manning (No10) an McDonald (FCO), NATO-Russia Council in Rome, 29.05.2002.

476 Rolf Peter und Claudia Wagner, ‹Russland und der «Kampf gegen den Terrorismus»›, *Osteuropa*, 51:11–12 (2001), S. 1247–1261.

477 TNA, PREM 49/2552, Ricketts (Political Director FCO), Close Allies Political Directors, 20 March, 21.03.2002.

478 «NATO und Russland besiegeln engere Zusammenarbeit», *FAZ*, 28.05.2002.

479 TNA, PREM 49/2552, Manning (No10) an McDonald (FCO), NATO-Russia Council in Rome, 29.05.2002.

480 Stent, *Limits*, S. 76.

481 Lough, *Russia Problem*, S. 126 f.

482 TNA, PREM 49/2552, Davies (PS FCO) an Rycroft (PS No10), NATO-Russia Summit, Rome 28 May: Briefing, 24.05.2002, NATO-Russia Summit: Morning Session.

483 TNA, PREM 49/2552, Manning (No10) an McDonald (FCO), NATO-Russia Council in Rome, 29.05.2002.

484 Ebd.

485 «Nato und Russland besiegeln Kooperation», *Handelsblatt*, 28.05.2002.

486 Stent, *Limits*, S. 81.

487 Kasekamp, ‹Journey›, S. 889.

488 Die Aufnahme Mazedoniens, Albaniens und Kroatiens war «nicht konsensfähig» und wurde vertagt, vgl. Overhaus, *NATO-Politik*, S. 150.

489 Schöllgen, *Schröder*, S. 554.

490 Lough, *Russia Problem*, S. 127.
491 «Freundschaftsdienst: Putin, Schröder und Biolek treffen sich in Weimar», *FAZ*, 10.04.2002.
492 «Schröder will Russlands Stellung in der NATO stärken», *Die Welt*, 11.04.2002.
493 «Putin fordert gleichberechtigten Platz für Russland in Europa», *FAZ*, 05.04.2002.
494 Bastian, *Europäische Union*, S. 180, Anm. 152.
495 «Schröder will Russlands Stellung in der NATO stärken», *Die Welt*, 11.04.2002.
496 Ebd.
497 Michael Thumann, «Schrecklich normale Verhältnisse», *Die Zeit*, 11.04.2002.
498 «‹Historische Entscheidung›: Russland wird G-8-Vollmitglied», *FAZ*, 27.06.2002.
499 «G8 beschließen Hilfe für Afrika und Russland-Integration», *FAZ*, 28.06.2002.
500 Wolfrum, *Rot-Grün*, S. 300.
501 Schöllgen, *Schröder*, S. 550.
502 Szabo, *Parting*, S. 9 ff.
503 Schöllgen, *Schröder*, S. 649 f.
504 Ebd., S. 669.
505 Schröder, *Entscheidungen*, S. 241 f.
506 Ebd., S. 458.
507 Wolfrum, *Rot-Grün*, S. 401.
508 Dies fällt zusammen mit einer Neubewertung der Außenpolitik George W. Bushs, vgl. Hal Brands und Peter Feaver, ‹The case for Bush revisionism: Reevaluating the legacy of America's 43rd President›, *Journal of Strategic Studies*, 41:1–2 (2018), S. 234–274; Melvyn P. Leffler, ‹The Foreign Policies of the George W. Bush Administration: Memoirs, History, Legacy›, *Diplomatic History*, 37:2 (2013), S. 190–216.
509 Vgl. z. B. das Cover des *Spiegel* «Blut für Öl» vom 12.01.2003.
510 Melvyn P. Leffler, *Confronting Saddam Hussein: George W. Bush and the Invasion of Iraq* (Oxford 2021), S. 29–50.
511 Urschel, *Schröder*, S. 274.
512 Frédéric Bozo, *Histoire secrète de la crise irakienne. La France, les État-Unis et l'Irak 1991–2003* (Paris 2013), S. 62–80.
513 Stent, *Limits*, S. 87; Tsygankov, *Foreign Policy*, S. 96 f.
514 Joseph Stieb, *The Regime Change Consensus. Iraq in American Politics 1990–2003* (Cambridge 2021).
515 Leffler, *Saddam*, S. 68 f.
516 Wenngleich es wenig «half», dass Saddam einer der wenigen Staatschefs war, der die Anschläge öffentlich begrüßte.
517 Leffler, *Saddam*, S. 135
518 Ebd., S. 150.
519 Schöllgen, *Schröder*, S. 590.
520 Ebd.
521 Ebd., S. 591.
522 Vgl. ausführlich Leffler, *Saddam*. Ein prägnantes Plädoyer für mehr Grautöne ist auch Stephan Bierling, «US-Irakfeldzug: die Gründe sind vielschichtiger als kolportiert», *NZZ*, 20.11.2021.
523 Leffler, *Saddam*, S. 248 f.
524 Joetze, *Irak*, S. 66.
525 Schöllgen, *Schröder*, S. 586.
526 Ebd., S. 592.
527 AdsD, 2/PVAS, Protokoll SPD-Parteivorstandssitzung, 04.03.2002, S. 2 f.
528 «Kanzler: Keine deutsche Beteiligung an Irak-Angriff ohne UN Mandat», *FAZ*,

15.03.2002. Wolfrum berichtet unter Bezug auf Gunter Hofmann, dass der Kanzler sich in einer Diskussionsrunde mit Intellektuellen einer Mission mit VN-Mandat nicht gänzlich verschlossen hatte, vgl. Wolfrum, *Rot-Grün*, S. 407.

529 Szabo, *Parting*, S. 44 f.
530 Ebd., S. 19.
531 Christian Hacke, ‹Deutschland, Europa und der Irakkonflikt›, *APuZ*, 24–25 (2003), S. 8–16, hier S. 9.
532 Schröder, *Entscheidungen*, S. 198.
533 Schöllgen, *Schröder*, S. 622; Szabo, *Parting*, S. 20.
534 Schröder, *Entscheidungen*, S. 198.
535 Wolfrum, *Rot-Grün*, S. 410.
536 Vgl. auch Gordon und Shapiro, *Allies*, S. 102 ff.
537 Schröder, *Entscheidungen*, S. 210.
538 Wolfrum, *Rot-Grün*, S. 410 f., 413, 425.
539 AGG, Fraktion, B II 4 (4345), P-2002, Fraktionssitzung vom 29.01.2002.
540 Zur Bedeutung der Rede vgl. Gunther Hellmann, ‹«… um diesen deutschen Weg zu Ende gehen zu können.» Die Renaissance machtpolitischer Selbstbehauptung in der zweiten Amtszeit der Regierung Schröder-Fischer›, in Egle und Zohlnhöfer (Hg.), *Ende*, S. 453–479, hier S. 453 ff. Außenminister Fischer widersprach öffentlich. Es gebe keinen «deutschen Weg», vgl. Geis und Ulrich, *Unvollendete*, S. 203.
541 Michael Hedstück und Gunther Hellmann, ‹»Wir machen einen deutschen Weg»: Irakabenteuer, das transatlantische Verhältnis und die deutsche Außenpolitik›, in Bernd W. Kubbig (Hg.), *Brandherd Irak. US-Hegemonieanspruch, die UNO und die Rolle Europas* (Frankfurt 2003), S. 224–234, hier S. 225.
542 Wolfrum, *Rot-Grün*, S. 413.
543 Ebd., S. 416; Szabo, *Parting*, S. 92.
544 Ebd., S. 23.
545 Schöllgen, *Schröder*, S. 624 ff.
546 Szabo, *Parting*, S. 23, 29 f.; Joetze, *Irak*, S. 98.
547 Harald Schoen, ‹Der Kanzler, zwei Sommerthemen und ein Foto-Finish. Priming-Effekte bei der Bundestagswahl 2002›, in Frank Brettschneider, Jan van Deth und Edeltraut Roller (Hg.), *Die Bundestagswahl 2002. Analysen der Wahlergebnisse und des Wahlkampfes* (Wiesbaden 2004), S. 23–50, hier S. 46 f.
548 Hedstück und Hellmann, ‹Irakabenteuer›, S. 225.
549 Szabo, *Parting*, S. 84.
550 Sabine Collmer, ‹»All politics is local»: Deutsche Sicherheits- und Verteidigungspolitik im Spiegel der öffentlichen Meinung›, in Harnisch, Katsioulis und Overhaus (Hg.), *Sicherheitspolitik*, S. 201–225, hier S. 212.
551 Szabo, *Parting*, S. 87. Auch in den USA waren über das Jahr 2002 hinweg nur rund 50 bis 60 Prozent der Bürger für eine Invasion; nur 35 bis 40 Prozent unterstützten einen Angriff ohne VN-Mandat, vgl. Gordon und Shapiro, *Allies*, S. 75.
552 Gordon und Shapiro, *Allies*, S. 176.
553 Wolfrum, *Rot-Grün*, S. 414.
554 Szabo, *Parting*, S. 107 ff.; Joetze, *Irak*, S. 86 ff.
555 Geis und Ulrich, *Unvollendete*, S. 200.
556 Szabo, *Parting*, S. 23 ff.
557 Ebd., S. 32 ff.
558 DBT, Plenarprotokoll 13.09.2002, S. 22 583.
559 «Gerhard Schröder: No one has a clear idea about what the effects would be», *NYT*, 05.09.2002.

560 DBT, Plenarprotokoll 13.09.2002, S. 22 583.

561 Schröder nannte diesem Umstand dezidiert in einem Interview mit der *New York Times* nach der Cheney-Rede im August, vgl. Gordon und Shapiro, *Allies*, S. 100.

562 Hedstück und Hellmann, ‹Irakabenteuer›, S. 231.

563 Joetze, *Irak*, S. 94 f.

564 Zur britischen Entscheidungsfindung vgl. Tom Bower, *Broken Vows. Tony Blair: The Tragedy of Power* (London 2016), S. 276-295.

565 Christian Lequesne, *Die Außenpolitik von Jacques Chirac oder: Frankreich ohne Überraschungen* (Berlin 2007); Pierre Grosser, ‹Le Multilateralisme et les questions globales›, in Lequesne und Vaïsse (Hg.), *La politique*, S. 215-239.

566 Bozo, *Histoire*; Gordon und Shapiro, *Allies*, S. 104.

567 Schöllgen, *Schröder*, S. 652. Chirac hatte sich schon am 31. Juli bei den deutsch-französischen Konsultationen sehr zurückhaltend gezeigt, vgl. Joetze, *Irak*, S. 98 f.

568 «French leader offers America both friendship and criticism», *NYT*, 09.09.2002; Bozo, *Histoire secrète*, S. 153 f.

569 Szabo, *Parting*, S. 49.

570 Schöllgen, *Schröder*, S. 651.

571 Ebd., S. 654.

572 Galia Golan, ‹Russia and the Iraq War: Was Putin's policy a failure?›, *Communist and Post-Communist Studies*, 37 (2004), S. 429-459, hier S. 429.

573 Ebd., S. 434 f.; Goldgeier und McFaul, *Power*, S. 327 f.;

574 Tsygankov, *Foreign Policy*, S. 109 f.

575 Bastian Matteo Scianna, ‹Russland und der «Nahe Süden». Kontinuität und Wandel versuchter Einflussnahme an der «strategischen Peripherie» vom 19. bis zum 21. Jahrhundert›, in Bastian Matteo Scianna und Stefan Lukas (Hg.), *Der Nahe Osten in einer globalisierten Welt* (Frankfurt 2024), S. 249-272.

576 Golan, ‹Russia›, S. 435.

577 Ambrosio, ‹Dispute›, S. 1191.

578 Stent, *Limits*, S. 90.

579 Golan, ‹Russia›, S. 431.

580 Stent, *Limits*, S. 53.

581 Ebd., S. 82.

582 Ebd., S. 93 f.

583 Andrew Gowers, Robert Cottrell und Andrew Jack, «Putin warns U. S. against extending War on Terror», *FT*, 17.12.2001.

584 Karen Elliott House und Andrew Higgins, «Putin says Bush shouldn't go it alone when deciding how to deal with Iraq», *Wall Street Journal*, 11.02.2002; «Alle Kräfte gegen die realen Gefahren vereinen», *Der Standard*, 15.02.2002.

585 Stent, *Limits*, S. 83. Hinter vorgehaltener Hand warf man den USA vor, dass sie «ihre» Diktatoren, wie zum Beispiel Hosni Mubarak in Ägypten auch schützten, vgl. ebd., S. 84.

586 TNA, PREM 49/1944, Sawers an Blair, Calls to Chirac and Bush, 29.06.2001, S. 3.

587 Golan, ‹Russia›, S. 432.

588 Rainer Freitag-Wirminghaus, ‹Ausgedehnte US-Präsenz in Zentralasien und im Südkaukasus: Zwischen Kooperation und Rivalität mit Russland›, in Kubbig (Hg.), *Brandherd*, S. 138-143, hier S. 139; Sharon LaFraniere, «U. S. Military in Georgia Rankles Russia», *WP*, 28.02.2002.

589 Ambrosio, ‹Dispute›, S. 1197 ff.

590 Stent, *Limits*, S. 78.

591 Ambrosio, ‹Dispute›, S. 1197.

592 TNA, PREM 49/2572, Lever (Berlin) an FCO, 12.04.2002; TNA, PREM 49/2572, Manning (No 10) an McDonald (FCO), 11.04.2002; «No grounds for Iraq attack: Putin», *CNN*, 08.09.2002.

593 Ambrosio, ‹Dispute›, S. 1197 f.

594 Joetze, *Irak*, S. 73.

595 Leffler, *Saddam*, S. 177.

596 Forsberg und Herd, ‹Human Rights›, S. 469.

597 «President Vladimir Putin met with German Federal Chancellor», 12.11.2022, http://en.kremlin.ru/events/president/news/27694/print

598 Obwohl die Geiselnahme schon mehrere Tage andauerte, erhielten viele der Geretteten keine medizinische Hilfe «wurden auf dem Rücken liegend in Bussen abgesetzt, sodass ihre Köpfe nach hinten fielen und sie an ihrem eigenen Erbrochenen erstickten», vgl. «Vor 15 Jahren: Geiselnahme im Moskauer Dubrowka-Theater», *BpB* Bildung, 19.10.2017, https://www.bpb.de/kurz-knapp/hintergrund-aktuell/258347/vor-15-jahren-geiselnahme-im-moskauer-dubrowka-theater/

599 Morlock, ‹Männerfreundschaft›, S. 415 ff.

600 «Putin rebuffs Europe on Chechnya», *CNN*, 12.11.2002.

601 Jens Hartmann, «Schröder lobt Putins Tschetschenien-Politik», *Die Welt*, 13.11.2002.

602 Ebd.

603 Bastian, *Europäische Union*, S. 173.

604 Jens Hartmann, «Schröder lobt Putins Tschetschenien-Politik», *Die Welt*, 13.11.2002.

605 Morlock, ‹Männerfreundschaft›, S. 418.

606 Ebd., S. 420.

607 Forsberg und Herd, ‹Human Rights›, S. 470.

608 Sedlmayr, *Außen- und Sicherheitspolitik*, S. 90.

609 Ambrosio, ‹Dispute›, S. 1199.

610 Vgl. ausführlich zu den Verhandlungen Szabo, *Parting*, S. 35 ff.; Gordon und Shapiro, *Allies*, S. 108–114.

611 Joetze, *Irak*, S. 76.

612 Gordon und Shapiro, *Allies*, S. 165.

613 Schöllgen, *Schröder*, S. 654.

614 Dass dies letztlich das entscheidende Kalkül Chiracs war, argumentieren auch Gordon und Shapiro, *Allies*, S. 120. Allerdings beschreiben sie, dass Chirac noch Anfang Januar Pläne hinsichtlich einer etwaigen militärischen Beteiligung ausarbeiten ließ, vgl. ebd. S. 142. Zum Denken Chiracs im Herbst 2002 vgl. auf der gleichen Linie Bozo, *Histoire secrète*, S. 184 ff., der jedoch auch auf eine Annäherung der deutschen und französischen Position seit September verweist, vgl. ebd., S. 227.

615 Schöllgen, *Schröder*, S. 654.

616 Ebd., S. 737 f.

617 Ebd., S. 655; Wolfrum, *Rot-Grün*, S. 679 ff.

618 Vgl. Szabo, *Parting*, S. 49.

619 Schöllgen, *Schröder*, S. 666 f.

620 Ambrosio, ‹Dispute›, S. 1999 f.

621 Hierauf wird weiter unten eingegangen.

622 Szabo, *Parting*, S. 37.

623 Gordon und Shapiro, *Allies*, S. 115 ff.

624 Bozo, *Histoire secrète*, S. 222 ff.

625 Szabo, *Parting*, S. 38.

626 Wolfrum, *Rot-Grün*, S. 429 f.; Schöllgen, *Schröder*, S. 670.

627 Gordon und Shapiro, *Allies*, S. 126.

628 Zitiert in Szabo, *Parting*, S. 39.

629 Schöllgen, *Schröder*, S. 673 f.

630 Gordon und Shapiro, *Allies*, S. 128 ff.; «Du musst das hochziehen», *Der Spiegel*, 23.03.2003.

631 Hacke, ‹Deutschland›, S. 11 f.

632 Daniel Steinvorth, «Angriff auf den Irak», *NZZ*, 24.03.2023.

633 Zu den unterschiedlichen Verhaltensmustern vgl. Alexandru Grigorescu, ‹East and Central European Countries and the Iraq War: The choice between «soft balancing» and «soft bandwagoning»›, *Communist and Post-Communist Studies*, 41:3 (2008), S. 281–299.

634 «Rumäniens Abschied vom ‹alten Europa›», *NZZ*, 07.03.2003.

635 Schröder, *Entscheidungen*, S. 228 f., 238.

636 «Belgische Regierung verurteilt Irak-Krieg», *Der Standard*, 20.03.2003.

637 Barbato, *Wetterwechsel*, S. 222; Szabo, *Parting*, S. 11.

638 Szabo, *Parting*, S. 115. Wie wenig Paris und Berlin Mehrheitsführer waren, zeigte sich, als sie Verhofstadt 2004 als Kommissionspräsidenten durchsetzen wollten. Sie scheiterten krachend und mit José Manuel Barroso erhielt den Posten sogar ein ausgesprochener Unterstützter der US-amerikanischen Irakpolitik, vgl. Schöllgen, *Schröder*, S. 779 f.

639 Gordon und Shapiro, *Allies*, S. 143.

640 ACDP, 08–015, 087/5, Protokoll CDU/CSU-Bundestagsfraktionssitzung, 11.02.2003, S. 4.

641 Angela Merkel, «Schröder doesn't speak for all Germans,» *WP*, 20.02.2003; Szabo, *Parting*, S. 41.

642 Zitiert in Ralf Beste et al., «‹Du musst das hochziehen›», *Der Spiegel*, 23.03.2003.

643 Schröder, *Entscheidungen*, S. 236.

644 Ambrosio, ‹Dispute›, S. 1201 f.; Bozo, *Histoire secrète*, S. 247.

645 Golan, ‹Russia›, S. 437.

646 Spanger, *Kontinuitäten*, S. 16. Der damalige Verteidigungsminister Jean-Pierre Chevènement trat 2002 gegen Chirac im Präsidentschaftswahlkampf an. Er hatte in einem Artikel einer Achse Paris-Berlin-Moskau das Wort geredet und einer seiner Berater verfasste eigens ein Buch hierzu, vgl. Henri de Grossouvre, *Paris-Berlin-Moscou. La voie de l'indépendance et de la paix* (Lausanne 2002).

647 Golan, ‹Russia›, S. 437.

648 «Ich fühle mich nicht anderen Regierungen verpflichtet», *Der Spiegel*, 10.02.2003.

649 Gunther Hellmann, «Vormodernes Regieren», *taz*, 22.04.2004.

650 Die Initiativen zur Stärkung der VN sollen demnach von seinen Mitarbeitern ausgegangen sein.

651 Szabo, *Parting*, S. 41; Wolfrum, *Rot-Grün*, S. 430.

652 Joetze, *Irak*, S. 130.

653 Zur Debatte um eine weitere Resolution vgl. Gordon und Shapiro, *Allies*, S. 146 ff.

654 Szabo, *Parting*, S. 43 f.

655 Gordon und Shapiro, *Allies*, S. 148.

656 Ambrosio, ‹Dispute›, S. 1202.

657 Sedlmayr, *Außen- und Sicherheitspolitik*, S. 93.

658 Golan, ‹Russia›, S. 437.

659 Ebd., S. 441.

660 Stent, *Limits*, S. 90; Markus Wehner, «Putin zwischen Europa und Amerika», *FAZ*, 26.02.2023.

661 Schöllgen, *Schröder*, S. 697; Joetze, *Irak*, S. 135 f.

662 Konkret sollten drei tschetschenische Rebellengruppen auf die US-Liste terroristischer Organisationen gesetzt werden. Dies hätte eine symbolisch-politische Wir-

kung gehabt und externe Finanzierungsmöglichkeiten eingeschränkt. War dies wirklich so «verlockend», wie Edgar Wolfrum es darstellt? (Vgl. Wolfrum, *Rot-Grün*, S. 440 f.) So verlockend, dass Putin hierfür alle anderen Bedenken zur Seite schieben würde? Wohl kaum.

663 Wolfrum, *Rot-Grün*, S. 426.

664 Joetze, *Irak*, S. 130.

665 Ambrosio, ‹Dispute›, S. 1200 f.

666 Zur Debatte hierüber vgl. Michael Bothe, ‹Der Irakkrieg und das Völkerrecht›, in Kubbig (Hg.), *Brandherd*, S. 155–172.

667 Vgl. ausführlich Szabo, *Parting*, S. 79–103. Auch das deutsche Ansehen in den USA sank, vgl. ebd., S. 139.

668 In der Bundesrepublik gaben 25 Prozent der Befragten an, ein positives Bild der USA zu haben; in Russland 28 Prozent, vgl. Gordon und Shapiro, *Allies*, S. 3.

669 Allensbacher Jahrbuch der Demoskopie 2003–2009, S. 327.

670 Stent, *Limits*, S. 91.

671 Golan, ‹Russia›, S. 442 ff.

672 Sakwa, *Russia*, S. 55.

673 Alexander Cooley, *Great Games, Local Rules. The New Great Power Contest in Central Asia* (Oxford 2012), S. 51–73; Freitag-Wirminghaus, ‹US-Präsenz›.

674 Ambrosio, ‹Dispute›, S. 1202 ff.

675 Schöllgen, *Schröder*, S. 697.

676 Spanger, *Kontinuitäten*, S. 16.

677 Tony Blair lehnte eine Einladung Putins zu dem Troika-Treffen in St. Petersburg im April 2003 ab, vgl. Bower, *Broken Vows*, S. 336.

678 Bierling, *Vormacht*, S. 132. Chirac schien sich trotz seiner Rhetorik oftmals nicht um eine engere Beziehung zu Moskau zu bemühen, vgl. De Tinguy, ‹Le rapprochement›, S. 171 ff.

679 DBT, Plenarprotokoll 03.04.2003, S. 3001.

680 Ebd., S. 3005.

681 Frank Umbach, ‹Multipolarität gestalten? Kritische Anmerkungen zur asiatischen und europäischen Debatte und die Notwendigkeit der Stärkung eines «effektiven Multilateralismus»›, *KAS Auslandsinformationen*, 7 (2006), S. 80–101.

682 Vgl. z. B. «Schröder wirbt in Malaysia für multipolare Welt», *Die Welt*, 13.05.2003.

683 Gunther Hellmann, «Vormodernes Regieren», *taz*, 22.04.2004; Markus Ziener, «Die einsamen Entscheidungen eines Kanzlers», *Handelsblatt*, 29.12.2005.

684 Sedlmayr, *Außen- und Sicherheitspolitik*, S. 95, Anm. 447.

685 Szabo, *Parting*, S. 166, Anm. 43.

686 Christian Hacke, ‹Die Außenpolitik der Regierung Schröder/Fischer›, *APuZ*, 32–33 (2005), S. 9–15, hier S. 11.

687 Schöllgen, *Schröder*, S. 578.

688 Vgl. auch Lütticken und Stahl, ‹Außenwirtschaftspolitik›.

689 Zu diesem Konzept vgl. Hans Kundnani, ‹Germany as a Geo-economic power›, *The Washington Quarterly*, 34:3 (2011), S. 31–45.

690 Ying Huang, *Die Chinapolitik der Bundesrepublik Deutschland nach der Wiedervereinigung. Ein Balanceakt zwischen Werten und Interessen* (Wiesbaden 2019), S. 248.

691 Schöllgen, *Schröder*, S. 799.

692 Bierling, *Vormacht*, S. 136.

693 Vgl. TNA, PREM 49/1341, Budd (FCO) an Heywood (No10), 24.11.1999.

694 Schöllgen, *Schröder*, S. 797 f.; Huang, *Chinapolitik*, S. 103.

695 Bierling, *Vormacht*, S. 137.

696 Schöllgen, *Schröder*, S. 579 f.; Bierling, *Vormacht*, S. 137.

697 Ebd.

698 Gerhard Schröder, «Warum wir Peking brauchen», *Die Zeit*, 17.07.2008.

699 Ebd.

700 Auf die Bedeutung und den Kontext der Rede wird weiter unten eingegangen. Vgl. Rede Steinmeier, 13.05.2008, https://www.auswaertiges-amt.de/de/newsroom/0805 13-bm-russland/219750

701 In einem Seitenhieb triumphierte er, dass sich China deutsches Recht als Orientierhilfe nähme und nicht «angloamerikanisches», vgl. Gerhard Schröder, «Warum wir Peking brauchen», *Die Zeit*, 17.07.2008.

702 Gerhard Schröder, «Warum wir Peking brauchen», *Die Zeit*, 17.07.2008.

703 Bierling, *Vormacht*, S. 140 f.; Schöllgen, *Schröder*, S. 725 f.

704 Ebd., S. 791.

705 Barbato, *Wetterwechsel*, S. 224.

706 Ausführlich legte Schröder mit seinem Biographen Gregor Schöllgen als Co-Autor diesen Abgesang auf den Westen im Januar 2021 dar, vgl. Gregor Schöllgen und Gerhard Schröder, *Letzte Chance. Warum wir jetzt eine neue Weltordnung brauchen* (München 2021).

707 Barbato, *Wetterwechsel*, S. 225.

708 Michael Inacker, «Schröder fährt die Ernte ein», *FAZ*, 09.10.2003.

709 Schröder, *Entscheidungen*, S. 246.

710 Ebd.

711 Ebd.

712 Ebd.

713 Ebd., S. 247.

714 Ebd., S. 460.

715 Ebd., S. 461.

716 Spanger, *Kontinuitäten*, S. 26.

717 Lough, *Russia Problem*, S. 129.

718 Bierling, *Vormacht*, S. 132.

719 Hill, *No Place*, S. 209 f.

720 Lough, *Russia Problem*, S. 128.

721 Spanger, *Kontinuitäten*, S. 21.

722 Bierling, *Vormacht*, S. 133.

723 Spanger, *Kontinuitäten*, S. 22.

724 Meier, *Wirtschaftsbeziehungen,* S. 7 f.

725 Bierling, *Vormacht*, S. 33.

726 Hannes Adomeit, Katrin Bastian und Roland Götz, *Deutsche Rußlandpolitik unter Druck* (Berlin 2004), S. 2 f.

727 Adomeit, Bastian und Götz, *Rußlandpolitik*, S. 3.

728 Goldman, *Öl-Imperium*, S. 126 ff.

729 Huang, *Chinapolitik*, S. 103 f.

730 Ebd., S. 107 f.

731 Markus Wehner, «Vom russischen Öl profitieren», *FAZ*, 07.10.2003.

732 AGG, Bundesvorstand (B I, 10), 2372, BuVo Sitzung vom 14.06.1999.

733 Adomeit, Bastian und Götz, *Rußlandpolitik*, S. 3; Bastian, *Europäische Union*, S. 167.

734 Malek, ‹Tschetschenien›, S. 41.

735 Deutschland hatte im Januar 2004 basierend auf einer bilateralen Vereinbarung als erstes EU-Land Erleichterungen im Personenverkehr eingeführt. Dieser Schritt schuf einen Präzedenzfall, unterminierte eine geschlossene Haltung der EU und

setzte die anderen EU-Staaten unter einen gewissen Handlungsdruck, vgl. Heinz Timmermann, ‹EU-Russland: Hintergründe und Perspektiven einer schwierigen Beziehung›, *integration*, 31:2 (2008), S. 159–178, hier S. 166 ff.; Bastian, *Europäische Union*, S. 162. Die Visavergabe in post-sowjetischen Staaten sollte 2004/2005 zu einer veritablen Krise im Auswärtigen Amt führen, denn deutsche Auslandsvertretungen hatten zwischen 1998 und 2004 von 5,6 Millionen Visa unzählige ungeprüft ausgestellt, vgl. Schöllgen, *Schröder*, S. 812 f.

736 «EU und Russland wollen ‹Europa ohne Trennlinien›», *FAZ*, 31.05.2003.

737 Haukkala, *EU-Russia*, S. 135.

738 Bastian, *Europäische Union*, S. 163.

739 Timmins, ‹Ostpolitik›, S. 311 f.

740 Vgl. auch Heinz Timmermann, ‹Die deutsch-russischen Beziehungen im europäischen Kontext›, *IPG*, 1 (2007), S. 101–122, hier S. 109 ff.

741 Lough, *Russia Problem*, S. 131.

742 Haukkala, *EU-Russia*, S. 134–151; Timmins, ‹Ostpolitik›, S. 311 f.

743 Adomeit, Bastian und Götz, *Rußlandpolitik*, S. 5.

744 Forsberg und Herd, ‹Human Rights›, S. 470, 478.

745 Manfred Quiring, «Zukunftsmusik aus Jekaterinburg», *Berliner Morgenpost*, 10.10. 2003.

746 Uta Thofern, «Putin und Schröder auf dem Weg zur Männer-Freundschaft», *Deutsche Welle*, 09.10.2003. Zu diesen Fragen vgl. auch Bastian, *Europäische Union*, S. 184 f.

747 Timmins, ‹Ostpolitik›, S. 310.

748 Morlock, ‹Männerfreundschaft›, S. 418.

749 Lough, *Russia Problem*, S. 130.

750 Michael Inacker, «Schröder fährt die Ernte ein», *FAZ*, 09.10.2003.

751 Florian Pfeil, ‹Bleibt alles anders? Kontinuität und Wandel rot-grüner Menschenrechtspolitik›, in Maull, Harnisch und Grund (Hg.), *Deutschland*, S. 177–192, hier S. 189.

752 Timmins, ‹Ostpolitik›, S. 313.

753 Duncan Allan und Ian Bond, *A New Russia Policy for Post-Brexit Britain* (London 2022), S. 3. Zum Agieren BPs auf dem russischen Markt vgl. Goldman, *Öl-Imperium*, S. 133 ff.

754 Allan und Bond, *New Russia Policy*, S. 3.; vgl. auch Denis MacShane, *Britain's Presidency of the European Union. Internal Crisis, External Strength, Economic Movement* (Bonn 2005), S. 4. Beresowski unterstützte Chodorkowski und politische Gegner Putins im gesamten post-sowjetischen Raum.

755 Stent, *Limits*, S. 84 ff.

756 PLUSD, 02Rome3855, 06.08.2002.

757 Gabriele Natalizia und Maria Morini, ‹Sleeping with the Enemy: The not-so-constant Italian stance towards Russia›, *Italian Political Science*, 15:1 (2020), S. 42–59, hier S. 44; Maurizio Carbone, ‹Russia's Trojan Horse in Europe?›, *Italian Politics*, 24 (2008), S. 135–151.

758 PLUSD, 02Rome5090, 05.04.2002.

759 Forsberg und Herd, ‹Human Rights›, S. 471.

760 Adomeit, Bastian und Götz, *Rußlandpolitik*, S. 4.

761 Timmins, ‹Ostpolitik›, S. 310.

762 Ebd., S. 311.

763 So argumentiert Lough, *Russia Problem*, S. 131.

764 Adomeit, Bastian und Götz, *Rußlandpolitik*, S. 5.

765 Schröder, *Entscheidungen*, S. 458, 464.
766 Timmins, ‹Ostpolitik›, S. 313.
767 Bastian, *Europäische Union*, S. 184.
768 Ebd., S. 190.
769 Spanger, *Kontinuitäten*, S. 10, Anm. 26.
770 Ebd., S. 10.
771 Timmins, ‹Ostpolitik›, S. 311.
772 «Yukos affair overshadows EU-Russian Summit», *Deutsche Welle*, 06.11.2003.
773 Vgl. Richard Sakwa, *Putin and the Oligarch. The Khodorkovsky-Yukos Affair* (London 2014); Goldman, *Öl-Imperium*, S. 164–188.
774 Lough, *Russia Problem*, S. 128 f.
775 Spanger, *Kontinuitäten*, S. 20 f.
776 Bastian, *Europäische Union*, S. 173.
777 Spanger, *Kontinuitäten*, S. 30.
778 So beide im Deutschen Bundestag am 13. November 2003, vgl. ebd., S. 29.
779 Erler war zudem Vorsitzender der deutsch-russischen Parlamentariergruppe im Deutschen Bundestag und Mitglied des Lenkungsausschusses des Petersburger Dialogs, vgl. Bastian, *Europäische Union*, S. 169, Anm. 96.
780 Bastian, *Europäische Union*, S. 169.
781 Spanger, *Kontinuitäten*, S. 29 f.
782 Morlock, ‹Männerfreundschaft›, S. 425.
783 Schöllgen, *Schröder*, S. 728.
784 Spanger, *Kontinuitäten*, S. 32.
785 Morlock, ‹Männerfreundschaft›, S. 423.
786 Forsberg und Herd, ‹Human Rights›, S. 472.
787 Morlock, ‹Männerfreundschaft›, S. 425.
788 Ebd., S. 426.
789 Schöllgen, *Schröder*, S. 510.
790 Morlock, ‹Männerfreundschaft›, S. 426.
791 Spanger, *Kontinuitäten*, S. 31.
792 Morlock, ‹Männerfreundschaft›, S. 435.
793 Im ganzen Wortlaut zitiert in Spanger, *Kontinuitäten*, S. 28.
794 Schöllgen, *Schröder*, S. 770 f.
795 Gunter Hofmann, «Die Unzertrennlichen», *Die Zeit*, 16.12.2004.
796 Hill, *No Place*, S. 227.
797 Ebd., S. 225 ff.
798 Vgl. ebd., S. 153 ff., 218 ff.
799 Tsygankov, *Foreign Policy*, S. 63 f.; Hill, *No Place*, S. 154.
800 Sakwa, *Russia*, S. 96 f.; Hill, *No Place*, S. 158 ff.
801 Sakwa, *Russia*, S. 141; Hill, *No Place*, S. 191 ff.
802 Ebd., S. 193 f.
803 Ebd., S. 218.
804 Vgl. ausführlich Katrin Böttger, *Die Entstehung und Entwicklung der Europäischen Nachbarschaftspolitik. Akteure und Koalitionen* (Baden-Baden 2010); Christine Normann, *The Influence of EU Member States on European Neighbourhood Policy. A Comparative Analysis of Germany, France and Poland* (Baden-Baden 2014).
805 Haukkala, *EU-Russia*, S. 133 ff.; Hill, *No Place*, S. 216 f.
806 Maass, *EU-Russia*, S. 2; Hiski Haukkala, ‹Russian Reactions to the European Neighborhood Policy›, *Problems of Post-Communism*, 55:5 (2008), S. 40–48.
807 Hill, *No Place*, S. 218.

808 Vgl. hierzu allg. Thomas Carothers, *U.S. Democracy Promotion during and after Bush* (Washington 2007).

809 Hill, *No Place*, S. 206 f.

810 Peter Scholl-Latour, *Russland im Zangengriff. Putins Imperium zwischen Nato, China und Islam* (Berlin 2006).

811 Wolfrum, *Rot-Grün*, S. 444.

812 Malek, ‹Tschetschenien›, S. 78 f.

813 Hill, *No Place*, S. 202.

814 Stent, *Limits*, S. 98.

815 Auch die 2001 gegründete Schanghaier Organisation für Zusammenarbeit muss in diesem Kontext genannt werden.

816 Sakwa, *Russia*, S. 144 ff.; Manfred Quiring, *Putins russische Welt. Wie der Kreml Europa spaltet* (Berlin 2017), S. 146 ff.

817 Stent, *Limits*, S. 105 f.

818 Mikheil Sarjveladze, *Deutschland und der Südkaukasus. Georgien im Fokus deutscher Außenpolitik von 1992 bis 2012* (Wiesbaden 2019), S. 174 f. Den Neuanfang begrüßte man ausdrücklich, zeigte sich jedoch auch sentimental: Man bot an, Schewardnadse aufgrund seiner Verdienste um die deutsche Einheit zur Not in Deutschland aufzunehmen, vgl. ebd., S. 177.

819 Sarjveladze, *Deutschland*, S. 180 f.

820 Wehner, *Putins*, S. 36 f.; Stent, *Limits*, S. 109.

821 Gulbaat Rzchiladse und Corina Alt, ‹Russland und Georgien: Konfrontation statt Kooperation›, *Osteuropa*, 57:7 (2007), S. 71–80.

822 Vgl. ausführlich Andrew Wilson, *Ukraine's Orange Revolution* (New Haven 2005).

823 Stent, *Limits*, S. 110.

824 Ebd., S. 111.

825 Ebd.

826 DBT, Plenarprotokoll 24.11.2004, S. 13 022.

827 Lough, *Russia Problem*, S. 132; Schöllgen, *Schröder*, S. 769.

828 DBT, Plenarprotokoll 01.12.2004, S. 13 388.

829 Stent, *Limits*, S. 115.

830 Wehner, *Putins Kalter Krieg*, S. 39.

831 Kirgistan war ein Sonderfall, da es keine pro-westlichen Führungspersönlichkeiten gab und die USA und Russland cum grano salis dieselbe Linie vertraten. Vielmehr kam es im gleichen Jahr zu massiven Meinungsverschiedenheiten über den Kurs Usbekistans, vgl. Stent, *Limits*, S. 116–122.

832 Bierling, *Vormacht*, S. 132.

833 Owen Matthews, *Overreach. The Inside Story of Putin's War Against Ukraine* (London 2023), S. 63.

834 Zitiert in Spanger, *Kontinuitäten*, S. I; vgl. auch Spanger, ‹Russlandpolitik›, S. 649 f.

835 Allensbacher Jahrbuch der Demoskopie 2003–2009, S. 342.

836 Schröder, *Entscheidungen*, S. 464 f.

837 Ebd., S. 467.

838 Ebd.

839 Bastian, *Europäische Union*, S. 187.

840 Robert Meyer, *Europa zwischen Land und Meer. Geopolitisches Denken und geopolitische Europamodelle nach der «Raumrevolution»* (Bonn 2014), S. 249.

841 Egon Bahr, *Der deutsche Weg. Selbstverständlich und normal* (München 2003).

842 Bierling, *Vormacht*, S. 152.

843 Katrin Bastian und Roland Götz, ‹Unter Freunden. Die deutsch-russische Interes-

senallianz>, *Blätter für deutsche und internationale Politik*, 50:5 (2005), S. 583–592; Roland Götz, <Deutschland und Russland – «strategische Partner»?>, *APuZ*, 11 (2006), S. 14–23.

844 Morlock, <Männerfreundschaft>, S. 436 f.

845 DBT, Plenarprotokoll 28.01.2000, S. 7904.

846 Die Akten des Bundeskanzleramtes (BArch, B 136/111 376) zu den Plänen in den Jahren 2000 und 2001 wurden dem Autor ohne Begründung versagt.

847 Roland Götz, *Deutsch-russische Energiebeziehungen – auf einem Sonderweg oder auf europäischer Spur?* (Berlin 2006), S. 1 f.

848 Timmins, <Ostpolitik>, S. 310.

849 Schöllgen, *Schröder*, S. 768.

850 Ralf Beste und Frank Dohmen, «Die Stunde der Strategen», *Der Spiegel*, 11.07.2004.

851 Ebd.

852 Spanger, *Kontinuitäten*, S. 24.

853 Götz, *Energiebeziehungen*, S. 2.

854 Zitiert in Spanger, *Kontinuitäten*, S. 23.

855 Bierling, *Vormacht*, S. 134.

856 Spanger, *Kontinuitäten*, S. 23 f.; Marcin Miodek und Bernhard Hartmann, <»Das ist ein neuer Ribbentrop-Molotov-Pakt!» Eine historische Analogie in der polnischen Energiedebatte>, *Osteuropa*, 59:7/8 (2009), S. 295–305.

857 Lough, *Russia Problem*, S. 133.

858 Jens Høvsgaard, *Gier, Gas und Geld. Wie Deutschland mit Nord Stream Europas Zukunft riskiert* (München 2019).

859 Ebd.

860 Claudia von Salzen, «Nord Stream und seine Macher», *Tagesspiegel*, 18.02.2019. Zu den Netzwerken im Nord Stream Dunstkreis, etwa auch Matthias Warnig, ehemaliger Stasi-Mitarbeiter und enger Vertrauter Putins, vgl. Guido Heinen, «Die Stasi-Akte des deutschen Pipeline-Chefs», *Die Welt*, 14.12.2005; Dirk Banse, et al., «Dieser Deutsche genießt Putins Vertrauen», *Die Welt*, 03.08.2014; Bingener und Wehner, *Moskau-Connection*, S. 124 ff.

861 Schöllgen, *Schröder*, S. 863.

862 Ebd., S. 877.

863 Schröder, *Entscheidungen*, S. 461.

TEIL III: DIE ÄRA MERKEL/STEINMEIER

1 ACDP, 08–016, 036/3, Protokoll CDU/CSU-Bundestagsfraktionssitzung 09.10.2007, S. 11.

2 Gerd Langguth, *Angela Merkel* (München 2005), S. 38 f.; Ralph Bollmann, *Angela Merkel. Die Kanzlerin und ihre Zeit* (München 2021), S. 37 f.

3 Vgl. Ralf Georg Reuth und Günther Lachmann, *Das erste Leben der Angela M.* (München 2013), S. 86 ff.; Bollmann, *Merkel*, S. 56–67.

4 Zum Alltag und Umfeld in der AdW vgl. Jacqueline Boysen, *Angela Merkel. Eine Karriere* (Berlin 2005), S. 35–77; Langguth, *Merkel*, S. 97 ff.

5 Archiv der Berlin-Brandenburgischen Akademie der Wissenschaften (ABBAW), Bestand Forschungsbereich (FOB) Chemie, 102, Rede Präsident der AdW, Direktorenkonferenz 12.04.1988, S. 1 ff.

6 ABBAW, FOB Chemie, 206, Gerhard Öhlmann (Institutsdirektor), Gesamteinschätzung der Leistungen des Zentralinstitutes für physikalische Chemie, 09.12. 1985.

7 ABBAW, FOB Chemie, 211, Öhlmann, Jahresforschungsbericht 1987 des Zentralinstitutes für physikalische Chemie, 10.12.1987, S. 4.

8 Wolfgang Stock, *Angela Merkel. Eine politische Biographie* (München 2005), S. 52; Bollmann, *Merkel*, S. 82.

9 Langguth, *Merkel*, S. 100; Boysen, *Merkel*, S. 49.

10 Evelyn Roll, *Die Kanzlerin. Angela Merkels Weg zur Macht* (Berlin 2009), S. 101.

11 Langguth, *Merkel*, S. 109.

12 Bollmann, *Merkel*, S. 70 f.

13 Joachim Kahlert, *Die Energiepolitik der DDR. Mängelverwaltung zwischen Kernkraft und Braunkohle* (Bonn 1988), S. 15.

14 Ebd., S. 23 ff. Aus der Sowjetunion kamen rund 80–90 Prozent des Erdöls; der restliche Anteil aus arabischen Staaten.

15 Henning Türk, *Treibstoff der Systeme. Kohle, Erdöl und Atomkraft im geteilten Deutschland* (Berlin 2021), S. 117.

16 Kahlert, *Energiepolitik*, S. 25.

17 Ebd., S. 26 f.

18 Ebd., S. 10.

19 Ebd., S. 11.

20 Türk, *Treibstoff*, S. 112, 116.

21 Stefan Kornelius, *Angela Merkel. Die Kanzlerin und ihre Welt* (Hamburg 2013), S. 21; Bollmann, *Merkel*, S. 48.

22 Reuth und Lachmann, *Leben*, S. 65.

23 Merkel, *Weg*, S. 49.

24 Kornelius, *Merkel*, S. 21 f.

25 Reuth und Lachmann, *Leben*, S. 66 f.

26 Angela Merkel, *Mein Weg. Ein Gespräch mit Hugo Müller-Vogg* (Hamburg 2005), S. 45. Kritischer hierzu Reuth und Lachmann, *Leben*, S. 53 ff.

27 Roll, *Kanzlerin*, S. 54 ff.

28 Bollmann, *Merkel*, S. 83 f.; Reuth und Lachmann, *Leben*, S. 134.

29 Stock, *Merkel*, S. 54.

30 Bollmann, *Merkel*, S. 84 f.

31 Interview mit Erich Vad, 12.04.2024.

32 Bollmann, *Merkel*, S. 306.

33 Reuth und Lachmann, *Leben*, S. 100.

34 Bollmann, *Merkel*, S. 105 f.

35 Ebd., S. 118 ff.; Langguth, *Merkel*, S. 121 ff.; Boysen, *Merkel*, S. 94 ff.

36 Ebd., S. 128.

37 Langguth, *Merkel*, S. 140.

38 ACDP, 08-014, 056/6, Protokoll CDU/CSU-Bundestagsfraktionssitzung 14.09.2001, S. 28.

39 Vgl. Langguth, *Merkel*, S. 151–192; Boysen, *Merkel*, S. 143–162.

40 Bollmann, *Merkel*, S. 172 ff.

41 ACDP, 08-015, 095/7, Protokoll CDU/CSU-Bundestagsfraktionssitzung 25.05.2004, S. 28.

42 Zum innerparteilichen Aufstieg Merkels nach 1998 vgl. Langguth, *Merkel*, S. 194–241.

43 Boysen, *Merkel*, S. 260; Kornelius, *Merkel*, S. 62 f.

44 «Die neue Eiszeit», *Der Spiegel*, 20.05.2007.

45 Kornelius, *Merkel*, S. 130.

46 Langguth, *Merkel*, S. 242 f.

47 Vgl. «President Vladimir Putin met with the leader of Germany's Christian Demo-

cratic Union, Angela Merkel», 08.02.2002, http://en.kremlin.ru/events/president/news/42400

48 «Transformation Russlands ist Herkules-Aufgabe», *Der Standard*, 08.02.2002.

49 ACDP, 08–015, 087/5, Protokoll CDU/CSU-Bundestagsfraktionssitzung 11.02.2003, S. 5.

50 ACDP, 08–015, 088/5, Protokoll CDU/CSU-Bundestagsfraktionssitzung 01.04.2003, S. 6 f.

51 ACDP, 08–015, 087/5, Protokoll CDU/CSU-Bundestagsfraktionssitzung 11.02.2003, S. 7; ACDP, 08–014, 060/1, Protokoll CDU/CSU-Bundestagsfraktionssitzung 16.04.2002, S. 24.

52 Merkel bezog sich hierbei vor allem auf die Auseinandersetzungen über die Vertriebenenproblematik, vgl. ACDP, 08–015, 095/4, Protokoll CDU/CSU-Bundestagsfraktionssitzung 04.05.2003, S. 3.

53 ACDP, 08–015, 087/7, Protokoll CDU/CSU-Bundestagsfraktionssitzung 18.02.2003, S. 5.

54 Bollmann, *Merkel*, S. 239 f.

55 ACDP, 08–015, 087/4, Protokoll CDU/CSU-Bundestagsfraktionssitzung 28.01.2003, S. 4.

56 ACDP, 08–015, 087/3, Protokoll CDU/CSU-Bundestagsfraktionssitzung 14.01.2003, S. 11.

57 ACDP, 08–015, 086/10, Protokoll CDU/CSU-Bundestagsfraktionssitzung 12.11.2002, S. 2.

58 ACDP, 08–015, 088/5, Protokoll CDU/CSU-Bundestagsfraktionssitzung 01.04.2003, S. 1 ff.

59 ACDP, 08–015, 086/10, Protokoll CDU/CSU-Bundestagsfraktionssitzung 12.11.2002, S. 3.

60 ACDP, 08–015, 088/5, Protokoll CDU/CSU-Bundestagsfraktionssitzung 01.04.2003, S. 4.

61 ACDP, 08–015, 088/1, Protokoll CDU/CSU-Bundestagsfraktionssitzung 11.03.2003, S. 7.

62 ACDP, 08–015, 087/7, Protokoll CDU/CSU-Bundestagsfraktionssitzung 18.02.2003, S. 3 f.

63 ACDP, 08–015, 088/1, Protokoll CDU/CSU-Bundestagsfraktionssitzung 11.03.2003, S. 9.

64 ACDP, 08–015, 086/10, Protokoll CDU/CSU-Bundestagsfraktionssitzung 12.11.2002, S. 3.

65 ACDP, 08–015, 087/1, Protokoll CDU/CSU-Bundestagsfraktionssitzung 17.12.2002, S. 3.

66 ACDP, 08–015, 086/7, Protokoll CDU/CSU-Bundestagsfraktionssitzung 28.10.2002, S. 4.

67 ACDP, 08–015, 096/5, Protokoll CDU/CSU-Bundestagsfraktionssitzung 06.09.2004, S. 4 f.

68 Ebd., S. 5.

69 ACDP, 08–015, 098/2, Protokoll CDU/CSU-Bundestagsfraktionssitzung 30.11.2004, S. 2.

70 DBT, Plenarprotokoll 01.12.2004, S. 13396.

71 Ebd., S. 13397.

72 Ebd., S. 13398.

73 Ebd.

74 Kornelius, *Merkel*, S. 146.

75 «Folter ist nicht hinnehmbar», *Die Zeit* 06.05.2004.

76 Bollmann, *Merkel*, S. 305 ff.

77 Ebd., S. 308.

78 Ebd., S. 150.

79 Hajo Schumacher, *Die zwölf Gesetze der Macht. Angela Merkels Erfolgsgeheimnisse* (München 2007), S. 94.

80 Karl-Rudolf Korte, ‹Präsidentielles Zaudern. Der Regierungsstil von Angela Merkel in der Großen Koalition 2005–2009›, in Sebastian Bukow und Wenke Seemann (Hg.), *Regierung – Politik – Parteien 2005–2009* (Wiesbaden 2010), S. 102–119; vgl. auch Weidenfeld, *Kanzlerin*, S. 9 ff.

81 Kornelius, *Merkel*, S. 50; Langguth, *Merkel*, S. 294 f. Zu Baumann vgl. Melanie Amann, «Die heimliche Macht in Zimmer LE 7401», *Der Spiegel*, 10.12.2021; Dominique Eigenmann, «Merkels einflussreichste Beraterin», *Tagesanzeiger*, 23.06.2017.

82 Bollmann, *Merkel*, S. 293. Vgl. zu Heusgen auch Kornelius, *Merkel*, S. 116 ff.

83 Interview mit Ulrich Brandenburg, 18.03.2024.

84 Zur Außenpolitik der Großen Koalition allg. vgl. Sven Bernhard Gareis, ‹Die Außen- und Sicherheitspolitik der Großen Koalition›, in Bukow und Seemann (Hg.), *Regierung*, S. 228–243; Sebastian Harnisch, ‹Die Große Koalition in der Außen- und Sicherheitspolitik: die Selbstbehauptung der Vetospieler›, in Christoph Egle und Reimut Zohlnhöfer (Hg.), *Die zweite Große Koalition. Eine Bilanz der Regierung Merkel 2005–2009* (Wiesbaden 2010), S. 503–529.

85 ACDP, 08–016, 028/4, Protokoll CDU/CSU-Bundestagsfraktionssitzung 11.10.2005, S. 7.

86 Weidenfeld, *Kanzlerin*, S. 231.

87 Stephan Bierling, *Vormacht wider Willen. Deutsche Außenpolitik von der Wiedervereinigung bis zur Gegenwart* (München 2014), S. 182.

88 Ebd., S. 264.

89 Frank-Walter Steinmeier, *Mein Deutschland. Wofür ich stehe* (München 2009), S. 9 ff. Vgl. auch Sebastian Kohlmann, *Frank-Walter Steinmeier. Eine politische Biographie* (Bielefeld 2017), S. 38 ff.

90 Torben Lütjen und Lars Geiges, *Frank-Walter Steinmeier. Die Biografie* (Freiburg 2017), S. 31 ff.

91 Steinmeier, *Deutschland*, S. 191 ff.

92 Daniel Friedrich Sturm, *Wohin geht die SPD?* (München 2009), S. 252.

93 Matthias Platzeck, der später durch ausgesprochene Russlandfreundlichkeit auffiel, sollte den Posten eigentlich übernehmen. Er winkte allerdings ebenso ab wie EU-Kommissar Günter Verheugen, vgl. Kohlmann, *Steinmeier*, S. 317 ff.; Lütjen und Geiges, *Steinmeier*, S. 91.

94 Ebd., S. 121 f.

95 Kohlmann, *Steinmeier*, S. 332 ff.

96 Ebd., S. 360.

97 Ralf Beste, «Der Nachlassverwalter», *Der Spiegel*, 16.10.2005.

98 Zu den teils dürftigen Ergebnissen dieser Debatten vgl. Stefan Fröhlich, *Das Ende der Selbstfesselung. Deutsche Außenpolitik in einer Welt ohne Führung* (Wiesbaden 2019), S. 7 ff.

99 Langguth, *Merkel*, S. 244; «Folter ist nicht hinnehmbar», *Die Zeit* 06.05.2004.

100 Hannes Adomeit, ‹Russland und der Westen: Von «Strategischer Partnerschaft» zur strategischen Gegnerschaft›, *SIRIUS*, 5:2 (2021), S. 107–124, hier S. 107.

101 Angela Stent, *The Limits of Partnership. U. S.-Russian Relations in the Twentieth-First Century* (Princeton 2014), S. 123. Der Beitritt zur WTO zog sich bis August 2012

hin und war oftmals mit politisch motivierten Schachzügen russischerseits verzögert worden, etwa als man 2009 erklärte, nur gleichzeitig mit Belarus und Kasachstan beizutreten, vgl. Johannes Voswinkel, «Moskaus Rückzug», *Zeit online*, 23.06.2009.

102 William J. Burns, *The Back Channel. American Diplomacy in a Disordered World* (London 2021), S. 212, 218 f.

103 William H. Hill, *No Place for Russia. European Security Institutions since 1989* (New York 2018), S. 236.

104 Stent, *Limits*, S. 136.

105 Roll, *Kanzlerin*, S. 371.

106 Michael Inacker, «Merkels Männerfreundschaft», *FAZ*, 10.02.2002.

107 Sylvie Kauffmann, *Les aveuglés. Comment Berlin et Paris ont laissé la voie libre à la Russie* (Paris 2023), S. 243.

108 Timmins, ‹German Ostpolitik›, S. 312.

109 Merkel, *Mein Weg*, S. 221 f.; Spanger, *Paradoxe Kontinuitäten*, S. 36 f.; Hannes Adomeit, *Deutsche Russlandpolitik. Ende des «Schmusekurses»?* (Paris 2005), S. 21.

110 John Lough, *Germany's Russia Problem. The Struggle for Balance in Europe* (Manchester 2021), S. 133 f.

111 Heinz Timmermann, ‹EU-Russland: Hintergründe und Perspektiven einer schwierigen Beziehung›, *integration*, 31:2 (2008), S. 159–178, hier S. 168.

112 Serhii Plokhy, *Der Angriff. Russlands Krieg gegen die Ukraine und seine Folgen für die Welt* (Hamburg 2023), S. 126 f.

113 Public Library of US Diplomacy (PLUSD), 06Moscow930, 30.01.2006.

114 PLUSD, 06Berlin1025, 13.04.2005.

115 Ebd.

116 Ebd.

117 Tobias Hausotter, Arne Niemann und Alexander Schratz, ‹Die Belarus-Politik der Europäischen Union: Handlungsspielräume und Politikoptionen›, *Osteuropa*, 57:7 (2007), S. 57–69.

118 «Deutschland und Russland für diplomatische Lösung», *FAZ*, 06.04.2006.

119 Hausotter, Niemann und Schratz, ‹Belarus-Politik›.

120 PLUSD, 06Berlin455, 17.02.2006.

121 Heinz Timmermann, ‹Die deutsch-russischen Beziehungen im europäischen Kontext›, *IPG*, 1 (2007), S. 101–122, hier S. 107 f.

122 Johannes Voswinkel, «Heilsame Nüchternheit», *Die Zeit*, 11.01.2006.

123 PLUSD, 06Berlin455, 17.02.2006.

124 Bollmann, *Merkel*, S. 301.

125 ACDP, 08-016, 029/6, Protokoll CDU/CSU-Bundestagsfraktionssitzung 17.01.2006, S. 10.

126 Ebd., S. 10 f.

127 ACDP, 08-016, 029/8, Protokoll CDU/CSU-Bundestagsfraktionssitzung 07.02.2006, S. 8.

128 Jochen Bittner, «Merkels Welt», *Zeit online*, 05.02.2006.

129 Rede Merkel Münchner Sicherheitskonferenz, 05.02.2006, https://www.bundesregierung.de/resource/blob/975954/769066/edc1449bbb963904090e2714bc0eca1a/12-2-merkel-data.pdf?download=1

130 Zitiert in Timmermann, ‹Beziehungen›, S. 104. Die gesamte Rede findet sich auf https://www.auswaertiges-amt.de/de/newsroom/060205-muenchenkonferenz/219564

131 Aleks Szczerbiak, *Poland within the European Union. New awkward partner or new heart of Europe* (London 2012), S. 18.

132 Katharina Schuler, «Lauter Ärger», *Die Zeit*, 15.03.2006.

133 PLUSD, o6Warsaw525, 21.03.2006.

134 «Kaczynski brüskiert Chirac», *FAZ*, 24.02.2006. Ein weiterer Aspekt der polnischen Außenpolitik muss ebenfalls bedacht werden. Das aktive Eintreten und die Zusammenarbeit mit zivilgesellschaftlichen Gruppen und Oppositionsparteien in Belarus und Russland stieß in Frankreich auf wenig Gegenliebe. Dies sei «sehr gefährlich», teilten Vertreter des Quai d'Orsay der amerikanischen Botschaft in Paris mit, vgl. PLUSD, o5Paris7225, 21.10.2005.

135 PLUSD, o6Berlin721, 14.03.2006. Auch zuvor war die Reaktion in Polen weitaus nüchterner ausgefallen, als die mediale Debatte dies vermuten ließ vgl. PLUSD, o5Warsaw3422, 20.09.2005.

136 PLUSD, o6Berlin455, 17.02.2006.

137 Wojciech Opiola und Grzegorz Omelan, ‹Poland's Energy Balance and its future. The case study of Gas as an energy source›, *Godspodarka Rynek Edukacja*, 13:4 (2012), S. 5–13, hier S. 5 f.

138 Opiola und Omelan, ‹Energy›, S. 6.

139 Roland Götz, ‹Mythen und Fakten: Europas Gasabhängigkeit von Russland›, *Osteuropa*, 62:6–8 (2012), S. 435–458, hier S. 452, Anm. 57.

140 Vgl. ausführlich Kai-Olaf Lang, *Polens Energiepolitik. Interessen und Konfliktpotentiale in der EU und im Verhältnis zu Deutschland* (Berlin 2007). Als Jaroslaw Kaczyński aus dem Amt war, kritisierte er die Nachfolgeregierung. Es sei ein Fehler, auf Russland und Deutschland zuzugehen. Nur Stärke helfe, erklärte er dem US-Botschafter und setzte damit die Bundesrepublik und Russland gleich, vgl. PLUSD, o9Warsaw33, 12.01.2009.

141 «Kaczynski: Mit der EU-Reform von vorn beginnen», *FAZ*, 08.03.2006.

142 Zur Debatte vgl. Oliver Geden, Andreas Goldthau und Timo Noetzel, «*Energie-NATO» und «Energie-KSZE» – Instrumente der Versorgungssicherheit? Die Debatte um Energieversorgung und kollektive Sicherheitssysteme* (Berlin 2007).

143 PLUSD, o6Warsaw148, 31.01.2006.

144 Maass, *EU-Russia*, S. 116 f.

145 Moskau hatte sich bereits sehr deutlich von den Zielen dieser institutionellen Kooperation abgewandt, vgl. Tatiana Romanova, ‹The Russian Perspective on the Energy-Dialogue›, *Journal of Contemporary European Studies*, 16:2 (2008), S. 219–230.

146 «Streit über Energiepolitik», *Zeit online*, 13.10.2006.

147 Maass, *EU-Russia*, S. 114 f.

148 «Gazprom-Drohung: Berlin pocht auf Vertragstreue», *FAZ*, 21.04.2006.

149 Maass, *EU-Russia*, S. 117.

150 Johannes Voswinkel, «Globale Einkaufstour», *Die Zeit*, 31.08.2006.

151 Goldman, *Öl-Imperium*, S. 192 f.

152 Timmermann, ‹EU-Russland›, S. 167; Edward Lucas, *The New Cold War. Putin's Russia and the Threat to the West* (New York 2014), S. 232 ff.

153 Johannes Voswinkel, «Globale Einkaufstour», *Die Zeit*, 31.08.2006; Henrik Böhme, «Russen in Deutschland», *DW*, 11.10.2006.

154 «Schalke soll Kohle von Gazprom bekommen», *Der Spiegel*, 06.10.2006.

155 PLUSD, o6Düsseldorf49, 20.12.2006.

156 Jürgen Roth, *Gazprom. Das unheimliche Imperium* (Berlin 2012).

157 ACDP, 08–016, 031/3, Protokoll CDU/CSU-Bundestagsfraktionssitzung 30.05.2006, S. 13.

158 ACDP, 08–016, 030/6, Protokoll CDU/CSU-Bundestagsfraktionssitzung 04.04.2006, S. 9.

159 Uwe Klußmann, «Offene Worte in Tomsk», *Der Spiegel*, 27.04.2006.

160 «Merkel deutet Kontroversen mit Putin an», *FAZ*, 27.04.2006; Uwe Klußmann, «Offene Worte in Tomsk», *Der Spiegel*, 27.04.2006.

161 Uwe Klußmann, «Offene Worte in Tomsk», *Der Spiegel*, 27.04.2006. Zur russischen Iranpolitik vgl. Stent, *Limits*, S. 149 ff.

162 «Putin-Gegner in Tomsk festgenommen», *Tagesspiegel*, 29.04.2006.

163 «Putin mildert den Ton im Energiestreit», *FAZ*, 26.04.2006.

164 Uwe Klußmann, «Offene Worte in Tomsk», *Der Spiegel*, 27.04.2006.

165 «Merkel deutet Kontroversen mit Putin an», *FAZ*, 27.04.2006.

166 PLUSD, 06Moscow4615, 28.04.2006.

167 Stent, *Limits*, S. 153 ff.

168 Angus Roxburgh, *The Strongman. Vladimir Putin and the Struggle for Russia* (London 2021), S. 159 f.

169 Vgl. Stent, *Limits*, S. 138 ff.

170 Johannes Voswinkel, «Schutz gegen Moskau», *Die Zeit*, 26.05.2006.

171 Schulze und Timmermann, *Europäische Union*, S. 151.

172 Maass, *EU-Russia*, S. 120 ff.; Hans-Joachim Spanger, ‹Partnerschaft: strategisch, pragmatisch oder selektiv? Die EU und Russland auf der Suche nach einem neuen Vertrag›, *HSFK-Standpunkte*, 6 (2006), S. 1–12.

173 Timmermann, ‹Beziehungen›, S. 102, 109 ff.

174 Reinhard Bingener und Markus Wehner, *Die Moskau-Connection. Das Schröder-Netzwerk und Deutschlands Weg in die Abhängigkeit* (München 2023), S. 112 f.; Kohlmann, *Steinmeier*, S. 349 ff.

175 Zitiert in Timmermann, ‹EU-Russland›, S. 170.

176 Ebd., S. 122.

177 Johannes Leithäuser, «Zwischen gutem Willen und Ratlosigkeit», *FAZ*, 10.10.2006.

178 Timmermann, ‹Beziehungen›, S. 103.

179 Schulze und Timmermann, *Europäische Union*, S. 398, Anm. 401.

180 Maass, *EU-Russia*, S. 121.

181 Vgl. ausführlich «Der Fleischkrieg», *DW*, 17.05.2007.Belarus schloss sich im März 2007 an und hob den Importstopp erst im April 2008 wieder auf.

182 «Polen blockiert Russland-Verhandlungen der EU», *Der Spiegel*, 13.11.2006.

183 Johannes Voswinkel, «Schweine und Gas», *Die Zeit*, 24.11.2006.

184 «Streit in Helsinki», *DW*, 24.11.2006. Auch hier spielte der Export von Fleisch eine Rolle, da in beiden Ländern die Schweinepest grassierte, weshalb die EU-Fleischimporte von dort ebenfalls verboten hatte. Putin drohte dennoch, alle Fleischimporte aus der EU zu stoppen. Einzig der Streit um Überfluggebühren konnte beigelegt werden. Die EU zahlte bis dato Russland jährlich rund 300 Millionen Euro, um über Sibirien fliegen zu dürfen, was ab 2014 entfallen sollte, vgl. ebd.

185 Maass, *EU-Russia*, S. 122; Roxburgh, *Strongman*, S. 173 ff.

186 Tuomas Forsberg und Hiski Haukkala, *The European Union and Russia* (New York 2016), S. 29.

187 Maass, *EU-Russia*, S. 121 f.; Timmermann, ‹Beziehungen›, S. 115 f.

188 Johannes Voswinkel, «Schweine und Gas», *Die Zeit*, 24.11.2006; Johannes Voswinkel, «Der Weinkrieg», *Die Zeit*, 12.04.2006. Moskau hatte aufgrund der Ausweisung russischer Spione ein Importverbot auf Wein und Mineralwasser aus Georgien verhängt, vgl. Stent, *Limits*, S. 169.

189 ACDP, 08–016, 032/1, Protokoll CDU/CSU-Bundestagsfraktionssitzung 04.09.2006, S. 13.

190 Ebd., S. 16.

191 Timmermann, ‹Beziehungen›, S. 109.

192 Ebd., S. 118.

193 Severin Weiland, «Merkel macht Putin Druck», *Der Spiegel*, 10.10.2006.

194 «Putin verspricht Aufklärung», *Zeit online*, 11.10.2006.

195 Severin Weiland, «Merkel macht Putin Druck», *Der Spiegel*, 10.10.2006.

196 Christiane Hoffmann, «Putins Besuch in Deutschland», *DW*, 10.10.2006; Dana Spinant, «Putin and the ‹old man› spoil Lahti summit», *Politico*, 25.10.2006.

197 Ebd.

198 Bei den EU-Russland-Gipfeln traf er meist «nur» den Ratspräsidenten, Kommissionsmitglieder und den EU-Außenbeauftragten, vgl. Maass, *EU-Russia*, S. 117.

199 «Treffen in Finnland», *DW*, 20.10.2006.

200 Vgl. hierzu weiter unten.

201 Maass, *EU-Russia*, S. 118.

202 «EU-Gipfel in Finnland», *DW*, 20.10.2006.

203 Dana Spinant, «Putin and the ‹old man› spoil Lahti summit», *Politico*, 25.10.2006.

204 Maass, *EU-Russia*, S. 119 f.; Gerold Büchner, «Putin bremst beim Energie-Gipfel in Lahti», *Berliner Zeitung*, 21.10.2006.

205 Christoph Hasselbach, «Gegenseitige Abhängigkeit», *DW*, 21.10.2006.

206 «EU-Gipfel in Finnland», *DW*, 20.10.2006.

207 «Russland sperrt sich», *Zeit online*, 21.10.2006.

208 Jean Quatremer, «Chirac refuse de blamer Poutine», *Libération*, 21.10.2006.

209 Dana Spinant, «Putin and the ‹old man› spoil Lahti summit», *Politico*, 25.10.2006.

210 Elsa Vidal, *La fascination russe. Politique française: trente ans de complaisance vis-à-vis de la Russie* (Paris 2024), S. 73.

211 Rede Merkel, 08.11.2006, https://dgap.org/system/files/article_pdfs/2006-03_DGAP ber_BK_Merkel_www_0.pdf

212 Ebd.

213 Rede Merkel, 27.11.2006, https://www.kas.de/documents/252038/253252/2006-11-27_ parteitag_rede_merkel.pdf/cf70cbbd-5ff1-63c9-1f80-737ac533963e

214 PLUSD, 06Berlin3490, 13.12.2006.

215 Christiane Buck, «NATO diskutiert in Riga neue Strategie», *Die Welt*, 28.11.2006.

216 «Deutschland und Russland für diplomatische Lösung», *FAZ*, 06.04.2006.

217 ACDP, 08–016, 033/1, Protokoll CDU/CSU-Bundestagsfraktionssitzung 07.11.2006, S. 11.

218 Vidal, *Fascination russe*, S. 73.

219 Bollmann, *Merkel*, S. 303.

220 Günter Bannas, «Führt Schröder Steinmeier die Hand?», *FAZ*, 16.03.2007.

221 ACDP, 08–016, 034/5, Protokoll CDU/CSU-Bundestagsfraktionssitzung 27.03.2007, S. 8 f.

222 Ebd., S. 9.

223 Ein Streit über die Gaspreise war glimpflicher verlaufen, vgl. «Moskau und Minsk ringen um eine Lösung», *FAZ*, 29.12.2006.

224 «Merkel stellt Atomausstieg in Frage», *FAZ*, 09.01.2007.

225 PLUSD, 07Berlin45, 09.01.2007.

226 «Merkel stellt Atomausstieg in Frage», *FAZ*, 09.01.2007.

227 PLUSD, 07Berlin45, 09.01.2007.

228 Steinmeier, *Deutschland*, S. 184.

229 «Russisches Öl fließt wieder Richtung Westen», *FAZ*, 11.01.2007.

230 1995 war sie von einem Kurzhaardackel ins Knie gebissen worden, was eine nicht unbedeutende Aufmerksamkeit der Medien generierte. Besagter Hund war zuvor

durch die Jagdprüfung gefallen: «Bisslosigkeit». Warum er dann ausgerechnet die Ministerin gebissen habe, wollten viele Journalisten wissen und belagerten das Bundesumweltministerium über eine Woche, vgl. Roll, *Kanzlerin*, S. 195; Nikolaus Blome, *Angela Merkel. Die Zauder-Künstlerin* (München 2013), S. 74; Robin Alexander und Daniel Friedrich Sturm, «Steinmeier begleitet Lawrow nicht mal bis vor die Tür», *Die Welt*, 09.03.2014.

231 PLUSD, 07Moscow382, 30.01.2007. Burns war von August 2005 bis Mai 2008 US-Botschafter in Russland, vgl. auch seine Darstellung in Burns, *Back Channel*.
232 PLUSD, 07Moscow382, 30.01.2007.
233 Ebd.
234 Ebd.
235 «Merkel verlangt von Putin ‹bessere Kommunikation›», *FAZ*, 22.01.2007.
236 Klaus-Dieter Frankenberger, «Was Moskau von Berlin trennt», *FAZ*, 22.01.2007.
237 PLUSD, 07Moscow382, 30.01.2007.
238 Ebd.
239 Rede Merkel, Münchner Sicherheitskonferenz, 07.02.2009, https://www.bundesre gierung.de/statisch/nato/nn_683358/Content/DE/Rede/2009/02/2009-02-07-rede-merkel-sicherheitskonferenz_page-5.html
240 PLUSD, 07Moscow613, 12.02.2007. Zum Hintergrund der Rede vgl. Peter Conradi, *Who lost Russia? From the Collapse of the USSR to Putin's War on Ukraine* (London 2022), S. 176–185; Stent, *Limits*, S. 147 ff.; Burns, *Back Channel*, S. 223 ff.
241 Jochen Bittner, «Kein Grund zur Beruhigung», *Zeit online*, 10.02.2007.
242 Andreas Heinemann-Grüder, ‹Wandel statt Anbiederung: Deutsche Russlandpolitik auf dem Prüfstand›, *Osteuropa*, 63:7 (2013), S. 179–194, hier S. 186.
243 Stent, *Limits*, S. 149.
244 Fiona Hill und Clifford G. Gaddy, *Mr. Putin. Operative in the Kremlin* (Washington 2015), S. 317.
245 Jochen Bittner, «Kein Grund zur Beruhigung», *Zeit online*, 10.02.2007.
246 Berthold Kohler, «Ein Sieg für Putin», *FAZ*, 12.02.2007.
247 Bollmann, *Merkel*, S. 304.
248 PLUSD, 07USNATO140, 02.03.2007.
249 Ebd.
250 Ebd.
251 Ebd.
252 Regierungserklärung Merkel, 11.05.2006, https://www.bundesregierung.de/breg-de/ service/bulletin/regierungserklaerung-von-bundeskanzlerin-dr-angela-merkel-793764
253 PLUSD, 06Berlin1342, 16.05.2006.
254 Ebd.
255 «Berlin entwickelt neue Nachbarschaftspolitik für die EU», *FAZ*, 02.07.2006.
256 Fix, *Germany's Role*, S. 69.
257 Rainer Lindner, ‹Das Russland-Dossier der deutschen EU-Präsidentschaft: Zwischen Realinteressen und Nachbarschaftskonflikten›, in Daniela Kietz und Volker Perthes (Hg.), *Handlungsspielräume einer EU-Ratspräsidentschaft. Eine Funktionsanalyse des deutschen Vorsitzes im ersten Halbjahr 2007* (Berlin 2007), S. 80–86.
258 PLUSD, 07Berlin334, 16.02.2007.
259 Vgl. hierzu Andrea Schmitz, ‹Effizienz als Leitmotiv: Die «Strategie für eine neue Partnerschaft mit Zentralasien»›, in Kietz und Perthes (Hg.), *Handlungsspielräume*, S. 75–79; Kai Olaf Lang, ‹Das deutsche Präsidentschaftsprofil in der ENP: Dosierte

Stimulation und vielschichtiges Brokern›, in Kietz und Perthes (Hg.), *Handlungs-spielräume*, S. 68–74.

260 PLUSD, 07Berlin169, 26.01.2007.
261 Rede Merkel vor dem EP, 17.01.2007, https://www.bundesregierung.de/breg-de/servi ce/bulletin/rede-von-bundeskanzlerin-dr-angela-merkel-797836
262 Maass, *EU-Russia*, S. 113, 123 ff.
263 Andere Mitgliedstaaten sahen dies ebenfalls kritisch, weshalb sich das Kanzleramt, auch aufgrund des eigenen Vorsitzes, zunächst im Hintergrund halten wollte, vgl. PLUSD, 07Berlin121, 22.01.2007.
264 Maass, *EU-Russia*, S. 123.
265 Ebd., S. 124.
266 Timmermann, ‹EU-Russland›, S. 163.
267 «Has Poland lifted its veto on Russia-EU talks?», *Radio Free Europe*, 25.04.2008.
268 Matthias Streitz, «Schluss mit Druschba», *Der Spiegel*, 08.01.2007.
269 Vgl. hierzu allgemein Aleksandra Kuczynska-Zonik, ‹Russia's monuments policy in the Baltic States›, in Thomas Hoffmann und Andrey Makarychev (Hg.), *Russia and the EU. Spaces of Interaction* (London 2019), S. 52–70.
270 Johannes Voswinkel, «Denkmal der Zwietracht», *Zeit online*, 02.05.2007.
271 Hendrik Kafsack, «Steinmeier reist nach Moskau», *FAZ*, 14.05.2007; Maass, *EU-Russia*, S. 125 f.
272 Ebd., S. 113.
273 Ebd., S. 126.
274 Timmermann, ‹EU-Russland›, S. 168;
275 Maass, *EU-Russia*, S. 114; Wulf Schmiese, «Ein schwieriges Umfeld», *FAZ*, 17.05.2007; Michael Thumann, «Der Gas-Dealer von Samara», *Die Zeit*, 24.05.2007.
276 Graham Timmins, ‹German-Russian Bilateral Relations and EU Policy on Russia: Between Normalisation and the «Multilateral Reflex»›, *Journal of Contemporary European Studies*, 19:2 (2011), S. 189–199, hier S. 196.
277 Maass, *EU-Russia*, S. 127.
278 Szczerbiak, *Poland*, S. 100.
279 «‹Sprengsatz für den europäischen Zusammenhalt›», *FAZ*, 19.05.2007.
280 Ansgar Graw, «SPD wirft USA falschen Umgang mit Russland vor», *Die Welt*, 03.06.2007.
281 PLUSD, 07Berlin700, 03.04.2007.
282 PLUSD, 07Berlin747, 12.04.2007.
283 Alain-Xavier Wurst, «Fundamentale Opposition», *Zeit online*, 25.05.2007.
284 Ralf Beste et al., «Die neue Eiszeit», *Der Spiegel*, 20.05.2007.
285 Ebd.
286 «‹Sprengsatz für den europäischen Zusammenhalt›», *FAZ*, 19.05.2007.
287 ACDP, 08-016, 035/2, Protokoll CDU/CSU-Bundestagsfraktionssitzung 22.05.2007, S. 6 f.
288 Ebd.
289 Ebd., S. 7.
290 Ebd., S. 8.
291 Ebd., S. 9.
292 ACDP, 08-016, 035/3, Protokoll CDU/CSU-Bundestagsfraktionssitzung 12.06.2007, S. 8.
293 Ebd., S. 10.
294 Adam Krzemiński, ‹Im Osten viel Neues. Deutsche Ostpolitik aus polnischer Pers-pektive›, *ZfAS*, 8 (2015), S. 403–425, hier S. 410.
295 Timmermann, ‹EU-Russland›, S. 174.

296 «Poland says to lift Russia veto if trade curbs end», *Reuters*, 14.12.2007.

297 «Has Poland lifted its veto on Russia-EU talks?», *Radio Free Europe*, 25.04.2008.

298 «Prag im Fokus russischer Verwirrspiele», *NZZ*, 23.08.2007.

299 Timmermann, ‹EU-Russland›, S. 174.

300 PLUSD, 08Berlin1285, 18.09.2008. Polen hatte im Mai 2007 mit den baltischen Staaten, der Ukraine, Georgien und Aserbaidschan Energiegespräche geführt und wollte Öl und Gas aus dem kaspischen Raum über die Ukraine beziehen, vgl. Kai-Olaf Lang, ‹Von der Mission zum Pragmatismus: Polens Beziehungen zur Ukraine›, *Osteuropa*, 60:2/4 (2010), S. 373–389, hier S. 377 f.

301 Maxine David, ‹A less than special relationship: The UK's Russia Experience›, *Journal of Contemporary European Studies*, 19:2 (2011), S. 201–212, hier S. 204 ff.

302 Goldman, *Öl-Imperium*, S. 193–203.

303 Vidal, *Fascination russe*, S. 74 ff.

304 Asmus, *Little War*, S. 122 f.

305 Kauffmann, *Aveuglés*, S. 72 f.

306 Doch auch Kouchner erklärte nach dem Kaukasuskrieg, die Georgier seien in eine russische Falle getappt und die Abchasier und Südosseten «sort of independent people», vgl. PLUSD, 09State11937, 10.02.2009.

307 PLUSD, 07Moscow5266, 02.11.2007.

308 Timmermann, ‹EU-Russland›, S. 174.

309 PLUSD, 08Rome150, 04.02.2008.

310 PLUSD, 08Rome451, 10.04.2008.

311 Vidal, *Fascination russe*, S. 83.

312 Andreas Schockenhoff, «Medwedew einen Vertrauensvorschuss geben», *FAZ*, 29.02.2008.

313 Lough, *Russia Problem*, S. 142; «Putin prophezeit schwieriges Verhältnis zum Westen», *Der Spiegel*, 08.03.2008.

314 Burns an Rice, 08.02.2008, abgedruckt in Burns, *Back Channel*, S. 457 ff.

315 Ebd.

316 Ebd.

317 Ebd.

318 Fix, *Germany's Role*, S. 70; Ralf Beste und Gabor Steingart, «Kalter Frieden», *Der Spiegel*, 31.08.2008.

319 Ebd.

320 Ebd.

321 Vgl. Kohlmann, *Steinmeier*, S. 340 f.

322 Bingener und Wehner, *Moskau-Connection*, S. 119.

323 «Ängstlicher Blick auf die Schlagzeile», *FAZ*, 09.11.2007.

324 Vgl. grundlegend Dimitar Bechev, *Rival Power. Russia in Southeast Europe* (New Haven 2017); Stent, *Limits*, S. 159 ff.

325 Stent, *Limits*, S. 160.

326 James Hughes, ‹Russia and the Secession of Kosovo: Power, Norms and the Failure of Multilateralism›, *Europe-Asia Studies*, 65:5 (2013), S. 992–1016.

327 Timmermann, ‹EU-Russland›, S. 170; Ronald D. Asmus, *A Little War that shook the World. Georgia, Russia, and the Future of the West* (New York 2010), S. 87–98.

328 ACDP, 08–015, 095/7, Protokoll CDU/CSU-Bundestagsfraktionssitzung 25.05.2004, S. 28.

329 Ebd.

330 ACDP, 08–016, 032/2, Protokoll CDU/CSU-Bundestagsfraktionssitzung 18.09.2006, S. 23.

331 So argumentiert Asmus, *Little War*, S. 90.

332 PLUSD, 07Moscow4634, 20.09.2007.

333 Oksana Antonenko, *Russia and the Deadlock over Kosovo* (Paris 2007), S. 17.

334 PLUSD, 07Berlin1216, 18.06.2007.

335 Ebd.

336 PLUSD, 07Berlin1823, 28.09.2007.

337 Stent, *Limits*, S. 161.

338 Elizabeth Pond, ‹The EU's Test in Kosovo›, *Washington Quarterly*, 31:4 (2008), S. 97–112.

339 ACDP, 08–016, 037/6, Protokoll CDU/CSU-Bundestagsfraktionssitzung 19.02.2008, S. 24.

340 Ebd., S. 25 f.

341 Stent, *Limits*, S. 161.

342 Der EU-Erweiterungskommissar Olli Rehn betonte diesen Punkt in einer Unterhaltung mit amerikanischen Diplomaten, vgl. PLUSD, 08Brussels1276, 18.08.2008.

343 «Merkel und der Wolf», *Der Spiegel*, 16.09.2023.

344 Burns, *Back Channel*, S. 230.

345 Asmus, *Little War*, S. 114.

346 Bulgarien und Rumänien traten 2004 der NATO und 2007 der EU bei. Die Türkei war seit 1952 Mitglied des Bündnisses.

347 Georgien wurde als Transitland für Energielieferungen immer attraktiver, weshalb die maßgeblich von der Bundesrepublik entworfenen ENP-Plus-Pläne der EU, inklusive der Schwarzmeer-Initiative, im Hinterkopf behalten werden müssen.

348 Zur innenpolitischen Entwicklung in der Ukraine und der russischen Einflussnahme vgl. Paul D'Anieri, *Ukraine and Russia. From Civilized Divorce to Uncivil War* (Cambridge 2023), S. 137 ff.

349 Plokhy, *Angriff*, S. 128.

350 Roman Gonscharenko, «NATO spaltet Ukraine», *DW*, 01.04.2008.

351 Kauffmann, *Aveuglés*, S. 70.

352 Florian Kellermann, «NATO-Ambitionen spalten die Ukraine», *DLF*, 21.02.2008.

353 PLUSD, 08Moscow806, 25.03.2008; «Russland warnt Ukraine vor NATO-Beitritt», *DW*, 14.02.2008.

354 Burns, *Back Channel*, S. 222.

355 Asmus, *Little War*, S. 127.

356 Mikheil Sarjveladze, *Deutschland und der Südkaukasus. Georgien im Fokus deutscher Außenpolitik von 1992 bis 2012* (Wiesbaden 2019), S. 189.

357 «Landesweiter Ausnahmezustand», *Zeit online*, 08.11.2007.

358 Oksana Antonenko, ‹A War with No Winners›, *Survival*, 50:5 (2008), S. 23–36, hier S. 25.

359 «Die Rosenrevolution verwelkt», *Zeit online*, 02.11.2007.

360 Oliver Hoischen, «Der Heißsporn aus dem Kaukasus», *FAZ*, 08.08.2007.

361 Sarjveladze, *Deutschland*, S. 195.

362 Asmus, *Little War*, S. 124.

363 Ebd., S. 125.

364 PLUSD, 08USNATO89, 10.03.2008.

365 Ebd. Slowenien sah MAP als unabdingbar an, um die «offene Tür»-Politik weiter zu verfolgen und nicht vor Russland einzuknicken, vgl. PLUSD, 08Ljubljana145, 27.03.2008.

366 PLUSD, 07Riga865, 21.11.2007. Die lettische Haltung zur Ukraine ließ sich nicht genau ermitteln.

367 PLUSD, 08London1017, 09.04.2008.

368 PLUSD, 08Copenhagen322, 06.06.2008. Als Moskau im April den Druck auf Georgien erhöhte, erklärte der dänische Außenminister, man zahle jetzt den Preis dafür, in Bukarest kein MAP-Angebot ausgesprochen zu haben, vgl. PLUSD, 08Copenhagen230, 24.04.2008.

369 PLUSD, 08Reykjavik8, 23.01.2008.

370 PLUSD, 08Reykjavik91, 19.05.2008.

371 PLUSD, 08Sofia89, 12.02.2008.

372 PLUSD, 08Sofia443, 01.07.2008.

373 PLUSD, 08Ankara567, 26.03.2008.

374 Siehe hierzu weiter unten.

375 PLUSD, 08Budapest225, 29.02.2008. Gerhard Schröder beklatschte auf einer Visite in Ungarn, dass die Regierung nunmehr auch South Stream aktiv ins Auge fasste, und kritisierte die US-Außenpolitik, vgl. PLUSD, 08Budapest409, 22.04.2008.

376 Ebd.; PLUSD, 08Budapest891, 08.09.2008.

377 PLUSD, 08Budapest720, 22.07.2008.

378 PLUSD, 08Paris338, 26.02.2008.

379 PLUSD, 08Paris383, 04.03.2008.

380 Asmus, Little War, S. 124.

381 Roxburgh, Strongman, S. 225 f.

382 Kauffmann, Aveuglés, S. 51. Zu seiner Russlandreise im Oktober vgl. auch seine eigene Darstellung in Nicolas Sarkozy, Die Zeit der Stürme. Band 1 (Kehl 2021), S. 185 ff.

383 PLUSD, 08Paris383, 04.03.2008.

384 PLUSD, 08USNATO89, 10.03.2008.

385 PLUSD, 07TheHague1992, 15.11.2007.

386 PLUSD, 08Brussels467, 28.03.2008.

387 PLUSD, 07Luxemburg204, 25.05.2007.

388 Bernd Wientjes, «‹Putin ist ein lupenreiner Diktator›», RP, 10.03.2022; «‹Teilverantwortung›: Jean-Claude Juncker kritisiert EU-Strategie im Ukraine-Konflikt», Luxemburger Wort, 30.03.2014.

389 Ralf Beste, Susanne Koelbl und Dirk Kurbjuweit, «Wandel durch Bestürzung», Der Spiegel, 24.08.2008.

390 PLUSD, 08Rome1269, 16.10.2008.

391 PLUSD, 08Lisbon777, 28.03.2008.

392 PLUSD, 08Madrid372, 31.03.2008.

393 Ebd.

394 PLUSD, 08USNATO225, 27.06.2008.

395 PLUSD, 08Athens342, 07.03.2008.

396 Ebd.

397 Anke Hagedorn, «Erweiterung», DW, 06.03.2008; PLUSD, 08USNATO352, 30.09.2008; Asmus, Little War, S. 124.

398 PLUSD, 08Oslo72, 12.02.2008.

399 Sylo Taraku, «Georgia og Ukraina ble straffet for å velge Vesten», Aftenposten, 25.02.2022.

400 Deutlich für MAP waren die USA, Kanada, Großbritannien, Lettland, Estland, Litauen, Polen, Rumänien, Slowenien; Dänemark, Island und Tschechien; eher dafür waren Bulgarien, die Slowakei und die Türkei. Eher dagegen war Ungarn, wohingegen Deutschland, Frankreich, Belgien, die Niederlande, Luxemburg, Italien, Spanien, Portugal, Norwegen und Griechenland dagegen waren. Als die amerikanische NATO-Botschafterin durchzählte, kam sie auf 14 von 26 Ländern, die ein MAP-Angebot unterstützten.

401 «Merkel und der Wolf», *Der Spiegel*, 16.09.2023.

402 «Ukraine drängt in NATO», *RP*, 28.04.2006.

403 Sarjveladze, *Deutschland*, S. 188, 191 ff.

404 Asmus, *Little War*, S. 121.

405 Burns, *Back Channel*, S. 234; PLUSD, 08Berlin744, 05.06.2008.

406 Cordula Meyer und Alexander Szandar, «‹Bush aussitzen›», *Der Spiegel*, 30.03.2008.

407 PLUSD, 08Berlin358, 20.03.2008.

408 PLUSD, 08Berlin657, 19.05.2008.

409 PLUSD, 08Berlin744, 05.06.2008.

410 Jochen Bittner, «Bushs letzter Push», *Zeit online*, 27.03.2008.

411 PLUSD, 08Berlin744, 05.06.2008.

412 Ebd. Keine unberechtigte Sorge, wenn man die unzähligen Festnahmen, Befehlsverweigerungen und Überläufer anno 2014 bedenkt sowie die bis 2022 in Kyjiw auf höchster Ebene verankerte Sorge vor undichten Stellen, vgl. Simon Shuster, *Vor den Augen der Welt. Wolodymyr Selenskyj und der Krieg in der Ukraine* (München 2024), S. 116 f., 129.

413 Sarjveladze, *Deutschland*, S. 196.

414 Ralf Beste, Susanne Koelbl und Dirk Kurbjuweit, «Wandel durch Bestürzung», *Der Spiegel*, 24.08.2008.

415 Asmus, *Little War*, S. 120 f.

416 Christoph Heusgen, *Führung und Verantwortung. Angela Merkels Außenpolitik und Deutschlands künftige Rolle in der Welt* (München 2023), S. 68.

417 Kauffmann, *Aveuglés*, S. 116.

418 Sarjveladze, *Deutschland*, S. 197.

419 Zu Asmus vgl. «Ein liberaler Falke», *FAZ*, 03.05.2011.

420 Asmus, *Little War*, S. 121.

421 Ebd., S. 125.

422 Ralf Beste, «A Recipe for Foreign Policy Importance», *Der Spiegel*, 15.05.2008.

423 PLUSD, 08Berlin641, 15.05.2008.

424 PLUSD, 08Berlin657, 19.05.2008; PLUSD, 08Berlin879, 03.07.2008.

425 Christoph Seils, «Von Tiflis nach Schmerwitz», *Zeit online*, 28.08.2008.

426 PLUSD, 08Berlin87, 18.01.2008; PLUSD, 08Berlin122, 29.01.2008.

427 Ebd.

428 Ebd.

429 ACDP, 08-016, 038/6, Protokoll CDU/CSU-Bundestagsfraktionssitzung 27.05.2008, S. 10.

430 «Steinmeier mahnt zu Rücksicht auf Russland», *Die Welt*, 02.04.2008; Ulrich Speck, «Back on track? Germany and the Georgian and Ukrainian NATO bid», *RFE/RL*, 03.04.2008.

431 Kauffmann, *Aveuglés*, S. 69.

432 Rede Steinmeier, 04.03.2008, https://www.auswaertiges-amt.de/de/newsroom/0803 04-bm-ostpolitik/219748

433 PLUSD, 08Berlin303, 10.03.2008.

434 PLUSD, 08Kyiv522, 13.03.2008.

435 Roxburgh, *Strongman*, S. 223.

436 «Putin prophezeit schwieriges Verhältnis zum Westen», *Der Spiegel*, 08.03.2008.

437 PLUSD, 08Berlin303, 10.03.2008.

438 Ebd.

439 Rede Merkel auf der 41. Kommandeurtagung der Bundeswehr, 10.03.2008, https:// www.bundesregierung.de/resource/blob/975954/767442/1ec3b19a6b4a5b830ec

1d374f46e69ab/23-2-bk-data.pdf?download=1; im Fokus der Rede und der medialen Aufmerksamkeit stand allerdings die Afghanistan-Strategie und die Meinungsverschiedenheiten hierüber mit den USA, vgl. z. B. Ansgar Graw, «Konflikt zwischen Merkel und der NATO», *Die Welt*, 11.03.2008.

440 Heusgen, *Führung*, S. 68.
441 PLUSD, 08Kyiv522, 13.03.2008.
442 PLUSD, 08Kyiv527, 13.03.2008.
443 Ebd.
444 Asmus, *Little War*, S. 126; Roxburgh, *Strongman*, S. 222 f.
445 Johannes Voswinkel, «‹Strategische Provokation›?», *Zeit online*, 27.03.2008; Johannes Voswinkel, «Was hat Bush mit der NATO vor?», *Zeit online*, 27.03.2008.
446 Ebd.
447 Ebd.
448 Asmus, *Little War*, S. 129.
449 Ebd.
450 Kornelius, *Merkel*, S. 138.
451 Stent, *Limits*, S. 338, Anm. 4.
452 Ebd., S. 166.
453 «Merkel stellt sich beim Gipfel gegen Bush», *Die Welt*, 02.04.2008.
454 Der Namensstreit um Mazedonien konnte erst 2019 durch die Namensänderung in «Nordmazedonien» beigelegt werden. Das griechische Veto blieb lange bestehen.
455 PLUSD, 08Berlin381, 27.03.2008.
456 Stent, *Limits*, S. 156.
457 PLUSD, 08Moscow677, 11.03.2008.
458 «Merkel und der Wolf», *Der Spiegel*, 16.09.2023.
459 Kauffmann, *Aveuglés*, S. 76.
460 «Merkel und der Wolf», *Der Spiegel*, 16.09.2023. Bereits im Vorfeld hatte Polen die deutsche Haltung sehr offen kritisiert, vgl. «Kaczyński rügt deutsche NATO-Politik», *FAZ*, 02.04.2008.
461 Kauffmann, *Aveuglés*, S. 77.
462 Heusgen, *Führung*, S. 68; «Merkel und der Wolf», *Der Spiegel*, 16.09.2023.
463 Asmus, *Little War*, S. 132.
464 Ebd.
465 Kauffmann, *Aveuglés*, S. 79.
466 Asmus, *Little War*, S. 133.
467 «Merkel und der Wolf», *Der Spiegel*, 16.09.2023; Roxburgh, *Strongman*, S. 228; Interview mit Ulrich Brandenburg, 18.03.2024.
468 Asmus, *Little War*, S. 133.
469 Heusgen, *Führung*, S. 69.
470 «Merkel und der Wolf», *Der Spiegel*, 16.09.2023.
471 Asmus, *Little War*, S. 134.
472 Stent, *Limits*, S. 167 f.
473 Kauffmann, *Aveuglés*, S. 81.
474 Nikolas Busse, «Sie dürfen rein – aber nicht jetzt», *FAZ*, 04.04.2008.
475 «NATO reicht Putin die Hand», *FAZ*, 04.04.2008.
476 Heusgen, *Führung*, S. 69.
477 Ulrich Speck, «Back on track? Germany and the Georgian and Ukrainian NATO bid», *RFE/RL*, 03.04.2008.
478 Nikolas Busse, «Sie dürfen rein – aber nicht jetzt», *FAZ*, 04.04.2008.

479 «NATO verspricht Georgien und Ukraine Aufnahme in ferner Zukunft – Russland wütend», *Der Spiegel*, 03.04.2008.

480 PLUSD, 08London1017, 09.04.2008. Britischen Diplomaten zeigten sich zufrieden mit der Formulierung und behaupteten selbstsicher, «UK efforts at the Summit were key to Merkel's agreement on this language».

481 PLUSD, 08Paris858, 02.05.2008.

482 Nikolas Busse, «Sie dürfen rein – aber nicht jetzt», *FAZ*, 04.04.2008.

483 Asmus, *Little War*, S. 112, 134 ff.

484 «Nato verspricht Georgien und Ukraine Aufnahme in ferner Zukunft – Russland wütend», *Der Spiegel*, 03.04.2008.

485 Ebd.; «Putin warnt vor Osterweiterung», *FAZ*, 04.04.2008.

486 «Merkel und der Wolf», *Der Spiegel*, 16.09.2023.

487 Jörg Himmelreich, «Merkel zeigt Selbstbewusstsein in Bukarest – und stärkt NATO», *Der Spiegel*, 04.04.2008.

488 Ebd.

489 Vgl. auch Anke Hagedorn, «Bush scheitert», *DW*, 03.04.2008; Matthias Gebauer, «NATO-Notrettung für den Gipfelverlierer», *Der Spiegel*, 03.04.2008.

490 Vgl. z. B. Michael Thumann, «Weg nach Westen», *Zeit online*, 03.04.2008;

491 Heusgen, *Führung*, S. 69.

492 ACDP, 08-016, 038/3, Protokoll CDU/CSU-Bundestagsfraktionssitzung 08.04.2008, S. 9.

493 Ebd.

494 Ebd., S. 9 f.

495 ACDP, 08-016, 038/3, Protokoll CDU/CSU-Bundestagsfraktionssitzung 08.04.2008, S. 11 f.

496 «Merkel und der Wolf», *Der Spiegel*, 16.09.2023.

497 Ebd.

498 Interview mit Ulrich Brandenburg, 18.03.2024.

499 Kauffmann, *Aveuglés*, S. 84.

500 Interview mit Erich Vad, 12.04.2024.

501 Kauffmann, *Aveuglés*, S. 85.

502 Johannes Voswinkel, «Machtfaktor Gas», *Zeit online*, 07.02.2008.

503 Johannes Voswinkel, «Russisches Sommermärchen», *Die Zeit*, 19.06.2008.

504 Ebd.

505 Fix, *Germany's Role*, S. 71.

506 PLUSD, 08Berlin879, 03.07.2008.

507 «Medwedjew will engeres Verhältnis zu Deutschland», *FAZ*, 14.05.2008.

508 Zum Kontext vgl. Kohlmann, *Steinmeier*, S. 360 ff. Steinmeier hatte 2010 die Ehrendoktorwürde der Boris-Jelzin-Universität erhalten und reiste auch als Oppositionsführer jährlich für einen Vortrag nach Jekaterinburg.

509 Rede Steinmeier am Institut für Internationale Beziehungen der Ural-Universität in Jekaterinburg, 13.05.2008, https://www.auswaertiges-amt.de/de/newsroom/080513-bm-russland/219750

510 Daniel Delhaes, «Die Ehre der Jekaterinburg», *Handelsblatt*, 10.12.2010; Kauffmann, *Aveuglés*, S. 246 ff.

511 Fix, *Germany's Role*, S. 75; Bingener und Wehner, *Moskau-Connection*, S. 109–121; Kohlmann, *Steinmeier*, S. 348 ff.

512 Vgl. grundlegend Svante E. Cornell und S. Frederick Starr (Hg.), *The Guns of August 2008. Russia's War in Georgia* (London 2015); Hans Mouritzen und Anders Wivel, *Explaining Foreign Policy. International Diplomacy and the Russo-Georgian War*

(London 2012); sehr wohlwollend für die georgische Seite aus der Feder eines ehemaligen US-Diplomaten Asmus, *Little War*; zu den militärischen Aspekten vgl. Mark Galeotti, *Putin's Wars. From Chechnya to Ukraine* (Oxford 2024), S. 120–141.

513 Silvia Stöber, «Georgienkrieg: War der Westen parteiisch und schwach?», *Tagesschau*, 30.09.2009.
514 Robert M. Gates, *Duty. Memoirs of a Secretary at war* (New York 2015), S. 168.
515 Vgl. Burns, *Back Channel*, S. 201 f.; Roxburgh, *Strongman*, S. 173.
516 Andrei Illarionov, ‹The Russian Leadership's Preparation for War, 1999–2008›, in Cornell und Starr (Hg.), *Guns*, S. 49–84.
517 Stent, *Limits*, S. 168.
518 Asmus, *Little War*, S. 121.
519 Burns, *Back Channel*, S. 229 f., 237 f.
520 Maass, *EU-Russia*, S. 138.
521 Asmus, *Little War*, S. 108.
522 PLUSD, 08Moscow805, 24.03.2008; Asmus, *Little War*, S. 109.
523 Burns, *Back Channel*, S. 236 ff.
524 Asmus, *Little War*, S. 11 f.
525 PLUSD, 08Stockholm452, 23.06.2008.
526 Burns, *Back Channel*, S. 221 f.
527 PLUSD, 08Stockholm452, 23.06.2008.
528 Zum Treffen der «Neuen Freunde Georgiens» in Polen am 25. Juni vgl. PLUSD, 08Warsaw812, 09.07.2008.
529 PLUSD, 08State3807, 10.07.2008; Asmus, *Little War*, S. 153 ff.
530 PLUSD, 08Tbilisi1121, 27.06.2008.
531 Sarjveladze, *Deutschland*, S. 191.
532 PLUSD, 08Brussels1257, 13.08.2008; Sarjveladze, *Deutschland*, S. 200.
533 Fix, *Germany's Role*, S. 38.
534 «Saakaschwili hofft auf deutsche Vermittlung», *FAZ*, 14.07.2008.
535 «Ernüchternde Kaukasus-Reise Steinmeiers», *NZZ*, 19.07.2008.
536 PLUSD, 08Berlin492, 18.04.2008.
537 Lucas war nach seinem Eintritt in den diplomatischen Dienst lange Zeit Experte für die Sowjetunion und die baltischen Staaten, vgl. Gerd Appenzeller, «Neuer Frankreich-Botschafter. Eine Karriere mit innerer Logik», *Tagesspiegel*, 10.08.2020.
538 PLUSD, 08Berlin492, 18.04.2008.
539 PLUSD, 08Tbilisi1160, 03.07.2008.
540 Vgl. «Deutscher Friedensplan», *Der Spiegel*, 06.07.2008.
541 Von den circa 250 000 Geflüchteten waren nur rund ein Drittel nach Abchasien zurückgekehrt. Sie lebten vornehmlich im Bezirk Gali. Die abchasische Provinzregierung und Moskau wollten, wenn überhaupt, nur eine Rückkehr dorthin erlauben.
542 Roxburgh, *Strongman*, S. 235.
543 Sarjveladze, *Deutschland*, S. 200.
544 Vladimir Socor, «Steinmeier's Plan on Abkhazia: Benign Intentions, Limited Relevance, Blocked by Moscow», *The Jamestown Foundation*, 22.07.2008.
545 PLUSD, 08Berlin811, 19.06.2008.
546 Ebd.
547 Ebd.
548 Ebd.
549 PLUSD, 08Berlin744, 05.06.2008.
550 PLUSD, 08Berlin840, 26.06.2008.
551 Ebd.

552 Ebd.

553 Ebd.

554 PLUSD, 08Moscow1864, 01.07.2008. Wie man den ursprünglichen deutschen Entwurf an Russland und Georgien übermitteln sollte, war strittig. Die USA wollten Georgien nicht übergehen; die deutsche Seite mahnte, wenn man den Plan zuerst den Georgiern gebe, werde Moskau einen Pakt gegen sich wittern und nicht kooperieren, vgl. PLUSD, 08Berlin811, 19.06.2008.

555 PLUSD, 08Berlin906, 10.07.2008.

556 Ebd.

557 Dirk Eckert, «Steinmeiers Plan», *DW*, 16.07.2008.

558 Condoleezza Rice, *No Higher Honor. A Memoir of my years in Washington* (New York 2011), S. 685 f.

559 «Harte Worte aus Georgien», *ntv*, 17.07.2008.

560 PLUSD, 08Moscow2094, 21.07.2008.

561 Ebd.

562 Sarjveladze, *Deutschland*, S. 201.

563 So zitierte ihn der Politische Direktor im Auswärtigen Amt, Volker Stanzel, in einem Gespräch mit US-Diplomaten, vgl. PLUSD, 08Brussels1120, 23.07.2008.

564 PLUSD, 08Moscow2094, 21.07.2008.

565 PLUSD, 08Brussels1120, 23.07.2008. In verschiedenen Berichten der US-Regierung wurde dieser Sinneswandel auf die sehr deutlichen Worte der US-Außenministerin bei ihrem Besuch in Tiflis Anfang Juni zurückgeführt, vgl. PLUSD, 08Brussels1138, 25.07.2008.

566 PLUSD, 08Brussels1120, 23.07.2008.

567 Fix, *Germany's Role*, S. 38; Sarjveladze, *Deutschland*, S. 201.

568 PLUSD, 08Moscow2152, 25.07.2008.

569 PLUSD, 08USUNNewYork682, 30.07.2008.

570 Kauffmann, *Aveuglés*, S. 102 f.; Sarkozy, *Stürme*, S. 350 f.

571 Roxburgh, *Strongman*, S. 232 f.

572 Georgien erklärte, der russische Militärkonvoi habe sich schon im Tunnel befunden, was der Grund für den eigenen Angriff gewesen war; ebenso wie die militärische Eskalation in den Tagen und Wochen zuvor, vgl. Asmus, *Little War*, S. 19–41, 165–176.

573 Antonenko, ‹War›, S. 26.

574 Roxburgh, *Strongman*, S. 247 f.

575 Ebd., S. 253.

576 Michael Thumann, «Krieg als Therapie», *Zeit online*, 28.08.2008.

577 Michael Thumann und Johannes Voswinkel, «‹Nie waren wir so einflussreich›», *Die Zeit*, 28.08.2008.

578 Stent, *Limits*, S. 176.

579 Asmus, *Little War*, S. 40.

580 PLUSD, 08Brussels1430, 15.09.2008.

581 Asmus, *Little War*, S. 177 f.

582 Ebd., S. 13.

583 Präsident Kaczyński reiste mit den baltischen und dem ukrainischen Präsidenten am 12. August nach Tiflis, um Solidarität zu zeigen und als menschliche Schutzschilde zu fungieren, siehe Fix, *Germany's Role*, S. 44. Vgl. ausführlich Ainius Lašas, ‹When History Matters: Baltic and Polish Reactions to the Russo-Georgian War›, *Europe-Asia Studies*, 64:6 (2012), S. 1061–1075. Zur gleichen Zeit war auch Sarkozy in Tiflis. Er war verärgert über die «Nebenaußenpolitik» der Osteuropäer, vgl. Kauffmann, *Aveuglés*, S. 134 ff.

584 Fix, *Germany's Role*, S. 37, 44.
585 Ebd., S. 38 f.
586 PLUSD, 08Berlin1095, 11.08.2008.
587 Kauffmann, *Aveuglés*, S. 127.
588 Ebd., S. 128 f.; Sarkozy, *Stürme*, S. 353 f.
589 Vidal, *Fascination russe*, S. 88; Kauffmann, *Aveuglés*, S. 133.
590 Vgl. ausführlich Asmus, *Little War*, S. 192 ff.; Roxburgh, *Strongman*, S. 249 ff.
591 PLUSD, 08Berlin1176, 22.08.2008.
592 Antonenko, ‹War›, S. 27.
593 Vidal, *Fascination russe*, S. 89 f.
594 Asmus, *Little War*, S. 211 ff.; Fix, *Germany's Role*, S. 50. Aber entgegen allen Absprachen erhielt die Beobachtermission keinen Zugang zu Südossetien oder Abchasien.
595 Fix, *Germany's Role*, S. 41.
596 PLUSD, 08Berlin1261, 12.09.2008.
597 So stellte es der tschechische Außenminister Karel Schwarzenberg dar, vgl. PLUSD, 08Prague535, 12.08.2008.
598 PLUSD, 08Berlin1095, 11.08.2008.
599 Mouritzen und Wivel, *Explaining*, S. 118.
600 Ralph Bollmann, «Der gefesselte Steinmeier», *taz*, 22.08.2008.
601 Fix, *Germany's Role*, S. 43. Die EU setzte eine unabhängige Kommission unter Leitung der Schweizer Diplomatin Heidi Tagliavini ein, die im September 2009 ihren Bericht vorlegte. Darin wurde Georgien als unmittelbarer Auslöser des Krieges beschrieben, jedoch allen Seiten – also auch den Provinzregierungen und Russland – eine Mitschuld attestiert. Im September wechselte die Stimmung in den USA und Saakaschwili wurde weitaus kritischer gesehen, vgl. Ralf Beste et al., «Wettlauf zum Tunnel», *Der Spiegel*, 14.09.2008.
602 PLUSD, 08Berlin1261, 12.09.2008.
603 PLUSD, 08Stockholm571, 15.08.2008.
604 Vgl. Mouritzen und Wivel, *Explaining*, S. 113–134.
605 Fix, *Germany's Role*, S. 46 f.
606 Ansgar Graw, «Merkel macht Georgien zur Chefsache», *Die Welt*, 12.08.2008.
607 Ralf Beste, Susanne Koelbl und Dirk Kurbjuweit, «Wandel durch Bestürzung», *Der Spiegel*, 24.08.2008.
608 Ebd.
609 PLUSD, 08Berlin1130, 15.08.2008.
610 «Medwedjew stellt georgische Grenzen infrage», *FAZ*, 15.08.2008; Johannes Voswinkel, «Die russisch-westliche Zäsur», *Zeit online*, 15.08.2008.
611 «Eisiges Treffen Merkels mit Medwedjew», *FAZ*, 16.08.2008.
612 Clemens Wergin, «Merkel im Chaos zwischen Russen und Georgiern», *Die Welt*, 17.08.2008.
613 «Merkel will sich Saakaschwili vorknüpfen», *Der Spiegel*, 17.08.2008.
614 Ralf Beste, Susanne Koelbl und Dirk Kurbjuweit, «Wandel durch Bestürzung», *Der Spiegel*, 24.08.2008.
615 Ebd.
616 Ebd.
617 Ralph Bollmann, «Der gefesselte Steinmeier», *taz*, 22.08.2008.
618 «Steinmeier distanziert sich von Schröder», *Zeit online*, 16.08.2008. Auch der SPD-Vorsitzende Kurt Beck kritisierte lieber Großbritannien und Polen für ihre Reaktionen auf den Einmarsch, als Russland, vgl. PLUSD, 08Berlin1187, 26.08.2008.
619 «Steinmeier steht Sicherheit aller Europäer in Gefahr», *Der Spiegel*, 27.08.2008

620 Ralf Beste, Susanne Koelbl und Dirk Kurbjuweit, «Wandel durch Bestürzung», *Der Spiegel*, 24.08.2008.

621 PLUSD, 08Berlin1181, 25.08.2008.

622 So stellte es Kanzleramtschef Thomas de Maizière dar, vgl. PLUSD, 08Berlin1244, 10.09.2008.

623 Viele der osteuropäischen Staaten und Schweden wollten Saakaschwili zu dem Sondergipfel einladen, Frankreich war allerdings entschieden dagegen, vgl. PLUSD, 08Stockholm590, 25.08.2008.

624 «Berlin kritisiert Duma-Beschluss zu Abchasien», *Die Welt*, 25.08.2008.

625 Sebastian Katzer, «Merkel in Schweden», *DW*, 25.08.2008; «Merkel Reinfeldts första gäst i Harpsundsekan», *Dagens Nyheter*, 25.08.2008; Peter Wallberg, «Georgien-kris oroar Merkel», *Svenska Dagbladet*, 25.08.2008.

626 PLUSD, 08Stockholm590, 25.08.2008.

627 Ebd.

628 PLUSD, 08Riga472, 12.08.2008.

629 PLUSD, 08Berlin1187, 26.08.2008.

630 Rede Merkel in Tallinn, 26.08.2008, https://www.bundesregierung.de/breg-de/servi ce/bulletin/rede-von-bundeskanzlerin-dr-angela-merkel-796320

631 PLUSD, 08Tallinn298, 27.08.2008.

632 Rede Merkel in Tallinn, 26.08.2008.

633 Ebd.

634 Ebd.

635 Günther Nonnenmacher, «Signal aus dem Baltikum», *FAZ*, 26.08.2008.

636 PLUSD, 08Tallinn298, 27.08.2008.

637 PLUSD, 08Tallinn298, 27.08.2008; PLUSD, 08Vilnius708, 27.08.2008.

638 Ebd. Im Originaldokument heißt es, sie habe «forward leaning» gesagt.

639 Ebd.

640 PLUSD, 08Tallinn298, 27.08.2008; Margaret Heckel, «Angela Merkel rechnet mit Dmitri Medwedjew ab», *Die Welt*, 26.08.2008.

641 Kauffmann, *Aveuglés*, S. 152.

642 So argumentiert Asmus, *Little War*, S. 7.

643 Zu Merkels Reaktionen vgl. Bollmann, *Merkel*, S. 324–364. Vgl. allg. Bierling, *Vormacht*, S. 187–237.

644 ACDP, 08-016, 040/1, Protokoll CDU/CSU-Bundestagsfraktionssitzung 07.10.2008, S. 15.

645 Kauffmann, *Aveuglés*, S. 250.

646 Roger C. Altman, ‹The Great Crash, 2008: A Geopolitical Setback for the West,› *Foreign Affairs*, 88:1 (2009), S. 2–14.

647 Eurobarometer 70, S. 14.

648 Institut für Demoskopie Allensbach, S. 5 f., https://www.ifd-allensbach.de/fileadmin/ kurzberichte_dokumentationen/FAZ_April_2014_Russland.pdf

649 Ebd., Schaubild 1.

650 Ebd., Schaubild 3.

651 Ebd., Schaubild 4.

652 Ebd., Schaubild 5.

653 Johannes Voswinkel, «Was treibt Russland?», *Die Zeit*, 14.08.2008.

654 Gemma Pörzgen, ‹Deutungskonflikt. Der Georgien-Krieg in deutschen Printmedien›, *Osteuropa*, 58:11 (2008), S. 79–95.

655 Michael Thumann, «Ist Russland wirklich so gefährlich?», *Zeit online*, 11.09.2008.

656 Ebd.

657 ARD-Panorama, 28.08.2008, https://daserste.ndr.de/panorama/archiv/2008/-,pano rama13836.html
658 Ebd.
659 Ralf Beste, Susanne Koelbl und Dirk Kurbjuweit, «Wandel durch Bestürzung», *Der Spiegel*, 24.08.2008.
660 Gespräch mit einem ehemaligen Mitarbeiter des Bundesnachrichtendienstes, 20.03. 2023.
661 PLUSD, 08Berlin1365, 06.10.2008.
662 Ebd.
663 Kauffmann, *Aveuglés*, S. 156.
664 PLUSD, 08Berlin1365, 06.10.2008.
665 PLUSD, 08Berlin1187, 26.08.2008.
666 PLUSD, 08Berlin1377, 09.10.2008.
667 Fix, *Germany's Role*, S. 71.
668 Rede Merkel, Petersburger Dialog, 02.10.2008, https://www.bundesregierung.de/breg-de/service/bulletin/rede-von-bundeskanz lerin-dr-angela-merkel-796262
669 Ebd.
670 Ebd.
671 Sehr kritisch über dieses Treffen schreibt Lough, *Russia Problem*, S. 138.
672 Vidal, *Fascination russe*, S. 91.
673 PLUSD, 08Moscow2935, 03.10.2008. Griechenland wurde aufgrund seiner energie-politischen Interessen ebenfalls als sehr russlandfreundlich ausgemacht, vgl. PLUSD, 08Athens1517, 05.11.2008.
674 PLUSD, 09PARTO91701, 17.09.2008.
675 Antonenko, ‹War›, S. 27.
676 Stent, *Limits*, S. 157.
677 Sarjveladze, *Deutschland*, S. 198.
678 PLUSD, 08Stockholm571, 15.08.2008.
679 PLUSD, 08Brussels1379, 05.09.2008.
680 Ebd.
681 PLUSD, 08USNATO281, 11.08.2008.
682 PLUSD, 08USNATO287, 13.08.2008.
683 In Ungarn war der damalige Oppositionspolitiker Viktor Orbán ein großer Kritiker dieser Linie. Er forderte härtere Maßnahmen gegen das russische Vorgehen und wurde dafür öffentlich vom russischen Botschafter in Budapest angegangen, vgl. PLUSD, 08Budapest837, 22.08.2008.
684 PLUSD, 08USNATO284, 12.08.2008.
685 PLUSD, 08Rome1045, 14.08.2008.
686 PLUSD, 08USNATO289, 14.08.2008.
687 Hannelore Crolly und Manfred Quiring, «NATO droht Moskau», *Die Welt*, 19.08. 2008.
688 Ralf Beste, Susanne Koelbl und Dirk Kurbjuweit, «Wandel durch Bestürzung», *Der Spiegel*, 24.08.2008.
689 Ebd.
690 PLUSD, 08Berlin744, 05.06.2008.
691 Dmytro Kanewskyj, «Dialog zwischen Brüssel und Kiew», *DW*, 26.06.2008.
692 Knut Krohn, «Merkel in der Ukraine. Keine Geschenke für Kiew», *Tagesspiegel*, 22.07.2008; «Bundeskanzlerin Merkel in der Ukraine», *FAZ*, 21.07.2008.
693 PLUSD, 08USNATO265, 25.07.2008.

694 «Steinmeier: Bukarester NATO-Beschlüsse zu Georgien gelten weiter», *Münchner Merkur*, 18.08.2008.

695 PLUSD, 08USNATO352, 30.09.2008.

696 PLUSD, 08USNATO310, 29.08.2008.

697 Ebd.

698 PLUSD, 08Rome1269, 16.10.2008.

699 PLUSD, 08London2211, 28.08.2008.

700 PLUSD, 08London2643, 20.10.2008.

701 PLUSD, 08TheHague971, 20.11.2008.

702 PLUSD, 08USNATO402, 29.10.2008.

703 PLUSD, 08Berlin1517, 06.11.2008.

704 PLUSD, 08USNATO348, 26.09.2008; PLUSD, 08USNATO371, 15.10.2008.

705 Nikolas Busse, «Ein Posten und viel Phantasie», *FAZ*, 26.02.2009.

706 Stent, *Limits*, S. 213.

707 Ralf Beste, «Letztes Gefecht», *Der Spiegel*, 30.11.2008.

708 PLUSD, 08Paris2079, 10.11.2008; «Steinmeier lehnt US-Pläne für Georgien und die Ukraine ab», *Tagesspiegel*, 26.11.2008.

709 Rede Merkel, Deutsche Atlantische Gesellschaft, 10.11.2008, https://www.bundesre gierung.de/breg-de/service/bulletin/rede-von-bundeskanzlerin-dr-angela-merkel-796358. Vgl. auch PLUSD, 08Berlin1542, 14.11.2008.

710 Ebd.

711 PLUSD, 08Berlin1669, 15.12.2008.

712 PLUSD, 09USNATO27, 28.01.2009.

713 Daniel Dombay, «US gives way on NATO for Georgia and Ukraine», *FT*, 27.11.2008.

714 So z. B. Finnland, siehe PLUSD, 09Helsinki150, 24.04.2009.

715 PLUSD, 08Brussels, 14.10.2008.

716 PLUSD, 08Paris1914, 17.10.2008.

717 PLUSD, 08Berlin1484, 31.10.2008.

718 Vgl. auch PLUSD, 08Berlin1517, 06.11.2008.

719 Paris erklärte, es müsse kein Konsens in der EU bestehen, um die Gespräche wieder aufzunehmen und wollte damit etwaigen Vetos vorbeugen, also keine Situation zulassen, die in den Jahren zuvor durch den «Fleischkrieg» entstanden war, vgl. PLUSD, 08Warsaw1346, 25.11.2008. Litauen hatte zuvor auf britische Unterstützung hoffend mit einem Veto kokettiert, vgl. PLUSD, 08Vilnius903, 23.10.2008.

720 Rede Merkel, Deutsche Atlantische Gesellschaft, 10.11.2008.

721 PLUSD, 08Paris2196, 04.12.2008.

722 PLUSD, 08Warsaw1346, 25.11.2008; PLUSD, 08Warsaw1295, 12.11.2008.

723 PLUSD, 08Warsaw1409, 12.12.2008.

724 Vgl. PLUSD, 08Warsaw1392, 09.12.2008; PLUSD, 08Berlin1663, 12.12.2008.

725 Rolf Nikel, *Feinde. Fremde. Freunde. Polen und die Deutschen* (München: LMV, 2023), S. 57.

726 Ian Traynor, «New EU talks bring Russia in from cold after Georgia protest», *Guardian*, 11.11.2008.

727 PLUSD, 08Stockholm757, 12.11.2008.

728 Christoph B. Schlitz, «Russland sucht nach Georgien-Krieg Nähe zur EU», *Die Welt*, 14.11.2008.

729 «Putins Krawall-Dialog mit Sarkozy», *Der Spiegel*, 14.11.2008.

730 «EU und Moskau einig im Krisenmanagement», *Zeit online*, 14.11.2008.

731 PLUSD, 08Berlin1567, 21.11.2008.

732 Ebd.

733 Günther Nonnenmacher, «Trotz allem mit Russland verhandeln», *FAZ*, 14.11.2008.

734 «EU und Moskau einig im Krisenmanagement», *Zeit online*, 14.11.2008.

735 PLUSD, 09Brussels219, 13.02.2009.

736 Ebd.

737 PLUSD, 09Stockholm²87, 08.05.2009.

738 «Mühsamer Neuanfang», *Tagesspiegel*, 19.11.2009.

739 Am Jahresende 2009 war auch der Lissabon Vertrag endgültig ratifiziert worden, durch den der neue Ratspräsident Herman Van Rompuy und die Hohe Beauftragte für Außen- und Sicherheitspolitik, Catherine Ashton, eine größere Rolle erhielten, vgl. Timmins, ‹German-Russian›, S. 197.

740 Fix, *Germany's Role*, S. 67.

741 Ebd., S. 77.

742 «Merkel und Medwedew einig», *ntv*, 05.06.2010.

743 Vgl. Fix, *Germany's Role*, S. 80, 85 ff.

744 Nur Dänemark hatte bereits im April 2010 ein Abkommen geschlossen, vgl. ausführlich Marina Larionova, ‹Can the Partnership for Modernisation help promote the EU-Russia Strategic Partnership›, *European Politics and Society*, 16:1 (2015), S. 62–79; Romanova und Pavlova, ‹What Modernisation? The Case of Russian Partnerships for Modernisation with the European Union and Its Member States›, *Journal of Contemporary European Studies*, 22:4 (2014), S. 499–517.

745 Ebd., S. 511 f.

746 Fix, *Germany's Role*, S. 83.

747 Ebd., S. 79; Romanova und Pavlova, ‹Modernisation›, S. 505, 513 f.

748 Vgl. Fix, *Germany's Role*, S. 90.

749 PLUSD, 09Brussels219, 13.02.2009.

750 PLUSD, 08Berlin1567, 21.11.2008.

751 Vgl. allg. Katrin Böttger, *Die Entstehung und Entwicklung der Europäischen Nachbarschaftspolitik* (Baden-Baden: Nomos, 2010); Eckart D. Stratenschulte, ‹Planquadrat Osteuropa. Die Östliche Partnerschaft der Europäischen Union›, *Osteuropa*, 59:5 (2009), S. 29–43.

752 Timmermann, ‹EU-Russland›, S. 171 f.; Paul Flenley, ‹Russia and the EU: The clash of new Neighbourhoods?›, *Journal of Contemporary European Studies*, 16:2 (2008), S. 189–202.

753 Hiski Haukkala, ‹A Perfect Storm; or what went wrong and what went right for the EU in Ukraine›, *Europe-Asia Studies*, 68:4 (2016), S. 653–664, hier S. 658.

754 PLUSD, 08Warsaw1055, 11.09.2008.

755 «Partnerschaft mit Ex-Sowjetrepubliken besiegelt», *Tagesschau*, 07.05.2009. Die Außenminister sollten sich jährlich treffen; die Staats- und Regierungschefs alle zwei Jahre. Ein hochrangiger Sonderbeauftragter wurde entgegen den polnischen Wünschen nicht eingesetzt.

756 Der weißrussische Regent Lukaschenko stand vor dem Gipfel lange in der Kritik und seine Einladung war heftig umstritten. Letztlich kam er nicht, sondern schickte eine Delegation. Die Bundesregierung war strikt gegen Lukaschenkos Teilnahme, vgl. PLUSD, 09Berlin470, 22.04.2009.

757 Johannes Voswinkel, «Ost-Partnerschaft ohne Russland», *Die Zeit*, 07.05.2009.

758 PLUSD, 09Moscow642, 17.03.2009.

759 PLUSD, 09Warsaw584, 09.06.2009.

760 PLUSD, 09Athens1103, 09.06.2009.

761 PLUSD, 08Berlin1692, 19.12.2008.

762 PLUSD, 09Berlin806, 02.07.2009.

763 PLUSD, 09Berlin470, 22.04.2009. Vgl. auch PLUSD, 09Berlin379, 31.03.2009.
764 PLUSD, 09Kyiv465, 16.03.2009.
765 PLUSD, 09Warsaw720, 10.07.2009.
766 PLUSD, 09Brussels496, 02.04.2009.
767 PLUSD, 09Paris265, 20.02.2009.
768 PLUSD, 08Brussels1808, 01.12.2008.
769 PLUSD, 09Brussels331, 11.03.2009; PLUSD, 10Budapest39, 25.01.2010.
770 PLUSD, 09Stockholm³2, 16.01.2009.
771 In diesem Kontext muss auch die unter schwedischer EU-Ratspräsidentschaft forcierte Kooperation in der Ostsee gesehen werden, vgl. PLUSD, 09Stockholm446, 21.07.2009.
772 «Partnerschaft mit Ex-Sowjetrepubliken besiegelt», *Tagesschau*, 07.05.2009.
773 Ebd.
774 PLUSD, 09Moscow642, 17.03.2009.
775 Eckart D. Stratenschulte und Weronika Priesmeyer-Tkocz, ‹Weniger ist mehr. Lehren aus dem Stillstand der Östlichen Partnerschaft›, *Osteuropa*, 61:11 (2011), S. 7–25.
776 Nikolas Busse, «EU stärkt Pipelineprojekt Nabucco», *FAZ*, 08.05.2009; Albrecht Meier, «Frostiger Gipfel», *Zeit online*, 22.05.2009; «Gegensätze unter ‹europäischen Freunden›», *FAZ*, 22.05.2009; PLUSD, 09Moscow1424, 01.06.2009.
777 Roxburgh, *Strongman*, S. 255.
778 Lough, *Russia Problem*, S. 139.
779 «Russland und Ukraine müssen reden», *FAZ*, 05.01.2009.
780 Steinmeier, *Deutschland*, S. 185.
781 PLUSD, 08Berlin1724, 30.12.2008.
782 PLUSD, 08Prague809, 30.12.2008; PLUSD, 09Stockholm³2, 16.01.2009.
783 Lough, *Russia Problem*, S. 139.
784 Vgl. auch Marie Yovanovitch, *Lessons from the edge. A memoir* (Boston 2022), S. 204 ff.
785 PLUSD, 09Kyiv1092, 30.06.2009.
786 Zur amerikanischen Energiepolitik gegenüber Russland, vgl. Stent, *Limits*, S. 193–201.
787 Michael Thumann, «Europa guckt in die Röhre», *Die Zeit*, 13.07.2006.
788 PLUSD, 09Paris304, 02.03.2009.
789 Jens Høvsgaard, *Gier, Gas und Geld. Wie Deutschland mit Nord Stream Europas Zukunft riskiert* (München 2019), S. 161.
790 PLUSD, 08Berlin1244, 10.09.2008.
791 Hella Engerer, ‹Russlands Energieexporte. Potentiale, Strategien, Perspektiven›, *Osteuropa*, 58:11 (2008), S. 111–127.
792 PLUSD, 08Berlin1166, 21.08.2008.
793 ACDP, 08–016, 039/1, Protokoll CDU/CSU-Bundestagsfraktionssitzung 03.06.2008, S. 31 f.
794 Ebd., S. 32 f.
795 Frank Dohem et al., «Die Schlacht ums Gas», *Der Spiegel*, 25.01.2009.
796 Umland, ‹Ambivalenz›, S. 297.
797 Vgl. Stent, *Limits*, S. 198 ff.
798 PLUSD, 09Berlin158, 06.02.2009.
799 Michaela Seiser, «Projekt ‹Nabucco› für Europa», *FAZ*, 18.01.2009.
800 Roxburgh, *Strongman*, S. 258.
801 Vgl. Arch Puddington (Hg.), *Freedom in the World 2009* (New York 2009), S. 55 ff., 591 ff.

802 David Schraven, «EU will Bau der Nabucco-Pipeline beschleunigen», *Die Welt*, 27.01. 2009.

803 Michael Thumann, «Keine Röhre ohne Russland», *Zeit online*, 13.03.2008.

804 «Merkel: Keine EU-Gelder für Nabucco», *Euractiv*, 03.03.2009.

805 PLUSD, 09Berlin158, 06.02.2009.

806 Michael Thumann, «Besser als jeder Militärpakt», *Die Zeit*, 16.07.2009.

807 Clemens Wergin, «Berlin blockiert Nabucco-Pipeline», *Die Welt*, 19.03.2009.

808 Michael Thumann, «Besser als jeder Militärpakt», *Die Zeit*, 16.07.2009.

809 PLUSD, 08Rome390, 31.08.2008.

810 «Nord Stream liefert Gas», *FAZ*, 08.11.2011.

811 Vgl. ausführlich Oleg Nikiforov und Gunter-E. Hackemesser, *Die Schlacht um Europas Gasmarkt. Geopolitische, wirtschaftliche und technische Hintergründe* (Wiesbaden 2018), S. 283 ff.

812 Die schwedische EU-Ratspräsidentschaft in der zweiten Jahreshälfte 2009 wollte zudem für das Baltikum eine größere Energiesicherheit gewährleisten; unter anderem durch ein Unterseekabel von Schweden nach Litauen, das die Balten mit Strom versorgen sollte, vgl. PLUSD, 09Stockholm²62, 27.04.2009.

813 Stent, *Limits*, S. 211.

814 Derek Chollet, *The Long Game. How Obama defied Washington and redefined America's Role in the World* (New York 2016). Chollet war selbst Mitarbeiter in der Obama-Administration; etwas kritischer ist Robert Singh, *Barack Obama's Post-American Foreign Policy. The Limits of Engagement* (London 2012).

815 Stephen F. Szabo, ‹Partners in Leadership? American Views of the New German Role›, *German Politics*, 27:4 (2018), S. 539–554, hier S. 540 f.

816 Vgl. Ruth Deyermond ‹Assessing the reset: successes and failures in the Obama administration's Russia policy, 2009–2012›, *European Security*, 22:4 (2013), S. 500–523. Insiderberichte bieten Michael McFaul, *From Cold War to Hot Peace. An American Ambassador in Putin's Russia* (Boston 2018), und Burns, *Back Channel*, S. 272–283.

817 Stent, *Limits*, S. 218.

818 Ebd., S. 218, 235 ff.

819 PLUSD, 09USNATO47, 02.02.2009.

820 Stent, *Limits*, S. 217 f.

821 Ebd., S. 222; Burns, *Back Channel*, S. 274. Zu den Folgen der Finanzkrise in Russland vgl. Roxburgh, *Strongman*, S. 272 ff.

822 PLUSD, 09STATE23860, 13.03.2009.

823 Kornelius, *Merkel*, S. 142 ff. Vgl. auch Claudia Clark, *Dear Barack. The Extraordinary Partnership of Barack Obama and Angela Merkel* (New York 2021).

824 Frank-Walter Steinmeier, «In engem Schulterschluss», *Der Spiegel*, 11.01.2009.

825 Ebd.

826 Steinmeier, *Deutschland*, S. 212.

827 Oliver Hoischen, Amerika reicht Europa die Hand, *FAZ*, 07.02.2009.

828 PLUSD, 09Berlin161, 09.02.2009.

829 «Steinmeier fordert neues Abrüstungsbündnis», *Zeit online*, 06.02.2009; «Steinmeier hofft auf Ende der Ost-West-Eiszeit», *Der Spiegel*, 06.02.2009.

830 Fix, *Germany's Role*, S. 95.

831 Rede Merkel, Münchner Sicherheitskonferenz, 07.02.2009, https://www.bundesregierung.de/statisch/nato/Content/DE/Rede/2009/02/2009-02-07-rede-merkel-sicherheitskonferenz_layoutVariant-Druckansicht.html

832 «Steinmeier begrüßt Wiederannäherung», *RP*, 05.03.2009.

833 PLUSD, 09PARTO32028, 20.03.2009.
834 Ebd.
835 Stent, *Limits*, S. 219 ff.
836 Roxburgh, *Strongman*, S. 262 ff.
837 Klaus-Dieter Frankenberger, «Obamas Kehrtwende», *FAZ*, 18.09.2009.
838 Vgl. John Vinocur, «Central and Eastern European Countries Issue Rare Warning for US on Russian Policy», *NYT*, 20.07.2009; Stent, *Limits*, S. 226.
839 Ebd., S. 222 ff.
840 Ebd., S. 228 f.
841 Ebd., S. 232 ff.
842 Trita Parsi, *A Single Roll of the Dice. Obama's Diplomacy with Iran* (New Haven 2012), S. 120.
843 Stent, *Limits*, S. 233.
844 PLUSD, 09State11937, 10.02.2009.
845 PLUSD 09Berlin859, 16.07.2009; vgl. auch Stephen F. Szabo, ‹Can Berlin and Washington Agree on Russia?›, *The Washington Quarterly*, 32:4 (2009), S. 23–41.
846 Stent, *Limits*, S. 227.
847 ACDP, 08–016, 043/1, Protokoll CDU/CSU-Bundestagsfraktionssitzung 24.03.2009, S. 8.
848 Ebd., S. 8 f.
849 Valerie A. Pacer, *Russian Foreign Policy under Dmitry Medvedev, 2008–2012* (London 2016), S. 117.
850 Vgl. hierzu z. B. Roxburgh, *Strongman*, S. 204.
851 Niels Kruse, «‹Europa von Lissabon bis Wladiwostok›. Welche Traditionen der Putinismus beschwört», *Stern*, 20.03.2022.
852 Michael Ludwig, «Medwedjews Großeuropa», *FAZ*, 08.06.2008.
853 PLUSD, 08Moscow1904, 03.07.2008.
854 Pacer, *Russian*, S. 121 f.
855 «Medwedew schlägt neuen Sicherheitspakt vor», *Der Spiegel*, 08.10.2008.
856 Kauffmann, *Aveuglés*, S. 154.
857 PLUSD, 08Berlin1542, 14.11.2008.
858 PLUSD, 08Berlin1517, 06.11.2008.
859 PLUSD, 09Berlin1433, 12.11.2009.
860 PLUSD, 09Berlin245, 27.02.2009.
861 PLUSD, 08Berlin1517, 06.11.2008.
862 Vgl. z. B. PLUSD, 08Vilnius957, 06.11.2008.
863 Vgl. z. B. PLUSD, 08Rome1358, 07.11.2008.
864 PLUSD, 09Stockholm²87, 08.05.2009.
865 Asmus, *Little War*, S. 14.
866 PLUSD, 08USNATO267, 29.07.2008.
867 Stent, *Limits*, S. 240.
868 Pacer, *Russian*, S. 123 ff.; Fix, *Germany's Role*, S. 95 f.
869 Stent, *Limits*, S. 240.
870 Interview mit Ulrich Brandenburg, 18.03.2024.
871 Lough, *Russia Problem*, S. 140. Zur Außenpolitik vgl. Christopher Daase, ‹Die Innenpolitik der Außenpolitik. Eine Bilanz der Außen- und Sicherheitspolitik der schwarz-gelben Koalition 2009–2013›, in Reimut Zohlnhöfer und Thomas Saalfeld (Hg.), *Politik im Schatten der Krise. Eine Bilanz der Regierung Merkel 2009–2013* (Wiesbaden 2015), S. 555–580.
872 Koalitionsvertrag, Wachstum. Bildung. Zusammenhalt, S. 120, https://www.kas.de/

documents/252038/253252/Koalitionsvertrag2009.pdf/83dbb842-b2f7-bf99-6180-
e65b2de7b4d4
873 «Das wünscht sich Westerwelle von den USA», *Die Welt*, 05.11.2009.
874 PLUSD, 09Berlin1433, 12.11.2009; Kornelius, *Merkel*, S. 109.
875 Wikileaks, Hillary Clinton Email Archive, Blumenthal an Clinton, 08.11.2009.
876 Wikileaks, Hillary Clinton Email Archive, Blumenthal an Clinton, 30.09.2009.
877 Ebd.
878 Hans-Dietrich Genscher, «Partner Russland? Man braucht sich!», *Tagesspiegel*, 17.11.
2009.
879 Hans-Dietrich Genscher, «Kritik ist nötig. Doch der Westen sollte Augenmaß behalten», *Tagesspiegel*, 21.12.1999.
880 Peter Carstens, «Späte Zuwendung der Legende», *FAZ*, 05.09.2009; Hans Peter
Schütz, «Von Genschman zu Westerwelle», *Stern*, 05.10.2009.
881 Interview mit Ulrich Brandenburg, 18.03.2024.
882 «Westerwelle für strategische Partnerschaft mit Moskau», *Merkur*, 20.11.2009.
883 «Westerwelle hofiert Russland», *ntv*, 20.11.2009.
884 Daniel Brössler, «Westerwelle vermeidet Kritik an Russland», *SZ*, 21.11.2009; «Westerwelle hofiert Russland», *ntv*, 20.11.2009. Vgl. auch Christoph Esch, «Der abwe-
sende Westerwelle», *FR*, 21.11.2009.
885 «Westerwelle wählt Warschau für seine erste Auslandsreise», *NZZ*, 02.11.2009.
886 «Beziehungen zu Polen sind Westerwelle ein ‹Kernanliegen›», *Die Zeit*, 31.10.2009;
Gerhard Gnauck, «Deutschlands neuer Außenminister verzückt Polen», *Die Welt*,
01.11.2009;
887 Ebd.
888 Lough, *Russia Problem*, S. 141.
889 «Guido Westerwelle: Europa endet nicht an der Ostgrenze Polens», *Tagesspiegel*,
05.11.2010.
890 Ebd.
891 Günther Nonnenmacher, «Westerwelle, Polen und eine lässliche Sünde», *FAZ*, 23.11.
2009.
892 «Scharfe Worte von Westerwelle», *ntv*, 01.11.2010.
893 «Guido Westerwelle: Europa endet nicht an der Ostgrenze Polens», *Tagesspiegel*,
05.11.2010; Reinhard Veser, «Außenminister fordert freie Wahlen», *FAZ*, 03.11.2010.
894 PLUSD, 09Warsaw431, 24.04.2009.
895 «Besuch in Kiew», *DW*, 03.03.2011.
896 PLUSD, 09PARTO112705, 27.11.2009.
897 PLUSD, 09PARTO112705, 27.11.2009.
898 PLUSD, 09Berlin1604, 18.12.2009.
899 Ebd.
900 Ebd.
901 Ebd.
902 Ebd.
903 Ebd.
904 Ebd; Interview mit Rolf Nikel, 11.04.2024.
905 PLUSD, 09Berlin1604, 18.12.2009.
906 Ebd.
907 Ebd.
908 «Scharfe Worte von Westerwelle», *ntv*, 01.11.2010.
909 Fix, *Germany's Role*, S. 79.
910 Burns, *Back Channel*, S. 282.

911 «Merkel und Medwedew für Iran-Sanktionen», *Der Spiegel*, 05.06.2010.

912 Rede Merkel, Münchner Sicherheitskonferenz, 07.02.2009.

913 Heusgen, *Führung*, S. 180 f.

914 Fix, *Germany's Role*, S. 99 ff.

915 Ebd., S. 104. Interview mit Rolf Nikel, 11.04.2024.

916 Zu den unterschiedlichen Interpretationen vgl. Philip Remler, «Negotiation Gone Bad: Russia, Germany, and Crossed Communications», *Carnegie Europe*, 21.08. 2013.

917 Fix, *Germany's Role*, S. 97 f.

918 Ebd., S. 92 f.

919 Ebd., S. 96 f.

920 Vgl. Andrey Devyatkov, ‹Russian Policy Toward Transnistria›, *Problems of Post-Communism*, 59:3 (2012), S. 53–62; William H. Hill, *Russia, the Near Abroad, and the West: Lessons from the Moldova-Transdniestria Conflict* (Washington 2012).

921 PLUSD, 09Berlin1433, 12.11.2009.

922 So Liana Fix unter Berufung auf Regierungsvertreter Moldaus, vgl. Fix, *Germany's Role*, S. 99.

923 Interview mit Ulrich Brandenburg, 18.03.2024.

924 Fix, *Germany's Role*, S. 101.

925 Ebd., S. 108.

926 Ebd., S. 104.

927 Ebd., S. 105 f.; Judy Dempsey, «Challenging Russia to Fix a Frozen Feud», *NYT*, 27.10. 2010.

928 Michaela Wiegel, «Diplomatie in Deauville», *FAZ*, 18.10.2010.

929 Vidal, *Fascination russe*, S. 93 f.

930 Kauffmann, *Aveuglés*, S. 341; Steven Erlanger und Katrin Bennhold, «Sarkozy to Propose New Bond with Russia», *NYT*, 01.10.2010.

931 Michaela Wiegel, «Diplomatie in Deauville», *FAZ*, 18.10.2010; «Wie Putin Merkel umwirbt», *RP*, 27.11.2010.

932 Rana Deep Islam und Benjamin Seifert, «Russland gehört in die NATO», *Die Zeit*, 19.11.2010.

933 Volker Rühe, Klaus Naumann, Frank Elbe und Ulrich Weisser, «Die Tür öffnen. Für Russlands Beitritt zur NATO», *Der Spiegel*, 07.03.2010; Volker Rühe, «Russland in die NATO», *RP*, 16.10.2010.

934 «Putin träumt vom gemeinsamen Markt mit der EU», *Der Spiegel*, 25.11.2010.

935 Vgl. Hannes Adomeit, ‹Fehler im Betriebssystem: Die russisch-amerikanischen Beziehungen›, *Osteuropa*, 63:9 (2013), S. 57–78.

936 Steven Erlanger und Katrin Bennhold, «Sarkozy to Propose New Bond with Russia», *NYT*, 01.10.2010.

937 Ein Treppenwitz der Geschichte war sicherlich, dass Lenins Geburtsort, Uljanowsk, zu einem bedeutenden Umschlagplatz der NATO wurde, vgl. Stent, *Limits*, S. 231.

938 John Vinocur, «Will the US Lose Europe to Russia?», *NYT*, 25.10.2010.

939 Fix, *Germany's Role*, S. 109.

940 Ebd., S. 110 f.

941 John Beyer und Stefan Wolff, ‹Linkage and Leverage Effects on Moldova's Transnistria Problem›, *East European Politics*, 32:3 (2016), S. 335–354.

942 Roman Goncharenko, «Merkel in Moldau», *DW*, 22.08.2012.

943 Interview mit Rolf Nikel, 11.04.2024; Fix, *Germany's Role*, S. 113 ff.

944 Ebd., S. 118.

945 Ebd., S. 113 ff.

946 Stent, *Limits*, S. 242 ff.

947 Ebd., S. 250.

948 Zur russischen Haltung vgl. Bastian Matteo Scianna, ‹Kontinuität und Wandel versuchter Einflussnahme an der «strategischen» Peripherie» vom 19. bis zum 21. Jahrhundert: Russland und der «Nahe Süden»›, in Bastian Matteo Scianna und Stefan Lukas (Hg.), *Der Nahe Osten in einer globalisierten Welt. Entwicklungslinien, Gegensätze, Herausforderungen* (Frankfurt 2024), S. 249–272, hier S. 266 ff.

949 Zu den Gründen vgl. Stent, *Limits*, S. 248; Roxburgh, *Strongman*, S. 307 f.; Burns, *Back Channel*, S. 284 f.

950 Kornelius, *Merkel*, S. 112 ff., 163 ff.; Sönke Neitzel und Bastian Matteo Scianna, *Blutige Enthaltung. Deutschlands Rolle im Syrienkrieg* (Freiburg 2021), S. 21 ff.

951 Vgl. ebd.

952 Zitiert in Veit Medick, «Westerwelles roter Freund», *Der Spiegel*, 24.03.2011.

953 Vgl. Roxburgh, *Strongman*, S. 323 ff.

954 Johannes Voswinkel, «Vorrevolutionäre Stimmung in Moskau», *Die Zeit*, 09.12.2011.

955 Stent, *Limits*, S. 245.

956 Jörg Lau, «Sprachlos in Berlin», *Die Zeit*, 01.09.2011.

957 Umbach, *Erdgas als Waffe*, S. 23.

958 Johannes Pennekamp, «Der Mythos vom billigen russischen Gas», *FAZ*, 12.08.2022.

959 Clark, *Dear Barack*, S. 96 ff.

960 Stephen F. Szabo, ‹Vom potentiellen Führungspartner zur «Nein-Nation». Deutschlands neue Außenpolitik aus einem Washingtoner Blickwinkel›, *ZfAS*, 8 (2015), S. 437–450, hier S. 442.

961 EU-Kommission, Pressemitteilung, 08.03.2019, https://ec.europa.eu/commission/presscorner/detail/de/IP_19_1531

962 Daniel Yergin, *The New Map. Energy, climate, and the clash of nations* (London 2020), S. 58 f. Ich danke Majd El-Safadi für diesen Hinweis.

963 «‹Ausspähen unter Freunden – das geht gar nicht›», *Der Spiegel*, 24.10.2013. Vgl. auch Clark, *Dear Barack*, S. 127 ff.

964 Stent, *Limits*, S. 278.

965 «Mehrheit der Deutschen misstraut den USA und Obama», *Zeit online*, 08.11.2013.

966 Jörg Schönenborn, «USA so unbeliebt wie zu Bush-Zeiten», *tagesschau.de*, 07.11.2013.

967 Stent, *Limits*, S. 254.

968 Ebd., S. 254.

969 Ebd., S. 252.

970 Zum Beispiel das Adoptionsverbot russischer Kinder für US-Bürger, vgl. Roxburgh, *Strongman*, S. 341 f.

971 Thomas Maron, «Schockenhoff warnt Russland vor Isolation», *Stuttgarter Zeitung*, 31.05.2012.

972 Vgl. z. B. Gemma Pörzgen, ‹Dringend reformbedürftig. Der Petersburger Dialog›, *Osteuropa*, 60:10 (2010), S. 59–81.

973 Ralf Neukirch und Matthias Schepp, «Kalter Frieden», *Der Spiegel*, 25.05.2012.

974 Bingener und Wehner, *Moskau-Connection*, S. 147 f. Zur Rolle des außenpolitischen Sprechers der CDU, Philipp Mißfelder, vgl. ebd., S. 148 ff.

975 Claudia von Salzen, «Deutsche Russland-Politik. Bundestag fordert deutliche Worte an Moskau», *Tagesspiegel*, 09.11.2012; Thorsten Jungholt, «Merkels Russland-Beauftragter stellt sich gegen Kreml», *Die Welt*, 12.11.2012; Severin Weiland, «Union streitet über Putin», *Der Spiegel*, 09.10.2012.

976 Claudia von Salzen, «Deutsche Russland-Politik. Bundestag fordert deutliche Worte an Moskau», *Tagesspiegel*, 09.11.2012.

977 Severin Weiland und Benjamin Bidder, «Merkels Russland-Koordinator erzürnt Putin», *Der Spiegel*, 23.10.2012.

978 Claudia von Salzen, «Deutsche Russland-Politik. Bundestag fordert deutliche Worte an Moskau», *Tagesspiegel*, 09.11.2012.

979 DBT, Drucksache 17/11327, S. 2 f.

980 Thorsten Jungholt, «Merkels Russland-Beauftragter stellt sich gegen Kreml», *Die Welt*, 12.11.2012.

981 DBT, Drucksache 17/1553.

982 Susan Stewart, «Bei der deutsch-russischen Modernisierungspartnerschaft ist Skepsis angebracht», *Tagesspiegel*, 29.07.2011.

983 DBT, Drucksache 17/11005, S. 3.

984 Ebd., S. 4.

985 Ebd.

986 Oliver Bilger, «Deutsche Kritik empört Russland», *Handelsblatt*, 16.11.2012; Benjamin Bidder, «Russland spielt Rugby», *Der Spiegel*, 16.11.2012.

987 Johannes Voswinkel, «Deutsche Mahnungen, russische Vorhaltungen», *Die Zeit*, 16.11.2012.

988 Zitiert in Christian Bangel, «Merkel und Putin streiten über Menschenrechte», *Die Zeit*, 16.11.2012.

989 Rede Westerwelle, 04.12.2012, vgl. https://www.auswaertiges-amt.de/de/newsroom/121204-bm-w-scheel-forum/252688

990 «Schockenhoffs Kritik vermiest deutsch-russische Party», *Die Welt*, 24.10.2012.

991 Michael Inacker, «Unternehmer erleichtern Merkel die Gespräche», *Handelsblatt*, 16.11.2012.

992 Ebd.

993 Johannes Voswinkel, «Deutsche Mahnungen, russische Vorhaltungen», *Die Zeit*, 16.11.2012.

994 Interview mit Ulrich Brandenburg, 18.03.2024.

995 Jörg Lau, «Durch den Weichzeichner geguckt», *Die Zeit*, 11.10.2012.

996 Gernot Erler, «Schluss mit dem Russland-Bashing!», *Die Zeit*, 09.06.2013.

997 Tuomas Forsberg, ‹From Ostpolitik to «Frostpolitik»? Merkel, Putin and German foreign policy towards Russia›, *International Affairs*, 92:1 (2016), S. 21–42, hier S. 27.

998 «Russland lässt deutsche Stiftungen durchsuchen», *Zeit online*, 26.03.2013; Michael Ludwig, «Moskau erfindet neue Staatsfeinde», *FAZ*, 26.03.2013.

999 «Steinbrück irritiert mit Russland-Äußerungen», *Zeit online*, 28.03.2013.

1000 Jörg Lau, «Steinbrück und die Russlandträumer», *Die Zeit*, 28.03.2013; Matthias Geis und Jörg Lau, «Annäherung ohne Wandel», *Die Zeit*, 05.05.2013.

1001 Hans-Henning Schröder, ‹Russland in Europa: Randbemerkungen zur deutschen Russlanddebatte›, *Osteuropa*, 63:8 (2013), S. 107–114.

1002 Heinemann-Grüder, ‹Wandel›; Wolfgang Eichwede, ‹Einmischung tut not. Wider den Selbstbetrug der Putin-Freunde›, *Osteuropa*, 63:4 (2013), S. 91–100.

1003 Stefan Meister, «Die vielen Irrtümer der deutschen Russland-Politik», *Die Zeit*, 26.10.2012.

1004 Alice Bota und Jörg Lau, «‹Wir wollen keine Wiederkehr des Kalten Kriegs›», *Die Zeit*, 26.09.2013.

1005 Lough, *Russia Problem*, S. 147 f.

1006 Vgl. z. B. Alison Smale, «Deep Russia-Germany ties behind a prisoner's release», *NYT*, 23.12.2013; Thorsten Jungholt, «Der Coup des alten Pendeldiplomaten Genscher», *Die Welt*, 20.12.2013; Kauffmann, *Aveuglés*, S. 172 ff.

1007 Freilich war die Krise «in» der Ukraine auch eine russisch-ukrainische Krise. Zu semantischen Fragen vgl. Iuliia Barshadska, *Brüssel zwischen Kyjiw und Moskau. Das auswärtige Handeln der Europäischen Union im ukrainisch-russischen Konflikt 2014–2019* (Stuttgart 2022), S. 137 ff.

1008 Clark, *Dear Barack*, S. 140.
1009 Isabelle Lasserre, *Macron-Poutine. Les liaisons dangereuses* (Paris 2023), S. 74, 152.
1010 Kauffmann, *Aveuglés*, S. 94.
1011 Stent, *Limits*, S. 236
1012 Ebd., S. 237 f.
1013 Deborah Welch Larson, ‹Outsourced Diplomacy: The Obama Administration and the Ukraine Crisis›, in Vicki L. Birchfield und Alasdair R. Young (Hg.), *Triangular Diplomacy among the United States, the European Union, and the Russian Federation. Responses to the Crisis in Ukraine* (New York 2018), S. 55–76, hier S. 59; Stent, *Limits*, S. 286.
1014 PLUSD, 09Kyiv2054, 25.11.2009.
1015 Andreas Umland, ‹Die friedenspolitische Ambivalenz deutscher Pipelinedeals mit Moskau – eine interdependenz-theoretische Erklärung des russisch-ukrainischen Konfliktes›, *SIRIUS*, 4:3 (2020), S. 293–303, hier S. 295 f.
1016 «Merkel und das Finale-Problem», *Der Spiegel*, 26.06.2012.
1017 Kauffmann, *Aveuglés*, S. 284 ff.
1018 Eugen Theise, «Ukraine will EU-Assoziierung», *DW*, 18.09.2013.
1019 Plokhy, *Angriff*, S. 136.
1020 Stent, *Limits*, S. 254.
1021 Larson, ‹Diplomacy›, S. 60.
1022 Vgl. ausführlich Winfried Schneider-Deters, *Ukrainische Schicksalsjahre 2013–2019. Band 1: Der Volksaufstand auf dem Majdan im Winter 2013/2014* (Berlin 2021), S. 35 ff. Aufmerksame Autoren konstatierten eine solche «Integrationskonkurrenz» bereits im Frühjahr 2012, vgl. Hannes Adomeit, ‹Integrationskonkurrenz EU-Russland. Belarus und Ukraine als Konfliktfelder›, *Osteuropa*, 62:6–8 (2012), S. 383–406.
1023 Lough, *Russia Problem*, S. 160 f.
1024 Catherine Ashton, *And then what? Despatches from the heart of 21ˢᵗ-century diplomacy, from Kosovo to Kyiv* (London 2023), S. 217.
1025 Hiski Haukkala, ‹From Cooperative to Contested Europe? The Conflict in Ukraine as a Culmination of a Long-Term Crisis in EU-Russia Relations›, *Journal of Contemporary European Studies*, 23:1 (2015), S. 25–40.
1026 Lough, *Russia Problem*, S. 146. Vgl. auch Stent, *Limits*, S. 287.
1027 Fix, *Germany's Role*, S. 121 f.
1028 Kauffmann, *Aveuglés*, S. 283.
1029 Ebd., S. 282.
1030 So zum Beispiel der damalige ukrainische Botschafter in Moskau, der sich ein trilaterales Format vorstellen konnte, vgl. Interview mit Ulrich Brandenburg, 18.03.2024.
1031 Rüdiger von Fritsch, *Russlands Weg. Als Botschafter in Moskau* (Berlin 2020), S. 60.
1032 Ashton, *Despatches*, S. 219.
1033 Vgl. Tom Casier, ‹Why did Russia and the EU clash over Ukraine in 2014, but not over Armenia?›, *Europe-Asia Studies*, 74:9 (2022), S. 1676–1699.
1034 Fix, *Germany's Role*, S. 122.
1035 Haukkala, ‹Cooperative›, S. 33.
1036 Vgl. Karel Svoboda, ‹On the road to Maidan: Russia's Economic Statecraft towards Ukraine in 2013›, *Europe-Asia Studies*, 71:10 (2019), S. 1685–1704.
1037 Fix, *Germany's Role*, S. 122 f.
1038 Juhannes Voswinkel, «Machterhalt nach Janukowitsch-Art», *Die Zeit*, 17.12.2013.

1039 Ebd. Das Europäische Parlament wollte dem Assoziierungsabkommen nur bei einer Freilassung Tymoschenkos zustimmen – ein weiteres Beispiel, wie die EU zwar ihren Werten treu blieb, aber ihre Verhandlungsposition verkannte, vgl. Andreas Rinke, ‹Wie Putin Berlin verlor: Moskaus Annexion der Krim hat die deutsche Russland-Politik verändert›, *Internationale Politik*, 3 (2014), S. 33–45, hier S. 35.

1040 Schneider-Deters, *Schicksalsjahre. Band 1*, S. 64–134.

1041 Rinke, ‹Putin›, S. 35.

1042 Interview mit Ulrich Brandenburg, 18.03.2024.

1043 Bollmann, *Merkel*, S. 462 f.

1044 Einen Überblick bietet Kai Oppermann, ‹Deutsche Außenpolitik während der dritten Amtszeit Angela Merkels. Krisenmanagement zwischen internationalen Erwartungen und innenpolitischen Vorbehalten›, in Reimut Zohlnhöfer und Thomas Saalfeld (Hg.), *Zwischen Stillstand, Politikwandel und Krisenmanagement. Eine Bilanz der Regierung Merkel 2013–2017* (Wiesbaden 2019), S. 619–642.

1045 Koalitionsvertrag «Deutschlands Zukunft gestalten», S. 118, https://archiv.cdu.de/sit es/default/files/media/dokumente/koalitionsvertrag.pdf

1046 Lough, *Russia Problem*, S. 143 f.

1047 Ebd., S. 145.

1048 Stefan Meister, ‹Entfremdete Partner: Deutschland und Russland›, *Osteuropa*, 62:6/8 (2012), S. 475–484, hier S. 479.

1049 Vgl. Bierling, *Vormacht*, S. 247.

1050 Rinke, ‹Putin›, S. 36.

1051 Plokhy, *Angriff*, S. 137; Kauffmann, *Aveuglés*, S. 291.

1052 Dabei blieb speziell die Lage in Moldau problematisch, vgl. «Hunderte Millionen Euro EU-Geld verschwunden?», *FAZ*, 05.04.2017.

1053 Ashton, *Despatches*, S. 222.

1054 Wolfgang Seibel, ‹Arduous Learning or New Uncertainties? The Emergence of German Diplomacy in the Ukrainian Crisis›, *Global Policy*, 6:Suppl. 1 (2015), S. 56–72, hier S. 60; Bollmann, *Merkel*, S. 461.

1055 «Merkel hält an Angebot an die Ukraine fest», *FAZ*, 18.12.2013; «Ukraine: Merkel will mit Putin reden», *DW*, 23.11.2013.

1056 Stent, *Limits*, S. 288. Die Tausendkubikmeterpreise wurden dabei von 400 US-Dollar auf 268,5 US-Dollar, also fast genau den Wert vor der Erhöhung im Januar 2009, reduziert, vgl. Nikiforov und Hackemesser, *Schlacht*, S. 190. Die Abnehmer im Westen zahlten zwischen 313 und 371 US-Dollar pro tausend Kubikmeter; nur Dänemark zahlte mit 494 US-Dollar deutlich mehr, vgl. Høvsgaard, *Gier*, S. 167.

1057 Vgl. ausführlich Schneider-Deters, *Schicksalsjahre. Band 1*, S. 201–230.

1058 Seibel, ‹Learning›, S. 56.

1059 Schneider-Deters, *Schicksalsjahre. Band 1*, S. 232 f.; «Westerwelle wehrt sich gegen russische Kritik», *Der Spiegel*, 05.12.2013. Der Chef des Bundeskanzleramtes Ronald Pofalla hielt engen Kontakt zu Klitschko und Oppositionskreisen in der Ukraine, vgl. Bollmann, *Merkel*, S. 463.

1060 Richard Sakwa, *Frontline Ukraine. Crisis in the Borderlands* (London 2016), S. 225.

1061 Stent, *Limits*, S. 289.

1062 Ashton, *Despatches*, S. 227.

1063 Jörg Lau, «Warum er nicht ins Auswärtige Amt sollte», *Die Zeit*, 02.10.2013. Vgl. auch Kohlmann, *Steinmeier*, S. 509 ff.

1064 Ebd., S. 516 ff.

1065 Rinke, ‹Putin›, S. 34.

1066 «François Hollande ne se rendra pas à l'inauguration des JO de Sotchi», *Le Monde*,

15.12.2013. Hollande legte seine Gründe deutlicher dar als Gauck. Er nannte als Movens die Unterdrückung von Homosexuellen und Oppositionsparteien.
1067 Bollmann, *Merkel*, S. 425.
1068 Bernd Ulrich, «Wie grüßt man Schurken?», *Die Zeit*, 19.12.2013.
1069 «Deutschland will in der Ukraine nicht vermitteln», *FAZ*, 19.12.2013.
1070 «Bundesregierung streitet über Russlandpolitik», *Der Spiegel*, 20.12.2013.
1071 Fix, *Germany's Role*, S. 124.
1072 Vgl. im Wortlaut https://securityconference.org/msc-2014/reden
1073 Bastian Giegerich und Maximilian Terhalle, ‹The Munich Consensus and the Purpose of German Power›, *Survival*, 58:2 (2016), S. 155–166.
1074 Lough, *Russia Problem*, S. 165.
1075 «Mehrheit gegen größere deutsche Verantwortung in der Welt», *Handelsblatt*, 20.05. 2014.
1076 ARD-DeutschlandTREND, Februar 2014, https://www.tagesschau.de/inland/deutsch landtrend-ts-540.pdf
1077 Gesinde Dornblüth, «Offene Gespräche trotz vieler Unterschiede», *DLF*, 14.02.2014; Rinke, ‹Putin›, S. 37.
1078 Ebd., S. 37.
1079 Schneider-Deters, *Schicksalsjahre. Band 1*, S. 362–408; D'Anieri, *Ukraine and Russia*, S. 210 ff.
1080 Plokhy, *Angriff*, S. 140.
1081 Rinke, ‹Putin›, S. 37 f. Steinmeier hatte Polen als erstem Land seine Aufwartung gemacht. Er wollte die liberalkonservative Regierung in Warschau, die bis zum erneuten Wahlsieg der PiS im Oktober 2015 im Amt war, eng in seine Außenpolitik einbinden, vgl. Konrad Schuller, «Gospodin Steinmeier, der Polenfreund», *FAZ*, 19.12.2013. Sikorski berichtet, die Initiative ginge auf ihn zurück, vgl. Kauffmann, *Aveuglés*, S. 294.
1082 Schneider-Deters, *Schicksalsjahre. Band 1*, S. 411 f.
1083 Ashton, *Despatches*, S. 232 f.
1084 Vidal, *Fascination russe*, S. 112.
1085 Larson, ‹Diplomacy›, S. 63 f.
1086 Kauffmann, *Aveuglés*, S. 298.
1087 Schneider-Deters, *Schicksalsjahre. Band 1*, S. 412.
1088 Vgl. ebd., S. 413 ff.; Plokhy, *Angriff*, S. 150 ff. Russland hatte noch in der Nacht einen eigenen Vermittler, den ehemaligen Botschafter in den USA, Wladimir Lukin entsandt, der auch zustimmte, aber nichts unterzeichnen wollte.
1089 «Steinmeier: Nicht zu früh freuen», *DW*, 21.02.2014; Schneider-Deters, *Schicksalsjahre. Band 1*, S. 420 ff.
1090 Michael Thumann, «Verantwortung bemisst sich nicht in Truppenstärke», *Die Zeit*, 27.02.2014.
1091 Stefan Meister, ‹Lehren aus der Krise: Die Ukraine, Russland und die EU›, *Osteuropa*, 64:5 (2014), S. 323–331, hier S. 326.
1092 Bruno Schoch, ‹Russische Märchenstunde. Die Schuld des Westens und Putins Kampf gegen den Faschismus›, in Katharina Raabe und Manfred Sapper (Hg.), *Testfall Ukraine. Europa und seine Werte* (Berlin 2015), 233–246.
1093 D'Anieri, *Ukraine and Russia*, S. 217 ff.; Galeotti, *Putin's Wars*, S. 170.
1094 Short, *Putin*, S. 578 ff.; Burns, *Back Channel*, S. 290; Andreas Rinke, ‹Wie Putin Berlin verlor: Moskaus Annexion der Krim hat die deutsche Russland-Politik verändert›, *Internationale Politik*, 3 (2014), S. 33–45, hier S. 38.
1095 Daniel Treisman, ‹Why Putin took Crimea›, *Foreign Affairs*, 95:3 (2016), S. 47–54.

1096 Rinke, ‹Putin›, S. 38.
1097 Plokhy, *Angriff*, S. 156 ff.
1098 Rinke, ‹Putin›, S. 39.
1099 Kauffmann, *Aveuglés*, S. 310 f.
1100 Rinke, ‹Putin›, S. 40.
1101 Bollmann, *Merkel*, S. 466.
1102 Peter Baker, «Making Russia pay? It's not so simple», *NYT*, 01.03.2014.
1103 Vidal, *Fascination russe*, S. 107; Winfried Schneider-Deters, *Ukrainische Schicksalsjahre 2013–2019. Band 2: Die Annexion der Krim und der Krieg im Donbass* (Berlin 2021), S. 295 ff.
1104 Rinke, ‹Putin›, S. 40.
1105 Seibel, ‹Learning›, S. 61; «Disarmed diplomacy», *The Economist*, 08.03.2014.
1106 Clark, *Dear Barack*, S. 142 f.
1107 Ashton, *Despatches*, S. 237; Kauffmann, *Aveuglés*, S. 244. Zur Telefondiplomatie vgl. Bollmann, *Merkel*, S. 468 f.
1108 Rinke, ‹Putin›, S. 41.
1109 Fix, *Germany's Role*, S. 134.
1110 Rinke, ‹Putin›, S. 41.
1111 ARD-DeutschlandTREND, März 2014, https://www.tagesschau.de/inland/deutschlandtrend-ts-470.pdf
1112 Ebd.
1113 Ebd.
1114 Mehrfachnennungen waren möglich, vgl. «Wer trägt die Hauptschuld der Eskalation der Krim-Krise?», https://de.statista.com/statistik/daten/studie/292796/umfrage/meinung-zur-hauptschuld-an-der-eskalation-der-krim-krise/
1115 Seibel, ‹Learning›, S. 57.
1116 ARD-DeutschlandTREND, März 2014, https://www.tagesschau.de/inland/deutschlandtrend-ts-470.pdf
1117 Fix, *Germany's Role*, S. 136.
1118 Rinke, ‹Putin›, S. 41.
1119 Kauffmann, *Aveuglés*, S. 305.
1120 David Cameron, *For the record* (London 2020), S. 525.
1121 Ebd., S. 525.
1122 Vgl. hierzu David S. Yost, ‹The Budapest Memorandum and Russia's intervention in Ukraine›, *International Affairs*, 91:3 (2015), S. 505–538.
1123 Rinke, ‹Putin›, S. 41; Fix, *Germany's Role*, S. 136. Fix bezieht sich hierbei auf die Euro-Comment Analysen Peter Ludlows, einem intimen Kenner des Brüsseler Politikbetriebes, der basierend auf vielen Interviews mit Teilnehmern Vor- und Nachberichte aller Ratstagungen herausgibt.
1124 Fix, *Germany's Role*, S. 136.
1125 «EU bereitet sich auf Dauerstreit mit Russland vor», *Zeit online*, 12.03.2014; «Leichte EU-Sanktionen gegen Russland», *Tagesschau*, 06.03.2014.
1126 Ludwig Greven, «Ein Ultimatum an Putin», *Die Zeit*, 06.03.2014.
1127 Rinke, ‹Putin›, S. 42.
1128 Szabo, ‹Partners›, S. 541.
1129 «Amerika will der Ukraine keine Waffen liefern», *FAZ*, 14.03.2014.
1130 Kauffmann, *Aveuglés*, S. 305.
1131 «USA wollen Russland vor Krim-Referendum umstimmen», *Zeit online*, 14.03.2014. Das kaum vorhandene Interesse lässt sich auch an Kerrys Memoiren ablesen: von über 600 Druckseiten widmete er sechs der Ukrainekrise.

1132 Pew Research Center, 11.03.2014, https://www.pewresearch.org/politics/2014/03/11/most-say-u-s-should-not-get-too-involved-in-ukraine-situation/

1133 «Der Kurier beim Zaren», SZ, 06.03.2014.

1134 Majid Sattar, «Versuch einer Vereinnahmung», FAZ, 10.04.2014; Rinke, ‹Putin›, S. 42 f.

1135 Rinke spricht von «etlichen Abgeordneten» die russlandfreundlich eingestellt waren, vgl. ebd., S. 43.

1136 Ebd., S. 42 f.

1137 «Wirtschaft unterstützt Regierung gegen Russland», FAZ, 14.03.2014. Vor dem Treffen hatte seine Haltung noch weitaus zurückhaltender geklungen, vgl. «BDI-Präsident wirft Regierung Konzeptlosigkeit vor», FAZ, 10.03.2014.

1138 Matthew Qvortrup, Angela Merkel. Europe's most influential leader (London 2017), S. 301.

1139 Bollmann, Merkel, S. 459.

1140 Regierungserklärung Merkel, 13.03.2014, https://www.bundestag.de/webarchiv/textarchiv/2014/49865952_kw11_de_regierungserklaerung_ukraine-216288

1141 Seibel, ‹Learning›, S. 62.

1142 Fix, Germany's Role, S. 138, 144.

1143 Ebd., S. 149.

1144 Regierungserklärung Merkel, 13.03.2014.

1145 So argumentierte z. B. Ludwig Greven, «Wirtschaftssanktionen helfen nicht», Die Zeit, 15.03.2014; vgl. auch Michael Thumann, «Je blasser der Westen, desto strahlender Putin», Die Zeit, 19.03.2014.

1146 Plokhy, Angriff, S. 163 f.; vgl. zur innenpolitischen Reaktion Harley Balzer, ‹The Ukraine Invasion and Public Opinion›, Georgetown Journal of International Affairs, 16:1 (2015), S. 79–93, hier S. 82 ff.; Andreas Heinemann-Grüder, ‹Lehren aus dem Ukrainekonflikt: Das Stockholm-Syndrom der «Putin-Versteher»›, Osteuropa, 65:4 (2015), S. 3–23, hier S. 7 f.

1147 Rinke, ‹Putin›, S. 43.

1148 Plokhy, Angriff, S. 165.

1149 Von Fritsch, Russlands Weg, S. 82 f.

1150 Rinke, ‹Putin›, S. 44.

1151 Ebd., S. 44.

1152 Für eine Übersicht der EU-Sanktionen vgl. https://www.consilium.europa.eu/de/policies/sanctions/restrictive-measures-against-russia-over-ukraine/history-restrictive-measures-against-russia-over-ukraine/

1153 Rinke, ‹Putin›, S. 44.

1154 «Europarat entzieht Russland das Stimmrecht», FAZ, 10.04.2014. Erst 2019 erhielt es das Stimmrecht zurück. Russland drohte, ganz auszutreten und zahlte keine Beiträge mehr, weshalb Deutschland und Frankreich sich für die Rückgabe des Stimmrechts einsetzten, ohne dass Moskau irgendwelche Gegenleistungen erbringen musste. Beide argumentierten, es sei besser, Russland in der Organisation zu haben, anstatt ganz zu verlieren und somit auch russischen Bürgern den Weg zum Europäischen Gerichtshof für Menschenrechte zu versperren, vgl. Lough, Russia Problem, S. 183 f.

1155 «OECD stoppt Beitrittsverhandlungen mit Russland», Zeit online, 13.03.2014.

1156 Der NATO-Russland-Rat trat im Juli 2016 auf dem NATO-Gipfel in Warschau wieder zusammen.

1157 Die NATO erhöhte ihre Luftraumüberwachungsmission im Baltikum ebenfalls.

1158 Michael D. Shear und Peter Baker, «Obama answers critics, dismissing Russia as a ‹Regional Power›», NYT 25.03.2014.

1159 Peter Baker, «Obama, seeking unity on Russia, meets obstacles», *NYT*, 04.06.2014.
1160 «Von der Leyen fordert mehr Militär an NATO-Ostgrenzen», *Der Spiegel*, 22.03.2014.
1161 Seibel, ‹Learning›, S. 63.
1162 Markus Decker, «NATO in Osteuropa: Unmut über von der Leyen», *Mitteldeutsche Zeitung*, 24.03.2014.
1163 Seibel, ‹Learning›, S. 63.
1164 «NATO will über Osteuropa Stärke zeigen», *SZ*, 30.03.2014; «Deutschland schickt Kampfjets nach Osteuropa», *Der Spiegel*, 16.04.2014.
1165 ARD-DeutschlandTREND, April 2014, https://de.statista.com/statistik/daten/studie/295559/umfrage/umfrage-zur-staerke-ren-sicherung-des-luftraums-der-nato-laender-in-osteuropa/
1166 «NATO erwägt Stationierung von Truppen in Osteuropa», *Die Welt*, 07.05.2014; «Ukraine Crisis Exposes Gaps between Berlin and NATO», *Der Spiegel*, 07.04.2014.
1167 Wissenschaftlicher Dienst des Deutschen Bundestages, Sachstand zur dauerhaften Stationierung von NATO-Truppen in Ländern der EU-/NATO-Osterweiterung, WD2-3000-083/14, 26.05.2014, S. 16.
1168 Plokhy, *Angriff*, S. 170.
1169 Vgl. D'Anieri, *Ukraine and Russia*, S. 224 ff., 232 ff.
1170 Vgl. ausführlich Jakob Hauter, *Russia's Overlooked Invasion. The Causes of the 2014 Outbreak of War in Ukraine's Donbas* (Stuttgart 2023); Schneider-Deters, *Schicksalsjahre. Band 2*, S. 395 ff.
1171 Vgl. Christian Nünlist, ‹Testfall Ukraine-Krise: Das Konfliktmanagement der OSZE unter Schweizer Vorsitz›, in Christian Nünlist und Oliver Thränert (Hg.), *Bulletin 2014 zur schweizerischen Sicherheitspolitik* (Zürich 2014), S. 35–61.
1172 Vgl. u. a. Claus Neukirch, ‹Die Sonderbeobachtermission in der Ukraine: Operative Herausforderungen und neue Horizonte›, in IFSH (Hg.), *OSZE-Jahrbuch 2014* (Baden-Baden 2015), S. 205–221.
1173 Marc Brost, Peter Dausend und Michael Thumann, «Da aber schwieg Putin», *Die Zeit*, 30.04.2014.
1174 Jörg Lau, «Enttäuscht und wütend», *Die Zeit*, 16.04.2014.
1175 Von Fritsch, *Russlands Weg*, S. 89 f.
1176 Fix, *Germany's Role*, S. 127.
1177 Ashton, *Despatches*, S. 244 f.
1178 Schneider-Deters, *Schicksalsjahre. Band 2*, S. 376.
1179 «Friedensfahrplan für Ukraine beschlossen», *Zeit online*, 17.04.2014.
1180 Plokhy, *Angriff*, S. 167 f.
1181 Andreas Rinke, ‹Vermitteln, verhandeln, verzweifeln. Wie der Ukraine-Konflikt zur westlich-russischen Dauerkrise wurde›, *Internationale Politik*, Januar/Februar (2015), S. 8–21, hier S. 10 f.
1182 Peter Baker, «In Cold War echo, Obama strategy writes off Putin», *NYT*, 19.04.2014.
1183 Ebd.; Larson, ‹Diplomacy›, S. 66 f.
1184 «Friedensfahrplan für Ukraine beschlossen», *Zeit online*, 17.04.2014.
1185 Neukirch, ‹Sonderbeobachtermission›, S. 211 f.
1186 Rinke, ‹Vermitteln›, S. 11.
1187 Lough, *Russia Problem*, S. 166 f.
1188 Marc Brost, Peter Dausend und Michael Thumann, «Da aber schwieg Putin», *Die Zeit*, 30.04.2014.
1189 Neukirch, ‹Sonderbeobachtermission›, S. 212 f.
1190 Vgl. Bingener und Wehner, *Moskau-Connection*, S. 186.
1191 Interview mit Christoph Heusgen, 27.05.2024.

1192 Marc Brost, Peter Dausend und Michael Thumann, «Da aber schwieg Putin», *Die Zeit*, 30.04.2014.

1193 Seibel, ‹Learning›, S. 64 f.

1194 «Putins Diplomatie stößt auf Skepsis», *Zeit online*, 08.05.2014.

1195 Johannes Voswinkel, «Putins versöhnlicher Ton ist Kalkül», *Zeit online*, 07.05.2014.

1196 Michael Thumann, «Ganz meinerseits», *Die Zeit*, 15.05.2014.

1197 Rinke, ‹Vermitteln›, S. 9.

1198 «Runder Tisch ohne Ergebnis vertagt», *Zeit online*, 14.05.2014.

1199 Fix, *Germany's Role*, S. 127; Rinke, ‹Vermitteln›, S. 12.

1200 Neukirch, ‹Sonderbeobachtermission›, S. 221.

1201 ZDF-Politbarometer, 08.05.2014, https://de.statista.com/statistik/daten/studie/299418/umfrage/umfrage-zu-wirksamen-mitteln-des-westens-gegen-putins-machtstreben/

1202 Ebd.

1203 Rinke, ‹Vermitteln›, S. 13.

1204 PLUSD, 07Luxemburg204, 25.05.2007.

1205 «‹Teilverantwortung›: Jean-Claude Juncker kritisiert EU-Strategie im Ukraine-Konflikt», *Luxemburger Wort*, 30.03.2014;

1206 «Juncker says Ukraine not likely to join EU, NATO for 20–25 years», *RFE*, 04.03.2016.

1207 «Gabriel: Nicht nur Russland trägt Schuld an der Krise», *FAZ*, 14.05.2014.

1208 Fix, *Germany's Role*, S. 132.

1209 Rinke, ‹Vermitteln›, S. 10.

1210 «Ukrainischer Präsident Poroschenko unterzeichnet EU-Assoziierungsangebot», *Der Spiegel*, 27.06.2014.

1211 «G7 planen ohne Russland neue Energieversorgung», *Der Spiegel*, 05.06.2014.

1212 Regierungserklärung Merkel, 04.06.2014, https://www.bundesregierung.de/breg-de/service/bulletin/regierungserklaerung-von-bundeskanzlerin-dr-angela-merkel-797098

1213 Ebd.

1214 Peter Baker, «Obama, seeking unity on Russia, meets obstacles», *NYT*, 04.06.2014.

1215 Ebd.

1216 Vidal, *La fascination russe*, S. 112 ff.; Kauffmann, *Aveuglés*, S. 342 ff.; Patrick Edery, «Mistral: le vent du changement», *Libération*, 10.08.2015. Die Schiffe wurden einen Monat später an Ägypten verkauft. Aus der «Wladiwostok» wurde die «Gamal Abdel Nasser».

1217 «Briten liefern weiter Waffen nach Russland», *Zeit online*, 23.07.2014.

1218 Ebd.

1219 Hauke Friedrichs, «Deutsche Waffen für Russland», *Die Zeit*, 17.04.2014.

1220 «Rüstungsdeal mit Moskau gestoppt», *DW*, 04.08.2014; «Ministerium: Rheinmetall kann Schadensersatz fordern», *FAZ*, 04.08.2014.

1221 Fabian Reinbold, «Sie reden!», *Der Spiegel*, 06.06.2014.

1222 Alyona Getmanchuk und Sergiy Solodkyy, ‹German Crisis Management Efforts in the Ukraine-Russia Conflict from Kyjiv's Perspective›, *German Politics*, 27:4 (2018), S. 591–608.

1223 Fix, *Germany's Role*, S. 129 f.

1224 Interview mit Sir Michael Fallon, 20.07.2023; Lough, *Russia Problem*, S. 171.; Kauffmann, *Aveuglés*, S. 322 f.

1225 Cameron, *For the record*, S. 531.

1226 Anthony Seldon und Peter Snowdon, *Cameron at 10. The verdict* (London 2016), S. 370.

1227 Kauffmann, *Aveuglés*, S. 323.

1228 Nikel, *Feinde*, S. 213.
1229 Piotr Buras, «Has Germany sidelined Poland in Ukraine crisis negotiations?», *ECFR Commentary*, 27.08.2014.
1230 Nikel, *Feinde*, S. 212.
1231 Von Fritsch, *Russlands Weg*, S. 120.
1232 Interview Rolf Nikel, 11.04.2024.
1233 Plokhy, *Angriff*, S. 173 f.
1234 Seibel, ‹Learning›, S. 65.
1235 Rinke, ‹Vermitteln›, S. 14. Dies betraf etwa die Idee einer Überwachung der ukrainisch-russischen Grenze durch die OSZE. Einen Plan, den Moskau immer wieder aus dem Hut zauberte, aber nie voranbrachte, vgl. ebd.
1236 ARD-DeutschlandTREND, September 2014, https://www.tagesschau.de/inland/deutschlandtrend-ts-526.pdf
1237 https://www.auswaertiges-amt.de/de/newsroom/140901-bm-bmwi-handelsblatt/264752
1238 Ludwig Greven, «Friedensmacht SPD», *Die Zeit*, 28.06.2014.
1239 Ebd.
1240 Christian Weisflog, «Erste Spuren führen zu Separatisten», *NZZ*, 18.07.2014.
1241 «Ein Angriff vom Boden aus das ‹wahrscheinlichste Szenario›», *FAZ*, 12.09.2014; «BND macht Separatisten für MH17-Absturz verantwortlich», *Der Spiegel*, 19.10.2014.
1242 Rinke, ‹Vermitteln›, S. 15.
1243 Yang Zhang, *Angela Merkels Persönlichkeitsgrundzüge und deren Auswirkungen auf die deutsche Außenpolitik* (Dissertation, Universität Bonn, 2022), S. 79.
1244 Fix, *Germany's Role*, S. 140; Seibel, ‹Learning›, S. 65 f.
1245 Andreas Rinke, «Flug MH17 – Wende im Ukraine-Konflikt», *Reuters*, 21.07.2014; Larson, ‹Diplomacy›, S. 67.
1246 Seibel, ‹Learning›, S. 66; Stefan Wagstyl, «Merkel's harder stance on Russia fuels anxiety for companies», *FT*, 04.07.2014.
1247 Interview mit Sir Michael Fallon, 20.07.2023.
1248 Tom Dyson, ‹Energy Security and Germany's Response to Russian Revisionism: The Dangers of Civilian Power›, *German Politics*, 25:4 (2016), S. 500–518.
1249 Stephen F. Szabo, ‹Vom potentiellen Führungspartner zur «Nein-Nation». Deutschlands neue Außenpolitik aus einem Washingtoner Blickwinkel›, *ZfAS*, 8 (2015), S. 437–450, hier S. 446.
1250 Justin Huggler und Bruno Waterfield, «Ukraine crisis: Russia sanctions would hurt Germany's growth», *Telegraph*, 09.05.2014.
1251 Jochen Bittner et al., «Die neue Ostpolitik», *Die Zeit*, 03.04.2014.
1252 Ebd.
1253 Fix, *Germany's Role*, S. 146.
1254 Heusgen, *Führung*, S. 71. Vgl. ausführlich Ulf von Krause, *Das Zwei-Prozent-Ziel der NATO und die Bundeswehr. Zur aktuellen Debatte um die deutschen Verteidigungsausgaben* (Wiesbaden 2019).
1255 Bollmann, *Merkel*, S. 473.
1256 ARD-DeutschlandTREND, September 2014, https://www.tagesschau.de/inland/deutschlandtrend-ts-526.pdf
1257 Ashton, *Despatches*, S. 259.
1258 Von Fritsch, *Russlands Weg*, S. 127.
1259 Ebd., S. 128.
1260 Ludwig Greven, «Kiew will den Krieg internationalisieren», *Die Zeit*, 29.08.2014.

1261 «Gabriel plädiert für Föderalisierung der Ukraine», *Die Welt*, 23.08.2014.
1262 Piotr Buras, «Has Germany sidelined Poland in Ukraine crisis negotiations?», *ECFR Commentary*, 27.08.2014.
1263 «Germany's vice-chancellor backs ‹federalization› in Ukraine», *Reuters*, 23.08.2014.
1264 Roland Nelles, «Hoffnungsträgerin für einen Tag», *Der Spiegel*, 23.08.201.;.
1265 Bollmann, *Merkel*, S. 476.
1266 «Merkel verspricht Ukraine 500 Millionen Euro Aufbauhilfe», *Der Spiegel*, 23.08.2014.
1267 Getmanchuk und Solodkyy, ‹German Crisis›.
1268 Roland Nelles, «Hoffnungsträgerin für einen Tag», *Der Spiegel*, 23.08.2014.
1269 Haukkala, ‹Cooperative›, S. 35.
1270 Michael Kimmage, *Collisions. The Origins of the war in Ukraine and the new global instability* (Oxford 2024), S. 133 f.
1271 Von Fritsch, *Russlands Weg*, S. 126.
1272 Lough, *Russia Problem*, S. 173.
1273 «Kreml bestätigt Putin-Drohung – und wiegelt ab», *Der Spiegel*, 02.09.2014.
1274 Fix, *Germany's Role*, S. 142; Rinke, ‹Vermitteln›, S. 16 f.
1275 Haukkala, ‹Cooperative›, S. 36.
1276 Neukirch, ‹Sonderbeobachtermission›, S. 217 ff.
1277 Kimmage, *Collisions*, S. 135.
1278 Sabine Fischer, *Der Donbas-Konflikt. Widerstreitende Narrative und Interessen, schwieriger Friedensprozess* (Berlin 2019), S. 13.
1279 «Diplomat Sajdik zum Ukraine-Krieg: ‹Vertragswerk wird ein unglaublicher Brocken›», *Der Standard*, 25.04.2022.
1280 Rede Merkel, 10.09.2014, https://www.bundesregierung.de/breg-de/service/bulletin/rede-von-bundeskanzlerin-dr-angela-merkel-796638
1281 Rinke, ‹Vermitteln›, S. 18.
1282 Ebd., S. 18.
1283 Carsten Luther, «Zur Ukraine scheint alles gesagt», *Die Zeit*, 17.11.2014. Mit Hollande sprach Merkel zwischen Februar 2014 und November 2015 insgesamt 38-mal, mit Cameron 14-mal, und mit Obama 15-mal, vgl. Szabo, ‹Partners›, S. 543.
1284 Rinke, ‹Vermitteln›, S. 19.
1285 Jim Yardley und David M. Herszenhorn, «Making Merkel wait, finding time for truffles», *NYT*, 17.10.2014.
1286 Nina Jeglinski und Elisa Simantke, «Merkel fordert von Putin Signale der Entspannung», *Tagesspiegel*, 16.10.2014.
1287 Rinke, ‹Vermitteln›, S. 21.
1288 «Ukraine und Russland einigen sich im Gasstreit», *Zeit online*, 30.10.2014.
1289 «Merkel mahnt Ukraine zu mehr Verantwortung», *Zeit online*, 21.10.2014.
1290 Ralf Schuler, «Das besprach Merkel mit Putin», *BILD*, 17.11.2014.
1291 Kauffmann, *Aveuglés*, S. 326.
1292 Rinke, ‹Vermitteln›, S. 20.
1293 Lucien Scherrer, «Von Russland bezahlter Journalist», *NZZ*, 27.01.2024.
1294 «Putin verteidigt Vorgehen auf der Krim», *FAZ*, 17.11.2014.
1295 Rede Merkel, Lowy-Institut, https://www.bundesregierung.de/breg-de/aktuelles/rede-von-bundeskanzlerin-merkel-am-lowy-institut-fuer-internationale-politik-am-17-november-2014-425572
1296 Vgl. «Putins Balkan-Strategie alarmiert Bundesregierung», *Der Spiegel*, 16.11.2014.
1297 Benjamin Bidder, «Russland feiert den Gipfel-Flüchtling», *Der Spiegel*, 17.11.2014.
1298 «Merkel lehnt schärfere Sanktionen gegen Russland ab», *Zeit online*, 11.11.2014.

1299 «EU bereitet Sanktionen gegen weitere Separatisten vor», *Zeit online*, 17.11.2014; Barbara Wessel, «Neue Russland-Strategie gesucht», *DW*, 17.11.2014.

1300 «Ukraine: EU fails to agree on new Russia sanctions», *BBC*, 17.11.2014.

1301 Andreas Rinke, ‹Vom Partner zum Gegner zum Partner?›, *Internationale Politik*, März/April (2015), S. 36–43, hier S. 37 f.; Barbara Wessel, «EU setzt auf beharrliche Diplomatie», *DW*, 17.11.2014.

1302 «Steinmeier will Kriterien für Ende der Sanktionen diskutieren», *Zeit online*, 22.10. 2014.

1303 Matthias Gebauer, Gerald Traufetter und Severin Weiland, «SPD-Spitze warnt vor Putin-Bashing», *Der Spiegel*, 17.11.2014.

1304 Lough, *Russia Problem*, S. 168.

1305 Rinke, ‹Vermitteln›, S. 20.

1306 Matthias Gebauer, «Und plötzlich geht's direkt zu Putin», *Der Spiegel*, 18.11.2014.

1307 «Steinmeier mahnt zum Blick auf andere Krisenherde», *Zeit online*, 18.11.2014.

1308 Zitiert in Rinke, ‹Partner›, S. 38.

1309 Matthias Gebauer, Gerald Traufetter und Severin Weiland, «SPD-Spitze warnt vor Putin-Bashing», *Der Spiegel*, 17.11.2014.

1310 Rinke, ‹Vermitteln›, S. 20 f.

1311 Andreas Rinke, «Griff in eine gefährliche Kiste», *IP Online*, 11.04.2014; Marco Siddi, ‹German Foreign Policy towards Russia in the Aftermath of the Ukraine Crisis: A New Ostpolitik?›, *Europe-Asia Studies*, 68:4 (2016), S. 665–677, hier S. 668.

1312 Bernd Ulrich, «Vorsicht Geschichte», *Die Zeit*, 11.12.2014.

1313 Marco Siddi, ‹An evolving Other: German national identity and constructions of Russia›, *Politics*, 38:1 (2018), S. 35–50.

1314 «Genscher wirbt um Verständnis für starken Putin», *Focus*, 18.09.2014. Wenig Geduld zeigte er mit den Sanktionen gegen Russland, die er im August 2015 für gescheitert erklärte und aufheben wollte, vgl. Rainer Stadler, «Genscher fordert Neuanfang mit Putin», *SZ*, 20.08.2015.

1315 «Kohl kritisiert Rolle des Westens im Ukraine-Konflikt», *Der Spiegel*, 02.11.2014.

1316 «Altkanzler Schmidt verteidigt Putins Ukraine-Kurs», *Der Spiegel*, 26.03.2014; «Helmut Schmidt wirft EU Größenwahn vor», *Die Zeit*, 16.05.2014.

1317 Sidney Gennies, «Wahrheit gepachtet», *Zeit online*, 23.11.2014.

1318 «‹Ein neuer Sonderweg›», *Der Spiegel*, 28.12.2014.

1319 Vgl. Renate Köcher, «Zunehmende Entfremdung», *FAZ*, 16.04.2014.

1320 Bernd Ulrich, «Wie Putin spaltet», *Die Zeit*, 10.04.2014.

1321 Verena Bläser, ‹Zum Russlandbild in den deutschen Medien›, *APuZ*, 66:7–8 (2014), S. 48–53.

1322 Gemma Pörzgen, ‹Moskau fest im Blick: Die deutschen Medien und die Ukraine›, *Osteuropa*, 64:5/6 (2014), S. 293–310; Susanne Spahn, *Das Ukraine-Bild in Deutschland. Die Rolle der russischen Medien. Wie Russland die deutsche Öffentlichkeit beeinflusst* (Hamburg 2016); Andreas Umland, ‹Berlin, Kiew, Moskau und die Röhre: Die deutsche Ostpolitik im Spannungsfeld der russisch-ukrainischen Beziehungen›, *ZfAS*, 6 (2013), S. 413–428.

1323 Forsberg, ‹Ostpolitik›, S. 35.

1324 «Platzeck: Krim-Annexion nachträglich legalisieren», *FAZ*, 18.11.2014. Zu Platzeck vgl. Bingener und Wehner, *Moskau-Connection*, S. 154 ff. Lothar De Maizière, deutscher Vorsitzender des Petersburger Dialogs, sprach sich gegen neue Wirtschaftssanktionen aus. Die Kanzlerin wollte ihn daraufhin nach acht Jahren aus seinem Amt entfernen und den Petersburger Dialog reformieren, vgl. «Platzeck soll vom Petersburger Dialog ausgeschlossen werden», *Zeit online*, 23.11.2014.

1325 «39 Prozent der Deutschen für Anerkennung der Krim-Annexion», *Zeit online*, 24.11.2014.

1326 Ebd.

1327 Lisa Caspari, «SPD-Linker Stegner fordert Diskussion über Russland-Politik», *Die Zeit*, 08.12.2014. Vgl. auch Forsberg, ‹Ostpolitik›, S. 31 f.

1328 Rede Steinmeier, 09.12.2014, https://www.auswaertiges-amt.de/de/newsroom/1412 09-bm-jekaterinburg/267520

1329 Jörg Lau und Michael Thumann, «Tief im Osten, weit voraus», *Die Zeit*, 11.12.2014.

1330 Zitiert in Rinke, ‹Partner›, S. 38.

1331 Bernd Ulrich, «Warum sagen sie nicht, was ist?», *Die Zeit*, 29.04.2015.

1332 Rinke, ‹Partner›, S. 38.

1333 Bernd Riegert, «EU-Gipfel: Einig, harmonisch, eilig», *DW*, 19.12.2014.

1334 Rede Merkel, 18.12.2014, https://www.bundesregierung.de/breg-de/service/bulletin/ regierungserklaerung-von-bundeskanzlerin-dr-angela-merkel-798196

1335 Rinke, ‹Partner›, S. 38 f.

1336 «Poroschenko und Putin lehnen Friedensangebote ab», *Die Welt*, 19.01.2015.

1337 Die Kanzlerin und Gabriel sprachen sich ebenfalls für den raschen Abschluss des transatlantischen Freihandelsabkommens (TTIP) aus.

1338 Zitiert in Bingener und Wehner, *Moskau-Connection*, S. 189.

1339 «Deutsche Wirtschaft will Freihandelszone mit Russland», *Deutsche Wirtschafts-nachrichten*, 23.01.2015; Bastian Brinkmann, «Merkel und Gabriel machen Putin ein Angebot», *SZ*, 22.01.2015.

1340 Rede Merkel in Davos, https://www.bundeskanzler.de/bk-de/aktuelles/rede-von-bundeskanzlerin-merkel-anl-des-jahrestreffens-2015-des-world-economic-forum-am-22-januar-2015-604648; «Merkel bietet Russland Handelszone an», *FAZ*, 23.01. 2015.

1341 Galeotti, *Putin's Wars*, S. 188; Bollmann, *Merkel*, S. 477. Wie dramatisch die Lage war, wie viele Reserven die Ukraine noch hatte, und wie weit die Separatisten bzw. Russland vorstoßen wollten oder konnten, bleibt in der Wissenschaft weiter umstritten. Bingener und Wehner sprechen von einem Drittel der an der Front befindlichen Kräfte und einem Sechstel der gesamtverfügbaren Streitkräfte der Ukraine, wobei nicht zwischen regulären und Freiwilligenbataillonen unterschieden wird, vgl. Bingener und Wehner, *Moskau-Connection*, S. 183. Ich danke Constantino Franke für den regen Austausch über diese Frage.

1342 Rinke, ‹Partner›, S. 39.

1343 «Außenminister weiten Russland-Sanktionen aus», *Zeit online*, 29.01.2015.

1344 «‹Die einheitliche Haltung der EU gegenüber Russland ist in Gefahr›», *Die Zeit*, 28.01.2015.

1345 «Tsipras distanziert sich von EU-Erklärung zu Russland», *Tagesschau*, 28.01.2015.

1346 Jochen Bittner, «Putins Trojaner», *Zeit online*, 29.01.2015.

1347 Vgl. hierzu Bechev, *Rival Power*, S. 133 ff.

1348 Majid Sattar und Michael Stabenow, «Keine russische Lösung für Europas Problemfall», *FAZ*, 09.04.2015; Andreas Rüesch, «Putins nützlicher Idiot», *NZZ*, 09.04. 2015.

1349 Heinemann-Grüder, ‹Lehren›, S. 4.

1350 Christoph B. Schlitz, «Poroschenko warnt vor Folgen eines ‹Hybridkrieges›», *Die Welt*, 05.02.2015.

1351 «Faut-il armer l'Ukraine?», *Le Monde*, 03.02.2015.

1352 Holgar Stark und Matthias Gebauer, «Krieg oder Frieden – auf Merkel kommt es an», *Der Spiegel*, 06.02.2015.

1353 Weißes Haus, Presseerklärung, 18.12.2014, https://obamawhitehouse.archives.gov/
the-press-office/2014/12/18/statement-president-ukraine-freedom-support-act

1354 Jochen Spengler, «Studie: Aufrüstung ist kontraproduktiv», *DLF Kultur*, 11.02.2015.

1355 John Hudson, «German ambassador warns against arming Ukraine», *Foreign Policy*, 05.02.2015.

1356 Sangwon Yoon und John Walcott, «Merkel objection to arms for Ukraine may spur Obama backlash», *Bloomberg*, 07.02.2015.

1357 Rinke, ‹Vermitteln›, S. 12.

1358 «Biden verwirft militärische Lösung für Ukraine-Konflikt», *SZ*, 05.02.2015.

1359 «Amerika will vorerst keine Waffen an Kiew liefern», *FAZ*, 03.02.2015.

1360 Helene Cooper, «Defense nominee says he would consider more U.S. Military Aid to Ukraine», *NYT*, 04.02.2015.

1361 Lütjen und Geiges, *Steinmeier*, S. 210.

1362 Kohlmann, *Steinmeier*, S. 566.

1363 Yves-Michel Riols und Gilles Paris, «La pression monte pour armer l'Ukraine», *Le Monde*, 02.02.2015; Spencer Kimball, «Weapons to Ukraine», *DW*, 05.02.2015; «NATO General: West should consider arming Ukraine», *VOA*, 22.03.2015.

1364 Interview mit Sir Michael Fallon, 20.07.2023.

1365 «Merkel weist Orbán zurecht», *Zeit online*, 02.02.2015.

1366 Rinke, ‹Partner›, S. 41.

1367 «‹Wir liefern der Ukraine keine tödlichen Waffen›», *FAZ*, 03.02.2015.

1368 Die Umfrage wurde am 2./3. Februar durchgeführt, vgl. ARD-DeutschlandTREND, Februar 2015, https://www.tagesschau.de/inland/deutschlandtrend-279.pdf

1369 Alison Smale, «German Chancellor rules out weapons aid to Ukraine», *NYT*, 02.02.2015; Boris Kálnoky, «Merkel und Putin buhlen um Ungarns Premier», *Die Welt*, 02.02.2015; «Kann eine Demokratie ‹illiberal› sein?», *Tagesspiegel*, 02.02.2015.

1370 «Orbán ätzt gegen Brüssels Russland-Sanktionen», *Der Spiegel*, 15.08.2014.

1371 Rinke, ‹Partner›, S. 40.

1372 Günter Bannas, «Was Merkel im Ukraine-Konflikt erreichen will», *FAZ*, 05.02.2015.

1373 Lough, *Russia Problem*, S. 174.

1374 Interview mit Christoph Heusgen, 27.05.2024; Interview mit Erich Vad, 12.04.2024.

1375 «Merkel reist mit Hollande nach Kiew und Moskau», *FAZ*, 05.02.2015.

1376 Majid Sattar, «Steinmeiers Moskau-Versteher», *FAZ*, 11.02.2015; Stefan Braun, «Markus Ederer», *SZ*, 10.05.2017.

1377 Rinke, ‹Partner›, S. 41.

1378 Ebd., S. 41; Schneider-Deters, *Schicksalsjahre. Band 2*, S. 548.

1379 «Deutschland stellt 2700 Soldaten für NATO-Speerspitze», *FAZ*, 05.02.2015.

1380 Rinke, ‹Partner›, S. 41.

1381 Günter Bannas, «Was Merkel im Ukraine-Konflikt erreichen will», *FAZ*, 05.02.2015.

1382 «Kerry says Obama to decide ‹soon› whether to give Ukraine weapons», *RFE/RL*, 05.02.2015.

1383 Holger Stark und Matthias Gebauer, «Krieg oder Frieden – auf Merkel kommt es an», *Der Spiegel*, 06.02.2015.

1384 Matthias Gebauer und Stefan Simons, «Intervention in höchster Not», *Der Spiegel*, 05.02.2015.

1385 Kauffmann, *Aveuglés*, S. 244.

1386 «Letzter Versuch in Moskau», *Der Spiegel*, 06.02.2015.

1387 Rinke, ‹Partner›, S. 42.

1388 Ebd., S. 43.

1389 Vgl. die jeweiligen Reden, https://securityconference.org/msc-2015/reden

1390 Matthias Gebauer, «Ukraine-Krise entzweit USA und Europa», *Der Spiegel*, 08.02. 2015.

1391 Justin Huggler, «Ukraine crisis: US officials compare peace efforts to appeasing Hitler», *Telegraph*, 08.02.2015; «John McCain wirft Merkel Appeasement-Politik vor», *Zeit online*, 06.02.2015.

1392 Rede Merkel, 07.02.2015, https://www.bundeskanzler.de/bk-de/aktuelles/rede-von-bundeskanzlerin-angela-merkel-anlaesslich-der-51-muenchner-sicherheitskonfe renz-397814

1393 Stefan Braun, «Waffen für Kiew? Merkel ist ‹da sehr zweifelnd›», *SZ*, 07.02.2015.

1394 Vgl. die Fragerunde auf https://www.youtube.com/watch?v=B4WQbnJz3Mc

1395 Ebd.

1396 Ebd.

1397 «Merkels Mauerbau-Parallele», *Deutschlandfunk*, 12.02.2015.

1398 Joe Biden, *Promise me, dad. A year of hope, hardship, and purpose* (New York 2019), S. 104.

1399 Biden, *Promise*, S. 104.

1400 Rede Biden, 07.02.2015, https://obamawhitehouse.archives.gov/the-press-office/2015/ 02/07/remarks-vice-president-munich-security-conference

1401 Rinke, ‹Partner›, S. 42.

1402 «Letzter Versuch in Moskau», *Der Spiegel*, 06.02.2015.

1403 Vgl. hierzu die eindringliche Schilderung seines außenpolitischen Beraters; siehe Ben Rhodes, *Im Weißen Haus. Die Jahre mit Barack Obama* (München 2019), S. 367 f.

1404 Trita Parsi, *Losing an Enemy. Obama, Iran, and the Triumph of Diplomacy* (New Haven 2017), S. 255. Im August 2014 sandte Putin gegenüber der EU-Außenbeauftragten auch andere Signale: «He made it clear that whatever was happening in Ukraine, Russia remained committed to the Iran talks», vgl. Ashton, *Despatches*, S. 257.

1405 Interview mit Christoph Heusgen, 27.05.2024.

1406 «Merkel und Obama setzen letzte Hoffnung auf Diplomatie», *Zeit online*, 09.02. 2015.

1407 Diesen Aspekt des endgültig verlorenen Vertrauens betont v. a. Forsberg, ‹Ostpolitik›, S. 39 f.

1408 Josh Lederman, «German ambassador: Obama agreed not to send arms to Ukraine», *AP*, 09.03.2015.

1409 Vgl. in deutscher Übersetzung Marcus Pindur, «Waffen liefern oder nicht?», *Deutschlandfunk*, 10.02.2015.

1410 Russell Berman, «Obama skips the ‹Red Line› on Russia», *The Atlantic*, 09.02.2015.

1411 Robin Alexander, «Am Ende bringt Obama das Merkel-Argument», *Die Welt*, 09.02. 2015.

1412 Pressekonferenz Merkel und Obama, 09.02.2015, https://obamawhitehouse.archives. gov/the-press-office/2015/02/09/remarks-president-obama-and-chancellor-merkel-joint-press-conference

1413 Ebd.

1414 John E. Herbst, «Obama-Merkel Accord delays talk of arms for Ukraine's defense against Russia», *Atlantic Council*, 10.02.2015.

1415 Paul Richter und Carol J. Williams, «Hands-off strategy in Ukraine spurs critics of Obama's foreign policy», *Los Angeles Times*, 13.02.2015.

1416 Michael Thumann, «Bloß nicht ins Wettrüsten stolpern», *Die Zeit*, 06.02.2015.

1417 «17 Stunden Nervenkrieg», *Zeit online*, 12.02.2015.

1418 Kauffmann, *Aveuglés*, S. 328. Ob dies wirklich drohte, sei dahingestellt. Auch 2008 stoppte Putin seine Panzer vor Tiflis, da seine politischen Ziele erreicht waren. Ob ein Vorstoß militärisch so einfach möglich gewesen wäre ist in der Fachwelt auch umstritten. Aber der wahrscheinlichere Verlust weiterer Gebiete im Osten und Süden der Ukraine war für Poroschenko ebenfalls ein Argument.

1419 John Hudson, «German ambassador warns against arming Ukraine», *Foreign Policy*, 05.02.2015.
1420 Interview mit Christoph Heusgen, 27.05.2024.
1421 Kauffmann, *Aveuglés*, S. 332.
1422 Ebd.
1423 Stefan Braun, «Markus Ederer», *SZ*, 10.05.2017.
1424 Kauffmann, *Aveuglés*, S. 333.
1425 Ludlow, ‹February 2015›, S. 7.
1426 Andreas Rinke, «Der Schrecken der Nächte», *Republik*, 14.01.2018.
1427 Johannes Voswinkel, «Putin streicht seine Gewinne ein», *Die Zeit*, 12.02.2015.
1428 (Antworten? Roxburgh, Tsyngakov; D'Anieri etc.)
1429 Von Fritsch, *Russlands Weg*, S. 93.
1430 Ebd., S. 97.
1431 «EU hält trotz Waffenruhe an Sanktionen gegen Russland fest», *Der Spiegel*, 13.02. 2015.
1432 Fix, *Germany's Role*, S. 143.
1433 Von Fritsch, *Russlands Weg*, S. 129 f.
1434 Lough, *Russia Problem*, S. 186.
1435 Fischer, *Donbas-Konflikt*, S. 14.
1436 Vgl. hierzu auch Kauffmann, *Aveuglés*, S. 239.
1437 Fischer, *Donbas-Konflikt*, S. 13. Im Sommer 2015 folgte Martin Sajdik ihr nach.
1438 Ebd.
1439 Ebd., S. 14. Interview mit Ulrich Brandenburg, 18.03.2024.
1440 Zitiert in Rinke, ‹Partner›, S. 43.
1441 «‹Ein möglicherweise bedeutsamer Schritt›», *Der Spiegel*, 12.02.2015.
1442 Florian Gathmann und Severin Weiland, «Wo jetzt die größten Gefahren lauern», *Der Spiegel*, 12.02.2015.
1443 Vgl. ARD-DeutschlandTREND, März 2015, https://www.tagesschau.de/inland/ deutschlandtrend-279.pdf
1444 Ebd.
1445 Michael Thumann, «Die Zeit spielt gegen Putin», *Die Zeit*, 13.02.2015.
1446 Sabine Adler, «Kompromiss mit Mängeln», *Deutschlandfunk*, 12.02.2015.
1447 Benjamin Bidder, «Am Ende lacht Putin», *Der Spiegel*, 12.02.2015.
1448 Kauffmann, *Aveuglés*, S. 334.
1449 Bollmann, *Merkel*, S. 479.
1450 Matthias Krupa, «Der Krieg schrumpft die Eurokrise», *Die Zeit*, 13.02.2015.
1451 Andreas Rinke, «Der Schrecken der Nächte», *Republik*, 14.01.2018.
1452 Peter Ludlow, ‹February 2015. Minsk, Terrorism, Greece and EMU. Preliminary Evaluation 2015/1›, *EuroComment*, S. 6.
1453 Ebd., S. 9.
1454 Ebd., S. 8.
1455 Ebd., S. 1.
1456 Ebd., S. 7 f.
1457 So argumentiert Marco Siddi, ‹A Contested Hegemon? Germany's Leadership in EU Relations with Russia›, *German Politics*, 29:1 (2020), S. 97–114.
1458 Ludlow, ‹February 2015›, S. 7.

1459 Severin Weiland und Matthias Gebauer, «Die Fehler von Minsk», *Der Spiegel*, 18.02. 2015.

1460 Michael R. Gordon, «Kerry raises prospect of more sanctions against Russia over Ukraine», *NYT*, 21.02.2015.

1461 Frank Hofman, «Ende der Schonfrist für Kiew?», *DW*, 06.12.2015.

1462 Neitzel und Scianna, *Blutige Enthaltung*; Christopher Phillips, *The Battle for Syria. International Rivalry in the New Middle East* (New Haven 2020).

1463 ARD-DeutschlandTREND, April 2015, https://www.tagesschau.de/inland/deutschlandtrend-305.pdf

1464 Benjamin Bidder, Severin Weiland und Philipp Wittrock, «Merkel und Hollande wollen Minsker Abkommen retten», *Der Spiegel*, 18.02.2015.

1465 «CDU-Politiker Röttgen wirft Putin falsches Spiel vor», *Der Spiegel*, 18.02.2015.

1466 Andreas Umland, «Kein russisches Öl mehr», *Die Zeit*, 20.02.2015.

1467 Carl Schreck, «A bipartisan cause in Washington: Arming Ukraine against Russia», *RFE/RL*, 12.03.2015.

1468 Josh Lederman, «German ambassador: Obama agreed not to send arms to Ukraine», *AP*, 09.03.2015.

1469 Kristina Wong, «GOP lawmaker asks Obama if he made a secret deal with Germany», *The Hill*, 12.03.2015.

1470 «Germany again warns against lethal weaponry for Ukraine», *VOA*, 12.03.2015.

1471 Leonid Polyakov, ‹Defense institution building in Ukraine at peace and at war›, *Connections*, 17:3 (2018), S. 92–108.

1472 Pew Research Center, 23.02.2015, https://www.pewresearch.org/politics/2015/02/23/increased-public-support-for-the-u-s-arming-ukraine

1473 Jeremy Herb, «Obama pressed on many fronts to arm Ukraine», *Politico*, 11.03.2015.

1474 US State Department, F-2015–11791, Emerson (Berlin) an Washington, 05.05.2015.

1475 Ebd.

1476 Pew Research Center, 10.06.2015, https://www.pewresearch.org/global/2015/06/10/nato-publics-blame-russia-for-ukrainian-crisis-but-reluctant-to-provide-military-aid/

1477 Ebd.

1478 Ebd.

1479 Pew Research Center, 07.05.2015, https://www.pewresearch.org/global/2015/05/07/germany-and-the-united-states-reliable-allies/

1480 Folgt man Bollmann, soll sie dies immer kritisiert haben, vgl. Bollmann, *Merkel*, S. 467.

1481 Vgl. ARD-DeutschlandTREND, Februar 2015, https://www.tagesschau.de/inland/deutschlandtrend-279.pdf

1482 Fix, *Germany's Role*, S. 133; Vladimir Socor, «Surkov-Nuland talks on Ukraine: A Nontransparent Channel», *Eurasia Daily Monitor*, 26.05.2016; Schneider-Deters, *Schicksalsjahre. Band 2*, S. 608 ff. Im Juli 2017 übernahm Kurt Volker von Nuland.

1483 «Von der Leyen unterstützt US-Aufrüstungspläne», *DLF*, 18.06.2015; «Deutscher Nato-General fordert massive Aufrüstung Osteuropas», *FAZ*, 19.06.2015.

1484 «‹Wir brauchen Russland›», *DLF*, 17.06.2015.

1485 Andreas Rinke, «Schwieriger Balanceakt», *IP Online*, 19.05.2015.

1486 Ebd.

1487 «Merkel nennt Russlands Rückkehr in die G8 ‹zurzeit nicht vorstellbar›», *Der Spiegel*, 05.06.2014.

1488 Forsberg, ‹Ostpolitik›, S. 31; Benjamin Bidder und Matthias Schepp, «‹Die Kanzlerin macht einen Fehler›», *Der Spiegel*, 05.06.2015.

1489 Rainer Blasius, «Überstehen ist alles», *FAZ*, 11.05.2015.

1490 Julia Smirnova, «Merkel versucht es versöhnlich – und weicht ab», *Die Welt*, 10.05.2015.

1491 Neil MacFarquhar, «In talks with Merkel, Putin calls for improving relations with Europe», *NYT*, 10.05.2015.

1492 Zu den Lücken vgl. Jörg Eigendorf et al., «Katastrophale Sanktionspolitik der EU gegen Russland», *Die Welt*, 19.06.2015; Monika Wohlmann, «Die Russland-Sanktionen der Europäischen Union – Feigenblatt oder politischer Trumpf?», *BpB*, 24.11.2015.

1493 Bollmann, *Merkel*, S. 489 ff.

1494 Nikel, *Feinde*, S. 89 f.

1495 Ebd., S. 90.

1496 Vladislaw Strnad, ‹Les enfants terribles de l'Europe? The «Sovereigntist» role of the Visegrád Group in the context of the Migration Crisis›, *Europe-Asia Studies*, 74:1 (2022), S. 72–100.

1497 David Smith, «Hollande to press Obama on the war against ISIS – and Russia's role in it», *Guardian*, 24.11.2015.

1498 Peter Baker und Andrew E. Kramer, «Obama weighing talks with Putin on Syrian crisis», *NYT*, 15.09.2015.

1499 Adomeit, ‹Russland und der Westen›, S. 117.

1500 Michael Crowley, «Obama resists Putin showdown in Syria», *Politico*, 07.10.2015.

1501 ARD-DeutschlandTREND, Oktober 2015, https://www.tagesschau.de/inland/deutschlandtrend-409.pdf

1502 Matthias Krupa und Michael Thumann, «Ihr müsst leider (erst mal) draußen bleiben», *Die Zeit*, 21.05.2015.

1503 «Merkel schließt EU-Beitritt der Ukraine aus», *Der Spiegel*, 21.05.2015.

1504 Getmanchuk und Solodkyy, ‹German›, S. 602 ff.

1505 Plokhy, *Angriff*, S. 179.

1506 Fischer, *Donbas-Konflikt*, S. 9 f.

1507 Ebd., S. 10.

1508 Schöllgen, *Schröder*, S. 931, 1023.

1509 Lough, *Russia Problem*, S. 189.

1510 Agnia Grigas, *The new geopolitics of natural gas* (Cambridge 2017), S. 112.

1511 Jörg Münchenberg, «Brüssels diplomatischer Erfolg», *Deutschlandfunk*, 02.12.2014.

1512 «Bulgarien stoppt Arbeiten an South-Stream-Pipeline», *Der Spiegel*, 09.06.2014; Kai-Olaf Lang und Kirsten Westphal, *Nord Stream 2. Versuch einer politischen und wirtschaftlichen Einordnung* (Berlin 2016), S. 17; Deutscher Bundestag, *Ausarbeitung. Pipeline Nord Stream 2*, 08.03.2016, S. 9 f.

1513 Frank Umbach, *Erdgas als Waffe. Der Kreml, Europa und die Energiefrage* (Berlin 2022), S. 15.

1514 Westphal, ‹Nord Stream 2›, S. 4.

1515 «Gazprom schickt ab 2019 kein Gas mehr durch die Ukraine», *Zeit online*, 09.06.2015.

1516 Roland Götz, «Putins Pipeline-Poker: Turkish Stream anstatt South Stream?», *Bundeszentrale für Politische Bildung*, 22.12.2014.

1517 Grigas, *Geopolitics*, S. 113 f.

1518 Klaus-Helge Donath, «Wiederbelebte Ausweichlösung», *taz*, 11.08.2016; «Gazprom halbiert Kapazität geplanter TurkStream-Pipeline», *Der Standard*, 06.10.2015.

1519 Frank Dohmen und Alexander Jung, «Letzter Akt für Nabucco», *Der Spiegel*, 13.05.2012.

1520 Kauffmann, *Aveuglés*, S. 233.
1521 Lang und Westphal, *Nord Stream 2*, S. 30.
1522 Siddi, ‹German›, S. 671.
1523 Hansjörg Friedrich Müller, «Weiterbauen, als ob nichts geschehen wäre?», *NZZ*, 08.09.2020.
1524 Umbach, *Erdgas*, S. 27 ff. Zwar waren und sind die Gaspreise in der EU Vertrags- und Marktpreise, bei denen die Transportkosten der Lieferant trägt, doch die niedrigeren Preise aus Russland folgten einer politischen Logik. Vgl. auch Lang und Westphal, *Nord Stream 2*, S. 22.
1525 Ebd., S. 3.
1526 Eduard Steiner, «Neues Gas vom Rand der Welt», *Die Welt*, 12.12.2010.
1527 Kirsten Westphal, ‹Nord Stream 2 – Deutschlands Dilemma›, *SWP-Aktuell*, 33 (2021), S. 1–8, hier S. 3.
1528 Belén Dominguez Cebrián, «Ärger um die Gas-Drehscheibe», *Die Welt*, 03.04.2017; Westphal, ‹Nord Stream 2›, S. 3.
1529 Hannes Adomeit, ‹Germany, the EU, and Russia: The Conflict over Nord Stream 2›, *CES Policy Brief*, (2016), S. 8.
1530 Belén Dominguez Cebrián, «Ärger um die Gas-Drehscheibe», *Die Welt*, 03.04.2017; Westphal, ‹Nord Stream 2›, S. 3.
1531 Lough, *Russia Problem*, S. 180. Siehe auch: https://de.statista.com/statistik/daten/stu die/41033/umfrage/deutschland-erdgasverbrauch-in-milliarden-kubikmeter/
1532 Westphal, ‹Nord Stream 2›, S. 3.
1533 «Russland beginnt mit Bau der China-Pipeline», *Der Spiegel*, 01.09.2014.
1534 Anastasia Stogeni, Joe Leahy und Yuan Yang, «Power of Siberia: China keeps Putin waiting on gas pipeline», *FT*, 25.05.2023. China produziert rund zwei Drittel seines Erdgasbedarfs selbst und importierte auch aus Zentralasien, vgl. Eduard Steiner, «Diese Pipeline beendet Gazproms Abhängigkeit von Europa», *Die Welt*, 07.04.2018.
1535 Claus Hecking, «Was Putins Gas-Deal für Europa bedeutet», *Der Spiegel*, 21.05.2014.
1536 Umbach, *Erdgas*, S. 26.
1537 Westphal, ‹Nord Stream 2›, S. 4; Lang und Westphal, *Nord Stream 2*, S. 12.
1538 Adomeit, ‹Germany›, S. 11.
1539 Westphal, ‹Nord Stream 2›, S. 5.
1540 Umland, ‹Ambivalenz›, S. 298.
1541 Julia Kusznir, ‹Die Verhandlungen zwischen der Ukraine und Russland über den Gastransit: Eine Zwischenbilanz›, *Ukraine-Analysen*, 225 (2019), S. 11–15, hier S. 11.
1542 Szymon Kardaś, Agata Loskot-Strachota und Sławomir Matuszak, «A ‹last-minute› transit contract? Russia-Ukraine-EU gas talks», *OSW Commentary*, 25.01.2019.
1543 Lang und Westphal, *Nord Stream 2*, S. 22 f.
1544 Gustafson argumentiert, dass Russland über Jahre hinweg Gas nur in geringem Maße und sehr ineffektiv als «politische Waffe» einsetzte, vgl. Thane Gustafson, *The Bridge. Natural Gas in a redivided Europe* (Cambridge 2020), S. 351.
1545 Lang und Westphal, *Nord Stream 2*, S. 13.
1546 Adomeit, ‹Germany›, S. 6. Adomeit spricht von einer Profitabilität bei einer Mindesttransitmenge von 35–37 bcm/y.
1547 Siddi, ‹German›, S. 671.
1548 Umbach, *Erdgas*, S. 24. Doch Bauarbeiten zeigten, etwa an der Jamal-Pipeline 2019, dass Russland im Notfall wieder vermehrt Gas durch die Ukraine leiten konnte, vgl. Umbach, *Erdgas*, S. 25.
1549 Lang und Westphal, *Nord Stream 2*, S. 22, 25 f.
1550 Ebd., S. 27 f.

1551 Ebd., S. 22 ff.

1552 Ebd., S. 24.

1553 Ebd., S. 41.

1554 Ebd., S. 5.

1555 Vgl. ausführlich Deutscher Bundestag, *Ausarbeitung. Pipeline Nord Stream 2*, 08.03. 2016.

1556 Lang und Westphal, *Nord Stream 2*, S. 14.

1557 Die französische Engie hatte zunächst neun Prozent und Gazprom 51 gehalten.

1558 Adomeit, ‹Germany›, S. 5.

1559 Lough, *Russia Problem*, S. 203.

1560 Bingener und Wehner, *Moskau-Connection*, S. 193 f.

1561 Ebd., S. 193; «Russian gas pipeline exports to Europe», *Reuters*, 17.02.2022; https:// ec.europa.eu/eurostat/statistics-explained/index.php?title=Archive:Energieerzeu gung_und_Energieeinfuhren&oldid=505405

1562 Alle Zahlen aus https://ag-energiebilanzen.de/wp-content/uploads/2021/02/ageb_ jahresbericht2018_20190326_dt.pdf

1563 Anca Gurzu und Joseph J. Schatz, «Great northern gas war», *Politico*, 10.02.2016.

1564 Lang und Westphal, *Nord Stream 2*, S. 15. Eine weitere Option wäre ein Regierungsabkommen gewesen. Dieser Schritt war mit den Onshore-Ländern jedoch bei South Stream nicht erfolgreich und von Brüssel als Bruch der Bestimmungen des Energiebinnenmarktes bezeichnet worden, vgl. ebd., S. 17.

1565 Ebd., S. 15.

1566 Ebd., S. 20, 40.

1567 Ebd., S. 10.

1568 Ebd., S. 17 f.

1569 Lough, *Russia Problem*, S. 199.

1570 Lang und Westphal, *Nord Stream 2*, S. 18.

1571 Ebd., S. 19.

1572 Westphal, ‹Nord Stream 2›, S. 4.

1573 Adomeit, ‹Germany›, S. 8.

1574 Lough, *Russia Problem*, S. 181; Adomeit, ‹Germany›, S. 8.

1575 Matthias Krupa und Michael Thumann, «Rohrkrepierer», *Die Zeit*, 03.10.2018; Bingener und Wehner, *Moskau-Connection*, S. 146. Interview mit Erich Vad, 12.04.2024; Interview mit Rolf Nikel, 11.04.2024.

1576 Kauffmann, *Aveuglés*, S. 234.

1577 Ebd., S. 236.

1578 Heusgen, *Führung*, S. 185; Interview mit Christoph Heusgen, 27.05.2024.

1579 Horst Seehofer sprach sich für das Projekt aus und reiste im Februar 2016 zu Putin, was heftige Kritik evozierte, vgl. Claudia von Salzen, «Ein politischer Schaden», *Zeit online*, 05.02.2016. Zur CSU und Russland vgl. Bingener und Wehner, *Moskau-Connection*, S. 153 f.

1580 Lang und Westphal, *Nord Stream 2*, S. 6, 40.

1581 Ebd., S. 41. Zudem sei Versorgungssicherheit in der EU unterschiedlich definiert worden, so Lang und Westphal weiter, je nachdem wie man Einzelaspekte gewichtete, etwa Lieferausfälle, Preisschwankungen und politische Kosten. Und die Deutschen hätten ein positiveres Bild der wechselseitigen Abhängigkeit von Versorger und Abnehmer, das sich aus historischer Erfahrung bzw. dem Mythos Russlands als zuverlässigem Energiepartner speiste, vgl. ebd., S. 30.

1582 Bingener und Wehner, *Moskau-Connection*, S. 204. Eine Haltung, die auch Heusgen so vertritt, vgl. Interview mit Christoph Heusgen, 27.05.2024.

1583 Bingener und Wehner, *Moskau-Connection*, S. 204.

1584 Kauffmann, *Aveuglés*, S. 236.

1585 Westphal, ‹Nord Stream 2›, S. 1.

1586 Interview mit Christoph Heusgen, 27.05.2024.

1587 Hendrik Kafsack, «Gegen den Gasstrom», *FAZ*, 03.12.2015; Alice Bota, Matthias Krupa und Michael Thumann, «Die Rohrbombe», *Die Zeit*, 04.02.2016.

1588 «Gabriel schlägt Ende der Sanktionen gegen Russland vor», *Zeit Online*, 25.09.2015.

1589 Albrecht Meier, «Ausbau der Ostsee-Pipeline: Putin und Gabriel brüskieren Brüssel», *Tagesspiegel*, 17.11.2015.

1590 Gustafson, *Bridge*, S. 381 f.

1591 Lough, *Russia Problem*, S. 181.

1592 Adomeit, ‹Germany›, S. 7.

1593 Siddi, ‹German›, S. 673; Alex Barker, Stefan Wagstyl und Roman Olearchyk, «Germany pushes EU-Russia deal to avert Ukraine trade pact tension», *FT*, 01.12.2015.

1594 Lang und Westphal, *Nord Stream 2*, S. 31 ff.

1595 Ebd., S. 32; Adomeit, ‹Germany›, S. 9.

1596 Peter Spiegel und James Politi, «Italy's Renzi joins opposition to Nord Stream 2 pipeline deal», *FT*, 15.12.2015.

1597 Peter Ludlow, *EuroComment, European Council Briefing Note 2016/7*, S. 21.

1598 Anca Gurzu und Joseph J. Schatz, «Great northern gas war», *Politico*, 10.02.2016.

1599 «Renzi a Mosca, fiori a Nemtsov», *Corriere della Sera*, 05.03.2015; Marco Siddi, ‹Italy's «Middle Power» Approach to Russia›, *The International Spectator*, 54:2 (2019), S. 123–138, hier S. 131 f.

1600 Anna Lesnevskaya, «Turkish Stream, dove si lavora al compromesso Italia-Russia nei gasdotti», *Il Fatto Quotidiano*, 08.03.2015.

1601 «Sanktionen gegen Russland für sechs weitere Monate», *Tagesschau*, 18.12.2015.

1602 Luca Pagni, «Italia e Polonia contro Germania: la guerra del gas divide l'Europa», *La Repubblica*, 18.12.2015.

1603 Beda Romano, «Renzi critica Merkel: ‹Non raccontateci che date il sangue per l'Europa›», *Il Sole 24 ore*, 18.12.2015.

1604 So Renzi in seiner Pressekonferenz, vgl. https://www.youtube.com/watch?app= desktop&v=aDRJjtH9bmM; der niederländische Chef der Euro-Gruppe, Jeroen Dijsselbloem, galt in Italien neben Merkel und Schäuble als Gesicht der verhassten Austeritätspolitik.

1605 «Streit um deutsch-russische Gaspipeline bei EU-Gipfel», *WirtschaftsWoche*, 18.12.2015.

1606 James Kanter, «E. U. to extend sanctions against Russia, but divisions show», *NYT*, 18.12.2015.

1607 «Merkel und Hollande wollen die Waffenruhe retten», *Die Welt*, 30.12.2015.

1608 Siddi, ‹German›, S. 673.

1609 Ebd.

1610 Ebd.

1611 Patricia Daehnhardt, ‹German Foreign Policy, the Ukraine Crisis and the Euro-Atlantic Order: Assessing the Dynamics of Change›, *German Politics*, 27:4 (2018), S. 516–538, hier S. 522 f.

1612 Claudia von Salzen, «Neue alte Ostpolitik», *Tagesspiegel*, 12.01.2016.

1613 Schneider-Deters, *Schicksalsjahre. Band 2*, S. 633 ff.

1614 Fischer, *Donbas-Konflikt*, S. 13.

1615 Christian F. Trippe, «Eklat oder Sturm im Sektglas?», *DW*, 07.02.2017.

1616 Fischer, *Donbas-Konflikt*, S. 13; Fix, *Germany's Role*, S. 131.

1617 Siddi, ‹German›, S. 672.

1618 «Gabriel fordert schrittweises Ende der Russland-Sanktionen», *Zeit online*, 25.05. 2016.

1619 Kauffmann, *Aveuglés*, S. 167.

1620 Steffen Dobbert, «SPD-Mitglieder gründen Arbeitskreis gegen Gabriels Ostpolitik», *Die Zeit*, 27.05.2016.

1621 Alice Bota et al., «Jetzt geht's um die Wurst», *Die Zeit*, 11.06.2016.

1622 Claudia von Salzen, «Deutschlands Flirt mit Moskau», *Tagesspiegel*, 09.05.2016.

1623 «Steinmeier warnt vor ‹Säbelrasseln und Kriegsgeheul›», *Die Welt*, 18.06.2016.

1624 Lütjen und Geiges, *Steinmeier*, S. 216.

1625 Bingener und Wehner, *Moskau-Connection*, S. 185 f.

1626 Vgl. ARD-DeutschlandTREND, Juli 2016, S. 22.

1627 Jochen Bittner, «Bin ich ein Balte?», *Zeit online*, 07.07.2016.

1628 Till Schwarze-Thurm, «Deutsche würden NATO-Partner nicht verteidigen», *Die Zeit*, 10.06.2015.

1629 Interview mit Christoph Heusgen, 27.05.2024.

1630 Vgl. ARD-DeutschlandTREND, Juli 2016, S. 21.

1631 Fix, *Germany's Role*, S. 147.

1632 Interview mit Sir Michael Fallon, 20.07.2023.

1633 «British defense secretary: UK to send tanks to Estonia», *err.ee*, 26.10.2016.

1634 Weißbuch 2016 zur Sicherheitspolitik und zur Zukunft der Bundeswehr, S. 32.

1635 Szabo, ‹Partners›, S. 544.

1636 Rainer Meyer zum Felde, ‹Deutsche Verteidigungspolitik – Versäumnisse und nicht eingehaltene Versprechen›, *SIRIUS*, 4:3 (2020), S. 315–332.

1637 Daniel Brössler, *Ein deutscher Kanzler. Olaf Scholz, der Krieg und die Angst* (Berlin 2024), S. 85.; Interview mit Christoph Heusgen, 27.05.2024.

1638 Julia Smirnova, «Das große Russland-Dilemma des Sigmar Gabriel», *Die Welt*, 22.09. 2016.

1639 Michael Thumann, «Schlaflos im Kanzleramt», *Die Zeit*, 20.10.2016.

1640 Christoph Hasselbach, «EU schwächt Russland-Drohung ab», *DW*, 21.10.2016.

1641 Zitiert in Peter Ludlow, *EuroComment, European Council Briefing Note 2016/7*, S. 20.

1642 Ebd.

1643 Albrecht Meier, «Merkel und Hollande für Verlängerung der Russland-Sanktionen», *Tagesspiegel*, 13.12.2016.

1644 Vgl. hierzu auch Ulrike Franke, ‹Leader of the «Free World»? Studying German Foreign Policy by Means of External Attributions›, *German Politics*, 30:1 (2021), S. 72–86.

1645 Stephan Bierling, *America First. Donald Trump im Weißen Haus. Eine Bilanz* (München 2020), S. 142.

1646 Im Juli betonte Trump in Warschau ausdrücklich, er stehe hinter allen aus Artikel 5 folgenden Verpflichtungen. Doch in der Folge kam es immer wieder zu Aussagen, die an der Bündnistreue Zweifel aufkommen ließen.

1647 Peter Baker und Susan Glasser, *The Divider. Trump in the White House, 2017–2021* (New York 2022), S. 338.

1648 Bierling, *America First*, S. 166 ff.

1649 Ruth Deyermond, ‹The Trump presidency, Russia and Ukraine: explaining incoherence›, *International Affairs*, 99:4 (2023), S. 1595–1614, hier S. 1595; vgl. auch Angela Stent, ‹Trump and Russia: Less than meets the eye›, in Robert Jervis et al. (Hg.), *Chaos Reconsidered. The Liberal Order and the Future of International Politics* (New York 2023), S. 183–195; Gerhard Mangott, ‹Zwischen Ambivalenz und offenem Bruch. Die Beziehungen der USA zu Russland unter Trump›, in Lukas D. Herr et al.

(Hg.), *Weltmacht im Abseits. Amerikanische Außenpolitik in der Ära Donald Trump* (Baden-Baden 2019), S. 279–312.

1650 «Merkel ruft Trump zu Achtung demokratischer Grundwerte auf», *Die Welt*, 09.11. 2016.

1651 Baker und Glasser, *Divider*, S. 67.

1652 John Bolton, *The Room where it happened. A White House memoir* (New York 2020), S. 433 f.; Mark T. Esper, *A Sacred Oath. Memoirs of a Secretary of Defense during extraordinary times* (New York 2022), S. 221.

1653 Baker und Glasser, *Divider*, S. 203.

1654 Vgl. ausführlich William Glenn Gray, ‹Swaggering Home: Trump, Grenell, and Pompeo in conflict with Germany›, in Jervis et al. (Hg.), *Chaos Reconsidered*, S. 236–247.

1655 Daehnhardt, ‹German›, S. 527.

1656 Baker und Glasser, *Divider*, S. 67.

1657 So ein enger Berater der Kanzlerin, zitiert in ebd., S. 78.

1658 Bollmann, *Merkel*, S. 587 f.

1659 «‹Wir Europäer müssen unser Schicksal in unsere eigene Hand nehmen›», *SZ*, 28.05. 2017.

1660 «Enormer Wandel der politischen Rhetorik», *FAZ*, 29.05.2017; Bollmann, *Merkel*, S. 609 f.

1661 «Merkel: USA kein verlässlicher Partner mehr», *DW*, 28.05.2017.

1662 Lasserre, *Macron-Poutine*, S. 84 f.

1663 Bollmann, *Merkel*, S. 605 ff. Vgl. zur Außenpolitik Macrons allg. Isabelle Lasserre, *Macron, le disrupteur. La politique étrangère d'un président antisystème* (Paris 2022); Ronja Kempin et al., ‹Frankreichs Außen- und Sicherheitspolitik unter Präsident Macron›, *SWP Studie*, 4 (2021), S. 1–54.

1664 Georg Blume, «Im Gleichschritt», *Die Zeit*, 29.05.2017; Nicholas Vinocur, «Macron and Putin's awkward first date», *Politico*, 29.05.2017.

1665 Lasserre, *Macron-Poutine*, S. 30. Vgl. auch Nicolas Hénin, *La France russe: Enquête sur les réseaux de Poutine* (Paris 2016).

1666 Vidal, *Fascination russe*, S. 37 f; Lasserre, *Macron-Poutine*, S. 17 f., 44 ff.

1667 Zu den Richtungsstreitigkeiten zwischen Élysée und Quai vgl. ebd., S. 78 ff.; Lasserre, *Disrupteur*, S. 79–96.

1668 Jean-Pierre Chevènement wurde im Élysée Berater für Russlandfragen. Wie oben gezeigt, war er seit Jahren ein Befürworter eines US-kritischen und russlandfreundlichen Kurses, vgl. Vidal, *Fascination russe*, S. 26; Lasserre, *Macron-Poutine*, S. 31.

1669 Ebd., S. 86.

1670 «Russland und Frankreich wollen gemeinsam Terror bekämpfen», *Zeit online*, 29.05. 2017; «Macron droht mit ‹sofortigem Gegenschlag› bei Giftgasangriff in Syrien», *Der Spiegel*, 29.05.2017.

1671 Michaela Wiegel, «Handschlag vor Siegerkulisse», *FAZ*, 29.05.2017; Lasserre, *Macron-Poutine*, S. 28 f.

1672 Ebd., S. 60 f., 86 ff.

1673 Zu Macrons Russlandpolitik vgl. detailliert ebd.; Kauffmann, *Aveuglés*, S. 373–398; Vidal, *Fascination russe*, S. 21–43.

1674 Bierling, *America first*, S. 174; Emily Tamkin, «Trump finally signs sanctions bill, then adds bizarre statements», *Foreign Policy*, 02.08.2018. Obwohl Trump im Weißen Haus saß, hatte der Senat diesen Schritt mit einer breiten Mehrheit von 98 zu 2 getragen, das Repräsentantenhaus mit 419 zu 3.

1675 Patricia Zengerle, «Trump administration holds off on new Russia sanctions, despite law», *Reuters*, 30.01.2018.

1676 Zu Zypries vgl. Bingener und Wehner, *Moskau-Connection*, S. 19 ff.

1677 Christina Hebel und Christoph Schult, «Jetzt wirklich Außenminister», *Der Spiegel*, 09.03.2017.

1678 Nico Fried, «US-Sanktionen gegen Russland empören Gabriel», *SZ*, 15.06.2017.

1679 Christoph von Marschall, «Gabriel opfert die Diplomatie dem Wahlkampf», *Tagesspiegel*, 16.06.2017.

1680 «Merkel stellt sich an Gabriels Seite», *FAZ*, 16.06.2017.

1681 Belén Dominguez Cebrián, «Deutsch-russische Gasgeschäfte verärgern die EU», *Die Welt*, 02.04.2017.

1682 Björn Müller, «Schweden sieht Putins Pipeline als Sicherheitsbedrohung», *FAZ*, 16.12.2016; Martina Rathke und Verena Schmitt-Roschmann, «Die vielen Probleme mit Nord Stream 2», *DW*, 28.09.2017.

1683 Peter Müller, Christoph Schult und Jonas Weyrosta, «Projekt des Teufels», *Der Spiegel*, 30.06.2017.

1684 Dave Keating, «Washington scores a victory in battle over North Sea pipeline», *Forbes*, 09.11.2017.

1685 Benjamin Triebe, «Wintershall setzt unbeirrt auf Nord Stream 2», *FAZ*, 01.02.2017.

1686 Jochen Bittner, «Für Trump und gegen Merkel», *Die Zeit*, 11.08.2016; Michael Schwirtz, «German Election Mystery: Why no Russian meddling?», *NYT*, 21.09.2017.

1687 Zur russischen Einflussnahme in Deutschland und im Westen vgl. Lough, *Russia Problem*, S. 219–230; Von Fritsch, *Russlands Weg*, S. 169 ff.; Bingener und Wehner, *Moskau-Connection*, S. 204–221; Jessika Aro, *Putins Armee der Trolle. Der Informationskrieg des Kreml gegen die demokratische Welt* (München 2022); Marcel H. van Herpen, *Putin's Propaganda Machine. Soft Power and Russian foreign policy* (London 2016).

1688 Andreas Heinemann-Grüder, ‹Russland-Politik in der Ära Merkel›, *SIRIUS*, 6:4 (2022), S. 359–372, hier S. 370.

1689 «Koalition der Diktatorenfreunde», *Der Spiegel*, 06.08.2017.

1690 Daehnhardt, ‹German›, S. 531.

1691 Bingener und Wehner, *Moskau-Connection*, S. 232 ff.

1692 «Von der Leyen rechtfertigt Zwei-Prozent-Ziel», *FAZ*, 07.08.2017.

1693 Michael Thumann und Bernd Ulrich, «Wir müssen reden», *Die Zeit*, 14.06.2017.

1694 «Putin diniert mit Gabriel und Schröder in seiner Residenz», *FAZ*, 03.06.2017.

1695 Kai Oppermann, ‹Deutsche Außenpolitik am Ende der Ära Merkel: Die Suche nach Orientierung in einem veränderten internationalen und innenpolitischen Kontext›, in Reimut Zohlnhöfer und Fabian Engler (Hg.), *Das Ende der Merkel-Jahre. Eine Bilanz der Regierung Merkel 2018–2021* (Wiesbaden 2022), S. 449–474; Bollmann, *Merkel*, S. 633–673.

1696 Matthias Dembinski und Hans-Joachim Spanger, ‹‹Pluraler Frieden› – Leitgedanken zu einer neuen Russlandpolitik›, *HSFK-Report*, 2 (2017), S. 1–40.

1697 Vgl. Andreas Heinemann-Grüder, ‹Wider den Sonderfrieden: Eine Replik auf das Konzept vom «Pluralen Frieden»›, *Osteuropa*, 67:3/4 (2017), S. 103–108; Oleksandr Suško und Andreas Umland, ‹Unrealistisches Szenario: Anmerkungen zum «Pluralen Frieden»›, *Osteuropa*, 67:3–4 (2017), S. 109–120; Stefan Meister, ‹Wasser auf Putins Mühlen. «Pluraler Frieden» als russlandfixierte Ostpolitik›, *Osteuropa*, 67:3/4, (2017), S. 129–133; und die Replik, vgl. Matthias Dembinski und Hans-Joachim Spanger, ‹Entspannung geboten: Antwort auf die Kritiker des Pluralen Friedens›, *Osteuropa*, 67:5 (2017), S. 135–142.

1698 In einem von mir mitverfassten Beitrag im Februar 2018 steht eine schlechte und missverständliche Formulierung, über die ich mich bis heute ärgere und für die ich zu Recht Kritik einstecken musste. Der mit Michael Wolffsohn geschriebene Artikel skizziert die schwierige Lage in Syrien: das brutale russische Eingreifen, die iranischen Machenschaften und die daraus resultierende Bedrohung Israels. Die Stoßrichtung der Argumentation war: Man sollte notgedrungen und den Realitäten in Syrien ins Auge blickend mit Russland reden, um den iranischen Einfluss, der weitaus gefährlicher als Assad für Israel ist, einzudämmen. Eine realpolitische Abwägungsentscheidung zur Sicherheit Israels aus der Not des Augenblicks heraus, kein Wunsch einer Zusammenarbeit mit Moskau. Dafür müsse man dem Kreml Zugeständnisse machen. Daher, so unser sprachlich ungenauer und inhaltlich falscher Satz, «wird der Westen seinen gegenteiligen Ankündigungen zum Trotz wohl Putins Annexion der Krim und Ost-Ukraine anerkennen müssen» und die Sanktionen gegen den Iran verschärfen müssen. Natürlich war die «Ost-Ukraine» (noch) nicht annektiert worden. Mit «wohl anerkennen» war keine völkerrechtliche, also de jure Anerkennung, sondern akzeptieren, hinnehmen und umgangssprachlich eben «anerkennen» des Status quo gemeint, wie sie de facto durch Minsk II erfolgt war. Eine völkerrechtliche Anerkennung war nicht gemeint. Sie war und ist weder sinnvoll noch erstrebenswert. Die vom *Handelsblatt* gewählte Schlagzeile griff diesen schiefen Satz auf und machte aus «wohl müssen» ein «sollte», womit der Artikel einen ganz anderen Spin erhielt. Er bleibt ein Ärgernis, der sprachlicher Ungenauigkeit und unzureichenden Korrekturen geschuldet war und verdeutlicht, wie präzise auch kürzere Texte immer wieder lektoriert werden sollten. Vgl. Michael Wolffsohn und Bastian Matteo Scianna, «Warum der Westen die Krim-Annexion anerkennen und Iran-Sanktionen verschärfen sollte», *Handelsblatt*, 14.02.2018.

1699 Pew Research Center, 04.12.2017, https://www.pewresearch.org/short-reads/2017/12/04/how-americans-and-germans-view-their-countries-relationship

1700 Vgl. zu einer kritischen Einordnung Hannes Adomeit, ‹Müssen wir Russland besser verstehen lernen? Eine kritische Auseinandersetzung mit den Argumenten für eine neue Russlandpolitik›, *SIRIUS*, 3:3 (2019), S. 224–241.

1701 «Putin will Blauhelmmission in Ostukraine», *Der Spiegel*, 05.09.2017.

1702 Fischer, *Donbas-Konflikt*, S. 13.

1703 Pavel Loshkin, «Putins vergiftetes Geschenk für die Ukraine», *Die Welt*, 13.09.2017.

1704 «Deutsches Lob für Ukraine-Initiative», *DW*, 05.09.2017.

1705 Richard Herzinger, «Gabriels Alleingang Richtung Putin ist ein Skandal», *Die Welt*, 07.09.2017; «Scharfe Kritik aus Kiew an Außenminister Gabriel», *rnd*, 06.09.2017.

1706 «Gabriel demonstriert Solidarität mit der Ukraine», *DW*, 03.01.2018.

1707 Michael Thumann, «Wohin läuft er denn?», *Die Zeit*, 13.12.2017.

1708 Sein Verhältnis zur SPD-Doppelspitze Andrea Nahles und Olaf Scholz galt als zerrüttet, vgl. Kurt Kister, «Der Sturz des Ego-Tiers», *SZ*, 08.03.2018.

1709 Vgl. Brössler, *Kanzler*, S. 81 f.

1710 Adomeit, ‹Russland und der Westen›, S. 108.

1711 Bingener und Wehner, *Moskau-Connection*, S. 236.

1712 Ebd., S. 237.

1713 Peter Dausend, «Starker Ostwind», *Die Zeit*, 26.04.2018.

1714 Bingener und Wehner, *Moskau-Connection*, S. 238.

1715 Michael Thumann, «Abrüstung geht anders», *Die Zeit*, 19.05.2020.

1716 Brössler, *Kanzler*, S. 85.

1717 Peter Bergen, «Trump's new strategy: Russia is an actual threat», *CNN*, 19.12.2017.

1718 «U. S. says it will enhance Ukraine's defensive capabilities; Russia derides move», *RFE/RL*, 23.12.2017.

1719 Baker und Glasser, *Divider*, S. 201.

1720 Lucian Kim, «How U.S. military aid has helped Ukraine since 2014», *NPR*, 18.12. 2019.

1721 Deyermond, ‹Trump›, S. 1604.

1722 Bingener und Wehner betonen die gewonnene Beinfreiheit der Kanzlerin durch die Kabinettsumbildung, vgl. Bingener und Wehner, *Moskau-Connection*, S. 239.

1723 Vgl. Lough, *Russia Problem*, S. 187 ff.; Roxburgh, *Strongman*, S. 372 ff.

1724 Høvsgaard, *Gier*, S. 267 f.

1725 «Merkel stellt Bedingungen für Nord Stream 2», *ntv*, 10.04.2018.

1726 Ebd.

1727 Anca Gurzu, «Merkel says no Nord Stream 2 without clarifying Ukraine's transit role», *Politico*, 10.04.2018.

1728 Stefan Buchen und Johannes Edelhoff, «Heimlicher Wirtschaftskrieg: USA wollen deutsche Pipeline verhindern», *Tagesschau*, 03.05.2018.

1729 Michael Thumann, «Von Trump vergrault», *Zeit online*, 18.05.2018.

1730 Stefan Buchen und Johannes Edelhoff, «Heimlicher Wirtschaftskrieg: USA wollen deutsche Pipeline verhindern», *Tagesschau*, 03.05.2018.

1731 Baker und Glasser, *Divider*, S. 184.

1732 Ines Zöttl, «Das historische Debakel von La Malbaie», *Der Spiegel*, 10.06.2018; Bierling, *America first*, S. 156, 176; Deyermond, ‹Trump›, S. 1607 f.

1733 Baker und Glasser, *Divider*, S. 203 ff.

1734 «US-Präsident Trump setzt Deutschland unter Druck», *Der Spiegel*, 11.07.2018.

1735 Brössler, *Kanzler*, S. 86.

1736 Vgl. ARD-DeutschlandTREND, April 2019, S. 13.

1737 Ebd., S. 14.

1738 Markus Steinbrecher et al., *Sicherheits- und verteidigungspolitisches Meinungsbild in der Bundesrepublik Deutschland. Ergebnisse und Analysen der Bevölkerungsbefragung 2020* (Potsdam 2021), S. 78.

1739 Vgl. ARD-DeutschlandTREND, März 2022.

1740 Baker und Glasser, *Divider*, S. 206.

1741 Stent, ‹Trump›, S. 189. Zum Gipfel vgl. Kimmage, *Collisions*, S. 153 f.

1742 Baker und Glasser, *Divider*, S. 83, 189, 200 f., 207 f.; Deyermond, ‹Trump›, S. 1602 f.

1743 «Maas weist Trumps Kritik an Nord Stream 2 zurück», *Die Welt*, 27.09.2018.

1744 Stent, *Putins Russland*, S. 150.

1745 «Blitzbesuch von Assad in Russland», *DW*, 18.05.2018.

1746 Christiane Hoffmann, «Putin im Glück», *Der Spiegel*, 18.05.2018.

1747 Klaus Dormann, «Wirtschaftsminister Altmaier bereitet Merkels Treffen mit Putin vor», *Ostexperte*, 09.05.2018.

1748 «Russland will Gas weiter über Ukraine liefern», *Zeit online*, 18.05.2018.

1749 Christiane Hoffmann, «Putin im Glück», *Der Spiegel*, 18.05.2018.

1750 «Russland will Gas weiter über Ukraine liefern», *Zeit online*, 18.05.2018.

1751 Christiane Hoffmann, «Putin im Glück», *Der Spiegel*, 18.05.2018.

1752 «Russland und die Ukraine kommen zurück an den Verhandlungstisch», *NZZ*, 11.06. 2018.

1753 Michael Thumann, «‹Wir werden euch nicht alleinlassen›», *Die Zeit*, 02.06.2018.

1754 Presserklärung Merkel, 18.08.2018, https://www.ardmediathek.de/video/phoenix-vor-ort/merkel-und-putin-treffen-meseberg-2018/phoenix/Y3JpZDovL3Bob2VuaXguZ GUvMjc4NDUyNA

1755 Christoph Sydow und Severin Weiland, «Hauptsache, sie reden», *Der Spiegel*, 18.08. 2018.

1756 Sebastian Fischer, «Ein bisschen Neustart», *Der Spiegel*, 18.08.2018.

1757 Vgl. ausführlich Otto Luchterhandt, ‹Gegen das Völkerrecht. Die Eskalation des Konflikts im Asowschen Meer›, *Osteuropa*, 69:1/2 (2019), S. 3–22.

1758 Die Schiffe wurden erst ein Jahr später wieder an die Ukraine zurückgegeben.

1759 Andrew E. Kramer, «Ukraine, after naval clash with Russia, considers martial law», *NYT*, 25.11.2018.

1760 Fischer, *Donbas-Konflikt*, S. 10 f.; D'Anieri, *Ukraine and Russia*, S. 258.

1761 Christiane Hoffmann, «Merkels Vermächtnis steht auf dem Spiel», *Der Spiegel*, 29.11. 2018.

1762 Bolton, *Room*, S. 452.

1763 «EU prüft nach Krim-Zwischenfall weitere Russland-Sanktionen», *Der Standard*, 27.11.2018.

1764 Baker und Glasser, *Divider*, S. 208.

1765 Michael Thumann, «Ein außenpolitisches Desaster für Deutschland», *Die Zeit*, 07.12. 2018.

1766 Andreas Meyer-Feist, «Knacks für die deutsch-französische Partnerschaft», *Tagesschau*, 08.02.2019.

1767 Vgl. Leo Klimm und Alexander Mühlauer, «Und plötzlich ist Frankreich gegen die geplante Pipeline», *SZ*, 06.02.2019.

1768 Markus Becker und Peter Müller, «Was hinter Macrons Kurswechsel steckt», *Der Spiegel*, 07.02.2019.

1769 Kauffmann, *Aveuglés*, S. 260 f.

1770 Ebd., S. 262.

1771 Ebd., S. 263.

1772 «Frankreich will bei Nord Stream 2 gegen Deutschland stimmen», *FAZ*, 07.02. 2019.

1773 «EU-Kompromiss im Pipeline-Streit», *Tagesschau*, 13.02.2019.

1774 «Neue Auflagen für Nord Stream 2», *DW*, 13.02.2019.

1775 «EU-Staaten einigen sich im Gasstreit», *Zeit online*, 08.02.2019.

1776 «EU-Staaten einigen sich im Pipeline-Streit», *Tagesschau*, 08.02.2019.

1777 «Warum die OMV trotz US-Drohungen auf Russland-Pipeline setzt», *Der Standard*, 15.01.2019. Der OMV-Vorstandsvorsitzende, Rainer Seele, war zuvor Chef der Wintershall gewesen und seit 2012 Präsident der deutsch-russischen Auslandshandelskammer, vgl. Høvsgaard, *Gier*, S. 260.

1778 Kauffmann, *Aveuglés*, S. 261.

1779 Dave Keating, «Why did France just save Nord Stream 2?», *Forbes*, 08.02.2019.

1780 Joshua Posaner, Anca Gurzu und Paola Tamma, «Franco-German alliance survives Nord Stream 2 scare», *Politico*, 08.02.2019.

1781 Barbara Wessel, «Eine vorläufige Einigung», *DW*, 08.02.2019.

1782 Dave Keating, «Why did France just save Nord Stream 2?», *Forbes*, 08.02.2019.

1783 Baker und Glasser, *Divider*, S. 203.

1784 Andreas Mihm, «Imperiales Gehabe», *FAZ*, 14.01.2019.

1785 «Umfrage: Mehrheit hält Bau von Nord Stream 2 für richtig», *ZfK*, 22.01.2019.

1786 «Altmaier lässt Grenell-Drohungen an sich abperlen», *FAZ*, 18.01.2019.

1787 Kauffmann, *Aveuglés*, S. 263.

1788 Vgl. Piotr Buras und Josef Janning, ‹Divided at the centre: Germany, Poland and the troubles of the Trump era›, *ECFR Policy Brief*, 19.12.2018; Amélie Zima, ‹Polish-US Relations in the Trump Era: From Worries to Honeymoon?›, in Maud Quessard, Frédéric Heurtebize und Frédérick Gagnon (Hg.), *Alliances and Power Politics in the Trump Era. America in Retreat?* (New York 2020), S. 53–71.

1789 Michael Thumann, «Gerhard Schröders Kuckucksei», *Die Zeit*, 08.02.2019.

1790 Bollmann, *Merkel*, S. 664.

1791 Aline Bartenstein, *The Concept of Solidarity. Energy Policy in the European Union* (Baden-Baden 2021), S. 243 ff.

1792 Bartenstein, *Solidarity*, S. 246 f.

1793 Westphal, ‹Nord Stream 2›, S. 7.

1794 «Deutschland unterliegt bei Streit über russisches Gas dem EuGH», *Wirtschaftswoche*, 15.07.2021; Bartenstein, *Solidarity*, S. 247 ff.

1795 Zur biographischen Dimension vgl. Sergii Rudenko, *Selenskyj. Eine politische Biographie* (München 2022); Shuster, *Augen*.

1796 Rudenko, *Selenskyj*, S. 106; Shuster, *Augen*, S. 95 ff., 108 ff.

1797 Ebd., S. 110.

1798 Ebd., S. 119 ff., 172 ff.

1799 Ebd., S. 201.

1800 Philipp Fritz, «Warum dieses Wahlergebnis für Europa gefährlich werden kann», *Die Welt*, 21.07.2019.; vgl. auch Rudenko, *Selenskyj*, S. 65 ff.

1801 Plokhy, *Angriff*, S. 188 ff.

1802 Shuster, *Augen*, S. 27; Eugen Theise, «Selenskyi und die ukrainische Ernüchterung», *DW*, 21,04.2020; Rudenko, *Selenskyj*; vgl. auch ausgewogener André Härtel, «Die Ukraine unter Präsident Selenskyj. Entwicklung hin zum «populistischen Autoritarismus»?», *SWP-Aktuell*, 09.02.2022.

1803 Bierling, *America first*, S. 214–223.

1804 Shuster, *Augen*, S. 218 f.

1805 Insgesamt waren Militärhilfen im Umfang von 391 Millionen US-Dollar geplant; die restlichen Mittel und nicht-letale Güter würde das State Department bereitstellen, vgl. Eric Lipton, Maggie Haberman und Mark Mazzetti, «Behind the Ukraine Aid Freeze: 84 days of conflict and confusion», *NYT*, 29.12.2019.

1806 Bolton, *Room*, S. 462.

1807 Bierling, *America first*, S. 176 f.; Baker und Glasser, *Divider*, S. 331, 364 f.

1808 Ebd., S. 333.

1809 Eric Lipton, Maggie Haberman und Mark Mazzetti, «Behind the Ukraine Aid Freeze: 84 days of conflict and confusion», *NYT*, 29.12.2019.

1810 Amy Mackinnon, «Trump resisted sale of Javelins to Ukraine», *Foreign Policy*, 15.11. 2019; Deyermond, ‹Trump›, S. 1604 f.

1811 Esper, *Sacred*, S. 454; Baker und Glasser, *Divider*, S. 331.

1812 Bolton, *Room*, S. 467.

1813 Claire Mills, *Military assistance to Ukraine 2014–2021* (House of Commons: Research Briefing Number 7135, 2022), S. 3.

1814 «DOD Announces $ 250M to Ukraine», *Department of Defense*, 18.06.2019; Lucian Kim, «How U. S. Military Aid has helped Ukraine since 2014», *NPR*, 18.12.2019.

1815 Cory Welt, «Ukraine: Background, Conflict with Russia and U. S. Policy», *Congressional Research Service*, 05.10.2021, S. 34.

1816 Ebd., S. 38.

1817 Interview mit Sir Michael Fallon, 20.07.2023.

1818 Demian von Osten, «Wer der Ukraine womit hilft», *Tagesschau*, 10.10.2019.

1819 Ebd.

1820 Vgl. detailliert Iain King, «Not contributing enough? A summary of European Military and Development Assitance to Ukraine since 2014», *CSIS*, 26.09.2019.

1821 Zitiert nach den Erinnerungen des dem Gespräch beiwohnenden US-Verteidigungsministers, vgl. Esper, *Sacred*, S. 412.

1822 Ebd., S. 412.

1823 Vgl. Nicholas Mulder, ‹The Trump Administration and Economic Sanctions›, in Jervis et al. (Hg.), *Chaos Reconsidered*, S. 152–160.

1824 Winand von Petersdorff-Campen, «Donald Trump drückt aufs Gas», *FAZ*, 17.05. 2019.

1825 Protecting Europe's Energy Security Act (PEESA).

1826 Frank Herold, «Russland erbost über US-Sanktionen», *Tagesspiegel*, 23.12.2019. Hieran waren unter Umgehung der US-Sanktionen auch europäische Firmen beteiligt, vgl. Pavel Loshkin, «So umgeht Russland die US-Sanktionen gegen Nord Stream 2», *Die Welt*, 12.04.2021.

1827 Bierling, *America first*, S. 159.

1828 Kurt Kister, «Die US-Sanktionen sind falsch, anmaßend und heuchlerisch», *SZ*, 12.12.2019.

1829 Ulrich Krökel, «Gasstreit eskaliert: US-Sanktionen gegen Pipeline Nord Stream 2 sorgen für Empörung», *FR*, 23.12.2019; «US-Sanktionen gegen Nord Stream 2 in Kraft», *Tagesschau*, 21.12.2019.

1830 «US-Senat beschließt Sanktionen», *Tagesschau*, 17.12.2019.

1831 Ulrich Krökel, «Gasstreit eskaliert: US-Sanktionen gegen Pipeline Nord Stream 2 sorgen für Empörung», *FR*, 23.12.2019.

1832 Deutscher Bundestag, Wissenschaftliche Dienste, *Ausarbeitung. US-Sanktionen gegen den Bau der Pipeline Nord Stream 2 aus völkerrechtlicher Sicht*, 08.09.2020, S. 9 f.

1833 «Deutschland verurteilt US-Sanktionen als ‹Einmischung›», *t-online*, 21.12.2019.

1834 Szymon Kardaś, Agata Loskot-Strachota und Slawomir Matuszak, «A ‹last-minute› transit contract? Russia-Ukraine-EU gas talks», *OSW Commentary*, 25.01.2019.

1835 Szymon Kardaś und Wojciech Konończuk, «Temporary stabilisation: Russia-Ukraine gas transit», *OSW Commentary*, 31.12.2019.

1836 Brössler, *Kanzler*, S. 90.

1837 DBT, Plenarprotokoll 09.06.2021, S. 29 828.

1838 Vidal, *Fascination russe*, S. 24.

1839 Kauffmann, *Aveuglés*, S. 376.

1840 Lasserre, *Macron-Poutine*, S. 31 ff.; Marc Semo, «Macron recevra Poutine à Brégançon en août, signe d'un nouveau rapprochement franco-russe», *Le Monde*, 28.07. 2019; Michaela Wiegel, «Ein Europa von Lissabon bis Wladiwostok», *FAZ*, 19.08. 2019.

1841 Vidal, *Fascination russe*, S. 25 f.

1842 Marc Semo und Olivier Faye, «À Brégançon, Emmanuel Macron tend la main à la Russie», *Le Monde*, 20.08.2019; Kauffmann, *Aveuglés*, S. 376;

1843 Ebd., S. 381 f.

1844 Alain Barluet, «Ce qu'il faut retenir de la rencontre entre Poutine et Macron», *Le Figaro*, 19.08.2019.

1845 Vidal, *Fascination russe*, S. 27.

1846 Ebd., S. 26.

1847 Kauffmann, *Aveuglés*, S. 381.

1848 Lasserre, *Macron-Poutine*, S. 44 f.

1849 Kauffmann, *Aveuglés*, S. 379.

1850 «Macron spricht vom ‹Hirntod› der NATO», *Der Spiegel*, 07.11.2019.

1851 Lasserre, *Disrupteur*, S. 117 ff.

1852 Shuster, *Augen*, S. 248 ff.

1853 Doug Klain, «Ukraine got its ships back but at what cost?», *Atlantic Council*, 20.11. 2019.

1854 Owen Matthews, *Overreach. The Inside Story of Putin's War against Ukraine* (London 2023), S. 148.

1855 Shuster, *Augen*, S. 262.

1856 Rudenko, *Selenskyj*, S. 68 f.; Kimmage, *Collisions*, S. 173.

1857 Matthews, *Overreach*, S. 149.

1858 Kauffmann, *Aveuglés*, S. 383,

1859 «Moskaus Bedingungen», *Der Spiegel*, 03.07.2020; Andrew Higgins, «In first meeting with Putin, Zelensky plays to a draw despite a bad hand», *NYT*, 09.12.2019; Rudenko, *Selenskyj*, S. 72.

1860 Kauffmann, *Aveuglés*, S. 385.

1861 Shuster, *Augen*, S. 269 f.

1862 Szymon Kardaś und Wojciech Konończuk, «Temporary stabilisation: Russia-Ukraine gas transit», *OSW Commentary*, 31.12.2019.

1863 Shuster, *Augen*, S. 265 f.

1864 «Entwarnung für EU-Energieversorgung», *Tagesspiegel*, 31.12.2019.

1865 Durch den Krieg kam es nach 2014/15 zu enormen Streitigkeiten zwischen der Ukraine und Russland, die auch das von allen Seiten respektierte Stockholmer Schiedsgericht nicht zu lösen vermochte.

1866 «Russland zahlt Ukraine 2,9 Milliarden Dollar», *DW*, 21.12.2019. Die EU hatte zunächst einen Zehnjahresvertrag und 60 bcm/y vorgeschlagen; Russland wollte Einjahresverträge mit 10 bis 18 bcm, vgl. Szymon Kardaś und Wojciech Konończuk, «Temporary stabilisation: Russia-Ukraine gas transit», *OSW Commentary*, 31.12.2019; Kusznir, ‹Verhandlungen›, S. 12 ff.

1867 Kusznir, ‹Verhandlungen›, S. 12.

1868 Maria Shagina und Kirsten Westphal, ‹Nord Stream 2 und das Energie-Sicherheitsdilemma›, *SWP-Aktuell*, 52 (2021), S. 1–8, hier S. 4.

1869 Kusznir, ‹Verhandlungen›, S. 14 f.; Westphal, ‹Nord Stream 2›, S. 5, 7. Zur Drei-Meere-Initiative vgl. Kai-Olaf Lang, ‹Die Drei-Meere-Initiative: wirtschaftliche Zusammenarbeit in geostrategischem Kontext›, *SWP-Aktuell*, 16 (2021), S. 1–8.

1870 Im vorherigen Vertrag von 2009 war eine «take-or-pay»-Klausel enthalten, wonach die Ukraine 41 bcm von den insgesamt 52 bcm Gas, die für den Eigengebrauch genutzt wurden, in jedem Falle kaufen musste, vgl. Kusznir, ‹Verhandlungen›, S. 11.

1871 Westphal, ‹Nord Stream 2›, S. 5. Zum einen spielte die Menge eine Rolle und die Transittarife wurden nicht mehr bilateral, sondern durch die EU-Anbindung der Ukraine nach europäischen Regeln bestimmt und orientierten sich an Marktpreisen; vgl. Kusznir, ‹Verhandlungen›, S. 13. Naftogaz durfte auch nicht mehr als Betreiber fungieren, was der staatliche Fernleitungsnetzbetreiber GTSOU übernahm.

1872 Kardaś und Konończuk, «Stabilisation»; Andreas Mihm, «Kiews weiter Weg nach Westen», *FAZ*, 22.07.2021.

1873 Florian Hassel, «Die Regierung muss drastisch sparen», *SZ*, 19.04.2020.

1874 Szymon Kardaś und Wojciech Konończuk, «Temporary stabilisation: Russia-Ukraine gas transit», *OSW Commentary*, 31.12.2019.

1875 «Russland und Ukraine unterzeichnen Gastransitvertrag», *SZ*, 31.12.2019.

1876 Oliver Stock, «Ukraine leitet russisches Gas nach Westen und erhält dafür Milliarden von Putin», *Focus*, 07.04.2022.

1877 Stefan Beutelsbacher, «Putins verstecktes Gas-Drehkreuz nach Europa», *Die Welt*, 20.11.2023.

1878 Westphal, ‹Nord Stream 2›, S. 6.

1879 Szymon Kardaś und Wojciech Konończuk, «Temporary stabilisation: Russia-Ukraine gas transit», *OSW Commentary*, 31.12.2019.

1880 David Rising, «Germany's Maas confronts Pompeo over pipeline threat», *AP News*, 10.08.2020.

1881 Esper, *Sacred*, S. 414.

1882 Ebd., S. 405–417; Baker und Glasser, *Divider*, S. 478.

1883 Kimmage, *Collisions*, S. 159 ff.

1884 Bingener und Wehner, *Moskau-Connection*, S. 242.

1885 «Berlin will gemeinsames Vorgehen», *Tagesschau*, 03.09.2020; Brössler, *Kanzler*, S. 93 f.

1886 Lasserre, *Macron-Poutine*, S. 35 f.

1887 «Diplomatie in Zeiten des Hackings», *SZ*, 26.04.2018.

1888 Richard Sakwa, ‹Russo-British relations in the age of Brexit›, *Russie.Nei.Reports*, 22 (2018), S. 9–37.

1889 «Steinmeier besorgt über zerrüttetes Verhältnis zu Russland», *Reuters*, 15.04.2018.

1890 Michael Thumann, «Belastete Beziehung», *Die Zeit*, 11.08.2020.

1891 Bingener und Wehner, *Moskau-Connection*, S. 242.

1892 Marc Pfitzenmaier, «Deutsch-russische Eiszeit», *Die Welt*, 28.12.2020.

1893 «USA drohen neue Sanktionen zu Pipeline Nord Stream 2 an», *Der Spiegel*, 15.07.2020.

1894 Westphal, ‹Nord Stream 2›, S. 3.

1895 Alexander Chernyshev et al., «Merkel in der Russlandfalle», *Der Spiegel*, 04.09.2020; «Peter Altmaier hält Sanktionen gegen Russland für wenig wirksam», *Zeit online*, 08.09.2020.

1896 «Merz für Baustopp bei Nord Stream 2», *Der Spiegel*, 04.09.2020.

1897 Lough, *Russia Problem*, S. 190.

1898 «Scholz: Deutschland macht sich durch Nord Stream 2 nicht abhängig von Russland», *Handelsblatt*, 21.09.2020.

1899 Michael Thumann, «Die Gasrechnung», *Die Zeit*, 10.09.2020.

1900 Marieluise Beck, «Überheblich oder unterwürfig?», *Die Zeit*, 16.09.2020.

1901 Ebd.

1902 Alexander Ward, *The Internationalists. The fight to restore American foreign policy after Trump* (New York 2024), S. 18 ff.

1903 PLUSD, 09Prague640, 29.10.2009.

1904 Vgl. allg. Franklin Foer, *The Last Politician. Inside Joe Biden's White House and the struggle for America's future* (New York 2023); Chris Whipple, *The Fight of his life. Inside Joe Biden's White House* (New York 2023).

1905 Zu Bidens Russlandpolitik vgl. Robert Legvold, ‹The Biden Administration and Russia. Deeper into a U.S.-Russia Cold War›, in Jervis et al. (Hg.), *Chaos Reconsidered*, S. 401–414; Bobo Lo, ‹Rewinding the Clock? US-Russia Relations in the Biden Era›, *Russie.Nei.Reports*, 36 (2022).

1906 Whipple, *Fight*, S. 209; Ward, *Internationalists*, S. 46.

1907 Chris Miller, «The Ghost of Blinken Past», *Foreign Policy*, 03.12.2020.

1908 Jonathan Swan, «Biden to waive sanctions on company in charge of Nord Stream 2», *Axios*, 18.05.2021.

1909 Jan Emendörfer, «Nord Stream 2: Diplomaten im Schlagabtausch», *RND*, 15.01.2021.

1910 Philipp Kollenbroich, Gunther Latsch und Christoph Schult, «Gerhard Schröder, 20 Millionen aus Russland und die Tarnstiftung», *Der Spiegel*, 22.01.2021; Bingener und Wehner, *Moskau-Connection*, S. 247 ff.

1911 Zitiert in «Spezialschiff nimmt Arbeit in dänischen Gewässern auf», *SZ*, 25.01.2021.

1912 «‹Zynismus pur›», *Der Spiegel*, 02.02.2021.

1913 ZDF-Politbarometer, Januar II, 2021, https://www.forschungsgruppe.de/Umfragen/Politbarometer/Archiv/Politbarometer_2021/Januar_II_2021/

1914 Michael Thumann, «Nord-Stream-Sanktionen helfen Nawalny nicht», *Die Zeit*, 05.02.2021.

1915 Michaela Wiegel, «Frankreich fordert Stopp von Nord Stream 2», *FAZ*, 01.02.2021.

1916 «Frankreich rudert zurück. Macron bekennt sich zu Nord Stream 2», *ntv*, 05.02.2021.

1917 Clemens Wergin, «Steinmeiers Verteidigung von Nord Stream 2 ist Geschichtsklitterung», *Die Welt*, 09.02.2021.

1918 Brössler, *Kanzler*, S. 89 f.

1919 Scholz an Mnuchin, 07.08.2020, https://www.duh.de/fileadmin/user_upload/download/Projektinformation/Energiewende/200807_Schreiben_Scholz_Mnuchin.pdf

1920 Julian Röpcke, «Darum lehnte Trump den Scholz-Deal ab», *Bild*, 10.02.2021.

1921 Bingener und Wehner, *Moskau-Connection*, S. 246; Brössler, *Kanzler*, S. 91.

1922 Holger Stark, «Das Milliardenangebot», *Die Zeit*, 16.09.2020.

1923 Guy Chazan, «Germany offered € 1bn for gas terminals in exchange for US lifting NS2 sanctions», *FT*, 16.09.2020.

1924 «Scholz wollte mit Milliarden-Deal US-Sanktionen gegen Nord Stream 2 abwenden», *Die Welt*, 09.02.2021.

1925 Stephan Lamby, *Entscheidungstage. Hinter den Kulissen des Machtwechsels* (München 2021), S. 90 ff.; Daniel Brössler, «Aufregung um einen Brief», *SZ*, 10.02.2021.

1926 «Geheimes Milliarden-Angebot an die USA: Das beharrliche Schweigen von Olaf Scholz», *Focus*, 30.03.2021.

1927 «Deutschland droht Niederlage vor EuGH», *Manager Magazin*, 18.03.2021.

1928 «Deutschland unterlag bei Streit über russisches Gas am EuGH», *Der Standard*, 15.07.2021.

1929 Kai-Olaf Lang, ‹Warschaus konfrontative Deutschlandpolitik›, *SWP-Aktuell*, 68 (2022), S. 1–8.

1930 «Umfrage: Auch Mehrheit der Grünen-Anhänger für Nord Stream 2», *Handelsblatt*, 20.05.2021.

1931 «Joe Biden: Nord Stream 2 ist ‹kompliziertes Thema›», *Handelsblatt*, 16.04.2021.

1932 Mathias Brüggmann et al., «Biden kommt Deutschland im Pipeline-Streit entgegen – Moskau triumphiert», *Handelsblatt*, 19.05.2021.

1933 «Joe Biden verteidigt Verzicht auf Sanktionen gegen Nord Stream 2», *Zeit online*, 26.05.2021.

1934 Jonathan Swan und Dave Lawler, «Zelensky ‹surprised› and ‹disappointed› by Biden pipeline move», *Axios*, 06.06.2021; Ward, *Internationalists*, S. 111 f.

1935 Shagina und Westphal, ‹Nord Stream 2›, S. 5 f. Klagen gegen Gazprom schienen wenig erfolgversprechend. Eine andere Idee sah vor, dass europäische Unternehmen das Gas direkt an der ukrainisch-russischen Grenze abnehmen und für den Transit Kapazitäten buchen würden.

1936 «Poland says Nord Stream 2 sanctions waiver a threat to energy security», *Reuters*, 20.05.2021.

1937 Jonathan Swan, «Allies worried Biden shaky on Putin's pipeline», *Axios*, 22.02.2021.

1938 Westphal, ‹Nord Stream 2›, S. 3.

1939 Kimmage, *Collisions*, S. 181 f.

1940 Ward, *Internationalists*, S. 117.

1941 Jennifer Jacobs und Jennifer Epstein, «Biden says he waived Nord Stream sanctions because it's finished», *Bloomberg*, 25.05.2021; Katharina Kort und Annett Meiritz, «Kurz vor Bidens Europabesuch: Wie der Streit um die Strafzölle das Verhältnis der USA und EU belastet», *Handelsblatt*, 09.05.2021.

1942 Clemens Wergin, «So wehrlos sind die USA gegen russische Hackerattacken», *Die Welt*, 14.07.2021.

1943 Anfang Juni fuhr eine hochrangige deutsche Delegation nach Washington, unter anderem mit Jan Hecker und Lars-Hendrik Röller, dem außen- bzw. wirtschaftspolitischen Berater der Kanzlerin.

1944 Michael Crowley und Andrew E. Kramer, «Blinken, on Ukraine trip, will offer support on Russia but also pressure on corruption», *NYT*, 05.05.2021.

1945 Michael Thumann, «Kampf um die letzten Kilometer», *Die Zeit*, 11.06.2021.

1946 «FM presses Germany on arms, cites Russia's weapons», *Stars and Stripes*, 09.06.2021.

1947 DBT, Plenarprotokoll 09.06.2021, S. 29 816.

1948 Ward, *Internationalists*, S. 48.

1949 Kimmage, *Collisions*, S. 181.

1950 Shuster, *Augen*, S. 314; Ward, *Internationalists*, S. 49 f.

1951 Kimmage, *Collisions*, S. 174. Selenskyj hatte den Einfluss prorussischer Oligarchen, z. B. Wiktor Medwedtschuk, und deren Fernsehsender eingedämmt, womit Moskau die ukrainische Innenpolitik schlechter beeinflussen konnte.

1952 Matthews, *Overreach*, S. 170; Kimmage, *Collisions*, S. 174.

1953 Plokhy, *Angriff*, S. 189 f.

1954 Ward, *Internationalists*, S. 52.

1955 Ebd., S. 111 ff.; Kimmage, *Collisions*, S. 183.

1956 Brössler, *Kanzler*, S. 119 f. Zu Putins Rolle als «Historiker» vgl. Kimmage, *Collisions*, S. 177 f.

1957 Foer, *Politician*, S. 132 ff.

1958 Kauffmann, *Aveuglés*, S. 388.

1959 Daniel Steinvorth, «Das Debakel des EU-Chefdiplomaten in Moskau löst Rücktrittsforderungen aus», *NZZ*, 07.02.2021.

1960 Thomas Gutschker, «Wie Merkel und Macron die EU entzweien», *FAZ*, 24.06.2021; Thomas Mayer, «Nach Biden sucht auch die EU Dialog mit Russland», *Der Standard*, 24.06.2021; «Merkel und Macron sind auf einer Linie», *DW*, 18.06.2021.

1961 Kauffmann, *Aveuglés*, S. 389.

1962 Ebd., S. 391.

1963 «Merkel und Macron erwägen, Putin wieder einzuladen», *Der Standard*, 23.06.2021.

1964 Ebd.

1965 DBT, Plenarprotokoll 24.06.2021, S. 30 538.

1966 Ebd., S. 30 537.

1967 Carsten Luther, «Die EU erkennt, dass sie härter werden muss», *Die Zeit*, 25.06.2021; Piotr Smolar, Jean-Pierre Stroobants und Thomas Wieder, «Les Vingt-Sept se divisent sur l'idée d'un sommet avec Poutine», *Le Monde*, 25.06.2021.

1968 Kauffmann, *Aveuglés*, S. 390.

1969 Daniel Steinvorth, «Das Debakel des EU-Chefdiplomaten in Moskau löst Rücktrittsforderungen aus», *NZZ*, 07.02.2021.

1970 Kauffmann, *Aveuglés*, S. 391.

1971 Ebd.

1972 Ebd., S. 392.

1973 Sabine Siebold, Robin Emmott und Gabriela Baczynska, «France and Germany drop Russia summit plan after EU's east objects», *Reuters*, 25.06.2021; Daniel Steinvorth, «Das Debakel des EU-Chefdiplomaten in Moskau löst Rücktrittsforderungen aus», *NZZ*, 07.02.2021; Kauffmann, *Aveuglés*, S. 392.

1974 Björn Finke und Matthias Kolb, «Ein Flop zum Schluss», *SZ*, 25.06.2021.

1975 Kauffmann, *Aveuglés*, S. 393.

1976 Ebd., S. 394.

1977 Ebd., S. 395.

1978 Daniel Steinvorth, «Das Debakel des EU-Chefdiplomaten in Moskau löst Rücktritts-forderungen aus», *NZZ*, 07.02.2021.

1979 Björn Finke und Matthias Kolb, «Ein Flop zum Schluss», *SZ*, 25.06.2021.

1980 Thomas Jäger, «Wunsch und Wirklichkeit», *Cicero*, 25.06.2021.

1981 Björn Finke und Matthias Kolb, «Ein Flop zum Schluss», *SZ*, 25.06.2021.

1982 «Vorstoß von Merkel und Macron. Russland offen für Gespräche mit der EU – die Ukraine warnt davor», *Tagesspiegel*, 24.06.2021.

1983 Roman Goncharenko, Ganna Biednova und Mykola Berdnyk, «Kiews enttäuschte Erwartungen», *DW*, 11.07.2021.

1984 Majid Sattar, «Stille Genugtuung und dezente Pointen», *FAZ*, 16.07.2021.

1985 Andrea Shalal, «U.S., Germany to announce deal on Nord Stream 2 pipeline in co-ming days», *Reuters*, 20.07.2021.

1986 Betsy Woodruff Swan, Alexander Ward und Andrew Desiderio, «U.S. urges Ukraine to stay quiet on Russian pipeline», *Politico*, 20.07.2021; Ward, *Internationalists*, S. 117 ff.

1987 Foer, *Politician*, S. 215.

1988 «Gemeinsame Erklärung der USA und Deutschlands zur Unterstützung der Uk-raine, der europäischen Energiesicherheit und unserer Klimaziele», 21.07.2021, https://www.auswaertiges-amt.de/de/newsroom/gemeinsame-erklaerung-usa-und-deutschland/2472074

1989 Ebd.

1990 Andreas Mihm, «Was die Einigung zu Nord Stream 2 für die Ukraine bedeutet», *FAZ*, 23.07.2021; Shagina und Westphal, ‹Nord Stream 2›, S. 8.

1991 Vgl. hierzu Maria Pastukhova, Jacopo Pepe und Kirsten Westphal, ‹Die EU-Energie-diplomatie – Aufwertung und Neuausrichtung für eine neue Ära›, *SWP-Aktuell*, 65 (2020), S. 1–8.

1992 «Gemeinsame Erklärung der USA und Deutschlands zur Unterstützung der Uk-raine, der europäischen Energiesicherheit und unserer Klimaziele», 21.07.2021, https://www.auswaertiges-amt.de/de/newsroom/gemeinsame-erklaerung-usa-und-deutschland/2472074

1993 Die Ukraine wollte westliche Firmen an der Finanzierung und am Betrieb beteiligen, und eine Laufzeit von 15 Jahren mit rund 50 bcm/y anstreben, vgl. Shagina und Westphal, ‹Nord Stream 2›, S. 8.

1994 Christiane Hoffmann, «Merkels Triumph», *Der Spiegel*, 21.07.2021.

1995 Ralf Fücks, «Dieser Deal ist ein Triumph für Putin», *Der Spiegel*, 22.07.2021.

1996 Andreas Mihm, «Was die Einigung zu Nord Stream 2 für die Ukraine bedeutet», *FAZ*, 23.07.2021.

1997 «Nord Stream 2: Ukraine and Poland slam deal to complete controversial gas pipe-line», *Euronews*, 21.07.2021.

1998 Shagina und Westphal, ‹Nord Stream 2›, S. 7.

1999 Der Anteil der Gasimporte aus Russland ging zurück, da seit 2015 das LNG-Terminal in Świnoujście immer größere Mengen an Flüssiggasimporten erlaubte. 2019 deck-ten sie bereits 23 Prozent des Gesamtimportbedarfs, vgl. Andrzej Ceglarz, *Die polni-sche Energiepolitik. Klimawandel, Energie und Umwelt* (Warschau 2020), S. 10.

2000 Dänemark und Polen zahlten die rund zwei Milliarden Euro Gesamtkosten zu je 45 Prozent, den Rest schoss die EU bei – immerhin 250 Millionen Euro.

2001 Gerhard Gnauck, «Neue Ostsee-Pipeline soll norwegisches Gas nach Polen brin-gen», *FAZ*, 27.09.2022. Die Pipeline konnte auch umgerüstet werden und hiernach Biomethan oder grünen Wasserstoff transportieren. Sie war also auch eine Investi-tion in die Zukunft.

2002 «‹Die Ära der russischen Vorherrschaft beim Thema Gas geht zu Ende›», *Die Welt*, 27.09.2022.

2003 Gerhard Gnauck, «Neue Ostsee-Pipeline soll norwegisches Gas nach Polen bringen», *FAZ*, 27.09.2022.

2004 Silke Bigalke, «Putin erteilt Merkel eine Abfuhr nach der anderen», *SZ*, 20.08.2021.

2005 Andreas Mihm, «Wie Gazprom Südosteuropa an sich bindet», *FAZ*, 04.09.2021.

2006 Gerhard Gnauck und Friedrich Schmidt, «‹Gas darf nicht als geopolitische Waffe benutzt werden›», *FAZ*, 22.08.2021.

2007 Kauffmann, *Aveuglés*, S. 398.

2008 Shagina und Westphal, ‹Nord Stream 2›, S. 1.

DER BLICK IN DEN ABGRUND

1 Michael Hirsh, «Lessons from Biden's very bad week», *Foreign Policy*, 20.08.2021.

2 Es kam erschwerend hinzu, dass Australien den Kauf französischer U-Boote aufgrund politischen Druckes aus Washington abgebrochen hatte, vgl. Chris Whipple, *The Fight of his life. Inside Joe Biden's White House* (New York 2023), S. 213; Elsa Vidal, *La fascination russe. Politique française: trente ans de complaisance vis-à-vis de la Russie* (Paris 2024), S. 242 ff., 246.

3 Florian Gathmann und Christoph Schult, «Zwischen Pott und Putin», *Der Spiegel*, 07.02.2021.

4 Clemens Wergin, «Die Falkin und der Russlandversteher», *Die Welt*, 25.04.2021.

5 «Baerbock will Druck auf Russland erhöhen und Nord Stream 2 Unterstützung entziehen», *RND*, 24.04.2021; Andreas Heinemann-Grüder, ‹Russland-Politik in der Ära Merkel›, *SIRIUS*, 6:4 (2022), S. 359–372, hier S. 363.

6 Max Haerder, «Zwei Drittel der Deutschen wollen, dass Nord Stream 2 in Betrieb geht», *Wirtschaftswoche*, 13.01.2022.

7 Ebd.

8 Stephan Lamby, *Ernstfall. Regieren in Zeiten des Krieges* (München 2023), S. 20. Eine Haltung, die Baerbock nach der Wahl anpasste, vgl. Klaus Geiger, «Baerbocks Traum vom ‹Global Zero›», *Die Welt*, 14.12.2021.

9 «Habeck zu Waffenlieferungen an Ukraine», *DLF*, 26.05.2021.

10 Mark Schieritz, *Olaf Scholz. Wer ist unser Kanzler?* (Frankfurt 2022), S. 29 ff.; Daniel Brössler, *Ein deutscher Kanzler. Olaf Scholz, der Krieg und die Angst* (Berlin 2024), S. 18–57.

11 Ebd., S. 39 f.

12 Ebd., S. 28 f.

13 Ebd., S. 62.

14 «Union kontert Scholz aus», *FAZ*, 27.01.2003.

15 «SPD wünscht Amerika Erfolg», *FAZ*, 29.03.2003.

16 Brössler, *Kanzler*, S. 64.

17 Schieritz, *Scholz*, S. 92 f., 157 f.

18 Brössler, *Kanzler*, S. 162.

19 Ebd., S. 69.

20 Schieritz, *Scholz*, S. 162 ff.

21 Simon Kerbusk et al., «Väterchen Frost», *Die Zeit*, 30.09.2021.

22 Maria Shagina und Kirsten Westphal, ‹Nord Stream 2 und das Energie-Sicherheitsdilemma›, *SWP-Aktuell*, 52 (2021), S. 1–8, hier S. 3.

23 Frank Umbach, *Erdgas als Waffe. Der Kreml, Europa und die Energiefrage* (Berlin 2022), S. 31.

24 Vgl. Weltenergierat, Energie in Deutschland: Zahlen und Fakten 2021, https://www.
   weltenergierat.de/publikationen/energie-fuer-deutschland/energie-fuer-deutsch
   land-2021/energie-in-deutschland-zahlen-und-fakten-2/?cn-reloaded=1&cn-reloa
   ded=1
25 Umbach, *Erdgas*, S. 27.
26 Alexander Ward, *The Internationalists. The fight to restore American foreign policy
   after Trump* (New York 2024), S. 197 ff. Im Frühjahr waren die russischen Verbände
   zwar wieder abgezogen, hatten aber Ausrüstung und logistische Infrastruktur zu-
   rückgelassen, was eine Rückkehr vereinfachte, vgl. Serhii Plokhy, *Der Angriff. Russlands Krieg gegen die Ukraine und seine Folgen für die Welt* (Hamburg 2023), S. 191.
27 Whipple, *Fight*, S. 201 ff.; Franklin Foer, *The Last Politician. Inside Joe Biden's White
   House and the struggle for America's future* (New York 2023), S. 222 ff. Zu Putins Entscheidungsfindung vgl. Michael Kimmage, *Collisions. The Origins of the war in Ukraine and the new global instability* (Oxford 2024), S. 192 ff.
28 Es gibt auch die Version, dass der italienische Ministerpräsident Mario Draghi am
   Gespräch teilnahm, vgl. Whipple, *Fight*, S. 201. Er rechnet Italien zu dem europäischen Vierergespann hinzu, wohingegen die meisten Autoren Johnson, Macron,
   Merkel und Scholz als die vier Gesprächspartner zählen.
29 Ward, *Internationalists*, S. 204.
30 Tom Bower, *Boris Johnson. The Gambler* (London 2020), S. 312 ff.
31 Ebd., S. 345 ff.; Anthony Seldon and Raymond Newell, *Johnson at 10. The Inside Story*
   (London 2023), S. 394 ff., 424 ff.
32 Whipple, *Fight*, S. 201.
33 Ward, *Internationalists*, S. 204.
34 Foer, *Politician*, S. 226.
35 Whipple, *Fight*, S. 202.
36 Brössler, *Kanzler*, S. 104.
37 Whipple, *Fight*, S. 211; Ward, *Internationalists*, S. 201.
38 Plokhy, *Angriff*, S. 193.
39 Simon Shuster, *Vor den Augen der Welt. Wolodymyr Selenskyj und der Krieg in der
   Ukraine* (München 2024), S. 317.
40 Ebd., S. 319.
41 Samuel Charap und Scott Boston, «U.S. military aid to Ukraine: a silver bullet?»,
   Foreign Policy, 21.01.2022.
42 Shuster, *Augen*, S. 321 f.
43 Brössler, *Kanzler*, S. 134. Es kursierten gar Falschmeldungen, wonach die Deutschen
   ihren Luftraum für Waffenlieferungen anderer NATO-Staaten an die Ukraine
   schließe, vgl. Jacek Siminski und David Cenciotti, «No, Germany did not deny RAF
   C-17 s bound for Ukraine access to its airspace», *The Aviationist*, 18.01.2022.
44 Whipple, *Fight*, S. 217.
45 Ward, *Internationalists*, S. 222 f.
46 Ebd., S. 224.
47 Ebd.
48 Lamby, *Ernstfall*, S. 21, 63.
49 Brössler, *Kanzler*, S. 114.
50 Ebd., S. 132 f.
51 DBT, Plenarprotokoll, 15.12.2021, S. 347.
52 Ebd., S. 347 f.
53 Brössler, *Kanzler*, S. 107 f., 111.
54 Ebd., S. 122.

55 Ebd., S. 144 f.

56 Zitiert in «Keine Nato-Osterweiterung und US-Stützpunkte: Russland veröffentlicht Liste mit Forderungen an USA und Nato», *Tagesspiegel*, 17.12.2021.

57 Michael Crowley und David E. Sanger, «U.S. and NATO Respond to Putin's demands as Ukraine tensions mount», *NYT*, 26.01.2022.

58 Vgl. hierzu auch die Debatten und Einschätzungen in Hannes Adomeit und Joachim Krause, ‹Der neue (Kalte?) Krieg. Das russische Ultimatum vom Dezember 2021 und die Folgen für die westliche Allianz›, *SIRIUS*, 6:2 (2022), S. 129–149, hier S. 133 ff.

59 Friedrich Schmidt, «Putins Einmarsch gegen ‹Terroristen›», *FAZ*, 06.01.2022.

60 Schieritz, *Scholz*, S. 162.

61 Brössler, *Kanzler*, S. 126.

62 Ebd., S. 126.

63 Ebd., S. 130.

64 Souad Mekhennet, «Scholz says response to Russia will be ‹united and decisive› if Ukraine is invaded», *WP*, 06.01.2022.

65 Brössler, *Kanzler*, S. 137; Lamby, *Ernstfall*, S. 30.

66 Ebd.

67 Jonas J. Driedger, ‹Did Germany contribute to Deterrence Failure against Russia in early 2022?›, *Central European Journal of International and Security Studies*, 16:3 (2022), S. 152–171.

68 Ward, *Internationalists*, S. 252 f.

69 Brössler, *Kanzler*, S. 140.

70 Pressekonferenz, 07.02.2022, https://www.bundesregierung.de/breg-de/aktuelles/pressekonferenz-von-bundeskanzler-scholz-und-dem-praesidenten-der-vereinig ten-staaten-von-amerika-biden-am-7-februar-2022-in-washington-2003648

71 Ebd.

72 Ebd.

73 Ebd.

74 Ward, *Internationalists*, S. 254.

75 Lamby, *Ernstfall*, S. 36.

76 Foer, *Politician*, S. 291.

77 Lamby, *Ernstfall*, S. 38.

78 Mathias Bölinger und Sabine Kinkartz, «Scholz-Reise: Nach Kiew ist vor Moskau», *DW*, 14.02.2022.

79 Carsten Luther, «Nichts ist gelöst, alles auf dem Tisch», *Zeit online*, 15.02.2022; Brössler, *Kanzler*, S. 146.

80 Ebd., S. 155 f.

81 Zitiert in Ebd., S. 157.

82 Lamby, *Ernstfall*, S. 45 f.

83 Shuster, *Augen*, S. 368; Lamby, *Ernstfall*, S. 45, 47.

84 Ebd., S. 48.

85 Shane Harris et al., «Road to War: U.S. struggled to convince allies, and Zelensky, of risk of invasion», *WP*, 16.08.2022; Sergii Rudenko, *Selenskyj. Eine politische Biographie* (München 2022), S. 14.

86 Whipple, *Fight*, S. 218 f.

87 Ward, *Internationalists*, S. 261 ff.

88 Shuster, *Augen*, S. 36, 64.

89 Rudenko, *Selenskyj*, S. 150.

90 Foer, *Politician*, S. 269.

91 Lamby, *Ernstfall*, S. 60.

92 Brössler, *Kanzler*, S. 161 f.
93 Lamby, *Ernstfall*, S. 62.
94 Ebd., S. 63; Brössler, *Kanzler*, S. 162 f.
95 Lamby, *Ernstfall*, S. 67.
96 Foer, *Politician*, S. 295.
97 «Bundeswehr steht aus Sicht von Heeresinspekteur ‹mehr oder weniger blank da›», *Der Spiegel*, 24.02.2022.
98 Lamby, *Ernstfall*, S. 74; Shuster, *Augen*, S. 65.
99 Brössler, *Kanzler*, S. 207.
100 Ebd., S. 219.
101 Foer, *Politician*, S. 299.
102 Vgl. ebd., S. 274; Shuster, *Augen*, S. 142; Lamby, *Ernstfall*, S. 77.
103 Foer, *Politician*, S. 302.
104 Brössler, *Kanzler*, S. 179.
105 Seldon and Newell, *Johnson*, S. 425.
106 Zur Genese vgl. Brössler, *Kanzler*, S. 180 ff.
107 DBT, Plenarprotokoll, 27.02.2022, S. 1350.
108 https://www.bmwk.de/Redaktion/DE/Pressemitteilungen/2023/03/20230303-bmwk-legt-bericht-zu-planungen-und-kapazitaeten-der-schwimmenden-und-festen-lng-terminals-vor.html
109 Nikolas Busse, «Nötig ist eine Zeitenwende im Kopf», *FAZ*, 30.03.2022.
110 «Habeck schämt sich für späte Waffenlieferungen an Ukraine», *ntv*, 04.04.2023.
111 «Scholz widerspricht ‹beschämtem› Habeck bei Waffenlieferungen», *Tagesspiegel*, 05.04.2023.
112 «Öffnung von Nord Stream 2, Entlastungspakete und Waffenlieferungen: So stehen die Deutschen dazu», *Focus*, 20.08.2022.
113 Florian Gathmann und Benjamin Schulz, «‹Mache mir keine Vorwürfe›», *Der Spiegel*, 07.06.2022.
114 Oliver Maksan, «‹Für Putin zählt nur Power›: Angela Merkel verteidigt ihren Russland-Kurs erneut», *NZZ*, 26.11.2022.
115 Florian Gathmann, Dirk Kurbjuweit und Gerald Traufetter, «Ein bisschen Boykott, das war's», *Der Spiegel*, 19.03.2022.
116 Eckart Lohse, «Steinmeier: ‹Ich habe mich geirrt›», *FAZ*, 04.04.2022.
117 Katrin Bennhold, «The former Chancellor who became Putin's man in Germany», *NYT*, 23.04.2022.
118 «Schröder lobt Scholz für Nein zu Taurus», *Der Spiegel*, 18.03.2024. Vgl. detailliert Reinhard Bingener und Markus Wehner, *Die Moskau-Connection. Das Schröder-Netzwerk und Deutschlands Weg in die Abhängigkeit* (München 2023), S. 264–271.
119 «SPD vollzieht Kehrtwende bei Russlandpolitik», *FAZ*, 10.12.2023; «‹Rückfall in alte Russlandpolitik›», *Tagesschau*, 15.03.2024.

FAZIT: DER ENTGLEISTE SONDERZUG

1 Angela Stent, *The Limits of Partnership. U.S.-Russian Relations in the Twenty-First Century* (Princeton 2014), S. 285.
2 ACDP, 08–013, 450, Protokoll CDU/CSU-Bundestagsfraktionssitzung 11.06.1996, S. 11.
3 Hannes Adomeit, ‹Integrationskonkurrenz EU-Russland. Belarus und Ukraine als Konfliktfelder›, *Osteuropa*, 62:6–8 (2012), S. 383–406
4 Rolf Nikel, *Feinde. Fremde. Freunde. Polen und die Deutschen* (München 2023), S. 170.

5 Vgl. die Fragerunde auf https://www.youtube.com/watch?v=B4WQbnJz3Mc

6 ACDP, 08-016, 040/1, Protokoll CDU/CSU-Bundestagsfraktionssitzung 07.10.2008, S. 15.

7 Bollmann, *Merkel*, S. 473; «Merkel sichert Lettland Beistand zu», *DW*, 18.08.2014.

8 So etwa Stephen F. Cohen, *Why Cold War again? How America lost Post-Soviet Russia* (London 2023).

9 Andreas Heinemann-Grüder, ‹Putins Krieg im Osten. Beschwichtigen oder abschrecken?›, *ZfAS*, 8 (2015), S. 573–588, hier S. 577 f.

10 Thomas Bagger, ‹The World according to Germany: Reassessing 1989›, *The Washington Quarterly*, 41:4 (2018), S. 53–63; Sylvie Kauffmann, *Les aveuglés. Comment Berlin et Paris ont laissé la voie libre à la Russie* (Paris 2023), S. 198 ff.

11 Stephen F. Szabo, ‹Partners in Leadership? American Views of the New German Role›, *German Politics*, 27:4 (2018), S. 539–554, hier S. 542.

12 Martin Ceadel, *Living the Great Illusion. Sir Norman Angell, 1872–1967* (Oxford 2009).

13 1913 bezog das Zarenreich 47,6 Prozent seiner Importe aus dem Deutschen Reich und exportierte 44,2 Prozent dorthin. Mit den Bündnispartnern England und Frankreich war der Handel bescheidener, weshalb man im Zarenreich über eine zu große wirtschaftliche Abhängigkeit von den immer negativer gesehenen Deutschen stritt, vgl. Stefan Creuzberger, *Das deutsch-russische Jahrhundert. Geschichte einer besonderen Beziehung* (Hamburg 2022), S. 31.

14 Nikel, *Feinde*, S. 159.

15 William J. Burns, *The Back Channel. American Diplomacy in a Disordered World* (London 2021), S. 226.

16 Zur Debatte vgl. David M. Valladares, ‹Tragedy or Betrayal? Interwar Europe and British Appeasement›, *History: Reviews of New Books*, 48:2 (2020), S. 29–32; Sidney Aster, ‹Appeasement: Before and After Revisionism›, *Diplomacy & Statecraft*, 19:3 (2008), S. 443–480.

17 Norrin M. Ripsman und Jack S. Levy, ‹Wishful Thinking or Buying Time? The Logic of British Appeasement in the 1930 s›, *International Security*, 33:2 (2008), S. 148–181.

18 John Lewis Gaddis, *Strategies of Containment. A Critical Appraisal of American National Security Policy during the Cold War* (Oxford 2005). Für Eilige: Robert L. Jervis, ‹Containment Strategies in Perspective›, *Journal of Cold War Studies*, 8:4 (2006), S. 92–97.

19 Barry R. Posen, *Restraint. A new foundation for U. S. Grand Strategy* (Ithaca 2014).

20 Colin Dueck, *The Obama Doctrine. American Grand Strategy today* (Oxford 2015); Derek Chollet, *The Long Game: How Obama defied Washington and redefined Americas role in the world* (New York 2016).

21 Vgl. hierzu Bastian Giegerich und Maximilian Terhalle, *The Responsibility to Defend: Rethinking Germany's Strategic Culture* (London 2021).

22 ACDP, 08-016, 040/1, Protokoll CDU/CSU-Bundestagsfraktionssitzung 07.10.2008, S. 15.

23 Franklin Foer, *The Last Politician. Inside Joe Biden's White House and the struggle for America's future* (New York 2023), S. 228 f.

24 Für das Revanche-Argument vgl. Michael Thumann, *Revanche. Wie Putin das bedrohlichste Regime der Welt geschaffen hat* (München 2023).

Karten

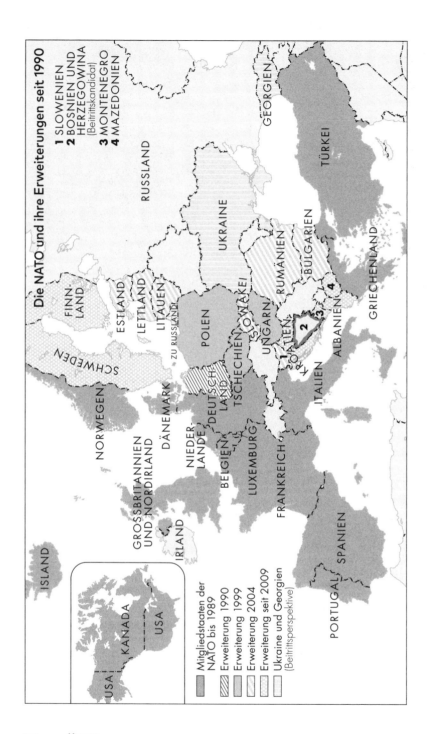

Die NATO und ihre Erweiterungen seit 1990

1 SLOWENIEN
2 BOSNIEN UND
  HERZEGOWINA
  (Beitrittskandidat)
3 MONTENEGRO
4 MAZEDONIEN

Mitgliedstaaten der
NATO bis 1989
Erweiterung 1990
Erweiterung 1999
Erweiterung 2004
Erweiterung seit 2009
Ukraine und Georgien
(Beitrittsperspektive)

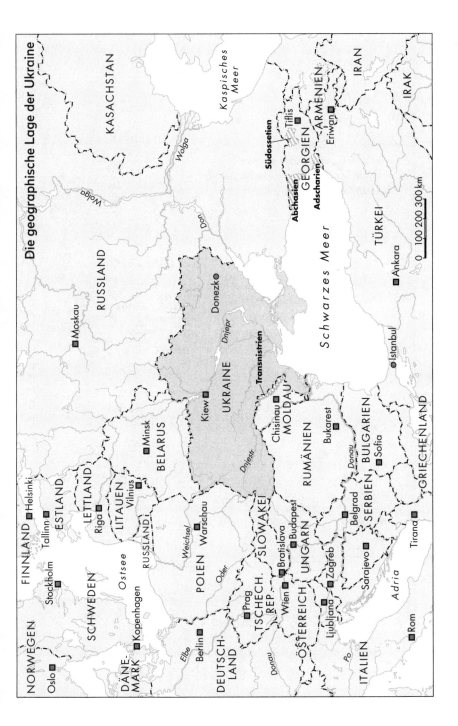

Die geographische Lage der Ukraine

Europäisches
Nordmeer

ISLAND

Pipeline in Betrieb
Pipeline geplant oder eingestellt
Unterwassergaspipeline außer Betrieb
○ LNG-Terminals in Betrieb

NORWEGEN   SCHWEDEN
Oslo   Stockholm

FINNLA

Nordsee

DÄNEMARK
Kopenhagen

Nord Stream
1
2

Ostsee

LITA

IRLAND   GROSS-
         BRITANNIEN
         Bacton
         Gas Terminal
London

NIEDER-
LANDE
Amsterdam

Lubmin
NEL
Bernau
Berlin
Rehden

Nordal

Jamal   Warscha

POLEN

Atlantischer
Ozean

Brüssel
BELGIEN
Paris

FRANKREICH   SCHWEIZ

Olbernhau
Opal
DEUTSCH-
LAND

Prag
Transgas

Wien

ÖSTERREICH   UNGAR

ITALIEN

PORTUGAL
Lissabon   Madrid
SPANIEN

Adria

Rom

Belgra

ALBANIE

Mittelmeer

MAROKKO   ALGERIEN

TUNESIEN   ○ MALTA

Tripolis
LIBYEN